Conheça o
Saraiva Conecta

Uma plataforma que apoia o leitor em sua jornada de estudos e de atualização.

Estude *online* com conteúdos complementares ao livro e que ampliam a sua compreensão dos temas abordados nesta obra.

Tudo isso com a **qualidade Saraiva Educação** que você já conhece!

Veja como acessar

No seu computador
Acesse o *link*

https://somos.in/MDADM9

No seu celular ou tablet
Abra a câmera do seu celular ou aplicativo específico e aponte para o *QR Code* disponível no livro.

Faça seu cadastro

1. Clique em "Novo por aqui? Criar conta".

2. Preencha as informações – insira um *e-mail* que você costuma usar, ok?

3. Crie sua senha e clique no botão "CRIAR CONTA".

Pronto! Agora é só aproveitar o conteúdo desta obra!*

Qualquer dúvida, entre em contato pelo *e-mail* **suportedigital@saraivaconecta.com.br**

Confira o material da professora
Licínia Rossi
para você:

https://somos.in/MDADM9

* Sempre que quiser, acesse todos os conteúdos exclusivos pelo *link* ou pelo *QR Code* indicados. O seu acesso tem validade de 24 meses.

LICÍNIA ROSSI

Manual de
DIREITO ADMINISTRATIVO

9ª edição
2023

Av. Paulista, 901, Edifício CYK, 4º andar
Bela Vista – São Paulo – SP – CEP 01310-100

SAC | sac.sets@saraivaeducacao.com.br

Diretoria executiva	Flávia Alves Bravin
Diretoria editorial	Ana Paula Santos Matos
Gerência de produção e projetos	Fernando Penteado
Gerência editorial	Thais Cassoli Reato Cézar
Novos projetos	Aline Darcy Flôr de Souza
	Dalila Costa de Oliveira
Edição	Jeferson Costa da Silva (coord.)
	Deborah Caetano de Freitas Viadana
Design e produção	Daniele Debora de Souza (coord.)
	Laudemir Marinho dos Santos
	Camilla Felix Cianelli Chaves
	Deborah Mattos
	Lais Soriano
	Tiago Dela Rosa
Planejamento e projetos	Cintia Aparecida dos Santos
	Daniela Maria Chaves Carvalho
	Emily Larissa Ferreira da Silva
	Kelli Priscila Pinto
Diagramação	Fernando Ribeiro
Revisão	Carolina Massanhi
Capa	Lais Soriano
Produção gráfica	Marli Rampim
	Sergio Luiz Pereira Lopes
Impressão e acabamento	EGB Editora Gráfica Bernardi Ltda.

DADOS INTERNACIONAIS DE CATALOGAÇÃO NA PUBLICAÇÃO (CIP)
ODILIO HILARIO MOREIRA JUNIOR – CRB-8/9949

R831m   Rossi, Licínia
           Manual de direito administrativo / Licínia Rossi. –
    9. ed. – São Paulo: SaraivaJur, 2023.

    1.112 p.

    ISBN: 978-65-5362-561-7 (Impresso)

       1. Direito administrativo. 2. Concursos públicos.
    3. Exame de ordem. I. Título.

	CDD 341.3
2022-3940	CDU 342.9

Índices para catálogo sistemático:

1. Direito administrativo   341.3
2. Direito administrativo   342.9

Data de fechamento da edição: 23-1-2023

Dúvidas? Acesse www.saraivaeducacao.com.br

Nenhuma parte desta publicação poderá ser reproduzida por qualquer meio ou forma sem a prévia autorização da Saraiva Educação. A violação dos direitos autorais é crime estabelecido na Lei n. 9.610/98 e punido pelo art. 184 do Código Penal.

CÓD. OBRA	15809	CL	607870	CAE	819909

Dedico esta obra aos meus amados pais, Edmar e Maria.

Obrigada por possibilitarem todas as ferramentas para que eu pudesse estudar!

Sem vocês eu não seria ninguém! Esta obra é para vocês, como símbolo de toda a minha gratidão por todas as vezes que aguentaram meu mau humor porque eu estava concentrada estudando, mas principalmente por terem me ensinado que o esforço vale a pena e será recompensado!

Amo vocês infinitamente!

Ainda, dedico meu "filhote" (como sempre intitulei meu *Manual de direito administrativo*) ao meu outro filhote Pietro – que agora veio ao mundo trazendo e despertando minha melhor versão.

Durante minha gestação, no ano de 2020, atualizei a 6ª edição do meu livro, gerando assim a 7ª edição (2021), em isolamento total devido à pandemia de Covid-19. Foi em benefício do meu Pietro que posso dizer que valeram todos os esforços, todas as dores e todas as horas sentada em frente ao computador para que o conteúdo esteja atualizadíssimo para meus leitores, seguindo sempre assim, inclusive nesta edição 2023.

Obrigada, meu filho, por dar força para a mamãe finalizar mais um trabalho. Fiz por você e para você (e assim sempre farei)!

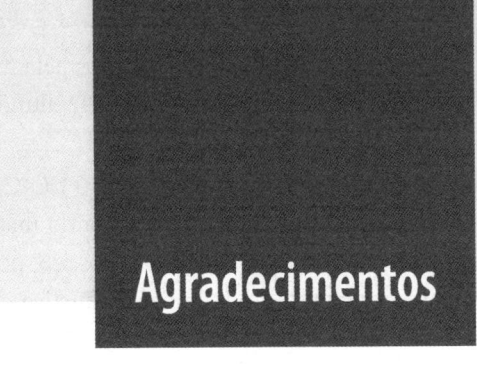

Agradecimentos

Hoje não é simplesmente mais um dia. Hoje é o dia em que tenho que agradecer, do fundo do meu coração, a cada um de meus alunos por fazerem parte da minha vida.

Hoje é o dia em que tenho que agradecer por cada palavra, por cada elogio, pelo respeito de vocês, pelo encorajamento, pelo carinho, pelas críticas construtivas, enfim, pelo aprendizado de todos esses anos, nessa minha estrada na docência, que já completa quatorze anos!

Uma das coisas de que tenho certeza em minha vida é que estou na profissão correta, e cada um de vocês me mostra isso todos os dias, quando abro minhas redes sociais e me deparo com meus mais de 100 mil seguidores da área do direito e com cada recado lindo que me escrevem.

Lembro da primeira vez que fui lecionar. Contei para meus amigos que ministraria minha primeira aula de direito administrativo como professora substituta na PUC-Campinas.

Cheguei à PUC-Campinas. Aula para o terceiro ano. Sala lotada. Entrei, todos ficaram olhando sem entender muito bem o que eu estava fazendo ali. Olhares desconfiados, intimidatórios, caras e bocas dos mais diversos tipos.

Apresentei-me e logo comecei a fazer a chamada. Os alunos eram bastante participativos. Logo que comecei a aula, vieram várias perguntas sobre o conteúdo, e, conforme eu ia respondendo, a classe ia adquirindo confiança, e fui me tornando professora e principalmente amiga de cada um dos meus alunos.

Em pouco tempo o professor titular da cadeira, João Custódio, infelizmente adoeceu. Assumi todas as turmas dele (eram três turmas noturnas e duas matutinas).

A pedido dos alunos, montamos um grupo de estudos extra-horário de aula. Eu imaginava que teria alguns poucos alunos, afinal as aulas seriam às segundas-feiras à noite (para a turma da PUC-Campinas matutina) e aos sábados pela manhã (para a turma da PUC-Campinas do noturno). Fiquei pasma: eu tinha 92 alunos particulares no meu grupo de estudos!

Nessa turma, eu tinha alunos dos seis terceiros anos da PUC-Campinas (minhas três turmas do noturno, as duas do matutino e a outra turma do matutino dos alunos do professor Francisco Rossi – meu querido tio, amigo, pai postiço, professor de direito administrativo, Desembargador aposentado do Tribunal de Justiça do Estado de São Paulo, parecerista e que me ensinou tudo que sei hoje).

Abri uma turma extra às terças-feiras para os alunos quintanistas, que, sabendo do grupo de estudos, também se matricularam no grupo a fim de estudar para a OAB. Eu ministrava aulas praticamente de segunda a sábado, sem contar a correria no período vespertino com o meu escritório e com as aulas a que duas vezes por semana eu assistia no mestrado, na PUC-São Paulo, e na especialização, na Escola Superior de Direito Constitucional (ESDC). O tempo livre eu utilizava para preparar as aulas, sempre com as novidades do dia do STF e do STJ sobre determinado assunto.

Aluguei então uma sala no centro de convenções do hotel Vitória, em Campinas (Bairro Cambuí). Chorei descontos e mais descontos com o dono para conseguir alugar ali – sim, eu sempre choro descontos, e precisava de um lugar confortável, iluminado, com uma lousa grande e que acomodasse meus primeiros grandes e inesquecíveis alunos.

Na verdade, eu precisava de um lugar para concretizar o meu sonho!

Como aos sábados a sala de convenções do hotel já estava lotada, loquei a sala do cursinho preparatório para OAB "O Absoluto" aos sábados – em frente ao hotel. E foi assim que tudo começou...

Não posso deixar de lembrar e agradecer aqui aos meus inesquecíveis e sempre amados alunos da PUC-Campinas: Rebecca Farinella, Livia Ramos, Livia Trombeta, Denis Iatarola, Camila Grant, Roberto Lopes, Olavo Barbosa, Diego Freitas, Mariana Paixão, Thiago D'Angiere, Thiago Almada, Alexandre Figliolia, Rafaella, Ana Carolina, Larissa Zielinsky, Ana Julia Fontes, Tatiana Favoretti, Marcelo Siqueira, Natalia Camargo, Juliana Sigrist, Amanda Pascutti, Fernando Almeida, Marina Nakandakare, Renata Lenço, Arinalda Silva Santos, Marilande Ribeiro, Mayra Bistene, Gisele Broleze, Stephanie Knox, Janaína Lopes, Luciana Valente, Arthur Soares, Tati Campos Fortes, Luiza Ugarte, Tais Ruas, Daniele Khouri, Melissa, Lucas, Raquel Ulbricht, Carol Christiano, Fernando Fontoura, Ana Accorsi, Geisa do Nascimento, Itala Franzin, Adriana Serra, Ariel Gadia, Bruna Limberti, Carol Bin, Denis Difelis, Gabriela Sgabioli, Hugo D'Stefano, Larissa Detomini, Luís Henrique Bortolai, Luiz Cilurzo, Maíra Defendi, Priscilla Cabral, Rafael Gallina, Rafaella Rezende, Suzanne Maria Franco Guadaguini, Vicente Cestari, Larissa Pontelli, Cadu Régis Ramos, Vanessa Cereser, Cíntia Garcia, Érico Jorge, Deia Rodrigues, Andrea Rodrigues, Ana Paula Geronutti, Francine Momesso, Carlinha Idalgo, Bruno Christensen, Diego Teixeira, Bruno Santo, Murilo Pires e de tantos outros alunos e amigos que fizeram parte do meu grupo de estudos e que foram meus alunos da PUC-Campinas! Obrigada sempre!

Em pouco tempo, fui contratada pelo cursinho "O Absoluto", coordenação da professora Daniela – uma grande chefe e líder que ganhou todo o meu respeito e admiração.

Num belo dia, eu estava na casa desse meu tio Francisco Rossi consultando a biblioteca dele para terminar de escrever minha dissertação do mestrado e encontrei um livro que ele havia ganhado do professor e Promotor de Justiça Rogério Sanches.

Ao ler a dedicatória, fiquei toda emocionada: Rogério tinha sido aluno do meu tio na PUC-Campinas e tinha sido meu professor na rede LFG quando fui aluna do cursinho, assim que terminei a faculdade.

Dizem que a realização de um sonho depende de coragem. Eu diria ainda que depende de determinação, objetivo, foco, amor e muitas horas de estudo! Noventa e cinco por cento de dedicação e cinco por cento de sorte de estar no local correto e na hora certa!

Com base nesses meus valores pessoais, resolvi entrar em contato com o Prof. Rogério Sanches.

Contei do meu grupo de estudos em Campinas. Na época, eu sozinha tinha mais alunos do que muitos cursinhos presenciais na região de Campinas, e, por essa razão, algo me dizia que eu deveria pedir uma oportunidade para ministrar uma aula na rede LFG para conhecerem meu trabalho.

Deu certo! Marcaram a aula. Tema: Poderes da Administração. Teste de admissão: você ao vivo para todo o Brasil no top de 10 segundos! A avaliação seria nacional, feita pelos próprios alunos! Câmera, luzes, microfone, tudo muito diferente do meu dia a dia e do que eu estava acostumada. Mas eu tinha certeza de que estava no local certo e fazendo a coisa certa e que aquele foi um dos dias mais felizes da minha vida: dia 10 de agosto de 2008 – um marco pra sempre em minha memória e no coração!

Acredito que **determinação** talvez seja a energia mais forte que alguém possa ter: se você quiser vencer, você vai. Basta se dedicar e se empenhar para isso!

A realização de um sonho depende efetivamente de coragem e de atitude. Se você não fizer nada, ninguém fará por você. Por isso, arrisque! Se o não você já tem, o que vier será lucro!

A vida é cheia de problemas, obstáculos, dificuldades para todos, e a sensação que tenho é a de que quando entro na sala de aula todos os medos, inseguranças e problemas ficam do lado de fora; tudo isso acontece por um único motivo: a energia boa de cada um dos meus alunos.

Quilômetros de distância do satélite podem ser afastados com cada recado *on-line* que meus alunos mandam, o que era distante torna-se próximo, eu passo a "conhecer" cada um dos meus alunos pelo nome, pela cidade, pelo jeito de escrever as dúvidas, pelos recados carinhosos que mandam, e, principalmente, para aqueles que estão no Facebook, no Twitter e no Instagram, pelo rosto de vocês.

Vocês não são apenas mais um: vocês são aqueles que simplesmente fazem a diferença na minha vida. Colegas de profissão, pessoas determinadas, estudiosos, dedicados, com foco, garra, objetivo, qualidades que não são encontradas com frequência neste mundo maluco de hoje. Esses são os meus alunos, esses são aqueles que posso chamar de meus amigos, e foi para cada um de vocês que escrevi com muito carinho este *Manual de direito administrativo*.

Sumário

Agradecimentos VII
Apresentação XXXI

Capítulo I   Temas Introdutórios e Princípios da Administração Pública 1
1. Introdução ao estudo do Direito Administrativo e a Administração Pública 1
2. Conceito de Direito Administrativo 3
    2.1 Critério legalista 3
    2.2 Critério do Poder Executivo... 3
    2.3 Escola do serviço público 4
    2.4 Critério das relações jurídicas... 5
    2.5 Critério teleológico ou finalístico 5
    2.6 Critério negativo ou residual... 5
    2.7 Critério da distinção entre a atividade jurídica e social do Estado 6
    2.8 Conceito de Celso Antônio Bandeira de Mello 6
    2.9 Conceito de José dos Santos Carvalho Filho 6
    2.10 Conceito de Hely Lopes Meirelles: critério da Administração Pública 6
    2.11 Conceito de Diógenes Gasparini 6
3. Fontes do Direito Administrativo... 7
    3.1 Doutrina estrangeira... 8
4. Princípios que regem a atuação da Administração Pública............................ 9
5. Regime jurídico administrativo.. 11
    5.1 Princípio da supremacia do interesse público sobre o particular 12
    5.2 Princípio da indisponibilidade do interesse público 13
    5.3 Princípio da legalidade 14

5.3.1 Doutrina estrangeira 15
5.3.2 Princípio da legalidade *versus* princípio da reserva de lei 15
5.3.3 A legalidade admite exceções? 16
5.3.4 "ABORDAGEM MULTIDISCIPLINAR" – relação interdisciplinar existente entre o direito constitucional – e a ideia de "constitucionalismo" e ondas evolutivas de configuração do Estado – os direitos humanos e o direito administrativo 16

5.4 Princípio da impessoalidade 29
    5.4.1 O princípio da impessoalidade e o enunciado da Súmula Vinculante 13 30
    5.4.2 Qual a diferença entre o princípio da impessoalidade e o princípio da finalidade? 34
    5.4.3 O princípio da impessoalidade e a promoção pessoal 35

5.5 Princípio da moralidade 36
5.6 Princípio da publicidade 39
    5.6.1 Exceções constitucionais à publicidade 42
5.7 Princípio da eficiência (inserido na Constituição Federal pela Emenda Constitucional n. 19/98) 43
    5.7.1 Desdobramentos do princípio da eficiência 43
    5.7.2 Doutrina estrangeira 47
5.8 Princípio da autotutela 47
    5.8.1 Características da revogação 48
5.9 Princípio da razoabilidade e proporcionalidade 53
5.10 Princípio da boa-fé ou da confiança 54
5.11 Princípio da especialidade 55
5.12 Princípio da continuidade dos serviços públicos 55
    5.12.1 Princípio da continuidade dos serviços públicos *versus* direito de greve dos servidores: art. 37, VII, da CF – a questão da omissão legislativa acerca do assunto 56
        5.12.1.1 Greve de policiais civis 60
        5.12.1.2 Greve de policiais federais 61
        5.12.1.3 Consequências do exercício do direito de greve dos servidores: desconto dos dias não trabalhados ou compensação de horas de trabalho? 61
        5.12.1.4 Direito de greve *versus* serviços essenciais 66
        5.12.1.5 Competência em caso de greve 68
        5.12.1.6 Greve *versus* estágio probatório 70
        5.12.1.7 Greve para os militares 71
    5.12.2 Princípio da continuidade dos serviços públicos e a cláusula da exceção do contrato não cumprido 71
5.13 Princípio da segurança jurídica 72

5.14	Princípio da isonomia ou igualdade	75
	5.14.1 Fixação de limite de idade em concurso público	86
	5.14.2 Temas aprofundados acerca do princípio da isonomia	88
6	Enunciados da Jornada de Direito Administrativo	97
7.	Conteúdo digital	97

Capítulo II — Poderes da Administração 99

1. Introdução 99
   1.1 Doutrina estrangeira 100
2. Características dos poderes 100
3. Poderes em espécie 104
   3.1 Poder vinculado ou regrado 105
   3.2 Poder discricionário 105
       3.2.1 Doutrina estrangeira 106
   3.3 Poder disciplinar 107
       3.3.1 Superior Tribunal de Justiça e discricionariedade no poder disciplinar 110
   3.4 Poder hierárquico (ou poder do hierarca, na expressão de Celso Antônio Bandeira de Mello) 110
       3.4.1 Situações em que a hierarquia não ocorre 111
       3.4.2 (Im)possibilidade de hierarquia entre os Poderes 111
   3.5 Poder de polícia 111
       3.5.1 Conceituações 112
       3.5.2 Características do ato de polícia 113
       3.5.3 Competência para exercício do poder de polícia 118
       3.5.4 Atributos do poder de polícia 120
       3.5.5 Sanção administrativa 121
       3.5.6 Da (im)possibilidade de delegação do poder de polícia 122
       3.5.7 STF considera válida a imposição de limite de idade para veículos de transporte coletivo 124
   3.6 Poder regulamentar 129
       3.6.1 Poder regulamentar e mandado de injunção 130
       3.6.2 Formalização do poder regulamentar 131
       3.6.3 Limites conferidos ao poder regulamentar 131
       3.6.4 Modelo atual do poder regulamentar (trazido por José dos Santos Carvalho Filho, *Manual de direito administrativo*, p. 54) 133
       3.6.5 Regulamentos autônomos ou independentes 134
4. Conteúdo digital 138

Capítulo III   Dos Atos Administrativos 139
1. Conceituações... 139
       1.1   Doutrina estrangeira... 140
2. Espécies de atos administrativos.. 140
       2.1   Atos normativos... 141
       2.2   Atos ordinatórios... 142
       2.3   Atos negociais.. 143
       2.4   Atos enunciativos.. 146
       2.5   Atos punitivos ou sancionatórios 148
3. Classificação dos atos administrativos 148
       3.1   "Quanto à formação do ato administrativo"... 149
       3.2   Classificação quanto aos "destinatários do ato administrativo"...... 151
       3.3   Classificação quanto ao "alcance dos atos administrativos"............. 153
       3.4   Classificação "quanto ao seu regramento".. 154
       3.5   Classificação quanto ao objeto... 157
       3.6   Quanto aos resultados na esfera jurídica.. 158
4. Atributos do ato administrativo 158
       4.1   Presunção de legitimidade... 158
       4.2   Autoexecutoriedade 160
       4.3   Imperatividade (ou coercibilidade ou poder extroverso – Renato Alessi) ... 162
       4.4   Tipicidade... 163
5. Elementos ou requisitos do ato administrativo... 164
       5.1   Terminologia 164
       5.2   Elementos ou requisitos em espécie.. 166
            5.2.1   Forma 166
            5.2.2   Finalidade 169
            5.2.3   Competência/sujeito competente... 172
                    5.2.3.1   Critérios para definição de competência................ 173
                    5.2.3.2   Características da competência administrativa 174
            5.2.4   Motivo (ou causa)... 176
                    5.2.4.1   Motivação 177
                    5.2.4.2   Teoria dos motivos determinantes 179
            5.2.5   Objeto/conteúdo.. 180
6. Convalidação e sanatória 182
       6.1   Diferenciação: convalidação *versus* conversão 182
7. Estabilização de efeitos 182
8. Formação e efeitos do ato administrativo 183
       8.1   Perfeição 183
       8.2   Eficácia 183

  8.2.1 Efeito típico ou próprio 184
  8.2.2 Efeito atípico 184
    8.2.2.1 Efeito reflexo 185
    8.2.2.2 Efeito preliminar ou prodrômico 185
 8.3 Exequibilidade 186
 8.4 Validade 186
9. Extinção dos atos administrativos 187
 9.1 Extinção do ato em razão do cumprimento de seus efeitos 187
 9.2 Extinção do ato em razão do desaparecimento do sujeito 188
 9.3 Extinção do ato em razão do desaparecimento do objeto 188
 9.4 Extinção do ato em razão da renúncia 189
 9.5 Extinção do ato pela força maior e/ou pelo caso fortuito 189
 9.6 Extinção do ato por inadimplemento (resilição) 189
 9.7 Extinção do ato em razão de sua retirada pela própria Administração Pública 189
  9.7.1 Anulação 190
    9.7.1.1 Teoria das nulidades 191
    9.7.1.2 Doutrina estrangeira 192
  9.7.2 Revogação 192
  9.7.3 Cassação 195
  9.7.4 Caducidade 196
  9.7.5 Contraposição (ou derrubada) 197
10. Enunciados da Jornada de Direito Administrativo 198
11. Conteúdo digital 198

Capítulo IV Organização da Administração Pública 199
1. Introdução 199
2. Princípios fundamentais da Administração Pública Federal (arts. 6º e s. do Decreto-lei n. 200/67) 199
 2.1 Princípio do planejamento – art. 7º do Decreto-lei n. 200/67 199
 2.2 Princípio da coordenação – arts. 8º e 9º do Decreto-lei n. 200/67 202
 2.3 Princípio da descentralização administrativa – art. 10 do Decreto-lei n. 200/67 .. 202
 2.4 Princípio da delegação de competência (arts. 11 e 12 do Decreto-lei n. 200/67) .. 205
 2.5 Princípio do controle (art. 13 do Decreto-lei n. 200/67) 206
3. Teorias sobre a manifestação de vontade das pessoas jurídicas 206
4. Órgãos públicos 208
 4.1 Características dos órgãos públicos 208
5. Administração Pública Direta (ou centralizada) 209
 5.1 Características 209

6. Administração Pública Indireta (ou descentralizada) 215
   6.1 Autarquias 215
      6.1.1 Autarquias comuns (também intituladas autarquias administrativas ou de serviços) 215
      6.1.2 Autarquia especial: agências reguladoras 220
      6.1.3 Autarquias corporativas 232
         6.1.3.1 Peculiaridade sobre a natureza jurídica da OAB 234
      6.1.4 Autarquias fundacionais 245
   6.2 Fundações públicas 246
   6.3 Agências executivas 248
   6.4 Sociedades de economia mista e empresas públicas 249
   6.5 Associações públicas 269
      6.5.1 Lei n. 11.107/2005: Consórcios Públicos (art. 241 da CF) 269
7. Considerações finais 273
8. Enunciados da Jornada de Direito Administrativo 277
9. Conteúdo digital 279

Capítulo V Terceiro Setor, Entidades Paraestatais ou Entes de Cooperação 281
1. Introdução 281
2. Características do terceiro setor 281
3. Organizações sociais 282
   3.1 Características 282
   3.2 Críticas doutrinárias ao instituto das organizações sociais 284
4. Organização da Sociedade Civil de Interesse Público (OSCIPs) 290
   4.1 Características 290
5. Entidades de Apoio (EA) 292
   5.1 Características 292
   5.2 Crítica ao instituto 293
6. Serviços Sociais Autônomos (SSA) 293
   6.1 Características 293
7. Enunciados da Jornada de Direito Administrativo 297
8. Conteúdo digital 297

Capítulo VI Responsabilidade Civil do Estado 299
1. Introdução 299
   1.1 Conceitos 300
2. Algumas distinções 301
3. Fundamentos da responsabilidade civil do Estado 306
4. Evolução da responsabilidade civil do Estado 307

4.1 Teoria da irresponsabilidade civil do Estado 308
4.2 Teorias civilistas 309
    4.2.1 Teoria dos atos de império e de gestão 309
    4.2.2 Teoria da responsabilidade com culpa civil do Estado ou teoria da responsabilidade subjetiva do Estado 310
4.3 Teorias publicistas 310
    4.3.1 Teoria da culpa do serviço (*faute du service*) 311
    4.3.2 Teoria do risco ou da responsabilidade patrimonial sem culpa ou da responsabilidade objetiva ou teoria objetiva 311
5. Elementos da responsabilidade objetiva do Estado 313
6. Sujeito passivo do dano 314
7. Exclusão da responsabilidade estatal 316
    7.1 Culpa exclusiva da vítima 316
    7.2 Caso fortuito ou força maior 317
    7.3 Culpa concorrente 318
    7.4 Ato de terceiro 318
8. Variação da teoria da responsabilidade objetiva: teoria do risco integral 318
    8.1 Adoção da teoria do risco integral em nosso ordenamento 319
9. Condutas omissivas e responsabilidade civil do Estado 320
    9.1 Doutrina estrangeira 327
10. Responsabilidade do Estado por atos legislativos e judiciais 331
    10.1 Atos legislativos 331
    10.2 Atos judiciais 332
        10.2.1 Situações para atos jurisdicionais ensejarem a responsabilidade estatal .. 332
11. Responsabilidade civil do Estado e segurança pública: STF, AI 400.336 334
12. Características do dano reparável 334
13. Ação de indenização do dano 335
    13.1 Da ação de reparação do dano 336
    13.2 Prazo prescricional da ação indenizatória 337
14. Direito de regresso 339
    14.1 Requisitos para o exercício da ação regressiva pela Administração em face do agente que agiu com dolo ou culpa 340
    14.2 Prazo prescricional 340
15. Denunciação da lide ao agente nas ações em que o Estado é processado pelo particular 342
16. Peculiaridades do tema 342
    16.1 Dano de obra pública 342
    16.2 Análise da Lei n. 12.846, de 1º de agosto de 2013: considerações importantes 343
17. Conteúdo digital 358

Capítulo VII Serviços Públicos e Concessão de Serviços Públicos 359
1. Conceito de serviço público... 359
   1.1 Doutrina estrangeira... 359
   1.2 Características principais dos serviços públicos... 360
2. Competência para legislar sobre serviço público... 360
3. Princípios do serviço público... 363
   3.1 Princípio da continuidade dos serviços públicos....................................... 364
      3.1.1 Aprofundamento: art. 6º, § 3º, da Lei n. 8.987/95: hipótese legal que não configura descontinuidade da prestação do serviço.................... 364
      3.1.2 Greve dos agentes públicos: art. 37, VII, da CF 365
         3.1.2.1 Exercício da greve *versus* serviços essenciais........................ 375
      3.1.3 Exceção do contrato não cumprido 381
   3.2 Princípio da eficiência 382
   3.3 Princípio da impessoalidade.. 382
   3.4 Princípio da generalidade (ou universalidade) 382
   3.5 Princípio da segurança 382
   3.6 Princípio da atualidade.. 383
   3.7 Princípio da modicidade das tarifas... 383
   3.8 Princípio da transparência ou clarividência 383
   3.9 Princípio da cortesia.. 383
4. Categorias de serviços públicos ou grupos de serviços públicos 384
   4.1 Serviços prestados pelo Estado de forma exclusiva (e por sua conta e risco).. 384
   4.2 Serviços públicos que o Estado tem a obrigação de prestar, mas, por determinação constitucional, o particular também terá sua titularidade e poderá prestá-los 389
   4.3 Serviços que o Estado até poderia prestar, mas, por suas características peculiares, a iniciativa privada é que deverá prestá-los 392
   4.4 Serviços que o Estado tem a incumbência de promover (ou de forma direta, ou por meio da descentralização de sua prestação – de forma indireta).. 395
5. Da delegação de serviços públicos... 395
6. Concessão de serviços públicos (Lei n. 8.987/95)... 395
   6.1 Conceito 395
   6.2 Encargos dos concessionários 396
   6.3 Direitos e obrigações dos usuários 397
   6.4 Política tarifária da concessionária 398
   6.5 Responsabilidade das concessionárias 399
   6.6 Concessão de serviço público precedida de obra pública.......................... 401
   6.7 Formas de extinção da concessão 401
7. Tabela de prazos 405

8. Concessão Especial – Parceria Público-Privada regida pela Lei n. 11.079/2004.. 409
   8.1 Conceito 410
   8.2 Características das PPPs 411
9. Tabela de prazos 415
10. Permissão de serviços públicos 417
    10.1 Natureza jurídica da permissão de serviço público 418
11. Autorização de serviço público 418
    11.1 Conceito 418
12. Notários e registradores: art. 236 da CF 418
13. Programa de Parcerias de Investimento – PPI – Lei n. 13.334, de 13 de novembro de 2016 420
14. Enunciados da Jornada de Direito Administrativo 421
15. Conteúdo digital 421

Capítulo VIII   Agentes Públicos 423

1. Considerações iniciais 423
   1.1 Acessibilidade aos cargos, empregos e funções públicas (art. 37, I, da CF) .. 423
   1.2 Concurso público (art. 37, II, da CF) 424
       1.2.1 Doutrina estrangeira 470
   1.3 Prazo de validade do concurso público (art. 37, III, da CF) 474
   1.4 Convocação dos aprovados em concurso público (art. 37, IV, da CF) 476
   1.5 Funções de confiança e cargos em comissão (art. 37, V, da CF) 476
   1.6 Direito à livre associação sindical (art. 37, VI, da CF) 477
   1.7 Direito de greve dos agentes públicos (art. 37, VII, da CF) 477
   1.8 Reserva de cargos e empregos a pessoas portadoras de deficiência (art. 37, VIII, da CF) 478
   1.9 Contratação para atender à necessidade temporária (art. 37, IX, da CF) 478
   1.10 Remuneração dos agentes públicos (art. 37, X a XVII, da CF) 480
2. Categorias de agentes públicos 483
   2.1 Agentes políticos 484
   2.2 Servidores estatais 486
       2.2.1 Servidores públicos 486
       2.2.2 Servidores de entes governamentais de direito privado 489
   2.3 Particulares em colaboração com o Estado 490
   2.4 Ocupantes de cargos em comissão 494
   2.5 Contratados temporários 495
   2.6 Agentes militares 496
3. Estabilidade (art. 41 da Constituição Federal) 499
   3.1 Estabilidade (art. 41 da CF) *versus* vitaliciedade (art. 95, I, da CF) 502
   3.2 Avaliação especial de desempenho *versus* avaliação periódica de desempenho 503

4. Aposentadoria 503
5. Doutrina estrangeira 505
6. Súmulas 507
7. Enunciado da Jornada de Direito Administrativo 509
8. Conteúdo digital 509

Capítulo IX   Lei n. 8.112/90 – Estatuto dos Servidores Públicos Federais 511

1. Introdução 511
2. Conceituações 511
3. Formas de provimento em cargos públicos 512
   3.1 Nomeação (arts. 9º e 10 da Lei n. 8.112/90) 513
   3.2 Promoção 514
   3.3 Readaptação (art. 24 da Lei n. 8.112/90) 514
   3.4 Reversão (art. 25 da Lei n. 8.112/90) 514
   3.5 Aproveitamento (art. 30 da Lei n. 8.112/90) 515
   3.6 Reintegração (art. 28 da Lei n. 8.112/90) 515
   3.7 Recondução (art. 29 da Lei n. 8.112/90) 517
4. Vacância em cargo público (art. 33 da Lei n. 8.112/90) 517
   4.1 Exoneração 517
   4.2 Demissão 519
   4.3 Promoção 522
   4.4 Readaptação 522
   4.5 Aposentadoria 522
   4.6 Posse em outro cargo inacumulável 522
   4.7 Falecimento 522
5. Da remoção e redistribuição 522
6. Dos direitos e vantagens do servidor 523
   6.1 Diferenciações iniciais 523
   6.2 Vantagens do servidor 524
      6.2.1 Indenizações 525
      6.2.2 Gratificações 526
      6.2.3 Adicionais 527
7. Das férias 527
8. Das licenças (art. 81 da Lei n. 8.112/90) 528
   8.1 Por motivo de doença em pessoa da família 528
   8.2 Por afastamento do cônjuge ou companheiro para outro ponto do território nacional ou exterior 528
   8.3 Licença para prestar o serviço militar 528
   8.4 Licença para exercício de atividade política 528

8.5	Licença-capacitação	528
8.6	Licença para participação em programa de pós-graduação *stricto sensu* (mestrado e doutorado) no país	528
8.7	Licença para cuidar de assuntos particulares	529
8.8	Licença para exercício de mandato classista	529
8.9	Licença para tratamento de saúde ou acidente de serviço	529
8.10	Licença à gestante, à adotante e licença-paternidade	529

9. Das concessões (tema com alterações trazidas pela Lei n. 13.370, de 12-12-2016) .. 530
   9.1 Da possibilidade de o servidor ausentar-se do serviço 530
   9.2 Do horário especial ao servidor (art. 98 da Lei n. 8.112/90) 531
10. Regime disciplinar do servidor 531
    10.1 Considerações 531
11. Pensão por morte do servidor e inovações trazidas pela Lei n. 13.135, de 17 de junho de 2015 (arts. 215 a 225 da Lei n. 8.112/90) 536
    11.1 Do auxílio-reclusão – art. 229 da Lei n. 8.112/90 538
12. Tabela de prazos na Lei n. 8.112/90 538
13. Enunciado da Jornada de Direito Administrativo 551
14. Conteúdo digital 551

Capítulo X   Improbidade Administrativa 553

1. Introdução 553
   1.1 Doutrina estrangeira 556
2. Competência para legislar sobre improbidade administrativa 558
3. Sujeito passivo do ato de improbidade administrativa 560
4. Sujeito ativo do ato de improbidade: agente público, terceiro e sucessor 561
5. Agentes políticos e a lei de improbidade administrativa 564
   5.1 Rcl. 2.138 (*Informativo STF 471*): caso Ministro Ronaldo Motta Sardenberg.. 565
   5.2 Presidente da República 566
   5.3 Prefeitos 572
   5.4 Entendimento doutrinário 574
6. Foro competente para julgar casos de improbidade administrativa 575
   6.1 Aprofundamentos 576
7. Atos de improbidade administrativa 577
   7.1 Enriquecimento ilícito 578
   7.2 Dano ao erário 579
       7.2.1 Concessão, aplicação ou manutenção de benefício financeiro ou tributário (art. 10, XXII, da Lei n. 8.429/92) 581
   7.3 Violação aos princípios da Administração Pública 583
8. Natureza jurídica do ilícito de improbidade administrativa 586
9. Elemento subjetivo 588
   9.1 Contextualização antes do advento da Lei n. 14.230/2021 588
   9.2 Contextualização com o advento da Lei n. 14.230/2021 590

10. Sanções atribuídas ao agente ímprobo 591
    10.1 Critérios para fixação das penalidades previstas na Lei de Improbidade Administrativa (art. 12, I, II e III, da LIA) 592
11. Prescrição 600
    11.1 Prescrição de ação de reparação de danos à Fazenda Pública decorrente de ilícito civil 603
    11.2 Imprescritibilidade de ação de ressarcimento decorrente de ato doloso de improbidade administrativa 603
    11.3 Prescritibilidade da pretensão de ressarcimento ao erário fundada em decisão de Tribunal de Contas 604
12. Considerações finais 606
13. Enunciado da Jornada de Direito Administrativo 614
14. Conteúdo digital 614

Capítulo XI   Processo Administrativo Federal – Lei n. 9.784/99 615
1. Conceito 615
2. Princípios do processo administrativo 616
3. Critérios observados no processo administrativo 618
4. Direitos dos administrados (art. 3º da Lei n. 9.784/99) 621
5. Deveres dos administrados (art. 4º da Lei n. 9.784/99) 622
6. Competência legislativa sobre processo administrativo 623
7. Fases do processo administrativo 623
   7.1 Instauração (art. 5º) 623
   7.2 Instrução (arts. 29 a 47 da Lei n. 9.784/99) 624
   7.3 Defesa (art. 44 da Lei n. 9.784/99) 626
   7.4 Relatório 627
   7.5 Decisão 627
        7.5.1 Da motivação das decisões administrativas 627
        7.5.2 Teoria dos motivos determinantes 629
8. Pedido de reconsideração 634
9. Recurso 634
   9.1 Características gerais dos recursos 634
10. Tabela de prazos 640
11. Enunciado da Jornada de Direito Administrativo 647
12. Conteúdo digital 647

Capítulo XII   Licitação – Lei n. 8.666/93 e Lei n. 14.133/2021 649
1. Introdução 649
2. Quem está obrigado a licitar? 652
3. Competência para legislar sobre licitações e contratos administrativos 656

4.	Princípios da licitação	659
	4.1 Princípio da legalidade (ou princípio do procedimento formal – art. 4º da Lei n. 8.666/93)	659
	4.2 Princípio da impessoalidade	659
	4.3 Princípio da moralidade (ou princípio da probidade administrativa)	660
	4.4 Princípio da igualdade	661
	4.5 Princípio da publicidade	662
	4.6 Princípio da vinculação ao instrumento convocatório	664
	4.7 Princípio do julgamento objetivo	665
	4.8 Princípio do sigilo em licitação	667
	4.9 Princípio da adjudicação compulsória	667
	4.10 Princípio da ampla defesa	667
	4.11 Princípio do planejamento	667
	4.12. Princípio da transparência	668
	4.13. Outros princípios trazidos pela Lei n. 14.133/2021	668
5.	Fases da licitação	668
	5.1 Fase interna e preparatória	668
	5.2 Fase externa na Lei n. 8.666/93	671
	5.2.1 Instauração ou abertura na Lei n. 8.666/93	671
	5.2.2 Habilitação ou qualificação na Lei n. 8.666/93	673
	5.2.3 Etapa de classificação das propostas na Lei n. 8.666/93	677
	5.2.4 Julgamento das propostas na Lei n. 8.666/93	680
	5.2.5 Homologação na Lei n. 8.666/93	682
	5.2.6 Adjudicação na Lei n. 8.666/93	682
	5.3 Fase contratual	682
6.	Fases do processo de licitação na Lei n. 14.133/2021	682
7.	Modalidades de licitação	686
	7.1 Concorrência na Lei n. 8.666/93	687
	7.2 Tomada de preços na Lei n. 8.666/93	689
	7.3 Convite	690
	7.4 Quadro comparativo: concorrência *versus* tomada de preços *versus* convite	690
	7.5 Concurso	693
	7.6 Leilão	694
	7.7 Pregão – tema disciplinado pela Lei n. 10.520, de 17 de julho de 2002	696
	7.7.1 Introdução	696
	7.7.2 Por que o decreto regulamentador do pregão é anterior à própria lei que instituiu a modalidade pregão?	697
	7.7.3 Quando deverá ser utilizada a modalidade de licitação pregão?	697
	7.7.4 A quais requisitos a fase preparatória do pregão deverá obedecer?	699

7.7.5	Integrantes da equipe de apoio do pregão	700
7.7.6	Fase externa do pregão	700
7.7.7	Da classificação das propostas e da fase de habilitação	702
7.7.8	Do recurso do licitante perdedor do pregão	704
7.7.9	Da adjudicação do pregão	705
7.7.10	Vedações em sede de pregão (art. 5º da Lei n. 10.520/2002)	706
7.7.11	Prazo de validade das propostas	706
7.7.12	Pegadinhas sobre o pregão	706

7.8. Diálogo competitivo – modalidade licitatória trazida pela Lei n. 14.133/2021 .. 707
7.9. Procedimentos auxiliares na Lei n. 14.133/2021 ... 709
8. Contratação direta ... 711
   8.1 Licitação dispensada ... 711
   8.2 Licitação dispensável ... 712
   8.3 Inexigibilidade de licitação ... 719
9. Prazo de intervalo mínimo na Lei n. 8.666/93 ... 728
10. Tabela de prazos na Lei n. 8.666/93 ... 736
11. Tabela de prazo na Lei n. 14.133/2021 ... 743
12. Enunciados da Jornada de Direito Administrativo ... 758
13. Aspectos importantes da Lei n. 14.133, de 1º de abril de 2021 ... 759
14. Conteúdo digital ... 769

Capítulo XIII   Regime Diferenciado para Contratações – RDC ... 771

1. Características do regime diferenciado para contratações – RDC ... 771
   1.1 Quais obras e contratações podem ser realizadas via RDC? ... 771
   1.2 Objetivos do RDC ... 774
   1.3 Peculiaridades do RDC ... 774
3. Conteúdo digital ... 777

Capítulo XIV   Contratos Administrativos ... 779

1. Introdução ... 779
   1.1 Conceitos ... 781
   1.2 Doutrina estrangeira ... 781
2. Características ... 782
   2.1 Das cláusulas exorbitantes ... 784
      2.1.1 Da possibilidade de alteração e rescisão unilateral do contrato pela Administração Pública (art. 58, I, da Lei n. 8.666/93) ... 784
      2.1.2 Da possibilidade de aplicação, pela Administração Pública, de sanções ao contratado ... 787
      2.1.3 Da exigência de garantia ... 790
      2.1.4 Inoponibilidade da exceção do contrato não cumprido ... 793

		2.1.5	Da fiscalização dos contratos administrativos	796

        2.1.5 Da fiscalização dos contratos administrativos 796
        2.1.6 Ocupação provisória de bens e pessoal do contratado prestador de serviços essenciais para a coletividade 797
3. Equilíbrio econômico-financeiro (ou equilíbrio financeiro, ou equilíbrio econômico, ou equação econômica, ou equação financeira) do contrato administrativo...... 797
    3.1 Força maior e caso fortuito 798
    3.2 Fato do príncipe 801
    3.3 Fato da Administração 802
    3.4 Interferências imprevistas 803
    3.5 Aprofundamento sobre o tema 803
4. Do formalismo dos contratos administrativos... 805
5. Duração dos contratos 807
6. Cláusulas necessárias nos contratos administrativos 809
7. Rescisão contratual e hipóteses de extinção dos contratos 812
    7.1 Rescisão administrativa 812
    7.2 Rescisão amigável 813
    7.3 Rescisão judicial 815
    7.4 Rescisão de pleno direito 816
    7.5. Hipóteses de extinção dos contratos previstas expressamente na Lei n. 14.133/2021 816
8. Contratos em espécie 818
    8.1 Contrato de obra pública e de serviço... 818
    8.2 Contrato de fornecimento... 820
    8.3 Contrato de concessão de serviço público 822
    8.4 Contrato de permissão de serviços públicos.................................... 823
    8.5 Contrato de concessão de obra pública... 824
    8.6 Contrato de concessão de uso de bem público 825
    8.7 Contrato de concessão especial – PPP... 826
9. Enunciados da Jornada de Direito Administrativo 836
10. Conteúdo digital 837

Capítulo XV   Intervenção do Estado na Propriedade.. 839
1. Introdução 839
2. Diferenciações: forma supressiva e não supressiva de domínio 840
3. Formas de intervenção do Estado na propriedade 840
    3.1 Requisição administrativa... 840
    3.2 Servidão administrativa 843
    3.3 Ocupação temporária ou provisória 845
    3.4 Limitação administrativa 846
    3.5 Tombamento.. 847

3.6	Desapropriação	851
	3.6.1 Conceitos	851
	3.6.2 Efeitos da desapropriação	853
	3.6.3 Natureza jurídica da desapropriação	853
	3.6.4 Postulados de observância obrigatória na desapropriação	854
	3.6.5 A finalidade da desapropriação e sua alteração	855
	3.6.6 Competências na desapropriação	858
	3.6.7 O que pode ser objeto de desapropriação?	864
	3.6.8 Ação de desapropriação direta – peculiaridades	868
	3.6.8.1 Imissão provisória na posse	869
	3.6.8.2 Indenização do bem expropriado	871
	3.6.8.2.1 Juros compensatórios	872
	3.6.8.2.2 Juros moratórios	890
	3.6.8.2.3 Honorários de advogado	892
	3.6.8.2.4 Correção monetária	893
	3.6.8.2.5 Sentença	893
4.	Direito de extensão	893
5.	Desistência da desapropriação	894
6.	Casos especiais de desapropriação	894
	6.1 Desapropriação por zona	894
	6.2 Desapropriação urbanística ou reurbanização	896
	6.3 Desapropriação por interesse social (Lei n. 4.132/62)	896
	6.4 Desapropriação por descumprimento da função social da propriedade urbana	901
	6.5 Desapropriação confiscatória (art. 243 da CF)	902
	6.5.1 E o uso da maconha para fins medicinais?	907
	6.5.2 Marcha da maconha: ADPF 187	909
	6.5.3 Recurso Extraordinário 635.659, com repercussão geral, discute a constitucionalidade da criminalização do porte de drogas para uso pessoal	910
	6.6 Desapropriação indireta	911
7.	Súmulas	924
8.	Enunciados da Jornada de Direito Administrativo	926
9.	Conteúdo digital	926

Capítulo XVI   Controle da Administração 927

1. Introdução 927
2. Controle da administração: conceitos 929
3. Natureza jurídica do controle da Administração Pública 929
4. Classificação e espécies de controle 929

- 4.1 Quanto à natureza do controlador (José dos Santos Carvalho Filho) 930
- 4.2 Quanto ao órgão que realiza (critério de Celso Antônio Bandeira de Mello e de Maria Sylvia Zanella Di Pietro) ou critério da extensão do controle (para José dos Santos Carvalho Filho) 930
- 4.3 Quanto ao aspecto controlado (critério de Celso Antônio Bandeira de Mello e de Maria Sylvia Zanella Di Pietro), quanto à natureza do controle (para José dos Santos Carvalho Filho) ou quanto ao objeto 932
- 4.4 Quanto ao momento em que o controle é realizado (critério de Celso Antônio Bandeira de Mello e de Maria Sylvia Zanella Di Pietro) ou quanto à oportunidade (para José dos Santos Carvalho Filho) 933
- 4.5 Quanto à iniciativa (para José dos Santos Carvalho Filho) 933
- 4.6 Quanto ao âmbito 934
5. Controle administrativo 934
   - 5.1 Instrumentos de controle administrativo 934
      - 5.1.1 Direito de petição 935
      - 5.1.2 Controle ministerial 935
      - 5.1.3 Fiscalização hierárquica 935
      - 5.1.4 Controle social 936
      - 5.1.5 Instrumentos legais de controle 936
      - 5.1.6 Recursos administrativos 936
         - 5.1.6.1 Representação administrativa 937
         - 5.1.6.2 Reclamação administrativa 938
         - 5.1.6.3 Pedido de reconsideração 938
         - 5.1.6.4 Revisão do processo 939
         - 5.1.6.5 Recurso hierárquico 940
6. Coisa julgada administrativa 941
7. Controle legislativo 941
   - 7.1 Controle político 941
   - 7.2 Controle financeiro (arts. 70 a 75 da CF) 944
      - 7.2.1 Tribunais de Contas 944
8. Controle judicial 946
9. Súmulas 956
10. Conteúdo digital 957

Capítulo XVII Bens Públicos 959
1. Introdução 959
   - 1.1 Doutrina estrangeira 959
2. Conceitos 960
3. Classificação dos bens públicos 961
   - 3.1 Quanto à titularidade 961

3.2 Quanto à disponibilidade 967
3.3 Quanto à destinação 969
    3.3.1 Bens de uso comum do povo 969
    3.3.2 Bens de uso especial 971
    3.3.3 Bens dominicais (ou dominiais) 971
4. Atributos dos bens públicos 976
   4.1 Inalienabilidade 976
   4.2 Impenhorabilidade 976
   4.3 Imprescritibilidade 977
   4.4 Não onerabilidade 978
5. Afetação e desafetação 978
6. Autorização, permissão e concessão de uso de bens públicos 979
   6.1 Autorização de uso de bem público 979
   6.2 Permissão de uso de bem público 980
   6.3 Concessão de uso de bem público 981
7. Aprofundamentos 982
   7.1 Concessão de direito real de uso 982
   7.2 Concessão de uso especial para fins de moradia ... 982
8. Súmulas 982
9. Enunciado da Jornada de Direito Administrativo 987
10. Conteúdo digital 987

Capítulo XVIII Estatuto da Cidade – Lei n. 10.257/2001 989
1. Conceito 989
2. Competência 991
3. Diretrizes gerais da política urbana 991
4. Instrumentos da política urbana 993
   4.1 Parcelamento, edificação ou utilização compulsórios 994
   4.2 Do IPTU progressivo no tempo 995
   4.3 Da desapropriação com pagamento em títulos 996
   4.4 Da usucapião especial de imóvel urbano 996
   4.5 Do direito de superfície 998
   4.6 Do direito de preempção 999
   4.7 Da outorga onerosa do direito de construir (ou solo criado) 999
   4.8 Das operações urbanas consorciadas 1000
   4.9 Da transferência do direito de construir 1001
5. Do estudo de impacto de vizinhança 1001
6. Do plano diretor 1002
7. Estatuto da Cidade e Lei de Improbidade Administrativa 1003
8. Conteúdo digital 1005

Capítulo XIX Guia para Estruturação de Peças Prático-Profissionais 1007
1. Esqueleto da peça 1007
    1.1 Esqueleto da Ação Popular I 1008
    1.2 Esqueleto da Ação Popular II 1013
    1.3 Esqueleto do Mandado de Segurança Individual 1015
    1.4 Esqueleto do Mandado de Segurança Coletivo I 1032
    1.5 Esqueleto do Mandado de Segurança Coletivo II 1034
    1.6 Esqueleto do *Habeas Data* I 1036
    1.7 Esqueleto do *Habeas Data* II 1038
    1.8 Esqueleto do *Habeas Corpus* I 1040
    1.9 Esqueleto do *Habeas Corpus* II 1041
    1.10 Esqueleto da Petição de Interposição 1043
    1.11 Esqueleto de Apelação 1044
    1.12 Esqueleto da Ação Civil Pública I 1048
    1.13 Esqueleto da Ação Civil Pública II 1052
    1.14 Esqueleto da Ação de Impugnação de Mandato Eletivo 1054
    1.15 Esqueleto da Contestação 1056
    1.16 Esqueleto da Reclamação Constitucional 1058
    1.17 Esqueleto do Recurso Extraordinário 1060
    1.18 Esqueleto do Recurso Especial 1060
    1.19 Recurso Ordinário Constitucional 1060
    1.20 Mandado de Injunção Individual 1060
    1.21 Ação Indenizatória por Responsabilidade Civil do Estado 1063
    1.22 Ação de Improbidade Administrativa 1063
    1.23 Impugnação ao edital 1063
        1.23.1 Aprofundamento 1063
    1.24 Recurso Administrativo 1067
    1.25 Ação de Desapropriação Direta 1067
    1.26 Ação de Desapropriação Indireta 1067
    1.27 Defesa Administrativa em Processo Administrativo Disciplinar 1068
    1.28 Defesa Administrativa Proposta por Particular 1069
2. Conteúdo digital 1071

Referências 1073

Apresentação

Ao longo de mais de dez anos na docência jurídica, compreendi a necessidade da existência de algumas ferramentas essenciais para o aprendizado do direito. Por isso, neste *Manual de direito administrativo* você encontrará cada uma dessas ferramentas de forma estruturada, sistematizada e organizada para facilitação do estudo e compreensão do conteúdo.

Os **"conceitos"** terão destaque, assim como os temas que comportarem **"divergências doutrinárias"**.

Se houver necessidade de **"aprofundamento"** de determinado instituto, fiz questão de escrever essa palavra no texto para o leitor identificar que aquele tema transcende a superficialidade (o que permitirá, também, para aquele que necessita de uma preparação rápida para provas discursivas de concurso público, em especial na semana que antecede a prova discursiva, que faça a leitura **apenas** desse trecho, para memorizar esses conceitos mais profundos, divergências doutrinárias e principalmente os assuntos com repercussão geral reconhecida e mérito já julgado pelo STF).

Pensando na facilitação para o leitor, incluí o tópico **"legislação correlata"**, fazendo menção integral aos dispositivos mais importantes (esse tópico foi pensado para constar no livro levando em consideração as inúmeras perguntas que recebo de todo o Brasil pelas redes sociais: "Professora, quais artigos são os mais importantes para a minha prova?". Dessa forma, o leitor terá a possibilidade de realizar a leitura apenas desse tópico, se assim desejar, conseguindo, de forma eficiente e prática, ter contato com os artigos mais importantes e recorrentes em todas as provas e concursos públicos do País).

Também, como ferramenta, incluí esquemas gráficos – que intitulei **"esquematizando"** – ao longo do texto, para chamar a atenção do leitor e facilitar a compreensão, principalmente dos institutos em que a linha diferenciadora é muito tênue.

Sobre cada assunto desenvolvido ao longo do livro, agrupei a **"jurisprudência"** pátria a fim de que, logo depois que determinado assunto específico for estudado, o leitor já consiga ler (e fixar) o entendimento jurisprudencial. Um dos grandes diferenciais entre um profissional mediano e um profissional excelente é a capacidade de estar em dia com as decisões recentes e as alterações de entendimento jurisprudencial dos nossos Tribunais Superiores. Assim, os temas com **repercussão geral reconhecida e mérito julgado** relacionados ao direito administrativo encontram-se neste *Manual* de forma objetiva e ao mesmo tempo profunda para melhor compreensão e domínio da matéria. Os temas com **repercussão geral reconhecida e mérito ainda não julgado** são apenas mencionados, chamando a atenção do leitor para o acompanhamento do respectivo assunto, ainda em andamento e pendente de decisão pelo STF.

Os conceitos e definições mais pesados do direito alienígena não foram esquecidos. Os tópicos **"doutrina estrangeira"** dão conta de fornecer profundidade e sustância para esta obra. Ferramenta pensada principalmente para o militante na área jurídica que necessita de fundamentação jurídico-dogmática para embasamento de suas defesas e teses.

Para facilitar, principalmente com relação ao estudo de institutos legais (como é o caso da Lei n. 9.784/99; da Lei n. 8.666/93; da Lei n. 8.112/90; da Lei n. 8.987/95 e da Lei n. 11.079/2004), sistematizei uma **"tabela de prazos"** – com visualização rápida e eficiente para memorização (os prazos costumam ser o "terror" dos concurseiros e oabeiros nas provas e concursos públicos).

"Súmulas" (tanto do STF quanto do STJ e também as de caráter vinculante) receberam, normalmente ao final de cada capítulo, destaque próprio.

Os tópicos **"para gabaritar"** e **"para memorizar"** vêm para dar o toque final em cada um dos capítulos. O **"para gabaritar"** foi estruturado tendo por base os temas que estatisticamente mais são cobrados nas provas e concursos. Sendo assim, a leitura desse item na véspera de uma prova é essencial. O tópico **"para memorizar"** conta com mapas mentais (é comprovado que são capazes de auxiliar, e muito, na memorização, pois estimulam a memória fotográfica do leitor).

Ainda, como novidade incluída a partir da 4ª edição deste *Manual*, foi inserido o tópico **"abordagem multidisciplinar"**, com o objetivo de estabelecer a relação entre o direito administrativo e os demais ramos do direito, tais como o direito penal, o direito empresarial, o direito do trabalho, o direito civil, como vem sendo cobrado nas provas e concursos públicos mais recentes do País, e objetivando, também, uma compreensão global e interligada dos diversos campos do direito. Claro que a dicotomia "direito público" *versus* "direito privado" é importante, mas não há que falar em compreensão global do "Direito" sem entendermos sua relação interdisciplinar e pontos de intersecção dos diversos ramos do direito.

O tópico **"programa de mentoring da Licínia"** veio, também, a partir da 4ª edição, para engrandecer a obra: ao dar mentoria individualizada por telefone para centenas de alunos, identifiquei a dificuldade prática deles para **organizar e selecionar** os estudos e, principalmente, **como** deverá ser estudado. Muitas vezes, o insucesso numa prova ocorre por falta de organização e técnica de estudo, e não por falta de estudo propriamente dito; por essa razão, resolvi fixar nesta obra alguns tópicos de mentoria, para que o aluno/leitor possa ter, além do conteúdo de direito administrativo desenvolvido ao longo deste livro, o direcionamento de seus estudos através da propositura de atividades que poderão ser desenvolvidas, cronogramas de estudos que poderão ser seguidos e muito mais!

No último capítulo desta obra, incluí o **"guia para estruturação de peças prático--profissionais"**, com o escopo de esboçar, pontuar e estruturar um "esqueleto da peça" com dicas fundamentais para a atividade prático-profissional. Esse guia será útil tanto para os profissionais militantes quanto para aqueles que estão se preparando para o Exame da Ordem dos Advogados do Brasil e alguns concursos públicos que contêm, como etapa obrigatória, a confecção de peças.

Para fechar cada capítulo, há o tópico **"conteúdo *on-line*"**, com conteúdos *on-line*, atualidades, inovações legislativas e apontamentos da autora sobre julgados ocorridos ao longo do ano de edição da obra.

Por fim, adicionalmente, disponibilizo em meu *site* (www.liciniarossi.com.br) um banco de questões para treino *on-line* (de diversas carreiras e disciplinas). Além disso, também no *site* há inserção de atualidades e informativos do STF, do STJ e de Tribunais Superiores (de maneira a facilitar a atualização imediata de conteúdo). Curso completo em videoaula e em formato *podcasts* também são encontrados para aquisição em www.liciniarossi.com.br/cursos (importante ressaltar que os cursos seguem fielmente a ordem de explanação deste *Manual*, engrandecendo, ainda mais, toda a compreensão e o aprofundamento do direito administrativo).

Assim, com grande honra, apresento o meu "filhote", especialmente preparado e pensado para suprir as dificuldades de cada um de vocês.

Estudar é uma das tarefas mais difíceis que existem, mas, uma vez adquirido o conhecimento, ele se perpetuará em você e nada, nem ninguém, poderá "roubá-lo". Por isso, eu estudo como se fosse viver para sempre! Já dizia o poeta: trabalhe com o que ama e nunca mais terá que trabalhar...

Boa leitura! Bons estudos!

Forte abraço,

Licínia Rossi Correia Dias (Verão de 2022)

Capítulo I

Temas Introdutórios e Princípios da Administração Pública

1. INTRODUÇÃO AO ESTUDO DO DIREITO ADMINISTRATIVO E A ADMINISTRAÇÃO PÚBLICA

O direito administrativo é um ramo recente, pertencente ao sub-ramo do direito público, já que seus princípios e normas regulam as relações jurídicas em que predomina o interesse do Poder Público. Nasceu no século XVIII, no momento em que se consolidou o Princípio da Tripartição dos Poderes de Montesquieu.

Os Estados eram governados por um soberano, e a ideia de poder surgiu porque diziam que os soberanos representavam a divindade – *v.g.* Luís XIV com a máxima "o Estado sou eu".

A partir dos séculos XVI e XVII, surgiram pensamentos visando à limitação desse poder (sobretudo com John Locke em seus dois Tratados sobre o Governo, e em Montesquieu no "espírito das leis": "só o poder limita o poder").

Assim, atribuem-se as funções do Estado a diversos órgãos, objetivando o combate ao poder por meio da imposição de limites àqueles que o exercem.

O direito administrativo aparece com o objetivo de estudar qual a função administrativa do Estado e os órgãos que a desempenham.

O vocábulo **Administração** possui pontos de semelhança entre significados diferentes, pois designa várias realidades, porém todas relacionadas entre si.

    a) José Cretella Júnior[1] elabora critérios para definir o vocábulo "Administração". Vejamos:

- **Residual:** tudo o que não for atividade típica do Poder Legislativo (elaboração de leis) e do Poder Judiciário (proferir sentenças) é Administração Pública.

---

[1] CRETELLA JÚNIOR, José. *Manual de direito administrativo*, 6. ed., Rio de Janeiro: Forense, 1992, p. 16-19.

- **Subjetivo ou formal:** é o complexo orgânico que responde às funções administrativas.
- **Material ou objetivo:** consistente na atividade concreta do Estado para suprir as necessidades coletivas.

> Administração é não só o governo, Poder Executivo, a complexa máquina administrativa, o pessoal que a movimenta (conceito formal), como também a atividade desenvolvida (conceito material) por esse indispensável aparelhamento que possibilita ao Estado o preenchimento de seus fins [...] Em suma, administrar é gerir serviços públicos e Administração é a gestão de serviços públicos[2].

b) Hely Lopes Meirelles define "Administração":

> Em sentido formal, é o conjunto de órgãos instituídos para a consecução dos objetivos do governo; em sentido material, é o conjunto das funções necessárias aos serviços públicos em geral; em acepção operacional, é o desempenho perene e sistemático, legal e técnico, dos serviços próprios do Estado ou por ele assumidos em benefício da coletividade. Numa visão global, a Administração é, pois, todo o aparelhamento do Estado preordenado à realização de seus serviços, visando à satisfação das necessidades coletivas[3].

A Administração Pública apresenta-se sob **dois aspectos:**

a) Administração Pública Direta: formada pelos entes integrantes da Federação e seus respectivos órgãos: União, Estados, Distrito Federal e Municípios.

b) Administração Pública Indireta: definida como um grupo de pessoas jurídicas de direito público ou privado, criadas ou instituídas a partir de lei específica, que atuam ao lado da Administração Direta na prestação de serviços públicos ou na exploração de atividades econômicas.

Podemos encontrar, ainda, entes que prestam serviços públicos por delegação, embora não integrem os quadros da Administração: são os concessionários, os permissionários e os autorizatários de serviços públicos.

Por fim, o direito prevê, paralelamente à Administração Pública, o denominado Terceiro Setor, composto por sociedades paraestatais, com personalidade jurídica de direito privado, instituídas pela vontade particular e que não integram nem a Administração Direta nem a Indireta; todavia, atuam junto à Administração prestando relevantes serviços de interesse público e recebendo, por isso, determinados benefícios. São as organizações sociais, os serviços sociais autônomos, as organizações da sociedade civil de interesse público e as entidades de apoio.

---

[2] CRETELLA JÚNIOR, José. *Curso de direito administrativo*, 13. ed., Rio de Janeiro: Forense, 1995, p. 17.

[3] MEIRELLES, Hely Lopes. *Direito administrativo brasileiro*, 22. ed., São Paulo: Malheiros, 1997, p. 61.

2. CONCEITO DE DIREITO ADMINISTRATIVO

Cada autor administrativista elege **elementos** e critérios que devem prevalecer na conceituação de direito administrativo, e, assim, chega-se ao conceito de **direito administrativo**.

2.1 Critério legalista

Defendida por De Gérando e Macarel, define o direito administrativo como o conjunto de leis administrativas (leis, decretos, regulamentos). Esse conceito é incompleto. O direito administrativo é mais do que um amontoado de textos jurídicos.

2.2 Critério do Poder Executivo

Acolhido por Meucci e por Ranelletti, segundo esse critério o direito administrativo é o conjunto de regras jurídicas que disciplinam os atos do Poder Executivo.

Assim, apela-se para a noção de Poder Executivo para definir direito administrativo.

Esse critério é incompleto: outros Poderes, como o Legislativo e o Judiciário, podem exercer, de forma atípica, atividade administrativa.

Por exemplo, a função típica e principal do Poder Executivo é a tarefa própria por ele realizada: exercer a função administrativa[4]. De modo atípico, porém, o Executivo poderá exercer atividades típicas acometidas a outro poder.

Exemplificando: o chefe do Executivo, quando edita medida provisória (art. 62 da CF) "com força de lei", está exercendo função atípica legislativa.

A função típica do Poder Judiciário é julgar determinado caso **concreto**[5]. O Judiciário atua de **forma indireta** (já que a jurisdição é inerte e necessita de provocação para ser exercida). Por fim, a função jurisdicional acarreta a impossibilidade de mudança e a consequente produção da coisa julgada (intangibilidade jurídica).

Entretanto, de modo atípico, o Judiciário pode exercer outra atividade, típica de outro Poder, v.g.: o Judiciário realizando concurso para ingresso na magistratura ou fazendo seus próprios regimentos internos.

Por fim, a tarefa típica e principal do Poder Legislativo é legislar; assim, o Legislativo inova o ornamento jurídico, agindo de forma abstrata e geral (atinge todos aqueles que estiverem na mesma situação). Porém, de modo atípico, o Legislativo poderá exercer função típica de outro Poder, o Senado Federal (que é Poder Legislativo), quando julga o Presidente da República em razão do cometimento de crimes de responsabilidade

---

[4] Função administrativa é a atividade exercida em caráter de subordinação à lei, em que os agentes públicos ligados a diversos Poderes do Estado e aos próprios particulares delegados, valendo-se de prerrogativas, defendem interesses públicos – atingindo a finalidade teleológica do Estado: o bem comum.

[5] Exceto no controle concentrado de constitucionalidade, por exemplo, em que a atuação ocorre de forma abstrata.

(art. 85 da CF), e nesse caso exerce função atípica. Também o Legislativo exerce função atípica quando realiza licitações para aquisição de bens (pois essa incumbência é tipicamente administrativa).

Pautados nessa noção das funções do Estado, podemos concluir que o critério do Poder Executivo não é suficiente para conceituar o direito administrativo. Não é só o Poder Executivo que exerce função administrativa.

O próprio art. 1º da Lei n. 9.784/99, que regula o processo administrativo no âmbito federal, estabelece que "os preceitos desta Lei também se aplicam aos órgãos dos Poderes Legislativo e Judiciário da União, quando no desempenho de função administrativa", o que confirma a incompletude do critério em análise.

Para complementar: Ainda, embora não pertencente a nenhum dos três Poderes, o Ministério Público também exerce função administrativa, *v.g.*, quando realiza concurso público para provimento do cargo de Promotor de Justiça.

O Tribunal de Contas, órgão auxiliar do Legislativo, também exerce função administrativa ao instaurar uma comissão processante para apuração de infração funcional cometida por Ministro do Tribunal de Contas da União.

Por fim, particulares exercem função administrativa mediante delegação estatal. *Exemplificando:* contrato de concessão de serviço público e permissão de serviço público.

Celso Antônio Bandeira de Mello[6] traz uma **quarta atuação do Estado**, que não consiste nem em julgar, nem em legislar nem em administrar. Trata-se da denominada **função política ou função de governo**. Ocorre nos casos em que o Presidente da República declara a guerra e celebra a paz; sanção e veto do Presidente da República; declaração do estado de sítio. São decisões que não se confundem com o mero administrar.

2.3 Escola do serviço público

Defendida por Duguit, Gaston Jèze, Bonnard, formou-se na França, inspirada na jurisprudência do Conselho de Estado francês a partir do **caso Blanco de 1873**[7] e define o direito administrativo como a disciplina jurídica que regula a instituição, a organização e o funcionamento dos serviços públicos, bem como o seu oferecimento aos administrados.

---

[6] BANDEIRA DE MELLO, Celso Antônio. *Curso de direito administrativo*, 36. ed. São Paulo: Malheiros, 2010, p. 36.

[7] **Caso Blanco, de 1873:** Ao atravessar a rua na cidade de Bordeaux, na França, Agnes Blanco foi atingida por uma vagonete (vagão) pertencente ao Estado francês. Diante dos danos sofridos, o pai de Agnes Blanco ingressou com uma ação de indenização na Justiça Comum, que se declarou incompetente. O caso foi encaminhado ao Tribunal de Conflitos que definiu a competência do Tribunal Administrativo francês para cuidar de casos envolvendo a execução de serviços públicos – já que a responsabilidade civil do Estado pelos prejuízos causados a particulares era questão que não poderia ser regida pelos princípios do Código Civil.

Para a Escola do Serviço Público, o direito administrativo se preocupa com o serviço público prestado pelo Estado.

Essa conceituação está aquém do esperado: o sentido de "serviço público" deixaria de lado algumas matérias pertinentes ao direito administrativo, e, ainda, a expressão "serviço público" incluiria normas pertencentes a outros ramos do direito, razão pela qual esse critério não é aceito no Brasil.

2.4 Critério das relações jurídicas

Tem como defensores Laferrière e Otto Mayer. Por esse critério, o direito administrativo seria um conjunto de regras jurídicas que disciplinam as relações entre a Administração Pública e os administrados.

Esse conceito é muito amplo, afinal idênticas relações jurídicas existem, v.g., pertencentes ao direito constitucional ou ao direito processual e não ao direito administrativo.

2.5 Critério teleológico ou finalístico

Defendido por Orlando, conceitua o direito administrativo como o conjunto de regras e princípios que regulam as atividades do Estado para o cumprimento de seus fins.

É um critério aceito no direito brasileiro, porém carecedor de complementação, além de trazer discussão acerca do que a expressão "fins" do Estado alcançaria.

Oswaldo Aranha Bandeira de Mello[8] aceita este critério, porém o complementa: direito administrativo compreende "tão somente a forma de ação do Estado-poder, quer dizer, a ação de legislar e executar, e a sua organização para efetivar essa forma, quer dizer, os meios de sua ação".

2.6 Critério negativo ou residual

Preconizado por Orlando, Fleiner e Velasco, define direito administrativo como o ramo do direito que disciplina toda a atividade estatal que não seja a legislativa e a jurisdicional.

Por esse critério, excluem-se a atividade legislativa e a jurisdicional e o que sobra é o direito administrativo.

Nos dizeres de Maria Sylvia Zanella Di Pietro, "o direito administrativo tem por objetivo as atividades desenvolvidas para a consecução dos fins estatais, excluídas a legislação e a jurisdição ou somente esta"[9].

Não é um critério satisfatório, pois não é possível conceituar um instituto afirmando o que ele não é.

---

[8] BANDEIRA DE MELLO, Oswaldo Aranha. *Princípios gerais de direito administrativo*, 3. ed. 2. tir., São Paulo: Malheiros, 2010, v. I, p. 200.
[9] DI PIETRO, Maria Sylvia Zanella. *Direito administrativo*, 20. ed., São Paulo: Atlas, 2007, p. 42.

2.7 Critério da distinção entre a atividade jurídica e social do Estado

Os doutrinadores, para definir o direito administrativo, levam em consideração o tipo de atividade exercida; dessa forma, o direito administrativo não se preocupa com a atividade social do Estado; ao contrário, preocupa-se com a atividade jurídica.

José Cretella Júnior define: "direito administrativo é o ramo do direito público interno que regula a atividade jurídica não contenciosa do Estado e a constituição dos órgãos e meios de sua atuação em geral"[10]. No mesmo sentido, Mário Masagão[11].

2.8 Conceito de Celso Antônio Bandeira de Mello

Celso Antônio define: "direito administrativo é o ramo do direito público que disciplina a função administrativa, bem como pessoas e órgãos que a exercem"[12].

2.9 Conceito de José dos Santos Carvalho Filho

José dos Santos Carvalho Filho conceitua direito administrativo: "conjunto de normas e princípios que, visando sempre ao interesse público, regem as relações jurídicas entre as pessoas e órgãos do Estado e entre estes e as coletividades a que devem servir"[13].

2.10 Conceito de Hely Lopes Meirelles: critério da Administração Pública

No direito estrangeiro, como adeptos desse critério, temos Zanobini, Laubadère e Gabino Fraga. No direito brasileiro, Fernando Andrade de Oliveira e Hely Lopes Meirelles.

O direito administrativo brasileiro consiste "no conjunto harmônico dos princípios jurídicos que regem os órgãos, os agentes e as atividades públicas tendentes a realizar concreta, direta e imediatamente os fins desejados pelo Estado"[14].

Esse critério é o mais completo, por englobar e complementar critérios anteriores, estudados acima.

2.11 Conceito de Diógenes Gasparini

Diógenes Gasparini adotando a conceituação de Hely Lopes Meirelles, define direito administrativo como "sistema de normas de Direito (conjunto harmônico de prin-

---

[10] CRETELLA JÚNIOR, José. *Tratado de direito administrativo*, Rio de Janeiro: Forense, 1966, p. 182.
[11] MASAGÃO, Mário. *Conceito de direito administrativo*, São Paulo: Escolas Profissionais Salesianas, 1926, p. 182.
[12] BANDEIRA DE MELLO, Celso Antônio. *Curso de direito administrativo*, 25. ed., São Paulo: Malheiros, 2008, p. 37.
[13] CARVALHO FILHO, José dos Santos. *Manual de direito administrativo*, 24 ed., Rio de Janeiro: Lumen Juris, 2011, p. 8.
[14] MEIRELLES, Hely Lopes. *Direito administrativo brasileiro*, 36. ed., São Paulo: Malheiros, 2010, p. 40.

cípios jurídicos), não de ação social. Daí seu caráter científico. Suas normas destinam-se a ordenar a estrutura e o pessoal (órgãos e agentes) e os atos e atividades da Administração Pública, praticados ou desempenhados enquanto Poder Público. Excluem-se, portanto, os atos materiais e os regidos pelo direito privado. Ademais, o direito administrativo não se preordena a reger as atividades abstratas (legislação), indiretas (jurisdição) e mediatas (ação social) do Estado. Por último, não lhe compete dizer quais são os fins do Estado. A fixação desses fins é atribuição de outras ciências"[15].

3. FONTES DO DIREITO ADMINISTRATIVO

Fonte do direito administrativo é tudo aquilo que leva à definição de uma regra de direito administrativo. A expressão deriva do latim *fons*, que significa origem, nascente.

O termo "fonte do direito" é empregado metaforicamente, pois em sentido próprio *fonte* é a nascente de onde brota uma corrente de água. Justamente por ser uma expressão figurativa tem mais de um sentido[16].

Cinco são as fontes do direito administrativo:

a) lei;

b) doutrina;

c) jurisprudência;

d) costumes;

e) princípios gerais do direito.

a) A **lei** é a base do direito administrativo, afinal exercer função administrativa significa aplicar a lei de ofício. A expressão lei é utilizada em sentido *lato* e abrange principalmente: a.1) Constituição Federal; a.2) leis ordinárias; a.3) leis delegadas; a.4) leis complementares; a.5) regulamentos administrativos etc.

b) Doutrina é o resultado do trabalho especializado dos estudiosos que analisam e interpretam o sistema normativo resolvendo contradições encontradas e formulando definições e classificações para melhor compreensão do sistema normativo.

c) A **jurisprudência** consiste na junção de decisões reiteradas e uniformes, proferidas pelos órgãos jurisdicionais, num determinado sentido.

> "[...] conjunto de decisões uniformes e constantes dos tribunais, resultantes da aplicação de normas a casos semelhantes, constituindo uma norma geral aplicável a todas as hipóteses similares ou idênticas"[17].

---

[15] GASPARINI, Diógenes. *Direito administrativo*, 14. ed., São Paulo: Saraiva, 2009, p. 5.
[16] DINIZ, Maria Helena. *Compêndio de introdução à ciência do direito*, 18. ed., São Paulo: Saraiva, 2006, p. 283.
[17] DINIZ, Maria Helena. *Compêndio de introdução à ciência do direito*, 18. ed., São Paulo: Saraiva, 2006, p. 295.

Em regra, não vincula no Brasil. Apenas irá vincular se submetida a um procedimento próprio, quando então receberá o *nomen iuris* "súmula". Conforme dispõe o art. 103-A da CF, com redação dada pela EC n. 45/2004, a súmula poderá ter **efeito vinculante** (cuja disciplina constitucional está prevista na Lei n. 11.417/2006).

A súmula vinculante obrigará todo o Poder Judiciário (excetuado o próprio Supremo Tribunal Federal responsável por sua edição) e toda a Administração Pública, não vinculando o Poder Legislativo, já que se almeja evitar a fossilização e petrificação da Constituição.

> **LEGISLAÇÃO CORRELATA**
>
> **CF**
> **Art. 103-A.** O **Supremo Tribunal Federal** poderá, de ofício ou por provocação, mediante decisão de **dois terços** dos seus membros, após reiteradas decisões sobre matéria constitucional, **aprovar súmula** que, a partir de sua publicação na imprensa oficial, terá efeito vinculante em relação aos demais órgãos do Poder Judiciário e à administração pública direta e indireta, nas esferas federal, estadual e municipal, bem como proceder à sua revisão ou cancelamento, na forma estabelecida em lei.
> § 1º A **súmula** terá por objetivo a validade, a interpretação e a eficácia de normas determinadas, acerca das quais haja controvérsia atual entre órgãos judiciários ou entre esses e a administração pública que acarrete grave insegurança jurídica e relevante multiplicação de processos sobre questão idêntica.
> § 2º Sem prejuízo do que vier a ser estabelecido em lei, a aprovação, revisão ou cancelamento de súmula poderá ser provocada por aqueles que podem propor a ação direta de inconstitucionalidade.
> § 3º Do ato administrativo ou decisão judicial **que contrariar a súmula** aplicável ou que indevidamente a aplicar, **caberá reclamação ao Supremo Tribunal Federal** que, julgando-a procedente, anulará o ato administrativo ou cassará a decisão judicial reclamada, e determinará que outra seja proferida com ou sem a aplicação da súmula, conforme o caso.

d) A quarta fonte do direito administrativo são os **costumes**.

Costume é a prática reiterada e habitual de condutas, com a convicção de que são obrigatórias, porém não cria nem exime obrigação.

e) Os **princípios gerais do direito** podem ser expressos ou implícitos.

Como exemplo de princípios gerais do direito temos:

    e.1) vedação do enriquecimento ilícito;

    e.2) ninguém pode beneficiar-se com a própria torpeza;

    e.3) ninguém pode causar dano a outrem e, se causar, deverá indenizar etc.

3.1 Doutrina estrangeira

Com referência à jurisprudência, Planiol[18] precisa: "chaque décision ne statue que *sur un cas particulier,* mais la *répétition de décisions semblables* permet d'affirmer que les

---

[18] *Traité élémentaire de droit civil.* I, Paris: Libraire Générale de Droit et de Jurisprudence, 1948, p. 52.

tribunaux reconnaissent l'existence d'une règle imposant la solution et la suivront à l'avenir. Les hommes sont donc obligés pour la conduite de leur activité de tenir compte de cette règle".

4. PRINCÍPIOS QUE REGEM A ATUAÇÃO DA ADMINISTRAÇÃO PÚBLICA

Toda e qualquer sociedade possui certos elementos constitutivos permanentes: união de homens, finalidade comum, manifestações de conjunto ordenadas e a presença de uma força de unidade, a autoridade. A sociedade política não foge a isso, e a mais perfeita delas, o Estado, é conduzida por um governo – a autoridade que o dirige, que detém o poder estatal. Este, como ensina Miguel Reale, apresenta-se sob dois aspectos: político, que o faz capaz de assegurar a eficácia dos objetivos que pretende atingir; e jurídico, que emana do direito e o efetiva para a concretização dos fins jurídicos, bem como para atuar conforme as regras de direito[19]. Esse "poder político de comando", como define Canotilho[20], tem de cumprir preceitos e princípios para atingir a finalidade teleológica do Estado, que consiste no bem comum, conceituado pelo Papa João XXIII, em sua Encíclica *Mater et Magistra*, como "o conjunto de todas as condições de vida social que consintam e favoreçam o desenvolvimento integral da personalidade humana". Na prática, o "poder de comando", a autoridade, concretiza-se na Administração Pública, que, para exercer, eficazmente, suas funções, sobrepõe o interesse público aos interesses particulares. Para controlar a Administração Pública no exercício de suas atividades e evitar abuso de poder, consistente no seu excesso, ou desvio de finalidade, o ordenamento jurídico impõe-lhe princípios, alguns explícitos, outros deduzidos de interpretação legal e do contexto legislativo.

Os princípios são os alicerces de uma ciência. "Denomina-se princípio toda proposição, pressuposto de um sistema, que lhe garante a validade, legitimando-o. O princípio é o ponto de referência de uma série de proposições, corolários da primeira proposição, premissa primeira do sistema"[21].

Os princípios servem como parâmetros para a interpretação das normas jurídicas, tendo a função de oferecer coerência e harmonia para o ordenamento jurídico, possibilitando, nas hipóteses em que haja mais de uma norma, seguir aquela que mais compatibilizar com os princípios elencados na Lei Maior. São dotados de conteúdo indeterminado, variável e abstração.

---

[19] REALE, Miguel. *Teoria do direito e do Estado*, 2. ed., São Paulo: Martins Fontes, 1960, p. 106-107.
[20] CANOTILHO, José Joaquim Gomes. *Curso de direito constitucional*, 5. ed., Coimbra: Almedina, p. 90.
[21] CRETELLA JÚNIOR, José. *Curso de direito administrativo*, 13. ed., Rio de Janeiro: Forense, 1995, p. 6.

Não existe hierarquia entre os princípios; o que existe é uma maior ou menor aplicação diante de certa situação. Os princípios podem ser: a) onivalentes; b) plurivalentes; c) monovalentes: c.1) gerais; c.2) específicos.

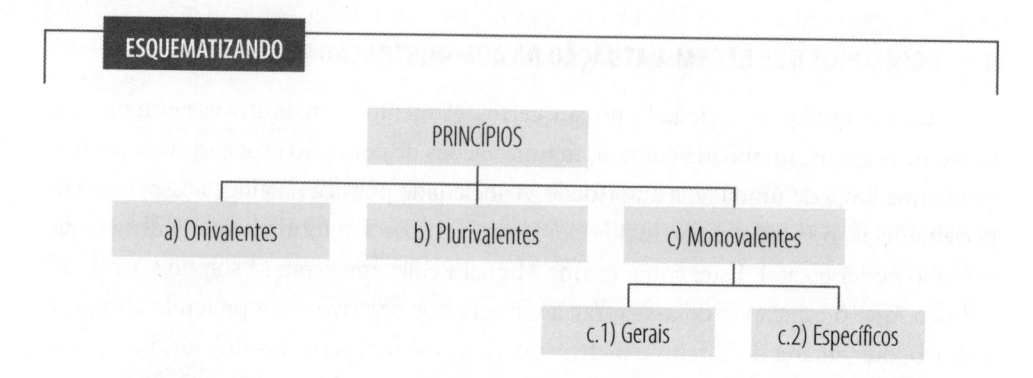

ESQUEMATIZANDO

```
                    PRINCÍPIOS
        ┌───────────────┼───────────────┐
   a) Onivalentes  b) Plurivalentes  c) Monovalentes
                                     ┌───────┴───────┐
                                  c.1) Gerais   c.2) Específicos
```

a) Onivalentes: são os princípios aplicáveis para qualquer ciência. *Exemplificando:* "princípio da não contradição" (uma coisa não pode ser e não ser ao mesmo tempo).

b) Plurivalentes: são os princípios aplicáveis para um grupo de ciências. *Exemplificando:* "princípio da causalidade" (é um princípio que informa as ciências naturais).

c) Monovalentes: são os princípios aplicáveis para uma só ciência. *Exemplificando:* o princípio da legalidade, que é princípio aplicável apenas no âmbito do direito.

 c.1) Gerais: valem só para um ramo de uma ciência. *Exemplificando:* o princípio da supremacia do interesse público sobre o particular é aplicado no ramo do direito público.

 c.2) Específicos: valem só para uma parte de um ramo de certa ciência. *Exemplificando:* princípio da continuidade dos serviços públicos, que vale apenas para o direito administrativo, que é um sub-ramo do direito público.

Dos princípios decorrem as regras jurídicas. As regras jurídicas têm papel certo e determinado. Ex.: maioridade civil aos 18 anos; aposentadoria compulsória de servidor público.

Lembrando que a **EC n. 88/2015** deu nova redação ao art. 40, § 1º, II, da CF, estabelecendo aos servidores do Regime Próprio de Previdência Social a aposentadoria compulsória com proventos proporcionais ao tempo de contribuição, aos **70 (setenta)** anos de idade, ou aos **75 (setenta e cinco)** anos, nos casos definidos pela **LC n. 152/2015**.

As hipóteses de aposentadoria compulsória aos 75 anos estão listadas no art. 2º da referida lei complementar e serão aplicadas para: a) os servidores titulares de cargos efetivos da União, dos Estados, do Distrito Federal e dos Municípios, incluídas suas autarquias e fundações; b) os membros do Poder Judiciário; c) os membros do Ministério Público; d) os membros das Defensorias Públicas; e) os membros dos Tribunais e dos Conselhos de Contas.

A doutrina tradicional distingue normas de princípios, e, nesse sentido, Celso Antônio Bandeira de Mello entende que princípio é o "centro irradiador, que integra e repercute em diversas normas, imbuída do conteúdo e do fundamento contido no princípio"[22]. Assim, podemos verificar que seu descumprimento é muito mais grave do que o descumprimento de uma norma, uma vez que acarreta a própria violação do espírito, do conteúdo, da harmonia do sistema e do aspecto mandamental.

E complementa: "Violar um princípio é muito mais grave que transgredir uma norma. A desatenção ao princípio implica ofensa não a um específico mandamento obrigatório, mas a todo o sistema de comandos. É a mais grave forma de ilegalidade ou inconstitucionalidade, conforme o escalão do princípio violado, porque representa insurgência contra todo o sistema, subversão de seus valores fundamentais, contumélia irremissível a seu arcabouço lógico e corrosão de sua estrutura mestra"[23].

Assim, o ato praticado com violação a um princípio deve ser anulado, pois ilegal.

Para a existência de uma disciplina autônoma, é necessário um conjunto de PRINCÍPIOS E REGRAS capazes de delinear os contornos jurídicos dessa disciplina, suas características e peculiaridades.

5. REGIME JURÍDICO ADMINISTRATIVO

O conjunto de regras e princípios que justificam a existência do direito administrativo é denominado regime jurídico administrativo.

O regime jurídico administrativo não se confunde com o regime jurídico da Administração Pública.

    a) Regime jurídico administrativo: engloba o estudo dos institutos do direito administrativo que seguem o regime público, como é o caso dos atos administrativos, dos contratos administrativos, do poder de polícia.

    b) Regime jurídico da Administração Pública: é conceituação mais ampla, e abarca tanto o regime público quanto o regime privado.

O regime jurídico administrativo é formado pela bipolaridade prerrogativas *versus* sujeições.

A Administração Pública é dotada de **prerrogativas**, que são utilizadas visando à busca do interesse público. Porém, ao mesmo tempo que tem poderes, deve estar submetida ao princípio da legalidade, devendo o administrador só realizar as condutas

---

[22] BANDEIRA DE MELLO, Celso Antônio. *Curso de direito administrativo*, 8. ed., São Paulo: Malheiros, 1996, p. 546.

[23] BANDEIRA DE MELLO, Celso Antônio. *Atos administrativos e direito dos administrados*, São Paulo: RT, 1981, p. 88.

previstas em lei. Verdadeira **sujeição** que vincula o administrador público e, consequentemente, resguarda os administrados de eventuais condutas abusivas.

É dessa bipolaridade que temos as chamadas "pedras de toque"[24] do direito administrativo:

- Princípio da supremacia do interesse público sobre o particular; e
- Princípio da indisponibilidade do interesse público.

5.1 Princípio da supremacia do interesse público sobre o particular

O objetivo fundamental da Administração é atingir o bem comum, de maneira que os interesses coletivos prevaleçam sobre os individuais.

A Administração, para buscar de maneira eficaz tais interesses, coloca-se em um patamar de superioridade em relação aos particulares, numa relação de verticalidade, e para isso utiliza-se do princípio da supremacia do interesse público, fazendo prevalecer as conveniências e as necessidades da sociedade. Diferentemente, no mundo privado, os privilégios e prerrogativas estão estabelecidos de forma horizontal.

Resumindo: aquele que tem o dever legal de satisfazer o interesse da coletividade (agente público) deve ter privilégios e prerrogativas jurídicas de modo a deixá-lo em um patamar de superioridade jurídica em relação àqueles que buscam a mera satisfação de interesses privados.

Aprofundamento: Quais seriam as consequências do princípio da supremacia do interesse público?

O princípio da supremacia do interesse público sobre o particular legitima diversos institutos do direito administrativo. Vejamos:

a) Atributos do ato administrativo: os atos administrativos são dotados de certas marcas que os diferenciam dos demais atos jurídicos do direito privado.

Só por ser praticado por agente público, o ato é dotado de presunção de legitimidade, isto é, pressupõe-se legítimo, legal e verdadeiro, produzindo, desde sua expedição, operatividade – fato que só é possível como consequência do princípio da supremacia do interesse público sobre o particular.

A imperatividade gera força obrigatória do ato em relação aos seus destinatários. Assim, se a Administração determina o fechamento de um estabelecimento por desobediência às regras sanitárias, haverá força imperativa e coercitiva dessa determinação, tudo como consectário dessa supremacia do interesse público.

Também, o ato administrativo é praticado direta e imediatamente, independentemente de autorização de qualquer Poder, o que caracteriza o atributo da autoexe-

---

[24] BANDEIRA DE MELLO, Celso Antônio. *Curso de direito administrativo*, 8. ed., São Paulo: Malheiros, 1996, p. 55.

cutoriedade – verdadeira consequência do princípio da supremacia do interesse público sobre o particular.

b) Poder de polícia: é um dos instrumentos utilizados pela Administração Pública e consiste em limitar, restringir, frenar a liberdade e a propriedade do particular em nome do interesse público. Essa limitação só é possível como consequência do princípio da supremacia do interesse público em face do particular.

c) Cláusulas exorbitantes: são peculiaridades dos contratos administrativos que transcendem os ajustes de direito privado, o que traduz a superioridade do interesse público em face do particular. São exemplos de cláusulas exorbitantes: c.1) as que autorizam a rescisão unilateral do contrato pela Administração Pública por razões de interesse público; c.2) as que fixam o controle do contrato pela Administração no sentido de acompanhar e executar o contrato; c.3) as que fixam a aplicação de penalidades diretamente pela Administração (e decorrentes também da autoexecutoriedade de que são revestidos os atos administrativos) etc. Inclusive as cláusulas exorbitantes dos contratos administrativos encontram previsão expressa em lei (sobre contratos administrativos *vide* arts. 54 e seguintes da Lei n. 8.666/93 e arts. 89 e seguintes da **Lei n. 14.133/2021**).

d) Requisição administrativa: é forma de intervenção do Estado na propriedade nos casos de perigo público iminente, conforme fixa o art. 5º, XXV, da Constituição. A indenização ao proprietário somente será ulterior e se houver dano – fato que demonstra a verticalidade da relação entre Poder Público e administrado. Inclusive em situações enfrentadas em razão da pandemia decorrente da COVID-19, diversos serviços de médicos de hospitais foram requisitados para ajudar no combate desta situação, bem como foram requisitados bens móveis e imóveis.

e) Desapropriação: é forma de intervenção do Estado na propriedade que permite a transferência desta do particular ao acervo público (art. 5º, XXIV, da CF). Os motivos ensejadores da desapropriação são: utilidade pública, necessidade pública ou interesse social, desde que respeitadas as exigências constitucionais da justa e prévia indenização em dinheiro.

5.2 Princípio da indisponibilidade do interesse público

É vedado à Administração transigir ou deixar de aplicar a lei. O administrador deve gerir os bens, serviços e interesses coletivos conforme ordenado pela lei, uma vez que o agente público é apenas gestor da coisa pública, mero preposto, devendo atuar baseado na vontade da lei – que é a vontade geral e coletiva.

O administrador exerce atividade em nome e no interesse do povo. Sem lei, contudo, o administrador não pode agir; está condicionado à observância do princípio da legalidade.

Alguns são os efeitos desse princípio. Vejamos:

a) Se o agente público dispensar a licitação em hipóteses nas quais esta era indispensável, terá violado, além de outros, o princípio da indisponibilidade do interesse público. A previsão constitucional do art. 37, XXI, da CF não foi observada, pois o administrador abriu mão de escolher a proposta mais vantajosa para a Administração Pública. Sobre licitação veja o regramento infraconstitucional fixado pela **Lei n. 14.133/2021**.

b) O art. 37, II, da CF fixa a obrigatoriedade de concurso público para a investidura em cargo ou emprego público. Se o concurso for dispensado sem ser nas hipóteses excepcionais de sua não realização, haverá patente ofensa ao princípio da indisponibilidade do interesse público.

c) Só ocorrerá a retirada da proteção dos bens públicos (desafetação) quando realizada por lei específica, uma vez que não há disponibilidade dos bens públicos.

d) Assim, é necessário lei (princípio da legalidade) para alienar bens, para transigir, para renunciar, para confessar, para revelar a prescrição, para outorgar a concessão de um serviço público etc. É a ordem legal que tem o condão de autorizar ou proibir a disponibilidade de bens, direitos, interesses e serviços públicos.

Em resumo: a atividade administrativa deve observar o princípio da legalidade, e não há disponibilidade para as pessoas administrativas sobre os interesses públicos. Dessa forma, os agentes públicos têm apenas o dever de gerir a coisa pública, nos termos das finalidades predeterminadas legalmente, observando os seguintes preceitos:

a) a legalidade (e daí decorrem a finalidade, a razoabilidade, a proporcionalidade, a motivação e a responsabilidade do Estado);

b) a obrigatoriedade do desempenho da atividade pública (como forma de tutelar o princípio da continuidade dos serviços públicos);

c) o controle administrativo dos atos praticados ou tutela (consistente na revisão dos atos por ela praticados);

d) a isonomia (que consiste na igualdade dos administrados perante a Administração Pública);

e) a publicidade;

f) a inalienabilidade dos direitos concernentes a interesses públicos;

g) o controle jurisdicional dos atos administrativos[25].

5.3 Princípio da legalidade

Curiosidade: Aristóteles, *A Política*, cap. III, § 4º, apega-se aos ensinamentos socráticos: "Diz Sócrates que o legislador, ao compor suas leis, deve ter sempre os olhos fixos em duas coisas: o país e os homens".

---

[25] BANDEIRA DE MELLO, Celso Antônio. *Curso de direito administrativo*, 8. ed., São Paulo: Malheiros, 1996, p. 75.

O ponto central de qualquer Estado (absoluto, liberal, social ou democrático) é a observância do princípio da supremacia do interesse público sobre o particular, pois prevalecem os interesses públicos sobre os particulares. Já a observância do princípio da legalidade é o ponto central do Estado de Direito.

Estado de Direito é o Estado politicamente organizado, que obedece a suas próprias leis.

A ideia de Estado de Direito se contrapõe àqueles Estados em que vigoraram as Monarquias absolutas, adeptas das máximas "O Estado sou eu", *The King can do no wrong*, entre outras similares.

Pela legalidade, só a lei obriga os homens e permite a atuação do Estado, e administrar é atuar conforme a lei.

Legalidade no direito privado não se confunde com legalidade no direito público.

Para o direito privado, adota-se um **critério de não contradição à lei:** é lícito ao particular realizar todas as condutas, excetuadas aquelas que por lei estão proibidas.

A legalidade no direito público estabelece que o administrador só pode fazer o que a lei autoriza ou determina; pauta-se, assim, num **critério de subordinação à lei.**

A Administração Pública, para respeitar o princípio da legalidade, tem o dever de anular os atos ilegais, que também podem ser invalidados pelo Poder Judiciário.

Dizer que o administrador só pode fazer o que a lei determina não significa atribuir-lhe liberdade alguma: o administrador tem atuação discricionária, nos limites da lei.

5.3.1 Doutrina estrangeira

Planiol, revisto por Ripert, define lei: "La loi est une manifestation de volonté de l'autorité publique donnant et imposant la règle juridique. La règle s'établit donc en un moment. Quand un Etat est organisé, le pouvoir politique, fermement exercé, veille aux intérêts généraux et éthiques des règles pour faire régner le bon ordre dans la société"[26].

5.3.2 Princípio da legalidade *versus* princípio da reserva de lei

O princípio da legalidade, por sua vez, não se confunde com o princípio da reserva de lei. A expressão *legalidade* é mais abrangente e ampla do que a expressão *reserva de lei*.

O princípio da reserva de lei indicia a necessidade de regulamentação da matéria exclusivamente por lei, isto é, reserva-se uma matéria a uma espécie normativa predeterminada. Ex.: tal ato só poderá ser realizado por lei complementar.

---

[26] PLANIOL, Marcel. *Traité élémentaire de droit civil*. I, Paris: Libraire Générale de Droit et de Jurisprudence, 1948, p. 48.

5.3.3 A legalidade admite exceções?

Há divergência acerca deste tema. Vejamos:

a) Primeira corrente: afirma que, se a legalidade for entendida em sentido estrito ou formal, haverá exceções sempre que a atividade puder ser realizada sem lei preexistente[27]. Ex.: medida provisória, estado de sítio, estado de defesa.

b) Segunda corrente: se a legalidade for tomada em sentido amplo ou material, entendida como qualquer ato normativo, não haverá exceções ao princípio, já que a legalidade nesse sentido se aproxima da ideia de ordenamento jurídico, de direito.

5.3.4 "ABORDAGEM MULTIDISCIPLINAR" – relação interdisciplinar existente entre o direito constitucional – e a ideia de "constitucionalismo" e ondas evolutivas de configuração do Estado – os direitos humanos e o direito administrativo

O conceito de Estado não se compreende sem a consciência de sua complexidade e até de sua complicação. Até agora não se conseguiu um pleno conhecimento disso, nem pelo pensamento empírico nem sequer pelo científico. Normalmente, reconhecemos um conceito de Estado mais para parcial do que para inexato, no sentido de que visualizamos nele apenas algumas das estruturas que realmente o compõem[28].

Segundo ensina a doutrina tradicional, o Estado é uma associação humana (*povo*), radicada em base espacial (*território*), que vive sob o comando de uma autoridade (*poder*) não sujeita a qualquer outra (*soberana*)[29].

Jorge Miranda conceitua: "O Estado é a sociedade de homens concretos, constituída com duração indefinida em lugar determinado e provida de um poder exercido em nome dessa mesma sociedade"[30].

E Dalmo Dallari sintetiza que Estado é "a ordem jurídica soberana que tem por fim o bem comum de um povo situado em determinado território"[31].

A denominada "onda zero"[32], em termos de configuração do Estado, encontrou no Estado absoluto – *Machtstaat* (século XVII) – e no Estado de Polícia – *Polizeistaat* (século

---

[27] BANDEIRA DE MELLO, Celso Antônio. *Curso de direito administrativo*, 8. ed., São Paulo: Malheiros, 1996, p. 105.

[28] CARNELUTTI, Francesco. *Como nasce o direito*, 4. ed., trad. Ricardo Rodrigues Gama, Campinas: Russel Editores, 2008, p. 57.

[29] FERREIRA FILHO, Manoel Gonçalves. *Curso de direito constitucional*, 34. ed., São Paulo: Saraiva, 2008, p. 49.

[30] MIRANDA, Jorge. *Manual de direito constitucional*, 2. ed., Coimbra: Coimbra Ed., 1987, t. III, p. 21.

[31] DALLARI, Dalmo de Abreu. *Elementos de teoria geral do Estado*, 21. ed., São Paulo: Saraiva, 2000, p. 118.

[32] GOMES, Luiz Flávio; VIGO, Rodolfo Luis. *Do estado de direito constitucional e transnacional:* riscos e precauções (navegando pelas ondas evolutivas do estado, do direito e da justiça), São Paulo: Premier, 2008, p. 11.

XVIII) – suas características: "O Estado absoluto monárquico (que assume as características do Estado da Força assim como do Estado de Polícia) foi um modelo de Estado arbitrário, ou seja, não submetido ao Direito (tinha seu 'direito', mas não era limitado por ele). Nele preponderava a vontade do Monarca e não se falava em poderes independentes, muito menos na garantia plena da legalidade (isto é: do princípio da legalidade)"[33].

Tratava-se de um Estado estruturado nas máximas *"regis voluntas suprema"; "principi placuit legis habet vigorem"; "the king can do no wrong"; "rex facit legem:* no Estado absoluto monárquico cabia ao rei fazer a lei"[34], todas as máximas sintetizando a submissão dos súditos ao príncipe e a indisponibilidade de medida judicial a ele oponível.

Esse modelo **sem limite de poder** centrava-se na ideia de que, se não existem limites ao poder exercido por Deus, da mesma forma não podem existir limites ao monarca – já que o monarca representava a divindade na Terra.

Como forma de combate ao império do arbítrio, "elaborou-se, em especial por doutrinadores alemães, a teoria do fisco, em consonância com a qual o patrimônio público não pertence ao príncipe nem ao Estado, mas ao fisco, que teria personalidade jurídica de direito privado, diversa da personalidade do Estado, associação política, pessoa jurídica de direito público, com poderes de mando, de império. O primeiro submetia-se ao direito privado e, em consequência, aos tribunais; o segundo regia-se por normas editadas pelo príncipe, fora da apreciação dos tribunais"[35].

É nesse cenário de luta do homem pela limitação ao poder absoluto que surge a ideia de constitucionalismo, objetivando o fortalecimento dos direitos, a separação dos poderes e o princípio do governo limitado.

De acordo com Karl Loewenstein: "La historia del constitucionalismo no es sino la búsqueda por el hombre político de las limitaciones al poder absoluto ejercido por los detentadores del poder, así como el esfuerzo de establecer una justificación espiritual, moral o ética de la autoridad, en lugar del sometimiento ciego a la facilidad de la autoridad existente"[36] – inclusive, referindo-se a quatro experiências históricas, que configuraram o denominado **constitucionalismo antigo**, no sentido de tentar limitar o poder dos soberanos a uma evolução histórica que ocorreu com os hebreus; com os gregos; em Roma e, por fim, na Inglaterra.

---

[33] GOMES, Luiz Flávio; VIGO, Rodolfo Luis. *Do estado de direito constitucional e transnacional:* riscos e precauções (navegando pelas ondas evolutivas do estado, do direito e da justiça), São Paulo: Premier, 2008, p. 12.

[34] GOMES, Luiz Flávio; VIGO, Rodolfo Luis. *Do estado de direito constitucional e transnacional:* riscos e precauções (navegando pelas ondas evolutivas do estado, do direito e da justiça), São Paulo: Premier, 2008, p. 13.

[35] DI PIETRO, Maria Sylvia Zanella. *Discricionariedade administrativa na Constituição de 1988*, 2. ed., São Paulo: Atlas, 2007, p. 18.

[36] LOEWENSTEIN, Karl. *Teoría de la Constitución*, trad. Alfredo Gallego Anabitarte, Barcelona: Ariel, 1970, p. 150.

Hebreus: "El primer pueblo que practicó el constitucionalismo fueron los Hebreus [...] Los hebreos fueron los primeros, probablemente como un efecto lejano de la reforma faraónica de Akehnaton en Egipto, que insistieron en la limitación del poder secular a través de la ley moral; gran parte de la Sagrada Escritura está dedicada a exhortar al dominador de la justicia, así como a recordale sus deberes morales frente a sus súbditos para que la ira de Jehová no caiga sobre toda la humanidad"[37].

Grécia: "La democracia directa de las Ciudades-Estado griegas en el siglo V es el único ejemplo conocido de un sistema político con plena identidad entre gobernantes y gobernados, en el cual el poder político está igualmente distribuido entre todos los ciudadanos activos, tomando parte en él todos por igual"[38].

Roma: a ordem republicana introduziu uma sociedade estatal fundamentalmente constitucional, baseada em assembleias institucionalizadas na estrutura social tradicional, destacando-se um sistema político com complicados dispositivos de freios e contrapesos para dividir e limitar o poder político dos magistrados, isto é, dos agentes públicos.

Inglaterra: foi introduzido pela Revolução Puritana, repercutindo nas colônias do Novo Mundo. Transformou-se a monarquia absoluta em **monarquia constitucional**, com a Câmara dos Comuns recebendo membros indicados pelos distritos das cidades, especialmente lutando contra a carga tributária, e correntes religiosas procurando autodeterminação espiritual. Houve guerra entre o parlamento e a coroa, com a vitória daquele – *Glorious Revolution*, de 1678. Vários documentos legislativos aperfeiçoaram a democracia e complementaram os direitos almejados desde 1215, com a *Magna Carta (Instrument of Government (1654) de Cromwell; Habeas Corpus Act; Bill of Rights)*[39].

Assim, o **Estado Liberal de Direito** surgiu na Europa do século XVI e acentuou-se nos séculos XVII e XVIII. Essa ideologia liberal atendia principalmente aos anseios da **burguesia**, uma classe social emergente que lutava contra os domínios do feudalismo aristocrático e fundiário.

Na Europa do século XVIII, durante a **luta contra o absolutismo** – principalmente por meio de movimentos como o Renascimento, a Reforma, o Iluminismo –, surgiu o chamado **Estado de Direito legal ou legalista ou burguês-liberal (século XIX)**, objetivando submeter o poder político às regras do direito, a fim de que os direitos reservados aos cidadãos não fossem obstados em razão da atuação estatal. Esta constituiu a "**primeira onda** evolutiva do Estado, Direito e Justiça"[40].

---

[37] LOEWENSTEIN, Karl. *Teoría de la Constitución*, trad. Alfredo Gallego Anabitarte, Barcelona: Ariel, 1970, p. 154.

[38] LOEWENSTEIN, Karl. *Teoría de la Constitución*, trad. Alfredo Gallego Anabitarte, Barcelona: Ariel, 1970, p. 155.

[39] LOEWENSTEIN, Karl. *Teoría de la Constitución*, trad. Alfredo Gallego Anabitarte, Barcelona: Ariel, 1970, p. 158-159.

[40] GOMES, Luiz Flávio; VIGO, Rodolfo Luis. . *Do estado de direito constitucional e transnacional*: riscos e precauções (navegando pelas ondas evolutivas do estado, do direito e da justiça), São Paulo: Premier, 2008, p. 11.

Os ideais do liberalismo – estruturados precipuamente sob a ideia de um **Estado negativo** (não ofensa pelo Estado de direitos e liberdades dos indivíduos), e pautados no **princípio da legalidade**, segundo o qual ninguém poderia ser afetado em sua liberdade senão em virtude de **lei** – tomavam o lugar do Estado de Polícia.

O indivíduo passou a ser o centro, e o Estado a exercer função **não intervencionista**, de mero regulador social, mantenedor da ordem e da segurança, dirimindo conflitos entre indivíduos por meio de um juiz imparcial.

Nesse modelo de Estado há a transferência do exercício de um poder teocêntrico para uma postura antropocêntrica – o que se verifica em Descartes (1637) com a célebre frase "penso, logo existo": "existo por mim e para mim, ou seja, existo sem Deus e o Estado deve servir a mim, não a Deus"[41]: secularização: ruptura inequívoca entre a Igreja e o Estado, a sociedade não é mais determinada pela religião.

Estabeleceu-se, aqui, uma tutela judicial imprescindível para o controle e a aplicação das regras até então fixadas, tendo por base a **supremacia e o limite fixado pelo texto constitucional**[42] – inclusive atenuando-se aqui os castigos, crueldades corporais e penas de morte típicos do antigo poder tirânico até então existente.

Suas vigas mestras, sobretudo, encontraram-se nos **princípios da legalidade**, **igualdade** e **separação de poderes** (com o aprimoramento, por Montesquieu, das ideias advindas desde Aristóteles), garantindo-se a liberdade dos homens à custa da imposição de limites do Estado, o que se verifica também pelo contratualismo de Rousseau, em que os cidadãos cedem parcela de sua liberdade ao Estado, encarregado de protegê-los, e em John Locke, em seus dois tratados sobre o Governo.

Como concretizações desse **Estado de Direito**, ocorreu na Inglaterra o *rule of law*, em que o governo das leis substituía a noção de governo dos homens; o *rechtsstaat* na Prússia, trazendo a ideia da impessoalidade do poder, e o *état legal* na França, que mais tarde evoluiu para o *état du droit* – que eclodiu, mais tarde, na ideia de Estado Constitucional: *verfassungsstaat*.

Maria Sylvia Zanella Di Pietro estrutura o **Estado de Direito** sobre dois princípios: a) da **legalidade** e b) da **separação dos poderes**[43]. Pelo primeiro, até os governantes se submetem à lei, especialmente à Constituição. "Suporta a lei que fizeste" é a máxima que os obriga a respeitar as normas que eles próprios editaram. "Estado de Direito é aquele

---

[41] GOMES, Luiz Flávio; VIGO, Rodolfo Luis. . *Do estado de direito constitucional e transnacional*: riscos e precauções (navegando pelas ondas evolutivas do estado, do direito e da justiça), São Paulo: Premier, 2008, p. 15.

[42] "La concessione dele 'Carte costitucionali', per ottenere le quali l'uomo nel corso della storia sostenne lunghe lotte, segna il passaggio dagli stati assoluti agli Stati di diritto", *in* PIETRO, Antonio di. *Costituzione Italiana: diritti e dovere*, Bergamo: Edizioni Larus, 1994, p. 40.

[43] DI PIETRO, Maria Sylvia Zanella. *Direito administrativo*, 21. ed., São Paulo: Atlas, 2008, p. 2.

que se submete ao próprio Direito que criou"[44]; quanto à separação dos poderes, conforme os ensinamentos da mestra, assegura a proteção dos direitos, não apenas nas relações entre particulares, mas também entre estes e o Estado.

Embora pautada no princípio da legalidade, a concepção dessa legalidade é diversa da que temos hoje. Tratava-se de "uma concepção mais restritiva, porque procurava compatibilizar a regra da obediência à lei com a ideia de discricionariedade administrativa, herdada do Estado de Polícia, em especial da teoria da dupla personalidade do Estado, que isentava do controle judicial uma parte dos atos da Administração, subordinada ao *jus politiae*"[45].

O Estado de Direito na concepção liberal advinha da Constituição, reputada como lei maior. Ainda não havia previsão de normas de natureza programática, e, consequentemente, não se levantavam dúvidas quanto a considerar sua eficácia normativa.

O Constitucionalismo, nesse modelo de Estado, foi denominado **Constitucionalismo Clássico ou Liberal**: surgiu a **primeira dimensão ou geração** de direitos fundamentais consagrando o **valor liberdade**, os direitos civis e políticos – que protegiam a propriedade da burguesia ante o poder do Estado.

Os direitos fundamentais consagrados correspondem aos direitos da própria burguesia e consubstanciam um direito meramente formal, já que as classes menos privilegiadas deles não dispunham.

Como consequência das revoluções liberais, a **constituição escrita** de origem popular, obrigatória aos governantes e governados, hierarquicamente superior a todo o ordenamento do país e ao próprio poder, aparece pela primeira vez: nasce a ideia de **supremacia da Constituição**, e consequentemente, de **rigidez constitucional**.

A primeira revolução liberal foi a americana de independência das colônias da Inglaterra naquele continente. Esse movimento culminou no 4 de julho de 1776 – data que consagra a independência dos Estados Unidos da América – e consequentemente originou, em 1787, a Constituição norte-americana (que é a mesma até hoje, claro que com algumas emendas).

A contribuição dessa Constituição para o constitucionalismo foi a consagração da ideia de **"Supremacia da Constituição"** e a **"Garantia Jurisdicional da Constituição"**, segundo a qual, com base no **caso Marbury** *versus* **Madison**, decidido pelo Magistrado John Marshall em 1803, atribui-se ao Poder Judiciário (em razão de sua neutralidade política frente aos demais Poderes do Estado) a incumbência de garantir a Supremacia da Constituição – por meio do controle de constitucionalidade.

---

[44] BASTOS, Celso Ribeiro. *Comentários à Constituição do Brasil*. 3. v., São Paulo: Saraiva, 1992, t. III, p. 24.

[45] DI PIETRO, Maria Sylvia Zanella. *Discricionariedade administrativa na Constituição de 1988*, 2. ed., São Paulo: Atlas, 2007, p. 26.

Pouco depois, em 1789, eclodiu a Revolução Francesa na Europa, que levou a França, em 1791, a adotar uma Constituição escrita e formal, seguindo essa concepção.

A **Constituição francesa de 1791** consignou a ideia de separação dos poderes e de garantia dos direitos. E essas foram as contribuições do constitucionalismo francês.

A liberdade concedida aos indivíduos e à iniciativa privada, típicas do Liberalismo, de que a abstenção do Estado e o individualismo exagerado eram características, passou a gerar desigualdades sociais, fortalecendo os indivíduos mais abastados financeiramente – grandes empresas transformando-se em grandes monopólios – em detrimento das camadas sociais menos favorecidas, alargando-se cada vez mais o fosso entre eles.

Surgiu uma nova classe social: o proletariado. E aquela igualdade pregada no Estado Liberal (que constituiu um dos três pilares da Revolução Francesa: *liberté, fraternité* e *egalité*) estabeleceu-se apenas formalmente: a burguesia ascendente era a classe social que tinha preponderância.

O desenvolvimento da tecnologia e a industrialização provocaram crises econômicas, recessão, transferência de um grande contingente populacional de áreas do campo para áreas urbanas, o que se acabou por acentuar no início do século XX, com a economia de guerra. Nesse período, com o fortalecimento dos partidos políticos e o surgimento dos sindicatos, houve uma pressão para que o Estado mudasse o seu papel, deixando de ser um mero fiscal de manutenção da ordem para passar a intervir prestando serviços e desenvolvendo atividades que antes cabiam apenas à iniciativa privada.

Surgiram **reações contra o liberalismo** das mais diversas formas: movimentos operários, advindos do modelo industrial-produtivo do final do século XIX e início do século XX; "alguns partem para o extremo oposto, negando os direitos individuais e encontrando em fórmulas autoritárias a solução para superar as desigualdades sociais; daí se originaram Estados totalitários, como o da Alemanha nazista, o da Itália fascista e o do bloco comunista"[46]; outros, ainda, buscaram soluções intermediárias, atribuindo ao Estado a função de superar as desigualdades nos âmbitos social e econômico – movimento inspirado pelo neoliberalismo e pela doutrina social da Igreja.

O Estado não podia ficar ausente nas conquistas econômicas e sociais; precisava intervir, buscando uma finalidade social voltada a garantir a todos os indivíduos os bens e necessidades da vida.

Nascia, então, o **Estado Social de Direito (ou Estado do Bem-Estar, Estado Providência, Estado do Desenvolvimento)**, assumindo o Estado um **papel positivo, intervencionista**, com a finalidade de promover o bem-estar social, mas sem substituir o Estado de Direito, pois "oferecimento de prestações positivas aos indivíduos (serviços de

---

[46] DI PIETRO, Maria Sylvia Zanella. *Discricionariedade administrativa na Constituição de 1988*, 2. ed., São Paulo: Atlas, 2007, p. 28.

educação, saúde, previdência) corresponde a um *direito* destes a tais prestações. Não há como falar em direitos contra o Estado senão onde exista Estado de Direito!"[47].

Houve uma mudança na missão do Estado: enquanto no **Estado Liberal** os ideais eram de proteger a sociedade do Estado, por meio da inibição, numa busca pela liberdade, no **Estado Social de Direito** a preocupação é a igualdade e a sociedade é protegida pelo Estado.

Como assevera Paulo Bonavides: "No Estado Liberal do século XIX a Constituição disciplinava somente o poder estatal e os direitos individuais (direitos civis e políticos) ao passo que hoje o Estado Social do século XX regula uma esfera muito mais ampla: o poder estatal, a sociedade e o indivíduo"[48].

Houve um acréscimo de funções a cargo do Estado: edição de grande número de normas – decretos-lei, leis delegadas, regulamentos autônomos; prestação de serviços abarcando atividades de natureza social e econômica – antes reservadas aos particulares; normas que permitem a intervenção do Poder Público no funcionamento das empresas; normas que permitem a desapropriação para a justa distribuição da propriedade.

Tais transferências de atribuições geraram uma verdadeira crise, tanto na noção de serviço público, já que a execução de parte dessas atividades foi delegada às concessões de serviços públicos, sociedades de economia mista e empresas públicas, por exemplo, quanto na perda da preeminência do Poder Legislativo, pelo fato da multiplicidade de edição de normas pelo Executivo.

Foi no **Estado Social de Direito que a legalidade passou a significar subordinação da Administração à lei**: a Administração só pode fazer o que a lei autoriza, e, consequentemente, a **discricionariedade** passa a ser compreendida como um poder jurídico, um **poder limitado pela lei**.

Foi como consequência do esgotamento fático do Estado Liberal abstencionista e consequente surgimento do Estado Social, com papel intervencionista no âmbito social, econômico e laboral, com ocupação decisiva na produção e distribuição de bens, na garantia de um mínimo de bem-estar e no estabelecimento de um grande convênio global de estabilidade econômica, que surgiu o chamado Constitucionalismo Moderno ou Social, já no final da Primeira Guerra Mundial (1914-1918).

Consagra-se, aqui, a **segunda dimensão ou geração de direitos fundamentais**, com primazia ao **valor igualdade**: uma igualdade material, que busca a redução das desigualdades existentes, sobretudo por meio dos direitos sociais, econômicos e culturais.

Surgiram então as chamadas **Constituições Sociais**, retratando o intervencionismo estatal e o papel positivo que até então seria assumido pelo Estado. A primeira Constituição Social foi a Constituição mexicana de 1917, e a segunda que teve maior projeção foi a alemã de 1919. O Brasil teve sua primeira Constituição Social em 1934.

---

[47] SUNDFELD, Carlos Ari. *Fundamentos de direito público*, 3. ed., São Paulo: Malheiros, 1998, p. 54.
[48] BONAVIDES, Paulo. *Curso de direito constitucional*, 8. ed., São Paulo: Malheiros, 1998, p. 204.

Ainda, introduzindo novas concepções no modelo do Estado Social de Direito, surgiu o **Estado Democrático de Direito**, apresentando um "elemento novo, que é a **participação popular** no processo político, nas decisões de Governo, no controle da Administração Pública"[49], advindo como soma das liberdades conquistadas com o Estado Liberal mais a busca pela justiça social, pelas conquistas democráticas, pelos valores jurídicos e pela preocupação de modificação das condições já instaladas.

A característica principal desse Estado é a consagração de institutos que permitem a **participação do povo na vida política**. A título de figuração, cita-se a Constituição Federal de 1988, que consagra eleição, plebiscito, referendo, leis de iniciativa popular, entre outros instrumentos.

Em meados do século XX, surgiu o que Luiz Flávio Gomes denominou "**segunda onda evolutiva do Estado**"[50], o chamado **Estado de Direito Constitucional**: fase metodológica de valorização da Constituição Federal que gerou o desenvolvimento de várias teorias, dentre as quais se destaca o desenvolvimento da teoria dos direitos fundamentais; a teoria dos princípios – que atribui aos princípios o valor de norma jurídica; o aprimoramento da jurisdição constitucional – com o controle difuso realizado pelo magistrado no caso concreto e a existência do controle concentrado perante o STF: "nessa nova perspectiva os juízes não mais podem ficar reduzidos a ser 'voz inanimada da lei' (Montesquieu), exigindo-se-lhes que ao dizer o Direito (*iurisdictio*) digam também o Direito Constitucional e não só o legal [...]"[51].

A ideia de "império da Lei", sustentada no Estado de Direito, substituiu-se e evoluiu para a ideia de **"força normativa da Constituição"** – como corolário do Estado Constitucional Democrático.

Foi nesse ambiente pós-positivista que eclodiu o nascedouro do **neoconstitucionalismo** (expressão utilizada principalmente na Espanha e na Itália – ou, ainda, **constitucionalismo do século XXI**): com a atribuição por Konrad Hesse[52] da Força Normativa da Constituição em superação à ideia de Constituição como documento político.

A **Constituição** foi colocada no **centro** do ordenamento jurídico, num verdadeiro fenômeno de ubiquidade constitucional, onipresença da Constituição e constitucionalização do próprio direito.

---

[49] DI PIETRO, Maria Sylvia Zanella. *Discricionariedade administrativa na Constituição de 1988*, 2. ed., São Paulo: Atlas, 2007, p. 28.

[50] GOMES, Luiz Flávio; VIGO, Rodolfo Luis. *Do estado de direito constitucional e transnacional*: riscos e precauções (navegando pelas ondas evolutivas do estado, do direito e da justiça), São Paulo: Premier, 2008, p. 11.

[51] GOMES, Luiz Flávio; VIGO, Rodolfo Luis. *Do estado de direito constitucional e transnacional*: riscos e precauções (navegando pelas ondas evolutivas do estado, do direito e da justiça), São Paulo: Premier, 2008, p. 24.

[52] HESSE, Konrad. *Escritos de derecho constitucional*, Madrid: Centro de Estudios Constitucionales, 1983, p. 50.

Apareceram, então, os direitos de **terceira dimensão ou geração**, consagrando o valor **fraternidade**: os transindividuais (difusos, coletivos e individuais homogêneos), de conteúdo universal, típicos de um modelo de Estado preocupado com o bem-estar da coletividade, como um todo e de cada um de seus membros, como pessoa, isto é, sujeito de direitos e de deveres, "em função da qual todo o Direito gravita e constitui sua razão de ser"[53].

Esses direitos de terceira geração consagram os valores fraternidade ou solidariedade, e seriam os direitos à paz, ao meio ambiente, à autodeterminação dos povos, ao desenvolvimento ou progresso, que, mais tarde, evoluiriam para as noções consagradoras do valor pluralismo, entre outros.

Enquanto no **constitucionalismo clássico e no moderno** as relações envolvendo direitos fundamentais tutelavam assuntos entre o Estado e os particulares, com o **constitucionalismo contemporâneo** passou-se a utilizar os direitos fundamentais também nas relações entre particulares, consubstanciando a denominada **eficácia horizontal dos direitos fundamentais**.

Com o constitucionalismo contemporâneo, vários aspectos podem ser destacados, dentre eles o **princípio da interpretação conforme a Constituição** para nortear a atividade interpretativa dos juristas; a rematerialização dos conteúdos trazidos pela Constituição – de maneira a abarcar direitos de primeira, segunda, terceira e quarta dimensão, deixando-as mais prolixas, analíticas e consequentemente mais abrangentes –, a aplicação dos princípios por meio da técnica de **ponderação**, entre eles – o que acarreta maior abertura da interpretação constitucional – o fortalecimento do Poder Judiciário, que se tornou característica marcante: o legislador perdeu seu lugar de protagonista, como era no positivismo, para ser substituído pelo próprio Poder Judiciário, garantidor da Supremacia da Constituição.

A ideia de Democracia propugnada no Estado Constitucional Democrático evoluiu: a noção de democracia hoje é aquela que, além de representar participação do povo, vontade da maioria, consagra, também, a fruição de direitos básicos por todos, inclusive pelas minorias. "Poder-se-á acrescentar que o adjetivo **Democrático** pode também indicar o propósito de passar de um Estado de Direito, meramente formal, a um Estado de Direito e de Justiça Social, isto é, instaurado concretamente com base nos valores fundantes da comunidade"[54].

Não se trata de uma intervenção do Estado para só melhorar as condições sociais de existência, como ocorre no Estado Social de Direito, porém mais do que isso: de um Estado que pretende modificar e reestruturar a sociedade, com base na igualdade material ou substancial de todos os cidadãos, conciliando os valores liberdade, igualdade,

---

[53] GRECO FILHO, Vicente. *Tutela constitucional das liberdades*, São Paulo: Saraiva, 1989, p. 10.
[54] REALE, Miguel. *O estado democrático de direito e o conceito das ideologias*, 2. ed., São Paulo: Saraiva, 1999, p. 2.

democracia e, inclusive, limitando materialmente a atuação do Poder Legislativo aos ditames constitucionais.

Eclodiu, então, a **"terceira onda"**[55], que complementa a **noção de Estado de Direito Constitucional** – que tem um âmbito interno, para alargá-la para uma perspectiva internacional: **o Estado de Direito Transnacional** – que tem como eixo central a tutela dos direitos humanos.

> Uma coisa é o Estado de Direito constitucional regido pela Constituição de cada país, modelo de Estado de Direito esse que é criado e aplicado pelos legisladores e juízes respectivos. Outra bem distinta consiste em enfocar esse mesmo Estado de Direito sob a ótica internacional (ou regional, ou comunitária ou, em síntese, transnacional). Não são dois modelos excludentes, ao contrário, **são complementares**. No caso brasileiro, aliás, complementares e sucessivos (porque somente agora, no princípio do século XXI, é que se começa a prestar atenção no aspecto internacional do Estado de Direito constitucional)[56].

Vejamos a aplicação prática desse modelo, por nossos Tribunais, conferindo destaque à questão da aplicação dos tratados internacionais sobre direitos humanos e sua força em nosso ordenamento jurídico, sem pretensão alguma de esgotar tema tão árduo e complexo.

Antes de 1977, o entendimento do Supremo Tribunal Federal era no sentido de conferir primazia ao tratado internacional quanto este conflitasse com normas infraconstitucionais.

A partir de 1º de junho de 1977, no julgamento do Recurso Extraordinário 80.004, o Supremo Tribunal Federal adotou a tese da equivalência ou paridade dos tratados internacionais às leis ordinárias. Inclusive, Marcus Vinícius dos Santos Andrade destaca que: "Na ADI 1.480-3/DF, relator o Ministro Celso de Mello (julgada em 4 de setembro de 1997), que tinha por objeto a Convenção n. 158 da Organização Internacional do Trabalho, o Pleno decidiu que todos os tratados internacionais estão subordinados à Constituição Federal, com irrestrita precedência hierárquica sobre eles. No entanto, esse posicionamento quanto à hierarquia normativa dos tratados internacionais sobre direitos humanos foi repensado no recurso de *Habeas Corpus* 79.785/RJ, publicado em

---

[55] GOMES, Luiz Flávio; VIGO, Rodolfo Luis. *Do estado de direito constitucional e transnacional:* riscos e precauções (navegando pelas ondas evolutivas do estado, do direito e da justiça), São Paulo: Premier, 2008, p. 12 e 45.

[56] GOMES, Luiz Flávio; VIGO, Rodolfo Luis. *Do estado de direito constitucional e transnacional:* riscos e precauções (navegando pelas ondas evolutivas do estado, do direito e da justiça), São Paulo: Premier, 2008, p. 46.

10 de abril de 2000, no qual o relator Ministro Sepúlveda Pertence fez prevalecer o entendimento da supralegalidade dessas convenções, mas em nível infraconstitucional"[57].

Com a incorporação do **Pacto de São José da Costa Rica** ao Brasil, em 1992, e com fundamento no art. 5º, § 2º, da Constituição, alguns autores (como Flávia Piovesan e Celso Lafer, por exemplo) sustentaram o *status* constitucional desses tratados (embora o entendimento do STF girasse no sentido de conferir aos tratados internacionais sobre direitos humanos *status* de lei ordinária).

Toda dúvida aparecia em torno do fato de o referido Pacto apenas permitir a prisão civil por dívida em caso de inadimplemento da pensão alimentar e de a Constituição Federal admiti-la, além dessa hipótese, também em caso de dívida realizada pelo depositário infiel.

Para esses autores, o Pacto deveria prevalecer sobre a Constituição de 1988, uma vez que assegurava de forma mais ampla os direitos fundamentais – por não permitir a prisão civil por dívida no caso do depositário infiel.

Entretanto, os Ministros do Supremo Tribunal Federal, não convencidos pela doutrina, ainda continuavam sustentando o *status* ordinário dos Tratados Internacionais.

Posteriormente, com a **Reforma do Judiciário** advinda pela Emenda Constitucional n. 45, de 30 de dezembro de 2004, o § 3º foi acrescentado ao art. 5º da Constituição Federal, estabelecendo que "os tratados e convenções internacionais sobre direitos humanos que forem aprovados, em cada Casa do Congresso Nacional, em dois turnos, por três quintos dos votos dos respectivos membros, **serão equivalentes às emendas constitucionais**".

A surpresa veio no final de 2007, com o julgamento do **Recurso Extraordinário 466.343**, que acabou representando uma mudança de posicionamento quanto à hierarquia dos tratados internacionais.

A partir de agora, nova configuração à "pirâmide jurídica" foi conferida, já que os tratados internacionais assumirão **tríplice hierarquia** a depender do assunto (aspecto material) e forma (aspecto formal) como sejam incorporados em nosso ordenamento jurídico.

Nos julgamentos do HC 87.585-TO, do RE 466.343-SP, do HC 90.172-SP e do HC 88.420-PR, podemos verificar a mudança em relação ao entendimento até então clássico do referido Tribunal: "A velha posição do Supremo nada mais espelhava que a visão savignyana e kelseniana do direito, incorporando na base (patamar inferior) o Direito Internacional dos Direitos Humanos)"[58].

---

[57] MOREIRA, Eliane Trevisani; ROSSI, Francisco Vicente (Org.). *Ministro Marco Aurélio: acórdãos. Comentários e reflexões*, São Paulo: Millenium, 2010, p. 164-165.

[58] GOMES, Luiz Flávio; VIGO, Rodolfo Luis. *Do estado de direito constitucional e transnacional*: riscos e precauções (navegando pelas ondas evolutivas do estado, do direito e da justiça), São Paulo: Premier, 2008, p. 55.

O Ministro Gilmar Mendes, no voto do RE 466.343-1/SP, defendeu a tese de que os tratados internacionais sobre direitos humanos não aprovados por três quintos dos votos dos respectivos membros em cada Casa do Congresso Nacional, em dois turnos, possuem ***status* normativo supralegal**, isto é, os tratados sobre direitos humanos encontram-se em **posição intermediária** entre leis em geral e a própria Constituição Federal. Portanto, caso houvesse violação a esses preceitos internacionais, não serviriam de parâmetro para o controle de constitucionalidade.

Já aqueles tratados sobre direitos humanos aprovados de acordo com o quórum e o procedimento previstos no art. 5º, § 3º, da Constituição, pelo fato de comporem formalmente a Constituição, se eventualmente fossem desrespeitados, serviriam de parâmetro para o **controle de constitucionalidade**, por equivalerem às **emendas constitucionais**.

Por fim, os demais tratados internacionais que não sobre direitos humanos continuariam a equivaler às **leis ordinárias**.

> Não se pode perder de vista que, hoje, vivemos em um "Estado Constitucional Cooperativo", identificado pelo Professor Peter Häberle como aquele que não mais se apresenta como um Estado Constitucional voltado para si mesmo, mas que se disponibiliza como referência para os outros Estados Constitucionais membros de uma comunidade, e no qual ganha relevo o papel dos direitos humanos e fundamentais[59].

Para Häberle, ainda que, numa perspectiva internacional, muitas vezes a cooperação entre os Estados ocupe o lugar de mera coordenação e de simples ordenamento para a coexistência nacional pacífica (ou seja, de mera delimitação dos âmbitos das soberanias nacionais), no campo do direito constitucional nacional, tal fenômeno, por si só, pode induzir ao menos a tendência que aponte para um enfraquecimento dos limites entre o interno e o externo, gerando uma concepção que faz prevalecer o direito comunitário sobre o direito interno[60].

Nesse contexto, mesmo conscientes de que os motivos que conduzem à concepção de um Estado Constitucional Cooperativo são complexos, é preciso reconhecer os aspectos sociológico-econômico e ideal-moral[61] como os mais evidentes. E, no que se refere ao aspecto ideal-moral, não se pode deixar de considerar a proteção aos direitos humanos como a fórmula mais concreta de que dispõe o sistema constitucional, a exigir dos atores da vida sociopolítica do Estado uma contribuição positiva para a máxima eficácia das normas das Constituições modernas que protegem a cooperação internacional amistosa

---

[59] HÄBERLE, Peter. *El estado constitucional*, trad. Hector Fix-Fierro. México: Universidad Nacional Autónoma de México, 2003, p. 75-77.

[60] HÄBERLE, Peter. *El estado constitucional*, trad. Hector Fix-Fierro. México: Universidad Nacional Autónoma de México, 2003, p. 74.

[61] HÄBERLE, Peter. *El estado constitucional*, trad. Hector Fix-Fierro. México: Universidad Nacional Autónoma de México, 2003, p. 68.

como princípio vetor das relações entre os Estados Nacionais[62] e a proteção dos direitos humanos como corolário da própria garantia da dignidade da pessoa humana.

Em resumo: a decisão definitiva (do STF, no RE 466.343), em que pese a discrepância de fundamentação apresentada pelos Ministros do referido Tribunal, foi no sentido de acolher a tese do Ministro Gilmar Mendes: quando os tratados internacionais versassem sobre direitos humanos (aspecto material), e fossem aprovados com o quórum de três quintos e em dois turnos nas duas Casas do Congresso Nacional (aspecto formal), equivaleriam às emendas constitucionais. Os demais tratados internacionais que não versassem sobre direitos humanos continuariam tendo *status* de lei ordinária, ou, ainda que versassem sobre direitos humanos, mas não fossem incorporados com o quórum respectivo (aspecto formal do art. 5º, § 3º), teriam *status supralegal*.

Importante ressaltar que existe uma recomendação da Presidência da República ao Congresso Nacional no sentido de submeter os tratados internacionais sobre direitos humanos que o Brasil venha a aprovar ao quórum qualificado previsto no § 3º do art. 5º. Entretanto, é **mera recomendação**, nada impedindo que o Congresso Nacional aprove eventual tratado internacional sobre direitos humanos sem observar tal procedimento formal – e neste caso então o tratado terá *status* supralegal.

Apesar de estar integrado internacional e agora normativamente a esse movimento transnacional de tutela dos direitos humanos, ainda tem o Estado muito que evoluir, de maneira a alcançar níveis mínimos, ao menos, de tutela desses direitos – ainda muito precária e carecedora de mecanismo de concretização.

Por fim, já no início do século XXI apareceram os sinais da **"quarta onda"**[63] evolutiva estatal, encontrando no **Tribunal Penal Internacional** sua essência: é o denominado **Estado de Direito Global**.

Assim, temos a noção de **Estado**, com o encargo de prestar positivamente os anseios individuais, intervindo na vida social, cultural e econômica, por meio do planejamento de políticas públicas, bem como exercendo sua função negativa, no sentido de não intervir nas liberdades dos cidadãos, cabendo-lhe tão somente salvaguardar essas liberdades. Deve-se aperfeiçoar cada vez mais, levando seu povo à realização no limite mais alto que a natureza humana permite e, sob o ponto de vista substancial, preponderar a norma que mais amplie o exercício do direito.

O exegeta deverá sempre buscar a eficácia máxima do direito examinado – como princípio corolário hermenêutico-constitucional da **máxima efetividade.**

Sempre que possível, as normas devem ser interpretadas de forma a terem a maior efetividade possível: "A uma norma constitucional deve ser atribuído o sentido que

---

[62] HÄBERLE, Peter. *El estado constitucional*, trad. Hector Fix-Fierro. México: Universidad Nacional Autónoma de México, 2003, p. 67.

[63] GOMES, Luiz Flávio; VIGO, Rodolfo Luis. *Do estado de direito constitucional e transnacional*: riscos e precauções (navegando pelas ondas evolutivas do estado, do direito e da justiça), São Paulo: Premier, 2008, p. 145.

maior eficácia lhe dê. É um princípio operativo em relação a todas e quaisquer normas constitucionais, e, embora a sua origem esteja ligada à tese da actualidade das normas programáticas (THOMA), é hoje sobretudo invocado no âmbito dos direitos fundamentais (no caso de dúvidas deve preferir-se a interpretação que reconheça maior eficácia aos direitos fundamentais)"[64].

Fala-se, ainda, na busca pelo equilíbrio entre as conquistas e concepções dominantes do constitucionalismo moderno e os excessos do constitucionalismo contemporâneo, resumida por sete principais valores fundamentais: a) a verdade; b) a solidariedade; c) o consenso; d) a continuidade; e) a participação; f) a integração e g) a universalização – ideias trazidas pelo argentino José Roberto Dromi, na perquirição do ainda não existente **Constitucionalismo do Futuro**[65].

Na verdade, a sociedade reclama a **reinvenção do Estado**, oscilando entre o Estado mínimo e o Estado máximo, para se alcançar o ideal do Estado ótimo, como ensina José Renato Nalini[66]. Esse anseio profundo da humanidade repousa na moderação, no equilíbrio entre todas as forças que constituem a sociedade, para levá-la à harmonia, que deve ser concretizada pela contextura das normas jurídicas editadas pelo Estado e, principalmente, pela consagração do valor dignidade da pessoa humana, "razão de ser da proteção fundamental do valor da pessoa e, por conseguinte, da humanidade do ser e da *responsabilidade que cada homem tem pelo outro*[67]. Por isso se diz que a justiça como valor é o núcleo central da axiologia jurídica[68], e a marca desse valor fundamental de justiça é o homem, princípio e razão de todo o Direito. É tão importante esse princípio que a própria CF, no art. 1º, III, coloca-o como um dos fundamentos da República. Esse princípio não é apenas uma arma de argumentação, ou uma tábua de salvação para a complementação de interpretações possíveis de normas postas. Ele é a razão de ser do Direito"[69] e de todo ser, apenas pelo qualificativo de **humano**!

5.4 Princípio da impessoalidade

"O cidadão disposto a assumir a titularidade, ainda que provisória de qualquer função pública, tem a plena consciência de que suas atividades envolvem uma vocação de *servir*, no caso *servir o público*. Não por outro motivo a espécie mais conhecida e expressiva

---

[64] CANOTILHO, José Joaquim Gomes. *Direito constitucional*, 5. ed., Coimbra: Almedina, 1991, p. 233.
[65] DROMI, José Roberto. *El derecho público de finales de siglo*: una perspectiva iberoamericana. Coord. Manuel Clavero Arévalo e outros. Buenos Aires: Civitas, 1997, p. 108.
[66] NALINI, José Renato. *Ética e justiça*, São Paulo: Oliveira Mendes, 1998, p. 188.
[67] JOÃO PAULO II. *Evangelium Vitae*, São Paulo: Edições Paulinas, 1995, p. 22.
[68] GIL, Antonio Hernandez. *Conceptos jurídicos fundamentales*: obras completas, Madrid: Espasa-Calpe, 1987, v. I, p. 44.
[69] NERY JR, Nelson; NERY, Rosa Maria de Andrade. *Constituição Federal comentada e legislação constitucional* São Paulo: Revista dos Tribunais, 2006, p. 118.

do gênero agentes públicos chama-se servidor público. Para aquele que se dispõe a servir o público não importa a vontade própria, o desejo pessoal, a preferência íntima: suas ações são obrigatoriamente voltadas ao atendimento de fins públicos, de interesses da coletividade. Ao cuidar da chamada 'relação de administração', observável no direito público e no direito privado, Cirne Lima ensinou que administração é atividade do que não é senhor absoluto, 'vinculada – não a uma vontade livremente determinada –, porém, a um fim alheio à pessoa e aos interesses particulares do agente ou órgão que o exercita'[70]. No caso, o fim é público, e não privado; administrar é servir o público, e não servir-se dele"[71].

Assim, o agente público que atua observando o princípio da impessoalidade agirá com **ausência de subjetividade** no exercício da atividade administrativa, visando sempre à busca do interesse público e não ao benefício de administrados que são seus amigos ou, ao contrário, ao prejuízo de administrados que são seus inimigos.

A impessoalidade pode ser tomada sob dois aspectos: a) dirigida aos administrados, no sentido de que a Administração Pública não pode beneficiar nem prejudicar alguém; b) dirigida à própria Administração Pública (como aplicação da teoria do órgão, já que a pessoa jurídica manifesta sua vontade por meio de seus órgãos). O agente público, quando atua, o faz para o órgão e para a pessoa jurídica a que pertence. O ato não pode ser dirigido com o intuito de beneficiar esta ou aquela pessoa, esta ou aquela empresa.

Exemplificando: na concorrência para a construção da ferrovia norte-sul, já se sabia, com antecedência, quem seriam os ganhadores de todos os trechos. Utilizou-se um critério pessoal vedado em vez da impessoalidade imposta pela Constituição Federal.

O ato praticado pelo administrador deve ser impessoal, e no direito administrativo há vários institutos constitucionais que representam a busca pelo princípio da impessoalidade, *v.g.*, "concursos públicos" e "licitação".

Fazer concurso público de provas e títulos e realizar licitação pública objetivam escolher meritoriamente aqueles que tenham melhores condições, independentemente de qualquer ligação com a autoridade pública.

5.4.1 O princípio da impessoalidade e o enunciado da Súmula Vinculante 13

Ao tratarmos do princípio da impessoalidade, é necessário observar o entendimento do Supremo Tribunal Federal fixado na Súmula Vinculante 13, mas antes vamos entender qual o contexto que deu origem ao enunciado da referida Súmula.

a) A Emenda Constitucional n. 45/2004 institui o Conselho Nacional de Justiça (CNJ) e o Conselho Nacional do Ministério Público (CNMP).

---

[70] LIMA, Ruy Cirne. *Princípios de direito administrativo*, 6. ed., São Paulo: Revista dos Tribunais, 1987, p. 21.
[71] CANOTILHO, J. J. Gomes et al. *Comentários à Constituição do Brasil*, 1. ed., 6. tir., Coimbra-São Paulo: Almedina/Saraiva, 2014, p. 889.

b) O CNJ e o CNMP, por RESOLUÇÃO, vedaram o nepotismo no Judiciário. O que isso significa?

c) Significa que cargo em comissão, contratação temporária ou contratação direta não podem ser preenchidos por cônjuge, companheiro, parente em linha reta, colateral ou por afinidade até o terceiro grau, inclusive da autoridade nomeante.

d) A Associação de Magistrados do Brasil (AMB) ingressou no STF com a Ação Declaratória de Constitucionalidade 12 (ADC 12) questionando o fato de tal vedação ter sido sistematizada por resolução.

e) O STF, ao julgar a ADC 12 (*Informativo 516*), entendeu que a Resolução n. 7 do CNJ é constitucional por obedecer aos princípios da impessoalidade, moralidade, eficiência, isonomia, e, por ser a resolução espécie normativa, não há nada de incorreto em fixar tal vedação.

f) Posteriormente, o Tribunal de Justiça do Rio Grande do Norte proferiu acórdão entendendo ser constitucional e legal a nomeação de PARENTES DE VEREADOR para ocupação do cargo político de Secretário Municipal de Saúde, e a contratação de PARENTE DE VICE-PREFEITO para o cargo de motorista (cargo administrativo).

g) Essa questão envolvendo referidas nomeações chegou ao STF, que, no julgamento do RE 579.951 do Rio Grande do Norte, decidiu que a vedação do nepotismo se estende aos demais Poderes. Considerou nula a nomeação do motorista para o cargo administrativo e não se manifestou acerca da nomeação para o cargo político.

JURISPRUDÊNCIA

- O Tribunal julgou procedente pedido formulado em ação declaratória de constitucionalidade proposta pela Associação dos Magistrados do Brasil – AMB para declarar a constitucionalidade da Resolução n. 7/2005, do Conselho Nacional de Justiça – CNJ – que veda o exercício de cargos, empregos e funções por parentes, cônjuges e companheiros de magistrados e de servidores investidos em cargos de direção e assessoramento, no âmbito do Poder Judiciário –, e emprestar interpretação conforme a Constituição a fim de deduzir a função de chefia do substantivo "direção", constante dos incisos II, III, IV e V do art. 2º da aludida norma – v. *Informativo 416*. Inicialmente, o Tribunal acolheu questão de ordem suscitada pelo Min. Marco Aurélio no sentido de fazer constar a rejeição da preliminar de inadequação da ação declaratória, por ele sustentada, no julgamento da cautelar – ao fundamento de que não se trataria de questionamento de um ato normativo abstrato do CNJ – e em relação à qual restara vencido. No mérito, **entendeu-se que a Resolução n. 7/2005 está em sintonia com os princípios constantes do art. 37, em especial os da impessoalidade, da eficiência, da igualdade e da moralidade, que são dotados de eficácia imediata, não havendo que se falar em ofensa à liberdade de nomeação e exoneração dos cargos em comissão e funções de confiança, visto que as restrições por ela impostas são as mesmas previstas na CF, as quais, extraídas dos citados princípios, vedam a prática do nepotismo.** Afirmou-se, também, não estar a resolução examinada a violar nem o princípio da separação dos Poderes, nem o princípio federativo, porquanto o CNJ não usurpou o campo de atuação do Poder Legislativo, limitando-se a exercer as competências que lhe foram constitucionalmente reservadas. Vencidos, no ponto relativo à interpretação conforme, os Ministros Menezes Direito e Marco Aurélio, reputá-la desnecessária. ADC 12/DF, rel. Min. Carlos Britto, j. 20-8-2008 (grifos nossos).

- **REPERCUSSÃO GERAL: VEDAÇÃO AO NEPOTISMO E APLICAÇÃO AOS TRÊS PODERES – 1**

  O Tribunal deu parcial provimento a recurso extraordinário interposto contra acórdão do Tribunal de Justiça do Estado do Rio Grande do Norte que reputara constitucional e legal a nomeação de parentes de vereador e Vice-Prefeito do Município de Água Nova, daquela unidade federativa, para o exercício dos cargos, respectivamente, de Secretário Municipal de Saúde e de motorista. Asseverou-se, inicialmente, que, embora a Resolução n. 7/2007 [sic] do CNJ seja restrita ao âmbito do Judiciário, a vedação do nepotismo se estende aos demais Poderes, pois decorre diretamente dos princípios contidos no art. 37, *caput*, da CF, tendo aquela norma apenas disciplinado, em maior detalhe, aspectos dessa restrição que são próprios a atuação dos órgãos jurisdicionais. Ressaltou-se que o fato de haver diversos atos normativos no plano federal que vedam o nepotismo não significaria que somente leis em sentido formal ou outros diplomas regulamentares fossem aptos para coibir essa prática, haja vista que os princípios constitucionais, que não configuram meras recomendações de caráter moral ou ético, consubstanciam regras jurídicas de caráter prescritivo, hierarquicamente superiores às demais e positivamente vinculantes, sendo sempre dotados de eficácia, cuja materialização, se necessário, pode ser cobrada por via judicial. Assim, tendo em conta a expressiva densidade axiológica e a elevada carga normativa que encerram os princípios contidos no *caput* do art. 37 da CF, concluiu-se que a proibição do nepotismo independe de norma secundária que obste formalmente essa conduta. Ressaltou-se, ademais, que admitir que apenas ao Legislativo ou ao Executivo fosse dado exaurir, mediante ato formal, todo o conteúdo dos princípios constitucionais em questão, implicaria mitigar os efeitos dos postulados da supremacia, unidade e harmonização da Carta Magna, subvertendo-se a hierarquia entre esta e a ordem jurídica em geral. RE 579.951/RN, rel. Min. Ricardo Lewandowski, 20-8-2008.

- **REPERCUSSÃO GERAL: VEDAÇÃO AO NEPOTISMO E APLICAÇÃO AOS TRÊS PODERES – 2**

  Aduziu-se que o art. 37, *caput*, da CF/88 estabelece que a Administração Pública é regida por princípios destinados a resguardar o interesse público na tutela dos bens da coletividade, sendo que, dentre eles, o da moralidade e o da impessoalidade exigem que o agente público paute sua conduta por padrões éticos que têm por fim último alcançar a consecução do bem comum, independentemente da esfera de poder ou do nível político-administrativo da Federação em que atue. Acrescentou-se que o legislador constituinte originário, e o derivado, especialmente a partir do advento da EC n. 1/98, fixou balizas de natureza cogente para coibir quaisquer práticas, por parte dos administradores públicos, que, de alguma forma, buscassem finalidade diversa do interesse público, como a nomeação de parentes para cargos em comissão ou de confiança, segundo uma interpretação equivocada dos incisos II e V do art. 37 da CF. Considerou-se que a referida nomeação de parentes ofende, além dos princípios da moralidade administrativa e da impessoalidade, o princípio da eficiência, haja vista a inapetência daqueles para o trabalho e seu completo despreparo para o exercício das funções que alegadamente exercem. Frisou-se, portanto, que as restrições impostas à atuação do administrador público pelo princípio da moralidade e demais postulados do art. 37 da CF são autoaplicáveis, por trazerem em si carga de normatividade apta a produzir efeitos jurídicos, permitindo, em consequência, ao Judiciário exercer o controle dos atos que transgridam os valores fundantes do texto constitucional. Com base nessas razões, e fazendo distinção entre cargo estritamente administrativo e cargo político, declarou-se nulo o ato de nomeação do motorista, considerando hígida, entretanto, a nomeação do Secretário Municipal de Saúde. RE 579.951/RN, rel. Min. Ricardo Lewandowski, 20-8-2008.

- **REPERCUSSÃO GERAL: VEDAÇÃO AO NEPOTISMO E APLICAÇÃO AOS TRÊS PODERES – 3**
O Tribunal aprovou o Enunciado da Súmula Vinculante 13 nestes termos: "A nomeação de cônjuge, companheiro, ou parente, em linha reta, colateral ou por afinidade, até o 3º grau, inclusive, da autoridade nomeante ou de servidor da mesma pessoa jurídica, investido em cargo de direção, chefia ou assessoramento, para o exercício de cargo em comissão ou de confiança, ou, ainda, de função gratificada na Administração Pública direta e indireta, em qualquer dos Poderes da União, dos Estados, do Distrito Federal e dos Municípios, compreendido o ajuste mediante designações recíprocas, viola a Constituição Federal". *A edição do verbete ocorreu após o julgamento do recurso extraordinário acima relatado.* Precedentes citados: ADI 1.521/RS (*DJU* de 17-3-2000); ADC 12 MC/DF (*DJU* de 1º-9-2006); MS 23.780/MA (*DJU* de 3-3-2006); RE 579.951/RN (j. 20-8-2008) (*Informativo STF 516*).

Nesse cenário foi editada a Súmula Vinculante 13: "A nomeação de cônjuge, companheiro, ou parente, em linha reta, colateral ou por afinidade, até o terceiro grau inclusive, da autoridade nomeante ou de servidor da mesma pessoa jurídica, investido em cargo de direção, chefia ou assessoramento, para o exercício de cargo em comissão ou de confiança, ou, ainda, de função gratificada na Administração Pública direta e indireta, em qualquer dos Poderes da União, dos Estados, do Distrito Federal e dos Municípios, compreendido o ajuste mediante designações recíprocas, viola a Constituição Federal".

Para complementar:

a) Não houve posicionamento acerca do nepotismo em CARGOS POLÍTICOS; assim, em razão da omissão, continua sendo permitido. Cargos de natureza política não estão envolvidos no enunciado da Súmula Vinculante 13.

Nesse sentido o STF: "**Agente político e nepotismo:** NOMEAÇÃO PARA CARGOS POLÍTICOS DO PRIMEIRO ESCALÃO DO PODER EXECUTIVO. CRITÉRIOS FIXADOS DIRETAMENTE PELO TEXTO CONSTITUCIONAL. EXCEPCIONALIDADE DA APLICAÇÃO DA SV 13 NO CASO DE COMPROVADA FRAUDE. INOCORRÊNCIA. NOMEAÇÃO VÁLIDA. DESPROVIMENTO. PRECEDENTES. 1. O texto constitucional estabelece os requisitos para a nomeação dos cargos de primeiro escalão do Poder Executivo (Ministros), aplicados por simetria aos Secretários estaduais e municipais. 2. Inaplicabilidade da SV 13, salvo comprovada fraude na nomeação, conforme precedentes (...). **Rcl 34.413 AgR**, rel. min. **Alexandre de Moraes**, 1ª T, j. 27-9-2019, DJE 220 de 10-10-2019."

Em razão da relevância do tema e **repercussão geral** da questão, o STF ainda vai definir se é inconstitucional a nomeação, para o exercício de cargo político, de familiares da autoridade nomeante – como cônjuge, companheiro ou parente em linha reta, colateral ou por afinidade, até o terceiro grau, inclusive. A matéria, objeto do **Recurso Extraordinário 1.133.118**, teve **repercussão geral reconhecida em 18 de junho de 2018 (tema 1000)**, por unanimidade, em deliberação no Plenário Virtual da Corte. Recurso extraordinário em que se discute, à luz dos arts. 2º, 18, 29, 30, I, 37, *caput*, 39 e 169 da Constituição da República, a constitucionalidade de norma que prevê a possibilidade de nomeação de cônjuge, companheiro ou parente, em linha reta colateral ou por afinidade, até o terceiro grau, inclusive, da autoridade nomeante, para o exercício de cargo político.

Aos 2 de junho de 2022, foi excluído do calendário de julgamento pelo Presidente do STF. Portanto, até a presente data ainda pendente de julgamento.

No caso, os Ministros deverão definir se a proibição ao nepotismo, prevista na Súmula Vinculante 13, alcança a nomeação para **cargos políticos**.

b) Como o enunciado da súmula inclui até o parentesco em 3º grau, os primos, por exemplo, não são alcançados pela vedação, já que compõem o 4º grau de parentesco.

5.4.2 Qual a diferença entre o princípio da impessoalidade e o princípio da finalidade?

Há divergência doutrinária acerca do assunto:

a) Primeiro posicionamento: o princípio da impessoalidade é o próprio princípio da igualdade ou isonomia (Adilson Abreu Dallari e Ivan Barbosa Rigolin).

b) Segundo posicionamento: o princípio da impessoalidade nada mais é que o próprio princípio da finalidade, que determina seja o ato administrativo praticado buscando atingir o seu fim legal – aquele indicado pela norma – de forma impessoal, sob pena de sua inobservância, e consequente afastamento do interesse público, configurar desvio de finalidade[72].

c) Terceiro posicionamento: o princípio da finalidade não se confunde com o princípio da impessoalidade. Finalidade significa buscar a vontade da lei, e, assim, decorre do próprio princípio da legalidade. Não se compreende uma lei se não se entender qual o seu objetivo[73].

Só se cumprirá a legalidade quando se atender a sua finalidade. A finalidade será sempre o interesse público, vedados favoritismos ou perseguições, muito embora seja possível ocorrer, em determinadas situações, a conjugação do interesse público com a pretensão de particulares – situação que ocorre nos atos administrativos negociais e nos contratos públicos, por exemplo.

O desvio dessa finalidade configura abuso de poder, que deve ser combatido e afastado pelos agentes públicos. O ato deve ser sempre praticado com estrita observância de sua finalidade pública. Está o administrador impedido de perseguir outro objetivo ou até mesmo de praticar o ato atendendo a interesses pessoais ou de terceiros.

O terceiro posicionamento surgiu após o falecimento de Hely Lopes Meirelles, com o advento da Lei n. 9.784/99, que, em seu art. 2º, tratou finalidade e impessoalidade como princípios autônomos. É o posicionamento que deve ser adotado em provas e concursos públicos.

---

[72] MEIRELLES, Hely Lopes. *Direito administrativo brasileiro*, 36. ed., São Paulo: Malheiros, 2010, p. 93.

[73] BANDEIRA DE MELLO, Celso Antônio. *Curso de direito administrativo*, 25. ed., São Paulo: Malheiros, 2008, p. 78.

5.4.3 O princípio da impessoalidade e a promoção pessoal

A norma prevista no art. 37, § 1º, da CF é "norma inédita", não encontrando precedentes nas Constituições anteriores. Não se pode negar, por outro lado, que seu conteúdo já poderia ser implicitamente extraído do sistema constitucional"[74].

Diretamente vinculada à ideia de impessoalidade (e também à de publicidade), temos a previsão do art. 37, § 1º, da CF, que veda a PROMOÇÃO PESSOAL ao fixar que a publicidade dos atos, programas, obras, serviços e campanhas dos órgãos públicos deverá ter caráter educativo, informativo ou de orientação social, dela não podendo constar nomes, símbolos ou imagens que caracterizem promoção pessoal de autoridades ou servidores públicos.

Essa norma, em verdade, fixa, ao mesmo tempo, um **dever** e uma **proibição**. Um dever no sentido de os agentes públicos terem a incumbência de informar à coletividade como estão sendo realizados os gastos públicos (com as obras, serviços e campanhas dos órgãos públicos), e uma proibição, pois esse dever de informação não pode ser cumprido objetivando proveito pessoal do agente público. Inclusive, a promoção pessoal, além de ser ato de improbidade administrativa (Lei n. 8.429/92), viola os princípios da moralidade, impessoalidade e eficiência, e, portanto, é inadmissível em nosso ordenamento jurídico. Inclusive, a **Lei n. 14.230, de 25 de outubro de 2021**, introduziu o inciso XII ao art. 11 da Lei n. 8.429/92, agora, de **forma expressa**, consolidou-se o que antes já se previa na doutrina: "constitui ato de improbidade administrativa **que atenta contra os princípios da administração pública** a ação ou omissão dolosa que viole os deveres de honestidade, de imparcialidade e de legalidade, caracterizada por uma das seguintes condutas: 'praticar, no âmbito da administração pública e com recursos do erário, ato de publicidade que contrarie o disposto no § 1º do art. 37 da Constituição Federal, de forma a promover inequívoco enaltecimento do agente público e personalização de atos, de programas, de obras, de serviços ou de campanhas dos órgãos públicos. (Incluído pela **Lei n. 14.230, de 2021**)'".

> **JURISPRUDÊNCIA**

- **PUBLICIDADE DE ATOS GOVERNAMENTAIS E IMPESSOALIDADE**
  O art. 37, *caput*, e seu § 1º, da CF, impedem que haja qualquer tipo de identificação entre a publicidade e os titulares dos cargos alcançando os partidos políticos a que pertençam. Com base nesse entendimento, a Turma negou provimento a recurso extraordinário interposto pelo Município de Porto Alegre contra acórdão do Tribunal de Justiça local que o condenara a abster-se da inclusão de determinado *slogan* na publicidade de seus atos, programas, obras, serviços e campanhas. Considerou-se que a referida regra constitucional objetiva assegurar a impessoalidade da divulgação dos atos governamentais, que devem voltar-se exclusivamente para o

---

[74] CANOTILHO, J. J. Gomes et al. *Comentários à Constituição do Brasil*, 1. ed., 6. tir., Coimbra-São Paulo: Almedina/Saraiva, 2014, p. 887.

interesse social, sendo incompatível com a menção de nomes, símbolos ou imagens, aí incluídos *slogans* **que caracterizem a promoção pessoal ou de servidores públicos**. Asseverou-se que a possibilidade de vinculação do conteúdo da divulgação com o partido político a que pertença o titular do cargo público ofende o princípio da impessoalidade e desnatura o caráter educativo, informativo ou de orientação que constam do comando imposto na Constituição. RE 191.668/RS, rel. Min. Menezes Direito, j. 15-4-2008 (*Informativo STF 502*) (grifos nossos).

- **ADI E PRINCÍPIO DA IMPESSOALIDADE**

  Por vislumbrar aparente ofensa ao princípio da impessoalidade, o Tribunal concedeu medida liminar em ação direta de inconstitucionalidade ajuizada pelo Governador do Estado da Paraíba para suspender, com efeitos *ex nunc*, a Lei Estadual n. 8.736/2009, que institui o Programa Acelera Paraíba, para incentivo aos pilotos de automobilismo nascidos e vinculados àquele Estado-membro. Entendeu-se que a lei impugnada singularizaria de tal modo os favorecidos que apenas uma só pessoa se beneficiaria com mais de 75% dos valores destinados ao programa. ADI 4.259/PB, rel. Min. Ricardo Lewandowski, j. 23-6-2010 (*Informativo STF 592*).

- **ATRIBUIÇÃO DE NOMES A LOGRADOUROS PÚBLICOS**

  O Tribunal julgou parcialmente procedente pedido formulado em ação direta ajuizada pelo Procurador-Geral da República contra diversos artigos inseridos na Constituição do Estado do Ceará [...] Quanto ao art. 20, V, que veda ao Estado e aos Municípios atribuir nome de pessoa viva a avenida, praça, rua, logradouro, ponte, reservatório de água, viaduto, praça de esporte, biblioteca, hospital, maternidade, edifício público, auditórios, cidades e salas de aula, o Tribunal julgou o pedido improcedente, por reputá-lo compatível com o princípio da impessoalidade [...] ADI 307, rel. Min. Eros Grau, j. 13-2-2008 (*Informativo 494*).

5.5 Princípio da moralidade

"O princípio da moralidade administrativa sempre foi ameaçado e violado pela corrupção administrativa que tem raízes que se perdem na poeira dos tempos. O desvio ético da conduta humana sempre foi combatido em várias frentes jurídicas"[75] – explica Marcelo Figueiredo.

Assim, a ideia de **moralidade** ingressa no direito como forma de combate aos desvios de finalidade e desvios de poder, objetivando que a conduta do administrador seja sempre honesta, transparente e pautada nos postulados da boa-fé.

O administrador, quando pratica o ato, deve fazê-lo com o fim de atender ao interesse público. Se se desviar desse interesse, o ato não só será ilegal como também imoral.

Exemplificando: o administrador desapropria um bem para prejudicar um inimigo. Há abuso de poder nessa conduta na modalidade desvio de finalidade: o ato é ilegal e imoral.

O princípio da moralidade ficou expresso na Constituição a partir de 1988, mas não é porque antes não estava expressamente previsto que autorizava o administrador a não se sujeitar a ele.

---

[75] CANOTILHO, J. J. Gomes et al. *Comentários à Constituição do Brasil*, 1. ed., 6. tir., Coimbra-São Paulo: Almedina/Saraiva, 2014, p. 894.

Trata-se de princípio sistematizado por Hauriou, no sentido de buscar sempre a **boa administração**, distinguindo o certo do errado, o legal do ilegal, o honesto do desonesto, o moral do imoral.

O agente público que exerce boa administração age com probidade, com boa-fé, com honradez, com atitudes corretas e consequentemente se torna um bom e eficiente administrador. Ao contrário, aquele que desvirtua as regras e a função pública está contaminado pela improbidade, imoralidade, incongruência.

Os atos de improbidade administrativa acarretam várias **consequências**, conforme estabelece o art. 37, § 4º, do texto constitucional: a) suspensão dos direitos políticos; b) perda da função pública; c) indisponibilidade de bens; d) ressarcimento ao erário, além de outras sanções previstas na Lei n. 8.429/92, inclusive a redação dada pela **Lei n. 14.230, de 25 de outubro de 2021**, fixou para as sanções aplicáveis ao sujeito ativo do ato de improbidade, o elemento subjetivo **dolo** para sua caracterização (que, nos termos do §2º do art. 1º da referida lei conceitua: "considera-se dolo a vontade livre e consciente de alcançar o resultado ilícito tipificado nos arts. 9º, 10 e 11 desta Lei, não bastando a voluntariedade do agente").

Esse dispositivo constitucional (art. 37, § 4º) traz um "conceito *constitucional* novo que é o de *ato de improbidade administrativa*. Ou se quisermos de outro modo explicar o fenômeno. O desgaste e a insuficiência normativa e pragmática (no campo eficacial) dos tradicionais tipos penais alusivos aos chamados 'Crime contra a Administração Pública', seja os chamados 'Crimes Praticados por Funcionário Público contra a Administração em Geral' (tais como, o peculato e suas variadas formas, o emprego irregular de verbas públicas, a concussão, o excesso de exação, a corrupção passiva, a prevaricação, a condescendência criminosa, a advocacia administrativa) e em parte os chamados 'Crimes Praticados por Particulares contra a Administração em Geral', *em especial*, o tráfico de influência, a corrupção ativa e o impedimento, perturbação ou fraude a concorrência'; levou à necessidade do desenvolvimento do chamado *direito administrativo sancionador* no âmbito do direito interno de um lado, e do direito internacional convencional de outro, todos procurando confrontar o tema do combate à imoralidade administrativa no mundo globalizado. Esse conjunto de normas que nasce e se desenvolve no direito administrativo aos poucos ingressa no direito constitucional positivo brasileiro e lá se estabelece na Constituição de 1988.

Assim, desde os clássicos atos de favorecimento ou enriquecimento ilícito dos servidores públicos até as mais sofisticadas operações de lavagem (ou branqueamento) de dinheiro do crime organizado, tudo está hoje normatizado sob uma nova perspectiva que tem seu assento constitucional (no Brasil), no princípio da moralidade *administrativa* e no correlato dever de probidade administrativa"[76].

---

[76] CANOTILHO, J. J. Gomes et al. *Comentários à Constituição do Brasil*, 1. ed., 6. tir., Coimbra-São Paulo: Almedina/Saraiva, 2014, p. 896.

ESQUEMATIZANDO

IMPROBIDADE ADMINISTRATIVA

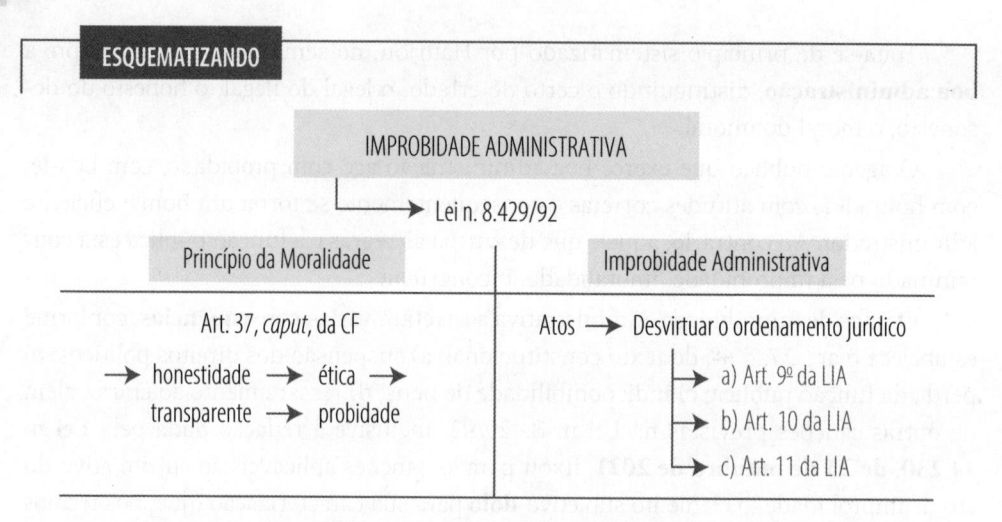

→ Lei n. 8.429/92

Princípio da Moralidade	Improbidade Administrativa
Art. 37, *caput*, da CF	Atos → Desvirtuar o ordenamento jurídico
→ honestidade → ética → transparente → probidade	→ a) Art. 9º da LIA → b) Art. 10 da LIA → c) Art. 11 da LIA

Remetemos o leitor ao Capítulo X ("Improbidade Administrativa") para maiores aprofundamentos específicos relacionados a esse tema, inclusive, a lei de improbidade administrativa sofreu diversas alterações advindas pela **Lei n. 14.230, de 25 de outubro de 2021**.

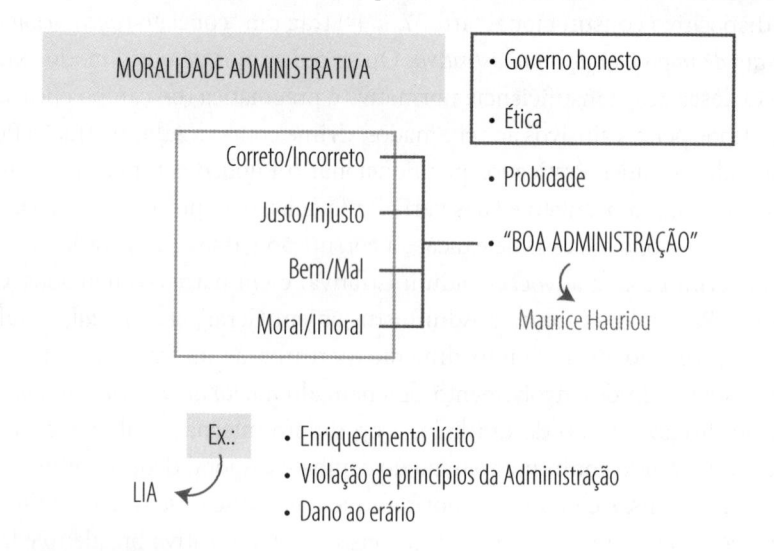

MORALIDADE ADMINISTRATIVA

- Governo honesto
- Ética

Correto/Incorreto
Justo/Injusto
Bem/Mal
Moral/Imoral

- Probidade
- "BOA ADMINISTRAÇÃO"

Maurice Hauriou

LIA ← Ex.:
- Enriquecimento ilícito
- Violação de princípios da Administração
- Dano ao erário

JURISPRUDÊNCIA

- **Notícia de 16 de fevereiro de 2012** – O STF, por maioria de votos, entendeu em favor da **constitucionalidade da Lei da Ficha Limpa**, que poderá ser aplicada nas eleições do ano de 2012, alcançando atos e fatos ocorridos antes de sua vigência.

  Toda discussão acerca da constitucionalidade desta lei envolveu a análise conjunta das Ações Declaratórias de Constitucionalidade **(ADCs 29 e 30)** e da Ação Direta de Inconstitucionalidade **(ADI 4.578)**, sob a análise se a Lei Complementar n. 135/2010, que deu nova redação à Lei Complementar n. 64/90, que instituiu outras hipóteses de inelegibilidade voltadas à proteção da probidade e moralidade administrativas no exercício do mandato, nos termos do art. 14, § 9º, da Constituição Federal.

- **STF, RE 407.908-RJ. REL. MIN. MARCO AURÉLIO**
  ACORDO – HOMOLOGAÇÃO JUDICIAL – HONORÁRIOS ADVOCATÍCIOS – AÇÃO DE NULIDADE – PRINCÍPIO DA MORALIDADE. Implica violência ao art. 37, cabeça, da Constituição Federal a óptica segundo a qual, ante o princípio da moralidade, surge insubsistente acordo homologado em juízo, no qual previsto o direito de profissional da advocacia, detentor de vínculo empregatício com uma das partes, aos honorários advocatícios (*Informativo STF 629*). Noticiado no *Informativo 623*.

5.6 Princípio da publicidade

O princípio da publicidade administrativa caracteriza-se também como direito fundamental do cidadão, indissociável do princípio democrático, possuindo um *substrato positivo* – o dever estatal de promover amplo e livre acesso à informação como condição necessária ao conhecimento, à participação e ao controle da Administração – e outro *negativo* – salvo no que afete à segurança da sociedade e do Estado e o direito à intimidade, as ações administrativas não podem desenvolver-se em segredo[77-78].

Assim, os atos praticados pela Administração Pública devem ser acessíveis aos administrados de modo que os particulares tenham ciência e possam controlar as ações do Poder Público.

O administrador exerce função pública, *munus publico*, portanto age em nome do povo. Por essa razão, os administrados têm de ter ciência do que está acontecendo na máquina administrativa.

A publicidade é fundamental para **controle e conhecimento** dos atos praticados e também representa **condição de eficácia**: é com a publicidade que o ato possui condições de desencadear seus efeitos.

Exemplificando: quando o administrado recebe uma multa de trânsito, tem o prazo de 30 dias para se defender. Esse prazo começa a correr a partir do RECEBIMENTO da notificação de trânsito. Somente com a publicidade é que haverá o INÍCIO DE CONTAGEM DE PRAZO para o recurso.

É com a publicidade que se dá início aos EFEITOS EXTERNOS DO ATO ADMINISTRATIVO.

A publicação que produz efeitos é a do órgão oficial da Administração (diário oficial ou jornais contratados para publicações oficiais) e não a divulgação pela imprensa particular, pela televisão ou pelo rádio, ainda que em horário oficial. É possível, ainda,

---

[77] CANOTILHO, J. J. Gomes. *Direito constitucional e teoria da Constituição*, 7. ed., Coimbra: Almedina, 2003.
[78] CANOTILHO, J. J. Gomes et al. *Comentários à Constituição do Brasil*, 1. ed., 6. tir., Coimbra-São Paulo: Almedina/Saraiva, 2014, p. 887.

seja a publicação oficial realizada mediante afixação dos atos e leis municipais na sede da Prefeitura ou da Câmara, quando não houver órgão oficial[79].

Exemplificando: o ato convocatório "carta-convite" (em licitação na modalidade convite) se torna público para terceiro depois de afixado em local apropriado, nos termos do art. 22, § 3º, da Lei n. 8.666/93.

Aprofundamento 1: J. J. Gomes Canotilho, Gilmar Ferreira Mendes, Ingo Wolfgang Sarlet e Lenio Luiz Streck[80] anotam que o princípio da publicidade parece efetivar-se em **quatro vertentes**:

a) direito de *conhecer* todos os expedientes e motivos referentes à ação administrativa, bem como seus desdobramentos e resultados, em razão do direito fundamental à informação;

b) garantia frente ao processo de produção de decisões administrativas, em contraposição ao segredo procedimental, por meio da audiência dos envolvidos e interessados, em razão do princípio da ampla defesa;

c) direito subjetivo de *acesso* aos arquivos e registros públicos, em decorrência direta do princípio democrático;

d) direito de exigir do Estado ações positivas para possibilitar a visibilidade, cognoscibilidade, e controle das ações administrativas[81].

Aprofundamento 2: **A Lei n. 13.146, de 6 de julho de 2015, que instituiu a Lei Brasileira de Inclusão da Pessoa com Deficiência (Estatuto da Pessoa com Deficiência),** fixou em seu art. 63 que é "obrigatória a acessibilidade nos sítios da internet mantidos por empresas com sede ou representação comercial no País ou por órgãos de governo, para uso da pessoa com deficiência, garantindo-lhe acesso às informações disponíveis, conforme as melhores práticas e diretrizes de acessibilidade adotadas internacionalmente".

---

[79] MEIRELLES, Hely Lopes. *Direito administrativo brasileiro*, 36. ed., São Paulo: Malheiros, 2010, p. 97.

[80] CANOTILHO, J. J. Gomes et al. *Comentários à Constituição do Brasil*, 1. ed., 6. tir., Coimbra-São Paulo: Almedina/Saraiva, 2014, p. 887-888.

[81] BOBBIO, Norberto. *O futuro da democracia*, trad. Marco Aurélio Nogueira, Rio de Janeiro: Paz e Terra, 1989, p. 89. Em recente decisão, o Tribunal de Contas da União recomendou ao Gabinete Civil da Presidência da República "que, em obediência ao princípio da publicidade expresso no art. 37 da Constituição Federal e no precedente do Supremo Tribunal Federal ao julgar o MS 24.725 MC/DF, tome as providências necessárias à divulgação dos dados e informações constantes dos sistemas Siafi, Sidor, Siasg, Spiu e Siape, necessárias à transparência dos gastos públicos e ao controle social, resguardados os dados indispensáveis à segurança da sociedade e do Estado e à preservação da privacidade dos dados individuais dos servidores públicos" (Acórdão n. 1.526/2005 – Plenário; *DOU* 7-10-2005).

Fixou também (art. 65) às empresas prestadoras de serviços de telecomunicações a incumbência de garantir pleno acesso à pessoa com deficiência, conforme regulamentação específica.

Ainda, atribuiu ao Poder Público (em seu art. 66) o dever de **incentivar a oferta** de aparelhos de telefonia fixa e móvel celular com **acessibilidade** que, entre outras tecnologias assistivas, possuam possibilidade de indicação e de ampliação sonoras de todas as operações e funções disponíveis.

Aprofundamento 3: Princípio da publicidade: **Em 27 de abril de 2015, o Plenário do Supremo Tribunal Federal (STF), no julgamento do ARE 652.777 (tema 483)**, decidiu, por unanimidade, que é legítima a publicação, inclusive em sítio eletrônico mantido pela Administração Pública, dos nomes de seus servidores e dos valores dos correspondentes vencimentos e vantagens pecuniárias. Vejamos:
"**EMENTA: CONSTITUCIONAL. ADMINISTRATIVO. DIVULGAÇÃO, EM SÍTIO ELETRÔNICO OFICIAL, DE INFORMAÇÕES ALUSIVAS A SERVIDORES PÚBLICOS. CONFLITO APARENTE DE NORMAS CONSTITUCIONAIS. DIREITO À INFORMAÇÃO DE ATOS ESTATAIS. PRINCÍPIO DA PUBLICIDADE ADMINISTRATIVA. PRIVACIDADE, INTIMIDADE E SEGURANÇA DE SERVIDORES PÚBLICOS. Possui repercussão geral a questão constitucional atinente à divulgação, em sítio eletrônico oficial, de informações alusivas a servidores públicos**".

A **tese firmada** pelo STF teve a seguinte redação: "é legítima a publicação, inclusive em sítio eletrônico mantido pela Administração Pública, dos nomes dos seus servidores e do valor dos correspondentes vencimentos e vantagens pecuniárias".

Aprofundamento 4: **Em 27 de agosto de 2015, o STF reconheceu a repercussão geral da questão** em tema debatido no **RE 865.401 (tema 832)**, que decidiu sobre o direito de vereador obter diretamente do prefeito informações e documentos sobre a gestão municipal. A questão se reveste de grande repercussão tanto na seara jurídica quanto na política, pois discute o direito constitucional de acesso, por parte de cidadãos e parlamentares, a informações e documentos públicos não sigilosos que estejam em posse de autoridades públicas, previsto no art. 5º, XXXIII, da Constituição Federal.

"O acesso à informação, seja ela de interesse particular, coletivo ou geral, a transparência da gestão e das contas públicas, a publicidade dos atos da Administração e a deferência para com o cidadão, manifesta por meio da prestação de contas e da exibição de documentos sempre que solicitadas constituem, e quanto a isso inexiste celeuma, pilares do Estado Democrático de Direito, o que por si só bastaria para justificar a relevância do tema em apreço", apontou o Ministro Relator, Dias Toffoli.

A tese de repercussão geral firmada sobre esse assunto foi julgada no dia 25 de abril de 2018 no sentido de que "o parlamentar, na condição de cidadão, pode exercer plenamente seu direito fundamental de acesso a informações de interesse pessoal ou coletivo, nos termos do art. 5º, inciso XXXIII, da CF e das normas de regência desse direito".

Curiosidade: "Publicidade é o melhor remédio [...]; a luz do sol, o melhor desinfetante" – Louis Brandei, ex-Ministro da Corte Suprema dos Estados Unidos, citado por Rafael Mafei Rabelo Queiroz, *O Estado de S.Paulo,* 22-2-2015.

5.6.1 Exceções constitucionais à publicidade

a) Não haverá publicidade sempre que esta colocar em risco a intimidade, a vida privada, a honra e a imagem das pessoas, assegurado o dano moral e material decorrente de sua violação (art. 5º, X, da CF).

b) Não haverá publicidade quando esta colocar em risco a segurança da sociedade e do Estado (art. 5º, XXXIII, da CF).

c) Não haverá publicidade em defesa da intimidade e se o interesse social exigir. Exemplo: o processo de um médico perante Conselho Regional de Medicina é sigiloso, só se publicando a decisão final – em defesa da intimidade (art. 5º, LX, da CF).

Considerações finais: é importante, ao considerar a Administração necessariamente aberta e permeável ao público, fazer referência ao pensamento de Kant, que considera "fórmula transcendental do direito público" o princípio segundo o qual "todas as ações relativas ao direito de outros homens cuja máxima não é conciliável com a publicidade são injustas"[82]. Nesse mesmo sentido, lembrando que o direito administrativo surgiu como reação ao absolutismo, a *visibilidade da atuação administrativa* é, mais que tendência, necessidade no atual estágio do constitucionalismo e das relações Estado-sociedade. Assim, entende-se que a publicidade é requisito essencial para a eficácia do controle de poder, além de elemento indissociável da noção de Estado de Direito[83].

JURISPRUDÊNCIA

- **SERVIDOR PÚBLICO: DIVULGAÇÃO DE VENCIMENTOS E PUBLICIDADE ADMINISTRATIVA**
  Ao aplicar o princípio da publicidade administrativa, o Plenário desproveu agravo regimental interposto de decisão do Min. Gilmar Mendes, Presidente à época, proferida nos autos de suspensão de segurança ajuizada pelo Município de São Paulo. A decisão questionada suspendera medidas liminares que anularam, provisoriamente, o ato de divulgação da remuneração bruta mensal, com o respectivo nome de cada servidor, em sítio eletrônico da internet,

---

[82] Apud BOBBIO, Norberto. *O futuro da democracia,* trad. Marco Aurélio Nogueira, Rio de Janeiro: Paz e Terra, 1989, p. 104.

[83] CANOTILHO, J. J. Gomes et al. *Comentários à Constituição do Brasil,* 1. ed., 6. tir., Coimbra-São Paulo: Almedina/Saraiva, 2014, p. 888.

denominado "De Olho nas Contas". Na espécie, o Município impetrante alegava grave lesão à ordem pública, retratada no descumprimento do princípio da supremacia do interesse público sobre interesses particulares. Na impetração originária, de outra monta, sustentara-se violação à intimidade e à segurança privada e familiar dos servidores. Reputou-se que o princípio da publicidade administrativa, encampado no art. 37, *caput*, da CF, significaria o dever estatal de divulgação de atos públicos. Destacou-se, no ponto, que a gestão da coisa pública deveria ser realizada com o máximo de transparência, excetuadas hipóteses constitucionalmente previstas, cujo sigilo fosse imprescindível à segurança do Estado e da sociedade (CF, art. 5º, XXXIII). Frisou-se que todos teriam direito a receber, dos órgãos públicos, informações de interesse particular ou geral, tendo em vista a efetivação da cidadania, no que lhes competiria acompanhar criticamente os atos de poder. Aduziu-se que a divulgação dos vencimentos brutos de servidores, a ser realizada oficialmente, constituiria interesse coletivo, sem implicar violação à intimidade e à segurança deles, uma vez que esses dados diriam respeito a agentes públicos em exercício nessa qualidade. Afirmou-se, ademais, que não seria permitida a divulgação do endereço residencial, CPF e RG de cada um, mas apenas de seu nome e matrícula funcional. Destacou-se, por fim, que o modo público de gerir a máquina estatal seria elemento conceitual da República. SS 3.902 Segundo AgR/SP, rel. Min. Ayres Britto, j. 9-6-2011 (*Informativo STF 630*).

5.7 Princípio da eficiência (inserido na Constituição Federal pela Emenda Constitucional n. 19/98)

Eficiência conjuga o binômio produtividade e economia, vedando o desperdício e o uso inadequado nos recursos públicos. Traduz-se nas seguintes máximas: "melhor desempenho possível por parte do agente público" e "melhores resultados na prestação do serviço público".

5.7.1 Desdobramentos do princípio da eficiência

Há vários dispositivos constitucionais que aparecem como desdobramentos do princípio da eficiência. Vejamos:

a) Art. 41 da CF: esse dispositivo, com redação dada pela EC n. 19/98, aumenta o prazo de duração do estágio probatório de dois para três anos (dois anos era o prazo de estágio probatório previsto na redação originária da CF/88).

b) Art. 41, § 4º, da CF: prevê a AVALIAÇÃO DE DESEMPENHO como condição para a aquisição da estabilidade do servidor.

c) Art. 41, § 1º, III, da CF: na busca da eficiência, é possível a perda do cargo de servidores estáveis quando comprovada a insuficiência de desempenho apurada em avaliação periódica de desempenho, na forma de lei complementar, assegurada ampla defesa.

Observação: O servidor estável também perderá o cargo em virtude de sentença judicial transitada em julgado ou mediante processo administrativo em que lhe seja assegurada ampla defesa.

d) art. 169 da CF e art. 19 da Lei Complementar n. 101/2000: não é eficiente gastar tudo o que se arrecada com folha de pagamento de pessoal.

A despesa com pessoal ativo e inativo da União, dos Estados, do Distrito Federal e dos Municípios não poderá exceder os limites estabelecidos na Lei de Responsabilidade Fiscal (LC n. 101/2000): é a racionalização da máquina administrativa.

A União só pode gastar com folha de pagamento até 50% da arrecadação, enquanto os Estados e Municípios, até 60% da arrecadação. Assim, o que acontece quando os gastos com folha de pagamento estão acima do percentual permitido pela Lei de Responsabilidade Fiscal (LC n. 101/2000)?

Primeiro serão exonerados os ocupantes de cargos em comissão e funções de confiança, e a redução será de 20% dos ocupantes desses cargos.

Se o primeiro corte não for suficiente e os gastos continuarem acima do percentual permitido em lei, serão exonerados os servidores não estáveis, tantos quantos forem necessários, ainda que isso signifique exoneração de todos os não estáveis.

Por fim, se ainda assim o limite com folha de pagamento estiver acima do permitido, poderão ser exonerados os servidores estáveis. Porém, se a exoneração tiver por motivo a redução de gastos na folha de pagamento, não poderá ser criado outro cargo com funções idênticas a ser ocupado por outro agente antes do prazo de quatro anos.

Para complementar: A EC n. 106/2020 fixou, no § 1º do art. 169, que a concessão de qualquer **vantagem ou aumento** de remuneração, a **criação** de cargos, empregos e funções ou **alteração** de estrutura de carreiras, bem como a **admissão ou contratação** de pessoal, a qualquer título, pelos órgãos e entidades da administração direta ou indireta, inclusive fundações instituídas e mantidas pelo poder público, só poderão ser feitas: **a)** se houver prévia dotação orçamentária suficiente para atender às projeções de despesa de pessoal e aos acréscimos dela decorrentes; **b)** se houver autorização específica na Lei de Diretrizes Orçamentárias, ressalvadas as empresas públicas e as sociedades de economia mista.

Aprofundamento: Em 27 de março de 2020, na **ADI 6357**, o Presidente da República, Jair Bolsonaro, ajuizou pedido para que o STF **afaste** algumas exigências da Lei de Responsabilidade Fiscal (Lei Complementar n. 101/2000) e da Lei de Diretrizes Orçamentárias (Lei n. 13.898/2019) em relação à criação e à expansão de programas de prevenção ao novo coronavírus e de proteção da população vulnerável à pandemia.

Os dispositivos da Lei de Responsabilidade Fiscal (LRF) questionados exigem, para o aumento de gastos tributários indiretos e despesas obrigatórias de caráter continuado, as estimativas de impacto orçamentário-financeiro e a compatibilidade com a Lei de Diretrizes Orçamentárias (LDO), além da demonstração da origem dos recursos e a compensação de seus efeitos financeiros nos exercícios seguintes.

O argumento da referida ADI é o de que esses padrões de **adequação orçamentária** "podem" e "devem" ser relativizados em conjunturas reconhecidas pela Constituição Federal como excepcionais (e utilizou como um dos fundamentos o fato do direito à saúde prevalecer em relação a outros princípios). A ADI 6357 transitou em julgado em 28-11-2020.

e) Art. 37, § 8º, da CF: "A autonomia gerencial, orçamentária e financeira dos órgãos e entidades da Administração direta e indireta poderá ser ampliada mediante contrato, a ser firmado entre seus administradores e o Poder Público, que tenha por objeto a fixação de metas de desempenho para o órgão ou entidade, cabendo à lei dispor sobre: I – prazo de duração do contrato; II – os controles e critérios de avaliação de desempenho, direitos, obrigações e responsabilidades dos dirigentes; III – a remuneração do pessoal".

Esse dispositivo traz o chamado "contrato de gestão" firmado entre entidades da Administração Direta e Indireta e o Poder Público.

Confere aos órgãos e entidades da Administração Direta e Indireta mais autonomia gerencial, orçamentária e financeira em troca da fixação de metas de desempenho.

f) Art. 39, § 2º, da CF: outro desdobramento do princípio da eficiência é a fixação para a União, os Estados e o Distrito Federal da obrigação de manutenção de escolas de governo para a formação e aperfeiçoamento de seus servidores (e a participação nesses cursos configura requisito para promoção na carreira).

> Art. 39, § 2º, da CF: "A União, os Estados e o Distrito Federal manterão escolas de Governo para a formação e o aperfeiçoamento dos servidores públicos, constituindo-se a participação nos cursos um dos requisitos para a promoção na carreira, facultada, para isso, a celebração de convênios ou contratos entre os entes federados".

g) **Art. 39, § 7º, da CF**: "Lei da União, dos Estados, do Distrito Federal e dos Municípios disciplinará a aplicação de recursos orçamentários provenientes da economia com despesas correntes em cada órgão, autarquia e fundação, para aplicação no desenvolvimento de programas de qualidade e produtividade, treinamento e desenvolvimento, modernização, reaparelhamento e racionalização do serviço público, inclusive sob a forma de adicional ou prêmio de produtividade".

h) Também há menção à eficiência nos serviços públicos, antes mesmo de a EC n. 19/98 introduzir o princípio da eficiência no art. 37.

Dispõe a **Lei n. 8.987/95, no art. 6º**, que "toda concessão ou permissão pressupõe a prestação de serviço adequado ao pleno atendimento dos usuários, conforme estabelecido nesta Lei, nas normas pertinentes e no respectivo contrato. § 1º Serviço adequado é o que satisfaz as condições de regularidade, continuidade, eficiência, segurança, atualidade, generalidade, cortesia na sua prestação e modicidade das tarifas", o que traz eficiência quanto aos meios e quanto aos resultados.

i) Código de Defesa do Consumidor: **Lei n. 8.078/90, art. 22**.

j) **Lei n. 13.726/2018:** esta lei tem o objetivo de racionalizar **atos e procedimentos administrativos** dos Poderes da União, dos Estados, do Distrito Federal e dos Municípios mediante **a supressão ou a simplificação de formalidades ou exigências desnecessárias ou superpostas**, cujo custo econômico ou social, tanto para o erário como para o cidadão, seja superior ao eventual risco de fraude, e institui o **Selo de Desburocratização e Simplificação**.

O **Selo de Desburocratização e Simplificação** é destinado a reconhecer e a estimular projetos, programas e práticas que **simplifiquem** o funcionamento da Administração Pública e **melhorem** o atendimento aos usuários dos serviços públicos. Cinco são os critérios para sua concessão:

a) a racionalização de processos e procedimentos administrativos;

b) a eliminação de formalidades desnecessárias ou desproporcionais para as finalidades almejadas;

c) os ganhos sociais oriundos da medida de desburocratização;

d) a redução do tempo de espera no atendimento dos serviços públicos;

e) a adoção de soluções tecnológicas ou organizacionais que possam ser replicadas em outras esferas da Administração Pública.

Lembrando que os órgãos ou entidades estatais que receberem o **Selo de Desburocratização e Simplificação** serão inscritos em **Cadastro Nacional de Desburocratização,** e que serão premiados, anualmente, dois órgãos ou entidades, em cada unidade federativa, selecionados com base nos critérios estabelecidos por essa lei.

Ainda, a Lei n. 13.726/2018 prevê em seu art. 3º que na relação entre os órgãos e as entidades dos Poderes da União, dos Estados, do Distrito Federal e dos Municípios com o cidadão é **dispensada** a exigência de:

a) reconhecimento de firma, devendo o agente administrativo, confrontando a assinatura com aquela constante do documento de identidade do signatário, ou estando este presente e assinando o documento diante do agente, lavrar sua autenticidade no próprio documento;

b) autenticação de cópia de documento, cabendo ao agente administrativo, mediante a comparação entre o original e a cópia, atestar sua autenticidade;

c) juntada de documento pessoal do usuário, que poderá ser substituído por cópia autenticada pelo próprio agente administrativo;

d) apresentação de certidão de nascimento, que poderá ser substituída por cédula de identidade, título de eleitor, identidade expedida por conselho regional de fiscalização profissional, carteira de trabalho, certificado de prestação ou de isenção do serviço militar, passaporte ou identidade funcional expedida por órgão público;

e) apresentação de título de eleitor, exceto para votar ou para registrar candidatura;

f) apresentação de autorização com firma reconhecida para viagem de menor se os pais estiverem presentes no embarque.

A lei também prevê a informalidade como maneira de **comunicação** entre os cidadãos e o Poder Público (art. 6º), excetuando apenas aqueles casos que impliquem **imposição de deveres, ônus, sanções ou restrições ao exercício de direitos e atividades**.

Vejamos: "Ressalvados os casos que impliquem imposição de deveres, ônus, sanções ou restrições ao exercício de direitos e atividades, a comunicação entre o Poder Público e o cidadão poderá ser feita por **qualquer meio**, inclusive comunicação verbal, direta ou telefônica, e correio eletrônico, devendo a circunstância ser registrada quando necessário".

Por fim, sempre que houver participação do servidor no **desenvolvimento** e na **execução** de projetos e programas que resultem na desburocratização do serviço público, será **registrada** em seus assentamentos funcionais (art. 8º). Trata-se de forma de consagração do princípio da eficiência.

5.7.2 Doutrina estrangeira

A Constituição da República italiana preocupa-se com o dever de boa administração. O art. 97 assegura: "il buon andamento e l'imparzialità dell'amministrazione", com F. Falzone, F. Palermo e F. Consentino[84], esclarecendo: "Nelle parole 'imparcialità dell'admministrazione', il principio della independenza della pubblica amministrazione da influenze politiche, nel duplice senso attivo e passivo. La 'imparcialità' deve valere tanto all'esterno, verso gli amministrati, i cittadini, quanto all'interno dell'amministrazione, verso i funzionari e gli impiegati".

Quanto à boa administração "sta ad indicare l'obbligo per i funzionari amministrativi ed in genere per tutti gli agenti dell'amministrazione, di svolgere la loro attività secondo le modalità più idonee ed opportune per l'*efficacia*, la *speditezza* e l'*economicità* dell'azione amministrativa, con il minor sacrificio degli interessi particolari dei singoli (RESTA)"[85].

5.8 Princípio da autotutela

É aquele pelo qual é possibilitado à Administração policiar seus próprios atos, adequando-os à realidade fática em que atua, revogando atos inoportunos e/ou inconvenientes e declarando nulos os efeitos dos atos eivados de vícios quanto à legalidade.

Essa forma de controle endógeno da Administração denomina-se princípio da autotutela, consagrado pelas Súmulas 346 e 473 do Supremo Tribunal Federal.

a) **Súmula 346 do STF**: "A Administração Pública pode declarar a nulidade de seus próprios atos".

O sistema de controle dos atos da Administração adotado no Brasil é o jurisdicional. Esse sistema possibilita, de forma inexorável, ao Judiciário a revisão das decisões tomadas

---

[84] FALZONE, F.; PALERMO, F.; CONSENTINO, F. *La Constituzione della Repubblica italiana*. Milano: Arnoldo Mondadori Editore, 1991, p. 312.
[85] SIMONE, Edizioni. *Diritto constituzionale*, Napoli: Esselibri, 1990, p. 388.

no âmbito da Administração no tocante à sua **legalidade**, sendo denominado controle finalístico ou de legalidade. Assim, ao Poder Judiciário cabe a anulação de atos reputados ilegais.

Legalidade no direito público significa que a Administração deve fazer o que a lei determina. Se o administrador não obedecer aos mandamentos legais, estará agindo com ilegalidade, devendo o ato ser corrigido por meio do instituto da ANULAÇÃO.

O STF ao julgar o **RE 817.338 sobre portaria anistiadora** fixou a **tese (tema 839)**: "a) Possibilidade de um ato **administrativo**, caso evidenciada a violação direta ao texto constitucional, ser **anulado** pela **Administração** Pública quando decorrido o prazo decadencial previsto na Lei n. 9.784/1999. b) Saber se **portaria** que disciplina tempo máximo de serviço de militar atende aos requisitos do art. 8º do ADCT".

b) **Súmula 473 do STF**: "A Administração Pública pode anular seus próprios atos quando eivados de vícios que os tornam ilegais, porque deles não se originam direitos, ou revogá-los, por motivo de conveniência ou oportunidade, respeitados os direitos adquiridos, e ressalvada, em todos os casos, a apreciação judicial".

Aprofundamento: Só é possível a revogação de ato administrativo válido, isto é, em conformidade com a lei e com o ordenamento jurídico.

Revogar significa afirmar que um dado ato não atende mais à conveniência e oportunidade do interesse público, e, por essa razão, a Administração Pública resolve eliminá-lo, respeitando os efeitos precedentes.

Observação: Nenhum Poder estatal pode revogar atos dos outros. Sendo assim, os atos praticados pela Administração devem ser revogados pela própria Administração que os editou. Fundamento: princípio da independência dos Poderes Executivo, Legislativo e Judiciário, previsto no art. 2º da CF.

5.8.1 Características da revogação

a) **Sujeito ativo da revogação:** é a autoridade no exercício de funções e competências administrativas – agente do Poder Executivo ou entidade da Administração Indireta.

Observação: Legislativo e Judiciário só praticam revogação administrativa no exercício de suas funções atípicas, ou seja, só podem revogar os atos por eles mesmos praticados, já que nenhum Poder estatal pode revogar atos de outro. Fundamento: novamente o princípio da independência dos poderes (art. 2º da CF).

NÃO ESQUECER: quem revoga está dentro **do mesmo Poder**, pouco importa se é aquele que produziu o ato ou outra autoridade superior.

b) **Objeto da revogação:** ato administrativo válido (em conformidade com a lei e com o ordenamento jurídico).

Com a revogação, atende-se a uma CONVENIÊNCIA ADMINISTRATIVA e, consequentemente, atende-se ao interesse público.

c) **Fundamento da revogação:** decorre da mesma regra que habilitou o agente à prática de um ato anterior, que se vai revogar.

Repete-se o uso de uma COMPETÊNCIA sobre a mesma questão. Tal competência é discricionária e o agente, com base na conveniência e na oportunidade, resolve se vai ou não revogar o ato, respeitando sempre os direitos adquiridos.

d) **Motivos da revogação:** inconveniência e inoportunidade do ato ou da situação por ele gerada.

Quando o ato foi editado, era conveniente e oportuno ao interesse público, hoje não é mais.

e) **Efeitos da revogação:** a revogação suprime um ato ou seus efeitos, mas respeita os efeitos que já transcorreram. Assim, o ato revogador opera eficácia *ex nunc*, ou seja, a revogação não desconstituiu os efeitos passados gerados pelo ato. Será extinto o que foi provido, sem ofender os efeitos passados.

Aprofundamento: **A POSSIBILIDADE DE REVISÃO DE SEUS ATOS PELA ADMINISTRAÇÃO PÚBLICA É ETERNA? ATÉ QUANDO A ADMINISTRAÇÃO PÚBLICA PODE EXERCER SUA AUTOTUTELA?**

Para proteger o princípio da segurança jurídica, os direitos adquiridos e o princípio da estabilidade das relações jurídicas, vêm sendo criados limites ao exercício da autotutela pela Administração Pública, isto é, a possibilidade de revisão pela Administração de seus próprios atos não pode ser eterna. Em alguns casos, a eterna possibilidade de revisão dos atos administrativos pela Administração revela-se muito mais nociva do que a permanência de tais atos.

Sendo assim, o limite para a Administração anular os atos administrativos encontra seu temperamento no art. 54 da Lei n. 9.784/99, que estabelece: "O direito da Administração de anular os atos administrativos de que decorram efeitos favoráveis para os destinatários decai em cinco anos, contados da data em que foram praticados, salvo comprovada má-fé".

JURISPRUDÊNCIA

- **DIREITO ADMINISTRATIVO. ATOS COMISSIVOS, ÚNICOS E DE EFEITOS PERMANENTES PRATICADOS ANTES DA LEI N. 9.784/99. DECADÊNCIA. TERMO INICIAL**

  Os atos administrativos praticados anteriormente ao advento da Lei n. 9.784/99 estão sujeitos ao prazo decadencial quinquenal, contado, entretanto, da sua entrada em vigor, qual seja 1º/2/99, e não da prática do ato. Precedente citado: AgRg no REsp 1.270.252-RN, DJe 5-9-2012. REsp 1.270.474-RN, rel. Min. Herman Benjamin, j. 18-10-2012 *(Informativo STJ 508).*

- **REFLORESTAMENTO. ATO ADMINISTRATIVO. DECADÊNCIA**

  Trata-se de REsp em que se discute a decadência para a Administração anular ato administrativo que aprovara um projeto de reflorestamento. Tal ato, entre outras irregularidades, não teria atendido às manifestações técnicas produzidas pelo Ibama e, ainda, evidenciou-se um flagrante desrespeito ao meio ambiente, na medida em que houve plantio de bambu em áreas de encostas em diversos estágios de desenvolvimento vegetativo, bem como a utilização de áreas de preservação permanente. A Turma conheceu parcialmente do recurso, mas lhe negou provimento, tendo em vista que, no caso, o ato de aprovação do projeto de reflorestamento ocorreu em 15-10-1997 e sua nulidade foi declarada em 17-6-2003. Assim, há que afastar a alegação de decadência, porquanto ausente o decurso do prazo quinquenal a contar da vigência da Lei n. 9.784/99. Precedentes citados: AgRg nos EREsp 644.736-PE, *DJ* 27-8-2007, e MS 9.157-DF, *DJ* 7-11-2005. REsp 878.467-PE, rel. Min. Teori Albino Zavascki, j. 15-9-2009 *(Informativo STJ 407).*

- **MS. DECADÊNCIA. AUXÍLIO-INVALIDEZ**

  A Seção, prosseguindo o julgamento, entendeu que se limite a possibilidade de impetração de mandado de segurança (art. 54, § 1º, da Lei n. 9.784/99), referente ao prazo decadencial de cinco anos para a União e os órgãos públicos reverem seus atos. Segundo ressaltou o Min. Arnaldo Esteves Lima, no caso *sub judice*, trata-se de decadência material e não instrumental, porquanto, nesta última, é possível o ajuizamento de outra ação, o que não acontece com a primeira, cabível somente se ocorrer má-fé da parte. *Mutatis mutandis*, aplicável, por analogia, a decadência instrumental, regra essa que restringe a impetração do *writ* em até cinco anos após a primeira supressão que ocorrer, evitando que o prazo fique indefinidamente aberto. Quanto à questão de fundo, reiterou-se o entendimento de que viola os princípios constitucionais da legalidade e da irredutibilidade de vencimentos (ato lesivo que atrai a teoria do trato sucessivo) a redução no valor do auxílio-invalidez. Outrossim, tais atos lesivos, por afetarem interesses individuais, não prescindem do contraditório para sua anulação com a instauração do processo administrativo. Precedentes citados do STF: RE 158.543-9-RS, *DJ* 6-10-1995; do STJ: MS 12.251-DF, *DJ* 23-10-2006; RMS 15.575-PA, *DJ* 2-5-2005; MS 6.250-DF, *DJ* 31-3-2003; MS 10.640-DF, *DJ* 24-10-2005, e MS 11.050-DF, *DJ* 23-10-2006; MS 11.806-DF, rel. originário Min. Paulo Medina, rel. para acórdão Min. Arnaldo Esteves Lima (art. 52, IV, *b*, do RISTJ), j. 10-12-2008 *(Informativo STJ 380).*

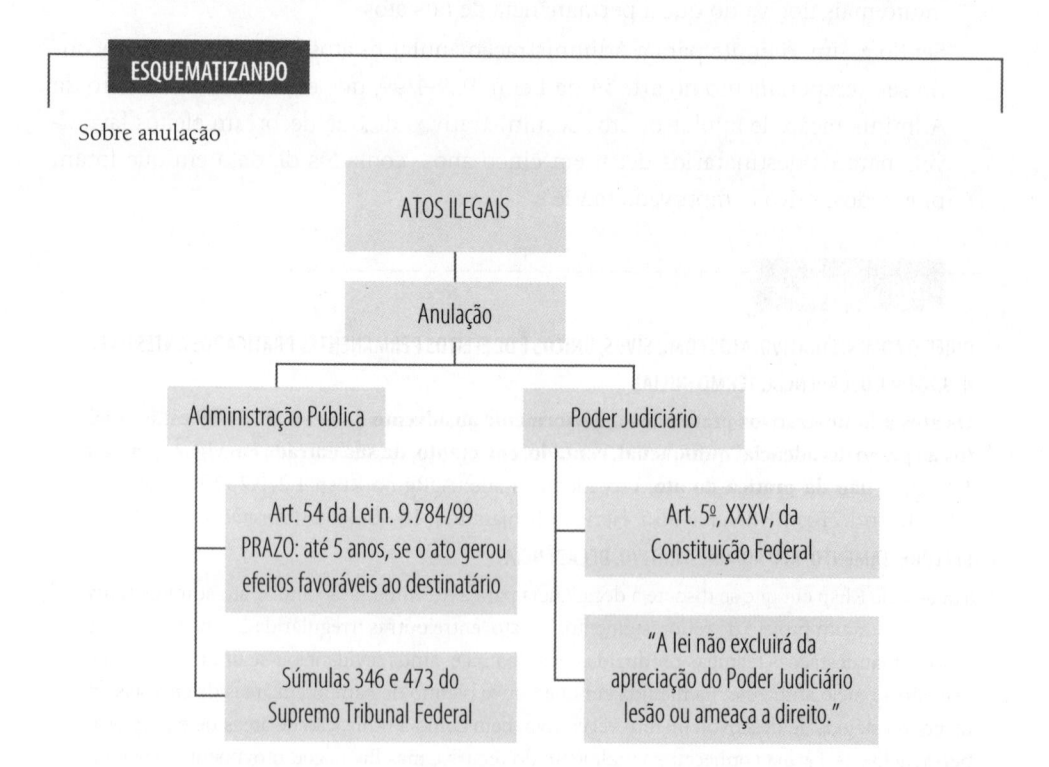

ESQUEMATIZANDO

Sobre anulação

```
                          ATOS ILEGAIS
                               |
                            Anulação
                         /            \
              Administração Pública    Poder Judiciário
                     |                        |
         Art. 54 da Lei n. 9.784/99    Art. 5º, XXXV, da
         PRAZO: até 5 anos, se o ato   Constituição Federal
         gerou efeitos favoráveis
         ao destinatário
                                        "A lei não excluirá da
         Súmulas 346 e 473 do           apreciação do Poder Judiciário
         Supremo Tribunal Federal       lesão ou ameaça a direito."
```

ESQUEMATIZANDO

Sobre revogação

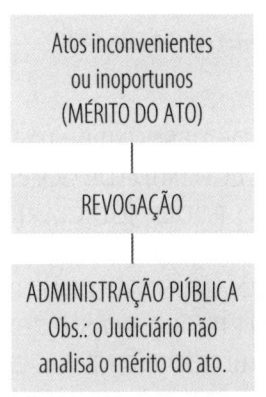

```
Atos inconvenientes
ou inoportunos
(MÉRITO DO ATO)
      |
   REVOGAÇÃO
      |
ADMINISTRAÇÃO PÚBLICA
Obs.: o Judiciário não
analisa o mérito do ato.
```

O Poder Judiciário não analisa o mérito (conveniência e oportunidade) do ato administrativo.

Vamos imaginar a seguinte situação: a Administração Pública precisa construir uma escola pública e um hospital público, porém só tem recursos financeiros para construir um deles. Por conveniência e oportunidade (mérito), decide construir o hospital público.

Essa decisão por parte da Administração Pública foi razoável, lógica, houve bom senso, sensatez, congruência; não pode, nesse caso, o Judiciário querer controlar o mérito, a conveniência e a oportunidade do ato.

Imagine agora a seguinte hipótese: a Administração Pública precisa construir um hospital público e uma escola pública, já que são necessidades públicas daquela municipalidade. Entretanto a Administração resolve investir os recursos públicos na construção de uma praça com um chafariz verdadeiramente arquitetônico.

Não é razoável essa decisão por parte da Administração. Não há lógica, não há bom senso e, nesse caso, o Judiciário poderá controlar a decisão da Administração. Mas como será realizado esse controle?

Não se trata de controle de mérito ou de conveniência e oportunidade, mas de um controle em que o Judiciário analisará a RAZOABILIDADE e a PROPORCIONALIDADE do ato praticado pelo administrador.

Ora, razoabilidade e proporcionalidade são princípios implícitos na Constituição Federal e expressos na **lei infraconstitucional** (art. 2º da Lei n. 9.784/99): "A Administração Pública obedecerá, dentre outros, aos princípios da legalidade, finalidade, motivação, *razoabilidade, proporcionalidade*, moralidade, ampla defesa, contraditório, segurança jurídica, interesse público e eficiência".

Assim, quaisquer atos praticados pelo administrador que violem os princípios da razoabilidade e da proporcionalidade (que têm previsão em LEI) serão passíveis de controle pelo Poder Judiciário: nenhuma lesão ou ameaça a direito será excluída da apreciação do Judiciário.

Trata-se de um CONTROLE DE LEGALIDADE por parte do Judiciário, que acaba INDIRETAMENTE atingindo o mérito do ato administrativo.

Os princípios da razoabilidade e da proporcionalidade acabam limitando, por meio desse **controle judicial de legalidade**, a discricionariedade do administrador – foi o que decidiu o Supremo Tribunal Federal na ADPF 45, sobre políticas públicas, relator o Min. Celso de Mello (*vide Informativo 345 do STF*):

Nesse sentido a ADPF 45:

> EMENTA: ARGUIÇÃO DE DESCUMPRIMENTO DE PRECEITO FUNDAMENTAL. A QUESTÃO DA LEGITIMIDADE CONSTITUCIONAL DO CONTROLE E DA INTERVENÇÃO DO PODER JUDICIÁRIO EM TEMA DE IMPLEMENTAÇÃO DE POLÍTICAS PÚBLICAS, QUANDO CONFIGURADA HIPÓTESE DE ABUSIVIDADE GOVERNAMENTAL. DIMENSÃO POLÍTICA DA JURISDIÇÃO CONSTITUCIONAL ATRIBUÍDA AO SUPREMO TRIBUNAL FEDERAL. INOPONIBILIDADE DO ARBÍTRIO ESTATAL À EFETIVAÇÃO DOS DIREITOS SOCIAIS, ECONÔMICOS E CULTURAIS. CARÁTER RELATIVO DA LIBERDADE DE CONFORMAÇÃO DO LEGISLADOR. CONSIDERAÇÕES EM TORNO DA CLÁUSULA DA "RESERVA DO POSSÍVEL". NECESSIDADE DE PRESERVAÇÃO, EM FAVOR DOS INDIVÍDUOS, DA INTEGRIDADE E DA INTANGIBILIDADE DO NÚCLEO CONSUBSTANCIADOR DO 'MÍNIMO EXISTENCIAL'. VIABILIDADE INSTRUMENTAL DA ARGUIÇÃO DE DESCUMPRIMENTO NO PROCESSO DE CONCRETIZAÇÃO DAS LIBERDADES POSITIVAS (DIREITOS CONSTITUCIONAIS DE SEGUNDA GERAÇÃO).
>
> [...] É certo que **não se inclui, ordinariamente, no âmbito das funções institucionais do Poder Judiciário** – e nas desta Suprema Corte, em especial – **a atribuição de formular e de implementar políticas públicas [...], pois, nesse domínio, o encargo reside, primariamente, nos Poderes Legislativo e Executivo.**
>
> Tal incumbência, no entanto, embora em bases excepcionais, poderá atribuir-se ao Poder Judiciário, se e quando os órgãos estatais competentes, por descumprirem os encargos político-jurídicos que sobre eles incidem, vierem a comprometer, com tal comportamento, a eficácia e a integridade de direitos individuais e ou coletivos impregnados de estatura constitucional, ainda que derivados de cláusulas revestidas de conteúdo programático [...].
>
> [...] **é que, se tais Poderes do Estado agirem de modo irrazoável** ou procederem com a clara intenção de neutralizar, comprometendo a eficácia dos direitos sociais, econômicos, culturais, afetando, como decorrência causal de uma injustificável inércia estatal ou de um abusivo comportamento governamental, aquele núcleo intangível consubstanciador de um conjunto irredutível de condições mínimas necessárias a uma existência digna e essenciais à própria sobrevivência do indivíduo, **aí, então, justificar-se-á**, como precedentemente já enfatizado – e até mesmo por razões fundadas em um imperativo ético-jurídico – **a possibilidade de intervenção do Poder Judiciário, em ordem a viabilizar, a todos, o acesso aos bens cuja fruição lhes haja sido injustamente recusada pelo Estado** (grifos nossos).

Para complementar: Para Maria Sylvia Zanella Di Pietro[86], **autotutela** significa, além de revisão, a possibilidade que a Administração Pública tem de zelar pelos seus bens, atividades e patrimônio.

5.9 Princípio da razoabilidade e proporcionalidade

A Administração Pública deve ter uma atuação equilibrada, sensata, aceitável e capaz de evitar toda forma de intervenção ou restrição abusiva ou desnecessária contra o administrado.

Consiste na relação de congruência lógica entre o motivo ou fato e a atuação concreta da Administração – o que permite verificar se o ato administrativo foi praticado em conformidade com os ditames legais.

Esse princípio possui três elementos:

a) Adequação, segundo o qual as medidas adotadas pelo Poder Público devem ser aptas a atingir seus objetivos.

b) Necessidade ou exigibilidade, impondo a verificação de inexistência de meios menos gravosos para atingimento dos objetivos.

c) Proporcionalidade *stricto sensu*, consistente na proporção entre o ônus imposto e o benefício trazido, isto é, proporção entre o meio e o fim.

Conveniente ressaltar que só se fala em razoabilidade quanto a atos discricionários. Nos atos vinculados há presunção legal de razoabilidade.

Na doutrina, prevalece a noção de que os princípios da razoabilidade e da proporcionalidade se entrelaçam e se completam, ou seja, não são considerados separadamente.

JURISPRUDÊNCIA

- **PAD. PROPORCIONALIDADE. RAZOABILIDADE**

    Servidores do Judiciário, conforme apurado em processo administrativo disciplinar (PAD), com objetivo de obterem o anonimato, teriam ludibriado partes para que assinassem documento de cujo teor e finalidade não tinham conhecimento: assinaram representações contra a juíza, o escrivão e dois escreventes da comarca, acusando-os de cometer injustiças, maltratar usuários do serviço forense, contribuir para a morosidade e praticar corrupção. Segundo o Min. Relator, apurados os ilícitos de indisciplina, eles merecem reprovação na medida em que demonstrado o intuito dos ora recorrentes de, no mínimo, submeter os representados a constrangimento, por figurarem em processo instaurado em corregedoria-geral de Justiça estadual. Também aponta que, não obstante sua indiscutível gravidade, o ato não teve maiores consequências nem para os representados nem para a própria Administração, uma vez que logo foi constatada a impropriedade das imputações. Assim, conclui que a aplicação da pena máxima de demissão, imposta com base nos arts. 273, I e IV, 274, V, e 285, III, da LC estadual n. 59/2001, deu-se mediante inobservância dos princípios da proporcionalidade e da razoabilidade, impondo-se que a Administração aplique sanção disciplinar mais branda. Diante do exposto, a Turma deu parcial

---

[86] DI PIETRO, Maria Sylvia Zanella. *Direito administrativo*, 20. ed., São Paulo: Atlas, 2007, p. 64.

provimento ao RMS, concedendo em parte a segurança para anular a demissão dos recorrentes e determinar a reintegração aos cargos que ocupavam, ressalvada à Administração eventual aplicação de pena menos gravosa em decorrência das infrações disciplinares já apuradas, se for o caso. Precedentes citados: MS 12.369-DF, *DJ* 10-9-2007, e MS 8.401-DF, *DJe* 17-5-2009. RMS 29.290-MG, rel. Min. Arnaldo Esteves Lima, j. 18-2-2010 (Informativo STJ 423).

- **NOMEAÇÃO. SERVIDORES PÚBLICOS. CONVALIDAÇÃO. ATO ADMINISTRATIVO**

Na espécie, o Tribunal de Contas estadual determinou a exoneração de doze servidores do quadro efetivo da assembleia legislativa estadual, alegando vício no provimento ocorrido em 1989, pois o ato de nomeação que os efetivou no serviço público não atendeu ao requisito de aprovação em concurso público. Para o Min. Relator, esse ato que os efetivou é, induvidosamente, ilegal, no entanto o transcurso de quase vinte anos tornou a situação irreversível, convalidando seus efeitos *ex ope temporis*, considerando que alguns nomeados até já se aposentaram e tiveram os respectivos atos aprovados pelo próprio Tribunal de Contas. Observou, entre outros aspectos, que a Administração atua sob a direção do princípio da legalidade (art. 37 da CF/88), que impõe a anulação de ato que, embora praticado por um de seus agentes, contenha vício insuperável, a fim de restaurar a legalidade ferida. O vício, no caso, é o da inconstitucionalidade e, à primeira vista, esse vício seria inconvalidável, entretanto o vício de ser inconstitucional é apenas uma forma qualificada de ser hostil à ordem jurídica e a convalidação não vai decorrer da repetição do ato (o que seria juridicamente impossível), mas sim do reconhecimento dos efeitos consolidadores que o tempo acumulou em favor dos recorrentes. **Hoje, o espírito da Justiça apoia-se nos direitos fundamentais da pessoa humana, apontando que a razoabilidade é a medida preferível para mensurar o acerto ou desacerto de uma solução jurídica.** Ressaltou que o poder-dever de a Administração convalidar seus próprios atos encontra limite temporal no princípio da segurança jurídica, também de hierarquia constitucional, pela evidente razão de que os administrados não podem ficar, indefinidamente sujeitos à instabilidade originada do poder de autotutela do Estado. Daí o art. 55 da Lei n. 9.784/99 fundar-se na importância da segurança jurídica no domínio do Direito Público e ter estabelecido o prazo decadencial de cinco anos para revisão dos atos administrativos, permitindo a manutenção de sua eficácia mediante o instituto da convalidação. Essa lei ressalva, entretanto, hipóteses nas quais esteja comprovada a má-fé do destinatário do ato administrativo no qual não incidirá o prazo decadencial. No caso dos autos, não há notícia de que os recorrentes tenham se valido de ardis ou logros para obter seus cargos; embora essa circunstância não justifique o comportamento administrativo ilegal, não pode ser ignorada na solução da causa. Por tais fundamentos, a Turma deu provimento ao recurso, assegurando o direito dos impetrantes de permanecer nos seus respectivos cargos e preservar suas aposentadorias. RMS 25.652-PB, rel. Min. Napoleão Nunes Maia Filho, j. 16-9-2008 *(Informativo STJ 368)* (grifos nossos).

5.10 Princípio da boa-fé ou da confiança

Serve para equilibrar o princípio da legalidade com fatos que, por suas falhas ou vícios, deveriam ser afastados do mundo jurídico, pois sempre que um ato for viciado em sua legalidade teremos sua anulação com efeitos *ex tunc*, isto é, retroativos desde sua origem. No entanto, às vezes o interesse público exige sua convalidação e preservação das relações jurídico-administrativas, e o princípio da boa-fé, que decorre da confiança recíproca, é invocado para esse benefício.

Diante de todas as situações que se revestem de forte aparência de legalidade, gerando convicção de sua legitimidade, especialmente pelo decurso do tempo, seria absurdo deixar ao administrador o poder infinito de autotutela; aparece, então, o princípio da boa-fé, para manter a situação criada pela reciprocidade de fidúcia.

5.11 Princípio da especialidade

Deve a Administração buscar especializar suas funções, criando os entes da Administração Indireta, *v.g.*, Autarquias, Fundações Públicas, Empresas Públicas, Sociedades de Economia Mista.

O princípio da especialidade aparece como consequência da descentralização administrativa e faz com que cada entidade da Administração Pública tenha fins próprios a alcançar. Essas entidades devem realizar objetivos tirados do organismo estatal matriz, devidamente fixados pela lei criadora ou instituidora.

5.12 Princípio da continuidade dos serviços públicos

O princípio da continuidade dos serviços públicos estabelece que o serviço público deve ser prestado de forma contínua e sem interrupções.

A Lei n. 8.987/95, em seu art. 6º, § 3º, traz hipóteses em que não se caracteriza a descontinuidade do serviço: se houver sua **interrupção em caso de urgência** (independentemente de aviso prévio ao usuário) e com aviso prévio nos casos de **desobediência de normas técnicas ou de inadimplemento do usuário**. O fundamento do corte em caso de inadimplemento são os princípios da supremacia do interesse público sobre o particular, da indisponibilidade do interesse público e da isonomia.

Inclusive, a Lei n. 14.105, de 2020, ao trazer o § 4º para o art. 6º da Lei n. 8.987/95, estabeleceu que esta interrupção do serviço não poderá iniciar-se na sexta-feira, no sábado ou no domingo, nem em feriado ou no dia anterior a feriado.

ESQUEMATIZANDO

Não se caracteriza como descontinuidade do serviço:
Art. 6º, § 3º, da Lei n. 8.987/95

SEM AVISO PRÉVIO
→ Urgência

COM AVISO PRÉVIO
→ Inadimplemento do usuário
→ Ordem técnica
→ Desobediência a normas técnicas

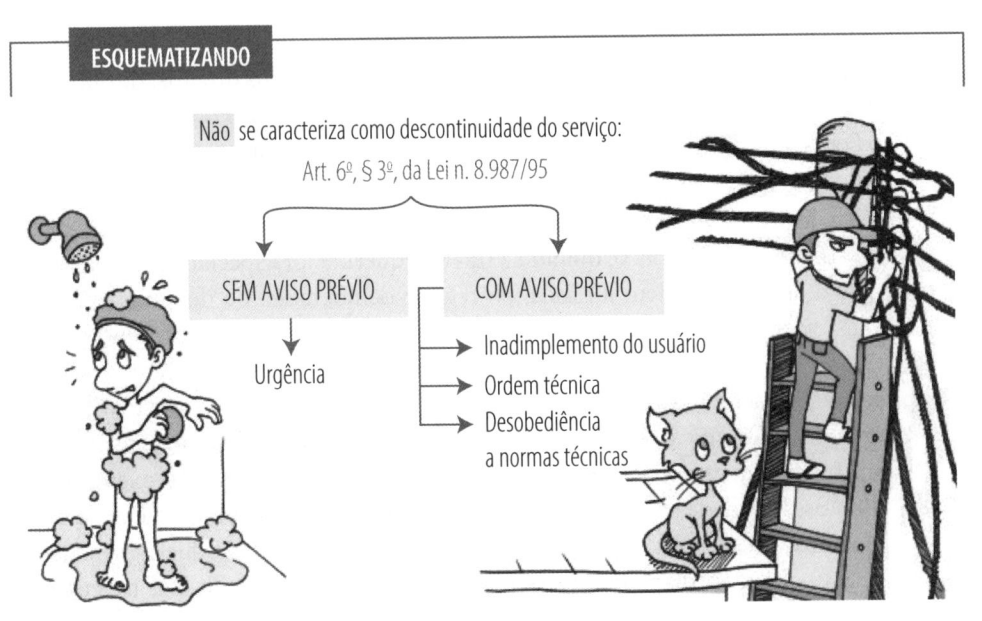

5.12.1 Princípio da continuidade dos serviços públicos *versus* direito de greve dos servidores: art. 37, VII, da CF – a questão da omissão legislativa acerca do assunto

A Constituição Federal possibilita o direito de greve aos servidores, porém condiciona seu exercício nos termos da lei – é norma constitucional de eficácia limitada (consoante a classificação constitucionalista clássica).

O problema que surge é a falta dessa norma infraconstitucional regulamentadora do direito de greve: "síndrome da inefetividade das normas constitucionais".

Nesse cenário, surge o remédio constitucional MANDADO DE INJUNÇÃO, objetivando forçar a norma a produzir seus efeitos.

O mandado de injunção é garantia constitucional autoaplicável prevista no art. 5º, LXXI, do texto constitucional e regulamentada pela Lei n. 13.300/2016. Tem como pressupostos a) a existência de um direito constitucional de quem o invoca; e b) o impedimento de exercício desse direito ante a ausência de norma regulamentando a matéria, ou seja, há uma OMISSÃO INCONSTITUCIONAL, pois o Poder Público deixa de atuar da forma exigida pela Lei Maior.

É instrumento de controle concreto de constitucionalidade (processo constitucional subjetivo), mas nem todo juiz ou tribunal tem competência para processá-lo e julgá-lo (controle difuso limitado).

A Lei n. 13.300/2016 dispõe sobre o processo e julgamento dos mandados de injunção individual e coletivo, e como pontos principais podemos elencar:

a) Conceder-se-á mandado de injunção sempre que a falta total ou parcial de norma regulamentadora torne inviável o exercício dos direitos e liberdades constitucionais e das prerrogativas inerentes à nacionalidade, à soberania e à cidadania.

b) Considera-se **parcial** a regulamentação quando forem insuficientes as normas editadas pelo órgão legislador competente.

c) Têm legitimidade ativa para impetração do mandado de injunção **individual** as pessoas naturais ou jurídicas que se afirmam titulares dos direitos, das liberdades ou das prerrogativas elencadas no art. 5º, LXXI, da CF. Pode ser **impetrado** o Poder, o órgão ou a autoridade com atribuição para editar a norma regulamentadora.

d) Têm **legitimidade ativa** para impetração do mandado de injunção **coletivo**: d.1) o Ministério Público, quando a tutela requerida for especialmente relevante para a defesa da ordem jurídica, do regime democrático ou dos interesses sociais ou individuais indisponíveis; d.2) partido político com representação no Congresso Nacional, para assegurar o exercício de direitos, liberdades e prerrogativas de seus integrantes ou relacionados com a finalidade partidária; d.3) organização sindical, entidade de classe ou associação legalmente constituída e em funcionamento há pelo menos 1 (um) ano, para assegurar o exercício de direitos, liberdades e prerrogativas em favor da totalidade ou de parte de seus membros ou associados, na forma de seus estatutos e desde que pertinente a suas finalidades, dispensada, para tanto, autorização especial; d.4) Defensoria

Pública, quando a tutela requerida for especialmente relevante para a promoção dos direitos humanos e a defesa dos direitos individuais e coletivos dos necessitados, na forma do inciso LXXIV do art. 5º da Constituição Federal. Nesse sentido, *vide* art. 12 da Lei n. 13.300/2016.

Os direitos, as liberdades e as prerrogativas protegidos por mandado de injunção coletivo são os pertencentes, indistintamente, a uma coletividade indeterminada de pessoas ou determinada por grupo, classe ou categoria.

O mandado de injunção coletivo **não** induz litispendência em relação aos individuais, mas os efeitos da coisa julgada não beneficiarão o impetrante que não requerer a desistência da demanda individual no prazo de 30 dias a contar da ciência comprovada da impetração coletiva.

e) Recebida a petição inicial do mandado de injunção, serão ordenadas: e.1) a notificação do impetrado sobre o conteúdo da petição inicial, devendo ser-lhe enviada a segunda via apresentada com as cópias dos documentos, a fim de que, no prazo de dez dias, preste **informações**; e.2) a ciência do ajuizamento da ação ao órgão de representação judicial da pessoa jurídica interessada, devendo ser-lhe enviada cópia da petição inicial para que, querendo, ingresse no feito.

f) Findo o prazo para apresentação das informações, será ouvido o Ministério Público, que opinará em dez dias, após o que, com ou sem parecer, os autos serão conclusos para decisão.

g) Reconhecido o estado de **mora legislativa**, será deferida a injunção para: g.1) determinar prazo razoável para que o impetrado promova a edição da norma regulamentadora. Será dispensada essa determinação quando comprovado que o impetrado deixou de atender, em mandado de injunção anterior, ao prazo estabelecido para a edição da norma; g.2) estabelecer as condições em que se dará o exercício dos direitos, das liberdades ou das prerrogativas reclamados ou, se for o caso, as condições em que poderá o interessado promover ação própria visando exercê-los, caso não seja suprida a mora legislativa no prazo determinado.

h) Efeitos da decisão em sede de mandado de injunção: a decisão terá **eficácia subjetiva limitada às partes** e produzirá efeitos **até** o advento da norma regulamentadora. Porém, será conferida eficácia ***ultra partes*** ou ***erga omnes*** à decisão, quando isso for inerente ou indispensável ao exercício do direito, da liberdade ou da prerrogativa objeto da impetração.

i) A norma regulamentadora superveniente produzirá efeitos ***ex nunc*** em relação aos beneficiados por decisão transitada em julgado, salvo se a aplicação da norma editada lhes for mais favorável. Estará prejudicada a impetração se a norma regulamentadora for editada **antes da decisão**, caso em que o processo será extinto sem resolução de mérito.

A doutrina elenca diversas **teorias** sobre o mandado de injunção:

a) **Não concretista:** o Poder Judiciário apenas reconhece formalmente a inércia e comunica a omissão ao órgão competente para a elaboração da norma regulamentadora. Tal decisão era inócua, pois não forçava nem coagia ninguém a editar a norma faltante. Foi utilizada pelo Supremo Tribunal Federal até meados de 2007.

b) Concretista. Subdivide-se em:

b.1) geral;

b.2) individual;

b.3) intermediária.

As correntes concretistas admitem a possibilidade de concretização judicial do direito assegurado pela Constituição.

> **b.1) Teoria concretista geral:** admite que a omissão pelo Poder Judiciário seja suprida não apenas para os impetrantes do mandado de injunção, mas para todos os que se encontrarem em situação idêntica (opera efeitos *erga omnes*).

Foi o entendimento adotado no julgamento dos Mandados de Injunção n. 670, 708 e 712, ajuizados, respectivamente, pelo Sindicato dos Servidores Policiais Civis do Estado do Espírito Santo (Sindpol), pelo Sindicato dos Trabalhadores em Educação do Município de João Pessoa (Sintem) e pelo Sindicato dos Trabalhadores do Poder Judiciário do Estado do Pará (Sinjep), no STF, e que buscavam assegurar o direito de greve para os seus filiados, ante a falta de norma infraconstitucional regulamentando o exercício do direito de greve (art. 37, VII, da CF).

Nesses julgamentos, o STF declarou a omissão legislativa, por unanimidade, e, por maioria, entendeu que, enquanto não for editada a lei específica regulamentando a greve no funcionalismo público, aplicam-se, no que couber, as leis que regulamentam a greve no setor privado (Leis n. 7.783/89 e n. 7.701/88) – notícia do STF de 25-10-2007.

Para complementar: Dessa decisão divergiram parcialmente os Ministros Ricardo Lewandowski, Joaquim Barbosa e Marco Aurélio, que estabeleciam condições para a utilização da Lei de Greve, considerando a especificidade do setor público, já que a norma foi feita visando ao setor privado, e limitavam a decisão às categorias representadas pelos sindicatos requerentes.

Na votação do Mandado de Injunção n. 670, o relator originário, Maurício Corrêa, foi vencido, porque conheceu do mandado apenas para cientificar a ausência da lei regulamentadora. Prevaleceu o voto-vista do Ministro Gilmar Mendes, que foi acompanhado pelos Ministros Celso de Mello, Sepúlveda Pertence, Carlos Ayres Britto, Cármen Lúcia, Cezar Peluso e Ellen Gracie. Os Ministros Ricardo Lewandowski, Joaquim Barbosa e Marco Aurélio ficaram parcialmente vencidos.

Na votação do Mandado de Injunção n. 708, o relator, Ministro Gilmar Mendes, determinou também declarar a omissão do Legislativo e aplicar a Lei n. 7.783/89, no que couber, sendo acompanhado pelos Ministros Cezar Peluso, Cármen Lúcia, Celso de Mello, Carlos Britto, Carlos Alberto Menezes Direito, Eros Grau e Ellen Gracie, vencidos os Ministros Ricardo Lewandowski, Joaquim Barbosa e Marco Aurélio.

No julgamento do Mandado de Injunção n. 712, votaram com o relator os Ministros Eros Grau – que conheceu do mandado e propôs a aplicação da Lei n. 7.783/89 para solucionar, temporariamente, a omissão legislativa –, Gilmar Mendes, Celso de Mello, Sepúlveda Pertence, Carlos Ayres Britto, Cármen Lúcia Antunes Rocha, Cezar Peluso e Ellen Gracie. Ficaram parcialmente vencidos os Ministros Ricardo Lewandowski, Joaquim Barbosa e Marco Aurélio, que fizeram as mesmas ressalvas no julgamento dos três mandados de injunção.

Ao resumir o tema, o Ministro Celso de Mello salientou que "não mais se pode tolerar, sob pena de fraudar-se a vontade da Constituição, esse estado de continuada, inaceitável, irrazoável e abusiva inércia do Congresso Nacional, cuja omissão, além de lesiva ao direito dos servidores públicos civis – a quem se vem negando, arbitrariamente, o exercício do direito de greve, já assegurado pelo texto constitucional –, traduz um incompreensível sentimento de desapreço pela autoridade, pelo valor e pelo alto significado de que se reveste a Constituição da República".

Celso de Mello também destacou a importância da solução proposta pelos Ministros Eros Grau e Gilmar Mendes. Segundo ele, a forma como esses ministros abordaram o tema "não só restitui ao mandado de injunção a sua real destinação constitucional, mas, em posição absolutamente coerente com essa visão, dá eficácia concretizadora ao direito de greve em favor dos servidores públicos civis".

Resumindo e concluindo: As decisões nos Mandados de Injunção n. 670, n. 708 e n. 712 atingiram não apenas os impetrantes, mas todo o funcionalismo público (Teoria Concretista Geral). O STF "legislou" no caso concreto, produzindo decisão com efeitos *erga omnes* até que sobrevenha a norma integrativa específica ao setor público, editada pelo Legislativo.

    b.2) Teoria concretista individual: por essa teoria, incumbe ao órgão jurisdicional competente criar a norma para o caso específico, tendo a decisão efeito *inter partes*.

O Poder Judiciário supre a lacuna apenas para aqueles que impetraram o mandado de injunção.

Foi o decidido pelo STF no julgamento do MI 721 – rel. Min. Marco Aurélio (30-8-2007) – e no do MI 758, sobre o exercício do servidor público na contagem de tempo de serviço para fins de concessão de aposentadoria especial (CF, art. 40, § 4º, III), afastando as consequências da inércia do legislador.

    b.3) Teoria concretista intermediária: por essa teoria, cabe ao Poder Judiciário comunicar a omissão ao órgão competente para a elaboração da norma regulamentadora com a fixação de um prazo para supri-la. Caso a inércia do Legislativo permaneça, o direito poderá ser exercido pelo impetrante (teoria concretista intermediária individual) ou, ainda, por todos os que se encontrem na mesma situação daqueles que impetraram o mandado (teoria concretista intermediária geral).

5.12.1.1 Greve de policiais civis

Notícia do STF de 7 de abril de 2014: Rejeitada ação em que policiais civis pediam reconhecimento do direito de greve – STF, Mandado de Injunção n. 774

Caso concreto: O Min. Gilmar Mendes, do STF, negou seguimento ao Mandado de Injunção n. 774. Nesse MI, quatro entidades representativas de funcionários da Polícia Civil de São Paulo questionam a inércia do Congresso Nacional em regulamentar o direito de greve do art. 37, VII, da CF.

As entidades pediam ao STF que aplicasse, por analogia, a Lei de Greve do setor privado (Lei n. 7.783/89), de modo a permitir paralisações das categorias dos investigadores, delegados e escrivães de polícia do Estado de São Paulo.

A decisão do Plenário foi no sentido de que os policiais civis **se equiparam aos militares** e, portanto, são proibidos de fazer greve, "em razão de constituírem expressão da soberania nacional, revelando-se braços armados da nação, garantidores da segurança dos cidadãos, da paz e da tranquilidade públicas".

"Assim, na linha desse entendimento, **o direito constitucional de greve atribuído aos servidores públicos em geral não ampara indiscriminadamente todas as categorias e carreiras, mas antes excepciona casos como o de agentes armados e policiais cujas atividades não podem ser paralisadas, ainda que parcialmente, sem graves prejuízos para a segurança e a tranquilidade pública. No caso, não há direito subjetivo constitucional que ampare a pretensão dos impetrantes**", afirmou o Ministro Gilmar Mendes ao negar seguimento ao MI 774[87].

Ainda, o STF, ao julgar, em abril de 2017, o **ARE 654.432 com repercussão geral** (tema 541), reafirmou a inconstitucionalidade de greve de policiais civis e demais agentes públicos que atuem diretamente na área de segurança pública, fixando a seguinte **tese**: "1 – O exercício do direito de greve, sob qualquer forma ou modalidade, é vedado aos policiais civis e a todos os servidores públicos que atuem diretamente na área de segurança pública. 2 – É obrigatória a participação do Poder Público em mediação instaurada pelos órgãos classistas das carreiras de segurança pública, nos termos do art. 165 do CPC, para vocalização dos interesses da categoria".

> **LEGISLAÇÃO CORRELATA**
>
> **CPC**
> **Art. 165.** Os tribunais criarão centros judiciários de solução consensual de conflitos, responsáveis pela realização de sessões e audiências de conciliação e mediação e pelo desenvolvimento de programas destinados a auxiliar, orientar e estimular a autocomposição.
> § 1º A composição e a organização dos centros serão definidas pelo respectivo tribunal, observadas as normas do Conselho Nacional de Justiça.

---

[87] Disponível em: http://www.stf.jus.br/portal/cms/verNoticiaDetalhe.asp?idConteudo=264308&caixaBusca=N. Acesso em: 7 abr. 2014.

§ 2º O conciliador, que atuará preferencialmente nos casos em que não houver vínculo anterior entre as partes, poderá sugerir soluções para o litígio, sendo vedada a utilização de qualquer tipo de constrangimento ou intimidação para que as partes conciliem.

§ 3º O mediador, que atuará preferencialmente nos casos em que houver vínculo anterior entre as partes, auxiliará aos interessados a compreender as questões e os interesses em conflito, de modo que eles possam, pelo restabelecimento da comunicação, identificar, por si próprios, soluções consensuais que gerem benefícios mútuos.

5.12.1.2 Greve de policiais federais

Notícia do STF de 18 de março de 2014: Mantida decisão que autorizou corte de ponto por paralisação na PF

Caso concreto: o Ministro do Supremo Tribunal Federal (STF), Gilmar Mendes, manteve decisão do juízo da 13ª Vara Federal do Distrito Federal que permitiu o corte do ponto de policiais federais que aderiram a paralisações organizadas pela categoria nos dias 7 e 11 de janeiro e 24 e 25 de fevereiro de 2014. O ministro negou pedido de liminar em Reclamação (Rcl 17.358) ajuizada pela Federação Nacional dos Policiais Federais (Fenapef) contra a decisão da Justiça Federal do DF.

Ele recordou que, no julgamento da Reclamação (Rcl) 6.568, em 2009, o Supremo se manifestou "no sentido de que policiais em geral, em razão de constituírem expressão da soberania nacional, revelando-se braços armados da nação, garantidores da segurança dos cidadãos, da paz e da tranquilidade públicas, **devem ser equiparados aos militares e, portanto, devem ser proibidos de fazer greve**".

Para Gilmar Mendes, "a indicação do entendimento do Supremo Tribunal Federal, que veda aos policiais o direito à greve, vem reforçar, no presente caso, a ausência da fumaça do bom direito (no pedido da Fenapef), recomendando, também, o indeferimento do pleito de liminar"[88].

5.12.1.3 Consequências do exercício do direito de greve dos servidores: desconto dos dias não trabalhados ou compensação de horas de trabalho?

O caso tem repercussão geral reconhecida pelo STF.

Relatado pelo Ministro Dias Toffoli, o recurso envolvendo esse tema foi interposto pela Fundação de Apoio à Escola Técnica (Faetec) contra decisão da 16ª Câmara Cível do Tribunal de Justiça do Estado do Rio de Janeiro (TJRJ) que declarou a ilegalidade do desconto.

Para o TJRJ, o desconto do salário do trabalhador grevista representa a negação do próprio direito de greve, na medida em que retira dos servidores seus meios de subsis-

---

[88] Disponível em: http://www.stf.jus.br/portal/cms/verNoticiaDetalhe.asp?idConteudo=262703&caixaBusca=N.

tência. Além disso, segundo o acórdão (decisão colegiada), não há norma legal autorizando o desconto na folha de pagamento do funcionalismo, tendo em vista que até hoje não foi editada uma lei de greve específica para o setor público.

Em 27 de outubro de 2016, o STF concluiu o julgamento do RE 693.456 (tema 531). Em resumo, por seis votos a quatro, o Plenário decidiu e **aprovou a tese** de que: "**a Administração Pública deve proceder ao desconto dos dias de paralisação decorrentes do exercício do direito de greve pelos servidores públicos, em virtude da suspensão do vínculo funcional que dela decorre, permitida a compensação em caso de acordo. O desconto será, contudo, incabível se ficar demonstrado que a greve foi provocada por conduta ilícita do Poder Público**".

Ainda, a jurisprudência do TST (Tribunal Superior do Trabalho) foi endossada, e, em se tratando de caso de **greve prolongada**, admite-se uma **decisão intermediária** que minimize o desconto incidente sobre os salários de forma a não onerar excessivamente o trabalhador pela paralisação e o desconto não prejudicar sua subsistência. Assim como Barroso, os Ministros Teori Zavascki, Luiz Fux, Gilmar Mendes e a Ministra Cármen Lúcia acompanharam o voto do relator, Ministro Dias Toffoli, pela possibilidade do desconto dos dias parados.

> **Para complementar:** Vejamos o que havia sido decidido sobre esse tema antes da decisão da repercussão geral no RE 693.456[89]:
>
> a) A 1ª Seção do STJ (AgRg na MC 16.774/DF – rel. Min. Hamilton Carvalhido – *Informativo* 440 do STJ) entendeu não ser possível o desconto dos dias parados do servidor sob os seguintes fundamentos:
>
> - a greve é um direito constitucional;
> - não há previsão legal para a formação de fundo que custeie o movimento grevista;
> - os vencimentos caracterizam-se como verba alimentar;
> - seria retaliação, punição e represália do direito constitucional.
>
> Vejamos: "**Nos dias de hoje, ainda não há lei que discipline o exercício do direito de greve pelo servidor público**. Frente a essa omissão estatal, o STF, quando do julgamento de mandado de injunção, estabeleceu regramento quanto à competência e ao processo de dissídio de greve com o fim de dar efetividade ao preceito constitucional. Diante disso e das regras constitucionais que dispõem sobre o serviço público, então se constata não haver como aplicar, por analogia, a lei de greve dos trabalhadores a essa hipótese. Não se ajusta ao regramento ditado pelo STF ser obrigatório o decote dos dias parados nos vencimentos dos servidores em greve; pois, nesse julgado, há sim previsão de situações excepcionais a serem sopesadas pelos tribunais que afastam a premissa da suspensão do contrato de trabalho e, consequentemente, o não pagamento dos salários. Também, não se deduz do julgado que se possa excluir o poder cautelar do juízo nesses dissídios; pois, ao con-

---

[89] Vide STJ, REsp 402.674; STJ, RMS 22.874; *Informativos 440, 448 e 449*, todos do STJ.

trário, cuidou de regrar essa atuação. **Assim, diante da permissão de os servidores públicos exercerem seu direito de greve e do fato de que seus vencimentos caracterizam-se como verba alimentar, não há como dar guarida à pretensão do Poder Público de corte obrigatório de salários sem que se esteja diante de retaliação, punição, represália e redução a um nada desse legítimo direito constitucional. O referido desconto suprime o sustento do servidor e sua família, quanto mais se não existe disciplina legal para a formação de fundo que custeie o movimento grevista ou mesmo contribuição específica do servidor para lhe assegurar o exercício desse direito social.** A omissão do Estado de, efetivamente, implantar tal fundo equivale à situação excepcional que justifica afastar a premissa da suspensão do contrato de trabalho (art. 7º da Lei n. 7.783/89). Anote-se, por último, estar-se no trato de medida cautelar preparatória; dessa forma, não se declarou o direito de remuneração independente do trabalho, pois cabe à decisão a ser proferida na ação principal dispor sobre a restituição ao erário ou sobre a compensação dos dias parados na forma da lei. Precedente citado do STF: MI 708-DF, *DJe* 31-10-2008. AgRg na MC 16.774-DF, rel. Min. Hamilton Carvalhido, j. 23-6-2010" (grifos nossos).

b) Posteriormente, a 1ª Seção do STJ (MC 16.774/DF, Pet 7.920/DF e Pet 7.884/DF – rel. Min. Hamilton Carvalhido – *Informativo 448 do STJ*), complementando o entendimento exarado na decisão acima analisada, entendeu que não pode ser praticado qualquer ato que possa acarretar prejuízo administrativo, funcional e financeiro aos grevistas, **porém é necessário que haja a regular compensação dos dias paralisados**, sob pena de reposição ao erário dos vencimentos pagos.

Vejamos: "**É cediço que a lei de greve do serviço público ainda não foi regulamentada, mas, após o julgamento no STF do mandado de injunção 708-DF, *DJe* 30-10-2008, determinou-se a aplicação das Leis n. 7.701/88 e n. 7.783/89 enquanto persistir essa omissão quanto à existência de lei específica, nos termos previstos no art. 37, VII, da CF/88**. Este Superior Tribunal, consequentemente, passou a ter competência para apreciar os processos relativos à declaração sobre a paralisação do trabalho decorrente de greve de servidores públicos civis, bem como às respectivas medidas acautelatórias, quando as greves forem nacionais ou abrangerem mais de uma unidade da Federação. **Também no citado mandado de injunção, o STF, ao interpretar o art. 7º da Lei n. 7.783/89, entendeu que com a deflagração da greve ocorre a suspensão do contrato de trabalho. Assim, não devem ser pagos os salários dos dias de paralisação, a não ser que a greve tenha sido provocada por atraso no pagamento ou por outras situações excepcionais as quais possam justificar essa suspensão do contrato de trabalho**. Anotou-se que, reiteradas vezes, em casos análogos, o STF tem decidido no mesmo sentido. Na hipótese dos autos, os servidores em greve pertencentes à carreira da Previdência, da Saúde e do Trabalho buscam a criação de carreira exclusiva para o Ministério do Trabalho, disciplinada pela Lei n. 11.357/2006. Consta que os servidores somente deflagraram a greve após ter sido frustrado o cumprimento do termo de acordo firmado, em 25-3-2008, entre as entidades sindicais representativas da classe e o governo federal, este representado por secretários. Para não ser considerada ilegal a greve, antes de deflagrarem o movimento, expediram a comunicação e a devida notificação extrajudicial ao Ministro de Estado do Planejamento, Orçamento e Gestão. Neste Superior Tribunal, em relação a essa greve, foi interposta medida cautelar preparatória a dissídio coletivo sobre a paralisação do trabalho decorrente de greve e petição que cuida de dissídio coletivo, ambas ajuizadas pela Confederação dos Trabalhadores no Serviço Público Federal (Condsef) e pela Confederação Nacional dos Trabalhadores em Seguridade Social da Central Única dos Trabalhadores (CNTSS/CUT) e outra petição (ação declaratória) ajuizada pela União. O Min. Relator considerou legal a greve, fazendo uma análise do ordenamento jurídico, da interdependência dos Poderes, do direito de greve e do princípio da dignidade humana. Assim, afirmou que, embora o termo de acordo firmado não configure acordo ou convenção coletiva de trabalho, não tenha força vinculante, nem seja ato jurídico perfeito em razão dos princípios da separação dos Poderes e da reserva legal (arts. 2º, 61, § 1º, II, *a* e *c*, e 165 da CF/88), constitui causa legal de exclusão da alegada natureza abusiva da greve, nos termos do inciso I do parágrafo único do art. 14 da Lei n. 7.783/89. Quanto ao pagamento dos vencimentos durante o período de paralisação, o Min. Relator ressalvou ponto de vista quanto à natureza da disciplina legal e constitucional do servidor público, a exigir um mínimo de regramento para a criação de um fundo destinado a fazer frente à não percepção de vencimentos durante a suspensão do vínculo funcional, o que, pela sua excepcionalidade, poderia justificar a não suspensão do pagamento. Entretanto, assevera que não há como ignorar a jurisprudência do STF e a natureza particular de necessidade da formação desse fundo devido à suspensão do vínculo funcional no período de greve. Diante desses argumentos, entre outros, **a Seção declarou a legalidade da paralisação do trabalho, determinando que a União se abstenha de promover qualquer ato que possa acarretar prejuízo administrativo funcional e financeiro aos grevistas, mas que haja regular compensação dos dias paralisados sob pena de reposição ao erário dos vencimentos pagos, nos termos do art. 46 da Lei n. 8.112/90**. Precedentes citados do STF: AI 799.041-MG, *DJe* 31-5-2010; RE 456.530-SC, *DJe* 31-5-2010; RE 480.989-RS, *DJe* 11-5-2010; RE 538.923-PA, *DJe* 16-3-2010, e MI 3.085-DF, *DJe* 1º-9-2010. MC 16.774-DF, Pet 7.920-DF, e Pet 7.884-DF, rel. Min. Hamilton Carvalhido, j. 22-9-2010 (ver *Informativo 440*)" (grifos nossos).

c) Por fim, no MS 15.272/DF (rel. Min. Eliana Calmon – *Informativo 449* do Superior Tribunal de Justiça), o STJ denegou a segurança por maioria. A 1ª Seção do STJ entendeu que **a paralisação (greve) dos servidores implica desconto da remuneração relativa aos dias de falta do trabalho, e, assim, deverão ser descontados os dias de falta**. Em sentido contrário (voto vencido), Min. Hamilton Carvalhido – que defendeu assegurar ao servidor o direito de compensação dos dias de paralisação, sob pena de reposição ao erário.

Vejamos: "Trata-se de mandado de segurança coletivo impetrado pela confederação representante dos servidores públicos federais contra ato de ministro de Estado (portaria) que determinou a diretor de autarquia vinculada ao ministério a observância do Decreto n. 1.480/95 no tocante ao corte do ponto de servidores em greve. Alega-se, em suma, não haver base legal para tal desconto e ser inconstitucional o referido decreto. Nesse contexto, vê-se que a confederação, conforme precedentes do STF, tem legitimidade ativa para, independentemente de autorização específica dos substituídos, impetrar o *mandamus*, visto ser entidade de representação sindical de grau superior autorizada a defender, judicial e extrajudicialmente, os interesses de todos os servidores celetistas e estatutários vinculados à Administração Pública federal, direta ou indireta. Quanto à legitimidade passiva, conforme a jurisprudência, deve apenas permanecer no polo passivo o diretor da autarquia responsável por dar cumprimento à portaria ministerial, aquele que executa o ato que se busca afastar, e não o responsável pela norma (o ministro de Estado). Já a inconstitucionalidade do referido decreto não pode ser analisada no *writ* em razão do disposto na Súmula 266-STF, pois não é aceito pela jurisprudência tentar valer-se do mandado de segurança como sucedâneo de ação direta de inconstitucionalidade. No mérito, vale relembrar que o STF, ao julgar o MI 708-DF, sanou a mora legislativa a respeito da regulamentação do direito de greve pelos servidores públicos ao determinar que, enquanto não editada lei complementar a esse respeito (art. 37, VII, da CF/88), esse direito deve ser regido pelo disposto na Lei n. 7.783/89 (Lei Geral de Greve). **Contudo, o próprio STF, em precedentes, tem entendido que a paralisação dos servidores públicos motivada pela greve implica consequente desconto da remuneração relativa aos dias de falta ao trabalho, procedimento que pode ser levado a cabo pela própria Administração. Com esse entendimento, ao prosseguir o julgamento, a Seção, por maioria, denegou a segurança. Os votos vencidos, capitaneados pelo voto-vista do Min. Hamilton Carvalhido, apenas dissentiam parcialmente desse entendimento ao assegurar o direito à regular compensação dos dias de paralisação, sob pena de reposição ao erário**. Precedentes citados do STF: MI 708-DF, *DJe* 31-10-2008; AI 799.041-MG, *DJe* 31-5-2010; RE 456.530-SC, *DJe* 31-5-2010; RE 399.322-SC, *DJe* 4-5-2010; RE 539.042-DF, *DJe* 18-2-2010; Rcl 6.200-RN, *DJe* 2-2-2009; do STJ: MS 9.936-DF, *DJ* 11-4-2005; RMS 31.472-RJ, *DJe* 1º-7-2010, e RMS 26.517-SP, *DJe* 23-6-2008. MS 15.272-DF, rel. Min. Eliana Calmon, j. 29-9-2010 (ver *Informativo* 448)" (grifos nossos).

No **Tribunal de Justiça do Estado de São Paulo** a questão também é enfrentada. Vejamos um caso concreto:

Servidora teve sua remuneração descontada em razão de aderir ao movimento grevista (no período de 29 de junho de 2004 até 29 de setembro de 2004, por três meses).

A 11ª Câmara de Direito Público (Ap. 990.10.367481-2, rel. Des. Ricardo Dip., j. 27-9-2010) decidiu por não pagar a remuneração referente aos dias de falta, sob os seguintes fundamentos: a) o trabalho é um DEVER SOCIAL e a greve por ser uma ABSTENÇÃO VOLUNTÁRIA DO LABOR não constitui substancialmente nenhum direito; b) a greve prejudica tanto bens particulares quanto o bem comum e coloca em perigo a tranquilidade pública, conforme Leão XIII (*rerum novarum*); c) a greve compromete o interesse do cidadão que necessita da prestação do serviço público.

Ora, o próprio STF, no julgamento dos MI 670, 708 e 712 determinou que, enquanto não houver lei específica a regulamentar a greve no funcionalismo público, aplica-se a lei de greve dos trabalhadores privados (Leis n. 7.783/89 e n. 7.701/88). A própria Lei n. 7.783/89, art. 7º, estabelece que se houver deflagração de greve isso corresponde a SUSPENSÃO DO CONTRATO DE TRABALHO NO SETOR PRIVADO, então, como consequência, os salários não são pagos e, portanto, os dias de paralisação não são pagos. Se essa é a lei que deve ser aplicada para os servidores públicos até que sobrevenha a lei específica, é de se concluir que a remuneração referente aos dias de paralisação não deve ser paga, como regra.

Claro que toda regra tem suas peculiaridades. Assim, se a greve ocorreu justamente em razão de atraso no pagamento dos servidores, aí então a remuneração deverá ser paga.

No mesmo sentido de que pode haver o desconto o Tribunal de Justiça do Estado de São Paulo se manifestou na Apelação 990.10.175558-9, 11ª Câmara de Direito Público, rel. Francisco Vicente Rossi. Decisão Monocrática 21-5-2010 e na Apelação 612.618.5/6-00, 11ª Câmara de Direito Público, rel. Francisco Vicente Rossi. Registro 26-6-2008, j. 23-6-2008.

5.12.1.4 Direito de greve *versus* serviços essenciais

E o que ocorre quando os servidores deflagrarem greve que envolva a descontinuidade da prestação de serviços essenciais?

Ao falarmos em serviços ou atividades essenciais, com mais razão ainda o regime de greve deve ser mais severo a fim de preservar o interesse público em áreas que são extremamente demandadas pela sociedade.

Aprofundamento: O STF manteve, em 18 de março de 2014, a decisão que autorizou corte de ponto por paralisação na Polícia Federal **(STF, Rcl 17.358)**. O entendimento do STF foi no sentido de que os serviços públicos desenvolvidos pelos grupos armados são análogos aos dos militares, e, portanto, encaixam-se na proibição do direito de greve.

O Ministro Gilmar Mendes afirmou que o STF considera vedada a possibilidade de policiais cruzarem os braços, porque o direito de greve não se aplica a servidores cujas atividades sejam **necessárias e essenciais** para a segurança e a manutenção da ordem pública, além da saúde pública. Ele apontou que o entendimento está no acórdão que julgou a Reclamação n. 6.568, sob relatoria do Ministro Eros Grau.

No julgamento da Reclamação (Rcl) 6.568, em 2009, o Supremo se manifestou "no sentido de que policiais em geral, em razão de constituírem expressão da soberania nacional, revelando-se braços armados da nação, garantidores da segurança dos cidadãos, da paz e da tranquilidade públicas, devem ser equiparados aos militares e, portanto, devem ser proibidos de fazer greve".

Para Gilmar Mendes, "a indicação do entendimento do Supremo Tribunal Federal, que veda aos policiais o direito à greve, vem reforçar, no presente caso, a ausência da fumaça do bom direito [no pedido da Fenapef], recomendando, também, o indeferimento do pleito de liminar"[90].

> **JURISPRUDÊNCIA**
>
> - **GREVE. SERVIÇOS ESSENCIAIS. LIMINAR**
> Houve a assinatura de acordo entre a Administração Pública e seus servidores pertencentes aos quadros do Ministério e dos institutos de conservação do meio ambiente, com o fim de reorganizar suas carreiras. O acordo, implantado pela MP n. 441/2008 (já convertida na Lei n. 11.907/2009), também determinava a revisão das respectivas tabelas de remuneração. Os autos revelam que as reposições salariais concretizaram-se, tendo ficado pendente apenas a parcela referente a junho de 2010, mas a reorganização da carreira ainda está em andamento, pois se constituiu grupo de trabalho para elaborar a proposta, que apenas produziu um relatório preliminar. Em razão disso, recentemente, os servidores deflagraram nova greve nacional por tempo indeterminado, o que levou a União e aqueles institutos a ajuizarem ação declaratória de ilegalidade da greve cumulada com ação de preceito cominatório de obrigação de fazer e não fazer com pedido de concessão de liminar contra as entidades de classe que representam esses servidores. Nessa ação, pleiteava-se a antecipação da tutela de mérito com o desiderato de suspender imediatamente o movimento grevista, sob pena de aplicação de multa diária, bem como a declaração da ilegalidade e da abusividade da greve, além da condenação de ressarcir os cofres públicos pelos prejuízos advindos. Nesse contexto, o Min. Benedito Gonçalves, relator originário, concedeu a liminar para determinar a imediata suspensão da greve dos servidores, aplicando a multa de R$ 100 mil por dia de descumprimento da decisão, ao fundamento de que a greve, num primeiro e superficial exame, mostra-se ilegal, pois prejudica operações de fiscalização e vistorias técnicas de qualidade ambiental, manejo e ordenamento florestal, pesqueiro e faunístico, além dos processos de licenciamento ambiental, a pôr em risco os biomas nacionais e as ações de desenvolvimento sustentável paralisadas pela greve, em flagrante desrespeito ao art. 225 da CF/88. Anotou, também, que, com a paralisação, os servidores desrespeitaram a parte que lhes incumbiria no acordo ainda pendente. Dessa concessão houve agravo regimental das entidades de classe, bem como pedido dos autores para majorar a multa. No julgamento desse recurso na Primeira Seção, o Min. Benedito Gonçalves manteve seu entendimento quanto à concessão da liminar pelo abuso do direito de greve e, ao acolher o pedido da União, majorou a multa para R$ 150 mil, assim como o Min. Hamilton Carvalhido. Por sua vez, o Min. Luiz Fux também acompanhou o Min. Benedito Gonçalves e anotou haver prova documental inequívoca a embasar a verossimilhança da alegação de que a greve é ilegal porque viola o acordo de amplo espectro vigente até o final de 2010, firmado tanto por aqueles que exercem atividades essenciais quanto pelos que não as exercem. Aduziu, também, ser possível, na ação declaratória, a antecipação da tutela, que não se dá no plano da realidade normativa, mas na realidade prática. Outrossim, sustentou a aplicação imediata das *astreintes* majoradas no descumprimento da liminar, visto sua capacidade de persuasão. Porém, ao final, prevaleceu o voto parcialmente divergente da Min. Eliana Calmon, de que seria satisfativa a concessão da liminar

---

[90] Notícia do STF. Disponível em: http://www.stf.jus.br/portal/cms/verNoticiaDetalhe.asp?idConteudo=262703&caixaBusca=N.

tal como proposta pelo Min. Relator originário, a esgotar o objeto da ação e resultar o encerramento das negociações em curso, mostrando-se melhor, como aduzido pelo Min. Herman Benjamin, determinar que sejam obrigatoriamente mantidas as atividades essenciais de licenciamento e fiscalização garantidas pela aplicação da multa já fixada (R$ 100 mil) em caso de descumprimento, ao se considerar, tal como anotado pelo Min. Castro Meira, o descumprimento da União em proceder às medidas previstas no acordo quanto à reclassificação da própria carreira, razão última da greve. AgRg na Pet 7.883-DF, rel. originário Min. Benedito Gonçalves, rel. para acórdão Min. Eliana Calmon, j. 12-5-2010 (*Informativo STJ 434*).

5.12.1.5 Competência em caso de greve

O STF, ao julgar o **tema 544**, de repercussão geral no **RE 846.854, analisou o juízo competente para julgar processo envolvendo a abusividade da greve deflagrada por servidores públicos regidos pela CLT**. No caso em tela, a greve foi realizada pelos **guardas municipais** do município de São Bernardo do Campo (SP).

A **tese** fixada em maio de 2017, quando do julgamento do referido recurso, é no sentido de que "**a Justiça Comum**, federal ou estadual, é competente para julgar a abusividade de greve de servidores públicos celetistas da Administração Pública Direta, Autarquias e Fundações Públicas".

A **tese** foi proposta pelo relator do acórdão, Ministro Alexandre de Moraes, e aprovada por maioria dos votos, vencidos os Ministros Luís Roberto Barroso, Rosa Weber e Marco Aurélio.

> **Para complementar:** A competência para cuidar da greve será do **STJ** nos casos de prestação de serviço público de âmbito nacional; greve abarcando MAIS DE uma unidade da Federação; greve abarcando MAIS DE uma região da Justiça Federal.
>
> Será o STJ o competente para processar e julgar os pedidos oriundos do direito de greve no SERVIÇO PÚBLICO DE ÂMBITO NACIONAL ou quando a GREVE ABRANGER MAIS DE UMA UNIDADE DA FEDERAÇÃO EM REGIÕES DIFERENTES DA JUSTIÇA FEDERAL. (Nesse sentido, Pet 6.642/RS, rel. Min. Napoleão Nunes Maia Filho, j. 15-5-2010.)
>
> Vejamos: "O exercício do direito à greve previsto no art. 37, VII, da CF/88 não pode ser obstado pela ausência de lei específica, devendo incidir, então, de modo excepcional e com as necessárias adaptações, a Lei de Greve do Setor Privado (Lei n. 7.783/89), conforme orientação do STF. **Ainda de acordo com o STF, este Superior Tribunal é competente para processar e julgar os pedidos oriundos do direito de greve no serviço público de âmbito nacional ou quando abranger mais de uma unidade da Federação em regiões diferentes de Justiça Federal, em razão da natureza administrativa pública das relações dos servidores federais com a Administração, afastando-se a possibilidade de apreciação na Justiça do Trabalho.**
>
> Assim, o sindicato da categoria em greve ou comissão de negociação acordará com o gestor público a manutenção em atividade de equipes para assegurar a continui-

dade dos serviços cuja paralisação possa resultar prejuízo irreparável (art. 9º da Lei n. 7.783/89), garantindo, durante a greve, a manutenção dos serviços indispensáveis ao atendimento das necessidades inalienáveis da comunidade (art. 11 da Lei n. 7.783/89). Comprovado o atendimento dessas exigências legais, tem-se a paralisação como legítima (art. 2º da referida lei). Diante do exposto, a Seção julgou procedente o pedido para declarar a legalidade do movimento grevista dos auditores-fiscais da Receita Federal, iniciado em 18-3-2008, bem como determinar a reversão, para todos os efeitos, das eventuais faltas anotadas na folha de ponto dos grevistas, afastar a aplicação de qualquer sanção, seja de que matéria for, pela participação dos substituídos na paralisação. Quanto a haver desconto na remuneração em razão dos dias parados, a Seção, por maioria, entendeu ser possível fazê--lo, a não ser que haja a reposição desses dias, com o acréscimo na jornada diária até que compensados integralmente. Precedentes citados do STF: MI 708-DF, *DJ* 25-10-2007, e MI 712-PA, *DJ* 25-10-2007. Pet 6.642-RS, rel. Min. Napoleão Nunes Maia Filho, j. 12-5-2010" (grifos nossos).

Também: "COMPETÊNCIA. STJ. GREVE. ÂMBITO NACIONAL.

O exercício do direito à greve previsto no art. 37, VII, da CF/88 não pode ser obstado pela ausência de lei específica, devendo incidir, então, de modo excepcional e com as necessárias adaptações, a Lei de Greve do Setor Privado (Lei n. 7.783/89), conforme orientação do STF. Ainda de acordo com o STF, este Superior Tribunal é competente para processar e julgar os pedidos oriundos do direito de greve no serviço público de âmbito nacional ou quando abranger mais de uma unidade da Federação em regiões diferentes de Justiça Federal, em razão da natureza administrativa pública das relações dos servidores federais com a Administração, afastando-se a possibilidade de apreciação na Justiça do Trabalho. Assim, o sindicato da categoria em greve ou comissão de negociação acordará com o gestor público a manutenção em atividade de equipes para assegurar a continuidade dos serviços cuja paralisação possa resultar prejuízo irreparável (art. 9º da Lei n. 7.783/89), garantindo, durante a greve, a manutenção dos serviços indispensáveis ao atendimento das necessidades inalienáveis da comunidade (art. 11 da Lei n. 7.783/89). Comprovado o atendimento dessas exigências legais, tem-se a paralisação como legítima (art. 2º da referida lei). Diante do exposto, a Seção julgou procedente o pedido para declarar a legalidade do movimento grevista dos auditores-fiscais da Receita Federal, iniciado em 18-3-2008, bem como determinar a reversão, para todos os efeitos, das eventuais faltas anotadas na folha de ponto dos grevistas, afastar a aplicação de qualquer sanção, seja de que matéria for, pela participação dos substituídos na paralisação. Quanto a haver desconto na remuneração em razão dos dias parados, a Seção, por maioria, entendeu ser possível fazê-lo, a não ser que haja a reposição desses dias, com o acréscimo na jornada diária até que compensados integralmente. Precedentes citados do STF: MI 708-DF, *DJ* 25-10-2007, e MI 712-PA, *DJ* 25-10-2007. Pet 6.642-RS, rel. Min. Napoleão Nunes Maia Filho, j. 12-5-2010 *(Informativo STJ 434)*".

A competência para cuidar da greve será **DOS TRIBUNAIS REGIONAIS FEDERAIS** se a greve estiver adstrita a APENAS uma região da Justiça Federal – por analogia com o art. 6º da Lei n. 7.701/88.

A competência para cuidar da greve será **DOS TRIBUNAIS DE JUSTIÇA DOS ESTADOS**:

Quando a greve tiver contexto estadual ou municipal e abarcar apenas uma unidade da Federação, a competência será do Tribunal de Justiça – analogia com o art. 6º da Lei n. 7.701/88.

"ABORDAGEM MULTIDISCIPLINAR" – relação interdisciplinar existente entre o direito constitucional, o direito do trabalho e o direito administrativo: O Supremo Tribunal Federal (STF) negou provimento a recurso que defendia a competência da Justiça do Trabalho para julgar a abusividade de greve de guardas municipais que trabalham em regime celetista.

No **Recurso Extraordinário (RE) 846.854**, com repercussão geral **(tema 544)**, a maioria dos ministros entendeu que **não cabe**, no caso, discutir o direito a greve, uma vez que se trata de serviço de segurança pública.

Para o Ministro Alexandre de Moraes, acompanhado pela maioria, não há que se falar de competência da Justiça trabalhista para se analisar a abusividade ou não da greve nesse caso. Trata-se de área na qual o próprio STF reconheceu que não há direito à paralisação dos serviços, por ser atividade indispensável à manutenção da segurança pública. Ele observou, ainda, que para outros casos de servidores públicos com contrato celetista com a Administração Pública seria possível admitir a competência da Justiça trabalhista para apreciar o direito de greve. Contudo, tratando-se de **guardas municipais**, configura-se exceção à regra.

A **tese** firmada tem a seguinte redação: "A justiça comum, federal ou estadual, é competente para julgar a abusividade de greve de servidores públicos celetistas da Administração pública direta, autarquias e fundações públicas".

5.12.1.6 Greve *versus* estágio probatório

Não é possível a exoneração do servidor em estágio probatório pelo fato de ter aderido ao movimento grevista.

> **JURISPRUDÊNCIA**

- **SERVIDOR PÚBLICO EM ESTÁGIO PROBATÓRIO: GREVE E EXONERAÇÃO – 1**
  A Turma, em votação majoritária, manteve acórdão do Tribunal de Justiça do Estado do Rio Grande do Sul, que concedera a segurança para reintegrar servidor público exonerado, durante estágio probatório, por faltar ao serviço em virtude de sua adesão a movimento grevista. Entendera aquela Corte que a participação em greve – direito constitucionalmente assegurado, muito embora não regulamentado por norma infraconstitucional – não seria suficiente para ensejar a penalidade cominada. O ente federativo, ora recorrente, sustentava que o art. 37, VII, da CF seria norma de eficácia contida e, desse modo, o direito de greve dos servidores públicos dependeria

de lei para ser exercido. Além disso, tendo em conta que o servidor não gozaria de estabilidade (CF, art. 41), aduziu que a greve fora declarada ilegal e que ele não comparecera ao serviço por mais de 30 dias. Considerou-se que a inassiduidade em decorrência de greve não poderia implicar a exoneração de servidor em estágio probatório, uma vez que essa ausência não teria como motivação a vontade consciente de não comparecer ao trabalho simplesmente por não comparecer ou por não gostar de trabalhar. Revelaria, isso sim, inassiduidade imprópria, resultante de um movimento de paralisação da categoria em busca de melhores condições de trabalho. Assim, o fato de o recorrido estar em estágio probatório, por si só, não seria fundamento para essa exoneração. Vencidos os Ministros Menezes Direito, relator, e Ricardo Lewandowski que proviam o recurso para assentar a subsistência do ato de exoneração por reputar que servidor em estágio probatório, que aderira à greve antes da regulamentação do direito constitucionalmente reconhecido, não teria direito à anistia de suas faltas indevidas ao serviço. RE 226.966/RS, rel. orig. Min. Menezes Direito, rel. p/ o acórdão Min. Cármen Lúcia, j. 11-11-2008 (*Informativo STF 528*).

- **SERVIDOR PÚBLICO EM ESTÁGIO PROBATÓRIO: GREVE E EXONERAÇÃO – 2**
O Tribunal, por maioria, julgou procedente pedido formulado em ação direta proposta pela Confederação Brasileira de Trabalhadores Policiais Civis – COBRAPOL para declarar a inconstitucionalidade do parágrafo único do art. 1º do Decreto n. 1.807/2004 do Governador do Estado de Alagoas, que determina a exoneração imediata de servidor público em estágio probatório, caso fique comprovada sua participação na paralisação do serviço, a título de greve – v. *Informativo 413*. Salientou-se, inicialmente, o recente entendimento firmado pela Corte em vários mandados de injunção, mediante o qual se viabilizou o imediato exercício do direito de greve dos servidores públicos, por aplicação analógica da Lei n. 7.783/89, e concluiu-se não haver base na Constituição Federal para fazer distinção entre servidores públicos estáveis e não estáveis, sob pena de afronta, sobretudo, ao princípio da isonomia. Vencido o Min. Carlos Velloso, relator, que julgava o pleito improcedente. Precedentes citados: MI 670/ES (*DJU* de 31-10-2008); MI 708/DF (*DJe* 31-10-2008); MI 712/PA (*DJe* 31-10-2008). ADI 3.235/AL, rel. orig. Min. Carlos Velloso, red. p/ o acórdão Min. Gilmar Mendes, j. 4-2-2010 (*Informativo STF 573*).

5.12.1.7 Greve para os militares

Há **vedação constitucional** para o exercício do direito de greve: art. 142, § 3º, IV, da CF.

5.12.2 Princípio da continuidade dos serviços públicos e a cláusula da exceção do contrato não cumprido

Só é possível alegar a "exceção do contrato não cumprido" após 90 dias, conforme fixa o art. 78, XV, da Lei n. 8.666/93.

Na **Lei n. 14.133/2021**, o regramento acerca da **exceção do contrato não cumprido fixou redução** do período de inadimplemento que o particular deve suportar para valer-se da referida cláusula.

O direito de o particular paralisar o contrato surge caso a Administração seja inadimplente por **mais de dois meses**, ou suspensa, por ato próprio, a execução contratual por **mais de três meses consecutivos**, ou alternadamente faça essa suspensão diversas vezes, atingindo **o limite de 90 (noventa) dias úteis de suspensão**.

Essa situação confere ao contratado uma situação mais confortável e segura minimizando futuros prejuízos, todavia, como garantia do princípio da continuidade dos serviços públicos, o particular contratado não poderá suspender a execução do contrato ainda que a Administração seja inadimplente (**se não** estiverem configuradas as hipóteses de suspensão previstas em lei).

> **LEGISLAÇÃO CORRELATA**
>
> **Lei n. 14.133/2021**
> **Art. 137**
> § 2º O contratado terá direito à **extinção do contrato nas seguintes hipóteses**:
> I – supressão, por parte da Administração, de obras, serviços ou compras que acarrete modificação do valor inicial do contrato além do limite permitido no art. 125 desta Lei;
> II – suspensão de execução do contrato, por ordem escrita da Administração, por prazo superior a 3 (três) meses;
> III – repetidas suspensões que totalizem 90 (noventa) dias úteis, independentemente do pagamento obrigatório de indenização pelas sucessivas e contratualmente imprevistas desmobilizações e mobilizações e outras previstas;
> IV – atraso superior a 2 (dois) meses, contado da emissão da nota fiscal, dos pagamentos ou de parcelas de pagamentos devidos pela Administração por despesas de obras, serviços ou fornecimentos;
> V – não liberação pela Administração, nos prazos contratuais, de área, local ou objeto, para execução de obra, serviço ou fornecimento, e de fontes de materiais naturais especificadas no projeto, inclusive devido a atraso ou descumprimento das obrigações atribuídas pelo contrato à Administração relacionadas à desapropriação, à desocupação de áreas públicas ou a licenciamento ambiental.
> § 3º As hipóteses de extinção a que se referem os incisos II, III e IV do § 2º deste artigo observarão as seguintes disposições:
> I – não serão admitidas em caso de calamidade pública, de grave perturbação da ordem interna ou de guerra, bem como quando decorrerem de ato ou fato que o contratado tenha praticado, do qual tenha participado ou para o qual tenha contribuído;
> II – assegurarão ao contratado o direito de optar pela suspensão do cumprimento das obrigações assumidas até a normalização da situação, admitido o restabelecimento do equilíbrio econômico-financeiro do contrato, na forma da alínea "d" do inciso II do *caput* do art. 124 desta Lei.
> § 4º Os emitentes das garantias previstas no art. 96 desta Lei deverão ser notificados pelo contratante quanto ao início de processo administrativo para apuração de descumprimento de cláusulas contratuais.

5.13 Princípio da segurança jurídica

É uma das vigas mestras do Estado de Direito e que dá estabilidade ao sistema jurídico pátrio. Embora não previsto, taxativamente, no texto constitucional como princípio explícito, o preâmbulo da Constituição Federal coloca a segurança como um dos valores supremos da sociedade, e o *caput* do seu art. 5º garante a inviolabilidade do direito à segurança. Ainda, a lei ordinária que regula o processo administrativo no âmbito da Administração Pública Federal, Lei n. 9.784/99, no seu art. 2º, determina obediência ao princípio da segurança jurídica.

Também o **art. 24 da LINDB**, que, nos termos da Lei n. 13.655/2018, fixa "a revisão, nas esferas administrativa, controladora ou judicial, quanto à validade de ato, contrato, ajuste, processo ou norma administrativa cuja produção já se houver completado levará em conta as orientações gerais da época, **sendo vedado** que, com base em mudança posterior de orientação geral, se declarem inválidas situações plenamente constituídas. Considera **"orientações gerais"** as interpretações e especificações contidas em atos públicos de caráter geral ou em jurisprudência judicial ou administrativa majoritária, e ainda as adotadas por prática administrativa reiterada e de amplo conhecimento público"[91]. Todo esse direcionamento tem como base e fundamento o princípio da segurança jurídica.

A segurança jurídica está intimamente ligada aos princípios da moralidade e da boa-fé ou da confiança.

Na verdade, esse princípio é o coroamento, a proposição que se deduz de todas as outras, do sistema jurídico pátrio.

JURISPRUDÊNCIA

- **TCU E DECADÊNCIA ADMINISTRATIVA**

  O disposto no art. 54 da Lei n. 9.784/99 (*"O direito da Administração de anular os atos administrativos de que decorram efeitos favoráveis para os destinatários decai em cinco anos, contados da data em que foram praticados, salvo comprovada má-fé"*) não se aplica à aposentadoria, porque esta reclama atos sequenciais. Com base nessa orientação, a 1ª Turma denegou mandado de segurança impetrado contra julgado do TCU. Este, ao apreciar a legalidade, para fins de registro, de atos concessórios de aposentadoria, determinara a glosa dos proventos considerada a incorporação da Unidade de Referência de Preços – URP concernente ao mês de fevereiro/89, no total de 26,05%, bem assim a restituição dos valores pagos durante a pendência do julgamento de eventuais recursos. Alegava-se decadência administrativa, além de nulidade por ofensa aos princípios da coisa julgada, do contraditório, da ampla defesa, da segurança jurídica, da boa-fé, da razoabilidade, da moralidade e da separação dos Poderes. Arguia-se que se trataria de valor percebido há mais de 17 anos assegurado por título judicial. Por fim, assinalava-se a inobservância ao disposto na Súmula Vinculante 3 (*"Nos processos perante o Tribunal de Contas da União asseguram-se o contraditório e a ampla defesa quando da decisão pu-

---

[91] Inclusive, o concurso público para provimento de cargos de juiz substituto do Estado do Paraná, em prova discursiva aplicada em 19 de maio de 2019, questionou exatamente isso. A questão tinha o seguinte teor: **"Esclareça se a mudança na orientação geral de órgão de maior hierarquia pode ser considerada para a aferição da validade jurídica de prática administrativa ocorrida em momento anterior e já plenamente constituída; e cite princípio jurídico e dispositivo de lei aplicáveis"**.

der resultar anulação ou revogação de ato administrativo que beneficie o interessado, excetuada a apreciação da legalidade do ato de concessão inicial de aposentadoria, reforma e pensão"). O Colegiado consignou que o contraditório requereria, a teor do disposto no art. 5º, LV, da CF, litígio ou acusação não alcançando os atos alusivos ao registro de aposentadoria. Ademais, reputou-se inexistir coisa julgada presente a situação de inativo. MS 28.604/DF, rel. Min. Marco Aurélio, 4-12-2012 *(Informativo STF 691)*.

- **ANULAÇÃO DE ASCENSÃO FUNCIONAL: DEVIDO PROCESSO LEGAL E SEGURANÇA JURÍDICA**

    O Tribunal concedeu dois mandados de segurança impetrados contra ato do Tribunal de Contas da União – TCU, consubstanciado em decisões, proferidas em autos de tomada de contas da Empresa de Brasileira de Correios e Telégrafos – ECT, que determinaram o desfazimento, em 2006, de atos de ascensões funcionais ocorridos entre 1993 e 1995. Entendeu-se que o lapso temporal entre a prática dos atos de ascensão sob análise e a decisão do TCU impugnada superaria, em muito, o prazo estabelecido no art. 54 da Lei n. 9.784/99, o que imporia o reconhecimento da decadência do direito da Administração de revê-los. Reportou-se, ademais, à orientação firmada pela Corte no julgamento do MS 24.448/DF *(DJe 14-11-2007)*, no sentido de, aplicando o princípio da segurança jurídica, assentar ser de cinco anos o prazo para o TCU exercer o controle da legalidade dos atos administrativos. Considerou-se, por fim, não terem sido observados os princípios do contraditório, da ampla defesa e do devido processo legal, visto que a anulação dos atos de ascensão importara em grave prejuízo aos interesses dos impetrantes, os quais deveriam ter sido convocados para exercer sua defesa no processo de tomada de contas. Outros precedentes citados: MS 24.268/MG *(DJU de 17-9-2004)*; MS 26.353/DF *(DJU de 6-9-2007)*; MS 26.782/DF *(DJe 17-12-2007)*; MS 26.393/DF, rel. Min. Cármen Lúcia, j. 29-10-2009 (MS-26.393) (MS 26.404/DF, rel. Min. Cármen Lúcia, j. 29-10-2009, *Informativo STF 565*).

- **CONCURSO. APOSTILHAMENTO. SEGURANÇA JURÍDICA**

    O impetrante prestou concurso público, em 1993, para o cargo de agente da Polícia Federal. Por força de medida liminar concedida nos autos de ação ordinária que ajuizou, foi nomeado, empossado e cumpriu com sucesso todo o estágio probatório inerente ao cargo. Sucede que a Administração, com o fim de regularizar sua situação funcional e de outros que se mantinham no cargo por força de decisão judicial, como forma de acordo, expediu despacho ministerial em 2003 no qual previa a exibição de vários documentos como requisitos ao apostilhamento dessas pessoas. Após apresentar todos os documentos exigidos, principalmente a prova de desistência da ação judicial que lhe assegurava o cargo, o impetrante viu concretizado seu apostilhamento mediante portaria datada de 2006 e continuou a exercer suas atividades decorrentes do cargo público. Contudo, em 2008, foi notificado pela diretoria de pessoal a apresentar a decisão judicial que o amparava, sob pena de revogação da citada portaria, isso em razão de a Administração, em autotutela, ter detectado que, ao tempo do apostilhamento, o impetrante não contava com a proteção de decisão judicial, pois não mais vigorava a liminar que lhe assegurava o cargo. Vem daí a impetração do mandado de segurança, anotada a circunstância de que o impetrante exerce o cargo há mais de 12 anos e são passados mais de três do apostilhamento. Nesse contexto, ao prosseguir o julgamento, a Seção entendeu conceder a segurança. O Min. Jorge Mussi, em voto-vista, aduziu não ser possível reconhecer a aplicação da teoria do fato consumado a essa situação, tal qual pregam as decisões das Turmas da Terceira Seção do STJ e do próprio STF. Todavia, entendeu ser plenamente aplicável o resguardo ao princípio constitucional da segurança jurídica, em seu aspecto objetivo (estabilidade das relações jurídicas) e subjetivo (proteção à confiança), em superposição à regra da livre revogação dos atos administrativos ilícitos, tal como também apregoa o STF.

Anotou que a ilegalidade apurada não decorreu de dolo do impetrante, não houve dano ao erário e sua manutenção no cargo não viola direito ou interesse de terceiro, afora o descaso com que atuou a Administração a não afastar do cargo o impetrante quando da cassação da liminar (1999) e sua inércia no momento em que recebeu a documentação necessária para a transação (2003), a corroborar que o ato de apostilhamento pode ser mantido. Precedentes citados do STF: AgRg no RE 476.782-MG, *DJe* 12-5-2006, e MS 24.268-MG, *DJ* 17-9-2004; do STJ: AgRg no REsp 1.074.862-SC, *DJe* 26-10-2009, AgRg na MC 15.234-PA, *DJe* 3-5-2010, e RMS 20.572-DF, *DJe* 15-12-2009 (MS 13.669-DF, rel. Min. Napoleão Nunes Maia Filho, j. 22-5-2010, *Informativo STJ 448*).

5.14 Princípio da isonomia ou igualdade

Todos são iguais perante a lei, sem distinção de qualquer natureza. Com essa afirmação, o art. 5º da CF consigna uma IGUALDADE FORMAL: trata-se da igualdade de todos perante a concessão de benefícios, isenções, vantagens, sacrifícios, multas e sanções.

Todos os iguais diante da lei também o são ante a Administração Pública. Aos iguais é imposto um tratamento IMPESSOAL, IGUALITÁRIO, ISONÔMICO.

Há também a IGUALDADE MATERIAL, que é aquela que se consubstancia na máxima aristotélica, presente também na "Oração aos moços" de Rui Barbosa, no sentido de "tratar igualmente os iguais e desigualmente os desiguais, na medida de suas desigualdades".

A igualdade material visa diminuir as desigualdades sociais, conferindo proteção jurídica especial a parcelas da sociedade que costumam, ao longo da história, figurar em situação de desvantagem.

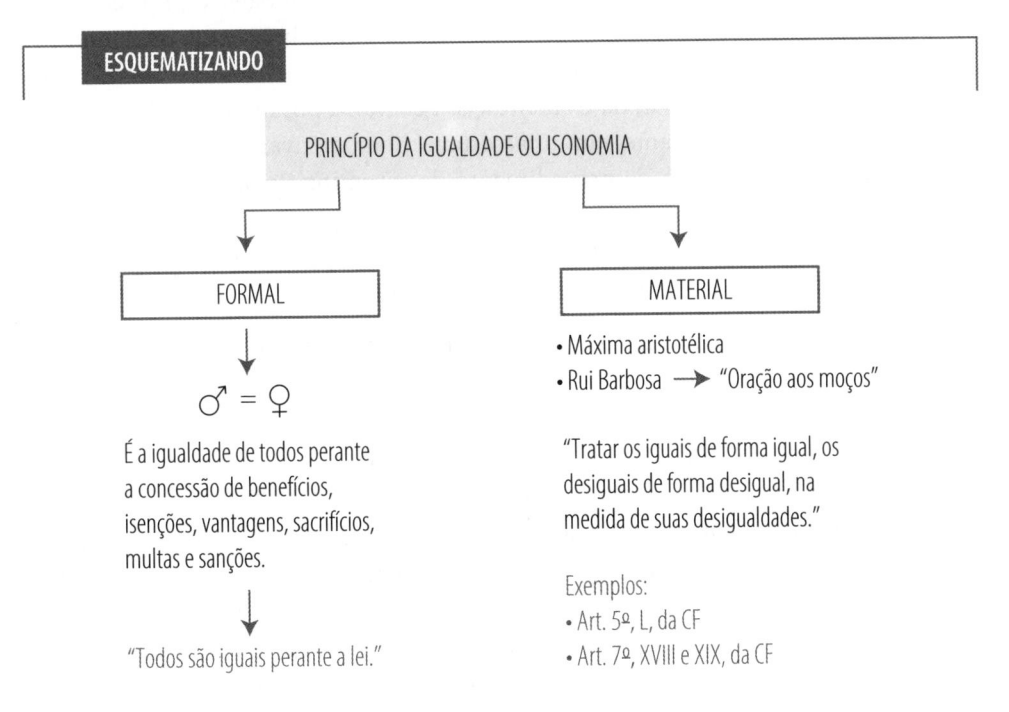

ESQUEMATIZANDO

PRINCÍPIO DA IGUALDADE OU ISONOMIA

FORMAL

♂ = ♀

É a igualdade de todos perante a concessão de benefícios, isenções, vantagens, sacrifícios, multas e sanções.

↓

"Todos são iguais perante a lei."

MATERIAL

- Máxima aristotélica
- Rui Barbosa → "Oração aos moços"

"Tratar os iguais de forma igual, os desiguais de forma desigual, na medida de suas desigualdades."

Exemplos:
- Art. 5º, L, da CF
- Art. 7º, XVIII e XIX, da CF

A igualdade substancial (material) é consagrada em diversos dispositivos constitucionais. Vejamos:

a) Art. 5º, L, da CF: o próprio constituinte já fixou as desigualdades, assegurando às presidiárias condições para que permaneçam com seus filhos DURANTE O PERÍODO DE AMAMENTAÇÃO.

Só as presidiárias que estão no período de amamentação é que permanecem com seus filhos.

b) Art. 7º, XVIII e XIX, da CF: prazos diferenciados para licença-paternidade e licença-maternidade.

Aprofundamento 1: Em 3 de abril de 2020, o Plenário do STF confirmou, em sessão virtual, liminar deferida pelo Ministro Edson Fachin na ADI 6327 para considerar a data da alta da mãe ou do recém-nascido como marco inicial da licença-maternidade.

Segundo a decisão, a medida deve se restringir aos casos mais graves, como internações que excederem o período de duas semanas. Conforme o relator, não há previsão em lei de extensão da licença em razão da necessidade de internações mais longas, especialmente nos casos de crianças nascidas prematuramente (antes de 37 semanas de gestação), e a medida é forma de suprir essa omissão legislativa.

Aprofundamento 2: O STF vai discutir se é possível a concessão de licença-maternidade à mãe não gestante, em união estável homoafetiva, nos casos em que a gestação de sua companheira decorra de procedimento de inseminação artificial. Trata-se de recurso extraordinário em que se discute, à luz dos artigos 7º, XVIII, e 37, *caput*, da Constituição Federal, a possibilidade de servidora pública, mãe não gestante, em união estável homoafetiva, cuja gestação de sua companheira decorreu de procedimento de inseminação artificial heteróloga, gozar de licença-maternidade.

O tema será analisado no **RE 1.211.446** (com repercussão geral reconhecida – **tema 1072**). Até o momento, não há decisão definitiva da questão.

c) Art. 143, §§ 1º e 2º, da CF: serviço militar obrigatório apenas para homens – mulheres não!

Mas qual a justificativa para essa diferenciação?

O constituinte tratou de PROTEGER certos grupos que, segundo seu entender, mereceriam tratamento diverso, estabelecendo medidas de COMPENSAÇÃO, para concretizar, ao menos em parte, uma igualdade de oportunidades.

É necessário respeitarmos três regras para que não haja ofensa à isonomia. São elas: a) identificação do fator de desigualação ou exclusão; b) verificar a existência de correlação lógica entre o fator de exclusão e o tratamento jurídico diferenciado; c) analisar se essa correlação lógica está em conformidade com o sistema constitucional.

Na verdade, o primeiro passo para identificarmos se determinada situação feriu ou não a isonomia consiste em visualizar qual é o fator de exclusão.

Exemplificando:

- o indivíduo "A" está excluído do concurso para salva-vidas porque é deficiente físico. O fator de exclusão consiste em ser deficiente físico;
- o edital para concurso para ingresso na Magistratura estabelece que só podem participar do certame os indivíduos maiores de um metro e setenta. O fator de exclusão consiste em vedar ao certame todos os menores de um metro e setenta;

Assim, se o fator de exclusão for compatível com a norma, não há ofensa ao princípio da igualdade ou isonomia. Ao contrário, se incompatível com a norma, haverá ofensa à isonomia.

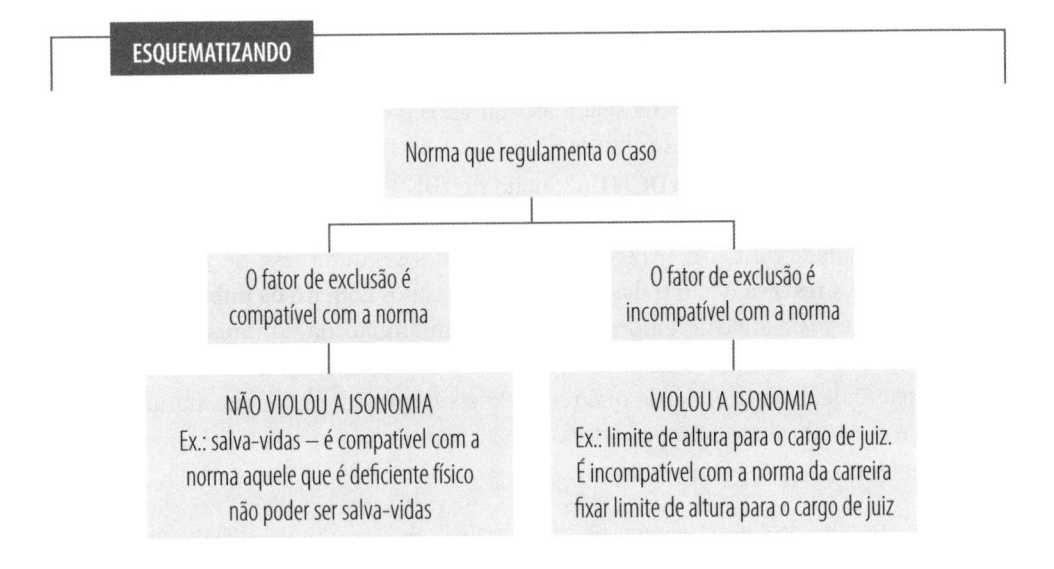

ESQUEMATIZANDO

Norma que regulamenta o caso

O fator de exclusão é compatível com a norma → **NÃO VIOLOU A ISONOMIA** Ex.: salva-vidas – é compatível com a norma aquele que é deficiente físico não poder ser salva-vidas

O fator de exclusão é incompatível com a norma → **VIOLOU A ISONOMIA** Ex.: limite de altura para o cargo de juiz. É incompatível com a norma da carreira fixar limite de altura para o cargo de juiz

- prova física do concurso de delegado da Polícia Federal. O grau de dificuldade da prova física é diferenciado conforme seja realizada por homens ou mulheres. Essa diferenciação (fator de exclusão ou desigualação) é compatível com a norma, portanto não viola a isonomia, já que as condições físicas em homens e mulheres são diferentes e a prova física para homem acaba tendo um grau de dificuldade maior que a das mulheres.

Resumindo: se a lei da carreira fixar fator de exclusão e o edital prever esse fator, isso será compatível com a norma e não ferirá a isonomia. Porém, se a lei da carreira não fixar o fato de exclusão e o edital o fixar, tal imposição será incompatível com a norma e, portanto, ofensiva ao princípio da isonomia.

Cuidado: O edital não pode prever fator de exclusão se a lei da carreira não o fixar!!

d) Sistema de cotas: RESERVA ÉTNICA: A Lei n. 12.990/2014 reserva aos negros 20% das vagas oferecidas nos concursos públicos para provimento de cargos efetivos e empregos públicos no âmbito da Administração Pública federal, das autarquias, das fundações públicas, das empresas públicas e das sociedades de economia mista controladas pela União.

Essa reserva será aplicada sempre que o número de vagas oferecidas no concurso público for igual ou superior a três.

A reserva de vagas a candidatos negros constará expressamente dos editais dos concursos públicos, que deverão especificar o total de vagas correspondentes à reserva para cada cargo ou emprego público oferecido.

Nos termos do art. 2º da Lei n. 12.990/2014, poderão concorrer às vagas reservadas a candidatos negros aqueles que se autodeclararem pretos ou pardos no ato da inscrição no concurso público, conforme o quesito cor ou raça utilizado pela Fundação Instituto Brasileiro de Geografia e Estatística – IBGE. Porém, na hipótese de constatação de declaração falsa, o candidato será eliminado do concurso e, se houver sido nomeado, ficará sujeito à anulação de sua admissão ao serviço ou emprego público, após procedimento administrativo em que lhe sejam assegurados o contraditório e a ampla defesa, sem prejuízo de outras sanções cabíveis.

Para complementar, na **ADC 41** (de maio de 2017), o STF por unanimidade e nos termos do voto do Relator, julgou procedente o pedido, para fins de declarar a integral constitucionalidade da Lei n. 12.990/2014, e fixou a seguinte tese de julgamento: "É constitucional a **reserva** de 20% das **vagas** oferecidas nos **concursos públicos** para provimento de cargos efetivos e empregos públicos no âmbito da administração pública direta e indireta. É legítima a utilização, além da autodeclaração, de critérios subsidiários de heteroidentificação, desde que respeitada a dignidade da pessoa humana e garantidos o contraditório e a ampla defesa".

A ementa tem a seguinte redação:

> "Ementa: Direito Constitucional. Ação Direta de Constitucionalidade. **Reserva** de **vagas** para **negros** em **concursos públicos**. Constitucionalidade da Lei nº 12.990/2014. Procedência do pedido. 1. É constitucional a Lei nº 12.990/2014, que **reserva** a pessoas negras 20% das **vagas** oferecidas nos **concursos públicos** para provimento de cargos efetivos e empregos públicos no âmbito da administração pública federal direta e indireta, por três fundamentos. 1.1. Em primeiro lugar, a desequiparação promovida pela política de ação afirmativa em questão está em consonância com o princípio da isonomia. Ela se funda na necessidade de superar o racismo estrutural e institucional ainda existente na sociedade brasileira, e garantir a igualdade material entre os cidadãos, por meio da distribuição mais equitativa de bens sociais e da promoção do reconhecimento da população **afrodescendente**. 1.2. Em segundo lugar, não há violação aos princípios do concurso **público** e da eficiência. A **reserva** de **vagas** para **negros** não os isenta da aprovação no **concurso público**. Como qualquer outro candidato, o beneficiário da política deve alcançar a nota necessária para que seja considerado apto a exercer, de forma adequada e eficiente,

o cargo em questão. Além disso, a incorporação do fator "raça" como critério de seleção, ao invés de afetar o princípio da eficiência, contribui para sua realização em maior extensão, criando uma "burocracia representativa", capaz de garantir que os pontos de vista e interesses de toda a população sejam considerados na tomada de decisões estatais. 1.3. Em terceiro lugar, a medida observa o princípio da proporcionalidade em sua tríplice dimensão. A existência de uma política de cotas para o acesso de **negros** à educação superior não torna a **reserva** de **vagas** nos quadros da administração pública desnecessária ou desproporcional em sentido estrito. Isso porque: (i) nem todos os cargos e empregos públicos exigem curso superior; (ii) ainda quando haja essa exigência, os beneficiários da ação afirmativa no serviço público podem não ter sido beneficiários das cotas nas **universidades** públicas; e (iii) mesmo que o concorrente tenha ingressado em curso de ensino superior por meio de cotas, há outros fatores que impedem os **negros** de competir em pé de igualdade nos **concursos públicos**, justificando a política de ação afirmativa instituída pela Lei nº 12.990/2014. 2. Ademais, a fim de garantir a efetividade da política em questão, também é constitucional a instituição de mecanismos para evitar fraudes pelos candidatos. É legítima a utilização, além da autodeclaração, de critérios subsidiários de heteroidentificação (e.g., a exigência de autodeclaração presencial perante a comissão do concurso), desde que respeitada a dignidade da pessoa humana e garantidos o contraditório e a ampla defesa. 3. Por fim, a administração pública deve atentar para os seguintes parâmetros: (i) os percentuais de **reserva** de **vaga** devem valer para todas as fases dos concursos; (ii) a reserva deve ser aplicada em todas as **vagas** oferecidas no **concurso público** (não apenas no edital de abertura); (iii) os concursos não podem fracionar as **vagas** de acordo com a especialização exigida para burlar a política de ação afirmativa, que só se aplica em concursos com mais de duas **vagas**; e (iv) a ordem classificatória obtida a partir da aplicação dos critérios de alternância e proporcionalidade na nomeação dos candidatos aprovados deve produzir efeitos durante toda a carreira funcional do beneficiário da **reserva** de **vagas**. 4. Procedência do pedido, para fins de declarar a integral constitucionalidade da Lei nº 12.990/2014. Tese de julgamento: "É constitucional a **reserva** de 20% das **vagas** oferecidas nos **concursos públicos** para provimento de cargos efetivos e empregos públicos no âmbito da administração pública direta e indireta. É legítima a utilização, além da autodeclaração, de critérios subsidiários de heteroidentificação, desde que respeitada a dignidade da pessoa humana e garantidos o contraditório e a ampla defesa".

LEGISLAÇÃO CORRELATA

Lei n. 12.990/2014
Art. 1º Ficam **reservadas aos negros 20% (vinte por cento) das vagas** oferecidas nos concursos públicos para provimento de cargos efetivos e empregos públicos no âmbito da administração pública federal, das autarquias, das fundações públicas, das empresas públicas e das sociedades de economia mista controladas pela União, na forma desta Lei.

§ 1º A reserva de vagas será aplicada sempre que o número de vagas oferecidas no concurso público for igual ou superior a 3 (três).

§ 2º Na hipótese de quantitativo fracionado para o número de vagas reservadas a candidatos negros, esse será aumentado para o primeiro número inteiro subsequente, em caso de fração igual ou maior que 0,5 (cinco décimos), ou diminuído para número inteiro imediatamente inferior, em caso de fração menor que 0,5 (cinco décimos).

§ 3º A reserva de vagas a candidatos negros constará expressamente dos editais dos concursos públicos, que deverão especificar o total de vagas correspondentes à reserva para cada cargo ou emprego público oferecido.

Art. 2º Poderão concorrer às vagas reservadas a candidatos negros aqueles que se autodeclararem pretos ou pardos no ato da inscrição no concurso público, conforme o quesito cor ou raça utilizado pela Fundação Instituto Brasileiro de Geografia e Estatística – IBGE.

Parágrafo único. Na hipótese de constatação de declaração falsa, o candidato será eliminado do concurso e, se houver sido nomeado, ficará sujeito à anulação da sua admissão ao serviço ou emprego público, após procedimento administrativo em que lhe sejam assegurados o contraditório e a ampla defesa, sem prejuízo de outras sanções cabíveis.

Art. 3º Os candidatos negros concorrerão **concomitantemente** às vagas reservadas e às vagas destinadas à ampla concorrência, de acordo com a sua classificação no concurso.

§ 1º Os candidatos negros aprovados dentro do número de vagas oferecido para ampla concorrência não serão computados para efeito do preenchimento das vagas reservadas.

§ 2º Em caso de desistência de candidato negro aprovado em vaga reservada, a vaga será preenchida pelo candidato negro posteriormente classificado.

§ 3º Na hipótese de não haver número de candidatos negros aprovados suficiente para ocupar as vagas reservadas, as vagas remanescentes serão revertidas para a ampla concorrência e serão preenchidas pelos demais candidatos aprovados, observada a ordem de classificação.

Art. 4º A nomeação dos candidatos aprovados respeitará os critérios de alternância e proporcionalidade, que consideram a relação entre o número de vagas total e o número de vagas reservadas a candidatos com deficiência e a candidatos negros.

Art. 5º O órgão responsável pela política de promoção da igualdade étnica de que trata o § 1º do art. 49 da Lei n. 12.288, de 20 de julho de 2010, será responsável pelo acompanhamento e avaliação anual do disposto nesta Lei, nos moldes previstos no art. 59 da Lei n. 12.288, de 20 de julho de 2010.

Art. 6º Esta Lei entra em vigor na data de sua publicação e terá vigência pelo prazo de 10 (dez) anos. Parágrafo único. Esta Lei não se aplicará aos concursos cujos editais já tiverem sido publicados antes de sua entrada em vigor.

Aprofundamento 1: "Como se trata de lei federal, a ela não se submetem as demais pessoas políticas. Trata-se de reserva étnica implementada pelo sistema de cotas, com a finalidade de proporcionar inclusão social e reduzir a desigualdade de caráter racial. O sistema, na verdade, a despeito de retratar política inclusiva, tem merecido algumas críticas pelo fato de instituí-la fundada no fator raça, inegavelmente impreciso diante da miscigenação que marca a formação histórica da sociedade brasileira"[92].

---

[92] CARVALHO FILHO, José dos Santos. *Manual de direito administrativo*, 30. ed., São Paulo: Atlas, 2016, p. 765.

e) **A Lei n. 13.146/2015, que institui a Lei Brasileira de Inclusão da Pessoa com Deficiência (Estatuto da Pessoa com Deficiência)**, prevê algumas incumbências ao Poder Público que asseguram e promovem o direito **à igualdade**, o exercício dos direitos e das liberdades fundamentais das pessoas com deficiência, visando a sua inclusão social e cidadania, já que toda pessoa com deficiência tem direito à igualdade de oportunidades, não podendo sofrer nenhuma espécie de discriminação (como fixa o art. 4º da referida lei).

Dentre as principais atribuições fixadas pela lei aos Poderes Públicos, podemos destacar as seguintes:

a) É dever do Estado, da sociedade e da família assegurar à pessoa com deficiência, com prioridade, a efetivação dos direitos referentes à vida, à saúde, à sexualidade, à paternidade e à maternidade, à alimentação, à habitação, à educação, à profissionalização, ao trabalho, à previdência social, à habilitação e à reabilitação, ao transporte, à acessibilidade, à cultura, ao desporto, ao turismo, ao lazer, à informação, à comunicação, aos avanços científicos e tecnológicos, à dignidade, ao respeito, à liberdade, à convivência familiar e comunitária, entre outros decorrentes da Constituição Federal, da Convenção sobre os Direitos das Pessoas com Deficiência e seu Protocolo Facultativo e das leis e de outras normas que garantam seu bem-estar pessoal, social e econômico (art. 8º da Lei n. 13.146/2015).

b) Compete ao Poder Público garantir a dignidade da pessoa com deficiência ao longo de toda a vida. Em situações de risco, emergência ou estado de calamidade pública, a pessoa com deficiência será considerada vulnerável, devendo o Poder Público adotar medidas para sua proteção e segurança (art. 10 da Lei n. 13.146/2015).

c) Direito à saúde: é assegurada atenção integral à saúde da pessoa com deficiência em todos os níveis de complexidade, por intermédio do SUS, garantido acesso universal e igualitário (arts. 18 a 26 da Lei n. 13.146/2015).

d) Direito à educação: é dever do Estado, da família, da comunidade escolar e da sociedade assegurar educação de qualidade à pessoa com deficiência, colocando-a a salvo de toda forma de violência, negligência e discriminação (arts. 27 a 30 da Lei n. 13.146/2015).

e) Direito à moradia: o Poder Público adotará programas e ações estratégicas para apoiar a criação e a manutenção de moradia para a vida independente da pessoa com deficiência (arts. 31 a 33 da Lei n. 13.146/2015).

f) Direito ao trabalho: as pessoas jurídicas de direito público, privado ou de qualquer natureza são obrigadas a garantir ambientes de trabalho acessíveis e inclusivos (art. 34 da Lei n. 13.146/2015).

g) Habilitação e reabilitação profissional: o Poder Público deve implementar serviços e programas completos de habilitação profissional e de reabilitação profissional para que a pessoa com deficiência possa ingressar, continuar ou retornar ao campo do trabalho, respeitados sua livre escolha, sua vocação e seu interesse (art. 36 da Lei n. 13.146/2015).

h) Direito à cultura, ao esporte, ao turismo e ao lazer: o Poder Público deve adotar soluções destinadas à eliminação, à redução ou à superação de barreiras para a promoção do acesso a todo patrimônio cultural, observadas as normas de acessibilidade, ambientais e de proteção do patrimônio histórico e artístico nacional (arts. 42 a 45 da Lei n. 13.146/2015).

i) Direito ao transporte e à mobilidade (arts. 46 a 52 da Lei n. 13.146/2015).

j) Acesso à informação e à comunicação (arts. 63 a 73 da Lei n. 13.146/2015): o Poder Público deve adotar mecanismos de incentivo à produção, à edição, à difusão, à distribuição e à comercialização de livros em formatos acessíveis, inclusive em publicações da Administração Pública ou financiadas com recursos públicos, com vistas a garantir à pessoa com deficiência o direito de acesso à leitura, à informação e à comunicação.

k) Direito à participação na vida pública e política: o Poder Público deve garantir à pessoa com deficiência todos os direitos políticos e a oportunidade de exercê--los em igualdade de condições com as demais pessoas (art. 76 da Lei n. 13.146/2015).

l) Ciência e tecnologia: o Poder Público deve fomentar o desenvolvimento científico, a pesquisa e a inovação e a capacitação tecnológicas, voltados à melhoria da qualidade de vida e ao trabalho da pessoa com deficiência e sua inclusão social (arts. 77 e 78 da Lei n. 13.146/2015).

m) Acesso à Justiça: o Poder Público deve assegurar o acesso da pessoa com deficiência à Justiça, em igualdade de oportunidades com as demais pessoas, garantindo, sempre que requeridos, adaptações e recursos de tecnologia assistiva (arts. 79 a 83 da Lei n. 13.146/2015).

JURISPRUDÊNCIA

- **CONCURSO PÚBLICO. PORTADOR. DEFICIÊNCIA**

  O impetrante, ora recorrente, inscreveu-se em concurso público de professor nas vagas destinadas aos portadores de deficiência e, nessa qualidade, logrou a primeira posição no certame. Quando de sua posse, mediante perícia médica realizada pela Administração, não se reconheceu sua deficiência. Contudo, mesmo assim, ele faz jus à nomeação, respeitada a ordem de classificação geral do resultado (31º lugar), pois não foi demonstrada sua má-fé e sequer existe, no edital, disposição em contrário. RMS 28.355-MG, rel. Min. Arnaldo Esteves Lima, j. 17-6-2010 (*Informativo* STJ 439).

JURISPRUDÊNCIA EM TESES

DOS DIREITOS DOS IDOSOS E DAS PESSOAS COM DEFICIÊNCIA (EDIÇÃO 100)

O Estatuto do Idoso (Lei n. 10.741/2003) tem aplicação imediata sobre todas as relações jurídicas de trato sucessivo, ainda que firmadas anteriormente à sua vigência, por se tratar de norma cogente.	**Acórdãos** **AgInt no AREsp 1045603/RS**, Rel. Ministro MARCO AURÉLIO BELLIZZE, TERCEIRA TURMA, j. 17-10-2017, *DJe* 26-10-2017 **AgInt nos EDcl no AREsp 622381/SP**, Rel. Ministra MARIA ISABEL GALLOTTI, QUARTA TURMA, j. 27-4-2017, *DJe* 4-5-2017 **AgInt no AREsp 990938/SP**, Rel. Ministro LUIS FELIPE SALOMÃO, QUARTA TURMA, j. 21-2-2017, *DJe* 24-2-2017 **AgRg no AREsp 060268/RS**, Rel. Ministro RAUL ARAÚJO, QUARTA TURMA, j. 5-2-2015, *DJe* 23-2-2015 **REsp 1280211/SP**, Rel. Ministro MARCO BUZZI, SEGUNDA SEÇÃO, j. 23-4-2014, *DJe* 4-9-2014
O art. 88 do Estatuto do Idoso, que prevê a possibilidade de pagamento das custas processuais ao final do processo, aplica-se somente às ações referentes a interesses difusos, coletivos e individuais indisponíveis ou homogêneos.	**Acórdãos** **AgRg no AREsp 625324/SP**, Rel. Ministra REGINA HELENA COSTA, PRIMEIRA TURMA, j. 2-6-2015, *DJe* 16-6-2015 **AgRg nos EDcl nos EDcl nos EREsp 1155764/SP**, Rel. Ministro LUIS FELIPE SALOMÃO, CORTE ESPECIAL, j. 6-5-2015, *DJe* 25-5-2015 **AgRg no AREsp 645393/SP**, Rel. Ministro MAURO CAMPBELL MARQUES, SEGUNDA TURMA, j. 28-4-2015, *DJe* 7-5-2015 **AgRg no REsp 1282598/RS**, Rel. Ministro HUMBERTO MARTINS, SEGUNDA TURMA, j. 24-4-2012, *DJe* 2-5-2012
É desnecessária a intervenção do Ministério Público na qualidade de fiscal da lei em demandas que não envolvam direitos coletivos ou em que não haja exposição de idoso aos riscos previstos no art. 43 da Lei n. 10.741/2003.	**Acórdãos** **AgRg no AREsp 755993/SC**, Rel. Ministro JOÃO OTÁVIO DE NORONHA, TERCEIRA TURMA, j. 15-3-2016, *DJe* 28-3-2016 **AgRg no REsp 1202107/SP**, Rel. Ministro RICARDO VILLAS BÔAS CUEVA, TERCEIRA TURMA, j. 18-6-2015, *DJe* 4-8-2015 **AgRg no AREsp 300800/SP**, Rel. Ministro PAULO DE TARSO SANSEVERINO, TERCEIRA TURMA, j. 21-5-2015, *DJe* 29-5-2015 **AgRg no AREsp 557517/SP**, Rel. Ministro LUIS FELIPE SALOMÃO, QUARTA TURMA, j. 2-9-2014, *DJe* 5-9-2014

	AgRg nos EDcl nos EREsp 1267621/DF, Rel. Ministro GILSON DIPP, CORTE ESPECIAL, j. 20-8-2014, *DJe* 28-8-2014 **AgRg no AREsp 115629/MG**, Rel. Ministro MAURO CAMPBELL MARQUES, SEGUNDA TURMA, j. 22-5-2012, *DJe* 29-5-2012
Tratando-se de serviço diretamente vinculado ao lazer, o idoso faz jus à benesse legal relativa ao desconto de 50% (cinquenta por cento) no valor do ingresso.	**Acórdãos** **REsp 1512087/PR**, Rel. Ministro HERMAN BENJAMIN, SEGUNDA TURMA, j. 2-2-2016, *DJe* 24-10-2016
É cabível a ação civil pública que objetiva obrigação de fazer a fim de garantir acessibilidade nos prédios públicos ou privados às pessoas com deficiência.	**Acórdãos** **AgInt no REsp 1563459/SE**, Rel. Ministro FRANCISCO FALCÃO, SEGUNDA TURMA, j. 3-8-2017, *DJe* 14-8-2017 **REsp 987280/SP**, Rel. Ministro LUIZ FUX, PRIMEIRA TURMA, j. 16-4-2009, *DJe* 20-5-2009 **Decisões Monocráticas** **REsp 1270420/MG**, Rel. Ministro BENEDITO GONÇALVES, PRIMEIRA TURMA, j. 15-5-2017, publicado em 17-5-2017
A instalação de caixas de autoatendimento adaptados às pessoas com deficiência pelas instituições financeiras deve seguir as normas técnicas de acessibilidade da Associação Brasileira de Normas Técnicas (ABNT) no que não conflitarem com a Lei n. 7.102/83, observando, ainda, a regulamentação do Conselho Monetário Nacional (CMN).	**Acórdãos** **AgRg no AREsp 582987/RJ**, Rel. Ministra MARIA ISABEL GALLOTTI, QUARTA TURMA, j. 4-11-2014, *DJe* 11-11-2014 **REsp 1107981/MG**, Rel. Ministro LUIS FELIPE SALOMÃO, Rel. p/ Acórdão Ministra MARIA ISABEL GALLOTTI, QUARTA TURMA, j. 3-5-2011, *DJe* 1º-6-2011
As instituições financeiras devem utilizar o Sistema Braille nas contratações bancárias (contratos bancários de adesão e todos os demais documentos fundamentais para a relação de consumo) estabelecidas com a pessoa com deficiência visual, a fim de atender ao direito de informação do consumidor, indispensável à validade da contratação, e, em maior extensão, ao princípio da dignidade da pessoa humana.	**Acórdãos** **REsp 1349188/RJ**, Rel. Ministro LUIS FELIPE SALOMÃO, QUARTA TURMA, j. 10-5-2016, *DJe* 22-6-2016 **REsp 1315822/RJ**, Rel. Ministro MARCO AURÉLIO BELLIZZE, TERCEIRA TURMA, j. 24-3-2015, *DJe* 16-4-2015

As pessoas com deficiência têm direito a um mínimo das vagas ofertadas em concurso público; caso a aplicação do referido percentual resulte em número fracionado, este deverá ser elevado até o primeiro número inteiro subsequente, desde que respeitado o limite máximo do percentual legal das vagas oferecidas no certame.	**Acórdãos** **AgInt nos EDcl no AREsp 535065/PR**, Rel. Ministro BENEDITO GONÇALVES, PRIMEIRA TURMA, j. 3-10-2017, *DJe* 18-10-2017 **RMS 034591/MS**, Rel. Ministro OG FERNANDES, SEGUNDA TURMA, j. 7-5-2015, *DJe* 28-5-2015 **AgRg no REsp 1137619/RJ**, Rel. Ministra REGINA HELENA COSTA, QUINTA TURMA, j. 12-11-2013, *DJe* 19-11-2013 **RMS 038595/MG**, Rel. Ministro MAURO CAMPBELL MARQUES, SEGUNDA TURMA, j. 5-11-2013, *DJe* 12-11-2013 **RMS 024472/MT**, Rel. Ministra MARIA THEREZA DE ASSIS MOURA, j. 22-3-2011, *DJe* 11-4-2011 **Decisões Monocráticas** **REsp 1291912/SP**, Rel. Ministro OG FERNANDES, SEGUNDA TURMA, j. 20-2-2017, publicado em 1º-3-2017
A reserva de vagas em concursos públicos destinadas às pessoas com deficiência não pode se restringir àquelas oferecidas por localidade, devendo ser computadas pela totalidade de vagas oferecidas no certame.	**Acórdãos** **AgInt no RMS 043947/DF**, Rel. Ministro FRANCISCO FALCÃO, SEGUNDA TURMA, j. 6-3-2018, *DJe* 12-3-2018 **RMS 030841/GO**, Rel. Ministro FELIX FISCHER, QUINTA TURMA, j. 13-4-2010, *DJe* 21-6-2010
De acordo com as disposições do Decreto n. 3.298/99, a avaliação da compatibilidade entre as atribuições do cargo e a deficiência do candidato deve ser feita por equipe multiprofissional durante o estágio probatório e não no decorrer do concurso público.	**Acórdãos** **AgInt no RMS 051307/SP**, Rel. Ministro FRANCISCO FALCÃO, SEGUNDA TURMA, j. 21-11-2017, *DJe* 27-11-2017 **REsp 1179987/PR**, Rel. Ministro JORGE MUSSI, QUINTA TURMA, j.m 13-9-2011, *DJe* 26-9-2011
É direito do devedor fiduciante a retirada dos aparelhos de adaptação de veículo automotor (pertenças) para direção por deficiente físico, se anexados ao bem principal em momento posterior à celebração do contrato fiduciário, quando houver o descumprimento do pacto e a consequente busca e apreensão do bem, entendimento que se coaduna, também, com a solidariedade social verificada na Constituição Federal e na Lei n. 13.146/2015 – Lei Brasileira de Inclusão da Pessoa com Deficiência.	**Acórdãos** **REsp 1305183/SP**, Rel. Ministro LUIS FELIPE SALOMÃO, QUARTA TURMA, j. 18-10-2016, *DJe* 21-11-2016

A regra prevista no art. 2º da Lei n. 8.989/95, que disciplina o lapso temporal de 2 (dois) anos para a concessão da isenção do Imposto sobre Produtos Industrializados IPI na aquisição de veículo automotor por pessoa com deficiência, deve ser interpretada de maneira a satisfazer o caráter humanitário da política fiscal; portanto é possível o reconhecimento ao contribuinte do direito à nova isenção legal na aquisição de novo automóvel quando comprovado o roubo do veículo anteriormente adquirido.	**Acórdãos** **REsp 1390345/RS**, Rel. Ministro NAPOLEÃO NUNES MAIA FILHO, PRIMEIRA TURMA, j. 24-3-2015, *DJe* 7-4-2015 **Decisões Monocráticas** **REsp 1217934/RS**, Rel. Ministro OG FERNANDES, SEGUNDA TURMA, j. 24-4-2017, publicado em 26-4-2017 **REsp 1458356/SP**, Rel. Ministro BENEDITO GONÇALVES, PRIMEIRA TURMA, j. 27-4-2016, publicado em 2-5-2016

PROGRAMA DE MENTORING DA LICÍNIA: A previsão de proteção constitucional dos deficientes encontra-se espalhada por diversos dispositivos constitucionais. Esse tema poderá ser cobrado em diversas provas (com abordagem multidisciplinar). Recomenda-se, então, para aprofundar seus estudos e conhecimento, que você leia os seguintes artigos da Constituição: a) art. 7º, XXXI; b) art. 23, II; c) art. 24, XIV; d) art. 37, VIII; e) art. 41, § 4º, I; f) art. 201, § 1º; g) art. 203, IV e V; h) art. 208, III; i) art. 227, § 1º, II e § 2º; j) art. 244.

5.14.1 Fixação de limite de idade em concurso público

A Súmula 683 do STF estabelece que "o limite de idade para inscrição em concurso público só se legitima em face do art. 7º, XXX, da Constituição quando possa ser justificado pela natureza das atribuições do cargo a ser preenchido".

Quanto à fixação de idade mínima, a doutrina não vê problema. Muitas vezes a complexidade do cargo justifica tal imposição, portanto não há que se falar em ofensa ao princípio da isonomia. Nesse sentido STF no **ARE 678.112 (tema 646)** de repercussão geral com a **tese** firmada no seguinte sentido: "o estabelecimento de **limite** de **idade** para inscrição em **concurso público** apenas é legítimo quando justificado pela natureza das atribuições do cargo a ser preenchido".

Para complementar:

a) Limitação de idade para ingresso na Aeronáutica (exemplo a partir de um caso concreto):

Em notícia veiculada em **29 de agosto de 2011** (no Boletim Informativo da Advocacia Geral da União, Processo 2009.50.01.016.160-0, 4ª Vara Federal Cível de Vitória/ES), comprovou-se a legalidade da exigência de **idade mínima cobrada no**

edital do concurso público para admissão na Aeronáutica (para os cargos de sargento e de suboficiais).

A AGU sustentou que a limitação de idade para ingresso nas Forças Armadas está expressamente definida na Lei n. 6.880/80, conhecida como Estatuto dos Militares. A medida é necessária para garantir o tempo necessário para que o militar ocupe todos os postos ou graduações até a aposentadoria, obtida em média entre 44 e 54 anos de idade, de acordo com a patente.

A Advocacia-Geral argumentou, ainda, que a regra é estabelecida em lei federal e na Constituição Federal e que a idade-limite para permanência no cargo de sargento e suboficiais é de 54 anos. Eles têm que ingressar na carreira com no máximo 24 anos de idade, para serem transferidos para a reserva remunerada após 30 anos de efetivo serviço.

No caso, dois jovens entraram com ação para garantir a matrícula no curso de formação para sargento músico da Aeronáutica, na Turma 02/2010, mesmo com idade inferior à exigida no edital do concurso. Em primeira instância, conseguiram autorização para a matrícula no curso de formação, mas a AGU levou o caso ao Tribunal Regional Federal da 2ª Região (TRF2), que derrubou a decisão.

O Tribunal aceitou os argumentos dos advogados da AGU e destacou na sentença que "o entendimento do Juízo de primeira instância estava equivocado, posto que o Estatuto dos Militares, recepcionado pela Carta Magna, cumpriu sim o requisito constitucional no que se refere à idade de ingresso nas Forças Armadas, dando-lhe execução através de Decreto e Portaria próprios".

b) Notícia do STF de 30 de abril de 2013 reafirma a jurisprudência sobre limite de idade para ingresso em carreira policial (STF, ARE 678.112):

"Por meio de deliberação no Plenário Virtual, os ministros do Supremo Tribunal Federal (STF) decidiram, por maioria de votos, aplicar a jurisprudência da Corte (Súmula 683) e rejeitar o **Recurso Extraordinário com Agravo (ARE 678.112)** no qual um cidadão que prestou concurso para o cargo de agente da Polícia Civil do Estado de Minas Gerais buscava garantir judicialmente o seu ingresso na corporação apesar de ter idade superior ao máximo previsto no edital (32 anos). A Súmula 683 do STF estabelece que 'o limite de idade para inscrição em concurso público só se legitima em face do art. 7º, inciso XXX, da Constituição, quando possa ser justificado pela natureza das atribuições do cargo a ser preenchido'.

No caso analisado pelo Plenário Virtual, de relatoria do ministro Luiz Fux, o recorrente, que tinha 40 anos à época do certame (cujo edital dispunha que o aspirante ao cargo deveria ter entre 18 e 32 anos para efetuar a matrícula em curso oferecido pela Academia de Polícia Civil de Minas Gerais) questionava decisão do Tribunal de Justiça de Minas Gerais (TJ-MG) que, ao julgar recurso de apelação, manteve sentença que julgou improcedente Ação Declaratória de Nulidade de Ato Administrativo, na qual ele apontava a inconstitucionalidade do dispositivo da Lei Estadual n. 5.406/69 que fixava tais limites de idade".

No Plenário Virtual, a repercussão geral da matéria discutida no recurso foi reconhecida, por maioria de votos, em razão da relevância jurídica do tema (limite etário para ingresso em carreira policial), que, segundo apontou o relator do processo, Ministro Fux, "transcende os interesses subjetivos da causa". O art. 7º, XXX, da Constituição Federal proíbe a diferença de salários, exercício de funções e de critério de admissão por motivo de sexo, idade, cor ou estado civil. No caso em questão, a lei estadual em vigor na época do concurso público previa que o aspirante ao cargo deveria ter entre 18 e 32 anos. Em 2010, a Lei Complementar Estadual n. 113 suprimiu a referência à idade máxima, mantendo apenas a mínima, de 18 anos.

De acordo com os autos, o recorrente foi aprovado na prova objetiva, na avaliação psicológica e nos exames biomédicos e biofísicos, mas teve sua matrícula indeferida no curso de formação, pois contava 40 anos e a idade máxima permitida era 32 anos. Segundo o Ministro Fux, a decisão do TJMG está em consonância com a jurisprudência da Corte, razão pela qual não merece reparos. "Insta saber se é razoável ou não limitar idade para ingressar em carreira policial, a par da aprovação em testes médicos e físicos. Com efeito, o Supremo tem entendido, em casos semelhantes, que o estabelecimento de limite de idade para inscrição em concurso público apenas é legítimo quando justificado pela natureza das atribuições do cargo a ser preenchido", concluiu.

De acordo com o art. 323-A do Regimento Interno do STF (atualizado com a introdução da Emenda Regimental n. 42/2010), o julgamento de mérito de questões com repercussão geral, nos casos de reafirmação de jurisprudência dominante da Corte, também pode ser realizado por meio eletrônico[93].

5.14.2 Temas aprofundados acerca do princípio da isonomia

a) **Notícia de 9 de fevereiro de 2012** – por maioria de votos, o Plenário do STF julgou procedente a **ADI 4.424** ajuizada pela Procuradoria-Geral da República quanto aos arts. 12, I, 16 e 41 da Lei Maria da Penha (Lei n. 11.340/2006) no sentido da possibilidade de o **Ministério Público dar início a ação penal sem necessidade de representação da vítima**.

A Lei Maria da Penha inaugurou uma nova fase de ações afirmativas em favor da mulher na sociedade brasileira como forma de assegurar concretamente o princípio da isonomia. Em 92,9% dos casos de violência doméstica a agressão é praticada pelo homem contra a mulher, e, conforme dados da Fundação Perseu Abramo (FPA), a cada cinco segundos uma mulher seria vítima de espancamento. Diante dessa hipossuficiência da mulher, seria necessário conferir um tratamento diferenciado aos desiguais, não se podendo igualar a mulher ao homem quando se trata de violência doméstica.

A Ministra Rosa Weber afirmou que exigir da mulher agredida uma representação para a abertura da ação atenta contra a própria dignidade da pessoa humana (art. 1º, III, da CF). No mesmo sentido, o Min. Luiz Fux. O Min. Dias Toffoli acrescentou que o Estado é "partícipe" da promoção da dignidade da pessoa humana e fundamentou seu voto no

---

[93] Disponível em: http://www.stf.jus.br/portal/cms/verNoticiaDetalhe.asp?idConteudo=237354&caixaBusca=N.

art. 226, § 8º, da CF, no qual se preceitua que "o Estado assegurará assistência à família na pessoa de cada um dos que a integram, criando mecanismos para coibir a violência no âmbito de suas relações". Com essa mesma fundamentação, o Min. Celso de Mello.

b) **Notícia de 9 de fevereiro de 2012 – ADC 19 do STF** – por votação unânime, o Plenário do STF declarou a **constitucionalidade dos arts. 1º, 33 e 41 da Lei n. 11.340/2006 (Lei Maria da Penha)**, que cria mecanismos para coibir a violência doméstica e familiar contra a mulher. A Lei Maria da Penha não ofende o princípio da igualdade entre homens e mulheres, pois a posição da mulher é de vulnerabilidade quando se fala em violência doméstica, fato que aspira a maior proteção às mulheres.

c) **Notícia de 12 de março de 2012** – o Plenário do STF reconheceu a repercussão geral do tema tratado no **Recurso Extraordinário 658.312**, no qual uma rede de supermercados questiona a constitucionalidade de direito trabalhista, previsto no art. 384 da CLT, que assegura **somente às mulheres** um período de descanso de 15 minutos antes do início de trabalho extraordinário, em caso de prorrogação de jornada de trabalho, por afronta à isonomia entre homens e mulheres prevista na Constituição.

A jurisprudência pacífica no TST é a de que o dispositivo celetista não suscita mais discussão acerca de sua constitucionalidade, e, no STF, o **desfecho dessa questão ocorreu em 10 de fevereiro de 2015: o art. 384 da CLT foi recepcionado pela CF/88, portanto legítimo o intervalo de descanso de no mínimo 15 minutos para as trabalhadoras em caso de prorrogação do horário normal, antes do início do período extraordinário.**

Vejamos:

"Ementa – Recurso extraordinário. Repercussão geral reconhecida. Direito do Trabalho e Constitucional. Recepção do art. 384 da Consolidação das Leis do Trabalho pela Constituição Federal de 1988. Constitucionalidade do intervalo de 15 minutos para mulheres trabalhadoras antes da jornada extraordinária. Ausência de ofensa ao princípio da isonomia. Mantida a decisão do Tribunal Superior do Trabalho. Recurso não provido. 1. O assunto corresponde ao Tema n. 528 da Gestão por Temas da Repercussão Geral do portal do Supremo Tribunal Federal na internet. 2. O princípio da igualdade não é absoluto, sendo mister a verificação da correlação lógica entre a situação de discriminação apresentada e a razão do tratamento desigual. 3. A Constituição Federal de 1988 utilizou-se de alguns critérios para um tratamento diferenciado entre homens e mulheres: i) em primeiro lugar, levou em consideração a histórica exclusão da mulher do mercado regular de trabalho e impôs ao Estado a obrigação de implantar políticas públicas, administrativas e/ou legislativas de natureza protetora no âmbito do direito do trabalho; ii) considerou existir um componente orgânico a justificar o tratamento diferenciado, em virtude da menor resistência física da mulher; e iii) observou um componente social, pelo fato de ser comum o acúmulo pela mulher de atividades no lar e no ambiente de trabalho – o que é uma realidade e, portanto, deve ser levado em consideração na interpretação da norma. 4. Esses parâmetros constitucionais são legitimadores de um tratamento diferenciado desde que esse sirva, como na hipótese, para ampliar os direitos fundamentais sociais e que se observe a proporcionalidade na compensação das diferenças. 5. Recurso extraordinário não provido, com a fixação das teses jurídicas de que o art. 384 da CLT foi recepcionado pela Constituição Federal de 1988 e de que a norma se aplica a todas as mulheres trabalhadoras".

Todavia, posteriormente a essa decisão, **a Lei n. 13.467, de 13 de julho de 2017** (atuação do Poder Legislativo), revogou expressamente o art. 384 da CLT.

d) Notícia de 16 de março de 2012 – o STF, no Agravo em Recurso Extraordinário (ARE) 656.298, reconheceu a existência de repercussão geral na questão constitucional quanto à possibilidade de reconhecimento jurídico de uniões estáveis concomitantes (sendo uma delas de natureza homoafetiva e a outra de natureza heteroafetiva), com o consequente rateio de pensão por morte. Houve reautuação do processo: **RE 1.045.273 (tema 529)**.

Toda essa questão foi analisada sob a ótica do princípio da isonomia (art. 5º, I, da CF), da dignidade da pessoa humana (art. 1º, III, da CF), do art. 3º, IV, da CF e à luz do art. 226 da CF, uma vez que o ordenamento jurídico pátrio não admite a coexistência de duas entidades familiares, por se tratar de situação análoga à bigamia.

A ementa (abril de 2021) fixou: RECURSO EXTRAORDINÁRIO. REPERCUSSÃO GERAL. **TEMA 529**. CONSTITUCIONAL. PREVIDENCIÁRIO. PENSÃO POR MORTE. RATEIO ENTRE COMPANHEIRA E COMPANHEIRO, DE UNIÕES ESTÁVEIS CONCOMITANTES. IMPOSSIBILIDADE. 1. A questão constitucional em jogo neste precedente com repercussão geral reconhecida é a possibilidade de reconhecimento, pelo Estado, da coexistência de duas uniões estáveis paralelas, e o consequente rateio da pensão por morte entre os companheiros sobreviventes – independentemente de serem relações hétero ou homoafetivas. 2. O SUPREMO TRIBUNAL FEDERAL tem precedentes no sentido da impossibilidade de reconhecimento de união estável, em que um dos conviventes estivesse paralelamente envolvido em casamento ainda válido, sendo tal relação enquadrada no art. 1.727 do Código Civil, que se reporta à figura da relação concubinária (as relações não eventuais entre o homem e a mulher, impedidos de casar, constituem concubinato). 3. É vedado o reconhecimento de uma segunda união estável, independentemente de ser hétero ou homoafetiva, quando demonstrada a existência de uma primeira união estável, juridicamente reconhecida. Em que pesem os avanços na dinâmica e na forma do tratamento dispensado aos mais matizados núcleos familiares, movidos pelo afeto, pela compreensão das diferenças, respeito mútuo, busca da felicidade e liberdade individual de cada qual dos membros, entre outros predicados, que regem inclusive os que vivem sob a égide do casamento e da união estável, subsistem em nosso ordenamento jurídico constitucional os ideais monogâmicos, para o reconhecimento do casamento e da união estável, sendo, inclusive, previsto como deveres aos cônjuges, com substrato no regime monogâmico, a exigência de fidelidade recíproca durante o pacto nupcial (art. 1.566, I, do Código Civil). 4. A existência de uma declaração judicial de existência de união estável é, por si só, óbice ao reconhecimento de uma outra união paralelamente estabelecida por um dos companheiros durante o mesmo período, uma vez que o art. 226, § 3º, da Constituição se esteia no princípio de exclusividade ou de monogamia, como requisito para o reconhecimento jurídico desse tipo de relação afetiva inserta no mosaico familiar atual, independentemente de se tratar de relacionamentos hétero ou homoafetivos. 5. Tese para fins de repercussão geral: "A preexistência de casamento ou de união estável de um dos conviventes, ressalvada a exceção do art. 1.723, § 1º, do Código Civil, impede o reconhecimento de novo vínculo referente ao mesmo período, inclusive para fins previdenciários, em virtude da consagração do dever de fidelidade e da monogamia pelo ordenamento jurídico-constitucional brasileiro". 6. Recurso extraordinário a que se nega provimento.

A **tese** firmada no caso estabelece: "a preexistência de casamento ou de união estável de um dos conviventes, ressalvada a exceção do art. 1.723, § 1º, do Código Civil, impede o reconhecimento de novo vínculo referente ao mesmo período, inclusive para fins previdenciários, em virtude da consagração do dever de fidelidade e da monogamia pelo ordenamento jurídico-constitucional brasileiro".

e) Tratado de Marraqueche – considerações importantes:

Em **8 de outubro de 2018**, foi promulgado o Tratado de Marraqueche – para facilitar o acesso a obras publicadas às pessoas cegas, com deficiência visual ou com outras dificuldades para ter acesso ao texto impresso (firmado em Marraqueche, em 27-6-2013).

O Congresso Nacional aprovou o referido Tratado por meio do Decreto Legislativo n. 261, de 25 de novembro de 2015, conforme o procedimento do § 3º do art. 5º da Constituição Federal: "Os tratados e convenções internacionais **sobre direitos humanos** que forem aprovados, em cada Casa do Congresso Nacional, **em dois turnos**, por **três quintos** dos votos dos respectivos membros, serão equivalentes às emendas constitucionais.

As partes contratantes recordam diversos pontos importantes para finalmente ser aprovado o referido Tratado, e dentre eles destaca-se:

a) os princípios da **não discriminação**, da **igualdade** de oportunidades, da **acessibilidade** e da **participação e inclusão** plena e efetiva na sociedade, proclamados na Declaração Universal dos Direitos Humanos e na Convenção das Nações Unidas sobre os Direitos das Pessoas com Deficiência;

b) desafios que são prejudiciais ao desenvolvimento pleno das **pessoas com deficiência visual ou com outras dificuldades** para ter **acesso ao texto impresso**, que limitam sua liberdade de expressão, incluindo a liberdade de procurar, receber e difundir informações e ideias de toda espécie em condições de igualdade com as demais pessoas mediante todas as formas de comunicação de sua escolha, assim como o gozo do seu direito à educação e a oportunidade de realizar pesquisas;

c) a importância da **proteção ao direito de autor** como incentivo e recompensa para as criações literárias e artísticas e a de incrementar as oportunidades para todas as pessoas, **inclusive** as pessoas com deficiência visual ou com outras dificuldades para ter acesso ao texto impresso, de participar na vida cultural da comunidade, desfrutar das artes e compartilhar o progresso científico e seus benefícios;

d) as barreiras que enfrentam as pessoas com deficiência visual ou com outras dificuldades para ter acesso ao texto impresso a fim de alcançar **oportunidades iguais** na sociedade, e a necessidade de ampliar o número de obras em formatos acessíveis e de aperfeiçoar a circulação de tais obras etc.

Para os fins previstos no art. 3º do Decreto n. 9.522, de 2018, será considerado **beneficiário** toda pessoa: a) cega; b) que tenha deficiência visual ou outra deficiência de percepção ou de leitura que não possa ser corrigida para se obter uma acuidade visual substancialmente equivalente à de uma pessoa que não tenha esse tipo de deficiência ou dificuldade, e para quem é impossível ler material impresso de uma forma substancialmente equivalente à de uma pessoa sem deficiência ou dificuldade; ou c) que esteja impossibilitada de qualquer outra maneira, devido a uma deficiência física, de sustentar ou manipular um livro ou focar ou mover os olhos da forma que normalmente seria apropriada para a leitura.

Ainda, três conceitos importantes encontram sua definição no referido Tratado:

a) **"Obras"** – obras literárias e artísticas no sentido do Art. 2.1 da Convenção de Berna sobre a Proteção de Obras Literárias e Artísticas, em forma de texto, notação e/ou ilustrações conexas, que tenham sido publicadas ou tornadas disponíveis publicamente por qualquer meio.

b) **"Exemplar em formato acessível"** significa a reprodução de uma obra de uma maneira ou forma alternativa que dê aos beneficiários acesso à obra, inclusive para permitir que a pessoa tenha acesso de maneira tão prática e cômoda como uma pessoa sem deficiência visual ou sem outras dificuldades para ter acesso ao texto impresso. O exemplar em formato acessível é utilizado exclusivamente por beneficiários e deve respeitar a integridade da obra original, levando em devida consideração as alterações necessárias para tornar a obra acessível no formato alternativo e as necessidades de acessibilidade dos beneficiários.

c) **"Entidade autorizada"** significa uma entidade que é autorizada ou reconhecida pelo governo para prover aos beneficiários, sem intuito de lucro, educação, formação pedagógica, leitura adaptada ou acesso à informação. Inclui, também, instituição governamental ou organização sem fins lucrativos que preste os mesmos serviços aos beneficiários como uma de suas atividades principais ou obrigações institucionais.

f) **Princípio da isonomia e comprovação do triênio de atividade jurídica para ingresso na Magistratura e Ministério Público:** o Tribunal, por unanimidade, apreciando o **tema 509 da repercussão geral no RE 655.265**, negou provimento ao recurso extraordinário. Em seguida, por maioria, o Tribunal fixou **tese** nos seguintes termos: "a comprovação do triênio de atividade jurídica exigida para o ingresso no cargo de juiz substituto, nos termos do inciso I do art. 93 da Constituição Federal, deve ocorrer no momento da inscrição definitiva no concurso público", vencidos os Ministros Luiz Fux (Relator), Roberto Barroso e Marco Aurélio.

g) O STF julgar o **RE 1.058.333** decidiu, por maioria, apreciando o **tema 973** da **repercussão geral** que "é constitucional a **remarcação** do **teste** de **aptidão física** de candidata que esteja grávida à época de sua realização, independentemente da previsão expressa em edital do concurso público". Não participaram, justificadamente, da votação da tese, os Ministros Marco Aurélio, Gilmar Mendes e Ricardo Lewandowski. Pela condição física de gestante, haverá um fator de desigualação aqui justificável pela situação, fato que não afronta o princípio da igualdade ou isonomia. Confira:

> Ementa: RECURSO EXTRAORDINÁRIO. CONSTITUCIONAL. ADMINISTRATIVO. CONCURSO PÚBLICO. CANDIDATA GRÁVIDA À ÉPOCA DA REALIZAÇÃO DO **TESTE** DE **APTIDÃO FÍSICA**. POSSIBILIDADE DE **REMARCAÇÃO** INDEPENDENTE DE PREVISÃO EDITALÍCIA. DIREITO À IGUALDADE, DIGNIDADE HUMANA E LIBERDADE REPRODUTIVA. RECURSO EXTRAORDINÁRIO DESPROVIDO. 1) O **teste** de **aptidão física** para a candidata gestante pode ser **remarcado**, posto direito subjetivo que promove a igualdade de gênero, a busca pela felicidade, a liberdade reprodutiva e outros valores encartados pelo constituinte como ideário da nação brasileira. 2) A **remarcação** do **teste** de **aptidão física**, como único meio possível de viabilizar que a candidata gestante à época do **teste** continue participando do certame, estende-lhe oportunidades de vida que se descortinam para outros, oportunizando o acesso mais isonômico a cargos públicos. 3) O princípio da isonomia se resguarda, ainda, por a candidata ter de, superado o estado gravídico, comprovar que possui a mesma **aptidão física** exigida para os demais candidatos, obtendo a performance mínima. 4) A família, mercê de ser a base da sociedade, tem especial proteção do Estado (art. 226 da CRFB), sendo certo que a Constituição da República se posicionou expressamente a favor da proteção à maternidade (art. 6º) e assegurou direito ao planejamento familiar (art. 226, § 7º), além de encontrar especial tutela no direito de previdência social (art. 201, II) e no direito de assistência social (art. 203, I). 5) O direito à saúde, tutelado expressamente no art. 6º, requer uma especial proteção no presente caso, vez que a prática de esforços físicos incompatíveis com a fase gestacional pode pôr em risco a saúde da gestante ou mesmo do bebê. 6) O constituinte expressamente vedou qualquer forma coercitiva por parte de instituições oficiais ou privadas que obstaculize o planejamento familiar (art. 226, §7º), assim como assegurou o acesso às informações e meios para sua efetivação e impôs o dever de propiciar recursos educacionais e científicos para o exercício desse direi-

to. 7) A ampla acessibilidade a cargos, empregos e funções públicas é assegurada expressamente em nosso sistema constitucional (art. 37, I), como corolário do princípio da isonomia, da participação política e o da eficiência administrativa. 8) A **remarcação** do **teste** de **aptidão física** realiza com efetividade os postulados constitucionais, atingindo os melhores resultados com recursos mínimos, vez que o certame prossegue quanto aos demais candidatos, sem descuidar do cânone da impessoalidade. 9) A continuidade do concurso em geral, com reserva de vagas em quantidade correspondente ao número de candidatas gestantes, permite que Administração Pública gerencial desde logo supra sua deficiência de contingente profissional, escopo último do concurso, assim como permite que os candidatos aprovados possam ser desde logo nomeados e empossados, respeitada a ordem de classificação. 10) O adiamento fundamentado na condição gestatória se estende pelo período necessário para superação da condição, cujas condições e prazos devem ser determinados pela Administração Pública, preferencialmente em edital, resguardada a discricionariedade do administrador público e o princípio da vinculação às cláusulas editalícias. 11) A inexistência de previsão em edital do direito à **remarcação**, como no presente caso, não afasta o direito da candidata gestante, vez que fundado em valores constitucionais maiores cuja juridicidade se irradia por todo o ordenamento jurídico. Por essa mesma razão, ainda que houvesse previsão expressa em sentido contrário, assegurado estaria o direito à **remarcação** do **teste** de **aptidão** para a candidata gestante. 12) A mera previsão em edital do requisito criado pelo administrador público não exsurge o reconhecimento automático de sua juridicidade. 13) A gravidez não se insere na categoria de "problema temporário de saúde" de que trata o Tema 335 de Repercussão Geral. É que a condição de gestante goza de proteção constitucional reforçada, por ter o constituinte estabelecido expressamente a proteção à maternidade, à família e ao planejamento familiar. 14) Nego provimento ao recurso, para fixar a tese de que "É constitucional a **remarcação** do **teste** de **aptidão física** de candidata aprovada nas provas escritas que esteja grávida à época de sua realização, independentemente da previsão expressa em edital do concurso público".

E, ainda, sobre teste de aptidão física, no **RE 630.733 (tema 335)**, o STF fixou: "CONCURSO PÚBLICO. **REMARCAÇÃO** DO **TESTE** DE **APTIDÃO FÍSICA**. A possibilidade de **remarcação** do **teste** de **aptidão física** para data diversa da estabelecida por edital de concurso público, em virtude de força maior que atinja a higidez **física** do candidato, devidamente comprovada mediante documentação idônea, é questão que deve ser minuciosamente enfrentada à luz do princípio da isonomia e de outros princípios que regem a atuação da Administração Pública. Repercussão geral reconhecida".

h) Por fim, o STF fixou no **RE 560.900** a **tese** de que "**sem previsão constitucionalmente adequada e instituída por lei, não é legítima a cláusula de edital de concurso público** que restrinja a participação de candidato pelo simples fato de responder a inquérito ou ação penal". Nesse sentido a ementa. Confira:

RECURSO EXTRAORDINÁRIO COM REPERCUSSÃO GERAL. IDONEIDADE MORAL DE CANDIDATOS EM CONCURSOS PÚBLICOS. INQUÉRITOS POLICIAIS OU PROCESSOS PENAIS EM CURSO. PRESUNÇÃO DE INOCÊNCIA. PRINCÍPIO DA MORALIDADE ADMINISTRATIVA. *1. Como regra geral, a simples existência de inquéritos ou processos penais em curso não autoriza a eliminação de candidatos em **concursos públicos**, o que pressupõe: (i) condenação por órgão colegiado ou definitiva; e (ii) relação de incompatibilidade entre a natureza do crime em questão e as atribuições do cargo concretamente pretendido, a ser demonstrada de forma motivada por decisão da autoridade competente. 2. A lei pode instituir requisitos mais rigorosos para determinados cargos, em razão da relevância das atribuições envolvidas, como é o caso, por exemplo, das carreiras da magistratura, das funções essenciais à justiça e da segurança pública (CRFB/1988, art. 144), sendo vedada, em qualquer caso, a valoração negativa de simples processo em andamento, salvo situações excepcionalíssimas e de indiscutível gravidade. 3. Por se tratar de mudança de jurisprudência, a orientação ora firmada não se aplica a **certames** já realizados e que não tenham sido objeto de impugnação até a data do presente julgamento. 4. Recurso extraordinário desprovido, com a fixação da seguinte tese de julgamento: "Sem previsão constitucional adequada e instituída por lei, não é legítima a cláusula de edital de **concurso público** que restrinja a participação de candidato pelo simples fato de responder a inquérito ou ação penal".*

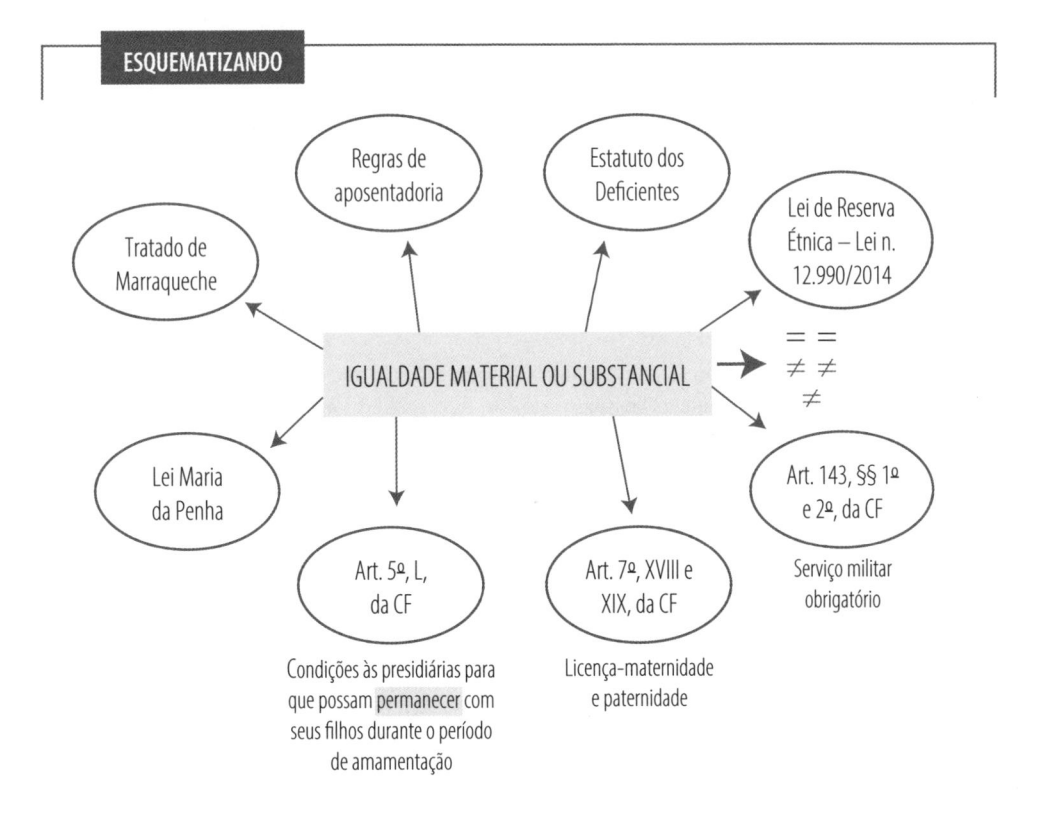

ESQUEMATIZANDO

IGUALDADE MATERIAL OU SUBSTANCIAL
- Tratado de Marraqueche
- Regras de aposentadoria
- Estatuto dos Deficientes
- Lei de Reserva Étnica – Lei n. 12.990/2014
- Lei Maria da Penha
- Art. 5º, L, da CF — Condições às presidiárias para que possam permanecer com seus filhos durante o período de amamentação
- Art. 7º, XVIII e XIX, da CF — Licença-maternidade e paternidade
- Art. 143, §§ 1º e 2º, da CF — Serviço militar obrigatório

$= =$
$\neq \neq$
$\neq$

PARA GABARITAR

a) Embora a revogação seja ato administrativo discricionário da Administração, são insuscetíveis de revogação, entre outros, os atos vinculados, os que exaurirem os seus efeitos, os que gerarem direitos adquiridos e os chamados meros atos administrativos, como certidões e atestados.

b) O regime jurídico-administrativo compreende o conjunto de regras e princípios que norteia a atuação do Poder Público e o coloca numa posição privilegiada.

c) De acordo com o princípio da finalidade, a interpretação da norma administrativa no âmbito do processo administrativo deve ser realizada da forma que melhor garanta o atendimento do fim público a que se dirige, sendo vedada a aplicação retroativa de nova interpretação.

d) Dado o princípio da legalidade, os agentes públicos devem, além de observar os preceitos contidos nas leis em sentido estrito, atuar em conformidade com outros instrumentos normativos existentes no ordenamento jurídico nacional.

e) Se uma pessoa tomar posse em cargo público em razão de aprovação em concurso público e, por ser filiada a um partido político, sofrer perseguição pessoal por parte de seu superior hierárquico, poderá representar contra seu chefe por ofensa direta ao princípio da impessoalidade.

f) Há previsão de princípios específicos na Lei do Processo Administrativo no âmbito da Administração Federal Direta e Indireta (Lei n. 9.784/99), tais como os princípios da legalidade, da finalidade, da motivação, da razoabilidade, da proporcionalidade, da moralidade, da ampla defesa, do contraditório, da segurança jurídica, do interesse público e da eficiência.

g) O princípio da razoabilidade apresenta-se como meio de controle da discricionariedade administrativa, e justifica a possibilidade de correção judicial.

h) Em sentido subjetivo, a administração pública confunde-se com os próprios sujeitos que integram a estrutura administrativa do Estado.

i) A administração é o aparelhamento do Estado preordenado à realização dos seus serviços, com vistas à satisfação das necessidades coletivas.

j) Os conceitos de governo e administração não se equiparam; o primeiro refere-se a uma atividade essencialmente política, ao passo que o segundo, a uma atividade eminentemente técnica.

k) Em sentido objetivo, a expressão "administração pública" denota a própria atividade administrativa exercida pelo Estado.

l) Administração Pública em sentido orgânico designa os entes que exercem as funções administrativas, compreendendo as pessoas jurídicas, os órgãos e os agentes incumbidos dessas funções.

m) Segundo a doutrina, no aspecto formal, a administração pública é compreendida como a manifestação do Poder Público mediante a prática de atos jurídico-administrativos dotados da propriedade de autoexecutoriedade.

n) A fonte do direito que forma o sistema teórico de princípio aplicável ao direito positivo, sendo elemento construtivo do direito administrativo, é a doutrina.

o) O Estado é um ente personalizado, apresentando-se não apenas exteriormente, nas relações internacionais, mas também internamente, como pessoa jurídica de direito público capaz de adquirir direitos e contrair obrigações na ordem jurídica.

6 ENUNCIADOS DA JORNADA DE DIREITO ADMINISTRATIVO

I JORNADA	IDs	ENUNCIADOS APROVADOS NA PLENÁRIA
1	2941	A autorização para apresentação de projetos, levantamentos, investigações ou estudos no âmbito do Procedimento de Manifestação de Interesse, quando concedida mediante restrição ao número de participantes, deve se dar por meio de seleção imparcial dos interessados, com ampla publicidade e critérios objetivos.
15	2430 e 2962 (Aglutinados)	A administração pública promoverá a publicidade das arbitragens da qual seja parte, nos termos da Lei de Acesso à Informação.
20	2848	O exercício da autotutela administrativa, para o desfazimento do ato administrativo que produza efeitos concretos favoráveis aos seus destinatários, está condicionado à prévia intimação e oportunidade de contraditório aos beneficiários do ato.

7. CONTEÚDO DIGITAL

Acesse também pelo *link*: https://somos.in/MDADM9

Capítulo II

Poderes da Administração

1. INTRODUÇÃO

Toda e qualquer sociedade possui certos elementos constitutivos permanentes: união de homens, finalidade comum, manifestações de conjunto ordenadas e a presença de uma força de unidade, a autoridade.

A sociedade política não foge a isso, e a mais perfeita delas, o Estado, é conduzido por um governo – autoridade que o dirige, que detém o poder estatal. Este, como ensina Miguel Reale, apresenta-se sob dois aspectos: político, que o faz capaz de assegurar a eficácia dos objetivos que pretende atingir; e jurídico, que emana do direito e o efetiva para a concretização dos fins jurídicos, bem como para atuar conforme as regras de direito[1]. Esse "poder político de comando", como define Canotilho[2], tem que cumprir preceitos e princípios para atingir a finalidade teleológica do Estado, que consiste no bem comum, conceituado pelo Papa João XXIII, em sua Encíclica *Mater et Magistra*, como "o conjunto de todas as condições de vida social que consintam e favoreçam o desenvolvimento integral da personalidade humana".

Na prática, o "poder de comando", a autoridade, se concretiza na Administração Pública, que, para exercer eficazmente suas funções, sobrepõe o interesse público aos interesses particulares.

Assim, para alcançar o bem comum, o Estado deve estar a serviço da coletividade, disciplinando as relações sociais, preservando a ordem jurídica, propiciando segurança, atuando preventivamente, a fim de evitar a ocorrência de danos à coletividade, e os representantes do Estado, na figura de seus agentes públicos, deverão possuir certas prerrogativas e instrumentos para a consecução desses fins públicos.

---

[1] REALE, Miguel. *Teoria do direito e do estado*, 2. ed., São Paulo: Martins Fontes, 1960, p. 106-107.
[2] CANOTILHO, J. J. Gomes. *Curso de direito constitucional*, 5. ed., Coimbra: Almedina, p. 90.

Os agentes públicos serão dotados de poderes instrumentais adequados à realização de tarefas administrativas e, também, de deveres administrativos consistentes num PODER-DEVER de agir.

Esses poderes da Administração são:

a) poder vinculado (ou regrado);

b) poder discricionário;

c) poder disciplinar;

d) poder hierárquico;

e) poder de polícia;

f) poder regulamentar ou normativo.

Por questões didáticas, comentaremos os poderes da Administração no item "Poderes em espécie", neste capítulo.

1.1 Doutrina estrangeira

Os autores dão como marca do poder estatal a soberania, o poder incontrastável de querer coercitivamente e de fixar competência, como ensina Ataliba Nogueira, em suas aulas na Faculdade de Direito da USP. Giuseppe de Vergotini[3] sintetiza: "Lo stato è considerato una istituzione 'sovrana', riferendosi alla circostanza per cui il potere politico che lo caratterizza si presenta come supremo, originario ed incondizionabile da altri poteri a questo superiori. Nella accezione prevalente il concetto di sobranità si concilia con quello di *originarietà* dello stato, in quanto lo stato viene considerato come ente in grado di *autogiustificarsi* e quindi non derivato da altro ente. Ovviamente la non derivazione, e quindi la originarietà, vanno intese in senso giuridico e non storico, in quanto storicamente sono numerosi gli esempi di stati che derivano da un atto di volontà di altri stati [...]. Connessa alla originarietà è l'*indipendenza*, che comporta la capacità di evitare condizionamenti da parte di altri stati, una volta che lo stato sovrano sia realmente constituito".

2. CARACTERÍSTICAS DOS PODERES

Característica 1: IRRENUNCIABILIDADE

Uma vez visualizado o interesse público, o agente público deverá persegui-lo – o que se traduz em manifestação do princípio da indisponibilidade do interesse público. Dessa forma, o poder atribuído ao agente público é **irrenunciável** e deverá ser obrigatoriamente exercido por seus titulares (por isso fala-se, inclusive, em "poder-dever").

"Quando se trata de função pública, esse interesse é da coletividade, e exercê-la representa um *munus publico* para o administrador, tendo ele o dever de eficiência e im-

---

[3] VERGOTTINI, Giuseppe de. *Diritto costituzionale comparato*, 4. ed., Padova: Cedam, 1993, p. 80-81.

possibilidade de livre-disposição"[4]. Não pode o administrador abrir mão do interesse do povo e, portanto, os poderes são instrumentos que não podem ser jogados fora.

De acordo com Hely Lopes Meirelles[5], "se para o particular o poder de agir é uma faculdade, para o administrador público é uma obrigação de atuar, desde que se apresente o ensejo de exercitá-lo em benefício da comunidade".

Além da irrenunciabilidade dos poderes da Administração, é importante ressaltar que também norteia a atuação do administrador a observância do princípio geral de direito que diz: "O administrador de hoje não pode criar entraves para o administrador de amanhã", isto é, se hipoteticamente o administrador "A" renunciou incorretamente ao seu poder e não aplicou sanção àquele agente que cometeu infração funcional, não poderia o administrador "B" seguir a mesma conduta e também renunciar.

Ao administrador impõe-se um agir, uma conduta comissiva, de forma que o não agir configurará omissão administrativa. Inclusive, a proibição de renúncia total ou parcial de poderes tem previsão no art. 2º, II, da Lei n. 9.784/99.

Para complementar: Temos duas modalidades de omissões administrativas[6]:
a) omissões genéricas;
b) omissões específicas.

ESQUEMATIZANDO

OMISSÕES GENÉRICAS	OMISSÕES ESPECÍFICAS
Caberá ao administrador avaliar a oportunidade e a conveniência para adoção de determinadas medidas.	Há imposição legal expressa no sentido de o administrador fazer alguma coisa.
Tal oportunidade e conveniência também levará em consideração a disponibilidade de recursos financeiros.	O não fazer configura OMISSÃO ILEGAL.
Ex. 1. projeto de obra pública; Ex. 2. construção de hidroelétrica; Ex. 3. reforma de estradas etc.	Ex. 1.: o art. 49 da Lei n. 9.784/99 fixa prazo de 30 dias para a Administração Pública proferir decisão após concluída a instrução do processo administrativo. Se não o fizer, violará – por omissão – o texto legal.
Incidência da moderna doutrina da RESERVA DO POSSÍVEL: a Administração Pública faz apenas o que é possível.	Cabe ao interessado exigir da autoridade omissa conduta positiva caso haja a inobservância da regra legal.

---

[4] MARINELA, Fernanda. *Direito administrativo*, 14. ed., São Paulo: Saraiva, 2020, p. 286.
[5] MEIRELLES, Hely Lopes. *Direito administrativo brasileiro*, 36. ed., São Paulo: Malheiros, 2010, p. 107.
[6] CARVALHO FILHO, José dos Santos. *Manual de direito administrativo*, 24. ed., Rio de Janeiro: Lumen Juris, 2011, p. 42-43.

A possibilidade que o interessado tem de exigir da autoridade uma conduta positiva em razão da omissão decorre do PODER-DEVER de agir atribuído aos administradores públicos (consequência dos princípios da legalidade, da indisponibilidade do interesse público, e da própria teoria do órgão ou da imputação).

Mas de quais maneiras poderá o interessado exigir do administrador uma conduta positiva?

- Em caso de resistência da autoridade administrativa em não cumprir a determinação legal, será possível ao interessado valer-se da **via judicial** postulando seja o omisso condenado ao cumprimento de **obrigação de fazer**.
- Omissões administrativas poderão ser objeto de **reclamação** perante o STF (nas hipóteses de contrariedade, negativa de vigência ou aplicação indevida de enunciado de Súmula Vinculante), desde que o interessado tenha esgotado anteriormente as instâncias administrativas.

Característica 2: OBSERVÂNCIA DO PRINCÍPIO DA LEGALIDADE

A segunda característica comum aos poderes da Administração é a atuação em estrita observância do princípio da legalidade.

A legalidade no direito público afirma que o administrador só pode fazer o que a lei manda ou determina, estando inteiramente subordinado aos ditames legais, podendo, inclusive, ser responsabilizado caso extrapole os limites legais, por incorrer em ABUSO DE PODER.

O abuso manifesta-se de duas maneiras:

a) excesso de poder;

b) desvio de finalidade (ou desvio de poder).

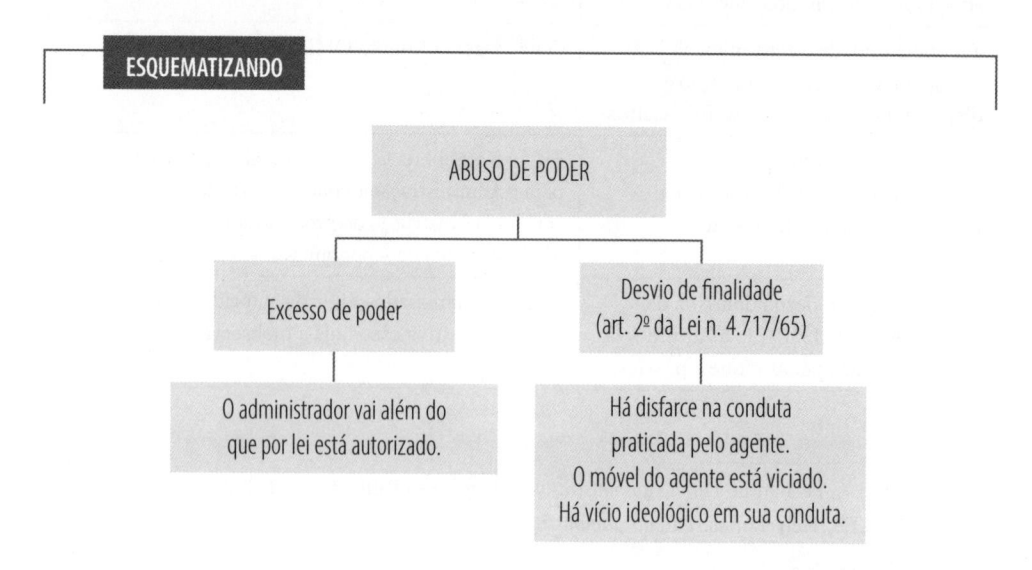

ESQUEMATIZANDO

ABUSO DE PODER
- Excesso de poder
  - O administrador vai além do que por lei está autorizado.
- Desvio de finalidade (art. 2º da Lei n. 4.717/65)
  - Há disfarce na conduta praticada pelo agente.
  - O móvel do agente está viciado.
  - Há vício ideológico em sua conduta.

a) DO EXCESSO DE PODER:

Se o agente público invadir atribuições de outro agente, ou, ainda, exercer atividades que a lei não lhe conferiu, cometerá abuso de poder na modalidade EXCESSO DE PODER.

Haverá excesso de poder quando o delegado de polícia, além de prender aquele que cometeu ilícito penal, tortura o preso, conferindo-lhe tratamento desumano ou degradante.

Configurado o abuso de poder, essa situação ficará sujeita a controle, tanto por parte da própria Administração Pública (no exercício de sua autotutela – princípio da autotutela) quanto por parte do Poder Judiciário (ex.: mandado de segurança, nos termos do art. 5º, LXIX, do texto constitucional), por se tratar de ilegalidade.

b) DO DESVIO DE FINALIDADE:

Haverá abuso de poder na modalidade desvio de finalidade quando houver prática de ato com fim diverso daquele que a lei permitiu.

- Ex. 1: desapropriação realizada com o intuito de beneficiar alguém (violação, dentre outros, do princípio da impessoalidade);
- Ex. 2: fraude na licitação para prejudicar o inimigo ou para beneficiar um amigo;
- Ex. 3: o administrador remove um servidor público não com a finalidade de atender a necessidade do serviço, mas com o intuito de aplicar-lhe uma penalidade por infração funcional sem que essa penalidade conste da lista das possíveis penalidades aplicáveis ao caso.

O desvio de finalidade é conduta mais bem identificada nos atos discricionários – o que torna difícil a obtenção de prova efetiva do desvio, já que o vício no móvel do agente (intenção) é de difícil demonstração (como provar o que está na mente do agente quando da prática do ato?).

Cretella Júnior também reconhece a dificuldade de prova do desvio, oferecendo, então, a noção de **"sintomas denunciadores do desvio de poder"**: qualquer traço, interno ou externo, direto, indireto ou circunstancial que revele a distorção da vontade do agente público ao editar o ato. O agente pratica o ato por motivo privado e não por razões de interesse público[7].

Importante ressaltar que é possível que um agente público cometa vício em razão de um equívoco (ex.: pratica um ato pensando que é competente para tanto, quando em verdade não é). Nesse caso não há intenção viciada, entretanto o ato será também ilegal por não alcançar o fim previsto e determinado em lei.

---

7   CARVALHO FILHO, José dos Santos. *Manual de direito administrativo*, 24. ed., Rio de Janeiro: Lumen Juris, 2011, p, 44.

> **ESQUEMATIZANDO**

"Móvel" do agente público está contaminado → **ABUSO DE PODER** → Desvio de finalidade

Para complementar: A EC n. 45/2004, ao instituir o Conselho Nacional de Justiça e o Conselho Nacional do Ministério Público, nada mais fez do que instituir ÓRGÃOS ESPECÍFICOS no combate ao abuso de poder cometido por integrantes, respectivamente, do Judiciário e do Ministério Público.

Característica 3: PRINCÍPIO DA RAZOABILIDADE E DA PROPORCIONALIDADE

Esses princípios aparecem, também, como características gerais dos poderes da Administração, afinal não é possível o administrador fazer uso imoderado dos meios para alcance de seus resultados.

Dessa forma, o atuar do administrador deve ser pautado em critérios equilibrados, sensatos, com bom senso, lógica, equilíbrio, moderação entre os meios e fins.

3. PODERES EM ESPÉCIE

Alguns autores afirmam que o que é vinculado e discricionário não é o poder, mas o ato decorrente desse poder.

> "É reconhecido que no Estado de Direito inexiste um poder que seja absolutamente vinculado ou absolutamente discricionário, mas que na verdade em qualquer deles o que se verifica são atos administrativos com competências vinculadas ou discricionárias, portanto, não sendo essa uma classificação do Poder, mas sim do ato administrativo em seu exercício"[8].

---

[8] MARINELA, Fernanda. *Direito administrativo*, 14. ed., São Paulo: Saraiva, 2020, p. 286-287.

3.1 Poder vinculado ou regrado

É a prerrogativa atribuída ao administrador que não lhe confere qualquer traço de liberdade, nem a possibilidade de realização de juízo de valor (por consequência, também não é possível a realização de um critério de conveniência ou oportunidade para a prática do ato, já que os requisitos para sua realização estão previstos expressamente em lei).

É a lei que prevê todos os elementos[9] para a configuração do ato administrativo que pratica. O administrador fica inteiramente preso ao que dispõe a lei.

O agente público deve estar inteiramente preso ao enunciado da lei, que dita quais os requisitos que o administrador deve praticar. Deixando de praticar qualquer dado ou requisito previsto em lei, o ato será considerado **nulo**, já que desvinculado de seu formato padrão.

O poder vinculado não comporta juízo de valores, de conveniência e de oportunidade, pois há apenas um comportamento possível de ser tomado pelo agente público diante de casos concretos.

Ex.: aposentadoria compulsória com proventos proporcionais ao tempo de contribuição, **aos 70 anos** de idade, ou aos **75 anos** de idade, na forma de lei complementar, nos termos do art. 40, § 1º, II, da Constituição Federal (com redação dada pela EC n. 88/2015).

A Lei Complementar de que trata o art. 40, § 1º, II, da Constituição Federal é a LC n. 152, de 3 de dezembro de 2015, que em seu art. 2º estabelece que serão aposentados compulsoriamente, com proventos proporcionais ao tempo de contribuição, **aos 75 anos de idade:** a) os servidores titulares de cargos efetivos da União, dos Estados, do Distrito Federal e dos Municípios, incluídas suas autarquias e fundações; b) os membros do Poder Judiciário; c) os membros do Ministério Público; d) os membros das Defensorias Públicas; e) os membros dos Tribunais e dos Conselhos de Contas.

Os elementos vinculados serão sempre a **competência**, a **finalidade** e a **forma**. "Relegado qualquer desses elementos, além de outros que a norma exigir, o ato é nulo, e assim pode ser declarado pela própria Administração ou pelo Judiciário, porque a vinculação é matéria de legalidade"[10].

3.2 Poder discricionário

Hely Lopes Meirelles conceitua o poder discricionário: "É o que o Direito concede à Administração, de modo explícito ou implícito, para a prática de atos administrativos com liberdade na escolha de sua conveniência, oportunidade e conteúdo"[11]. Essa atividade encontra sua justificativa no fato de que seria impossível o legislador elencar na lei todos os atos que a prática administrativa exige.

---

[9] Competência, finalidade, forma, objeto e motivo.
[10] MEIRELLES, Hely Lopes. *Direito administrativo brasileiro,* 29. ed., São Paulo: Malheiros, p. 116.
[11] MEIRELLES, Hely Lopes. *Direito administrativo brasileiro,* 29. ed., São Paulo: Malheiros, p. 116.

O poder discricionário diz respeito à liberdade de atuação que possui a Administração Pública, permitindo que o administrador possa valorar a oportunidade e a conveniência da prática de ato administrativo, desde que sejam respeitados os limites legais.

O agente público está preso ao enunciado da lei, porém a lei não estabelece um único comportamento a ser adotado pelo administrador, o que o legitima à liberdade de escolha, da conveniência, da oportunidade e do conteúdo do ato.

Sendo assim, o administrador pode lançar mão de um juízo de valor, de um juízo de conveniência e oportunidade para escolher qual, dentre as opções legais, melhor atende ao interesse público.

> "A discricionariedade é sempre relativa e parcial, porque, quanto à *competência, à forma e à finalidade* do ato, a autoridade está subordinada ao que a lei dispõe, como para qualquer ato vinculado. Com efeito, o administrador, mesmo para a prática de um ato discricionário, deverá ter *competência legal* para praticá-lo; deverá obedecer à *forma legal* para a sua realização; e deverá atender à *finalidade legal* de todo ato administrativo, que é o interesse público"[12].

Ex. 1: concessão de porte de armas;

Ex. 2: colocação de mesas e cadeiras na calçada defronte a bares e restaurantes (permissão de uso de bem público – calçada).

A faculdade discricionária distingue-se da faculdade vinculada (ou regrada) em razão da maior liberdade de ação que é conferida ao administrador.

Importante frisar que o conceito de discricionariedade não se confunde com o de arbitrariedade. Aquela consiste em liberdade de atuar dentro dos limites da lei. Já a arbitrariedade é a atuação do agente público que extrapola e exorbita os limites legais. O ato arbitrário é considerado inválido, ilegal e ilegítimo, devendo ser expurgado do ordenamento jurídico.

Também, não podemos esquecer que no ato discricionário o Poder Judiciário não pode substituir o discricionarismo do administrador pelo do magistrado. O que é possível é apenas a declaração de nulidades e de abusos quando o ato extrapolar os limites legais.

Para complementar: O objeto e o motivo do ato ficam a critério do agente público. Ele permite ao administrador a formulação de um juízo de valor sobre o binômio oportunidade-conveniência de praticar ou não um ato administrativo.

3.2.1 Doutrina estrangeira

Fabio Merusi e Domenico Sorace destacam as lições de Enzo Capaccioli sobre o **poder discricionário**: "La discrezionalità della pubblica amministrazione. Qui la libera

---

[12] MEIRELLES, Hely Lopes. *Direito administrativo brasileiro*, 29. ed., São Paulo: Malheiros, p. 117.

determinazione è positivamente vincolata dall'interno, con riguardo al fine: l'autorità è tenuta sempre a perseguire il fine indicato dalla legge che le conferisce il potere che essa volta a volta esercita. Fine che è pubblico, perché solo in relazione ad un fine pubblico si giustifica l'atribuzione di un potere di supremazia. Questo è il centro focale della discrezionalità amministrativa"[13].

Curiosidade: A *lex romana* que vigorava em colônias na Espanha bem traduz o exercício dos poderes discricionário e vinculado no império romano.

Quem quer que sejam os **"duúnviros"** (dois homens que administravam a cidade romana), devem ter o direito e o poder de contratar, cada um, dois **"litores"** (guardas que portavam um feixe de varas circundando um machado – os "*fasces*" – símbolo da autoridade romana), um servente, dois escribas, dois mensageiros, um auxiliar [...] E o pagamento deles, de cada um dos que devem servir aos "duúnviros", deve ser o seguinte: para cada escriba, 1.200 (mil e duzentos) **"sertércios"** (dinheiro romano), para cada servente, 700 (setecentos) "sertércios", para cada "lictor", 600 (seiscentos) "sertércios", para cada mensageiro, 400 (quatrocentos) "sertércios", para cada auxiliar, 300 (trezentos) "sertércios"[...].

Poder discricionário: cada "duúnviro" podia contratar os profissionais indicados, a sua livre escolha, mas os cargos e os vencimentos eram fixados pela lei (poder vinculado).

3.3 Poder disciplinar

É o instrumento, a prerrogativa utilizada pela Administração para aplicar sanção (ex. 1: demissão; ex. 2: suspensão; ex. 3: advertência; ex. 4: destituição do cargo em comissão; ex. 5: cassação de aposentadoria) a um de seus agentes em razão da prática de uma infração disciplinar. Portanto, só poderá ser afetado por esse poder aquele que está no exercício de um mister público, de uma função pública.

Toda punição é ato vinculado e exige motivação.

É, portanto, "a faculdade de punir internamente as infrações funcionais dos servidores e demais pessoas sujeitas à disciplina dos órgãos e serviços da Administração. É uma supremacia especial que o Estado exerce sobre todos aqueles que se vinculam à Administração por relações de qualquer natureza, subordinando-se às normas de funcionamento do serviço ou do estabelecimento que passam a integrar definitiva ou transitoriamente"[14].

Para a imposição da penalidade ao agente público que cometer infração funcional é indispensável a abertura de **processo administrativo e/ou sindicância**, com contraditório e ampla defesa.

---

[13] MERUSI, Fabio; DOMENICO, Sorace. *Pagine scelte dal manuale di diritto ammnistrativo di Enzo Capaccioli*, Padova: Cedam, 1995, p. 85.

[14] MEIRELLES, Hely Lopes. *Direito administrativo brasileiro*, 29. ed., São Paulo: Malheiros, p. 122.

Na Lei n. 8.112/90 é o Título V que cuida do "processo administrativo disciplinar" (arts. 143 e s.). Assim, sempre que a autoridade tiver ciência de irregularidade no serviço público, terá o PODER-DEVER de promover sua apuração imediata.

A **sindicância** poderá resultar em: a) arquivamento do processo; b) aplicação de penalidade de advertência ou suspensão de até 30 (trinta) dias; ou c) instauração de processo disciplinar. O prazo para conclusão da sindicância **não excederá** 30 (trinta) dias, podendo ser prorrogado por igual período, a critério discricionário da autoridade competente.

Se o ilícito praticado pelo servidor ensejar a imposição de penalidade de suspensão por **mais de** 30 (trinta) dias, de demissão, cassação de aposentadoria ou disponibilidade, ou destituição de cargo em comissão, será **obrigatória** a instauração de processo disciplinar.

O processo disciplinar é o instrumento destinado a apurar a responsabilidade de servidor por infração praticada no exercício de suas atribuições, ou que tenha relação com as atribuições do cargo em que se encontre investido. Na Lei n. 8.112/90, o processo disciplinar deverá ser conduzido por comissão composta de três servidores estáveis – que serão designados pela autoridade competente.

O processo disciplinar é composto das seguintes **fases**: a) instauração, com a publicação do ato que constituir a comissão; b) inquérito administrativo, que compreende instrução, defesa e relatório (arts. 153 e s.); e c) julgamento (arts. 167 e s. da Lei n. 8.112/90).

PEGADINHA: não é possível confundir "poder disciplinar da Administração" com "poder punitivo do Estado". Vejamos:

PODER DISCIPLINAR DA ADMINISTRAÇÃO	PODER PUNITIVO DO ESTADO
É exercido como poder-dever punitivo interno da Administração Pública, e só abrange infrações relacionadas ao serviço (infração funcional).	É a punição criminal visando à repressão de crimes e contravenções penais, e tem, portanto, finalidade social. É realizada não pela Administração Pública, mas pelo Poder Judiciário.

Com a Constituição de 1988, firmou-se o entendimento de que não é possível punir o servidor com base no princípio da verdade sabida. Esse princípio autorizava o superior a punir de imediato seu subordinado sempre que aquele tivesse conhecimento pessoal do cometimento da infração. Ex.: flagrar o subordinado cometendo infração configuraria situação apta a ensejar a punição do inferior, ainda que sem oportunidade de defender-se em contraditório e ampla defesa.

Hoje, não é possível a punição com base no princípio da verdade sabida, já que a Constituição Federal de 1988, no art. 5º, LV, trouxe o direito ao contraditório e à ampla defesa, inclusive no âmbito administrativo.

ESQUEMATIZANDO

Princípio da Verdade Sabida

Agente público cometendo infração funcional

Chefe do agente pegando em flagrante seu subordinado cometendo a infração funcional

Aprofundamento: DISCRICIONARIEDADE NO PODER DISCIPLINAR

A doutrina afirma que o poder disciplinar é discricionário, mas essa discricionariedade não significa para a autoridade administrativa oportunidade de agir ou não agir. Afinal, a autoridade administrativa, quando toma conhecimento de uma infração, **deve** dar início ao procedimento administrativo para apurar a referida infração.

O discricionarismo significa que o poder disciplinar "não está vinculado à prévia definição da lei sobre a infração funcional e a respectiva sanção. Não se aplica ao poder disciplinar o princípio da *pena específica* que domina inteiramente do direito criminal comum, ao afirmar a inexistência da infração penal sem prévia lei que a defina e apene: '*Nullum crimen, nulla poena sine lege*'. Esse princípio não vigora em matéria disciplinar. O administrador, no seu prudente critério, tendo em vista os deveres do infrator em relação ao serviço e verificando a falta, aplicará a sanção que julgar cabível, oportuna e conveniente, dentre as que estiverem enumeradas em lei ou regulamento para a generalidade das infrações administrativa"[15].

Essa discricionariedade apontada poderá consistir em:

a) **Escolher a melhor pena para reprimir a infração cometida:** é comum em determinados casos a lei fixar mais de uma penalidade para a infração descrita na lei ou, ainda, estabelecer um *quantum* variável de prazo para uma penalidade de suspensão atribuída ao agente público.

---

[15] MEIRELLES, Hely Lopes. *Direito administrativo brasileiro*, 29. ed., São Paulo: Malheiros, p. 123.

A imposição da instauração do processo administrativo disciplinar é atividade **obrigatória e vinculada**. Porém, se ao final do processo a penalidade aplicada for a de suspensão, a autoridade administrativa superior necessariamente deverá valorar o *quantum* de suspensão a ser imposto – esta sim atividade discricionária.

Inclusive, a motivação (justificativa do pronunciamento tomado) da punição disciplinar é sempre indispensável para a validade da pena escolhida.

b) Valoração de conceitos vagos ou indeterminados: é possível que a lei, para se referir à infração, utilize-se de conceitos pouco precisos. Ex.: será punido o servidor que cometer "falta grave". Ora, tal juízo necessita de valoração que precise com exatidão a extensão do alcance da expressão "falta grave". Necessária a discricionariedade ao administrador para definição da ocorrência ou não de falta grave.

c) Gradação da pena.

d) Oportunidade e conveniência para imposição da pena.

3.3.1 Superior Tribunal de Justiça e discricionariedade no poder disciplinar

O Min. Relator Felix Fischer, no MS 12.927/DF, fixou entendimento no sentido de que inexiste aspecto discricionário (juízo de conveniência e oportunidade) no ato administrativo que fixa sanção disciplinar. Fundamentou tal decisão com base na dignidade da pessoa humana, culpabilidade e proporcionalidade.

Assim, inexistindo discricionariedade no ato disciplinar, entendeu ser amplo o controle jurisdicional e não limitado a aspectos formais (MS 12.927/DF, rel. Min. Felix Fischer, 3ª S., *DJ* 12-2-2008).

3.4 Poder hierárquico (ou poder do hierarca, na expressão de Celso Antônio Bandeira de Mello)[16]

O poder hierárquico é o instrumento de que dispõe o Executivo para distribuir e escalonar as funções de seus órgãos, ordenar e rever a atuação de seus agentes, estabelecendo a relação de subordinação entre os servidores de seu quadro de pessoal[17].

O poder hierárquico e o poder disciplinar caminham juntos; um não sobrevive sem o outro, uma vez que não há como aplicar sanção ao agente público inferior se não houver uma relação hierárquica estabelecida.

Decorre do poder hierárquico a atribuição conferida ao agente de emitir ordens a um subordinado, a função de fiscalizar os atos e comportamentos dos agentes subalternos e a possibilidade de delegação e avocação de funções nos casos previstos expressamente em lei.

---

[16] BANDEIRA DE MELLO, Celso Antônio. *Curso de direito administrativo*, 25. ed., São Paulo: Malheiros, 2008, p. 150.

[17] MEIRELLES, Hely Lopes. *Direito administrativo brasileiro*, 36. ed., São Paulo: Malheiros, 2010, p. 124.

Curiosidade: Código de Manu, legislação passada por Manu, o Adão do paraíso bramânico: "Quando um rei tolera que um sudra (servo) pronuncie julgamento à sua vista, seu reino está em perigo igual ao de uma vaca num atoleiro".

3.4.1 Situações em que a hierarquia não ocorre

Excepcionalmente não vigorará a hierarquia em algumas situações: a) se a competência for atribuída a um órgão colegiado em caráter exclusivo, não há que falar em caráter exclusivo; b) da mesma forma, essa hierarquia ficará afastada quando se tratar de autoridades com poderes de emissão de parecer – como ocorre com os órgãos consultivos, por exemplo.

3.4.2 (Im)possibilidade de hierarquia entre os Poderes

Em regra, entre os Poderes Judiciário e Legislativo não há que se falar em hierarquia quanto às suas funções institucionais típicas (julgar e legislar, respectivamente).

Alguns autores, no entanto, entendem que, com a edição de Súmula Vinculante, haveria mitigação a esse princípio de que não há hierarquia, uma vez que o magistrado estaria impedido de decidir em desacordo com o enunciado da Súmula Vinculante, sob pena de sofrer reclamação perante o Supremo Tribunal Federal. E nesse aspecto residiria a hierarquia.

3.5 Poder de polícia

O Estado deve sempre atuar pautado no princípio da supremacia do interesse público sobre o particular, isto é, o interesse do particular deve curvar-se diante do interesse coletivo. Temos aqui uma relação vertical, em que há o interesse público se sobrepondo ao interesse particular.

O Estado, para buscar o interesse público, precisa ter mecanismos próprios para atingir os fins que colima. São verdadeiros **poderes ou prerrogativas** de direito público.

Sempre que há a interferência da seara do particular objetivando o resguardo do interesse público, por meio da restrição de direitos individuais, fala-se em exercício do poder de polícia.

Na grande maioria dos países o instituto do "poder de polícia" é tratado sobre a titulação de "LIMITAÇÕES ADMINISTRATIVAS À LIBERDADE E À PROPRIEDADE" em razão de críticas lançadas por Agustín Gordillo à expressão "poder de polícia", conforme comenta Celso Antônio Bandeira de Mello[18].

ENFOQUES DO PODER DE POLÍCIA:

O poder de polícia pode ser analisado sob dois enfoques: a) sentido amplo; b) sentido restrito. Vejamos:

---

[18] BANDEIRA DE MELLO, Celso Antônio. *Curso de direito administrativo*, 25. ed., São Paulo: Malheiros, 2008, p. 808.

a) **Poder de polícia em sentido amplo:** engloba toda e qualquer ação restritiva do Estado em relação aos direitos individuais, abarcando atos do Executivo e do Legislativo, nos termos do art. 5º, II, da Constituição: "Ninguém será obrigado a fazer ou deixar de fazer alguma coisa senão em virtude de lei".

b) **Poder de polícia em sentido restrito:** é a atividade administrativa exercida pelos agentes da Administração no sentido de restringir e condicionar a liberdade e a propriedade dos indivíduos em nome do interesse público.

Abarca apenas e tão somente os atos do Executivo, isto é, os atos tipicamente administrativos. Nesse sentido, já pressupomos a preexistência de lei para que os administradores imponham a disciplina e as restrições aos direitos dos indivíduos.

Para complementar: Na jurisprudência, prevalece o entendimento de que só será legítima a aplicação de sanções administrativas, decorrente do exercício do poder de polícia, se o ato praticado pelo administrado estiver previamente definido pela lei como infração administrativa (STJ, REsp 720.337/AL, rel. Min. Humberto Martins, *DJe* 16-9-2008).

Não se admite a tipificação ou penalização por analogia. A aplicação de penalidades está sujeita ao princípio da legalidade estrita, de forma que a Administração não está autorizada a aplicar sanções não previstas em lei (STJ, RMS 21.922/GO, rel. Min. Teori Albino Zavascki, *DJ* 21-6-2007).

3.5.1 Conceituações

Poder de polícia é a prerrogativa de direito público que, calcada na lei, autoriza a Administração Pública a restringir o uso e gozo da liberdade e da propriedade, em favor do interesse da coletividade[19].

Consiste na faculdade de que dispõe a Administração Pública para condicionar e restringir o uso e gozo de bens, atividades e direitos individuais, em benefício da coletividade ou do próprio Estado[20]. Figura como mecanismo de frenagem de que dispõe a Administração Pública para conter os abusos do direito individual.

O poder de polícia encontra definição também no **art. 78 do Código Tributário Nacional**, entendido como atividade da Administração Pública que, limitando ou disciplinando direito, interesse ou liberdade, regula a prática de ato ou abstenção de fato, em razão de interesse público concernente à segurança, à higiene, à ordem, aos costumes, à disciplina da produção e do mercado, ao exercício de atividades econômicas depen-

---

[19] CARVALHO FILHO, José dos Santos. *Manual de direito administrativo*, 24. ed., Rio de Janeiro: Lumen Juris, 2011, p. 70.
[20] MEIRELLES, Hely Lopes. *Direito administrativo brasileiro*, 36. ed., São Paulo: Malheiros, 2010, p. 134.

dentes de concessão ou autorização do Poder Público, à tranquilidade pública ou ao respeito à propriedade e aos demais direitos individuais e coletivos.

O Código Tributário Nacional define poder de polícia, já que tal atividade administrativa está sujeita à cobrança de taxa nos termos do art. 77 do CTN, e desde que haja efetivo exercício de tal poder. Não havendo o efetivo exercício do poder de polícia, não há que se falar em cobrança de taxa.

Não confunda taxa com tarifa. Esta é adequada para remunerar serviços públicos econômicos (como os executados por concessionárias e permissionárias de serviços públicos, tais como os de energia, transportes e linhas telefônicas). Inclusive, é ilícito o ato administrativo que institui tarifa para remuneração do poder de polícia (STF, ADI 2.247, rel. Min. Ilmar Galvão, j. 13-2-2000, *Informativo 202*).

O caso concreto decidido na ADI 2.247 envolveu o Ibama, que criou preço por meio de portaria – embora a hipótese retratasse situação decorrente do exercício do poder de polícia. O STF indeferiu medida liminar para suspender a eficácia dessa portaria ante a plausibilidade jurídica da tese mediante a qual a hipótese seria de taxa a ser criada por lei.

3.5.2 Características do ato de polícia

Característica 1: O ATO DE POLÍCIA É EDITADO PELA ADMINISTRAÇÃO PÚBLICA

A atividade administrativa desenvolvida pelo Poder Público ora estabelece **determinações** no sentido de ser a vontade administrativa impositiva aos indivíduos – obrigando-os a um *facere* ou a um *non facere* –, ora representa **consentimentos** – a Administração Pública emite uma resposta positiva ao pedido formulado pelo administrado.

Os **atos de consentimento** são as licenças (ato vinculado) e as autorizações (ato discricionário), por exemplo. Normalmente esses atos possuem como forma o alvará (alvará de licença, alvará de autorização), mas existem outros instrumentos que formalizam esses consentimentos, tais como as carteiras, as declarações e os certificados. *Exemplificando*: a autorização para que alguém mantenha arma de fogo em casa é formalizada, nos termos no art. 5º da Lei n. 10.826/2003, pelo certificado de registro de arma de fogo.

A atividade administrativa ora se manifesta por meio de **atos normativos**, ora pela prática de **atos concretos**, ou ainda por **atos de fiscalização**.

Os **atos normativos** são gerais, abstratos e impessoais, são determinações impostas por meio de atos com natureza regulamentar como os regulamentos, decretos, portarias, resoluções e instruções.

Os **atos concretos** possuem destinatários determinados e identificados. Ex. 1: aplicação de multa àquele que estacionou em local proibido; ex. 2: expedição de alvará de licença ao administrado que preenche os requisitos legais; ex. 3: emissão de autorizações para estacionamento; ex. 4: interdição de atividade não licenciada; ex. 5: apreensão de mercadorias deterioradas e impróprias ao consumo; ex. 6: o embargo de obra que não obedece ao ato de aprovação etc.

Por fim, os **atos de fiscalização**, que possuem a função tanto de a) prevenir a ocorrência de danos quanto de b) aplicar sanções aos transgressores das normas de polícia.

- a) **Atos preventivos de fiscalização**: ex. 1: agentes administrativos fiscalizando a adequação de restaurantes, bares e lanchonetes com as determinações impostas pela vigilância sanitária; ex. 2: a fiscalização de construções quanto à observância das regras de segurança, higiene e habitabilidade; ex. 3: fiscalização de atividades (caça, pesca, fauna, comércio).

- b) **Atos repressivos de fiscalização**: ex. 1: uma vez verificada a construção clandestina em logradouro público, a Administração determinará sua demolição (sem direito a indenização pelo Município de eventuais benfeitorias e sem direito a retenção) – *vide* STJ, REsp 111.670/PE, rel. Min. Cesar Asfor Rocha. j. 14-3-2000, *Informativo* 50 do STJ.

Característica 2: FUNDAMENTA-SE NUM VÍNCULO GERAL ENTRE A ADMINISTRAÇÃO PÚBLICA E OS ADMINISTRADOS

O exercício de polícia administrativa consiste em exercer autoridade nos termos delimitados em lei. Essa autoridade é exercida indistintamente sobre todos os cidadãos que estejam sujeitos aos impérios dessa lei – daí o surgimento da SUPREMACIA GERAL. Em resumo, consiste na supremacia das leis em geral, concretizadas por meio de atos praticados pela Administração Pública.

Não é necessário que haja uma relação jurídica constituída entre o particular e a Administração. Aliás, se existir essa relação, haverá uma supremacia especial, e, dessa forma, estará afastada a incidência do poder de polícia.

Supremacia especial é a relação e o vínculo existentes entre agentes públicos e a Administração Pública ou ainda entre aqueles (contratados) que celebram contratos administrativos com a Administração. Estão fora do campo da polícia administrativa os atos que afetam usuários de um serviço público, ou ainda concessionários de serviço público, uma vez que essas relações são essencialmente formadas por meio de um estado especial de sujeição do indivíduo.

Exemplificando e diferenciando esses vínculos[21]:

---

[21] GASPARINI, Diógenes. *Direito administrativo*, 14. ed., São Paulo: Saraiva, 2009, p. 128; BANDEIRA DE MELLO, Celso Antônio. *Curso de direito administrativo*, 26. ed., São Paulo: Malheiros, p. 813.

SUPREMACIA GERAL – DETERMINAÇÕES QUE INCIDEM PARA TODOS OS INDIVÍDUOS INDISTINTAMENTE	SUPREMACIA ESPECIAL – SITUAÇÕES QUE SE FUNDAMENTAM EM PRIVILÉGIOS OU VÍNCULOS ESPECIAIS DA ADMINISTRAÇÃO PÚBLICA SOBRE OS ADMINISTRADOS (NORMALMENTE SÃO SITUAÇÕES DECORRENTES DE UM ESTATUTO OU CONTRATO)
Ex. 1: Proibição de construções verticais acima da altura fixada por lei.	Ex. 1: Atos que impõem restrições ao servidor público no sentido de obrigá-lo a trabalhar uniformizado.
Ex. 2: Obrigatoriedade aos administrados de observarem determinado recuo de construção.	Ex. 2: Imposições atribuídas ao concessionário como decorrência do contrato de concessão de serviços públicos: obrigação de mencionar certos dizeres no ônibus de transporte coletivo.
Ex. 3: Imposição de denunciar determinada doença contagiosa.	Ex. 3: Ato de retirar invasores dos edifícios públicos e de áreas públicas, tais como praças, ruas, estradas, rodovias e vielas. Não se trata de exercício do poder de polícia. Tal ato consubstancia defesa do patrimônio público.
Ex. 4: Proibição de manutenção de certos animais na zona urbana.	Ex. 4: Situação dos matriculados em escolas ou faculdades públicas e penalidades impostas, tais como suspensão ao aluno que atirou uma pedra contra o ventilador.
Ex. 5: Proibição de promover determinada lavoura em certa localidade.	Ex. 5: Situações dos inscritos em bibliotecas públicas que devolvem o livro com atraso e, como consequência da inobservância das regras da biblioteca, precisam pagar multa.
Ex. 6: Fixação de limite máximo de velocidade em certa rodovia.	Ex. 6: Situação dos internados em hospitais públicos, asilos ou estabelecimentos penais. O mero fato de tais estabelecimentos fixarem horário de visitas não manifesta exercício do poder de polícia. São apenas normas internas dos respectivos estabelecimentos, relativas somente às pessoas aqui envolvidas.
Ex. 7: Autorização para porte de arma de fogo.	Ex. 7: Exigência imposta pelo Poder permitente ao permissionário de uso de bem público para que abra a cantina e atenda aos alunos aos sábados até o horário do meio-dia. Não é poder de polícia, uma vez que não está fundado em vínculo geral.

Nessas situações em que vislumbramos supremacia especial, impossível, inviável e inadequado que todas as disposições, restrições e determinações expedidas pudessem estar assentadas em lei em sentido estrito. E, por essa razão e pela existência de relação jurídica constituída, não há que se falar em poder de polícia ante a falta de supremacia geral (principalmente as doutrinas alemã, italiana e espanhola, que diferenciam conceitualmente a supremacia geral da especial).

Característica 3: ALMEJA ALCANÇAR A O INTERESSE PÚBLICO E SOCIAL

Característica 4: INCIDE SOBRE A LIBERDADE E A PROPRIEDADE

A liberdade e a propriedade sempre são direitos condicionados. Não há direitos individuais absolutos, podendo ser relativizados quando estiverem subordinados aos interesses coletivos.

Característica 5: A POLÍCIA ADMINISTRATIVA ESTÁ INSERIDA NO ÂMBITO DE ATUAÇÃO DA FUNÇÃO ADMINISTRATIVA, REALIZANDO ATIVIDADES DE GESTÃO DOS INTERESSES PÚBLICOS

Só há uma **polícia administrativa**, porém diversos os **setores** de atuação de suas normas: polícia edilícia (ou de construções); polícia sanitária – que objetiva proteger a saúde pública; polícia de trânsito e tráfego – responsável pela segurança e manutenção da ordem nas estradas; polícia de profissões; polícia do meio ambiente; polícia de caça e pesca – cujo principal objetivo é a proteção da fauna terrestre e aquática; polícia de diversões públicas – voltada à defesa dos valores sociais; polícia florestal; polícia de pesos e medidas – atuante na fiscalização dos pesos e medidas de mercadorias postas ao consumo da população; polícia de água – comprometida com a não poluição das águas; polícia da atmosfera – preocupa-se em evitar a deterioração do ar; polícia funerária – voltada ao transporte e enterro de cadáveres.

A polícia administrativa não se confunde com a polícia judiciária.

Pegadinha:

POLÍCIA ADMINISTRATIVA	POLÍCIA JUDICIÁRIA
Exerce função administrativa de realização de atividades de interesses coletivos.	Exerce função administrativa de realização de atividades de interesses coletivos. Prepara a atuação da função jurisdicional penal.
Incide sobre as atividades dos indivíduos.	Incide sobre o indivíduo a quem se atribui a prática de um ilícito penal, apurando-a e conduzindo ao Judiciário os infratores do ordenamento jurídico, para, se for o caso, possibilitar que o Ministério Público providencie a propositura da ação penal cabível.
Executada por órgãos administrativos – principalmente com função fiscalizatória.	Executada por órgãos de segurança (ex.: polícia civil).
Objeto: liberdade e propriedade.	Objeto: pessoas.
Rege-se por normas administrativas.	Rege-se por normas processuais penais.

Ex. 1: agentes administrativos executando serviço de fiscalização em atividades de comércio ou em locais proibidos para menores. Ex. 2: agentes administrativos fiscalizando a adequação das condições de alimentos para consumo ou ainda as atividades realizadas em parques florestais.	Ex. 1: agentes de polícia investigando a prática de um crime, ouvindo testemunhas, realizando inspeções em locais e documentos determinados.

Característica 6: O EXERCÍCIO DA ATIVIDADE DE POLÍCIA ADMINISTRATIVA É ATIVIDADE QUE SE SUBMETE À LEI

A atividade de polícia ora se efetiva com a prática de atos administrativos vinculados (quando a Administração Pública licencia uma construção, expedindo alvará de licença), ora se efetiva com a prática de atos discricionários (quando a Administração concede a alguém autorização para porte de arma de fogo).

Sempre que houver abuso no exercício da atividade de polícia administrativa, os atos administrativos poderão ser controlados. Esse controle poderá ocorrer tanto na **seara administrativa**, por meio da interposição de recursos administrativos, tal como o recurso hierárquico, quanto na **seara judicial** (por meio do mandado de segurança, da ação civil pública, da ação popular, por exemplo).

Se o exercício do poder de polícia fundar-se em lei inconstitucional, ilegítimos serão os atos administrativos praticados. Não existe poder de polícia legítimo se ilegítima é a lei que lhe deu suporte. Nesse sentido a decisão do **STF na ADI 1.856, e, no mesmo sentido, ADI 2.514**.

Na ADI 1.856 (notícia de 26-5-2011), o STF decidiu pela inconstitucionalidade de lei fluminense (Lei n. 2.895/98) que autorizava e disciplinava a competição entre "galos combatentes". O Procurador-Geral da República, em ADI proposta perante o STF, alegou que referida lei afrontaria o art. 225, *caput*, § 1º, VII, da Constituição: "Ao Poder Público incumbe preservar o meio ambiente e vedar quaisquer práticas que submetam os animais a crueldades". No mesmo sentido a prática da "farra do boi" (STF, RE 153.531; STF, ADI 2.514; STF, ADI 3.776).

Na ADI 1.856, o Min. Celso de Mello, em seu voto, manifestou-se no sentido de que a briga de galo não é prática desportiva ou manifestação cultural folclórica, uma vez que submete os animais a um mal desnecessário. O Min. Ayres Britto firmou posicionamento no sentido de que o texto constitucional repele a execução de animais sob o prazer mórbido, uma vez que essa prática constitui tortura (art. 5º, III). O Min. Cezar Peluso asseverou que a questão em pauta ofende também a dignidade humana, já que implica estímulo às pulsões mais primitivas e irracionais do ser humano. Já o Min. Marco Aurélio verificou a existência de vício de inconstitucionalidade formal na lei fluminense, uma vez que o trato da matéria deveria ser de âmbito federal.

Dessa forma, a ADI 1.856 foi julgada procedente pela unanimidade dos ministros da Corte, por padecer de vícios de inconstitucionalidade.

O ato de polícia, para ser válido, necessita respeitar os requisitos do ato administrativo (forma, finalidade, competência, motivo e objeto) e a proporcionalidade para sua prática – a coerção não pode ser utilizada de forma desnecessária, devendo existir sempre uma proporcionalidade entre os meios e os fins da atividade administrativa, sob pena de configuração de abuso de poder.

Assim, haverá desproporcionalidade no ato de prisão de motorista que não portava carteira de habilitação, uma vez que seria suficiente a apreensão de seu veículo; haverá ainda desproporcionalidade no ato de proibição de espetáculo teatral quando seria equilibrada e razoável apenas a fixação de limite de idade mínimo para ingresso dos espectadores; por fim, mostra-se desproporcional a interdição da totalidade da indústria em razão da existência de apenas um maquinário poluente da atmosfera, bastando somente a interdição desse forno poluente.

3.5.3 Competência para exercício do poder de polícia

Normalmente aquele a quem a Constituição Federal confere o poder de regular a matéria é o competente para exercer o poder de polícia.

O sistema de competências envolve três graus: o federal, o estadual e o municipal. Assuntos de interesse nacional estão sujeitos à regulamentação e ao policiamento da União; os de interesse regional estão sujeitos à regulamentação e ao policiamento pela polícia estadual. Por fim, assuntos de interesse local subordinam-se ao policiamento administrativo municipal.

Residualmente, não sendo o exercício da polícia administrativa de atribuição do Município ou da União, será dos Estados-membros, salvo se couber tal atribuição ao Distrito Federal.

Existem, ainda, hipóteses de competência concorrente, em que haverá o exercício conjunto do poder de polícia, num sistema de gestão associada por pessoas de nível federativo diverso – art. 241 da Constituição Federal.

Especificamente sobre o tema competência, o STJ determinou (Súmula 19) a fixação de horário bancário, para atendimento ao público, como atribuição da União, ao passo que o STF (Súmula 645) fixou como competente o Município para fixar o horário de funcionamento de estabelecimento comercial.

O STF, no RE 240.406/RS, rel. Min. Carlos Velloso (vide *Informativo 332 do STF*), fixou a competência municipal (por ser interesse local a segurança de usuários – nos termos do art. 30, I, do Texto Constitucional) para impor a bancos a obrigação de instalação de portas eletrônicas com detectores de metais, travamento e vidros à prova de balas.

É necessário seja feita uma análise cuidadosa do caso concreto, de modo a respeitar o sistema constitucional de competências.

Diógenes Gasparini[22] menciona, ainda, o exercício do poder de polícia na Câmara dos Deputados, no Senado Federal, nas Assembleias Legislativas dos Estados, na Câmara Legis-

---

[22] GASPARINI, Diógenes. *Direito administrativo*, 14. ed., São Paulo: Saraiva, 2009, p. 130.

lativa do Distrito Federal, na Câmara de Vereadores, nos Tribunais Judiciais e nos Tribunais de Contas, conferindo a tais órgãos o poder de legislar acerca do ingresso e da utilização de suas dependências, e, assim, atribuindo-lhes o exercício do poder de polícia.

E as guardas municipais? Têm competência para aplicar multas de trânsito?

O Supremo Tribunal Federal reconheceu a **repercussão geral** dessa questão, por meio do "Plenário Virtual", no que tange à possibilidade de guarda municipal aplicar multa de trânsito. O caso envolveu recurso proposto pelo Município do Rio de Janeiro contra decisão do Tribunal de Justiça do Estado (TJRJ) que considerou não ser atribuição da guarda municipal a aplicação de multa de trânsito, tendo em vista o disposto no art. 144, § 8º, da Constituição Federal, que estabelece que os Municípios poderão constituir guardas municipais destinadas à proteção de seus bens, serviços e instalações, conforme dispuser a lei. Para o TJRJ, os Municípios não têm poder de polícia de segurança pública, e, por conseguinte, as autuações de trânsito lavradas pelos guardas municipais cariocas são nulas de pleno direito.

Mais, no referido recurso, o Município sustenta que a segurança e a fiscalização do trânsito estão incluídas no chamado "interesse local", previsto no art. 30, I, da Constituição: "compete aos municípios legislar sobre assuntos de interesse local". O Município enfatiza também a importância do pronunciamento do STF sobre a questão nos âmbitos social, político e jurídico, "haja vista estar em jogo a autonomia municipal e a possibilidade de desautorizar-se a polícia de trânsito local e, com isso, permitir-se a impunidade de um sem-número de motoristas".

A questão foi decidida pelo Plenário do STF, que, **em 6 de agosto de 2015**, ao julgar o **RE 658.570**, por seis votos a cinco, **decidiu que as guardas municipais têm competência para fiscalizar o trânsito, lavrar auto de infração de trânsito e impor multas**.

A **tese** firmada pelo STF teve a seguinte redação: "É constitucional a atribuição às guardas municipais do exercício do poder de polícia de trânsito, inclusive para imposição de sanções administrativas legalmente previstas".

Assim, o **poder de polícia** de trânsito pode ser exercido pelo Município, via delegação, já que o Código de Trânsito Brasileiro (CTB) fixou que essa competência é **comum aos órgãos federados**.

Aprofundamentos sobre guardas municipais:

a) Sobre **aposentadoria especial**, em **20 de junho de 2018**, o STF fixou o entendimento de que **não pode ser estendida às guardas municipais** a possibilidade de aplicação de aposentadoria especial por meio de mandado de injunção. A decisão foi tomada no julgamento de agravos regimentais nos Mandados de Injunção (MIs) 6.770, 6.773, 6.780, 6.874 e 6.515.

b) Em março de 2021, por maioria de votos, o Plenário do Supremo Tribunal Federal (STF) autorizou que todos os integrantes de guardas municipais do país **tenham direito ao porte de armas de fogo**, independentemente do tamanho da população do município. Na sessão virtual concluída em 26/2, a Corte declarou inconstitucionais dispositivos do Estatuto de Desarmamento (Lei n.

10.826/2003) que proibiam ou restringiam o uso de armas de fogo de acordo com o número de habitantes das cidades.

O Tribunal julgou parcialmente procedentes as Ações Diretas de Inconstitucionalidade **ADIs 5948 e 5538**, ajuizadas, respectivamente, pelos partidos Democratas (DEM) e Verde (PV), e improcedente a Ação Declaratória de Constitucionalidade **ADC 38**, ajuizada pela Procuradoria-Geral da República (PGR). O colegiado tornou definitiva a medida cautelar deferida pelo relator, ministro Alexandre de Moraes, em junho de 2018, e invalidou os trechos de dispositivos que autorizavam o porte de arma de fogo apenas para os integrantes de guardas municipais das capitais dos estados e dos municípios com mais de 500 mil habitantes e para os guardas municipais dos municípios com mais de 50 mil e menos de 500 mil habitantes, quando em serviço.

Em seu voto, o ministro Alexandre de Moraes verificou que os dispositivos questionados estabelecem uma distinção de tratamento que não se mostra razoável, desrespeitando os princípios da igualdade e da eficiência. Segundo o relator, atualmente, não há dúvida judicial ou legislativa da presença efetiva das guardas municipais no sistema de segurança pública do país. Nesse sentido, ele lembrou a decisão do STF no Recurso Extraordinário (RE) 846854, com repercussão geral, em que o Plenário reconheceu que as guardas municipais, existentes em 1.081 dos 5.570 municípios brasileiros, executam atividade de segurança pública essencial ao atendimento de necessidades inadiáveis da comunidade. E, no plano legislativo, citou a edição da Lei n. 13.675/2018, que coloca as guardas municipais como integrantes operacionais do Sistema Único de Segurança Pública.

3.5.4 Atributos do poder de polícia

Os atributos do poder de polícia são: a) discricionariedade; b) autoexecutoriedade; e c) coercibilidade.

a) Discricionariedade – é traço marcante na maioria dos atos de polícia, porém não se trata de atributo absoluto.

Em regra, os atos de polícia necessitam de um juízo de valor (conveniência ou oportunidade) para sua aplicação.

Alguns atos de polícia não são discricionários. É o caso da licença para construir (ato vinculado).

Questiona-se acerca da possibilidade de revogação de uma licença em razão da falta de conveniência. Prevalece o entendimento de que, pelo fato de a licença ser ato vinculado – e sobre atos vinculados não ser possível juízo de valor por parte do administrador –, não haveria que se falar em conveniência e oportunidade e, consequentemente, em revogação: não se admite revogação de atos vinculados.

O STF entende ser possível a revogação de uma licença para construir apenas quando a obra não se iniciou. Para Celso Antônio Bandeira de Mello, como a licença é ato vinculado, não seria possível falar em revogação, mas, se o Poder Público quiser revogar um ato vinculado, a melhor solução seria a DESAPROPRIAÇÃO DO DIREITO DE LICENÇA, com direito a indenização do proprietário.

b) Autoexecutoriedade – significa que a Administração Pública, até como observância ao princípio da eficiência e da supremacia do interesse público sobre o particular, realiza os seus atos independentemente da presença e autorização do Judiciário.

A Administração Pública promove imediatamente, por seus próprios meios (humanos e materiais), a submissão integral do administrado àquelas determinações editadas, sem necessidade de recorrer a qualquer outro Poder para isso. Quando apreende bens impróprios e nocivos ao consumo da população, ou ainda quando interdita estabelecimentos poluentes da atmosfera, o faz como consequência do atributo da autoexecutoriedade.

Esse atributo possui duas vertentes: **b.1) exigibilidade** e **b.2) executoriedade**. A exigibilidade consiste no ato decisório realizado pela Administração que tem o escopo de direcionar todos os demais atos subsequentes, na decisão de aplicar a multa sanitária àquele que está em desacordo com tais determinações e em decidir aplicar a multa de trânsito quando o administrado dirige acima do limite de velocidade regulamentado.

Todo ato de polícia possui exigibilidade, já que pressuposto de qualquer ação da Administração Pública.

Entretanto, a cobrança da multa apenas poderá ser efetivamente concretizada na via judicial por meio de ação própria. Na cobrança da multa não está presente a autoexecutoriedade, uma vez que não autoriza imediata ação e execução pela Administração Pública.

A **executoriedade** consiste na execução direta dos atos de polícia pelos meios próprios de coerção conferidos à Administração Pública. Nem todos os atos de polícia são dotados de executoriedade. Esse atributo só existe se houver previsão em lei ou em caso de urgência.

c) O atributo da **coercibilidade** aparece sempre que o ato constitui uma obrigação ao administrado. Decorre da imperatividade dos atos administrativos, assim como do *ius imperii* estatal, corolário do princípio da supremacia do interesse público sobre o particular, no sentido de obrigar todos a observarem os comandos ditados pelo Estado.

3.5.5 Sanção administrativa

Sanção administrativa consiste no ato punitivo resultante do cometimento de uma infração administrativa, quando desobedecidos os pressupostos legais para o caso.

Para que haja a aplicação dessas sanções, exige-se assegurar ao infrator oportunidade de contraditório e ampla defesa, nos termos do art. 5º, LV, do texto constitucional.

Se essa sanção decorrer do exercício do poder de polícia especificamente, fala-se em sanção de polícia.

As sanções que possibilitam tornar efetivas as medidas de polícia são impostas ou fixadas por lei, tais como a multa; a interdição de atividades; a demolição de prédios construídos em desacordo com as determinações legais ou regulamentares; a destruição de armas apreendidas; a inutilização de gênero alimentício impróprio ao consumo; o embargo de obra; a proibição de fabricar determinado produto que não preencha os requisitos legalmente fixados etc.

No âmbito da Administração Pública Federal (Direta ou Indireta), nos termos do art. 1º da Lei n. 9.873/99, o poder de aplicar sanções de polícia prescreve em cinco anos, contados da data da infração ou da data em que esta tiver cessado (tratando-se de infração continuada). Porém, tal determinação não se aplica no âmbito dos Estados, do Distrito Federal e dos Municípios, nem às infrações de natureza funcional e aos processos e procedimentos de natureza tributária.

3.5.6 Da (im)possibilidade de delegação do poder de polícia

O Supremo Tribunal Federal, ao julgar a ADI 1.717/DF, rel. Min. Nelson Jobim, publicação em 28-3-2003, "declarou inconstitucional dispositivo da Lei n. 9.469/98, que previa a delegação a entidades privadas do poder de fiscalização de profissões regulamentadas, fundando-se a decisão na indelegabilidade do poder de polícia".

Não é possível a outorga a pessoas da iniciativa privada do exercício do poder de polícia, uma vez que carecedoras do *ius imperii* necessário ao exercício desse poder.

A vedação também encontra respaldo na **Lei n. 11.079/2004**, que traz normas para o contrato de concessão especial – parceria público-privada, e fixou como diretriz obrigatória a indelegabilidade do exercício do poder de polícia.

Celso Antônio Bandeira de Mello[23] entende que essa delegação para particulares só poderia ocorrer em situações muito específicas, como é o caso dos capitães de navio, que outorgariam a particulares cometimentos tipicamente públicos relacionados à liberdade e à propriedade.

Admite-se, contudo, a delegação de atos materiais de polícia. Esses atos são atividades de mera execução de determinações anteriormente emanadas da própria Administração Pública. Assim, é possível que uma empresa privada realize o serviço de demolição de uma obra clandestina. Porém, o decidir demolir a obra clandestina deve ter sido ato anterior e necessariamente emanado da autoridade administrativa.

Ainda, o STJ, no REsp 880.549-DF, rel. Min. Eliana Calmon, j. 21-10-2008 (*vide Informativo 373*), decidiu que "o registro fotográfico da infração serve como base para a lavratura do auto de infração, cuja competência é exclusiva da autoridade de trânsito". Ora, certos atos antecedentes do poder de polícia podem ser exercidos por particulares,

---

[23] BANDEIRA DE MELLO, Celso Antônio. *Curso de direito administrativo*, 25. ed., São Paulo: Malheiros, 2008, p. 826.

mediante contrato de prestação, como é o caso do registro fotográfico de infração realizado, na maioria dos casos, por empresas privadas.

> **JURISPRUDÊNCIA**
>
> - **MS. RODÍZIO. CIRCULAÇÃO. VEÍCULOS**
>   Trata-se de mandado de segurança com objetivo de exclusão de veículo de propriedade do recorrente da obrigatoriedade de submeter-se ao programa de restrição ao trânsito de veículos automotores no município de São Paulo, cognominado de "rodízio", instituído pela Lei municipal n. 12.490/97 e o Dec. Estadual n. 37.085/97, por ofensa do direito ao livre exercício de sua profissão de professor e advogado. *In casu*, explica o Min. Relator que há intempestividade da impetração. A lei citada que restringe a circulação dos veículos em determinados dias foi publicada em 3-10-97 e o *mandamus* só foi impetrado em 11-8-2003. Ainda que ultrapassado esse óbice, encontra a pretensão obstáculo na ausência de liquidez e certeza do direito vindicado. Outrossim, no caso, há de se considerar essa restrição à circulação de veículos em determinados dias como poder de polícia do Município, com a finalidade de promover o bem público em geral, o qual limita e regulamenta o uso de liberdade individual para assegurar essa própria liberdade e os direitos essenciais ao homem. Precedentes citados: RMS 21.597-BA, *DJ* 19-10-2006; RMS 20.209-RS, *DJ* 23-10-2006; RMS 18.876-MT, *DJ* 12-6-2006, e RMS 15.901-SE, *DJ* 6-3-2006. RMS 19.820-SP, rel. Min. Luiz Fux, j. 9-10-2007 (*Informativo STJ 335*).
>
> - **DIREITO ADMINISTRATIVO. REMUNERAÇÃO POR USO DE VIAS PÚBLICAS POR CONCESSIONÁRIA DE SERVIÇO PÚBLICO**
>   **A utilização das vias públicas para prestação de serviços públicos por concessionária – como a instalação de postes, dutos ou linhas de transmissão – não pode ser objeto de cobrança pela Administração Pública.** A cobrança é ilegal, pois a exação não se enquadra no conceito de taxa – não há exercício do poder de polícia nem prestação de algum serviço público –, tampouco no de preço público – derivado de um serviço de natureza comercial ou industrial prestado pela Administração. Precedentes citados: REsp 1.246.070-SP, *DJe* 18-6-2012, e REsp 897.296-RS, *DJe* 31-8-2009. AgRg no REsp 1.193.583-MG, rel. Min. Humberto Martins, j. 18-10-2012 (*Informativo STJ 508*).
>
> - **CONCESSIONÁRIA. USO. SOLO. SUBSOLO. ESPAÇO AÉREO**
>   A Turma reafirmou o entendimento de que é ilegal cobrar da concessionária de serviço público o uso do solo, subsolo ou espaço aéreo (instalação de postes, dutos, linhas de transmissão etc.), visto que a utilização, nesses casos, reverte em favor da sociedade (daí não se poder falar em preço público) e que não há serviço público prestado ou poder de polícia (o que afasta a natureza de taxa). REsp 863.577-RS, rel. Min. Mauro Campbell Marques, j. 10-8-2010 (*Informativo STJ 442*).
>
> - **EXPEDIÇÃO DE DIPLOMA DE MESTRE E AUTORIDADE COATORA**
>   A Turma, por maioria, negou provimento a recurso ordinário em mandado de segurança interposto contra acórdão do STJ que, por reputar o Ministro de Estado da Educação parte ilegítima para figurar como autoridade coatora, declarara sua incompetência para julgar a causa. Na espécie, sustentava-se que o aludido Ministro de Estado, na qualidade de superior hierárquico, possuiria poderes para determinar às demais autoridades coatoras a ele subordinadas a adoção de providências necessárias para salvaguardar o direito líquido e certo do impetrante de ter seu diploma de mestre registrado, com validade nacional e sem restrição. Alegava-se, ainda, a omissão dessa autoridade no exercício do poder de polícia, ao permitir

o funcionamento, em universidade pública federal, de curso superior não credenciado pelo MEC. Considerou-se que, no caso, a autoridade tida por coatora não praticara nenhum ato suscetível de ser combatido pela impetração do *writ*. Asseverou-se que o credenciamento de cursos em instituição de educação superior é realizado no âmbito do Conselho Nacional de Educação, mas a expedição de diplomas e o reconhecimento dos requisitos necessários ao cumprimento da carga acadêmica e outras exigências dependem da própria universidade, que detém autonomia específica para autorizar ou não a mencionada emissão. Ademais, observou-se que a discussão diz respeito à expedição de diploma e que, conforme demonstrado, haveria indicação de que o ora recorrente tinha conhecimento de que o curso não estava credenciado. Vencidos os Ministros Marco Aurélio, relator, e Cármen Lúcia que, tendo em conta o fato de a impetração envolver o Ministro de Estado da Educação, não só por haver aprovado e homologado ato do Conselho Nacional de Educação, como, também, por lhe competir, em última instância, segundo alegado, o poder de polícia quanto à regularidade do curso, aduziam não ser admissível concluir-se pela ilegitimidade. Assim, ressaltando a impossibilidade de se confundir preliminar com mérito e sem adentrar a questão de fundo, davam provimento ao recurso para que, ultrapassada a preliminar de ilegitimidade do Ministro de Estado da Educação como autoridade coatora, a Corte de origem prosseguisse no julgamento do mandado de segurança. RMS 26.369/DF, rel. orig. Min. Marco Aurélio, rel. p/ o acórdão Min. Menezes Direito, j. 9-9-2008 *(Informativo STF 519)*.

- **MULTA. PROCON. COMPATIBILIDADE. ANATEL**

    Trata-se de embargos à execução em que o ora recorrente pretende desconstituir título executivo extrajudicial correspondente à multa aplicada por Procon municipal à concessionária de serviço de telefonia. Conforme demonstram os autos, a referida multa resultou do descumprimento de determinação daquele órgão de defesa do consumidor que estipulou o prazo de 10 dias para a instalação de linha telefônica. Quando as condutas praticadas no mercado de consumo atingirem diretamente o interesse do consumidor, é legítima a atuação do Procon para aplicar as sanções administrativas previstas em lei, no regular exercício do poder de polícia que lhe foi conferido pelo sistema nacional de defesa do consumidor. Tal atuação não se confunde com a atividade regulatória setorial realizada pelas agências criadas por lei, cuja preocupação não se restringe à tutela particular do consumidor, mas abrange a execução do serviço público em seus vários aspectos, a exemplo da continuidade e universalização do serviço, da preservação do equilíbrio econômico-financeiro do contrato de concessão e da modicidade tarifária. Na espécie, a sanção aplicada não se referiu ao descumprimento do plano geral de metas traçado pela Anatel, mas tem relação com a qualidade dos serviços prestados pela empresa de telefonia que, mesmo após firmar compromisso, deixou de resolver a situação do consumidor prejudicado pela não instalação da linha telefônica. Assim, a atuação do Procon teve por finalidade imediata a proteção do consumidor, logo é legítima. REsp 1.138.591-RJ, rel. Min. Castro Meira, j. 22-9-2009 *(Informativo STJ 408)*.

3.5.7 STF considera válida a imposição de limite de idade para veículos de transporte coletivo

O Supremo Tribunal Federal (STF) **julgou improcedente** a ADI 4212, ajuizada pela Associação Nacional dos Transportadores de Passageiros (Antpas) contra dispositivo de lei estadual de Minas Gerais que estabelece limite de idade para a circulação de ônibus.

O caso envolve questionamento feito pela Antpas acerca do art. 107 do Código de Trânsito Brasileiro (Lei Federal n. 9.503/97), que atribui aos Estados a competência para definir critérios de segurança, higiene e conforto para autorizar o uso de veículos de aluguel destinados ao transporte individual ou coletivo de passageiros, e o art. 2º, IV e parágrafos, do Decreto Estadual n. 44.035/2005, de Minas Gerais. O decreto e suas modificações posteriores proíbem o uso de **veículos com mais de 20 anos**.

Para a Ministra Rosa Weber, é desnecessária a utilização da via da lei complementar para regulamentar a limitação da idade da frota destinada ao aluguel, por **não se tratar** de competência legislativa sobre trânsito e transporte, mas do **poder de polícia administrativa sobre os serviços de transporte intermunicipal**.

É da competência da União organizar as diretrizes básicas sobre a política nacional de transporte, portanto, não houve ofensa ao art. 22, XI, da Constituição Federal.

JURISPRUDÊNCIA EM TESES

PODER DE POLÍCIA (EDIÇÃO 82)

A administração pública possui interesse de agir para tutelar em juízo atos em que ela poderia atuar com base em seu poder de polícia, em razão da inafastabilidade do controle jurisdicional.	Acórdãos **REsp 1651622/SP**, Rel. Ministro HERMAN BENJAMIN, SEGUNDA TURMA, j. 28-3-2017, *DJe* 18-4-2017 **REsp 1366338/SP**, Rel. Ministro HUMBERTO MARTINS, SEGUNDA TURMA, j. 14-4-2015, *DJe* 20-4-2015 **AgRg no REsp 1396306/PE**, Rel. Ministro MAURO CAMPBELL MARQUES, SEGUNDA TURMA, j. 14-10-2014, *DJe* 20-10-2014
O prazo prescricional para as ações administrativas punitivas desenvolvidas por Estados e Municípios, quando não existir legislação local específica, é quinquenal, conforme previsto no art. 1º do Decreto n. 20.910/32, sendo inaplicáveis as disposições contidas na Lei n. 9.873/99, cuja incidência limita-se à Administração Pública Federal Direta e Indireta.	Acórdãos **AgInt no REsp 1409267/PR**, Rel. Ministra ASSUSETE MAGALHÃES, SEGUNDA TURMA, j. 16-3-2017, *DJe* 27-3-2017 **AgInt no REsp 1609487/PR**, Rel. Ministro OG FERNANDES, SEGUNDA TURMA, j. 16-2-2017, *DJe* 23-2-2017 **AgRg no REsp 1566304/PR**, Rel. Ministro HERMAN BENJAMIN, SEGUNDA TURMA, j. 10-3-2016, *DJe* 31-5-2016 **AgRg no REsp 1513771/PR**, Rel. Ministra REGINA HELENA COSTA, PRIMEIRA TURMA, j. 19-4-2016, *DJe* 26-4-2016 **AgRg no AREsp 750574/PR**, Rel. Ministro SÉRGIO KUKINA, PRIMEIRA TURMA, j. 3-11-2015, *DJe* 13-11-2015 **AgRg no AREsp 509704/PR**, Rel. Ministro BENEDITO GONÇALVES, PRIMEIRA TURMA, j. 13-6-2014, *DJe* 1º-7-2014

A prerrogativa de fiscalizar as atividades nocivas ao meio ambiente concede ao Instituto Brasileiro do Meio Ambiente e dos Recursos Naturais Renováveis (IBAMA) interesse jurídico suficiente para exercer seu poder de polícia administrativa, ainda que o bem esteja situado dentro de área cuja competência para o licenciamento seja do município ou do estado.	**Acórdãos** **AgInt no REsp 1484933/CE**, Rel. Ministra REGINA HELENA COSTA, PRIMEIRA TURMA, j. 21-3-2017, *DJe* 29-3-2017 **REsp 1560916/AL**, Rel. Ministro FRANCISCO FALCÃO, SEGUNDA TURMA, j. 6-10-2016, *DJe* 9-12-2016 **AgRg no REsp 1466668/AL**, Rel. Ministro HUMBERTO MARTINS, SEGUNDA TURMA, j.15-12-2015, *DJe* 2-2-2016 **Decisões Monocráticas** **REsp 1530546/AL**, Rel. Ministro HERMAN BENJAMIN, SEGUNDA TURMA, j. 16-3-2016, publicado em 9-5-2016
Ante a omissão do órgão estadual na fiscalização, mesmo que outorgante da licença ambiental, o IBAMA pode exercer o seu poder de polícia administrativa, já que não se confunde a competência para licenciar com a competência para fiscalizar.	**Acórdãos** **AgInt no REsp 1484933/CE**, Rel. Ministra REGINA HELENA COSTA, PRIMEIRA TURMA, j. 21-3-2017, *DJe* 29-3-2017 **AgRg no REsp 711405/PR**, Rel. Ministro HUMBERTO MARTINS, SEGUNDA TURMA, j 28-4-2009, *DJe* 15-5-2009 **Decisões Monocráticas** **REsp 1346734/SC**, Rel. Ministro NAPOLEÃO NUNES MAIA FILHO, PRIMEIRA TURMA, j. 7-12-2016, publicado em 12-12-2016
O Programa de Proteção e Defesa do Consumidor (PROCON) detém poder de polícia para impor sanções administrativas relacionadas à transgressão dos preceitos ditados pelo Código de Defesa do Consumidor art. 57 da Lei n. 8.078/90.	**Acórdãos** **AgInt no REsp 1594667/MG**, Rel. Ministra REGINA HELENA COSTA, PRIMEIRA TURMA, j. 4-8-2016, *DJe* 17-8-2016 **AgRg no REsp 1541742/GO**, Rel. Ministro MAURO CAMPBELL MARQUES, SEGUNDA TURMA, j. 17-9-2015, *DJe* 28-9-2015 **REsp 1279622/MG**, Rel. Ministro HUMBERTO MARTINS, SEGUNDA TURMA, j. 6-8-2015, *DJe* 17-8-2015 **REsp 1523117/SC**, Rel. Ministro HERMAN BENJAMIN, SEGUNDA TURMA, j. 21-5-2015, *DJe* 4-8-2015 **AgRg no REsp 1112893/RJ**, Rel. Ministro SÉRGIO KUKINA, PRIMEIRA TURMA, j. 2-10-2014, *DJe* 17-10-2014 **AgRg no AREsp 476062/SP**, Rel. Ministro OG FERNANDES, SEGUNDA TURMA, j. 3-4-2014, *DJe* 28-4-2014

O PROCON tem competência para aplicar multa à Caixa Econômica Federal (CEF) por infração às normas do Código de Defesa do Consumidor, independentemente da atuação do Banco Central do Brasil.	**Acórdãos** **REsp 1366410/AL**, Rel. Ministra ELIANA CALMON, SEGUNDA TURMA, j. 19-9-2013, *DJe* 26-9-2013 **AgRg no REsp 1148225/AL**, Rel. Ministro MAURO CAMPBELL MARQUES, SEGUNDA TURMA, j. 13-11-2012, *DJe* 21-11-2012 **REsp 1120310/RN**, Rel. Ministro HERMAN BENJAMIN, SEGUNDA TURMA, j. 24-8-2010, *DJe* 14-9-2010 **Decisões Monocráticas** **REsp 1403433/PR**, Rel. Ministra REGINA HELENA COSTA, PRIMEIRA TURMA, j. 5-10-2015, publicado em 7-10-2015
A atividade fiscalizatória exercida pelos conselhos profissionais, decorrente da delegação do poder de polícia, está inserida no âmbito do direito administrativo, não podendo ser considerada relação de trabalho e, por consequência, não está incluída na esfera de competência da Justiça Trabalhista.	**Acórdãos** **AgRg no AgRg no AREsp 639899/RS**, Rel. Ministro HERMAN BENJAMIN, SEGUNDA TURMA, j. 5-11-2015, *DJe* 3-2-2016 **CC 127761/DF**, Rel. Ministro MAURO CAMPBELL MARQUES, PRIMEIRA SEÇÃO, j. 28-8-2013, *DJe* 3-9-2013 **AgRg no CC 080665/MG**, Rel. Ministra DENISE ARRUDA, PRIMEIRA SEÇÃO, j. 27-8-2008, *DJe* 22-9-2008 **CC 086108/SP**, Rel. Ministro CARLOS FERNANDO MATHIAS (JUIZ FEDERAL CONVOCADO DO TRF 1ª REGIÃO), PRIMEIRA SEÇÃO, j. 12-3-2008, *DJe* 5-5-2008 **Decisões Monocráticas** **CC 145782/MG**, Rel. Ministro GURGEL DE FARIA, PRIMEIRA SEÇÃO, j. 28-3-2017, publicado em 3-4-2017 **CC 143117/MG**, PRIMEIRA SEÇÃO, j. 11-9-2015, publicado em 21-9-2015
Não é possível a aplicação de sanções pecuniárias por sociedade de economia mista, facultado o exercício do poder de polícia fiscalizatório.	**Acórdãos** **AgInt no AREsp 541532/MG**, Rel. Ministra DIVA MALERBI (DESEMBARGADORA CONVOCADA TRF 3ª REGIÃO), SEGUNDA TURMA, j. 16-8-2016, *DJe* 23-8-2016 **AgRg no AREsp 539558/MG**, Rel. Ministro BENEDITO GONÇALVES, PRIMEIRA TURMA, j. 25-11-2014, *DJe* 3-12-2014 **REsp 817534/MG**, Rel. Ministro MAURO CAMPBELL MARQUES, SEGUNDA TURMA, j. 10-11-2009, *DJe* 10-12-2009

	Decisões Monocráticas **REsp 1201319/RJ**, Rel. Ministro NAPOLEÃO NUNES MAIA FILHO, PRIMEIRA TURMA, j. 1º-2-2016, publicado em 4-2-2016 **AREsp 689441/MG**, Rel. Ministro HERMAN BENJAMIN, SEGUNDA TURMA, j. 30-11-2015, publicado em 5-2-2016
Quando as balanças de aferição de peso estiverem relacionadas intrinsecamente ao serviço prestado pelas empresas ao consumidor, incidirá a Taxa de Serviços Metrológicos, decorrente do poder de polícia do Instituto Nacional de Metrologia, Normatização e Qualidade Industrial (Inmetro) em fiscalizar a regularidade desses equipamentos.	**Acórdãos** **REsp 1655383/SP**, Rel. Ministro HERMAN BENJAMIN, SEGUNDA TURMA, j. 6-4-2017, *DJe* 27-4-2017 **REsp 1384205/SC**, Rel. Ministro SÉRGIO KUKINA, PRIMEIRA TURMA, j. 5-3-2015, *DJe* 12-3-2015 **REsp 1455890/SC**, Rel. Ministro HUMBERTO MARTINS, SEGUNDA TURMA, j. 5-8-2014, *DJe* 15-8-2014 **REsp 138383/SC**, Rel. Ministra ELIANA CALMON, SEGUNDA TURMA, j. 15-10-2013, *DJe* 24-10-2013 **AgRg no REsp 1290558/RS**, Rel. Ministro BENEDITO GONÇALVES, PRIMEIRA TURMA, j. 5-2-2013, *DJe* 8-2-2013 **REsp 1283133/RS**, Rel. Ministro MAURO CAMPBELL MARQUES, SEGUNDA TURMA, j. 1º-3-2012, *DJe* 9-3-2012
É legítima a cobrança da Taxa de Fiscalização dos Mercados de Títulos e Valores Mobiliários decorrente do poder de polícia atribuído à Comissão de Valores Mobiliários (CVM), visto que os efeitos da Lei n. 7.940/89 são de aplicação imediata e se prolongam enquanto perdurar o enquadramento da empresa na categoria de beneficiária de incentivos fiscais.	**Acórdãos** **AgInt nos EDcl no REsp 1467270/RS**, Rel. Ministro MAURO CAMPBELL MARQUES, SEGUNDA TURMA, j. 28-3-2017, *DJe* 3-4-2017 **AgInt no REsp 1536198/PE**, Rel. Ministra REGINA HELENA COSTA, PRIMEIRA TURMA, j. 23-8-2016, *DJe* 2-9-2016 **AgRg no REsp 1141276/SC**, Rel. Ministro SÉRGIO KUKINA, PRIMEIRA TURMA, j. 10-3-2016, *DJe* 28-3-2016 **AgRg no AgRg no AREsp 007517/RS**, Rel. Ministra ASSUSETE MAGALHÃES, SEGUNDA TURMA, j. 16-2-2016, *DJe* 23-2-2016 **REsp 1376168/RS**, Rel. Ministro HERMAN BENJAMIN, SEGUNDA TURMA, j. 23-10-2014, *DJe* 27-11-2014 **AgRg no REsp 1484803/PE**, Rel. Ministro HUMBERTO MARTINS, SEGUNDA TURMA, j. 11-11-2014, *DJe* 21-11-2014

Os valores cobrados a título de contribuição para o Fundo Especial de Desenvolvimento e Aperfeiçoamento das Atividades de Fiscalização (FUNDAF) têm natureza jurídica de taxa, tendo em vista que o seu pagamento é compulsório e decorre do exercício regular de poder de polícia.	**Acórdãos** **EDcl no AgInt no REsp 1585707/SC**, Rel. Ministro MAURO CAMPBELL MARQUES, SEGUNDA TURMA, j. 22-9-2016, *DJe* 28-9-2016 **AgRg no REsp 1412922/SP**, Rel. Ministro HERMAN BENJAMIN, SEGUNDA TURMA, j. 10-12-2013, *DJe* 6-3-2014 **AgRg no REsp 1286451/SC**, Rel. Ministro ARI PARGENDLER, PRIMEIRA TURMA, j. 15-10-2013, *DJe* 23-10-2013 **REsp 1275858/DF**, Rel. Ministro BENEDITO GONÇALVES, PRIMEIRA TURMA, j. 19-9-2013, *DJe* 26-9-2013 **Decisões Monocráticas** **REsp 1471102/SC**, Rel. Ministra ASSUSETE MAGALHÃES, SEGUNDA TURMA, j. 24-3-2017, publicado em 28-3-2017 **REsp 1531004/PR**, Rel. Ministra REGINA HELENA COSTA, PRIMEIRA TURMA, j. 15-8-2016, publicado em 19-8-2016

3.6 Poder regulamentar

Os atos normativos podem ser primários ou secundários. Numa estrutura escalonada de normas, os atos normativos primários (ANP) buscam seu fundamento de validade na Constituição Federal de forma direta. As leis constituem atos de natureza primária, emanam diretamente da Constituição.

Os atos normativos secundários (ANS) buscam seu fundamento de validade nos atos normativos primários (ANP) e apenas indiretamente na Constituição Federal. O poder regulamentar é de natureza secundária (ou derivada): somente é exercido à luz de lei preexistente.

ESQUEMATIZANDO

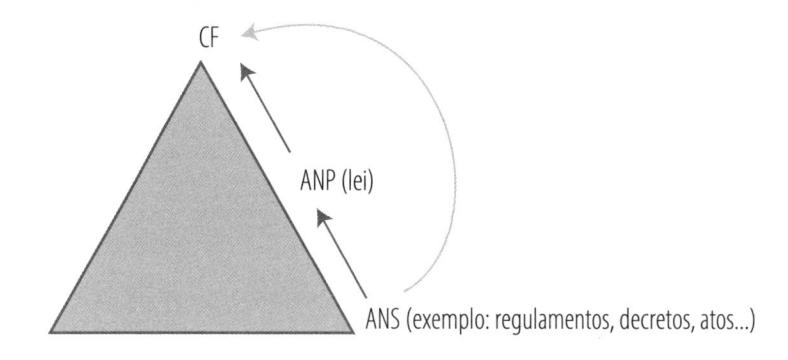

CF
ANP (lei)
ANS (exemplo: regulamentos, decretos, atos...)

O poder regulamentar (ANS) é subjacente à lei e pressupõe a existência da lei (ANP).

As leis (de caráter geral e abstrato), ao serem editadas pelo Poder Legislativo, nem sempre podem ser imediatamente executadas. Cabe, então, à Administração Pública criar mecanismos de **complementação** das leis indispensáveis à sua efetiva aplicabilidade.

Conforme José dos Santos Carvalho Filho[24], existem diversos graus de regulamentação. Os atos de regulamentação de **primeiro grau** têm o condão de regulamentar a lei. Já os atos de regulamentação de **segundo grau** têm o escopo de regulamentar os atos de regulamentação de primeiro grau.

As instruções expedidas pelos Ministros de Estado (art. 87, parágrafo único, II, da CF) podem regulamentar as leis (atos de regulamentação de primeiro grau), ou ainda podem regulamentar decretos e regulamentos (atos de regulamentação de segundo grau).

Resumindo e concluindo: O poder regulamentar possibilita ao administrador regulamentar, normatizar, disciplinar matéria prevista em lei, viabilizando sua complementação e garantindo sua correta execução e aplicação.

3.6.1 Poder regulamentar e mandado de injunção

Existe uma relação entre lei e poder regulamentar encontrada na figura do mandado de injunção (art. 5º, LXXI, da CF). O mandado de injunção permite que o Judiciário declare a inércia do órgão ou agente incumbido da regulamentação da norma, o que assegura ao indivíduo a possibilidade do exercício de direitos e liberdades constitucionais de que seja titular. Muitas vezes, a inviabilidade do exercício do direito decorre da falta de atuação positiva por parte do poder regulamentar.

A regra legal que autoriza o chefe do Executivo a regulamentar a lei deverá apontar prazo para ser expedido o ato de regulamentação, já que a lei não se torna exequível enquanto não for editado o ato regulamentar. Nesse caso, o ato regulamentar configura verdadeira condição suspensiva de exequibilidade da lei. Os efeitos da lei ficam suspensos, e apenas com o advento do ato de regulamentação é que a lei terá aplicabilidade.

Por se tratar de um PODER-DEVER de agir, o Executivo não pode eximir-se de regulamentar a lei no prazo que lhe foi assinalado. A omissão regulamentadora é inconstitucional, pois seria o mesmo que atribuir ao Executivo legislação negativa, isto é, permitir que a inércia do Executivo tivesse o condão de estancar a aplicação da lei, o que ofenderia a estrutura de Poderes da República do art. 2º do Texto Constitucional[25].

Ultrapassado o prazo de regulamentação sem que o Executivo expeça o respectivo decreto ou regulamento, a lei deve tornar-se exequível e aplicada, a fim de que a

---

[24] CARVALHO FILHO, José dos Santos. *Manual de direito administrativo*, 24. ed., Rio de Janeiro: Lumen Juris, 2011, p. 53.

[25] CARVALHO FILHO, José dos Santos. *Manual de direito administrativo*, 24. ed., Rio de Janeiro: Lumen Juris, 2011, p. 57.

vontade do legislador não se torne inócua e eternamente condicionada à vontade do administrador[26].

Os titulares de direitos previstos na lei, com vistas a obter do Judiciário decisão que lhes permita o exercício do direito, encontram, por exemplo, no mandado de injunção tal oportunidade.

3.6.2 Formalização do poder regulamentar

Nos termos do art. 84, IV, do texto constitucional, compete privativamente ao Presidente da República a expedição de decretos e regulamentos para fiel execução das leis. O poder de elaboração desse regulamento executivo ou de execução, pelo princípio da simetria constitucional, também é conferido a outros chefes do Poder Executivo, tais como Governadores e Prefeitos.

Outros atos normativos, editados por autoridades administrativas, podem caracterizar-se como inseridos no âmbito do poder regulamentar: **instruções normativas** expedidas por Ministros e Secretários; **resoluções**; **portarias**; **circulares** emanadas do chefe da Seção; **editais**; **regimentos** expedidos por órgãos colegiados.

Maria Sylvia Zanella Di Pietro[27] sugere nome mais técnico ao instituto, uma vez que não limitado apenas à edição de regulamentos. Fala-se, então, em "poder normativo": o exercício do poder regulamentar transcende a ideia única de expedição de regulamentos, abarcando outros atos de igual natureza derivada e secundária.

Exemplificando: A Lei de Drogas (Lei n. 11.343/2006) institui o Sistema Nacional de Políticas Públicas sobre Drogas (Sisnad); prescreve medidas para prevenção do uso indevido, atenção e reinserção social de usuários e dependentes de drogas; estabelece normas para repressão à produção não autorizada e ao tráfico ilícito de drogas; define crimes e o procedimento, porém não elenca quais são as substâncias consideradas "drogas" para que alguém esteja incurso na referida lei. Esse ato normativo de primeiro grau precisa de uma **complementação**, e, por essa razão, a Portaria da Anvisa lista quais as substâncias que são consideradas drogas (ato normativo secundário).

Em **março de 2016**, a Anvisa autorizou a prescrição de remédio com THC (tetrahidrocanabinol) – que é um dos princípios ativos da maconha –, e a referida substância deixou de integrar as listas E e F2 da Anvisa (que incluem substâncias entorpecentes), passando a integrar a lista C1 (que cuida das substâncias classificadas como controladas). O mesmo fato ocorreu com o CBD (canabidiol) em **janeiro de 2015**.

3.6.3 Limites conferidos ao poder regulamentar

Não cabe ao poder regulamentar editar atos *contra legem*, sob pena de sobre esses atos ser realizado controle de legalidade que poderá culminar em sua invalidação. Deve,

---

[26] MEIRELLES, Hely Lopes. *Direito administrativo brasileiro*, 36. ed., São Paulo: Malheiros, 2010, p. 132.
[27] DI PIETRO, Maria Sylvia Zanella. *Direito administrativo*, 20. ed., São Paulo: Atlas, 2007, p. 78.

ao contrário, atuar *secundum legem*, isto é, em conformidade com a lei e dentro de seus estritos limites.

> **Para complementar:** Se existir inconstitucionalidade no ato regulamentar, ela será classificada na doutrina constitucionalista como **indireta reflexa** – o que impossibilita seu controle pela via direta. Foi o decidido pelo STF na ADI 2.398/DF, rel. Min. Cezar Peluso, j. 4-10-2006: "[...] esta Corte já fixou entendimento de que no sistema de controle abstrato de normas não cabe ação direta de inconstitucionalidade para o exame de ato regulamentar de lei (ADI 2190, rel. Min. Maurício Corrêa, DJ 17-11-2000), como pode ver-se, entre outros, a estes julgados exemplares: 'ora, é pacífica a jurisprudência do Supremo Tribunal Federal, no sentido de não admitir Ação Direta de Inconstitucionalidade que impugne ato normativo não autônomo, meramente regulamentar de lei, pois se vier a exorbitar os limites desta, incidirá em vício de ilegalidade, cujo controle jurisdicional se faz pelas vias do sistema difuso. E não no concentrado de constitucionalidade atribuído a este Corte [...] em certos casos, o regulamento pode ser acoimado de inconstitucional: no caso, por exemplo, de não existir lei que o preceda, ou no caso de o chefe do Poder Executivo pretender regulamentar lei não regulamentável. Todavia, existindo lei, extrapolando o regulamento o conteúdo desta, o caso é de ilegalidade [...]".

De fato, em alguns casos a Constituição autoriza alguns órgãos a produzirem atos regulamentares com natureza primária assim como as leis, e esses atos encontram seu fundamento de validade diretamente na Constituição Federal. É o caso do art. 103-B, § 4º, I, do texto constitucional, que atribuiu ao Conselho Nacional de Justiça a possibilidade de expedição de atos regulamentares no âmbito de sua competência ou a recomendação de providências. No mesmo sentido, a competência atribuída ao Conselho Nacional do Ministério Público: art. 130-A, § 2º, I, da Constituição.

Referidos "atos regulamentares", de natureza autônoma e primária, não se enquadram no âmbito do verdadeiro poder regulamentar, uma vez que seu escopo é regulamentar a própria Constituição[28].

Não poderá a Administração Pública, a pretexto de complementar a lei, alterá-la. Aliás, se alterar a lei, haverá abuso de poder regulamentar por invasão de competência do Legislativo, cabendo ao Congresso Nacional, nos termos do art. 49, V, do texto constitucional, sustar os atos normativos que extrapolem os limites do poder regulamentar.

Trata-se de controle externo realizado pelo Legislativo, por meio do Congresso Nacional, dos atos praticados pelo Executivo: "É da competência exclusiva do Congresso Nacional: [...] V – sustar os atos normativos do Poder Executivo que exorbitem do poder regulamentar ou dos limites de delegação legislativa".

---

[28] CARVALHO FILHO, José dos Santos. *Manual de direito administrativo*, 24. ed., Rio de Janeiro: Lumen Juris, 2011, p. 52.

3.6.4 Modelo atual do poder regulamentar (trazido por José dos Santos Carvalho Filho, *Manual de direito administrativo*, p. 54)

O poder regulamentar tem por finalidade complementar a lei por meio de normas de conteúdo organizacional e, ainda, criar normas técnicas não contidas na lei – como ocorre com a atuação das autarquias de regime especial denominadas agências reguladoras.

As agências reguladoras, em razão de determinação do legislador, têm a função de criar normas técnicas relativas a seus objetivos institucionais.

É o caso da ANEEL (Agência Nacional de Energia Elétrica), que estabelece critérios técnicos relacionados à energia elétrica. No mesmo sentido, a ANATEL (Agência Nacional de Telecomunicações), fixando normas técnicas acerca do regramento das telecomunicações.

JURISPRUDÊNCIA

- **DIREITO ADMINISTRATIVO. PODER REGULAMENTAR. IMPOSSIBILIDADE DE LIMITAÇÃO NÃO PREVISTA NA LEI REGULAMENTADA**
   É ilegal o art. 2º da Res. n. 207/2006-Aneel que, ao exigir o adimplemento do consumidor para a concessão de descontos especiais na tarifa de fornecimento de energia elétrica relativa ao consumidor que desenvolva atividade de irrigação ou aquicultura (Lei n. 10.438/2002), estabeleceu condição não prevista na lei para o benefício, exorbitando o poder de regulamentar. Precedentes citados: REsp 1.048.317-PR, *DJe* 30-9-2010, e RMS 26.889-DF, *DJe* 3-5-2010. AgRg no REsp 1.326.847-RN, rel. Min. Humberto Martins, j. 20-11-2012 (*Informativo STJ 509*).

- **SERVIDOR PÚBLICO. ATESTADO MÉDICO. PRAZO. HOMOLOGAÇÃO. DESCONTO DOS DIAS NÃO TRABALHADOS. PAD. DESCABIMENTO**
   A Turma entendeu que não se mostra desarrazoada ou exorbitante dos limites do poder regulamentar a resolução que, à falta de norma disciplinadora da lei federal à época, fixa prazo para a apresentação do atestado médico particular para homologação, sob risco de que já tenha terminado o tratamento de saúde quando vier a ser concedido o afastamento ao servidor. Assim, deixando de apresentar antecipadamente o atestado particular para homologação, não é ilegal ou abusivo o ato que importou no desconto dos dias em que o servidor não compareceu ao serviço, nem justificou sua falta, nos estritos limites do art. 44 da Lei n. 8.112/90. Sendo descabida, assim, a instauração de processo administrativo disciplinar quando não se colima a aplicação de sanção disciplinar de qualquer natureza, mas o mero desconto da remuneração pelos dias não trabalhados, sob pena de enriquecimento sem causa do servidor público. RMS 28.724-RS, rel. Min. Maria Thereza de Assis Moura, j. 22-5-2012 (*Informativo STJ 498*).

- **REFRIGERANTE. TEOR. LARANJA**
   A Lei n. 8.918/94 permitiu ao Poder Executivo regulamentar os padrões de identidade e qualidade da matéria-prima utilizada em bebidas, além de outros critérios técnicos referentes à sua fabricação e comercialização. Nesse contexto, o revogado Decreto n. 2.314/97, seu regulamento, ao dispor sobre a indevida alteração dos produtos ou de suas matérias-primas (art. 16), bem como o mínimo percentual de suco de laranja que devem conter os refrigerantes desse sabor (art. 45), não extrapolou o poder regulamentar, porquanto apenas especificou restrições já impostas pela referida lei, conferindo-lhe sim executoriedade nos limites de sua competência. Assim, as condutas descritas no citado decreto estão respaldadas pelo art. 9º daquela lei, que

comina sanções administrativas a incidirem sobre as infrações às suas disposições legais, nos termos previstos no regulamento. Dessa forma, deve ser mantido o auto de infração lavrado contra a recorrida, por fabricar, engarrafar e comercializar refrigerante de laranja sem o teor mínimo de suco daquela fruta, tal qual estabelecido no decreto então vigente. REsp 1.135.515-SC, rel. Min. Herman Benjamin, j. 16-3-2010 *(Informativo STJ 427)*.

- **MS. COMUNICAÇÃO. AFASTAMENTO**

Trata-se de mandado de segurança impetrado por sindicato contra a ordem de serviço n. 4/2008 da Secretaria de Estado da Educação, que dispõe sobre os afastamentos dos membros do magistério e servidores ligados à pasta da Educação estadual para participarem de atividades de capacitação profissional e de eventos de cunho educacional ou sindical. O sindicato alega, em síntese, que o ato da secretária de Educação viola seu direito líquido e certo à liberdade sindical e que a restrição da participação de servidores não pode ser feita mediante ordem de serviço, por extrapolar o poder regulamentar. Para o Min. Relator, pela leitura conjunta dos arts. 4º e 6º da mencionada ordem de serviço e do parecer n. 14.483/2006 da PGE, conclui-se que, para as atividades definidas como sindicais e classistas, não existe um percentual máximo para as autorizações, além de serem consideradas de efetivo exercício para todos os efeitos legais, efetivando a liberdade sindical. Muito embora tenha sido utilizado o termo "autorização", no caso de atividades sindicais ou classistas, a norma prevê mera comunicação, para que a carga horária seja oportunamente compensada. Da mesma forma, os limites estabelecidos para a participação dos professores em eventos sociais e culturais são legítimos, pois servem para concretizar o direito à educação, regulamentado na Lei de Diretrizes e Bases da Educação Nacional (LDB). Com efeito, o art. 24 Lei n. 9.394/96 (LDB) preceitua que os alunos dos níveis fundamental e médio têm direito a um ano com no mínimo 200 dias letivos e 800 horas aula. Para o Min. Relator, a regulamentação da matéria é salutar, pois é notório que os profissionais da área de educação precisam lecionar em vários estabelecimentos, em quase todos os dias da semana e turnos, para que possam incrementar sua remuneração mensal. Ademais, não se afigura razoável que um sindicato programe seus eventos em horário de aula, sem que, em contrapartida, haja reposição dos dias letivos e da carga horária. Diante disso, a Turma negou provimento ao recurso. RMS 29.183-RS, rel. Min. Herman Benjamin, j. 6-8-2009 *(Informativo STJ 401)*.

3.6.5 Regulamentos autônomos ou independentes

São atos destinados a tratar de matérias que não podem ser tratadas por lei, por serem postas exclusivamente à disciplina do Poder Executivo.

Assim, fixa-se um campo reservado de matérias sobre as quais a lei não pode tratar. São matérias tidas como atos normativos exclusivos do Poder Executivo.

Sob a égide da Constituição de 1967, os administrativistas sustentavam a existência de regulamentos autônomos ou independentes no Brasil: ao Presidente da República era atribuída competência para dispor, mediante **decreto**, sobre a **estruturação, atribuições** e **funcionamento** dos órgãos da Administração Pública Federal.

Com a dicção fixada pela Constituição de 1988 em sua redação originária (art. 84, VI), suprimiu-se a autonomia normativa atribuída ao Presidente da República, atribuindo-lhe competência para dispor, **na forma da lei**, sobre **organização e funcionamento** da Administração Pública Federal – ora, se tal atribuição deveria ser realizada e condicionada na "forma da lei", esse ato regulamentar seria o denominado decreto executivo ou de execução e não o regulamento autônomo ou independente.

Acontece que a Emenda Constitucional n. 32, de 11 de setembro de 2001, modificou o art. 84, VI, suprimindo a expressão "na forma da lei", e, a partir daí, alguns administrativistas passaram a ver a situação como consagradora dos regulamentos autônomos ou independentes (art. 84, VI, *a* e *b*, do texto constitucional).

Estabelece o referido artigo que compete ao Presidente da República "dispor, mediante decreto, sobre: a) organização e funcionamento da Administração Federal, quando não implicar aumento de despesa nem criação ou extinção de órgãos públicos; b) extinção de funções ou cargos públicos, quando vagos".

Apesar da redação advinda pela EC n. 32/2001, o tema padece de severas divergências doutrinárias acerca da possibilidade de o Executivo editar decreto regulamentar autônomo.

No direito alienígena, isto é, nos países que admitem a existência do regulamento autônomo ou independente, existem, em suas Constituições, dispositivos expressos proibindo seja determinado assunto tratado por lei. No Brasil, entretanto, inexiste dispositivo constitucional nesse sentido.

ESQUEMATIZANDO

CONSTITUIÇÃO DE 1967	REDAÇÃO ORIGINÁRIA DA CF/88 (5-10-1988)	EC N. 32, DE 11-9-2001
Competência ao Presidente da República para dispor, mediante DECRETO, sobre:	Competência atribuída ao Presidente da República, NA FORMA DA LEI, para dispor sobre:	Art. 84, VI, *a* e *b*. Supressão da expressão "NA FORMA DA LEI".
a) ESTRUTURAÇÃO DOS ÓRGÃOS DA ADMINISTRAÇÃO PÚBLICA FEDERAL; b) ATRIBUIÇÕES DOS ÓRGÃOS DA ADMINISTRAÇÃO PÚBLICA FEDERAL; c) FUNCIONAMENTO DOS ÓRGÃOS DA ADMINISTRAÇÃO PÚBLICA FEDERAL.	a) ORGANIZAÇÃO DOS ÓRGÃOS DA ADMINISTRAÇÃO PÚBLICA FEDERAL (art. 84, VI); b) FUNCIONAMENTO DOS ÓRGÃOS DA ADMINISTRAÇÃO PÚBLICA FEDERAL (art. 84, VI).	DIVERGÊNCIA DOUTRINÁRIA ACERCA DO TEMA: a) Maria Sylvia Zanella Di Pietro; b) Celso Antônio Bandeira de Mello; c) José dos Santos Carvalho Filho; d) Marçal Justen Filho; e) Hely Lopes Meirelles.
Possibilidade de regulamentos autônomos ou independentes.	Impossibilidade de regulamento autônomo ou independente.	DIVERGÊNCIA: para uns há possibilidade, para outros não.

a) **Maria Sylvia Zanella Di Pietro**[29] entende que a hipótese do art. 84, VI, *a*, da Constituição impede que lei trate da organização e do funcionamento da Administração Federal, e, se é assim, seria hipótese consagradora dos regulamentos autônomos ou independentes. Ressalva que a criação e a extinção de Ministérios e órgãos da Administração continuam a depender de lei, conforme fixa o art. 88 do texto constitucional (alterado pela EC n. 32/2001).

Já o art. 84, VI, *b*, não se enquadra na função regulamentar autônoma ou independente: a extinção de cargos públicos quando vagos é típico ato concreto por delimitar qual o cargo que será extinto, e regulamento é ato abstrato.

b) **Celso Antônio Bandeira de Mello**[30] refuta a ideia de que o art. 84, VI, trate dos regulamentos autônomos ou independentes.

Na hipótese do art. 84, VI, *a*, se o chefe do Executivo está impedido de criar ou extinguir órgão, nem pode determinar qualquer coisa que implique aumento de despesas, o que então poderia estabelecer acerca da organização e do funcionamento da Administração Pública Federal? Incumbiria ao chefe do Executivo apenas reestruturar alguma competência interna da Administração Federal, antes já criada por lei. E, se já há lei preexistente, o art. 84, VI, *a*, cuida do regulamento executivo ou de execução.

O art. 84, VI, *b*, não poderia ser hipótese de regulamento autônomo ou independente. Como observância ao princípio do paralelismo de formas, se um cargo público é criado por lei, da mesma forma deveria ser extinto. Como então permitir ao Executivo a expedição de um ato concreto para extinção de um cargo vago, se cargos públicos são criados por lei?

O decreto autônomo estaria fazendo o papel de "substituto" da lei, mitigando a conjugação de vontades e de interesses existentes quando da promulgação de uma lei, omitindo etapas e participação de votação democrática, quebrando a confiabilidade, a imparcialidade e a controlabilidade existentes no processo legislativo, já que seria dado ao chefe do Executivo a possibilidade de, por decreto regulamentar autônomo, suprimir interesses de muitos.

O referido autor entende que o verdadeiro regulamento autônomo ou independente, de origem no direito europeu, trataria apenas de assuntos específicos atribuídos exclusivamente ao Executivo. No direito europeu, com o enfraquecimento das monarquias, retirou-se o Poder Legislativo dos Monarcas, transferindo-o para o Parlamento. Assuntos de administração não eram matéria de lei, sendo tratados pelas "ordenanças". A lei tinha a função de disciplinar a liberdade e a propriedade. Já na França, algumas questões só podiam ser tratadas por lei, ao passo que outros assuntos só poderiam ser

---

[29] DI PIETRO, Maria Sylvia Zanella. *Direito administrativo*, 20. ed., São Paulo: Atlas, 2007, p. 80.
[30] BANDEIRA DE MELLO, Celso Antônio. *Curso de direito administrativo*, 25. ed., São Paulo: Malheiros, 2008, p. 335-337.

normatizados pelo Executivo (segurança pública na França, por exemplo). Esses assuntos, exclusivamente tratados pelo Executivo, corroboravam a ideia de "regulamento autônomo ou independente".

c) José dos Santos Carvalho Filho[31] não aceita os regulamentos autônomos ou independentes.

Para o referido autor, para que seja regulamento autônomo é necessário que o ato possa criar ou extinguir primariamente direitos e obrigações sem a existência de lei prévia.

Em nosso ordenamento, não seria possível a existência de atos dessa natureza por violação ao art. 5º, II, do texto constitucional, que fixa o postulado da reserva legal para a exigibilidade de obrigações.

Ainda, atos de mera organização e funcionamento da Administração, mesmo que tenham cunho normativo, são meros ATOS ORDINÁRIOS e não se confundem com os decretos ou regulamentos. Há outros vários atos, além do decreto, incumbidos da ORGANIZAÇÃO E DO FUNCIONAMENTO da Administração: avisos ministeriais, resoluções, provimentos, portarias, instruções, ordens de serviço – sendo a diferença entre eles a maior ou menor amplitude de seu objeto.

No mesmo sentido,

d) Marçal Justen Filho[32].

Decretos e regulamentos, como atos administrativos, não se confundem com decreto oriundo do exercício de função política da competência do Presidente da República (tais como o decreto de intervenção, de estado de defesa – art. 136, § 1º, da Constituição Federal –, de estado de sítio – art. 138 do texto constitucional), que é ato político e de natureza primária emanado diretamente da Constituição.

e) Hely Lopes Meirelles[33] admite os regulamentos autônomos ou independentes para tratar de matéria ainda não regulada em lei, suprimindo omissão do legislador e desde que não fossem invalidados os assuntos e atribuições conferidos tipicamente à disciplina legal. Uma vez promulgada a lei, ficaria superado o ato de regulamentação expedido pelo Executivo.

Os regulamentos autônomos teriam a função de suprir a ausência de lei, possibilitando que determinado assunto fosse tratado por ato do Executivo como um "soldado de reserva" enquanto não houvesse lei dispondo a respeito.

---

[31] CARVALHO FILHO, José dos Santos. *Manual de direito administrativo*, 24. ed., Rio de Janeiro: Lumen Juris, 2011, p. 58.
[32] JUSTEN FILHO, Marçal. *Curso de direito administrativo*, 5. ed., São Paulo: Saraiva, 2010, p. 150-151.
[33] MEIRELLES, Hely Lopes. *Direito administrativo brasileiro*, 36. ed., São Paulo: Malheiros, 2010, p. 132.

PARA GABARITAR

a) O ato discricionário, quando autorizado pelo direito, é legal e válido; o ato arbitrário é sempre ilegítimo e inválido.

b) Não constitui objetivo do poder hierárquico o ato (ou a conduta) de sancionar.

c) A faculdade de que dispõe a Administração Pública de aplicar sanções relativas a infrações funcionais de seus servidores é característica do poder disciplinar.

d) Determinado servidor público se apresentava rotineiramente atrasado para o serviço. Diante disso, seu superior instaurou processo administrativo para apurar a situação e, comprovada a impontualidade, após o exercício do contraditório e ampla defesa, aplicou-lhe uma sanção administrativa. A situação descrita constitui manifestação do poder disciplinar.

e) No exercício do poder regulamentar, a Administração não pode criar direitos, obrigações, proibições ou medidas punitivas, devendo limitar-se a estabelecer normas sobre a forma como a lei vai ser cumprida.

f) Mesmo cabendo ao Poder Executivo o controle de recursos públicos, inexiste hierarquia entre membros que compõem os Poderes Judiciário e Legislativo no exercício das funções jurisdicionais e legislativas, visto que o fazem sem relação de subordinação ou comando.

g) O poder hierárquico confere aos agentes superiores o poder para avocar e delegar competências.

h) Os servidores públicos têm o dever de acatar e cumprir as ordens de seus superiores hierárquicos, salvo quando estas forem manifestamente ilegais.

4. CONTEÚDO DIGITAL

Acesse também pelo *link*: https://somos.in/MDADM9

Capítulo III

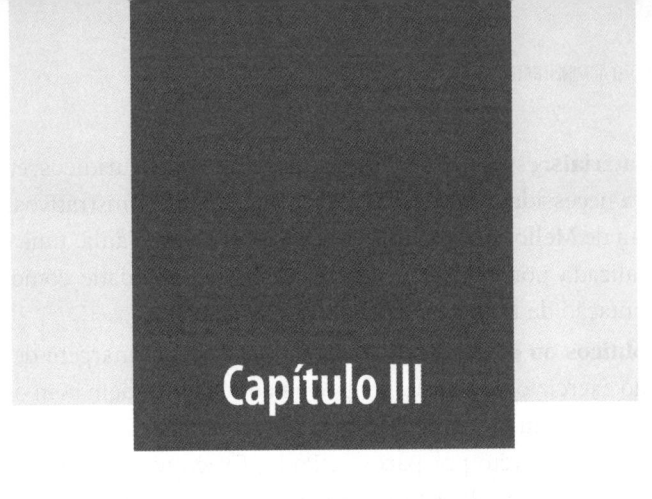

Dos Atos Administrativos

1. CONCEITUAÇÕES

O **ato administrativo** é um ato jurídico com uma finalidade pública, produzida no exercício da função administrativa. Sua conceituação surgiu para diferenciar uma espécie de ato estatal (que não se confunde nem com os atos de índole privada, nem com aqueles praticados de forma típica pelos Poderes Legislativo e Judiciário). O termo ingressou na linguagem jurídica por influência de Duguit.

> "Ato administrativo é toda manifestação unilateral de vontade da Administração Pública que, agindo nessa qualidade, tenha por fim imediato adquirir, resguardar, transferir, modificar, extinguir e declarar direitos, ou impor obrigações aos administrados ou a si própria".[1]

Em resumo: o ato administrativo consiste em: a) declaração do Estado ou de quem lhe faça as vezes; b) tem por escopo certificar, criar, extinguir, transferir ou declarar direitos ou obrigações; c) é exercido no uso de prerrogativas públicas sob a incidência de regras do direito público; d) estão sujeitos ao controle de legalidade perante o Poder Judiciário.

Aprofundamento: A Administração Pública pratica inúmeros atos que não são considerados atos administrativos. São eles:

a) Atos regidos pelo direito privado: como é o caso do contrato de locação de um imóvel para instalação de repartição pública.

---

[1] MEIRELLES, Hely Lopes. *Direito administrativo brasileiro*, 36. ed., São Paulo: Malheiros, 2010, p. 153.

b) **Atos materiais:** esses não são nem considerados atos jurídicos, e, por essa razão, não há a necessidade de qualificá-los como atos administrativos. Celso Antônio Bandeira de Mello exemplifica[2]: o ministério de uma aula, uma operação cirúrgica realizada por médico no exercício de sua atividade como funcionário, a pavimentação de uma rua.

c) **atos políticos ou de governo:** são os praticados com margem de discricionariedade, no exercício de função política e não se confundem com o mero administrar. Decorrem diretamente de estrita observância à Constituição, como é o caso da sanção ou do veto por parte do Poder Executivo; a concessão de indulto; a iniciativa de lei pelo Executivo; a declaração de guerra e a celebração da paz pelo chefe do Executivo Federal, bem como a declaração do estado de sítio. A prática desses atos pode ser sistematizada como uma **quarta atuação do Estado**, que não consiste nem em julgar, nem em legislar nem em administrar. Trata-se da denominada **função política ou função de governo**.

1.1 Doutrina estrangeira

Marcello Caetano[3] define ato administrativo: "Conduta voluntária de um órgão da Administração que, no exercício de um Poder Público e para prossecução de interesses postos por lei a seu cargo, produza efeitos jurídicos num caso concreto.

Desta definição resulta que o acto administrativo se analisa em certos *elementos essenciais: a)* tem de consistir na conduta de um órgão da Administração no exercício de um Poder Público; *b)* essa conduta há-de ser voluntária; *c)* deve ter por objecto a produção de efeitos jurídicos num caso concreto; *d)* o seu fim há-de ser a prossecução de interesses postos por lei a cargo do órgão que se pronunciou".

2. ESPÉCIES DE ATOS ADMINISTRATIVOS

Além dessas classificações, a doutrina analisa alguns atos administrativos em espécie, mas não chega a um acordo sobre o critério para especificá-los.

Podemos agrupá-los em cinco categorias, estas por sua vez, compostas de algumas espécies:

- **Atos normativos:** a) decreto; b) instruções normativas; c) regimentos; d) resoluções; e) deliberações.
- **Atos ordinatórios:** a) instruções; b) circulares; c) avisos; d) portarias; e) ordens de serviço; f) provimentos; g) ofícios; h) despachos.

---

[2] BANDEIRA DE MELLO, Celso Antônio. *Curso de direito administrativo*, 25. ed., São Paulo: Malheiros, 2008, p. 377.

[3] CAETANO, Marcello. *Manual de direito administrativo*, 10. ed., Coimbra: Almedina, 1991, v. I, p. 428.

- **Atos negociais:** a) licença; b) permissão; c) autorização; d) aprovação; e) homologação; f) admissão; g) visto; h) dispensa; i) renúncia; j) protocolo administrativo.
- **Atos enunciativos:** a) certidões; b) atestados; c) pareceres; d) apostilas.
- **Atos punitivos ou sancionatórios:** a) sanções internas; b) sanções externas.

2.1 Atos normativos

São os que contêm um comando geral objetivando explicitar a norma legal, para sua correta aplicação. São:

  a) **Decreto:** ato administrativo que ocupa posição hierárquica inferior à lei, não podendo contrariá-la. É praticado no exercício de competência privativa (art. 84 da Constituição Federal) dos chefes do Poder Executivo (federal – Presidente da República; estadual – Governador e municipal – Prefeito).

Esses atos afetam: a.1) de forma geral e abstrata todos os que se encontram na mesma situação, como é o caso dos regulamentos, que têm a forma de decreto. Ex.: regulamento do Imposto de Renda; a.2) de forma concreta quando atingem um indivíduo ou um grupo de pessoas determinadas (ex.: decreto de desapropriação do imóvel do João; decreto de nomeação da servidora Maria; decreto de demissão do servidor André).

  b) **Instruções normativas (ou regulamentares):** "São atos administrativos expedidos pelos Ministros de Estado para a execução das leis, decretos e regulamentos (CF, art. 87, parágrafo único, II), mas são também utilizadas por outros órgãos superiores para o mesmo fim"[4].

  c) **Regimentos:** são atos típicos dos órgãos colegiados, objetivando demonstrar sua organização e funcionamento. São de atuação interna e disciplinam as atividades internas de órgãos corporativos.

  d) **Resoluções:** "São atos, normativos ou individuais, emanados de autoridades de elevado escalão administrativo, como, por exemplo, Ministros e Secretários de Estado ou Município, ou de algumas pessoas administrativas ligadas ao Governo. Constituem matéria das resoluções todas as que se inserem na competência específica dos agentes ou pessoas jurídicas responsáveis por sua expedição"[5].

Em resumo: são atos administrativos expedidos pelos Presidentes de Tribunais, de corporações legislativas e de órgãos colegiados, ou pelas altas autoridades do Poder Executivo (mas não pelos chefes), sobre matéria de sua competência e referentes a deliberações realizadas.

  e) **Deliberações:** são atos normativos os decisórios de órgãos colegiados (v.g., conselhos, comissões, tribunais administrativos etc.). Normalmente, representam

---

[4] MEIRELLES, Hely Lopes. *Direito administrativo brasileiro*, 36. ed., São Paulo: Malheiros, 2010, p. 185.
[5] CARVALHO FILHO, José dos Santos. *Manual de direito administrativo*, 24. ed., Rio de Janeiro: Lumen Juris, 2011, p. 126.

a vontade majoritária de seus componentes e se caracterizam como atos simples coletivos.

2.2 Atos ordinatórios

Disciplinam o funcionamento da Administração e só têm repercussão no âmbito interno das repartições públicas. São:

    a) Instruções: são verdadeiros instrumentos de organização da Administração. Por meio das instruções são expedidas normas gerais de orientação interna das repartições com o escopo de estabelecer como os subordinados deverão dar andamento aos seus serviços.

Em resumo: consistem em ordens gerais e escritas sobre o modo de atuação dos subordinados em relação à execução e realização de certo serviço – e, portanto, expedidas pelo superior hierárquico.

    b) Circulares: ordens gerais, escritas e uniformes sobre certo serviço, expedidas pelo superior. São atos de menor generalidade que as instruções, embora com a mesma finalidade: ordenamento do serviço.

"Não veicula regras de caráter abstrato como as instruções, mas concreto, ainda que geral, por abranger uma categoria de subalternos encarregados de determinadas atividades"[6].

    c) Avisos: ordens prescrevendo orientações aos subordinados, expedidas por Ministros, especialmente os militares.

    d) Portarias: "É fórmula pela qual autoridades de nível inferior ao de chefe do Executivo, sejam de qualquer escalão de comandos que forem, dirigem-se a seus subordinados, transmitindo decisões de efeito interno, quer com relação ao andamento das atividades que lhes são afetas, quer com relação à vida funcional de servidores, ou, até mesmo, por via delas, abrem-se inquéritos, sindicâncias, processos administrativos".

Em resumo: são atos expedidos por autoridades de qualquer grau, porém inferiores aos chefes do Poder Executivo. Servem para dar orientação geral ou especial aos subordinados. Podem designar servidores para o desempenho de certas funções, ou, ainda, determinar a abertura de sindicâncias e processos administrativos.

    e) Ordens de serviço: são instrumentos utilizados para a transmissão, pelo superior aos subordinados, de determinação quanto ao modo de conduzir certo serviço. Ensina Hely Lopes Meirelles[7] que tais ordens comumente são dadas em simples *memorandos* da Administração (para início de obra ou para pequenas contratações).

---

[6] BANDEIRA DE MELLO, Celso Antônio. *Curso de direito administrativo*, 25. ed., São Paulo: Malheiros, 2008, p. 432.

[7] MEIRELLES, Hely Lopes. *Direito administrativo brasileiro*, 36. ed., São Paulo: Malheiros, 2010, p. 188.

f) Provimentos: têm por escopo a regularização ou uniformização de serviços internos e são expedidos pelas corregedorias ou tribunais.

g) Ofícios: são comunicações formais de agentes públicos. São as denominadas "cartas oficiais".

h) Despachos: são decisões administrativas em procedimentos submetidos à apreciação de autoridades.

2.3 Atos negociais

São os atos administrativos que contêm uma declaração de vontade do Poder Público, que coincide com o interesse do particular, que por sua vez cumpriu os requisitos necessários à sua obtenção. Existe uma concordância entre a vontade da Administração e a do administrado, oriunda da expressão italiana "atti amministrativi negoziali". São:

a) Licença: consiste na manifestação unilateral de vontade da Administração que faculta ao administrado o exercício de uma atividade. Uma vez preenchidos os requisitos legais (portanto, ato vinculado) pelo particular, a Administração permitirá o desempenho de atividades ou a realização de fatos.

Não compete ao agente público valorar a conveniência ou a oportunidade da prática da conduta do administrado. Se o interessado preencher os requisitos legais para a concessão da licença, esta deverá ser concedida. Ao contrário, em havendo sua denegação (de forma arbitrária), será admitido até mesmo o mandado de segurança (art. 5º, LXIX, da CF) para superar o abuso.

É verdadeira manifestação do exercício do poder de polícia fiscalizatório, cujo exercício depende de autorização da Administração. Exemplo: licença de importação; licença para exercício de atividade profissional; licença para edificar (que depende do competente alvará e do preenchimento dos requisitos legais para sua concessão).

Em resumo: 1) depende da concordância do Poder Público para que o particular realize determinada atividade; 2) nunca é conferida de ofício (depende, portanto, de requerimento do particular interessado); 3) é necessária para viabilizar e legitimar o exercício de uma atividade. Palavras-chave: ato unilateral, declaratório e vinculado.

Aprofundamento: O STF **(RE 105.634)** firmou o entendimento de que, antes de iniciada a obra, a licença para construir pode ser revogada por conveniência da Administração Pública, sem a possibilidade de se valer do instituto do "direito adquirido". No mesmo sentido, RE 212.780.

Em sentido contrário, José dos Santos Carvalho Filho[8]: "Em que pese ser pacífico o entendimento, parece-nos, no mínimo, estranho e incompatível com o instituto da licença e de seu caráter de ato vinculado e definitivo. Ademais, sempre se assegura,

---

[8] CARVALHO FILHO, José dos Santos. *Manual de direito administrativo*, 24. ed., Rio de Janeiro: Lumen Juris, 2011, p. 131 e 132.

na hipótese em questão, indenização ao prejudicado, o que não se coaduna com a figura da revogação dos atos administrativos. Por essa razão, há autorizada doutrina que prefere ver nesses casos verdadeira **desapropriação do direito**, este sim instituto que se compadece com o dever indenizatório atribuído ao Poder Público".

b) Permissão: é ato administrativo negocial, discricionário e precário, pelo qual a Administração faculta ao particular (desde que preenchidas as condições legais) o direito de prestar um serviço de interesse coletivo (como é o caso da permissão para desempenho do serviço de transporte coletivo) ou defere o uso especial de bens públicos (como é o caso da permissão de uso de bem público calçada com o escopo de instalação de bancas de jornais ou ainda para a instalação de mesas na calçada defronte a bares e restaurantes).

É ato unilateral, discricionário e precário, no sentido de que o administrador pode sopesar critérios (de conveniência e oportunidade) para expedi-la. E não poderá o particular permissionário dar continuidade ao que foi permitido caso a Administração Pública não veja mais interesse público na manutenção da permissão (aí seu caráter precário – que possibilita a revogação do ato pela Administração, sem qualquer indenização ao particular).

Essa precariedade indica uma posição favorável da Administração Pública (corolário do princípio da supremacia do interesse público), uma vez que o titular da permissão não poderá opor-se à vontade administrativa de extinguir o ato. A precariedade da permissão de serviços públicos inclusive vem expressamente consignada na Lei n. 8.987/95, art. 2º, IV.

LEGISLAÇÃO CORRELATA

Lei n. 8.987/95, art. 2º, IV: permissão de serviço público: a delegação, a título precário, mediante licitação, da prestação de serviços públicos, feita pelo poder concedente à pessoa física ou jurídica que demonstre capacidade para seu desempenho, por sua conta e risco.

Art. 40. A permissão de serviço público será formalizada mediante contrato de adesão, que observará os termos desta Lei, das demais normas pertinentes e do edital de licitação, inclusive quanto à precariedade e à revogabilidade unilateral do contrato pelo poder concedente.

Aprofundamento: O art. 175 da CF estabelece a obrigatoriedade de licitação para toda permissão de serviço público – o que reduz, e muito, o âmbito da precariedade do ato. Ora, se a escolha do permissionário resulta de procedimento licitatório formal, não poderia a Administração Pública permitente, pautada em seu exclusivo juízo, pôr fim ao ato (exceto se houver interesse público devidamente justificado). Nesse sentido, José dos Santos Carvalho Filho[9].

---

[9] CARVALHO FILHO, José dos Santos. *Manual de direito administrativo*, 24. ed., Rio de Janeiro: Lumen Juris, 2011, p. 124.

Ainda Celso Antônio Bandeira de Mello[10]: "As permissões de serviço público, por força do art. 175 da Constituição, devem ser sempre precedidas de licitação; portanto, são atos vinculados. As permissões de uso de bem público, em princípio, também deverão ser antecedidas do mesmo procedimento, como regra, vinculadas, conquanto não se possa descartar alguma hipótese de permissão que, pela índole do uso pretendido ou de sua extrema brevidade, comporte outorga discricionária".

LEGISLAÇÃO CORRELATA

CF
Art. 175. Incumbe ao Poder Público, na forma da lei, **diretamente ou sob regime de concessão ou permissão**, sempre através de licitação, a prestação de serviços públicos.
Parágrafo único. A lei disporá sobre:
I – o regime das empresas concessionárias e permissionárias de serviços públicos, o caráter especial de seu contrato e de sua prorrogação, bem como as condições de caducidade, fiscalização e rescisão da concessão ou permissão;
II – os direitos dos usuários;
III – política tarifária;
IV – a obrigação de manter serviço adequado.

c) **Autorização:** é ato administrativo unilateral, discricionário, constitutivo e precário pelo qual a Administração faculta ao particular o direito de realizar certas atividades, prestar serviços ou utilizar-se de bens. *Exemplificando:* autorização para estacionamento de veículos particulares em terrenos públicos; autorização para porte de arma; autorização para o fechamento de rua por uma noite para a realização de uma festa junina comunitária etc.

Na autorização sempre cabe à autoridade o juízo de conveniência e oportunidade de sua realização, não gerando ao autorizatário qualquer direito subjetivo.

d) **Aprovação:** é o ato que aprecia a legitimidade, a conveniência e a oportunidade da prática de certo ato jurídico, a realizar-se ou já praticado, para dar-lhe eficácia. A aprovação pode ocorrer: **d.1)** *a priori* (quando aprecia a conveniência e oportunidade antes mesmo da prática do ato) – é o caso da manifestação prévia por parte do Senado Federal antes da nomeação de alguns membros da Magistratura (art. 52, III, da CF) ou **d.2)** *a posteriori*, quando manifesta concordância com o ato praticado (v.g., quando o Congresso Nacional se manifesta após a decretação do Estado de Defesa).

---

[10] BANDEIRA DE MELLO, Celso Antônio. *Curso de direito administrativo*, 25. ed., São Paulo: Malheiros, 2008, p. 430.

e) Homologação: é ato administrativo unilateral e de manifestação vinculada pela qual a Administração controla e concorda com outro ato (é condição de exequibilidade do ato controlado), praticado por subalterno ou por outra entidade, ou, ainda, por particular, para lhe dar eficácia. Só pode ocorrer *a posteriori*.

f) Admissão: é ato negocial e vinculado pelo qual a Administração reconhece ao particular, que preencha os requisitos legais, o direito de desfrutar e receber a prestação de um serviço público desenvolvido em certo estabelecimento. Exemplos: admissão numa escola pública; internação em hospital público etc.

Não se confunde com a admissão de pessoa para o serviço público.

g) Visto: é o ato pelo qual a autoridade competente atesta a legitimidade formal de outro ato jurídico. O visto é condição de eficácia do ato que o exige. José dos Santos Carvalho Filho[11] exemplifica: um ato "A" dirigido a "C" tem que ser encaminhado com o visto de "B".

h) Dispensa: é o ato pelo qual o particular é liberado do cumprimento de uma obrigação. Exemplo: dispensa do serviço militar.

i) Renúncia: é o ato pelo qual o Poder Público, autorizado por lei, extingue unilateralmente um direito próprio. Exemplo: não cobrança de um crédito tributário menor que um certo valor.

j) Protocolo administrativo: é o acerto entre a Administração e o particular sobre atos jurídicos de interesse recíproco.

2.4 Atos enunciativos

São aqueles em que a Administração apenas certifica ou atesta um fato, ou dá uma opinião sobre algum assunto, sem se vincular ao seu conteúdo.

a) Certidões: são documentos públicos que retratam atos ou fatos constantes nos arquivos ou órgãos públicos. O fornecimento de certidões é obrigação constitucional (art. 5º, XXXIV, *b*).

As certidões podem ser: **a.1)** de inteiro teor ou **a.2)** resumidas, mas devem expressar fielmente o teor contido no original de onde foram extraídas.

Exemplificando: certidão de nascimento, certidão de dados funcionais do agente público etc.

b) Atestados: são comprovações de fatos ou situações de conhecimento da Administração.

Não confundir:

---

[11] CARVALHO FILHO, José dos Santos. *Manual de direito administrativo*, 24. ed., Rio de Janeiro: Lumen Jutis, 2011, p. 137.

CERTIDÕES ADMINISTRATIVAS	ATESTADOS ADMINISTRATIVOS
• Reproduzem atos ou fatos constantes dos arquivos públicos da Administração. • Os atos ou fatos reproduzidos têm caráter permanente e definitivo.	• Comprovam um fato ou uma situação não constante de livros, papéis ou documentos em poder da Administração. • Os atos ou fatos reproduzidos nos atestados são transitórios e passíveis de modificações.

c) Pareceres: são opiniões técnicas fornecidas por órgão ou agente competente sobre matéria submetida à sua apreciação; têm caráter meramente opinativo.

E, ao falarmos sobre pareceres, qual a **responsabilidade do advogado público na emissão de parecer jurídico**?

O STF cuidou da questão ao analisar o MS 30.892 que fixou: "EMENTA: MANDADO DE SEGURANÇA. DIREITO ADMINISTRATIVO. TRIBUNAL DE CONTAS DA UNIÃO. TOMADA DE CONTAS ESPECIAL. **RESPONSABILIDADE** DE COORDENADOR JURÍDICO DA CODESA POR ELABORAÇÃO DE **PARECER** EM CONSULTA OBRIGATÓRIA. ART. 38, PARÁGRAFO ÚNICO, DA LEI N. 8.666/1993. CARÁTER VINCULATIVO. OFENSA AOS PRINCÍPIOS DA ISONOMIA E DA VINCULAÇÃO AO INSTRUMENTO CONVOCATÓRIO. NECESSIDADE DE DILAÇÃO PROBATÓRIA PARA ENTENDIMENTO CONTRÁRIO. INVIABILIDADE EM SEDE MANDAMENTAL. ATRIBUIÇÕES TÉCNICAS CONSTITUCIONALMENTE ATRIBUÍDAS À CORTE DE CONTAS. ART. 71, II, DA CONSTITUIÇÃO DA REPÚBLICA. DEFERÊNCIA. CAPACIDADE INSTITUCIONAL. HABILITAÇÃO TÉCNICA. INEXISTÊNCIA DE ILEGALIDADE, ABUSO DE PODER OU TERATOLOGIA. AUSÊNCIA DE DIREITO LÍQUIDO E CERTO. AMPLA DIVERGÊNCIA FÁTICA. MANDADO DE SEGURANÇA A QUE SE NEGA SEGUIMENTO. 1. No mandado de segurança, o direito líquido e certo diz respeito à desnecessidade de produção de provas para elucidação dos fatos em que se fundamenta o pedido. Tais fatos devem estar devidamente comprovados desde a impetração, refletidos em acervo fático-probatório suficiente e acostado aos autos. A liquidez e a certeza do direito consubstanciam verdadeiro pressuposto processual objetivo, ligado à adequação do procedimento, cuja inobservância desautoriza a tutela pela via do writ constitucional. Precedentes. Doutrina. 2. In casu, a pretensão deduzida no writ ampara-se em causa petendi de todo incompatível com o rito especial do mandado de segurança, cuja via estreita não comporta dilação probatória na apuração de divergência quanto aos fatos. Ocorre que há notável divergência nas versões apresentadas pelo Tribunal de Contas da União e na peça vestibular do impetrante. Nesse sentido, "a existência de controvérsia sobre matéria de fato revela-se bastante para descaracterizar a liquidez necessária à configuração de situação amparável pela ação de mandado de segurança. Precedentes." (MS 32.244, rel. Min. Dias Toffoli, Primeira Turma, *DJe* de 16-12-2013). 3. Deveras, ao menos com base nos documentos colacionados, inexiste flagrante ilegalidade, abuso de poder ou teratologia por parte do Tribunal de Contas da União. Primeiro, o ato tido como ator circunscreve-se à competência constitucional da Corte de Contas (CRFB/88, art. 71, II). Segundo, o Acórdão bem fundamentou suas conclusões, sobretudo quanto à obrigatoriedade do **parecer**, visto que, segundo o TCU, enquadrado no escopo do art. 38 da Lei n. 8.666/1993. Terceiro, levou em consideração todos os pontos levantados pelo ora impetrante, ainda expondo dúvida bastante plausível quanto ao cumprimento do seu dever de cautela na elaboração desse. Quarto, foi sensível à proporcionalidade entre a multa e a participação do impetrante no dano causado, limitando-a ao montante de R$ 4.000,00, cumprindo com os termos do art. 58, II, da Lei n. 8.443/1992. 4. Consectariamente, descabe a interferência desta Suprema Corte na atuação regular da Corte de Contas da União, mercê da inexistência de qualquer vício flagrante. Ademais, entender de modo distinto do TCU, demandaria profunda incursão fático-probatória, medida inviável nesta via processual estreita. 5. Ex positis, NEGO SEGUIMENTO ao presente mandamus, nos termos do art. 21, § 1º, do Regimento Interno do Supremo Tribunal Federal, restando prejudicada a análise do pleito cautelar".

Aprofundamento: Pareceres vinculantes – "aqueles que impedem a autoridade decisória de adotar outra conclusão que não seja a do ato opinativo, ressalvando-se, contudo, que se trata de regime de exceção e, por isso mesmo, só sendo admitidos se a lei o exigir expressamente"[12].

d) Apostilas: são atos pelos quais a Administração reconhece um direito, averbando-os.

2.5 Atos punitivos ou sancionatórios

São os atos que contêm uma sanção, um castigo, aos agentes públicos e aos particulares sujeitos ao controle administrativo, com oportunidade de exercício de contraditório e ampla defesa (como fixa o art. 5º, LV, da CF).

As sanções podem ser agrupadas em duas categorias: **a) sanções internas** – as que disciplinam internamente os servidores e os penalizam de acordo com as possíveis cominações fixadas em seus estatutos funcionais (*v.g.*, advertência, suspensão, demissão, sequestro, perdimento de bens, suspensão dos direitos políticos, perda da função pública, proibição de contratar com o Poder Público etc.); **b) sanções externas** (decorrem da relação Administração *versus* administrado sempre que este violar a norma administrativa – *v.g.*, fixação de multa de trânsito; interdição de atividades; apreensão de bens; destruição de coisas etc.).

3. CLASSIFICAÇÃO DOS ATOS ADMINISTRATIVOS

Entre os publicistas, a classificação dos atos administrativos não é uniforme. Podemos fixar diversos critérios, alguns até mesmo inúteis praticamente. Apontaremos as classificações principais utilizadas pelos administrativistas nacionais de maneira a otimizar o estudo e clarificar a sistematização.

---

[12] CARVALHO FILHO, José dos Santos. *Manual de direito administrativo*, 24. ed., Rio de Janeiro: Lumen Juris, 2011, p. 128.

3.1 "Quanto à formação do ato administrativo"

Na classificação de Hely Lopes Meirelles[13] ou "quanto à composição da vontade produtora do ato", na classificação de Celso Antônio Bandeira de Mello[14], ou "critério da intervenção da vontade administrativa", na classificação de José dos Santos Carvalho Filho[15]: os atos podem ser simples, compostos ou complexos.

ATO SIMPLES	ATO COMPOSTO	ATO COMPLEXO
Uma única manifestação de vontade que torna o ato perfeito e acabado	Mais de uma manifestação de vontade	Mais de uma manifestação de vontade
	Agentes em patamar de desigualdade	Agentes em patamar de igualdade
	Mesmo órgão – a vontade do órgão é única	Órgãos diferentes
Celso Antônio Bandeira de Mello[16] exemplifica: licença de habilitação para dirigir automóvel. Os atos simples podem ser: a) singulares – há a vontade de apenas uma autoridade; b) colegiais – a decisão é tomada por Comissões ou Conselhos.	Ex.: autorização que depende de VISTO da autoridade superior.	Ex. 1: nomeação de dirigente de agência reguladora – Presidente da República nomeia (ato 1) e depende de aprovação do Senado Federal (ato 2). Ex. 2: a investidura de Ministro do Supremo Tribunal Federal se inicia pela escolha do Presidente da República (ato 1); passa pela aferição do Senado Federal (ato 2) e somente então haverá a nomeação, nos termos do art. 101, parágrafo único, da Constituição Federal[17].

---

[13] MEIRELLES, Hely Lopes. *Direito administrativo brasileiro*, 36. ed., São Paulo: Malheiros, 2010, p. 175.
[14] BANDEIRA DE MELLO, Celso Antônio. *Curso de direito administrativo*, 25. ed., São Paulo: Malheiros, 2008, p. 419.
[15] CARVALHO FILHO, José dos Santos. *Manual de direito administrativo*, 24. ed., Rio de Janeiro: Lumen Juris, 2011, p. 121.
[16] BANDEIRA DE MELLO, Celso Antônio. *Curso de direito administrativo*, 25. ed., São Paulo: Malheiros, 2008, p. 419.
[17] CARVALHO FILHO, José dos Santos. *Manual de direito administrativo*, 24. ed., Rio de Janeiro: Lumen Juris, 2011, p. 121.

> **Aprofundamento:** Divergências doutrinárias sobre o tema:
>
> a) **Primeiro entendimento:** Marçal Justen Filho[18] classifica os atos administrativos quanto à estrutura subjetiva da competência. Para o autor, tais atos podem ser simples ou compostos. Estes, por sua vez, podem ser coletivos ou complexos.
>
> *Simples:* os que dependem da atuação de uma única pessoa física. Quando a vontade administrativa é produzida pela conjugação da atividade de diversas pessoas físicas, teremos um ato administrativo composto. São *complexos* os atos administrativos produzidos pela conjugação da atuação de órgãos distintos, de molde a que cada sujeito participante desempenhe atividade qualitativamente diversa da dos demais. Por fim, nos atos coletivos haveria uma pluralidade de indivíduos que formam a vontade de um único órgão administrativo (v.g., decisão da comissão de licitação).
>
> b) **Segundo entendimento:** Diógenes Gasparini[19] e Celso Antônio Bandeira de Mello[20] não fazem referência aos atos compostos (mencionam apenas os atos simples e os complexos).
>
> c) **Terceiro entendimento:** Maria Sylvia Zanella Di Pietro[21] distingue os atos compostos dos atos complexos, porém o exemplo que ela ilustra é de ato composto. José dos Santos Carvalho Filho[22] entende que é exemplo de ato complexo.
>
> E qual é esse exemplo?
>
> A nomeação do Procurador-Geral da República, precedida da aprovação do Senado (art. 128, § 1º, da CF): para Maria Sylvia Zanella Di Pietro trata-se de exemplo de ato composto; para José dos Santos Carvalho Filho, exemplo de ato complexo.
>
> d) **Quarto entendimento:** Sérgio de Andréa Ferreira[23] não aceita os atos compostos.

JURISPRUDÊNCIA

- **CONCURSO PÚBLICO. APROVAÇÃO**

   Trata-se de mandado de segurança em que a impetrante busca sua nomeação no cargo de fonoaudiólogo de hospital universitário após aprovação no primeiro lugar de concurso público. Primeiramente, para que logre êxito em seu pleito, é necessário que o Ministro da Educação redistribua vagas conforme a Portaria n. 79/2002 do Ministério do Planejamento, Orçamento e Gestão. Assim, a nomeação é ato complexo, pois depende da atuação de dois agentes adminis-

---

[18] JUSTEN FILHO, Marçal. *Curso de direito administrativo*, 5. ed., São Paulo: Saraiva, 2010, p. 349.
[19] GASPARINI, Diógenes. *Direito administrativo*, 14. ed., São Paulo: Saraiva, 2009, p. 82.
[20] BANDEIRA DE MELLO, Celso Antônio. *Curso de direito administrativo*, 25. ed., São Paulo: Malheiros, 2008, p. 419.
[21] DI PIETRO, Maria Sylvia Zanella. *Direito administrativo*, 20. ed., São Paulo: Atlas, 2007, p. 207.
[22] CARVALHO FILHO, José dos Santos. *Manual de direito administrativo*, 24. ed., Rio de Janeiro: Lumen Juris, 2011, p. 121.
[23] Citado por CARVALHO FILHO, José dos Santos. *Manual de direito administrativo*, 24. ed., Rio de Janeiro: Lumen Juris, 2011, p. 121.

trativos, quais sejam, o reitor da Universidade e o Ministro da Educação. Logo, ambos possuem legitimidade para figurar no polo passivo do mandado de segurança. Quanto ao direito, precedentes deste Superior Tribunal caminham no sentido de que, a partir da veiculação no instrumento convocatório da necessidade de a Administração prover determinado número de vagas, nomeação e posse, que seriam, a princípio, atos discricionários, de acordo com a necessidade do serviço público, tornam-se vinculados, gerando, em contrapartida, direito subjetivo para o candidato aprovado dentro do número de vagas previstas no edital. Assim, ao prosseguir o julgamento, a Seção, por maioria, concedeu a segurança. Precedentes citados: RMS 15.420-PR, *DJ* 19-5-2008; RMS 15.945-MG, *DJ* 20-2-2006; RMS 15.034-RS, *DJ* 29-3-2004, e RMS 20.718-SP, *DJ* 3-3-2008. MS 10.381-DF, rel. Min. Nilson Naves, j. 5-12-2008 *(Informativo STJ 379)*.

- **ASCENSÃO FUNCIONAL: PRINCÍPIOS DA SEGURANÇA JURÍDICA E DO DEVIDO PROCESSO LEGAL**

    O Tribunal concedeu mandado de segurança impetrado contra decisão do Tribunal de Contas da União – TCU que determinara à Empresa Brasileira de Correios e Telégrafos – ECT, com base no art. 37, § 2º, da CF, que procedesse à anulação dos atos que implementaram as ascensões funcionais verificadas naquela entidade, consumados posteriormente à data de 23-4-1993. Entendeu-se ter havido ofensa aos princípios da segurança jurídica e do devido processo legal, haja vista não se tratar, no caso, de ato complexo e de ter o TCU exercido o crivo de revisão dos atos administrativos, formalizados no período entre a promulgação da CF/88 e dezembro de 1995, passados mais de 5 anos, inclusive, da vigência da Lei n. 9.784/99, sem viabilizar, no entanto, a manifestação dos seus beneficiários. Registrou-se, ainda, a recente edição da Súmula Vinculante n. 3 do STF, aplicável à espécie ("Nos processos perante o Tribunal de Contas da União asseguram-se o contraditório e a ampla defesa quando da decisão puder resultar anulação ou revogação de ato administrativo que beneficie o interessado, excetuada a apreciação da legalidade do ato de concessão inicial de aposentadoria, reforma e pensão"). MS 26.353/DF, rel. Min. Marco Aurélio, j. 6-9-2007 *(Informativo STF 478)*.

3.2 Classificação quanto aos "destinatários do ato administrativo"

Expressão utilizada nas classificações de Hely Lopes Meirelles[24], José dos Santos Carvalho Filho[25], Maria Sylvia Zanella Di Pietro[26], Diógenes Gasparini[27], Celso Antônio Bandeira de Mello[28] e Marçal Justen Filho[29].

---

[24] MEIRELLES, Hely Lopes. *Direito administrativo brasileiro*, 36. ed., São Paulo: Malheiros, 2010, p. 167.
[25] CARVALHO FILHO, José dos Santos. *Manual de direito administrativo*, 24. ed., Rio de Janeiro: Lumen Juris, 2011, p. 119.
[26] DI PIETRO, Maria Sylvia Zanella. *Direito administrativo*, 20. ed., São Paulo: Atlas, 2007, p. 208.
[27] GASPARINI, Diógenes. *Direito administrativo*, 14. ed., São Paulo: Saraiva, 2009, p. 79.
[28] BANDEIRA DE MELLO, Celso Antônio. *Curso de direito administrativo*, 25. ed., São Paulo: Malheiros, 2008, p. 416.
[29] JUSTEN FILHO, Marçal. *Curso de direito administrativo*, 5. ed., São Paulo: Saraiva, 2010, p. 348.

a) Gerais ou normativos: são os atos aplicáveis a um número indeterminado de sujeitos. Possuem "sujeitos inespecificados, porque colhidos em razão de se incluírem em uma situação determinada ou em uma classe de pessoas"[30].

São atos de comando abstrato, impessoal, aplicados *erga omnes* e abarcando todos aqueles que se encontrarem na mesma situação de fato disciplinada pelo ato. É o caso dos regulamentos; horário de funcionamento da repartição pública das 8 até as 17 horas; fixação de limite de velocidade de 80 km/h na via "x"; regulamentos; instruções normativas; concessão de férias coletivas aos funcionários de uma repartição; ordem de dissolução de uma passeata tumultuosa; circulares de serviço.

Quando a Administração necessita que o ato geral (ou normativo) produza efeitos externos, deverá publicar no órgão oficial, só ficando os destinatários sujeitos a essas determinações após a divulgação oficial.

b) Individuais ou especiais: são os atos que possuem sujeitos específicos, determinados, certos, individualizados, trazendo-lhes uma situação jurídica peculiar e produzindo efeitos jurídicos no caso concreto. É o caso dos contratos; da desapropriação do imóvel de Paulo (ato expropriatório que identifica o destinatário, no exemplo, Paulo); nomeação da servidora Ana para ocupar o cargo "Y"; exoneração do agente público João; demissão da servidora Joana; atos de permissões e autorizações; tombamento; servidão administrativa etc.

É possível que tais atos abarquem vários sujeitos, desde que estes possam ser individualizados. Assim, podemos subdividir os atos individuais ou especiais em: b.1) singulares; b.2) plúrimos.

b.1) Singulares: há somente um destinatário específico para o ato – exemplo: nomeação do servidor Roberto.

b.2) Plúrimos: há mais de um destinatário, os destinatários do ato são vários – exemplo: nomeação, em uma única lista, de múltiplos sujeitos especificados[31]; o ato de classificação dos aprovados em concurso público[32].

Aprofundamento: Maria Sylvia Zanella Di Pietro[33], embora registre essa classificação feita pela maioria dos autores administrativistas quanto aos destinatários do ato, ressalta que, em razão do conceito restrito de ato administrativo por ela adotado, "como modalidade de ato jurídico, os atos gerais são **atos da Administração** e não atos administrativos; apenas em sentido **formal** poderiam ser considerados atos administrativos, já que emanados da Administração Pública, com subordinação à lei; porém, quanto ao **conteúdo**, não são atos administrativos, porque não produzem efeitos no caso concreto".

---

[30] GASPARINI, Diógenes. *Direito administrativo*, 14. ed., São Paulo: Saraiva, 2009, p. 416.
[31] BANDEIRA DE MELLO, Celso Antônio. *Curso de direito administrativo*, 25. ed., São Paulo: Malheiros, 2008, p. 416.
[32] GASPARINI, Diógenes. *Direito administrativo*, 14. ed., São Paulo: Saraiva, 2009, p. 79.
[33] DI PIETRO, Maria Sylvia Zanella. *Direito administrativo*, 20. ed., São Paulo: Atlas, 2007, p. 208.

ATOS GERAIS (OU NORMATIVOS)	ATOS INDIVIDUAIS (OU CONCRETOS)
Não podem ser impugnados, administrativamente, por meio de recurso administrativo. Os atos gerais ou normativos têm natureza legislativa, já que dotados de **generalidade, abstração e impessoalidade**. Sendo assim, submetem-se, nos termos do art. 102, I, *a*, da Constituição, ao controle concentrado de constitucionalidade, tendo como legitimados ativos os indicados no art. 103 do texto constitucional.	Podem ser impugnados diretamente pelo interessado quanto à legalidade (por meio de recursos administrativos, por exemplo) ou na via judicial.
São sempre revogáveis.	A revogação sofre uma série de limitações, não podendo ser revogados os atos que geram direitos subjetivos em prol do administrado (como ocorre com a maioria dos atos vinculados).
Os atos gerais têm precedência hierárquica sobre os individuais, ainda que provindos da mesma autoridade[34].	Um decreto individual não pode contrariar um decreto geral ou regulamentar em vigor.

3.3 Classificação quanto ao "alcance dos atos administrativos"

Na classificação de Hely Lopes Meirelles[35] ou "quanto à situação de terceiros", na classificação de Celso Antônio Bandeira de Mello[36], ou "quanto à abrangência dos efeitos", a classificação de Diógenes Gasparini[37], ou "quanto ao âmbito de aplicação", na classificação de Marçal Justen Filho[38].

Essa classificação leva em consideração se o ato administrativo produzirá efeitos sobre os órgãos que integram a Administração Pública ou não.

    a) Internos: são os que produzem efeitos no seio da repartição pública, ou seja, produzem efeitos dentro da própria Administração Pública, e, por essa razão, normalmente atingem os órgãos e agentes que os expediram, o que afasta sua incidência em relação a estranhos.

---

[34] Jean-Marie Rainaud, citado por Hely Lopes Meirelles, *Direito administrativo brasileiro*, 36. ed., São Paulo: Malheiros, 2010, p. 168.
[35] MEIRELLES, Hely Lopes. *Direito administrativo brasileiro*, 36. ed., São Paulo: Malheiros, 2010, p. 169.
[36] BANDEIRA DE MELLO, Celso Antônio. *Curso de direito administrativo*, 25. ed., São Paulo: Malheiros, 2008, p. 419.
[37] GASPARINI, Diógenes. *Direito administrativo*, 14. ed., São Paulo: Saraiva, 2009, p. 81.
[38] JUSTEN FILHO, Marçal. *Curso de direito administrativo*, 5. ed., São Paulo: Saraiva, 2010, p. 349.

Não necessitam de publicação no órgão oficial para que tenham vigência, bastando a cientificação do destinatário ou divulgação no seio da própria repartição pública. Entretanto, se incidem de qualquer forma sobre os administrados – como equivocamente se vem fazendo na prática administrativista –, aí então será indispensável sua divulgação oficial.

Exemplificando: os atos administrativos devem ser praticados com caneta preta; na repartição "Y" os servidores deverão vir uniformizados; portarias pelas quais os chefes dos órgãos expedem determinações aos seus subordinados; informações; pareceres; propostas.

b) Externos: são os que produzem efeitos fora da Administração, repercutindo nos interesses de toda a coletividade, e, por essa razão, somente entram em vigor quando de sua divulgação oficial. São categorias de atos que interessam não apenas aos que trabalham internamente na repartição, mas também aos que estão fora da Administração Pública.

Exemplificando: funcionamento do órgão das 8 às 17 horas; admissão, licença. Também os "atos de naturalização de estrangeiro e a ocupação, pelo Estado, de bem particular para canteiro de obra pública"[39].

Tecnicamente, seria mais correto denominá-los "atos de efeitos externos", já que alcançam os administrados, contratantes e até mesmo servidores[40].

3.4 Classificação "quanto ao seu regramento"

Na classificação de Hely Lopes Meirelles[41], ou "quanto ao grau de liberdade da Administração Pública para decidir", na classificação de Diógenes Gasparini[42], ou "quanto ao grau de liberdade da Administração em sua prática", na classificação de Celso Antônio Bandeira de Mello[43]:

a) Vinculado ou regrado: aquele em relação ao qual a Administração Pública não tem liberdade para agir (portanto, não há juízo de conveniência e oportunidade por parte do administrador). Uma vez preenchidos os requisitos e condições estabelecidos em lei, o ato deve ser realizado; ao contrário, se desatendido qualquer requisito-condição, compromete-se a eficácia do ato, tornando-o passível de anulação pela própria Administração (Súmulas 346 e 473 do STF) ou pelo Poder Judiciário.

---

[39] GASPARINI, Diógenes. *Direito administrativo*, 14. ed., São Paulo: Saraiva, 2009, p. 81.
[40] MEIRELLES, Hely Lopes. *Direito administrativo brasileiro*, 36. ed., São Paulo: Malheiros, 2010, p. 169.
[41] MEIRELLES, Hely Lopes. *Direito administrativo brasileiro*, 36. ed., São Paulo: Malheiros, 2010, p. 171.
[42] GASPARINI, Diógenes. *Direito administrativo*, 14. ed., São Paulo: Saraiva, 2009, p. 80.
[43] BANDEIRA DE MELLO, Celso Antônio. *Curso de direito administrativo*, 25. ed., São Paulo: Malheiros, 2008, p. 416.

Os atos vinculados são editados pela Administração sem qualquer avaliação subjetiva por parte do agente público.

Exemplificando: licença para dirigir; concessão de aposentadoria; licença para construir; atos que admitem o administrado em escolas e hospitais públicos[44]; licença para edificar[45].

Nos atos vinculados (ou regrados) há por parte da Administração o dever de motivá-los, objetivando verificar se os requisitos legais foram observados e, consequentemente, analisar os pressupostos necessários para a existência e validade do ato.

JURISPRUDÊNCIA

- **CONCURSO PÚBLICO. NOMEAÇÃO. ATO VINCULADO**
  É dever da Administração Pública nomear os candidatos aprovados para as vagas oferecidas no edital do concurso. Com a veiculação em edital de que a Administração necessita prover determinado número de vagas, a nomeação e posse, que seriam, a princípio, atos discricionários, tornam-se vinculados, gerando, em consequência, direito subjetivo para o candidato aprovado dentro do número de vagas previsto no edital. Precedentes citados: RMS 15.420-PR; RMS 15.345-GO, *DJ* 24-4-2007, e RMS 15.034-RS, *DJ* 29-3-2004. RMS 19.478-SP, rel. Min. Nilson Naves, j. 6-5-2008 (*Informativo STJ 354*).

- **POLICIAL MILITAR. EXCLUSÃO. PENALIDADE**
  Tendo em vista a legislação disciplinar aplicável à carreira de policial militar do Estado do Rio de Janeiro, concluíram os Ministros falecer competência ao Comandante-Geral para acolher, em decisão unipessoal, pleito de reconsideração apresentado após os pronunciamentos do Conselho Disciplinar da Corporação e do Secretário de Segurança Pública, na medida em que, além de constituírem os órgãos efetivamente autorizados à apreciação do pedido formulado pelo impetrante, o ato exarado pelo mencionado Secretário de Estado consolidaria, na esfera administrativa, a última instância decisória. Desse modo, o ato de reinclusão emanado, monocraticamente, pelo Comando-Geral, quando já exauridas as instâncias internas da Corporação, representadas pelo Conselho Disciplinar e pelo Secretário de Segurança Pública, padeceu, de fato, do vício de incompetência, o que já seria suficiente para se promover a sua desconstituição. Entenderam, ainda, os Ministros que, mesmo não constatada a incompetência do agente, a decisão que excluiu o recorrente das fileiras da Polícia Militar estadual está forrada em procedimento administrativo cuja legitimidade não fora atacada pelo interessado. Isso porque, tratando-se de ato vinculado, não estaria suscetível de avaliação discricionária pelo administrador. Com base nessas considerações, a Turma concluiu apropriado o ato do Secretário de Segurança Pública que, considerando a existência de condenação criminal e as conclusões obtidas em regular processo administrativo, decretou a nulidade da reinclusão deferida em ato

---

[44] GASPARINI, Diógenes. *Direito administrativo*, 14. ed., São Paulo: Saraiva, 2009, p. 80.
[45] BANDEIRA DE MELLO, Celso Antônio. *Curso de direito administrativo*, 25. ed., São Paulo: Malheiros, 2008, p. 416.

discricionário pelo Comandante-Geral da Polícia Militar. Precedente citado: MS 11.955-DF, *DJ* 2-4-2007. RMS 19.996-RJ, rel. Min. Og Fernandes, j. 10-11-2009 *(Informativo STJ 415).*

b) Discricionários ou "atos praticados no exercício de competência discricionária"[46]: neste ato há liberdade e juízo de valor para o administrador, já que a lei deixou ao administrador alguma margem de liberdade para decidir, levando sempre em consideração a finalidade do ato (interesse público e fim legal exarado pela lei – implícita ou explicitamente).

Tal discricionariedade incidirá sobre o MOTIVO e o OBJETO do ato, o que conferirá ao administrador certo grau de subjetivismo. Ex. 1: permissão de uso da calçada; Ex. 2: autorização para porte de arma.

JURISPRUDÊNCIA

- **MS. DIREITO *ANTIDUMPING* PROVISÓRIO. GARANTIA ADMINISTRATIVA**

  A aplicação do direito *antidumping* provisório destina-se a proteger o mercado interno de danos causados por práticas comerciais, tal como, no caso, de importação de mercadorias em valor inferior ao exigido no mercado interno do país exportador, prática que potencializa dificuldades de concorrência enfrentadas pelo produto de origem nacional. É certo que o Poder Judiciário pode exercer controle de legalidade ao perquirir o preenchimento dos requisitos formais e substanciais para a utilização desse instrumento de defesa do mercado, contudo, inexiste direito líquido e certo à suspensão da exigibilidade desse direito provisório mediante garantia administrativa (depósito em dinheiro ou fiança bancária), porque se cuida de ato discricionário da Câmara de Comércio Exterior (Camex), conforme determina o art. 3º da Lei n. 9.019/95. A prestação da garantia, por si só, não implica a referida suspensão da exigibilidade. Precedentes citados: MS 14.670-DF, *DJe* 18-12-2009, e MS 14.691-DF, *DJe* 18-12-2009. MS 14.857-DF, rel. Min. Herman Benjamin, j. 12-5-2010 *(Informativo STJ 434).*

A discricionariedade administrativa pode aparecer de várias maneiras: a lei apresenta mais de uma alternativa, competindo ao administrador escolhê-la; a lei atribui ao administrador uma competência, sem dizer como exercê-la. *Exemplificando:* compete à Administração conservar determinado bem público. Ora, trata-se de ato discricionário, já que a Administração não diz como esse bem público deverá ser conservado. E, por fim, a lei pode ser omissa quanto às alternativas, *v.g.*, certo indivíduo pratica uma infração quando comete conduta escandalosa. "Conduta escandalosa" é um conceito indeterminado, dotado de vagueza e que precisa de uma valoração por parte do administrador para delimitar o seu alcance.

---

[46] BANDEIRA DE MELLO, Celso Antônio. *Curso de direito administrativo*, 25. ed., São Paulo: Malheiros, 2008, p. 416.

3.5 Classificação quanto ao objeto

"Quanto às prerrogativas com que atua a Administração", na classificação de Maria Sylvia Zanella Di Pietro[47], ou "quanto à posição jurídica da Administração", na classificação de Celso Antônio Bandeira de Mello[48]:

Essa distinção foi idealizada como forma de abrandar a teoria da irresponsabilidade civil do Estado (*the king can do no wrong, le roi ne peut mal faire*) passando-se a admitir a responsabilidade civil quando decorrente de atos de gestão e afastá-la em se tratando de danos resultantes da prática de atos de império. Tal classificação também era utilizada para fixar competência da jurisdição administrativa: os atos de impérios seriam de competência da jurisdição administrativa, ao passo que os atos de gestão ficariam a cargo do Poder Judiciário.

Muitas críticas foram feitas sobre essa distinção, e hoje tal classificação foi substituída por outra: "**atos administrativos**, regidos pelo direito público, e **atos de direito privado** da Administração. Só os primeiros são atos administrativos; os segundos são apenas atos da Administração, precisamente pelo fato de serem regidos pelo direito privado"[49].

   a) **Ato de império:** a Administração Pública pratica o ato com superioridade em face do particular, ou seja, são praticados pela Administração com todas as prerrogativas e privilégios de autoridade. A Administração utiliza-se de sua supremacia (princípio da supremacia do interesse público sobre o particular), impondo sua vontade unilateral e coercitivamente ao particular independentemente de autorização judicial (autoexecutoriedade).

Exemplificando: desapropriação da propriedade do particular por interesse social, necessidade pública ou utilidade pública; ordem de interdição de um estabelecimento.

   b) **Ato de gestão:** a Administração Pública pratica o ato em patamar de igualdade com o particular; não há diferenciação entre a posição da Administração Pública e do particular; aplica-se a ambos o direito comum. *Exemplificando:* venda de um bem[50].

   c) **Ato de mero expediente**[51]: são atos que não resolvem e decidem coisa alguma, não têm caráter vinculante nem decisório. Destinam-se a dar andamento aos processos que tramitam perante a Administração Pública.

---

47 DI PIETRO, Maria Sylvia Zanella. *Direito administrativo*, 20. ed., São Paulo: Atlas, 2007, p. 204.
48 BANDEIRA DE MELLO, Celso Antônio. *Curso de direito administrativo*, 25. ed., São Paulo: Malheiros, 2008, p. 421.
49 DI PIETRO, Maria Sylvia Zanella. *Direito administrativo*, 20. ed., São Paulo: Atlas, 2007, p. 205.
50 BANDEIRA DE MELLO, Celso Antônio. *Curso de direito administrativo*, 25. ed., São Paulo: Malheiros, 2008, p. 421.
51 MEIRELLES, Hely Lopes. *Direito administrativo brasileiro*, 20. ed., São Paulo: Malheiros, 2007, p. 170.

3.6 Quanto aos resultados na esfera jurídica

a) Atos ampliativos: "São os que aumentam a esfera de ação jurídica do destinatário, como as concessões, autorizações e permissões, admissões, licenças etc.)"[52].

b) Atos restritivos: "São os que diminuem a esfera jurídica do destinatário ou lhe impõem novas obrigações, deveres ou ônus como, por exemplo, os que extinguem os atos ampliativos, as sanções administrativas em geral, as ordens, as proibições"[53].

4. ATRIBUTOS DO ATO ADMINISTRATIVO

"Os chamados 'atributos' do ato administrativo (presunção de legitimidade – e de regularidade –, imperatividade e autoexecutoriedade) foram concebidos durante período pretérito. Essa versão tradicional reflete a influência de concepções não democráticas do Estado. Há forte resquício das teorias políticas anteriores à instauração de um Estado Democrático de Direito, que identificavam atividade administrativa como manifestação da 'soberania' estatal. Como decorrência, o ato administrativo traduzia as 'prerrogativas' do Estado, impondo-se ao particular pela utilização da força e da violência"[54].

E é a estrutura democrática republicana que afeta essas concepções, ainda que não as elimine. Assim, os atos administrativos aparecem como consequência do princípio da supremacia do interesse público sobre o particular – fato que diferencia os atos administrativos dos atos do direito privado.

Os atributos dos atos administrativos decorrem do direito (e da Constituição Federal) e são necessários para o bom desempenho do exercício da atividade administrativa.

São eles: 4.1) presunção de legitimidade (e de regularidade); 4.2) autoexecutoriedade – b.1) exigibilidade; b.2) executoriedade; 4.3) imperatividade (ou, conforme Renato Alessi, poder extroverso); 4.4) tipicidade (conforme Maria Sylvia Zanella Di Pietro).

4.1 Presunção de legitimidade

A presunção de legitimidade (e de regularidade)[55] é um atributo do ato administrativo e significa que, pelo simples fato de ter emanado de e ter sido praticado por agente público integrante da estrutura estatal, presume-se que foi praticado em confor-

---

[52] MARINELA, Fernanda. *Direito administrativo*, 4. ed., São Paulo: Saraiva, 2020, p. 357.
[53] MARINELA, Fernanda. *Direito administrativo*, 4. ed., São Paulo: Saraiva, 2020, p. 357.
[54] JUSTEN FILHO, Marçal. *Curso de direito administrativo*, 5. ed., São Paulo: Saraiva, 2010, p. 343.
[55] Conforme Marçal Justen Filho, *Curso de direito administrativo*, 5. ed., São Paulo: Saraiva, 2010, p. 343.

midade com a lei, e que os atos e fatos alegados pelo administrador são verdadeiros e morais, tendo aptidão para gerar efeitos vinculantes *erga omnes*.

Seria impossível para o Estado alcançar o interesse público se tivesse situação jurídica idêntica à dos particulares. Assim, por meio do ato administrativo (realizado pautado no princípio da legalidade), relações jurídicas determinadas pela Administração serão instauradas, sem a necessidade de manifestação de vontade do particular atingido (vinculando-os, até prova em sentido contrário).

Os atos, quando praticados formalmente perfeitos (de acordo com as regras de competência do agente público e com o cumprimento de todas as exigências e requisitos necessários para sua validação), são considerados presumidamente legítimos.

São os agentes públicos que têm a incumbência de atingir o interesse público, e, sendo assim, a fim de que não sofram obstáculos interpostos por pessoas com objetivos contrários, a Administração lhes confere esse atributo, a fim de supor que presumidamente estão em conformidade com a lei (até porque o administrador só pode fazer o que a lei manda).

Essa presunção, porém, não é absoluta. Não vincula de modo definitivo e absoluto (até porque se assim fosse acarretaria uma supressão da função jurisdicional). Ao contrário, trata-se de uma PRESUNÇÃO RELATIVA (*juris tantum*), isto é, "pode ceder à prova em contrário, no sentido de que o ato não se conformou às regras que lhe traçavam as linhas, como se supunha"[56].

Ainda, o Estatuto dos Servidores Públicos Federais (Lei n. 8.112/90) prevê uma forma de mitigação desse atributo quando permite que ordens dos superiores manifestamente ilegais possam ser recusadas de cumprir (art. 116, IV).

> "Todo ato administrativo é revisável pelo Poder Judiciário (respeitado o seu mérito), e a presunção de legitimidade não é instrumento de bloqueio da revisão pelo Poder Judiciário (nem pela própria Administração, que tem o dever de rever os próprios atos quando eivados de defeitos, nos limites da chamada coisa julgada administrativa). Nem seria compatível com a democracia republicana que a Administração Pública pudesse produzir unilateralmente um ato que vinculasse os particulares de modo absoluto e ilimitado"[57].

Assim, se o particular quiser opor-se à pretensão da Administração, deverá valer-se da via judicial. O ônus da prova será invertido: o administrado é que deve comprovar que o ato praticado pela Administração não é legítimo e legal.

De acordo com Celso Antônio Bandeira de Mello[58], essa presunção só existe até ser questionada em juízo.

---

[56] CARVALHO FILHO, José dos Santos. *Manual de direito administrativo*, 24. ed., Rio de Janeiro: Lumen Juris, 2011, p. 113.
[57] JUSTEN FILHO, Marçal. *Curso de direito administrativo*, 5. ed., São Paulo: Saraiva, 2010, p. 345.
[58] BANDEIRA DE MELLO, Celso Antônio. *Curso de direito administrativo*, 25. ed., São Paulo: Malheiros, 2008, p. 411.

> **JURISPRUDÊNCIA**
>
> - "O ato administrativo goza da presunção de legalidade, que pode ser afastada pelo interessado, mediante prova" (MS 8.843, 1ª S., rel. Min. Eliana Calmon, j. 14-3-2007, *DJ* 9-4-2007).
> - **TERRENO. MARINHA. OCUPAÇÃO. TAXA**
>
>   A Turma decidiu que é legítimo a Secretaria do Patrimônio da União (SPU) cobrar a taxa de ocupação de imóveis situados na faixa de marinha, independentemente da regularidade ou não da ocupação por particulares, conforme o art. 127 do DL n. 9.760/46. Outrossim, é desnecessário à União mover ação judicial para anular os registros de propriedade, em razão do atributo da presunção de legitimidade e executoriedade do ato administrativo, justificando-se, inclusive, a inversão do ônus da prova a cargo dos ora recorrentes, ao pretenderem a declaração de nulidade dos atos que inscreveram seus imóveis naquela condição. Precedente citado: REsp 409.303-RS, *DJ* 14-10-2002. REsp 968.241-RS, rel. Min. Eliana Calmon, j. 15-9-2009 (*Informativo STJ 407*).
> - **COMANDANTE. NAVIO. OBSTÁCULO. FISCALIZAÇÃO. IBAMA**
>
>   A Turma decidiu pela inexistência de constrangimento ilegal na deflagração da ação penal contra comandante de navio que impediu servidores do Ibama, por duas vezes, de subir a bordo e realizar o trabalho de fiscalização ambiental, sob a alegação de ser da competência da Capitania dos Portos a fiscalização das embarcações. No entendimento da maioria dos ministros da Turma, são atributos do ato administrativo a presunção de legitimidade, imperatividade, exigibilidade e executoriedade. Cabe a sua invalidação à Administração Pública ou ao Judiciário, portanto o particular deve obediência até que seja reconhecida a nulidade do ato impugnado. HC 189.885-RJ, Rel. para acórdão Min. Og Fernandes, j. 4-8-2011 (*Informativo STJ 480*).

Aprofundamento: Há quem diferencie a presunção de legitimidade (ou legalidade) da presunção de veracidade. Aquelas, consagradoras da validade do ato em si. Já estas consagrariam a verdade dos fatos motivadores do ato. "Tomando como exemplo a multa de trânsito. A validade jurídica da multa em si decorre da presunção de legitimidade. Entretanto, ao expedir a multa, o agente competente declara ter constatado a ocorrência de uma infração (fato) motivadora da prática do ato. A verdade dessa constatação é reforçada pela presunção de veracidade"[59].

4.2 Autoexecutoriedade

No direito administrativo francês é denominada "privilège d'action d'office" e significa que a Administração Pública pode colocar em prática as decisões que tomou sem a necessidade de autorização do Poder Judiciário para isso (até como maneira de consagração do princípio da eficiência). Tal atributo objetiva alcançar, de forma rápida e eficiente, o interesse público, admitindo-se, inclusive, o uso da força, se necessário for, e

---

[59] MAZZA, Alexandre. *Manual de direito administrativo*, 4. ed., São Paulo: Saraiva, 2014, p. 210.

desde que legalmente previsto. Essa rapidez e agilidade não seriam possíveis se fosse exigido que todas as decisões administrativas passassem pelo crivo do Poder Judiciário.

Pela autoexecutoriedade, a Administração dispõe de mecanismos COERCITIVOS PRÓPRIOS, reforço, inclusive o uso da força, se necessário for, para alcançar o resultado pretendido.

A doutrina especializada entende que a autoexecutoriedade é atributo apenas de alguns tipos de atos administrativos: a) daqueles cuja execução compulsória a lei expressamente impõe; e b) daqueles praticados em situações emergenciais cuja execução imediata é necessária para a preservação do interesse público. Assim, "fora das hipóteses emergenciais e daquelas em que a lei tenha autorizado a Administração a valer-se do uso da força, não há autoexecutoriedade do ato administrativo"[60].

A autoexecutoriedade possui duas vertentes: a exigibilidade e a executoriedade.

a) Exigibilidade: "É a qualidade em virtude da qual o Estado, no exercício da função administrativa, pode exigir de terceiros o cumprimento, a observância, das obrigações que impôs"[61]. São verdadeiros MEIOS INDIRETOS DE COERÇÃO do administrado, conduzindo-o à obediência.

Para Fernanda Marinela[62], a exigibilidade "permite que o administrador decida, sem a exigência de controle pelo Poder Judiciário, representando a tomada de decisão".

A exigibilidade não garante, por si só, a possibilidade de coação material ou a execução do ato, mas conduz o administrado à sua realização.

Exemplo 1: a Administração Pública multa veículo que dirigiu em alta velocidade e nega o licenciamento se ele não pagar a multa. Negar o licenciamento conduz o administrado (indiretamente) ao pagamento da multa.

Exemplo 2: a Administração impõe que o administrado construa uma calçada em frente à sua casa. Isso é uma obrigação. Se o particular desobedecer, será multado. A fixação da multa é meio de coerção indireto ao particular: pune, mas não permite o uso de força física[63].

A Administração não precisa ir ao Judiciário para decidir APLICAR a multa (que decorre do exercício do Poder de Polícia). Mas a Administração Pública não tem como obrigar materialmente, coativamente, o particular a realizar a construção da calçada; assim, de forma indireta, o induz à obediência.

Exemplo 3: a Administração pode exigir que o administrado esteja quite com os impostos municipais de certo terreno. Porém, se o administrado não estiver quite, a

---

[60] JUSTEN FILHO, Marçal. *Curso de direito administrativo*, 5. ed., São Paulo: Saraiva, 2010, p. 348.
[61] BANDEIRA DE MELLO, Celso Antônio. *Curso de direito administrativo*, 25. ed., São Paulo: Malheiros, 2008, p. 411.
[62] MARINELA, Fernanda. *Direito administrativo*, 14. ed., São Paulo: Saraiva, 2020, p. 350.
[63] BANDEIRA DE MELLO, Celso Antônio. *Curso de direito administrativo*, 25. ed., São Paulo: Malheiros, 2008, p. 411-412.

Administração não poderá obrigar coativamente (por meios próprios) o contribuinte a pagar o imposto. Poderá apenas não expedir o alvará de construção, uma vez que os impostos são exigíveis. A não expedição do alvará consiste num meio indireto de coerção – exigibilidade.

Pegadinha: exigibilidade não se confunde com autoexecutoriedade. A exigibilidade não permite o uso da força física (já que são meios indiretos de coerção). Apenas pune, mas não desfaz a ilegalidade. Já a autoexecutoriedade permite o uso da força física (meio direto de coerção), e, ao punir, tem o condão de desconstituir a situação ilegal.

b) Executoriedade: "É a qualidade pela qual o Poder Público pode compelir materialmente o administrado, sem precisão de buscar previamente as vias judiciais, ao cumprimento da obrigação que impôs e exigiu"[64]. São verdadeiros MEIOS DIRETOS DE COERÇÃO ao administrado, que permitem que a Administração faça uso inclusive da força para socorrer situações emergenciais.

Celso Antônio Bandeira de Mello[65] acrescenta outros exemplos de executoriedade:

b.1) há executoriedade quando a Administração Pública dissolve passeata tumultuosa;

b.2) há executoriedade quando a Administração Pública interdita uma fábrica;

b.3) há executoriedade quando a Administração Pública requisita bens indispensáveis ao consumo da população em caso de calamidade, nos termos do art. 5º, XXV, da CF).

É possível o administrado recorrer ao Poder Judiciário para impedir preventivamente e sustar a medida executória realizada pela Administração. Para isso fará uso do mandado de segurança (preventivo ou repressivo) e do *habeas corpus* (preventivo ou repressivo).

Resumindo e concluindo: Pela exigibilidade pode-se induzir à obediência; pela executoriedade pode-se compelir, constranger fisicamente. Entretanto, nem todos os atos exigíveis são executórios. Nas sanções pecuniárias não há executoriedade: se a Administração Pública fixar a multa e a multa não for paga, precisará do Poder Judiciário para executá-la. Da mesma forma, será necessário recorrer ao Judiciário se não viabilizado acordo administrativo em desapropriação.

4.3 Imperatividade (ou coercibilidade ou poder extroverso – Renato Alessi)

Imperatividade significa que a Administração Pública, ao realizar atos administrativos (sejam eles ordinatórios, normativos ou punitivos), cria unilateralmente obrigação para o administrado, dentro da legalidade e independentemente de sua concordância.

---

[64] BANDEIRA DE MELLO, Celso Antônio. *Curso de direito administrativo*, 25. ed., São Paulo: Malheiros, 2008, p. 411.

[65] BANDEIRA DE MELLO, Celso Antônio. *Curso de direito administrativo*, 25. ed., São Paulo: Malheiros, 2008, p. 412-413.

Esse atributo é também consequência do princípio da supremacia do interesse público sobre o particular.

"Ao contrário dos particulares, que só possuem poder de auto-obrigação (introverso), a Administração Pública pode criar deveres para si e também para terceiros". Daí o nome "poder extroverso"[66].

Exemplificando: se um indivíduo dirigir em alta velocidade, receberá multa, independentemente de sua concordância.

O atributo da imperatividade não é absoluto, isto é, não está presente em todos os atos administrativos. Assim, NÃO INCIDIRÁ A IMPERATIVIDADE: a) nos atos que concedem direitos solicitados pelos administrados, como é o caso das licenças, autorizações, admissões, permissões de uso de bem público; b) atos meramente enunciativos, como atestados, certidões, pareceres; c) nos contratos administrativos em que o interessado licitante só participará de procedimento licitatório se tiver interesse em realizar o objeto do procedimento licitatório.

4.4 Tipicidade

Maria Sylvia Zanella Di Pietro[67]:

O atributo da tipicidade decorre do princípio da legalidade, o que representa verdadeira garantia ao administrado, já que somente haverá a prática de um ato administrativo se houver previsão em lei, fato que "impede que a Administração pratique atos inominados, atos sem a respectiva previsão legal, representando limites à discricionariedade do administrador, e, por conseguinte, afastando a possibilidade de ato arbitrário"[68].

Conceituando: "Tipicidade é o atributo pelo qual o ato administrativo deve corresponder a figuras definidas previamente pela lei como aptas a produzir determinados resultados. Para cada finalidade que a Administração pretende alcançar existe um ato definido em lei".

Também por esse atributo fica vedada a prática de ato absolutamente discricionário, já que a lei define os limites e contornos para o exercício da discricionariedade.

Exemplificando: a) para atender a necessidade do serviço os estatutos preveem a remoção dos servidores; b) para determinada infração cometida pelo administrador, há uma sanção própria: remoção, demissão etc.

A tipicidade só estaria presente nos atos **administrativos unilaterais** (e não nos bilaterais, como é o caso dos contratos administrativos, pois nestes não há imposição de vontade da Administração, já que há acordo e aceitação por parte do particular).

---

[66] MAZZA, Alexandre. *Manual de direito administrativo*, 4. ed., São Paulo: Saraiva, 2014, p. 212.
[67] DI PIETRO, Maria Sylvia Zanella. *Direito administrativo*, 20. ed., São Paulo: Atlas, 2007, p. 186-187.
[68] MARINELA, Fernanda. *Direito administrativo*, 4. ed., São Paulo: Saraiva, 2020, p. 351.

5. ELEMENTOS OU REQUISITOS DO ATO ADMINISTRATIVO

5.1 Terminologia

Maria Sylvia Zanella Di Pietro e Diogo de Figueiredo Moreira Neto preferem a expressão "ELEMENTOS". Hely Lopes Meirelles e Diógenes Gasparini preferem "REQUISITOS".

Pelo critério clássico, encontramos os requisitos do ato administrativo no art. 2º da Lei n. 4.717/65 (lei que regula a Ação Popular), que define:

> "Art. 2º São nulos os atos lesivos ao patrimônio das entidades mencionadas no artigo anterior, nos casos de:
>
> a) incompetência;
>
> b) vício de forma;
>
> c) ilegalidade do objeto;
>
> d) inexistência dos motivos;
>
> e) desvio de finalidade.
>
> Parágrafo único. Para a conceituação dos casos de nulidade observar-se-ão as seguintes normas:
>
> a) a incompetência fica caracterizada quando o ato não se incluir nas atribuições legais do agente que o praticou;
>
> b) o vício de forma consiste na omissão ou na observância incompleta ou irregular de formalidades indispensáveis à existência ou seriedade do ato;
>
> c) a ilegalidade do objeto ocorre quando o resultado do ato importa em violação de lei, regulamento ou outro ato normativo;
>
> d) a inexistência dos motivos se verifica quando a matéria de fato ou de direito, em que se fundamenta o ato, é materialmente inexistente ou juridicamente inadequada ao resultado obtido;
>
> e) o desvio de finalidade se verifica quando o agente pratica o ato visando a fim diverso daquele previsto, explícita ou implicitamente, na regra de competência".

Forma, finalidade, competência (sujeito), motivo e objeto (conteúdo) constituem os pressupostos necessários para a VALIDADE dos atos administrativos.

Se o ato é praticado sem observar esses elementos, haverá VÍCIO DE LEGALIDADE e o ato estará contaminado.

José dos Santos Carvalho Filho[69] entende que nem o termo "elementos" nem a expressão "requisitos de validade" são satisfatórios, muito embora adote a expressão "elementos".

---

[69] CARVALHO FILHO, José dos Santos. *Manual de direito administrativo*, 24. ed., Rio de Janeiro: Lumen Juris, 2011, p. 97.

Para o referido autor, "elemento" integra certa estrutura e, portanto, nada mais é do que mero "pressuposto de existência".

Já o "requisito de validade" exige "pressupostos de validade", que só se verificam em momento posterior: depois de verificada a existência.

Por exemplo, a FORMA seria elemento, já que integra certa estrutura. Já a COMPETÊNCIA seria requisito de validade, pois só se verifica depois de constatada a existência.

Celso Antônio Bandeira de Mello[70], ao tratar do tema, estrutura os elementos ou requisitos do ato administrativo da seguinte forma (conforme esquema) – o que deve ser estudado de forma aprofundada em outra oportunidade:

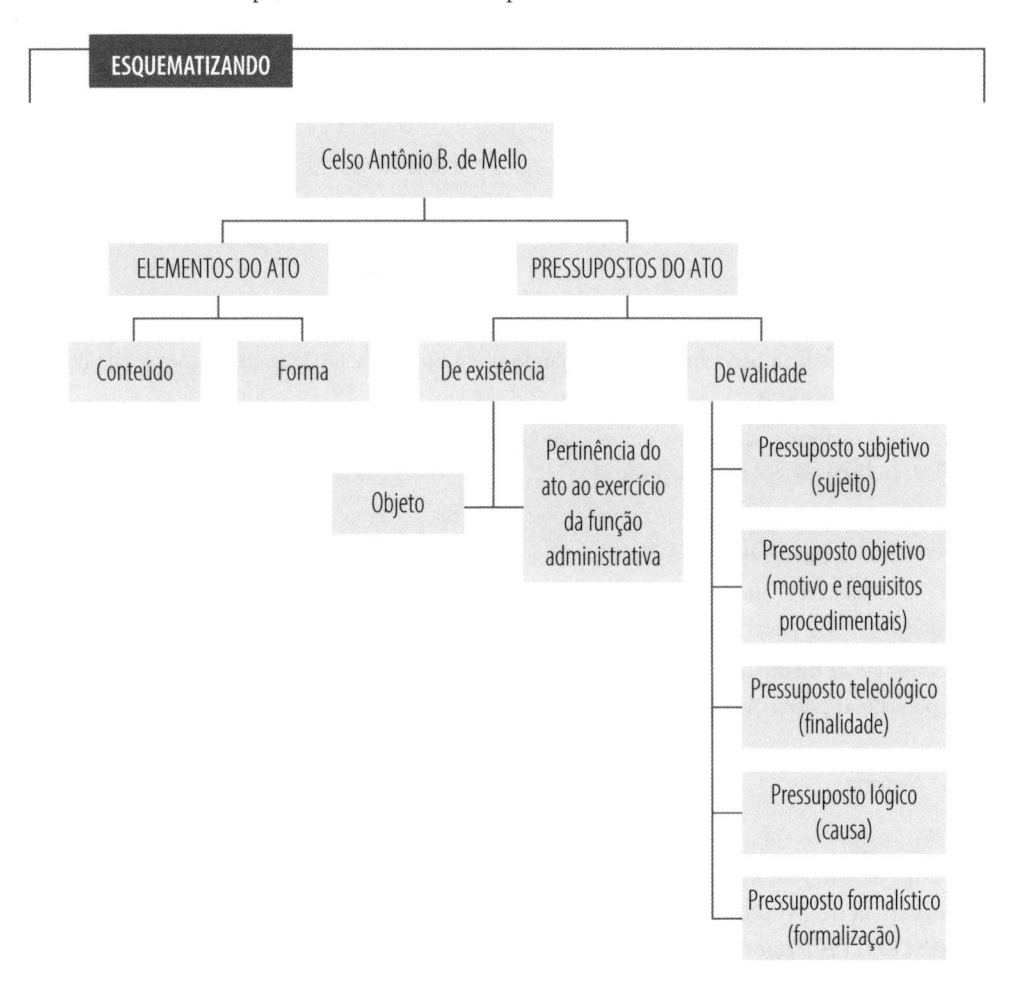

ESQUEMATIZANDO

Celso Antônio B. de Mello
- ELEMENTOS DO ATO
  - Conteúdo
  - Forma
- PRESSUPOSTOS DO ATO
  - De existência
    - Objeto
    - Pertinência do ato ao exercício da função administrativa
  - De validade
    - Pressuposto subjetivo (sujeito)
    - Pressuposto objetivo (motivo e requisitos procedimentais)
    - Pressuposto teleológico (finalidade)
    - Pressuposto lógico (causa)
    - Pressuposto formalístico (formalização)

---

[70] BANDEIRA DE MELLO, Celso Antônio. *Curso de direito administrativo*, 25. ed., São Paulo: Malheiros, 2008, p. 382 e s.

5.2 Elementos ou requisitos em espécie

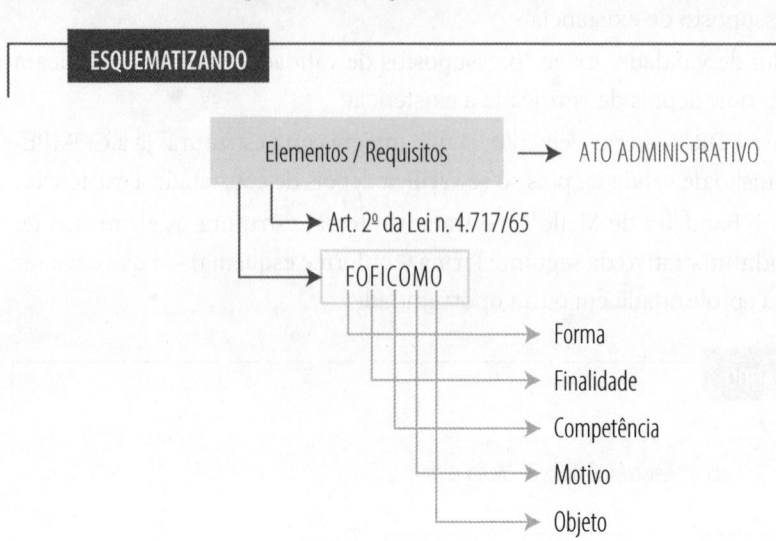

ESQUEMATIZANDO

Elementos / Requisitos → ATO ADMINISTRATIVO

Art. 2º da Lei n. 4.717/65

FOFICOMO
- Forma
- Finalidade
- Competência
- Motivo
- Objeto

Parágrafo único. Para a conceituação dos casos de nulidade observar-se-ão as seguintes normas:

a) A **incompetência** fica caracterizada quando o ato não se incluir nas atribuições legais do agente que o praticou;

b) O vício de **forma** consiste na omissão ou na observância incompleta ou irregular de formalidade indispensáveis à seriedade do ato;

c) A ilegalidade do **objeto** ocorre quando o resultado do ato importa em violação de lei, regulamento ou outro ato normativo;

d) A inexistência de **motivos** se verifica quando a matéria de fato ou de direito, em que se fundamenta o ato, é materialmente inexistente ou juridicamente inadequada ao resultado obtido;

e) O desvio de **finalidade** se verifica quando o agente pratica o ato visando a fim diverso daquele previsto, explícita ou implicitamente, na regra de competência.

5.2.1 Forma

A forma é o meio pelo qual se exterioriza a vontade, consistindo em verdadeiro requisito de validade do ato administrativo. Como regra, a forma deverá ser a ESCRITA (observância do princípio da solenidade). Entretanto, se falarmos em PROCESSO ADMINISTRATIVO vigorará o PRINCÍPIO DO INFORMALISMO, nos termos do art. 22 da Lei n. 9.784/99. Vejamos:

> "Art. 22. Os atos do processo administrativo não dependem de forma determinada senão quando a lei expressamente a exigir.
> § 1º Os atos do processo devem ser produzidos por escrito, em vernáculo, com a data e o local de sua realização e a assinatura da autoridade responsável.

§ 2º Salvo imposição legal, o reconhecimento de firma somente será exigido quando houver dúvida de autenticidade.

§ 3º A autenticação de documentos exigidos em cópia poderá ser feita pelo órgão administrativo.

§ 4º O processo deverá ter suas páginas numeradas sequencialmente e rubricadas".

Admite-se, ainda, a forma verbal (como a ordem dada por um superior ao seu inferior), o sinal convencional para o ato (por exemplo, o sinal expressado por um guarda de trânsito) e o silêncio (sempre que a lei atribuir alguma consequência ao silêncio).

A forma pode ser tomada em dois sentidos:

a) Sentido estrito: consiste na exteriorização do ato, isto é, a maneira pela qual a declaração se exterioriza. *Exemplificando:* o regulamento se exterioriza num decreto. Decreto é a forma, a roupagem do regulamento; o ato pode ter a forma escrita ou verbal; o ato terá a forma de portaria; o ato terá a forma de resolução.

b) Sentido amplo: engloba a forma em sentido estrito mais as formalidades previstas em lei necessárias para a prática e a formação da vontade do ato.

A forma deve compatibilizar-se com a forma prescrita em LEI, isto é, com a forma estabelecida em lei, sob pena de VÍCIO DE LEGALIDADE que acarretará a INVALIDAÇÃO DO ATO. *Exemplificando:* em uma licitação, a lei impõe uma série formal de procedimentos, de maneira que estará comprometida a sua validade se não for observado todo o procedimento ali fixado.

Ainda, como parte integrante do elemento "forma", encontramos a MOTIVAÇÃO, que consiste na indicação, no próprio ato, das razões de fato e de direito que serviram de motivo a sua edição.

Aprofundamento: POSSÍVEIS VÍCIOS DO ATO ADMINISTRATIVO QUANDO INOBSERVADO O REQUISITO "FORMA":

A infração a exigências pertinentes à forma do ato administrativo propicia grandes discussões. Há a hipótese em que a gravidade da infração pode conduzir à inexistência do ato administrativo. Mas os vícios podem apresentar gravidade menos intensa. Pode haver simples irregularidade formal, não apta a impedir a plena validade do ato[71].

A inobservância da forma é capaz de viciar substancialmente o ato, tornando-o passível de invalidação, desde que essa observância seja necessária à sua perfeição e eficácia.

Ocorrerá o vício de forma quando o ato não observar o meio de exteriorização exigido. *Exemplificando:* a lei exige a justificação do ato, e o agente omite essa justificação.

---

[71] JUSTEN FILHO, Marçal. *Curso de direito administrativo*, 5. ed., São Paulo: Saraiva, 2010, p. 371-372.

Alguns defeitos de forma no ato administrativo não comprometem sua validade. São defeitos de forma que geram as chamadas **MERAS IRREGULARIDADES**.

MERAS IRREGULARIDADES não comprometem o ato, que continua sendo VÁLIDO. Trata-se de irregularidade irrelevante, assim como é irrelevante o erro na grafia de uma palavra, no corpo de um ato administrativo, claro, desde que o referido equívoco não altere o sentido da frase.

Há, todavia, alguns defeitos de forma que são **SANÁVEIS**, e, se forem, o ato é ANULÁVEL, portanto passível de CONVALIDAÇÃO.

Exemplificando: imagine que a lei exige como forma do ato "ordem de serviço". Porém, o ato foi formalizado por "portaria" em vez de o ser por "ordem de serviço". Seria exagero anular o ato, pois o erro de denominação NÃO interferiu no conteúdo legítimo do ato.

E, por fim, há os defeitos de forma mais sérios e consequentemente **INSANÁVEIS**. Nesse caso, o ato será nulo, e como solução o Poder Competente deverá proceder à sua ANULAÇÃO.

Exemplificando:

a) O art. 6º do Decreto-lei n. 3.365/41 exige "decreto" do chefe do Executivo para declarar uma desapropriação por utilidade pública. Se essa declaração ocorrer por "resolução", haverá um vício de forma insanável, o ato é nulo e deverá ocorrer sua anulação;

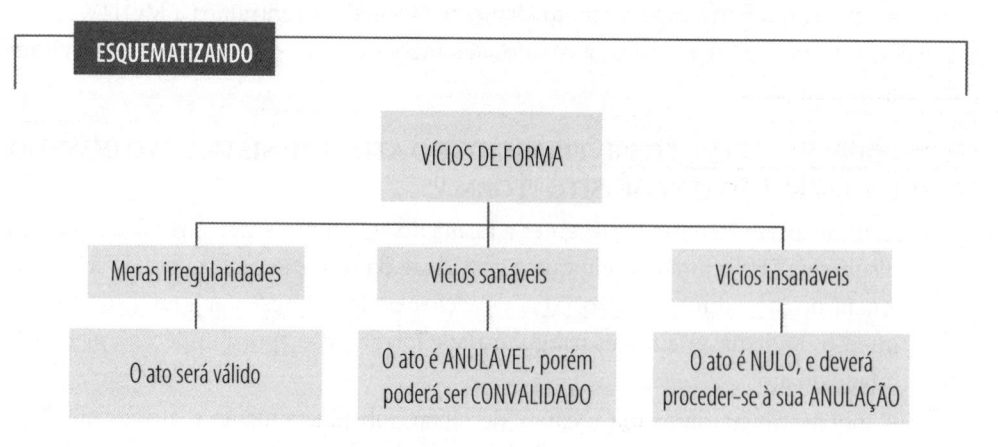

ESQUEMATIZANDO

VÍCIOS DE FORMA

- Meras irregularidades → O ato será válido
- Vícios sanáveis → O ato é ANULÁVEL, porém poderá ser CONVALIDADO
- Vícios insanáveis → O ato é NULO, e deverá proceder-se à sua ANULAÇÃO

b) Também haverá vício de forma quando o ato for realizado de outra forma que não a escrita, sem que para isso haja autorização legal.

c) As inobservâncias, totais ou parciais, das formalidades necessárias para a existência do ato constituem vícios de forma.

d) a ausência de motivação acarreta vício de forma (majoritariamente se entende que tanto os atos administrativos vinculados quanto os discricionários precisam de motivação).

e) Haverá vício de forma se inexistente ou viciado o procedimento administrativo prévio.

5.2.2 Finalidade

"Os defeitos quanto à finalidade podem configurar a inexistência de um ato quando se evidenciar sua orientação à satisfação de uma necessidade privada, não tutelada pelo direito. Mas, usualmente, o defeito quanto à finalidade não se evidencia de modo claro, especialmente em virtude da utilização de fórmulas obscuras ('interesse público', 'bem comum') para expor os fins norteadores da atuação do agente estatal"[72].

Assim, finalidade é o elemento pelo qual o ato administrativo deve sempre estar dirigido ao atendimento do interesse público. A não observância do interesse público (finalidade do ato administrativo) constitui ABUSO DE PODER, na modalidade DESVIO DE FINALIDADE, desde que haja a notória intenção do agente público (*animus*) de deliberadamente ofender o objetivo público (elemento subjetivo necessário para a caracterização do desvio). Também sua inobservância intencional configura violação a diversos princípios que regem a atuação da Administração Pública, tais como o da impessoalidade e o da moralidade.

Sem o elemento subjetivo ocorrerá ilegalidade, mas não necessariamente desvio de finalidade. *Exemplificando:* haverá desvio de finalidade quando o Estado desapropria um imóvel de propriedade de desafeto do chefe do Executivo objetivando prejudicá-lo[73]. Nesse caso, o agente público afastou-se do interesse público em busca da persecução intencional de interesses particulares, o que é vedado.

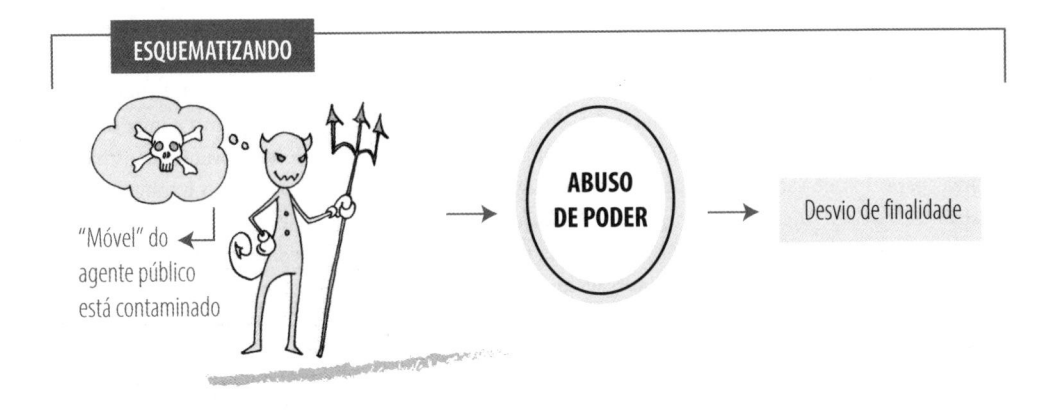

ESQUEMATIZANDO

"Móvel" do agente público está contaminado → ABUSO DE PODER → Desvio de finalidade

---

[72] JUSTEN FILHO, Marçal. *Curso de direito administrativo*, 5. ed., São Paulo: Saraiva, 2010, p. 380.
[73] CARVALHO FILHO, José dos Santos. *Manual de direito administrativo*, 24. ed., Rio de Janeiro: Lumen Juris, 2011, p. 111.

> **JURISPRUDÊNCIA**

- **PAD. PARCIALIDADE. AUTORIDADE JULGADORA. NULIDADE**

    Trata-se de mandado de segurança contra ato de ministro de Estado que culminou na demissão do impetrante do cargo de técnico administrativo do Ibama com base nos arts. 136 e 137, parágrafo único, da Lei n. 8.112/90, por valer-se do cargo para lograr proveito pessoal ou de outrem em detrimento da dignidade da função pública, receber propina, comissão, presente ou vantagem de qualquer espécie e por improbidade administrativa. Alega a impetração vícios formais no processo administrativo disciplinar (PAD), notadamente a parcialidade da autoridade julgadora ao concluir pela pena de demissão, uma vez que teria interesse na exclusão do servidor. *In casu,* o impetrante foi absolvido das acusações no primeiro processo administrativo, contudo todo o feito foi anulado. Ressalte-se que o referido PAD foi instaurado em decorrência de denúncias feitas pela mesma autoridade que depois veio a aplicar a pena de demissão ao impetrante, visto que, quando da realização do segundo PAD, já se encontrava como titular da pasta do meio ambiente. Diante disso, a Seção concedeu a segurança ao entendimento de que, a despeito das alegações de que a autoridade agiu com imparcialidade ao editar a portaria de demissão, os fatos demonstram, no mínimo, a existência de impedimento direto da autoridade julgadora no PAD, e suas manifestações evidenciaram seu interesse no resultado do julgamento. Assim, demonstrado o interesse da referida autoridade na condução do processo administrativo e no seu resultado, seja interesse direto seja indireto, o fato de o denunciante ter julgado os denunciados, entre os quais o impetrante, configura uma ofensa não somente ao princípio da imparcialidade, mas também da moralidade e da razoabilidade e configura, ainda, o desvio de finalidade do ato administrativo que, na hipótese, parece atender mais ao interesse pessoal que ao público, caracterizando vício insanável no ato administrativo objeto da impetração. Precedente citado: MS 14.958-DF, *DJe* 15-6-2010. MS 14.959-DF, rel. Min. Haroldo Rodrigues (Desembargador convocado do TJ-CE), j. 23-2-2011 *(Informativo STJ 464).*

- **PARTE 1: DESAPROPRIAÇÃO: INTERESSE SOCIAL E REFORMA AGRÁRIA – 1**

    O Plenário denegou mandado de segurança impetrado com o fim de anular decreto presidencial que declarara de interesse social, para fins de estabelecimento e manutenção de colônias ou cooperativas de povoamento e trabalho agrícola, imóvel rural localizado no Estado da Paraíba, nos termos da Lei n. 4.132/62 ("*Art. 2º Considera-se de interesse social: [...] III – o estabelecimento e a manutenção de colônias ou cooperativas de povoamento e trabalho agrícola*"). Alegava a impetração que o Tribunal de Justiça local teria anulado decreto estadual que desapropriara a mesma área, para fins de estabelecimento de colônia agrícola, razão pela qual o decreto impugnado afrontaria a coisa julgada. Sustentava, ademais, que não se poderia, no caso, cogitar de desapropriação para fins de reforma agrária, haja vista referir-se a média propriedade rural produtiva, e que teria havido desvio de finalidade, visto que a região destinada à desapropriação seria diversa daquela onde residiriam os colonos. Apontava, também, que o ato impugnado teria autorizado o Instituto Nacional de Colonização e Reforma Agrária – INCRA a promover a desapropriação e que a autarquia não teria competência legal para tanto. Por fim, afirmava afronta ao devido processo legal, à ampla defesa e ao contraditório em decorrência da falta de vistoria prévia do imóvel. MS 26.192/PB, rel. Min. Joaquim Barbosa, j. 11-5-2011.

- **PARTE 2: DESAPROPRIAÇÃO: INTERESSE SOCIAL E REFORMA AGRÁRIA – 2**

    Em relação ao argumento de violação à coisa julgada, salientou-se que o decreto expropriatório proferido pelo Estado-membro teria sido anulado, em sentença transitada em julgado, devido a vício de incompetência, uma vez que encampado com o intuito de reforma agrária, atribuição exclusiva da União. No ponto, destacou o Min. Luiz Fux que esse vício consistiria em mera formalidade, de modo a não impedir a propositura de nova ação com o mesmo objeto. Reputou-se que, muito embora se tratasse de média propriedade rural produtiva, o ato impugnado não teria a finalidade de desapropriar para reforma agrária, mas para atender a interesse social, conceito este mais amplo do que aquele. A respeito, o Min. Celso de Mello consignou que a desapropriação para fins de reforma agrária seria modalidade de desapropriação-sanção, condicionada à notificação prévia como medida concretizadora do devido processo e vinculada ao mau uso da propriedade, cuja justa e prévia indenização se daria em títulos da dívida agrária. Enfatizou que a hipótese dos autos, por sua vez, trataria de assentamento de colonos em observância a interesse social, sem caráter sancionatório – motivo pelo qual a justa e prévia indenização teria ocorrido em espécie – e não vinculada à produtividade ou às dimensões da área desapropriada. Acrescentou o Min. Joaquim Barbosa, relator, que o referido interesse social residiria na necessidade de apaziguamento dos iminentes conflitos fundiários na região e, por essa razão, estaria justificada a interferência da União, por meio do INCRA. O Min. Ayres Britto aduziu que não competiria à citada autarquia atuar apenas em questões de reforma agrária, mas também naquelas de interesse social diverso. No tocante ao sustentado desvio de finalidade, assentou-se que caberia ao órgão expropriante determinar a gleba a ser destinada aos colonos, consideradas, inclusive, as áreas de preservação ambiental. MS 26.192/PB, rel. Min. Joaquim Barbosa, j. 11-5-2011 *(Informativo STF 626)*.

- **DESAPROPRIAÇÃO. TREDESTINAÇÃO LÍCITA**
Cuida-se de recurso interposto contra acórdão do TJ-SP que entendeu não haver desvio de finalidade se o órgão expropriante dá outra destinação de interesse público ao imóvel expropriado. Para a Min. Relatora não há falar em retrocessão se ao bem expropriado for dada destinação que atende ao interesse público, ainda que diversa da inicialmente prevista no decreto expropriatório. A Min. Relatora aduziu que a esse tipo de situação a doutrina vem dando o nome de "tredestinação lícita" – aquela que ocorre quando, persistindo o interesse público, o expropriante dispensa ao bem desapropriado destino diverso do que planejara no início. Assim, tendo em vista a manutenção da finalidade pública peculiar às desapropriações, a Turma negou provimento ao recurso. Precedentes citados: REsp 710.065-SP, DJ 6-6-2005, e REsp 800.108-SP, DJ 20-3-2006. REsp 968.414-SP, rel. Min. Denise Arruda, j. 11-9-2007 *(Informativo STJ 331)*.

A finalidade pode ser tomada em dois sentidos:

a) Sentido amplo: a finalidade de todo e qualquer ato é atender ao INTERESSE PÚBLICO. O ato administrativo deve sempre ter uma finalidade pública.

b) Sentido estrito: o ato administrativo deve atender à finalidade prevista em lei, ou seja, consiste no resultado específico almejado pelo ato definido previamente pelo legislador.

Exemplificando: **b.1)** para atender à NECESSIDADE DO SERVIÇO, a lei prevê a REMOÇÃO DO SERVIDOR, não podendo ser utilizada finalidade diversa, como a de punição[74].

b.2) Para punir o servidor que comete infração, a lei prevê penalidades (suspensão, advertência, demissão etc.).

---

[74] DI PIETRO, Maria Sylvia Zanella. *Direito administrativo*, 20. ed., São Paulo: Atlas, 2007, p. 195.

> **Para complementar:** Para Maria Cuervo Silve e Vaz Cerquinho[75], a finalidade está relacionada diretamente à COMPETÊNCIA: quando a lei define a competência do agente, já vincula a essa competência à finalidade a ser perseguida pelo agente: "Ocorre o desvio de poder quando a autoridade administrativa, no uso de sua competência, movimenta-se tendente à concreção de um fim, ao qual não se encontra vinculada, *ex vi* da regra de competência".

> **Aprofundamento:** **POSSÍVEIS VÍCIOS DO ATO ADMINISTRATIVO QUANDO INOBSERVADO O REQUISITO "FINALIDADE":**
> Um ato administrativo, quando praticado, é direcionado para o atendimento do interesse privado e não do interesse público.
>
> Haverá vícios de finalidade se: a) a finalidade geral do ato não for o interesse público; b) a finalidade específica do ato não for a prevista pela lei (tipicidade). *Exemplificando:* o agente confere uma autorização apenas para o seu melhor amigo, porque sua intenção é a de beneficiá-lo. Tal ato inclusive configura improbidade administrativa inclusive a **Lei n. 14.230 de 25 de outubro de 2021** passou exigir para a configuração dos atos de improbidade (em todas as suas modalidades) a presença do **dolo** (vontade livre e consciente de alcançar o resultado ilícito tipificado nos arts. 9º, 10 e 11 da Lei n. 8.429/92, não bastando a voluntariedade do agente).

5.2.3 Competência/sujeito competente

> "A competência administrativa é a atribuição normativa da legitimação para a prática de um ato administrativo"[76].

A competência funda-se na necessidade de divisão do trabalho entre os diversos órgãos estatais, cada qual com uma incumbência específica.

A necessidade de distribuir a intensa quantidade de tarefas decorrentes de cada uma das funções entre os vários agentes do Estado tem por escopo evitar abusos e erros (quanto maior a especialidade do agente para a prática de certo ato, menores as chances de decisões equivocadas sobre aquela matéria).

Toda competência é limitada e decorre de NORMA EXPRESSA (que pode ser a Constituição Federal, a lei, atos administrativos de organização), motivo pelo qual não há que se falar em presunção de competência administrativa. "Não há agente público titular de competência ilimitada"[77].

---

[75] SILVE, Maria Cuervo; CERQUINHO, Vaz. *O desvio de poder no ato administrativo.* São Paulo: RT, 1979, p. 60.

[76] JUSTEN FILHO, Marçal. *Curso de direito administrativo,* 5. ed., São Paulo: Saraiva, 2010, p. 334.

[77] JUSTEN FILHO, Marçal. *Curso de direito administrativo,* 5. ed., São Paulo: Saraiva, 2010, p. 335.

De acordo com Caio Tácito[78], não é competente quem quer, mas quem pode, segundo a norma de direito. Assim, não basta para seu exercício apenas a capacidade do agente que o pratica.

5.2.3.1 Critérios para definição de competência

A definição da competência decorre de critérios variados: localização geográfica, natureza do ato, posição hierárquica do agente, matéria, tempo, lugar etc. Vejamos:

- **a) Critério em razão da MATÉRIA:** traz intrínseca a ideia de ESPECIFICIDADE da função para sua melhor execução. Por essa razão são criados diversos Ministérios, Secretarias e suas subdivisões.
- **b) Critério em razão da HIERARQUIA:** em geral, terá atribuições mais complexas aquele que estiver situado em um plano hierárquico mais elevado.
- **c) Critério em razão do LUGAR (localização geográfica):** aparece ao tratarmos do tema DESCENTRALIZAÇÃO TERRITORIAL das atividades administrativas.

Exemplificando: circunscrições territoriais de certos órgãos, como as delegacias regionais de algum órgão federal, consistem em critério de repartição de competência em razão do lugar.

- **d) Critério em razão do TEMPO:** durante algum tempo, certo período, a norma confere a determinado órgão competência, como ocorre em situações de calamidades públicas, quando se poderá, excepcionalmente, atribuir a determinado agente uma competência, que persistirá enquanto perdurar a situação.

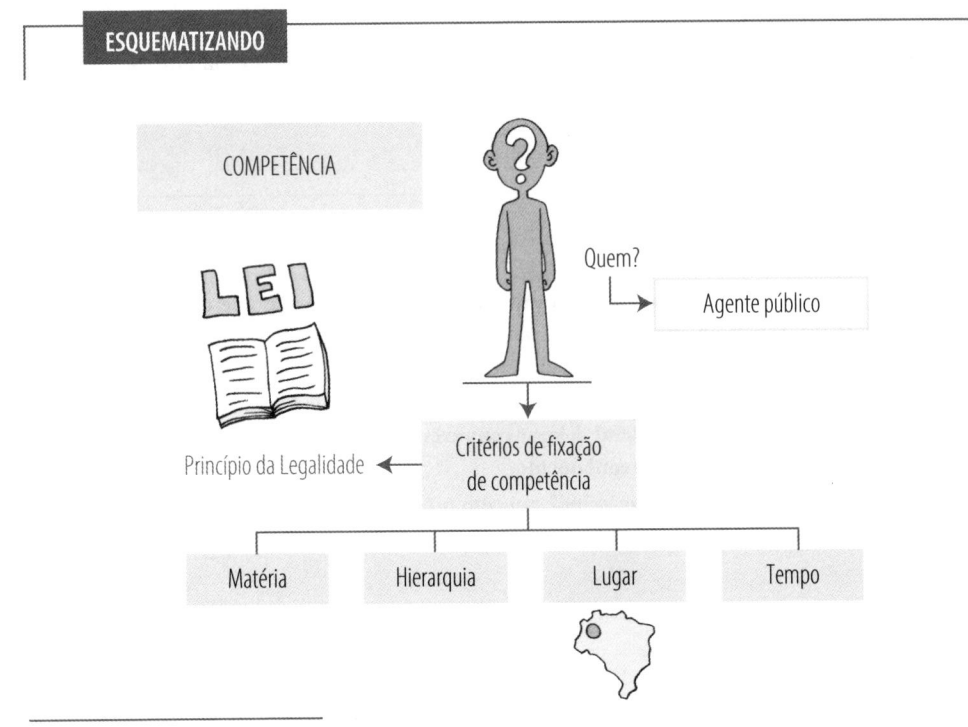

ESQUEMATIZANDO

---

[78] TÁCITO, Caio. *O abuso de poder administrativo no Brasil.* Rio de Janeiro: DASP, 1959, p. 27.

5.2.3.2 Características da competência administrativa

A lei fixa qual agente será o competente para desempenhar determinada atividade administrativa. É possível que alguns sujeitos tenham inclusive competência conjunta e homogênea para a prática de determinado ato, mas "sempre haverá um número limitado de sujeitos titulares de certa competência administrativa. E sempre haverá um número limitado de competências administrativas"[79].

Dessa forma podemos pontuar e sintetizar as seguintes características:

a) A competência decorre da lei.

b) É intransferível, não sendo possível o agente transferi-la para outrem (exceto se a lei assim determinar).

c) A competência é improrrogável, ou seja, se um órgão não tem competência para certa função, não pode vir a tê-la supervenientemente.

d) A competência é inderrogável, isto é, um órgão não transfere certa competência para outro por acordo entre as partes ou por assentimento do agente da Administração. Uma vez fixada a competência, esta tem que ser rigidamente observada por todos.

e) Excepcionalmente, serão permitidas a DELEGAÇÃO (conferir a outrem atribuições que competem ao superior) e a AVOCAÇÃO (chamar a si funções originariamente atribuídas a um subordinado) de competências – nos casos previstos em lei. O tema recebeu regramentos nos arts. 11 a 17 da Lei n. 9.784/99 e também no art. 12 do Decreto-lei n. 200/67.

Com o ato de delegação, a competência será cumulativamente da autoridade delegante e da autoridade delegada, pois o ato de delegação não retira a competência da autoridade delegante[80].

> **LEGISLAÇÃO CORRELATA**
>
> **Decreto-lei n. 200/67**
> **Art. 11.** A delegação de competência será utilizada como instrumento de descentralização administrativa, com o objetivo de assegurar maior rapidez e objetividade às decisões, situando-as na proximidade dos fatos, pessoas ou problemas a atender.
> **Art. 12.** É facultado ao Presidente da República, aos Ministros de Estado e, em geral, às autoridades da Administração Federal delegar competência para a prática de atos administrativos, conforme se dispuser em regulamento.
> **Parágrafo único.** O ato de delegação indicará com precisão a autoridade delegante, a autoridade delegada e as atribuições objeto de delegação.

---

[79] JUSTEN FILHO, Marçal. *Curso de direito administrativo*, 5. ed., São Paulo: Saraiva, 2010, p. 335.
[80] CAETANO, Marcello. *Princípios fundamentais de direito administrativo*, Rio de Janeiro: Forense, 1977, p. 138.

Lei n. 9.784/99

Art. 11. A competência é **irrenunciável** e se exerce pelos órgãos administrativos a que foi atribuída como própria, salvo os casos de delegação e avocação legalmente admitidos.

Art. 12. Um órgão administrativo e seu titular poderão, se não houver impedimento legal, delegar parte da sua competência a outros órgãos ou titulares, ainda que estes não lhe sejam hierarquicamente subordinados, quando for conveniente, em razão de circunstâncias de índole técnica, social, econômica, jurídica ou territorial.

Parágrafo único. O disposto no *caput* deste artigo aplica-se à delegação de competência dos órgãos colegiados aos respectivos presidentes.

Art. 13. Não podem ser objeto de delegação:

I – a edição de atos de caráter normativo;

II – a decisão de recursos administrativos;

III – as matérias de competência exclusiva do órgão ou autoridade.

Art. 14. O ato de delegação e sua revogação deverão ser publicados no meio oficial.

§ 1º O ato de delegação especificará as matérias e poderes transferidos, os limites da atuação do delegado, a duração e os objetivos da delegação e o recurso cabível, podendo conter ressalva de exercício da atribuição delegada.

§ 2º O ato de delegação é revogável a qualquer tempo pela autoridade delegante.

§ 3º As decisões adotadas por delegação devem mencionar explicitamente esta qualidade e considerar-se-ão editadas pelo delegado.

Art. 15. Será permitida, **em caráter excepcional e por motivos relevantes devidamente justificados, a avocação temporária** de competência atribuída a órgão hierarquicamente inferior.

Art. 16. Os órgãos e entidades administrativas divulgarão publicamente os locais das respectivas sedes e, quando conveniente, a unidade fundacional competente em matéria de interesse especial.

Art. 17. Inexistindo competência legal específica, o processo administrativo deverá ser iniciado perante a autoridade de menor grau hierárquico para decidir.

Pegadinha: A regra é a não delegação e a não avocação. A delegação e a avocação aparecem como figuras excepcionais, de modo que será INVÁLIDA qualquer delegação ou avocação que de alguma forma suprima a competência dos administradores (conforme prevê o art. 15 da Lei n. 9.784/99).

Aprofundamento: **VÍCIOS DO ATO ADMINISTRATIVO QUANDO INOBSERVADO O REQUISITO "COMPETÊNCIA/SUJEITO COMPETENTE":**

Haverá vício de competência quando a conduta realizada pelo agente for inadequada a sua atribuição legal. *Exemplificando:* o agente subordinado pratica um ato de competência de seu superior hierárquico.

Assim, haverá **vícios de competência** nos seguintes casos:

a) inobservância da regra legal de competência (violação do princípio da legalidade);

b) realização de delegação e avocação não autorizadas pelo ordenamento jurídico;

c) IMPEDIMENTO da autoridade para a prática do ato (art. 18 da Lei n. 9.784/99). Considera-se impedido de atuar no processo administrativo o servidor ou a autoridade que:

    c.1) tenha interesse direto ou indireto na matéria;

c.2) tenha participado ou venha a participar como perito, testemunha ou representante, ou se tais situações ocorrerem quanto ao cônjuge, companheiro ou parente e afins até o terceiro grau;

c.3) esteja litigando judicial ou administrativamente com o interessado ou respectivo cônjuge ou companheiro.

A autoridade ou servidor que incorrer em impedimento deve comunicar o fato à autoridade competente, abstendo-se de atuar. E a omissão do dever de comunicar o impedimento constitui falta grave, para efeitos disciplinares (art. 19 da Lei n. 9.784/99).

d) suspeição da autoridade para a prática do ato (arts. 20 e 21 da Lei n. 9.784/99);

A arguição da suspeição de autoridade ou servidor ocorrerá sempre que visualizada amizade íntima ou inimizade notória com algum dos interessados ou com os respectivos cônjuges, companheiros, parentes e afins até o terceiro grau.

e) usurpação de função, nos termos do art. 328 do Código Penal;

f) ABUSO DE PODER (excesso de poder): sempre que ocorrer abuso de autoridade haverá vício quanto ao sujeito;

g) função de fato: ocorre quando o indivíduo pratica o ato investido irregularmente no cargo, emprego ou função. Nesse caso, se a situação tem aparência de legalidade, o ato será considerado válido. Ao contrário, se evidente a incompetência, o ato será nulo;

h) incapacidade civil, nos termos do Código Civil.

JURISPRUDÊNCIA

- A competência é elemento do ato que advém diretamente da lei, e porque proveniente desta é intransferível e improrrogável, salvo se a lei dispuser expressamente sobre a possibilidade de delegação ou avocação (REsp 724.196/RS, 1ª T., rel. Min. José Delgado, j. 23-10-2007, DJ 19-11-2007).

5.2.4 Motivo (ou causa)

A explicação deste tema engloba a seguinte fórmula:

**PRESSUPOSTO DE FATO + PRESSUPOSTOS DE DIREITO =
embasamento necessário para a prática do ato**

- PRESSUPOSTO DE FATO (ou motivo de fato[81]) é a circunstância ocorrida.
- PRESSUPOSTO DE DIREITO (ou motivo de direito[82]) é o fundamento legal que embasa a prática do ato.

---

[81] Conforme CARVALHO FILHO, José dos Santos. *Manual de direito administrativo*, 24. ed., Rio de Janeiro: Lumen Juris, 2011, p. 105.

[82] Conforme CARVALHO FILHO, José dos Santos. *Manual de direito administrativo*, 24. ed., Rio de Janeiro: Lumen Juris, 2011, p. 105.

Exemplificando: um servidor comete uma infração e é punido.

- PRESSUPOSTO DE FATO é o cometimento da infração. Essa é a circunstância ocorrida.
- PRESSUPOSTO DE DIREITO é a legislação que diz que tal conduta é infração. É o fundamento legal que embasa a prática do ato.

Assim, MOTIVO = RAZÃO DE TER PRATICADO O ATO.

Para complementar: Às vezes a situação de fato já está delineada na norma legal. Se assim ocorrer, o agente deverá praticar o ato tão logo a situação de fato ocorra. O agente será o executor da lei.

Temos aqui a prática de um ATO VINCULADO, já que há estrita vinculação do agente à lei.

Em outros casos, a lei não irá delinear a situação fática. Nesse caso, o próprio agente, com base num juízo de conveniência e oportunidade, elegerá a situação fática geradora da vontade. Aqui haverá a prática de um ato discricionário.

5.2.4.1 Motivação

Ligada ao motivo, temos a **MOTIVAÇÃO**, isto é, a exposição dos motivos que o fundamentou.

De acordo com Cretella Júnior[83], a motivação é a justificativa do pronunciamento realizado.

A motivação exprime de modo expresso e textual todas as situações de fato que levaram o agente à manifestação da vontade[84]. É a justificativa do ato por meio da demonstração, por escrito, de que os pressupostos de fato realmente estão presentes.

De acordo com Antônio Carlos de Araújo Cintra[85], a motivação pode ser:

a) contextual – ocorre quando a motivação, a justificativa, está no próprio ato.

b) *aliunde* – a justificativa do pronunciamento tomado encontra-se em instrumento diverso.

Ponto de controvérsia na doutrina reside na obrigatoriedade ou não de motivação:

a) 1ª corrente: uma primeira corrente entende ser a motivação obrigatória apenas nos atos vinculados;

b) 2ª corrente: a motivação é obrigatória apenas nos atos discricionários, pois nos atos discricionários poderá haver algum subjetivismo, razão pela qual será mais necessária nesses atos a motivação;

---

[83] CRETELLA JÚNIOR, José. *Curso de direito administrativo.* Rio de Janeiro: Forense, 1986, p. 310.
[84] CARVALHO FILHO, José dos Santos. *Manual de direito administrativo,* 24. ed., Rio de Janeiro: Lumen Juris, 2011, p. 105.
[85] CINTRA, Antônio Carlos de Araújo. *Motivo e motivação do ato administrativo.* São Paulo: Revista dos Tribunais, 1979, p. 111.

c) 3ª corrente: POSICIONAMENTO MAJORITÁRIO ENTRE OS ADMINISTRATIVISTAS: a motivação é obrigatória tanto nos atos vinculados quanto nos atos discricionários.

Será principalmente nos atos discricionários que a motivação se mostra mais necessária, já que o administrador deverá JUSTIFICAR a escolha feita, indicando que escolheu o melhor conteúdo para o ato, mostrando o bom uso dos princípios da razoabilidade e da proporcionalidade.

Hely Lopes Meirelles, Maria Sylvia Zanella Di Pietro, Celso Antônio Bandeira de Mello e Lúcia Valle Figueiredo defendem que a motivação é em regra obrigatória e necessária. Só não será obrigatória nos casos em que a lei dispensar a motivação ou se a natureza do ato for incompatível com a motivação.

A Lei n. 9.784/99 – Lei do Processo Administrativo Federal –, em seu art. 50, elenca hipóteses que necessitam de motivação dos atos administrativos que: neguem, limitem ou afetem direitos ou interesses; imponham ou agravem deveres, encargos ou sanções; decidam processos administrativos de concurso ou seleção pública; dispensem ou declarem a inexigibilidade de processo licitatório; decidam recursos administrativos; decorram de reexame de ofício; deixem de aplicar jurisprudência firmada sobre a questão ou discrepem de pareceres, laudos, propostas e relatórios oficiais; importem anulação, revogação, suspensão ou convalidação de ato administrativo.

A motivação deve ser explícita, clara e congruente, podendo consistir em declaração de concordância com fundamentos de pareceres anteriores, informações, decisões ou propostas, que, nesse caso, serão parte integrante do ato.

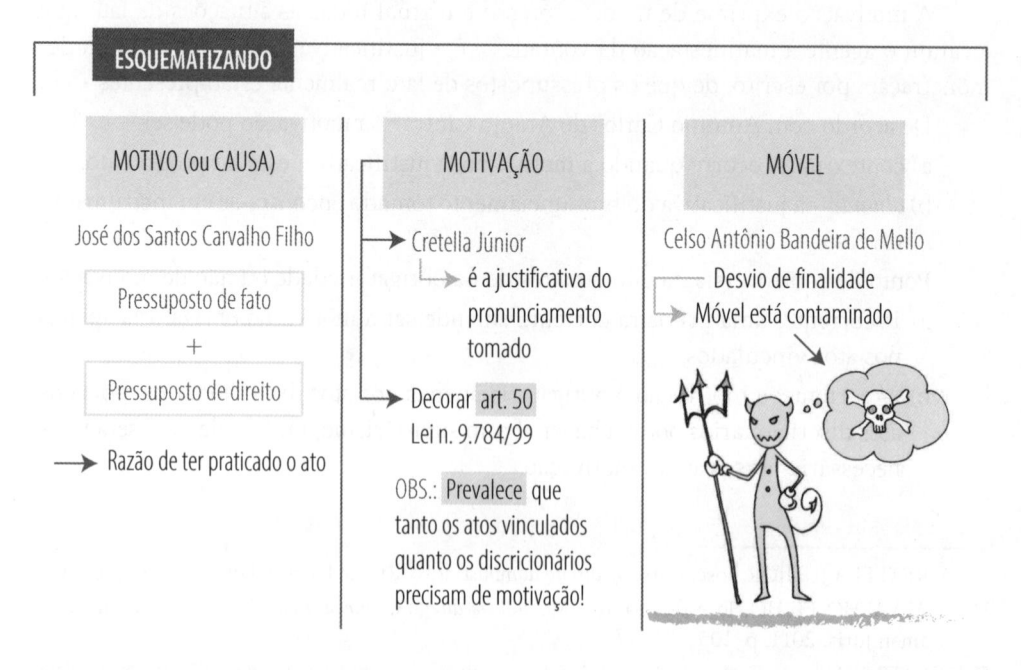

ESQUEMATIZANDO

MOTIVO (ou CAUSA)	MOTIVAÇÃO	MÓVEL
José dos Santos Carvalho Filho	Cretella Júnior	Celso Antônio Bandeira de Mello
Pressuposto de fato + Pressuposto de direito	é a justificativa do pronunciamento tomado	Desvio de finalidade — Móvel está contaminado
→ Razão de ter praticado o ato	Decorar art. 50 Lei n. 9.784/99	
	OBS.: Prevalece que tanto os atos vinculados quanto os discricionários precisam de motivação!	

5.2.4.2 Teoria dos motivos determinantes

Um tema importante a ser estudado dentro deste tópico diz respeito à denominada **TEORIA DOS MOTIVOS DETERMINANTES**, sistematizada por Jèze.

Essa teoria estabelece que a Administração Pública se vincula aos motivos que elegeu para a prática do ato.

Esse motivo precisa ser VERDADEIRO e EXISTENTE, sob pena de ANULAÇÃO DO ATO (vício de legalidade).

José dos Santos Carvalho Filho[86] exemplifica: um servidor requer férias para determinado mês. O chefe da repartição pública indefere as férias SEM deixar expresso no ato o motivo.

Imagine que o chefe da repartição indeferisse alegando que há FALTA DE PESSOAL na repartição naquele mês em que se pleiteiam as férias.

Se o interessado provar que o motivo alegado (falta de pessoal) é falso ou inexistente, o ato estará viciado no motivo.

PECULIARIDADES:

a) EXONERAÇÃO *AD NUTUM*: consiste na exoneração do servidor ocupante de cargo em comissão, sem para tanto ser necessária justificativa do porquê da exoneração.

Entretanto, se a Administração, mesmo não precisando elencar o motivo da exoneração, o disser, esse motivo alegado passará a integrar o ato. Motivo alegado deve ser verdadeiro e existente, sob pena de comprometer a legalidade do ato (incidência da Teoria dos Motivos Determinantes).

Exemplificando: se a Administração disser que está exonerando o servidor para "REDUZIR DESPESAS COM FOLHA DE PAGAMENTO", este será o MOTIVO da exoneração.

Pela Teoria dos Motivos Determinantes, a Administração Pública se vincula aos MOTIVOS que elegeu para a prática do ato e, dessa forma, não poderá no outro dia nomear outro servidor para ocupar aquele cargo, pois se assim fosse, ficaria evidenciado que o motivo não existia ou era falso.

b) TREDESTINAÇÃO LEGAL: de acordo com o Decreto-lei n. 3.365/41, é possível mudar o motivo da desapropriação, sem que isso viole a teoria dos motivos determinantes, desde que mantida uma razão de interesse público.

A tredestinação legal nada mais é do que a autorização conferida pelo ordenamento jurídico para que haja a mudança de motivo na desapropriação.

Exemplificando: inicialmente, desapropria-se determinada área para a construção de uma escola pública. Em momento posterior, muda-se o motivo daquela desapropriação e resolve-se fazer um hospital público.

---

[86] CARVALHO FILHO, José dos Santos. *Manual de direito administrativo*, 24. ed., Rio de Janeiro: Lumen Jurisa, 2011, p. 109.

> **Aprofundamento: POSSÍVEIS VÍCIOS DO ATO ADMINISTRATIVO QUANDO INOBSERVADO O REQUISITO "MOTIVO":**
>
> Haverá vícios quanto ao requisito motivo se houver inexistência de fundamento para a prática do ato:
>
> a) motivo não declarado;
>
> b) motivo falso ou inexistente (incidência da teoria dos motivos determinantes). *Exemplificando:* a cassação de uma licença com base num evento que não ocorreu;
>
> c) incompatibilidade entre o motivo do ato e o motivo legal;
>
> d) o móvel do agente está viciado, e então o ato é praticado com desvio de finalidade, favoritismos ou perseguições, configurando sério vício subjetivo;
>
> e) violação à teoria dos motivos determinantes;
>
> f) incongruência entre o motivo e o resultado do ato.

5.2.5 Objeto/conteúdo

Consiste em determinar qual o efeito jurídico imediato que o ato produz. Para que serve determinado ato?

O objeto é o que se cria, modifica, extingue, adquire, resguarda, transfere na ordem jurídica.

Mas como identificar o objeto?

Basta identificar o que o ato enuncia, prescreve, dispõe. Qual o fim imediato, o resultado prático a ser alcançado pela vontade administrativa?

Exemplificando:

a) em uma licença de construção, o objeto consiste em consentir que alguém edifique;

b) em uma admissão, o objeto será autorizar alguém a ingressar em estabelecimento público;

c) em uma autorização para estacionamento, o objeto corresponde a consentir que alguém estacione seu veículo.

Assim, dependendo da espécie de ato, encontraremos um objeto, o que leva a concluir que o objeto, portanto, é variável.

Para que o ato administrativo praticado seja válido, o seu objeto precisa ser LÍCITO.

Maria Sylvia Zanella Di Pietro[87] acrescenta que, além de lícito, o objeto precisa ser também MORAL. Diferentemente, José dos Santos Carvalho Filho[88] entende que o requisito moral tem maior pertinência com o elemento finalidade do ato.

O objeto precisa ser determinado ou determinável. E, por fim, o objeto tem que ser possível, isto é, suscetível de ser realizado.

---

[87] DI PIETRO, Maria Sylvia Zanella. *Direito administrativo*, 20. ed., São Paulo: Atlas, 2007, p. 191.
[88] CARVALHO FILHO, José dos Santos. *Manual de direito administrativo*, 24. ed., Rio de Janeiro: Lumen Juris, 2011, p. 110-111.

> **ESQUEMATIZANDO**

OBJETO	FINALIDADE
Fim imediato a ser alcançado pela vontade administrativa.	Fim mediato, isto é, o interesse coletivo que deve o administrador perseguir.
É variável.	É invariável (será sempre o interesse público).

Questão: OS ELEMENTOS OU REQUISITOS DO ATO ADMINISTRATIVO SÃO VINCULADOS OU DISCRICIONÁRIOS?

Primeira regra: se o ato é vinculado, seus elementos também serão vinculados.

Dessa maneira, temos que, nos atos vinculados, a forma, a finalidade, a competência, o motivo e o objeto são vinculados.

Segunda regra: e se o ato é discricionário, como ficam os seus elementos?

Em regra, nos atos discricionários, a forma, a finalidade, a competência são elementos vinculados.

A forma normalmente é vinculada (mesmo nos atos discricionários), pois a lei estabelece qual a forma a seguir naquele ato.

Celso Antônio Bandeira de Mello[89] estabelece que, se a lei fixar uma opção de forma, aí então haverá discricionariedade.

O elemento finalidade nos atos discricionários, como regra, é requisito vinculado: todo ato deve atender ao interesse público (finalidade em sentido amplo) e ao interesse fixado em lei (finalidade em sentido estrito).

Celso Antônio Bandeira de Mello complementa: se a finalidade for tratada por meio de CONCEITOS VAGOS, pouco precisos, aí então será admitido um juízo discricionário quanto à finalidade. *Exemplificando:* se a lei estabelecer que a finalidade de certo ato consiste em garantir a "paz pública", a "ordem pública", a "paz social", a "salubridade pública", aí então caberá um juízo valorativo acerca do alcance das referidas expressões.

A competência (sujeito) é vinculada, mesmo nos atos discricionários, já que é a lei que diz quem é o sujeito competente para aquele ato.

Já nos atos discricionários, o MOTIVO e o OBJETO são discricionários, já que valorar o motivo e escolher o objeto consiste na eleição do mérito do ato administrativo – e isso nada mais é que encontrar o aspecto discricionário.

Observação: POSSÍVEIS VÍCIOS DO ATO ADMINISTRATIVO QUANDO INOBSERVADO O REQUISITO "OBJETO":

Para que ocorra vício de objeto é necessário que o ato administrativo tenha conteúdo diverso do que a lei autoriza ou determina. Assim, haverá o vício se:

---

[89] BANDEIRA DE MELLO, Celso Antônio. *Curso de direito administrativo*, 25. ed., São Paulo: Malheiros, 2008, p. 387.

a) Objeto proibido por lei (ilícito). *Exemplificando:* a Administração Pública expede um ato que permite que o administrado exerça uma atividade proibida – a Administração concede autorização para menores ingressarem em estabelecimentos onde sua entrada é vedada.

b) Objeto impossível. *Exemplificando:* a nomeação para um cargo inexistente.

c) Objeto imoral. *Exemplificando:* parecer encomendado.

d) Objeto incerto quanto aos destinatários, ao tempo, ao lugar ou às coisas. *Exemplificando:* desapropriação de um bem indefinido.

Nesses casos, o ato poderá ser invalidado tanto pela Administração Pública quanto pelo Poder Judiciário.

6. CONVALIDAÇÃO E SANATÓRIA

O instituto da convalidação encontra previsão legal no art. 55 da Lei n. 9.784/99.

a) Fundamento: PRESERVAÇÃO DA ORDEM JURÍDICA E SOCIAL.

b) Consequência: garantia da ESTABILIDADE das relações já constituídas.

c) Espécies de convalidação:

C.1. RATIFICAÇÃO	C.2. CONFIRMAÇÃO	C.3. SANEAMENTO
A convalidação procede da mesma autoridade que emitiu o ato inválido.	A convalidação procede da outra autoridade que não a que emitiu o ato inválido.	A convalidação resulta de um ato particular.

6.1 Diferenciação: convalidação *versus* conversão

CONVALIDAÇÃO	CONVERSÃO (SANATÓRIA)
CORREÇÃO	MANUTENÇÃO DA ORDEM JURÍDICA
Um ato inválido se tornará válido.	Um ato solene que não preenche os requisitos será convertido em um ato mais simples. Celso Antônio Bandeira de Mello[90] define: o ato ilegal de certa categoria torna-se legal após a conversão, embora seja de categoria mais simples. Para José dos Santos Carvalho Filho[91], a conversão é uma modalidade de convalidação, assim como a ratificação e a reforma.

7. ESTABILIZAÇÃO DE EFEITOS

Qual a intenção desse instituto? O que a "estabilização de efeitos" busca?

---

[90] BANDEIRA DE MELLO, Celso Antônio. *Curso de direito administrativo*, 25. ed., São Paulo: Malheiros, 2008, p. 464.

[91] CARVALHO FILHO, José dos Santos. *Manual de direito administrativo*, 24. ed., Rio de Janeiro: Lumen Juris, 2011, p. 198.

Tem por base a:

a) teoria da ponderação entre princípios;

b) equilíbrio entre legalidade *versus* princípio da segurança jurídica e boa-fé;

c) natureza jurídica do instituto: o ato continua ilegal, porque é mantido em nome da segurança jurídica, porém se estabilizam os seus efeitos; e

d) situações em que encontramos o instituto da estabilização de efeitos:

> d.1) **STF – teoria do funcionário de fato**: o ato de nomeação e posse do sujeito é ilegal. O "agente público" é nomeado para um cargo público sem a prévia aprovação em concurso público ou em um concurso irregular.

Se a investidura é um ato ilegal, e com base na regra de que o acessório segue o principal, todos os atos praticados pelo servidor também deveriam ser ilegais. Porém, em nome da segurança jurídica e em nome de terceiros de boa-fé atingidos pelo ato, os atos por esse servidor praticados serão mantidos.

> d.2) **Modulação dos efeitos nas declarações de inconstitucionalidade:**

Autorizam a adoção do efeito *ex nunc* em razão de segurança jurídica ou excepcional interesse social se preenchidos os requisitos do art. 27 da Lei n. 9.868/99.

Nesse sentido, *vide* STF, HC 82.959-7; STF, RE 442.683/RS, rel. Min. Carlos Velloso; STJ, RMS 24.430/AC, rel. Min. Napoleão Nunes Maia Filho.

8. FORMAÇÃO E EFEITOS DO ATO ADMINISTRATIVO

8.1 Perfeição

Perfeito é o ato que concluiu todo o seu ciclo de formação. A perfeição do ato tem o sentido de consumação e conclusão.

Perfeito não significa que o ato não contém vícios. Se o ato é perfeito, não pode ser atingido por efeito retroativo da lei.

Exemplificando: a nomeação de dirigente de Agência Reguladora ocorre com a nomeação pelo Presidente da República, desde que haja aprovação por parte do Senado Federal (ato complexo). Uma vez preenchido esse ciclo, o ato será considerado perfeito. Estará pronto e acabado, apto a produzir efeitos.

Ao contrário, será imperfeito quando não concluir o seu ciclo de formação e não estiver acabado.

8.2 Eficácia

O ato administrativo está pronto para produzir efeitos. Na eficácia, o desencadear dos efeitos do ato não estão dependentes de qualquer evento posterior (*v.g.*, condição suspensiva ou termo inicial).

Conforme Sérgio de Andréa Ferreira, citado por José dos Santos Carvalho Filho[92], a eficácia comporta três dimensões:

a) Temporal: consiste em delimitar por quanto tempo aquele ato produziu efeitos: os efeitos do ato foram instantâneos ou o ato gerou efeitos duradouros?

b) Espacial: consiste em delimitar o local onde o ato gerou efeitos. Qual o âmbito de incidência dos efeitos do ato?

Exemplificando: um ato de permissão originário do Município só produz efeitos no círculo territorial desse Município.

c) Subjetiva: consiste em definir quem são os indivíduos que estão sob sujeição do ato.

Os efeitos do ato administrativo podem ser esquematizados da seguinte forma:

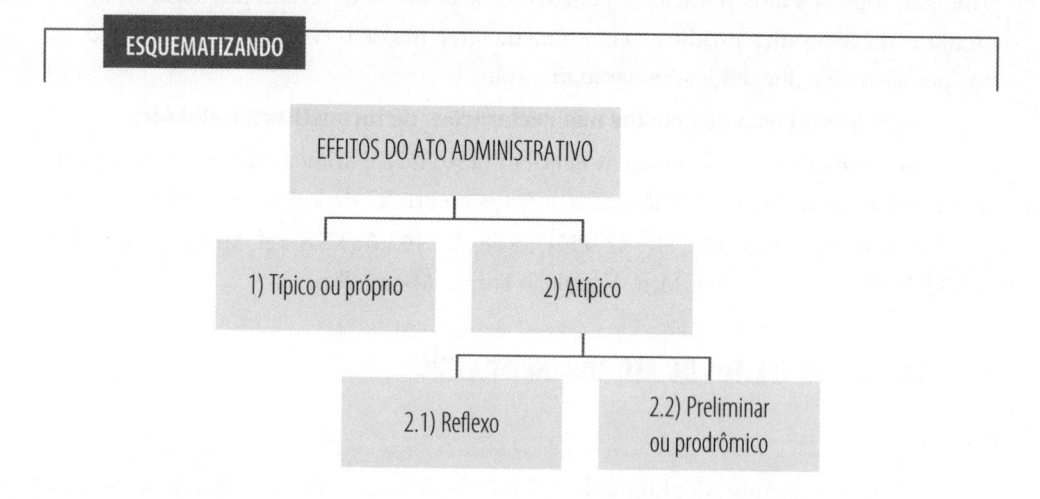

ESQUEMATIZANDO

```
                EFEITOS DO ATO ADMINISTRATIVO
                 ┌──────────────┴──────────────┐
            1) Típico ou próprio           2) Atípico
                                    ┌──────────┴──────────┐
                               2.1) Reflexo         2.2) Preliminar
                                                     ou prodrômico
```

8.2.1 Efeito típico ou próprio

É o efeito principal para o qual o ato foi criado.

Exemplificando: a) em uma desapropriação, o efeito típico é tomar o imóvel do particular e integrá-lo ao acervo patrimonial do Poder Público; b) é próprio do ato de nomeação habilitar alguém a assumir um cargo público; c) é típico e próprio do ato de demissão desligar um funcionário do serviço público.

8.2.2 Efeito atípico

Consiste em apurar o efeito secundário produzido pelo ato. Subdivide-se em efeito reflexo e efeito preliminar ou prodrômico.

---

[92] CARVALHO FILHO, José dos Santos. *Manual de direito administrativo*, 24. ed., Rio de Janeiro: Lumen Juris, 2011, p. 118.

8.2.2.1 Efeito reflexo

No efeito reflexo, o ato atinge terceiro que não o destinatário direto do ato.

Os efeitos reflexos refluem sobre outra relação jurídica, ou seja, atingem terceiros não objetivados pelo ato.

Flávio Bauer Novelli[93] exemplifica: o Estado vai desapropriar o imóvel de "X". Porém, a casa de "X" está locada para "Y". "Y" é o locatário da casa. Ora, o ato de desapropriar esse imóvel atinge terceiro (no exemplo dado "Y"), que não era o destinatário direto do ato (afinal, o destinatário direto do ato é "X").

Nesse caso, perdido o imóvel pelo proprietário expropriado, o locatário "Y" vê rescindida a relação jurídica de locação.

O efeito típico do ato é a desapropriação, mas, atípica e reflexamente, rescindiu a locação.

8.2.2.2 Efeito preliminar ou prodrômico

É o efeito que acontece ANTES de o ato concluir o seu ciclo de formação.

O efeito prodrômico ocorre quando um ato administrativo depende de duas manifestações de vontade: se houver a primeira manifestação, gera a necessidade da segunda (o que se verifica nos atos compostos ou nos complexos).

Haverá o efeito prodrômico enquanto durar essa situação de pendência.

Exemplificando:

a) Imagine um ato sujeito a controle por outro órgão: A autoridade "A" edita um ato. Porém, para esse ato desencadear seus efeitos, é necessário que a autoridade "B" o controle.

A autoridade "B" tem, portanto, que emitir um ato controlador, que funciona como CONDIÇÃO DE EFICÁCIA do ato emitido pela autoridade "A".

Enquanto perdura a situação de pendência do ato, isto é, enquanto "B" não controla o ato "A", falamos em efeito preliminar ou efeito prodrômico.

O ato "A" (ato controlado) acarreta para "B" (órgão controlador) o dever-poder de emitir o ato de controle.

b) Um ato sujeito à homologação. Em razão da necessidade de análise do ato pelo superior, há efeito prodrômico enquanto essa análise não é efetuada.

c) Nomeação de dirigente de uma Agência Reguladora: o Presidente da República nomeia, porém tal nomeação depende de aprovação do Senado Federal. Enquanto o Senado Federal não aprovar, haverá a situação de pendência, o ato ainda não terá sido concluído, e, assim, enquanto persistir essa situação de pendência ter-se-á o efeito preliminar ou prodrômico.

---

[93] NOVELLI, Flávio Bauer. Eficácia do ato administrativo. *RDA* 60/21-25 e 61/29 e 30.

8.3 Exequibilidade

José dos Santos Carvalho Filho[94]:

Exequibilidade consiste em executar todo o ato. É possível encontrarmos um ato que tenha eficácia, mas que não tenha exequibilidade.

Exemplificando: a) uma autorização dada em dezembro para começar a valer somente em janeiro do ano subsequente. Ora, em dezembro a autorização é eficaz, mas somente terá exequibilidade em janeiro; b) a sentença pendente de recurso antes de transitar em julgado é eficaz, produz efeitos, mas é inexequível, já que não transitou em julgado.

8.4 Validade

O ato obedeceu aos requisitos legais. Há conformidade do ato com a lei ou com outro ato de grau mais elevado.

Peculiaridades:

a) É possível que um ato tenha percorrido todo o seu ciclo de formação e, portanto, seja perfeito, mas que não tenha obedecido aos requisitos legais, caso em que será PERFEITO E INVÁLIDO;

Exemplificando: houve a realização de um procedimento licitatório, houve a obediência a seu ciclo de formação, porém o ato é inválido, pois houve fraude quando da análise das propostas dos licitantes. Nesse caso, temos um ato perfeito (pela conclusão de seu ciclo de formação) e inválido (em razão da fraude).

b) Podemos, ainda, falar em ato PERFEITO, INVÁLIDO E EFICAZ: publicado, o ato produz efeitos até sua declaração de invalidade.

Exemplificando: dispensou-se a licitação por entender que era hipótese emergencial. Em momento posterior, apurou-se que não se tratava de caso de urgência. O ato produzirá efeitos até sua declaração de invalidade, quando então será desconstituído (efeitos *ex tunc*).

c) É possível termos um ato PERFEITO, INVÁLIDO E INEFICAZ: ocorrerá sempre que o ato concluir o seu ciclo de formação (perfeito), porém não se observaram os requisitos legais para sua prática (inválido), e será ineficaz por não ter sido publicado.

d) PERFEITO, VÁLIDO E INEFICAZ:

Exemplificando: ocorre um procedimento licitatório que obedece aos requisitos legais (perfeito e válido), entretanto não há a publicação (ineficaz), como fixa o art. 61, parágrafo único, da Lei n. 8.666/93 – que exige a publicação para que o ato seja eficaz.

e) VÁLIDO, EFICAZ E EXEQUÍVEL:

---

[94] CARVALHO FILHO, José dos Santos. *Manual de direito administrativo*, 24. ed., Rio de Janeiro: Lumen Juris, 2011, p. 118.

Um ato será válido se editado em conformidade com a lei. Será eficaz se puder ser concretizado, e será exequível se tiver operatividade e puder ser executado;

f) VÁLIDO, EFICAZ E INEXEQUÍVEL:

O ato será válido se praticado em compatibilidade com a lei, será eficaz se apto a produzir efeitos e será inexequível quando sua operatividade estiver sujeita a termo ou condição futura.

g) VÁLIDO, INEFICAZ E INEXEQUÍVEL:

Essa situação é o que a doutrina diz que ocorre nos atos administrativos compostos e nos complexos. O ato, embora congruente com a norma legal (válido), não completou o seu ciclo de formação, portanto não pode ser concretizado.

h) INVÁLIDO, EFICAZ, EXEQUÍVEL:

O ato será inválido se editado em desconformidade com a lei, e será eficaz e exequível se idôneo a produzir efeitos e se houver a possibilidade de produzi-los. A eficácia e a exequibilidade decorrem da presunção relativa de legitimidade que reveste todos os atos administrativos.

i) INVÁLIDO, EFICAZ, INEXEQUÍVEL:

Inválido é o ato praticado em desconformidade com a lei, eficaz, pois apto a produzir efeitos, entretanto será inexequível em razão de estar sujeito a condição ou termo para ser operante.

j) INVÁLIDO, INEFICAZ E INEXEQUÍVEL:

Nessa hipótese o ato contraria a lei, não concluiu o seu ciclo de formação, portanto não tem condições alguma de ser executado.

9. EXTINÇÃO DOS ATOS ADMINISTRATIVOS

Extinguir o ato administrativo significa dizer que ocorreu a extinção das relações jurídicas que derivavam do ato administrativo, ou seja, os efeitos jurídicos decorrentes do ato deixam de existir.

E quais são as situações (sujeitas ao regime da legalidade) de extinção dos atos? Vejamos:

9.1 Extinção do ato em razão do cumprimento de seus efeitos

"Exaurimento integral da eficácia do ato", conforme Marçal Justen Filho[95].

Um ato cumprirá seus efeitos nas seguintes situações:

a) Esgotamento de seu conteúdo jurídico – essa hipótese é a mais evidente. Uma vez produzido um efeito único e determinado, o ato estará extinto. É o caso da

---

[95] JUSTEN FILHO, Marçal. *Curso de direito administrativo*, 5. ed., São Paulo: Saraiva, 2010, p. 362.

concessão de férias para determinado agente público. Gozadas as férias, o ato será extinto em razão do cumprimento de seus efeitos.

b) Execução material – uma ordem executada ilustra a situação: a Administração Pública no exercício do Poder de Polícia determinou a demolição de uma obra clandestina. Demolida a obra, o ato terá cumprido seus efeitos; da mesma forma a determinação para a destruição de mercadoria nociva ao consumo público.

c) Advento de termo final – ocorre nos casos em que a existência da relação jurídica é delimitada temporalmente. Ocorrendo o termo final, ocorrerá a extinção do ato. É o caso da autorização concedida por prazo certo e determinado para o exercício de determinada atividade ou ainda do contrato de prestação de serviços pactuado por 12 meses e se ocorrer o advento desse prazo.

9.2 Extinção do ato em razão do desaparecimento do sujeito

Existem situações em que, para ocorrer a preservação dos efeitos do ato administrativo, é necessária a manutenção de determinado fato.

Exemplificando: um servidor é nomeado, toma posse, é investido no cargo, porém morre. Com a sua morte ocorre a vacância do cargo em razão do desaparecimento do sujeito. O ato que ensejou a nomeação do servidor será extinto: a morte do servidor extingue os efeitos da nomeação ou ainda a extinção da aposentadoria em razão da morte do beneficiário.

José dos Santos Carvalho Filho[96] traz outro exemplo: a morte do permissionário extingue o ato por falta do elemento subjetivo.

9.3 Extinção do ato em razão do desaparecimento do objeto

Nesse caso ocorre o desaparecimento do objeto da relação.

Celso Antônio Bandeira de Mello[97] exemplifica: a tomada pelo mar de um terreno de marinha dado em aforamento extingue a enfiteuse.

José dos Santos Carvalho Filho[98] exemplifica: a Administração Pública promove a interdição de um estabelecimento. Em momento posterior, o estabelecimento é definitivamente desativado. Ora, o objeto do ato de interdição se extinguiu; por consequência, o próprio ato também será extinto.

---

[96] CARVALHO FILHO, José dos Santos. *Manual de direito administrativo*, 24. ed., Rio de Janeiro: Lumen Juris, 2011, p. 140.

[97] BANDEIRA DE MELLO, Celso Antônio. *Curso de direito administrativo*, 25. ed., São Paulo: Malheiros, 2008, p. 437.

[98] CARVALHO FILHO, José dos Santos. *Manual de direito administrativo*, 24. ed., Rio de Janeiro: Lumen Juris, 2011, p. 141.

9.4 Extinção do ato em razão da renúncia

Com a renúncia ocorre a extinção dos efeitos do ato em razão da rejeição, pelo beneficiário, de uma situação jurídica favorável de que gozava como consequência daquele ato.

Exemplo 1: haverá renúncia quando um agente público renunciar a férias em dobro. Exemplo 2: haverá renúncia quando o agente público solicitar sua exoneração[99]. Exemplo 3: haverá renúncia quando o agente público renunciar a um cargo de Secretário de Estado[100].

9.5 Extinção do ato pela força maior e/ou pelo caso fortuito

"Em ambos os casos, a extinção da relação jurídica deriva da consumação não voluntária de eventos. Mas cabe a diferenciação, em vista de que a força maior e o caso fortuito são hipóteses em que a extinção é produzida por um evento insuscetível de previsão ou de consequências incalculáveis"[101].

9.6 Extinção do ato por inadimplemento (resilição)

Ocorre nas hipóteses de atos que fixam a uma parte o cumprimento de determinadas prestações. O não fazer acarreta a possibilidade de rescisão, "a qual poderá dar-se por ato unilateral da própria Administração (como regra), nas hipóteses em que a infração for imputável ao particular"[102].

9.7 Extinção do ato em razão de sua retirada pela própria Administração Pública

Ocorre em diversos casos.

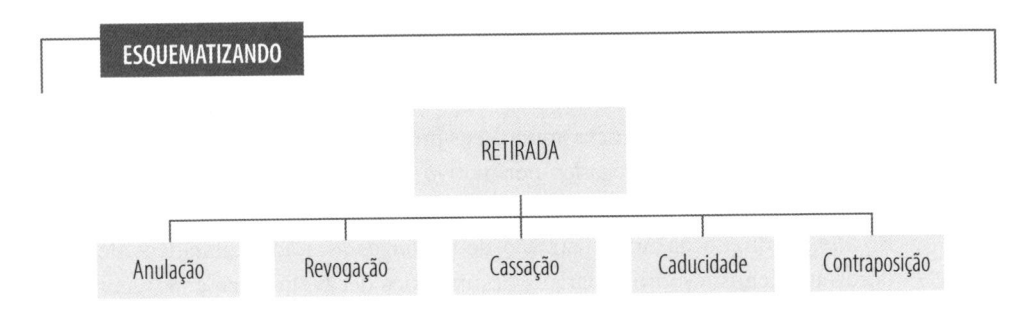

ESQUEMATIZANDO

RETIRADA
- Anulação
- Revogação
- Cassação
- Caducidade
- Contraposição

---

[99] JUSTEN FILHO, Marçal. *Curso de direito administrativo*, 5. ed., São Paulo: Saraiva, 2010, p. 363.
[100] BANDEIRA DE MELLO, Celso Antônio. *Curso de direito administrativo*, 25. ed., São Paulo: Malheiros, 2008, p. 437.
[101] JUSTEN FILHO, Marçal. *Curso de direito administrativo*, 5. ed., São Paulo: Saraiva, 2010, p. 363.
[102] JUSTEN FILHO, Marçal. *Curso de direito administrativo*, 5. ed., São Paulo: Saraiva, 2010, p. 364.

9.7.1 Anulação

É a retirada de um ato em razão de ilegalidade.

> "A teoria das nulidades do direito administrativo reflete três ordens de dificuldades.
>
> A primeira é a ausência de um Código de Direito Administrativo, que consagre de modo amplo e segundo uma abrangência de natureza sistêmica a solução legislativa para a questão das nulidades. Algumas leis contêm regras sobre a matéria (Lei de Licitações, a Lei de Processo Administrativo). Mas não há uma sistematização ampla dos casos de nulidade e das soluções aplicáveis.
>
> A segunda é que o direito administrativo disciplina matérias heterogêneas, dificultando uma regulação uniforme e unitária também quanto às nulidades.
>
> Em terceiro lugar, grande parte da teoria das nulidades no direito administrativo foi desenvolvida sob a influência não democrática, em que a atuação estatal refletia a vontade suprema do governante"[103].

O Supremo Tribunal Federal, sobre esse tema, possui as Súmulas 346 e 473. Vejamos:

- Súmula 346 do STF: "A administração pública pode declarar a nulidade dos seus próprios atos".
- Súmula 473 do STF: "A Administração pode anular seus próprios atos, quando eivados de vícios que os tornam ilegais, porque deles não se originam direitos; ou revogá-los, por motivo de conveniência ou oportunidade, respeitados os direitos adquiridos, e ressalvada, em todos os casos, a apreciação judicial".

Em regra, a anulação opera efeitos *ex tunc*, isto é, efeitos retroativos.

Se o ato ilegal é restritivo de direitos, os seus efeitos quando da anulação serão *ex tunc*. Entretanto, se o ato ilegal é ampliativo de direitos, aí então seus efeitos serão *ex nunc*, conforme ensinamentos de Celso Antônio Bandeira de Mello[104].

A Lei n. 9.784/99 fixa o prazo de 5 (cinco) anos para a Administração Pública anular seus atos. Vejamos:

> "Art. 53. A Administração deve anular seus próprios atos, quando eivados de vício de legalidade, e pode revogá-los por motivo de conveniência ou oportunidade, respeitados os direitos adquiridos.
>
> Art. 54. O direito da Administração de anular os atos administrativos de que decorram efeitos favoráveis para os destinatários decai em cinco anos, contados da data em que foram praticados, salvo comprovada má-fé.
>
> § 1º No caso de efeitos patrimoniais contínuos, o prazo de decadência contar-se-á da percepção do primeiro pagamento.

---

[103] JUSTEN FILHO, Marçal. *Curso de direito administrativo*, 5. ed., São Paulo: Saraiva, 2010, p. 364.
[104] BANDEIRA DE MELLO, Celso Antônio. *Curso de direito administrativo*, 25. ed., São Paulo: Malheiros, 2008, p. 417-418.

§ 2º Considera-se exercício do direito de anular qualquer medida de autoridade administrativa que importe impugnação à validade do ato.

Art. 55. Em decisão na qual se evidencie não acarretarem lesão ao interesse público nem prejuízo a terceiros, os atos que apresentarem defeitos sanáveis poderão ser convalidados pela própria Administração".

9.7.1.1 Teoria das nulidades

Para tratarmos do tema das nulidades do direito administrativo é necessário que seja feito um paralelo com a teoria das nulidades do direito privado.

As nulidades no direito privado bipartem-se em: a) nulidades – art. 166 do Código Civil; e b) anulabilidades – art. 171 do Código Civil.

A depender da maior ou menor gravidade do vício – que depende de juízo de valor e consideração por parte do legislador –, teremos um ato nulo ou um ato anulável.

A nulidade não admite convalidação, podendo o juiz decretá-la de ofício. Já a anulabilidade admite convalidação, sendo necessária a aprovação da parte interessada para sua decretação.

Já a teoria das nulidades no direito administrativo pode ser agrupada da seguinte forma:

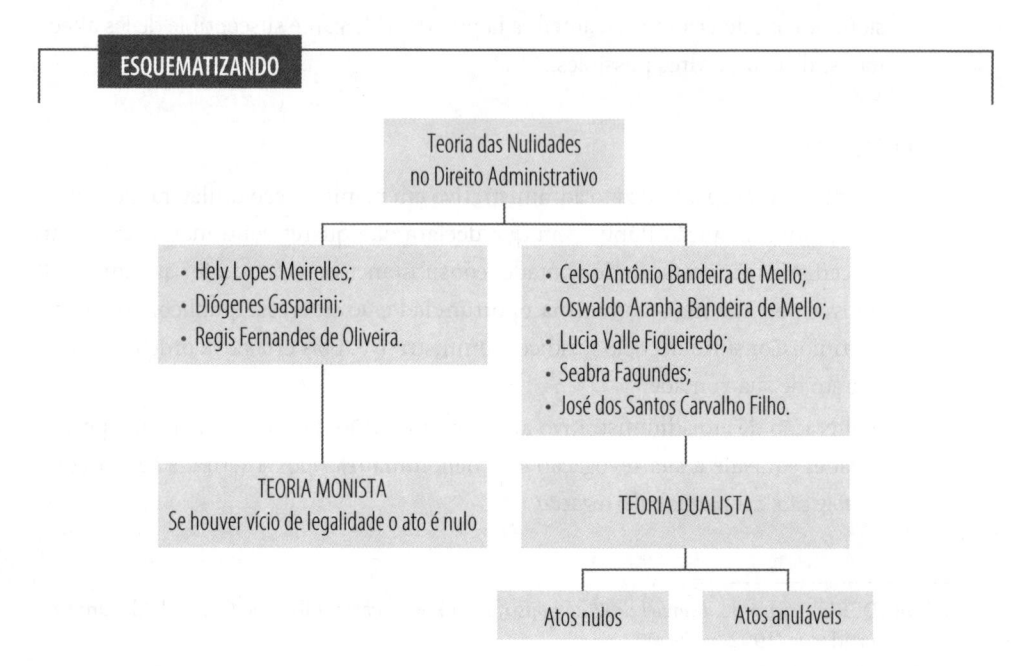

ESQUEMATIZANDO

Teoria das Nulidades no Direito Administrativo

- Hely Lopes Meirelles;
- Diógenes Gasparini;
- Regis Fernandes de Oliveira.

TEORIA MONISTA
Se houver vício de legalidade o ato é nulo

- Celso Antônio Bandeira de Mello;
- Oswaldo Aranha Bandeira de Mello;
- Lucia Valle Figueiredo;
- Seabra Fagundes;
- José dos Santos Carvalho Filho.

TEORIA DUALISTA

Atos nulos | Atos anuláveis

9.7.1.2 Doutrina estrangeira

Laubadère[105] resume as modalidades de ilegalidade:

"Un acte administratif est susceptible d'enfreindre la légalité de plusieurs manières. Cela tient à ce que, comme tout acte juridique, l'acte administratif se décompose en un certain nombre d'éléments dont chacun peut être en contradiction avec la règle de droit. Ainsi apparaissent diverses modalités de l'illégalité.

1º *Illégalité relative à la qualité de l'auteur de l'acte*. – L'acte administratif n'est légal que lorsqu'il émane de l'agent qualifié parle droit pour l'accomplir; car le droit ne se contente pas de fournir la liste des actes *possibles*; il désigne le titulaire du pouvoir; c'est la notion de *competénce*. L'exercice d'une compétence par un autre que son titulaire constitue une première modalité de l'illegalité: l'*incompétence*.

2º *Illégalité relative au but poursuivi*. – Elle affecte l'acte administratif lorsque l'agent compétent prend une décision correcte en soi, mais en vue d'un but audre que celui pour lequel était prévue la compétence. Cette forme d'illégalité a reçu le nom expressif de *détournement de pouvoir*.

3º *Illégalité relative à forme*. – Il y a vice de forme lorsque l'agent a omis ou incomplètement observé les formalités et procédures imposées par la loi.

4º *Illégalité relative à l'objet*. – C'est la forme la plus courante et la plus simples à saisir: l'agent administratif prend une décision dont le conteunu même est en contradiction avec la loi.

5º *Illégalité relative aux motifs*. – Les motifs sont les faits qui ont provoqué la décision, qui ont déterminé son auteur à la prende. L'illégalité susceptible de les affecter est de deux ordres possibles...".

9.7.2 Revogação

"Consiste a revogação do ato administrativo em manifestação unilateral de vontade da Administração Pública em que declara não querer continuar a conservar precedente manifestação de vontade, consubstanciada em anterior ato administrativo, por não mais convir, na oportunidade, ao interesse público, apesar de legítimo. Constitui negócio jurídico administrativo, pois cria nova ordem jurídica por ato de sua vontade.

A alteração de ato administrativo anterior, por razão de conveniência ou oportunidade, equivale à sua revogação e se denomina *reforma*. A retirada total diz-se *ab-rogação*; e a parcial, *derrogação*"[106].

---

[105] LAUBADÈRE, André de. *Manuel droit administratif*, 14. ed., Paris: Librairie Générale de Droit et de Jurisprudence, 1992, p. 94-95.

[106] BANDEIRA DE MELLO, Oswaldo Aranha. *Princípios gerais de direito administrativo*, 3. ed., 2. tir., São Paulo: Malheiros, 2010, v. I, p. 633.

A retirada de um ato administrativo por meio de sua **revogação** tem por **fundamento** o poder discricionário da Administração Pública, repetindo-se o uso de uma competência sobre uma mesma questão.

Se a Administração Pública verificar que o ato ou a situação jurídica por ele gerada são inconvenientes ou inoportunos ao interesse público, o ato será retirado, revogado.

Conveniência e oportunidade consistem no MÉRITO do ato. Portanto, quem diz se o ato administrativo é ou não conveniente é a própria Administração Pública. Assim, o sujeito ativo da revogação só pode ser a autoridade no exercício de funções e competências administrativas (normalmente o agente do Poder Executivo ou entidade da Administração Pública Indireta).

A revogação tem por objeto a retirada de um ato administrativo **válido**, isto é, em conformidade com a lei, ou a relação jurídica válida dele decorrente.

Exemplificando:

A retirada da permissão para instalação de banca de jornais em certa esquina por motivo de perturbação da circulação de pedestres no local configura hipótese de retirada, que ocorre em razão de inconveniência ou inoportunidade, ante a falta de interesse público para a manutenção do ato. Nesse caso, a permissão será revogada.

José dos Santos Carvalho Filho[107] exemplifica: a Administração Pública, num primeiro momento, autoriza a extração de areia de certo rio. Porém, em momento posterior, apura-se que tal atividade consentida poderia causar malefícios para a natureza. Ante a falta de conveniência e oportunidade para manutenção do ato, a Administração Pública revoga a autorização antes expedida.

Normalmente os efeitos da revogação são *ex nunc*. No momento em que o ato foi editado ele era conveniente e oportuno ao interesse público, entretanto, hoje, deixou de ser. A revogação respeita os efeitos que já transcorreram, portanto o ato revogador traz efeitos *ex nunc*.

De acordo com Celso Antônio Bandeira de Mello[108], "a revogação é consequência de um juízo feito hoje, sobre o que foi produzido ontem, resultando no entendimento de que a solução tomada não convém *agora* aos interesses administrativos".

Não há prazo (limite temporal) para a Administração Pública revogar um ato administrativo.

Os Poderes Legislativo e Judiciário somente praticam revogação administrativa no exercício de suas funções atípicas administrativas.

---

[107] CARVALHO FILHO, José dos Santos. *Manual de direito administrativo*, 24. ed., Rio de Janeiro: Lumen Juris, 2011, p. 153-157.

[108] BANDEIRA DE MELLO, Celso Antônio. *Curso de direito administrativo*, 25. ed., São Paulo: Malheiros, 2008, p. 443.

O art. 2º do texto constitucional consagra o princípio da independência dos poderes. Dessa forma, nenhum poder estatal poderá revogar atos administrativos praticados tipicamente por outro.

Nem mesmo em sede de controle jurisdicional pode o Judiciário revogar um ato administrativo (uma vez que existe limitação material para isso).

O Poder Judiciário só poderá revogar os seus próprios atos. *Exemplificando*: uma licitação realizada pelo Poder Judiciário para compra de materiais de escritório poderá ser revogada pelo próprio Poder Judiciário.

Aprofundamento: "Como observa Alessi (*Sistema istituzionali del diritto amministrativo italiano*, 3. ed., p. 385, n. 229), não há propriamente revogação do ato administrativo anterior por parte da Administração Pública, porém da relação jurídica por ele formada, da situação jurídica que dele resultou como referência a terceiro, com objetivo de eliminação ou alteração dos seus efeitos de direito. Na doutrina italiana há quem distinga entre *ab-rogação* e *revogação*. *Ab-rogação* seria a revogação em virtude de alteração das condições de fato que motivaram o ato (cf. Virga, ob. cit, 2. ed., p. 497-503). Uma vez que os efeitos jurídicos são os mesmos, não se verifica fundamento jurídico plausível na distinção. Pouco importa, ainda, em certos casos de alteração da situação de fato, deva a Administração Pública, antes de revogar o ato jurídico, ouvir o interessado – como no caso da concessão de serviço público em que se prevê a substituição da extensão da iluminação a gás pela elétrica, tendo em vista o direito de preferência do concessionário, assegurado pela concessão"[109].

Para complementar: Há algumas situações (de atos concretos) que são irrevogáveis, vejamos:

a) os atos por lei declarados irrevogáveis;

b) os atos já exauridos, isto é, aqueles cujos efeitos já esgotaram;

Exemplificando: a demolição de uma obra clandestina após determinação da Administração Pública no exercício do Poder de Polícia; o ato que deferiu férias ao servidor após o deleite das férias dele.

c) atos vinculados, já que sobre atos vinculados não há juízo de conveniência e oportunidade;

d) meros ou puros atos administrativos. *Exemplificando*: certidões, pareceres, atestados. Os efeitos desses atos decorrem da lei, razão pela qual não é admitida a sua revogação;

e) atos de controle. *Exemplificando*: autorizações prévias, aprovações *a posteriori*;

---

[109] BANDEIRA DE MELLO, Oswaldo Aranha. *Princípios gerais de direito administrativo*, 3. ed., 2. tir., São Paulo: Malheiros, 2010, v. I, p. 634.

f) atos que devem ser expedidos em ocasião determinada. *Exemplificando:* não pode ser revogado o ato de adjudicação na licitação quando já está celebrado o contrato;

g) atos que geram direitos adquiridos, nos termos do art. 5º, XXXVI, do texto constitucional;

h) atos que constituem decisão final do processo contencioso;

i) atos complexos (não é possível uma única vontade modificar o que foi realizado por várias manifestações).

Aprofundamento: **É POSSÍVEL REVOGAÇÃO DE UMA REVOGAÇÃO?**

Um ato "B" revoga o ato "A". Num momento posterior, o ato "C" revoga o ato revogador de "A", ou seja: "B". A dúvida é: voltaria o ato "A"?

O ato "A" não volta automaticamente. Não há repristinação tácita ou implícita.

Mas então o que deve ser feito quando a Administração quer que o ato inicial (no exemplo o ato "A") volte? Terá que expressamente consignar.

Para Celso Antônio Bandeira de Mello, pode existir a repristinação tácita ou implícita e a volta do ato "A" ocorrer automaticamente.

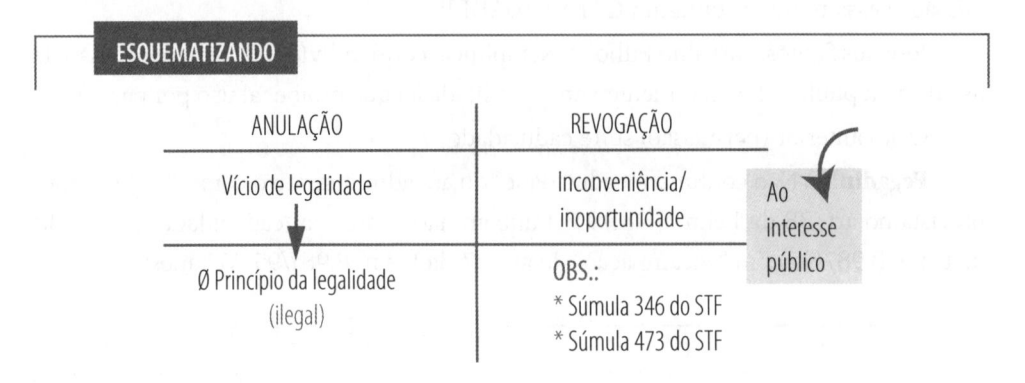

ESQUEMATIZANDO

ANULAÇÃO	REVOGAÇÃO
Vício de legalidade	Inconveniência/inoportunidade
Ø Princípio da legalidade (ilegal)	OBS.: * Súmula 346 do STF * Súmula 473 do STF

Ao interesse público

9.7.3 Cassação

É a retirada de um ato quando o destinatário DESCUMPRE CONDIÇÕES a que deveria continuar atendendo[110].

A cassação é ato vinculado (o agente só pode cassar o ato anterior nas hipóteses fixadas em lei/norma).

A natureza jurídica da cassação é de ATO SANCIONATÓRIO: pune-se aquele que deixou de cumprir as condições para a subsistência do ato. *Exemplificando:* retirada da licença para funcionamento de hotel, pois este virou "casa de tolerância".

---

[110] BANDEIRA DE MELLO, Celso Antônio. *Curso de direito administrativo*, 25. ed., São Paulo: Malheiros, 2008, p. 437.

José dos Santos Carvalho Filho[111] exemplifica: a cassação de uma licença para exercício de certa profissão.

Para complementar: Há, na Lei n. 10.826/2003 (Estatuto do Desarmamento), hipótese de CASSAÇÃO prevista no art. 10, § 2º: a autorização de porte de arma perderá automaticamente sua eficácia se o portador for detido ou abordado em estado de embriaguez ou sob efeito de substâncias químicas ou alucinógenas. Ocorrendo o estado de embriaguez ou o efeito de substância química ou alucinógena, ocorre a cassação da autorização.

9.7.4 Caducidade

Consiste na retirada do ato em razão da superveniência de norma que não mais admite a situação antes permitida e concedida pelo ato. *Exemplificando:* a Administração Pública concede permissão para, em certo local, ocorrer a exploração de parque de diversões. Posteriormente, vem a nova LEI DE ZONEAMENTO, que se mostra incompatível com a permissão anteriormente concedida. Neste caso, haverá a retirada da permissão, e essa retirada configura CADUCIDADE[112].

José dos Santos Carvalho Filho[113] exemplifica: certo indivíduo possui permissão de uso de bem público. Supervenientemente, é editada lei que proíbe tal uso por particular.

O ato anterior (permissão) sofre caducidade.

Pegadinha: Não confunda "caducidade" do ato administrativo com a "caducidade" prevista no art. 38 da Lei n. 8.987/95. Também não confunda "caducidade" do art. 38 da Lei n. 8.987/95 com "encampação" do art. 37 da Lei n. 8.987/95. Vejamos:

ENCAMPAÇÃO	CADUCIDADE
Art. 37 da Lei n. 8.987/95	Art. 38 da Lei n. 8.987/95
Razões de interesse público	Descumpre cláusulas contratuais
Autorização legislativa	Art. 5º, LV, CF → contraditório e ampla defesa
Administração Pública → indeniza $ → concessionário	Concessionário → indeniza $ → Administração Pública

---

[111] CARVALHO FILHO, José dos Santos. *Manual de direito administrativo*, 24. ed., Rio de Janeiro: Lumen Juris, 2011, p. 141.
[112] BANDEIRA DE MELLO, Celso Antônio. *Curso de direito administrativo*, 25. ed., São Paulo: Malheiros, 2008, p. 437.
[113] CARVALHO FILHO, José dos Santos. *Manual de direito administrativo*, 24. ed., Rio de Janeiro: Lumen Juris, 2011, p. 141.

9.7.5 Contraposição (ou derrubada)

É a retirada do ato em razão do advento de um segundo ato que impede que o primeiro produza efeitos.

A exoneração – segundo ato – de um funcionário aniquila os efeitos do ato de nomeação – primeiro ato[114].

PARA GABARITAR

a) Consideram-se válidos os efeitos produzidos pelo ato administrativo até o momento de sua eventual revogação pela Administração Pública, quer no que diz respeito às partes interessadas, quer em relação a terceiros sujeitos aos seus efeitos reflexos.

b) Os atos administrativos são praticados por servidores e empregados públicos, bem como por determinados particulares, a exemplo dos concessionários e permissionários de serviços públicos e oficiais de cartório.

c) Atualmente, no âmbito federal, todo ato administrativo restritivo de direitos deve ser expressamente motivado.

d) Os atos administrativos gozam de presunção de legitimidade, o que significa que são considerados válidos até que sobrevenha prova em contrário.

e) A discricionariedade normalmente se localiza no motivo ou no conteúdo do ato administrativo. É discricionário o ato que exonera funcionário ocupante de cargo de provimento em comissão, mas é vinculado aquele que concede aposentadoria do servidor público que atinge a idade de 70 anos.

f) É atributo do ato administrativo a presunção de legalidade. Não se exige da Administração, ao editá-lo, a comprovação de que está conforme a lei. A presunção, contudo, é relativa, podendo ser contestada perante a própria Administração, o Tribunal de Contas, o Poder Judiciário ou o órgão de controle competente.

g) Segundo jurisprudência consolidada do Supremo Tribunal Federal, a Administração pode anular seus próprios atos, quando maculados por defeitos que os façam ilegais, com eficácia, em geral, *ex tunc*. Pode ainda revogá-los, atenta a pressupostos de conveniência ou oportunidade, sem prejuízo dos direitos adquiridos, com efeitos *ex nunc*.

h) Caso determinado servidor, no exercício de sua competência delegada, edite ato com vício sanável, a autoridade delegante poderá avocar a competência e convalidar o ato administrativo, independentemente da edição de novo ato normativo.

i) Ato administrativo de manifesto conteúdo discriminatório editado por ministério poderá ser invalidado, com efeitos retroativos, tanto pela Administração como pelo Poder Judiciário, ressalvados os direitos de terceiros de boa-fé.

j) Os atos administrativos praticados pelo Poder Legislativo e pelo Poder Judiciário submetem-se ao regime jurídico administrativo.

k) A presunção de legitimidade é atributo de todos os atos da Administração, inclusive os de direito privado, dada a prerrogativa inerente aos atos praticados pelos agentes integrantes da estrutura do Estado.

---

[114] STASSINOPOULOS, Michel. *Traité des actes administratifs*. Paris: Sirey, 1954, p. 246.

l) A convalidação supre o vício existente na competência ou na forma de um ato administrativo, com efeitos retroativos ao momento em que este foi originariamente praticado.

m) Considere que, no exercício do poder discricionário, determinada autoridade indique os motivos fáticos que justifiquem a realização do ato. Nessa situação, verificando-se posteriormente que tais motivos não existiram, o ato administrativo deverá ser invalidado.

n) De acordo com a teoria dos motivos determinantes, quando a Administração motivar o ato administrativo, mesmo que a lei não exija a motivação, ele só será válido se os motivos forem verdadeiros.

o) Considere que um servidor público tenha sido removido de ofício pela Administração Pública, com fundamento na alegação de excesso de servidores no setor em que atuava. Nessa situação, provando o servidor que, em realidade, faltavam funcionários no setor em que trabalhava, o ato de remoção deverá ser considerado inválido.

p) Os atos enunciativos, como as certidões, por adquirirem os seus efeitos por lei, e não pela atuação administrativa, não são passíveis de revogação, ainda que por razões de conveniência e oportunidade.

q) Não são passíveis de questionamento por via recursal os atos administrativos de mero expediente.

10. ENUNCIADOS DA JORNADA DE DIREITO ADMINISTRATIVO

I JORNADA	IDs	ENUNCIADOS APROVADOS NA PLENÁRIA
12	2339	A decisão administrativa robótica deve ser suficientemente motivada, sendo a sua opacidade motivo de invalidação.
25	2503	A ausência de tutela a que se refere o art. 3º, *caput*, da Lei n. 13.848/2019 impede a interposição de recurso hierárquico impróprio contra decisões finais proferidas pela diretoria colegiada das agências reguladoras, ressalvados os casos de previsão legal expressa e assegurada, em todo caso, a apreciação judicial, em atenção ao disposto no art. 5º, XXXV, da Constituição Federal.

11. CONTEÚDO DIGITAL

Acesse também pelo *link*: https://somos.in/MDADM9

Capítulo IV

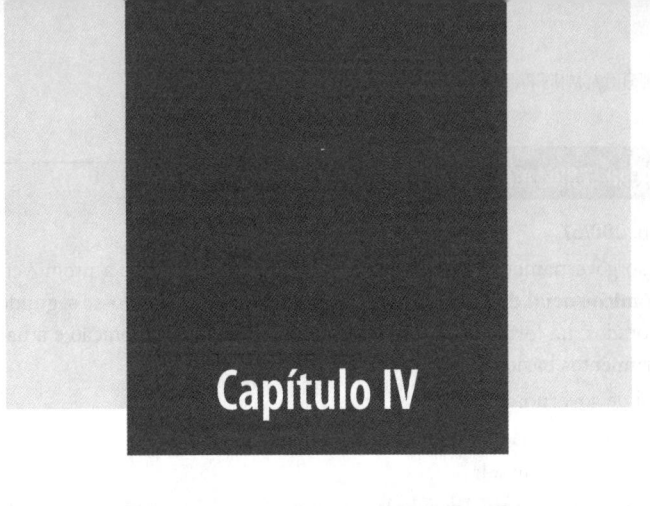

Organização da Administração Pública

1. INTRODUÇÃO

O conceito de Administração Pública pode ser tomado sob dois aspectos:

a) critério material ou objetivo: no sentido de atividade administrativa exercida pelo Estado;

b) critério formal ou subjetivo: engloba os órgãos, as entidades e os indivíduos que irão realizar os objetivos do Estado.

Para servir de base para todo o estudo da organização da Administração Pública temos o **Decreto-lei n. 200/67**, que ainda continua em vigor, embora contenha várias impropriedades.

Esse decreto-lei foi recepcionado pela CF/88 com força de **LEI ORDINÁRIA**, e, assim, LEI POSTERIOR pode alterar sua sistemática. Incide na órbita federal e é extensível aos demais entes enquanto NORMA GERAL (portanto, uma lei estadual superveniente não pode alterar sua dinâmica).

É o Decreto-lei n. 200/67 o responsável por dividir a Administração Pública em:

a) Administração Direta: responsável pelos serviços integrados na estrutura administrativa da Presidência da República e dos Ministérios;

b) Administração Indireta: composta por autarquias, fundações públicas (de direito público e de direito privado), sociedades de economia mista, empresas públicas.

2. PRINCÍPIOS FUNDAMENTAIS DA ADMINISTRAÇÃO PÚBLICA FEDERAL (ARTS. 6º E S. DO DECRETO-LEI N. 200/67)

2.1 Princípio do planejamento – art. 7º do Decreto-lei n. 200/67

Esse princípio objetiva a promoção do desenvolvimento econômico-social do País e a segurança nacional, tudo isso por meio de PLANOS E PROGRAMAS que acarretem prosperidade aos cidadãos.

> **LEGISLAÇÃO CORRELATA**
>
> **Decreto-lei n. 200/67**
>
> **Art. 7º** A ação governamental **obedecerá a planejamento** que vise a promover o **desenvolvimento econômico-social do País e a segurança nacional**, norteando-se segundo planos e programas elaborados, na forma do Título III, e compreenderá a elaboração e atualização dos seguintes instrumentos básicos:
>
> a) plano geral de governo;
>
> b) programas gerais, setoriais e regionais, de duração plurianual;
>
> c) orçamento-programa anual;
>
> d) programação financeira de desembolso.

"ABORDAGEM MULTIDISCIPLINAR" – relação interdisciplinar existente entre o direito constitucional e o direito administrativo: a promoção do desenvolvimento econômico-social do país, os direitos sociais e o princípio da reserva do possível.

As chamadas Constituições Sociais retratam o intervencionismo estatal. A primeira Constituição Social foi a Constituição mexicana de 1917, e a segunda que teve maior projeção foi a alemã de 1919. Já o Brasil teve sua primeira Constituição Social em 1934 – todas as Constituições Sociais com o objetivo de garantir direitos fundamentais de segunda geração: consagração do valor **"igualdade"** (na busca por um modelo de Estado positivo ou intervencionista).

Diante do conceito de "constituições sociais", podemos fazer um paralelo com o decidido pelo Supremo Tribunal Federal na Arguição de Descumprimento de Preceito Fundamental n. 45, sobre eleição de políticas públicas, de relatoria do Min. Celso de Mello e decidida em 29 de abril de 2004, que trouxe pontos em que há o destaque para este papel intervencionista estatal, harmonizado por outros fatores, como o princípio da reserva do possível e o conceito de "mínimo existencial".

A ementa assim disciplinou: "Arguição de Descumprimento de Preceito Fundamental. A questão da legitimidade constitucional do controle e da intervenção do Poder Judiciário em tema de implementação de políticas públicas, quando configurada hipótese de abusividade governamental. Dimensão política da jurisdição constitucional atribuída ao Supremo Tribunal Federal. Inoponibilidade do arbítrio estatal à efetivação dos direitos sociais, econômicos e culturais. Caráter relativo da liberdade de conformação do legislador. Considerações em torno da cláusula da 'reserva do possível'. Necessidade de preservação, em favor dos indivíduos, da integridade e da intangibilidade do núcleo consubstanciador do 'mínimo existencial'. Viabilidade instrumental da arguição de descumprimento no processo de concretização das liberdades positivas (direitos constitucionais de segunda geração)".

Ora, a atuação estatal, principalmente num Estado que objetiva (art. 3º da CF/88) o resultado de construir uma sociedade livre, justa e solidária, erradicar a pobreza e a marginalização, que pretende reduzir desigualdades sociais e regionais, bem como promover bem-estar do homem, condiciona-se, no processo de concretização desses direitos – e, sobretudo dos direitos de segunda geração –, à existência de **disponibilidade**

financeira do Estado para tornar efetivas as prestações positivas que pretende concretizar. No entanto, a indisponibilidade de recursos **não poderá** servir como escusa e pretexto estatal para o não cumprimento de suas obrigações.

Na correta ponderação de Ana Paula de Barcellos: "Em resumo: a limitação de recursos existe e é uma contingência que não se pode ignorar. O intérprete deverá levá-la em conta ao afirmar que algum bem pode ser exigido judicialmente, assim como o magistrado, ao determinar seu fornecimento pelo Estado. Por outro lado, não se pode esquecer que a finalidade do Estado ao obter recursos, para, em seguida, gastá-los sob a forma de obras, prestação de serviços, ou qualquer outra política pública, é exatamente realizar os objetivos fundamentais da Constituição.

A meta central das Constituições modernas, e da Carta de 1988 em particular, pode ser resumida, como já exposto, na promoção do bem-estar do homem, cujo ponto de partida está em assegurar as condições de sua própria dignidade, que inclui, além da proteção dos direitos individuais, condições materiais mínimas de existência. Ao apurar os elementos fundamentais dessa dignidade (o mínimo existencial), estar-se-ão estabelecendo exatamente os alvos prioritários dos gastos públicos. Apenas depois de atingi-los é que se poderá discutir, relativamente aos recursos remanescentes, em que outros projetos se deverá investir. O mínimo existencial, como se vê, associado ao estabelecimento de prioridades orçamentárias, é capaz de conviver produtivamente com a reserva do possível"[1].

Hoje se pauta o linear de atuação estatal no sentido de exigir do Poder Público o **dever de garantir, primeiramente, o mínimo existencial** – aquele mínimo necessário para a sobrevivência humana com dignidade (art. 1º, III, da CF). Principalmente no campo dos direitos sociais – direitos esses consagrados em normas programáticas –, a atuação estatal deverá ser **adequada e razoável** (princípios da razoabilidade e proporcionalidade) para atingir a justiça social, de forma que sua negação configurará renúncia de reconhecê-los como verdadeiros direitos.

As normas constitucionais "que integram o chamado piso vital, que podem ser perfeitamente denominados direitos sociais vitais"[2], devem sempre direcionar-se no sentido de realização do Estado Democrático Social de Direito, tendo como essência e norte os princípios da dignidade humana (art. 1º); valor social do trabalho (art. 1º); construção de uma sociedade livre, justa e solidária, erradicação da pobreza e da marginalidade, redução das desigualdades regionais e sociais e promoção do bem de todos, sem qualquer preconceito, conforme objetiva o art. 3º da Constituição Federal. Também o princípio da prevalência dos direitos humanos, (art. 4º) entre muitos outros que confirmam que a Constituição de 1988 concebeu um Estado Democrático Social de Direito

---

[1] BARCELLOS, Ana Paula de. *A eficácia jurídica dos princípios constitucionais*, Rio de Janeiro: Renovar, 2002, p. 245-246.
[2] NUNES JR., Vidal Serrano. *A cidadania social na Constituição de 1988*: estratégias de positivação e exigibilidade judicial dos direitos sociais, São Paulo: Verbatim, 2009, p. 109.

como seu propósito – e nesse sentido deverá pautar-se a atuação da Administração Pública quando da escolha de políticas públicas.

2.2 Princípio da coordenação – arts. 8º e 9º do Decreto-lei n. 200/67

O princípio da coordenação objetiva harmonizar as ações administrativas por meio, por exemplo, da execução dos planos e programas do governo.

Como se dá essa harmonização?

Resposta: por meio das chefias individuais; da realização sistemática de reuniões; das comissões de coordenação em cada nível administrativo etc.

> **LEGISLAÇÃO CORRELATA**
>
> **Decreto-lei n. 200/67**
>
> **Art. 8º** As atividades da Administração Federal e, especialmente, a execução dos planos e programas de governo, serão objeto de permanente coordenação.
>
> § 1º A **coordenação** será exercida em todos os níveis da administração, mediante a atuação das chefias individuais, a realização sistemática de reuniões com a participação das chefias subordinadas e a instituição e funcionamento de comissões de coordenação em cada nível administrativo.
>
> § 2º No nível superior da Administração Federal, a coordenação será assegurada através de reuniões do Ministério, reuniões de Ministros de Estado responsáveis por áreas afins, atribuição de incumbência coordenadora a um dos Ministros de Estado (art. 36), funcionamento das Secretarias-gerais (art. 23, § 1º) e coordenação central dos sistemas de atividades auxiliares (art. 31).
>
> § 3º Quando submetidos ao Presidente da República, os assuntos deverão ter sido previamente coordenados com todos os setores neles interessados, inclusive no que respeita aos aspectos administrativos pertinentes, através de consultas e entendimentos, de modo a sempre compreenderem soluções integradas e que se harmonizem com a política geral e setorial do Governo. Idêntico procedimento será adotado nos demais níveis da Administração Federal, antes da submissão dos assuntos à decisão da autoridade competente.
>
> **Art. 9º** Os órgãos que operam na mesma área geográfica serão submetidos à coordenação com o objetivo de assegurar a programação e execução integrada dos serviços federais.
>
> Parágrafo único. Quando ficar demonstrada a inviabilidade de celebração de convênio (alínea *b* do § 1º do art. 10) com os órgãos estaduais e municipais que exerçam atividades idênticas, os órgãos federais buscarão com eles coordenar-se, para evitar dispersão de esforços e de investimentos na mesma área geográfica.

2.3 Princípio da descentralização administrativa – art. 10 do Decreto-lei n. 200/67

Antes de entendermos esse princípio, é necessário compreendermos algumas conceituações. Vejamos:

Consiste em atribuir à pessoa distinta daquela do Estado poderes suficientes para que, atuando por sua conta e risco, mas sob ordenamento e controle estatal, desempenhe atividade pública ou de utilidade pública (Fernanda Marinela).

> **LEGISLAÇÃO CORRELATA**
>
> **Decreto-lei n. 200/67**
> **Art. 10.** A execução das atividades da Administração Federal deverá ser **amplamente descentralizada**.
> § 1º A descentralização será posta em prática em três planos principais:
> a) dentro dos quadros da Administração Federal, distinguindo-se claramente o nível de direção do de execução;
> b) da Administração Federal para a das unidades federadas, quando estejam devidamente aparelhadas e mediante convênio;
> c) da Administração Federal para a órbita privada, mediante contratos ou concessões.
> § 2º Em cada órgão da Administração Federal, os serviços que compõem a estrutura central de direção devem permanecer liberados das rotinas de execução e das tarefas de mera formalização de atos administrativos, para que possam concentrar-se nas atividades de planejamento, supervisão, coordenação e controle.
> § 3º A Administração casuística, assim entendida a decisão de casos individuais, compete, em princípio, ao nível de execução, especialmente aos serviços de natureza local, que estão em contato com os fatos e com o público.
> § 4º Compete à estrutura central de direção o estabelecimento das normas, critérios, programas e princípios, que os serviços responsáveis pela execução são obrigados a respeitar na solução dos casos individuais e no desempenho de suas atribuições.
> § 5º Ressalvados os casos de **manifesta impraticabilidade ou inconveniência**, a execução de programas federais de caráter nitidamente local deverá ser delegada, no todo ou em parte, mediante convênio, aos órgãos estaduais ou municipais incumbidos de serviços correspondentes.
> § 6º Os órgãos federais responsáveis pelos programas conservarão a autoridade normativa e exercerão controle e fiscalização indispensáveis sobre a execução local, condicionando-se a liberação dos recursos ao fiel cumprimento dos programas e convênios.
> § 7º Para melhor desincumbir-se das tarefas de planejamento, coordenação, supervisão e controle e com o objetivo de impedir o crescimento desmesurado da máquina administrativa, a Administração procurará desobrigar-se da realização material de tarefas executivas, recorrendo, sempre que possível, à execução indireta, mediante contrato, desde que exista, na área, iniciativa privada suficientemente desenvolvida e capacitada a desempenhar os encargos de execução.
> § 8º A aplicação desse critério está condicionada, em qualquer caso, aos ditames do interesse público e às conveniências da segurança nacional.

Aprofundamento: Algumas conceituações são necessárias para melhor compreensão do Princípio da Descentralização Administrativa. Vejamos:

a) **PRESTAÇÃO CENTRALIZADA:** a atividade é exercida pelo próprio Estado – é a denominada Administração Centralizada = ADMINISTRAÇÃO DIRETA.

b) **DESCENTRALIZAÇÃO ADMINISTRATIVA:** objetivando a busca de maior eficiência, o Estado transfere a responsabilidade pelo exercício de atividades administrativas a pessoas jurídicas auxiliares (criando, assim, entes personalizados).

O Estado, portanto, passa a atuar indiretamente, daí o conceito "Administração Indireta".

A descentralização administrativa pode ocorrer de algumas formas:

b.1) **Descentralização territorial ou geográfica:** é o que temos em Portugal, Itália, Espanha, Bélgica e Brasil do Império. É o que ocorre com entidade local geograficamente delimitada, dotada de personalidade jurídica própria de direito público, com capacidade administrativa genérica para exercer a totalidade ou a maior parte dos encargos públicos.

b.2) **Descentralização por serviços, funcional ou técnica:** é o que a doutrina brasileira denomina OUTORGA DE SERVIÇOS PÚBLICOS: A ADMINISTRAÇÃO DIRETA transfere às pessoas jurídicas de direito público (Autarquias e Fundações Públicas de direito público), por lei, tanto a titularidade quanto a execução do serviço – lembrando que, nesse caso, a titularidade do serviço não pode sair das mãos do Poder Público.

b.3) **Descentralização por colaboração:** nesse tipo de descentralização a ADMINISTRAÇÃO DIRETA transfere às pessoas jurídicas de direito privado (Fundações Públicas de Direito Privado, Sociedades de Economia Mista, Empresas Públicas, Concessionários, Permissionários, Autorizatários), por lei, contrato administrativo ou ato unilateral, a depender do caso, a execução de um serviço público, de forma que a titularidade do serviço continua sendo do Poder Público.

c) **DESCENTRALIZAÇÃO POLÍTICA:** tem como base a Constituição Federal e ocorre sempre que pessoas jurídicas de direito público deslocam suas atribuições para outros entes políticos.

Exemplo: deslocamento de uma competência para legislar da União para os Estados; dos Estados para os Municípios. Aqui o descolamento ocorre de um ENTE POLÍTICO para outro ENTE POLÍTICO.

Não confunda com descentralização administrativa, em que a ADMINISTRAÇÃO DIRETA descentraliza para ente da ADMINISTRAÇÃO INDIRETA!

d) **DESCONCENTRAÇÃO:** de acordo com MARÇAL JUSTEN FILHO, desconcentração é o "fenômeno de ampliação quantitativa do número de titulares das competências e de redução qualitativa da intensidade e da extensão de suas atribuições. Ou seja, quanto maior o número de órgãos administrativos no âmbito de um sujeito, tanto menos concentradas são as competências, o que implica menor amplitude de atribuições para cada órgão".

Na desconcentração há a transferência de atribuições no âmbito da Administração Pública do centro para setores periféricos dentro da mesma pessoa jurídica de modo a manter vinculação hierárquica. É o que temos com os Ministérios da União, as Secretarias estaduais e municipais, as delegacias de polícia, os postos de atendimento da Receita Federal, as Subprefeituras, os Tribunais e as Casas Legislativas.

Temos várias espécies de desconcentração: a) desconcentração territorial ou geográfica; b) desconcentração material ou temática; c) desconcentração hierárquica ou funcional.

A desconcentração geográfica é aquela em que as competências são repartidas entre as regiões onde cada órgão poderá atuar. Cada órgão público (repartição pública) terá substancialmente as mesmas atribuições dos demais; o que irá variar é apenas o âmbito geográfico de sua atuação. Exemplo: Subprefeituras e Delegacias de Polícia.

Na desconcentração material ou temática ocorre uma repartição de competências em razão da especialização de cada órgão sobre certo assunto. Exemplo: Ministérios da União.

Por fim, a desconcentração hierárquica ou funcional utiliza como critério para distribuição de competência a relação de subordinação entre um órgão e outro. Exemplo: tribunais administrativos em relação aos órgãos de primeira instância.

ESQUEMATIZANDO

DESCENTRALIZAÇÃO	DESCONCENTRAÇÃO
Há a criação de uma NOVA PESSOA JURÍDICA – são criadas entidades com personalidade jurídica autônoma.	A distribuição ocorre na MESMA PESSOA JURÍDICA – os órgãos públicos não possuem personalidade jurídica.
Não há hierarquia entre o ente que descentralizou e o ente descentralizado.	Há hierarquia e subordinação entre os órgãos – vinculação hierárquica.
As entidades descentralizadas respondem judicialmente pelos prejuízos que causarem aos particulares.	Os órgãos, por não possuírem personalidade jurídica, não podem ser acionados diretamente perante o Poder Judiciário.
Ex.: transferência da execução de um serviço público para a Administração Indireta ou para a iniciativa privada.	Ex.: transferência entre órgãos da MESMA pessoa política.

2.4 Princípio da delegação de competência (arts. 11 e 12 do Decreto-lei n. 200/67)

A delegação de competência é instrumento de descentralização administrativa.

Objetivo da delegação: assegurar maior rapidez e objetividade às decisões.

Observação: Os poderes decisórios atribuídos originalmente à autoridade superior transmitem-se para a autoridade subordinada. Trata-se de ato transitório e facultativo.

> **LEGISLAÇÃO CORRELATA**
>
> **Decreto-lei n. 200/67**
>
> **Art. 11.** A **delegação de competência** será utilizada como instrumento de descentralização administrativa, com o objetivo de assegurar maior rapidez e objetividade às decisões, situando-as na proximidade dos fatos, pessoas ou problemas a atender.
>
> **Art. 12.** É facultado ao Presidente da República, aos Ministros de Estado e, em geral, às autoridades da Administração Federal delegar competência para a prática de atos administrativos, conforme se dispuser em regulamento.
>
> Parágrafo único. O ato de delegação **indicará com precisão** a autoridade delegante, a autoridade delegada e as atribuições objeto de delegação.

2.5 Princípio do controle (art. 13 do Decreto-lei n. 200/67)

O escopo é a fiscalização e acompanhamento da execução dos planos e programas de governo pelos órgãos e chefias competentes.

Objetivo: verificar se o ordenamento legal de regência está sendo cumprido. Baseia-se no Princípio da Hierarquia.

> **LEGISLAÇÃO CORRELATA**
>
> **Decreto-lei n. 200/67**
>
> **Art. 13.** O **controle** das atividades da Administração Federal deverá exercer-se em todos os níveis e em todos os órgãos, compreendendo, particularmente:
>
> a) o controle, pela chefia competente, da execução dos programas e da observância das normas que governam a atividade específica do órgão controlado;
>
> b) o controle, pelos órgãos próprios de cada sistema, da observância das normas gerais que regulam o exercício das atividades auxiliares;
>
> c) o controle da aplicação dos dinheiros públicos e da guarda dos bens da União pelos órgãos próprios do sistema de contabilidade e auditoria.
>
> **Art. 14.** O trabalho administrativo será racionalizado mediante **simplificação** de processos e supressão de controles que se evidenciarem como puramente formais ou cujo custo seja evidentemente superior ao risco.

3. TEORIAS SOBRE A MANIFESTAÇÃO DE VONTADE DAS PESSOAS JURÍDICAS

A Administração Pública (enquanto máquina administrativa) para atuar no mundo jurídico precisa de PERSONALIDADE JURÍDICA.

Porém, essa personalidade jurídica é uma FICÇÃO LEGAL, pois esses entes NÃO TÊM PERSONALIDADE PSICOLÓGICA, isto é, não têm inteligência, não têm vontade própria nem autonomia existencial. Por essa razão, precisam das PESSOAS FÍSICAS que os compõem para atuar.

Assim, para explicar a relação das pessoas jurídicas com seus agentes, surgiram várias teorias:

TEORIAS	CONCEITOS
3.1 Teoria da identidade	Por essa teoria o órgão público é entendido como o próprio agente. Crítica: com a morte do agente público, consequentemente haveria a extinção do órgão.
3.2 Teoria do mandato	O agente público é um mandatário da pessoa jurídica, que exerce seu mister por meio de um CONTRATO DE MANDATO. O contrato de mandato é: o contrato pelo qual o mandatário recebe do mandante poderes para, em seu nome, praticar atos ou administrar interesses. Críticas: Se o Estado não tem vontade própria e não tem como exteriorizar sua vontade, como então poderá assinar um contrato – que depende substancialmente da autonomia da vontade? Desta feita, seria impossível o Estado outorgar um mandato.
3.3 Teoria da representação	O agente público é equiparado ao tutor ou ao curador, que, por força da lei, representa o Estado – que é tido como incapaz. Críticas: a) se o Estado é incapaz, como ele confere um representante a si mesmo? b) e para fins de responsabilidade civil: Como responsabilizar o Estado, já que o incapaz não pode ser responsabilizado? Seria impossível a Constituição Federal fixar responsabilidade ao Estado nos termos do art. 37, § 6º, e, ao mesmo tempo tratá-lo como incapaz.
3.4 Teoria do órgão	Essa teoria foi elaborada na Alemanha[3] e é a adotada no Brasil. De acordo com essa teoria, o que se faz é uma COMPARAÇÃO entre: a) a PESSOA JURÍDICA e b) a ESTRUTURA FISIOLÓGICA E ANATÔMICA DOS SERES HUMANOS. Se a vontade dos seres humanos é formada e exteriorizada por meio de órgãos que integram sua estrutura corporal, as pessoas jurídicas se valeriam das pessoas físicas como se estas fossem seus próprios órgãos. Assim, certas pessoas físicas são investidas no poder jurídico de praticar atos que serão atribuídos à pessoa jurídica, e, assim, a manifestação de vontade da pessoa jurídica se forma e se exterioriza com a atuação da pessoa física. **Resumindo:** as pessoas físicas são os órgãos das pessoas jurídicas, e, as pessoas jurídicas formam e exteriorizam sua vontade por meio das pessoas físicas. E, com essa ideia que foram criados os ÓRGÃOS PÚBLICOS, constituídos por pessoas físicas que formam e exteriorizam a vontade das pessoas jurídicas, de forma que, quando os agentes que os compõem manifestam a sua vontade é como se o próprio Estado o fizesse, não sendo assim uma vontade de alguém dele distinto, compondo uma relação orgânica. Esse "poder" dado às pessoas físicas decorre da lei, de imputação legal (portanto, da TEORIA DA IMPUTAÇÃO OU TEORIA DO ÓRGÃO). *Exemplificando*: o Presidente da República é órgão do Estado brasileiro, e o Estado brasileiro manifesta sua vontade por meio do Presidente da República.

---

[3] GIERKE, Otto. *Die Genossenschaftstheorie in die deutsche Rechtsprechnung.* Berlin, 1887.

4. ÓRGÃOS PÚBLICOS

De acordo com Celso Antônio Bandeira de Mello[4], órgãos públicos são unidades abstratas que sintetizam os vários círculos de atribuições, de poderes funcionais do Estado, repartidos no interior da personalidade estatal e expressados por meio dos agentes neles providos.

São, assim, centros especializados de competência responsáveis por determinadas atividades nos quadros da Administração.

A Lei do Processo Administrativo federal prevê a existência dos órgãos na Administração Direta e na Administração Indireta. Pelo conceito legal (Lei n. 9.784/99, art. 1º, § 2º), é considerado órgão *"a unidade de atuação integrante da estrutura da Administração direta e da estrutura da Administração indireta"*.

Observação: A Lei n. 9.784/99 utiliza a expressão "órgão", porém não diz órgão público. Por essa razão, há entendimento minoritário de que essa conceituação seria específica para o processo administrativo, não podendo ser utilizada em outros casos.

4.1 Características dos órgãos públicos

Característica 1: Os órgãos públicos não têm personalidade jurídica própria: não podem ser sujeitos de direitos e de obrigações, e, portanto, não respondem por seus atos. Mas então quem responde pelos atos praticados nos órgãos? Resposta: a entidade estatal a que pertencem.

Exemplificando: os órgãos não celebram contrato. A celebração do contrato é realizada pela pessoa jurídica (o ato de assinar pode ser realizado pelo dirigente do órgão – delegação –, mas a parte no contrato tem que ser a pessoa jurídica – Ex.: Presidente da Câmara). O órgão tem apenas a gestão e a administração do contrato.

Exemplo 2: ocorre um prejuízo na ESCOLA PÚBLICA MUNICIPAL (que é órgão). Quem responderá? Resposta: o Município – que é pessoa jurídica.

Aprofundamento: Marçal Justen Filho[5] menciona relevância do fenômeno da TEORIA DA INSTITUCIONALIZAÇÃO para o estudo dos órgãos públicos.

Por essa teoria, embora os órgãos não tenham personalidade jurídica, podem adquirir vida própria, e encontramos casos concretos em que as normas jurídicas tratam os órgãos como se fossem titulares de direitos e de obrigações.

Os órgãos, embora destituídos formalmente de personalidade jurídica, adquirem uma história existencial própria. Para essa teoria, existiria uma DISSOCIAÇÃO EXISTENCIAL entre: a) a pessoa física; b) o órgão; e c) a pessoa jurídica, e, então, seriam atribuídos direitos e deveres aos órgãos.

---

[4] BANDEIRA DE MELLO, Celso Antonio. *Curso de direito administrativo*, 25. ed., São Paulo: Malheiros, 2008, p. 140.

[5] JUSTEN FILHO, Marçal. *Curso de direito administrativo*, 5. ed., São Paulo: Saraiva, 2010, p. 193.

Exemplificando: a DEFESA DA SOBERANIA EXTERNA (que é função fundamental estatal) é realizada pelas FORÇAS ARMADAS, por meio do EXÉRCITO BRASILEIRO (que integra a União). O Exército brasileiro não é pessoa jurídica. O Exército brasileiro é ÓRGÃO ESTATAL e, em tese, não é titular de direitos, de obrigações e nem de patrimônio, MAS "o direito adota disciplina que reconhece que o Exército brasileiro é titular de bens e admite que pratique atos jurídicos, inclusive promovendo contratações administrativas".

O Exército brasileiro, embora não seja pessoa jurídica, é uma instituição – produzida pela vida social (e não por lei) –, daí a relevância dessa teoria.

Característica 2: Excepcionalmente, o órgão público pode ir a juízo, se preenchidos dois requisitos: a) em busca de prerrogativas funcionais; b) como sujeito ativo.

REGRA: o órgão é ente despersonalizado e, portanto, não tem capacidade para estar em juízo (só tem capacidade para estar em juízo aquele que se acha no exercício de seus direitos – art. 7º do CPC). Entretanto, em determinadas situações e de acordo com os requisitos acima, o órgão público pode estar em juízo.

Exemplificando: a Câmara Municipal recebe uma verba (que sai do orçamento) denominada DUODÉCIMO. Se o Prefeito, de modo arbitrário, não repassar o duodécimo para a Câmara Municipal, esta irá a juízo: a) como sujeito ativo; e b) em busca de suas prerrogativas – no exemplo, o duodécimo.

Também o Código de Defesa do Consumidor, que em seu art. 82, III, permite que órgãos públicos promovam a liquidação e a execução de indenizações, principalmente as relacionadas ao consumidor.

Característica 3: Órgãos públicos são inscritos no Cadastro Nacional de Pessoa Jurídica – CNPJ.

Hoje, o tema da inscrição do CNPJ dos órgãos públicos vem tratado na Instrução Normativa n. 1.634/2016, art. 4º, I.

5. ADMINISTRAÇÃO PÚBLICA DIRETA (OU CENTRALIZADA)

5.1 Características

a) Composta pelos entes políticos: União, Estados, Distrito Federal, Territórios e Municípios;

b) Sede jurídica é a Constituição Federal. *Exemplificando:* nos termos do art. 21 da CF, compete à União: manter relações com Estados estrangeiros e participar de organizações internacionais; declarar a guerra e celebrar a paz; assegurar a defesa nacional; permitir, nos casos previstos em lei complementar, que forças estrangeiras transitem pelo território nacional ou nele permaneçam temporariamente; decretar o estado de sítio, o estado de defesa e a intervenção federal; autorizar e fiscalizar a produção e o comércio de material bélico; emitir moeda; administrar as reservas cambiais do País e fiscalizar as operações de natureza financeira, especialmente as de crédito, câmbio e capitalização, bem como as de seguros e de previdência privada; elaborar e executar planos nacionais e regionais de ordenação do território e de desenvolvimento econômico e social; manter o serviço postal e o correio aéreo nacional; explorar, diretamente ou mediante autorização, concessão ou permissão, os serviços de telecomunicações, nos termos da lei, que disporá sobre a organização dos serviços, a criação de um órgão regulador e outros aspectos institucionais; explorar, diretamente ou mediante autorização, concessão ou permissão: a) os serviços de radiodifusão sonora e de sons e imagens; b) os serviços e instalações de energia elétrica e o aproveitamento energético dos cursos de água, em articulação com os Estados onde se situam os potenciais hidroenergéticos; c) a navegação aérea, aeroespacial e a infraestrutura aeroportuária; d) os serviços de transporte ferroviário e aquaviário entre portos brasileiros e fronteiras nacionais, ou que transponham os limites de Estado ou Território; e) os serviços de transporte rodoviário interestadual e internacional de passageiros; f) os portos marítimos, fluviais e lacustres; organizar e manter o Poder Judiciário, o Ministério Público do Distrito Federal e dos Territórios e a Defensoria Pública dos Territórios; entre outras atividades. *Vide* também o art. 23 do texto constitucional.

c) São pessoas jurídicas de direito público.

d) Possuem competências legislativa e administrativa, e, portanto, possuem capacidade política.

e) Estão sujeitas a contabilidade pública, conforme a Lei de Responsabilidade Fiscal – LC n. 101/2000.

f) Exigência de concurso público para ingresso de seus agentes, nos termos do art. 37, II, da Constituição Federal.

g) Obrigatoriedade de licitação para aquisição de bens, serviços e compras por ela realizadas, nos termos do art. 37, XXI, da Constituição Federal. Nesse sentido vide **Lei n. 14.133, de 01 de abril de 2021**.

h) O quadro de pessoal é composto por servidores públicos (*vide* capítulo sobre agentes públicos).

i) Os atos praticados são considerados ATOS ADMINISTRATIVOS (portanto, dotados de presunção de legitimidade, autoexecutoriedade, tipicidade e imperatividade).

j) Os contratos celebrados pelas entidades da Administração Pública Direta são considerados CONTRATOS ADMINISTRATIVOS (e, se é assim, possuem algumas características típicas dos contratos administrativos, por exemplo: a presença de cláusulas exorbitantes).

k) As entidades da Administração Pública Direta gozam de privilégios tributários: têm IMUNIDADE RECÍPROCA PARA IMPOSTOS, nos termos do art. 150, VI, *a*, da Constituição Federal.

LEGISLAÇÃO CORRELATA

CF

Art. 150. Sem prejuízo de outras garantias asseguradas ao contribuinte, **é vedado** à União, aos Estados, ao Distrito Federal e aos Municípios [...]

VI – instituir impostos sobre:

a) patrimônio, renda ou serviços, uns dos outros;

b) templos de qualquer culto;

c) patrimônio, renda ou serviços dos partidos políticos, inclusive suas fundações, das entidades sindicais dos trabalhadores, das instituições de educação e de assistência social, sem fins lucrativos, atendidos os requisitos da lei;

d) livros, jornais, periódicos e o papel destinado a sua impressão.

[...]

l) possuem prerrogativas processuais;

m) seus bens são protegidos pelo regime público: são alienáveis de forma condicionada, impenhoráveis, imprescritíveis e não podem ser objeto de oneração;

n) o pagamento de seus débitos judiciais estão sujeitos ao regime de precatório do art. 100 da Constituição Federal.

Art. 100. Os **pagamentos devidos** pelas Fazendas Públicas Federal, Estaduais, Distrital e Municipais, em virtude de sentença judiciária, far-se-ão exclusivamente na ordem cronológica de apresentação dos **precatórios** e à conta dos créditos respectivos, proibida a designação de casos ou de pessoas nas dotações orçamentárias e nos créditos adicionais abertos para este fim. (*Redação dada pela Emenda Constitucional n. 62, de 2009.*)

§ 1º Os débitos de natureza alimentícia compreendem aqueles decorrentes de salários, vencimentos, proventos, pensões e suas complementações, benefícios previdenciários e indenizações por morte ou por invalidez, fundadas em responsabilidade civil, em virtude de sentença judicial transitada em julgado, e serão pagos com preferência sobre todos os demais débitos, exceto sobre aqueles referidos no § 2º deste artigo. (*Redação dada pela Emenda Constitucional n. 62, de 2009.*)

§ 2º Os débitos de natureza alimentícia cujos titulares, originários ou por sucessão hereditária, tenham 60 (sessenta) anos de idade, ou sejam portadores de doença grave, ou pessoas com deficiência, assim definidos na forma da lei, serão pagos com preferência sobre todos os demais débitos, até o valor equivalente ao triplo fixado em lei para os fins do disposto no § 3º deste artigo, admitido o fracionamento para essa finalidade, sendo que o restante será pago na ordem cronológica de apresentação do precatório. (*Redação dada pela Emenda Constitucional n. 94, de 2016.*)

§ 3º O disposto no *caput* deste artigo relativamente à expedição de precatórios não se aplica aos pagamentos de obrigações definidas em leis como de pequeno valor que as Fazendas referidas devam fazer em virtude de sentença judicial transitada em julgado. (*Redação dada pela Emenda Constitucional n. 62, de 2009.*)

§ 4º Para os fins do disposto no § 3º, poderão ser fixados, por leis próprias, valores distintos às entidades de direito público, segundo as diferentes capacidades econômicas, sendo o mínimo igual ao valor do maior benefício do regime geral de previdência social. (*Redação dada pela Emenda Constitucional n. 62, de 2009.*)

§ 5º **É obrigatória** a inclusão, no orçamento das entidades de direito público, de verba necessária ao pagamento de seus débitos, oriundos de sentenças transitadas em julgado, constantes de precatórios judiciários apresentados até 1º de julho, fazendo-se o pagamento até o final do exercício seguinte, quando terão seus valores atualizados monetariamente. (*Redação dada pela Emenda Constitucional n. 62, de 2009.*)

§ 6º As dotações orçamentárias e os créditos abertos serão consignados diretamente ao Poder Judiciário, cabendo ao Presidente do Tribunal que proferir a decisão exequenda determinar o pagamento integral e autorizar, a requerimento do credor e exclusivamente para os casos de preterimento de seu direito de precedência ou de não alocação orçamentária do valor necessário à satisfação do seu débito, o sequestro da quantia respectiva. (*Redação dada pela Emenda Constitucional n. 62, de 2009.*)

§ 7º O Presidente do Tribunal competente que, por ato comissivo ou omissivo, retardar ou tentar frustrar a liquidação regular de precatórios incorrerá em crime de responsabilidade e responderá, também, perante o Conselho Nacional de Justiça. (*Incluído pela Emenda Constitucional n. 62, de 2009.*)

§ 8º **É vedada** a expedição de precatórios complementares ou suplementares de valor pago, bem como o fracionamento, repartição ou quebra do valor da execução para fins de enquadramento de parcela do total ao que dispõe o § 3º deste artigo. (*Incluído pela Emenda Constitucional n. 62, de 2009.*)

§ 9º No momento da expedição dos precatórios, independentemente de regulamentação, deles deverá ser abatido, a título de compensação, valor correspondente aos débitos líquidos e certos, inscritos ou não em dívida ativa e constituídos contra o credor original pela Fazenda Pública devedora, incluídas parcelas vincendas de parcelamentos, ressalvados aqueles cuja execução esteja suspensa em virtude de contestação administrativa ou judicial. (*Incluído pela Emenda Constitucional n. 62, de 2009.*)

§ 10. Antes da expedição dos precatórios, o Tribunal solicitará à Fazenda Pública devedora, para resposta em até 30 (trinta) dias, sob pena de perda do direito de abatimento, informação sobre os débitos que preencham as condições estabelecidas no § 9º, para os fins nele previstos. (*Incluído pela Emenda Constitucional n. 62, de 2009.*)

§ 11. **É facultada ao credor**, conforme estabelecido em lei do ente federativo devedor, com auto aplicabilidade para a União, a oferta de créditos líquidos e certos que originariamente lhe são próprios ou adquiridos de terceiros reconhecidos pelo ente federativo ou por decisão judicial transitada em julgado para: (*Redação dada pela Emenda Constitucional n. 113, de 2021*)

I – quitação de débitos parcelados ou débitos inscritos em dívida ativa do ente federativo devedor, inclusive em transação resolutiva de litígio, e, subsidiariamente, débitos com a administração autárquica e fundacional do mesmo ente; (*Incluído pela Emenda Constitucional n. 113, de 2021*)

II – compra de imóveis públicos de propriedade do mesmo ente disponibilizados para venda; (*Incluído pela Emenda Constitucional n. 113, de 2021*)

III – pagamento de outorga de delegações de serviços públicos e demais espécies de concessão negocial promovidas pelo mesmo ente; (*Incluído pela Emenda Constitucional n. 113, de 2021*)

IV – aquisição, inclusive minoritária, de participação societária, disponibilizada para venda, do respectivo ente federativo; ou (*Incluído pela Emenda Constitucional n. 113, de 2021*)

V – compra de direitos, disponibilizados para cessão, do respectivo ente federativo, inclusive, no caso da União, da antecipação de valores a serem recebidos a título do excedente em óleo em contratos de partilha de petróleo. (*Incluído pela Emenda Constitucional n. 113, de 2021*)

§ 12. A partir da promulgação desta Emenda Constitucional, a atualização de valores de requisitórios, após sua expedição, até o efetivo pagamento, independentemente de sua natureza, será feita pelo índice oficial de remuneração básica da caderneta de poupança, e, para fins de compensação da mora, incidirão juros simples no mesmo percentual de juros incidentes sobre a caderneta de poupança, ficando excluída a incidência de juros compensatórios. (Incluído pela Emenda Constitucional n. 62, de 2009). (Vide ADI 4425)

§ 13. O credor poderá ceder, total ou parcialmente, seus créditos em precatórios a terceiros, independentemente da concordância do devedor, não se aplicando ao cessionário o disposto nos §§ 2º e 3º. (Incluído pela Emenda Constitucional n. 62, de 2009).

§ 14. A cessão de precatórios, observado o disposto no § 9º deste artigo, somente produzirá efeitos após comunicação, por meio de petição protocolizada, ao Tribunal de origem e ao ente federativo devedor. (Redação dada pela Emenda Constitucional n. 113, de 2021)

§ 15. Sem prejuízo do disposto neste artigo, lei complementar a esta Constituição Federal poderá estabelecer regime especial para pagamento de crédito de precatórios de Estados, Distrito Federal e Municípios, dispondo sobre vinculações à receita corrente líquida e forma e prazo de liquidação. (Incluído pela Emenda Constitucional n. 62, de 2009).

§ 16. A seu critério exclusivo e na forma de lei, a União poderá assumir débitos, oriundos de precatórios, de Estados, Distrito Federal e Municípios, refinanciando-os diretamente. (Incluído pela Emenda Constitucional n. 62, de 2009).

§ 17. A União, os Estados, o Distrito Federal e os Municípios aferirão mensalmente, em base anual, o comprometimento de suas respectivas receitas correntes líquidas com o pagamento de precatórios e obrigações de pequeno valor. (Incluído pela Emenda Constitucional n. 94, de 2016)

§ 18. Entende-se como receita corrente líquida, para os fins de que trata o § 17, o somatório das receitas tributárias, patrimoniais, industriais, agropecuárias, de contribuições e de serviços, de transferências correntes e outras receitas correntes, incluindo as oriundas do § 1º do art. 20 da Constituição Federal, verificado no período compreendido pelo segundo mês imediatamente anterior ao de referência e os 11 (onze) meses precedentes, excluídas as duplicidades, e deduzidas: (Incluído pela Emenda Constitucional n. 94, de 2016)

I – na União, as parcelas entregues aos Estados, ao Distrito Federal e aos Municípios por determinação constitucional; (Incluído pela Emenda Constitucional n. 94, de 2016)

II – nos Estados, as parcelas entregues aos Municípios por determinação constitucional; (Incluído pela Emenda Constitucional n. 94, de 2016)

III – na União, nos Estados, no Distrito Federal e nos Municípios, a contribuição dos servidores para custeio de seu sistema de previdência e assistência social e as receitas provenientes da compensação financeira referida no § 9º do art. 201 da Constituição Federal. (Incluído pela Emenda Constitucional n. 94, de 2016)

§ 19. Caso o montante total de débitos decorrentes de condenações judiciais em precatórios e obrigações de pequeno valor, em período de 12 (doze) meses, ultrapasse a média do comprometimento percentual da receita corrente líquida nos 5 (cinco) anos imediatamente anteriores, a parcela que exceder esse percentual poderá ser financiada, excetuada dos limites de endividamento de que tratam os incisos VI e VII do art. 52 da Constituição Federal e de quaisquer outros limites de endividamento previstos, não se aplicando a esse financiamento a vedação de vinculação de receita prevista no inciso IV do art. 167 da Constituição Federal. (Incluído pela Emenda Constitucional n. 94, de 2016)

§ 20. Caso haja precatório com valor superior a 15% (quinze por cento) do montante dos precatórios apresentados nos termos do § 5º deste artigo, 15% (quinze por cento) do valor deste precatório serão pagos até o final do exercício seguinte e o restante em parcelas iguais nos cinco exercícios subsequentes, acrescidas de juros de mora e correção monetária, ou mediante acordos diretos, perante Juízos Auxiliares de Conciliação de Precatórios, com redução máxima de 40% (quarenta por cento) do valor do crédito atualizado, desde que em relação ao crédito não penda recurso ou defesa judicial e que sejam observados os requisitos definidos na regulamentação editada pelo ente federado. (*Incluído pela Emenda Constitucional n. 94, de 2016*)

§ 21. Ficam a União e os demais entes federativos, nos montantes que lhes são próprios, desde que aceito por ambas as partes, autorizados a utilizar valores objeto de sentenças transitadas em julgado devidos a pessoa jurídica de direito público para amortizar dívidas, vencidas ou vincendas: (*Incluído pela Emenda Constitucional n. 113, de 2021*)

I – nos contratos de refinanciamento cujos créditos sejam detidos pelo ente federativo que figure como devedor na sentença de que trata o *caput* deste artigo; (*Incluído pela Emenda Constitucional n. 113, de 2021*)

II – nos contratos em que houve prestação de garantia a outro ente federativo; (*Incluído pela Emenda Constitucional n. 113, de 2021*)

III – nos parcelamentos de tributos ou de contribuições sociais; e (*Incluído pela Emenda Constitucional n. 113, de 2021*)

IV – nas obrigações decorrentes do descumprimento de prestação de contas ou de desvio de recursos. (*Incluído pela Emenda Constitucional n. 113, de 2021*)

§ 22. A amortização de que trata o § 21 deste artigo: (*Incluído pela Emenda Constitucional n. 113, de 2021*)

I – nas obrigações vencidas, será imputada primeiramente às parcelas mais antigas; (*Incluído pela Emenda Constitucional n. 113, de 2021*)

II – nas obrigações vincendas, reduzirá uniformemente o valor de cada parcela devida, mantida a duração original do respectivo contrato ou parcelamento. (*Incluído pela Emenda Constitucional n. 113, de 2021*)

Aprofundamento: O **STF**, aos 10 de julho de 2020, ao julgar o **RE 1.205.530, com repercussão geral reconhecida (tema 28)**, fixou a **tese** de que "surge constitucional expedição de precatório ou requisição de pequeno valor para pagamento da **parte incontroversa e autônoma do pronunciamento judicial transitada em julgado**, observada a importância total executada para efeitos de dimensionamento como obrigação de pequeno valor".

O recurso dizia respeito à responsabilização do **Departamento de Estradas e Rodagem de São Paulo (DER-SP)** por um acidente ocorrido em rodovia sob sua supervisão e à sua condenação ao pagamento de indenização à proprietária do veículo, com juros e correção monetária contados a partir da data do evento. Inconformada com o índice de correção utilizado, a autarquia estadual recorreu desse ponto, e o juízo de primeiro grau manteve a execução em relação ao valor não questionado. Em seguida, o Tribunal de Justiça do Estado de São Paulo (TJ-SP) entendeu que o prosseguimento da execução em relação à parte incontroversa é válido e não altera o regime de precatórios.

6. ADMINISTRAÇÃO PÚBLICA INDIRETA (OU DESCENTRALIZADA)

Como integrantes da Administração Pública Indireta, temos aqui os seguintes entes:
- Autarquias: (a) comum; (b) especial; (c) corporativas; (d) fundacionais;
- Fundações Públicas: (a) de direito público; (b) de direito privado;
- Agências Executivas;
- Sociedades de Economia Mista;
- Empresas Públicas;
- Associações Públicas.

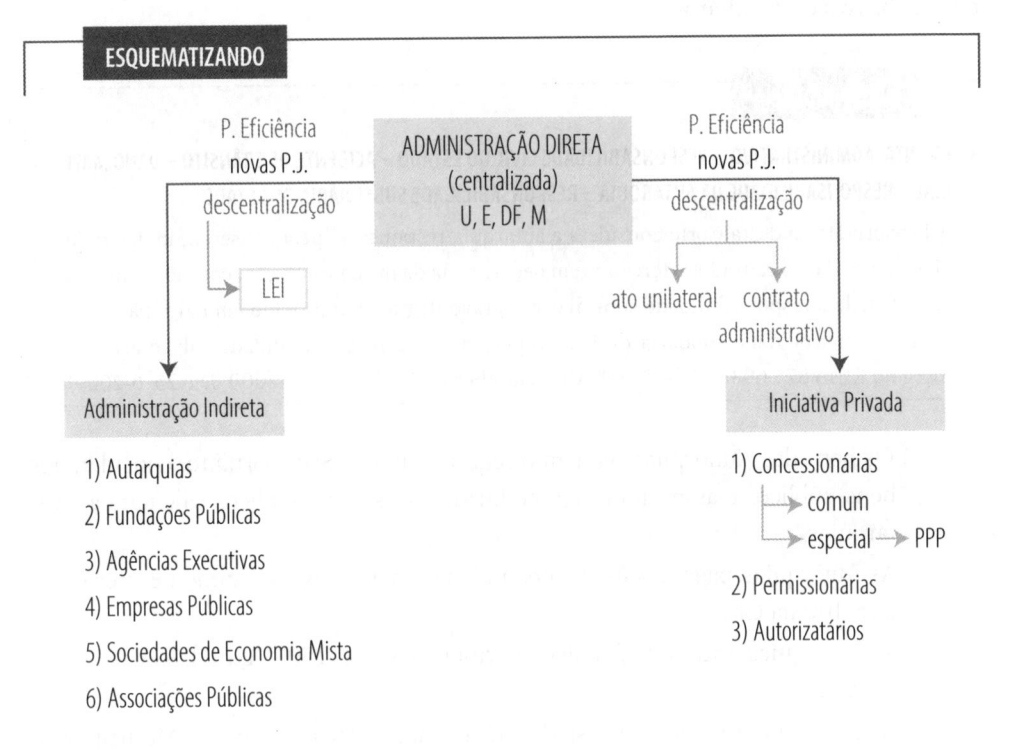

ESQUEMATIZANDO

```
              P. Eficiência                              P. Eficiência
              novas P.J.      ADMINISTRAÇÃO DIRETA       novas P.J.
                                 (centralizada)
          descentralização         U, E, DF, M          descentralização
                  │                                             │
                  ▼                                      ┌──────┴──────┐
                 LEI                                     ▼             ▼
                                                    ato unilateral   contrato
                                                                   administrativo
                  │                                             │
                  ▼                                             ▼
        Administração Indireta                           Iniciativa Privada

        1) Autarquias                                   1) Concessionárias
        2) Fundações Públicas                              ├─► comum
        3) Agências Executivas                             └─► especial ─► PPP
        4) Empresas Públicas                            2) Permissionárias
        5) Sociedades de Economia Mista                 3) Autorizatários
        6) Associações Públicas
```

6.1 Autarquias

6.1.1 Autarquias comuns (também intituladas autarquias administrativas ou de serviços)

São pessoas jurídicas de direito público que servem para prestar serviço público e desempenhar atividades típicas de Estado.

Características:
a) Os atos praticados por essa Autarquia são considerados atos administrativos; portanto, são presumidamente legítimos, autoexecutáveis, imperativos.
b) A Autarquia celebra contratos administrativos, portanto, antes da celebração do contrato, estará sujeita à licitação, conforme o art. 37, XXI, da CF e também a Lei n. 8.666/93.

c) Pelo fato de a Autarquia ter patrimônio e capacidade financeira, se causar, por seus agentes, algum dano a terceiros, responderá objetivamente nos termos do art. 37, § 6º, da CF.

Se a Autarquia não tiver dinheiro para recompor os danos patrimoniais que causou, o Estado continuará sendo responsável (já que descentralizar a prestação de um serviço não significa eximir o Estado de sua obrigação). Dessa forma, o Estado terá **responsabilidade subsidiária** (primeiro se cobra da Autarquia e, só depois, se for o caso, do Estado. Trata-se de responsabilidade que tem ordem de preferência, e, portanto, deve-se falar em subsidiária). O Estado, por ato de Autarquia, responde então de forma objetiva e subsidiária.

JURISPRUDÊNCIA

- **EMENTA: ADMINISTRATIVO – RESPONSABILIDADE CIVIL DO ESTADO – ACIDENTE DE TRÂNSITO – DANO MATERIAL – RESPONSABILIDADE DA AUTARQUIA – RESPONSABILIDADE SUBSIDIÁRIA DO ESTADO**

  A Jurisprudência desta Corte considera a autarquia responsável pela conservação das rodovias e pelos danos causados a terceiros em decorrência da má conservação, contudo remanesce ao Estado a responsabilidade subsidiária. Agravo Regimental provido em parte para afastar a responsabilidade solidária da União, persistindo a responsabilidade subsidiária (ST, AgRg no REsp 875.604/ES, 2ª T., rel. Min. Humberto Martins, j. 9-6-2009, *DJe* 25-6-2009).

d) Os bens das Autarquias seguem o regime público. São, portanto, considerados bens públicos e assim todo regime jurídico dos bens públicos vale para as Autarquias.

e) As Autarquias pagam seus débitos judiciais por meio do regime de precatório (art. 100 da CF).

f) As Autarquias gozam de privilégios tributários: art. 150, VI, *a*, da CF – 2ª Fase da AGU.

União não cobra imposto dos Estados; União não cobra imposto dos Municípios, e vice-versa: um ente político não pode instituir imposto para outro ente político: é a chamada imunidade recíproca: União, Estados, Distrito Federal e Municípios não poderão instituir impostos uns sobre os outros.

Essa imunidade recíproca entre os entes políticos restringe-se aos impostos. Assim, nada impede a cobrança de taxas e de contribuições.

A imunidade recíproca do art. 150, VI, *a*, de acordo com o art. 150, § 2º, estende-se às Autarquias. Porém, essa imunidade recíproca RESTRINGE-SE A SUA FINALIDADE ESPECÍFICA: a Autarquia não tem imunidade sempre, e sim para os impostos e na sua finalidade específica.

Ex.: decido doar uma casa para uma Autarquia. E a Autarquia não está utilizando o patrimônio. Se não está usando a casa, a Autarquia TEM QUE PAGAR IPTU dessa casa, já que não está na finalidade específica da Autarquia e, portanto, terá que pagar os impostos.

g) **Autarquias têm privilégios processuais:** Autarquia tem tratamento de Fazenda Pública, e, nos termos fixados pelo art. 183 do CPC, a União, os Estados, o Distrito Federal, os Municípios e suas respectivas autarquias e fundações de direito público gozarão de prazo em dobro para todas as suas manifestações processuais, cuja contagem terá início a partir da intimação pessoal.

Para complementar: O art. 75 do CPC cuida da representação em juízo (especialmente das pessoas jurídicas, quer sejam de direito público, quer sejam de direito privado). E, em se tratando de autarquias, estabelece no inciso IV que serão representadas em juízo, ativa e passivamente, por quem a lei do ente federado designar.

LEGISLAÇÃO CORRELATA

CPC
Art. 75. Serão representados em juízo, **ativa e passivamente:**
I – a União, pela Advocacia-Geral da União, diretamente ou mediante órgão vinculado;
II – o Estado e o Distrito Federal, por seus procuradores;
III – o **Município, por seu prefeito, procurador ou Associação de Representação de Municípios, quando expressamente autorizada;** *(Redação dada pela Lei n. 14.341, de 2022)*
IV – a autarquia e a fundação de direito público, por quem a lei do ente federado designar;
V – a massa falida, pelo administrador judicial;
VI – a herança jacente ou vacante, por seu curador;
VII – o espólio, pelo inventariante;
VIII – a pessoa jurídica, por quem os respectivos atos constitutivos designarem ou, não havendo essa designação, por seus diretores;
IX – a sociedade e a associação irregulares e outros entes organizados sem personalidade jurídica, pela pessoa a quem couber a administração de seus bens;
X – a pessoa jurídica estrangeira, pelo gerente, representante ou administrador de sua filial, agência ou sucursal aberta ou instalada no Brasil;
XI – o condomínio, pelo administrador ou síndico.
§ 1º Quando o inventariante for dativo, os sucessores do falecido serão intimados no processo no qual o espólio seja parte.
§ 2º A sociedade ou associação sem personalidade jurídica não poderá opor a irregularidade de sua constituição quando demandada.
§ 3º O gerente de filial ou agência presume-se autorizado pela pessoa jurídica estrangeira a receber citação para qualquer processo.
§ 4º Os Estados e o Distrito Federal poderão ajustar compromisso recíproco para prática de ato processual por seus procuradores em favor de outro ente federado, mediante convênio firmado pelas respectivas procuradorias.
§ 5º A representação judicial do Município pela Associação de Representação de Municípios somente poderá ocorrer em questões de interesse comum dos Municípios associados e dependerá de autorização do respectivo chefe do Poder Executivo municipal, com indicação específica do direito ou da obrigação a ser objeto das medidas judiciais. *(Incluído pela Lei n. 14.341, de 2022)*

h) **As ações em face de Autarquia têm reexame necessário.** O reexame necessário (recurso de ofício ou duplo grau de jurisdição obrigatório) é a regra nas ações que tenham como parte uma Autarquia. Inclusive, se num determinado caso o reexame era necessário e não foi realizado, a consequência jurídica dessa omissão é a não ocorrência de trânsito em julgado da decisão.

Excepcionalmente o Código de Processo Civil permitirá a não ocorrência de remessa necessária. Vejamos:

LEGISLAÇÃO CORRELATA

CPC

Art. 496. Está sujeita ao **duplo grau de jurisdição**, não produzindo efeito senão depois de confirmada pelo tribunal, a sentença:

I – proferida contra a União, os Estados, o Distrito Federal, os Municípios e suas respectivas autarquias e fundações de direito público;

II – que julgar procedentes, no todo ou em parte, os embargos à execução fiscal.

§ 1º Nos casos previstos neste artigo, não interposta a apelação no prazo legal, o juiz ordenará a remessa dos autos ao tribunal, e, se não o fizer, o presidente do respectivo tribunal avocá-los-á.

§ 2º Em qualquer dos casos referidos no § 1º, o tribunal julgará a remessa necessária.

§ 3º **Não se aplica o disposto neste artigo quando** a condenação ou o proveito econômico obtido na causa for de valor certo e líquido inferior a:

I – 1.000 (mil) salários mínimos para a União e as respectivas autarquias e fundações de direito público;

II – 500 (quinhentos) salários mínimos para os Estados, o Distrito Federal, as respectivas autarquias e fundações de direito público e os Municípios que constituam capitais dos Estados;

III – 100 (cem) salários mínimos para todos os demais Municípios e respectivas autarquias e fundações de direito público.

§ 4º Também não se aplica o disposto neste artigo quando a sentença estiver fundada em:

I – súmula de tribunal superior;

II – acórdão proferido pelo Supremo Tribunal Federal ou pelo Superior Tribunal de Justiça em julgamento de recursos repetitivos;

III – entendimento firmado em incidente de resolução de demandas repetitivas ou de assunção de competência;

IV – entendimento coincidente com orientação vinculante firmada no âmbito administrativo do próprio ente público, consolidada em manifestação, parecer ou súmula administrativa.

---

i) Procedimentos financeiros: a Autarquia está sujeita à contabilidade pública.

Dois diplomas são importantes para o estudo dessa característica:

- Lei n. 4.320/64 (lei importante principalmente para concursos do Tribunal de Contas);
- Lei de Responsabilidade Fiscal (LC n. 101/2000) – que também é aplicável às Autarquias. Essa lei é leitura obrigatória para concursos do Banco Central, Controladoria e normalmente Procuradorias.

j) Regime de Pessoal das Autarquias.

Quem trabalha em Autarquia é classificado como "servidor público". Tecnicamente, servidor público é quem atua em pessoa jurídica de direito público, e preferencialmente para esses agentes deve ser adotado o regime de cargo público (que tem mais garantias que o regime daqueles que são empregados públicos).

Para maiores aprofundamentos, *vide* STF, ADI 2.135.

Exemplo: INSS.

Aprofundamento: O STF, em 27 de agosto de 2014, decidiu (no **RE 631.240**, com repercussão geral – **tema 350**) que a ação judicial sobre a concessão de benefício deve ser precedida de requerimento ao INSS. Por maioria de votos, o Plenário acompanhou o relator, Ministro Luís Roberto Barroso, no entendimento de que a exigência não fere a garantia de livre acesso ao Judiciário, prevista no art. 5º, XXXV, da Constituição Federal, pois sem pedido administrativo anterior não fica caracterizada lesão ou ameaça de direito.

Em seu voto, o Ministro Barroso considerou não haver interesse de agir do segurado que não tenha inicialmente protocolado seu requerimento junto ao INSS, pois a obtenção de um benefício depende de postulação ativa. Segundo ele, nos casos em que o pedido for negado, total ou parcialmente, ou em que não houver resposta no prazo legal de 45 dias, fica caracterizada ameaça a direito.

"Não há como caracterizar lesão ou ameaça de direito sem que tenha havido um prévio requerimento do segurado. O INSS não tem o dever de conceder o benefício de ofício. Para que a parte possa alegar que seu direito foi desrespeitado é preciso que o segurado vá ao INSS e apresente seu pedido", afirmou o Ministro.

A **tese** firmada no presente caso teve a seguinte redação: "I – A concessão de benefícios previdenciários depende de requerimento do interessado, não se caracterizando ameaça ou lesão a direito antes de sua apreciação e indeferimento pelo INSS, ou se excedido o prazo legal para sua análise. É bem de ver, no entanto, que a exigência de prévio requerimento não se confunde com o exaurimento das vias administrativas; II – A exigência de prévio requerimento administrativo não deve prevalecer quando o entendimento da Administração for notória e reiteradamente contrário à postulação do segurado; III – Na hipótese de pretensão de revisão, restabelecimento ou manutenção de benefício anteriormente concedido, considerando que o INSS tem o dever legal de conceder a prestação mais vantajosa possível, o pedido poderá ser formulado diretamente em juízo – salvo se depender da análise de matéria de fato ainda não levada ao conhecimento da Administração –, uma vez que, nesses casos, a conduta do INSS já configura o não acolhimento ao menos tácito da pretensão; IV – Nas ações ajuizadas antes da conclusão do julgamento do RE 631.240/MG (3-9-2014) que não tenham sido instruídas por prova do prévio requerimento administrativo, nas hipóteses em que exigível, será observado o seguinte: (a) caso a ação tenha sido ajuizada no âmbito de Juizado Itinerante, a ausência de anterior pedido administrativo não deverá implicar a extinção do feito; (b) caso o INSS já tenha apresentado contestação de mérito, está caracterizado o interesse em agir pela resistência à pretensão; e (c) as demais ações que não se enquadrem nos itens (a) e (b) serão sobrestadas e baixadas ao juiz de primeiro grau, que deverá intimar o autor a dar entrada no pedido administrativo em até 30 dias, sob pena de extinção do processo por falta de interesse em agir. Comprovada a postulação administrativa, o juiz intimará o INSS para se manifestar acerca do pedido em até 90 dias. Se o pedido for acolhido administrativamente ou não puder ter o seu mérito analisado devido a razões imputáveis ao próprio requerente, extingue-se a ação. Do contrário, estará caracterizado o interesse em agir e o feito deverá prosseguir; V – Em todos os casos acima – itens (a), (b) e (c) –, tanto a análise administrativa quanto a judicial deverão levar em conta a data do início da ação como data de entrada do requerimento, para todos os efeitos legais".

6.1.2 Autarquia especial: agências reguladoras

"Quem procurar em algum tratado de direito constitucional brasileiro contemporâneo, alguma definição acerca do termo 'regulação', nada encontrará[6]. No Brasil, foram os professores de direito administrativo os que primeiro abordaram o tema, certamente desafiados pelo enigma desse 'novo conceito'"[7-8].

"As agências reguladoras foram introduzidas no Brasil sob a forma de autarquias e, consequentemente, com personalidade jurídica de direito público. Estão sujeitas, assim, ao mandamento do art. 37, XIX, da Constituição[9], e sua criação somente poderá se dar mediante lei específica[10]. O mesmo quanto à sua extinção,

---

[6] No direito estrangeiro, entretanto, há vasta bibliografia. Na língua espanhola e portuguesa, confira-se, *v.g.*, Gaspar Ariño Ortiz (1999) e Vital Moreira (1997a e 1997b). Na Argentina, *vide* Alberto B. Bianchi (1998), Gaspar Ariño Ortiz (1996) e Alejandro Pérez Hualde (2000).

[7] No direito, aliás, é preciso muita cautela na utilização de expressões e termos, se com eles pretendemos exprimir uma ideia acerca de um conceito ou instituto jurídico. Chama a atenção o fato de o termo "regulação" ser empregado por pessoas ligadas ao direito sem que qualquer significado jurídico seja atribuído a essa expressão. Que economistas, administradores de empresas, jornalistas usem o termo para designar qualquer objeto que lhes vem à mente, nada podemos fazer para evitar essa impropriedade, apenas lamentar. Nós, entretanto, da área jurídica, temos o dever de, ao lançar mão de um conceito – se pretendemos construir ou elaborar algum fenômeno jurídico –, dissecá-lo, do contrário a comunicação não fluirá e estaremos simplesmente jogando palavras ao vento. É como nos sentimos em relação a esse conceito na área do direito, embora não ignoremos sua existência e os vários temas que pretende significar. Todavia, para alcançar a experiência jurídica, faz-se necessária uma construção dogmática ou científica que parece não ter ocorrido até o momento.

[8] FIGUEIREDO, Marcelo. *As agências reguladoras*: o estado democrático de direito no Brasil e sua atividade normativa, São Paulo: Malheiros, 2005, p. 196.

[9] Como anota Diogo de Figueiredo Moreira Neto, com a nova redação dada ao inciso XIX do art. 37 pela Emenda Constitucional n. 19/98, "corrige-se uma impropriedade técnica do inciso original, passando-se a distinguir a lei de *criação* de uma *autarquia*, como desdobramento institucional do próprio Estado, à qual são *outorgadas* determinadas competências, da lei de *autorização* para instituir *empresa pública, sociedade de economia mista e fundação*, às quais são *delegadas* atribuições específicas" (*Apontamentos sobre a reforma administrativa*, 1999, p. 63).

[10] Não assim, porém, quanto à criação de subsidiárias das entidades da Administração Indireta, como já deixou claro o Supremo Tribunal Federal: "Pela falta de plausibilidade jurídica da arguição

pois ato administrativo não poderia destruir o que se construiu por norma de hierarquia superior[11]. As agências, todavia, são autarquias *especiais*"[12-13].

Conceito: as agências reguladoras são autarquias de regime especial responsáveis pela regulamentação, controle e fiscalização de serviços públicos, atividades e bens transferidos ao setor privado.

O que as torna especiais se comparadas com as autarquias comuns são basicamente as seguintes características:

a) Maior independência. Nesse sentido o art. 3º da Lei n. 13.848, de 25 de junho de 2019: "a natureza especial conferida à agência reguladora é caracterizada pela ausência de tutela ou de subordinação hierárquica, pela autonomia funcional, decisória, administrativa e financeira e pela investidura a termo de seus dirigentes e estabilidade durante os mandatos, bem como pelas demais disposições constantes desta Lei ou de leis específicas voltadas à sua implementação".

b) Investidura especial de seus dirigentes (Presidente da República nomeia após a aprovação pelo Senado Federal).

c) A agência reguladora deverá observar, em suas atividades, a devida adequação entre meios e fins, vedada a imposição de obrigações, restrições e sanções em medida superior àquela necessária ao atendimento do interesse público.

d) Agência reguladora deverá indicar os pressupostos de fato e de direito que determinarem suas decisões, inclusive a respeito da edição ou não de atos normativos.

e) Mandato com prazo fixo de seus dirigentes conforme lei que cria a pessoa jurídica (esses dirigentes só podem ser destituídos se houver o cometimento de crime, improbidade administrativa ou o não cumprimento injustificado das políticas estabelecidas pelo respectivo setor).

Importante ressaltar que a **Lei n. 14.230/2021** que alterou significativamente a redação original da Lei n. 8.429/92 passou exigir para as três modalidades de

---

de inconstitucionalidade por ofensa aos incisos XIX e XX do art. 37, da CF, o Tribunal indeferiu medida cautelar requerida em ação direta em face dos arts. 64 e 65 da Lei n. 9.478/97. Afirmando o caráter genérico da autorização legislativa para a criação de subsidiárias de empresa pública, sociedade de economia mista, autarquia ou fundação pública a que se refere o inciso XX do art. 37 da CF, o Tribunal entendeu que a lei atacada atende a esse permissivo constitucional por nela haver a previsão para essa finalidade (art. 64), afastando-se, portanto, a alegação de que seria necessária a autorização específica do Congresso Nacional para se instituir cada uma das subsidiárias de uma mesma entidade" (STF, *DJ* 28-5-2004, ADI-MC 1.649-DF, rel. Min. Maurício Corrêa).

[11] BANDEIRA DE MELLO, Celso Antônio. *Curso de direito administrativo*, 21. ed., São Paulo: Malheiros, 2006, p. 155.

[12] Como observa Hely Lopes Meirelles, "*autarquia de regime especial* é toda aquela a que a lei instituidora conferir privilégios específicos e aumentar sua autonomia comparativamente com as autarquias comuns, sem infringir os preceitos constitucionais pertinentes a essas entidades de personalidade pública" (*Direito administrativo brasileiro*, 1993, p. 315).

[13] DALLARI, Adilson Abreu; NASCIMENTO, Carlos Valder do; MARTINS, Ives Gandra da Silva. *Tratado de direito administrativo*, São Paulo: Saraiva, 2013, v. 2, p. 3536.

improbidade administrativa a presença do elemento subjetivo dolo, ou seja, a vontade livre e consciente de alcançar o resultado ilícito tipificado nos arts. 9º, 10 e 11 da Lei n. 8.429/92, não bastando a voluntariedade do agente.

f) Os ex-dirigentes das agências reguladoras estão sujeitos a "quarentena", ou seja, o período de tempo em que ficam impedidos de atuar no mesmo segmento do setor regulado ou fiscalizado.

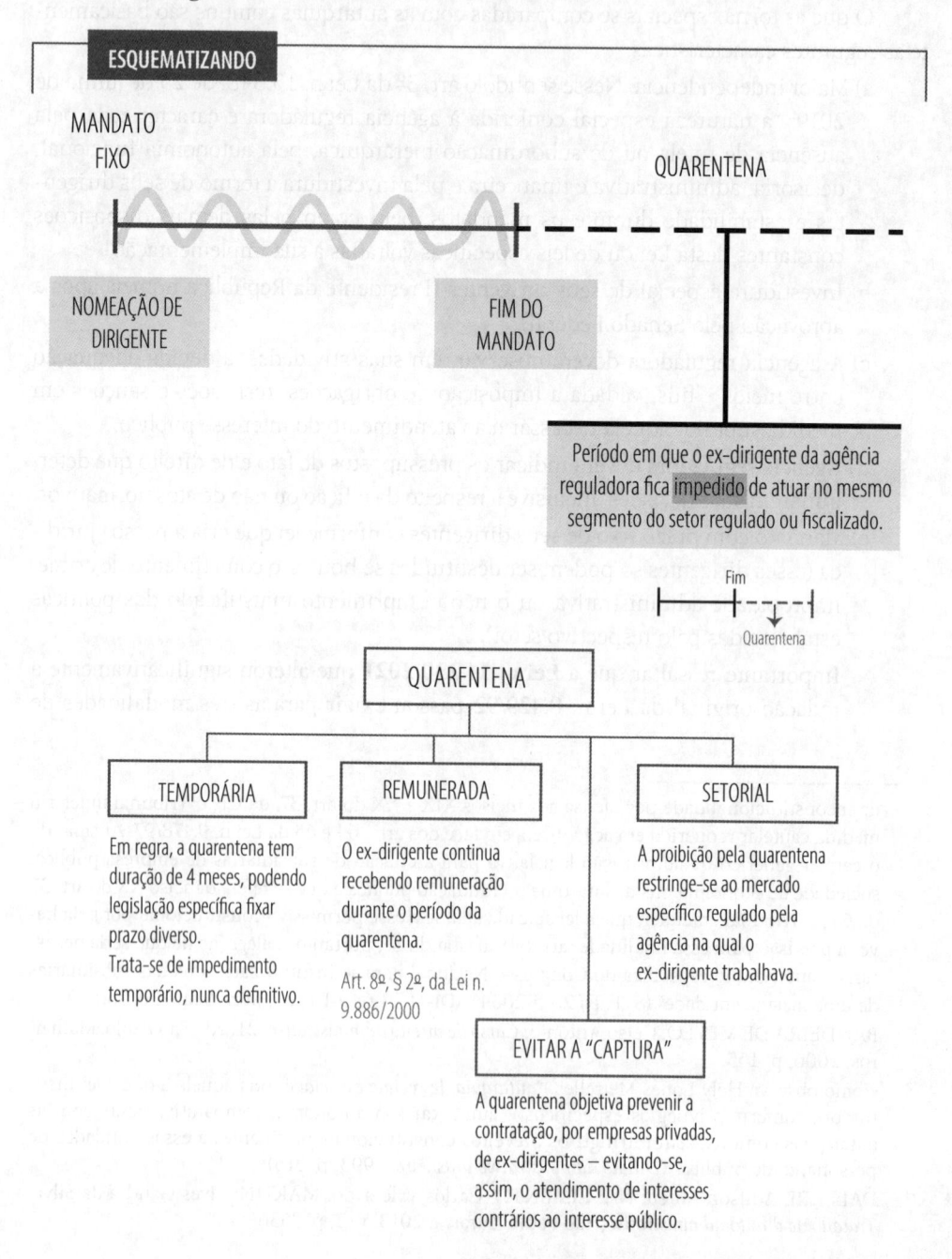

ESQUEMATIZANDO

MANDATO FIXO — NOMEAÇÃO DE DIRIGENTE ... FIM DO MANDATO

QUARENTENA

Período em que o ex-dirigente da agência reguladora fica impedido de atuar no mesmo segmento do setor regulado ou fiscalizado.

Fim → Quarentena

QUARENTENA

- **TEMPORÁRIA**
  Em regra, a quarentena tem duração de 4 meses, podendo legislação específica fixar prazo diverso.
  Trata-se de impedimento temporário, nunca definitivo.

- **REMUNERADA**
  O ex-dirigente continua recebendo remuneração durante o período da quarentena.
  Art. 8º, § 2º, da Lei n. 9.886/2000

- **SETORIAL**
  A proibição pela quarentena restringe-se ao mercado específico regulado pela agência na qual o ex-dirigente trabalhava.

EVITAR A "CAPTURA"
A quarentena objetiva prevenir a contratação, por empresas privadas, de ex-dirigentes – evitando-se, assim, o atendimento de interesses contrários ao interesse público.

g) O controle externo das agências reguladoras será exercido pelo Congresso Nacional, com auxílio do Tribunal de Contas da União.

h) A agência reguladora deverá elaborar, para cada período quadrienal, plano estratégico que conterá os objetivos, as metas e os resultados estratégicos esperados das ações da agência reguladora relativos à sua gestão e a suas competências regulatórias, fiscalizatórias e normativas, bem como a indicação dos fatores externos alheios ao controle da agência que poderão afetar significativamente o cumprimento do plano. O plano estratégico será compatível com o disposto no Plano Plurianual (PPA) em vigência e será revisto, periodicamente, com vistas a sua permanente adequação.

i) No exercício de suas competências definidas em lei, duas ou mais agências reguladoras poderão **editar atos normativos conjuntos** dispondo sobre matéria cuja disciplina envolva agentes econômicos sujeitos a mais de uma regulação setorial. Os atos normativos conjuntos deverão ser aprovados pelo conselho diretor ou pela diretoria colegiada de cada agência reguladora envolvida, por procedimento idêntico ao de aprovação de ato normativo isolado, observando-se em cada agência as normas aplicáveis ao exercício da competência normativa previstas no respectivo regimento interno.

j) O art. 2º da Lei n. 13.848, de 25 de junho de 2019 considera, para os fins da Lei n. 9.986/2000 como agências reguladoras, as seguintes: I – a Agência Nacional de Energia Elétrica (**ANEEL**); Agência Nacional do Petróleo, Gás Natural e Biocombustíveis (**ANP**); Agência Nacional de Telecomunicações (**ANATEL**); Agência Nacional de Vigilância Sanitária (**ANVISA**); Agência Nacional de Saúde Suplementar (**ANS**); Agência Nacional de Águas (**ANA**); Agência Nacional de Transportes Aquaviários (**ANTAQ**); Agência Nacional de Transportes Terrestres (**ANTT**); Agência Nacional do Cinema (**ANCINE**); Agência Nacional de Aviação Civil (**ANAC**); Agência Nacional de Mineração (**ANM**).

- **ANATEL –** Nos termos do art. 8º da Lei n. 9.472/97, criada a Agência Nacional de Telecomunicações, entidade integrante da Administração Pública Federal indireta, submetida a **regime autárquico especial** e vinculada ao Ministério das Comunicações, com a função de órgão regulador das telecomunicações, com sede no Distrito Federal, podendo estabelecer unidades regionais. A Agência terá como órgão máximo o Conselho Diretor, devendo contar, também, com um Conselho Consultivo, uma Procuradoria, uma Corregedoria, uma Biblioteca e uma Ouvidoria, além das unidades especializadas incumbidas de diferentes funções. A natureza de autarquia especial conferida à Agência é caracterizada por independência administrativa, ausência de subordinação hierárquica, mandato fixo e estabilidade de seus dirigentes e autonomia financeira.

- **ANEEL –** A Agência Nacional de Energia Elétrica tem por finalidade **regular e fiscalizar** a produção, transmissão, distribuição e comercialização de energia elétrica, em conformidade com as políticas e diretrizes do governo federal (regulamentada pela Lei n. 9.427/96).

- **ANA** – A Agência Nacional de Águas é entidade federal de implementação da Política Nacional de Recursos Hídricos, integrante do Sistema Nacional de Gerenciamento de Recursos Hídricos e regulamentada pela Lei n. 9.984/2000. A ANA será dirigida por uma Diretoria Colegiada, composta por cinco membros, nomeados pelo Presidente da República, com mandatos não coincidentes de quatro anos, admitida uma única recondução consecutiva, e contará com uma Procuradoria (vide art. 9º da Lei n. 9.984/2000). Nos termos da Lei n. 13.848/2019, a **exoneração imotivada** de dirigentes da ANA **só poderá ocorrer** nos quatro meses iniciais dos respectivos mandatos. Após esse prazo, os dirigentes da ANA **somente perderão** o mandato em decorrência de renúncia, de condenação judicial transitada em julgado, ou de decisão definitiva em processo administrativo disciplinar.
- **ANAC** – A Agência Nacional de Aviação Civil, entidade integrante da Administração Pública Federal indireta é submetida a **regime autárquico especial**, vinculada ao Ministério da Defesa, com prazo de duração indeterminado, com sede e foro no Distrito Federal, podendo instalar unidades administrativas regionais. Sua regulamentação encontra-se na Lei n. 11.182/2005.
- **ANVISA** – A Lei n. 9.782, de 26 de janeiro de 1999, define o Sistema Nacional de Vigilância Sanitária e cria a Agência Nacional de Vigilância Sanitária. Nos termos do art. 1º da referida lei, o Sistema Nacional de Vigilância Sanitária compreende o conjunto de ações definido pelo § 1º do art. 6º e pelos arts. 15 a 18 da Lei n. 8.080, de 19 de setembro de 1990, executado por instituições da Administração Pública direta e indireta da União, dos Estados, do Distrito Federal e dos Municípios, que exerçam atividades de regulação, normatização, controle e fiscalização na área de vigilância sanitária.

A ANVISA é **autarquia sob regime especial**, vinculada ao Ministério da Saúde, com sede e foro no Distrito Federal, prazo de duração indeterminado e atuação em todo o território nacional. A natureza de autarquia especial conferida à Agência é caracterizada pela independência administrativa, estabilidade de seus dirigentes e autonomia financeira.

Incumbe à Agência **regulamentar, controlar e fiscalizar** os produtos e serviços que envolvam risco à saúde pública: **a)** medicamentos de uso humano, suas substâncias ativas e demais insumos, processos e tecnologias; **b)** alimentos, inclusive bebidas, águas envasadas, seus insumos, suas embalagens, aditivos alimentares, limites de contaminantes orgânicos, resíduos de agrotóxicos e de medicamentos veterinários; **c)** cosméticos, produtos de higiene pessoal e perfumes; **d)** saneantes destinados à higienização, desinfecção ou desinfestação em ambientes domiciliares, hospitalares e coletivos; **e)** conjuntos, reagentes e insumos destinados a diagnóstico; **f)** equipamentos e materiais médico-hospitalares, odontológicos e hemoterápicos e de diagnóstico laboratorial e por imagem; **g)** imunobiológicos e suas substâncias ativas, sangue e hemoderivados; **h)** órgãos, tecidos humanos e veterinários para uso em transplantes ou reconstituições; **i)** radioisótopos para uso diagnóstico in vivo e radiofármacos e produtos radioativos utilizados em diagnóstico e terapia; **j)** cigarros, cigarrilhas, charutos e qualquer outro produto fumígero, derivado ou não do tabaco; **k)** quaisquer produtos que envolvam a possibilidade de risco à saúde, obtidos por engenharia genética, por outro procedimento ou ainda submetidos a fontes de radiação.

Ainda sobre a ANVISA: em **9 de junho de 2020**, a Associação Brasileira de Lésbicas, Gays, Bissexuais, Travestis, Transexuais e Intersexos (ABGLT) apresentou a **Rcl 41506** no Supremo Tribunal Federal (STF) contra a **Agência Nacional de Vigilância Sanitária (ANVISA)**, em que pede o cumprimento imediato da decisão da Corte que considerou **inconstitucional a proibição de doação de sangue por homossexuais na ADI 5543**.

A reclamação foi distribuída ao Ministro Luís Roberto Barroso e, segundo a associação, a **ANVISA** divulgou manifestação oficial em que mantém a orientação aos bancos de sangue do país enquanto não se esgotarem as possibilidades de recurso no processo (trânsito em julgado).

A ata de julgamento da **ADI 5543** foi publicada no dia **22 de maio de 2020** e a decisão do STF na referida ADI ocorreu aos 8 de maio de 2020.

Na **ADI 5543**, por sete votos a quatro, o **Plenário do STF considerou inconstitucionais** dispositivos de normas do Ministério da Saúde e da ANVISA **que excluíram** do rol de habilitados para doação de sangue os "homens que tiveram relações sexuais com outros homens e/ou as parceiras sexuais destes nos 12 meses antecedentes".

O Ministro Relator Edson Fachin entendeu que não se pode negar a uma pessoa que deseja doar sangue um tratamento **não igualitário**, com base em critérios que ofendem a dignidade da pessoa humana do art. 1º, III, da CF. Fachin acrescentou que para a garantia da segurança dos bancos de sangue devem ser observados requisitos baseados em condutas de risco e não na orientação sexual para a seleção dos doadores, pois configura-se uma "discriminação injustificável e inconstitucional".

Para a Ministra Rosa Weber, as restrições estabelecidas pelas normas "não atendem ao princípio constitucional da proporcionalidade", já que tais normas desconsideram, por exemplo, o uso de preservativo ou não e o fato de o doador ter parceiro fixo ou não – informações que, para a ministra, fariam diferença para se poder avaliar condutas de risco.

Para o Ministro Alexandre de Moraes, "é possível a doação por homens que fizeram sexo com outros homens, desde que o sangue somente seja utilizado após o teste imunológico, a ser realizado depois da janela sorológica definida pelas autoridades de saúde".

- **ANP –** a Agência Nacional do Petróleo, Gás Natural e Biocombustíves – ANP, entidade integrante da Administração Federal Indireta é submetida ao **regime autárquico especial** e é órgão regulador da indústria do petróleo, gás natural, seus derivados e biocombustíveis, vinculada ao Ministério de Minas e Energia. Regulamentada pela Lei n. 9.478/97.

Sobre a titularidade e o monopólio do petróleo e do gás natural, há o art. 177 da CF a disciplinar o assunto, bem como o Capítulo III da Lei n. 9.478/97. Estabelece o art. 3º da referida lei que pertencem **à União** os depósitos de petróleo, gás natural e outros hidrocarbonetos fluidos existentes no território nacional, nele compreendidos a parte terrestre, o mar territorial, a plataforma continental e a zona econômica exclusiva. Já as atividades de a) pesquisa e lavra das jazidas de petróleo e gás natural e outros hidrocarbonetos fluidos; b) refinação de petróleo nacional ou estrangeiro; c) importação e exportação dos produtos e derivados básicos resultantes das atividades previstas nos itens anteriores; d) transporte marítimo do petróleo bruto de origem nacional ou de derivados básicos de petróleo produzidos no País, bem como o transporte, por meio de conduto, de petróleo bruto, seus derivados e de gás natural, **são atividades de monopólio da União.**

Algumas definições técnicas extraídas dessa lei:

Petróleo	Todo e qualquer hidrocarboneto líquido em seu estado natural, a exemplo do óleo cru e condensado.
Gás natural ou gás	Todo hidrocarboneto que permaneça em estado gasoso nas condições atmosféricas normais, extraído diretamente a partir de reservatórios petrolíferos ou gaseíferos, incluindo gases úmidos, secos, residuais e gases raros.
Derivados de petróleo	Produtos decorrentes da transformação do petróleo.
Derivados básicos	Principais derivados de petróleo, referidos no art. 177 da Constituição Federal, a serem classificados pela Agência Nacional do Petróleo.
Refino ou refinação	Conjunto de processos destinados a transformar o petróleo em derivados de petróleo.
Tratamento ou processamento de gás natural	Conjunto de operações destinadas a permitir o seu transporte, distribuição e utilização.
Transporte	Movimentação de petróleo, seus derivados, biocombustíveis ou gás natural em meio ou percurso considerado de interesse geral.
Transferência	Movimentação de petróleo, seus derivados, biocombustíveis ou gás natural em meio ou percurso considerado de interesse específico e exclusivo do proprietário ou explorador das facilidades.
Bacia sedimentar	Depressão da crosta terrestre onde se acumulam rochas sedimentares que podem ser portadoras de petróleo ou gás, associados ou não.
Reservatório ou depósito	Configuração geológica dotada de propriedades específicas, armazenadora de petróleo ou gás, associados ou não.

Jazida	Reservatório ou depósito já identificado e possível de ser posto em produção.
Prospecto	Feição geológica mapeada como resultado de estudos geofísicos e de interpretação geológica, que justificam a perfuração de poços exploratórios para a localização de petróleo ou gás natural.
Bloco	Parte de uma bacia sedimentar, formada por um prisma vertical de profundidade indeterminada, com superfície poligonal definida pelas coordenadas geográficas de seus vértices, onde são desenvolvidas atividades de exploração ou produção de petróleo e gás natural.
Campo de petróleo ou de gás natural	Área produtora de petróleo ou gás natural, a partir de um reservatório contínuo ou de mais de um reservatório, a profundidades variáveis, abrangendo instalações e equipamentos destinados à produção.
Pesquisa ou exploração	Conjunto de operações ou atividades destinadas a avaliar áreas, objetivando a descoberta e a identificação de jazidas de petróleo ou gás natural.
Lavra ou produção	Conjunto de operações coordenadas de extração de petróleo ou gás natural de uma jazida e de preparo para sua movimentação.
Desenvolvimento	Conjunto de operações e investimentos destinados a viabilizar as atividades de produção de um campo de petróleo ou gás.
Descoberta comercial	Descoberta de petróleo ou gás natural em condições que, a preços de mercado, tornem possível o retorno dos investimentos no desenvolvimento e na produção.
Indústria do petróleo	Conjunto de atividades econômicas relacionadas com a exploração, desenvolvimento, produção, refino, processamento, transporte, importação e exportação de petróleo, gás natural e outros hidrocarbonetos fluidos e seus derivados.
Distribuição	Atividade de comercialização por atacado com a rede varejista ou com grandes consumidores de combustíveis, lubrificantes, asfaltos e gás liquefeito envasado, exercida por empresas especializadas, na forma das leis e regulamentos aplicáveis.
Revenda	Atividade de venda a varejo de combustíveis, lubrificantes e gás liquefeito envasado, exercida por postos de serviços ou revendedores, na forma das leis e regulamentos aplicáveis.

Distribuição de gás canalizado	Serviços locais de comercialização de gás canalizado, junto aos usuários finais, explorados com exclusividade pelos Estados, diretamente ou mediante concessão, nos termos do § 2º do art. 25 da Constituição Federal.
Estocagem de gás natural	Armazenamento de gás natural em reservatórios próprios, formações naturais ou artificiais.
Biocombustível	Substância derivada de biomassa renovável, tal como biodiesel, etanol e outras substâncias estabelecidas em regulamento da ANP, que pode ser empregada diretamente ou mediante alterações em motores a combustão interna ou para outro tipo de geração de energia, podendo substituir parcial ou totalmente combustíveis de origem fóssil.
Biodiesel	Biocombustível derivado de biomassa renovável para uso em motores a combustão interna com ignição por compressão ou, conforme regulamento, para geração de outro tipo de energia, que possa substituir parcial ou totalmente combustíveis de origem fóssil.
Indústria petroquímica de primeira e segunda geração	Conjunto de indústrias que fornecem produtos petroquímicos básicos, a exemplo do eteno, do propeno e de resinas termoplásticas.
Cadeia produtiva do petróleo	Sistema de produção de petróleo, gás natural e outros hidrocarbonetos fluidos e seus derivados, incluindo a distribuição, a revenda e a estocagem, bem como o seu consumo.
Indústria de biocombustível	Conjunto de atividades econômicas relacionadas com produção, importação, exportação, transferência, transporte, armazenagem, comercialização, distribuição, avaliação de conformidade e certificação de qualidade de biocombustíveis.
Produção de biocombustível	Conjunto de operações industriais para a transformação de biomassa renovável, de origem vegetal ou animal, em combustível.
Etanol	Biocombustível líquido derivado de biomassa renovável, que tem como principal componente o álcool etílico, que pode ser utilizado, diretamente ou mediante alterações, em motores a combustão interna com ignição por centelha, em outras formas de geração de energia ou em indústria petroquímica, podendo ser obtido por rotas tecnológicas distintas, conforme especificado em regulamento.

Bioquerosene de aviação	Substância derivada de biomassa renovável que pode ser usada em turborreatores e turbopropulsores aeronáuticos ou, conforme regulamento, em outro tipo de aplicação que possa substituir parcial ou totalmente combustível de origem fóssil.

ANS – a Agência Nacional de Saúde Suplementar. Em julgamento finalizado aos 8 de junho de 2022, o STF entendeu **ser taxativo**, em regra, o rol de procedimentos e eventos estabelecido pela Agência Nacional de Saúde (ANS), **não estando** as operadoras de saúde obrigadas a cobrir tratamentos não previstos na lista. Contudo, o colegiado fixou parâmetros para que, **em situações excepcionais**, os planos **custeiem procedimentos não previstos na lista**, a exemplo de terapias com recomendação médica, sem substituto terapêutico no rol, e que tenham comprovação de órgãos técnicos e aprovação de instituições que regulam o setor.

Por maioria de votos, a seção definiu as seguintes **teses**: "**1.** O rol de procedimentos e eventos em saúde suplementar é, em regra, taxativo; **2.** A operadora de plano ou seguro de saúde não é obrigada a arcar com tratamento não constante do rol da ANS se existe, para a cura do paciente, outro procedimento eficaz, efetivo e seguro já incorporado ao rol; **3.** É possível a contratação de cobertura ampliada ou a negociação de aditivo contratual para a cobertura de procedimento extra rol; **4.** Não havendo substituto terapêutico ou esgotados os procedimentos do rol da ANS, pode haver, a título excepcional, a cobertura do tratamento indicado pelo médico ou odontólogo assistente, desde que: a) não tenha sido indeferido expressamente, pela ANS, a incorporação do procedimento ao rol da saúde suplementar; b) haja comprovação da eficácia do tratamento à luz da medicina baseada em evidências; c) haja recomendações de órgãos técnicos de renome nacionais (como Conitec e Natjus) e estrangeiros; e d) seja realizado, quando possível, o diálogo interinstitucional do magistrado com entes ou pessoas com expertise técnica na área da saúde, incluída a Comissão de Atualização do Rol de Procedimentos e Eventos em Saúde Suplementar, sem deslocamento da competência do julgamento do feito para a Justiça Federal, ante a ilegitimidade passiva *ad causam* da ANS".

Em relação às quatro condicionantes do item "4", a seção citou os **Enunciados 23, 33 e 97 das Jornadas de Direito em Saúde**.

Prevaleceu na sessão a posição do relator, ministro Luis Felipe Salomão, que incorporou em seu voto acréscimos trazidos em voto-vista pelo ministro Villas Bôas Cueva, apresentado nesta quarta. Também votaram com o relator os ministros Raul Araújo, Isabel Gallotti, Marco Buzzi e Marco Aurélio Bellizze.

Ficaram vencidos no julgamento a ministra Nancy Andrighi e os ministros Paulo de Tarso Sanseverino e Moura Ribeiro, para os quais o rol da ANS teria caráter meramente exemplificativo.

Com base nas balizas estabelecidas no julgamento, a Segunda Seção entendeu, no EREsp 1.886.929, que o plano de saúde é obrigado a custear tratamento não contido no rol para um paciente com diagnóstico de esquizofrenia, e, no EREsp 1.889.704, que a operadora deve cobrir tratamento para uma pessoa com transtorno do espectro autista, porque a ANS já reconhecia a terapia ABA como contemplada nas sessões de psicoterapia do rol de saúde suplementar.

Para complementar: Em setembro de 2022, o STF reconheceu a **repercussão geral** de questão analisada no **RE 1.366.243** (**tema 1234**) e irá decidir se a União é responsável solidária em ações contra governos estaduais pedindo o fornecimento de medicamentos registrados na Agência Nacional de Vigilância Sanitária (Anvisa), mas não integram a lista padronizada do Sistema Único de Saúde (SUS). Ainda não há decisão definitiva sobre a questão.

Por fim, no **âmbito dos Estados-membros** também encontramos agências reguladoras. No Rio de Janeiro foi feita inicialmente a opção de criação de um único órgão regulador (com atuação em diversos segmentos) com a Agência Reguladora de Serviços Públicos Concedidos do Estado do Rio de Janeiro – ASEP-RJ (Lei estadual n. 2.686/97). Todavia, em 2005, o Estado do Rio de Janeiro alterou seu modelo único, criando duas agências especializadas: a AGETRANSP (Agência Reguladora do Serviço Público Concedido de Transportes Aquaviários, Ferroviários e Metroviários e de Rodovias do Estado do Rio de Janeiro – Lei estadual n. 4.555/2005) e a AGENERSA (Agência Reguladora de Energia e Saneamento Básico do Estado do Rio de Janeiro – Lei estadual n. 4.556/2005). Em Minas Gerais, tínhamos a Agência Estadual de Regulação de Serviços Públicos de Minas Gerais (ARSEMG, Lei estadual n. 12.999/98), que mais tarde foi substituída pela Agência Reguladora de Serviços de Abastecimento de Água e Esgotamento Sanitário do Estado de Minas Gerais (Lei estadual n. 18.309/2009), por exemplo.

ESQUEMATIZANDO

CRONOLOGIA DE CRIAÇÃO DAS AGÊNCIAS FEDERAIS

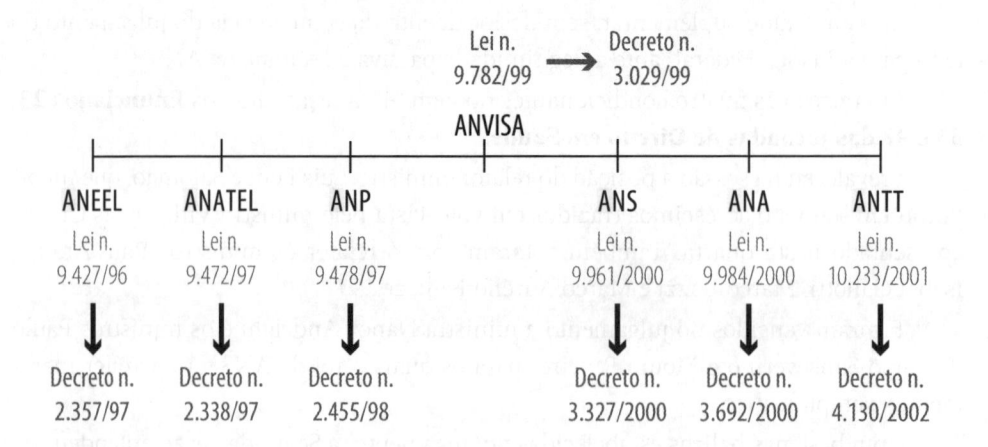

ANVISA: Lei n. 9.782/99 → Decreto n. 3.029/99

ANEEL	ANATEL	ANP	ANS	ANA	ANTT
Lei n. 9.427/96	Lei n. 9.472/97	Lei n. 9.478/97	Lei n. 9.961/2000	Lei n. 9.984/2000	Lei n. 10.233/2001
↓	↓	↓	↓	↓	↓
Decreto n. 2.357/97	Decreto n. 2.338/97	Decreto n. 2.455/98	Decreto n. 3.327/2000	Decreto n. 3.692/2000	Decreto n. 4.130/2002

ORGANIZAÇÃO DA ADMINISTRAÇÃO PÚBLICA **231**

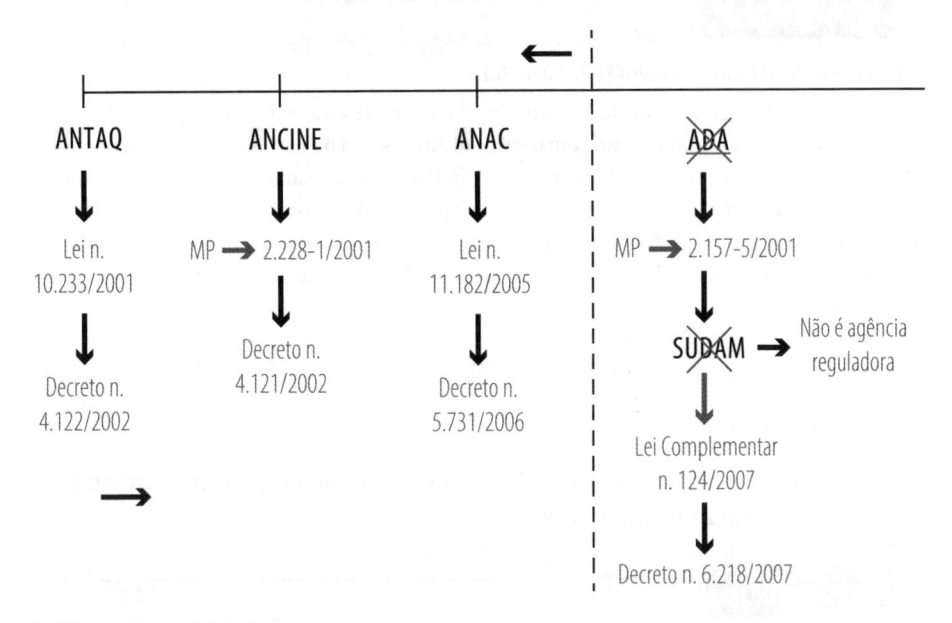

```
   ANTAQ            ANCINE            ANAC            A̶D̶A̶
     ↓                ↓                 ↓               ↓
   Lei n.        MP → 2.228-1/2001    Lei n.      MP → 2.157-5/2001
  10.233/2001                       11.182/2005
     ↓                ↓                 ↓               ↓
                   Decreto n.                        S̶U̶D̶A̶M̶  →  Não é agência
  Decreto n.      4.121/2002        Decreto n.                  reguladora
  4.122/2002                        5.731/2006
                                                        ↓
      →                                            Lei Complementar
                                                     n. 124/2007
                                                        ↓
                                                  Decreto n. 6.218/2007
```

Aprofundamento: "É bem de ver que a relação direta que se tem feito entre as agências reguladoras e serviços públicos executados por particulares é apenas histórica, já que nada impede a existência de agências para regulação de atividades puramente privadas, como instrumento de realização da disciplina jurídica do setor[14]. Quanto aos serviços públicos, as funções transferidas para as agências reguladoras não são novas: o Estado sempre teve o encargo de zelar por sua boa prestação. Ocorre, todavia, que, quando os serviços públicos eram prestados diretamente pelo próprio Estado ou indiretamente por pessoas jurídicas por ele controladas (como as sociedades de economia mista e as empresas públicas), essas funções não tinham visibilidade e, a rigor, não eram eficientemente desempenhadas[15]. Agora, todavia, a separação mais nítida entre o setor público e o setor privado revigora esse papel fiscalizador"[16-17].

---

[14] É o caso, por exemplo, da ANVISA (Agência Nacional de Vigilância Sanitária), da ANCINE (Agência Nacional do Cinema) e da ANP (Agência Nacional do Petróleo, Gás Natural e Biocombustíveis), que visam regular atividades econômicas.

[15] Sergio Nelson Mannheimer, Agências estaduais reguladoras de serviços públicos, *RF* 343/221, p. 225, "quando o Estado é prestador do serviço, ocorrem distorções no papel fiscalizador do Estado, uma vez que não se sente ele estimulado a denunciar as próprias falhas ou deficiências".

[16] Como acentua Juan Carlos Cassagne, "el fenómeno de la privatización al abarcar la tranferencia al sector privado de la gestión de los servicios públicos que antes prestaban empresas estatales, ha generado la correlativa necessidad de regular esas actividades para proteger los intereses de la comunidad" (*La intervención administrativa*, 1994, p. 151).

[17] DALLARI, Adilson Abreu; NASCIMENTO, Carlos Valder do; MARTINS, Ives Gandra da Silva. *Tratado de direito administrativo*, São Paulo: Saraiva, 2013, v. 2, p. 32.

> **JURISPRUDÊNCIA**
>
> - **PEDÁGIO. EIXO SUSPENSO. TRANSPORTE RODOVIÁRIO**
> Para efeito da cobrança de pedágio em rodovias, não se pode levar em conta o eixo suspenso do veículo quando estiver sem contato com o solo devido à pouca ou nenhuma carga transportada, uma vez que não há critério legal que permita diferenciação unicamente com base no número de eixos utilizados pelo veículo – tecnologia que apenas reduz custos do transporte rodoviário de cargas. Com esse entendimento, a Turma reiterou decisão anterior e deu provimento aos recursos da empresa concessionária de rodovias e da Agência Nacional de Transportes Terrestres (ANTT). Precedente citado: REsp 1.103.168-RS, *DJe* 27-4-2009. REsp 1.077.298-RS, rel. Min. Denise Arruda, j. 28-4-2009 *(Informativo STJ 392)*.

6.1.3 Autarquias corporativas

As autarquias corporativas são os Conselhos Profissionais. Originariamente, esses Conselhos têm natureza jurídica de autarquia. Vejamos:

> **JURISPRUDÊNCIA**
>
> - **DIREITO ADMINISTRATIVO. CONSELHO DE FISCALIZAÇÃO PROFISSIONAL. CUSTAS. RECOLHIMENTO OBRIGATÓRIO**
> Os conselhos de fiscalização profissional estão sujeitos ao pagamento de custas. Em que pese ao fato de os conselhos profissionais possuírem natureza jurídica de autarquia, a isenção do pagamento de custas por expressa previsão no parágrafo único do art. 4º da Lei n. 9.289/96 não alcança as entidades fiscalizadoras do exercício profissional. Precedentes citados: AgRg no AREsp 2.795-RJ, *DJe* 19-12-2011 e AgRg no AREsp 15.531-RJ, *DJe* 21-9-2011. AgRg no AREsp 200.014-RJ, rel. Min. Napoleão Nunes Maia Filho, j. 20-9-2012 *(Informativo STJ 505)*.
>
> - **CONSELHO. FISCALIZAÇÃO PROFISSIONAL. REGIME JURÍDICO**
> A controvérsia está em saber a natureza do vínculo jurídico da recorrente com o conselho de fiscalização profissional, a fim de ser apreciada a legalidade do ato de sua demissão. A Min. Relatora ressaltou que o regime jurídico dos funcionários dos conselhos de fiscalização profissional, por força do art. 1º do DL n. 968/69, era o celetista até o advento da CF/88, que, em conjunto com a Lei n. 8.112/90, art. 243, instituiu o regime jurídico único. Essa situação perdurou até a edição do art. 58, § 3º, da Lei n. 9.469/98, que instituiu novamente o regime celetista para os servidores daqueles conselhos, em razão da promulgação da EC n. 19/98, que aboliu o regime jurídico único dos servidores públicos. Entretanto, destacou que, no julgamento da ADI 1.171-DF, o STF declarou a inconstitucionalidade dos §§ 1º, 2º, 4º, 5º, 6º, 7º, 8º e do *caput* do art. 58 da Lei n. 9.649/98, reafirmando a natureza de autarquia especial dos conselhos de fiscalização profissional, cujos funcionários continuaram celetistas, pois permaneceu incólume o § 3º da norma em comento, que submetia os empregados desses conselhos à legislação trabalhista. Porém, frisou que essa situação subsistiu até 2-8-2007, quando o Pretório Excelso, no julgamento da ADI 2.135-DF, suspendeu, liminarmente, com efeitos *ex nunc*, a vigência do art. 39, *caput*, do texto constitucional, com a redação dada pela EC n. 19/98. Com essa decisão, subsiste, para os servidores da administração pública direta, autarquias e fundações públicas, a obrigatoriedade de adoção do regime jurídico único, ressalvadas as situações consolidadas na vigência da legislação editada nos termos da norma suspensa. *In casu*, a recorrente manteve vínculo trabalhista com o conselho de fiscalização de

7-11-1975 até 2-1-2007, ou seja, antes do retorno ao regime estatutário por força da decisão do STF (na ADI 2.135-DF). Assim, visto que à época a recorrente não estava submetida ao regime estatutário, sendo, portanto, de natureza celetista a relação de trabalho existente, não cabe invocar normas estatutárias para infirmar o ato de dispensa imotivada. Dessarte, a Turma, prosseguindo o julgamento, negou provimento ao recurso. Precedente citado: REsp 820.696-RJ, *DJe* 17-11-2008. REsp 1.145.265-RJ, rel. Min. Maria Thereza de Assis Moura, j. 14-2-2012 *(Informativo STJ 491)*.

- **CONSELHO. FISCALIZAÇÃO PROFISSIONAL. RJU**

  Conforme a jurisprudência e doutrina predominantes lastreadas nos arts. 5º, XIII, 21, XXIV, e 22, XVI, da CF/88, os conselhos federais e regionais de fiscalização do exercício profissional, por exercer funções tipicamente públicas, possuem a natureza jurídica de autarquias. Assim, quanto ao regime jurídico que deve ser adotado por eles na contratação de seus servidores, ao se sopesar a legislação (DL n. 968/69, art. 243 da Lei n. 8.112/90, art. 58 da Lei n. 9.649/98 e EC n. 19/98), além do que decidiu o STF no julgamento de ADIs, firmou-se a jurisprudência de que aqueles conselhos devem adotar o regime jurídico único (RJU), ressalvadas as situações consolidadas na vigência de legislação editada nos termos da EC n. 19/98. Anote-se que a Ordem dos Advogados do Brasil (OAB) constitui exceção à regra, pois sua peculiar natureza jurídica não permite classificá-la como autarquia, tal qual já decidiu também o STF, que permitiu à Ordem firmar contratos de trabalho regidos pela CLT. Com esse entendimento, ao prosseguir o julgamento, a Turma concedeu a segurança para determinar aos conselhos profissionais impetrados (excetuada a OAB) tomar as providências cabíveis para implantar o RJU em seu âmbito, observada a ressalva referente à legislação editada conforme a EC n. 19/98 (ver *Informativo STF 474*). Precedentes citados do STF: ADI 1.717-DF, *DJ* 28-3-2003; ADI 2.135 MC-DF, *DJ* 2-8-2006; ADI 3.026-DF, *DJ* 29-9-2006; MS 22.643-SC, *DJ* 4-12-1998; do STJ: CC 100.558-SP, *DJe* 4-9-2009; CC 43.623-PR, *DJ* 11-10-2004, e REsp 820.696-RJ, *DJe* 17-11-2008. REsp 507.536-DF, rel. Min. Jorge Mussi, j. 18-11-2010 *(Informativo STJ 456)*.

- **RESOLUÇÃO. EXORBITÂNCIA. LEI**

  A Resolução n. 4/2002 do Conselho Nacional de Residência Médica (CNRM), que veio complementar e explicitar o Decreto n. 80.281/77 e a Lei n. 6.932/81, em seu art. 38, estabelece a transferência dos médicos que estiverem cursando residência médica em instituição que venha a ser descredenciada do programa de residência médica, determinando a obrigação de continuidade do pagamento da bolsa até a conclusão do curso. Todavia, tanto o decreto como a lei não criaram para a instituição o encargo de remunerar quem não mais lhe presta serviços. Assim, a resolução extrapolou os limites de sua competência ao fazê-lo e, consequentemente, a decisão judicial lastreada naquela resolução é passível de ataque via mandado de segurança. RMS 26.889-DF, rel. Min. João Otávio de Noronha, j. 20-4-2010 *(Informativo STJ 431)*.

- **EDUCAÇÃO FÍSICA. DANÇA. ARTES MARCIAIS**

  A Turma não conheceu do recurso, ressaltando o entendimento de que viola o livre exercício profissional (art. 5º, XIII, da CF/88) a pretensão de incluir, na definição legal de profissional de Educação Física, atividades desvinculadas da educação do corpo especificamente, para fins de abranger aquelas com objetivo distinto, como as artes marciais e a dança. Com efeito, a exigência de inscrição e curso de nivelamento dos profissionais que ministram aulas de artes marciais para competição, por força da Resolução n. 46/2002 do Conselho Federal de Educação Física (Confef), extrapola a definição legal dos arts. 2º, III, e 3º da Lei n. 9.696/98, ao incluir as artes marciais e a dança como atividades próprias dos profissionais de Educação Física. REsp 1.170.165-RJ, rel. Min. Eliana Calmon, j. 2-3-2010 *(Informativo STJ 425)*.

Sobre os Conselhos Profissionais, em abril de 2017, o STF, ao julgar o **RE 938.837** com repercussão geral **(tema 877)**, decidiu que o **regime de precatório** para pagamentos de dívidas decorrentes de decisão judicial **não** se aplica aos conselhos profissionais. No caso, prevaleceu o entendimento do Ministro Marco Aurélio, acompanhado pela maioria de votos, vencido o Ministro Relator Edson Fachin.

No entendimento do Ministro Marco Aurélio, os conselhos profissionais têm natureza jurídica de autarquias especiais (portanto, são pessoas jurídicas de direito público, fiscalizadas pelo TCU e sujeitas à obrigatoriedade de concurso público para contratação de seu pessoal – como manda o art. 37, II, da CF). Todavia, por não terem orçamento ou receberem aportes da União, não estão submetidas às regras constitucionais do capítulo de finanças públicas (arts. 163 a 169 da CF), o que inviabiliza sua submissão ao regime de precatórios.

A **tese** firmada no presente caso teve a seguinte redação: "Os pagamentos devidos, em razão de pronunciamento judicial, pelos Conselhos de Fiscalização não se submetem ao regime de precatórios".

Ainda, em 20 de dezembro de 2019, o STF, ao julgar o **RE 808.424** – com repercussão geral reconhecida – entendeu ser **inconstitucional** o art. 64 da Lei n. 5.194/66, que prevê o cancelamento automático, em razão da inadimplência da anuidade por dois anos consecutivos, do registro nos Conselhos Federal e Regionais de Engenharia, Arquitetura e Agronomia sem prévia manifestação do profissional ou da pessoa jurídica.

A **tese** firmada **(tema 757)** no presente caso teve a seguinte redação: "é inconstitucional o art. 64 da Lei n. 5.194/66, considerada a previsão de cancelamento automático, ante a inadimplência da anuidade por dois anos consecutivos, do registro em conselho profissional, sem prévia manifestação do profissional ou da pessoa jurídica, por violar o devido processo legal".

6.1.3.1 Peculiaridade sobre a natureza jurídica da OAB

Esse assunto foi debatido pelo Supremo Tribunal Federal na ADI 3.026-4/DF, de 29 de setembro de 2006, cujo foco do julgamento envolvia o art. 79 da Lei n. 8.906/2004. A conclusão do STF acerca do assunto foi no sentido de que a Ordem dos Advogados do Brasil **não é** considerada autarquia.

Em resumo, o STF entendeu que:
- a OAB é entidade independente;
- não está vinculada a qualquer órgão administrativo;
- não está sujeita a controle ministerial;
- não se compara às demais autarquias profissionais;
- o regime de pessoal da OAB é regido pela CLT;
- não se exige aprovação em concurso público para a contratação de seus agentes;
- as contribuições pagas pelos inscritos não têm natureza tributária;

- não está sujeita a controle contábil, financeiro, orçamentário, operacional e patrimonial pelo Tribunal de Contas (vide STJ, REsp 503.252);
- não integra a Administração Pública Direta;
- não integra a Administração Pública Indireta;
- trata-se de entidade *SUI GENERIS*, ou, como prefere denominar José dos Santos Carvalho Filho: o regime da OAB é um regime "esdrúxulo"!

JURISPRUDÊNCIA

- **EMENTA: AÇÃO DIRETA DE INCONSTITUCIONALIDADE. § 1º DO ART. 79 DA LEI N. 8.906, 2ª PARTE. "SERVIDORES" DA ORDEM DOS ADVOGADOS DO BRASIL. PRECEITO QUE POSSIBILITA A OPÇÃO PELO REGIME CELESTISTA. COMPENSAÇÃO PELA ESCOLHA DO REGIME JURÍDICO NO MOMENTO DA APOSENTADORIA. INDENIZAÇÃO. IMPOSIÇÃO DOS DITAMES INERENTES À ADMINISTRAÇÃO PÚBLICA DIRETA E INDIRETA. CONCURSO PÚBLICO (ART. 37, II, DA CONSTITUIÇÃO DO BRASIL). INEXIGÊNCIA DE CONCURSO PÚBLICO PARA A ADMISSÃO DOS CONTRATADOS PELA OAB. AUTARQUIAS ESPECIAIS E AGÊNCIAS. CARÁTER JURÍDICO DA OAB. ENTIDADE PRESTADORA DE SERVIÇO PÚBLICO INDEPENDENTE. CATEGORIA ÍMPAR NO ELENCO DAS PERSONALIDADES JURÍDICAS EXISTENTES NO DIREITO BRASILEIRO. AUTONOMIA E INDEPENDÊNCIA DA ENTIDADE. PRINCÍPIO DA MORALIDADE. VIOLAÇÃO DO ART. 37, *CAPUT*, DA CONSTITUIÇÃO DO BRASIL. NÃO OCORRÊNCIA**

1. A Lei n. 8.906, art. 79, § 1º, possibilitou aos "servidores" da OAB, cujo regime outrora era estatutário, a opção pelo regime celetista. Compensação pela escolha: indenização a ser paga à época da aposentadoria. **2. Não procede a alegação de que a OAB sujeita-se aos ditames impostos à Administração Pública Direta e Indireta. 3. A OAB não é uma entidade da Administração Indireta da União. A Ordem é um serviço público independente, categoria ímpar no elenco das personalidades jurídicas existentes no direito brasileiro. 4. A OAB não está incluída na categoria na qual se inserem essas que se têm referido como "autarquias especiais" para pretender-se afirmar equivocada independência das hoje chamadas "agências". 5. Por não consubstanciar uma entidade da Administração Indireta, a OAB não está sujeita a controle da Administração, nem a qualquer das suas partes está vinculada. Essa não vinculação é formal e materialmente necessária.** 6. A OAB ocupa-se de atividades atinentes aos advogados, que exercem função constitucionalmente privilegiada, na medida em que são indispensáveis à administração da Justiça (art. 133 da CB/88). É entidade cuja finalidade é afeta a atribuições, interesses e seleção de advogados. Não há ordem de relação ou dependência entre a OAB e qualquer órgão público. **7. A Ordem dos Advogados do Brasil, cujas características são autonomia e independência, não pode ser tida como congênere dos demais órgãos de fiscalização profissional. A OAB não está voltada exclusivamente a finalidades corporativas. Possui finalidade institucional.** 8. Embora decorra de determinação legal, o regime estatutário imposto aos empregados da OAB não é compatível com a entidade, que é autônoma e independente. 9. Improcede o pedido do requerente no sentido de que se dê interpretação conforme o art. 37, inciso II, da Constituição do Brasil ao *caput* do art. 79 da Lei n. 8.906, que determina a aplicação do regime trabalhista aos servidores da OAB. **10. Incabível a exigência de concurso público para admissão dos contratados sob o regime trabalhista pela OAB.** 11. Princípio da moralidade. Ética da legalidade e moralidade. Confinamento do princípio da moralidade ao âmbito da ética da legalidade, que não pode ser ultrapassada, sob pena de dissolução do próprio sistema. Desvio de poder ou de finalidade. 12. Julgo improcedente o pedido (ADI 3.026/DF, STF – Tribunal Pleno, rel. Min. Eros Grau, j. 8-6-2006, *DJ* 29-9-2006, p. 31) (grifos da autora).

Ainda, em junho de 2019, chegou ao STF a discussão acerca da submissão ao dever de prestar contas perante o TCU por parte da OAB. Recurso extraordinário em que se discute, à luz do art. 70, parágrafo único, da Constituição Federal, se a Ordem dos Advogados do Brasil deve prestar contas ao Tribunal de Contas da União. A matéria, objeto do **RE 1.182.189 (tema 1054)**, de relatoria do ministro Marco Aurélio, teve repercussão geral reconhecida pelo Plenário Virtual da Corte. Ainda não há decisão definitiva sobre o tema.

Para complementar: Em 29 de agosto de 2014, o Plenário do STF reconheceu a **repercussão geral** de matéria discutida no **RE 808.424 (tema 757)** – que cuida da possibilidade de cancelamento automático de inscrição em Conselho Profissional em razão da inadimplência da anuidade, sem prévio processo administrativo.

O recurso foi interposto pelo CREA-PR (Conselho Regional de Engenharia e Agronomia do Paraná) contra decisão do TRF da 4ª Região.

A **tese** firmada no referido caso teve a seguinte redação: "É inconstitucional o art. 64 da Lei n. 5.194/66, considerada a previsão de cancelamento automático, ante a inadimplência da anuidade por dois anos consecutivos, do registo em conselho profissional, sem prévia manifestação do profissional ou da pessoa jurídica, por violar o devido processo legal".

Em situação similar está o caso analisado no **RE 647.885 (tema 732)**, também com **repercussão geral** reconhecida, que envolve o Estatuto da Advocacia e discute a validade da suspensão do exercício profissional imposta pela Ordem dos Advogados do Brasil, sem prévia oitiva do associado.

Essas duas questões são importantes não apenas sob o ângulo da liberdade fundamental do exercício da profissão como do devido processo legal.

A **tese** firmada no referido caso teve a seguinte redação "é inconstitucional a suspensão realizada por conselho de fiscalização profissional do exercício laboral de seus inscritos por inadimplência de anuidades, pois a medida consiste em sanção política em matéria tributária"(data da tese: 27-4-2020).

JURISPRUDÊNCIA EM TESES

CONSELHOS PROFISSIONAIS (EDIÇÕES 135 E 136)

	Acórdãos
Os conselhos de fiscalização profissionais possuem natureza jurídica de autarquia, sujeitando-se, portanto, ao regime jurídico de direito público.	**REsp 1757798/RJ**, Rel. Ministro HERMAN BENJAMIN, SEGUNDA TURMA, j. 27-11-2018, *DJe* 12-2-2019 **EDcl nos EDcl no AgInt no REsp 1727156/CE**, Rel. Ministro FRANCISCO FALCÃO, SEGUNDA TURMA, j. 6-12-2018, *DJe* 12-12-2018 **AgInt no REsp 1649807/RJ**, Rel. Ministro BENEDITO GONÇALVES, PRIMEIRA TURMA, j. 5-4-2018, *DJe* 17-4-2018

	AgInt no REsp 1667851/RJ, Rel. Ministra REGINA HELENA COSTA, PRIMEIRA TURMA, j. 22-8-2017, *DJe* 30-8-2017 **REsp 1435502/CE**, Rel. Ministro OG FERNANDES, SEGUNDA TURMA, j. 22-4-2014, *DJe* 20-5-2014 **HC 226276/RJ**, Rel. Ministra LAURITA VAZ, QUINTA TURMA, j. 15-8-2013, *DJe* 26-8-2013
Com a suspensão da redação dada pela Emenda Constitucional n. 19/98 ao *caput* do art. 39 da Constituição Federal de 1988, no julgamento da Medida Cautelar em Ação Direta de Inconstitucionalidade 2.135/DF, o regime jurídico dos conselhos profissionais deve ser, obrigatoriamente, o estatutário.	**Acórdãos** **REsp 1757798/RJ**, Rel. Ministro HERMAN BENJAMIN, SEGUNDA TURMA, j. 27-11-2018, *DJe* 12-2-2019 **EDcl nos EDcl no AgInt no REsp 1727156/CE**, Rel. Ministro FRANCISCO FALCÃO, SEGUNDA TURMA, j. 6-12-2018, *DJe* 12-12-2018 **AgInt no REsp 1649807/RJ**, Rel. Ministro BENEDITO GONÇALVES, PRIMEIRA TURMA, j. 5-4-2018, *DJe* 17-4-2018 **AgInt no REsp 1582256/SP**, Rel. Ministro SÉRGIO KUKINA, PRIMEIRA TURMA, j. 27-2-2018, *DJe* 9-3-2018 **AgInt no REsp 1667851/RJ**, Rel. Ministra REGINA HELENA COSTA, PRIMEIRA TURMA, j. 22-8-2017, *DJe* 30-8-2017 **AgRg no REsp 1164129/RJ**, Rel. Ministro MARCO AURÉLIO BELLIZZE, QUINTA TURMA, j. 5-2-2013, *DJe* 15-2-2013
Os servidores dos conselhos de fiscalização profissional submetem-se ao regime jurídico único, de modo que a aposentadoria ocorrida após a publicação das decisões proferidas nas ADI 1.717/DF e ADI 2.135/DF, esta última em sede de liminar, segue o regime estatutário.	**Acórdãos** **AgInt na AR 6257/RJ**, Rel. Ministro OG FERNANDES, PRIMEIRA SEÇÃO, j. 14-11-2018, *DJe* 22-11-2018 **AgInt no REsp 1649807/RJ**, Rel. Ministro BENEDITO GONÇALVES, PRIMEIRA TURMA, j. 5-4-2018, *DJe* 17-4-2018 **Decisões Monocráticas** **REsp 1760605/RJ**, Rel. Ministro HERMAN BENJAMIN, SEGUNDA TURMA, j. 15-10-2018, publicado em 13-12-2018 **REsp 1331688/RJ**, Rel. Ministro GURGEL DE FARIA, PRIMEIRA TURMA, j. 21-8-2018, publicado em 29-8-2018 **REsp 1678558/RJ**, Rel. Ministro SÉRGIO KUKINA, PRIMEIRA TURMA, j. 28-5-2018, publicado em 4-6-2018 **REsp 1667851/RJREsp 1667851/RJ**, Rel. Ministra REGINA HELENA COSTA, PRIMEIRA TURMA, j. 25-5-2017, publicado em 29-5-2017

Os conselhos de fiscalização profissionais não podem registrar seus veículos como oficiais porque compõem a administração pública indireta e o § 1º do art. 120 do Código de Trânsito Brasileiro (CTB) autoriza apenas o registro de veículos oficiais da administração direta.	**Acórdãos** **AgInt no AREsp 868911/SP**, Rel. Ministro FRANCISCO FALCÃO, SEGUNDA TURMA, j. 4-9-2018, *DJe* 11-9-2018 **AREsp 1029385/SP**, Rel. Ministro GURGEL DE FARIA, PRIMEIRA TURMA, j. 5-12-2017, *DJe* 9-2-2018
Os conselhos profissionais têm poder de polícia para fiscalizar as profissões regulamentadas, inclusive no que concerne à cobrança de anuidades e à aplicação de sanções.	**Acórdãos** **REsp 1773387/PR**, Rel. Ministro HERMAN BENJAMIN, SEGUNDA TURMA, j. 11-12-2018, *DJe* 11-3-2019 **REsp 1212687/SC**, Rel. Ministro CASTRO MEIRA, SEGUNDA TURMA, j. 24-5-2011, *DJe* 13-6-2011 **REsp 953127/SP**, Rel. Ministro MAURO CAMPBELL MARQUES, SEGUNDA TURMA, j. 5-8-2010, *DJe* 1º-9-2010 **CC 70051/SP**, Rel. Ministra ELIANA CALMON, PRIMEIRA SEÇÃO, j. 13-12-2006, *DJ* 12-2-2007 p. 224 **REsp 494585/RJ**, Rel. Ministro JORGE SCARTEZZINI, Rel. p/ Acórdão Ministra LAURITA VAZ, QUINTA TURMA, j. 25-4-2006, *DJ* 4-12-2006 p. 354 **Decisões Monocráticas** **REsp 1468648/RS**, Rel. Ministro GURGEL DE FARIA, PRIMEIRA TURMA, j. 30-10-2018, publicado em 20-11-2018
A partir da vigência da Lei n. 12.514/2011, o fato gerador para a cobrança de anuidades de órgão de fiscalização profissional é o registro no conselho e não mais o efetivo exercício da profissão.	**Acórdãos** **AgInt no REsp 1492016/RS**, Rel. Ministro NAPOLEÃO NUNES MAIA FILHO, PRIMEIRA TURMA, j. 25-4-2019, *DJe* 9-5-2019 **AgInt nos EDcl nos EDcl no AREsp 1298516/SC**, Rel. Ministro FRANCISCO FALCÃO, SEGUNDA TURMA, j. 9-4-2019, *DJe* 12-4-2019 **REsp 1756081/PR**, Rel. Ministro HERMAN BENJAMIN, SEGUNDA TURMA, j. 26-2-2019, *DJe* 11-3-2019 **AgInt no REsp 1615612/SC**, Rel. Ministro OG FERNANDES, SEGUNDA TURMA, j. 9-3-2017, *DJe* 15-3-2017 **Decisões Monocráticas** **REsp 1757224/AL**, Rel. Ministra ASSUSETE MAGALHÃES, j. 30-8-2019, publicado em 3-9-2019 **REsp 1825418/SC**, Rel. Ministra REGINA HELENA COSTA, j. 1º-8-2019, publicado em 5-8-2019

As anuidades devidas aos conselhos profissionais constituem contribuição de interesse das categorias profissionais, de natureza tributária, sujeita a lançamento de ofício.	**Acórdãos** **REsp 1788488/RS**, Rel. Ministro OG FERNANDES, SEGUNDA TURMA, j. 2-4-2019, *DJe* 8-4-2019 **REsp 1732711/RS**, Rel. Ministro FRANCISCO FALCÃO, SEGUNDA TURMA, j. 21-2-2019, *DJe* 1º-3-2019 **AgInt no AREsp 1282417/MG**, Rel. Ministra ASSUSETE MAGALHÃES, SEGUNDA TURMA, j. 21-6-2018, *DJe* 28-6-2018 **AgInt no AgInt no AREsp 862186/RS**, Rel. Ministro HUMBERTO MARTINS, SEGUNDA TURMA, j. 2-8-2016, *DJe* 17-8-2016 **REsp 1546742/SC**, Rel. Ministro HERMAN BENJAMIN, SEGUNDA TURMA, j. 1º-9-2015, *DJe* 11-11-2015 **REsp 1235676/SC**, Rel. Ministro MAURO CAMPBELL MARQUES, SEGUNDA TURMA, j. 7-4-2011, *DJe* 15-4-2011
O prazo prescricional para cobrança de anuidades pagas aos conselhos profissionais tem início somente quando o total da dívida inscrita atingir o valor mínimo correspondente a 4 (quatro) anuidades, conforme disposto no art. 8º da Lei n. 12.514/2011.	**Acórdãos** **AgInt no AREsp 1011326/SC**, Rel. Ministro SÉRGIO KUKINA, PRIMEIRA TURMA, j. 14-5-2019, *DJe* 17-5-2019 **REsp 1694153/RS**, Rel. Ministro HERMAN BENJAMIN, SEGUNDA TURMA, j. 16-11-2017, *DJe* 19-12-2017 **REsp 1524930/RS**, Rel. Ministro OG FERNANDES, SEGUNDA TURMA, j. 2-2-2017, *DJe* 8-2-2017 **AgRg no REsp 1517635/RS**, Rel. Ministro NAPOLEÃO NUNES MAIA FILHO, PRIMEIRA TURMA, j. 3-9-2015, *DJe* 21-9-2015 **Decisões Monocráticas** **REsp 1467576/PR**, Rel. Ministro NAPOLEÃO NUNES MAIA FILHO, PRIMEIRA TURMA, j. 13-11-2018, publicado em 20-11-2018 **REsp 1684625/RS**, Rel. Ministra ASSUSETE MAGALHÃES, SEGUNDA TURMA, j. 17-10-2018, publicado em 25-10-2018
A Ordem dos Advogados do Brasil (OAB), embora possua natureza jurídica especialíssima, submete-se ao disposto no art. 8º da Lei n. 12.514/2011, que determina que os conselhos de classe somente executarão dívida de anuidade quando o total do valor inscrito atingir o montante mínimo correspondente a 4 (quatro) anuidades.	**Acórdãos** **REsp 1814337/SE**, Rel. Ministro OG FERNANDES, SEGUNDA TURMA, j. 27-8-2019, *DJe* 6-9-2019 **REsp 1814441/SE**, Rel. Ministro HERMAN BENJAMIN, SEGUNDA TURMA, j. 25-6-2019, *DJe* 1º-7-2019 **AgInt no REsp 1783533/AL**, Rel. Ministra ASSUSETE MAGALHÃES, SEGUNDA TURMA, j. 28-3-2019, *DJe* 4-4-2019

	AgInt no AREsp 1382501/MS, Rel. Ministro MAURO CAMPBELL MARQUES, SEGUNDA TURMA, j. 12-3-2019, *DJe* 18-3-2019 **AgInt no AREsp 1382719/MS**, Rel. Ministro SÉRGIO KUKINA, PRIMEIRA TURMA, j. 13-12-2018, *DJe* 19-12-2018 **REsp 1615805/PE**, Rel. Ministro HERMAN BENJAMIN, SEGUNDA TURMA, j. 15-9-2016, *DJe* 11-10-2016
Compete a Justiça Federal processar e julgar execução fiscal promovida por Conselho de Fiscalização Profissional. (Súmula 66/STJ)	**Acórdãos** **AgRg no AgRg no AREsp 639899/RS**, Rel. Ministro HERMAN BENJAMIN, SEGUNDA TURMA, j. 5-11-2015, *DJe* 3-2-2016 **CC 100558/SP**, Rel. Ministro MAURO CAMPBELL MARQUES, PRIMEIRA SEÇÃO, j. 26-8-2009, *DJe* 4-9-2009 **Decisões Monocráticas** **CC 153416/RJ**, Rel. Ministro BENEDITO GONÇALVES, PRIMEIRA SEÇÃO, j. 9-8-2017, publicado em 14-8-2017 **CC 133354/PE**, Rel. Ministro SÉRGIO KUKINA, PRIMEIRA SEÇÃO, j. 17-6-2014, publicado em 27-6-2014 **CC 132217/PE**, Rel. Ministro MAURO CAMPBELL MARQUES, PRIMEIRA SEÇÃO, j. 3-2-2014, publicado em 6-2-2014 **CC 121785/MG**, Rel. Ministro ARI PARGENDLER, PRIMEIRA SEÇÃO, j. 2-10-2013, publicado em 4-10-2013
Não se aplica o art. 20 da Lei n. 10.552/2002, que determina o arquivamento provisório das execuções de pequeno valor, às execuções fiscais propostas pelos conselhos regionais de fiscalização profissional.	**Acórdãos** **AgRg no REsp 1371592/CE**, Rel. Ministro OG FERNANDES, SEGUNDA TURMA, j. 11-2-2014, *DJe* 6-3-2014 **REsp 1363163/SP**, Rel. Ministro BENEDITO GONÇALVES, PRIMEIRA SEÇÃO, j. 11-9-2013, *DJe* 30-9-2013 **Decisões Monocráticas** **REsp 1354655/SP**, Rel. Ministro NAPOLEÃO NUNES MAIA FILHO, PRIMEIRA TURMA, j. 14-11-2016, publicado em 24-11-2016 **REsp 1491709/PRREsp 1491709/PR**, Rel. Ministro HUMBERTO MARTINS, SEGUNDA TURMA, j. 2-2-2015, publicado em 9-2-2015

Em execução fiscal ajuizada por conselho de fiscalização profissional, seu representante judicial possui a prerrogativa de ser pessoalmente intimado. (Tese julgada sob o rito do art. 1.039 do CPC/2015 – tema 580)	**Acórdãos** **AgInt nos EDcl no AREsp 1226340/DF**, Rel. Ministro FRANCISCO FALCÃO, SEGUNDA TURMA, j. 5-9-2019, *DJe* 16-9-2019 **REsp 1764043/RJ**, Rel. Ministro HERMAN BENJAMIN, SEGUNDA TURMA, j. 2-10-2018, *DJe* 28-11-2018 **AgRg no REsp 1547816/RN**, Rel. Ministro HUMBERTO MARTINS, SEGUNDA TURMA, j. 1º-10-2015, *DJe* 20-10-2015 **REsp 1330473/SP**, Rel. Ministro ARNALDO ESTEVES LIMA, PRIMEIRA SEÇÃO, j. 12-6-2013, *DJe* 2-8-2013 **Decisões Monocráticas** **REsp 1700678/RJ**, Rel. Ministro FRANCISCO FALCÃO, SEGUNDA TURMA, j. 14-5-2019, publicado em 16-5-2019
O registro no conselho de fiscalização profissional está vinculado à atividade básica ou à natureza dos serviços prestados pela empresa, por força do que dispõe o art. 1º da Lei n. 6.839/80.	**Acórdãos** **REsp 1721681/SP**, Rel. Ministro HERMAN BENJAMIN, SEGUNDA TURMA, j. 13-8-2019, *DJe* 11-10-2019 **AgInt nos EDcl no AREsp 1342043/SP**, Rel. Ministra ASSUSETE MAGALHÃES, SEGUNDA TURMA, j. 7-5-2019, *DJe* 13-5-2019 **AgInt no REsp 1355019/ES**, Rel. Ministro NAPOLEÃO NUNES MAIA FILHO, PRIMEIRA TURMA, j. 19-3-2019, *DJe* 28-3-2019 **AgInt no REsp 1589708/SP**, Rel. Ministro FRANCISCO FALCÃO, SEGUNDA TURMA, j. 7-8-2018, *DJe* 14-8-2018 **AgRg no AREsp 800445/RS**, Rel. Ministro SÉRGIO KUKINA, PRIMEIRA TURMA, j. 13-3-2018, *DJe* 5-4-2018 **AgInt no REsp 1685893/RJ**, Rel. Ministra REGINA HELENA COSTA, PRIMEIRA TURMA, j. 28-11-2017, *DJe* 5-12-2017
A atividade fiscalizatória exercida pelos conselhos profissionais, decorrente da delegação do poder de polícia, está inserida no âmbito do direito administrativo, não podendo ser considerada relação de trabalho e, de consequência, não está incluída na esfera de competência da Justiça Trabalhista.	**Acórdãos** **REsp 1757798/RJ**, Rel. Ministro HERMAN BENJAMIN, SEGUNDA TURMA, j. 27-11-2018, *DJe* 12-2-2019 **CC 127761/DF**, Rel. Ministro MAURO CAMPBELL MARQUES, PRIMEIRA SEÇÃO, j. 28-8-2013, *DJe* 3-9-2013 **CC 54746/SP**, Rel. Ministro JOÃO OTÁVIO DE NORONHA, PRIMEIRA SEÇÃO, j. 28-6-2006, *DJ* 14-8-2006 p. 253

	Decisões Monocráticas **CC 165004/MA**, Rel. Ministro SÉRGIO KUKINA, PRIMEIRA SEÇÃO, j. 9-4-2019, publicado em 11-4-2019 **CC 143117/MG**, Rel. Ministro GURGEL DE FARIA, PRIMEIRA SEÇÃO, j. 21-6-2017, publicado em 2-8-2017 **CC 126546/SP**, Rel. Ministro ARNALDO ESTEVES LIMA, PRIMEIRA SEÇÃO, j. 26-4-2013, publicado em 3-5-2013
O benefício da isenção do preparo, conferido aos entes públicos previstos no art. 4º, *caput*, da Lei n. 9.289/96, é inaplicável aos conselhos de fiscalização profissional. (Tese julgada sob o rito do art. 1.036 do CPC/2015 – tema 625)	**Acórdãos** **REsp 1693950/MG**, Rel. Ministro HERMAN BENJAMIN, SEGUNDA TURMA, j. 3-10-2017, *DJe* 16-10-2017 **AgInt no REsp 1624476/SP**, Rel. Ministra REGINA HELENA COSTA, PRIMEIRA TURMA, j. 4-5-2017, *DJe* 10-5-2017 **AgInt no REsp 1411768/AL**, Rel. Ministro GURGEL DE FARIA, PRIMEIRA TURMA, j. 25-10-2016, *DJe* 22-11-2016 **AgRg no AREsp 626036/DF**, Rel. Ministro HUMBERTO MARTINS, SEGUNDA TURMA, j. 17-3-2015, *DJe* 23-3-2015 **AgRg nos EDcl no MS 20880/PR**, Rel. Ministro FELIX FISCHER, CORTE ESPECIAL, j. 19-11-2014, *DJe* 16-12-2014 **AgRg no AREsp 458322/RJ**, Rel. Ministro OG FERNANDES, SEGUNDA TURMA, j. 25-2-2014, *DJe* 25-3-2014 **REsp 1338247/RS**, Rel. Ministro HERMAN BENJAMIN, PRIMEIRA SEÇÃO, j. 10-10-2012, *DJe* 19-12-2012
A atividade de músico é manifestação artística protegida pela garantia da liberdade de expressão, de modo que a exigência de inscrição na Ordem dos Músicos do Brasil (OMB), bem como de pagamento de anuidade para o exercício de tal profissão, torna-se incompatível com a Constituição Federal de 1988.	**Acórdãos** **AgInt no AREsp 1296251/SP**, Rel. Ministro FRANCISCO FALCÃO, SEGUNDA TURMA, j. 2-10-2018, *DJe* 8-10-2018 **Decisões Monocráticas** **MS 022758/DF**, Rel. Ministro MAURO CAMPBELL MARQUES, j. 1º-8-2019, publicado em 2-8-2019
As empresas de *factoring* convencional não precisam ser registradas nos conselhos regionais de administração, visto que suas atividades são de natureza eminentemente mercantil, ou seja, não envolvem gestões estratégicas, técnicas e programas de execução voltados a um objetivo e ao desenvolvimento de empresa.	**Acórdãos** **AgInt no AREsp 1375772/SP**, Rel. Ministra ASSUSETE MAGALHÃES, SEGUNDA TURMA, j. 2-4-2019, *DJe* 11-4-2019 **AgInt no REsp 1613546/RJ**, Rel. Ministro SÉRGIO KUKINA, PRIMEIRA TURMA, j. 21-2-2019, *DJe* 26-2-2019

	AgInt no REsp 1681860/SP, Rel. Ministro GURGEL DE FARIA, PRIMEIRA TURMA, j. 22-5-2018, *DJe* 3-8-2018
REsp 1669365/MG, Rel. Ministro HERMAN BENJAMIN, SEGUNDA TURMA, j. 20-6-2017, *DJe* 30-6-2017
EREsp 1236002/ES, Rel. Ministro NAPOLEÃO NUNES MAIA FILHO, PRIMEIRA SEÇÃO, j. 9-4-2014, *DJe* 25-11-2014
REsp 932978/SC, Rel. Ministro LUIZ FUX, PRIMEIRA TURMA, j. 6-11-2008, *DJe* 1º-12-2008
O exame de suficiência instituído pela Lei n. 12.249/2010, que alterou o art. 12, § 2º, do Decreto-lei n. 9.295/46, será exigido de contadores e de técnicos em contabilidade que completarem o curso após a vigência daquela lei.	**Acórdãos**
REsp 1812307/PRREsp 1812307/PR, Rel. Ministro HERMAN BENJAMIN, SEGUNDA TURMA, j. 15-8-2019, *DJe* 10-9-2019
AgInt no AREsp 1025261/RSAgInt no AREsp 1025261/RS, Rel. Ministra ASSUSETE MAGALHÃES, SEGUNDA TURMA, j. 11-4-2019, *DJe* 22-4-2019
AgInt no REsp 1654519/SPAgInt no REsp 1654519/SP, Rel. Ministra REGINA HELENA COSTA, PRIMEIRA TURMA, j. 5-10-2017, *DJe* 23-10-2017
AgInt no AREsp 950664/PR, Rel. Ministro MAURO CAMPBELL MARQUES, SEGUNDA TURMA, j. 6-12-2016, *DJe* 15-12-2016
AgInt no REsp 1589818/PR, Rel. Ministro HUMBERTO MARTINS, SEGUNDA TURMA, j. 10-5-2016, *DJe* 16-5-2016
AgRg no REsp 1450715/SC, Rel. Ministro SÉRGIO KUKINA, PRIMEIRA TURMA, j. 5-2-2015, *DJe* 13-2-2015
O ato do Conselho de Contabilidade, que requisita dos contadores e dos técnicos livros e fichas contábeis de seus clientes, não viola os princípios da privacidade e do sigilo profissional, já que visa à fiscalização da atividade contábil dos profissionais nele inscritos.	**Acórdãos**
REsp 1420396/PR, Rel. Ministro SÉRGIO KUKINA, PRIMEIRA TURMA, j. 19-9-2017, *DJe* 29-9-2017
Decisões Monocráticas
REsp 1566739/SC, Rel. Ministro GURGEL DE FARIA, PRIMEIRA TURMA, j. 16-3-2018, publicado em 4-4-2018
Os Conselhos Regionais de Farmácia possuem atribuição para fiscalizar e autuar as farmácias e as drogarias quanto ao cumprimento da exigência de manter profissional legalmente habilitado (farmacêutico) durante todo o período de funcionamento dos respectivos estabelecimentos. (Súmula 561/STJ) (Tese julgada sob o rito do art. 543-C do CPC/73 – tema 715)	**Acórdãos**
REsp 1331221/SP, Rel. Ministra DIVA MALERBI (DESEMBARGADORA CONVOCADA TRF 3ª REGIÃO), SEGUNDA TURMA, j. 7-6-2016, *DJe* 14-6-2016
REsp 1382751/MG, Rel. Ministro OG FERNANDES, PRIMEIRA SEÇÃO, j. 12-11-2014, *DJe* 2-2-2015
EDcl no REsp 1085436/SP, Rel. Ministro MAURO CAMPBELL MARQUES, SEGUNDA TURMA, j. 5-4-2011, *DJe* 13-4-2011

	AgRg no REsp 1008547/MG, Rel. Ministro HUMBERTO MARTINS, SEGUNDA TURMA, j. 2-4-2009, *DJe* 27-4-2009 AgRg no REsp 975172/SP, Rel. Ministro LUIZ FUX, PRIMEIRA TURMA, j. 25-11-2008, *DJe* 17-12-2008 AgRg no Ag 869933/SP, Rel. Ministro HERMAN BENJAMIN, SEGUNDA TURMA, j. 22-5-2007, *DJe* 17-10-2008 **Decisões Monocráticas** REsp 1586067/SP, Rel. Ministro OG FERNANDES, j. 12-2-2019, publicado em 18-2-2019 REsp 1776753/MG, Rel. Ministro MAURO CAMPBELL MARQUES, SEGUNDA TURMA, j. 18-12-2018, publicado em 19-12-2018
É facultado aos técnicos de farmácia, regularmente inscritos no Conselho Regional de Farmácia, a assunção de responsabilidade técnica por drogaria, independentemente do preenchimento dos requisitos previstos no art. 15, § 3º, da Lei n. 5.991/73, c/c o art. 28 do Decreto n. 74.170/74, entendimento que deve ser aplicado até a entrada em vigor da Lei n. 13.021/2014. (Tese julgada sob o rito do art. 1036 do CPC/2015 – tema 727)	**Acórdãos** REsp 1243994/MG, Rel. Ministro OG FERNANDES, PRIMEIRA SEÇÃO, j. 14-6-2017, *DJe* 19-9-2017 **Decisões Monocráticas** REsp 1808549/SP, Rel. Ministro HERMAN BENJAMIN, j. 28-6-2019, publicado em 2-8-2019 REsp 1586077/SP, Rel. Ministro GURGEL DE FARIA, PRIMEIRA TURMA, j. 29-10-2018, publicado em 21-11-2018 REsp 1510961/SP, Rel. Ministro SÉRGIO KUKINA, PRIMEIRA TURMA, j. 27-9-2018, publicado em 3-10-2018
Não estão sujeitas a registro perante o respectivo Conselho Regional de Medicina Veterinária, nem à contratação de profissionais nele inscritos como responsáveis técnicos, as pessoas jurídicas que explorem as atividades de comercialização de animais vivos e de venda de medicamentos veterinários, pois não são atividades reservadas à atuação privativa de médico veterinário.	**Acórdãos** AgInt no AREsp 1168644/RS, Rel. Ministro GURGEL DE FARIA, PRIMEIRA TURMA, j. 21-6-2018, *DJe* 8-8-2018 REsp 1704079/RS, Rel. Ministro HERMAN BENJAMIN, SEGUNDA TURMA, j. 3-4-2018, *DJe* 25-5-2018 AgInt no AgInt no REsp 1622011/RS, Rel. Ministro MAURO CAMPBELL MARQUES, SEGUNDA TURMA, j. 7-11-2017, *DJe* 14-11-2017 REsp 1338942/SP, Rel. Ministro OG FERNANDES, PRIMEIRA SEÇÃO, j. 26-4-2017, *DJe* 3-5-2017 REsp 1542189/SE, Rel. Ministra REGINA HELENA COSTA, PRIMEIRA TURMA, j. 18-8-2015, *DJe* 26-8-2015

Não há comando normativo que obrigue a inscrição de professores e de mestres de artes marciais, ou mesmo de danças, de capoeira e de ioga, nos Conselhos de Educação Física, porquanto, à luz do que dispõe o art. 3º da Lei n. 9.696/98, essas atividades não são próprias dos profissionais de educação física.	**Acórdãos** **AgInt no REsp 1726955/SC**, Rel. Ministro HERMAN BENJAMIN, SEGUNDA TURMA, j. 25-9-2018, *DJe* 27-11-2018 **AgInt no AREsp 1339011/MA**, Rel. Ministro MAURO CAMPBELL MARQUES, SEGUNDA TURMA, j. 13-11-2018, *DJe* 22-11-2018 **AgInt no AREsp 1158811/PR**, Rel. Ministro SÉRGIO KUKINA, PRIMEIRA TURMA, j. 10-4-2018, *DJe* 19-4-2018 **AgInt no AREsp 1117952/RS**, Rel. Ministro FRANCISCO FALCÃO, SEGUNDA TURMA, j. 24-10-2017, *DJe* 31-10-2017 **AgRg no REsp 1210526/PR**, Rel. Ministra REGINA HELENA COSTA, PRIMEIRA TURMA, j. 21-2-2017, *DJe* 6-3-2017 **REsp 1369482/PE**, Rel. Ministro BENEDITO GONÇALVES, PRIMEIRA TURMA, j. 28-4-2015, *DJe* 18-5-2015
O registro de restaurantes e de bares no Conselho Regional de Nutrição e a presença de profissional técnico (nutricionista) não são obrigatórios, pois a atividade básica desses estabelecimentos não é a fabricação de alimentos destinados ao consumo humano (art. 18 do Decreto n. 84. 444/80), nem se aproxima do conceito de saúde trazido pela legislação específica.	**Acórdãos** **AgInt nos EDcl no REsp 1441874/SP**, Rel. Ministro BENEDITO GONÇALVES, PRIMEIRA TURMA, j. 16-5-2017, *DJe* 23-5-2017 **AgRg no REsp 1511689/AL**, Rel. Ministro MAURO CAMPBELL MARQUES, SEGUNDA TURMA, j. 6-10-2015, *DJe* 16-10-2015 **REsp 1330279/BA**, Rel. Ministro OG FERNANDES, SEGUNDA TURMA, j. 20-11-2014, *DJe* 10-12-2014

6.1.4 Autarquias fundacionais

As autarquias fundacionais nada mais são do que as fundações públicas de direito público que tomam como substrato um patrimônio personalizado.

Nos dizeres de Wander Garcia[18], "tais autarquias tomam o nome de fundação, pois, aqui, o elemento patrimônio prepondera em detrimento do elemento humano, ocorrendo o inverso com a autarquia típica".

---

[18] *Manual completo de direito administrativo para concursos*, São Paulo: Foco, 2014, p. 216.

> **ESQUEMATIZANDO**
>
> | AUTARQUIAS TÍPICAS | FUNDAÇÕES PÚBLICAS DE DIREITO PÚBLICO |
> |---|---|
> | Têm como preponderante o elemento humano. | Têm como elemento preponderante o patrimonial. |

Como exemplo dessas entidades temos a FUNAI, o IPEA, a FUNDAP e a FAPESP.

> **JURISPRUDÊNCIA**
>
> - **LBA. NATUREZA JURÍDICA. AUTARQUIA**
>
> Três são as questões fundamentais que se sobrepõem para a solução da controvérsia, a saber: qual a natureza jurídica das fundações públicas, qual a natureza jurídica da Legião Brasileira de Assistência (LBA) e, em consequência das respostas aos itens anteriores, têm os procuradores da LBA direito às gratificações insculpidas nos DLs n. 2.333/87 e 2.365/87? A Min. Relatora esclareceu que as fundações públicas, por possuírem capacidade exclusivamente administrativa, são autarquias, aplicando-se a elas todo o regime jurídico das autarquias. A natureza jurídica da LBA é de fundação pública, que, em razão da definição antes apontada, classifica-se como espécie do gênero autarquia. Assim, é aplicável o DL n. 2.365/87 aos procuradores da LBA, sobretudo em atenção aos entendimentos deste Superior Tribunal e do STF, no sentido de definirem a LBA como uma espécie do gênero autarquia. No tocante à aplicação do DL n. 2.333/87, a exegese do conteúdo da norma em comento, conjuntamente com o disposto no art. 3º, IV, do Decreto n. 93.237/86, autoriza a aplicação do DL n. 2.333/87 aos procuradores da LBA. Isso posto, a Turma, ao prosseguir o julgamento, negou provimento ao recurso da União e deu provimento ao recurso adesivo. Precedentes citados do STF: RE 215.741-SE, *DJ* 4-6-1999; CJ 6.650-RS, *DJ* 7-8-1987; do STJ: REsp 332.410-PR, *DJ* 14-6-2006, e CC 14.747-SE, *DJ* 12-5-1997. REsp 204.822-RJ, rel. Min. Maria Thereza de Assis Moura, j. 26-6-2007 (*Informativo STJ 325*).

O tema comportará mais aprofundamentos no item 6.2, *infra*.

6.2 Fundações públicas

É pessoa jurídica composta por um patrimônio personalizado, destinado pelo seu fundador para uma finalidade específica. Pode ser pública ou privada de acordo com a sua instituição, sendo que somente a pública, portanto, instituída pelo Poder Público, é que compõe a Administração Indireta.

A fundação pública pode ser: a) de direito público (autarquia fundacional); ou b) de direito privado (também denominada fundação governamental). Vejamos as diferenças:

FUNDAÇÃO PÚBLICA DE DIREITO PÚBLICO (AUTARQUIA FUNDACIONAL)	FUNDAÇÃO PÚBLICA DE DIREITO PRIVADO (FUNDAÇÃO GOVERNAMENTAL)
Por terem o regime semelhante ao das Autarquias, nos termos do art. 37, XIX, da CF, prevalece o entendimento de que **são criadas** por lei.	Sua criação deverá ser autorizada por lei, o que significa dizer que, **autorizada por lei** a criação de uma fundação, deve esta ser efetivamente criada com o registro de seus atos constitutivos no Cartório do Registro Civil das Pessoas Jurídicas.

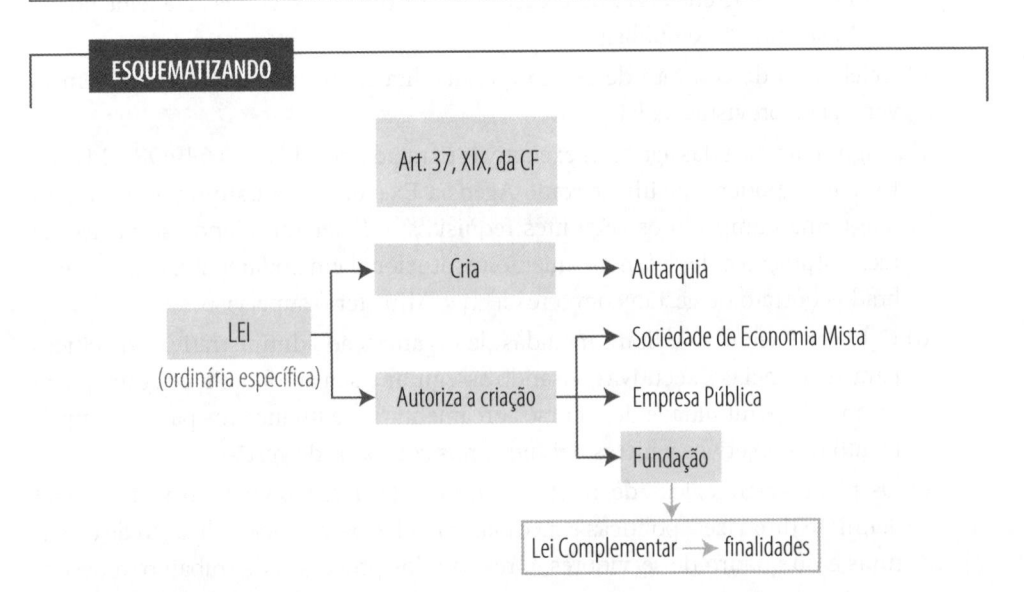

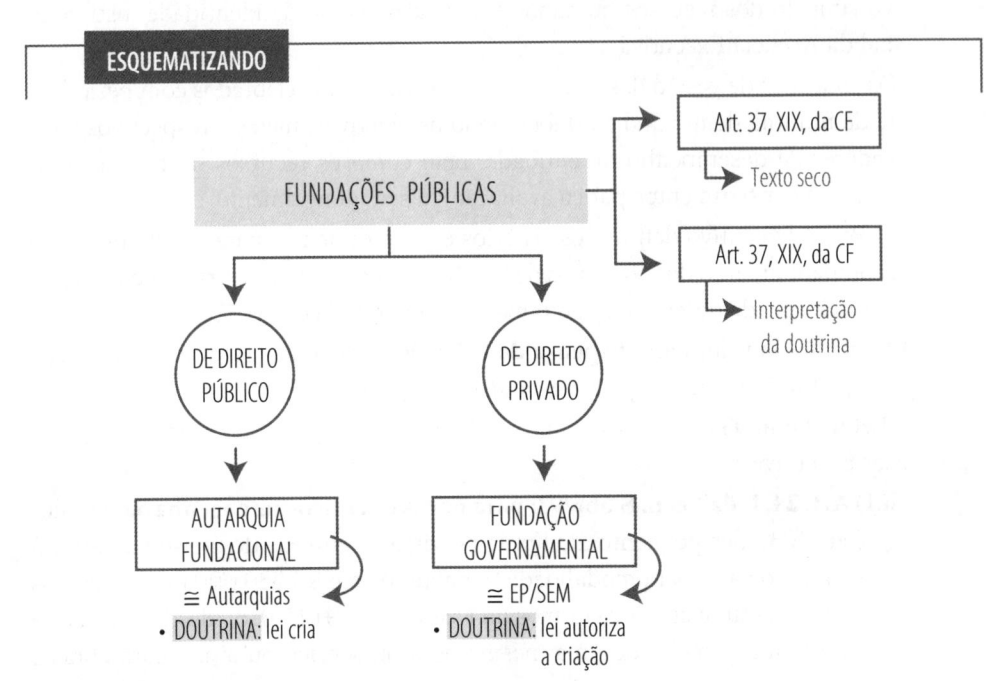

ESQUEMATIZANDO

Art. 37, XIX, da CF

LEI (ordinária específica)
- Cria → Autarquia
- Autoriza a criação →
  - Sociedade de Economia Mista
  - Empresa Pública
  - Fundação → Lei Complementar → finalidades

ESQUEMATIZANDO

FUNDAÇÕES PÚBLICAS
- Art. 37, XIX, da CF → Texto seco
- Art. 37, XIX, da CF → Interpretação da doutrina

- DE DIREITO PÚBLICO → AUTARQUIA FUNDACIONAL ≅ Autarquias
  - DOUTRINA: lei cria
- DE DIREITO PRIVADO → FUNDAÇÃO GOVERNAMENTAL ≅ EP/SEM
  - DOUTRINA: lei autoriza a criação

6.3 Agências executivas

São autarquias ou fundações que, por iniciativa da Administração Direta, recebem o *status* de Agência Executiva, em razão da celebração de um contrato de gestão, que objetiva maior eficiência e redução de custos dessas entidades.

Características principais:

a) As autarquias ou fundações com esse qualificativo deverão bater metas de desempenho e eficiência. A qualificação como Agência Executiva será feita em ato do Presidente da República.

b) Celebração de contrato de gestão que habilita essas entidades a receberem as vantagens previstas na lei.

c) A figura jurídica das agências executivas é tratada pela Lei n. 9.649/98. O Poder Executivo poderá qualificar como Agência Executiva a autarquia ou fundação que tenha cumprido os seguintes requisitos: c.1) ter um plano estratégico de reestruturação e de desenvolvimento institucional em andamento; c.2) ter celebrado contrato de gestão com o respectivo Ministério supervisor.

d) O Poder Executivo editará medidas de organização administrativa específicas para as Agências Executivas, visando assegurar a sua autonomia de gestão, bem como a disponibilidade de recursos orçamentários e financeiros para o cumprimento dos objetivos e metas definidos nos contratos de gestão.

e) Os planos estratégicos de reestruturação e de desenvolvimento institucional definirão diretrizes, políticas e medidas voltadas para a racionalização de estruturas e do quadro de servidores, a revisão dos processos de trabalho, o desenvolvimento dos recursos humanos e o fortalecimento da identidade institucional da Agência Executiva.

f) Os contratos de gestão das Agências Executivas serão celebrados com periodicidade mínima de um ano e estabelecerão os objetivos, metas e respectivos indicadores de desempenho da entidade, bem como os recursos necessários e os critérios e instrumentos para a avaliação do seu cumprimento.

g) O Poder Executivo definirá os critérios e procedimentos para a elaboração e o acompanhamento dos contratos de gestão e dos programas estratégicos de reestruturação e de desenvolvimento institucional das Agências Executivas.

h) Aumento do valor para **dispensa de licitação** quando a autarquia ou fundação for qualificada como "**agência executiva**". Vejamos:

Na **Lei n. 8.666/93** temos os seguintes valores trazidos pelo §1º do art. 24 no caso de agências executivas:

> **h.1) Art. 24, I, da Lei n. 8.666/93: para obras e serviços de engenharia** de valor até 10% (dez por cento) do limite previsto na alínea *a* do inciso I do art. 23 (que é o valor para modalidade "convite" de até R$ 330.000,00 – trezentos e trinta mil reais –, nos termos do Decreto n. 9.412/2018), desde que não se refiram a parcelas de uma mesma obra ou serviço ou ainda para obras e

serviços da mesma natureza e no mesmo local que possam ser realizadas conjunta e concomitantemente.

h.2) Art. 24, II, da Lei n. 8.666/93: para outros serviços e compras de valor até 10% (dez por cento) do limite previsto na alínea *a* do inciso II do art. 23 (que é o valor para modalidade "convite" de até R$ 176.000,00 – cento e setenta e seis mil reais –, nos termos do Decreto n. 9.412/2018); e para alienações, nos casos previstos nessa lei, desde que não se refiram a parcelas de um mesmo serviço, compra ou alienação de maior vulto que possa ser realizada de uma só vez.

Esses percentuais mencionados nas letras h.1 e h.2, em vez de serem de **10% (dez por cento) que é a regra geral**, serão **20% (vinte por cento)** para compras, obras e serviços contratados por consórcios públicos, sociedade de economia mista, empresa pública e por autarquia ou fundação qualificadas, na forma da lei, como **Agências Executivas**.

Já na **Lei n. 14.133/2021** também temos alteração dos valores em caso de **dispensa de licitação**. Os valores são trazidos pelo §2º do art. 75:

h.3) Art. 75, I, da Lei n. 14.133/2021: para contratação que envolva **valores inferiores a R$ 100.000,00 (cem mil reais)**, no caso de obras e serviços de engenharia ou de serviços de manutenção de veículos automotores, esses valores **serão duplicados** para compras, obras e serviços contratados por consórcio público ou por autarquia ou fundação qualificadas como **agências executivas** na forma da lei.

h.4) Art. 75, II, da Lei n. 14.133/2021: para contratação que envolva **valores inferiores a R$ 50.000,00 (cinquenta mil reais)**, no caso de outros serviços e compras; esses valores **serão duplicados** para compras, obras e serviços contratados por consórcio público ou por autarquia ou fundação qualificadas como **agências executivas** na forma da lei.

6.4 Sociedades de economia mista e empresas públicas

Introdução: existe uma relação de controle entre o Estado e tais empresas – empresas públicas e sociedades de economia mista são denominadas **"EMPRESAS ESTATAIS OU GOVERNAMENTAIS"**.

São consideradas entidades da Administração Pública Indireta, com personalidade jurídica de direito privado, que têm por finalidade a prestação de um serviço público e/ou a exploração da atividade econômica – exploração esta que é realizada de forma **indireta**, já que a exploração **direta** da atividade econômica pelo Estado só pode ser realizada em casos excepcionais constitucionalmente previstos (art. 173 da CF).

"A exploração da atividade econômica, por sua vez, não se confunde com a prestação de serviços públicos, quer por seu caráter de subsidiariedade, que pela existência de regras próprias e diferenciadas. De fato, sendo o princípio maior o da livre-iniciativa, somente em hipóteses restritas e constitucionalmente previstas poderá o Estado atuar diretamente, como empresário, no domínio econômico. Tais exceções se resumem aos casos de:

a) imperativo da segurança nacional (CF, art. 173, *caput*);

b) relevante interesse coletivo (CF, art. 173, *caput*);

c) monopólio outorgado à União (*v.g.*, CF, art. 177).

[...] a reserva de atividades econômicas à exploração direta e monopolizada da União foi substancialmente alterada e flexibilizada. E, quando não se trate de monopólio, o Estado deverá atuar diretamente no domínio econômico sob o mesmo regime jurídico das empresas privadas, como deflui o § 1º do art. 173 da Carta Federal"[19].

LEGISLAÇÃO CORRELATA

CF

Art. 173. Ressalvados os casos previstos nesta Constituição, a **exploração direta** de atividade econômica pelo Estado só será permitida **quando necessária aos imperativos da segurança nacional ou a relevante interesse coletivo**, conforme definidos em lei.

§ 1º A lei estabelecerá o **estatuto jurídico** da empresa pública, da sociedade de economia mista e de suas subsidiárias que explorem atividade econômica de produção ou comercialização de bens ou de prestação de serviços, dispondo sobre: *(Redação dada pela Emenda Constitucional n. 19, de 1998.)*

I – sua função social e formas de fiscalização pelo Estado e pela sociedade; *(Incluído pela Emenda Constitucional n. 19, de 1998.)*

II – a sujeição ao regime jurídico próprio das empresas privadas, inclusive quanto aos direitos e obrigações civis, comerciais, trabalhistas e tributários; *(Incluído pela Emenda Constitucional n. 19, de 1998.)*

III – **licitação e contratação** de obras, serviços, compras e alienações, observados os princípios da administração pública; *(Incluído pela Emenda Constitucional n. 19, de 1998.)*

IV – a constituição e o funcionamento dos conselhos de administração e fiscal, com a participação de acionistas minoritários; *(Incluído pela Emenda Constitucional n. 19, de 1998.)*

V – os mandatos, a avaliação de desempenho e a responsabilidade dos administradores. *(Incluído pela Emenda Constitucional n. 19, de 1998.)*

§ 2º As empresas públicas e as sociedades de economia mista não poderão gozar de privilégios fiscais não extensivos às do setor privado.

§ 3º A lei regulamentará as relações da empresa pública com o Estado e a sociedade.

§ 4º A lei reprimirá o abuso do poder econômico que vise à dominação dos mercados, à eliminação da concorrência e ao aumento arbitrário dos lucros.

§ 5º A lei, sem prejuízo da responsabilidade individual dos dirigentes da pessoa jurídica, estabelecerá a responsabilidade desta, sujeitando-a às punições compatíveis com sua natureza, nos atos praticados contra a ordem econômica e financeira e contra a economia popular.

---

[19] DALLARI, Adilson Abreu; NASCIMENTO, Carlos Valder do; MARTINS, Ives Gandra da Silva. *Tratado de direito administrativo*, São Paulo: Saraiva, 2013, v. 2, p. 31.

Os regimes jurídicos das empresas públicas e das sociedades de economia mista são muito semelhantes. Por essa razão, a maneira mais didática de diferenciarmos e entendermos esses dois institutos se dá pelo esquema comparativo abaixo.

ESQUEMATIZANDO

EMPRESAS PÚBLICAS	SOCIEDADES DE ECONOMIA MISTA
Personalidade jurídica de direito privado.	Personalidade jurídica de direito privado.
Finalidade: 1) prestar serviço público; 2) explorar a atividade econômica – atividades gerais de caráter econômico.	**Finalidade:** 1) prestar serviço público; 2) explorar a atividade econômica – atividades gerais de caráter econômico.
Capital: exclusivamente público – art. 3º da Lei n. 13.303/2016: "Empresa pública é a entidade dotada de personalidade jurídica de direito privado, com criação autorizada por lei e com patrimônio próprio, cujo capital social é integralmente detido pela União, pelos Estados, pelo Distrito Federal ou pelos Municípios. Parágrafo único. Desde que a maioria do capital votante permaneça em propriedade da União, do Estado, do Distrito Federal ou do Município, será admitida, no capital da empresa pública, a participação de outras pessoas jurídicas de direito público interno, bem como de entidades da administração indireta da União, dos Estados, do Distrito Federal e dos Municípios".	**Capital:** misto – art. 4º da Lei n. 13.303/2016: "Sociedade de economia mista é a entidade dotada de personalidade jurídica de direito privado, com criação autorizada por lei, sob a forma de sociedade anônima, cujas ações com direito a voto pertençam em sua maioria à União, aos Estados, ao Distrito Federal, aos Municípios ou a entidade da administração indireta. § 1º A pessoa jurídica que controla a sociedade de economia mista tem os deveres e as responsabilidades do acionista controlador, estabelecidos na Lei n. 6.404, de 15 de dezembro de 1976, e deverá exercer o poder de controle no interesse da companhia, respeitado o interesse público que justificou sua criação. § 2º Além das normas previstas nesta Lei, a sociedade de economia mista com registro na Comissão de Valores Mobiliários sujeita-se às disposições da Lei n. 6.385, de 7 de dezembro de 1976".
Criação: por autorização legal nos termos do art. 37, XIX e XX, da Constituição Federal – que consagra o Princípio da Autorização Legislativa: 1º) há a promulgação de lei autorizando sua criação; 2º) há a expedição de decreto regulamentando a lei; 3º) há o registro dos atos constitutivos em cartório e na Junta Comercial. *Vide esquema abaixo sobre esse dispositivo.	**Criação:** por autorização legal nos termos do art. 37, XIX e XX, da Constituição Federal – que consagra o Princípio da Autorização Legislativa: 1º) há a promulgação de lei autorizando sua criação; 2º) há a expedição de decreto regulamentando a lei; 3º) há o registro dos atos constitutivos em cartório e na Junta Comercial. *Vide esquema abaixo sobre esse dispositivo.
Forma organizacional livre: poderão constituir qualquer modalidade empresarial.	**Forma organizacional:** obrigatoriamente deve ser S.A. – Sociedade Anônima, por expressa determinação legal.

Vedada a **acumulação** remunerada de cargos e funções – art. 37, XVI e XVII, da Constituição Federal.	Vedada a **acumulação** remunerada de cargos e funções – art. 37, XVI e XVII, da Constituição Federal.
Está excluída da lei de diretrizes orçamentárias quanto à despesa com pessoal – art. 169, § 1º, II, da Constituição Federal.	Está excluída da lei de diretrizes orçamentárias quanto à despesa com pessoal – art. 169, § 1º, II, da Constituição Federal.
Pode ter subsidiárias nos termos do art. 37, XX, da Constituição Federal. Conceito: o Estado cria e controla diretamente determinada Empresa Pública (primária ou de primeiro grau), e esta passa a gerir NOVA Empresa Pública (subsidiária ou de segundo grau). A empresa subsidiária NÃO é controlada diretamente por entidade política – quem a controla é a Empresa Pública primária.	Pode ter subsidiárias nos termos do art. 37, XX, da Constituição Federal. Conceito: o Estado cria e controla diretamente determinada Sociedade de Economia Mista (primária ou de primeiro grau), e esta passa a gerir NOVA Sociedade de Economia Mista (subsidiária ou de segundo grau). A Sociedade de Economia Mista subsidiária NÃO é controlada diretamente por entidade política – quem a controla é a Sociedade de Economia Mista primária.
A criação da subsidiária depende de autorização legislativa: 1) ou lei autoriza a criação específica da Empresa Pública Subsidiária (aqui teremos duas leis: Lei n. 1 criando a E.P. 1 + Lei n. 2 criando a E.P. Subsidiária; 2) ou lei autoriza a criação da entidade primária e nesta lei já fica autorizada a posterior instituição da subsidiária e seu objeto (apenas uma lei que já autoriza a criação tanto da E.P. 1 quanto da E.P. Subsidiária).	A criação da subsidiária depende de autorização legislativa: 1) ou lei autoriza a criação específica da Sociedade de Economia Mista Subsidiária (aqui teremos duas leis: Lei n. 1 criando a S.E.M. 1 + Lei n. 2 criando a S.E.M. Subsidiária; 2) ou lei autoriza a criação da entidade primária, e nessa lei já fica autorizada a posterior instituição da subsidiária e seu objeto (aqui temos apenas uma lei que já autoriza a criação tanto da S.E.M. 1 quanto da S.E.M Subsidiária). OBS.: *Vide* ADI 1.649/DF – *INFO* 341 do STF: A Lei n. 9.478/97, art. 65, autorizou a Petrobras a instituir subsidiária para operar e construir seus dutos, terminais e embarcações para transporte de petróleo e seus derivados: **STF: *Info 341*:** **Criação de subsidiárias: Autorização Legislativa** *Julgado improcedente o pedido formulado em ação direta ajuizada pelo Partido dos Trabalhadores – PT, Partido Democrático Trabalhista – PDT, Partido Comunista do Brasil – PC do B e Partido Socialista Brasileiro – PSB contra os arts. 64 e 65 da Lei n. 9.478/97, que dispõe sobre a política energética nacional e as atividades relativas ao monopólio do petróleo; institui o Conselho Nacional de Política Energética e a Agência Nacional do Petróleo, e dá outras providências*

("Art. 64. Para o estrito cumprimento de atividades de seu objeto social que integrem a indústria do petróleo, fica a Petrobras autorizada a constituir subsidiárias, as quais poderão associar-se, majoritária ou minoritariamente, a outras empresas. Art. 65. A Petrobras deverá constituir uma subsidiária com atribuições específicas de operar e construir seus dutos, terminais marítimos e embarcações para transporte de petróleo, seus derivados e gás natural, ficando facultado a essa subsidiária associar-se, majoritária ou minoritariamente, a outras empresas."). O Tribunal, afastando a alegação das autoras de que seria necessária a autorização específica do Congresso Nacional para a instituição de cada uma das subsidiárias de uma mesma entidade, considerou que a autorização legislativa para a criação de subsidiárias de empresa pública, sociedade de economia mista, autarquia ou fundação pública, a que se refere o inciso XX do art. 37 da CF, possui caráter genérico, tendo sido satisfeita a necessidade de autorização, portanto, pela delegação referida na Lei impugnada. O Min. Carlos Britto, por sua vez, em seu voto, entendeu que a exigência específica a que se refere o inciso XIX do art. 37 dependeria de cada caso, uma vez que o Estado, ao criar uma subsidiária, estaria adentrando espaço reservado à iniciativa privada. No entanto, tratando-se o caso concreto de subsidiária de produto, cuja produção e comercialização foram excluídas da iniciativa privada, em face do monopólio conferido à União pelo art. 177 da CF, acompanhou a conclusão do voto do Min. Maurício Corrêa, julgando improcedente o pedido (CF, art. 37: "XIX – somente por lei específica poderá ser criada autarquia e autorizada instituição de empresa pública, de sociedade de economia mista e de fundação [...] XX – depende de autorização legislativa, em cada caso, a criação de subsidiárias das entidades mencionadas no inciso anterior, assim como a participação de qualquer delas em empresa privada;"). Precedente citado: ADI 1.840 MC/DF (DJU de 11-9-1998).
ADI 1.649/DF, rel. Min. Maurício Corrêa, j. 24-3-2004 (ADI 1.649).

Foro competente para julgamento	Foro competente para julgamento
REGRA: 1) Se empresa pública federal → JUSTIÇA FEDERAL "Art. 109. Aos juízes federais compete processar e julgar: I – as causas em que a União, entidade autárquica ou empresa pública federal forem interessadas na condição de autoras, rés, assistentes ou oponentes, **exceto** as de falência, as de acidentes de trabalho e as sujeitas à Justiça Eleitoral e à Justiça do Trabalho." 2) Se empresa pública estadual ou municipal → JUSTIÇA ESTADUAL	REGRA: Sociedade de Economia Mista federal, estadual ou municipal → JUSTIÇA ESTADUAL • Súmula 556 do STF: "É competente a justiça comum para julgar as causas em que é parte Sociedade de Economia Mista". • Súmula 42 do STJ: "Compete à justiça comum estadual processar e julgar as causas cíveis em que é parte sociedade de economia mista e os crimes praticados em seu detrimento".
EXCEÇÕES: • Súmula 270 do STJ: "O protesto pela preferência de crédito, apresentado por ente federal em execução que tramita na Justiça Estadual, não desloca a competência para a Justiça Federal". • Parte final do art. 109, I, da Constituição Federal: não será a Justiça Federal a competente em caso de: a) falência; b) acidente de trabalho; c) Justiça Eleitoral; d) Justiça do Trabalho.	EXCEÇÕES: • Súmula 517 do STF: "As sociedades de economia mista só têm foro na Justiça Federal quando a União intervém como assistente ou opoente".

ESQUEMATIZANDO

Princípio da Autorização Legislativa – art. 37, XIX, da CF – análise literal do dispositivo:

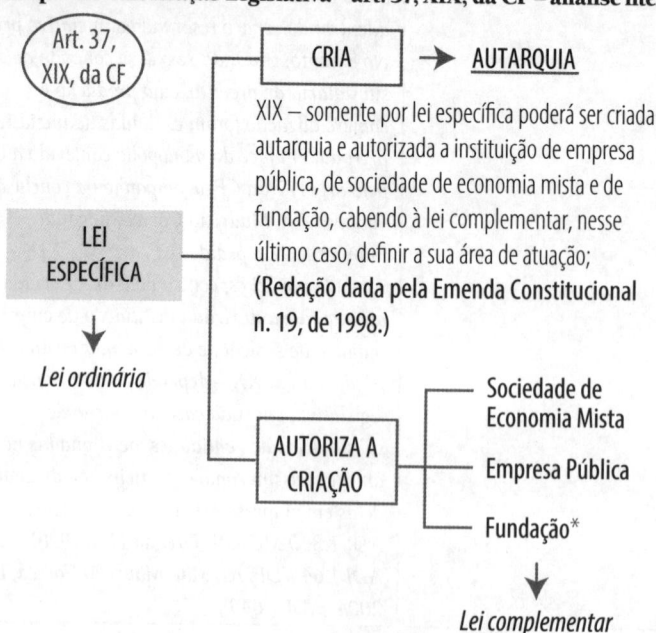

Art. 37, XIX, da CF

CRIA → **AUTARQUIA**

XIX – somente por lei específica poderá ser criada autarquia e autorizada a instituição de empresa pública, de sociedade de economia mista e de fundação, cabendo à lei complementar, nesse último caso, definir a sua área de atuação; **(Redação dada pela Emenda Constitucional n. 19, de 1998.)**

LEI ESPECÍFICA
↓
Lei ordinária

AUTORIZA A CRIAÇÃO
— Sociedade de Economia Mista
— Empresa Pública
— Fundação*
↓
Lei complementar

> **ESQUEMATIZANDO**

Princípio da Autorização Legislativa – art. 37, XIX, da CF – análise doutrinária do dispositivo:

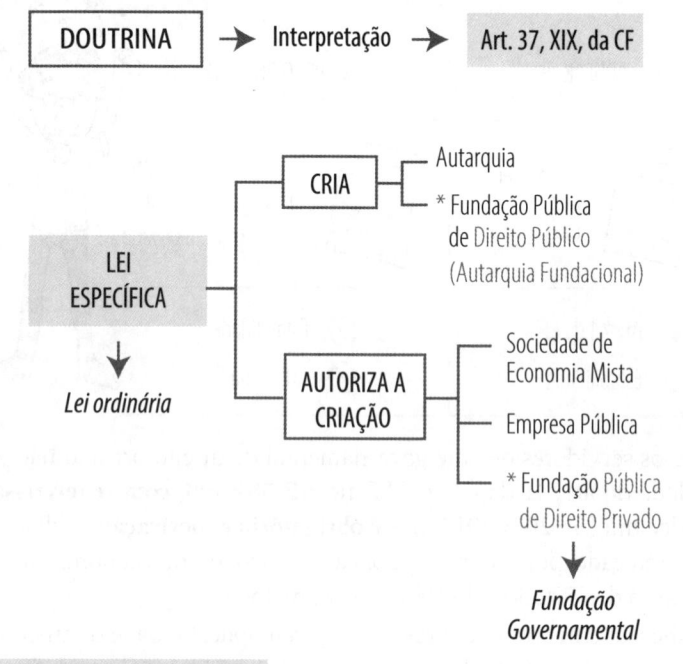

DOUTRINA → Interpretação → Art. 37, XIX, da CF

LEI ESPECÍFICA
- CRIA
  - Autarquia
  - *Fundação Pública de Direito Público (Autarquia Fundacional)
- AUTORIZA A CRIAÇÃO
  - Sociedade de Economia Mista
  - Empresa Pública
  - *Fundação Pública de Direito Privado
    ↓
    Fundação Governamental

↓
Lei ordinária

Aprofundamento 1: Regime de pessoal das empresas estatais

Os empregados de empresas públicas e sociedades de economia mista denominam-se SERVIDORES DE ENTE GOVERNAMENTAL DE DIREITO PRIVADO (ou simplesmente "empregados públicos").

Equiparam-se a funcionários públicos para fins penais, nos termos do art. 327, § 1º, do Código Penal, inclusive considerados agentes públicos para fins de incidência da Lei de Improbidade Administrativa (Lei n. 8.429/92). Importante ressaltar que, a Lei n. 8.429/92 (com as mudanças advindas pela Lei n. 12.430/2021 define em seu art. 2° **agente público**: consideram-se agente público o agente político, o servidor público e todo aquele que exerce, ainda que transitoriamente ou sem remuneração, por eleição, nomeação, designação, contratação ou qualquer outra forma de investidura ou vínculo, mandato, cargo, emprego ou função nas entidades referidas no art. 1º da Lei n. 8.429/92.

Diferentemente dos servidores públicos – que normalmente são titulares de cargos públicos[20] –, os empregados públicos são titulares de empregos públicos[21].

---

[20] a) Seus direitos estão previstos na Lei ou na CF e b) fazem *jus* ao instituto da estabilidade do art. 41 da CF.

[21] a) Seus direitos estão previstos na CLT e b) não fazem *jus* ao instituto da estabilidade do art. 41 da CF.

ESQUEMATIZANDO

Art. 37, II, da CF ⟶ concurso público!!

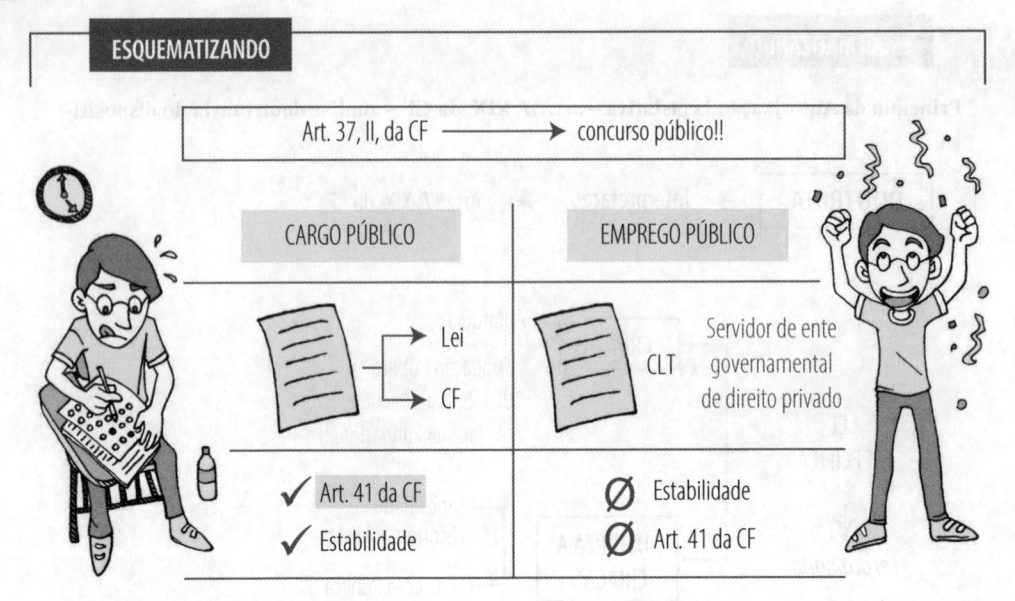

CARGO PÚBLICO	EMPREGO PÚBLICO
Lei / CF	CLT — Servidor de ente governamental de direito privado
✓ Art. 41 da CF ✓ Estabilidade	∅ Estabilidade ∅ Art. 41 da CF

Todavia, apesar de os servidores de ente governamental de direito privado não *gozarem* da estabilidade do art. 41 da CF, o STF, no **RE 589.998, com repercussão geral (tema 131)**, decidiu (em 20-3-2013) que **é obrigatória a motivação** da dispensa unilateral de empregado por empresa pública e sociedade de economia mista tanto da União quanto dos Estados, do DF e dos Municípios.

O colegiado reconheceu, entretanto, expressamente, a inaplicabilidade do instituto da estabilidade no emprego aos trabalhadores de empresas públicas e sociedades de economia mista. Esse direito é assegurado pelo art. 41 da Constituição Federal aos servidores públicos estatutários.

Caso concreto: O referido recurso foi interposto pela Empresa Brasileira de Correios e Telégrafos (ECT) contra acórdão (decisão colegiada) do Tribunal Superior do Trabalho (TST) que entendeu inválida a despedida do empregado, por ausência de motivação (justificativa do pronunciamento tomado). "Em atenção [...] aos princípios da impessoalidade e isonomia, que regem a admissão por concurso público, a dispensa do empregado de empresas públicas e sociedades de economia mista que prestam serviços públicos deve ser motivada, assegurando-se, assim, que tais princípios, observados no momento daquela admissão, sejam também respeitados por ocasião da dispensa. A motivação do ato de dispensa, assim, visa a resguardar o empregado de uma possível quebra do postulado da impessoalidade por parte do agente estatal investido do poder de demitir. Recurso extraordinário parcialmente provido para afastar a aplicação, ao caso, do art. 41 da CF, exigindo-se, entretanto, a motivação para legitimar a rescisão unilateral do contrato de trabalho" (**RE 589.998**, rel. Min. **Ricardo Lewandowski**, j. 20-3-2013, Plenário, *DJe* 12-9-2013, com repercussão geral).

A tese firmada tem a seguinte redação: "A Empresa Brasileira de Correios e Telégrafos – ECT tem o dever jurídico de motivar, em ato formal, a demissão de seus empregados".

Aprofundamento 2: Do ingresso e da necessidade de concurso público

Os servidores de ente governamental de direito privado devem ser aprovados em concurso público, nos termos do art. 37, II, da Constituição Federal.

Celso Antônio Bandeira de Mello pondera: se as empresas estatais (empresas públicas e sociedades de economia mista) tiverem por finalidade a exploração da atividade econômica e não a prestação de serviço público, será então dispensável o concurso público.

Aprofundamento 3:

Em **19 de abril de 2011**, o Plenário do STF se manifestou pela existência de **repercussão geral (RE 635.546 – tema 383)** em que se discute, à luz dos arts. 5º, *caput*, I, II, LIV e LV, e 37, *caput*, II e § 2º, da Constituição Federal, a possibilidade, ou não, de equiparação de direitos trabalhistas entre empregados terceirizados e aqueles pertencentes ao quadro funcional da empresa pública tomadora de serviços.

O TST, ao analisar a matéria, entendeu ser possível reconhecer aos empregados terceirizados os mesmos direitos dos trabalhadores contratados pela tomadora de serviços "quer pelo princípio da isonomia, quer pela proibição preceituada no art. 7º, XXXII, da Constituição Federal, no que tange à distinção laborativa".

A Caixa Econômica Federal (CEF), autora do recurso, sustenta que, se trabalhadores terceirizados tiverem os mesmos direitos dos servidores, obrigatoriamente seria reconhecido o vínculo empregatício, o que viola a exigência de concurso público para a contratação de empregados públicos.

A **tese** firmada tem a seguinte redação: "A equiparação de remuneração entre empregados da empresa tomadora de serviços e empregados da empresa contratada (terceirizada) fere o princípio da livre iniciativa, por se tratar de agentes econômicos distintos, que não podem estar sujeitos a decisões empresariais que não são suas".

Aprofundamento 4: Acumulação

Há vedação expressa acerca da acumulação: os servidores de entes governamentais de direito privado não podem acumular seus empregos com cargos ou funções públicas, nos termos do art. 37, XVII, da Constituição Federal:

"A proibição de acumular estende-se a empregos e funções e abrange autarquias, fundações, empresas públicas, sociedades de economia mista, suas subsidiárias e sociedades controladas direta ou indiretamente, pelo Poder Público".

Aprofundamento 5: Responsabilidade das empresas públicas e sociedades de economia mista

Outro tema acerca das empresas públicas e sociedades de economia mista que merece destaque diz respeito à responsabilidade civil do Estado.

As empresas estatais (empresas públicas e sociedades de economia mista), se eventualmente causarem danos a terceiros, respondem pelos danos causados?

Para responder a essa pergunta, é necessário diferenciar qual a finalidade dessas empresas: a) prestam serviços públicos ou b) exploram a atividade econômica?

a) se prestadoras de serviços públicos, sujeitam-se à responsabilidade civil do Estado (art. 37, § 6º, da CF) e respondem **objetivamente** pelos danos que seus agentes, nessa qualidade, causarem a terceiros;

b) se exploradoras da atividade econômica, estão sujeitas à responsabilidade civil subjetiva.

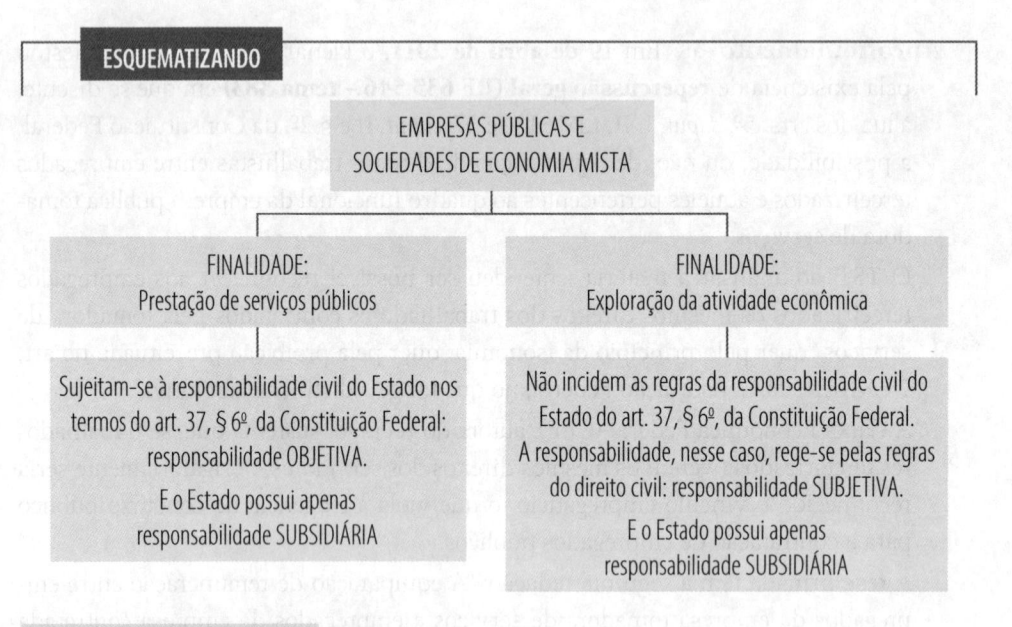

ESQUEMATIZANDO

```
                EMPRESAS PÚBLICAS E
             SOCIEDADES DE ECONOMIA MISTA
              /                          \
        FINALIDADE:                  FINALIDADE:
   Prestação de serviços públicos   Exploração da atividade econômica

Sujeitam-se à responsabilidade civil do Estado nos    Não incidem as regras da responsabilidade civil do
termos do art. 37, § 6º, da Constituição Federal:     Estado do art. 37, § 6º, da Constituição Federal.
         responsabilidade OBJETIVA.                   A responsabilidade, nesse caso, rege-se pelas regras
                                                      do direito civil: responsabilidade SUBJETIVA.
         E o Estado possui apenas
         responsabilidade SUBSIDIÁRIA                 E o Estado possui apenas
                                                      responsabilidade SUBSIDIÁRIA
```

Aprofundamento 6: Falência

As empresas públicas e sociedades de economia mista estão sujeitas à falência?
Não, conforme estabelece o art. 2º da Lei n. 11.101/2005.

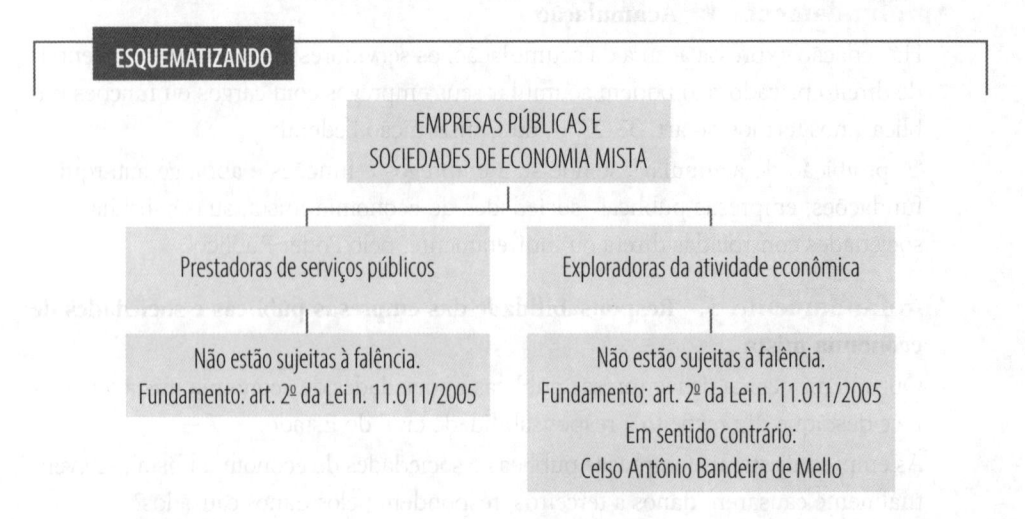

ESQUEMATIZANDO

```
                EMPRESAS PÚBLICAS E
             SOCIEDADES DE ECONOMIA MISTA
              /                          \
   Prestadoras de serviços públicos    Exploradoras da atividade econômica

   Não estão sujeitas à falência.       Não estão sujeitas à falência.
   Fundamento: art. 2º da Lei n. 11.011/2005   Fundamento: art. 2º da Lei n. 11.011/2005
                                        Em sentido contrário:
                                        Celso Antônio Bandeira de Mello
```

Aprofundamento 7: Estatuto das Estatais: Lei n. 13.303, de 30 de junho de 2016

a) Essa lei dispõe sobre o estatuto jurídico das empresas públicas, sociedades de economia mista e suas subsidiárias, no âmbito da União, Estados, Distrito Federal e Municípios, que explorem atividade econômica de produção ou comercialização de bens ou de prestação de serviços, ainda que a atividade econômica esteja sujeita ao regime de monopólio da União, ou seja, de prestação de serviços públicos.

b) A exploração de atividade econômica pelo Estado será exercida por meio de empresa pública, de sociedade de economia mista e de suas subsidiárias, mas sua constituição dependerá de prévia **autorização legal** que indique, de forma clara, relevante interesse coletivo ou imperativo de segurança nacional, tudo como manda o art. 173 da Constituição Federal.

c) Para que haja a criação de **subsidiárias** dessas empresas estatais, é indispensável **autorização legislativa (princípio da autorização legislativa)**.

d) Também dependerá de **autorização legislativa** a participação de qualquer dessas empresas estatais em empresa privada, cujo objeto social deve estar relacionado ao da investidora, conforme estabelecido pelo art. 37, XX, da Constituição Federal. Todavia, essa participação **não** se aplica a operações de tesouraria, adjudicação de ações em garantia e participações autorizadas pelo Conselho de Administração em linha com o plano de negócios da empresa pública, da sociedade de economia mista e de suas respectivas subsidiárias.

e) O conceito de empresa pública trazido pela Lei n. 13.303/2016 consta no art. 3º: é a entidade dotada de personalidade jurídica de direito **privado**, com **criação autorizada por lei** (princípio da autorização legislativa) e com patrimônio próprio, cujo capital social é integralmente detido pela União, pelos Estados, pelo Distrito Federal ou pelos Municípios.

Desde que **a maioria do capital votante permaneça** em propriedade da União, do Estado, do Distrito Federal ou do Município, **será admitida**, no capital da empresa pública, a participação de outras pessoas jurídicas de direito público interno, bem como de entidades da Administração Indireta da União, dos Estados, do Distrito Federal e dos Municípios.

f) O conceito de sociedade de economia mista trazido pela Lei n. 13.303/2016 consta no art. 4º: a entidade dotada de personalidade jurídica de direito **privado**, com **criação autorizada por lei** (princípio da autorização legislativa), sob a forma de **sociedade anônima**, cujas ações com direito a voto pertençam em sua maioria à União, aos Estados, ao Distrito Federal, aos Municípios ou a entidade da Administração Indireta.

Importante ressaltar que a pessoa jurídica que controla a sociedade de economia mista tem os deveres e as responsabilidades do **acionista controlador**, estabelecidos na Lei n. 6.404/76, e deverá exercer o poder de controle no interesse da companhia, respeitado o interesse público que justificou sua criação.

Se a sociedade de economia mista tiver registro na Comissão de Valores Mobiliários, ficará sujeita aos ditames da Lei n. 6.385/76.

g) O **estatuto** da empresa pública, da sociedade de economia mista e de suas subsidiárias deverá observar os seguintes **preceitos: g.1)** regras de governança corporativa; **g.2)** regras de transparência e de estruturas – os requisitos de transparência constam no art. 8º da referida lei; **g.3)** práticas de gestão de riscos e de controle interno – com os requisitos fixados pelo art. 9º da Lei n. 13.303/2016; **g.4)** composição da administração e **g.5)** se houver acionistas, mecanismos para sua proteção (*vide* art. 6º da Lei n. 13.303/2016).

h) A empresa pública e a sociedade de economia mista **deverão** criar **comitê estatutário** para verificar a conformidade do processo de indicação e de avaliação de membros para o Conselho de Administração e para o Conselho Fiscal, com competência para auxiliar o acionista controlador na indicação desses membros.

i) As empresas públicas e as sociedades de economia mista devem também **divulgar** toda e qualquer forma de remuneração dos administradores e adequar constantemente suas práticas ao **Código de Conduta e Integridade** e a outras regras de boas práticas de governança corporativa.

j) Se houver **divergência** entre os acionistas e a sociedade de economia mista ou entre os acionistas controladores e os acionistas minoritários, poderá ser utilizada a **arbitragem** para dirimir esses conflitos (parágrafo único do art. 12 da Lei n. 13.303/2016).

k) Função social da **empresa pública e da sociedade de economia mista: realizar o interesse** coletivo ou atender aos **imperativos da segurança nacional** (que estão previstos no instrumento de autorização legal para a sua criação). Ainda, essas empresas estatais deverão adotar práticas de **sustentabilidade ambiental e de responsabilidade social corporativa** compatíveis com o mercado em que atuam.

l) A empresa pública e a sociedade de economia mista poderão celebrar **convênio ou contrato de patrocínio** com pessoa física ou com pessoa jurídica para promoção de atividades culturais, sociais, esportivas, educacionais e de inovação tecnológica, desde que comprovadamente vinculadas ao fortalecimento de sua marca, observando-se, no que couber, as normas de licitação e contratos previstas na Lei n. 13.303/2016.

m) Procedimento licitatório: sempre que as empresas públicas e as sociedades de economia mista tiverem por objetivo a celebração de contratos com terceiros para prestação de serviços de engenharia, de publicidade, para aquisição e locação de bens, alienação de bens, execução de obras, deverão realizar **procedimento licitatório** – tudo como manda o art. 28 da Lei n. 13.303/2016.

O procedimento licitatório tem por objetivo a escolha da proposta **mais vantajosa**, **impedindo** a ocorrência de situações de **sobrepreço** (os preços orçados para a licitação ou os preços contratados são expressivamente superiores aos preços referenciais de mercado, podendo referir-se ao valor unitário de um item, se a licitação ou a contratação for por preços unitários de serviço, ou ao valor global do objeto, se a licitação ou a contratação for por preço global ou por empreitada); **ou de superfaturamento** (nesse sentido, *vide* art. 31, § 1º, II, da Lei n. 13.303/2016).

Deverá também o procedimento licitatório ser pautado nos princípios que norteiam toda a atuação da Administração Pública, especialmente o da impessoalidade, moralidade, igualdade ou isonomia, publicidade, eficiência, probidade administrativa, economicidade, desenvolvimento nacional sustentável, vinculação ao instrumento convocatório, obtenção de competitividade e julgamento objetivo (art. 31 da Lei n. 13.303/2016).

Ainda a Lei n. 13.303/2016 elenca **diretrizes (art. 32)** que deverão ser adotadas no referido procedimento licitatório: padronização do objeto da contratação, dos instrumentos convocatórios e das minutas de contratos, de acordo com normas internas específicas; busca da maior vantagem competitiva para a empresa pública ou sociedade de economia mista, considerando custos e benefícios, diretos e indiretos, de natureza econômica, social ou ambiental, inclusive os relativos à manutenção, ao desfazimento de bens e resíduos, ao índice de depreciação econômica e a outros fatores de igual relevância; adoção preferencialmente da modalidade licitatória **pregão** (Lei n. 10.520/2002) em se tratando de aquisição de bens e serviços comuns (assim considerados aqueles cujos padrões de desempenho e qualidade possam ser objetivamente definidos pelo edital, por meio de especificações usuais no mercado). Nesse sentido, *vide* também **Lei n. 14.133/2021**.

O procedimento licitatório se desenvolverá nas seguintes **fases (art. 51 da Lei n. 13.303/2016)**: 1) preparação; 2) divulgação; 3) apresentação de lances ou propostas (conforme o modo de disputa adotado); 4) julgamento; 5) verificação de efetividade dos lances ou propostas; 6) negociação; 7) habilitação; 8) interposição de recursos; 9) adjudicação do objeto; 10) homologação do resultado (que implica a constituição de direito relativo à celebração do contrato em favor do licitante vencedor) ou, se for o caso, revogação do procedimento.

Os **critérios de julgamento (art. 54 da Lei n. 13.303/2016)** das propostas que poderão ser utilizados são: menor preço; maior desconto; melhor combinação de técnica e preço; melhor técnica; melhor conteúdo artístico; maior oferta de preço; maior retorno econômico; melhor destinação de bens alienados.

n) O art. 29 da Lei n. 13.303/2016 estabelece rol de situações em que a licitação será **dispensável**, por exemplo: para obras e serviços de engenharia de valor até R$ 100.000,00 (cem mil reais), desde que não se refiram a parcelas de uma mesma obra ou serviço ou ainda a obras e serviços de mesma natureza e no mesmo local que possam ser realizadas conjunta e concomitantemente; quando as propostas apresentadas consignarem preços manifestamente superiores aos praticados no mercado nacional ou incompatíveis com os fixados pelos órgãos oficiais competentes; na contratação de associação de pessoas com deficiência física, sem fins lucrativos e de comprovada idoneidade, para a prestação de serviços ou fornecimento de mão de obra, desde que o preço contratado seja compatível com o praticado no mercado; para o fornecimento de bens e serviços, produzidos ou prestados no País, que envolvam, cumulativamente, alta complexidade tecnológica e defesa nacional, mediante parecer de comissão especialmente designada pelo dirigente máximo da empresa pública ou da sociedade de economia mista.

A empresa pública e a sociedade de economia mista convocarão o licitante vencedor ou o destinatário de contratação com dispensa de licitação para assinar o termo de contrato, observados o prazo e as condições estabelecidos, sob pena de **decadência** do direito à contratação (art. 75).

o) O art. 30 da Lei n. 13.303/2016 elenca rol exemplificativo de hipóteses em que **não** haverá licitação e a contratação será **direta**: aquisição de materiais, equipamentos ou gêneros que só possam ser fornecidos por produtor, empresa ou representante comercial **exclusivo**; contratação dos seguintes **serviços técnicos especializados**, com profissionais ou empresas de notória especialização, vedada a inexigibilidade para serviços de publicidade e divulgação: estudos técnicos, planejamentos e projetos básicos ou executivos; pareceres, perícias e avaliações em geral; assessorias ou consultorias técnicas e auditorias financeiras ou tributárias; fiscalização, supervisão ou gerenciamento de obras ou serviços; patrocínio ou defesa de causas judiciais ou administrativas; treinamento e aperfeiçoamento de pessoal; restauração de obras de arte e bens de valor histórico.

Para que a contratação seja **direta**, o processo deverá ser instruído com os seguintes elementos: caracterização da situação emergencial ou calamitosa capaz de justificar a contratação direta; a razão da escolha do fornecedor ou do executante e a justificativa do preço.

A empresa pública e a sociedade de economia mista convocarão o licitante vencedor ou o destinatário de contratação com **inexigibilidade de licitação** para assinar o termo de contrato, observados o prazo e as condições estabelecidos, sob pena de **decadência** do direito à contratação (art. 75).

p) A Lei n. 13.303/2016 prevê, ainda, quatro **procedimentos auxiliares** das licitações: **p.1) pré-qualificação permanente** (art. 64): considera-se pré-qualificação permanente o procedimento anterior à licitação destinado a identificar fornecedores que reúnam condições de habilitação exigidas para o fornecimento de bem ou a execução de serviço ou obra nos prazos, locais e condições previamente estabelecidos ou bens que atendam às exigências técnicas e de qualidade da Administração Pública; **p.2) cadastramento** (art. 65): os registros cadastrais poderão ser mantidos para efeito de habilitação dos inscritos em procedimentos licitatórios e serão válidos por 1 (um) ano, no máximo, podendo ser atualizados a qualquer tempo; **p.3) sistema de registro de preços** (art. 66): esse sistema será destinado para as hipóteses tratadas pela Lei n. 13.303/2016 e será efetivado mediante decreto do Poder Executivo; **p.4) catálogo eletrônico de padronização** (art. 67): o catálogo eletrônico de padronização de compras, serviços e obras consiste em sistema informatizado, de gerenciamento centralizado, destinado a permitir a padronização dos itens a serem adquiridos pela empresa pública ou sociedade de economia mista que estarão disponíveis para a realização de licitação.

q) **Dos contratos celebrados: q.1) da formalização dos contratos:** além dos preceitos específicos estabelecidos pela Lei n. 13.303/2016, subsidiariamente serão aplicáveis, também, os preceitos de direito privado, somente podendo ser alterados por acordo entre as partes, vedando-se ajuste que resulte em violação da obrigação de licitar; **q.2) das cláusulas necessárias:** os contratos regidos pela Lei n. 13.303/2016 deverão observar as seguintes **cláusulas necessárias (art. 69):** o objeto e seus elementos característicos; o regime de execução ou a forma de fornecimento; o preço e as condições de pagamento, os critérios, a data-base e a periodicidade do reajustamento de preços e os critérios de atualização monetária entre a data do adimplemento das obrigações e a do efetivo pagamento; os prazos de início de cada etapa de execução, de conclusão, de entrega, de observação, quando for o caso, e de recebimento; as garantias oferecidas para assegurar a plena execução do objeto contratual, quando exigidas, observado o disposto no art. 68; os direitos e as responsabilidades das partes, as tipificações das infrações e as respectivas penalidades e valores das multas; os casos de rescisão do contrato e os mecanismos para alteração de seus termos; a vinculação ao instrumento convocatório da respectiva licitação ou ao termo que a dispensou ou não a exigiu, bem como ao lance ou proposta do licitante vencedor; a obrigação do contratado de manter, durante a execução do contrato, em compatibilidade com as obrigações por ele assumidas, as condições de habilitação e qualificação exigidas no curso do procedimento licitatório; matriz de riscos; **q.3) da prestação de garantia:** ainda nos termos estabelecidos pelo art. 70, poderá ser exigida prestação de **garantia** (caução em dinheiro; seguro-garantia ou fiança bancária); **q.4) do prazo de duração dos contratos:** não é possível contrato por prazo indeterminado, dessa forma a Lei estabelece o **prazo de duração** do contrato: não excederá a 5 (cinco) anos, contados a partir de sua celebração, exceto: para projetos contemplados no plano de negócios e investimentos da empresa pública ou da sociedade de economia mista; **ou** nos casos em que a pactuação por prazo superior a 5 (cinco) anos seja prática rotineira de mercado e a imposição desse prazo inviabilize ou onere excessivamente a realização do negócio; **q.5)** o contratado é obrigado a reparar, corrigir, remover, reconstruir ou substituir, a suas expensas, no total ou em parte, o objeto do contrato em que se verificarem vícios, defeitos ou incorreções resultantes da execução ou de materiais empregados, e responderá por danos causados diretamente a terceiros ou à empresa pública ou sociedade de economia mista, independentemente da comprovação de sua culpa ou dolo na execução do contrato; **q.6) da responsabilidade do contratado (art. 77):** o contratado **é responsável** pelos encargos trabalhistas, fiscais e comerciais resultantes da execução do contrato. A inadimplência do contratado quanto aos encargos trabalhistas, fiscais e comerciais **não transfere** à empresa pública ou à sociedade de economia mista a responsabilidade por seu pagamento, nem poderá onerar o objeto do contrato ou restringir a regularização e o uso das obras e edificações, inclusive perante o Registro de

Imóveis; **q.7) da subcontratação do objeto do contrato (art. 78):** o contratado, na execução do contrato, sem prejuízo das responsabilidades contratuais e legais, **poderá subcontratar** partes da obra, serviço ou fornecimento, **até o limite admitido**, em cada caso, pela empresa pública ou pela sociedade de economia mista, conforme previsto no edital do certame. A empresa subcontratada deverá atender, em relação ao objeto da subcontratação, as exigências de **qualificação** técnica impostas ao licitante vencedor. Todavia, será **vedada a subcontratação** de empresa ou consórcio que tenha participado: do procedimento licitatório do qual se originou a contratação e ou daquele que direta ou indiretamente participou da elaboração de projeto básico ou executivo; **q.8)** as regras de **alterações contratuais** constam nos arts. 81 e s. da Lei n. 13.303/2016; **q.9)** se houver atraso injustificado na execução do contrato, o contratado estará sujeito a sanções administrativas (arts. 82 e s.), tais como advertência, multa (na forma prevista no instrumento convocatório ou no contrato) ou suspensão temporária de participação em licitação e impedimento de contratar com a entidade sancionadora, por prazo não superior a 2 (dois) anos.

r) As empresas públicas e as sociedades de economia mista estão sujeitas à **fiscalização** quanto à legitimidade, à economicidade e à eficácia da aplicação de seus recursos, sob o ponto de vista contábil, financeiro, operacional e patrimonial (arts. 85 e s.).

s) Importante ressaltar que a Lei n. 13.303/2016 é objeto de ADI no STF – ADI 5.924. Questiona-se a primeira parte da lei – especificamente os dispositivos do capítulo que trata do regime societário da empresa pública e da sociedade de economia mista (arts. 5º a 26). A argumentação para a propositura da referida ação é pautada no fato de que a lei exige que estatais e subsidiárias adotem uma estrutura societária não prevista no Código Civil e na Lei das S/A (Lei n. 6.404/76), bem como instituam órgãos de controle e de fiscalização (auditoria interna e comitê de auditoria estatutário) e estruturem conselhos fiscal e de administração com critérios restritivos de nomeação de seus membros. Até o presente momento não há decisão definitiva.

Aprofundamento 8: Decisões importantes envolvendo a Empresa Brasileira de Correios e Telégrafos (ECT)

a) Em 16 de outubro de 2014, o Plenário do STF decidiu, por maioria, que a Empresa Brasileira de Correios e Telégrafos (ECT) **não deve** recolher o Imposto Predial e Territorial Urbano (IPTU) incidente sobre seus imóveis, uma vez que eles estão abrangidos pelo princípio da imunidade tributária recíproca. A decisão foi tomada no julgamento do **Recurso Extraordinário (RE) n. 773.992**, com repercussão geral reconhecida (**tema 644**).

A **tese** de repercussão geral firmada no referido caso teve a seguinte redação: "A imunidade tributária recíproca reconhecida à Empresa Brasileira de Correios e Telégrafos – ECT alcança o IPTU incidente sobre imóveis de sua propriedade e por ela utilizados, não se podendo estabelecer, a priori, nenhuma distinção entre os imóveis afetados ao serviço postal e aqueles afetados à atividade econômica".

b) O STF, em 17 de novembro de 2014, nas **Ações Cíveis Originárias n. 958 e 865,** reconheceu a imunidade tributária da Empresa Brasileira de Correios e Telégrafos (ECT) quanto à incidência do Imposto sobre Circulação de Mercadorias e Serviços (ICMS).

No mesmo sentido, o STF já havia decidido ao julgar o **RE 601.392**: "Recurso extraordinário com repercussão geral. 2. Imunidade recíproca. Empresa Brasileira de Correios e Telégrafos. 3. Distinção, para fins de tratamento normativo, entre empresas públicas prestadoras de serviço público e empresas públicas exploradoras de atividade. Precedentes. 4. Exercício simultâneo de atividades em regime de exclusividade e em concorrência com a iniciativa privada. Irrelevância. Existência de peculiaridades no serviço postal. Incidência da imunidade prevista no art. 150, VI, *a*, da Constituição Federal. 5. Recurso extraordinário conhecido e provido". No RE 601.392 (**tema 235**), a **tese** firmada pelo STF teve a seguinte redação: "os serviços prestados pela Empresa Brasileira de Correios e Telégrafos – ECT, inclusive aqueles em que a empresa não age em regime de monopólio, estão abrangidos pela imunidade tributária recíproca (CF, art. 150, VI, a e §§ 2º e 3º)".

Em resumo: o STF reconhece que a **imunidade tributária recíproca** – nos termos do art. 150, VI, *a*, da CF (que veda a cobrança de impostos sobre patrimônio, renda ou serviços entre os entes federados) – alcança todas as atividades exercidas pelos Correios.

c) O STF reconheceu o privilégio da Empresa de Correios e Telégrafos, conferindo-lhe tratamento diferenciado para seus bens (proteção aos seus bens): bens da ECT são impenhoráveis independentemente de estarem ou não ligados à prestação de serviços públicos.

d) O STF, na **ADPF 46** (*vide Informativos 392, 409 e 510 do STF*): por seis votos a quatro, o Plenário do Supremo Tribunal Federal declarou que a Lei n. 6.538/78, que trata da exclusividade dos Correios, foi recepcionada e está de acordo com a Constituição Federal. Com isso, cartas pessoais e comerciais, cartões-postais, correspondências agrupadas (malotes) só poderão ser transportados e entregues pela empresa pública. Por outro lado, o Plenário entendeu que as transportadoras privadas não cometem crime ao entregar outros tipos de correspondências e encomendas.

O caso: na Arguição de Descumprimento de Preceito Fundamental n. 46 **(ADPF 46, rel. Min. Marco Aurélio)**, o Supremo Tribunal Federal julgou IMPROCENDENTE pedido formulado pela ABRAED (Associação Brasileira das Empresas de Distribuição), que pretendia a declaração da não RECEPÇÃO, pela Constituição Federal de 1988, da Lei n. 6.538/78. Essa lei institui o monopólio das atividades postais para a Empresa Brasileira de Correios e Telégrafos.

No voto, o Ministro Eros Grau entendeu que o serviço postal é um serviço público (e não uma atividade econômica em sentido estrito), portanto não haveria ofensa aos princípios da livre-iniciativa e da livre concorrência se a atividade fosse prestada em regime de exclusividade pela Empresa de Correios e Telégrafos. Assim, fixou que o serviço postal prestado por empresa privada só seria possível se a Constituição Federal afirmasse que o serviço postal é livre à iniciativa privada (como faz, por exemplo, ao tratar dos temas envolvendo saúde e educação – arts. 175, 199 e 209 do texto constitucional).

Resumindo e concluindo: A emissão de selos, cartas pessoais e comerciais, cartões-postais, correspondências agrupadas (malotes) só poderão ser entregues pela empresa pública (ECT). E, TRANSPORTADORAS PRIVADAS não cometem crimes ao entregar outros tipos de correspondências ou encomendas (só não podem transportar o que está previsto no art. 9º da Lei n. 6.538/78), sob pena de até dois meses de detenção ou multa (conforme art. 42 da Lei n. 6.538/78). Vencido o Ministro Marco Aurélio, votou pela completa quebra do monopólio dos Correios.

JURISPRUDÊNCIA

- **Ementa.** ARGUIÇÃO DE DESCUMPRIMENTO DE PRECEITO FUNDAMENTAL. EMPRESA PÚBLICA DE CORREIOS E TELEGRÁFOS. PRIVILÉGIO DE ENTREGA DE CORRESPONDÊNCIAS. SERVIÇO POSTAL. CONTROVÉRSIA REFERENTE À LEI FEDERAL N. 6.538, DE 22 DE JUNHO DE 1978. ATO NORMATIVO QUE REGULA DIREITOS E OBRIGAÇÕES CONCERNENTES AO SERVIÇO POSTAL. PREVISÃO DE SANÇÕES NAS HIPÓTESES DE VIOLAÇÃO DO PRIVILÉGIO POSTAL. COMPATIBILIDADE COM O SISTEMA CONSTITUCIONAL VIGENTE. ALEGAÇÃO DE AFRONTA AO DISPOSTO NOS ARTIGOS 1º, INCISO IV; 5º, INCISO XIII, 170, *CAPUT*, INCISO IV E PARÁGRAFO ÚNICO, E 173 DA CONSTITUIÇÃO DO BRASIL. VIOLAÇÃO DOS PRINCÍPIOS DA LIVRE CONCORRÊNCIA E LIVRE-INICIATIVA. NÃO CARACTERIZAÇÃO. ARGUIÇÃO JULGADA IMPROCEDENTE. INTERPRETAÇÃO CONFORME À CONSTITUIÇÃO CONFERIDA AO ART. 42 DA LEI N. 6.538, QUE ESTABELECE SANÇÃO, SE CONFIGURADA A VIOLAÇÃO DO PRIVILÉGIO POSTAL DA UNIÃO. APLICAÇÃO ÀS ATIVIDADES POSTAIS DESCRITAS NO ART. 9º, DA LEI.

1. O serviço postal – conjunto de atividades que torna possível o envio de correspondência, ou objeto postal, de um remetente para endereço final e determinado – não consubstancia atividade econômica em sentido estrito. Serviço postal é serviço público.

2. A atividade econômica em sentido amplo é gênero que compreende duas espécies, o serviço público e a atividade econômica em sentido estrito.
Monopólio é de atividade econômica em sentido estrito, empreendida por agentes econômicos privados. A exclusividade da prestação dos serviços públicos é expressão de uma situação de privilégio. Monopólio e privilégio são distintos entre si; não se os deve confundir no âmbito da linguagem jurídica, qual ocorre no vocabulário vulgar.

3. A Constituição do Brasil confere à União, em caráter exclusivo, a exploração do serviço postal e o correio aéreo nacional (art. 20, inciso X).

4. O serviço postal é prestado pela Empresa Brasileira de Correios e Telégrafos – ECT, empresa pública, entidade da Administração Indireta da União, criada pelo Decreto-lei n. 509, de 10 de março de 1969.

5. É imprescindível distinguirmos o regime de privilégio, que diz com a prestação dos serviços públicos, do regime de monopólio sob o qual, algumas vezes, a exploração de atividade econômica em sentido estrito é empreendida pelo Estado.

6. A Empresa Brasileira de Correios e Telégrafos deve atuar em regime de exclusividade na prestação dos serviços que lhe incumbem em situação de privilégio, o privilégio postal.

7. Os regimes jurídicos sob os quais em regra são prestados os serviços públicos importam em que essa atividade seja desenvolvida sob privilégio, inclusive, em regra, o da exclusividade.

8. Arguição de descumprimento de preceito fundamental julgada improcedente por maioria. O Tribunal deu interpretação conforme à Constituição ao art. 42 da Lei n. 6.538 para restringir a sua aplicação às atividades postais descritas no art. 9º desse ato normativo.

Aprofundamento 9: O **STF**, ao julgar o **RE 599.628**, com repercussão geral reconhecida, fixou a **tese (tema 253)** que "Sociedades de economia mista **que desenvolvem atividade econômica em regime concorrencial não se beneficiam do regime de precatórios**, previsto no art. 100 da Constituição da República".

Esta a **ementa**:

"FINANCEIRO. SOCIEDADE DE ECONOMIA MISTA. PAGAMENTO DE VALORES POR FORÇA DE DECISÃO JUDICIAL. **INAPLICABILIDADE DO REGIME DE PRECATÓRIO**. ART. 100 DA CONSTITUIÇÃO. CONSTITUCIONAL E PROCESSUAL CIVIL. MATÉRIA CONSTITUCIONAL CUJA REPERCUSSÃO GERAL FOI RECONHECIDA. Os privilégios da Fazenda Pública são inextensíveis às sociedades de economia mista que executam atividades em regime de concorrência ou que tenham como objetivo distribuir lucros aos seus acionistas. Portanto, a empresa **Centrais Elétricas do Norte do Brasil S.A. – Eletronorte** não pode se beneficiar do sistema de pagamento por precatório de dívidas decorrentes de decisões judiciais (art. 100 da Constituição). Recurso extraordinário ao qual se nega provimento".

Podemos citar mais um exemplo de aplicabilidade da referida tese: **DERSA DESENVOLVIMENTO RODOVIÁRIO S/A**. Nesse sentido, *vide* também o Agravo de Instrumento 2147985-41.2020.8.26.0000 do Tribunal de Justiça do Estado de São Paulo (voto 35.853).

No caso, a agravante DERSA alegou em juízo que a perseguição do crédito devido (em ação de desapropriação indireta) deveria se pautar nos termos do art. 534 do CPC de forma a ser pago o montante por meio de precatório (nos termos dos arts. 100 e 173, § 1º, II, da Constituição Federal). Todavia, a decisão afastou a aplicação da regra da execução das Fazendas, prevista no art. 100 da CF, porque entendeu que a DERSA atua em **regime de concorrência com o particular**, motivo pela qual não deve ser submetida ao regime de precatórios – entendimento da **Tese 253 do STF**.

Ainda sobre a temática empresas estatais e "precatórios", vale salientar a decisão do STF ao julgar a **RCL 47.547** de 21 de setembro de 2021:

"Ementa: CONSTITUCIONAL E PROCESSUAL CIVIL. AGRAVO INTERNO NA RECLAMAÇÃO. NULIDADE POR AUSÊNCIA DE CITAÇÃO DA BENEFICIÁRIA DA DECISÃO RECLAMADA (ART. 989, III, CPC). INOCORRÊNCIA. AUSÊNCIA DE DEMONSTRAÇÃO DO PREJUÍZO. VIOLAÇÃO AO QUE DECIDIDO POR ESTA CORTE NOS JULGAMENTOS DAS ADPFS 275, 387, 513 e 556. APLICAÇÃO DO **REGIME** DE **PRECATÓRIOS** ÀS **SOCIEDADES** DE **ECONOMIA MISTA** E ÀS EMPRESAS PÚBLICAS PRESTADORAS DE SERVIÇO PÚBLICO **DE NATUREZA NÃO CONCORRENCIAL**. RECURSO DE AGRAVO DESPROVIDO. 1. As razões que poderiam ter sido deduzidas na contestação, a fim de influir no julgamento da presente Reclamação, foram apresentadas neste Recurso de Agravo, não havendo qualquer prejuízo à parte agravante. Incide, portanto, a regra segundo a qual não haverá declaração de nulidade quando não demonstrado o efetivo prejuízo causado à parte (pas de nulitté sans grief). 2. A Águas e Esgotos do Piauí S.A. – AGESPISA é **sociedade** de **economia mista**, que exerce serviço público essencial sem competição, o que atrai a submissão à sistemática de execução aplicável à Fazenda Pública. 3. Essa linha de raciocínio, conduz, inevitavelmente, à conclusão de que, na presente hipótese, houve violação às orientações desta CORTE, fixadas não só na ADPF 275 (de minha relatoria, *DJe* de 27-6-2019) e na ADPF 387 (rel. Min. GILMAR MENDES, *DJe* 25-10-2017), como também na ADPF 556 (rel. Min. CÁRMEN LÚCIA, *DJe* 6-3-2020) e na ADPF 513 (rel. Min. ROSA WEBER, *DJe* 6-10-2020), no sentido da aplicabilidade do **regime** de **precatórios** às **sociedades** de **economia mista** prestadoras de serviço público próprio do Estado, em **regime** não concorrencial. 4. Recurso de agravo a que se nega provimento".

No mesmo sentido, **STF, RCL 46.878**: "EMENTA AGRAVO INTERNO NA RECLAMAÇÃO CONSTITUCIONAL. ADPFs 275, 387 E 437. RE 599.628-RG. EMPRESA PÚBLICA. PRESTAÇÃO DE SERVIÇO PÚBLICO EM **REGIME** NÃO CONCORRENCIAL E SEM INTUITO PRIMÁRIO DE LUCRO. SUBMISSÃO AO **REGIME** DE **PRECATÓRIOS**. AGRAVO INTERNO A QUE SE NEGA PROVIMENTO. 1. Esta Suprema Corte, no entanto, possui firme entendimento no sentido que as empresas públicas e **sociedades** de **economia mista** prestadoras de serviço público, de natureza não concorrencial, estão sujeitas ao **regime** jurídico do **precatório**, para resguardar a continuidade e adequação de tais serviços. Precedentes. 2. Agravo interno conhecido e não provido".

Portanto, o que determinará a submissão, ou não, ao regime de precatório será a natureza concorrencial ou não da empresa estatal. Se natureza concorrencial não se submete ao regime de precatórios (tema 253 do STF); se natureza não concorrencial, aí poderá se beneficiar do regime de precatórios.

Aprofundamento 10: O Plenário do STF definiu que sociedades de economia mista cuja participação acionária é negociada em Bolsas de Valores e que estejam voltadas à remuneração do capital de seus controladores ou acionistas não estão abrangidas pela regra de imunidade tributária recíproca. A decisão ocorreu no julgamento **RE 600.867**, com repercussão geral reconhecida (**Tema 508**). A tese firmada no presente caso tem a seguinte redação: **"sociedade de economia mista, cuja participação acionária é negociada em Bolsas de Valores, e que, inequivocamente, está voltada à remuneração do capital de seus controladores ou acionistas, não está abrangida pela regra de imunidade tributária prevista no art. 150, VI, 'a', da Constituição, unicamente em razão das atividades desempenhadas"**.

Aprofundamento 11: Por unanimidade, o STF decidiu **que é constitucional** dispositivo da Lei n. 10.101/2000 que trata do pagamento da participação nos lucros e resultados (PLR) **a empregados de empresas estatais**. A Ação Direta de Inconstitucionalidade (**ADI 5417**) foi julgada improcedente pelo Plenário na sessão virtual encerrada em 4 de dezembro de 2020. O colegiado seguiu o voto da relatora, ministra Cármen Lúcia. Em seu voto, a ministra Cármen Lúcia afastou a alegação da entidade de que teria havido omissão inconstitucional no dispositivo. Para ela, a norma disciplina de forma suficiente e consistente o direito à PLR nas empresas estatais, de acordo com o disposto no inciso XI do art. 7º da Constituição da República.

Ela explicou que o Brasil optou por um modelo convencional de PLR, adotado por países europeus e pelos Estados Unidos. Essa é a premissa da Lei n. 10.101/2000, que condiciona o pagamento da parcela à negociação entre a empresa e seus empregados ou respectivos sindicatos. "A natureza negocial do direito à participação nos ganhos econômicos não o desnatura como garantia constitucional, pois nela reside a legitimidade dos incentivos políticos à sua concretização e ao exercício dos instrumentos de negociação e pressão sindical", destacou.

6.5 Associações públicas

As associações públicas nada mais são do que os consórcios públicos com personalidade de direito público, que, de acordo com o art. 6º, § 1º, da Lei n. 11.107/2005, integram a Administração Pública Indireta.

Tais consórcios consistem na reunião de entes políticos (União, Estados, Distrito Federal e Municípios) para a formação de pessoa jurídica com o objetivo de realização da gestão associada de serviços públicos.

6.5.1 Lei n. 11.107/2005: Consórcios Públicos (art. 241 da CF)

Há determinados serviços que, por sua NATUREZA ou EXTENSÃO TERRITORIAL, demandam a presença de MAIS DE UMA PESSOA PÚBLICA para serem executados eficientemente. É nesse cenário que surgem os CONSÓRCIOS PÚBLICOS (mero instrumento do federalismo cooperativo): junção de pessoas de direito público de capacidade política (União, Estados, Distrito Federal e Municípios) em vista da realização de atividades públicas de interesse comum, por meio da gestão associativa, que resultará na formação de uma nova pessoa jurídica.

Características:

a) Os consórcios públicos têm por finalidade mediata a realização de objetivos de interesse comum dos entes políticos.

b) Os consórcios públicos são pessoas jurídicas.

c) O consórcio público será constituído por contrato cuja celebração dependerá da prévia subscrição de protocolo de intenções.

O PROTOCOLO DE INTENÇÕES é o instrumento que define as regras a serem seguidas no consórcio:

- a finalidade do consórcio;
- o prazo de sua duração (já que todo contrato possui prazo determinado, nos termos do art. 57, § 3º, da Lei n. 8.666/93);
- a sede do consórcio;
- quais os consorciados e suas responsabilidades;
- quem irá administrar o consórcio (e, portanto, quem fará parte da assembleia geral) etc.

Assim, primeiro será constituído o protocolo de intenções – celebrado entre as partes que objetivam consorciarem-se –, e em seguida haverá a ratificação, por lei, desse protocolo de intenções.

ESQUEMATIZANDO

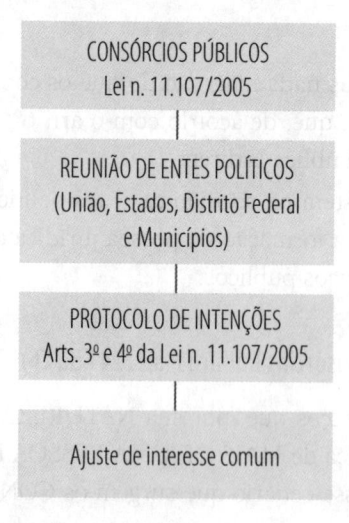

CONSÓRCIOS PÚBLICOS
Lei n. 11.107/2005

REUNIÃO DE ENTES POLÍTICOS
(União, Estados, Distrito Federal e Municípios)

PROTOCOLO DE INTENÇÕES
Arts. 3º e 4º da Lei n. 11.107/2005

Ajuste de interesse comum

LEGISLAÇÃO CORRELATA

Lei n. 11.107/2005

Art. 5º O contrato de consórcio público será celebrado com a **ratificação, mediante lei, do protocolo de intenções**.

§ 1º O contrato de consórcio público, caso assim preveja cláusula, pode ser celebrado por apenas 1 (uma) parcela dos entes da Federação que subscreveram o protocolo de intenções.

§ 2º A ratificação pode ser realizada com reserva que, aceita pelos demais entes subscritores, implicará consorciamento parcial ou condicional.

§ 3º A ratificação realizada **após 2 (dois) anos** da subscrição do protocolo de intenções dependerá de homologação da assembleia geral do consórcio público.

§ 4º É dispensado da ratificação prevista no *caput* deste artigo o ente da Federação que, antes de subscrever o protocolo de intenções, disciplinar por lei a sua participação no consórcio público.

---

d) Os Consórcios Públicos possuem conteúdo de COOPERAÇÃO MÚTUA entre os pactuantes, os interesses são comuns, paralelos e não antagônicos, como ocorre nos contratos administrativos em geral.

e) Os Consórcios públicos podem ter:

e.1) personalidade jurídica de direito público, no caso de constituírem **associação pública**, mediante a vigência das leis de ratificação do protocolo de intenções;

e.2) personalidade jurídica de direito privado, mediante o atendimento dos requisitos da legislação civil.

O consórcio público com personalidade jurídica **de direito público** integra a administração indireta de todos os entes da Federação consorciados.

No dia **3 de maio de 2019, a Lei n. 13.822** fixou que o consórcio público, com personalidade jurídica de **direito público ou privado**, observará as normas de **direito público** no que concerne à realização de licitação, à celebração de contratos, à prestação de contas e à admissão de pessoal, que será regido pela Consolidação das Leis do Trabalho (CLT), aprovada pelo Decreto-lei n. 5.452, de 1º de maio de 1943.

LEGISLAÇÃO CORRELATA

Lei n. 11.107/2005

Art. 6º O consórcio público adquirirá personalidade jurídica:

I – **de direito público**, no caso de constituir associação pública, mediante a vigência das leis de ratificação do protocolo de intenções;

II – **de direito privado**, mediante o atendimento dos requisitos da legislação civil.

§ 1º O consórcio público com personalidade jurídica de direito público **integra a administração indireta** de todos os entes da Federação consorciados.

§ 2º O consórcio público, com personalidade jurídica de direito público ou privado, observará as normas de direito público no que concerne à realização de licitação, à celebração de contratos, à prestação de contas e à admissão de pessoal, que será regido pela Consolidação das Leis do Trabalho (CLT), aprovada pelo Decreto-lei n. 5.452, de 1º de maio de 1943. (*Redação dada pela Lei n. 13.822, de 2019.*)

f) Uma vez realizado o ajuste entre entes políticos, há a formação de uma PESSOA JURÍDICA, e, como consequência, o consórcio público pode celebrar qualquer tipo de acordo com terceiros: contrato, convênio, consórcio, desde que com entes da mesma espécie.

g) Os consórcios públicos recebem auxílios, subvenções, contribuições sociais e econômicas tanto de entidades do setor público quanto de entidades do setor privado. Nesse sentido o art. 2º, § 1º, da Lei n. 11.107/2005.

h) Se houver previsão no ajuste, o consórcio público poderá PROMOVER DESAPROPRIAÇÕES E INSTITUIR SERVIDÕES, nos termos do art. 2º, § 1º, II, da Lei n. 11.107/2005.

Quem declarará a utilidade pública ou o interesse social será a pessoa competente (chefe do Executivo). O consórcio público só efetiva a desapropriação ou a servidão administrativa.

i) Os consórcio públicos podem emitir papéis de cobrança como dívida ativa e execuções fiscais (art. 2º, § 2º, da Lei n. 11.107/2005).

j) Os consórcios públicos poderão outorgar concessão, permissão ou autorização de obras ou serviços públicos mediante autorização prevista no contrato de consórcio público, que deverá indicar de forma específica o objeto da concessão, permissão ou autorização e as condições a que deverá atender, observada a legislação de normas gerais em vigor (art. 2º, § 3º, da Lei n. 11.107/2005).

k) Os Consórcios sujeitam-se à fiscalização contábil, operacional e patrimonial pelo Tribunal de Contas (art. 9º, parágrafo único, da Lei n. 11.107/2005).

l) A Lei n. 11.107/2005 alterou a Lei de Improbidade Administrativa (Lei n. 8.429/92), introduzindo os incisos XIV e XV no art. 10. Assim, será considerada ato de improbidade administrativa que importa dano ao erário a celebração de qualquer ajuste para a gestão associada sem observância das formalidades da Lei n. 11.107/2005, e a celebração de contrato de rateio de consórcio sem a prévia e suficiente dotação orçamentária ou sem a observância das exigências impostas na lei. A redação dos incisos XIV e XV permaneceu inalterada mesmo com as diversas mudanças introduzidas pela **Lei n. 14.230** em 25 outubro de 2021 na Lei n. 8.429/92.

m) A União poderá celebrar convênios com os consórcios públicos, com o objetivo de viabilizar a descentralização e a prestação de políticas públicas em escalas adequadas. Nestes casos, as exigências legais de regularidade aplicar-se-ão ao próprio consórcio público envolvido, e não aos entes federativos nele consorciados (hipótese incluída pela Lei n. 13.821/2019).

7. CONSIDERAÇÕES FINAIS

O **Decreto n. 9.507, de 21 de setembro de 2018**, dispõe sobre a execução indireta, mediante contratação, de serviços da Administração Pública federal direta, autárquica e fundacional e das empresas públicas e das sociedades de economia mista controladas pela União. Será ato do Ministro de Estado do Planejamento, Desenvolvimento e Gestão que estabelecerá os serviços que serão preferencialmente objeto de execução indireta mediante contratação.

Para a execução indireta de serviços, as contratações deverão ser precedidas de planejamento e o objeto será definido de forma precisa no instrumento convocatório, no projeto básico ou no termo de referência e no contrato como exclusivamente de prestação de serviços.

O que **não pode** ser objeto dessa execução indireta? Vejamos:

ADMINISTRAÇÃO PÚBLICA FEDERAL DIRETA, AUTÁRQUICA E FUNDACIONAL	EMPRESAS PÚBLICAS E SOCIEDADES DE ECONOMIA MISTA CONTROLADAS PELA UNIÃO
Art. 3º do Decreto n. 9.507/2018	Art. 4º do Decreto n. 9.507/2018
Não serão objeto de execução indireta na administração pública federal direta, autárquica e fundacional, os serviços: I – que envolvam a tomada de decisão ou posicionamento institucional nas áreas de planejamento, coordenação, supervisão e controle; II – que sejam considerados estratégicos para o órgão ou a entidade, cuja terceirização possa colocar em risco o controle de processos e de conhecimentos e tecnologias; III – que estejam relacionados ao poder de polícia, de regulação, de outorga de serviços públicos e de aplicação de sanção; e IV – que sejam inerentes às categorias funcionais abrangidas pelo plano de cargos do órgão ou da entidade, exceto disposição legal em contrário ou quando se tratar de cargo extinto, total ou parcialmente, no âmbito do quadro geral de pessoal.	Nas empresas públicas e nas sociedades de economia mista controladas pela União, não serão objeto de execução indireta os serviços que demandem a utilização, pela contratada, de profissionais com atribuições inerentes às dos cargos integrantes de seus Planos de Cargos e Salários, exceto se contrariar os princípios administrativos da eficiência, da economicidade e da razoabilidade, tais como na ocorrência de, ao menos, uma das seguintes hipóteses: I – caráter temporário do serviço; II – incremento temporário do volume de serviços; III – atualização de tecnologia ou especialização de serviço, quando for mais atual e segura, que reduzem o custo ou for menos prejudicial ao meio ambiente; ou IV – impossibilidade de competir no mercado concorrencial em que se insere.

JURISPRUDÊNCIA EM TESES

ENTIDADES DA ADMINISTRAÇÃO PÚBLICA INDIRETA (EDIÇÃO 79)

Aplica-se a prescrição quinquenal do Decreto n. 20.910/32 às empresas públicas e às sociedades de economia mista responsáveis pela prestação de serviços públicos próprios do Estado e que não exploram atividade econômica.	**Acórdãos** **AgRg nos EDcl no REsp 1300567/PR**, Rel. Ministro MAURO CAMPBELL MARQUES, SEGUNDA TURMA, j. 2-6-2015, *DJe* 10-6-2015 **AgRg no REsp 1400238/RN**, Rel. Ministro HERMAN BENJAMIN, SEGUNDA TURMA, j. 5-5-2015, *DJe* 21-5-2015 **AgRg no REsp 1289200/SE**, Rel. Ministro OG FERNANDES, SEGUNDA TURMA, j. 19-3-2015, *DJe* 26-3-2015 **REsp 929758/DF**, Rel. Ministro HUMBERTO MARTINS, SEGUNDA TURMA, j. 7-12-2010, *DJe* 14-12-2010 **REsp 1196158/SE**, Rel. Ministra ELIANA CALMON, SEGUNDA TURMA, j. 19-8-2010, *DJe* 30-8-2010 **AgRg no AgRg no REsp 1075264/RJ**, Rel. Ministro FRANCISCO FALCÃO, PRIMEIRA TURMA, j. 2-12-2008, *DJe* 10-12-2008
Inexiste direito à incorporação de vantagens decorrentes do exercício de cargo em comissão ou função de confiança na administração pública indireta.	**Acórdãos** **EDcl no REsp 818763/DF**, Rel. Ministro ROGERIO SCHIETTI CRUZ, j. 17-12-2013, *DJe* 3-2-2014 **RMS 031061/DF**, Rel. Ministra MARIA THEREZA DE ASSIS MOURA, j. 14-8-2012, *DJe* 22-8-2012 **RMS 019299/PB**, Rel. Ministro ARNALDO ESTEVES LIMA, QUINTA TURMA, j. 12-9-2006, *DJ* 9-10-2006 **RMS 019435/PB**, Rel. Ministra LAURITA VAZ, QUINTA TURMA, j. 16-2-2006, *DJ* 20-3-2006 **RMS 015224/PB**, Rel. Ministro GILSON DIPP, QUINTA TURMA, j. 21-11-2002, *DJ* 16-12-2002 **Decisões Monocráticas** **AREsp 428311/DF**, Rel. Ministra ASSUSETE MAGALHÃES, SEGUNDA TURMA, j. 7-11-2016, publicado em 16-11-2016
As autarquias possuem autonomia administrativa, financeira e personalidade jurídica própria, distinta da entidade política à qual estão vinculadas, razão pela qual seus dirigentes têm legitimidade passiva para figurar como autoridades coatoras em Mandados de Segurança.	**Acórdãos** **REsp 1132423/SP**, Rel. Ministro HERMAN BENJAMIN, SEGUNDA TURMA, j. 11-5-2010, *DJe* 21-6-2010 **AgRg no Ag 800695/DF**, Rel. Ministro PAULO GALLOTTI, j. 11-3-2008, *DJe* 22-4-2008 **REsp 226189/SC**, Rel. Ministra MARIA THEREZA DE ASSIS MOURA, j. 9-11-2006, *DJ* 4-12-2006 **REsp 575671/SC**, Rel. Ministro ARNALDO ESTEVES LIMA, QUINTA TURMA, j. 7-11-2006, *DJ* 27-11-2006

	Decisões Monocráticas **REsp 1522122/RS**, Rel. Ministro FRANCISCO FALCÃO, SEGUNDA TURMA, j. 23-9-2016, publicado em 28-10-2016 **REsp 1262621/CE**, Rel. Ministra REGINA HELENA COSTA, PRIMEIRA TURMA, j. 25-11-2015, publicado em 27-11-2015
As empresas públicas e as sociedades de economia mista prestadoras de serviços públicos possuem legitimidade ativa *ad causam* para a propositura de pedido de suspensão, quando na defesa de interesse público primário.	**Acórdãos** **AgInt no AREsp 916084/BA**, Rel. Ministro BENEDITO GONÇALVES, PRIMEIRA TURMA, j. 15-12-2016, *DJe* 3-2-2017 **AgRg na SLS 002123/BA**, Rel. Ministra LAURITA VAZ, CORTE ESPECIAL, j. 19-10-2016, *DJe* 26-10-2016 **AgRg no AREsp 784604/MG**, Rel. Ministro GURGEL DE FARIA, PRIMEIRA TURMA, j. 3-5-2016, *DJe* 25-5-2016 **AgRg no AREsp 050887/AM**, Rel. Ministro HERMAN BENJAMIN, SEGUNDA TURMA, j. 7-4-2015, *DJe* 12-2-2016 **AgRg no AgRg na SLS 001955/DF**, Rel. Ministro FRANCISCO FALCÃO, CORTE ESPECIAL, j. 18-3-2015, *DJe* 29-4-2015 **AgRg na SLS 001874/SC**, Rel. Ministro FELIX FISCHER, CORTE ESPECIAL, j. 21-5-2014, *DJe* 29-5-2014
A universidade federal, organizada sob o regime autárquico, não possui legitimidade para figurar no polo passivo de demanda que visa à repetição de indébito de valores relativos à contribuição previdenciária por ela recolhidos e repassados à União.	**Acórdãos** **AgInt no REsp 1608984/SP**, Rel. Ministro MAURO CAMPBELL MARQUES, SEGUNDA TURMA, j. 13-9-2016, *DJe* 20-9-2016 **REsp 1518772/PE**, Rel. Ministro HERMAN BENJAMIN, SEGUNDA TURMA, j. 7-4-2015, *DJe* 21-5-2015 **AgRg no REsp 982560/RS**, Rel. Ministro SÉRGIO KUKINA, PRIMEIRA TURMA, j. 16-9-2014, *DJe* 24-9-2014 **AgRg no REsp 1418353/PE**, Rel. Ministro ARNALDO ESTEVES LIMA, PRIMEIRA TURMA, j. 8-4-2014, *DJe* 25-4-2014 **AgRg no AREsp 247598/PE**, Rel. Ministro ARI PARGENDLER, PRIMEIRA TURMA, j. 25-3-2014, *DJe* 8-4-2014 **AgRg no AREsp 182463/RS**, Rel. Ministra ELIANA CALMON, SEGUNDA TURMA, j. 3-9-2013, *DJe* 16-9-2013

Os Conselhos de Fiscalização Profissionais possuem natureza jurídica de autarquia, sujeitando-se, portanto, ao regime jurídico de direito público.	**Acórdãos** **AgInt no REsp 1574059/RS**, Rel. Ministro HERMAN BENJAMIN, SEGUNDA TURMA, j. 16-6-2016, *DJe* 5-9-2016 **AgRg no AREsp 456259/RJ**, Rel. Ministro HUMBERTO MARTINS, SEGUNDA TURMA, j. 25-2-2014, *DJe* 7-3-2014 **REsp 1363163/SP**, Rel. Ministro BENEDITO GONÇALVES, PRIMEIRA SEÇÃO, j. 11-9-2013, *DJe* 30-9-2013 **REsp 1330473/SP**, Rel. Ministro ARNALDO ESTEVES LIMA, PRIMEIRA SEÇÃO, j. 12-6-2013, *DJe* 2-8-2013 **AgRg no AREsp 248000/RJ**, Rel. Ministro NAPOLEÃO NUNES MAIA FILHO, PRIMEIRA TURMA, j. 27-11-2012, *DJe* 30-11-2012 **REsp 1145265/RJ**, Rel. Ministra MARIA THEREZA DE ASSIS MOURA, j. 14-2-2012, *DJe* 21-3-2012
As agências reguladoras podem editar normas e regulamentos no seu âmbito de atuação quando autorizadas por lei.	**Acórdãos** **REsp 1635889/RS**, Rel. Ministro HERMAN BENJAMIN, SEGUNDA TURMA, j. 6-12-2016, *DJe* 19-12-2016 **REsp 1494081/RS**, Rel. Ministro MAURO CAMPBELL MARQUES, SEGUNDA TURMA, j. 1º-12-2015, *DJe* 9-12-2015 **AgRg no REsp 1371426/SC**, Rel. Ministro HUMBERTO MARTINS, SEGUNDA TURMA, j. 17-11-2015, *DJe* 24-11-2015 **AgRg no REsp 1541592/RS**, Rel. Ministra REGINA HELENA COSTA, PRIMEIRA TURMA, j. 15-9-2015, *DJe* 21-9-2015 **REsp 1386994/SC**, Rel. Ministra ELIANA CALMON, SEGUNDA TURMA, j. 5-11-2013, *DJe* 13-11-2013 **REsp 1101040/PR**, Rel. Ministra DENISE ARRUDA, PRIMEIRA TURMA, j. 16-6-2009, *DJe* 5-8-2009
Não é possível a aplicação de sanções pecuniárias por sociedade de economia mista, facultado o exercício do poder de polícia fiscalizatório.	**Acórdãos** **AgInt no AREsp 541532/MG**, Rel. Ministra DIVA MALERBI (DESEMBARGADORA CONVOCADA TRF 3ª REGIÃO), SEGUNDA TURMA, j. 16-8-2016, *DJe* 23-8-2016 **AgRg no AREsp 539558/MG**, Rel. Ministro BENEDITO GONÇALVES, PRIMEIRA TURMA, j. 25-11-2014, *DJe* 3-12-2014

	EDcl no REsp 817534/MG, Rel. Ministro MAURO CAMPBELL MARQUES, SEGUNDA TURMA, j. 25-5-2010, *DJe* 16-6-2010 **Decisões Monocráticas** **AREsp 689441/MG**, Rel. Ministro HERMAN BENJAMIN, SEGUNDA TURMA, j. 30-11-2015, publicado em 5-2-2016

PARA GABARITAR

a) A distribuição de competências entre os órgãos de uma mesma pessoa jurídica denomina-se desconcentração, podendo ocorrer em razão da matéria, da hierarquia ou por critério territorial.

b) O poder normativo das agências reguladoras, cujo objetivo é atender à necessidade crescente de normatividade baseada em questões técnicas com mínima influência política, deve estar amparado em fundamento legal.

c) Embora as autarquias não estejam hierarquicamente subordinadas à Administração Pública Direta, seus bens são impenhoráveis e seus servidores estão sujeitos à vedação de acumulação de cargos e funções públicas.

d) As decisões das agências reguladoras federais estão sujeitas à revisão ministerial, inclusive por meio de recurso hierárquico impróprio.

e) Em virtude do princípio da reserva legal, a criação dos entes integrantes da Administração Indireta depende de lei específica.

8. ENUNCIADOS DA JORNADA DE DIREITO ADMINISTRATIVO

I JORNADA	IDs	ENUNCIADOS APROVADOS NA PLENÁRIA
8	2382	O exercício da função social das empresas estatais é condicionado ao atendimento da sua finalidade pública específica e deve levar em conta os padrões de eficiência exigidos das sociedades empresárias atuantes no mercado, conforme delimitações e orientações dos §§ 1º a 3º do art. 27 da Lei n. 13.303/2016.
13	2475	As empresas estatais são organizações públicas pela sua finalidade, portanto, submetem-se à aplicabilidade da Lei n. 12.527/2011 "Lei de Acesso à Informação", de acordo com o art. 1º, parágrafo único, II, não cabendo a decretos e outras normas infralegais estabelecer outras restrições de acesso a informações não previstas na Lei.

14	2497	A demonstração da existência de relevante interesse coletivo ou de imperativo de segurança nacional, descrita no parágrafo 1º do art. 2º da Lei n. 13.303/2016, será atendida por meio do envio ao órgão legislativo competente de estudos/documentos (anexos à exposição de motivos) com dados objetivos que justifiquem a decisão pela criação de empresa pública ou de sociedade de economia mista cujo objeto é a exploração de atividade econômica.
17	2971	Os contratos celebrados pelas empresas estatais, regidos pela Lei n. 13.303/2016, não possuem aplicação subsidiária da Lei n. 8.666/93. Em casos de lacuna contratual, aplicam-se as disposições daquela Lei e as regras e os princípios de direito privado.
22	2908	A participação de empresa estatal no capital de empresa privada que não integra a Administração Pública enquadra-se dentre as hipóteses de "oportunidades de negócio" prevista no art. 28, § 4º, da Lei n. 13.303/2016, devendo a decisão pela referida participação observar os ditames legais e os regulamentos editados pela empresa estatal a respeito desta possibilidade.
24	2951	Viola a legalidade o regulamento interno de licitações e contratos editado por empresa estatal de qualquer ente da federação que estabelece prazo inferior ao previsto no art. 83, § 2º, da Lei Federal n. 13.303/2016, referente à apresentação de defesa prévia no âmbito de processo administrativo sancionador.
25	2503	A ausência de tutela a que se refere o art. 3º, *caput*, da Lei n. 13.848/2019 impede a interposição de recurso hierárquico impróprio contra decisões finais proferidas pela diretoria colegiada das agências reguladoras, ressalvados os casos de previsão legal expressa e assegurada, em todo caso, a apreciação judicial, em atenção ao disposto no art. 5º, XXXV, da Constituição Federal.
27	2830	A contratação para celebração de oportunidade de negócios, conforme prevista pelo art. 28, § 3º, II, e § 4º da Lei n. 13.303/2016 deverá ser avaliada de acordo com as práticas do setor de atuação da empresa estatal. A menção à inviabilidade de competição para concretização da oportunidade de negócios deve ser entendida como impossibilidade de comparação objetiva, no caso das propostas de parceria e de reestruturação societária e como desnecessidade de procedimento competitivo, quando a oportunidade puder ser ofertada a todos os interessados.

29	2621	A Administração Pública pode promover comunicações formais com potenciais interessados durante a fase de planejamento das contratações públicas para a obtenção de informações técnicas e comerciais relevantes à definição do objeto e elaboração do projeto básico ou termo de referência, sendo que este diálogo público- privado deve ser registrado no processo administrativo e não impede o particular colaborador de participar em eventual licitação pública, ou mesmo de celebrar o respectivo contrato, tampouco lhe confere a autoria do projeto básico ou termo de referência.
30	2912	A "inviabilidade de procedimento competitivo" prevista no art. 28, § 3º, II, da Lei n. 13.303/2016 não significa que, para a configuração de uma oportunidade de negócio, somente poderá haver apenas um interessado em estabelecer uma parceria com a empresa estatal. É possível que, mesmo diante de mais de um interessado, esteja configurada a inviabilidade de procedimento competitivo.
32	2776	É possível a contratação de seguro de responsabilidade civil aos administradores de empresas estatais, na forma do art. 17, § 1º, da Lei Federal n. 13.303/2016, a qual não abrangerá a prática de atos fraudulentos de favorecimento pessoal ou práticas dolosas lesivas à companhia e ao mercado de capitais.
38	2829 e 2811 (Aglutinados)	A realização de Análise de Impacto Regulatório (AIR) por órgãos e entidades da administração pública federal deve contemplar a alternativa de não regulação estatal ou desregulação, conforme o caso.
39	2968 e 2842 (Aglutinados)	A indicação e a aceitação de árbitros pela Administração Pública não dependem de seleção pública formal, como concurso ou licitação, mas devem ser objeto de fundamentação prévia e por escrito, considerando os elementos relevantes.
40	2569	Nas ações indenizatórias ajuizadas contra a Fazenda Pública aplica- se o prazo prescricional quinquenal previsto no Decreto n. 20.910/32 (art. 1º), em detrimento do prazo trienal estabelecido no Código Civil de 2002 (art. 206, § 3º, V), por se tratar de norma especial que prevalece sobre a geral.

9. CONTEÚDO DIGITAL

Acesse também pelo *link*: https://somos.in/MDADM9

Capítulo V

Terceiro Setor, Entidades Paraestatais ou Entes de Cooperação

1. INTRODUÇÃO

A terminologia entidades "paraestatais ou parestatal" significa: "ao lado de", "lado a lado" com o Estado. Esse termo foi empregado pela primeira vez no direito italiano (Decreto-lei de 1924) e indica a existência de certos entes paraestatais ao lado das Autarquias.

Mas quem seriam essas entidades paralelas ao Estado? O que seria o denominado terceiro setor?

O **primeiro setor** é o ESTADO, cuja finalidade é a prestação de serviços públicos ou a prestação de atividades de interesse público, sem finalidade lucrativa.

O **segundo setor** é o MERCADO, pertencente à iniciativa privada e com finalidades lucrativas.

E, por fim, **o terceiro setor** – tema de estudo deste capítulo.

2. CARACTERÍSTICAS DO TERCEIRO SETOR

a) Composto por entidades da sociedade civil (entidades privadas instituídas por particulares) que desempenham serviços não exclusivos do Estado, e em colaboração com o Estado.

b) São entidades que têm por escopo a busca de um fim público, pois desempenham atividades de interesse público, v.g., entidades de amparo aos hipossuficientes, assistência social, formação profissional.

c) São entidades sem fins lucrativos.

d) São entidades que recebem subvenções e auxílios **(fomento)** por parte do Estado.

e) São entidades sujeitas a controle pela Administração Pública e pelo Tribunal de Contas.

f) Para essas entidades serem fomentadas pelo Estado precisam atender certos requisitos legais.
g) Possuem um regime jurídico predominantemente de direito privado, derrogado parcialmente por normas de direito público.
h) Essas entidades são:

   h.1) ORGANIZAÇÕES SOCIAIS (OS);

   h.2) ORGANIZAÇÕES DA SOCIEDADE CIVIL DE INTERESSE PÚBLICO (OSCIP).

   h.3) ENTIDADES DE APOIO (EA);

   h.4) SERVIÇOS SOCIAIS AUTÔNOMOS (SSA).

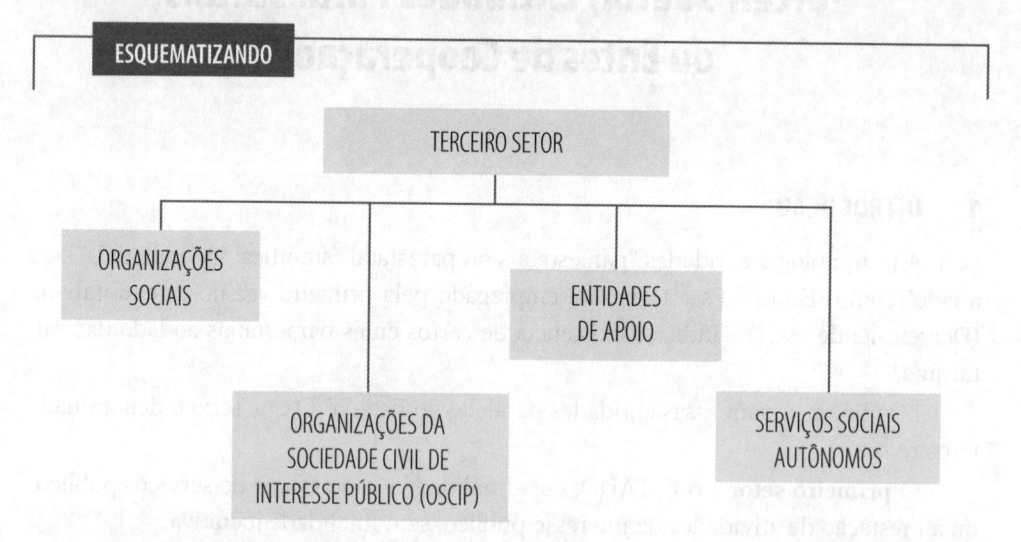

ESQUEMATIZANDO

TERCEIRO SETOR
- ORGANIZAÇÕES SOCIAIS
- ORGANIZAÇÕES DA SOCIEDADE CIVIL DE INTERESSE PÚBLICO (OSCIP)
- ENTIDADES DE APOIO
- SERVIÇOS SOCIAIS AUTÔNOMOS

3. ORGANIZAÇÕES SOCIAIS

O Governo Federal pretendia uma verdadeira reforma do Estado e então aprovou o PDRAE (Plano Diretor da Reforma do Aparelho Estatal).

O PDRAE autorizou o chamado "PROGRAMA NACIONAL DE PUBLICIZAÇÃO", que autorizou o Poder Executivo a transferir a execução de serviços públicos e a gestão de bens e pessoal públicos para entidades especialmente qualificadas como ORGANIZAÇÕES SOCIAIS.

Assim, as atividades que até então eram prestadas pelo Poder Público (em regime publicístico) passariam a ser prestadas em regime jurídico de direito privado, parcialmente derrogado por normas de direito público, pelas organizações sociais.

3.1 Características

a) São entidades privadas, portanto com personalidade jurídica de direito privado e regulamentadas, em âmbito federal, pela Lei n. 9.637/98.

b) Não têm fins lucrativos.

c) Celebram com o Poder Público um contrato de gestão, contrato este que fixará os termos da parceria, como as atividades a serem desenvolvidas pela entidade e a colaboração que será oferecida pelo Estado.

d) Qualquer irregularidade apurada nas organizações sociais deve ser comunicada ao Tribunal de Contas, sob pena de responsabilização do agente fiscalizador, nos termos do art. 10 da Lei n. 9.637/98.

e) As organizações sociais desempenham serviços públicos de natureza social (serviço público não exclusivo do Estado), tais como ensino, pesquisa científica, desenvolvimento tecnológico, proteção e preservação do meio ambiente, cultura, saúde.

f) São fomentadas e incentivadas pelo Poder Público. O incentivo opera-se de diversas formas:

f.1) recebimento de recursos orçamentários;

f.2) permissão de uso;

f.3) dispensa de licitação[1] nos contratos celebrados entre a Administração Pública e a organização social quanto à prestação de serviços públicos nos termos do art. 24, XXIV, da Lei n. 8.666/93;

Para complementar: Na ADI 1.923, o PT (Partido dos Trabalhadores) e o PDT (Partido Democrático Trabalhista) questionam a Lei n. 9.637/98, a criação do Programa Nacional de Publicização e o art. 24, XXIV, da Lei n. 8.666/93.

Seria constitucional a dispensa de realização de licitação para a celebração de contratos de gestão firmados entre o Poder Público e as organizações sociais para a prestação de serviços públicos de ensino, pesquisa científica, desenvolvimento tecnológico, proteção e preservação do meio ambiente, cultura e saúde?

Em **16 de abril de 2015**, a **ADI 1.923 foi definitivamente julgada**. O STF decidiu pela validade da prestação de serviços públicos não exclusivos por organizações sociais em parceria com o Poder Público e fixou que esse convênio do Poder Público com organizações sociais deve seguir **critérios objetivos, ser conduzido de forma pública e impessoal**, tudo de forma a serem observados os princípios que regem a atuação da Administração Pública. "As entidades sociais e as do Sistema 'S' são financiadas de alguma forma por recursos públicos", e, quando há dinheiro público envolvido, deve haver obrigatoriamente prestação de contas – ressaltou o Min. Teori Zavascki.

O Min. Gilmar Mendes salientou que, muito embora os recursos continuem sendo públicos, é necessário **controle** por Tribunal de Contas e fiscalização pelo Ministério Público: "Deve-se buscar um novo modelo de Administração que possa se revelar mais eficiente do que o tradicional, mas sob os controles do Estado".

---

[1] Na **Lei n. 14.133/2021**, os casos de dispensa de licitação estão previstos no art. 75.

Ainda, o Min. Ricardo Lewandowski considerou que tais organizações são dotadas de capacidade para agilizar a prestação de serviço público, desde que respeitem os princípios da Administração Pública: "Em uma República, qualquer empresa, pública ou privada, e qualquer indivíduo deve prestar contas".

O Min. Celso de Mello observou a ineficácia do perfil burocrático da Administração Pública e ressaltou a necessidade de redefinição do papel estatal com o intuito de "viabilizar políticas públicas em áreas que se mostra ausente o próprio Estado".

Por fim, o Min. Luiz Fux salientou que "o texto constitucional é expresso em afirmar que será válida a atuação indireta por meio do fomento como faz com setores particularmente sensíveis, como por exemplo, a saúde no art. 199, § 2º, a educação no art. 213, mas que se estende por identidade de razões a todos os serviços sociais [...], cabe aos agentes democraticamente eleitos a definição da proporção entre a atuação direta e a indireta desde que, por qualquer modo, o resultado constitucionalmente fixado – a prestação dos serviços sociais – seja alcançado".

    f.4) destinação de bens necessários ao cumprimento do contrato de gestão;

    f.5) cessão especial de servidor público, com ônus para o governo (art. 14 da Lei n. 9.637/98). O governo cede seu servidor para atuar nas organizações sociais com a incumbência de pagamento de seus vencimentos.

g) São exemplos de organizações sociais algumas Santas Casas de Misericórdia (hospitais privados filantrópicos).

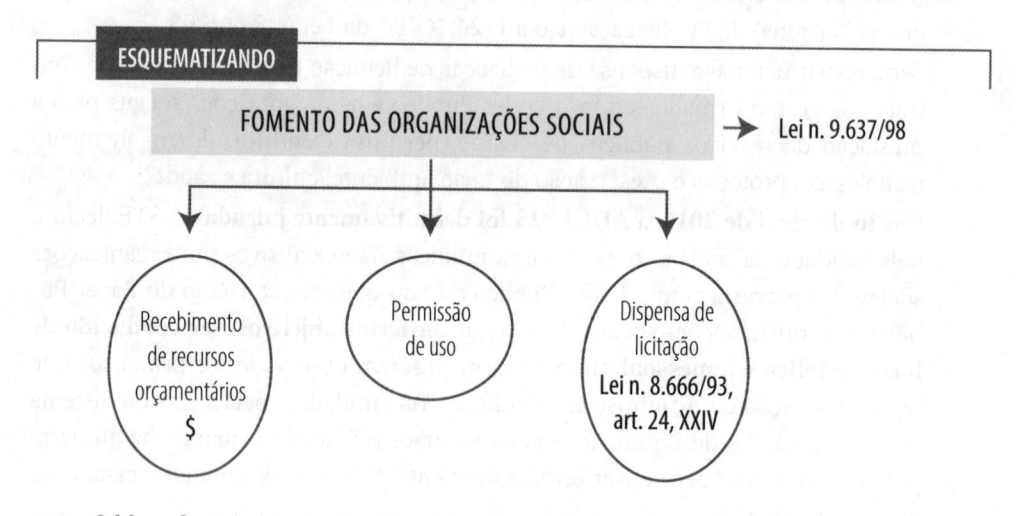

ESQUEMATIZANDO

FOMENTO DAS ORGANIZAÇÕES SOCIAIS → Lei n. 9.637/98

- Recebimento de recursos orçamentários $
- Permissão de uso
- Dispensa de licitação Lei n. 8.666/93, art. 24, XXIV

3.2 Críticas doutrinárias ao instituto das organizações sociais

a) O art. 2º da Lei n. 9.637/98 estabelece que a qualificação como organização social é ATO DISCRICIONÁRIO, já que é necessária a aprovação conjunta do Ministério ou titular de órgão supervisor ou regulador da área de atividade correspondente ao seu objeto social e do Ministério do Estado da Administração Federal e reforma do Estado. Ora, diante da imensa subjetividade atribuída aos Ministérios, essa determinação legal beiraria a inconstitucionalidade por ofensa ao Princípio da Impessoalidade. Deveria existir uma QUALIFICAÇÃO VINCULADA com requisitos claros, precisos e objetivos a serem preenchidos pelas entidades particulares que pretendem o título.

Esse alto grau de subjetividade, aliado às previsões de uso de bens públicos, cessão de servidores públicos, recebimento de dotações orçamentárias, dispensa de licitação e juízo discricionário (conveniência e oportunidade) para recebimento do título, viola frontalmente o Princípio da Impessoalidade.

b) No caso de criação de "entidades de fins filantrópicos", a lei exige prazo de três anos de funcionamento. Para as organizações sociais não há previsão nesse sentido, de forma que não precisam comprovar os serviços realizados, garantias, tempo mínimo de existência ou capital próprio.

JURISPRUDÊNCIA

- **ORGANIZAÇÕES SOCIAIS E CONTRATO DE GESTÃO – 1**

O Plenário iniciou julgamento de ação direta de inconstitucionalidade ajuizada pelo Partido dos Trabalhadores – PT e pelo Partido Democrático Trabalhista – PDT contra a Lei n. 9.637/98 – que dispõe sobre a qualificação como organizações sociais de pessoas jurídicas de direito privado, a criação do Programa Nacional de Publicização, a extinção dos órgãos e entidades que mencionam, a absorção de suas atividades por organizações sociais, e dá outras providências – e contra o inciso XXIV do art. 24 da Lei n. 8.666/93, com a redação dada pelo art. 1º da Lei n. 9.648/98, que autoriza a celebração de contratos de prestação de serviços com organizações sociais, sem licitação. O Min. Ayres Britto, relator, julgou parcialmente procedente o pedido para declarar a inconstitucionalidade das seguintes expressões e dispositivos da Lei n. 9.637/98: da expressão *"quanto à conveniência e oportunidade de sua qualificação como organização social"*, contida no inciso II do art. 2º; da expressão *"com recursos provenientes do contrato de gestão, ressalvada a hipótese de adicional relativo ao exercício de função temporária de direção e assessoria"*, constante do § 2º do art. 14; dos arts. 18 a 22, com modulação dos efeitos da decisão no sentido de que as organizações sociais que "absorveram" atividades de entidades públicas extintas até a data do julgamento deverão continuar prestando os respectivos serviços. Deu, ainda, aos arts. 5º, 6º e 7º do mesmo diploma e ao inciso XXIV do art. 24 da Lei n. 8.666/93, interpretação conforme a Constituição, para deles afastar qualquer entendimento excludente da realização de um peculiar processo competitivo público e objetivo para: a) a qualificação de entidade privada como organização social; b) a celebração de "contrato de gestão". ADI 1.923/DF, rel. Min. Ayres Britto, j. 31-3-2011.

- **ORGANIZAÇÕES SOCIAIS E CONTRATO DE GESTÃO – 2**

O relator, após fazer um apanhado sobre os preceitos constitucionais relativos ao regime dos serviços públicos, consignou a possibilidade de prestação não estatal. Ressaltou que os serviços prestados tanto pelo setor público – diretamente ou sob regime de concessão, permissão ou autorização – quanto os prestados pela iniciativa privada possuiriam natureza pública, uma vez que o serviço não se despublicizaria pelo fato do transpasse de sua prestação ao setor privado. No tocante às atividades de senhorio misto, realçou que teriam natureza pública, se prestadas pelo próprio Estado ou em parceria com o setor privado e, se desempenhadas exclusivamente pelo setor privado, seriam definidas como atividades ou serviços de relevância pública (CF, arts. 129, II, e 197). Tendo em conta esse contexto normativo, concluiu que os particulares poderiam desempenhar atividades que também corresponderiam a deveres do

Estado, mas que não seriam exclusivamente públicas, a exemplo da cultura, saúde, ciência e tecnologia, educação e do meio ambiente. Aduziu que tais atividades seriam passíveis de financiamento público e sob a cláusula da atuação apenas complementar do setor público. ADI 1.923/DF, rel. Min. Ayres Britto, j. 31-3-2011.

- **ORGANIZAÇÕES SOCIAIS E CONTRATO DE GESTÃO – 3**

Assim, reputou inconstitucional o chamado "Plano Nacional de Publicização" previsto na lei impugnada, haja vista que, na realidade, tratar-se-ia de um programa de privatização. Explicou, no ponto, que órgãos e entidades públicos seriam extintos ou desativados e todos os seus bens, servidores e recursos orçamentários seriam repassados à gestão das organizações sociais. Reiterou que a Constituição determina, quanto aos serviços estritamente públicos, que o Estado os preste diretamente ou sob regime de concessão, permissão ou autorização. Dessa forma, expôs que os arts. 18 a 22 da Lei n. 9.637/98 – ao estabelecerem um mecanismo pelo qual o Estado poderia transferir para a iniciativa privada toda a prestação de serviços públicos de saúde, educação, meio ambiente, cultura, ciência e tecnologia – autorizariam o Estado a abdicar da prestação de serviços dos quais ele não poderia se demitir, sem que configurasse terceirização de funções que lhe seriam típicas. Relembrou que organização social não seria pessoa integrante da Administração Pública e que, se permitida tal "absorção", o Estado passaria a exercer, nos serviços públicos, o mesmo papel que desempenha na atividade econômica: o de agente indutor, fiscalizador e regulador, em frontal descompasso com a vontade objetiva da Constituição. De outro lado, não vislumbrou mácula no mecanismo de parceria entre o Estado e os particulares relativamente aos serviços enumerados no art. 1º da lei questionada, dado que não seriam exclusivos do Estado. ADI 1.923/DF, rel. Min. Ayres Britto, j. 31-3-2011.

- **ORGANIZAÇÕES SOCIAIS E CONTRATO DE GESTÃO – 4**

Assinalou que o "contrato de gestão" firmado com tais entidades consistiria, em linhas gerais, em convênio, caracterizado por interesses recíprocos e convergentes. Portanto, em princípio, considerou desnecessária a realização de processo licitatório para a sua celebração e, em consequência, constitucional o inciso XXIV do art. 24 da Lei n. 8.666/93. Entretanto, o relator ressalvou que isso: a) não afastaria o dever de abertura de processo administrativo que demonstrasse, objetivamente, em que o regime da parceria com a iniciativa privada se revelaria como de superior qualidade diante da atuação isolada ou solitária do próprio Estado enquanto titular da atividade em questão; b) não liberaria a Administração da rigorosa observância dos princípios constitucionais da publicidade, da moralidade, da impessoalidade, da eficiência e da garantia de um processo objetivo e público para a qualificação das entidades como organizações sociais e sua específica habilitação para determinado "contrato de gestão"; c) não prescindiria de motivação administrativa quanto à seleção de uma determinada pessoa privada, se houver outra com idêntica pretensão de emparceiramento com o Poder Público; d) não dispensaria os mecanismos de controle interno e externo sobre o serviço ou atividade em regime de parceria com a iniciativa privada. Salientou, em suma, que se deveria proceder a um chamamento público, com regras objetivas, a fim de se convocar, dentre as organizações sociais com atuação na área, aquela com maior aptidão para realizar a atividade pretendida. ADI 1.923/DF, rel. Min. Ayres Britto, j. 31-3-2011.

- **ORGANIZAÇÕES SOCIAIS E CONTRATO DE GESTÃO – 5**

Reconheceu a inconstitucionalidade do fraseado *"quanto à conveniência e oportunidade de sua qualificação como organização social"*, inserto no inciso II do art. 2º da Lei n. 9.637/98. E no que tange ao contrato de gestão (arts. 5º a 7º), explicitou, via interpretação conforme a Constituição, que a ausência de um processo público e objetivo para a celebração do "contrato de gestão" – não, necessariamente, de um processo licitatório –, implicaria ofensa aos princípios da legalidade, impessoalidade, moralidade, publicidade, eficiência, economicidade e isonomia. Rejeitou, ademais, as alegações de inconstitucionalidade dos incisos V, VII e VIII do art. 4º, do inciso II do art. 7º e do art. 14, todos da lei adversada. Destacou que as organizações sociais não se caracterizariam como parcela da Administração Pública e que seus diretores e empregados não seriam servidores ou empregados públicos. Por conseguinte, mesmo sujeitas a procedimento impessoal na seleção dos empregados e na fixação dos respectivos salários, não haveria que se falar em concurso público ou remuneração fixada por lei. Evidenciou que o mesmo entendimento, contudo, não seria aplicável aos servidores públicos cedidos (Lei n. 9.637/98, art. 14), sendo inconstitucional o § 1º do art. 14 dessa lei, atinente a cessão especial *"com ônus para a origem"*, na parte em que permitiria à pessoa jurídica privada pagar vantagem pecuniária a servidor público, sem que lei específica o autorizasse. Acrescentou que a parte final do § 2º do mesmo artigo, ao prever o pagamento de *"adicional relativo ao exercício de função temporária de direção e assessoria"* com recursos públicos, além de afrontar o inciso X do art. 37 da CF, vulneraria o § 1º de seu art. 169. Nesse sentido, julgou inconstitucional a expressão *"com recursos provenientes do contrato de gestão, ressalvada a hipótese de adicional relativo ao exercício de função temporária de direção e assessoria"*, disposta no § 2º do art. 14 da Lei n. 9.637/98. Por essa razão e por ficar vedado o pagamento pela organização social de qualquer vantagem pecuniária a servidor público cedido, declarou a inconstitucionalidade, por arrastamento, do § 1º do mesmo art. 14. Por fim, propôs a modulação dos efeitos da decisão de inconstitucionalidade quanto aos arts. 18 a 22 da lei vergastada ao fundamento de que esta vigoraria há mais de 12 anos, que a Corte teria indeferido o pedido de medida cautelar e que não seria razoável a desconstituição de situações de fato que adquiriram contornos de extratificação. Após, pediu vista dos autos o Min. Luiz Fux. ADI 1.923/DF, rel. Min. Ayres Britto, j. 31-3-2011.

- **ORGANIZAÇÕES SOCIAIS E CONTRATO DE GESTÃO – 6**
O Plenário retomou julgamento de ação direta de inconstitucionalidade ajuizada pelo Partido dos Trabalhadores – PT e pelo Partido Democrático Trabalhista – PDT contra a Lei n. 9.637/98 – que dispõe sobre a qualificação como organizações sociais de pessoas jurídicas de direito privado, a criação do Programa Nacional de Publicização, a extinção dos órgãos e entidades que mencionam, a absorção de suas atividades por organizações sociais, e dá outras providências – e contra o inciso XXIV do art. 24 da Lei n. 8.666/93, com a redação dada pelo art. 1º da Lei n. 9.648/98, que autoriza a celebração de contratos de prestação de serviços com organizações sociais, sem licitação – v. *Informativo 621*. Em voto-vista, o Min. Luiz Fux julgou parcialmente procedente o pedido, para conferir interpretação conforme a Constituição aos preceitos impugnados. Nesse sentido, reputou que o procedimento de qualificação como organização social deveria ser conduzido com observância dos princípios do *caput* do art. 37 da CF e de acordo com parâmetros fixados em abstrato segundo o que prega o art. 20 da Lei n. 9.637/98 (*"Será criado, mediante decreto do Poder Executivo, o Programa Nacional de Publicização – PNP, com o objetivo de estabelecer diretrizes e critérios para a qualificação de organizações sociais, a fim de assegurar a absorção de atividades desenvolvidas por entidades ou órgãos públicos da União, que atuem nas atividades referidas no art. 1º, por organizações sociais, qualificadas na forma desta Lei, observadas as seguintes diretrizes: I – ênfase no atendimento do cidadão-cliente; II – ênfase nos resultados, qualitativos e quantitativos nos prazos pactuados; III – controle social das ações de forma transparente"*). Afirmou, também, que a celebração do contrato de gestão conduzir-se-ia conforme os mesmos

postulados constitucionais, assim como as hipóteses de dispensa de licitação para contratações (Lei n. 8.666/93, art. 24, XXIV) e outorga de uso de bem público (Lei n. 9.637/98: "*Art. 12.* Às organizações sociais poderão ser destinados recursos orçamentários e bens públicos necessários ao cumprimento do contrato de gestão... § 3º Os bens de que trata este artigo serão destinados às organizações sociais, dispensada licitação, mediante permissão de uso, consoante cláusula expressa do contrato de gestão"). No que se refere aos contratos a serem celebrados pela organização social com terceiros, com recursos públicos, e à seleção de pessoal por essas entidades, aduziu a necessidade de serem realizados de acordo com o art. 37, *caput*, da CF e nos termos de regulamento próprio a ser editado por cada uma delas. Por fim, ressaltou o afastamento de qualquer interpretação capaz de restringir o controle, pelo Ministério Público e pelo Tribunal de Contas da União, da aplicação de verbas públicas. Após, pediu vista o Min. Marco Aurélio. ADI 1.923/DF, rel. Min. Ayres Britto, j. 19-5-2011 (*Informativo STF 627*).

- **LEI N. 9.637/98: ORGANIZAÇÕES SOCIAIS – 3**

O Tribunal retomou julgamento de medida cautelar em ação direta de inconstitucionalidade ajuizada pelo Partido dos Trabalhadores – PT e pelo Partido Democrático Trabalhista – PDT contra a Lei n. 9.637/98 – que dispõe sobre a qualificação como organizações sociais de pessoas jurídicas de direito privado, a criação do Programa Nacional de Publicização, a extinção dos órgãos e entidades que mencionam, a absorção de suas atividades por organizações sociais, e dá outras providências –, e contra o inciso XXIV do art. 24 da Lei n. 8.666/93, com a redação dada pelo art. 1º da Lei n. 9.648/98, que autoriza a celebração de contratos de prestação de serviços com organizações sociais, sem licitação – v. *Informativos 156 e 421*. Em voto-vista, o Min. Eros Grau divergiu do relator e deferiu a cautelar para suspender a eficácia do disposto no art. 1º da Lei n. 9.648/98 e nos arts. 5º, 11 a 15 e 20 da Lei n. 9.637/98. Inicialmente, não obstante o longo tempo de vigência dos preceitos impugnados, reputou presente o *periculum in mora* e asseverou que os agentes econômicos privados já estariam autorizados a explorar, em nome próprio, atividades relacionadas às áreas referidas na Lei n. 9.637/98, independentemente do advento dessa lei, ressaltando que educação e saúde consubstanciam serviço público. Entendeu, entretanto, inexistir razão a justificar a celebração de contrato de gestão com as organizações sociais, bem como a destinação de recursos orçamentários, de bens públicos móveis e imóveis e de cessão especial de servidores, com ônus para a origem, tal como previsto na Lei n. 9.637/98, tudo em aparente ofensa ao princípio da licitação. Assim, considerou a manifesta inconstitucionalidade do art. 24, XXIV, da Lei n. 8.666/93, com a redação dada pelo art. 1º da Lei n. 9.648/98; o art. 5º da Lei n. 9.637/98, na medida em que coloca sob indefinido e difuso regime de parceria o cumprimento de funções do Estado; o art. 20, que prevê a criação do Programa Nacional de Publicização, o qual consistiria na privatização de funções estatais, sob pena de violação aos arts. 1º, 3º, 215, 218 e 225 da CF. Concluiu, ainda, que os preceitos veiculados pelos arts. 1º a 4º, 7º a 11 e 16 a 19 tornar-se-iam inócuos com a suspensão liminar dos efeitos dos artigos cuja inconstitucionalidade parece irrefutável e que os arts. 21 a 23, estariam, à primeira vista, dotados de efeitos concretos, a inviabilizar a sua apreciação na via eleita. ADI 1.923 MC/DF, rel. Min. Ilmar Galvão, j. 2-2-2007.

- **LEI N. 9.637/98: ORGANIZAÇÕES SOCIAIS – 4**

O Min. Ricardo Lewandowski, tendo em conta que a lei impugnada está em vigor desde maio de 1998, ressaltou que o *periculum in mora* se inverteria e militaria em favor das entidades já constituídas e, por sua vez, deferiu parcialmente a cautelar somente em relação ao art. 1º da Lei n. 9.648/98 para declarar que, a partir de agora, as organizações sociais instituídas estão obrigadas a licitar quando forem prestar serviços para a Administração Pública. O Min. Joaquim Barbosa acompanhou o voto do Min. Eros Grau, com as achegas do voto do Min. Ricardo

Lewandowski. Após o voto do Min. Sepúlveda Pertence, que seguia o voto do relator no tocante aos serviços de saúde, o julgamento foi suspenso com o pedido de vista do Min. Gilmar Mendes. Não participam da votação em relação ao art. 1º da Lei n. 9.637/98 os Ministros Joaquim Barbosa e Gilmar Mendes por sucederem aos Ministros Moreira Alves e Néri da Silveira, que já proferiram votos e, também, não votam os Ministros Cármen Lúcia e Carlos Britto, por sucederem aos Ministros Nelson Jobim e Ilmar Galvão. ADI 1.923 MC/DF, rel. Min. Ilmar Galvão, j. 2-2-2007 (*Informativo STF 454*).

- **LEI N. 9.637/98: ORGANIZAÇÕES SOCIAIS – 5**

   Em conclusão de julgamento, o Tribunal, por maioria, indeferiu medida cautelar em ação direta de inconstitucionalidade ajuizada pelo Partido dos Trabalhadores – PT e pelo Partido Democrático Trabalhista – PDT contra a Lei n. 9.637/98 – que dispõe sobre a qualificação como organizações sociais de pessoas jurídicas de direito privado, a criação do Programa Nacional de Publicização, a extinção dos órgãos e entidades que mencionam, a absorção de suas atividades por organizações sociais, e dá outras providências –, e contra o inciso XXIV do art. 24 da Lei n. 8.666/93, com a redação dada pelo art. 1º da Lei n. 9.648/98, que autoriza a celebração de contratos de prestação de serviços com organizações sociais, sem licitação – v. *Informativos 156, 421 e 454*. Entendeu-se inexistir, à primeira vista, incompatibilidade da norma impugnada com CF. Quanto ao art. 1º da Lei n. 9.637/98, que autoriza o Poder Executivo a qualificar como organizações sociais pessoas jurídicas de direito privado, sem fins lucrativos, cujas atividades sejam dirigidas ao ensino, à pesquisa científica, ao desenvolvimento tecnológico, à proteção e preservação do meio ambiente, à cultura e à saúde, considerou-se que a Constituição Federal não impôs ao Estado o dever de prestar tais atividades por meio de órgãos ou entidades públicas, nem impediu que elas fossem desempenhadas por entidades por ele constituídas para isso, como são as organizações sociais. ADI 1.923 MC/DF, rel. orig. Min. Ilmar Galvão, rel. p/ o acórdão Min. Eros Grau, j. 1º-8-2007.

- **LEI N. 9.637/98: ORGANIZAÇÕES SOCIAIS – 6**

   O Min. Gilmar Mendes, em voto-vista, nesta assentada, também indeferindo a liminar, asseverou que a Lei n. 9.637/98 institui um programa de publicização de atividades e serviços não exclusivos do Estado, transferindo-os para a gestão desburocratizada a cargo de entidades de caráter privado e, portanto, submetendo-os a um regime mais flexível, dinâmico e eficiente. Ressaltou que a busca da eficiência dos resultados, mediante flexibilização de procedimentos, justifica a implementação de um regime especial, regido por regras que respondem a racionalidades próprias do direito público e do direito privado. Registrou, ademais, que esse modelo de gestão pública tem sido adotado por diversos Estados-membros e que as experiências demonstram que a Reforma da Administração Pública tem avançado de forma promissora. Acompanharam os fundamentos acrescentados pelo Min. Gilmar Mendes os Ministros Celso de Mello e Sepúlveda Pertence. O Min. Eros Grau, tendo em conta a força dos fatos e da realidade trazida no voto do Min. Gilmar Mendes, mas sem aderir às razões de mérito deste, reformulou o voto proferido na sessão de 2-2-2007. Vencidos o Min. Joaquim Barbosa, que deferia a cautelar para suspender a eficácia dos arts. 5º, 11 a 15 e 20 da Lei n. 9.637/98, e do inciso XXIV do art. 24 da Lei n. 8.666/93, com a redação dada pelo art. 1º da Lei n. 9.648/98; o Min. Marco Aurélio, que também deferia a cautelar para suspender os efeitos dos arts. 1º, 5º, 11 a 15, 17 e 20 da Lei n. 9.637/98, bem como do inciso XXIV do art. 24 da Lei n. 8.666/93, na redação do art. 1º da Lei n. 9.648/98; e o Min. Ricardo Lewandowski, que deferia a cautelar somente com relação ao inciso XXIV do art. 24 da Lei n. 8.666/93, na redação do art. 1º da Lei n. 9.648/98. Leia o inteiro teor do voto-vista do Min. Gilmar na seção Transcrições deste *Informativo*. ADI 1.923 MC/DF, rel. orig. Min. Ilmar Galvão, rel. p/ o acórdão Min. Eros Grau, j. 1º-8-2007 (*Informativo STF 474*).

4. ORGANIZAÇÃO DA SOCIEDADE CIVIL DE INTERESSE PÚBLICO (OSCIPS)

Na esfera federal a matéria está prevista na Lei n. 9.790/99, regulamentada pelo Decreto n. 3.100/99.

Estão proibidas de requerer o qualificativo de organização da sociedade civil de interesse público: a) fundações públicas; b) entidades religiosas; c) associações de classe representantes de certas categorias profissionais; d) partidos políticos; e) entidades privadas que já possuam o qualificativo de organizações sociais.

4.1 Características

a) São pessoas jurídicas de direito privado.

b) Não possuem fins lucrativos (conforme estabelece o art. 1º, § 1º, da Lei n. 9.790/99).

c) São instituídas por iniciativa dos particulares, desde que preenchidos alguns requisitos (que objetivam evitar a existência de entidades fantasmas, nos termos do art. 5º, III e IV, da Lei n. 9.790/99):

  c.1) balanço patrimonial e demonstrativo de resultados do exercício;

  c.2) declaração de isenção de Imposto de Renda;

  c.3) particulares habilitam-se perante o MINISTÉRIO DA JUSTIÇA para obter a qualificação de organização da sociedade civil de interesse público.

d) Desempenham serviços sociais não exclusivos do Estado (nos termos do art. 3º da Lei n. 9.790/99): assistência social, promoção da cultura, defesa e conservação do patrimônio histórico e artístico, promoção gratuita da educação ou da saúde.

É muito importante que as organizações da sociedade civil de interesse público observem seus FINS INSTITUCIONAIS, isto é, devem realizar a atividade privada de interesse público prevista no art. 3º da Lei n. 9.790/99.

e) Recebem incentivos do Poder Público. A lei não especifica quais serão as modalidades de fomento ou cooperação, embora haja algumas referências a bens e ou recursos de origem pública.

f) Fiscalização do Poder Público nos termos do art. 11 da Lei n. 9.790/99.

Essa fiscalização se efetiva por meio da atuação do órgão do Poder Público da área de atuação correspondente à atividade fomentada e pelos Conselhos de Políticas Públicas.

g) O vínculo da organização da sociedade civil de interesse público com o Poder Público ocorre por meio de TERMO DE PARCERIA;

Nesse termo de parceria constará:

- o objeto da organização da sociedade civil de interesse público com especificação de seu programa de trabalho;
- as metas objetivadas;
- os resultados a serem atingidos;

- os prazos de execução das atividades;
- os critérios objetivos de avaliação de desempenho;
- a previsão de receitas e despesas;
- o relatório anual.

h) As organizações da sociedade civil de interesse público não podem receber delegação de serviços públicos nem ser contratadas pela Administração Pública para a prestação de serviços ou obras ou fornecimentos de mão de obra, uma vez que a própria lei prevê que referidas entidades devem atuar PARALELAMENTE ao Estado.

i) A organização da sociedade civil de interesse público perderá a qualificação desde que requeira, ou, mediante decisão em processo administrativo em que lhe seja assegurado oportunidade de contraditório e ampla defesa, nos termos do art. 7º da Lei n. 9.790/99.

j) A Lei n. 13.102, de 26 de fevereiro de 2015, alterou a Lei n. 13.019, de 31 de julho de 2014, que estabelece o regime jurídico das parcerias voluntárias, envolvendo ou não transferências de recursos financeiros, entre a Administração Pública e as Organizações da Sociedade Civil, em regime de mútua cooperação, para a consecução de finalidades de interesse público; define diretrizes para a política de fomento e de colaboração com Organizações da Sociedade Civil; institui o termo de colaboração e o termo de fomento; e altera as Leis n. 8.429, de 2 de junho de 1992, e 9.790, de 23 de março de 1999.

k) A Lei n. 13.146, de 6 de julho de 2015, que institui a Lei Brasileira de Inclusão da Pessoa com Deficiência (Estatuto da Pessoa com Deficiência), fixa em seu art. 73 que compete ao Poder Público, diretamente ou em parceria com organizações da sociedade civil, promover a capacitação de tradutores e intérpretes da Libras, de guias intérpretes e de profissionais habilitados em Braille, audiodescrição, estenotipia e legendagem.

Exemplo de organização da sociedade civil de interesse público: Pastoral da Criança, que atende mais de um milhão de crianças.

Para memorizar: ORGANIZAÇÕES SOCIAIS × ORGANIZAÇÕES DA SOCIEDADE CIVIL DE INTERESSE PÚBLICO:

ORGANIZAÇÕES SOCIAIS	ORGANIZAÇÕES DA SOCIEDADE CIVIL DE INTERESSE PÚBLICO
Objetivo: a organização social assume certa atividade hoje desempenhada como serviço público.	Exerce atividade de NATUREZA PRIVADA com a ajuda do Estado.
Recebe e pode receber DELEGAÇÃO para a gestão de SERVIÇOS PÚBLICOS.	A qualificação da entidade como organização da sociedade civil de interesse público NÃO interfere na existência e atribuições de entidades que integram a Administração Pública.

Requisitos flexíveis para o recebimento da titulação de "organização social".	Requisitos mais rígidos para o recebimento da qualificação de "organização da sociedade civil de interesse público".
Recebe a titulação por meio de ato discricionário de dois ministros.	Recebe o qualificativo por meio de ato vinculado do Ministro da Justiça.
Vínculo estabelecido com o Poder Público por meio de CONTRATO DE GESTÃO.	Vínculo estabelecido com o Poder Público por meio de TERMO DE PARCERIA.
O Estado abra mão do serviço para transferi-lo à iniciativa privada.	O Estado não abre mão do serviço público para transferi-lo à iniciativa privada. Há uma cooperação do Estado com as entidades privadas que desenvolvem as atividades do art. 3º da Lei n. 9.790/99 e atendem à necessidade coletiva.
Área de atuação mais restrita.	Área de atuação mais ampla.
Recebe bens, recursos públicos e servidores públicos.	Não recebe servidores públicos (só recebe bens e recursos públicos).

5. ENTIDADES DE APOIO (EA)

As entidades de apoio são pessoas jurídicas de direito privado, não possuem fins lucrativos, são instituídas pelo Poder Público – por servidores públicos de certa entidade estatal e com seus próprios recursos – sob a forma de FUNDAÇÃO, ASSOCIAÇÃO OU COOPERATIVA, para prestar serviços não exclusivos do Estado.

As entidades de apoio prestam um SERVIÇO SOCIAL não exclusivo do Estado. Prestam o mesmo serviço que uma entidade pública, mas não como serviço público delegada pela Administração Pública: a atividade é prestada em CARÁTER PRIVADO.

Exemplificando: as entidades de apoio atuam em hospitais públicos, em universidades públicas.

5.1 Características

a) As organizações sociais prestam a atividade em CARÁTER PRIVADO, razão pela qual os contratos que celebram possuem natureza de direito privado.

b) Celebram contratos sem procedimento licitatório prévio.

c) Seus empregados são contratados sem concurso público e seguem o regime celetista. Não são considerados servidores públicos.

d) Não desempenham atividade delegada pelo Poder Público.

e) A entidade de apoio forma um vínculo com a Administração Pública (Direta ou Indireta) por meio de CONVÊNIO.

Por ser convênio, é possível a utilização de BENS PÚBLICOS (móveis ou imóveis) e de SERVIDORES PÚBLICOS, ainda que para essa utilização não haja observância do regime jurídico público imposto à própria Administração Pública.

5.2 Crítica ao instituto

Ora, se o serviço é prestado por servidores públicos, na sede da entidade pública, se os equipamentos utilizados pertencem à entidade pública, e, se toda receita arrecadada pela entidade de apoio é administrada pela própria entidade, então, temos um perfil de uma entidade pública, entretanto a roupagem conferida às entidades de apoio não é o regime público. A entidade está regida exclusivamente por regras privadas (consequentemente não realizam procedimento licitatório e nem concurso público para a seleção de seus empregados), o que fere frontalmente o princípio da impessoalidade e isonomia.

6. SERVIÇOS SOCIAIS AUTÔNOMOS (SSA)

"São todos aqueles instituídos por lei, com personalidade de direito privado, para ministrar assistência e ensino a certas categorias sociais ou grupos profissionais, sem fins lucrativos, sendo mantidos por dotações orçamentárias ou por contribuições parafiscais", nas lições de Hely Lopes Meirelles.

Os serviços sociais autônomos não prestam serviço público delegado pelo Estado, apenas realizam atividade privada de interesse público que o Estado resolveu incentivar e subvencionar.

Exercem serviços não exclusivos do Estado, e são incentivados pelo Poder Público por meio de CONTRIBUIÇÕES PARAFISCAIS.

6.1 Características

a) São pessoas jurídicas de direito privado criadas por lei.
b) Atuam sem submissão à Administração Pública, portanto seus atos não se caracterizam como manifestação de atuação estatal.
c) Promovem o atendimento de necessidades assistenciais e educacionais.
d) O STF decidiu (em 17-9-2014), no **RE 789.874, com repercussão geral reconhecida (tema 569)**, que as entidades do sistema S **não estão obrigadas a realizar concurso público** para a contratação de pessoal, mesmo que desempenhem atividades de interesse público em cooperação com o Estado.

A **tese** firmada tem a seguinte redação: "Os serviços sociais autônomos integrantes do denominado Sistema 'S' não estão submetidos à exigência de concurso público para contratação de pessoal, nos moldes do art. 37, II, da Constituição Federal".

O Ministro Teori Zavascki observou que as entidades do Sistema S (Sesi, Senai, Sesc e Senac) são patrocinadas por recursos recolhidos do setor produtivo beneficiado, tendo recebido inegável autonomia administrativa, e, embora se submetam à fiscalização do Tribunal de Contas da União (TCU), ela se limita formalmente apenas ao controle finalístico da aplicação dos recursos recebidos. Vejamos:

> **JURISPRUDÊNCIA**
>
> - **SERVIÇOS SOCIAIS AUTÔNOMOS E EXIGÊNCIA DE CONCURSO PÚBLICO – 1**
>
>   Os serviços sociais autônomos, por possuírem natureza jurídica de direito privado e não integrarem a Administração Pública, mesmo que desempenhem atividade de interesse público em cooperação com o ente estatal, não estão sujeitos à observância da regra de concurso público (CF, art. 37, II) para contratação de seu pessoal. Essa a conclusão do Plenário, que negou provimento a recurso extraordinário no qual se discutia a necessidade de realização de concurso público para a contratação de empregados por pessoa jurídica integrante do chamado "Sistema S". De início, a Corte afastou preliminar de ilegitimidade do Ministério Público do Trabalho para interpor o presente recurso extraordinário. Destacou que, nos termos dos arts. 83, VI, e 107, *caput*, ambos da LC n. 75/93, incumbiria àquele órgão oficiar perante o TST, o que abrangeria a atribuição de interpor recurso perante o STF. Esclareceu que os precedentes citados pelo recorrido (SEST – Serviço Social do Transporte) não se aplicariam à espécie, porque neles o Ministério Público do Trabalho teria atuado de forma originária perante o STF, o que seria vedado. No mérito, o Tribunal lembrou que a configuração jurídica dessas entidades relacionadas aos serviços sociais teriam sido expressamente recepcionadas pelo art. 240 da CF e pelo art. 62 do ADCT. Recordou ainda que os serviços sociais do Sistema "S" (SEST – Serviço Social do Transporte; SESCOOP – Serviço Nacional de Aprendizagem no Cooperativismo; SESC – Serviço Social do Comércio; SENAC – Serviço Nacional de Aprendizagem; SESI – Serviço Social da Indústria; SENAI – Serviço de Aprendizado Industrial; e SENAR – Serviço Nacional de Aprendizagem Rural), vinculados às entidades patronais de grau superior e patrocinados, basicamente, por recursos recolhidos do próprio setor produtivo beneficiado, teriam inegável autonomia administrativa. Asseverou que essa autonomia teria limites no controle finalístico exercido pelo TCU quanto à aplicação dos recursos recebidos, sujeição que decorreria do art. 183 do Decreto-lei n. 200/67 e do art. 70 da Constituição. Ademais, mencionou que, no caso concreto, a entidade estaria sujeita às auditorias a cargo do Ministério dos Transportes e à aprovação de seus orçamentos pelo Poder Executivo. Assinalou que a não obrigatoriedade de submissão das entidades do denominado Sistema "S" aos ditames constitucionais do art. 37, notadamente ao seu inciso II, não as eximiria de manter um padrão de objetividade e eficiência na contratação e nos gastos com seu pessoal. Enfatizou que essa exigência traduziria um requisito de legitimidade da aplicação dos recursos arrecadados na manutenção de sua finalidade social, porquanto entidades de cooperação a desenvolver atividades de interesse coletivo. **RE 789.874/DF, rel. Min. Teori Zavascki, j. 17-9-2014.** *Informativo 759*, **Plenário, Repercussão Geral.**
>
> - **SERVIÇOS SOCIAIS AUTÔNOMOS E EXIGÊNCIA DE CONCURSO PÚBLICO – 2**
>
>   A Corte enunciou as características básicas desses entes autônomos: a) dedicam-se a atividades privadas de interesse coletivo cuja execução não é atribuída de maneira privativa ao

Estado; b) atuam em regime de mera colaboração com o Poder Público; c) possuem patrimônio e receita próprios, constituídos, majoritariamente, pelo produto das contribuições compulsórias que a própria lei de criação institui em seu favor; e d) possuem a prerrogativa de autogerir seus recursos, inclusive no que se refere à elaboração de seus orçamentos, ao estabelecimento de prioridades e à definição de seus quadros de cargos e salários, segundo orientação política própria. Alertou para a necessidade de não se confundir essas entidades e tampouco equipará-las a outras criadas após a CF/88, como a Associação dos Pioneiros Sociais – APS; a Agência de Promoção de Exportações do Brasil – APEX; e também a Agência Brasileira de Desenvolvimento Industrial – ABDI, cuja configuração jurídica teria peculiaridades próprias: a) criadas por autorização de lei e implementadas pelo Poder Executivo, não por entidades sindicais; b) não destinadas a prover prestações sociais ou de formação profissional a determinadas categorias de trabalhadores, mas a atuar na prestação de assistência médica qualificada e na promoção de políticas públicas de desenvolvimento setoriais; c) financiadas, majoritariamente, por dotações consignadas no orçamento da União; d) obrigadas a gerir seus recursos de acordo com os critérios, metas e objetivos estabelecidos em contrato de gestão cujos termos seriam definidos pelo próprio Poder Executivo; e e) supervisionadas pelo Poder Executivo, quanto à gestão de seus recursos. Feitas essas considerações, o Colegiado pontuou que, embora o recorrido tenha sido criado após a CF/88, a natureza das atividades por ele desenvolvidas, a forma de financiamento e o regime de controle a que estaria sujeito o enquadrariam no conceito original de serviço social autônomo, vinculado e financiado por determinado segmento produtivo. Concluiu, assim que, em razão de sua natureza jurídica de direito privado e não integrante da Administração Pública, direta ou indireta, a ele não se aplicaria o inciso II do art. 37 da Constituição. Registrou que a ausência de imposição normativa de observância obrigatória dos princípios gerais da Administração Pública na contratação de pessoal, não se aplicaria a certos serviços sociais (como APS, APEX e ABDI) e outras espécies de entidades colaboradoras com o Poder Público, cuja disciplina geral imporia a adoção desses princípios. Precedentes citados: ADI 1.864/PR (*DJe* 2-5-2008); ARE 683.979/DF (*DJe* 23-8-2012); RE 366.168/SC (*DJU* de 14-5-2004) e AI 349.477 AgR/PR (*DJU* de 28-2-2003). **RE 789.874/DF, rel. Min. Teori Zavascki, j. 17-9-2014.**

e) "[...] existe uma grande dificuldade em determinar de modo mais preciso, o conteúdo do regime jurídico aplicável a tais entidades. É problemático determinar exatamente as regras de direito público que serão aplicáveis, o que gera problemas práticos de grande relevo. Afigura-se, no entanto, que tais dificuldades somente poderão ser solucionadas de modo preciso por via da edição de regras legais"[2].

---

[2] JUSTEN FILHO, Marçal. *Curso de direito administrativo*, 5. ed., São Paulo: Saraiva, 2010, p. 254.

ESQUEMATIZANDO

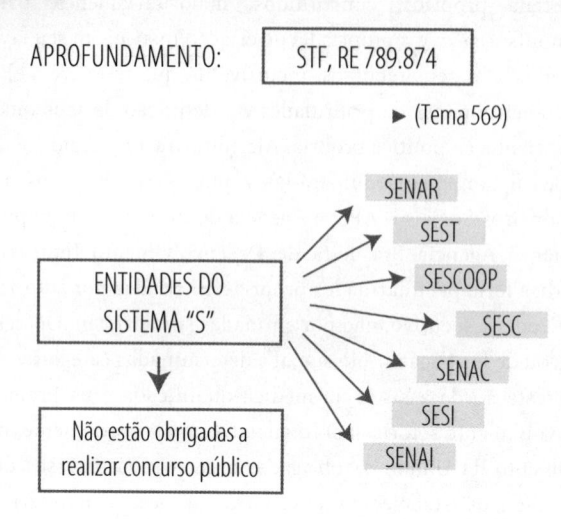

APROFUNDAMENTO: STF, RE 789.874

▶ (Tema 569)

ENTIDADES DO SISTEMA "S" →
- SENAR
- SEST
- SESCOOP
- SESC
- SENAC
- SESI
- SENAI

↓

Não estão obrigadas a realizar concurso público

PARA GABARITAR

a) Compete ao Ministério da Justiça expedir certificado às entidades interessadas em obter qualificação como organização da sociedade civil de interesse público.

b) É classificada como integrante dos serviços sociais autônomos uma pessoa jurídica de direito privado, sem fins lucrativos, criada por autorização legislativa, cuja finalidade principal seja a de executar serviços de utilidade pública para o benefício de grupos específicos, com custeio por contribuições compulsórias.

c) Os contratos de gestão, celebrados para a prestação de serviços não exclusivos do Estado, são estabelecidos por intermédio de parcerias com organizações sociais, que devem ser previamente qualificadas como organizações sociais pelo ministério responsável.

d) Durante a execução de contrato de gestão, a organização receberá a sua contraprestação em função do atingimento da meta de desempenho fixada, e não das atividades realizadas.

e) Servidores públicos podem participar da composição do conselho de uma OSCIP, sendo vedada, porém, a percepção de remuneração ou subsídio a qualquer título.

f) Entidades paraestatais são pessoas jurídicas privadas que colaboram com o Estado no desempenho de atividades não lucrativas, mas não integram a estrutura da Administração Pública.

g) Se determinada associação, com natureza de pessoa jurídica privada, sem fim lucrativo, que tinha por objeto a proteção e a preservação do meio ambiente, firma contrato de gestão com o Poder Público, por meio do qual passe a ser qualificada como organização social, então, com essa qualificação, ela poderá celebrar contratos de prestação de serviços com o Poder Público, para desempenhar as atividades contempladas no contrato de gestão, sem que haja necessidade de prévia licitação.

7. ENUNCIADOS DA JORNADA DE DIREITO ADMINISTRATIVO

I JORNADA	IDs	ENUNCIADOS APROVADOS NA PLENÁRIA
5	2977	O conceito de dirigentes de organização da sociedade civil estabelecido no art. 2º, IV, da Lei Federal n. 13.019/2014 contempla profissionais com a atuação efetiva na gestão executiva da entidade, por meio do exercício de funções de administração, gestão, controle e representação da pessoa jurídica, e, por isso, não se estende aos membros de órgãos colegiados não executivos, independentemente da nomenclatura adotada pelo estatuto social.
9	2322	Em respeito ao princípio da autonomia federativa (art. 18 da CF), a vedação ao acúmulo dos títulos de OSCIP e OS prevista no art. 2º, IX, c/c art. 18, §§ 1º e 2º, da Lei n. 9.790/99 apenas se refere à esfera federal, não abrangendo a qualificação como OS nos Estados, no Distrito Federal e nos Municípios.

8. CONTEÚDO DIGITAL

Acesse também pelo *link*: https://somos.in/MDADM9

Capítulo VI

Responsabilidade Civil do Estado

1. INTRODUÇÃO

A ideia de responsabilidade implica a noção de RESPOSTA.

> "O vocábulo **responsabilidade** tem origem no verbo latim *respondere*. Este, por sua vez, designava que alguém se constituía garantidor de outrem ou de algo"[1-2].

Ao tratarmos do tema responsabilidade, no Direito, o que se encontra é alguém, o responsável, respondendo perante a ordem jurídica em razão de algum fato.

Tem-se de um lado a ocorrência de um fato e, de outro, alguém a quem se imputa a responsabilidade e que tenha aptidão para responder pelos danos decorrentes desse fato.

Por se tratar de responsabilidade civil do Estado estamos falando do **Poder Público** causando um prejuízo a alguém, e, portanto, tendo a obrigação de recompor os agravos patrimoniais: há o dever estatal de ressarcir as vítimas em razão de seus comportamentos danosos.

O que acontece se o Estado tiver um comportamento unilateral, comissivo (ação) ou omissivo (omissão), legítimo ou ilegítimo, material ou jurídico que cause um dano à pessoa ou ao seu patrimônio? Havia para o Estado a responsabilidade no sentido de recompor o patrimônio do ofendido?

---

[1] Cf. GANDINI, João Agnaldo Donizete (et al.), Responsabilidade civil do Estado por conduta omissiva, *Revista de Direito Administrativo*, p. 199-230, abr.-jun. 2003.

[2] CANOTILHO, J. J. Gomes; MENDES, Gilmar Ferreira; SARLET, Ingo Wolfgang; STRECK, Lenio Luiz. *Comentários à Constituição do Brasil*, 1. ed., 6. tir., Coimbra-São Paulo: Almedina/Saraiva, 2014, p. 906.

A questão da responsabilidade civil do Estado reside justamente neste aspecto: quando o Estado terá a obrigação de reparar o dano e quando não haverá essa responsabilidade?

1.1 Conceitos

Celso Antônio Bandeira de Mello[3]: "Entende-se por responsabilidade patrimonial extracontratual do Estado a obrigação que lhe incumbe de reparar economicamente os danos lesivos à esfera juridicamente garantida de outrem e que lhe sejam imputáveis em decorrência de comportamentos unilaterais, lícitos ou ilícitos, comissivos ou omissivos, materiais ou jurídicos".

Diógenes Gasparini[4]: "Obrigação que se lhe atribui de recompor os danos causados a terceiro em razão de comportamento unilateral comissivo ou omissivo, legítimo ou ilegítimo, material ou jurídico, que lhe seja imputável".

Cuidado: A responsabilidade civil do Estado não é regulada pelo Direito Civil. A palavra "civil" não significa que o tema seja regulamentado pelo direito privado. Na verdade tal expressão quer dizer apenas que o Estado tem a obrigação de satisfazer a devida reparação econômica, ou seja, há para o Estado a obrigatoriedade de reparar os danos patrimoniais causados a terceiros. Assim, exaure-se a responsabilidade civil do Estado com o pagamento da indenização.

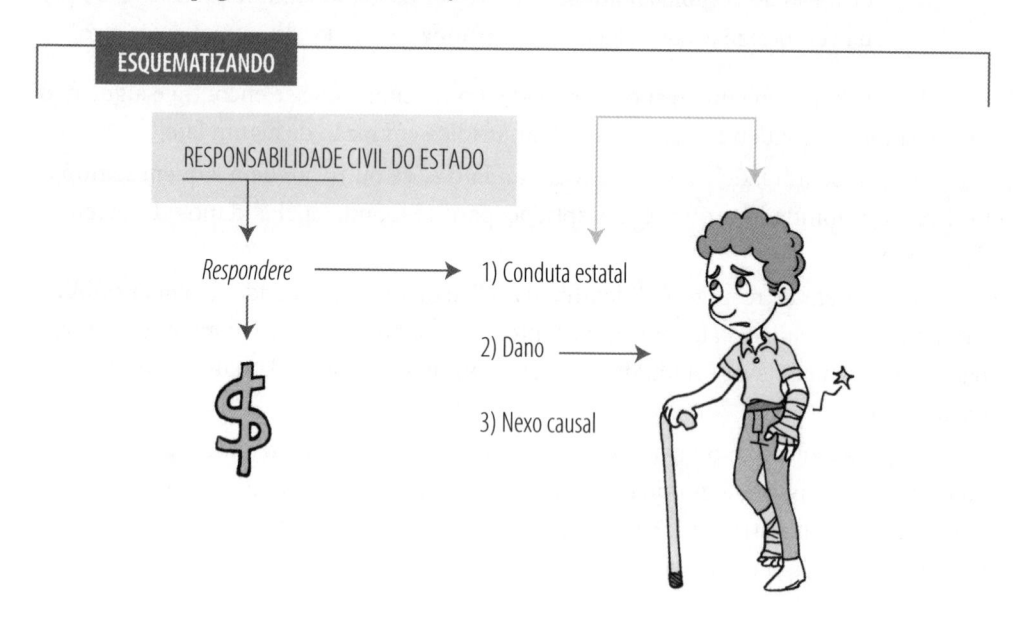

ESQUEMATIZANDO

RESPONSABILIDADE CIVIL DO ESTADO

Respondere → 1) Conduta estatal

$ 2) Dano

3) Nexo causal

---

[3] BANDEIRA DE MELLO, Celso Antônio. *Curso de direito administrativo*, 25. ed., São Paulo: Malheiros, 2008, p. 977.
[4] GASPARINI, Diógenes. *Direito administrativo*, 14. ed., São Paulo: Saraiva, 2009, p. 1042.

2. ALGUMAS DISTINÇÕES

> "A **responsabilidade civil** pode ser classificada, no direito privado, em contratual e extracontratual. A primeira decorre do não cumprimento (ou cumprimento parcial) de um negócio jurídico, dando ensejo à incidência de sanções contratuais (ex.: cláusula penal, multa etc). A última prescinde da existência de contrato entre o agente causador do dano e a vítima, decorrendo *ex vi legis*. A origem desta remonta à *Lex Aquilia* do direito romano, donde o seu outro nome: **responsabilidade aquiliana**. Afinal, a ninguém é outorgado o direito de violar direito alheio"[5].

Vejamos.

a) A responsabilidade civil do Estado também é denominada responsabilidade extracontratual ou aquiliana ou, ainda, responsabilidade da Administração Pública.

Alguns autores preferem utilizar a expressão "responsabilidade civil do Estado". Outros preferem "responsabilidade civil da Administração Pública". Ao tratarmos da responsabilidade civil do Estado, tal expressão abarca: a) fatos administrativos; b) atos legislativos; c) atos judiciais. Quando mencionamos a expressão "responsabilidade civil da Administração Pública", parece haver a indução de uma responsabilidade apenas e tão somente no âmbito dos fatos administrativos.

Essa responsabilidade não se confunde com a responsabilidade contratual, aquela fixada no próprio contrato e em suas cláusulas contratuais.

A responsabilidade contratual é oriunda de AJUSTES celebrados pela Administração Pública e terceiros.

b) A responsabilidade civil não acarreta a responsabilidade penal (uma vez que as pessoas jurídicas de direito público e de direito privado não cometem contravenções penais ou crimes – são os agentes dessas pessoas jurídicas que podem vir a causar danos), assim como a responsabilidade administrativa independe da responsabilidade civil e penal.

Em regra vigora o **princípio da independência das instâncias** (art. 935 do Código Civil de 2002)[6].

---

[5] CANOTILHO, J. J. Gomes; MENDES, Gilmar Ferreira; SARLET, Ingo Wolfgang; STRECK, Lenio Luiz. *Comentários à Constituição do Brasil*, 1. ed., 6. tir., Coimbra-São Paulo: Almedina/Saraiva, 2014, p. 907.

[6] É possível ocorrer a conjugação das responsabilidades, mas isso só ocorrerá quando a conduta danosa violar SIMULTANEAMENTE as normas penais, civis e administrativas. Exemplificando: o crime de peculato (art. 312 do Código Penal) ocorre quando o servidor se apropria indevidamente de bem público sob sua custódia. Nesse caso haverá tanto a responsabilidade civil quanto a penal e a administrativa.

ESQUEMATIZANDO

Regra

PRINCÍPIO DA INDEPENDÊNCIA DAS INSTÂNCIAS → RESPONSABILIDADE → Vítima

- Responsabilidade penal
- Responsabilidade esfera administrativa (Infração funcional / Estatuto)
- Responsabilidade civil

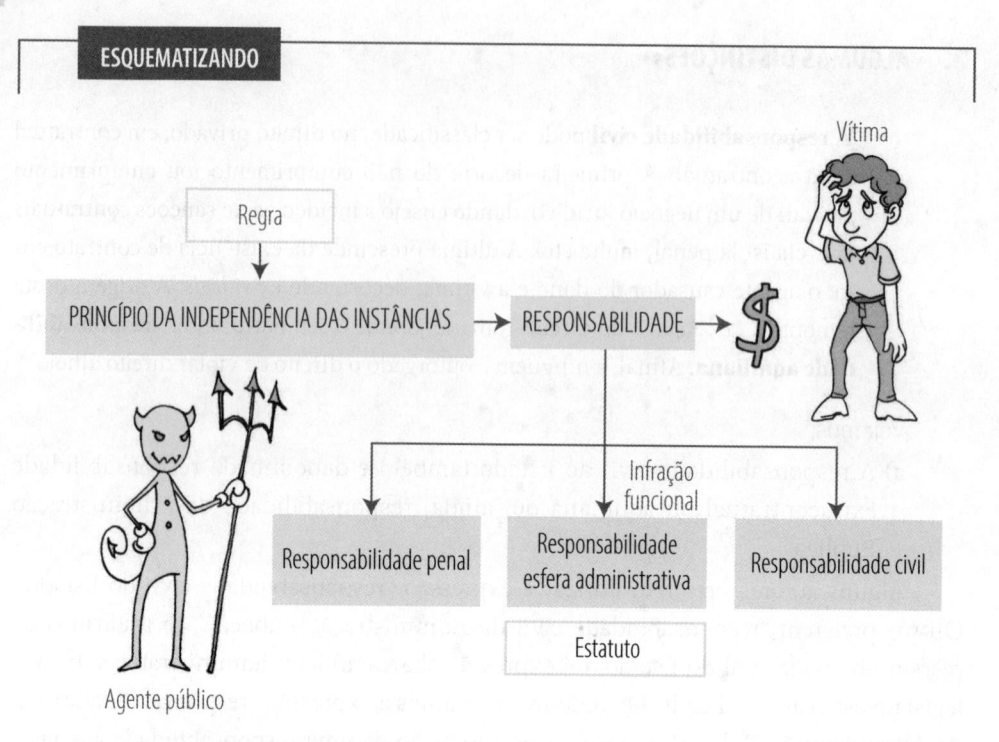

Agente público

Porém, **excepcionalmente** a esfera penal vinculará as demais esferas (civil e administrativa). Mas por quê?

A Lei n. 11.690/2008 alterou o art. 386 do Código de Processo Penal, incluindo **novo inciso** de maneira que fragmentasse situações antes causadoras de certas dúvidas. Por exemplo: se um indivíduo fosse absolvido na esfera penal ante a falta de provas suficientes para demonstrar sua participação no evento danoso, isso poderia gerar sua responsabilização nas esferas civil e administrativa?

A revogada redação do inciso V do art. 386 do Código de Processo Penal englobava tanto a absolvição por prova da não autoria quanto a por ausência de provas suficientes para a condenação, o que gerava dúvidas sobre qual dos motivos poderia ensejar a vinculação das demais esferas.

Com o advento da Lei n. 11.690/2008, a situação foi resolvida e expressamente distinguiu as hipóteses.

Assim, a esfera penal vinculará as demais apenas nos seguintes casos:

- Hipótese do **art. 386, I, do Código de Processo Penal**: prova-se no processo penal que o fato não existiu. Dessa forma, impossível será a responsabilização nas esferas civil e administrativa.
- Hipótese do **art. 386, IV, do Código de Processo Penal**: absolvição no processo-crime por estar PROVADO que o réu não concorreu para a infração penal. Nessa situação a absolvição ocorreu porque o réu não foi o autor do crime e isso está comprovado, o que gerará a impossibilidade de responsabilização nas esferas civil e administrativa.

Já as demais hipóteses de absolvição no processo-crime não acarretam vinculação nas demais esferas.

Exemplificando: imagine a conduta de determinado servidor que acarretou um processo administrativo disciplinar (e culminou em sua demissão) e um processo penal (que ao final absolveu o réu ante a ausência de provas suficientes de autoria – com fundamento no art. 386, V, do CPP, com redação dada pela Lei n. 11.690/2008).

Esse motivo para absolvição (art. 386, V, do CPP) **não acarreta a vinculação** nem da esfera civil nem da esfera administrativa (incidindo, aqui, o Princípio da Independência das Instâncias).

Assim, essa decisão de absolvição no crime por ausência de provas suficientes de autoria não torna ilegal a pena administrativa de demissão.

A absolvição na esfera penal, *in casu,* não declarou taxativamente que o réu não foi o autor do crime ou que o fato não existiu, apenas o absolveu por falta e ausência de substratos suficientes para imputação de autoria, motivo que não vincula as demais instâncias, podendo remanescer a sanção decorrente do processo administrativo disciplinar.

CONCLUSÕES:

Essa diferenciação é fundamental, uma vez que acarreta repercussão muito diferente no âmbito administrativo: 1) porque, se ficar provado no crime que o réu não é o autor do fato, sua demissão em processo administrativo disciplinar será ilegal e então deverá o agente público ser reintegrado ao cargo; 2) se não houver provas no crime de que o servidor é o autor, e, ante a insuficiência de provas, houver sua absolvição, poderá, no processo administrativo disciplinar, ser condenado e demitido. Nesse caso, não haverá repercussão da sentença penal na esfera administrativa.

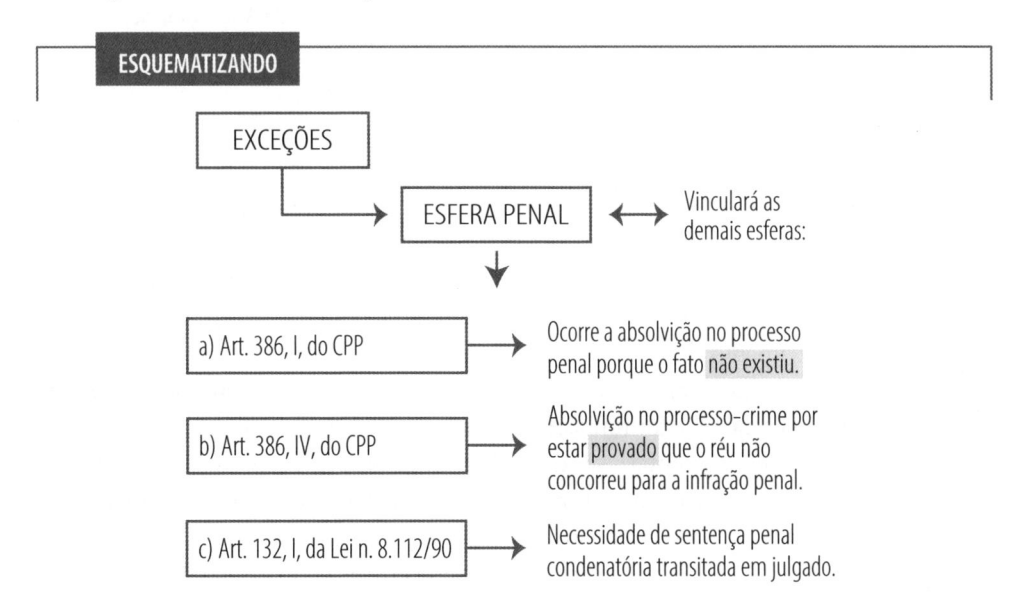

ESQUEMATIZANDO

EXCEÇÕES → ESFERA PENAL ↔ Vinculará as demais esferas:

a) Art. 386, I, do CPP → Ocorre a absolvição no processo penal porque o fato não existiu.

b) Art. 386, IV, do CPP → Absolvição no processo-crime por estar provado que o réu não concorreu para a infração penal.

c) Art. 132, I, da Lei n. 8.112/90 → Necessidade de sentença penal condenatória transitada em julgado.

> **JURISPRUDÊNCIA**

- **STJ. SEXTA TURMA. DEMISSÃO. SERVIDOR. CONDENAÇÃO CRIMINAL**

    Cuida-se de recurso especial interposto na ação rescisória em que a autarquia federal propõe a rescisão do acórdão que determinou a reintegração de servidor lastreado em sua absolvição na esfera criminal. Quanto a isso, primeiro se faz necessário ressaltar que, conforme precedentes, o trânsito em julgado de sentença penal absolutória é o marco inicial para contagem do prazo prescricional da ação que busca a anulação do ato de demissão do autor, daí não se poder falar em prescrição no caso. Também é certo que a jurisprudência admite ser cabível o recurso especial que, mesmo interposto contra acórdão que julga a ação rescisória, persiga a análise das questões de mérito da pretensão, quanto mais se essas questões imiscuem-se na alegação de violação de literal dispositivo de lei (art. 485, V, do CPC). Contudo, **a sentença criminal de absolvição por ausência de provas suficientes de autoria, tal como no caso, não vincula a esfera cível ou a administrativa, pois somente repercute nas outras esferas quando a instância penal é taxativa em declarar que o réu não foi o autor do crime ou que o fato não existiu. Isso é uma diferenciação estabelecida pela doutrina e jurisprudência com lastro no art. 935 do CC/2002, que corresponde ao art. 1.525 do CC/16, e no art. 66 do CP.** Anote-se que a revogada redação do inciso V do art. 386 do CPP englobava tanto a absolvição por prova da não autoria quanto a por ausência de provas suficientes a tal, o que foi modificado pela novel Lei n. 11.690/2008, que supriu a omissão legislativa e expressamente distinguiu as hipóteses. Assim, consubstancia erro de fato apto a rescindir o julgado a consideração do aresto rescindendo quanto a julgar procedente o pedido de reintegração do servidor pela absolvição criminal por inexistência de prova, quando o que realmente ocorreu foi sua absolvição por ausência de provas suficientes à sua condenação. Precedentes citados do STF: MS 22.796-SP, *DJ* 12-2-1999; MS 21.321-DF, *DJ* 18-9-1992; do STJ: REsp 476.665-SP, *DJ* 20-6-2005; RMS 30.590-RS, *DJe* 7-6-2010; RMS 19.493-MA, *DJ* 23-10-2006, e RMS 24.837-MG, *DJe* 9-8-2010. REsp 879.734-RS, rel. Min. Maria Thereza de Assis Moura, j. 5-10-2010.

Para complementar: O CPC de 1973 tratava do tema "ação rescisória" no art. 485. No **CPC** a matéria está disciplinada no art. 966, e as hipóteses passíveis de propositura de ação rescisória são se: I – se verificar que foi proferida por força de prevaricação, concussão ou corrupção do juiz; II – for proferida por juiz impedido ou por juízo absolutamente incompetente; III – resultar de dolo ou coação da parte vencedora em detrimento da parte vencida ou, ainda, de simulação ou colusão entre as partes, a fim de fraudar a lei; IV – ofender a coisa julgada; V – **violar manifestamente norma jurídica**; VI – for fundada em prova cuja falsidade tenha sido apurada em processo criminal ou venha a ser demonstrada na própria ação rescisória; VII – obtiver o autor, posteriormente ao trânsito em julgado, prova nova cuja existência ignorava ou de que não pôde fazer uso, capaz, por si só, de lhe assegurar pronunciamento favorável; VIII – for fundada em erro de fato verificável do exame dos autos.

> **ESQUEMATIZANDO**
>
> Lei n. 11.690/2008 – Art. 386 do CPP
>
> **Antes da Lei n. 11.690/2008**
>
> Art. 386, IV, do CPP:
> MOTIVOS DA ABSOLVIÇÃO
> a) O réu não é o autor do crime e isso está provado.
> b) Não há provas de que o réu é o autor.
>
> A previsão dessas duas situações acarretava DIFICULDADE PRÁTICA para saber quando a esfera penal iria vincular as demais.
>
> **Depois da Lei n. 11.690/2008 – Inclusão de novo inciso ao art. 386 do CPP**
>
> a) Há PROVA de que o réu NÃO é o autor/coautor/partícipe:
> a ABSOLVIÇÃO na esfera penal que VINCULA as demais esferas, portanto não poderá ser punido nas outras esferas.
>
> b) NÃO há prova se é ou não o autor (ausência de provas suficientes de autoria): ABSOLVIÇÃO na esfera penal APENAS. Mas nada impede que seja punido num Processo Administrativo Disciplinar. NÃO VINCULA as demais esferas.

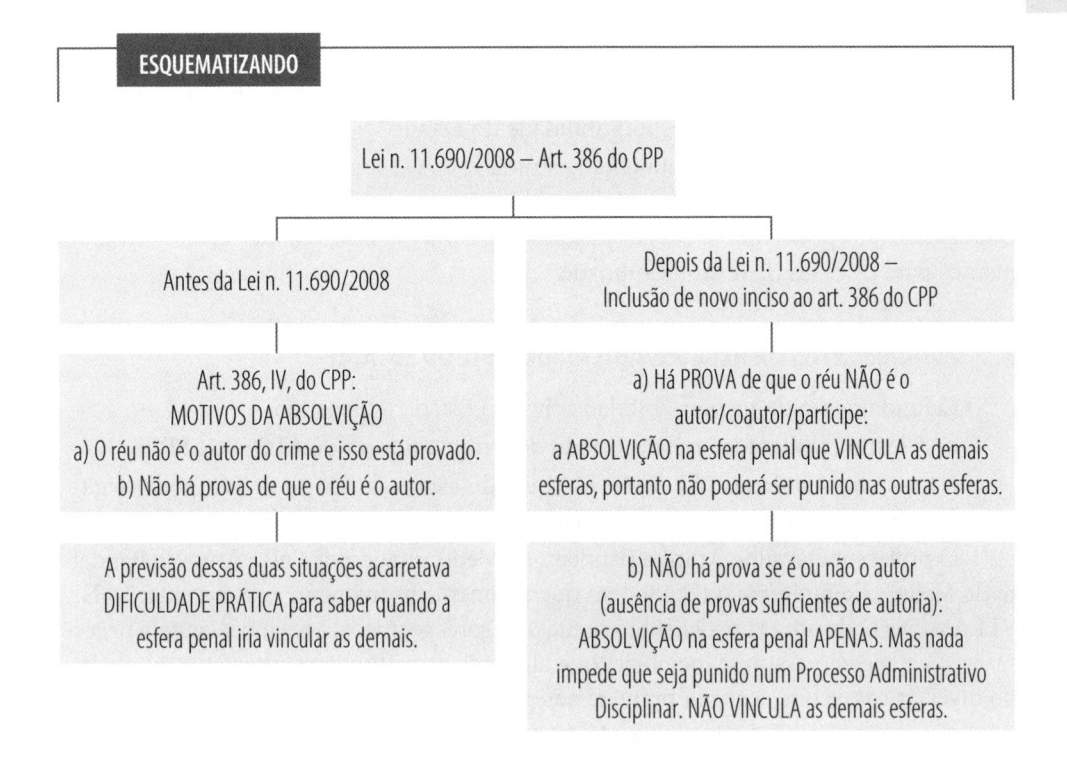

Para complementar:

- Há, ainda, uma **terceira hipótese** em que a esfera penal vinculará as demais:

Excepcionalmente a seara administrativa ficará na dependência de uma **condenação prévia na esfera penal em se tratando das INFRAÇÕES FUNCIONAIS** (art. 132, I, da Lei n. 8.112/90) **definidas como crimes contra a Administração Pública** (arts. 312 a 326 do CP).

De acordo com o STJ (MS 9.973), exige-se prévia condenação criminal transitada em julgado para a demissão ou cassação de aposentadoria de servidor apenas na hipótese de crime contra a Administração Pública (arts. 132, I, e 134 da Lei n. 8.112/90).

Para outras infrações funcionais (que não essas do art. 132, I, da Lei n. 8.112/90), não há que falar em condenação penal anterior.

Resumindo e concluindo: A infração funcional autônoma não precisa de condenação penal anterior. A infração funcional do art. 132, I, da Lei n. 8.112/90 precisa de condenação penal anterior.

c) A responsabilidade civil do Estado, que gera para este a obrigatoriedade de reparar o dano, não se confunde com a obrigação de indenizar.

A obrigação de indenizar cabe ao Estado quando exerce legitimamente poderes contra direito de terceiros.

Exemplificando: há obrigação de indenização (porque o Estado sacrifica certos interesses privados) quando o Estado desapropria propriedade do particular, mas isso **não** é hipótese de responsabilidade civil do Estado.

Celso Antônio Bandeira de Mello[7], citando Renato Alessi: "Se não há violação, mas apenas debilitamento, sacrifício de direito, previsto e autorizado pela ordenação jurídica, não está em pauta o tema responsabilidade do Estado".

Curiosidade: A doutrina italiana costuma reservar a palavra "indenização" para essas hipóteses em que o Estado debilita, enfraquece e sacrifica um direito de outrem, exercitando um poder que a ordem jurídica lhe confere. E se vale do termo "ressarcimento" para os casos de responsabilidade.

3. FUNDAMENTOS DA RESPONSABILIDADE CIVIL DO ESTADO

O fundamento da responsabilidade civil do Estado é bipartido:

a) A responsabilidade civil do Estado decorre da prática de **ATOS LÍCITOS**.

Há responsabilidade civil do Estado quando este, valendo-se de um poder legitimamente deferido, causa lesão a um direito alheio.

O professor Oswaldo Aranha Bandeira de Mello, citado por Celso Antônio Bandeira de Mello[8], exemplifica: o Estado tem que realizar legitimamente um ato, que é o NIVELAMENTO de uma rua. O Estado segue os rigores técnicos, age com a cautela necessária, mas, mesmo assim, é inevitável que algumas casas fiquem acima e outras abaixo do nível da rua, o que acarreta prejuízo aos proprietários.

Como consequência de um **ato legítimo** do Estado (que é o nivelamento da rua), houve manifestos prejuízos para seus proprietários, o que causou a desvalorização daqueles imóveis.

O direito de alguém foi atingido como consequência de uma atividade legítima por parte do Estado, que tinha por intuito satisfazer outro interesse jurídico.

Assim, em razão do **Princípio da Distribuição Igualitária dos Ônus e Encargos a que estão sujeitos os administrados**, a Administração Pública tem o dever de ressarcir patrimonialmente os prejuízos.

É o que Hely Lopes Meirelles[9] denomina **princípio da solidariedade social**, segundo o qual só é legítimo o ônus suportado por todos, em favor de todos.

Mais um exemplo: o Poder Público determina o fechamento legítimo e definitivo de perímetro da cidade, para não passarem carros, por razões de tranquilidade e salubridade pública. Isso acarreta aos proprietários de edifícios-garagem dano patrimonial anormal, o que enseja o dever de indenizar por parte do Estado.

b) A responsabilidade civil do Estado decorre da prática de **ATOS ILÍCITOS** (por inobservância do Princípio da Legalidade).

---

[7] BANDEIRA DE MELLO, Celso Antônio. *Curso de direito administrativo*, 25. ed., São Paulo: Malheiros, 2008, p. 978.

[8] BANDEIRA DE MELLO, Celso Antônio. *Curso de direito administrativo*, 25. ed., São Paulo: Malheiros, 2008, p. 979.

[9] MEIRELLES, Hely Lopes. *Direito administrativo brasileiro*, 36. ed., São Paulo, Malheiros, 2010, p. 620.

De acordo com o Princípio da Legalidade, o administrador só pode fazer o que a lei manda ou determina. Se o administrador descumpre a lei, ele deve ser responsabilizado.

Exemplificando: o Estado interdita uma fábrica poluente. Mais tarde se verifica que a indústria não era poluente. O Estado cometeu um ato ilícito e terá que ressarcir os prejuízos causados.

Ou, ainda, o espancamento de um prisioneiro sob tutela do Estado, causando-lhe lesões definitivas.

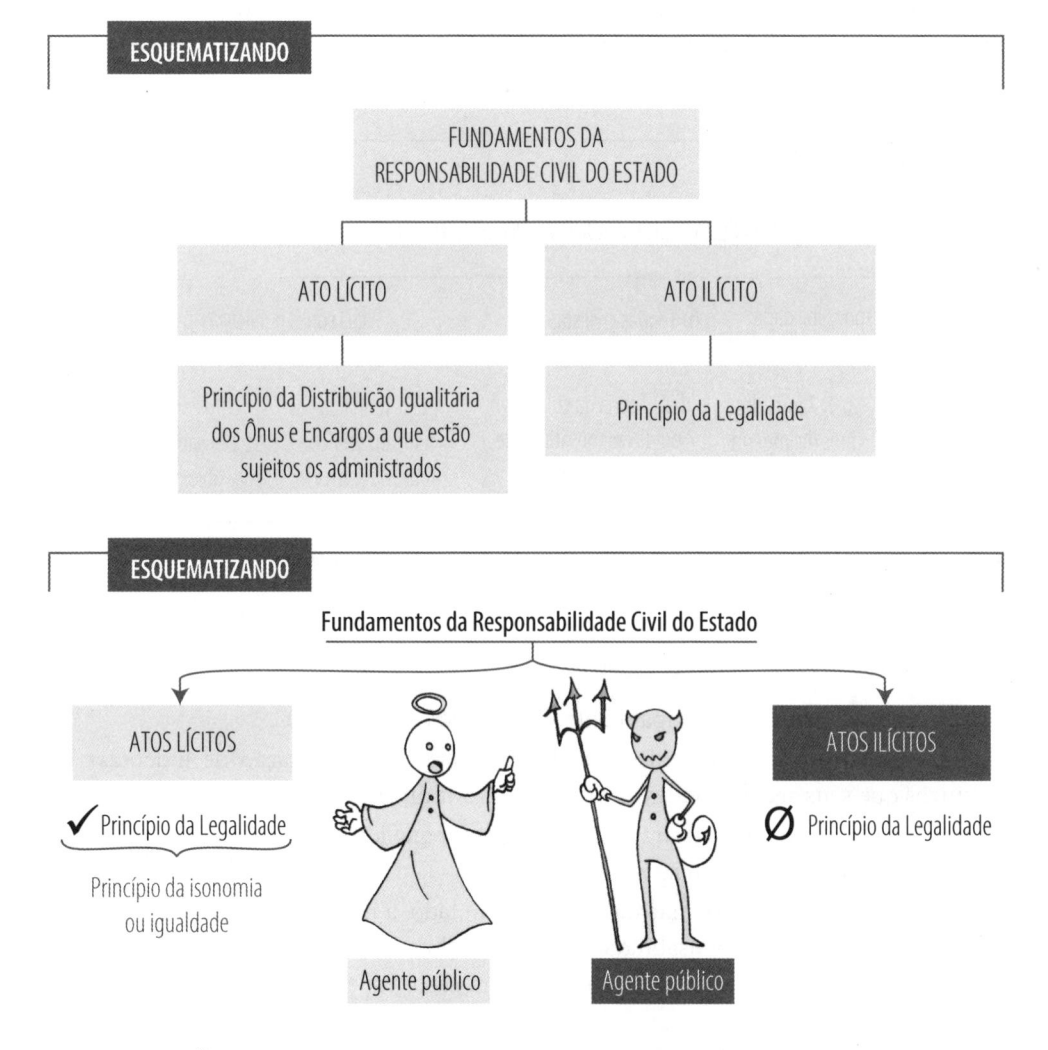

ESQUEMATIZANDO

FUNDAMENTOS DA RESPONSABILIDADE CIVIL DO ESTADO

- ATO LÍCITO — Princípio da Distribuição Igualitária dos Ônus e Encargos a que estão sujeitos os administrados
- ATO ILÍCITO — Princípio da Legalidade

ESQUEMATIZANDO

Fundamentos da Responsabilidade Civil do Estado

- ATOS LÍCITOS
  - ✓ Princípio da Legalidade
  - Princípio da isonomia ou igualdade
  - Agente público
- ATOS ILÍCITOS
  - ∅ Princípio da Legalidade
  - Agente público

4. EVOLUÇÃO DA RESPONSABILIDADE CIVIL DO ESTADO

Curiosidade: Pela Lei das XII Tábuas dos Romanos, "se um escravo comete um roubo ou outro delito prejudicial, será movida contra seu dono uma ação [...]".

Hoje o Estado é obrigado a recompor os danos que seus agentes causam aos administrados, mas nem sempre foi assim.

Caminhamos da irresponsabilidade do Estado para a responsabilidade com culpa e depois para a responsabilidade sem culpa, nas modalidades risco administrativo e risco integral.

A história da responsabilidade do Poder Público progride para a extensão e o alargamento dos casos de responsabilidade do Estado, de forma a agasalhar e proteger, cada vez mais intensamente, os interesses dos particulares.

Inclusive, de acordo com Celso Antônio Bandeira de Mello[10], caminhamos para o **ponto extremo** da responsabilidade do Estado, que é a TEORIA DO RISCO SOCIAL: a responsabilidade do Estado ocorre mesmo com relação a danos não imputáveis à ação do Poder Público. Vejamos:

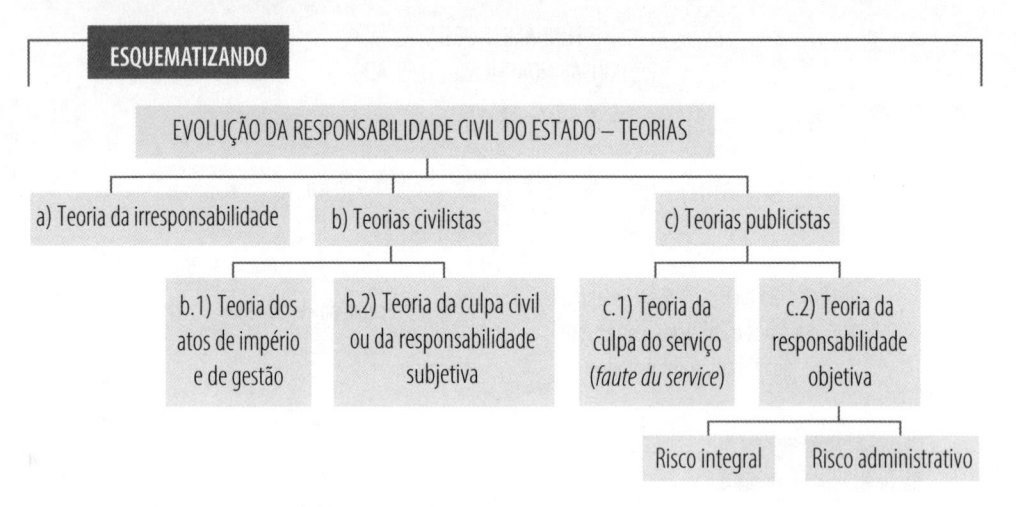

ESQUEMATIZANDO

EVOLUÇÃO DA RESPONSABILIDADE CIVIL DO ESTADO – TEORIAS

a) Teoria da irresponsabilidade

b) Teorias civilistas
- b.1) Teoria dos atos de império e de gestão
- b.2) Teoria da culpa civil ou da responsabilidade subjetiva

c) Teorias publicistas
- c.1) Teoria da culpa do serviço (*faute du service*)
- c.2) Teoria da responsabilidade objetiva
  - Risco integral
  - Risco administrativo

4.1 Teoria da irresponsabilidade civil do Estado

Essa teoria vigorou principalmente nos Estados Absolutistas.

Entendia-se que a Administração Pública não tinha obrigação de indenizar os prejuízos que seus agentes pudessem causar aos administrados.

O Estado não podia causar males a quem quer que fosse: *le roi ne peut mal faire* (na França); *the king can do no wrong* (versão inglesa).

A vigência dessas máximas indicava, de um lado, a irresponsabilidade do Estado, porém o rigor dessa irresponsabilidade era quebrado, pois existiam leis específicas que admitiam a obrigação do Estado de indenizar em casos específicos.

Exemplificando:

a) A Lei francesa (Lei n. 28 pluvioso do Ano VIII) admitia a recomposição patrimonial por danos oriundos de obras públicas.

---

[10] BANDEIRA DE MELLO, Celso Antônio. *Curso de direito administrativo*, 25. ed., São Paulo: Malheiros, 2008, p. 982.

b) Admitia-se, também, a responsabilização do agente público quando o ato lesivo pudesse ser atribuído diretamente a ele (Constituição brasileira de 1824, item 29, art. 179), porém essa responsabilidade não se estendia ao Imperador. De acordo com o art. 99 da Constituição de 1824, o Imperador não estava submetido a qualquer responsabilidade.

Aprofundamento: "A consagração da responsabilidade extracontratual do Estado decorreu da ruptura de um dos dogmas do Estado Absolutista: o da sua infalibilidade. Com efeito, a **teoria da irresponsabilidade do Estado** estava enraizada na legislação divina do poder dos reis, razão pela qual a máxima 'the king can dono wrong', concepção que se estendia a todos os agentes/atos da administração. A teoria da irresponsabilidade do Estado no Brasil pode ser representada pelo art. 99 da Constituição do Império (1891), que expressamente mencionava acerca da sacralidade e da irresponsabilidade da figura do Imperador. Por outro lado, este mesmo diploma chegou a prever a responsabilidade pessoal dos 'empregados públicos', no art. 179, XXIX. Desse modo, pode-se afirmar que a teoria da irresponsabilidade do Estado não vigorou no Brasil Independente na sua vertente mais radical"[11].

Os Estados Unidos da América e a Inglaterra só abandonaram a teoria da irresponsabilidade, respectivamente, nos anos de 1946 e 1947.

4.2 Teorias civilistas

Da teoria da irresponsabilidade do Estado evoluímos para as teorias civilistas:

4.2.1 Teoria dos atos de império e de gestão

Por essa teoria, os atos praticados pelo Poder Público bipartem-se em: a) atos de império e b) atos de gestão.

Os atos de império são aqueles praticados pelo Estado com suas prerrogativas de autoridade e de supremacia perante os particulares.

Os atos de gestão são os praticados pelo Poder Público em situação de igualdade com os particulares, na administração do patrimônio e dos serviços do Estado.

Com base nessa divisão, passou-se a responsabilizar o ente estatal, aplicando-se princípios do Direito Civil **apenas** em relação aos atos de gestão, excluídos desses preceitos os atos de império.

Crítica: o problema dessa teoria era a dificuldade de, na prática, diferenciar o que era ato de império e o que era ato de gestão.

---

[11] CANOTILHO, J. J. Gomes; MENDES, Gilmar Ferreira; SARLET, Ingo Wolfgang; STRECK, Lenio Luiz. *Comentários à Constituição do Brasil*, 1. ed., 6. tir., Coimbra-São Paulo: Almedina/Saraiva, 2014, p. 907.

4.2.2 Teoria da responsabilidade com culpa civil do Estado ou teoria da responsabilidade subjetiva do Estado

Evoluímos, então, para a teoria da responsabilidade com culpa civil do Estado (que teve influência do Liberalismo). Para fins de indenização, o Estado era assemelhado ao particular.

Haveria obrigação do Estado de indenizar os particulares sempre que seus agentes agissem com **dolo ou culpa**. A culpa ou dolo do agente público conduziria à culpa ou dolo do Estado, de forma que, se não houvesse culpa ou dolo do agente público, inocorreria a obrigação de indenizar do Estado.

Estado e particular estavam, para efeitos de responsabilidade, sendo tratados de maneira igual: ambos responderiam apenas se tivessem um comportamento doloso ou culposo, e os conceitos de culpa ou dolo eram idênticos aos do direito privado.

Portanto, ocorreu a consagração da teoria da responsabilidade com culpa ou teoria da responsabilidade subjetiva consagrada no art. 43 do Código Civil (antigo art. 15 do Código Civil de 1916).

Crítica: era bastante dificultoso para o administrado demonstrar a culpa ou o dolo do agente estatal, de forma que essa teoria, muitas vezes, não alcançava os anseios de justiça esperados – já que a não demonstração do dolo ou da culpa do agente acarretava a irresponsabilidade estatal.

4.3 Teorias publicistas

As teorias publicistas surgiram a partir do famoso caso Blanco, de 1873.

A França então passou a resolver o problema da responsabilidade do Estado com base em regras de direito público.

Curiosidade: CASO BLANCO, DE 1873: Agnes Blanco era uma garota que, ao atravessar a rua na cidade de Bordeaux, foi atingida por uma vagonete (vagão) da Companhia Nacional de Manufatura de Fumo, que pertencia ao Estado francês.

O pai de Agnes Blanco ingressou com uma ação de indenização na Justiça Comum a fim de obter o ressarcimento dos prejuízos causados.

A Justiça Comum declarou-se incompetente e a questão foi encaminhada ao TRIBUNAL DE CONFLITOS.

O Tribunal de Conflitos entendeu que cabia ao TRIBUNAL ADMINISTRATIVO FRANCÊS analisar o problema, por entender que a responsabilidade do Estado pelos prejuízos causados a particulares não poderia ser regida pelos princípios do Código Civil, mas por REGRAS ESPECIAIS que conciliassem os direitos do Estado e os direitos privados.

Surgiram, assim, as TEORIAS PUBLICISTAS da responsabilidade do Estado, que **não** aplicam as regras do Direito Civil, por basearem-se em preceitos públicos.

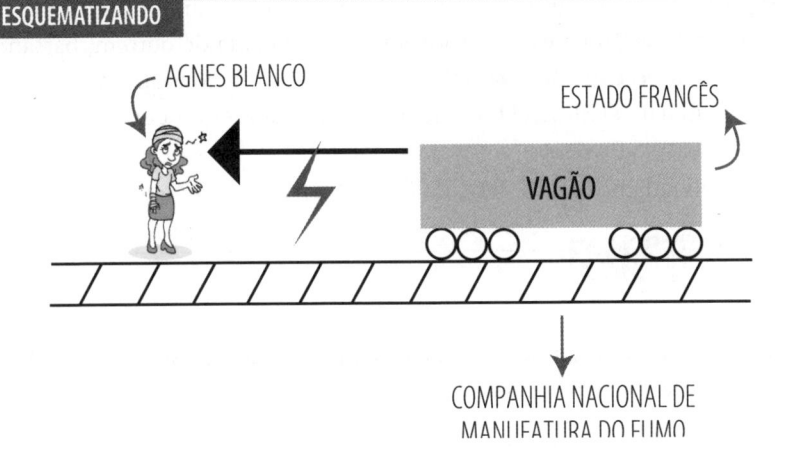

> **ESQUEMATIZANDO**
>
> AGNES BLANCO
>
> ESTADO FRANCÊS
>
> VAGÃO
>
> COMPANHIA NACIONAL DE MANUFATURA DO FUMO

4.3.1 Teoria da culpa do serviço (*faute du service*)

Culpa do serviço (*faute du service*) significa afirmar que a conduta estatal foi aquém do esperado: o serviço não funcionou, o serviço funcionou mal, o serviço funcionou atrasado.

O serviço não funciona quando o serviço não existia, devendo existir.

Exemplificando: deveria existir um serviço de prevenção e combate a incêndios em prédios altos, mas tal serviço inexistia.

O serviço funciona mal quando o serviço deveria funcionar bem, mas isso não ocorria.

Exemplificando: o serviço de prevenção e combate a incêndio existia, mas, quando era solicitado, faltava água ou o equipamento emperrava, impossibilitando seu uso.

Por fim, o serviço funciona atrasado quando não funciona em tempo hábil a impedir a ocorrência do evento danoso.

Exemplificando: existia o serviço de prevenção e combate a incêndio, mas só chegou ao local do sinistro após o fogo ter queimado tudo.

A culpa do serviço (ou *faute du service*) nada mais é que a chamada **teoria da culpa administrativa ou da culpa anônima**, isto é, não se tem o causador direto do dano, não se indaga de culpa subjetiva do agente público, mas a falta do SERVIÇO acarreta a responsabilidade do Estado. Portanto, incumbe ao administrado demonstrar que o SERVIÇO foi realizado com culpa e aquém dos padrões esperados.

Essa teoria vigorou em nosso ordenamento jurídico até a Constituição de 1946, mas apesar de representar um avanço em relação às teorias anteriores, ainda assim não satisfazia os anseios dos particulares vitimados por danos causados pelo Estado.

4.3.2 Teoria do risco ou da responsabilidade patrimonial sem culpa ou da responsabilidade objetiva ou teoria objetiva

Por essa teoria, amplia-se o âmbito de proteção dos administrados, e não se fala mais nem em culpa do agente público nem em culpa do serviço (culpa anônima).

A obrigação de indenizar do Estado ocorre em razão de um procedimento lícito ou ilícito que produziu lesão na esfera juridicamente protegida de outrem, bastando para tanto o mero **nexo de causalidade** (relação causal entre a conduta estatal e o evento danoso), INDEPENDENTEMENTE de qualquer ação dolosa ou culposa do serviço ou do agente público.

Vem disciplinada no art. 37, § 6º, da Constituição Federal, que fixa:

> **LEGISLAÇÃO CORRELATA**
>
> **CF**
>
> **Art. 37, § 6º.** As **pessoas jurídicas de direito público** e as de **direito privado prestadoras de serviços públicos** responderão pelos danos que seus agentes, nessa qualidade, causarem a **terceiros**, assegurado o direito de regresso contra o responsável nos casos de dolo ou culpa.

Esse dispositivo constitucional consagra a teoria da responsabilidade objetiva na modalidade **risco administrativo**, de forma que tanto as pessoas jurídicas de direito público quanto as de direito privado prestadoras de serviços públicos responderão pelos danos que seus agentes causarem a terceiros, independentemente de dolo ou culpa, isto é, responderão objetivamente.

Decompondo o conceito:

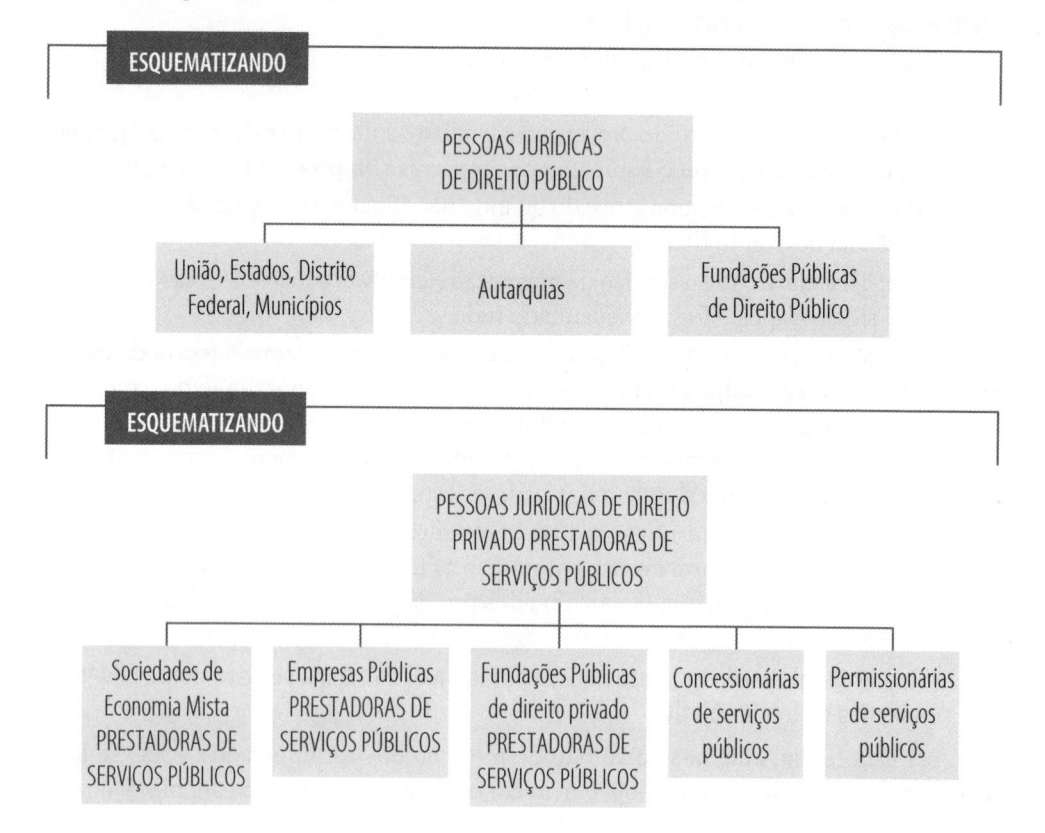

ESQUEMATIZANDO

PESSOAS JURÍDICAS DE DIREITO PÚBLICO
- União, Estados, Distrito Federal, Municípios
- Autarquias
- Fundações Públicas de Direito Público

ESQUEMATIZANDO

PESSOAS JURÍDICAS DE DIREITO PRIVADO PRESTADORAS DE SERVIÇOS PÚBLICOS
- Sociedades de Economia Mista PRESTADORAS DE SERVIÇOS PÚBLICOS
- Empresas Públicas PRESTADORAS DE SERVIÇOS PÚBLICOS
- Fundações Públicas de direito privado PRESTADORAS DE SERVIÇOS PÚBLICOS
- Concessionárias de serviços públicos
- Permissionárias de serviços públicos

ESQUEMATIZANDO

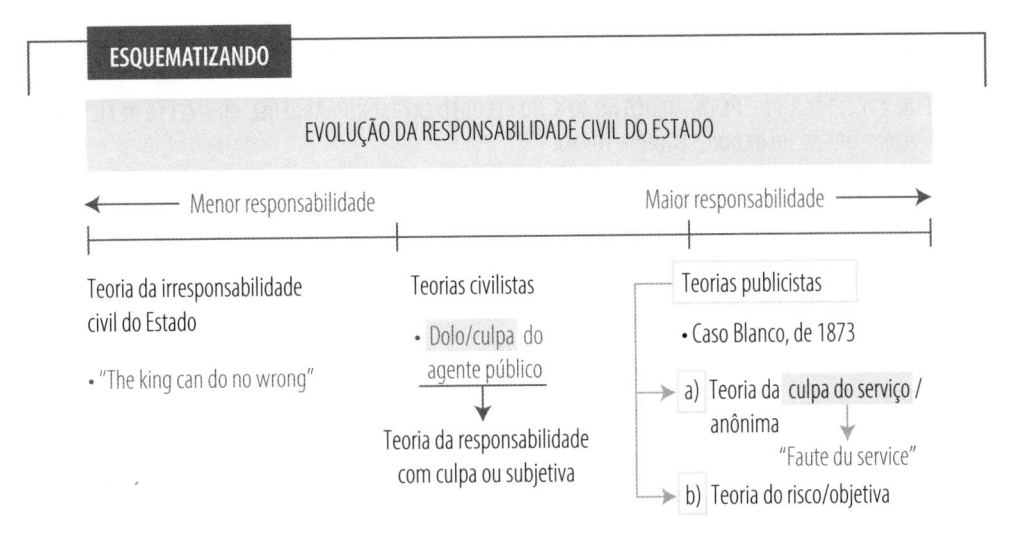

EVOLUÇÃO DA RESPONSABILIDADE CIVIL DO ESTADO

⬅ Menor responsabilidade — Maior responsabilidade ➡

Teoria da irresponsabilidade civil do Estado
- "The king can do no wrong"

Teorias civilistas
- Dolo/culpa do agente público
  ↓
  Teoria da responsabilidade com culpa ou subjetiva

Teorias publicistas
- Caso Blanco, de 1873
  a) Teoria da culpa do serviço / anônima
     "Faute du service"
  b) Teoria do risco/objetiva

5. ELEMENTOS DA RESPONSABILIDADE OBJETIVA DO ESTADO

São elementos que delimitam a incidência da teoria da responsabilidade objetiva do Estado os seguintes: a) CONDUTA ESTATAL; b) DANO; c) NEXO CAUSAL.

É imprescindível que o agente público que realiza o ato danoso esteja no exercício de seu cargo, emprego ou função na entidade em que está vinculado, de forma que não haverá a responsabilidade do Estado por dano causado a alguém por agente que não estava no desempenho de suas funções públicas quando da causação do dano.

Exemplificando: o Estado não será responsabilizado se um agente público causar um dano em razão de uma briga num bar porque se dirigiram à sua esposa com palavras grosseiras e chulas.

A expressão "agentes" prevista no texto constitucional deve ser interpretada em *sentido lato*, isto é, abarca todas as espécies de agentes públicos que, em qualquer nível ou escalão, desempenham um mister público: empregados, dirigentes, sócios de concessionárias, permissionárias.

Em se tratando de SERVIDOR DE FATO, o Estado responderá objetivamente pelos danos causados.

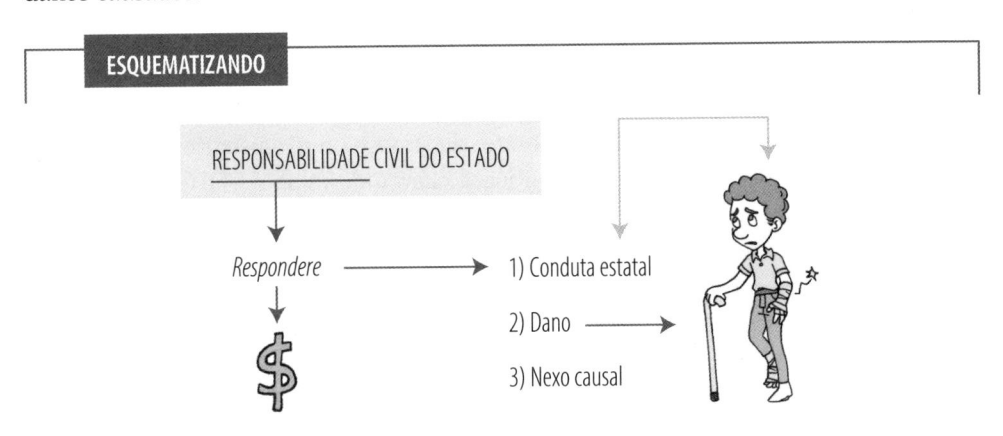

ESQUEMATIZANDO

RESPONSABILIDADE CIVIL DO ESTADO

Respondere ➡ 1) Conduta estatal
↓ 2) Dano
$ 3) Nexo causal

> **JURISPRUDÊNCIA**
>
> • STF. RE 481.110 AGR/PE – PERNAMBUCO AG. REG. NO RECURSO EXTRAORDINÁRIO REL. MIN. CELSO DE MELLO, J. 6-2-2007, ÓRGÃO JULGADOR: SEGUNDA TURMA.
> EMENTA: RESPONSABILIDADE CIVIL DO PODER PÚBLICO. PRESSUPOSTOS PRIMÁRIOS QUE DETERMINAM A RESPONSABILIDADE CIVIL OBJETIVA DO ESTADO. **O NEXO DE CAUSALIDADE MATERIAL COMO REQUISITO INDISPENSÁVEL À CONFIGURAÇÃO DO DEVER ESTATAL DE REPARAR O DANO**. NÃO COMPROVAÇÃO, PELA PARTE RECORRENTE, DO VÍNCULO CAUSAL. RECONHECIMENTO DE SUA INEXISTÊNCIA, NA ESPÉCIE, PELAS INSTÂNCIAS ORDINÁRIAS. SOBERANIA DESSE PRONUNCIAMENTO JURISDICIONAL EM MATÉRIA FÁTICO-PROBATÓRIA. INVIABILIDADE DA DISCUSSÃO, EM SEDE RECURSAL EXTRAORDINÁRIA, DA EXISTÊNCIA DO NEXO CAUSAL. IMPOSSIBILIDADE DE REEXAME DE MATÉRIA FÁTICO-PROBATÓRIA (SÚMULA 279/STF). RECURSO DE AGRAVO IMPROVIDO. – **Os elementos que compõem a estrutura e delineiam o perfil da responsabilidade civil objetiva do Poder Público compreendem (a) a alteridade do dano, (b) a causalidade material entre o 'eventus damni' e o comportamento positivo (ação) ou negativo (omissão) do agente público, (c) a oficialidade da atividade causal e lesiva imputável a agente do Poder Público que tenha, nessa específica condição, incidido em conduta comissiva ou omissiva, independentemente da licitude, ou não, do comportamento funcional e (d) a ausência de causa excludente da responsabilidade estatal.** Precedentes. – O dever de indenizar, mesmo nas hipóteses de responsabilidade civil objetiva do Poder Público, supõe, dentre outros elementos (*RTJ* 163/1107-1109, *v.g.*), a comprovada existência do nexo de causalidade material entre o comportamento do agente e o "eventus damni", sem o que se torna inviável, no plano jurídico, o reconhecimento da obrigação de recompor o prejuízo sofrido pelo ofendido. – **A comprovação da relação de causalidade** – qualquer que seja a teoria que lhe dê suporte doutrinário (teoria da equivalência das condições, teoria da causalidade necessária ou teoria da causalidade adequada) – **revela-se essencial ao reconhecimento do dever de indenizar, pois, sem tal demonstração, não há como imputar, ao causador do dano, a responsabilidade civil pelos prejuízos sofridos pelo ofendido**. Doutrina. Precedentes. – Não se revela processualmente lícito reexaminar matéria fático-probatória em sede de recurso extraordinário (*RTJ* 161/992 – *RTJ* 186/703 – Súmula 279/STF), prevalecendo, nesse domínio, o caráter soberano do pronunciamento jurisdicional dos Tribunais ordinários sobre matéria de fato e de prova. Precedentes. – Ausência, na espécie, de demonstração inequívoca, mediante prova idônea, da efetiva ocorrência dos prejuízos alegadamente sofridos pela parte recorrente. Não comprovação do vínculo causal registrada pelas instâncias ordinárias.

6. SUJEITO PASSIVO DO DANO

Quem pode ser vítima do dano? Usuário do serviço ou não usuário. Tomando por base o *leading case* **RE 591.874** (rel. Min. Ricardo Lewandowski), o STF (em 26-8-2009) fixou que prestadora de serviço público tem responsabilidade objetiva em relação a terceiros não usuários do serviço.

O recurso, com repercussão geral reconhecida por unanimidade da Corte, foi interposto pela empresa Viação São Francisco Ltda. em razão de acidente ocorrido no ano de 1998 na cidade de Campo Grande, no Mato Grosso do Sul, entre ônibus e ciclista, vindo este a falecer.

O RE discutiu se a palavra "terceiros", contida no art. 37, § 6º, da CF, também alcança pessoas que não se utilizam do serviço público.

O Ministro Ricardo Lewandowski asseverou que a CF não faz qualquer distinção sobre a qualificação do sujeito passivo do dano, ou seja, não exige que a pessoa atingida pela lesão ostente a condição de usuário do serviço. Assim, se a lei não distingue, em nome do princípio da isonomia ou igualdade, não cabe ao intérprete distinguir.

Hoje o entendimento do STF é no sentido de que a responsabilidade civil do Estado é OBJETIVA tanto se os danos causados pelas pessoas jurídicas de direito privado prestadoras de serviços públicos alcançarem usuários do serviço ou não usuários do serviço.

A **tese** firmada (**tema 131**) teve a seguinte redação: "A responsabilidade civil das pessoas jurídicas de direito privado prestadoras de serviço público é objetiva relativamente a terceiros usuários e não usuários do serviço, segundo decorre do art. 37, § 6º, da Constituição Federal".

Antigamente o Supremo Tribunal Federal entendia que a responsabilidade objetiva das pessoas jurídicas de direito privado prestadoras de serviços públicos alcançavam apenas usuários do serviço (é dizer, o Estado não seria responsabilizado por danos causados àqueles que não fossem usuários do serviço), de forma que estes precisariam provar CULPA do Estado para obter o ressarcimento do dano. Nesse sentido: STF, RE 262.651; RE 370.272; RE 302.622.

Porém, tal entendimento foi superado quando do julgamento definitivo do **RE 591.874**, com **repercussão geral**.

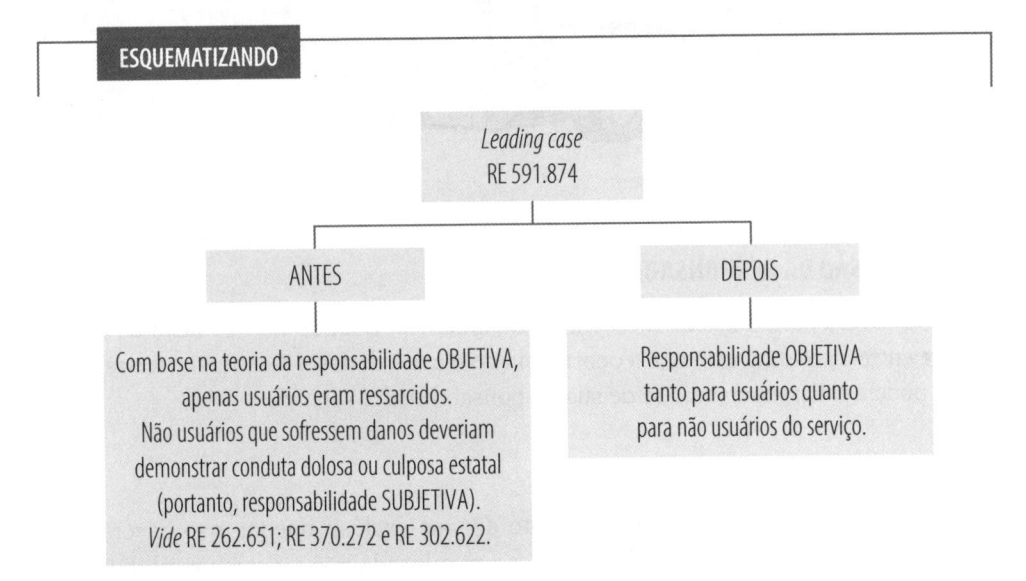

ESQUEMATIZANDO

Leading case
RE 591.874

ANTES

Com base na teoria da responsabilidade OBJETIVA, apenas usuários eram ressarcidos.
Não usuários que sofressem danos deveriam demonstrar conduta dolosa ou culposa estatal (portanto, responsabilidade SUBJETIVA).
Vide RE 262.651; RE 370.272 e RE 302.622.

DEPOIS

Responsabilidade OBJETIVA tanto para usuários quanto para não usuários do serviço.

Conclusões:

Para o Supremo Tribunal Federal é irrelevante se a vítima é usuária ou não do serviço. Basta a produção de dano por parte da pessoa jurídica de direito privado prestadora de serviço público para acarretar a responsabilidade civil do Estado.

Mais, com fundamento no Princípio da Isonomia e nas melhores regras de Hermenêutica e Interpretação Constitucional, se a Constituição Federal é silente quanto a quem seja o sujeito passivo do dano, não cabe ao intérprete distinguir.

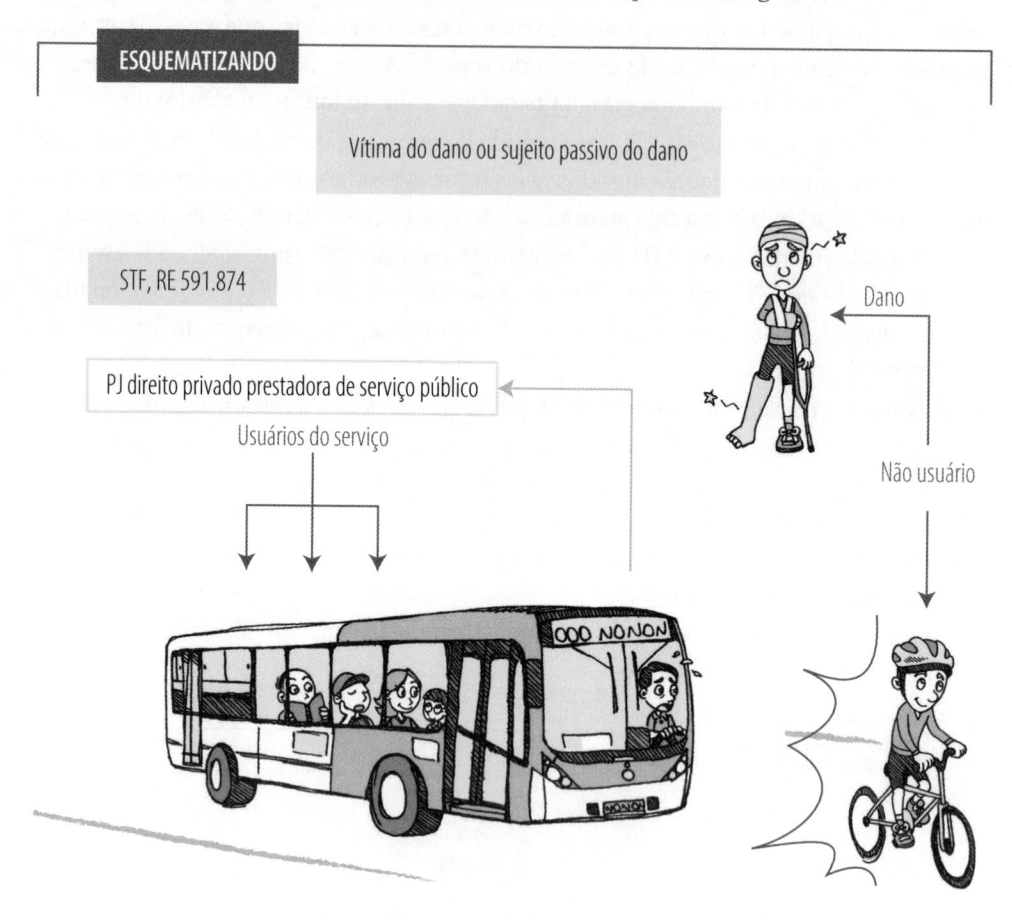

ESQUEMATIZANDO

Vítima do dano ou sujeito passivo do dano

STF, RE 591.874

PJ direito privado prestadora de serviço público

Usuários do serviço

Dano

Não usuário

7. EXCLUSÃO DA RESPONSABILIDADE ESTATAL

Só haverá para o Estado a obrigação de indenizar quando houver **nexo de causalidade** entre a conduta estatal e a ocorrência do evento danoso. Assim, em certas situações, poderá o Estado eximir-se de sua responsabilidade. Vejamos.

7.1 Culpa exclusiva da vítima

Quando a vítima der causa ao evento danoso exclusivamente, não haverá nexo causal entre a conduta estatal e o dano, e, assim, o Estado não terá responsabilidade.

Exemplificando: a vítima se atira sob as rodas do caminhão de lixo pertencente ao Estado. O agente estatal não faz nada para que ocorra o evento gravoso para a vítima.

O ônus da prova nesse caso é invertido: cabe ao Estado provar a existência de uma causa de exclusão de sua responsabilidade: o Estado é que prova a culpa exclusiva da vítima.

Importante ressaltar neste contexto, a decisão do STF de junho de 2021 no **RE 1.209.429**, com repercussão geral (**tema 1055**), em que o colegiado concluiu pela responsabilização do Estado quando forças policiais atuarem de forma desproporcional e colocarem em risco a integridade desses profissionais.

A **tese** firmada no caso teve a seguinte redação: "É objetiva a responsabilidade civil do estado em relação ao profissional de imprensa ferido por agentes policiais durante a cobertura jornalística em manifestações em que haja tumulto ou conflito entre policiais e manifestantes. Cabe a **excludente de responsabilidade da culpa exclusiva da vítima** nas hipóteses em que o profissional de imprensa descumprir ostensiva e clara advertência sobre acesso a áreas delimitadas em que haja grave risco a sua integridade física".

Ficaram vencidos, na tese, os ministros Marco Aurélio, Luiz Fux e Edson Fachin.

JURISPRUDÊNCIA

- **STF, RE 120.924/SP. REL. MIN. MOREIRA ALVES. 25-5-1993**
  Ementa. Responsabilidade Objetiva do Estado. Ocorrência de culpa exclusiva da vítima. Esta Corte tem admitido que **a responsabilidade objetiva da pessoa jurídica de direito público seja reduzida ou excluída conforme haja culpa concorrente do particular ou tenha sido este o exclusivo culpado (Ag. 113.722-3, AgReg e RG 113.587).** No caso, tendo o acórdão recorrido, com base na análise dos elementos probatórios cujo reexame não é admissível em recurso extraordinário, decidido que ocorreu culpa exclusiva da vítima, inexiste a responsabilidade civil da pessoa jurídica de direito público, **pois foi a vítima que deu causa ao infortúnio, o que afasta, sem dúvida, o nexo de causalidade entre a ação e a omissão e o dano**, no tocante ao ora recorrido. Recurso extraordinário não conhecido.

7.2 Caso fortuito ou força maior

Existe divergência doutrinária acerca dessas expressões, e, justamente pelo fato de não existir um consenso sobre seu significado, quer aconteça uma hipótese, quer outra, haveria exclusão da responsabilidade estatal, por não existir nexo causal entre a conduta estatal e o evento danoso.

O ônus da prova nesse caso é invertido: compete ao Estado provar a existência de uma causa de exclusão de sua responsabilidade. O Estado prova que houve caso fortuito ou força maior.

Alexandre Mazza[12] diferencia: a força maior é acontecimento imprevisto e irresistível causado por força externa ao Estado, tais como um tufão ou uma nevasca que venham a causar danos. Já o caso fortuito gera um dano decorrente de ato humano ou de falha na Administração. Exemplo: o rompimento de uma adutora. Nessa hipótese: o caso fortuito não exclui a responsabilidade estatal.

---

[12] MAZZA, Alexandre. *Manual de direito administrativo*, 3. ed., São Paulo: Saraiva, 2014, p. 328.

7.3 Culpa concorrente

Se a vítima concorreu para o dano, e o Estado só em parte colaborou para o evento danoso, haverá a responsabilização do Estado na proporção de sua contribuição. Por culpa recíproca há a ocorrência de prejuízo.

Celso Antônio Bandeira de Mello[13] denomina PROBLEMA DAS CONCAUSAS: provado que a vítima participou, de algum modo, para o resultado gravoso, exime-se o Estado da obrigação de indenizar, na exata proporção dessa participação. Neste caso, a responsabilidade do Estado será sempre parcial, na medida em que se leva em conta a colaboração da vítima na produção do acontecimento danoso, resultando na atenuação do *quantum* indenizatório para o Estado.

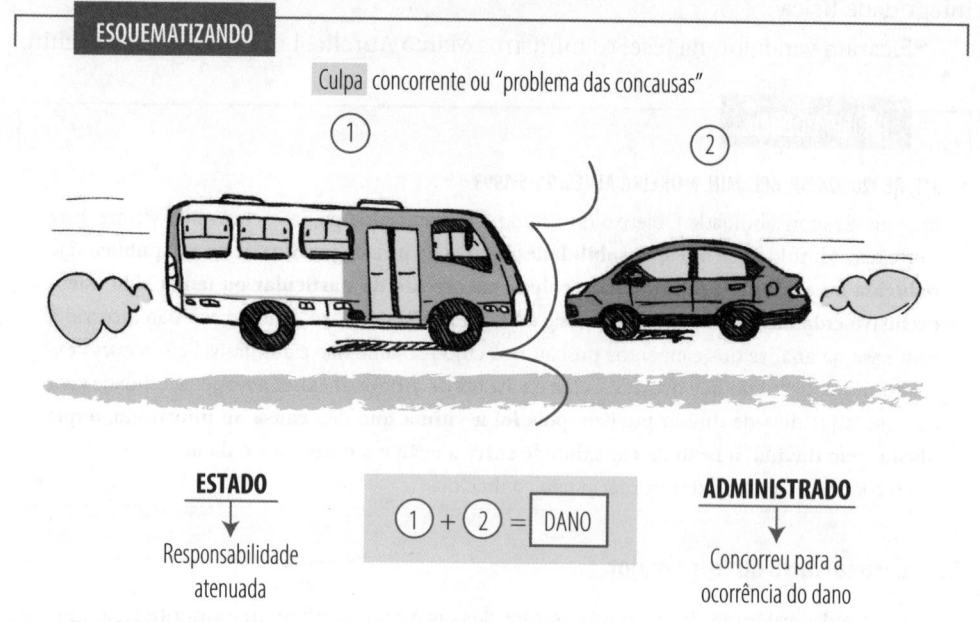

ESQUEMATIZANDO

Culpa concorrente ou "problema das concausas"

ESTADO
Responsabilidade atenuada

① + ② = DANO

ADMINISTRADO
Concorreu para a ocorrência do dano

7.4 Ato de terceiro

Ocorre nas hipóteses em que o prejuízo pode ser atribuído a pessoa estranha aos quadros da Administração Pública (como é o caso de prejuízos decorrentes de atos de multidão). Nesse caso, o Estado só responderá se ficar configurada sua culpa.

8. VARIAÇÃO DA TEORIA DA RESPONSABILIDADE OBJETIVA: TEORIA DO RISCO INTEGRAL

Hely Lopes Meirelles[14] biparte a teoria da responsabilidade objetiva em: a) teoria do risco administrativo (que é a por nós adotada e consagrada no art. 37, § 6º, da CF) e b) teoria do risco integral.

---

[13] BANDEIRA DE MELLO, Celso Antônio. *Curso de direito administrativo*, 25. ed., São Paulo: Malheiros, 2008, p. 1008.

[14] MEIRELLES, Hely Lopes. *Direito administrativo brasileiro*, 36. ed., São Paulo: Malheiros, 2010a, p. 683.

Pela teoria do risco integral (que é vertente mais radical da teoria da responsabilidade objetiva), o Estado teria responsabilidade **mesmo quando** estivéssemos falando em "culpa exclusiva da vítima" e hipóteses de "caso fortuito ou força maior". Bastaria o simples envolvimento do Estado no evento para ensejar sua responsabilização.

A teoria do risco integral, em regra, não é aceita por nós por não ser possível demonstrar o nexo de causalidade entre a conduta estatal e o dano causado. Foi deblaterada por Hely Lopes Meirelles[15] "por conduzir ao abuso e à iniquidade social [...]. Daí foi acoimada de 'brutal', pelas graves consequências que haveria de produzir se aplicada na sua inteireza".

Exemplificando: haveria responsabilidade no evento envolvendo o suicídio de um indivíduo que se atira de um prédio sobre uma via pública pelo simples fato de o Estado ser o "proprietário" da via pública; restaria sua obrigação de indenizar.

8.1 Adoção da teoria do risco integral em nosso ordenamento

No Brasil, apenas em situações excepcionais a teoria do risco integral é adotada. Vejamos.

a) **Danos decorrentes de substâncias nucleares** gerariam ao Estado o dever de recomposição dos prejuízos causados. Dispõe o art. 21, XXIII, da Constituição Federal que cabe à União a exploração dos serviços e das instalações nucleares de qualquer natureza e o exercício, mediante monopólio, da pesquisa, da lavra, do enriquecimento e reprocessamento, da industrialização e do comércio de minerais nucleares e seus derivados.

Assim, por qualquer dano que venha a ocorrer em razão da manipulação de substâncias nucleares, o Estado responde objetivamente, independentemente de culpa.

Para Diógenes Gasparini[16], em caso de dano decorrente de substância nuclear, persiste o direito de regresso contra o agente causador direto do dano (art. 37, § 6º, *in fine*, da Constituição Federal).

b) **Danos decorrentes de manipulação de material bélico**.

c) **Atos terroristas em aeronaves** (Lei n. 10.744/2003) seguem as regras da teoria da responsabilidade objetiva na modalidade risco integral. A União assumiu despesas de responsabilidade civil perante terceiros quando ocorresse danos a bens, pessoas, passageiros e não passageiros, em razão da prática de atentados terroristas.

d) **Dano ambiental** – com fulcro no art. 225, §§ 2º e 3º, da CF, a reparação de prejuízos ambientais causados pelo Estado estaria submetida à teoria do risco integral, até porque, se fosse possível invocar o caso fortuito ou força maior como causas excludentes da responsabilidade civil por dano ecológico, por exemplo, ficaria fora da incidência da lei a maior parte dos casos de poluição ambiental.

---

[15] MEIRELLES, Hely Lopes. *Direito administrativo brasileiro*, 36. ed., São Paulo: Malheiros, 2010, p. 632.

[16] GASPARINI, Diógenes. *Direito administrativo*, 14. ed., São Paulo: Saraiva, 2009, p. 1047.

9. CONDUTAS OMISSIVAS E RESPONSABILIDADE CIVIL DO ESTADO

Quando o Estado descumpre o dever legal de impedir o evento lesivo, fala-se em condutas estatais omissivas.

Trata-se de comportamento ilícito estatal aquém dos padrões esperados (por inobservância do princípio da legalidade) manifestado por sua omissão, configurando um poder de agir não realizado por culpa (imprudência, negligência ou imperícia) ou dolo.

Claro, se o Poder Público não estivesse obrigado a impedir o acontecimento danoso, não haveria razão para impor-lhe o encargo de suportar patrimonialmente o dano. Ao contrário, se incumbia ao Estado impedir o acontecimento danoso e ele tem um comportamento inferior ao padrão legal exigível, aí sim haverá a sua responsabilidade.

Exemplificando:

a) Se o Poder Público licencia edificações de certa altura, no serviço de combate a incêndios e resgate dos sinistrados, precisa ter mecanismos para enfrentar o sinistro. Se permite construções até o vigésimo andar, precisa ter a escada ou mangueira de incêndio apta a chegar até o vigésimo andar. Se não tiver, devendo ter, é porque o Estado agiu deficientemente e abaixo dos padrões legais, devendo ser responsabilizado.

b) Se cabia ao Estado a função de desobstruir as galerias de águas pluviais e este, de forma omissa e negligente, não o fez, acarretando inundação danosa, deverá responder por seu comportamento aquém dos padrões legais esperado (RT 445:100).

c) Se, em razão da má conservação dos fios da rede telefônica e de forte temporal, for vitimada criança que entrou em contato com os fios elétricos (RJ/TJ 58:215).

Nos dois últimos exemplos acima, o Estado, em razão de seu comportamento culposo, facilitou a ocorrência do dano, e, portanto, deverá indenizar.

Hoje prevalece na jurisprudência que o Estado deve ser responsabilizado por suas omissões (responsabilidade subjetiva), desde que exista nexo causal direto e imediato entre a conduta estatal omissa ilícita e o evento danoso. E deve ser responsabilizado objetivamente por criar risco.

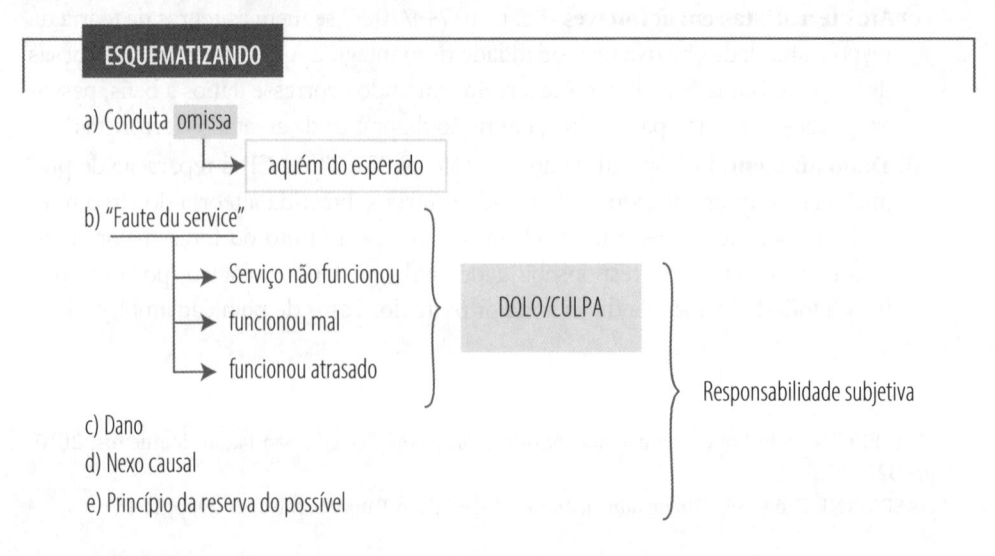

ESQUEMATIZANDO

a) Conduta omissa
 → aquém do esperado

b) "Faute du service"
 → Serviço não funcionou
 → funcionou mal
 → funcionou atrasado

DOLO/CULPA

} Responsabilidade subjetiva

c) Dano
d) Nexo causal
e) Princípio da reserva do possível

"**ABORDAGEM MULTIDISCIPLINAR**" – relação interdisciplinar existente entre o direito constitucional, os direitos humanos, a Lei de Execuções Penais, o direito comparado e o direito administrativo:

STF, RE 580.252 (tema 365): O STF reconheceu a repercussão geral do referido recurso extraordinário e avaliou a necessidade de reparação por dano moral a detento que teria sido submetido a tratamento desumano e degradante em razão da superlotação carcerária e falta de atendimento a requisitos básicos de saúde e de higiene.

Essa questão constitucional debatida ultrapassa os interesses das partes, e sua relevância aparece sob diversos pontos de vista: econômico, político, social e jurídico, daí o reconhecimento da repercussão geral da questão. Trata-se de tema não apenas do direito administrativo, mas que tem relação **interdisciplinar** com diversos outros ramos.

Os principais dispositivos constitucionais analisados no caso são: **art. 37, § 6º** (que cuida da responsabilidade objetiva do Estado); **art. 5º, III** (que veda a tortura e o tratamento desumano ou degradante); **art. 5º, X** (que garante o direito à inviolabilidade da intimidade, vida privada, honra e imagem das pessoas); **art. 5º, XLIX** (que assegura aos presos o respeito à integridade física e moral); além do **art. 1º** da Lei de Execução Penal (que cuida da própria função de que se acha impregnada a execução da pena, destinada "a proporcionar condições para a harmônica integração social do condenado e do internado").

Será que os agentes e administradores têm responsabilidade e deram causa à violação de direitos fundamentais titularizados pelo detento recolhido ao sistema penitenciário local (Corumbá/MS), cujas péssimas condições materiais infringiriam, de modo frontal (e inaceitável), as garantias mínimas de segurança pessoal (tanto física quanto psíquica) daqueles que cumprem condenações penais naquelas unidades?

Haveria, no Brasil, um indisfarçável **"estado de coisas inconstitucional"** resultante da **omissão** do Poder Público em implementar medidas eficazes de ordem estrutural capazes de neutralizar a situação de absurda patologia constitucional gerada pela inércia do Estado – que descumpre a Constituição Federal, ofende a Lei de Execução Penal e fere o sentimento de decência dos cidadãos ao não propiciar condições minimamente adequadas ao pleno cumprimento dos preceitos constitucionais e dos direitos humanos?

Qual a possibilidade de o Poder Judiciário determinar que o Estado realize obras para melhorar o sistema carcerário? Ou essa determinação ofenderia o Princípio da Separação e Independência de Poderes (art. 2º da CF)? Será que tal possibilidade consiste em **obrigação de fazer** para o Estado por configurar proteção à dignidade da pessoa humana (art. 1º, III, da Constituição Federal) e por garantir a segurança na prestação do serviço público?

A falta de recursos financeiros e os impactos orçamentários no sentido de investir na construção de presídios (e eleger como política pública a construção desses presídios) são justificativas aptas para o Estado eximir-se de sua responsabilidade?

Poderia ser invocado o **Princípio da Reserva do Possível (de origem germânica)**, para que o Estado não cumpra seu dever? Ou a Reserva do Possível deverá ser interpretada de forma proporcional e razoável a fim de possibilitar aos indivíduos o **mínimo existencial vital**?

"Até então, o discurso predominante na nossa doutrina e jurisprudência era o de que os direitos sociais constitucionalmente consagrados não passavam de **normas programáticas**, o que impediria que servissem de fundamento para a exigência em juízo de prestações positivas do Estado. As intervenções judiciais neste campo eram raríssimas, prevalecendo uma leitura mais ortodoxa do princípio da separação de poderes, que via como intromissões indevidas do Judiciário na seara própria do Legislativo e do Executivo as decisões que implicassem controle sobre as políticas públicas voltadas à efetivação dos direitos sociais.

Hoje, no entanto, este panorama se inverteu. Em todo o país, tornaram-se frequentes as decisões judiciais determinando a entrega de prestações materiais aos jurisdicionados relacionadas a direitos sociais constitucionalmente positivados. Trata-se de uma mudança altamente positiva, que deve ser celebrada. Atualmente, pode-se dizer que o Poder Judiciário brasileiro 'leva a sério' os direitos sociais, tratando-os como autênticos direitos fundamentais, e a via judicial parece ter sido definitivamente incorporada ao arsenal dos instrumentos à disposição dos cidadãos para a luta em prol da incidência social e da garantia da vida digna.

Sem embargo, este fenômeno também suscita algumas questões complexas e delicadas, que não podem ser ignoradas. Sabe-se, em primeiro lugar, que os recursos existentes na sociedade são escassos e que o atendimento aos direitos sociais envolve custos [...].

Neste quadro de escassez, não há como realizar, '*hic et nunc*', todos os direitos sociais em seu grau máximo. O grau de desenvolvimento socioeconômico de cada país impõe limites que o mero voluntarismo de bacharéis não tem como superar. E a escassez obriga o Estado em muitos casos a confrontar-se com verdadeiras 'escolhas trágicas', pois, diante da limitação de recursos, vê-se forçado a eleger prioridades dentre várias demandas igualmente legítimas [...].

As complexidades suscitadas são, contudo, insuficientes para afastar a atuação do Poder Judiciário na concretização dos direitos sociais. Com a consolidação da nova cultura constitucional que emergiu no país em 1988, a jurisprudência brasileira deu um passo importante, ao reconhecer a plena justiciabilidade dos direitos sociais. No entanto, essas dificuldades devem ser levadas em conta. Vencido, com sucesso, o momento inicial de afirmação da sindicabilidade dos direitos prestacionais, é chegada a hora de racionalizar esse processo. Para este fim, cumprem importante papel, como parâmetros a orientar a intervenção judicial nesta seara, duas categorias que vêm sendo muito discutidas na dogmática jurídica: a reserva do possível e o mínimo existencial [...]. Há outras, todavia, que também têm importância capital neste campo, como o princípio da proporcionalidade, na sua dimensão de vedação à proteção deficiente, e o princípio da proibição de retrocesso social" – *apud* voto do Min. Relator do RE 580.252, citando Daniel Sarmento: Reserva do possível e mínimo existencial, in *Comentários à Constituição Federal de 1988*, São Paulo: Gen/Forense, 2009, p. 371-388, 371-375.

Ora, a necessidade de assegurar proteção também às minorias e aos grupos vulneráveis qualifica-se como fundamento imprescindível à plena legitimação material do Estado Social e Democrático de Direito!

Ainda, em outro momento, que guarda inteira pertinência com o caso *sub examine*, o **STF (RE 592.581)** fixou ser lícito ao Poder Judiciário "impor à Administração Pública **obrigação de fazer**, consistente na promoção de medidas ou na execução de obras emergenciais em estabelecimentos prisionais para dar efetividade ao postulado da dignidade da pessoa humana e assegurar aos detentos o respeito à sua integridade física e moral, nos termos do que preceitua o art. 5º, XLIX, da Constituição Federal, **não sendo** oponível à decisão o argumento da reserva do possível nem o princípio da separação dos poderes" (grifos nossos).

Vale lembrar, tendo por base o direito comparado, o caso ocorrido em 2011 na Suprema Corte norte-americana quando julgou o caso **"Brown *versus* Plata"**. O caso envolveu o direito fundamental do sentenciado de receber tratamento penitenciário **digno** quando da execução da pena, e, por cinco votos a quatro, a Justiça norte-americana reputou ofensivo à 8ª Emenda à Constituição americana (que veda o *"cruel and unusual punishment"*) o excesso populacional no sistema penitenciário do Estado da Califórnia (que chegava a 200% de sua ocupação máxima), ordenando-lhe que reduzisse, no prazo de 2 (dois) anos, ao índice de 137,5% (calculada sobre a capacidade total então existente), a sua população carcerária.

Por fim, ocorrido o dano e o nexo causal entre a conduta da Administração, há a responsabilidade: temos de um lado os problemas de superlotação e a falta de condições mínimas de saúde e de higiene do estabelecimento prisional (**conduta** estatal), e, de outro, a inflição de **danos** (inclusive morais), tudo corroborado pelo **nexo causal** entre eles.

Diante de todos esses questionamentos e ponderações, **a tese firmada pelo STF em fevereiro de 2017 ao concluir o julgamento do RE 580.252** teve o seguinte teor: **"Considerando que é dever do Estado, imposto pelo sistema normativo, manter em seus presídios os padrões mínimos de humanidade previstos no ordenamento jurídico, é de sua responsabilidade, nos termos do art. 37, § 6º, da Constituição, a obrigação de ressarcir os danos, inclusive morais, comprovadamente causados aos detentos em decorrência da falta ou insuficiência das condições legais de encarceramento".**

ESQUEMATIZANDO

STF, RE 580.252

É dever do Estado manter em seus presídios os padrões mínimos de humanidade. É de sua responsabilidade (art. 37, § 6º, da CF) a obrigação de ressarcir os danos, inclusive morais, comprovadamente causados pela falta de condições legais de encarceramento.

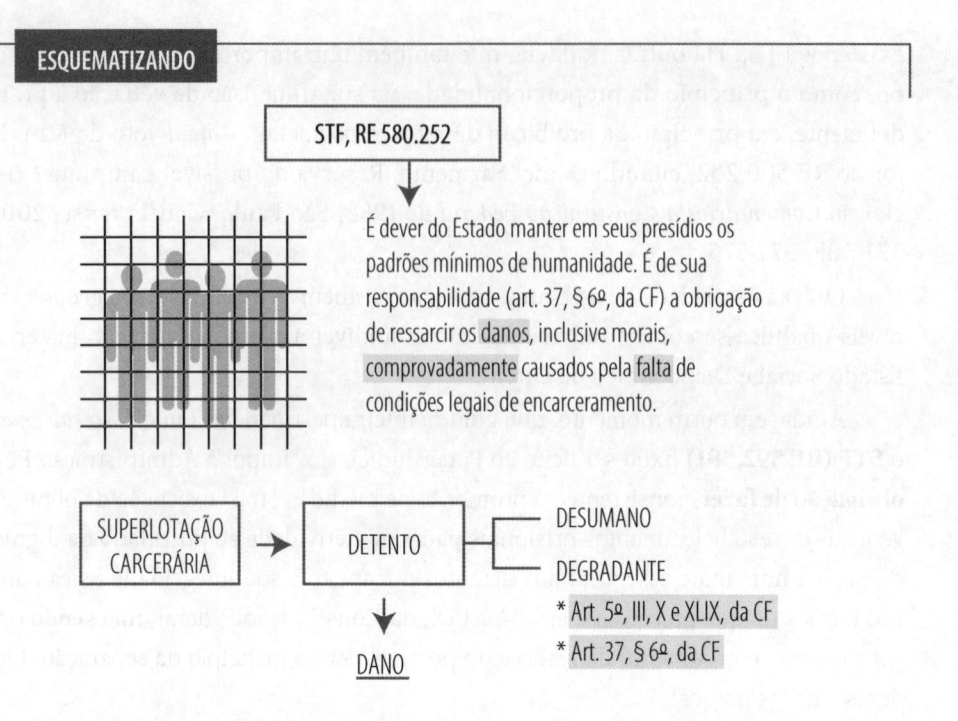

SUPERLOTAÇÃO CARCERÁRIA → DETENTO
- DESUMANO
- DEGRADANTE

↓
DANO

* Art. 5º, III, X e XLIX, da CF
* Art. 37, § 6º, da CF

Ainda sobre responsabilidade por omissão, alguns aprofundamentos:

Aprofundamento 1: STF, notícia de 2 de fevereiro de 2011, RE 136.861 (tema 366 de repercussão geral).

Caso concreto: a 2ª Turma do STF reconheceu a existência de repercussão geral em processo que **discute se a Prefeitura de São Paulo foi ou não omissa em fiscalizar e impedir a comercialização indevida de fogos de artifício em ambiente residencial que resultou em forte explosão**.

O acidente decorreu de atividade para a qual a lei exige autorização prévia, que, segundo consta do laudo pericial e da própria ação de indenização, não foi obtida pelos donos do estabelecimento.

O Ministro Gilmar Mendes informou que, apesar de os responsáveis pelos fogos de artifício terem solicitado a autorização, o pedido não chegou a ser examinado pela Administração Municipal.

O que se discute nesse recurso é se teria havido omissão da municipalidade em fiscalizar atividade não autorizada por ela.

Em **11 de março de 2020**, o STF apreciou o caso e, prevalecendo o entendimento do Ministro Alexandre de Moraes, firmou a seguinte **tese (tema 366)**: "para que fique caracterizada a responsabilidade civil do Estado por danos decorrentes do comércio de fogos de artifício, **é necessário que exista** violação de um dever jurídico específico de agir, que ocorrerá quando for concedida a licença para funcionamento **sem** as cautelas legais, ou quando for de conhecimento do Poder Público eventuais irregularidades praticadas pelo particular".

Aprofundamento 2: STF, notícia de 7 de fevereiro de 2011, RE 608.880 (tema de repercussão geral – tema 362).
O STF reconhece repercussão geral de processo em que Estado é responsabilizado por crime de detento.
Questiona-se: Haveria a responsabilidade civil (objetiva, ou não) do Estado, pelos danos decorrentes de **crime praticado por preso foragido, em face da omissão no dever de vigilância dos detentos sob sua custódia**?
No RE se discute a responsabilidade do Estado – no caso, o de Mato Grosso – por crime de latrocínio cometido por detento que cumpria pena em regime semiaberto. Sob a relatoria do Ministro Marco Aurélio, o RE foi interposto contra decisão do Tribunal de Justiça (TJMT) que responsabilizou a Administração estadual pela morte decorrente de latrocínio cometido por detento sob sua custódia e condenou o governo estadual a indenizar a família do falecido pelos danos morais e materiais sofridos, bem como ao pagamento de pensão.
A **tese** firmada tem a seguinte redação: "Nos termos do art. 37, § 6º, da Constituição Federal, **não se caracteriza** a responsabilidade civil objetiva do Estado por danos decorrentes de crime praticado por pessoa foragida do sistema prisional, **quando não demonstrado o nexo causal direto** entre o momento da fuga e a conduta praticada".

Aprofundamento 3: O STF, em dezembro de 2011, reconheceu a **repercussão geral** da questão no **RE 662.405 (tema 512)**, em que se discute a responsabilidade civil objetiva da União por danos materiais causados a candidatos inscritos em concurso público em face do cancelamento da prova do certame por suspeita de fraude.
A decisão pelo Plenário do STF em sessão virtual foi no sentido de dar provimento ao recurso extraordinário e fixou a **tese**: "O Estado **responde subsidiariamente** por danos materiais causados a candidatos em concurso público organizado por pessoa jurídica de direito privado (art. 37, § 6º, da CRFB/88), quando os exames são cancelados por indícios de fraude".

Aprofundamento 4: Em 13 de setembro de 2013, o Plenário Virtual do STF reconheceu a **repercussão geral** no **RE 724.347 (tema 671)**, em que se discute o direito de candidatos aprovados em concurso público à indenização por danos materiais em razão de demora na nomeação, efetivada apenas após o trânsito em julgado de decisão judicial que reconheceu o direito à investidura.
A **tese** firmada no referido caso teve a seguinte redação: "Na hipótese de posse em cargo público determinada por decisão judicial, o servidor não faz jus à indenização, sob fundamento de que deveria ter sido investido em momento anterior, salvo situação de arbitrariedade flagrante".

Aprofundamento 5: O STF reconheceu a **repercussão geral** da questão no **RE 841.526 (tema 592)**, em que se discute, à luz do art. 37, § 6º, da CF, a responsabilidade civil objetiva do Estado por morte de detento em estabelecimento penitenciário. A **tese** firmada foi no sentido de que, "em caso de **inobservância** do seu dever específico de proteção previsto no art. 5º, inciso XLIX, da Constituição Federal, o Estado é responsável pela morte de detento".

No caso dos autos, o Estado foi condenado ao pagamento de indenização pela morte de um detento – ocorrida na penitenciária estadual de Jacuí. Segundo a necropsia, a morte ocorreu por asfixia mecânica (enforcamento), todavia o laudo não foi conclusivo se em decorrência de homicídio ou suicídio.

Para o Ministro Relator do recurso, Luiz Fux, até mesmo nos casos de suicídio de presos ocorre a responsabilidade do Estado, ainda que tenha ocorrido omissão do Estado, não é possível exonerar a responsabilidade estatal, afinal há casos em que a omissão é o próprio núcleo do delito. Ainda, a CF é clara ao garantir, em seu art. 5º, XLIX, aos presos o respeito à sua integridade física e moral. "Se o Estado tem o dever de custódia, tem também o dever de zelar pela integridade física do preso. Tanto no homicídio quanto no suicídio há responsabilidade civil do Estado".

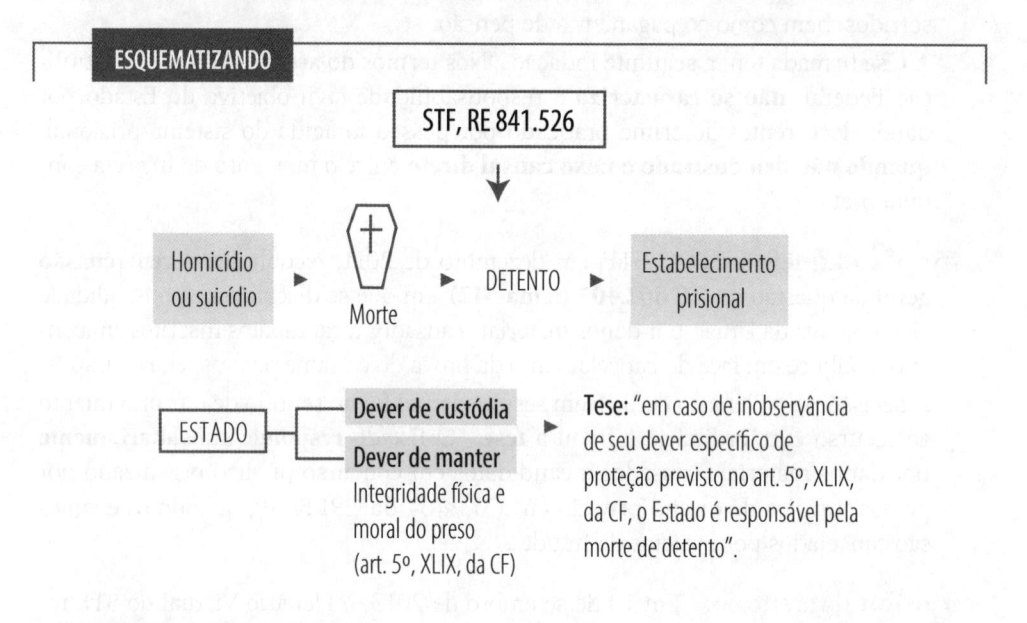

ESQUEMATIZANDO

STF, RE 841.526

Homicídio ou suicídio ▶ Morte ▶ DETENTO ▶ Estabelecimento prisional

ESTADO
- Dever de custódia
- Dever de manter Integridade física e moral do preso (art. 5º, XLIX, da CF)

Tese: "em caso de inobservância de seu dever específico de proteção previsto no art. 5º, XLIX, da CF, o Estado é responsável pela morte de detento".

Aprofundamento 6: Em novembro de 2014, o STF reconheceu a **repercussão geral** no **RE 842.846 (tema 777) em que se discute**, à luz dos arts. 37, § 6º, e 236 da Constituição Federal, a extensão da responsabilidade civil do Estado em razão de dano ocasionado pela atuação de tabeliães e notários. Debate-se ainda sobre o tipo de responsabilidade civil, se objetiva ou subjetiva, que rege a atuação dos registradores e tabeliães. O caso concreto diz respeito a erro na certidão de óbito quanto ao nome de uma mulher falecida, fato que impediu o viúvo de receber a pensão previdenciária por morte da esposa junto ao Instituto Nacional do Seguro Social (INSS). Diante disso, houve necessidade de ajuizamento de ação para retificação do registro, o que retardou o recebimento do benefício.

A **tese** firmada no referido caso (27-2-2019) teve a seguinte redação: "o Estado responde, objetivamente, pelos atos dos tabeliães e registradores oficiais que, no exercício de suas funções, causem dano a terceiros, assentado o dever de regresso contra o responsável, nos casos de dolo ou culpa, sob pena de improbidade administrativa".

Aprofundamento 7: Em **17 de julho de 2015**, o STF reconheceu a repercussão geral em **Recurso Extraordinário com Agravo (ARE) 884.325 (tema 826)**, em que se discute a responsabilidade civil da União por eventuais danos causados a produtores do setor sucroalcooleiro, em razão de alegada fixação de preços de produtos em valores inferiores ao custo de produção. A **tese** firmada pelo STF em agosto de 2020 tem a seguinte redação: "é imprescindível para o reconhecimento da responsabilidade civil do Estado em decorrência da fixação de preços no setor sucroalcooleiro a **comprovação de efetivo prejuízo econômico**, mediante perícia técnica em cada caso concreto".

9.1 Doutrina estrangeira

Renato Alessi[17] conceitua **omissão administrativa**: "Constituye el posible objeto de la reacción no sólo el ejercicio positivo de la función administrativa (acuerdos administrativos, meros actos, hechos administrativos), sino además la conductas negativas, es decir, la *no administración*, la *omisión* de actuar cuando el ejercicio de la actividad positiva correspondiente era objeto de una obligación concreta impuesta a la Administración a favor de un particular".

JURISPRUDÊNCIA

- **RESPONSABILIDADE CIVIL DO PODER PÚBLICO E OMISSÃO – 1**
  A Turma iniciou julgamento de agravo regimental interposto pelo Município de São Paulo contra decisão que o condenara a indenizar os ora agravados pelos danos ocasionados em virtude de explosão (em junho de 1985) de estabelecimento destinado ao comércio de fogos de artifício. O Min. Joaquim Barbosa, relator, deu provimento parcial ao agravo apenas para promover os ajustes referentes ao direito de regresso contra o proprietário do comércio e estabelecer termos iniciais dos juros de mora e correção monetária. Preliminarmente, assentou a ausência de violação ao art. 557, § 1º-A, do CPC, porque, apesar de o relator ter citado apenas 2 acórdãos referentes à questão da responsabilidade civil do Estado, a decisão agravada encontraria respaldo em farta jurisprudência do Supremo. Salientou que tal decisão estaria legitimada pela possibilidade de recurso ao Colegiado. Esclareceu, ainda, que o recurso extraordinário (CF, art. 102, III, *c*) atenderia aos pressupostos de admissibilidade: tempestividade; preparo e prequestionamento. Aduziu, na espécie, que o Enunciado 279 da Súmula do STF não impediria o cabimento do extraordinário, uma vez que as premissas fáticas em que se apoiara teriam sido todas explicitamente mencionadas pelo acórdão adversado. Acrescentou que precedentes reconheceriam a admissibilidade de recurso extraordinário quanto à responsabilidade por omissão do Poder Público, desde que mantido o quadro fático fixado no acórdão recorrido. Em seguida,

---

[17] ALESSI, Renato. *Instituciones de derecho administrativo*, trad. Buenaventura Pellisé Prats, 3. ed., Barcelona: Bosch, t. II, p. 600.

assentou a omissão grave do Município, o qual teria sido informado da instalação do comércio em zona residencial pelo próprio proprietário do estabelecimento, que inclusive recolhera a taxa para a obtenção do alvará. Reputou despropositado o argumento da agravante de que os precedentes relatados não se aplicariam por terem sido proferidos à luz do art. 37, § 6º, da CF/88 ("As pessoas jurídicas de direito público e as de direito privado prestadoras de serviços públicos responderão pelos danos que seus agentes, nessa qualidade, causarem a terceiros, assegurado o direito de regresso contra o responsável nos casos de dolo ou culpa"), que possuiria sentido diverso do art. 107 da CF/67, após a EC n.1/69. No ponto, informou que esta Corte já reconhecera não haver diferença substancial na interpretação desses dois dispositivos, que reiterariam princípio antigo. RE 136.861 AgR/SP, rel. Min. Joaquim Barbosa, j. 21-9-2010.

Para complementar: Matéria disciplinada no CPC de 1973 no art. 557; no atual CPC está prevista no art. 932:

"Incumbe ao relator:

I – dirigir e ordenar o processo no tribunal, inclusive em relação à produção de prova, bem como, quando for o caso, homologar autocomposição das partes;

II – apreciar o pedido de tutela provisória nos recursos e nos processos de competência originária do tribunal;

III – não conhecer de recurso inadmissível, prejudicado ou que não tenha impugnado especificamente os fundamentos da decisão recorrida;

IV – negar provimento a recurso que for contrário a:

a) súmula do Supremo Tribunal Federal, do Superior Tribunal de Justiça ou do próprio tribunal;

b) acórdão proferido pelo Supremo Tribunal Federal ou pelo Superior Tribunal de Justiça em julgamento de recursos repetitivos;

c) entendimento firmado em incidente de resolução de demandas repetitivas ou de assunção de competência;

V – depois de facultada a apresentação de contrarrazões, dar provimento ao recurso se a decisão recorrida for contrária a:

a) súmula do Supremo Tribunal Federal, do Superior Tribunal de Justiça ou do próprio tribunal;

b) acórdão proferido pelo Supremo Tribunal Federal ou pelo Superior Tribunal de Justiça em julgamento de recursos repetitivos;

c) entendimento firmado em incidente de resolução de demandas repetitivas ou de assunção de competência;

VI – decidir o incidente de desconsideração da personalidade jurídica, quando este for instaurado originariamente perante o tribunal;

VII – determinar a intimação do Ministério Público, quando for o caso;

VIII – exercer outras atribuições estabelecidas no regimento interno do tribunal.

Parágrafo único. Antes de considerar inadmissível o recurso, o relator concederá o prazo de 5 (cinco) dias ao recorrente para que seja sanado vício ou complementada a documentação exigível".

- **RESPONSABILIDADE CIVIL DO PODER PÚBLICO E OMISSÃO – 2**

   Entendeu que a decisão em debate não destoaria da orientação de que a responsabilidade do Estado por ato omissivo deveria ser considerada subjetiva, a depender da existência de dolo ou culpa. Analisou que a culpa referida, conforme pacificado pela jurisprudência do Supremo, seria aquela atribuível à Administração como um todo, de forma genérica. Assim, seria uma culpa "anônima", que não exigiria a individualização da conduta. Realçou que a omissão imputada à municipalidade configuraria falha grave da Administração. Frisou que: 1) o julgamento monocrático não representaria adoção da teoria do risco integral; 2) a importância da culpa de terceiro para a configuração do dano fora discutida e 3) a conclusão de que a excludente não se configurara, na espécie, não bastaria para reconhecer que a decisão adotara a teoria do risco integral. Expôs que fora juntada aos autos cópia de legislação municipal que disciplinaria a localização de lojas de fogos de artifício naquele Município e que dela constaria a não concessão de licença de funcionamento para esse tipo de comércio em zona residencial. Observou que este fundamento da decisão não fora impugnado pelo agravante, razão pela qual sua validade permaneceria íntegra. Lembrou que se reportara ao que previsto no art. 30, VIII, da CF/88 ("Art. 30. Compete aos Municípios: [...] VIII – promover, no que couber, adequado ordenamento territorial, mediante planejamento e controle do uso, do parcelamento e da ocupação do solo urbano") apenas para evidenciar que a competência do Município para dispor sobre os assuntos de interesse local – atribuição que lhe seria reconhecida desde a CF/1891 (art. 68) – teria sido explicitada, quanto ao uso do solo, na Constituição em vigor. Afirmou que a atribuição de licenciar o exercício comercial daquela atividade estaria incluída na competência municipal em período anterior à aprovação do texto atual. Destacou a existência de legislação municipal sobre o assunto e, na situação dos autos, o fato de ter havido o recolhimento de taxa pelo proprietário do estabelecimento em que se dera a explosão. Asseverou que a afirmação de que a culpa de terceiro, feita sem atenção no caso concreto, seria excludente da responsabilidade civil do Estado, em regra, revelar-se-ia falsa. Avaliou que o ato de terceiro, em circunstâncias especiais, equiparar-se-ia ao caso fortuito, absolutamente imprevisível e inevitável. Dessa forma, para que ele configurasse, de fato, uma excludente de responsabilidade civil do Estado, deveriam estar presentes condições especiais que permitiriam alcançar alto grau de imprevisibilidade, tornando impossível esperar que o dano pudesse ser impedido pelo funcionamento regular da Administração. Após estabelecer a analogia entre o ato de terceiro imprevisível e inevitável e o caso fortuito, aplicou à hipótese em julgamento os acórdãos em que esta Corte, ao apreciar alegação de caso fortuito, concluíra pela sua não configuração, diante de indícios de que se tratava de eventos previsíveis e evitáveis. RE 136.861 AgR/SP, rel. Min. Joaquim Barbosa, j. 21-9-2010.

- **RESPONSABILIDADE CIVIL DO PODER PÚBLICO E OMISSÃO – 3**

   O relator considerou que o funcionamento regular da máquina administrativa da municipalidade teria sido suficiente para evitar o evento danoso. Mencionou que a análise prévia e superficial do requerimento já permitiria ver que o endereço informado não comportaria, por se tratar de área residencial, o estabelecimento de comércio de fogos de artifício. Ressaltou que o Município fornecera à sociedade a falsa impressão de segurança e que a contribuição dele para o evento danoso parecera determinante. No tocante aos pedidos subsidiários, restabeleceu a sentença no que se refere ao direito de regresso – julgado prejudicado pelo tribunal de justiça local – em relação ao litisdenunciado, proprietário do comércio. Resolveu não acolher o requerimento de denunciação à lide à União, tendo em conta que a questão, devidamente abordada na origem, estaria preclusa. Observou que a menção, na decisão agravada, à eventual competência de outros entes federativos para disciplinarem aspectos relativos ao comércio de fogos de artifício, serviria para evidenciar que a ação fora proposta com fundamento em um deles, licenciamento de estabelecimento de comércio, que, conforme destacado, caberia justamente ao Município. Relatou que a sentença adotara como termo inicial dos juros de mora a citação, e, como critério, quanto à correção monetária, ora o desembolso (funeral, honorários), ora o laudo pericial (danos a bens imóveis e móveis). Por fim, propôs aplicar os critérios estabelecidos na sentença com uma ressalva concernente às verbas a serem fixadas por arbitramento. Em atenção ao Verbete 362 da Súmula do STJ, deveria a correção monetária incidir a partir dele. O Min. Celso de Mello acompanhou o relator. Aludiu que a responsabilidade civil objetiva, mesmo na hipótese de omissão do Poder Público, configurar-se-ia, inclusive, para efeito de incidência do art. 37, § 6º, da CF. Corroborou que a responsabilidade civil do Poder Público mostrar-se-ia compatível com hipótese de comportamento negativo deste, especialmente em situação como a presente, em que os pressupostos fáticos se achariam soberanamente reconhecidos pelo acórdão e pela sentença proferidos nos autos. Reafirmou o comportamento falho da Administração municipal no controle e fiscalização de uma atividade claramente de risco, que gerara de maneira trágica os eventos mencionados. Esclareceu haver um indissociável liame, um claro vínculo de causalidade material, com o próprio comportamento da Administração Pública. Após, pediu vista dos autos o Min. Gilmar Mendes. RE 136.861 AgR/SP, rel. Min. Joaquim Barbosa, j. 21-9-2010.

- **RESPONSABILIDADE CIVIL DO PODER PÚBLICO E OMISSÃO – 4**

A 2ª Turma retomou julgamento de agravo regimental interposto pelo Município de São Paulo contra decisão que o condenara a indenizar os ora agravados pelos danos ocasionados em virtude de explosão (em junho de 1985) de estabelecimento destinado ao comércio de fogos de artifício – v. *Informativo 601*. Acolheu-se proposta formulada pelo Min. Gilmar Mendes, no sentido de prover o agravo regimental para cassar a decisão agravada e afetar o julgamento do recurso extraordinário ao Pleno, com reconhecimento, desde logo, da repercussão geral da matéria, nos termos dos arts. 543-A e 543-B do CPC. Trata-se, na espécie, de saber se cabível, ou não, o pedido de indenização contra o mencionado Município, em razão de provável responsabilidade objetiva do ente público, ainda na vigência da EC n.1/69, em virtude de explosão de estabelecimento destinado ao comércio de fogos de artifício. Na espécie, a municipalidade fora informada da instalação daquele comércio em zona residencial, proibida pela Lei municipal n. 7.433/70, porém, omitira-se na realização da vistoria prévia disciplinada naquela norma local. Consignou-se que os precedentes desta Corte referir-se-iam à responsabilidade estatal por omissão em situações completamente distintas, que não se amoldariam aos elementos fáticos do presente caso, e, por isso, a matéria deveria ser examinada pelo Plenário. RE 136.861 AgR/SP, rel. Min. Joaquim Barbosa, j. 1º-2-2011 *(Informativo STF 614).*

Para complementar: As matérias disciplinadas pelos arts. 534-A e 534-B do CPC de 1973 hoje estão regulamentadas nos arts. 1.035 e 1.036 do atual **CPC**.

Sobre novos delitos cometidos por preso foragido, *vide* também:

- STF, RE 409.203/RS, rel. Min. Carlos Velloso, j. 7-3-2006. "Ementa. **Responsabilidade Civil do Estado. Art. 37, § 6º, CF.** *Faute du Service Public* **caracterizada**. Estupro cometido por presidiário, fugitivo contumaz, não submetido à regressão de regime prisional como manda a lei. Configuração do nexo de causalidade. Recurso extraordinário desprovido.

Impõe-se a responsabilização do Estado quando um condenado submetido a regime prisional aberto pratica, em sete ocasiões, falta grave de evasão, sem que as autoridades responsáveis pela execução da pena lhe apliquem a medida de regressão do regime prisional aplicável à espécie.

Tal omissão do Estado constitui, na espécie, o fator determinante que propiciou ao infrator a oportunidade para praticar o crime de estupro contra menor de doze anos de idade, justamente no período em que deveria estar recolhido à prisão.

Está configurado o nexo de causalidade, uma vez que se a lei de execução penal tivesse sido corretamente aplicada, o condenado dificilmente teria continuado a cumprir a pena nas mesmas condições (regime aberto), e, por conseguinte, não teria tido a oportunidade de evadir-se pela oitava vez e cometer o bárbaro crime de estupro. Recurso Extraordinário desprovido".

- STF, Ação Rescisória 1.376/PR, j. 9-11-2005: INEXISTÊNCIA DE NEXO DE CAUSALIDADE. IRRESPONSABILIDADE DO ESTADO:

    "Ementa. 1. Ação Rescisória. 2. Ação de Reparação de Danos. **Assalto cometido por fugitivo de prisão estadual**. Responsabilidade Objetiva do Estado. 3. Recurso Extraordinário do Estado provido. **Inexistência de nexo de causalidade entre o assalto e a omissão da autoridade que teria possibilitado a fuga de presidiário, o qual mais tarde, veio a integrar quadrilha que praticou o delito, cerca de vinte e um meses após a evasão.** 4. Inocorrência de erro de fato. Interpretação diversa quanto aos fatos e provas da causa. 5. Ação rescisória improcedente".

- STF, RE 395.942/RS, rel. Min. Ellen Gracie, j. 16-12-2008: "Ementa. Constitucional e Administrativo. Agravo Regimental em recurso extraordinário. Responsabilidade Extracontratual do Estado. Omissão. Danos Morais e Materiais. Crime praticado por foragido. Art. 37, § 6º, CF. Ausência de Nexo Causal. **1. Inexistência de nexo causal entre a fuga de apenado e o crime praticado pelo fugitivo.** Precedentes.

    2. A alegação de falta do serviço – *faute du service***, dos franceses, não dispensa o requisito da aferição do nexo de causalidade da omissão atribuída ao Poder Público e o dano causado.**

    3. É pressuposto da responsabilidade subjetiva a existência de dolo ou culpa, em sentido estrito, em qualquer de suas modalidades – imprudência, negligência ou imperícia.

    4. Agravo Regimental Improvido".

10. RESPONSABILIDADE DO ESTADO POR ATOS LEGISLATIVOS E JUDICIAIS

Em regra, por atos (permissão, licença) e fatos administrativos (atos materiais, v.g., a construção de uma obra), que causem danos a terceiros, a regra é a da responsabilidade civil do Estado. Porém, por atos legislativos (leis) e por atos judiciais (sentenças), a regra é a irresponsabilidade estatal (*RDA* 105:217; 144:162).

10.1 Atos legislativos

Em princípio não geram ao Estado a responsabilidade pelos seus prejuízos.
Fundamentos:

a) o Poder Legislativo é soberano;

b) as normas editadas pelo Poder Legislativo são gerais e abstratas, e os gravames impostos são iguais para todos;

c) os administrados não podem responsabilizar o Estado por atos dos parlamentares que elegem.

A lei age de forma geral, abstrata, impessoal, e suas determinações são impostas para toda a coletividade. Normalmente não há que se falar em responsabilidade patrimonial do Estado em razão da edição de leis.

O que é possível é a responsabilização patrimonial do Estado por ato baseado em **lei declarada inconstitucional**: a edição de lei inconstitucional pode obrigar o Estado a reparar os prejuízos dela decorrentes (*RDA* 20:42; 189:305; 191:175).

Os agentes parlamentares têm o dever de respeitar os parâmetros constitucionais, sendo ilícito criarem leis em descompasso com a Constituição.

Uma vez que surja o dano em decorrência da edição de leis inconstitucionais, é porque houve **atuação indevida do órgão legislativo**, havendo, assim, a responsabilização estatal. Nesse sentido: STF, RE 158.962, rel. Min. Celso de Mello.

REQUISITOS PARA A EDIÇÃO DE LEIS INCONSTITUCIONAIS ENSEJAR A RESPONSABILIDADE ESTATAL:

a) O ato legislativo efetivamente deve produzir danos ao particular.

Se a lei inconstitucional em nada afetar a órbita da pessoa, não há que se falar em responsabilidade estatal.

b) Deve existir declaração de inconstitucionalidade da lei (que seja em sede de controle concentrado ou ainda em sede de controle difuso de constitucionalidade).

c) Tanto a inconstitucionalidade formal quanto a material são aptas a ensejar a responsabilidade do Estado.

10.2 Atos judiciais

São aqueles praticados pelos magistrados no exercício de suas funções (despachos, decisões interlocutórias, sentenças). Os atos jurisdicionais típicos são, em princípio, insuscetíveis de ensejar a responsabilidade civil do Estado.

Fundamentos:

a) o Poder Judiciário é soberano;

b) os magistrados agem com independência;

c) o juiz não é servidor público;

d) a indenização ofenderia o princípio da imutabilidade da coisa julgada.

A sentença normalmente não pode propiciar qualquer indenização por eventuais danos que possa acarretar às partes ou a terceiros. Se certa decisão causar prejuízo à parte, esta deve valer-se da via recursal. Em sendo o ato confirmado em outras instâncias, é porque é inevitável a produção de danos à parte (corolário do sistema do duplo grau de jurisdição).

10.2.1 Situações para atos jurisdicionais ensejarem a responsabilidade estatal

a) **Erro judiciário (art. 5º, LXXV, da CF):** se o ato jurisdicional resultar de CONDENAÇÕES PESSOAIS INJUSTAS, cuja absolvição é obtida em REVISÃO CRIMINAL, aí sim poderá existir responsabilização estatal, desde que tais condenações não sejam imputadas a ato ou falta do próprio condenado.

Neste caso, deverá o condenado em virtude de erro judiciário postular ação de indenização contra o Estado, pleiteando o direito à reparação de seus prejuízos.

> **LEGISLAÇÃO CORRELATA**
>
> **CF**
> **Art. 5º, LXXV.** O Estado indenizará o condenado por **erro judiciário**, assim como o que ficar preso além do tempo fixado na sentença.

José dos Santos Carvalho Filho[18] entende que a natureza desse erro judiciário limita-se à esfera penal. Em sendo o erro judiciário de natureza civil, deve o prejudicado valer-se de instrumentos recursais e administrativos – já que erros dessa natureza **não** ensejariam a responsabilização civil do Estado.

b) Condutas dolosas do magistrado (art. 143 do CPC) também podem ensejar responsabilização do Estado.

> **LEGISLAÇÃO CORRELATA**
>
> **CPC**
> **Art. 143.** O **juiz responderá**, civil e regressivamente, por perdas e danos quando:
> I – no exercício de suas funções, proceder com **dolo ou fraude**;
> II – **recusar, omitir ou retardar, sem justo motivo,** providência que deva ordenar de ofício ou a requerimento da parte.
> Parágrafo único. As hipóteses previstas no inciso II somente serão verificadas depois que a parte requerer ao juiz que determine a providência e o requerimento não for apreciado no prazo de 10 (dez) dias.

São hipóteses em que o magistrado pratica o ato jurisdicional com o **intuito deliberado de causar prejuízo à parte ou a terceiro (conduta dolosa)**, violando dever funcional previsto na Lei Orgânica Nacional da Magistratura.

Nesses casos, a responsabilidade será INDIVIDUAL do magistrado, devendo reparar os prejuízos que causou. Porém, por ser o magistrado agente do Estado, será responsável a pessoa jurídica federativa, assegurada a esta o direito de regresso contra o juiz.

c) Questiona-se a incidência ou não da responsabilidade civil do Estado pela violação **ao princípio da duração razoável do processo** (art. 5º, LXXVIII, da CF).

Para André Luiz Nicolitt, citado por José dos Santos Carvalho Filho[19], se a violação do Princípio da Duração Razoável do Processo decorreu de FALHA no serviço judiciário ou de paralisações injustificadas do processo, houve responsabilidade civil do Estado, nos termos do art. 37, § 6º, da Constituição Federal.

---

[18] CARVALHO FILHO, José dos Santos. *Manual de direito administrativo*, 24. ed., Rio de Janeiro: Lumen Juris, p. 526-527.

[19] CARVALHO FILHO, José dos Santos. *Manual de direito administrativo*, 24. ed., Rio de Janeiro: Lumen Juris, 2011, p. 528.

José dos Santos Carvalho Filho entende que, se há responsabilização, esta deverá ser apurada no campo da RESPONSABILIDADE SUBJETIVA DO ESTADO, de forma que restaria configurada a responsabilidade em ocorrendo culpa no serviço.

11. RESPONSABILIDADE CIVIL DO ESTADO E SEGURANÇA PÚBLICA: STF, AI 400.336

O caso: a 2ª Turma do STF desproveu agravo regimental interposto de decisão do Ministro Joaquim Barbosa que negara seguimento a agravo de instrumento.

O agravo regimental objetivou o processamento de recurso extraordinário, em que se sustentava a responsabilidade civil do Estado do Rio de Janeiro por **conduta omissiva da segurança pública**, em decorrência do episódio ocorrido há cerca de 18 anos, conhecido como "Massacre da Candelária".

O irmão de uma das vítimas do "Massacre da Candelária", em interesse próprio, alegava a ocorrência do denominado **"dano moral por ricochete"** (que em breves linhas significa que sofreu **prejuízo indireto** em razão do falecimento de parente querido).

O acórdão recorrido considerou que a omissão estatal, porquanto fundamentada no art. 144 da CF, **não caracterizaria a responsabilidade do Poder Público, visto que esse dispositivo, por ter natureza meramente programática, teria imposto ao Estado somente um dever genérico e progressivo de agir.**

Reputou-se que, em tese, aplicar-se-ia ao caso a teoria do "dano moral por ricochete", cuja sistemática encontrar-se-ia na legislação infraconstitucional, o que não permitiria o seu exame na via eleita. Ademais, afirmou-se que o caráter excepcional da categoria do dano, ora tratado, inviabilizaria, no recurso extraordinário, a prova da ocorrência do prejuízo, visto ser fundamental a efetiva demonstração do vínculo de afeto entre a vítima e o demandante. No ponto, enfatizou-se não haver presunção relativa oponível à Fazenda Pública, cuja atuação em juízo encontrar-se-ia direcionada à proteção do interesse público em caráter indisponível. Salientou-se que, ante a ausência de suporte probatório acerca desse vínculo, a reforma do acórdão nesta esfera tornar-se-ia inexequível. AI 400.336 AgR/RJ, rel. Min. Joaquim Barbosa, 24-5-2011.

12. CARACTERÍSTICAS DO DANO REPARÁVEL

Dano ou prejuízo é o resultado da ação danosa, gerando a perda ou prejuízo patrimonial de alguém, em decorrência de ato ou fato estranho à sua vontade.

Um dano só será reparável pelo Estado quando dotado de certas características. Vejamos:

a) **Dano certo:** é o dano possível, real, efetivo, excluindo-se, aqui, o dano eventual – que é aquele que poderá ou não acontecer.

b) **Dano especial:** é o dano individualizado. Refere-se à vítima "x", "y", "z". Não é um dano geral, disseminado pela sociedade. Por isso, não estão acobertadas as perdas de poder aquisitivo da moeda decorrente de medidas econômicas estatais inflacionárias, pois afetam um indefinido e geral número de pessoas;

c) **Dano anormal:** é o que supera os meros agravos patrimoniais pequenos. A própria vida em sociedade implica a aceitação de certos riscos. Assim, pequenos ônus que ocorrerem ocasionalmente não ensejam responsabilização estatal.

Exemplificando: não haverá responsabilidade estatal pela simples intensificação de poeira em via pública objeto de reparação ou reconstrução. A poeira gera a deterioração mais rápida da pintura dos muros das casas vizinhas, porém tal fato não acarreta responsabilidade estatal.

Para que haja um dano anormal é necessário que o dano supere os meros agravos patrimoniais pequenos inerentes às condições de convívio social.

Não se trata de dano anormal a transitória e breve interrupção da rua para conserto de canalização. Claro que a interrupção da rua irá impedir o acesso de carros até suas casas, gerando um consequente incômodo aos proprietários, mas não terá o condão de gerar a responsabilidade estatal por não se tratar de um dano anormal.

d) **Dano referente a uma situação protegia pelo direito:** trata-se de dano reparável o que incide sobre uma atividade lícita. Não são indenizáveis os danos decorrentes de atividade ilícita – por exemplo, os danos decorrentes da destruição de uma área com plantação de maconha.

e) **Dano de valor economicamente apreciável:** não tem sentido a indenização de dano de valor economicamente irrisório.

O dano nem sempre terá cunho patrimonial (material). É possível que haja o dano moral – o que se obtém da análise do art. 5º, V e X, do texto constitucional.

Hoje o dano moral é autônomo, ou seja, ainda que não haja repercussão patrimonial, deve existir a reparação (*RT* 690:149).

13. AÇÃO DE INDENIZAÇÃO DO DANO

A indenização do dano deve ser completa de forma que, com o pagamento, o patrimônio da vítima permaneça inalterado.

Para ser justa, a indenização deve abarcar:

a) **o que a vítima perdeu**, isto é, o dano efetivamente ocorrido, emergente;

b) **o que a vítima deixou de ganhar.** O que ela deixou de ganhar são os lucros cessantes (*RT* 702:111);

Em sendo a indenização do dano decorrente de lesão pessoal ou morte da vítima, ao valor da indenização deverá ser acrescido o tratamento, o sepultamento e a prestação de alimentos àqueles a quem a vítima devia.

c) **o que a vítima despendeu.** Corresponde ao que a vítima gastou, por exemplo, com despesas hospitalares;

Ainda, adicionalmente a esses três valores, acrescenta-se, **d) correção monetária** e **e) juros de mora** (em caso de atraso no pagamento).

13.1 Da ação de reparação do dano

A vítima do dano poderá obter o ressarcimento de seus prejuízos mediante PROCEDIMENTO ADMINISTRATIVO (amigável e processado perante a via administrativa) ou AÇÃO JUDICIAL.

a) PROCEDIMENTO ADMINISTRATIVO: trata-se de pedido administrativo amigável de indenização, processado perante a Administração Pública (que é a responsável pelo agente público causador do dano e pelo pagamento da indenização).

A petição inicial proposta pela vítima do dano deverá conter algumas peculiaridades: 1) historiar os fatos; 2) historiar suas consequências; 3) formular pedido de indenização (devendo a vítima demonstrar o que perdeu, o que deixou de ganhar e o que despendeu); 4) pleitear a incidência de juros de mora e de juros compensatórios, além da correção monetária.

Normalmente a vítima recebe o pagamento da indenização pela reparação dos danos em dinheiro. Porém, nada obsta seja fixada outra maneira para tal reparação (trata-se de interesse disponível).

Exemplificando: recebimento do montante indenizatório em parcelas, recebimento de bens, recebimento da indenização parcialmente em dinheiro e em bens, restauração do bem danificado etc.

b) AÇÃO JUDICIAL: em se tratando de inviabilidade de acordo administrativo, poderá a vítima propor ação de indenização na Justiça contra a entidade estatal causadora do dano.

A petição inicial deverá preencher os requisitos do art. 319 do CPC, comprovando a vítima a conduta estatal, o dano, bem como a relação de causalidade (nexo causal) entre a conduta e o dano.

Em regra, a indenização é paga em dinheiro, em parcela única. Excepcionalmente poderá haver acordo em sentido contrário.

Transitada em julgado a sentença, procede-se à execução do crédito, e, em sendo a execução contra a Fazenda Pública ou Autarquia, os arts. 100 e s. da Constituição Federal deverão ser observados.

> **Aprofundamento:** **Em face de quem a ação indenizatória de reparação do dano deve ser proposta?**
>
> A ação de reparação do dano, de acordo com o STF, RE 327.904/SP, rel. Min. Carlos Britto (15-8-2006), **não** poderá ser processada diretamente pelo particular lesado em face do servidor estatal, mas apenas pelo Estado em ação regressiva.

> **JURISPRUDÊNCIA**
>
> - "Ementa. Recurso Extraordinário. Administrativo. Responsabilidade Objetiva do Estado: § 6º do art. 37 da Magna Carta. Ilegitimidade Passiva *ad causam*. Agente Público (ex-prefeito). Prática de ato próprio da função. Decreto de intervenção.

O § 6º do art. 37 da Magna Carta autoriza a proposição de que somente as pessoas jurídicas de direito público, ou as pessoas jurídicas de direito privado que prestem serviços públicos, é que poderão responder, objetivamente, pela reparação de danos a terceiros. Isto por ato ou omissão dos respectivos agentes, agindo estes na qualidade de agentes públicos, e não como pessoas comuns. Esse mesmo dispositivo constitucional consagra, ainda, **dupla garantia: uma, em favor do particular, possibilitando-lhe ação indenizatória contra a pessoa jurídica de direito público, ou de direito privado que preste serviço público, dado que bem maior, praticamente certa, a possibilidade de pagamento do dano objetivamente sofrido. Outra garantia, no entanto, em prol do servidor estatal, que somente responde administrativa e civilmente perante a pessoa jurídica a cujo quadro funcional se vincular**. Recurso Extraordinário a que se nega provimento."

Conclusão: o STF não admite a propositura da ação indenizatória *per saltum* diretamente contra o agente público.

Ainda sobre esta temática, importante ressaltar o julgamento (em agosto de 2019) de processo em que se discute a **responsabilidade civil do agente público** por danos causados a terceiros **no exercício de atividade pública**.

No caso dos autos, um servidor público do município de Tabapuã (SP), que ocupava o cargo de motorista de ambulância, ajuizou ação indenizatória por danos materiais e morais contra a prefeita, à qual fazia oposição política. Ele alega que, após ter sido eleito vereador, passou a ser alvo de perseguição política e sofreu sanção administrativa sem observância do devido processo legal.

A prefeita, autora do RE sustentava que havia praticado os atos na condição de agente política, o que levaria à responsabilização objetiva da administração.

Os ministros entenderam que, nesses casos, **o agente público não responde diretamente perante a vítima**: a pessoa prejudicada deve ajuizar ação contra o ente público ao qual o agente é vinculado. O ente público, por sua vez, poderá acionar o causador do dano para fins de ressarcimento (ação de regresso).

Assim, por unanimidade dos votos, a Corte deu provimento ao **Recurso Extraordinário 1.027.633**, com repercussão geral (**tema 940**).

A **tese** firmada tem a seguinte redação: "a teor do disposto no art. 37, parágrafo 6º, da Constituição Federal, a ação por danos causados por agente público deve ser ajuizada contra o Estado ou a pessoa jurídica de direito privado, prestadora de serviço público, sendo parte ilegítima o autor do ato, assegurado o direito de regresso contra o responsável nos casos de dolo ou culpa".

13.2 Prazo prescricional da ação indenizatória

a) Pelo teor do art. 206, § 3º, V, do Código Civil, o prazo prescricional para a propositura da ação indenizatória pela vítima perante o Estado é de **3 (três) anos**, contados da ocorrência do evento danoso. Nesse mesmo sentido, STJ, REsp 698.195.

Porém, esse primeiro posicionamento está superado, e, agora, o entendimento a ser adotado é o segundo:

b) Em **radical alteração de posicionamento, o STJ, em 23-5-2012, no AgRg/EREsp 1.200.764**, passa a sustentar o prazo prescricional de **5 (cinco) anos** previsto no Decreto n. 20.910/32, sob a argumentação de que o Código Civil só tutelaria relações privadas, não podendo ser aplicado para as relações de direito público.

Assim, o direito da vítima de pleitear a indenização prescreve em **5 (cinco) anos**, nos termos do Decreto federal n. 20.910/32, art. 1º: "As dívidas passivas da União, Estados, Distrito Federal e Municípios, bem assim todo e qualquer direito ou ação contra a Fazenda Federal, Estadual ou Municipal, seja qual for sua natureza, prescrevem em cinco anos contados da data do ato ou fato do qual se originarem".

E, nos termos da Lei federal n. 9.494/97, art. 1º-C, tal prescrição atinge também as pessoas jurídicas de direito privado criadas pelo Estado (Sociedades de Economia Mista, Empresas Públicas, Fundações Públicas de Direito Privado, Concessionárias, Permissionárias, Autorizatárias): "prescreverá em cinco anos o direito de obter indenização dos danos causados por agentes de pessoas jurídicas de direito público e de pessoas jurídicas de direito privado prestadoras de serviços públicos".

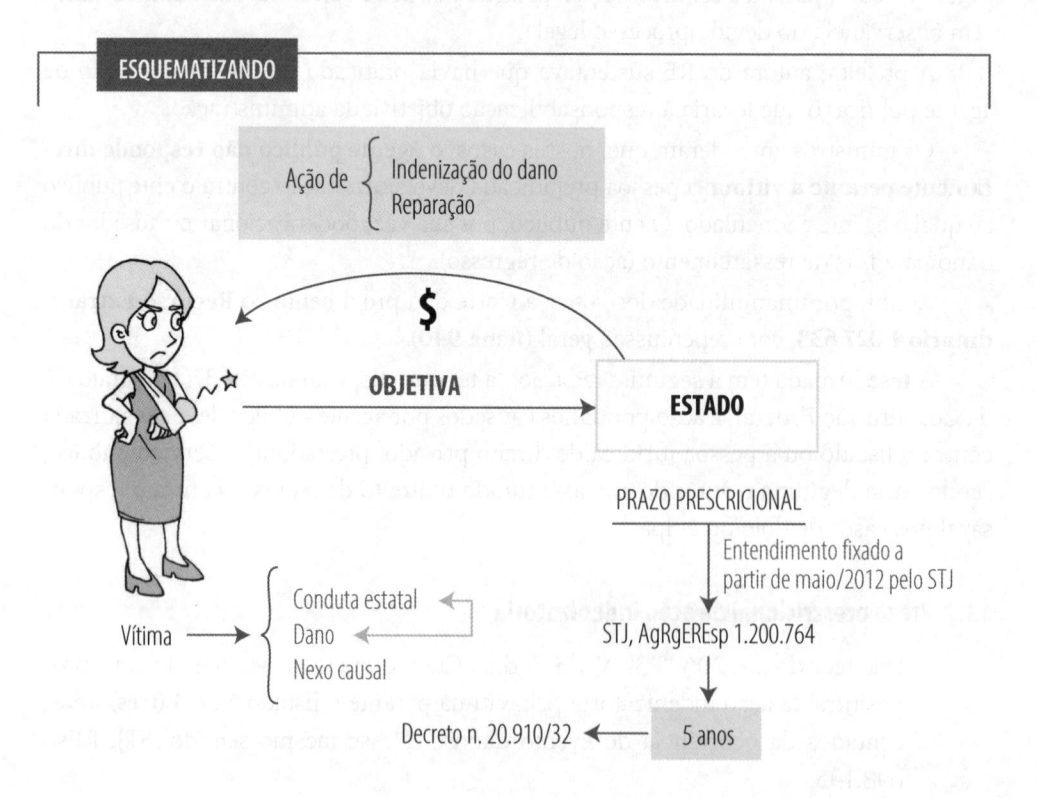

ESQUEMATIZANDO

Ação de { Indenização do dano / Reparação

OBJETIVA → ESTADO

Vítima → { Conduta estatal / Dano / Nexo causal }

PRAZO PRESCRICIONAL
Entendimento fixado a partir de maio/2012 pelo STJ
STJ, AgRgEREsp 1.200.764
Decreto n. 20.910/32 ← 5 anos

> **JURISPRUDÊNCIA**
>
> - STJ, AgRg/EREsp. Ementa. PROCESSUAL CIVIL. AGRAVO REGIMENTAL NOS EMBARGOS DE DIVERGÊNCIA. RESPONSABILIDADE CIVIL DO ESTADO. AÇÃO DE INDENIZAÇÃO CONTRA A FAZENDA PÚBLICA. PRAZO PRESCRICIONAL. Decreto n. 20.910/32. QUINQUENAL. ACÓRDÃO EMBARGADO EM HARMONIA COM A JURISPRUDÊNCIA DA PRIMEIRA SEÇÃO. DIVERGÊNCIA SUPERADA. SÚMULA 168/STJ. AGRAVO NÃO PROVIDO.
>
>   1. A Primeira Seção do Superior Tribunal de Justiça, ao julgar o EREsp 1.081.885/RR, **consolidou o entendimento no sentido de que o prazo prescricional aplicável às ações de indenização contra a Fazenda Pública é de cinco anos, previsto no Decreto n. 20.910/32, e não de três anos, por se tratar de norma especial que prevalece sobre a geral.**
>
>   2. Não cabem embargos de divergência, quando a jurisprudência do tribunal se firmou no mesmo sentido do acórdão embargado (Súmula 168/STJ).
>
>   3. Agravo regimental não provido.

José dos Santos Carvalho Filho[20] defende que, pelo fato de o novo Código Civil estabelecer o prazo de três anos para a prescrição da pretensão da reparação civil (art. 206, § 3º, V), esse prazo também seria o prazo prescricional para ações de reparação civil contra o Poder Público.

E, para Sociedades de Economia Mista, nos termos da Súmula 39 do STJ, "prescreve em vinte anos a ação para haver indenização, por responsabilidade civil, de sociedade de economia mista".

14. DIREITO DE REGRESSO

Ação regressiva é **medida judicial** de rito ordinário, que possibilita ao Estado reaver o que desembolsou à custa do patrimônio do agente causador direto do dano, que tenha agido com dolo ou culpa no desempenho de suas funções.

A ação regressiva deve ser proposta diretamente contra o agente causador do dano, e, em sua falta, contra seus herdeiros ou sucessores.

Pode, ainda, ser a ação de regresso intentada após o afastamento (exoneração, demissão, disponibilidade, aposentadoria) do agente causador do dano.

A ação de regresso também pode ser efetivada na **seara administrativa**. A Administração Pública, ao recompor os prejuízos causados à vítima por meio de indenização, convocará o agente público causador do dano a ressarcir os cofres públicos em razão de sua conduta dolosa ou culposa.

É possível, nesse caso, que o agente causador do dano efetue o pagamento em parcela única ou ainda de forma fracionada por meio de descontos em sua folha de pagamento. Há, todavia, certos limites estabelecidos para o desconto que não podem ser extrapolados.

---

[20] CARVALHO FILHO, José dos Santos. *Manual de direito administrativo*, 24. ed., Rio de Janeiro: Lumen Juris, 2011, p. 536.

Nada impede, apesar do pagamento da indenização em ação regressiva pelo agente, seja ele responsabilizado administrativa e penalmente, se for o caso (vigorará o princípio da independência das instâncias).

14.1 Requisitos para o exercício da ação regressiva pela Administração em face do agente que agiu com dolo ou culpa

a) Trânsito em julgado da sentença que condenou a Administração Pública a ressarcir o prejuízo do administrado.

b) Administração Pública condenada ao pagamento de indenização ao administrado vítima do dano.

c) Efetivo pagamento da indenização pela Administração, desembolso de verbas dos cofres públicos.

> **LEGISLAÇÃO CORRELATA**
>
> **Lei n. 4.619/65 – dispõe sobre a ação regressiva da União contra seus agentes.**
>
> **Art. 1º** Os Procuradores da República **são obrigados a propor** as competentes ações regressivas contra os funcionários de qualquer categoria declarados culpados por haverem causado a terceiros lesões de direito que a Fazenda Nacional, seja condenada judicialmente a reparar.
>
> Parágrafo único. Considera-se funcionário para os efeitos desta lei, qualquer pessoa investida em função pública, na esfera Administrativa, seja qual for a forma de investidura ou a natureza da função.
>
> **Art. 2º** O prazo para ajuizamento da ação regressiva será de sessenta dias a partir da data em que transitar em julgado a condenação imposta à Fazenda.
>
> **Art. 3º** A não obediência, por ação ou omissão, ao disposto nesta lei, apurada em processo regular, **constitui falta de exação no cumprimento do dever**.

14.2 Prazo prescricional

a) Predomina o entendimento pautado no art. 37, § 5º, da Constituição Federal, pelo qual a pretensão ressarcitória do dano é **imprescritível**, isto é, o direito de regresso não prescreve.

Essa imprescritibilidade do art. 37, § 5º, da Constituição alcança apenas as pessoas jurídicas de direito público (União, Estado, Distrito Federal, Municípios, Autarquias, Autarquias Fundacionais, por exemplo).

Entretanto, os efeitos **administrativos e penais** advindos da conduta ilícita do agente são prescritíveis.

b) As pessoas jurídicas de direito privado integrantes da Administração Pública Indireta (empresas públicas, sociedades de economia mista, por exemplo) seguem a regra do art. 206, § 3º, V, do Código Civil: **3 (três) anos**.

RESPONSABILIDADE CIVIL DO ESTADO **341**

ESQUEMATIZANDO

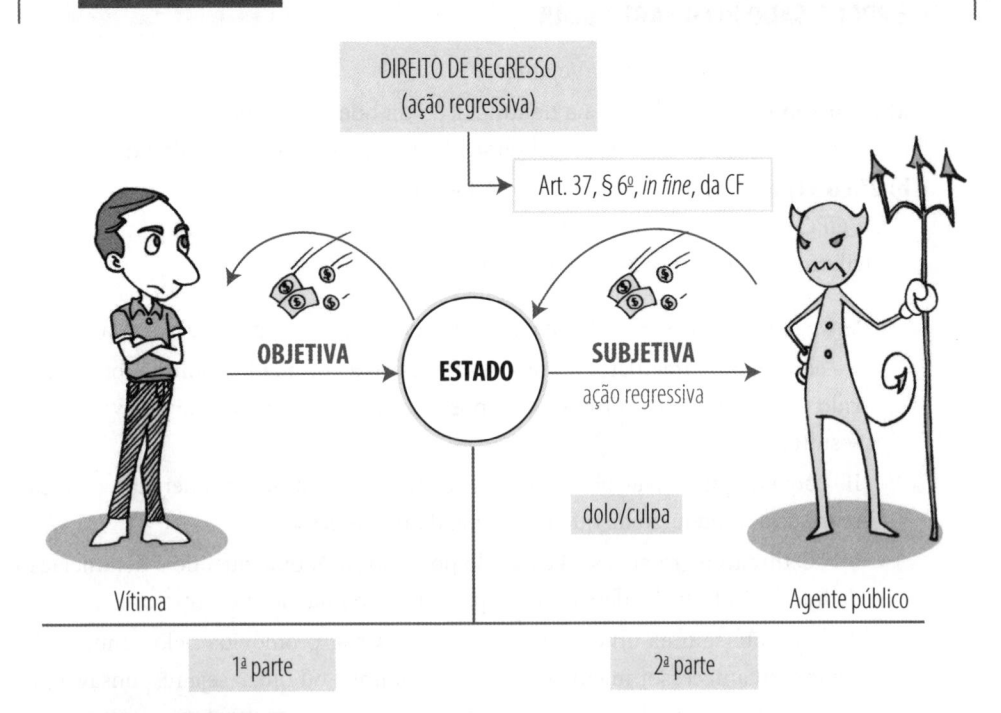

DIREITO DE REGRESSO
(ação regressiva)

Art. 37, § 6º, *in fine*, da CF

OBJETIVA — ESTADO — SUBJETIVA
ação regressiva

dolo/culpa

Vítima — Agente público

1ª parte — 2ª parte

ESQUEMATIZANDO

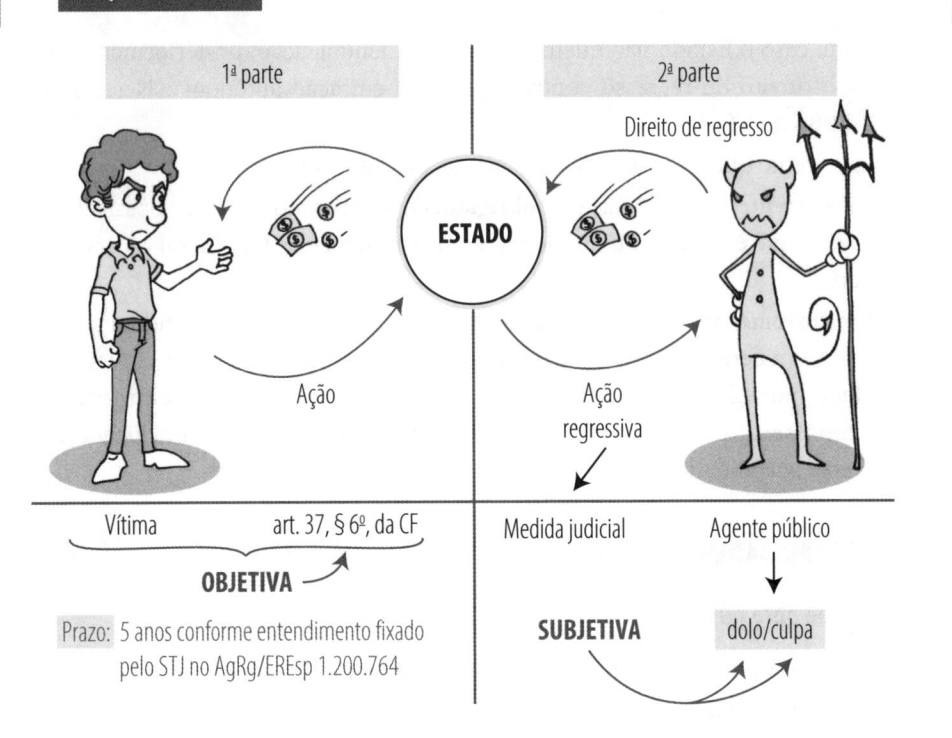

1ª parte — 2ª parte

Direito de regresso

ESTADO

Ação — Ação regressiva

Vítima — art. 37, § 6º, da CF — Medida judicial — Agente público

OBJETIVA

Prazo: 5 anos conforme entendimento fixado pelo STJ no AgRg/EREsp 1.200.764

SUBJETIVA — dolo/culpa

15. DENUNCIAÇÃO DA LIDE AO AGENTE NAS AÇÕES EM QUE O ESTADO É PROCESSADO PELO PARTICULAR

Vários são os entendimentos. Vejamos:

a) 1ª corrente: não é admitida a denunciação da lide, pois a denunciação misturaria, na mesma ação, responsabilidade objetiva com subjetiva (culpa do agente).

b) 2ª corrente: a denunciação da lide é **facultativa**, já que o comando do art. 125 do CPC não deve ser lido como obrigatoriedade, mas como mera FACULDADE atribuída aos Poderes Públicos. Vejamos:

> "Art. 125. É admissível a denunciação da lide, promovida por qualquer das partes:
> I – ao alienante imediato, no processo relativo à coisa cujo domínio foi transferido ao denunciante, a fim de que possa exercer os direitos que da evicção lhe resultam;
> II – àquele que estiver obrigado, por lei ou pelo contrato, a indenizar, em ação regressiva, o prejuízo de quem for vencido no processo.
> § 1º O direito regressivo será exercido por ação autônoma quando a denunciação da lide for indeferida, deixar de ser promovida ou não for permitida.
> § 2º Admite-se uma única denunciação sucessiva, promovida pelo denunciado, contra seu antecessor imediato na cadeia dominial ou quem seja responsável por indenizá-lo, não podendo o denunciado sucessivo promover nova denunciação, hipótese em que eventual direito de regresso será exercido por ação autônoma".

Assim, caso o Estado não queira promover a denunciação, posteriormente poderá exercer seu direito de regresso contra o servidor em ação autônoma. Nesse sentido: REsp 313.886 do STJ.

É a corrente que deve ser adotada para as provas e concursos.

c) 3ª corrente: a denunciação é **obrigatória**, sob pena de não ser possível, posteriormente exercer o direito de regresso. Fundamento: teor literal do art. 125, II, do CPC.

d) 4ª corrente: Maria Sylvia Zanella Di Pietro e Yussef Cahali defendem que é permitida a denunciação desde que a ação proposta pelo particular em face do Estado individualize o servidor e sua culpa. Se assim não for, a denunciação será impossível, pois misturaríamos a responsabilidade objetiva do Estado com a responsabilidade subjetiva do agente.

16. PECULIARIDADES DO TEMA

16.1 Dano de obra pública

É tema que tem gerado diversas controvérsias entre os doutrinadores, sendo, assim, necessário distinguirmos algumas situações.

a) **Dano provocado pelo só fato da obra:** não há culpa de ninguém e a obra causa dano ao particular. Neste caso, aplica-se a teoria da responsabilidade objetiva do Estado – incidência da teoria do risco administrativo (art. 37, § 6º, da CF).

b) **O Estado, por meio de contrato administrativo, transfere a execução da obra a um empreiteiro e o dano ocorre por culpa exclusiva do executor.**

O empreiteiro terá responsabilidade subjetiva (que seguirá as regras do direito privado), já que cumpre o contrato por sua conta e risco. E o Estado terá responsabilidade subsidiária, ou seja, só responderá se o executor (empreiteiro) não reparar os prejuízos que causou ao prejudicado (nesse sentido, *vide* STJ, REsp 467.252/ES).

c) **Estado e empreiteiro privado causaram danos:** ainda que o Estado, neste caso, tenha agido por omissão, será responsabilizado. Estado e empreiteiro privado terão responsabilidade objetiva primária e solidária.

16.2 Análise da Lei n. 12.846, de 1º de agosto de 2013: considerações importantes

A referida Lei dispõe sobre a responsabilização **administrativa e civil** de pessoas jurídicas pela prática de atos contra a Administração Pública, **nacional** ou **estrangeira** (consideram-se Administração Pública estrangeira os órgãos e entidades estatais ou representações diplomáticas de país estrangeiro, de qualquer nível ou esfera de governo, bem como as pessoas jurídicas controladas, direta ou indiretamente, pelo Poder Público de país estrangeiro, bem como as organizações públicas internacionais – art. 5º e § 1º da Lei n. 12.846/2013).

A Lei também é aplicada às sociedades empresárias e às sociedades simples, personificadas ou não, independentemente da forma de organização ou modelo societário adotado, bem como a quaisquer fundações, associações de entidades ou pessoas, ou sociedades estrangeiras, que tenham sede, filial ou representação no território brasileiro, constituídas de fato ou de direito, ainda que temporariamente.

A responsabilidade das pessoas jurídicas (em âmbito administrativo e civil) pelos atos lesivos previstos na Lei n. 12.846/2013 é **objetiva** (art. 2º), todavia a responsabilização da pessoa jurídica **não exclui** a responsabilidade individual de seus dirigentes ou administradores ou de qualquer pessoa natural, autora, coautora ou partícipe do ato ilícito (art. 3º).

Mas quais seriam os **atos considerados lesivos** à Administração Pública (nacional ou estrangeira)? Estão elencados no art. 5º da referida lei, *v.g.*, prometer, oferecer ou dar, direta ou indiretamente, vantagem indevida a agente público, ou a terceira pessoa a ele relacionada; comprovadamente, utilizar-se de interposta pessoa física ou jurídica para ocultar ou dissimular seus reais interesses ou a identidade dos beneficiários dos atos praticados; frustrar ou fraudar, mediante ajuste, combinação ou qualquer outro expediente, o caráter competitivo de procedimento licitatório público; afastar ou procurar afastar licitante, por meio de fraude ou oferecimento de vantagem de qualquer tipo; fraudar licitação pública ou contrato dela decorrente; manipular ou fraudar o equilíbrio econômico-financeiro dos contratos celebrados com a Administração Pública; dificultar atividade de investigação ou fiscalização de órgãos, entidades ou agentes públicos, ou intervir em sua atuação, inclusive no âmbito das agências reguladoras e dos órgãos de fiscalização do sistema financeiro nacional etc.

Se houver a prática desses atos considerados lesivos à Administração Pública, serão aplicadas as seguintes **sanções** (art. 6º da Lei): multa, no valor de 0,1% (um décimo por cento) a 20% (vinte por cento) do faturamento bruto do último exercício anterior ao da instauração do processo administrativo, excluídos os tributos, a qual nunca será inferior à vantagem auferida, quando for possível sua estimação; e publicação extraordinária da decisão condenatória.

O prazo prescricional para aplicação dessas sanções é de 5 (cinco) anos, contados da data da ciência da infração ou, no caso de infração permanente ou continuada, do dia em que tiver cessado (art. 25 da Lei).

Para aplicação das sanções, alguns **critérios** deverão ser levados em consideração, tais como a gravidade da infração; a vantagem auferida ou pretendida pelo infrator; a consumação ou não da infração, bem como o grau da lesão ou perigo de lesão; a situação econômica do infrator, entre outras.

A **instauração e o julgamento** (arts. 8º e s.) de processo administrativo para apuração da responsabilidade de pessoa jurídica cabem à autoridade máxima de cada órgão ou entidade dos Poderes Executivo, Legislativo e Judiciário, que agirão de ofício ou mediante provocação, observados o contraditório e a ampla defesa, quando então será concedido à pessoa jurídica o prazo de 30 (trinta) dias para oferecimento de defesa – contados a partir da intimação (art. 11 da Lei n. 12.846/2013).

A Lei ainda prevê a possibilidade de celebração de **acordo de leniência** (art. 16 da Lei n. 12.846/2013), permitindo que a autoridade máxima de cada órgão ou entidade pública celebre esse acordo com as pessoas jurídicas responsáveis pela prática dos atos considerados lesivos e que colaborarem efetivamente com as investigações e o processo administrativo, desde que dessa colaboração resulte: a identificação dos demais envolvidos na infração, quando couber; e a obtenção célere de informações e documentos que comprovem o ilícito sob apuração.

Também poderá ser celebrado pela Administração Pública **acordo de leniência** com a pessoa jurídica responsável pela prática de ilícitos previstos na Lei de Licitações e Contratações com vistas à isenção ou mesmo atenuação das sanções administrativas estabelecidas nos arts. 86 a 88 da Lei n. 8.666/93 – art. 17 da Lei n. 12.846/2013.

Na esfera administrativa, a responsabilidade da pessoa jurídica não afasta a possibilidade de sua responsabilização na esfera judicial. Vigora aqui o princípio da independência das instâncias. Também o art. 30 da referida Lei estabelece que as sanções decorrentes da Lei n. 12.846/2013 não afetam os processos de responsabilização e aplicação de penalidades decorrentes de atos de improbidade administrativa da Lei n. 8.429/92 e dos atos ilícitos alcançados pela Lei n. 8.666/93, ou outras normas de licitações e contratos da Administração Pública, inclusive no tocante ao Regime Diferenciado de Contratações Públicas – RDC – Lei n. 12.462/2011.

RESPONSABILIDADE CIVIL DO ESTADO

> **JURISPRUDÊNCIA**

- **"BAR BODEGA" – RESPONSABILIDADE CIVIL OBJETIVA – PRISÃO PREVENTIVA DE PESSOA INOCENTE – DEVER DE INDENIZAR**

    EMENTA: Responsabilidade civil objetiva do Estado (CF, art. 37, § 6º). Configuração. *"Bar Bodega"*. Decretação de prisão cautelar, que se reconheceu indevida, contra pessoa que foi submetida a investigação penal pelo Poder Público. Adoção dessa medida de privação da liberdade contra quem não teve qualquer participação ou envolvimento com o fato criminoso. Inadmissibilidade desse comportamento imputável ao aparelho de Estado. Perda do emprego como direta consequência da indevida prisão preventiva. Reconhecimento, pelo Tribunal de Justiça local, de que se acham presentes todos os elementos identificadores do dever estatal de reparar o dano. Não comprovação, pelo Estado de São Paulo, da alegada inexistência do nexo causal. Caráter soberano da decisão local, que, proferida em sede recursal ordinária, reconheceu, com apoio no exame dos fatos e provas, a inexistência de causa excludente da responsabilidade civil do Poder Público. Inadmissibilidade de reexame de provas e fatos em sede recursal extraordinária (Súmula 279/STF). Doutrina e precedentes em tema de responsabilidade civil objetiva do Estado. Acórdão recorrido que se ajusta à jurisprudência do Supremo Tribunal Federal. RE conhecido e improvido. RE 385.943/SP. rel. Min. Celso de Mello (*Informativo STF 570*).

- **REBELIÃO – CARANDIRU – RESPONSABILIDADE CIVIL OBJETIVA – DEVER DE INDENIZAR**

    EMENTA: Responsabilidade civil objetiva do Estado (CF, art. 37, § 6º). Configuração. Rebelião no Complexo Penitenciário do Carandiru. Reconhecimento, pelo Tribunal de Justiça local, de que se acham presentes todos os elementos identificadores do dever estatal de reparar o dano. Não comprovação, pelo estado de São Paulo, da alegada ruptura do nexo causal. Caráter soberano da decisão local, que, proferida em sede recursal ordinária, reconheceu, com apoio no exame dos fatos e provas, a inexistência de causa excludente da responsabilidade civil do Poder Público. Inadmissibilidade de reexame de provas e fatos em sede recursal extraordinária (Súmula 279/STF). Doutrina e precedentes em tema de responsabilidade civil objetiva do estado. Acórdão recorrido que se ajusta à jurisprudência do SUPREMO TRIBUNAL FEDERAL. Agravo improvido. AI 299.125/SP. rel. Min. Celso de Mello (*Informativo STF 567*).

- **RESPONSABILIDADE CIVIL DO ESTADO E ATO DECORRENTE DO EXERCÍCIO DA FUNÇÃO**

    A Turma deu provimento a recurso extraordinário para assentar a carência de ação de indenização por danos morais ajuizada em desfavor de diretor de universidade federal que, nessa qualidade, supostamente teria ofendido a honra e a imagem de subordinado. De início, rejeitou-se a pretendida competência da Justiça Federal (CF, art. 109, I) para julgar o feito. Asseverou-se que a competência é definida pelas balizas da ação proposta e que, no caso, a inicial revela que, em momento algum, a universidade federal fora acionada. Enfatizou-se, no ponto, que o ora recorrido ingressara com ação em face do recorrente, cidadão. Desse modo, pouco importaria que o ato praticado por este último o tivesse sido considerada certa qualificação profissional. De outro lado, reputou-se violado o § 6º do art. 37 da CF, haja vista que a ação por danos causados pelo agente deve ser ajuizada contra a pessoa de direito público e as pessoas de direito privado prestadoras de serviços públicos, o que, no caso, evidenciaria a ilegitimidade passiva do recorrente. Concluiu-se que o recorrido não tinha de formalizar ação contra o recorrente, em razão da qualidade de agente desse último, tendo em conta que os atos praticados o foram personificando a pessoa jurídica de direito público. RE 344.133/PE, rel. Min. Marco Aurélio, j. 9-9-2008 (*Informativo STF 519*).

- **BENEFICIÁRIO DE BOLSA DE ESTUDOS NO EXTERIOR: NÃO RETORNO AO PAÍS E RESSARCIMENTO**

    O Tribunal, por votação majoritária, indeferiu mandado de segurança impetrado contra decisão do Tribunal de Contas da União – TCU que condenara a impetrante a pagar determinado montante, a título de devolução de valores, em decorrência do descumprimento da obrigação de retornar ao País após o término da concessão da sua bolsa de estudos no exterior. Na linha da orientação fixada no MS 24.519/DF (*DJU* de 2-12-2005) – no sentido de que o beneficiário de bolsa de estudos no exterior, às expensas do Poder Público, não pode alegar o desconhecimento de obrigação prevista em ato normativo do órgão provedor, e de que o custeio dessas bolsas de estudo é justificável na medida em que ao País sejam acrescidos os frutos resultantes do aprimoramento técnico-científico dos nacionais beneficiados –, entendeu-se não haver direito líquido e certo da impetrante. Considerou-se que, no momento em que solicitara a bolsa de estudos para o exterior, e preenchera o formulário com essa finalidade, que tem natureza contratual, assumira o compromisso de cumprir com os deveres a ela atribuídos em razão dessa concessão, dentre os quais o de retornar ao Brasil quando concluísse o curso de doutorado, sob pena de ressarcir os recursos públicos que recebera (Resolução 114/91, item 3 e Resolução Normativa 5/87, item 5.7). Afastou-se, também, a apontada prescrição, ao fundamento de incidir, na espécie, o disposto na parte final do art. 37, § 5º, da CF ("A lei estabelecerá os prazos de prescrição para ilícitos praticados por qualquer agente, servidor ou não, que causem prejuízos ao erário, ressalvadas as respectivas ações de ressarcimento."). O Min. Cezar Peluso fez ressalva quanto à interpretação do art. 37, § 5º, da CF, por julgar estar-se diante de uma exceção, a ser interpretada restritivamente, à previsão de prescrição para ilícitos, que não se aplicaria ao caso, por não haver ilícito. Reputou, entretanto, não configurado o caso típico de prescrição, podendo a matéria ser rediscutida na ação própria de cobrança. Vencido o Min. Marco Aurélio que concedia a ordem por vislumbrar a ocorrência da prescrição. MS 26.210/DF, rel. Min. Ricardo Lewandowski, j. 4-9-2008 (*Informativo STF 518*).

- **RESPONSABILIDADE CIVIL DO ESTADO: REVISÃO CRIMINAL E PRISÃO PREVENTIVA – 1**

    A Turma, por maioria, negou provimento a recurso extraordinário interposto contra acórdão do TRF da 5ª Região que condenara a União ao pagamento de indenização por danos morais em favor do recorrido, reitor de universidade federal à época dos fatos. No caso, este, preso preventivamente, fora denunciado, com vice-reitor e diretora de contabilidade, por peculato doloso consistente na suposta apropriação de remuneração paga a servidores-fantasmas inseridos na folha de pagamento da instituição. O extinto Tribunal Federal de Recursos – TFR mantivera a sentença de 1º grau que desclassificara a imputação para o delito de peculato culposo. Ocorre que, posteriormente, o TCU, em tomada de contas especial, eximira o recorrido e o vice-reitor de toda responsabilidade pelo episódio, o que ensejara, por parte deste último, pedido de revisão criminal que, deferido pela Corte *a quo*, absolvera-o. Em consequência disso, o recorrido propusera, então, ação ordinária de indenização por danos morais, decorrentes não apenas da condenação, desconstituída em revisão criminal, mas também da custódia preventiva. Alegava-se, na espécie, contrariedade ao art. 5º, LXXV, da CF ("o Estado indenizará o condenado por erro judiciário, assim como que ficar preso além do tempo fixado na sentença;"). RE 505.393/PE, rel. Min. Sepúlveda Pertence, j. 26-6-2007.

- **RESPONSABILIDADE CIVIL DO ESTADO: REVISÃO CRIMINAL E PRISÃO PREVENTIVA – 2**

    Entendeu-se que se trataria de responsabilidade civil objetiva do Estado. Aduziu-se que a constitucionalização do direito à indenização da vítima de erro judiciário e daquela presa além do tempo devido (art. 5º, LXXV), reforçaria o que já disciplinado pelo art. 630 do CPP ("O tribunal, se o interessado o requerer, poderá reconhecer o direito a uma justa indenização pelos prejuízos sofridos."), elevado à garantia individual. No ponto, embora se salientando a orientação consolidada de que a regra é a irresponsabilidade civil do Estado por atos de jurisdição, considerou-se que, naqueles casos, a indenização constituiria garantia individual, sem nenhuma menção à exigência de dolo ou de culpa do magistrado, bem como sem o estabelecimento de pressupostos subjetivos à responsabilidade fundada no risco administrativo do art. 37, § 6º, da CF. Salientou-se, ainda, que muito se discute hoje sobre o problema da prisão preventiva indevida e de outras hipóteses de indenização por decisões errôneas ou por *faute de service* da administração da Justiça, as quais não se encontram expressamente previstas na legislação penal. Vencido o Min. Ricardo Lewandowski que fazia ressalvas à plena adoção da tese da responsabilidade objetiva do Estado no tocante a revisões criminais, em especial, nas ajuizadas com base no inciso III do art. 621 do CPP ("Art. 621. A revisão dos processos findos será admitida: ... III – quando, após a sentença, se descobrirem novas provas de inocência do condenado ou de circunstância que determine ou autorize diminuição especial da pena."). RE 505.393/PE, rel. Min. Sepúlveda Pertence, j. 26-6-2007 *(Informativo STF 473)*.

- **DIREITO ADMINISTRATIVO. RESPONSABILIDADE CIVIL. DANO MORAL. CORTE. ENERGIA ELÉTRICA**

    Não é possível presumir a existência de dano moral pelo simples corte de energia elétrica por parte da concessionária de serviço público, sendo necessária a comprovação da empresa afetada de prejuízo à sua honra objetiva. Precedente citado: REsp 299.282-RJ, *DJ* 5-8-2002. REsp 1.298.689-RS, rel. Min. Castro Meira, j. 23-10-2012 *(Informativo STJ 508)*.

- **DIREITO ADMINISTRATIVO. RESPONSABILIDADE CIVIL. DANO MORAL. PESSOA JURÍDICA. HONRA OBJETIVA. VIOLAÇÃO**

    Pessoa jurídica pode sofrer dano moral, mas apenas na hipótese em que haja ferimento à sua honra objetiva, isto é, ao conceito de que goza no meio social. Embora a Súm. 227/STJ preceitue que "a pessoa jurídica pode sofrer dano moral", a aplicação desse enunciado é restrita às hipóteses em que há ferimento à honra objetiva da entidade, ou seja, às situações nas quais a pessoa jurídica tenha o seu conceito social abalado pelo ato ilícito, entendendo-se como honra também os valores morais, concernentes à reputação, ao crédito que lhe é atribuído, qualidades essas inteiramente aplicáveis às pessoas jurídicas, além de se tratar de bens que integram o seu patrimônio. Talvez por isso, o art. 52 do CC, segundo o qual se aplica "às pessoas jurídicas, no que couber, a proteção aos direitos da personalidade", tenha-se valido da expressão "no que couber", para deixar claro que somente se protege a honra objetiva da pessoa jurídica, destituída que é de honra subjetiva. O dano moral para a pessoa jurídica não é, portanto, o mesmo que se pode imputar à pessoa natural, tendo em vista que somente a pessoa natural, obviamente, tem atributos biopsíquicos. O dano moral da pessoa jurídica, assim sendo, está associado a um "desconforto extraordinário" que afeta o nome e a tradição de mercado, com repercussão econômica, à honra objetiva da pessoa jurídica, vale dizer, à sua imagem, conceito e boa fama, não se referindo aos mesmos atributos das pessoas naturais. Precedente citado: REsp 45.889-SP, *DJ* 15-8-1994. REsp 1.298.689-RS, rel. Min. Castro Meira, j. 23-10-2012 *(Informativo STJ 508)*.

- **IMÓVEL INEXISTENTE. RESPONSABILIDADE. ESTADO. TABELIÃO**

    In casu, a recorrente firmou dois contratos de parceria pecuária com garantia hipotecária representada por um imóvel rural. Porém, sua parceira não adimpliu o que foi ajustado contratualmente. Ocorre que, ao promover a execução da garantia hipotecária, a recorrente descobriu a inexistência do referido imóvel, apesar de registrado em cartório. Diante disso, a recorrente ajuizou o especial no qual busca a condenação do Estado e do tabelião pelos danos materiais sofridos em decorrência do registro considerado como fraudulento. Sustenta que não há nenhum terceiro e nenhum fato de terceiro que exclua a responsabilidade estatal, sendo incontestado nexo causal entre o dano experimentado e o comportamento do tabelião que promoveu o registro de hipoteca fraudulenta, ocasionando a responsabilização do Estado. O tribunal de origem entendeu que, em casos como esse, a responsabilidade é reconhecida independentemente da culpa, bastando que haja relação de causalidade entre a ação ou omissão e o dano sofrido. No caso, concluiu que o Estado não pode ser responsabilizado porque, mesmo que fosse comprovada a participação do tabelião na fraude (o que não ocorreu), não há nexo causal entre a atuação estatal e o prejuízo suportado pela vítima, uma vez que o dano originou-se da conduta da parceira inadimplente que deu em garantia à avença um imóvel rural inexistente. Para o Min. Relator, o tribunal de origem decidiu acertadamente, pois o evento danoso descrito na exordial não decorreu direta e imediatamente do registro de imóvel inexistente, mas da conduta da parceira, que não cumpriu o que foi acordado com a recorrente. Explicitou ainda que, relativamente ao elemento normativo do nexo causal, em matéria de responsabilidade civil, no Direito pátrio, vigora o princípio da causalidade adequada, podendo ele ser decomposto em duas partes: a primeira (decorrente, a *contrario sensu*, dos arts. 159 do CC/16 e 927 do CC/2002, que fixam a indispensabilidade do nexo causal), segundo a qual ninguém pode ser responsabilizado por aquilo a que não tiver dado causa; e a segunda (advinda dos arts. 1.060 do CC/16 e 403 do CC/2002, que determinam o conteúdo e os limites do nexo causal), segundo a qual somente se considera causa o evento que produziu direta e concretamente o resultado danoso. Ressaltou que, se a obrigação tivesse sido adimplida, a recorrente não teria sofrido o prejuízo, o que demonstra a inexistência de relação direta entre o procedimento imputado ao tabelião e os danos sobrevindos. Divergindo desse entendimento, o Min. Luiz Fux (vencido) salientou que o particular tinha uma garantia que era sucedânea da hipótese de inadimplemento e que, embora esse descumprimento tenha sido a causa direta, a *causa petendi* eleita foi o dano sofrido pelo fato da insubsistência da garantia, uma vez que o registro de imóveis registrou algo que não existia, e o particular, que confia na fé pública dos registros de imóveis, fica sem o abrigo em virtude do inadimplemento da obrigação. Destacou que o caso é excepcional e que o Estado tem responsabilidade objetiva, principalmente porque o cidadão confia na fé pública do registro. Com essas considerações, a Turma, por maioria, conheceu parcialmente do recurso e, nessa parte, negou-lhe provimento. Precedentes citados do STF: RE 130.764-PR, *DJ* 7-8-1992; do STJ: REsp 858.511-DF, *DJe* 15-9-2008. REsp 1.198.829-MS, rel. Min. Teori Albino Zavascki, j. 5-10-2010 (*Informativo STJ 450*).

- **LEGITIMIDADE. RESPONSABILIDADE. SERVIÇO NOTARIAL E DE REGISTRO**

    Os cartórios extrajudiciais, incluindo o de protesto de títulos, são instituições administrativas, ou seja, não têm personalidade jurídica e são desprovidos de patrimônio próprio, não se caracterizando, assim, como empresa ou entidade, o que afasta sua legitimidade passiva *ad causam* para responder pela ação de obrigação de fazer, no caso, cancelamento de protesto referente a duplicata. Por se tratar de serviço prestado por delegação de Estado, apenas a pessoa do titular do cartório responde por eventuais atos danosos, ou seja, aquele que efetivamente ocupava o cargo à época da prática do fato reputado como leviano, não podendo, dessa forma, transmitir a responsabilidade a seu sucessor. Precedentes citados: REsp 911.151-DF, *DJe* 6-8-2010, e REsp 1.044.841-RJ, *DJe* 27-5-2009. REsp 1.097.995-RJ, rel. Min. Massami Uyeda, j. 21-9-2010 (*Informativo STJ 448*).

- **INDENIZAÇÃO. JUROS MORATÓRIOS. PENSIONAMENTO**

Cuida-se, na origem, de ação de indenização por danos morais e materiais decorrente da responsabilidade do Estado pela morte do filho, irmão e tio dos autores em função de disparos de arma de fogo efetuados por agentes da polícia militar estadual. No REsp, os recorrentes postulam a majoração do valor relativo ao dano moral arbitrado, a incidência de juros moratórios sobre todas as verbas integrantes da condenação desde a data do evento e o aumento do tempo de pensionamento, conforme tabela do IBGE, visto dependerem economicamente do *de cujus*. Esclareceu o Min. Relator que, não obstante a dor e o sofrimento das pessoas envolvidas, ainda mais diante da atuação cruel de quem deveria zelar pela segurança da sociedade, no que refere à majoração do *quantum* arbitrado a título de danos morais, manteve a indenização fixada pelo tribunal *a quo*, qual seja, R$ 100 mil aos pais da vítima, R$ 50 mil a seus irmãos e a quantia de R$ 25 mil ao sobrinho, por não serem irrisórios tais valores arbitrados. Destacou que a indenização dos danos morais deve assegurar a justa reparação do prejuízo sem proporcionar enriquecimento sem causa, além de sopesar a capacidade econômica do réu, devendo ser fixada à luz da proporcionalidade da ofensa, calcada no caráter exemplar de sua determinação e no critério da solidariedade, o que ocorreu na espécie. Com relação aos juros moratórios, segundo o Min. Relator, eles devem ser calculados a partir do evento danoso (Súm. 54-STJ), à base de 0,5% ao mês (art. 1.062 do CC/16) até a entrada em vigor do CC/2002. E, a partir dessa data, deve ser aplicada a taxa que estiver em vigor para a mora do pagamento de impostos devidos à Fazenda Nacional (art. 406 daquele *codex*), que, como de sabença, é a taxa Selic (Lei n. 9.250/95). Por fim, no que concerne à data limite para a concessão de pensão, a jurisprudência deste Superior Tribunal reconhece que a idade de sobrevida não é estanque, visto que se consideram vários elementos para sua fixação, como *habitat*, alimentação, educação e meios de vida. Assim, objetivando obter um referencial para sua fixação, o STJ vem adotando os critérios da tabela de sobrevida da Previdência Social, de acordo com cálculos elaborados pelo IBGE. *In casu*, a vítima contava 28 anos de idade quando faleceu. A expectativa de sobrevida dele, conforme a tabela do IBGE para a época dos fatos era de 47,4 anos; assim, chega-se à idade de 75,4 anos como limite para a fixação da pensão concedida aos pais. Diante do exposto, a Turma deu parcial provimento ao recurso. Precedentes citados: REsp 1.161.805-RJ, *DJe* 19-3-2010; AgRg no REsp 1.087.541-RJ, *DJe* 18-3-2009; AgRg no Ag 1.136.614-RJ, *DJe* 22-6-2009; REsp 688.536-PA, *DJ* 18-12-2006; REsp 813.056-PE, *DJ* 29-10-2007; AgRg no Ag 766.853-MG, *DJ* 16-10-2006; REsp 1.027.318-RJ, *DJe* 31-8-2009, e REsp 723.544-RS, *DJ* 12-3-2007. REsp 1.124.471-RJ, rel. Min. Luiz Fux, j. 17-6-2010 (*Informativo STJ 439*).

- **DANO MORAL. SUSPENSÃO. ENERGIA ELÉTRICA. HOSPITAL**

É cediço que a jurisprudência da Primeira Seção firmou-se no sentido de não se admitir a suspensão do fornecimento de energia elétrica em hospitais públicos inadimplentes, em razão do interesse da coletividade (tese aceita com ressalvas da Min. Relatora). No entanto, na hipótese dos autos, trata-se de hospital particular que funciona como empresa, isto é, com objetivo de auferir lucros, embutindo, inclusive, nos preços cobrados de seus clientes, o valor dos custos da energia elétrica consumida. Consta dos autos que houve notificação, advertência, tolerância além do prazo e, mesmo assim, não houve o pagamento dos débitos referentes ao consumo de energia elétrica. Por outro lado, o inadimplente resolveu mover ação contra seu credor (centrais elétricas), considerando-se moralmente ofendido pelo corte no fornecimento da energia elétrica em curta duração. Dessa forma, nos autos, não se discute a ilicitude do corte de fornecimento de energia elétrica, mas, sim, danos morais. Anote-se que a energia elétrica está sendo fornecida, apesar de o débito ser de R$ 2 milhões. Outrossim, esse feito foi redistribuído à Turma da Segunda Seção que declinou da competência para essa Turma. Ante o exposto, a Turma considerou indevida a indenização por dano moral pleiteada, quanto mais se o corte no fornecimento de energia elétrica foi precedido de todas as cautelas. REsp 771.853-MT, rel. Min. Eliana Calmon, j. 2-2-2010 (Informativo STJ 421).

- **RESPONSABILIDADE CIVIL. ESTADO. SUICÍDIO**

  Trata-se de ação declaratória de acidente em serviço contra a União, objetivando o reconhecimento de incidente ocorrido em dependências do Exército que lesionou seriamente o autor ora recorrido. No caso, o militar deprimido teve acesso a armas e colocou em risco não apenas a sua própria existência, mas também a de terceiros. O acórdão recorrido salientou que o autor estava depressivo, razão suficiente para que o Estado exercesse maior vigilância quanto à atuação do militar, limitando o acesso a armas da corporação, por ensejar risco social desarrazoado. Assim, se o militar temporário comete atentado contra sua vida, fazendo uso de armas da corporação cujo acesso lhe foi viabilizado por culpa da administração pública, há responsabilidade hábil a caracterizar o acidente de serviço. Diante do exposto, a Turma, ao prosseguir o julgamento, por maioria, conheceu em parte o recurso e, nessa parte, negou-lhe provimento, entendendo que existe nexo causal entre a ação do suicida e o evento que redundou em grave ferimento. REsp 1.014.520-DF, Rel. originário Min. Francisco Falcão, Rel. para acórdão Min. Luiz Fux, j. 2-6-2009 (Informativo STJ 397).

- **DANOS MORAIS. REVISTA ÍNTIMA. EXCESSO**

  A recorrente foi submetida à revista íntima numa penitenciária, ao visitar seu namorado, recluso naquele estabelecimento prisional. Consta que o procedimento para tal revista ocorreu de forma excessiva, visto que, após permanecer por mais de uma hora despida para realização de exames íntimos por agentes penitenciários, não sendo encontrado nenhum vestígio de entorpecente com a recorrente, encaminharam-na até a emergência de um hospital público, onde não foi atendida; levaram-na, então, na mesma viatura policial, até uma maternidade. Ali, mediante exame ginecológico e outros por demais constrangedores, confirmou-se a ausência de qualquer substância entorpecente no seu corpo. Diante disso, a Turma deu provimento ao recurso ao entendimento de que há obrigação de reparar o dano moral, pois se encontram presentes todos os elementos aptos a ensejar o abalo psicológico, não sendo mero dissabor o constrangimento causado à recorrente. Efetivamente, constata-se um abuso de direito, afinal não se discute a necessidade de impor-se como rotina a revista íntima nos estabelecimentos; a prática, por si só, não constitui tal abuso e não enseja reparação por danos morais. Questiona-se a forma como foi exercido o direito estatal, por métodos vexatórios, em desrespeito à dignidade da pessoa humana, princípio constitucional erigido como um dos fundamentos da República Federativa do Brasil. Desse modo, não há que se falar em inexistência de dano moral, conforme aduz o Estado, já que o exercício regular do direito atinente à segurança não pode ser utilizado como instrumento para cometer atos que atinjam, de forma desproporcional e desarrazoada, o direito de outrem. Outrossim, esse argumento não pode sobrepor-se à dignidade da pessoa humana. REsp 856.360-AC, rel. Min. Eliana Calmon, j. 19-8-2008 (Informativo STJ 364).

- **INDENIZAÇÃO. PRESO. REGIME MILITAR. TORTURA. IMPRESCRITIBILIDADE**

    Trata-se de ação ordinária proposta com objetivo de reconhecimento dos efeitos previdenciários e trabalhistas, acrescidos de danos materiais e morais, em face do Estado, pela prática de atos ilegítimos decorrentes de perseguições políticas perpetradas por ocasião do golpe militar de 1964, que culminaram na prisão do autor, bem como em sua tortura, cujas consequências alega irreparáveis. Há prova inequívoca da perseguição política à vítima e de imposição, por via oblíqua, de sobrevivência clandestina, atentando contra a dignidade da pessoa humana, acrescida do fato de ter sido atingida sua capacidade laboral quando na prisão fora torturado, impedindo atualmente seu autossustento. A indenização pretendida tem amparo constitucional no art. 8º, § 3º, do ADCT. Deveras, a tortura e morte são os mais expressivos atentados à dignidade da pessoa humana, valor erigido como um dos fundamentos da República Federativa do Brasil. À luz das cláusulas pétreas constitucionais, é juridicamente sustentável assentar que a proteção da dignidade da pessoa humana perdura enquanto subsiste a República Federativa, posto seu fundamento. Consectariamente, não há falar em prescrição da ação que visa implementar um dos pilares da República, máxime porque a Constituição não estipulou lapso prescricional ao direito de agir, correspondente ao direito inalienável à dignidade. Outrossim, a Lei n. 9.140/95, que criou as ações correspondentes às violações à dignidade humana perpetradas em período de supressão das liberdades públicas, previu a ação condenatória no art. 14, sem lhe estipular prazo prescricional, por isso que a *lex specialis* convive com a *lex generalis*, sendo incabível qualquer aplicação analógica do Código Civil no afã de superar a reparação de atentados aos direitos fundamentais da pessoa humana, como sói ser a dignidade retratada no respeito à integridade física do ser humano. Adjuntem-se à lei interna as inúmeras convenções internacionais firmadas pelo Brasil, a começar pela Declaração Universal da ONU, e demais convenções específicas sobre a tortura, tais como a convenção contra a tortura adotada pela Assembleia Geral da ONU, a Convenção Interamericana contra a Tortura, concluída em Cartagena, e a Convenção Americana sobre Direitos Humanos (Pacto de São José da Costa Rica). A dignidade humana violentada, *in casu*, decorreu do fato de ter sido o autor torturado, revelando flagrante atentado ao mais elementar dos direitos humanos, os quais, segundo os tratadistas, são inatos, universais, absolutos, inalienáveis e imprescritíveis. Inequívoco que foi produzida importante prova indiciária representada pelos comprovantes de tratamento e pelas declarações médicas que instruem os autos. Diante disso, a Turma, ao prosseguir o julgamento e por maioria, deu provimento ao recurso para afastar, *in casu*, a aplicação da norma inserta no art. 1º do Decreto n. 20.910/32, determinando o retorno dos autos à instância de origem para que dê prosseguimento ao feito. Precedentes citados do STF: HC 70.389-SP, *DJ* 10-8-2001; do STJ: REsp 449.000-PE, *DJ* 30-6-2003. REsp 845.228-RJ, rel. Min. Luiz Fux, j. 23-10-2007 (ver *Informativo 316*) (*Informativo STJ 337*).

- **RESPONSABILIDADE CIVIL. CARTÓRIO. NOTÁRIO**

    A questão consiste em saber se a responsabilidade civil por ato ilícito praticado por oficial de Registro de Títulos, Documentos e Pessoa Jurídica é pessoal; não podendo seu sucessor, ou seja, o atual oficial da serventia, que não praticou o ato ilícito, responder pelo dano em razão de ser delegatário do serviço público. Isso posto, a Turma deu parcial provimento ao recurso para reconhecer a ilegitimidade do recorrente para figurar no polo passivo da demanda e extinguir o feito sem resolução do mérito, ao argumento de que só poderia responder como titular do cartório aquele que efetivamente ocupava o cargo à época do fato reputado como ilícito e danoso, razão pela qual não poderia a responsabilidade ser transferida ao agente que o sucedeu, pois a responsabilidade, *in casu*, há de ser pessoal. Precedentes citados: REsp 443.467-PR, *DJ* 1º-7-2005; EDcl no REsp 443.467-PR, *DJ* 21-11-2005, e REsp 696.989-PE, *DJ* 27-11-2006. REsp 852.770-SP, rel. Min. Humberto Martins, j. 3-5-2007 *(Informativo STJ 319).*

JURISPRUDÊNCIA EM TESES

RESPONSABILIDADE CIVIL DO ESTADO (EDIÇÃO 61)

Os danos morais decorrentes da responsabilidade civil do Estado somente podem ser revistos em sede de recurso especial quando o valor arbitrado é exorbitante ou irrisório, afrontando os princípios da proporcionalidade e da razoabilidade.	Acórdãos **AgRg no AREsp 359.962/SP**, rel. Min. SÉRGIO KUKINA, PRIMEIRA TURMA, j. 3-6-2016, *DJe* 16-5-2016 **AgRg no AREsp 810.277/SC**, rel. Min. BENEDITO GONÇALVES, PRIMEIRA TURMA, j. 7-4-2016, *DJe* 15-4-2016 **AgRg no AREsp 566.605/RJ**, rel. Min. ASSUSETE MAGALHÃES, SEGUNDA TURMA, j. 17-3-2016, *DJe* 30-3-2016 **AgRg no REsp 1.434.850/PB**, rel. Min. MAURO CAMPBELL MARQUES, SEGUNDA TURMA, j. 18-2-2016, *DJe* 29-2-2016 **AgRg no AREsp 729.378/CE**, rel. Min. HERMAN BENJAMIN, SEGUNDA TURMA, j. 6-10-2015, *DJe* 3-2-2016
O termo inicial da prescrição para o ajuizamento de ações de responsabilidade civil em face do Estado por ilícitos praticados por seus agentes é a data do trânsito em julgado da sentença penal condenatória.	Acórdãos **AgRg no REsp 1.536.911/PE**, rel. Min. MAURO CAMPBELL MARQUES, SEGUNDA TURMA, j. 3-9-2015, *DJe* 17-9-2015 **AgRg no REsp 1.519.722/PE**, rel. Min. HUMBERTO MARTINS, SEGUNDA TURMA, j. 18-8-2015, *DJe* 25-8-2015 **AgRg no REsp 1.197.746/CE**, rel. Min. HERMAN BENJAMIN, SEGUNDA TURMA, j. 20-3-2014, *DJe* 27-3-2014 **AgRg no REsp 1.325.252/SC**, rel. Min. BENEDITO GONÇALVES, PRIMEIRA TURMA, j. 16-4-2013, *DJe* 19-4-2013 **AgRg no AREsp 242.540/SP**, rel. Min. ARNALDO ESTEVES LIMA, PRIMEIRA TURMA, j. 19-3-2013, *DJe* 2-4-2013 **REsp 1.164.110/SC**, rel. Min. LUIZ FUX, rel. p/ Acórdão Min. TEORI ALBINO ZAVASCKI, PRIMEIRA TURMA, j. 22-3-2011, *DJe* 5-5-2011
As ações indenizatórias decorrentes de violação a direitos fundamentais ocorridas durante o regime militar são imprescritíveis, não se aplicando o prazo quinquenal previsto no art. 1º do Decreto n. 20.910/32.	Acórdãos **AgRg no REsp 1.479.984/RS**, rel. Min. REGINA HELENA COSTA, PRIMEIRA TURMA, j. 26-4-2016, *DJe* 11-5-2016 **REsp 1.485.260/PR**, rel. Min. SÉRGIO KUKINA, PRIMEIRA TURMA, j. 5-4-2016, *DJe* 19-4-2016 **AgRg no AREsp 243.683/PR**, rel. Min. NAPOLEÃO NUNES MAIA FILHO, PRIMEIRA TURMA, j. 3-3-2016, *DJe* 14-3-2016 **AgRg no AREsp 816.972/SP**, rel. Min. ASSUSETE MAGALHÃES, SEGUNDA TURMA, j. 10-3-2016, *DJe* 17-3-2016

	AgRg no REsp 1.480.428/RS, rel. Min. HUMBERTO MARTINS, SEGUNDA TURMA, j. 1º-9-2015, *DJe* 15-9-2015 **AgRg no REsp 1.424.534/SP**, rel. Min. OG FERNANDES, SEGUNDA TURMA, j. 26-5-2015, *DJe* 12-6-2015
A responsabilidade civil do Estado por condutas omissivas é subjetiva, devendo ser comprovados a negligência na atuação estatal, o dano e o nexo de causalidade.	**Acórdãos** **AgRg no AREsp 501.507/RJ**, rel. Min. HUMBERTO MARTINS, SEGUNDA TURMA, j. 27-5-2014, *DJe* 2-6-2014 **REsp 1.230.155/PR**, rel. Min. ELIANA CALMON, SEGUNDA TURMA, j. 5-9-2013, *DJe* 17-9-2013 **AgRg no AREsp 118.756/RS**, rel. Min. HERMAN BENJAMIN, SEGUNDA TURMA, j. 7-8-2012, *DJe* 22-8-2012 **REsp 888.420/MG**, rel. Min. LUIZ FUX, PRIMEIRA TURMA, j. 7-5-2009, *DJe* 27-5-2009 **AgRg no Ag 1.014.339/MS**, rel. Min. MAURO CAMPBELL MARQUES, SEGUNDA TURMA, j. 21-8-2008, *DJe* 24-9-2008
Há responsabilidade civil do Estado nas hipóteses em que a omissão de seu dever de fiscalizar for determinante para a concretização ou o agravamento de danos ambientais.	**Acórdãos** **AgRg no REsp 1.497.096/RJ**, rel. Min. MAURO CAMPBELL MARQUES, SEGUNDA TURMA, j. 15-12-2015, *DJe* 18-12-2015 **AgRg no REsp 1.001.780/PR**, rel. Min. TEORI ALBINO ZAVASCKI, PRIMEIRA TURMA, j. 27-9-2011, *DJe* 4-10-2011 **REsp 1.071.741/SP**, rel. Min. HERMAN BENJAMIN, SEGUNDA TURMA, j. 24-3-2009, *DJe* 16-12-2010 **REsp 1.113.789/SP**, rel. Min. CASTRO MEIRA, SEGUNDA TURMA, j. 16-6-2009, *DJe* 29-6-2009
A Administração Pública pode responder civilmente pelos danos causados por seus agentes, ainda que estes estejam amparados por causa excludente de ilicitude penal.	**Acórdãos** **REsp 1.266.517/PR**, rel. Min. MAURO CAMPBELL MARQUES, SEGUNDA TURMA, j. 4-12-2012, *DJe* 10-12-2012 **REsp 884.198/RO**, rel. Min. HUMBERTO MARTINS, SEGUNDA TURMA, j. 10-4-2007, *DJ* 23-4-2007 **REsp 111.843/PR**, rel. Min. JOSÉ DELGADO, PRIMEIRA TURMA, j. 24-4-1997, *DJ* 9-6-1997
É objetiva a responsabilidade civil do Estado pelas lesões sofridas por vítima baleada em razão de tiroteio ocorrido entre policiais e assaltantes.	**Acórdãos** **REsp 1.266.517/PR**, rel. Min. MAURO CAMPBELL MARQUES, SEGUNDA TURMA, j. 4-12-2012, *DJe* 10-12-2012 **REsp 1.236.412/ES**, rel. Min. CASTRO MEIRA, SEGUNDA TURMA, j. 2-2-2012, *DJe* 17-2-2012 **REsp 1.140.025/MG**, rel. Min. ELIANA CALMON, SEGUNDA TURMA, j. 2-9-2010, *DJe* 22-9-2010

O Estado possui responsabilidade objetiva nos casos de morte de custodiado em unidade prisional.	**Acórdãos** **AgRg no AREsp 850.954/CE**, rel. Min. SÉRGIO KUKINA, PRIMEIRA TURMA, j. 10-3-2016, *DJe* 28-3-2016 **AgRg no AREsp 729.565/PE**, rel. Min. BENEDITO GONÇALVES, PRIMEIRA TURMA, j. 22-9-2015, *DJe* 28-9-2015 **AgRg no AREsp 528.911/MA**, rel. Min. OLINDO MENEZES (DESEMBARGADOR CONVOCADO DO TRF 1ª REGIÃO), PRIMEIRA TURMA, j. 16-6-2015, *DJe* 25-6-2015 **AgRg no AREsp 622.716/PE**, rel. Min. OG FERNANDES, SEGUNDA TURMA, j. 17-3-2015, *DJe* 20-3-2015 **AgRg no AREsp 467.394/PE**, rel. Min. MARGA TESSLER (JUÍZA FEDERAL CONVOCADA DO TRF 4ª REGIÃO), PRIMEIRA TURMA, j. 5-3-2015, *DJe* 13-3-2015 **AgRg no AREsp 492.804/PE**, rel. Min. ASSUSETE MAGALHÃES, SEGUNDA TURMA, j. 18-9-2014, *DJe* 30-9-2014
O Estado responde objetivamente pelo suicídio de preso ocorrido no interior de estabelecimento prisional.	**Acórdãos** **REsp 1.549.522/RJ**, rel. Min. HERMAN BENJAMIN, SEGUNDA TURMA, j. 3-9-2015, *DJe* 10-11-2015 **REsp 1.435.687/MG**, rel. Min. HUMBERTO MARTINS, SEGUNDA TURMA, j. 7-5-2015, *DJe* 19-5-2015 **AgRg no Ag 1.307.100/PR**, rel. Min. SÉRGIO KUKINA, PRIMEIRA TURMA, j. 21-10-2014, *DJe* 24-10-2014 **EDcl no AgRg no REsp 1.305.259/SC**, rel. Min. MAURO CAMPBELL MARQUES, SEGUNDA TURMA, j. 15-8-2013, *DJe* 22-8-2013 **REsp 1.014.520/DF**, rel. Min. FRANCISCO FALCÃO, rel. p/ Acórdão Min. LUIZ FUX, PRIMEIRA TURMA, j. 2-6-2009, *DJe* 1º-7-2009 **REsp 780.500/PR**, rel. Min. ELIANA CALMON, SEGUNDA TURMA, j. 4-9-2007, *DJ* 26-9-2007
O Estado não responde civilmente por atos ilícitos praticados por foragidos do sistema penitenciário, salvo quando os danos decorrem direta ou imediatamente do ato de fuga.	**Acórdãos** **AgRg no AREsp 173.291/PR**, rel. Min. CASTRO MEIRA, SEGUNDA TURMA, j. 7-8-2012, *DJe* 21-8-2012 **REsp 980.844/RS**, rel. Min. LUIZ FUX, PRIMEIRA TURMA, j. 19-3-2009, *DJe* 22-4-2009 **REsp 719.738/RS**, rel. Min. TEORI ALBINO ZAVASCKI, PRIMEIRA TURMA, j. 16-9-2008, *DJe* 22-9-2008

Não há nexo de causalidade entre o prejuízo sofrido por investidores em decorrência de quebra de instituição financeira e a suposta ausência ou falha na fiscalização realizada pelo Banco Central no mercado de capitais.	**Acórdãos** **AgRg no REsp 1.405.998/SP**, rel. Min. MAURO CAMPBELL MARQUES, SEGUNDA TURMA, j. 21-10-2014, *DJe* 28-10-2014 **REsp 1.225.229/PR**, rel. Min. HUMBERTO MARTINS, SEGUNDA TURMA, j. 11-2-2014, *DJe* 20-2-2014 **REsp 1.023.937/RS**, rel. Min. HERMAN BENJAMIN, SEGUNDA TURMA, j. 8-6-2010, *DJe* 30-6-2010 **AgRg no Ag 1.217.398/PA**, rel. Min. HAMILTON CARVALHIDO, PRIMEIRA TURMA, j. 23-3-2010, *DJe* 14-4-2010 **REsp 1.102.897/DF**, rel. Min. DENISE ARRUDA, PRIMEIRA TURMA, j. 9-6-2009, *DJe* 5-8-2009 **REsp 647.552/RS**, rel. Min. TEORI ALBINO ZAVASCKI, PRIMEIRA TURMA, j. 15-5-2008, *DJe* 2-6-2008
A existência de lei específica que rege a atividade militar (Lei n. 6.880/80) não isenta a responsabilidade do Estado pelos danos morais causados em decorrência de acidente sofrido durante as atividades militares.	**Acórdãos** **REsp 1.164.436/RS**, rel. Min. JORGE MUSSI, QUINTA TURMA, j. 17-3-2015, *DJe* 25-5-2015 **AgRg no REsp 1.213.705/RS**, rel. Min. ELIANA CALMON, SEGUNDA TURMA, j. 23-4-2013, *DJe* 7-5-2013 **AgRg no REsp 1.160.922/PR**, rel. Min. MARCO AURÉLIO BELLIZZE, QUINTA TURMA, j. 5-2-2013, *DJe* 15-2-2013 **AgRg no REsp 1.284.456/RS**, rel. Min. CESAR ASFOR ROCHA, SEGUNDA TURMA, j. 5-6-2012, *DJe* 14-6-2012 **AgRg no REsp 1.266.484/RS**, rel. Min. BENEDITO GONÇALVES, PRIMEIRA TURMA, j. 27-3-2012, *DJe* 3-4-2012
Em se tratando de responsabilidade civil do Estado por rompimento de barragem, é possível a comprovação de prejuízos de ordem material por prova exclusivamente testemunhal, diante da impossibilidade de produção ou utilização de outro meio probatório.	**Acórdãos** **AgRg no REsp 1.443.990/PB**, rel. Min. ASSUSETE MAGALHÃES, SEGUNDA TURMA, j. 15-12-2015, *DJe* 10-2-2016 **AgRg no REsp 1.423.581/PB**, rel. Min. OLINDO MENEZES (DESEMBARGADOR CONVOCADO DO TRF 1ª REGIÃO), PRIMEIRA TURMA, j. 8-9-2015, *DJe* 24-9-2015 **AgRg no REsp 1.424.071/PB**, rel. Min. MARGA TESSLER (JUÍZA FEDERAL CONVOCADA DO TRF 4ª REGIÃO), PRIMEIRA TURMA, j. 19-5-2015, *DJe* 28-5-2015 **AgRg no REsp 1.407.857/PB**, rel. Min. NAPOLEÃO NUNES MAIA FILHO, PRIMEIRA TURMA, j. 24-3-2015, *DJe* 7-4-2015 **AgRg no AREsp 521.850/PB**, rel. Min. BENEDITO GONÇALVES, PRIMEIRA TURMA, j. 12-8-2014, *DJe* 27-8-2014 **AgRg no AgRg no AREsp 502.898/PB**, rel. Min. OG FERNANDES, SEGUNDA TURMA, j. 5-8-2014, *DJe* 12-8-2014

É possível a cumulação de benefício previdenciário com indenização decorrente de responsabilização civil do Estado por danos oriundos do mesmo ato ilícito.	**Acórdãos** **AgRg no REsp 1.388.266/SC**, rel. Min. HUMBERTO MARTINS, SEGUNDA TURMA, j. 10-5-2016, *DJe* 16-5-2016 **AgRg no AREsp 681.975/PR**, rel. Min. HERMAN BENJAMIN, SEGUNDA TURMA, j. 6-10-2015, *DJe* 3-2-2016 **AgRg no AREsp 782.544/RJ**, rel. Min. ASSUSETE MAGALHÃES, SEGUNDA TURMA, j. 3-12-2015, *DJe* 15-12-2015 **AgRg no AREsp 569.117/PA**, rel. Min. OG FERNANDES, SEGUNDA TURMA, j. 6-11-2014, *DJe* 3-12-2014 **AgRg no REsp 1.453.874/SC**, rel. Min. MAURO CAMPBELL MARQUES, SEGUNDA TURMA, j. 11-11-2014, *DJe* 18-11-2014 **REsp 1.356.978/SC**, rel. Min. ELIANA CALMON, SEGUNDA TURMA, j. 5-9-2013, *DJe* 17-9-2013
Nas ações de responsabilidade civil do Estado, é desnecessária a denunciação da lide ao suposto agente público causador do ato lesivo.	**Acórdãos** **REsp 1.501.216/SC**, rel. Min. OLINDO MENEZES (DESEMBARGADOR CONVOCADO DO TRF 1ª REGIÃO), PRIMEIRA TURMA, j. 16-2-2016, *DJe* 22-2-2016 **AgRg no REsp 1.444.491/PI**, rel. Min. OG FERNANDES, SEGUNDA TURMA, j. 27-10-2015, *DJe* 12-11-2015 **AgRg no AREsp 574.301/PE**, rel. Min. NAPOLEÃO NUNES MAIA FILHO, PRIMEIRA TURMA, j. 15-9-2015, *DJe* 25-9-2015 **AgRg no REsp 1.230.008/RS**, rel. Min. REGINA HELENA COSTA, PRIMEIRA TURMA, j. 18-8-2015, *DJe* 27-8-2015 **AgRg no AREsp 729.071/PE**, rel. Min. SÉRGIO KUKINA, PRIMEIRA TURMA, j. 18-8-2015, *DJe* 27-8-2015 **AgRg no AREsp 534.613/SC**, rel. Min. HERMAN BENJAMIN, SEGUNDA TURMA, j. 18-12-2014, *DJe* 2-2-2015

PARA GABARITAR

a) Caso seja impossível a identificação do agente público responsável por um dano, o Estado será obrigado a reparar o dano provocado por atividade estatal, mas ficará inviabilizado de exercer o direito de regresso contra qualquer agente.

b) A conduta do lesado, a depender da extensão de sua participação para o aperfeiçoamento do resultado danoso, é relevante e tem o condão de afastar ou de atenuar a responsabilidade civil do Estado.

c) Tanto o dano moral quanto o dano material são passíveis de gerar a responsabilidade civil do Estado.

d) A Administração responderá pelos danos causados ao veículo particular, ainda que se comprove que o motorista da viatura policial dirigia de forma diligente e prudente.

e) Sendo a culpa exclusiva da vítima, não se configura a responsabilidade civil do Estado, que é objetiva e embasada na teoria do risco administrativo.

f) Os efeitos da ação regressiva movida pelo Estado contra o agente que causou o dano transmitem-se aos herdeiros e sucessores, até o limite da herança, em caso de morte do agente.

PARA MEMORIZAR

a)

VÍTIMA DO DANO
↓
3º (terceiro)
STF, RE 591.874
→ Usuário
→ Não usuário

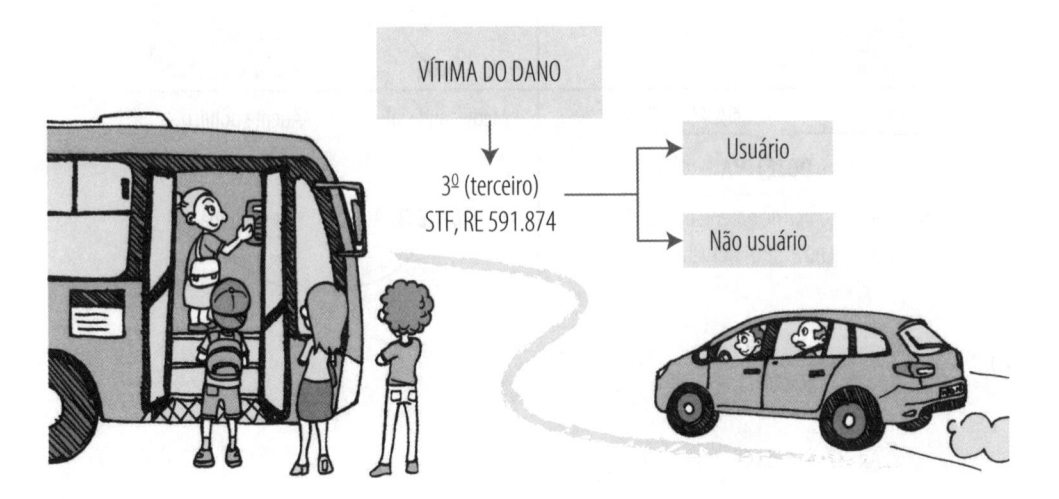

b)

FUNDAMENTOS DA RESPONSABILIDADE CIVIL DO ESTADO
↓ ↓
ATOS LÍCITOS — ATOS ILÍCITOS
↓ ↓
Princípio da Isonomia/Igualdade — Princípio da Legalidade

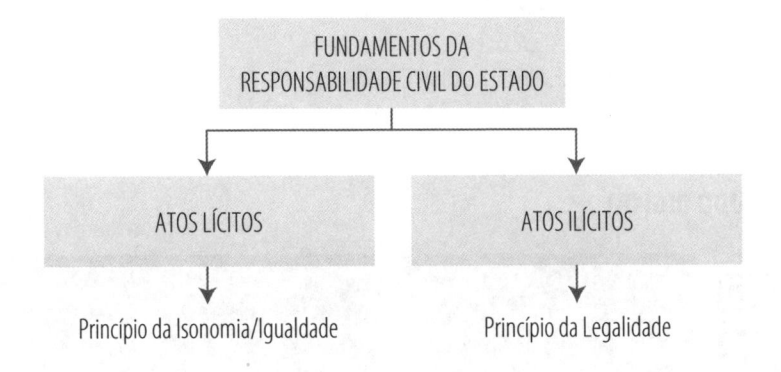

c)

1ª parte	2ª parte

Vítima — art. 37, § 6º, da CF → ESTADO ← Direito de regresso — Agente público

Ação / Ação regressiva

OBJETIVA
Prazo: 5 anos conforme entendimento fixado pelo STJ no AgRg/EREsp 1.200.764

Medida judicial — **SUBJETIVA** — dolo/culpa

d)

Art. 37, § 6º, da CF → T. Resp. → **OBJETIVA** do Estado
- Regra
- PJ direito público
- PJ direito privado prestadoras de serviços públicos

Ø dolo/culpa

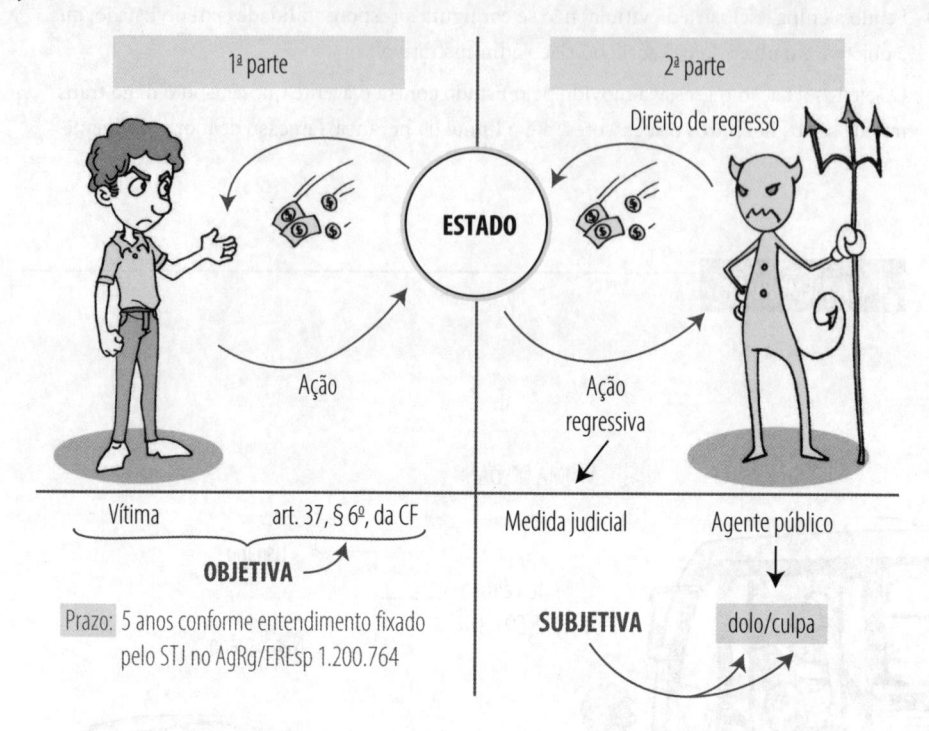

modalidade RISCO ADMINISTRATIVO

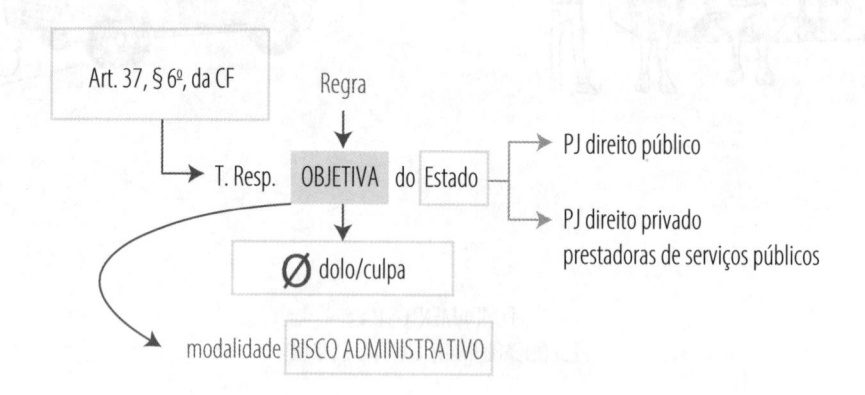

17. CONTEÚDO DIGITAL

Acesse também pelo *link*: https://somos.in/MDADM9

Capítulo VII

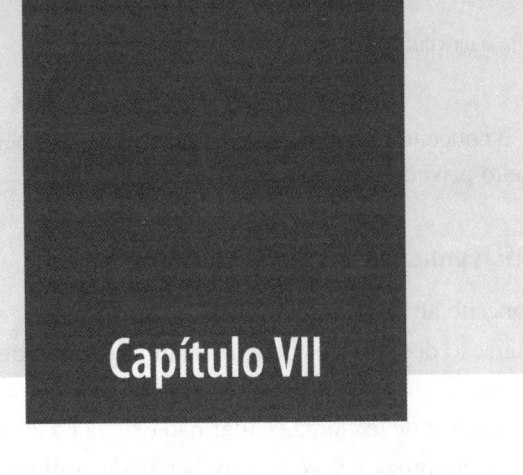

Serviços Públicos e Concessão de Serviços Públicos

1. CONCEITO DE SERVIÇO PÚBLICO

É o cerne do direito administrativo. Na França foi criada a "Escola de Serviço Público", capitaneada por Léon Duguit e Gaston Jèze. Este define Direito Administrativo como "conjunto de regras relativas aos serviços públicos".

Trata-se de uma utilidade ou comodidade material, prestada pela Administração Pública ou por seus delegados, destinada à satisfação do interesse público.

Para ser considerado serviço público, o Estado tem de ter assumido determinada atividade como de sua prestação.

Se um pequeno grupo apenas utiliza determinado serviço, o Estado não vai assumi-lo como atividade de sua responsabilidade, já que **não** representa um serviço de necessidade coletiva. Ao contrário, se o serviço **é utilizado por toda a sociedade** (ainda que cada um atendendo a diversas finalidades), aí, então, temos um serviço público.

1.1 Doutrina estrangeira

Marcello Caetano[1] refere-se aos órgãos públicos que funcionam por meio de seus agentes que devem dispor dos meios materiais indispensáveis à eficiência das tarefas que atendam aos fins da entidade que servem e conclui: "Assim nascem os *serviços administrativos* que podem ser definidos como *organizações permanentes de actividades humanas ordenadas para o desempenho regular das atribuições de certa pessoa colectiva de direito público sob a direcção dos respectivos órgãos*".

---

[1] CAETANO, Marcello. *Manual de direito administrativo*, 10. ed., Coimbra: Almedina, 1991, v. I, p. 237.

No Brasil, o conceito é mais amplo, pois abrange, também, atividades de pessoas jurídicas de direito privado prestadoras de serviços públicos.

1.2 Características principais dos serviços públicos

a) É um conceito aberto e amplo.

b) A enumeração dos serviços dependerá muito do **momento histórico**.

Exemplificando: b.1) serviço de bonde no passado era serviço público, hoje não mais existe; b.2) serviço de telefonia celular não existia há 20 anos e hoje existe.

DICA: Se cair na prova e você não souber se determinada atividade é um serviço público, pergunte-se: quantas pessoas utilizam o serviço? Exemplo: quantas pessoas utilizam o serviço de radioamador? Se você não conhecer ninguém ou quase ninguém que utiliza o serviço, então não é serviço público, já que o Estado **não vai** assumi-lo como seu.

c) Os serviços públicos são **fruíveis individualmente e singularmente pelos administrados** (cada pessoa utiliza à sua maneira). Cada pessoa utiliza uma quantidade do serviço público de energia elétrica, de telefonia etc. e paga proporcionalmente por essa utilização.

Para complementar: O STF, ao publicar a Súmula Vinculante 41, fixou que o serviço de iluminação pública não pode ser remunerado mediante taxa.

d) Conforme Alexandre Mazza[2], os serviços públicos têm "**natureza ampliativa**: ao contrário do poder de polícia, o serviço público não representa limitação ou restrição imposta ao particular. Pelo contrário. O serviço público é uma atuação **ampliativa da esfera de interesses do particular**, consistindo no oferecimento de vantagens e comodidades aos usuários. O serviço público é sempre uma prestação em favor do particular, e não contra o particular".

e) Para ser considerado serviço público, o Estado assume a prestação do serviço como dever seu, porém não precisa prestá-lo com suas próprias mãos de forma direta, pode delegar (prestação descentralizada – descentralização do serviço).

f) O regime desse serviço deve ser público: total ou parcialmente público.

Se o Estado presta o serviço com suas próprias mãos, o regime será público.

Se o Estado contratar alguém para prestar o serviço em seu lugar, aí então o regime será parcialmente público (conterá uma parte pública e uma parte privada).

2. COMPETÊNCIA PARA LEGISLAR SOBRE SERVIÇO PÚBLICO

DICA: A competência para legislar sobre serviço público decorre da Constituição: a matéria vem disciplinada nos arts. 21, X, XI, XII, XIV, XV, XXII e XXIII; 25, § 2º; 30 e 32, § 1º.

---

[2] MAZZA, Alexandre. *Manual de direito administrativo*, 3. ed., São Paulo: Saraiva, 2013, p. 662.

ESQUEMATIZANDO

UNIÃO – ART. 21, X, XI, XII, XIV, XV, XXII E XXIII, DA CF	ESTADOS – ART. 25, § 2º, DA CF	DISTRITO FEDERAL – ART. 32, § 1º, DA CF	MUNICÍPIOS – ART. 30 DA CF
Assuntos de interesse nacional.	Assuntos de interesse regional.	Assuntos de interesse distrital.	Assuntos de interesse municipal.
Compete à União: a) manter o **serviço postal** e o correio aéreo nacional; b) explorar, diretamente ou mediante autorização, concessão ou permissão, os **serviços de telecomunicações**, nos termos da lei, que disporá sobre a organização dos serviços, a criação de um órgão regulador e outros aspectos institucionais; c) explorar, diretamente ou mediante autorização, concessão ou permissão, os **serviços de radiodifusão sonora, e de sons e imagens**; d) explorar, diretamente ou mediante autorização, concessão ou permissão, os **serviços e instalações de energia elétrica e o aproveitamento energético dos cursos de água, em articulação com os Estados onde se situam os potenciais hidroenergéticos**; e) explorar, diretamente ou mediante autorização, concessão ou permissão, a **navegação aérea, aeroespacial e a infraestrutura aeroportuária**; f) explorar, diretamente ou mediante autorização, concessão ou permissão, os **serviços de transporte ferroviário e aquaviário entre portos brasileiros e fronteiras nacionais, ou que transponham os limites de Estado ou Território**;	Os Estados organizam-se e regem-se pelas Constituições e leis que adotarem, observados os princípios da Constituição. Cabe aos Estados explorar diretamente, ou mediante concessão, os serviços locais de gás canalizado, na forma da lei, vedada a edição de medida provisória para a sua regulamentação.	Ao Distrito Federal são atribuídas as competências legislativas reservadas aos Estados e Municípios.	Compete aos Municípios: organizar e prestar, diretamente ou sob regime de concessão ou permissão, os **serviços públicos de interesse local**, incluído o de **transporte coletivo, que tem caráter essencial.** E também prestar, com a **cooperação técnica e financeira** da União e do Estado, **serviços de atendimento à saúde da população**.

g) explorar, diretamente ou mediante autorização, concessão ou permissão, os **serviços de transporte rodoviário interestadual e internacional de passageiros**;
h) explorar, diretamente ou mediante autorização, concessão ou permissão os **portos marítimos, fluviais e lacustres**;
i) organizar e manter a polícia civil, a polícia militar e o corpo de bombeiros militar do Distrito Federal, bem como prestar assistência financeira ao Distrito Federal para a execução de serviços públicos, por meio de fundo próprio;
j) organizar e manter os **serviços oficiais de estatística, geografia, geologia e cartografia de âmbito nacional**;
k) executar os serviços de **polícia marítima, aeroportuária e de fronteiras**;
l) explorar os serviços e **instalações nucleares** de qualquer natureza e exercer monopólio estatal sobre a pesquisa, a lavra, o enriquecimento e reprocessamento, a industrialização e o comércio de minérios nucleares e seus derivados, atendidos os seguintes princípios e condições:
l.1) toda atividade nuclear em território nacional somente será admitida para fins pacíficos e mediante aprovação do Congresso Nacional;
l.2) sob regime de permissão, são autorizadas a comercialização e a utilização de radioisótopos para a pesquisa e usos médicos, agrícolas e industriais;
l.3) sob regime de permissão, são autorizadas a produção, comercialização e utilização de radioisótopos de meia-vida igual ou inferior a duas horas;
l.4) a responsabilidade civil por danos nucleares independe da existência de culpa.

Lembrando que, se determinado serviço não constar no rol dos previstos na Constituição, o parâmetro para fixar a competência levará em consideração o **interesse**. Assim:

a) se o serviço é um serviço de INTERESSE NACIONAL, a União será competente para legislar sobre aquela matéria;

b) se o serviço é um serviço de INTERESSE REGIONAL, o Estado será competente para legislar;

c) por fim, se o INTERESSE FOR LOCAL, o Município será competente para legislar. Cada Município irá legislar à sua maneira, o que acarretará a mudança da própria cobrança e prestação desse serviço.

Aprofundamento:

Notícia do STF de 4 de junho de 2012: STF reconhece a **repercussão geral de Recurso Extraordinário (RE 661.702 – tema 546) que discute se a imposição de penalidades para quem pratica transporte irregular de passageiros está inserida na competência do Distrito Federal para legislar sobre transporte coletivo**.

A **tese** firmada em 4 de maio de 2020 teve a seguinte redação: "surge constitucional previsão normativa local voltada a coibir fraude considerado o serviço público de transporte coletivo e inconstitucional condicionar a liberação de veículo apreendido ao pagamento de multas, preços públicos e demais encargos decorrentes de infração".

3. PRINCÍPIOS DO SERVIÇO PÚBLICO

LEGISLAÇÃO CORRELATA

Lei n. 8.987/95

Art. 6º Toda concessão ou permissão pressupõe a prestação de serviço adequado ao pleno atendimento dos usuários, conforme estabelecido nesta Lei, nas normas pertinentes e no respectivo contrato.

§ 1º **Serviço adequado** é o que satisfaz as condições de regularidade, continuidade, eficiência, segurança, atualidade, generalidade, cortesia na sua prestação e modicidade das tarifas.

§ 2º A **atualidade** compreende a modernidade das técnicas, do equipamento e das instalações e a sua conservação, bem como a melhoria e expansão do serviço.

§ 3º **Não se caracteriza como descontinuidade do serviço** a sua interrupção em situação de emergência ou após prévio aviso, quando:

I – motivada por razões de ordem técnica ou de segurança das instalações; e,

II – por inadimplemento do usuário, considerado o interesse da coletividade.

§ 4º A interrupção do serviço na hipótese prevista no inciso II do § 3º deste artigo **não poderá** iniciar-se na sexta-feira, no sábado ou no domingo, nem em feriado ou no dia anterior a feriado. (Incluído pela Lei n. 14.015, de 2020)

Os serviços públicos, para serem prestados adequadamente, devem obedecer a diversos princípios – que estão previstos no art. 6º, § 1º, da Lei n. 8.987/95. Vejamos.

3.1 Princípio da continuidade dos serviços públicos

Fixa a impossibilidade de interrupção do serviço, que deve ser prestado, portanto, de forma contínua, já que os particulares não podem ser prejudicados pela paralisação do serviço.

> "A atividade da Administração é ininterrupta, não se admitindo a paralisação dos serviços públicos" (*RDA* 201/210).

3.1.1 Aprofundamento: art. 6º, § 3º, da Lei n. 8.987/95: hipótese legal que não configura descontinuidade da prestação do serviço

- **Sem aviso prévio**, em casos excepcionais e emergenciais, é possível a interrupção do serviço.
- **Com aviso prévio**, só será possível a interrupção nos casos de inadimplemento por parte do usuário do serviço ou desobediência a normas técnicas que coloquem em risco a segurança das instalações.

ESQUEMATIZANDO

Não se caracteriza como descontinuidade do serviço:
Art. 6º, § 3º, da Lei n. 8.987/95

- SEM AVISO PRÉVIO
  - Urgência
- COM AVISO PRÉVIO
  - Inadimplemento do usuário
  - Ordem técnica
  - Desobediência de normas técnicas

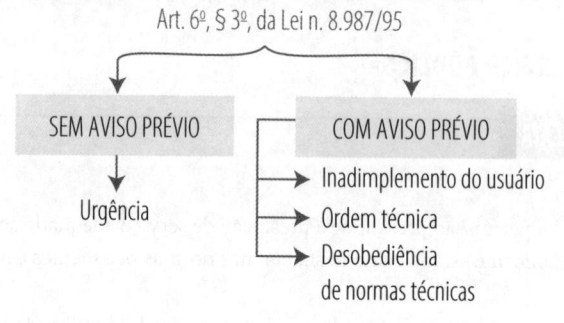

JURISPRUDÊNCIA

- **STF, ADI 3.661 – CONCESSIONÁRIAS DE SERVIÇO PÚBLICO E CORTE DE FORNECIMENTO**
  Com base nessa mesma orientação, o Plenário, por maioria, julgou procedente pedido formulado em ação direta proposta pelo Procurador-Geral da República **para declarar a inconstitucionalidade da Lei n. 1.618/2004, do Estado do Acre, que proíbe o corte residencial do fornecimento de água e energia elétrica pelas concessionárias por falta de pagamento, nos dias que especifica.** Vencido o Min. Marco Aurélio que declarava a improcedência do pleito por entender que a lei questionada buscaria proteger o consumidor e que, no caso, a legitimação seria concorrente. ADI 3.661/AC, rel. Min. Cármen Lúcia, j. 17-3-2011.

3.1.2 Greve dos agentes públicos: art. 37, VII, da CF

O texto constitucional assegurou aos agentes públicos o direito de greve, porém condicionou o seu exercício ao advento de lei infraconstitucional específica. Essa norma constitucional é classificada como norma constitucional de eficácia limitada, e, justamente em razão da denominada síndrome da inefetividade das normas constitucionais, um problema se instaura: até o momento não foi editada a norma infraconstitucional regulamentadora.

Diante da falta de norma regulamentadora, diversos mandados de injunção foram propostos perante o STF (v.g. MI 670, 708 e 712), e, adotando teoria concretista geral, o STF definiu (em 25-10-2007): enquanto não vier a lei específica regulamentadora da greve no setor público, aplica-se, no que couber, a lei que regulamenta a greve no setor privado (Lei n. 7.783/89) até que seja suprida a omissão legislativa.

JURISPRUDÊNCIA

- **MI 670/ES – ESPÍRITO SANTO**

    EMENTA: MANDADO DE INJUNÇÃO. GARANTIA FUNDAMENTAL (CF, ART. 5º, INCISO LXXI). DIREITO DE GREVE DOS SERVIDORES PÚBLICOS CIVIS (CF, ART. 37, INCISO VII). EVOLUÇÃO DO TEMA NA JURISPRUDÊNCIA DO SUPREMO TRIBUNAL FEDERAL (STF). DEFINIÇÃO DOS PARÂMETROS DE COMPETÊNCIA CONSTITUCIONAL PARA APRECIAÇÃO NO ÂMBITO DA JUSTIÇA FEDERAL E DA JUSTIÇA ESTADUAL ATÉ A EDIÇÃO DA LEGISLAÇÃO ESPECÍFICA PERTINENTE, NOS TERMOS DO ART. 37, VII, DA CF. EM OBSERVÂNCIA AOS DITAMES DA SEGURANÇA JURÍDICA E À EVOLUÇÃO JURISPRUDENCIAL NA INTERPRETAÇÃO DA OMISSÃO LEGISLATIVA SOBRE O DIREITO DE GREVE DOS SERVIDORES PÚBLICOS CIVIS, FIXAÇÃO DO PRAZO DE 60 (SESSENTA) DIAS PARA QUE O CONGRESSO NACIONAL LEGISLE SOBRE A MATÉRIA. MANDADO DE INJUNÇÃO DEFERIDO PARA DETERMINAR A APLICAÇÃO DAS LEIS N. 7.701/88 E 7.783/89. 1. SINAIS DE EVOLUÇÃO DA GARANTIA FUNDAMENTAL DO MANDADO DE INJUNÇÃO NA JURISPRUDÊNCIA DO SUPREMO TRIBUNAL FEDERAL (STF). 1.1. No julgamento do MI n. 107/DF, rel. Min. Moreira Alves, *DJ* 21-9-1990, o Plenário do STF consolidou entendimento que conferiu ao mandado de injunção os seguintes elementos operacionais: i) os direitos constitucionalmente garantidos por meio de mandado de injunção apresentam-se como direitos à expedição de um ato normativo, os quais, via de regra, não poderiam ser diretamente satisfeitos por meio de provimento jurisdicional do STF; ii) a decisão judicial que declara a existência de uma omissão inconstitucional constata, igualmente, a mora do órgão ou poder legiferante, insta-o a editar a norma requerida; iii) a omissão inconstitucional tanto pode referir-se a uma omissão total do legislador quanto a uma omissão parcial; iv) a decisão proferida em sede do controle abstrato de normas acerca da existência, ou não, de omissão é dotada de eficácia *erga omnes*, e não apresenta diferença significativa em relação a atos decisórios proferidos no contexto de mandado de injunção; v) o STF possui competência constitucional para, na ação de mandado de injunção, determinar a suspensão de processos administrativos ou judiciais, com o intuito de assegurar ao interessado a possibilidade de ser contemplado por norma mais benéfica, ou que lhe assegure o direito constitucional invocado; vi) por fim, esse plexo de poderes institucionais legitima que o STF determine a edição de outras medidas que garantam a posição do impetrante até a oportuna expedição de normas pelo legislador. 1.2. Apesar dos avanços proporcionados por essa construção jurisprudencial inicial, o STF flexibilizou a interpretação constitucional primeiramente fixada para conferir uma compreensão mais abrangente à garantia fundamental do mandado de injunção. A partir de uma série de precedentes, o Tribunal passou a admitir soluções "normativas" para a decisão judicial como alternativa legítima de tornar a proteção judicial efetiva (CF, art. 5º, XXXV). Precedentes: MI n. 283, rel. Min. Sepúlveda Pertence, *DJ* 14-11-1991; MI n. 232/RJ, rel. Min. Moreira Alves, *DJ* 27-3-1992; MI n. 284, rel. Min. Marco Aurélio, Red. para o acórdão Min. Celso de Mello, *DJ* 26-6-1992; MI n. 543/DF, rel. Min. Octavio Gallotti, *DJ* 24-5-2002; MI n. 679/DF, rel. Min. Celso de Mello, *DJ* 17-12-2002; e MI n. 562/DF, rel. Min. Ellen Gracie, *DJ* 20-6-2003. **2. O MANDADO DE INJUNÇÃO E O DIREITO DE GREVE DOS SERVIDORES PÚBLICOS CIVIS NA JURISPRUDÊNCIA DO STF.** 2.1. O tema da existência, ou não, de omissão legislativa quanto à definição das possibilidades, condições e limites para o exercício do direito de greve por servidores públicos civis já foi, por diversas vezes, apreciado pelo STF. Em todas as oportunidades, esta Corte firmou o entendimento de **que o objeto do mandado de injunção cingir-se-ia à declaração da existência, ou não, de mora legislativa para a edição de norma regulamentadora específica.** Precedentes: MI n. 20/DF, rel. Min. Celso de Mello, *DJ* 22-11-1996; MI n. 585/TO, rel. Min. Ilmar Galvão, *DJ* 2-8-2002; e MI n. 485/MT, rel. Min. Maurício Corrêa, *DJ* 23-8-2002. 2.2. Em alguns precedentes (em especial, no voto do Min. Carlos Velloso, proferido no julgamento do MI n. 631/MS, rel. Min. Ilmar Galvão, *DJ* 2-8-2002), aventou-se a possibilidade de aplicação aos servidores públicos civis da lei que disciplina os movimentos grevistas no âmbito do setor privado (Lei n. 7.783/89). 3. DIREITO DE GREVE DOS SERVIDORES PÚBLICOS CIVIS. HIPÓTESE DE OMISSÃO LEGISLATIVA INCONSTITUCIONAL. MORA JUDICIAL, POR DIVERSAS VEZES, DECLARADA PELO PLENÁRIO DO STF. RISCOS DE CONSOLIDAÇÃO DE TÍPICA OMISSÃO JUDICIAL QUANTO À MATÉRIA. A EXPERIÊNCIA DO DIREITO COMPARADO. LEGITIMIDADE DE ADOÇÃO DE ALTERNATIVAS NORMATIVAS E INSTITUCIONAIS DE SUPERAÇÃO DA SITUAÇÃO DE OMISSÃO. 3.1. A permanência da situação de não regulamentação do direito de greve dos servidores públicos civis contribui para a ampliação da regularidade das instituições de um Estado democrático de Direito (CF, art. 1º). Além de o tema envolver uma série de questões estratégicas e orçamentárias diretamente relacionadas aos serviços públicos, a ausência de parâmetros jurídicos de controle dos abusos cometidos na deflagração desse tipo específico de movimento grevista tem favorecido que o legítimo exercício de direitos constitucionais seja afastado por uma verdadeira "lei da selva". 3.2. Apesar das modificações implementadas pela Emenda Constitucional n. 19/98 quanto à modificação da reserva legal de lei complementar para a de lei ordinária específica (CF, art. 37, VII), observa-se que **o direito de greve dos servidores públicos civis continua sem receber tratamento legislativo minimamente satisfatório para garantir o exercício dessa prerrogativa em consonância com imperativos constitucionais**. 3.3. Tendo em vista as imperiosas balizas jurídico-políticas que demandam a concretização do direito de greve a todos os trabalhadores, o STF não pode se abster de reconhecer que, assim como o controle judicial deve incidir sobre a atividade do legislador, é possível que a Corte Constitucional atue também nos casos de inatividade ou omissão do Legislativo. 3.4. A mora legislativa em questão já foi, por diversas vezes, declarada na ordem constitucional brasileira. Por esse motivo, a permanência dessa situação de ausência de regulamentação do direito de greve dos servidores públicos civis passa a invocar, para si, os riscos de consolidação de uma típica omissão judicial. **3.5. Na experiência do direito compa-**

rado (em especial, na Alemanha e na Itália), admite-se que o Poder Judiciário adote medidas normativas como alternativa legítima de superação de omissões inconstitucionais, sem que a proteção judicial efetiva a direitos fundamentais se configure como ofensa ao modelo de separação de poderes (CF, art. 2º). 4. DIREITO DE GREVE DOS SERVIDORES PÚBLICOS CIVIS. REGULAMENTAÇÃO DA LEI DE GREVE DOS TRABALHADORES EM GERAL (LEI N. 7.783/89). FIXAÇÃO DE PARÂMETROS DE CONTROLE JUDICIAL DO EXERCÍCIO DO DIREITO DE GREVE PELO LEGISLADOR INFRACONSTITUCIONAL. 4.1. A disciplina do direito de greve para os trabalhadores em geral, quanto às "atividades essenciais", é especificamente delineada nos arts. 9º a 11 da Lei n. 7.783/89. Na hipótese de aplicação dessa legislação geral ao caso específico do direito de greve dos servidores públicos, antes de tudo, afigura-se inegável o conflito existente entre as necessidades mínimas de legislação para o exercício do direito de greve dos servidores públicos civis (CF, art. 9º, *caput*, c/c art. 37, VII), de um lado, e o direito a serviços públicos adequados e prestados de forma contínua a todos os cidadãos (CF, art. 9º, § 1º), de outro. Evidentemente, não se outorgaria ao legislador qualquer poder discricionário quanto à edição, ou não, da lei disciplinadora do direito de greve. O legislador poderia adotar um modelo mais ou menos rígido, mais ou menos restritivo do direito de greve no âmbito do serviço público, mas não poderia deixar de reconhecer direito previamente definido pelo texto da Constituição. **Considerada a evolução jurisprudencial do tema perante o STF, em sede do mandado de injunção, não se pode atribuir amplamente ao legislador a última palavra acerca da concessão, ou não, do direito de greve dos servidores públicos civis, sob pena de se esvaziar direito fundamental positivado. Tal premissa, contudo, não impede que, futuramente, o legislador infraconstitucional confira novos contornos acerca da adequada configuração da disciplina desse direito constitucional.** 4.2 Considerada a omissão legislativa alegada na espécie, seria o caso de se acolher a pretensão, tão somente no sentido de que **se aplique a Lei n. 7.783/89 enquanto a omissão não for devidamente regulamentada por lei específica para os servidores públicos civis (CF, art. 37, VII).** 4.3 Em razão dos imperativos da continuidade dos serviços públicos, contudo, não se pode afastar que, de acordo com as peculiaridades de cada caso concreto e mediante solicitação de entidade ou órgão legítimo, seja facultado ao tribunal competente impor a observância a regime de greve mais severo em razão de tratar-se de "serviços ou atividades essenciais", nos termos do regime fixado pelos arts. 9º a 11 da Lei n. 7.783/89. Isso ocorre porque não se pode deixar de cogitar dos riscos decorrentes das possibilidades de que a regulação dos serviços públicos que tenham características afins a esses "serviços ou atividades essenciais" seja menos severa que a disciplina dispensada aos serviços privados ditos "essenciais". 4.4. O sistema de judicialização do direito de greve dos servidores públicos civis está aberto para que outras atividades sejam submetidas a idêntico regime. **Pela complexidade e variedade dos serviços públicos e atividades estratégicas típicas do Estado, há outros serviços públicos, cuja essencialidade não está contemplada pelo rol dos arts. 9º a 11 da Lei n. 7.783/89. Para os fins desta decisão, a enunciação do regime fixado pelos arts. 9º a 11 da Lei n. 7.783/89 é apenas exemplificativa** *(numerus apertus)*. 5. O PROCESSAMENTO E O JULGAMENTO DE EVENTUAIS DISSÍDIOS DE GREVE QUE ENVOLVAM SERVIDORES PÚBLICOS CIVIS DEVEM OBEDECER AO MODELO DE COMPETÊNCIAS E ATRIBUIÇÕES APLICÁVEL AOS TRABALHADORES EM GERAL (CELETISTAS), NOS TERMOS DA REGULAMENTAÇÃO DA LEI N. 7.783/89. A APLICAÇÃO COMPLEMENTAR DA LEI N. 7.701/88 VISA À JUDICIALIZAÇÃO DOS CONFLITOS QUE ENVOLVAM OS SERVIDORES PÚBLICOS

CIVIS NO CONTEXTO DO ATENDIMENTO DE ATIVIDADES RELACIONADAS A NECESSIDADES INADIÁVEIS DA COMUNIDADE QUE, SE NÃO ATENDIDAS, COLOQUEM "EM PERIGO IMINENTE A SOBREVIVÊNCIA, A SAÚDE OU A SEGURANÇA DA POPULAÇÃO" (LEI N. 7.783/89, PARÁGRAFO ÚNICO, ART. 11). 5.1. Pendência do julgamento de mérito da ADI n. 3.395/DF, rel. Min. Cezar Peluso, na qual se discute a competência constitucional para a apreciação das "ações oriundas da relação de trabalho, abrangidos os entes de direito público externo e da administração pública direta e indireta da União, dos Estados, do Distrito Federal e dos Municípios" (CF, art. 114, I, na redação conferida pela EC n. 45/2004). 5.2. Diante da singularidade do debate constitucional do direito de greve dos servidores públicos civis, sob pena de injustificada e inadmissível negativa de prestação jurisdicional nos âmbitos federal, estadual e municipal, devem-se fixar também os parâmetros institucionais e constitucionais de definição de competência, provisória e ampliativa, para a apreciação de dissídios de greve instaurados entre o Poder Público e os servidores públicos civis. **5.3. No plano procedimental, afigura-se recomendável aplicar ao caso concreto a disciplina da Lei n. 7.701/88 (que versa sobre especialização das turmas dos Tribunais do Trabalho em processos coletivos), no que tange à competência para apreciar e julgar eventuais conflitos judiciais referentes à greve de servidores públicos que sejam suscitados até o momento de colmatação legislativa específica da lacuna ora declarada, nos termos do inciso VII do art. 37 da CF.** 5.4. A adequação e a necessidade da definição dessas questões de organização e procedimento dizem respeito a elementos de fixação de competência constitucional de modo a assegurar, a um só tempo, a possibilidade e, sobretudo, os limites ao exercício do direito constitucional de greve dos servidores públicos, e a continuidade na prestação dos serviços públicos. Ao adotar essa medida, **este Tribunal passa a assegurar o direito de greve constitucionalmente garantido no art. 37, VII, da Constituição Federal, sem desconsiderar a garantia da continuidade de prestação de serviços públicos – um elemento fundamental para a preservação do interesse público em áreas que são extremamente demandadas pela sociedade.** 6. DEFINIÇÃO DOS PARÂMETROS DE COMPETÊNCIA CONSTITUCIONAL PARA APRECIAÇÃO DO TEMA NO ÂMBITO DA JUSTIÇA FEDERAL E DA JUSTIÇA ESTADUAL ATÉ A EDIÇÃO DA LEGISLAÇÃO ESPECÍFICA PERTINENTE, NOS TERMOS DO ART. 37, VII, DA CF. FIXAÇÃO DO PRAZO DE 60 (SESSENTA) DIAS PARA QUE O CONGRESSO NACIONAL LEGISLE SOBRE A MATÉRIA. MANDADO DE INJUNÇÃO DEFERIDO PARA DETERMINAR A APLICAÇÃO DAS LEIS N. 7.701/88 E 7.783/89. 6.1. Aplicabilidade aos servidores públicos civis da Lei n. 7.783/89, sem prejuízo de que, diante do caso concreto e mediante solicitação de entidade ou órgão legítimo, seja facultado ao juízo competente a fixação de regime de greve mais severo, em razão de tratarem de "serviços ou atividades essenciais" (Lei n. 7.783/89, arts. 9º a 11). 6.2. Nessa extensão do deferimento do mandado de injunção, aplicação da Lei n. 7.701/88, no que tange à competência para apreciar e julgar eventuais conflitos judiciais referentes à greve de servidores públicos que sejam suscitados até o momento de colmatação legislativa específica da lacuna ora declarada, nos termos do inciso VII do art. 37 da CF. 6.3. Até a devida disciplina legislativa, devem-se definir as situações provisórias de competência constitucional para a apreciação desses dissídios no contexto nacional, regional, estadual e municipal. Assim, nas condições acima especificadas, se a paralisação for de âmbito nacional, ou abranger mais de uma região da justiça federal, ou ainda, compreender mais de uma unidade da federação, a competência para o dissídio de greve será do Superior Tribunal de Justiça (por aplicação analógica do art. 2º, I, *a*, da Lei n. 7.701/88). Ainda no âmbito federal, se a controvérsia estiver adstrita a uma única região da justiça federal, a competência será dos Tribunais Regionais Federais (aplicação analógica do art. 6º da Lei n. 7.701/88). Para o caso da jurisdição no contexto estadual ou municipal, se a controvérsia estiver adstrita a uma unidade da federação, a competência será do respectivo Tribunal de Justiça (também por aplicação analógica do art. 6º da Lei n. 7.701/88). As greves de âmbito local ou municipal serão dirimidas pelo Tribunal de Justiça ou Tribunal Regional Federal com jurisdição sobre o local da paralisação, conforme se trate de greve de servidores municipais, estaduais ou federais. 6.4. Considerados os parâmetros acima delineados, a par da competência para o dissídio de greve em si, no qual se discuta a abusividade, ou não, da greve, os referidos tribunais, nos âmbitos de sua jurisdição, serão competentes para decidir acerca do mérito do pagamento, ou não, dos dias de paralisação em consonância com a excepcionalidade de que esse juízo se reveste. Nesse contexto, nos termos do art. 7º da Lei n. 7.783/89, a deflagração da greve, em princípio, corresponde à suspensão do contrato de trabalho. Como regra geral, portanto, os salários dos dias de paralisação não deverão ser pagos, salvo no caso em que a greve tenha sido provocada justamente por atraso no pagamento aos servidores públicos civis, ou por outras situações excepcionais que justifiquem o afastamento da premissa da suspensão do contrato de trabalho (art. 7º da Lei n. 7.783/89, *in fine*). 6.5. Os tribunais mencionados também serão competentes para apreciar e julgar medidas cautelares eventualmente incidentes relacionadas ao exercício do direito de greve dos servidores públicos civis, tais como: i) aquelas nas quais se postule a preservação do objeto da querela judicial, qual seja, o percentual mínimo de servidores públicos que deve continuar trabalhando durante o movimento paredista, ou mesmo a proibição de qualquer tipo de paralisação; ii) os interditos possessórios para a desocupação de dependências dos órgãos públicos eventualmente tomados por grevistas; e iii) as demais medidas cautelares que apresentem conexão direta com o dissídio coletivo de greve. 6.6. Em razão da evolução jurisprudencial sobre o tema da interpretação da omissão legislativa do direito de greve dos servidores públicos civis e em respeito aos ditames de segurança jurídica, fixa-se o prazo de 60 (sessenta) dias para que o Congresso Nacional legisle sobre a matéria. 6.7. Mandado de injunção conhecido e, no mérito, deferido para, nos termos acima especificados, determinar a aplicação das Leis ns. 7.701/88 e 7.783/89 aos conflitos e às ações judiciais que envolvam a interpretação do direito de greve dos servidores públicos civis (MI 670, rel. Min. Maurício Corrêa, Rel. p/ Acórdão: Min. Gilmar Mendes, Tribunal Pleno, j. 25-10-2007, *DJe*-206, divulg. 30-10-2008, public. 31-10-2008. Ement. v. 02339-01, p. 1, *RTJ* v. 207-01, p. 11).

- **MI 708/DF – DISTRITO FEDERAL**
EMENTA: MANDADO DE INJUNÇÃO. GARANTIA FUNDAMENTAL (CF, ART. 5º, INCISO LXXI). DIREITO DE GREVE DOS SERVIDORES PÚBLICOS CIVIS (CF, ART. 37, INCISO VII). EVOLUÇÃO DO TEMA NA JURISPRUDÊNCIA DO SUPREMO TRIBUNAL FEDERAL (STF). DEFINIÇÃO DOS PARÂMETROS DE COMPETÊNCIA CONSTITUCIONAL PARA APRECIAÇÃO NO ÂMBITO DA JUSTIÇA FEDERAL E DA JUSTIÇA ESTADUAL ATÉ A EDIÇÃO DA LEGISLAÇÃO ESPECÍFICA PERTINENTE, NOS TERMOS DO ART. 37, VII, DA CF. EM OBSERVÂNCIA AOS DITAMES DA SEGURANÇA JURÍDICA E À EVOLUÇÃO JURISPRUDENCIAL NA INTERPRETAÇÃO DA OMISSÃO LEGISLATIVA SOBRE O DIREITO DE GREVE DOS SERVIDORES PÚBLICOS CIVIS, FIXAÇÃO DO PRAZO DE 60 (SESSENTA) DIAS PARA QUE O CONGRESSO NACIONAL LEGISLE SOBRE A MATÉRIA. MANDADO DE INJUNÇÃO DEFERIDO PARA DETERMINAR A APLICAÇÃO DAS LEIS NS. 7.701/88 E 7.783/89. 1. SINAIS DE EVOLUÇÃO DA GARANTIA FUNDAMENTAL DO MANDADO DE INJUNÇÃO NA JURISPRUDÊNCIA DO SUPREMO TRIBUNAL FEDERAL (STF). 1.1. No julgamento do MI n. 107/DF, rel. Min. Moreira Alves, *DJ* 21.9.1990, o **Plenário do STF consolidou entendimento que conferiu ao mandado de injunção os seguintes elementos operacionais: i) os direitos**

constitucionalmente garantidos por meio de mandado de injunção apresentam-se como direitos à expedição de um ato normativo, os quais, via de regra, não poderiam ser diretamente satisfeitos por meio de provimento jurisdicional do STF; ii) a decisão judicial que declara a existência de uma omissão inconstitucional constata, igualmente, a mora do órgão ou poder legiferante, insta-o a editar a norma requerida; iii) a omissão inconstitucional tanto pode referir-se a uma omissão total do legislador quanto a uma omissão parcial; iv) a decisão proferida em sede do controle abstrato de normas acerca da existência, ou não, de omissão é dotada de eficácia *erga omnes*, e não apresenta diferença significativa em relação a atos decisórios proferidos no contexto de mandado de injunção; v) o STF possui competência constitucional para, na ação de mandado de injunção, determinar a suspensão de processos administrativos ou judiciais, com o intuito de assegurar ao interessado a possibilidade de ser contemplado por norma mais benéfica, ou que lhe assegure o direito constitucional invocado; vi) por fim, esse plexo de poderes institucionais legitima que o STF determine a edição de outras medidas que garantam a posição do impetrante até a oportuna expedição de normas pelo legislador. 1.2. Apesar dos avanços proporcionados por essa construção jurisprudencial inicial, o STF flexibilizou a interpretação constitucional primeiramente fixada para conferir uma compreensão mais abrangente à garantia fundamental do mandado de injunção. A partir de uma série de precedentes, o Tribunal passou a admitir soluções "normativas" para a decisão judicial como alternativa legítima de tornar a proteção judicial efetiva (CF, art. 5º, XXXV). Precedentes: MI n. 283, rel. Min. Sepúlveda Pertence, *DJ* 14-11-1991; MI n. 232/RJ, rel. Min. Moreira Alves, *DJ* 27-3-1992; MI n. 284, rel. Min. Marco Aurélio, Red. para o acórdão Min. Celso de Mello, *DJ* 26-6-1992; MI n. 543/DF, rel. Min. Octavio Gallotti, *DJ* 24-5-2002; MI n. 679/DF, rel. Min. Celso de Mello, *DJ* 17-12-2002; e MI n. 562/DF, rel. Min. Ellen Gracie, *DJ* 20-6-2003. 2. O MANDADO DE INJUNÇÃO E O DIREITO DE GREVE DOS SERVIDORES PÚBLICOS CIVIS NA JURISPRUDÊNCIA DO STF. 2.1. O tema da existência, ou não, de omissão legislativa quanto à definição das possibilidades, condições e limites para o exercício do direito de greve por servidores públicos civis já foi, por diversas vezes, apreciado pelo STF. Em todas as oportunidades, esta Corte firmou o entendimento de que o objeto do mandado de injunção cingir-se-ia à declaração da existência, ou não, de mora legislativa para a edição de norma regulamentadora específica. Precedentes: MI n. 20/DF, rel. Min. Celso de Mello, *DJ* 22-11-1996; MI n. 585/TO, rel. Min. Ilmar Galvão, *DJ* 2-8-2002; e MI n. 485/MT, rel. Min. Maurício Corrêa, *DJ* 23-8-2002. 2.2. Em alguns precedentes (em especial, no voto do Min. Carlos Velloso, proferido no julgamento do MI n. 631/MS, rel. Min. Ilmar Galvão, *DJ* 2-8-2002), aventou-se a possibilidade de aplicação aos servidores públicos civis da lei que disciplina os movimentos grevistas no âmbito do setor privado (Lei n. 7.783/89). 3. DIREITO DE GREVE DOS SERVIDORES PÚBLICOS CIVIS. HIPÓTESE DE OMISSÃO LEGISLATIVA INCONSTITUCIONAL. MORA JUDICIAL, POR DIVERSAS VEZES, DECLARADA PELO PLENÁRIO DO STF. RISCOS DE CONSOLIDAÇÃO DE TÍPICA OMISSÃO JUDICIAL QUANTO À MATÉRIA. A EXPERIÊNCIA DO DIREITO COMPARADO. LEGITIMIDADE DE ADOÇÃO DE ALTERNATIVAS NORMATIVAS E INSTITUCIONAIS DE SUPERAÇÃO DA SITUAÇÃO DE OMISSÃO. 3.1. A permanência da situação de não regulamentação do direito de greve dos servidores públicos civis contribui para a ampliação da regularidade das instituições de um Estado democrático de Direito (CF, art. 1º). Além de o tema envolver uma série de questões estratégicas e orçamentárias diretamente relacionadas aos serviços públicos, a ausência de parâmetros jurídicos de controle dos abusos cometidos na deflagração desse tipo específico de movimento grevista tem favorecido que o legítimo exercício de direitos constitucionais seja afastado por uma verdadeira "lei da selva". 3.2. Apesar das modificações implementadas pela Emenda Constitucional n. 19/98 quanto à modificação da reserva legal de lei complementar para a de lei ordinária específica (CF, art. 37, VII), observa-se que o direito de greve dos servidores públicos civis continua sem receber tratamento legislativo minimamente satisfatório para garantir o exercício dessa prerrogativa em consonância com imperativos constitucionais. 3.3. Tendo em vista as imperiosas balizas jurídico-políticas que demandam a concretização do direito de greve a todos os trabalhadores, **o STF não pode se abster de reconhecer que, assim como o controle judicial deve incidir sobre a atividade do legislador, é possível que a Corte Constitucional atue também nos casos de inatividade ou omissão do Legislativo. 3.4. A mora legislativa em questão já foi, por diversas vezes, declarada na ordem constitucional brasileira. Por esse motivo, a permanência dessa situação de ausência de regulamentação do direito de greve dos servidores públicos civis passa a invocar, para si, os riscos de consolidação de uma típica omissão judicial.** 3.5. Na experiência do direito comparado (em especial, na Alemanha e na Itália), admite-se que o Poder Judiciário adote medidas normativas como alternativa legítima de superação de omissões inconstitucionais, sem que a proteção judicial efetiva a direitos fundamentais se configure como ofensa ao modelo de separação de poderes (CF, art. 2º). 4. DIREITO DE GREVE DOS SERVIDORES PÚBLICOS CIVIS. REGULAMENTAÇÃO DA LEI DE GREVE DOS TRABALHADORES EM GERAL (Lei n. 7.783/89). FIXAÇÃO DE PARÂMETROS DE CONTROLE JUDICIAL DO EXERCÍCIO DO DIREITO DE GREVE PELO LEGISLADOR INFRACONSTITUCIONAL. 4.1. A disciplina do direito de greve para os trabalhadores em geral, quanto às "atividades essenciais", é especificamente delineada nos arts. 9º a 11 da Lei n. 7.783/89. Na hipótese de aplicação dessa legislação geral ao caso específico do direito de greve dos servidores públicos, antes de tudo, afigura-se inegável o conflito existente entre as necessidades mínimas de legislação para o exercício do direito de greve dos servidores públicos civis (CF, art. 9º, *caput*, c/c art. 37, VII), de um lado, e o direito a serviços públicos adequados e prestados de forma contínua a todos os cidadãos (CF, art. 9º, § 1º), de outro. Evidentemente, não se outorgaria ao legislador qualquer poder discricionário quanto à edição, ou não, da lei disciplinadora do direito de greve. O legislador poderia adotar um modelo mais ou menos rígido, mais ou menos restritivo do direito de greve no âmbito do serviço público, mas não poderia deixar de reconhecer direito previamente definido pelo texto da Constituição. Considerada a evolução jurisprudencial do tema perante o STF, em sede do mandado de injunção, não se pode atribuir amplamente ao legislador a última palavra acerca da concessão, ou não, do direito de greve dos servidores públicos civis, sob pena de se esvaziar direito fundamental positivado. Tal premissa, contudo, não impede que, futuramente, o legislador infraconstitucional confira novos contornos acerca da adequada configuração da disciplina desse direito constitucional. **4.2 Considerada a omissão legislativa alegada na espécie, seria o caso de se acolher a pretensão, tão somente no sentido de que se aplique a Lei n. 7.783/89 enquanto a omissão não for devidamente regulamentada por lei específica para os servidores públicos civis (CF, art. 37, VII).** 4.3 Em razão dos imperativos da continuidade dos serviços públicos, contudo, não se pode afastar que, de acordo com as peculiaridades de cada caso concreto e mediante solicitação de entidade ou órgão legítimo, seja facultado ao tribunal competente impor a observância a regime de greve mais severo em razão de tratar-se de "serviços ou atividades essenciais", nos termos do regime fixado pelos arts. 9º a 11 da Lei n. 7.783/89. Isso ocorre porque não se pode deixar de cogitar dos riscos decorrentes das possibilidades de que a regulação dos serviços públicos que tenham características afins a esses "serviços ou atividades essenciais" seja menos severa que a disciplina dispensada aos serviços privados ditos "essenciais". **4.4. O sistema de judicialização do direito de greve dos servidores públicos civis está aberto para que outras atividades sejam submetidas a idêntico regime. Pela complexidade e variedade dos serviços públicos e atividades estratégi-**

cas típicas do Estado, há outros serviços públicos, cuja essencialidade não está contemplada pelo rol dos arts. 9º a 11 da Lei n. 7.783/89. Para os fins desta decisão, a enunciação do regime fixado pelos arts. 9º a 11 da Lei n. 7.783/89 é apenas exemplificativa *(numerus apertus)*. 5. O PROCESSAMENTO E O JULGAMENTO DE EVENTUAIS DISSÍDIOS DE GREVE QUE ENVOLVAM SERVIDORES PÚBLICOS CIVIS DEVEM OBEDECER AO MODELO DE COMPETÊNCIAS E ATRIBUIÇÕES APLICÁVEL AOS TRABALHADORES EM GERAL (CELETISTAS), NOS TERMOS DA REGULAMENTAÇÃO DA LEI N. 7.783/89. A APLICAÇÃO COMPLEMENTAR DA LEI N. 7.701/88 VISA À JUDICIALIZAÇÃO DOS CONFLITOS QUE ENVOLVAM OS SERVIDORES PÚBLICOS CIVIS NO CONTEXTO DO ATENDIMENTO DE ATIVIDADES RELACIONADAS A NECESSIDADES INADIÁVEIS DA COMUNIDADE QUE, SE NÃO ATENDIDAS, COLOQUEM 'EM PERIGO IMINENTE A SOBREVIVÊNCIA, A SAÚDE OU A SEGURANÇA DA POPULAÇÃO" (LEI N. 7.783/89, PARÁGRAFO ÚNICO, ART. 11). 5.1. Pendência do julgamento de mérito da ADI 3.395/DF, rel. Min. Cezar Peluso, na qual se discute a competência constitucional para a apreciação das "ações oriundas da relação de trabalho, abrangidos os entes de direito público externo e da administração pública direta e indireta da União, dos Estados, do Distrito Federal e dos Municípios" (CF, art. 114, I, na redação conferida pela EC n. 45/2004). 5.2. Diante da singularidade do debate constitucional do direito de greve dos servidores públicos civis, sob pena de injustificada e inadmissível negativa de prestação jurisdicional nos âmbitos federal, estadual e municipal, devem-se fixar também os parâmetros institucionais e constitucionais de definição de competência, provisória e ampliativa, para a apreciação de dissídios de greve instaurados entre o Poder Público e os servidores públicos civis. 5.3. No plano procedimental, afigura-se recomendável aplicar ao caso concreto a disciplina da Lei n. 7.701/88 (que versa sobre especialização das turmas dos Tribunais do Trabalho em processos coletivos), no que tange à competência para apreciar e julgar eventuais conflitos judiciais referentes à greve de servidores públicos que sejam suscitados até o momento de colmatação legislativa específica da lacuna ora declarada, nos termos do inciso VII do art. 37 da CF. 5.4. A adequação e a necessidade da definição dessas questões de organização e procedimento dizem respeito a elementos de fixação de competência constitucional de modo a assegurar, a um só tempo, a possibilidade e, sobretudo, os limites ao exercício do direito constitucional de greve dos servidores públicos, e a continuidade na prestação dos serviços públicos. Ao adotar essa medida, este Tribunal passa a assegurar o direito de greve constitucionalmente garantido no art. 37, VII, da Constituição Federal, sem desconsiderar a garantia da continuidade de prestação de serviços públicos – um elemento fundamental para a preservação do interesse público em áreas que são extremamente demandadas pela sociedade. 6. DEFINIÇÃO DOS PARÂMETROS DE COMPETÊNCIA CONSTITUCIONAL PARA APRECIAÇÃO DO TEMA NO ÂMBITO DA JUSTIÇA FEDERAL E DA JUSTIÇA ESTADUAL ATÉ A EDIÇÃO DA LEGISLAÇÃO ESPECÍFICA PERTINENTE, NOS TERMOS DO ART. 37, VII, DA CF. FIXAÇÃO DO PRAZO DE 60 (SESSENTA) DIAS PARA QUE O CONGRESSO NACIONAL LEGISLE SOBRE A MATÉRIA. MANDADO DE INJUNÇÃO DEFERIDO PARA DETERMINAR A APLICAÇÃO DAS LEIS N. 7.701/88 E 7.783/89. 6.1. Aplicabilidade aos servidores públicos civis da Lei n. 7.783/89, sem prejuízo de que, diante do caso concreto e mediante solicitação de entidade ou órgão legítimo, seja facultado ao juízo competente a fixação de regime de greve mais severo, em razão de tratarem de "serviços ou atividades essenciais" (Lei n. 7.783/89, arts. 9º a 11). 6.2. Nessa extensão do deferimento do mandado de injunção, aplicação da Lei n. 7.701/88, no que tange à competência para apreciar e julgar eventuais conflitos judiciais referentes à greve de servidores públicos que sejam suscitados até o momento de colmatação legislativa específica da lacuna ora declarada, nos termos do inciso VII do art. 37 da CF. 6.3. Até a devida disciplina legislativa, devem-se definir as situações provisórias de competência constitucional para a apreciação desses dissídios no contexto nacional, regional, estadual e municipal. Assim, nas condições acima especificadas, **se a paralisação for de âmbito nacional, ou abranger mais de uma região da Justiça Federal, ou ainda, compreender mais de uma unidade da Federação, a competência para o dissídio de greve será do Superior Tribunal de Justiça (por aplicação analógica do art. 2º, I, *a*, da Lei n. 7.701/88). Ainda no âmbito federal, se a controvérsia estiver adstrita a uma única região da Justiça Federal, a competência será dos Tribunais Regionais Federais (aplicação analógica do art. 6º da Lei n. 7.701/88). Para o caso da jurisdição no contexto estadual ou municipal, se a controvérsia estiver adstrita a uma unidade da Federação, a competência será do respectivo Tribunal de Justiça (também por aplicação analógica do art. 6º da Lei n. 7.701/88). As greves de âmbito local ou municipal serão dirimidas pelo Tribunal de Justiça ou Tribunal Regional Federal com jurisdição sobre o local da paralisação, conforme se trate de greve de servidores municipais, estaduais ou federais.** 6.4. Considerados os parâmetros acima delineados, a par da competência para o dissídio de greve em si, no qual se discuta a abusividade, ou não, da greve, os referidos tribunais, nos âmbitos de sua jurisdição, serão competentes para decidir acerca do mérito do pagamento, ou não, dos dias de paralisação em consonância com a excepcionalidade de que esse juízo se reveste. Nesse contexto, nos termos do art. 7º da Lei n. 7.783/89, a deflagração da greve, em princípio, corresponde à suspensão do contrato de trabalho. Como regra geral, portanto, os salários dos dias de paralisação não deverão ser pagos, salvo no caso em que a greve tenha sido provocada justamente por atraso no pagamento aos servidores públicos civis, ou por outras situações excepcionais que justifiquem o afastamento da premissa da suspensão do contrato de trabalho (art. 7º da Lei n. 7.783/89, *in fine*). 6.5. Os tribunais mencionados também serão competentes para apreciar e julgar medidas cautelares eventualmente incidentes relacionadas ao exercício do direito de greve dos servidores públicos civis, tais como: i) aquelas nas quais se postule a preservação do objeto da querela judicial, qual seja, o percentual mínimo de servidores públicos que deve continuar trabalhando durante o movimento paredista, ou mesmo a proibição de qualquer tipo de paralisação; ii) os interditos possessórios para a desocupação de dependências dos órgãos públicos eventualmente tomados por grevistas; e iii) as demais medidas cautelares que apresentem conexão direta com o dissídio coletivo de greve. 6.6. Em razão da evolução jurisprudencial sobre o tema da interpretação da omissão legislativa do direito de greve dos servidores públicos civis e em respeito aos ditames de segurança jurídica, fixa-se o prazo de 60 (sessenta) dias para que o Congresso Nacional legisle sobre a matéria. **6.7. Mandado de injunção conhecido e, no mérito, deferido para, nos termos acima especificados, determinar a aplicação das Leis ns. 7.701/88 e 7.783/89 aos conflitos e às ações judiciais que envolvam a interpretação do direito de greve dos servidores públicos civis** (MI 708, rel. Min. Gilmar Mendes, Tribunal Pleno, j. 25-10-2007, *DJe*-206, divulg. 30-10-2008, public. 31-10-2008. Ement. v. 2339-02, p. 207, *RTJ* v. 207-02, p. 471).

- **MI 712/PA – PARÁ**

    EMENTA: MANDADO DE INJUNÇÃO. ART. 5º, LXXI DA CONSTITUIÇÃO DO BRASIL. CONCESSÃO DE EFETIVIDADE À NORMA VEICULADA PELO ARTIGO 37, INCISO VII, DA CONSTITUIÇÃO DO BRASIL. LEGITIMIDADE ATIVA DE ENTIDADE SINDICAL. GREVE DOS TRABALHADORES EM GERAL [ART. 9º DA CONSTITUIÇÃO DO BRASIL]. APLICAÇÃO DA LEI FEDERAL N. 7.783/89 À GREVE NO SERVIÇO PÚBLICO ATÉ QUE SOBREVENHA LEI REGULAMENTADORA. PARÂMETROS CONCERNENTES AO EXERCÍCIO DO DIREITO DE GREVE PELOS SERVIDORES PÚBLICOS DEFINIDOS POR ESTA CORTE. **CONTINUIDADE DO SERVIÇO PÚBLICO.** GREVE NO SERVIÇO PÚBLICO. ALTERAÇÃO

DE ENTENDIMENTO ANTERIOR QUANTO À SUBSTÂNCIA DO MANDADO DE INJUNÇÃO. PREVALÊNCIA DO INTERESSE SOCIAL. INSUBSISTÊNCIA DO ARGUMENTO SEGUNDO O QUAL DAR-SE-IA OFENSA À INDEPENDÊNCIA E HARMONIA ENTRE OS PODERES [ART. 2º DA CONSTITUIÇÃO DO BRASIL] E À SEPARAÇÃO DOS PODERES [ART. 60, § 4º, III, DA CONSTITUIÇÃO DO BRASIL]. INCUMBE AO PODER JUDICIÁRIO PRODUZIR A NORMA SUFICIENTE PARA TORNAR VIÁVEL O EXERCÍCIO DO DIREITO DE GREVE DOS SERVIDORES PÚBLICOS, CONSAGRADO NO ARTIGO 37, VII, DA CONSTITUIÇÃO DO BRASIL. **1. O acesso de entidades de classe à via do mandado de injunção coletivo é processualmente admissível, desde que legalmente constituídas e em funcionamento há pelo menos um ano.** 2. A Constituição do Brasil reconhece expressamente possam os servidores públicos civis exercer o direito de greve – art. 37, inciso VII. A Lei n. 7.783/89 dispõe sobre o exercício do direito de greve dos trabalhadores em geral, afirmado pelo art. 9º da Constituição do Brasil. Ato normativo de início inaplicável aos servidores públicos civis. 3. O preceito veiculado pelo art. 37, inciso VII, da CB/88 exige a edição de ato normativo que integre sua eficácia. Reclama-se, para fins de plena incidência do preceito, atuação legislativa que dê concreção ao comando positivado no texto da Constituição. 4. Reconhecimento, por esta Corte, em diversas oportunidades, de omissão do Congresso Nacional no que respeita ao dever, que lhe incumbe, de dar concreção ao preceito constitucional. Precedentes. 5. Diante de mora legislativa, cumpre ao Supremo Tribunal Federal decidir no sentido de suprir omissão dessa ordem. Esta Corte não se presta, quando se trate da apreciação de mandados de injunção, a emitir decisões desnutridas de eficácia. **6. A greve, poder de fato, é a arma mais eficaz de que dispõem os trabalhadores visando à conquista de melhores condições de vida. Sua autoaplicabilidade é inquestionável; trata-se de direito fundamental de caráter instrumental.** 7. A Constituição, ao dispor sobre os trabalhadores em geral, não prevê limitação do direito de greve: a eles compete decidir sobre a oportunidade de exercê-lo e sobre os interesses que devam por meio dela defender. Por isso a lei não pode restringi-lo, senão protegê-lo, sendo constitucionalmente admissíveis todos os tipos de greve. 8. Na relação estatutária do emprego público não se manifesta tensão entre trabalho e capital, tal como se realiza no campo da exploração da atividade econômica pelos particulares. Neste, o exercício do poder de fato, a greve, coloca em risco os interesses egoísticos do sujeito detentor de capital – indivíduo ou empresa – que, em face dela, suporta, em tese, potencial ou efetivamente redução de sua capacidade de acumulação de capital. Verifica-se, então, oposição direta entre os interesses dos trabalhadores e os interesses dos capitalistas. Como a greve pode conduzir à diminuição de ganhos do titular de capital, os trabalhadores podem em tese vir a obter, efetiva ou potencialmente, algumas vantagens mercê do seu exercício. O mesmo não se dá na relação estatutária, no âmbito da qual, em tese, aos interesses dos trabalhadores não correspondem, antagonicamente, interesses individuais, senão o interesse social. **A greve no serviço público não compromete, diretamente, interesses egoísticos do detentor de capital, mas sim os interesses dos cidadãos que necessitam da prestação do serviço público. 9. A norma veiculada pelo art. 37, VII, da Constituição do Brasil reclama regulamentação, a fim de que seja adequadamente assegurada a coesão social.** 10. A regulamentação do exercício do direito de greve pelos servidores públicos há de ser peculiar, mesmo porque "serviços ou atividades essenciais" e "necessidades inadiáveis da coletividade" não se superpõem a "serviços públicos"; e vice-versa. 11. Daí porque não deve ser aplicado ao exercício do direito de greve no âmbito da Administração tão somente o disposto na Lei n. 7.783/89. A esta Corte impõe-se traçar os parâmetros atinentes a esse exercício. **12. O que** deve ser regulado, na hipótese dos autos, é a coerência entre o exercício do direito de greve pelo servidor público e as condições necessárias à coesão e interdependência social, que a prestação continuada dos serviços públicos assegura. 13. O argumento de que a Corte estaria então a legislar – o que se afiguraria inconcebível, por ferir a independência e harmonia entre os poderes [art. 2º da Constituição do Brasil] e a separação dos poderes [art. 60, § 4º, III] – é insubsistente. 14. O Poder Judiciário está vinculado pelo dever-poder de, no mandado de injunção, formular supletivamente a norma regulamentadora de que carece o ordenamento jurídico. **15. No mandado de injunção o Poder Judiciário não define norma de decisão, mas enuncia o texto normativo que faltava para, no caso, tornar viável o exercício do direito de greve dos servidores públicos.** 16. Mandado de injunção julgado procedente, para remover o obstáculo decorrente da omissão legislativa e, supletivamente, tornar viável o exercício do direito consagrado no art. 37, VII, da Constituição do Brasil (MI 712, rel. Min. Eros Grau, Tribunal Pleno, j. 25-10-2007, *DJe*-206, divulg. 30-10-2008, public. 31-10-2008. Ement. v. 02339-03, p. 00384).

3.1.2.1 Exercício da greve *versus* serviços essenciais

Nossos Tribunais restringem, para categorias que exercem certas atividades essenciais, como as relacionadas à manutenção da ordem pública, o exercício do direito de greve.

A Lei n. 7.783/89, em seus arts. 10 e 11, define o que é serviço essencial. Vejamos.

LEGISLAÇÃO CORRELATA

Lei n. 7.783/89

Art. 10. São considerados **serviços ou atividades essenciais**:

I – tratamento e abastecimento de água; produção e distribuição de energia elétrica, gás e combustíveis;

II – assistência médica e hospitalar;

III – distribuição e comercialização de medicamentos e alimentos;

IV – funerários;

V – transporte coletivo;

VI – captação e tratamento de esgoto e lixo;

VII – telecomunicações;

VIII – guarda, uso e controle de substâncias radioativas, equipamentos e materiais nucleares;

IX – processamento de dados ligados a serviços essenciais;

X – **controle de tráfego aéreo e navegação aérea**; (*Redação dada pela Lei n. 13.903, de 2019*)

XI – compensação bancária;

XII – atividades médico-periciais relacionadas com o regime geral de previdência social e a assistência social; (*Incluído pela Lei n. 13.846, de 2019*)

XIII – atividades médico-periciais relacionadas com a caracterização do impedimento físico, mental, intelectual ou sensorial da pessoa com deficiência, por meio da integração de equipes multiprofissionais e interdisciplinares, para fins de reconhecimento de direitos previstos em lei, em especial na Lei n. 13.146, de 6 de julho de 2015 (Estatuto da Pessoa com Deficiência); e (*Incluído pela Lei n. 13.846, de 2019*)

XIV – outras prestações médico-periciais da carreira de Perito Médico Federal indispensáveis ao atendimento das necessidades inadiáveis da comunidade. (*Incluído pela Lei n. 13.846, de 2019*)

XV – atividades portuárias. (*Incluído pela Lei n. 14.047, de 2020*)

Art. 11. Nos serviços ou atividades essenciais, os sindicatos, os empregadores e os trabalhadores ficam obrigados, de comum acordo, a garantir, durante a greve, a prestação dos serviços indispensáveis ao atendimento das necessidades inadiáveis da comunidade.

Parágrafo único. São necessidades inadiáveis, da comunidade aquelas que, não atendidas, coloquem em perigo iminente a sobrevivência, a saúde ou a segurança da população.

JURISPRUDÊNCIA EM TESES

CORTE NO FORNECIMENTO DE SERVIÇOS PÚBLICOS ESSENCIAIS (EDIÇÃO 13)

É legítimo o corte no fornecimento de serviços públicos essenciais quando inadimplente o usuário, desde que precedido de notificação.	**Acórdãos** **AgRg no AREsp 412822/RJ**, Rel. Ministro MAURO CAMPBELL MARQUES, SEGUNDA TURMA, j. 19-11-2013, DJe 25-11-2013 **AgRg no REsp 1090405/RO**, Rel. Ministro ARNALDO ESTEVES LIMA, PRIMEIRA TURMA, j. 17-4-2012, DJe 4-5-2012 **AgRg no Ag 1270130/RJ**, Rel. Ministro BENEDITO GONÇALVES, PRIMEIRA TURMA, j. 16-8-2011, DJe 19-8-2011 **Decisões Monocráticas** **AREsp 473348/MG**, Rel. Ministro HUMBERTO MARTINS, SEGUNDA TURMA, j. 21-2-2014, publicado em 6-3-2014 **AREsp 335531/PE**, Rel. Ministra ASSUSETE MAGALHÃES, SEGUNDA TURMA, j. 11-4-2014, publicado em 25-4-2014 **AREsp 452420/SP**, Rel. Ministro HERMAN BENJAMIN, SEGUNDA TURMA, j. 19-12-2013, publicado em 5-2-2014 **AREsp 149611/SP**, Rel. Ministro ARI PARGENDLER, PRIMEIRA TURMA, j. 22-2-2013, publicado em 26-2-2013 **AREsp 088590/RJ**, Rel. Ministro NAPOLEÃO NUNES MAIA FILHO, PRIMEIRA TURMA, j. 15-12-2011, publicado em 16-12-2011

É legítimo o corte no fornecimento de serviços públicos essenciais por razões de ordem técnica ou de segurança das instalações, desde que precedido de notificação.	**Acórdãos** **AgRg no REsp 1090405/RO**, Rel. Ministro ARNALDO ESTEVES LIMA, PRIMEIRA TURMA, j. 17-4-2012, *DJe* 4-5-2012 **REsp 1298735/RS**, Rel. Ministro MAURO CAMPBELL MARQUES, SEGUNDA TURMA, j. 1º-3-2012, *DJe* 9-3-2012 **AgRg no REsp 1184594/MT**, Rel. Ministro HERMAN BENJAMIN, SEGUNDA TURMA, j. 4-5-2010, *DJe* 21-06-2010 **AgRg no Ag 1048299/RJ**, Rel. Ministra ELIANA CALMON, SEGUNDA TURMA, j. 9-12-2008, *DJe* 27-2-2009 **AgRg no Ag 780147/RS**, Rel. Ministro HUMBERTO MARTINS, SEGUNDA TURMA, j. 17-5-2007, *DJ* 31-5-2007 **Decisões Monocráticas** **AREsp 149611/SP**, Rel. Ministro ARI PARGENDLER, PRIMEIRA TURMA, j. 22-2-2013, publicado em 26-2-2013
É ilegítimo o corte no fornecimento de energia elétrica quando puder afetar o direito à saúde e à integridade física do usuário.	**Acórdãos** **REsp 853392/RS**, Rel. Ministro CASTRO MEIRA, SEGUNDA TURMA, j. 21-9-2006, *DJ* 5-9-2007 **Decisões Monocráticas** **AREsp 452420/SP**, Rel. Ministro HERMAN BENJAMIN, SEGUNDA TURMA, j. 19-12-2013, publicado em 5-2-2014
É legítimo o corte no fornecimento de serviços públicos essenciais quando inadimplente pessoa jurídica de direito público, desde que precedido de notificação e a interrupção não atinja as unidades prestadoras de serviços indispensáveis à população.	**Acórdãos** **AgRg no AgRg no AREsp 152296/AP**, Rel. Ministro MAURO CAMPBELL MARQUES, SEGUNDA TURMA, j. 15-8-2013, *DJe* 11-12-2013 **AgRg no Ag 1270130/RJ**, Rel. Ministro BENEDITO GONÇALVES, PRIMEIRA TURMA, j. 16-8-2011, *DJe* 19-8-2011 **AgRg na SS 001764/PB**, Rel. Ministro BARROS MONTEIRO, Rel. p/ Acórdão Ministro ARI PARGENDLER, CORTE ESPECIAL, j. 27-11-2008, *DJe* 16-3-2009 **Decisões Monocráticas** **EAREsp 281559/AP**, Rel. Ministro HERMAN BENJAMIN, PRIMEIRA SEÇÃO, j. 24-2-2014, publicado em 28-2-2014 **REsp 992040/RN**, Rel. Ministro SÉRGIO KUKINA, PRIMEIRA TURMA, j. 3-10-2013, publicado em 9-10-2013 **AREsp 276036/MA**, Rel. Ministro HUMBERTO MARTINS, SEGUNDA TURMA, j. 1º-2-2013, publicado em 18-2-2013

É ilegítimo o corte no fornecimento de serviços públicos essenciais quando inadimplente unidade de saúde, uma vez que prevalecem os interesses de proteção à vida e à saúde.	**Acórdãos** **AgRg no Ag 1329795/CE**, Rel. Ministro HERMAN BENJAMIN, SEGUNDA TURMA, j. 19-10-2010, *DJe* 3-2-2011 **AgRg no REsp 1142903/AL**, Rel. Ministro HUMBERTO MARTINS, SEGUNDA TURMA, j. 28-9-2010, *DJe* 13-10-2010 **REsp 734440/RN**, Rel. Ministro MAURO CAMPBELL MARQUES, SEGUNDA TURMA, j. 7-8-2008, *DJe* 22-8-2008 **Decisões Monocráticas** **AREsp 183983/SP**, Rel. Ministro BENEDITO GONÇALVES, PRIMEIRA TURMA, j. 24-4-2014, publicado em 29-4-2014
É ilegítimo o corte no fornecimento de serviços públicos essenciais quando a inadimplência do usuário decorrer de débitos pretéritos, uma vez que a interrupção pressupõe o inadimplemento de conta regular, relativa ao mês do consumo.	**Acórdãos** **AgRg no AREsp 484166/RS**, Rel. Ministro NAPOLEÃO NUNES MAIA FILHO, PRIMEIRA TURMA, j. 24-4-2014, *DJe* 8-5-2014 **AgRg no REsp 1351546/MG**, Rel. Ministro ARNALDO ESTEVES LIMA, PRIMEIRA TURMA, j. 22-4-2014, *DJe* 7-5-2014 **AgRg no AREsp 462325/RJ**, Rel. Ministro OG FERNANDES, SEGUNDA TURMA, j. 27-3-2014, *DJe* 15-4-2014 **REsp 1222882/RS**, Rel. Ministro ARI PARGENDLER, PRIMEIRA TURMA, j. 15-8-2013, *DJe* 4-2-2014 **AgRg no AgRg no AREsp 152296/AP**, Rel. Ministro MAURO CAMPBELL MARQUES, SEGUNDA TURMA, j. 15-8-2013, *DJe* 11-12-2013 **AgRg no AREsp 412849/RJ**, Rel. Ministro HUMBERTO MARTINS, SEGUNDA TURMA, j. 3-12-2013, *DJe* 10-12-2013 **AgRg no AREsp 360181/PE**, Rel. Ministro BENEDITO GONÇALVES, PRIMEIRA TURMA, j. 19-9-2013, *DJe* 26-9-2013 **AgRg no AREsp 345638/PE**, Rel. Ministro HERMAN BENJAMIN, SEGUNDA TURMA, j. 3-9-2013, *DJe* 25-9-2013 **AgRg no REsp 1261303/RS**, Rel. Ministro SÉRGIO KUKINA, PRIMEIRA TURMA, j. 13-8-2013, *DJe* 19-8-2013 **Decisões Monocráticas** **AREsp 270291/SP**, Rel. Ministra ASSUSETE MAGALHÃES, SEGUNDA TURMA, j. 29-4-2014, publicado em 5-5-2014

É ilegítimo o corte no fornecimento de serviços públicos essenciais por débitos de usuário anterior, em razão da natureza pessoal da dívida.	**Acórdãos** **AgRg no AREsp 196374/SP**, Rel. Ministro NAPOLEÃO NUNES MAIA FILHO, PRIMEIRA TURMA, j. 22-4-2014, *DJe* 6-5-2014 **AgRg no AREsp 416393/RJ**, Rel. Ministro BENEDITO GONÇALVES, PRIMEIRA TURMA, j. 11-3-2014, *DJe* 20-3-2014 **AgRg no AREsp 401883/PE**, Rel. Ministro SÉRGIO KUKINA, PRIMEIRA TURMA, j. 11-2-2014, *DJe* 18-2-2014 **AgRg no REsp 1381468/RN**, Rel. Ministro ARNALDO ESTEVES LIMA, PRIMEIRA TURMA, j. 6-8-2013, *DJe* 14-8-2013 **Decisões Monocráticas** **REsp 1442585/SP**, Rel. Ministro HUMBERTO MARTINS, SEGUNDA TURMA, j. 31-3-2014, publicado em 7-4-2014 **AREsp 438643/RJ**, Rel. Ministro HERMAN BENJAMIN, SEGUNDA TURMA, j. 24-2-2014, publicado em 10-3-2014 **AREsp 364203/RS**, Rel. Ministro MAURO CAMPBELL MARQUES, SEGUNDA TURMA, j. 15-8-2013, publicado em 21-8-2013 **AREsp 175965/SP**, Rel. Ministro ARI PARGENDLER, PRIMEIRA TURMA, j. 18-2-2013, publicado em 19-2-2013
É ilegítimo o corte no fornecimento de energia elétrica em razão de débito irrisório, por configurar abuso de direito e ofensa aos princípios da proporcionalidade e razoabilidade, sendo cabível a indenização ao consumidor por danos morais.	**Acórdãos** **REsp 811690/RR**, Rel. Ministra DENISE ARRUDA, PRIMEIRA TURMA, j. 18-5-2006, *DJ* 19-6-2006 **Decisões Monocráticas** **AREsp 452420/SP**, Rel. Ministro HERMAN BENJAMIN, SEGUNDA TURMA, j. 19-12-2013, publicado em 5-2-2014
É ilegítimo o corte no fornecimento de serviços públicos essenciais quando o débito decorrer de irregularidade no hidrômetro ou no medidor de energia elétrica, apurada unilateralmente pela concessionária.	**Acórdãos** **AgRg no AREsp 346561/PE**, Rel. Ministro SÉRGIO KUKINA, PRIMEIRA TURMA, j. 25-3-2014, *DJe* 1º-4-2014 **AgRg no AREsp 412849/RJ**, Rel. Ministro HUMBERTO MARTINS, SEGUNDA TURMA, j. 3-12-2013, *DJe* 10-12-2013 **AgRg no AREsp 370812/PE**, Rel. Ministro HERMAN BENJAMIN, SEGUNDA TURMA, j. 22-10-2013, *DJe* 5-12-2013 **AgRg no AREsp 368993/PE**, Rel. Ministro ARNALDO ESTEVES LIMA, PRIMEIRA TURMA, j. 22-10-2013, *DJe* 8-11-2013

	AgRg no AREsp 358735/SP, Rel. Ministro BENEDITO GONÇALVES, PRIMEIRA TURMA, j. 8-10-2013, *DJe* 14-10-2013 **AgRg no AREsp 332891/PE**, Rel. Ministro MAURO CAMPBELL MARQUES, SEGUNDA TURMA, j. 6-8-2013, *DJe* 13-8-2013 **Decisões Monocráticas** **AREsp 265927/SP**, Rel. Ministra ASSUSETE MAGALHÃES, SEGUNDA TURMA, j. 5-5-2014, publicado em 14-5-2014 **AREsp 321645/RS**, Rel. Ministro ARI PARGENDLER, PRIMEIRA TURMA, j. 5-12-2013, publicado em 9-12-2013 **AREsp 357000/SP**, Rel. Ministro NAPOLEÃO NUNES MAIA FILHO, PRIMEIRA TURMA, j. 22-11-2013, publicado em 5-12-2013 **AREsp 408395/SP**, Rel. Ministro OG FERNANDES, SEGUNDA TURMA, j. 7-11-2013, publicado em 25-11-2013
O corte no fornecimento de energia elétrica somente pode recair sobre o imóvel que originou o débito, e não sobre outra unidade de consumo do usuário inadimplente.	**Acórdãos** **REsp 662214/RS**, Rel. Ministro TEORI ALBINO ZAVASCKI, PRIMEIRA TURMA, j. 6-2-2007, *DJ* 22-2-2007 **Decisões Monocráticas** **REsp 1379083/RS**, Rel. Ministro HERMAN BENJAMIN, SEGUNDA TURMA, j. 17-5-2013, publicado em 4-6-2013

Aprofundamento: Notícia do STF: 25 de maio de 2011. **STF, RE 599.628 (tema 253): Plenário decide que Eletronorte não se sujeita ao regime de precatórios.**

Plenário do STF, por maioria de votos (sete votos a três), decidiu que a Eletronorte (Centrais Elétricas do Norte do Brasil S/A) é uma sociedade de economia mista que atua em regime de concorrência e sujeita as mesmas regras vigentes para as empresas privadas, assim, **não está** sujeita ao regime de precatórios do art. 100 da CF.

Através do **RE 599.628**, a Eletronorte contestava decisão judicial que a impediu de pagar, por meio de precatório, uma dívida com a empresa Sondotécnica Engenharia de Solos S/A. O TJDFT decidiu que a Eletronorte deveria quitar a dívida pelas mesmas regras vigentes para as empresas privadas.

A Ministra Ellen Gracie decidiu acompanhar a divergência iniciada pelo Ministro Joaquim Barbosa: a Eletronorte é uma sociedade de economia mista, e como tal não pode usufruir de privilégios fiscais não dados ao setor privado; o regime do art. 100 da CF só se aplica a dívidas da Fazenda Pública (federal, estadual, distrital ou municipal), e não a pessoas jurídicas de direito privado, como é o caso das sociedades de economia mista.

A ministra explicou que a Eletronorte não atua em um serviço monopolizado, mas em uma atividade econômica em ambiente de concorrência, lado a lado com empresas privadas. A Constituição não quer que o Estado empresário tenha privilégios, disse a ministra em seu voto.

Mais, a Eletronorte atua no mercado de energia elétrica, em que não existe o monopólio, portanto atua em verdadeira atividade concorrencial, e assim não pode gozar de privilégios que não se estendem para as demais empresas privadas – o que acarretaria desestabilização das concorrências.

Voto vencido, o relator sustentou que a Eletronorte é uma empresa que presta **serviços públicos essenciais**, sem fins lucrativos, em área carente (Amazônia Ocidental). Por esses motivos, seus débitos judiciais devem ser executados por meio de precatório (sistema de execução de dívidas judiciais que afasta o risco de interrupção dos serviços).

Vide ementa sobre o caso: "FINANCEIRO. SOCIEDADE DE ECONOMIA MISTA. PAGAMENTO DE VALORES POR FORÇA DE DECISÃO JUDICIAL. **INAPLICABILIDADE DO REGIME DE PRECATÓRIO. ART. 100 DA CONSTITUIÇÃO.** CONSTITUCIONAL E PROCESSUAL CIVIL. MATÉRIA CONSTITUCIONAL CUJA REPERCUSSÃO GERAL FOI RECONHECIDA. Os privilégios da Fazenda Pública são inextensíveis às sociedades de economia mista que executam atividades em regime de concorrência ou que tenham como objetivo distribuir lucros aos seus acionistas. Portanto, a empresa Centrais Elétricas do Norte do Brasil S.A. – Eletronorte não pode se beneficiar do sistema de pagamento por precatório de dívidas decorrentes de decisões judiciais (art. 100 da Constituição). Recurso extraordinário ao qual se nega provimento".

A **tese** firmada no referido caso teve a seguinte redação: "Sociedades de economia mista que desenvolvem atividade econômica em regime concorrencial não se beneficiam do regime de precatórios, previsto no art. 100 da Constituição da República".

3.1.3 Exceção do contrato não cumprido

Em nome do princípio da continuidade dos serviços públicos, ainda que a Administração se torne inadimplente, isto é, não cumpra as suas obrigações contratuais, a "exceção do contrato não cumprido" (art. 1.092 do Código Civil) só pode ser alegada excepcionalmente e desde que tenha sido criado um encargo extraordinário e insuportável ao contratado. Caso contrário, o contrato deverá continuar a ser cumprido pelo contratado prejudicado.

Apenas após o lapso de 90 (noventa) dias a cláusula da exceção do contrato não cumprido poderá ser arguido (art. 78, XV, da Lei n. 8.666/93).

LEGISLAÇÃO CORRELATA

Lei n. 8.666/93

Art. 78. Constituem motivo para **rescisão** do contrato: [...]

XV – o atraso **superior a 90 (noventa) dias** dos pagamentos devidos pela Administração decorrentes de obras, serviços ou fornecimento, ou parcelas destes, já recebidos ou executados, salvo em caso de calamidade pública, grave perturbação da ordem interna ou guerra, assegurado ao contratado o direito de optar pela suspensão do cumprimento de suas obrigações até que seja normalizada a situação;

Na **Lei n. 14.133/2021** as hipóteses que autorizam a extinção do contrato estão previstas no art. 137 e §2º.

3.2 Princípio da eficiência

Consiste na conjugação do binômio produtividade e economia na prestação do serviço público.

3.3 Princípio da impessoalidade

Veda discriminações entre os usuários do serviço, de sorte que todos devem ser tratados de maneira impessoal, estando ausente a subjetividade.

3.4 Princípio da generalidade (ou universalidade)

O serviço público deve ser prestado *erga omnes*, isto é, à coletividade, afinal todas as pessoas têm direito à prestação dos serviços públicos.

Infelizmente, na prática nem sempre o serviço público é prestado com generalidade. Estamos aquém dessa possibilidade.

3.5 Princípio da segurança

O serviço tem que ser prestado com segurança, não podendo colocar em risco a vida dos administrados.

ESQUEMATIZANDO

Princípio da Segurança

Usuário do serviço ligando o interruptor de luz não pode levar choque.

3.6 Princípio da atualidade

O serviço tem de estar de acordo com o estado da técnica, isto é, em conformidade com as técnicas mais modernas.

> **LEGISLAÇÃO CORRELATA**
>
> **Lei n. 8.987/95**
>
> **Art. 6º** Toda concessão ou permissão pressupõe a prestação de **serviço adequado ao pleno atendimento dos usuários**, conforme estabelecido nesta Lei, nas normas pertinentes e no respectivo contrato. [...]
>
> § 2º A **atualidade** compreende a modernidade das técnicas, do equipamento e das instalações e a sua conservação, bem como a melhoria e expansão do serviço.

3.7 Princípio da modicidade das tarifas

O serviço deve ser prestado com as tarifas o mais baratas possível.

Aprofundamento: **Súmula Vinculante 19:** "A taxa cobrada exclusivamente em razão dos serviços públicos de coleta, remoção e tratamento ou destinação de lixo ou resíduos provenientes de imóveis, não viola o art. 145, II, da Constituição Federal".

> **LEGISLAÇÃO CORRELATA**
>
> **CF**
>
> **Art. 145.** A União, os Estados, o Distrito Federal e os Municípios **poderão instituir** os seguintes tributos: [...]
>
> II – **taxas**, em razão do exercício do poder de polícia ou pela utilização, efetiva ou potencial, de serviços públicos específicos e divisíveis, prestados ao contribuinte ou postos a sua disposição.

3.8 Princípio da transparência ou clarividência

Contam as más línguas que o serviço de coleta de lixo é o que mais financia campanhas no Brasil. Um serviço deve ser prestado de forma transparente, clara, hialina, honesta.

3.9 Princípio da cortesia

Normalmente a cortesia não está presente na prestação dos nossos serviços, porém é princípio que se impõe com base em expressa previsão legal.

4. CATEGORIAS DE SERVIÇOS PÚBLICOS OU GRUPOS DE SERVIÇOS PÚBLICOS

1. Serviços prestados pelo Estado de forma exclusiva (e por sua conta e risco).
2. Serviços públicos que o Estado tem a obrigação de prestar, mas, por determinação constitucional, o particular também terá sua titularidade e poderá prestá-los.
3. Serviços que o Estado até poderia prestar, mas, por suas características peculiares, a iniciativa privada é que deverá prestá-los.
4. Serviços que o Estado tem a incumbência de promover (ou de forma direta, ou por meio da descentralização de sua prestação).

Vejamos.

4.1 Serviços prestados pelo Estado de forma exclusiva (e por sua conta e risco)

O Estado presta o serviço de forma exclusiva. É o que ocorre com os serviços de **segurança pública**, também com o **serviço postal**.

a) Serviço postal:

Com fundamento no art. 21, X, da CF, o serviço postal é de prestação da União, que, descentralizando a prestação, transferiu para a Empresa Brasileira de Correios e Telégrafos (empresa pública com tratamento de Fazenda Pública) essa incumbência.

Esse fato gerou diversas discussões: Poderia ser a Empresa de Correios e Telégrafos a única com a incumbência e o privilégio da prestação do serviço postal?

Houve, então, uma controvérsia sobre a interpretação correta a ser dada à Lei n. 6.538/78 (arts. 42 e 9º, principalmente). Mais, a discussão também estava pautada em possíveis afrontas aos dispositivos constitucionais do art. 1º, IV; art. 5º, XIII; art. 170, *caput*, IV e parágrafo único; e art. 173. Com a entrega, para os Correios, da prestação desses serviços, haveria ofensa aos princípios da livre-iniciativa e da livre concorrência?

LEGISLAÇÃO CORRELATA

Lei n. 6.538/78

Art. 9º São exploradas pela União, **em regime de monopólio**, as seguintes atividades postais:

I – recebimento, transporte e entrega, no território nacional, e a expedição, para o exterior, de carta e cartão postal;

II – recebimento, transporte e entrega, no território nacional, e a expedição, para o exterior, de correspondência agrupada;

III – fabricação, emissão de selos e de outras fórmulas de franqueamento postal.

§ 1º – Dependem de prévia e expressa autorização da empresa exploradora do serviço postal;

a) venda de selos e outras fórmulas de franqueamento postal;

b) fabricação, importação e utilização de máquinas de franquear correspondência, bem como de matrizes para estampagem de selo ou carimbo postal.

§ 2º – **Não se incluem no regime de monopólio**:

a) transporte de carta ou cartão-postal, efetuado entre dependências da mesma pessoa jurídica, em negócios de sua economia, por meios próprios, sem intermediação comercial;

b) transporte e entrega de carta e cartão-postal; executados eventualmente e sem fins lucrativos, na forma definida em regulamento.

Art. 42. Coletar, transportar, transmitir ou distribuir, sem observância das condições legais, objetos de qualquer natureza sujeitos ao monopólio da União, ainda que pagas as tarifas postais ou de telegramas.

Pena: detenção, até dois meses, ou pagamento não excedente a dez dias-multa.

JURISPRUDÊNCIA

- **STF, ADPF 46.** EMENTA: ARGUIÇÃO DE DESCUMPRIMENTO DE PRECEITO FUNDAMENTAL. EMPRESA PÚBLICA DE CORREIOS E TELEGRÁFOS. PRIVILÉGIO DE ENTREGA DE CORRESPONDÊNCIAS. SERVIÇO POSTAL. CONTROVÉRSIA REFERENTE À LEI FEDERAL N. 6.538, DE 22 DE JUNHO DE 1978. ATO NORMATIVO QUE REGULA DIREITOS E OBRIGAÇÕES CONCERNENTES AO SERVIÇO POSTAL. PREVISÃO DE SANÇÕES NAS HIPÓTESES DE VIOLAÇÃO DO PRIVILÉGIO POSTAL. COMPATIBILIDADE COM O SISTEMA CONSTITUCIONAL VIGENTE. ALEGAÇÃO DE AFRONTA AO DISPOSTO NOS ARTS. 1º, INCISO IV; 5º, INCISO XIII, 170, *CAPUT*, INCISO IV E PARÁGRAFO ÚNICO, E 173 DA CONSTITUIÇÃO DO BRASIL. VIOLAÇÃO DOS PRINCÍPIOS DA LIVRE CONCORRÊNCIA E LIVRE-INICIATIVA. NÃO CARACTERIZAÇÃO. ARGUIÇÃO JULGADA IMPROCEDENTE. INTERPRETAÇÃO CONFORME À CONSTITUIÇÃO CONFERIDA AO ART. 42 DA LEI N. 6.538, QUE ESTABELECE SANÇÃO, SE CONFIGURADA A VIOLAÇÃO DO PRIVILÉGIO POSTAL DA UNIÃO. APLICAÇÃO ÀS ATIVIDADES POSTAIS DESCRITAS NO ART. 9º, DA LEI. 1. O serviço postal – conjunto de atividades que torna possível o envio de correspondência, ou objeto postal, de um remetente para endereço final e determinado – não consubstancia atividade econômica em sentido estrito. Serviço postal é serviço público. 2. A atividade econômica em sentido amplo é gênero que compreende duas espécies, o serviço público e a atividade econômica em sentido estrito. **Monopólio é de atividade econômica em sentido estrito, empreendida por agentes econômicos privados. A exclusividade da prestação dos serviços públicos é expressão de uma situação de privilégio. Monopólio e privilégio são distintos entre si; não se os deve confundir no âmbito da linguagem jurídica, qual ocorre no vocabulário vulgar.** 3. A Constituição do Brasil confere à União, em caráter exclusivo, a exploração do serviço postal e o correio aéreo nacional [art. 20, inciso X]. 4. O serviço postal é prestado pela Empresa Brasileira de Correios e Telégrafos – ECT, empresa pública, entidade da Administração Indireta da União, criada pelo Decreto-lei n. 509, de 10 de março de 1969. 5. É imprescindível distinguirmos o regime de privilégio, que diz com a prestação dos serviços públicos, do regime de monopólio sob o qual, algumas vezes, a exploração de atividade econômica em sentido estrito é empreendida pelo Estado. 6. **A Empresa Brasileira de Correios e Telégrafos deve atuar em regime de exclusividade na prestação dos serviços que lhe incumbem em situação de privilégio, o privilégio postal.** 7. Os regimes jurídicos sob os quais em regra são prestados os serviços públicos importam em que essa atividade seja desenvolvida sob privilégio, inclusive, em regra, o da exclusividade. 8. Arguição de descumprimento de preceito fundamental julgada improcedente por maioria. O Tribunal deu interpretação conforme à Constituição ao art. 42 da Lei n. 6.538 para restringir a sua aplicação às atividades postais descritas no art. 9º desse ato normativo. ADPF 46/DF, STF – Tribunal Pleno, rel. Min. Marco Aurélio, j. 5-8-2009, *DJe* 26-2-2010.

Todavia, importante ressaltar que aos 13 de abril de 2021, o Decreto n. 10.674/2021 incluiu a Empresa Brasileira de Correios e Telégrafos no Programa Nacional de Desestatização (PND).

> **APROFUNDAMENTO:** O Plenário do STF, aos 16 de junho de 2021 fixou a **tese** de repercussão geral (**tema 606**) com o seguinte teor: **"a natureza do ato de demissão de empregado público é constitucional-administrativa e não trabalhista, o que atrai a competência da Justiça comum para julgar a questão. A concessão de aposentadoria aos empregados públicos inviabiliza a permanência no emprego, nos termos do art. 37, § 14, da CRFB, salvo para as aposentadorias concedidas pelo Regime Geral de Previdência Social até a data de entrada em vigor da Emenda Constitucional n. 103/19, nos termos do que dispõe seu art. 6º".**

b) **Segurança Pública: "ABORDAGEM MULTIDISCIPLINAR"** – relação interdisciplinar existente entre o direito constitucional e o direito administrativo:

O serviço de **segurança pública**, dever do Estado, direito e responsabilidade de todos, é exercido para a preservação da ordem pública e da incolumidade das pessoas e do patrimônio e deverá ser prestado pelos seguintes órgãos do Estado, como manda o art. 144 da Constituição Federal: Polícia Federal; Polícia Rodoviária Federal; Polícia Ferroviária Federal; Polícias Civis; Polícias Militares e Corpos de Bombeiros Militares e, por fim, com inclusão pela EC n. 104, de 2019, Polícias Penais Federal, Estaduais e Distrital.

Inclusive, o STF decidiu que o serviço de segurança pública deverá ser prestado por esses órgãos apenas, **em rol taxativo**, não podendo nem mesmo Constituição Estadual incluir outros além dos elencados no art. 144 do texto constitucional (STF, ADI 2.827. No mesmo sentido, ADI 1.182).

Cada um dos órgãos de segurança é responsável por uma atribuição. Vejamos.

I) A **Polícia Federal,** instituída por lei como órgão permanente, organizado e mantido pela União e estruturado em carreira, destina-se a apurar infrações penais contra a ordem política e social ou em detrimento de bens, serviços e interesses da União ou de suas **entidades autárquicas e empresas públicas**, assim como outras infrações cuja prática tenha repercussão interestadual ou internacional e exija repressão uniforme, segundo se dispuser em lei; prevenir e reprimir o tráfico ilícito de entorpecentes e drogas afins, o contrabando e o descaminho, sem prejuízo da ação fazendária e de outros órgãos públicos nas respectivas áreas de competência; exercer as funções de polícia marítima, aeroportuária e de fronteiras; exercer, com exclusividade, as funções de polícia judiciária da União.

II) A **Polícia Rodoviária Federal**, órgão permanente, organizado e mantido pela União e estruturado em carreira, destina-se, na forma da lei, ao patrulhamento ostensivo das rodovias federais.

III) A **Polícia Ferroviária Federal**, órgão permanente, organizado e mantido pela União e estruturado em carreira, destina-se, na forma da lei, ao patrulhamento ostensivo das ferrovias federais.

IV) Às Polícias Civis, dirigidas por delegados de polícia de carreira, incumbem, ressalvada a competência da União, as funções de polícia judiciária e a apuração de infrações penais, exceto as militares.

V) Às **Polícias Militares** cabem a polícia ostensiva e a preservação da ordem pública; **aos Corpos de Bombeiros Militares**, além das atribuições definidas em lei, incumbe a execução de atividades de defesa civil. Nos termos da Emenda Constitucional n. 104, de 2019 (art. 144, § 6º), as polícias militares e os corpos de bombeiros militares, forças auxiliares e reserva do Exército subordinam-se, juntamente com as polícias civis e as polícias penais estaduais e distrital, aos Governadores dos Estados, do Distrito Federal e dos Territórios.

Lembrando que o **art. 21, XIV,** da CF foi alterado pela EC n. 104, de 2019, fixando para a União a **competência** para organizar e manter a polícia civil, a polícia penal, a polícia militar e o corpo de bombeiros militar do Distrito Federal, bem como prestar assistência financeira ao Distrito Federal para a execução de serviços públicos, por meio de fundo próprio. (*Redação dada pela Emenda Constitucional n. 104, de 2019*)

VI) Polícias Penais Federal, Estaduais e Distrital. (*Redação dada pela Emenda Constitucional n. 104, de 2019*). Às polícias penais, vinculadas ao órgão administrador do sistema penal da unidade federativa a que pertencem, cabe a segurança dos estabelecimentos penais.

Aprofundamento 1: O STF, ao julgar o **tema 541** de repercussão geral no **RE 654.432,** em abril de 2017, fixou a **tese** segundo a qual: "(1) o exercício do direito de greve, sob qualquer forma ou modalidade, é vedado aos policiais civis e a todos os servidores públicos que atuem diretamente na área de segurança pública. (2) É obrigatória a participação do Poder Público em mediação instaurada pelos órgãos classistas das carreiras de segurança pública, nos termos do art. 165 do Código de Processo Civil, para vocalização dos interesses da categoria".

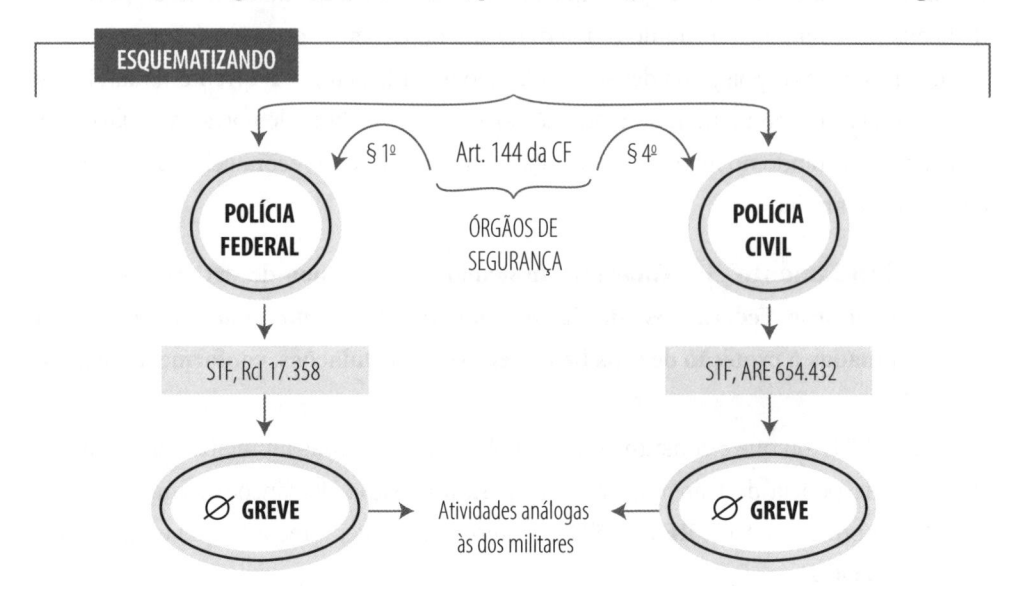

ESQUEMATIZANDO

Art. 144 da CF
ÓRGÃOS DE SEGURANÇA

§ 1º → **POLÍCIA FEDERAL** → STF, Rcl 17.358 → ∅ GREVE

§ 4º → **POLÍCIA CIVIL** → STF, ARE 654.432 → ∅ GREVE

Atividades análogas às dos militares

Aprofundamento 2: O STF reconheceu a repercussão geral e reafirmou a jurisprudência no sentido de assegurar aos servidores públicos abrangidos pela aposentadoria especial o direito de receber o abono de permanência. Esse foi o entendimento no **ARE 954.408, com repercussão geral (tema 888)**.

A **tese** teve a seguinte redação: "É legítimo o pagamento do abono de permanência previsto no art. 40, § 19, da Constituição Federal ao servidor público que opte por permanecer em atividade após o preenchimento dos requisitos para a concessão da aposentadoria voluntária especial (art. 40, § 4º, da Carta Magna)".

Em sua manifestação, o Ministro Relator, Teori Zavascki, destacou que a jurisprudência do Tribunal é no sentido de que o art. 1º, I, da LC n. 51/85 foi recepcionado pela CF/88, assegurando ao policial civil aposentado o direito de abono de permanência. A CF não veda a extensão do direito ao benefício para servidores públicos que se aposentam com fundamento no art. 40, § 4º, da CF (aposentadoria voluntária especial).

Curiosidade: A Segurança é um dos princípios básicos do Estado Social e Democrático de Direito, e uma de suas garantias é "a casa é asilo inviolável do indivíduo", motivo pelo qual as buscas e apreensões policiais para colheita de material devem ocorrer durante o dia e sob ordem escrita de autoridade judicial (cláusula de reserva de jurisdição).

O direito à inviolabilidade do domicílio vem de Roma. Dentro dela imperava a autoridade do *paterfamilias* e era resguardada pelos deuses familiares – os deuses *lares* ou *manes*, adorados no fogo sagrado que ardia na *lareira* e a quem a soleira da porta era dedicada. Daí vem a tradição de o noivo, no dia do casamento, carregar a noiva sob a soleira de sua casa, pois seus deuses ainda não a conheciam, e na frente da lareira se desenvolvia a cerimônia final do matrimônio: comia-se o "bolo de noiva", a *confarreatio*, com a noiva atirando no fogo uma fatia dele; a partir daí, seria reconhecida pelos deuses de sua nova família.

Aprofundamento 3: **Guardas Municipais: nos termos do art. 144, § 8º, da Constituição Federal, os Municípios poderão constituir guardas municipais destinadas à proteção de seus bens, serviços e instalações, conforme dispuser a lei.**

E o STF fixou que é constitucional a atribuição às guardas municipais do exercício de poder de polícia de trânsito, inclusive para imposição de sanções administrativas legalmente previstas (STF, **RE 658.570** com repercussão geral reconhecida e mérito julgado – **tema 472**).

> **ESQUEMATIZANDO**

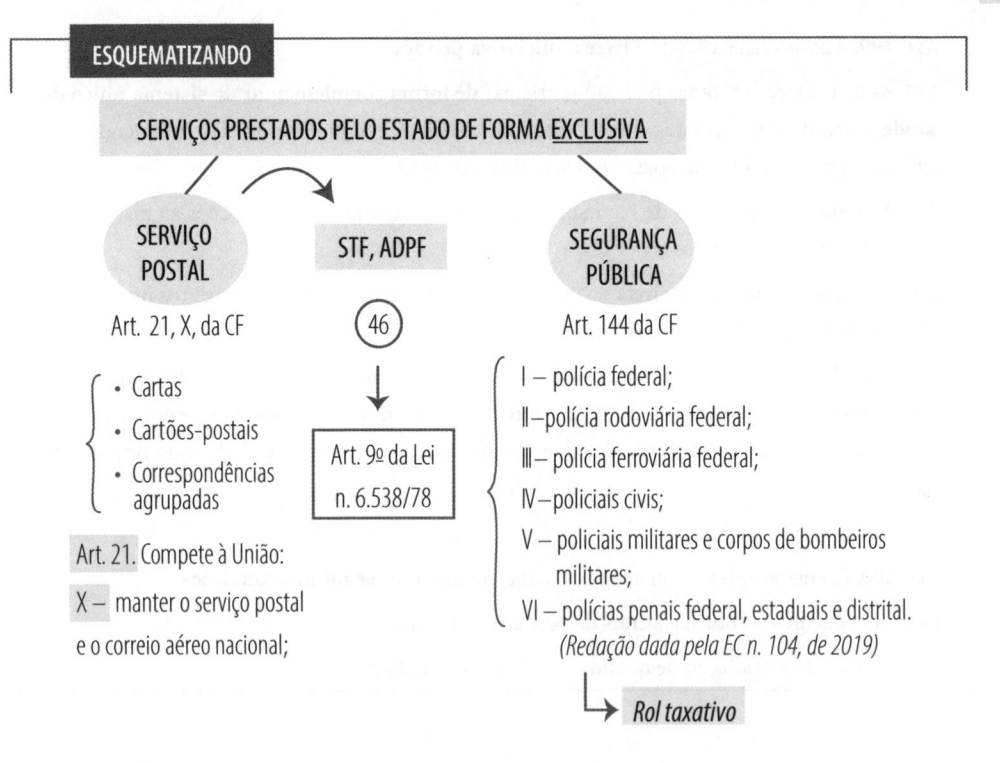

SERVIÇOS PRESTADOS PELO ESTADO DE FORMA EXCLUSIVA

- **SERVIÇO POSTAL** — Art. 21, X, da CF
  - Cartas
  - Cartões-postais
  - Correspondências agrupadas

  Art. 21. Compete à União:
  X – manter o serviço postal e o correio aéreo nacional;

- **STF, ADPF** (46) → Art. 9º da Lei n. 6.538/78

- **SEGURANÇA PÚBLICA** — Art. 144 da CF
  - I – polícia federal;
  - II – polícia rodoviária federal;
  - III – polícia ferroviária federal;
  - IV – policiais civis;
  - V – policiais militares e corpos de bombeiros militares;
  - VI – polícias penais federal, estaduais e distrital.

  (Redação dada pela EC n. 104, de 2019)

  ↳ *Rol taxativo*

4.2 Serviços públicos que o Estado tem a obrigação de prestar, mas, por determinação constitucional, o particular também terá sua titularidade e poderá prestá-los

Há, ainda, categorias de serviços de que tanto o Estado é titular quanto o particular – **não** porque o Estado transferiu a prestação do serviço ao particular, mas porque a CF deu ao particular a oportunidade para sua prestação.

Nessas hipóteses não há contrato, não há transferência, não há concessão, há apenas previsão constitucional embasando tal possibilidade. Vejamos:

Mesmo que o particular preste, por exemplo, o serviço de saúde ou ainda de ensino, tal atividade não deixa de ser serviço público. **O serviço, mesmo prestado pelo particular, não perde a qualidade de serviço público.** Pode ser discutido, inclusive, via mandado de segurança, caso o particular não queira prestá-lo.

> **LEGISLAÇÃO CORRELATA**

CF

Art. 197. São de **relevância pública** as ações e serviços de **saúde**, cabendo ao Poder Público dispor, nos termos da lei, sobre sua regulamentação, fiscalização e controle, devendo sua execução ser feita diretamente ou através de terceiros e, também, por pessoa física ou jurídica de direito privado.

[...]

Art. 199. A assistência à saúde é **livre à iniciativa privada**.

§ 1º As instituições privadas poderão participar **de forma complementar do sistema único de saúde**, segundo diretrizes deste, mediante contrato de direito público ou convênio, tendo preferência as entidades filantrópicas e as sem fins lucrativos.

§ 2º **É vedada** a destinação de recursos públicos para auxílios ou subvenções às instituições privadas com fins lucrativos.

§ 3º É vedada a participação direta ou indireta de empresas ou capitais estrangeiros na assistência à saúde no País, salvo nos casos previstos em lei.

§ 4º A lei disporá sobre as condições e os requisitos que facilitem a remoção de órgãos, tecidos e substâncias humanas para fins de transplante, pesquisa e tratamento, bem como a coleta, processamento e transfusão de sangue e seus derivados, sendo vedado todo tipo de comercialização.

[...]

Art. 209. O **ensino** é livre à iniciativa privada, atendidas as **seguintes condições**:

I – cumprimento das normas gerais da educação nacional;

II – autorização e avaliação de qualidade pelo Poder Público.

ESQUEMATIZANDO

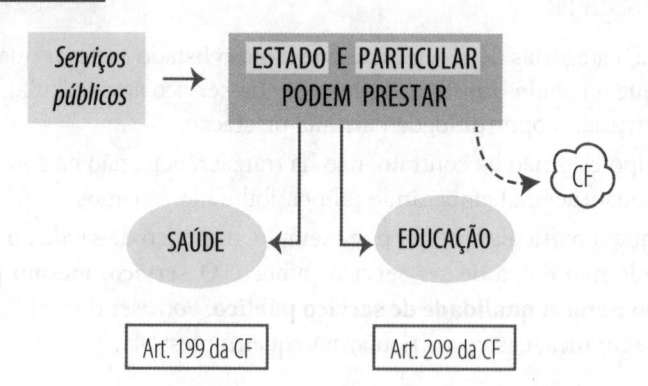

Serviços públicos → **ESTADO E PARTICULAR PODEM PRESTAR** ⇢ CF

→ SAÚDE (Art. 199 da CF)

→ EDUCAÇÃO (Art. 209 da CF)

Art. 199. A assistência à saúde é livre à iniciativa privada.

§ 1º As instituições privadas poderão participar de forma complementar do sistema único de saúde, segundo diretrizes deste, mediante contrato de direito público ou convênio, tendo preferência as entidades filantrópicas e as sem fins lucrativos.

Art. 209. O ensino é livre à iniciativa privada, atendidas as seguintes condições:

I – cumprimento das normas gerais da educação nacional;

II – autorização e avaliação de qualidade do Poder Público.

Aprofundamento 1: O STF decidiu, em 11 de março de 2020, no **RE 566.471 (tema 6 de repercussão geral)** que o Estado **não é obrigado** a fornecer medicamentos de alto custo solicitados judicialmente, quando **não estiverem** previstos na relação do Programa de Dispensação de Medicamentos em Caráter Excepcional do Sistema Único de Saúde (SUS).

A referida decisão atinge mais de 42 mil processos sobre o mesmo tema, e as situações excepcionais ainda serão definidas na formulação da **tese** de repercussão geral.

A vertente vencedora entendeu que, nos casos de remédios de alto custo não disponíveis no sistema, o Estado pode ser obrigado a fornecê-los, desde que comprovadas a extrema necessidade do medicamento e a incapacidade financeira do paciente e de sua família para sua aquisição, todavia, o entendimento também considera que o Estado **não pode** ser obrigado a fornecer fármacos não registrados na agência reguladora.

Por mais importantes que sejam seus problemas, o **excesso de judicialização** compromete o orçamento total destinado a milhões de pessoas que dependem do Sistema Único de Saúde (SUS).

Aprofundamento 2: O Plenário do STF fixou **tese de repercussão geral** sobre a matéria constitucional contida no Recurso Extraordinário **RE 855.178** no sentido de que há **responsabilidade solidária** de entes federados para o fornecimento de medicamentos e tratamentos de saúde. A **tese** tem a seguinte redação: "Os entes da federação, em decorrência da competência comum, são solidariamente responsáveis nas demandas prestacionais na área da saúde e, diante dos critérios constitucionais de descentralização e hierarquização, compete à autoridade judicial direcionar o cumprimento conforme as regras de repartição de competências e determinar o ressarcimento a quem suportou o ônus financeiro".

Aprofundamento 3: O STF decidiu que o dever constitucional do Estado de assegurar o **atendimento em creche e pré-escola às crianças de até 5 anos de idade é de aplicação direta e imediata**, sem a necessidade de regulamentação pelo Congresso Nacional. Por unanimidade, o colegiado também estabeleceu que a oferta de vagas para a educação básica pode ser reivindicada na Justiça por meio de ações individuais. A questão foi discutida no Recurso Extraordinário **RE 1.008.166 (tema 548)**, com repercussão geral, e a **tese** firmada tem a seguinte redação: "**1.** A educação básica em todas as suas fases, educação infantil, ensino fundamental e ensino médio, constitui direito fundamental de todas as crianças e jovens, assegurado por normas constitucionais de eficácia plena e aplicabilidade direta e imediata. **2.** A educação infantil compreende creche, de 0 a 3 anos, e a pré-escola, de 4 a 5 anos. Sua oferta pelo poder público pode ser exigida individualmente, como no caso examinado neste processo. **3.** O poder público tem o dever jurídico de dar efetividade integral às normas constitucionais sobre acesso à educação básica".

4.3 Serviços que o Estado até poderia prestar, mas, por suas características peculiares, a iniciativa privada é que deverá prestá-los

É o caso peculiar da prestação do serviço de rádio e TV.

O Estado pode até prestá-lo, como é o caso da TV Justiça, da TV Senado, mas, num país livre e democrático, a melhor opção é a transferência da prestação desses serviços.

> **LEGISLAÇÃO CORRELATA**
>
> **CF**
> **Art. 222.** A propriedade de empresa jornalística e de radiodifusão sonora e de sons e imagens **é privativa de brasileiros natos ou naturalizados há mais de dez anos**, ou de pessoas jurídicas constituídas sob as leis brasileiras e que tenham sede no País. (*Redação dada pela Emenda Constitucional n. 36, de 2002.*)
>
> § 1º Em qualquer caso, pelo menos setenta por cento do capital total e do capital votante das empresas jornalísticas e de radiodifusão sonora e de sons e imagens deverá pertencer, direta ou indiretamente, a brasileiros natos ou naturalizados há mais de dez anos, que exercerão obrigatoriamente a gestão das atividades e estabelecerão o conteúdo da programação. (*Redação dada pela Emenda Constitucional n. 36, de 2002.*)
>
> § 2º A responsabilidade editorial e as atividades de seleção e direção da programação veiculada são privativas de brasileiros natos ou naturalizados há mais de dez anos, em qualquer meio de comunicação social. (*Redação dada pela Emenda Constitucional n. 36, de 2002.*)
>
> § 3º Os meios de comunicação social eletrônica, independentemente da tecnologia utilizada para a prestação do serviço, deverão observar os princípios enunciados no art. 221, na forma de lei específica, que também garantirá a prioridade de profissionais brasileiros na execução de produções nacionais. (*Incluído pela Emenda Constitucional n. 36, de 2002.*)
>
> § 4º Lei disciplinará a participação de capital estrangeiro nas empresas de que trata o § 1º. (*Incluído pela Emenda Constitucional n. 36, de 2002.*)
>
> § 5º As alterações de controle societário das empresas de que trata o § 1º serão comunicadas ao Congresso Nacional. (*Incluído pela Emenda Constitucional n. 36, de 2002.*)

Aprofundamento:

a) A **Lei n. 13.146/2015**, que instituiu a Lei Brasileira de Inclusão da Pessoa com Deficiência **(Estatuto da Pessoa com Deficiência)**, em seu art. 67 estabelece que os serviços de radiodifusão de sons e imagens devem permitir o uso dos seguintes recursos, entre outros: 1) subtitulação por meio de legenda oculta; 2) janela com intérprete da Libras; 3) audiodescrição. E ainda prevê (art. 68) ao Poder Público o dever de adotar mecanismos de incentivo à produção, à edição, à difusão, à distribuição e à comercialização de livros em formatos acessíveis, inclusive em publicações da Administração Pública ou financiadas com recursos públicos, com vistas a **garantir à pessoa com deficiência o direito de acesso à leitura, à informação e à comunicação**.

b) Notícia de 5 de agosto de 2010. **STF, ADI 3.944**. Por maioria dos votos (7x1), o Plenário do STF julgou improcedente a Ação Direta de Inconstitucionalidade (ADI) 3.944, ajuizada pelo PSOL contra os arts. 7º a 10 do Decreto n. 5.820/2006, que dispõe sobre a implantação do Sistema Brasileiro de Televisão Digital no Brasil (SBTVD). O Plenário reconheceu, assim, a validade constitucional de dispositivos do decreto de implantação da TV Digital.

Voto vencido, o Ministro Marco Aurélio votou contra a constitucionalidade dos dispositivos questionados.

> EMENTA: AÇÃO DIRETA DE INCONSTITUCIONALIDADE. ARTS. 7º A 10 DO DECRETO N. 5.820, DE 29 DE JUNHO DE 2006, EXPEDIDO PELO PRESIDENTE DA REPÚBLICA. **ADOÇÃO DO SISTEMA BRASILEIRO DE TELEVISÃO DIGITAL (SBTVD).** CONSIGNAÇÃO DE MAIS UM CANAL DE RADIOFREQUÊNCIA ÀS CONCESSIONÁRIAS E "AUTORIZADAS" DOS SERVIÇOS PÚBLICOS DE RADIODIFUSÃO DE SONS E IMAGENS, SEM APRECIAÇÃO DO CONGRESSO NACIONAL. DIFERENÇA ENTRE AUTORIZAÇÃO DE USO DO ESPECTRO DE RADIOFREQUÊNCIAS E CONCESSÃO DO SERVIÇO PÚBLICO DE RADIODIFUSÃO DE SONS E IMAGENS. INEXISTÊNCIA DE VIOLAÇÃO AO § 5º DO ART. 220 E AO ART. 223, AMBOS DA CONSTITUIÇÃO FEDERAL. 1. As normas impugnadas por esta ação direta de inconstitucionalidade são apenas as veiculadas pelos arts. 7º a 10 do Decreto federal n. 5.820/2006. Embora sustentadas na petição inicial, não se conhece de teses jurídicas que não tenham pertinência com os dispositivos impugnados, a saber: a) a de que um "memorando de entendimento", assinado pelo Ministro das Relações Exteriores do Brasil e pelo Chanceler do Japão, não passara pelo controle do Congresso Nacional; b) a de que deixou de ser publicado o relatório do Comitê de Desenvolvimento do Sistema Brasileiro de TV Digital, referido pelo inciso VIII do art. 3º do Decreto n. 4.901/2003, caracterizando omissão imprestabilizadora da escolha feita pelo Poder Executivo quanto ao modelo japonês de televisão digital (ISDB). 2. O Decreto n. 5.820/2006, pelo menos quanto aos dispositivos objeto da ação direta, ostenta um coeficiente de generalidade, abstração e impessoalidade que afasta a alegação de se cuidar de ato de efeito concreto. Até porque "a determinabilidade dos destinatários da norma não se confunde com a sua individualização, que, esta sim, poderia convertê-lo em ato de efeitos concretos, embora plúrimos" (ADI 2.137-MC, da relatoria do ministro Sepúlveda Pertence). Precedentes. **3. Consignação de canal de radiofrequência (ou autorização de uso de espectro de radiofrequência) não se confunde com concessão ou autorização do serviço**

público de radiodifusão de sons e imagens. A primeira (consignação), regulada pela Lei n. 9.472/97, é acessória da segunda (concessão ou permissão). 4. A norma inscrita no art. 7º do Decreto n. 5.820/2006 (e também nos arts. 8º a 10) cuida de autorização de uso do espectro de radiofrequências, e não de outorga de concessão do serviço público de radiodifusão de sons e imagens. O que se deu, na verdade, foi o seguinte: **diante da evolução tecnológica, e para a instituição no país da tecnologia digital de transmissão de sons e imagens, sem interrupção da transmissão de sinais analógicos, fez-se imprescindível a consignação temporária de mais um canal às atuais concessionárias do serviço de radiodifusão de sons e imagens. Isso para que veiculassem, simultaneamente, a mesma programação nas tecnologias analógica e digital. Tratou-se de um ato do Presidente da República com o objetivo de manter um serviço público adequado, tanto no que se refere à sua atualidade quanto no tocante à sua continuidade. Ato por isso mesmo serviente do princípio constitucional da eficiência no âmbito da Administração Pública. 5. A televisão digital, comparativamente com a TV analógica, não consiste em novo serviço público.** Cuida-se da mesma transmissão de sons e imagens por meio de ondas radioelétricas. Transmissão que passa a ser digitalizada e a comportar avanços tecnológicos, mas sem perda de identidade jurídica. 6. Os dispositivos impugnados na ação direta não autorizam, explícita ou implicitamente, o uso de canais complementares ou adicionais para a prática da multiprogramação, pois objetivam, em verdade, "permitir a transição para a tecnologia digital sem interrupção da transmissão de sinais analógicos" (*caput* do art. 7º do Decreto n. 5.820/2006). Providência corroborada pelo item 10.3 da Portaria 24, de 11 de fevereiro de 2009, do Ministro das Comunicações. Ademais, a multiprogramação só é tecnicamente viável, dentro da faixa de 6 Mhz do espectro de radiofrequências, quando a transmissão ocorrer na definição padrão de áudio e vídeo (SD – *Standard Definition*). Para a transmissão de sons e imagens em alta definição (HD – *High Definition*), necessária se faz a utilização de quase toda a mencionada faixa de 6 Mhz. O que significa dizer que a consignação do canal "inteiro" de 6 Mhz é imprescindível para a adequada transição tecnológica. 7. O Decreto n. 5.820/2006 não outorga, não modifica, nem renova concessão, permissão ou autorização de serviço de radiodifusão de sons e imagens. Tampouco prorroga qualquer prazo. Inexistência de violação ao art. 223 da Constituição Federal. Também não há ofensa ao § 5º do art. 220 da Carta da República. Se monopólio ou oligopólio está a ocorrer, factualmente, nos meios de comunicação brasileiros, não é por conta do decreto ora impugnado, cuja declaração de inconstitucionalidade seria inútil para afastar a suposta afronta ao Texto Magno. 8. Ação que se julga improcedente.

4.4 Serviços que o Estado tem a incumbência de promover (ou de forma direta, ou por meio da descentralização de sua prestação – de forma indireta)

Exemplificando: telefonia, transporte coletivo, os serviços já transferidos para a iniciativa privada etc.

Quando o Estado **promove** o serviço de **modo indireto**, temos a chamada DELEGAÇÃO DE SERVIÇOS PÚBLICOS.

5. DA DELEGAÇÃO DE SERVIÇOS PÚBLICOS

A delegação de serviços públicos pode ocorrer por diversos instrumentos: **lei** (para entes da Administração Indireta); **contratos administrativos** (para a concessão comum de serviços públicos, para a concessão especial e permissão de serviços públicos); **atos unilaterais** (para os autorizatários de serviços públicos).

Cuidado: Vamos estudar os contratos administrativos e os atos unilaterais relacionados à prestação de serviço público. Mas existe também concessão, permissão e autorização de uso de bem público.

> **LEGISLAÇÃO CORRELATA**
>
> **CF**
> **Art. 175.** Incumbe ao Poder Público, na forma da lei, **diretamente ou sob regime de concessão ou permissão**, sempre através de **licitação**, a prestação de serviços públicos.
> Parágrafo único. A lei disporá sobre:
> I – o regime das empresas concessionárias e permissionárias de serviços públicos, o caráter especial de seu contrato e de sua prorrogação, bem como as condições de caducidade, fiscalização e rescisão da concessão ou permissão;
> II – os direitos dos usuários;
> III – política tarifária;
> IV – a obrigação de manter serviço adequado.

6. CONCESSÃO DE SERVIÇOS PÚBLICOS (LEI N. 8.987/95)

6.1 Conceito

Concessão de serviço público é a **delegação** de sua prestação, feita pelo poder concedente (União, Estado, DF ou Municípios), mediante licitação, na modalidade de **concorrência ou diálogo competitivo**, à pessoa jurídica ou consórcio de empresas que demonstre capacidade para seu desempenho, por sua conta e risco e por prazo determinado (prazo que irá variar a depender do serviço que será prestado).

Importante lembrar que a concessão do serviço para sua formalização precisa de autorização legislativa específica.

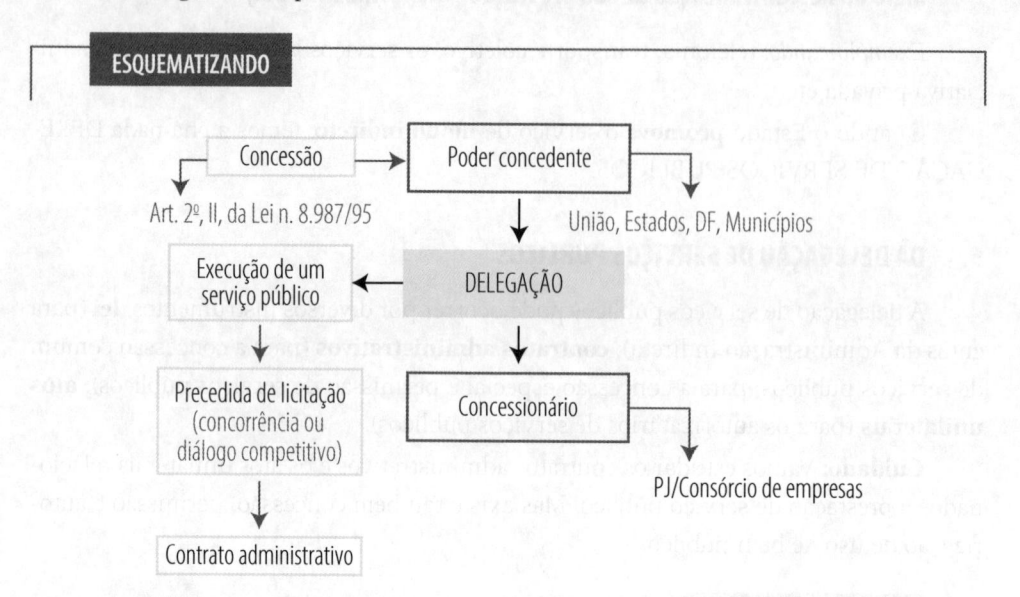

ESQUEMATIZANDO

```
    Concessão  ──────►  Poder concedente
Art. 2º, II, da Lei n. 8.987/95          │
         │                               ▼
         ▼                    União, Estados, DF, Municípios
   Execução de um  ◄────── DELEGAÇÃO
   serviço público                │
         │                        ▼
         ▼                  Concessionário
  Precedida de licitação          │
   (concorrência ou               ▼
   diálogo competitivo)   PJ/Consórcio de empresas
         │
         ▼
  Contrato administrativo
```

Pegadinha: Pessoa física não pode receber delegação de concessão de serviço público! A conceituação só prevê que seja concessionário de serviço público pessoa jurídica ou consórcio de empresas.

Aprofundamento:

Notícia de 1º de dezembro de 2010. STF, RE 422.591: **Por unanimidade, o Plenário reconhece a inconstitucionalidade de norma municipal que permitia renovação automática de concessões,** por violação aos princípios da moralidade administrativa, da impessoalidade da Administração Pública e da licitação de serviço público.

> EMENTA: Recurso extraordinário – Ação direta de inconstitucionalidade de artigos de lei municipal – Normas que determinam prorrogação automática de permissões e autorizações em vigor, pelos períodos que especifica – Comandos que, por serem dotados de abstração e não de efeitos concretos, permitem o questionamento por meio de uma demanda como a presente – **Prorrogações que efetivamente vulneram os princípios da legalidade e da moralidade, por dispensarem certames licitatórios previamente à outorga do direito de exploração de serviços públicos** – Ação corretamente julgada procedente – Recurso não provido (RE 422.591, rel. Min. Dias Toffoli, Tribunal Pleno, j. 1º-12-2010, *DJe*-046, divulg. 10-3-2011, public. 11-3-2011. Ement. v. 02.479-01, p. 76).

6.2 Encargos dos concessionários

Diversas são as incumbências das concessionárias, devendo: a) prestar serviço adequado, de acordo com a forma prevista em lei, nas normas técnicas aplicáveis e no contrato; b) manter em dia o inventário e o registro dos bens vinculados à concessão; c) prestar contas da gestão do serviço ao poder concedente e aos usuários, nos termos definidos no contrato; d) cumprir e fazer cumprir as normas do serviço e as cláusulas contratuais da concessão; e) permitir aos encarregados da fiscalização livre acesso, em qualquer época, às obras, aos equipamentos e às instalações integrantes do serviço, bem como a seus registros contábeis; f) promover as desapropriações e constituir servidões autorizadas pelo poder concedente, conforme previsto no edital e no contrato; g) zelar pela integridade dos bens vinculados à prestação do serviço, bem como segurá-los adequadamente; e h) captar, aplicar e gerir os recursos financeiros necessários à prestação do serviço.

6.3 Direitos e obrigações dos usuários

Os arts. 7º e 7º-A da Lei n. 8.987/95 estabelecem os direitos e as obrigações dos usuários do serviço:

a) Devem receber serviço adequado, prestado com regularidade, continuidade, segurança, cortesia, atualidade, levando ao conhecimento do Poder Público e da concessionária as irregularidades de que tenham conhecimento, referentes ao serviço prestado.

b) Os usuários têm o direito de receber do poder concedente e da concessionária informações para a defesa de interesses individuais ou coletivos.

c) Os usuários devem obter e utilizar o serviço, com liberdade de escolha entre vários prestadores de serviços, quando for o caso, observadas as normas do poder concedente.

d) No caso de o usuário verificar a prática de atos ilícitos praticados pela concessionária na prestação do serviço, deverá comunicar às autoridades competentes, contribuindo para a permanência das boas condições dos bens públicos por meio dos quais lhes são prestados os serviços.

LEGISLAÇÃO CORRELATA

Lei n. 8.987/95

Art. 7º-A. As concessionárias de serviços públicos, de direito público e privado, nos Estados e no Distrito Federal, **são obrigadas a oferecer** ao consumidor e ao usuário, dentro do mês de vencimento, o mínimo de seis datas opcionais para escolherem os dias de vencimento de seus débitos.

> **ESQUEMATIZANDO**

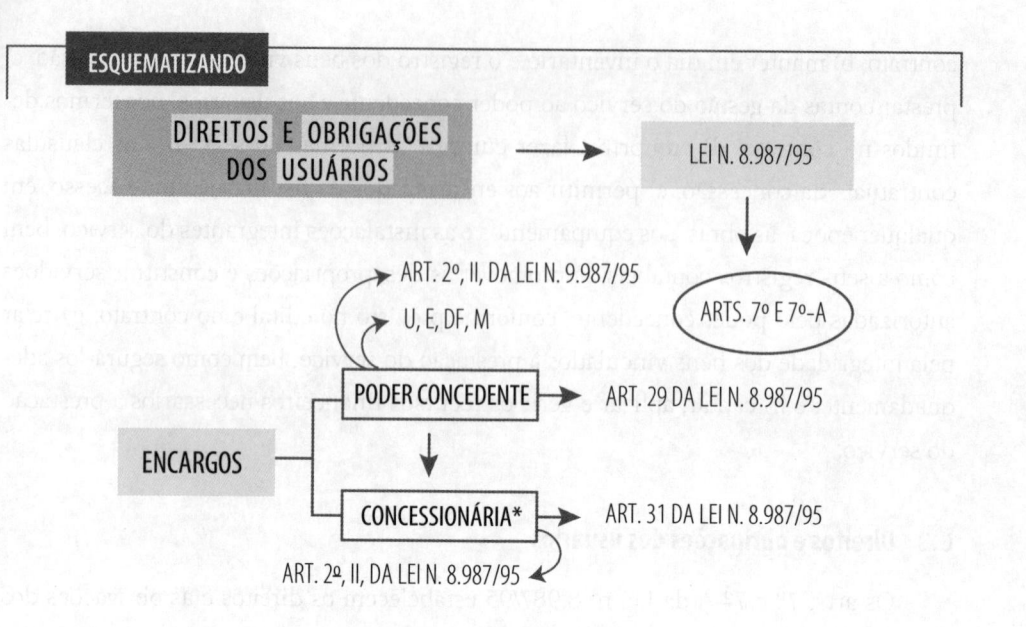

```
        DIREITOS E OBRIGAÇÕES  ───────▶  LEI N. 8.987/95
            DOS USUÁRIOS
                                              │
                                              ▼
                    ART. 2º, II, DA LEI N. 9.987/95
                    U, E, DF, M              ( ARTS. 7º E 7º-A )

              PODER CONCEDENTE  ───▶  ART. 29 DA LEI N. 8.987/95
ENCARGOS              │
                      ▼
              CONCESSIONÁRIA*  ───▶  ART. 31 DA LEI N. 8.987/95
              ART. 2º, II, DA LEI N. 8.987/95
```

* Concessão de serviço público: a delegação de sua prestação, feita pelo poder concedente, mediante licitação, na modalidade de concorrência ou diálogo competitivo, à pessoa jurídica ou consórcio de empresas que demonstre capacidade para seu desempenho, por sua conta e risco e por prazo determinado.

6.4 Política tarifária da concessionária

As concessionárias de serviço público são remuneradas basicamente mediante tarifa de usuário.

A política tarifária, estabelecida durante o procedimento licitatório, tem previsão nos arts. 9º, 10, 11 e 13 da Lei n. 8.987/95, fixando o valor, o índice de reajuste, a data de reajuste e demais detalhes.

Ainda, nas concessões de serviços públicos, também é possível a presença de RECURSO PÚBLICO – nos casos em que tivermos um investimento muito alto e a concessão não consiga recuperar o dinheiro investido por meio de tarifa. Porém, a presença desse recurso público é **facultativa**.

É possível, ainda, como forma de observância ao princípio da modicidade das tarifas, que se estabeleça no contrato de concessão a cobrança de receitas alternativas, objetivando reduzir o custo do serviço para o usuário.

Exemplificando: a) *outdoor* de propaganda no ônibus objetiva fazer com que a tarifa seja mais barata para o usuário; b) imposição de "zona azul" para estacionamento em via pública.

6.5 Responsabilidade das concessionárias

De quem é a responsabilidade perante os administrados se o serviço der errado e causar danos a alguém?

Quem pagará a conta se o Estado contratar determinada empresa concessionária para prestar o serviço e, durante a prestação do serviço, alguém sofrer dano?

A responsabilidade por danos causados pelos concessionários (pessoas jurídicas de direito privado prestadoras de serviços públicos) é objetiva, nos termos do art. 37, § 6º, da CF, tendo como vítima do dano tanto usuário quanto não usuário do serviço. Nesse sentido: STF, RE 591.874.

Também, a responsabilidade das concessionárias tem seu regramento infraconstitucional no **art. 25 da Lei n. 8.987/95**: "Incumbe à concessionária a execução do serviço concedido, cabendo-lhe responder por todos os prejuízos causados ao poder concedente, aos usuários ou a terceiros, sem que a fiscalização exercida pelo órgão competente exclua ou atenue essa responsabilidade".

Sem prejuízo dessa responsabilidade acima mencionada, a concessionária **poderá contratar com terceiros** o desenvolvimento de atividades inerentes, acessórias ou complementares ao serviço concedido, bem como a implementação de projetos associados – desde que haja o cumprimento das normas regulamentares da modalidade do serviço concedido. Esses contratos **serão regidos pelo direito privado, não se estabelecendo** qualquer relação jurídica entre os terceiros e o poder concedente.

Assim, será permitida a **subconcessão (art. 26 da Lei n. 8.987/95)** desde que: **a)** expressamente autorizada pelo poder concedente; **b)** a outorga da subconcessão seja precedida de **concorrência**; **c)** ao subconcessionário se sub-rogarão todos os direitos e obrigações da subconcedente dentro dos limites da subconcessão.

> **Aprofundamento:**
>
> a) STJ, REsp 1.268.743, de 7-2-2014 – **Concessionária deve pagar indenização por morte em rodovia.**

O caso concreto envolveu a Companhia de Concessão Rodoviária Juiz de Fora-Rio condenada ao pagamento de 90 mil reais de indenização pelos danos morais à mãe de criança vítima de atropelamento ocorrido em 2004 quando tentava atravessar a pista.

A 4ª Turma do STJ considerou que a concessionária foi omissa, por não manter as condições de segurança e por faltar com cuidado na conservação da rodovia, já que, de acordo com perícia realizada, o local do acidente não tinha iluminação pública e a sinalização (vertical e horizontal) era precária.

Segundo informações constantes no processo, no mesmo local, 39 pessoas teriam morrido antes que a concessionária instalasse uma passarela para pedestres.

Conforme assentado pelo Ministro Relator, Luis Felipe Salomão, as concessionárias de serviço, nas suas relações com o usuário, subordinam-se aos preceitos do

Código de Defesa do Consumidor (art. 17 do CDC) e, portanto, respondem objetivamente pelos defeitos na prestação do serviço: "Estende o conceito de consumidor àqueles que, mesmo não tendo sido consumidores diretos, acabam por sofrer as consequências do acidente de consumo".

O ministro afirmou que a delegação recebida pela concessionária que explora a rodovia, com a transferência da titularidade da prestação de serviços, baseia-se na demonstração de sua capacidade para o desempenho da atividade contratada, que deve exercer em seu nome e por sua conta e risco, sendo remunerada na exata medida da exploração do serviço.

"Daí decorre a responsabilidade objetiva, não só advinda da relação de consumo e do risco inerente à atividade, mas em razão da previsão constitucional insculpida no art. 37, § 6º, que prevê que as pessoas jurídicas de direito público e as de direito privado prestadoras de serviços públicos responderão pelos danos que seus agentes, nessa qualidade, causarem a terceiros, assegurado o direito de regresso contra o responsável nos casos de dolo ou culpa", disse ele.

b) Situação que não se confunde é a de um "contrato simples de serviço" com um "contrato de concessão de serviço".

No contrato simples de serviço, a vítima, usuária do serviço, cobra do **Estado** a responsabilidade. E a empresa prestadora de serviço só terá responsabilidade se o Estado chamá-la em regresso.

Exemplificando: o Estado contrata a empresa "X" para prestar o serviço de merenda escolar. Se a empresa contratada causar um prejuízo, *v.g.*, uma criança passou mal e quer indenização, será o Estado o responsável pelo pagamento dessa indenização.

Já num contrato de concessão de serviço, a relação que se opera é usuário *versus* empresa. A vítima do dano pleiteará, diretamente, em face da empresa concessionária, a indenização, já que o serviço corre por sua conta e risco.

c) Notícia de 20 de outubro de 2010. **STF, ADC 26: Negada suspensão de dispositivo sobre terceirização em empresas concessionárias do setor elétrico.**

O STF **negou pedido de medida liminar**, por não considerar configurados os requisitos que a deferem, à Associação Brasileira de Distribuidores de Energia Elétrica (ABRADEE), que pretendia suspender o andamento de todas as ações civis públicas em que se discute a terceirização, no âmbito das empresas concessionárias de serviço público, do setor elétrico. A decisão é do Ministro Ricardo Lewandowski.

Por meio da Ação Declaratória de Constitucionalidade (ADC) n. 26, a ABRADEE pretendia ver declarada a constitucionalidade do art. 25, § 1º, da Lei n. 8.987/95, alegando sua consonância com o art. 175, I, da CF. A referida norma infraconstitucional permite às empresas concessionárias de serviço público **contratar com terceiros** o desenvolvimento de atividades inerentes, acessórias ou complementares ao serviço concedido, bem como implementar projetos associados.

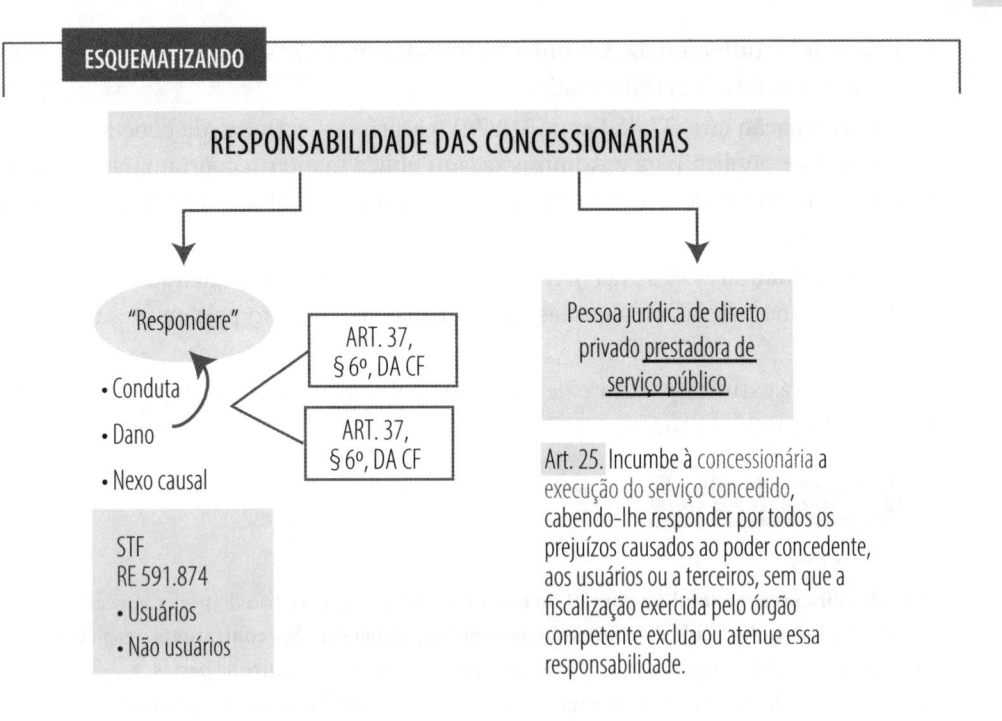

> **ESQUEMATIZANDO**
>
> **RESPONSABILIDADE DAS CONCESSIONÁRIAS**
>
> "Respondere"
> - Conduta
> - Dano
> - Nexo causal
>
> ART. 37, § 6º, DA CF
>
> ART. 37, § 6º, DA CF
>
> STF
> RE 591.874
> - Usuários
> - Não usuários
>
> Pessoa jurídica de direito privado prestadora de serviço público
>
> Art. 25. Incumbe à concessionária a execução do serviço concedido, cabendo-lhe responder por todos os prejuízos causados ao poder concedente, aos usuários ou a terceiros, sem que a fiscalização exercida pelo órgão competente exclua ou atenue essa responsabilidade.

6.6 Concessão de serviço público precedida de obra pública

Nesse caso, antes da realização do serviço, é necessário realizar uma obra. Tal hipótese ocorre, *v.g.*, num contrato de conservação de rodovia. Para conservá-la, a empresa terá de realizar uma obra.

> **LEGISLAÇÃO CORRELATA**
>
> **Lei n. 8.987/95**
> **Art. 2º, III: concessão de serviço público precedida da execução de obra pública**: a construção, total ou parcial, conservação, reforma, ampliação ou melhoramento de quaisquer obras de interesse público, delegados pelo poder concedente, mediante licitação, **na modalidade concorrência ou diálogo competitivo**, a pessoa jurídica ou consórcio de empresas que demonstre capacidade para a sua realização, por sua conta e risco, de forma que o investimento da concessionária seja remunerado e amortizado mediante a exploração do serviço ou da obra por prazo determinado; (*Redação dada pela Lei n. 14.133, de 2021*)

6.7 Formas de extinção da concessão

O art. 35 da Lei n. 8.987/95 prevê diversas formas de extinção do contrato de concessão.

    a) **Advento do termo contratual:** todo contrato tem prazo certo e determinado. Uma vez findo o prazo de sua duração, extinta será a concessão.

b) Rescisão unilateral da Administração Pública: hipótese que se biparte em: b.1) encampação e b.2) caducidade.

A **encampação** (art. 37 da Lei n. 8.987/95) acarreta a extinção da concessão, pois não há interesse público para a Administração Pública manter o contrato. Nesse caso, será necessário autorização legislativa, e a Administração Pública deverá indenizar a empresa concessionária.

A **caducidade** (art. 38 da Lei n. 8.987/95), por sua vez, ocorre quando não há cumprimento, total ou parcial, de algumas das cláusulas do contrato pela empresa concessionária.

Assim, será extinto o contrato de concessão pela caducidade, nas hipóteses previstas no § 1º do art. 38. Vejamos:

> **LEGISLAÇÃO CORRELATA**
>
> **Lei n. 8.987/95**
> **Art. 38.** A **inexecução total ou parcial do contrato** acarretará, a critério do poder concedente, a declaração de **caducidade da concessão ou a aplicação das sanções contratuais**, respeitadas as disposições deste artigo, do art. 27, e as normas convencionadas entre as partes.
> § 1º A caducidade da concessão poderá ser declarada pelo poder concedente quando:
> I – o serviço estiver sendo prestado de forma inadequada ou deficiente, tendo por base as normas, critérios, indicadores e parâmetros definidores da qualidade do serviço;
> II – a concessionária descumprir cláusulas contratuais ou disposições legais ou regulamentares concernentes à concessão;
> III – a concessionária paralisar o serviço ou concorrer para tanto, **ressalvadas as hipóteses** decorrentes de caso fortuito ou força maior;
> IV – a concessionária perder as condições econômicas, técnicas ou operacionais para manter a adequada prestação do serviço concedido;
> V – a concessionária não cumprir as penalidades impostas por infrações, nos devidos prazos;
> VI – a concessionária não atender a intimação do poder concedente no sentido de regularizar a prestação do serviço; e
> VII – a concessionária não atender a intimação do poder concedente para, **em 180 (cento e oitenta) dias**, apresentar a documentação relativa a regularidade fiscal, no curso da concessão, na forma do art. 29 da Lei n. 8.666, de 21 de junho de 1993. (*Redação dada pela Lei n. 12.767, de 2012.*)
> § 2º A declaração da caducidade da concessão **deverá ser precedida da verificação da inadimplência da concessionária em processo administrativo**, assegurado o direito de ampla defesa.
> § 3º **Não será instaurado** processo administrativo de inadimplência antes de comunicados à concessionária, detalhadamente, os descumprimentos contratuais referidos no § 1º deste artigo, dando-lhe um prazo para corrigir as falhas e transgressões apontadas e para o enquadramento, nos termos contratuais.
> § 4º Instaurado o processo administrativo **e comprovada a inadimplência**, a caducidade **será declarada por decreto do poder concedente**, independentemente de indenização prévia, calculada no decurso do processo.

§ 5º A indenização de que trata o parágrafo anterior, será devida na forma do art. 36 desta Lei e do contrato, descontado o valor das multas contratuais e dos danos causados pela concessionária.

§ 6º Declarada a caducidade, **não resultará para o poder concedente** qualquer espécie de responsabilidade em relação aos encargos, ônus, obrigações ou compromissos com terceiros ou com empregados da concessionária.

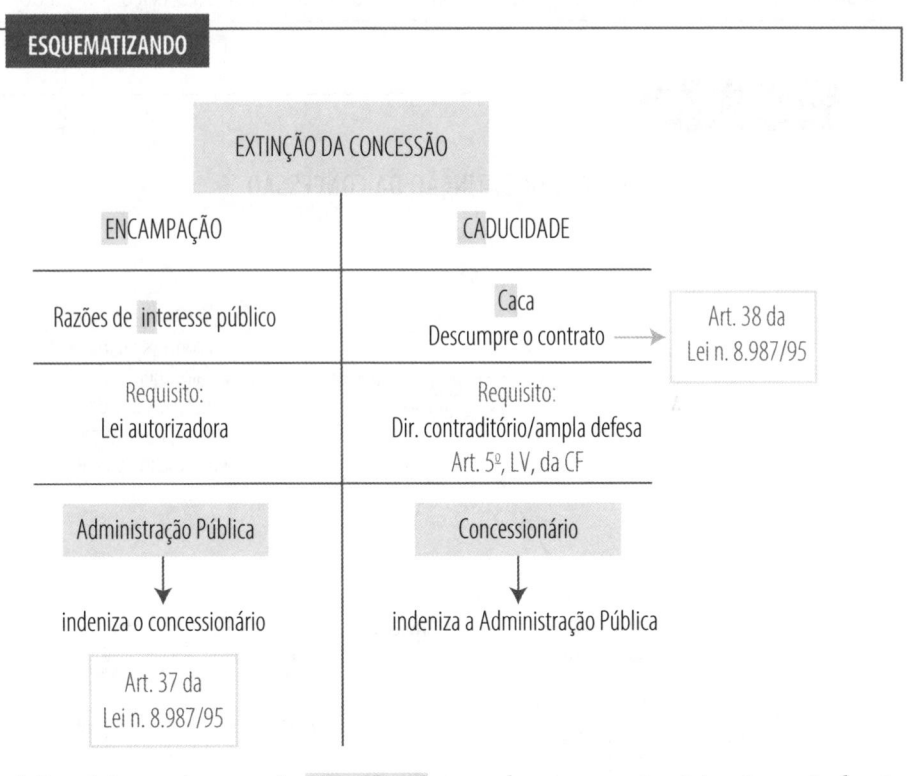

A declaração da caducidade da concessão (por decreto do poder concedente) deverá ser precedida da verificação da inadimplência da concessionária em processo administrativo, assegurado o direito de ampla defesa, nos termos do art. 5º, LV, da CF. Ainda, se comprovada a inadimplência, deverá a concessionária indenizar a Administração Pública.

Entretanto, não será instaurado processo administrativo de inadimplência antes de comunicados à concessionária, detalhadamente, os descumprimentos contratuais referidos no § 1º do art. 38, dando-lhe um **prazo para corrigir** as falhas e transgressões apontadas e para o enquadramento, nos termos contratuais.

Declarada a caducidade, não resultará para o poder concedente qualquer espécie de responsabilidade em relação aos encargos, ônus, obrigações ou compromissos com terceiros ou com empregados da concessionária.

ESQUEMATIZANDO

EXTINÇÃO DA CONCESSÃO

ENCAMPAÇÃO	CADUCIDADE
Razões de interesse público	Caca Descumpre o contrato → Art. 38 da Lei n. 8.987/95
Requisito: Lei autorizadora	Requisito: Dir. contraditório/ampla defesa Art. 5º, LV, da CF
Administração Pública ↓ indeniza o concessionário Art. 37 da Lei n. 8.987/95	Concessionário ↓ indeniza a Administração Pública

c) **Rescisão:** pode ser pela via judicial, quando o concessionário não mais deseja manter a prestação do serviço, amigavelmente, quando tanto para a Administração Pública quanto para o concessionário não remanescer interesse em mantença da concessão.

d) Anulação: será extinta a concessão por vício de legalidade no contrato (por inobservância do princípio da legalidade).

e) Falência ou extinção da empresa concessionária e falecimento ou **incapacidade do titular**, no caso de empresa individual.

Extinta a concessão, retornam ao poder concedente todos os bens reversíveis, direitos e privilégios transferidos ao concessionário conforme previsto no edital e estabelecido no contrato, havendo a imediata assunção do serviço pelo poder concedente, procedendo-se aos levantamentos, avaliações e liquidações necessários.

A assunção do serviço autoriza a ocupação das instalações e a utilização, pelo poder concedente, de todos os bens reversíveis.

LEGISLAÇÃO CORRELATA

Lei n. 8.987/95
Art. 36. A **reversão** no advento do termo contratual far-se-á com a indenização das parcelas dos investimentos vinculados a bens reversíveis, ainda não amortizados ou depreciados, que tenham sido realizados com o objetivo de garantir a continuidade e atualidade do serviço concedido.

ESQUEMATIZANDO

FORMAS DE EXTINÇÃO DA CONCESSÃO

- ART. 35 DA LEI N. 8.987/95
  - Advento do termo contratual
  - Falência ou extinção da concessionária e falecimento ou incapacidade do titular, no caso de empresa individual
  - Rescisão unilateral da Administração (ART. 37 DA LEI N. 8.987/95 / ART. 38 DA LEI N. 8.987/95)
    - ENCAMPAÇÃO
    - CADUCIDADE
  - Anulação
  - Rescisão
    - Judicial
    - Amigável

7. TABELA DE PRAZOS

LEI N. 8.987/95	
Art. 28-A. Para garantir contratos de mútuo de longo prazo, destinados a investimentos relacionados a contratos de concessão, em qualquer de suas modalidades, as concessionárias poderão ceder ao mutuante, em caráter fiduciário, parcela de seus créditos operacionais futuros, observadas as seguintes condições: *(Incluído pela Lei n. 11.196, de 2005.)* Parágrafo único. Para os fins deste artigo, serão considerados contratos de longo prazo aqueles cujas obrigações tenham prazo médio de vencimento superior a 5 (cinco) anos. *(Incluído pela Lei n. 11.196, de 2005.)*	5 (cinco) anos
Art. 29. Incumbe ao poder concedente: [...] VII – zelar pela boa qualidade do serviço, receber, apurar e solucionar queixas e reclamações dos usuários, que serão cientificados, em até trinta dias, das providências tomadas;	Até 30 (trinta) dias
Art. 33. Declarada a intervenção, o poder concedente deverá, no prazo de trinta dias, instaurar procedimento administrativo para comprovar as causas determinantes da medida e apurar responsabilidades, assegurado o direito de ampla defesa.	30 (trinta) dias
Art. 33. Declarada a intervenção, o poder concedente deverá, no prazo de trinta dias, instaurar procedimento administrativo para comprovar as causas determinantes da medida e apurar responsabilidades, assegurado o direito de ampla defesa. [...] § 2º O procedimento administrativo a que se refere o *caput* deste artigo deverá ser concluído no prazo de até cento e oitenta dias, sob pena de considerar-se inválida a intervenção.	Até 180 (cento e oitenta) dias
Art. 38. A inexecução total ou parcial do contrato acarretará, a critério do poder concedente, a declaração de caducidade da concessão ou a aplicação das sanções contratuais, respeitadas as disposições deste artigo, do art. 27, e as normas convencionadas entre as partes. § 1º A caducidade da concessão poderá ser declarada pelo poder concedente quando: [...] VII – a concessionária não atender a intimação do poder concedente para, em 180 (cento e oitenta) dias, apresentar a documentação relativa a regularidade fiscal, no curso da concessão, na forma do art. 29 da Lei n. 8.666, de 21 de junho de 1993. *(Redação dada pela Lei n. 12.767, de 2012)*	180 (cento e oitenta) dias
Art. 42. As concessões de serviço público outorgadas anteriormente à entrada em vigor desta Lei consideram-se válidas pelo prazo fixado no contrato ou no ato de outorga, observado o disposto no art. 43 desta Lei. [...]	

§ 2º As concessões em caráter precário, as que estiverem com prazo vencido e as que estiverem em vigor por prazo indeterminado, inclusive por força de legislação anterior, permanecerão válidas pelo prazo necessário à realização dos levantamentos e avaliações indispensáveis à organização das licitações que precederão a outorga das concessões que as substituirão, prazo esse que não será inferior a 24 (vinte e quatro) meses.	Não será inferior a 24 (vinte e quatro) meses
Art. 44. As concessionárias que tiverem obras que se encontrem atrasadas, na data da publicação desta Lei, apresentarão ao poder concedente, dentro de cento e oitenta dias, plano efetivo de conclusão das obras.	180 (cento e oitenta) dias

PARA GABARITAR

a) Poder concedente: a União, o Estado, o Distrito Federal ou o Município em cuja competência se encontre o serviço público, precedido ou não da execução de obra pública, objeto de concessão ou permissão.

b) Concessão de serviço público: a delegação de sua prestação, feita pelo poder concedente, mediante licitação (na modalidade concorrência ou diálogo competitivo).

c) Concessão de serviço público precedida da execução de obra pública: a construção, total ou parcial, conservação, reforma, ampliação ou melhoramento de quaisquer obras de interesse público, delegada pelo poder concedente, mediante licitação, na modalidade de concorrência ou diálogo competitivo, à pessoa jurídica ou consórcio de empresas que demonstre capacidade para a sua realização, por sua conta e risco, de forma que o investimento da concessionária seja remunerado e amortizado mediante a exploração do serviço ou da obra por prazo determinado.

d) Permissão de serviço público: a delegação, a título precário, mediante licitação, da prestação de serviços públicos, feita pelo poder concedente à pessoa física ou jurídica que demonstre capacidade para seu desempenho, por sua conta e risco.

e) Sempre que forem atendidas as condições do contrato, considera-se mantido seu equilíbrio econômico-financeiro.

f) As tarifas poderão ser diferenciadas em função das características técnicas e dos custos específicos provenientes do atendimento aos distintos segmentos de usuários.

g) É assegurada a qualquer pessoa a obtenção de certidão sobre atos, contratos, decisões ou pareceres relativos à licitação ou às próprias concessões.

h) Incumbe à concessionária a execução do serviço concedido, cabendo-lhe responder por todos os prejuízos causados ao poder concedente, aos usuários ou a terceiros, sem que a fiscalização exercida pelo órgão competente exclua ou atenue essa responsabilidade.

i) A transferência de concessão ou do controle societário da concessionária sem prévia anuência do poder concedente implicará a caducidade da concessão.

PARA MEMORIZAR

a)

CATEGORIAS DE SERVIÇOS PÚBLICOS

- Serviços prestados pelo Estado de forma exclusiva
  › Serviço postal
  › Segurança pública

- Serviços que o Estado deve promover
  › Diretamente ou por
  › Descentralização

- Estado e particular podem prestar
  › Saúde – art. 196 da CF
  › Educação – art. 209 da CF

- Serviços que o Estado até pode prestar, mas pelas características é a iniciativa privada que prestará
  › Rádio e TV

b)

PRINCÍPIOS DO SERVIÇO PÚBLICO

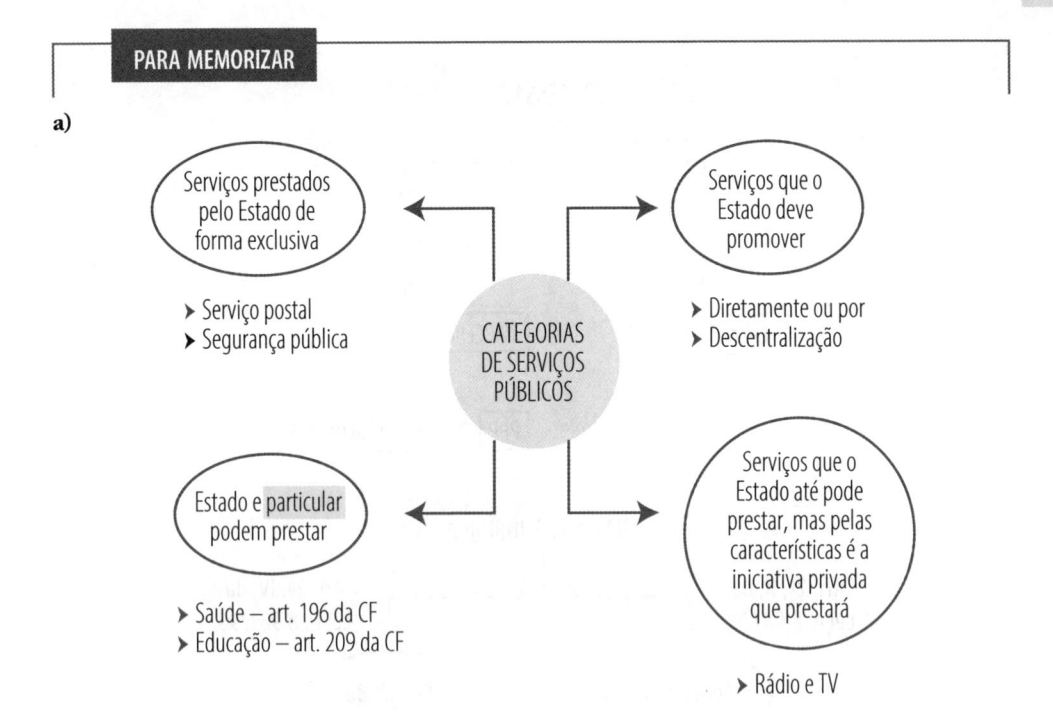

- Generalidade
- Continuidade/Regularidade
- Modicidade das tarifas
- Cortesia
- Eficiência
- Segurança
- Atualidade

→ Art. 6º, § 1º, da Lei n. 8.987/95

Art. 6º, § 2º, da Lei n. 8.987/95

§ 2º A atualidade compreende a modernidade das técnicas, do equipamento e das instalações e a sua conservação, bem como a melhoria e a expansão do serviço.

c)

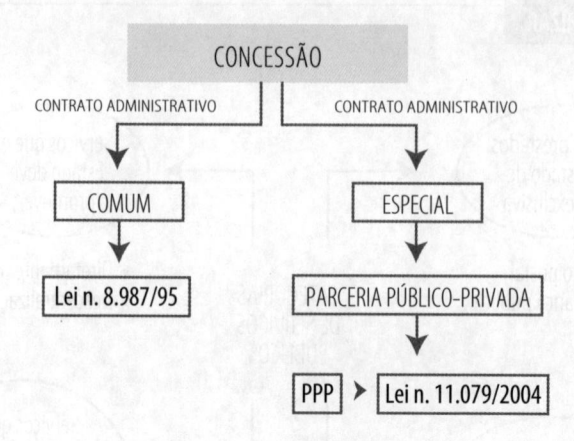

```
                        CONCESSÃO
            CONTRATO ADMINISTRATIVO    CONTRATO ADMINISTRATIVO
                    ↓                           ↓
                 COMUM                       ESPECIAL
                    ↓                           ↓
             Lei n. 8.987/95           PARCERIA PÚBLICO-PRIVADA
                                                ↓
                                      PPP ▶ Lei n. 11.079/2004
```

d)

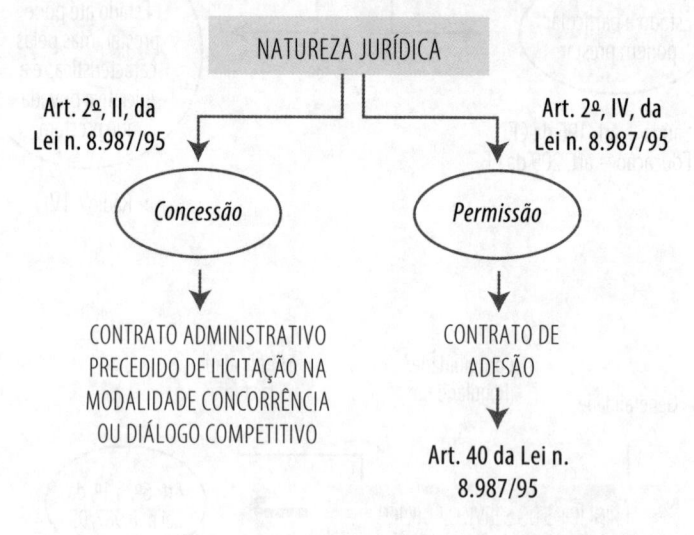

```
                     NATUREZA JURÍDICA
        Art. 2º, II, da                  Art. 2º, IV, da
        Lei n. 8.987/95                  Lei n. 8.987/95
               ↓                                ↓
           Concessão                        Permissão
               ↓                                ↓
      CONTRATO ADMINISTRATIVO            CONTRATO DE
      PRECEDIDO DE LICITAÇÃO NA            ADESÃO
      MODALIDADE CONCORRÊNCIA                ↓
      OU DIÁLOGO COMPETITIVO          Art. 40 da Lei n.
                                         8.987/95
```

e)

CONCESSIONÁRIOS	PERMISSIONÁRIOS
Art. 2º, II, da Lei n. 8.987/95	Art. 2º, IV, e art. 40 da Lei n. 8.987/95
Quem é concessionário? Pessoa jurídica ou Consórcio de empresas	Quem é permissionário? Pessoa jurídica ou Pessoa física
Licitação ↓ Modalidade concorrência ou diálogo competitivo	Licitação ↓ Modalidade depende

f)

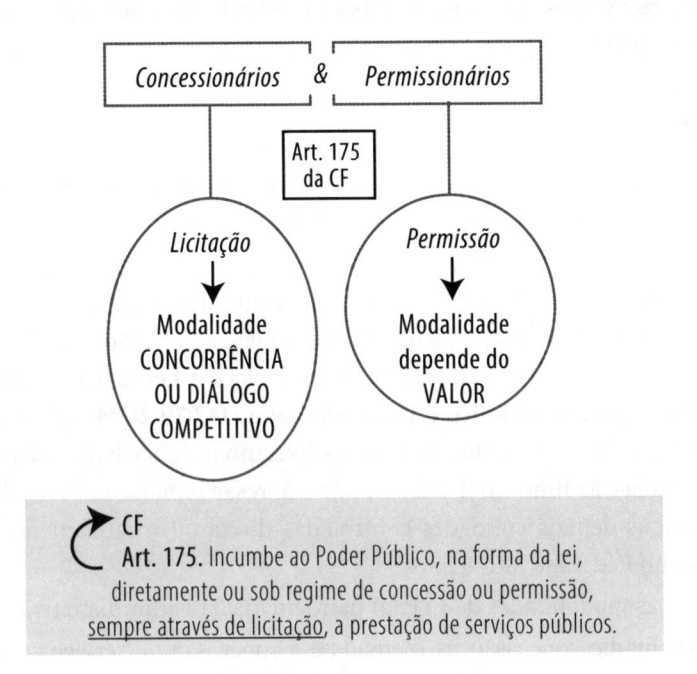

```
         Concessionários  &  Permissionários
                      ┌──────────┐
                      │ Art. 175 │
                      │  da CF   │
                      └──────────┘
            Licitação            Permissão
               ↓                    ↓
           Modalidade           Modalidade
         CONCORRÊNCIA          depende do
          OU DIÁLOGO              VALOR
          COMPETITIVO
```

> **CF**
> **Art. 175.** Incumbe ao Poder Público, na forma da lei, diretamente ou sob regime de concessão ou permissão, <u>sempre através de licitação</u>, a prestação de serviços públicos.

g)

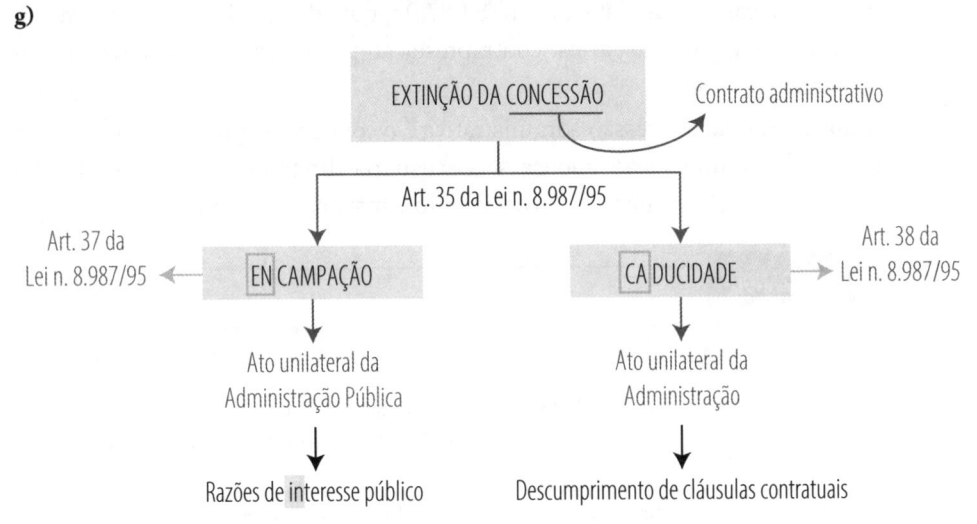

```
              EXTINÇÃO DA CONCESSÃO  → Contrato administrativo
                        │
                Art. 35 da Lei n. 8.987/95
                 ┌──────┴──────┐
Art. 37 da       │             │            Art. 38 da
Lei n. 8.987/95 ← ENCAMPAÇÃO   CADUCIDADE → Lei n. 8.987/95
                 ↓             ↓
           Ato unilateral da   Ato unilateral da
         Administração Pública  Administração
                 ↓             ↓
         Razões de interesse   Descumprimento de
              público          cláusulas contratuais
```

8. CONCESSÃO ESPECIAL – PARCERIA PÚBLICO-PRIVADA REGIDA PELA LEI N. 11.079/2004

A ideia das PPP é a busca de financiamento no setor privado: a empresa privada "empresta" ao Estado o dinheiro, e, assim, o Estado consegue cumprir suas obrigações.

O Estado não tem dinheiro sobrando para cumprir suas obrigações, especialmente no que diz respeito aos grandes investimentos: aeroportos, presídios, metrô etc.

Mas não deu muito certo, pois as empresas privadas não queriam emprestar muito dinheiro para os Estados (até porque acabava o governo de um e então o outro que assumia não cumpria a obrigação com a empresa privada).

8.1 Conceito

Parceria público-privada é delegação de serviços para pessoa jurídica ou consórcio de empresas, precedida de licitação, na modalidade concorrência ou diálogo competitivo (art. 10 da Lei n. 11.079/2004).

A Lei da Parceria Público-privada institui normas gerais para licitação e contratação de parceria público-privada no âmbito dos Poderes da União, dos Estados, do Distrito Federal e dos Municípios. E, conforme estabelece a **Lei n. 13.137/2015, que deu nova redação ao parágrafo único da referida Lei n. 11.079/2004**, aplica-se aos órgãos da Administração Pública Direta dos Poderes Executivo e Legislativo, aos fundos especiais, às autarquias, às fundações públicas, às empresas públicas, às sociedades de economia mista e às demais entidades controladas direta ou indiretamente pela União, Estados, Distrito Federal e Municípios.

Duas são as modalidades de PPP: a) patrocinada e b) administrativa. Vejamos.

- **a) Patrocinada:** concessão patrocinada é a concessão de serviços públicos ou de obras públicas de que trata a Lei n. 8.987/95, quando envolver, adicionalmente à tarifa cobrada dos usuários, contraprestação pecuniária do parceiro público ao parceiro privado.
- **b) Administrativa:** concessão administrativa é o contrato de prestação de serviços de que a Administração Pública seja a usuária direta ou indireta, ainda que envolva execução de obra ou fornecimento e instalação de bens.

ESQUEMATIZANDO

CONCESSÃO PATROCINADA	CONCESSÃO ADMINISTRATIVA
a) Obrigatoriedade da presença de RECURSO PÚBLICO.	A Administração é a usuária DIRETA OU INDIRETA, e, assim, não há cobrança de tarifa de usuário.
OBS.: na concessão comum a presença do recurso público é facultativa. b) O serviço é remunerado mediante a TARIFA DE USUÁRIO. **Ex.:** projetos de rodovias; projetos de aeroportos.	Só há o financiamento por parte do parceiro privado (não há a presença de recursos públicos como ocorre com a PPP patrocinada). **Ex.:** vários presídios em projeto de PPP administrativa. Crítica: Este tipo de concessão administrativa é muito criticado pela doutrina: é muito mais um contrato de obra do que um contrato de concessão.

8.2 Características das PPPs

a) As concessões especiais necessariamente têm investimento privado.

O parceiro privado receberá o valor do financiamento novamente a longo prazo: com a tarifa paga pelo usuário e com pagamento pelo próprio Estado.

b) Compartilhamento dos riscos do negócio com o Estado.

> **LEGISLAÇÃO CORRELATA**
>
> **Lei n. 11.079/2004**
> **Art. 5º** As cláusulas dos contratos de parceria público-privada atenderão ao disposto no art. 23 da Lei n. 8.987, de 13 de fevereiro de 1995, no que couber, devendo também prever: [...]
> III – a **repartição de riscos** entre as partes, inclusive os referentes a caso fortuito, força maior, fato do príncipe e álea econômica extraordinária;.

Os riscos da PPP devem ser, então, compartilhados. Assim, se um projeto efetivado por PPP não der lucro, o Estado também vai arcar com os prejuízos: a responsabilidade é solidária.

c) Pluralidade compensatória (art. 6º da Lei n. 11.079/2004).

O Estado pode pagar o financiamento por parte do parceiro privado de várias formas:

- em dinheiro – por ordem ou depósito bancário;
- por utilização de uso de bem público pelo parceiro privado – e o parceiro privado usa o bem e abate do financiamento;
- por créditos não tributários – quando o Poder Público tem um crédito para receber e transfere esse crédito para o parceiro privado como forma de pagamento do investimento;
- outorga de direitos;
- outras formas permitidas em lei.

A ideia de pluralidade compensatória é boa; o problema é fiscalizar tudo isso.

d) Vedações em sede de PPP: art. 2º, § 4º, da Lei n. 11.079/2004.

> **LEGISLAÇÃO CORRELATA**
>
> **Lei n. 11.079/2004**
> **Art. 2º, § 4º: É vedada** a celebração de contrato de parceria público-privada:
> I – cujo valor do contrato seja **inferior a R$ 10.000.000,00 (dez milhões de reais)**[3];

---

[3] **Cuidado:** o art. 6º da Lei n. 13.529, de 4 de dezembro de 2017, deu nova redação ao art. 2º, § 4º, I, da Lei n. 11.079/2004. Alterou o valor de vedação do contrato de PPP – que não podia ser inferior a 20 milhões de reais – para o valor de 10 milhões de reais. Assim a nova redação fixou a impossibilidade de contrato de PPP cujo valor do contrato seja inferior a R$ 10.000.000,00 (dez milhões de reais).

II – cujo período de prestação do serviço seja **inferior a 5 (cinco) anos**; ou

III – que tenha como **objeto único** o fornecimento de mão de obra, o fornecimento e instalação de equipamentos ou a execução de obra pública.

ESQUEMATIZANDO

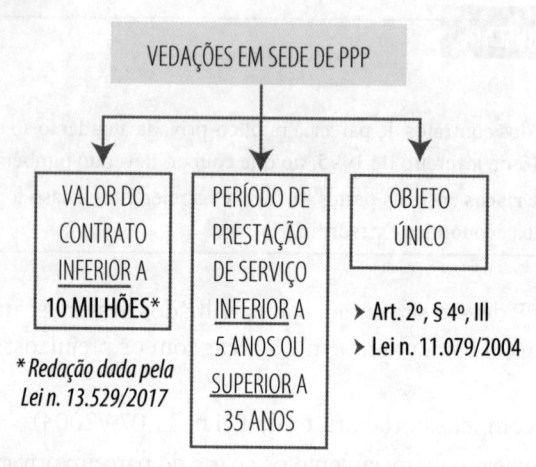

VEDAÇÕES EM SEDE DE PPP

- VALOR DO CONTRATO INFERIOR A 10 MILHÕES*
  * Redação dada pela Lei n. 13.529/2017
- PERÍODO DE PRESTAÇÃO DE SERVIÇO INFERIOR A 5 ANOS OU SUPERIOR A 35 ANOS
- OBJETO ÚNICO

➤ Art. 2º, § 4º, III
➤ Lei n. 11.079/2004

e) Diretrizes das PPP: art. 4º da Lei n. 11.079/2004.

LEGISLAÇÃO CORRELATA

Lei n. 11.079/2004

Art. 4º Na contratação de parceria público-privada serão observadas as seguintes **diretrizes**:

I – eficiência no cumprimento das missões de Estado e no emprego dos recursos da sociedade;

II – respeito aos interesses e direitos dos destinatários dos serviços e dos entes privados incumbidos da sua execução;

III – **indelegabilidade** das funções de regulação, jurisdicional, do exercício do poder de polícia e de outras atividades exclusivas do Estado;

IV – responsabilidade fiscal na celebração e execução das parcerias;

V – transparência dos procedimentos e das decisões;

VI – repartição objetiva de riscos entre as partes;

VII – sustentabilidade financeira e vantagens socioeconômicas dos projetos de parceria.

f) A contratação de concessão especial (PPP) está condicionada a licenciamento ambiental prévio, nos termos do art. 10, VII, da Lei n. 11.079/2004.

LEGISLAÇÃO CORRELATA

Lei n. 11.079/2004

Art. 10. A contratação de parceria público-privada será precedida de licitação na modalidade de concorrência ou diálogo competitivo, estando a abertura do processo licitatório condicionada a: [...]

VII – **licença ambiental prévia** ou expedição das diretrizes para o licenciamento ambiental do empreendimento, na forma do regulamento, sempre que o objeto do contrato exigir.

g) A Lei n. 11.079/2004 também prevê (art. 5º, § 2º, I – com redação dada pela Lei n. 13.097/2015) os requisitos e condições em que o parceiro público **autorizará a transferência do controle ou a administração temporária da sociedade de propósito específico** aos seus financiadores e garantidores com quem não mantenha vínculo societário direto, com o objetivo de promover a sua **reestruturação financeira** e assegurar a **continuidade** da prestação dos serviços (não se aplicando para este efeito o previsto no inciso I do parágrafo único do art. 27 da Lei n. 8.987, de 13 de fevereiro de 1995).

LEGISLAÇÃO CORRELATA

Lei n. 11.079/2004

Art. 5º, § 2º, I: os requisitos e condições em que o parceiro público autorizará a transferência do controle ou a administração temporária da sociedade de propósito específico aos seus financiadores e garantidores com quem não mantenha vínculo societário direto, com o objetivo de promover a sua reestruturação financeira e assegurar a continuidade da prestação dos serviços, não se aplicando para este efeito o previsto no inciso I do parágrafo único do art. 27 da Lei n. 8.987, de 13 de fevereiro de 1995; (*Redação dada pela Lei n. 13.097, de 2015.*)

II – a possibilidade de emissão de empenho em nome dos financiadores do projeto em relação às obrigações pecuniárias da Administração Pública;

III – a legitimidade dos financiadores do projeto para receber indenizações por extinção antecipada do contrato, bem como pagamentos efetuados pelos fundos e empresas estatais garantidores de parcerias público-privadas.

Art. 5º-A. Para fins do inciso I do § 2º do art. 5º, **considera-se**: (*Incluído pela Lei n. 13.097, de 2015.*)

I – o controle da sociedade de propósito específico a propriedade resolúvel de ações ou quotas por seus financiadores e garantidores que atendam os requisitos do art. 116 da Lei n. 6.404, de 15 de dezembro de 1976; (*Incluído pela Lei n. 13.097, de 2015.*)

II – A administração temporária da sociedade de propósito específico, pelos financiadores e garantidores quando, sem a transferência da propriedade de ações ou quotas, forem outorgados os seguintes poderes: (*Incluído pela Lei n. 13.097, de 2015.*)

a) indicar os membros do Conselho de Administração, a serem eleitos em Assembleia Geral pelos acionistas, nas sociedades regidas pela Lei n. 6.404, de 15 de dezembro de 1976; ou administradores, a serem eleitos pelos quotistas, nas demais sociedades; (*Incluído pela Lei n. 13.097, de 2015.*)

b) indicar os membros do Conselho Fiscal, a serem eleitos pelos acionistas ou quotistas controladores em Assembleia Geral; (*Incluído pela Lei n. 13.097, de 2015.*)

c) exercer poder de veto sobre qualquer proposta submetida à votação dos acionistas ou quotistas da concessionária, que representem, ou possam representar, prejuízos aos fins previstos no *caput* deste artigo; (*Incluído pela Lei n. 13.097, de 2015.*)

d) outros poderes necessários ao alcance dos fins previstos no *caput* deste artigo; (*Incluído pela Lei n. 13.097, de 2015.*)

§ 1º A administração temporária autorizada pelo poder concedente não acarretará responsabilidade aos financiadores e garantidores em relação à tributação, encargos, ônus, sanções, obrigações ou compromissos com terceiros, inclusive com o poder concedente ou empregados. (*Incluído pela Lei n. 13.097, de 2015.*)

§ 2º O Poder Concedente disciplinará sobre o prazo da administração temporária. (*Incluído pela Lei n. 13.097, de 2015.*)

Aprofundamento: Aos 10 de março de 2022, o STF decidiu que **não é necessária** a realização de licitação prévia para transferência de concessão ou do controle societário da concessionária de serviços públicos. Por maioria a Corte julgou improcedente a Ação Direta de Inconstitucionalidade (ADI) 2946, ajuizada pela Procuradoria-Geral da República (PGR).

O art. 27, *caput*, da Lei n. 8.987/95 estabelece que a transferência sem prévia anuência do poder concedente implicará a extinção da concessão. O parágrafo primeiro prevê que, para a obtenção da anuência, o pretendente deverá atender às exigências de capacidade técnica, idoneidade financeira e regularidade jurídica e fiscal necessárias à assunção do serviço e comprometer-se a cumprir todas as cláusulas do contrato em vigor.

Segundo a PGR, a norma afrontaria o dever de licitar (art. 175 da Constituição Federal) e divergiria do regime jurídico estabelecido na Lei Geral das Concessões, que prevê a obrigatoriedade de licitação prévia para a subconcessão de serviços públicos (art. 26).

O relator, ministro Dias Toffoli, votou pela manutenção do dispositivo e foi seguido pelos ministros Gilmar Mendes e Nunes Marques. Para Toffoli, o que interessa, para a Administração Pública, é a **proposta mais vantajosa, e não a identidade do contratado**. Ele ressaltou que é necessário zelar pela **continuidade da prestação dos serviços**, e a modificação do contratado não implica, automaticamente, burla à obrigatoriedade de licitação ou ofensa aos princípios constitucionais correlatos.

Toffoli observou que, em regra geral, as características do contratado são **indiferentes** para o Estado. Basta que seja **idôneo**, ou seja, comprove a capacidade para cumprir as obrigações assumidas no contrato, o que é aferido por critérios objetivos e preestabelecidos. Além disso, o princípio constitucional da **impessoalidade** veda que a administração "tenha preferência por esse ou aquele particular".

O relator salientou que uma das peculiaridades dos contratos de concessões públicas é que são dinâmicos, e seu regime jurídico autoriza ajustes, a fim de permitir a continuidade e a prestação satisfatórias. As **transferências**, assim, são utilizadas quando as concessionárias não tiverem condições de permanecer no contrato, e a exigência constitucional de prévia licitação é atendida com o procedimento inicial, cujos efeitos jurídicos são observados e preservados mediante a anuência administrativa.

Por fim, Toffoli ressaltou que a transferência não se assemelha à subconcessão, disciplinada no art. 26 da lei. No primeiro caso, se mantém o contrato original, apenas com a modificação contratual subjetiva. No segundo, instaura-se uma relação jurídico-contratual nova e distinta da anterior. Na retomada do julgamento, em sessão virtual, também aderiram ao voto do relator os ministros Alexandre de Moraes, André Mendonça, Luiz Fux e Luís Roberto Barroso.

9. TABELA DE PRAZOS

LEI N. 11.079/2004	
Art. 5º As cláusulas dos contratos de parceria público-privada atenderão ao disposto no art. 23 da Lei n. 8.987, de 13 de fevereiro de 1995, no que couber, devendo também prever: I – o prazo de vigência do contrato, compatível com a amortização dos investimentos realizados, não inferior a 5 (cinco), nem superior a 35 (trinta e cinco) anos, incluindo eventual prorrogação;	Não inferior a 5 (cinco), nem superior a 35 (trinta e cinco) anos, incluindo eventual prorrogação.
Art. 5º As cláusulas dos contratos de parceria público-privada atenderão ao disposto no art. 23 da Lei n. 8.987, de 13 de fevereiro de 1995, no que couber, devendo também prever: § 1º As cláusulas contratuais de atualização automática de valores baseadas em índices e fórmulas matemáticas, quando houver, serão aplicadas sem necessidade de homologação pela Administração Pública, exceto se esta publicar, na imprensa oficial, onde houver, até o prazo de 15 (quinze) dias após apresentação da fatura, razões fundamentadas nesta Lei ou no contrato para a rejeição da atualização.	Até o prazo de 15 (quinze) dias após apresentação da fatura.
Art. 10. A contratação de parceria público-privada será precedida de licitação na modalidade de concorrência, estando a abertura do processo licitatório condicionada a: [...] VI – submissão da minuta de edital e de contrato à consulta pública, mediante publicação na imprensa oficial, em jornais de grande circulação e por meio eletrônico, que deverá informar a justificativa para a contratação, a identificação do objeto, o prazo de duração do contrato, seu valor estimado, fixando-se prazo mínimo de 30 (trinta) dias para recebimento de sugestões, cujo termo dar-se-á pelo menos 7 (sete) dias antes da data prevista para a publicação do edital;	Prazo mínimo de 30 (trinta) dias para recebimento de sugestões, cujo termo dar-se-á pelo menos 7 (sete) dias antes da data prevista para a publicação do edital.
Art. 18. O estatuto e o regulamento do FGP devem deliberar sobre a política de concessão de garantias, inclusive no que se refere à relação entre ativos e passivos do Fundo. (Redação dada pela Lei n. 12.409, de 2011) [...] § 5º O parceiro privado poderá acionar o FGP nos casos de: (Redação dada pela Lei n. 12.766, de 2012) I – crédito líquido e certo, constante de título exigível aceito e não pago pelo parceiro público após 15 (quinze) dias contados da data de vencimento; e (Incluído pela Lei n. 12.766, de 2012)	Após 15 (quinze) dias.

II – débitos constantes de faturas emitidas e não aceitas pelo parceiro público após 45 (quarenta e cinco) dias contados da data de vencimento, desde que não tenha havido rejeição expressa por ato motivado. (Incluído pela Lei n. 12.766, de 2012)	Após 45 (quarenta e cinco) dias contados da data de vencimento, desde que não tenha havido rejeição expressa por ato motivado.
Art. 18. O estatuto e o regulamento do FGP devem deliberar sobre a política de concessão de garantias, inclusive no que se refere à relação entre ativos e passivos do Fundo. (Redação dada pela Lei n. 12.409, de 2011) [...] § 11. O parceiro público deverá informar o FGP sobre qualquer fatura rejeitada e sobre os motivos da rejeição no prazo de 40 (quarenta) dias contado da data de vencimento. (Incluído pela Lei n. 12.766, de 2012)	40 (quarenta) dias contados da data de vencimento.
Art. 18. O estatuto e o regulamento do FGP devem deliberar sobre a política de concessão de garantias, inclusive no que se refere à relação entre ativos e passivos do Fundo. (Redação dada pela Lei n. 12.409, de 2011) [...] § 12. A ausência de aceite ou rejeição expressa de fatura por parte do parceiro público no prazo de 40 (quarenta) dias contado da data de vencimento implicará aceitação tácita. (Incluído pela Lei n. 12.766, de 2012)	40 (quarenta) dias contados da data de vencimento.

PARA GABARITAR

a) Não constitui parceria público-privada a concessão comum, assim entendida a concessão de serviços públicos ou de obras públicas de que trata a **Lei n. 8.987/95**, quando não envolver contraprestação pecuniária do parceiro público ao parceiro privado.

b) A contraprestação da Administração Pública nos contratos de parceria público-privada poderá ser feita por: ordem bancária; cessão de créditos não tributários; outorga de direitos em face da Administração Pública; outorga de direitos sobre bens públicos dominicais; outros meios admitidos em lei.

c) Antes da celebração do contrato, deverá ser constituída sociedade de propósito específico, incumbida de implantar e gerir o objeto da parceria.

d) Compete aos Ministérios e às Agências Reguladoras, nas suas respectivas áreas de competência, submeter o edital de licitação ao órgão gestor, proceder à licitação, acompanhar e fiscalizar os contratos de parceria público-privada.

e) A União somente poderá contratar parceria público-privada quando a soma das despesas de caráter continuado derivadas do conjunto das parcerias já contratadas não tiver excedido, no ano anterior, a 1% (um por cento) da receita corrente líquida do exercício, e as despesas anuais dos contratos vigentes, nos 10 (dez) anos subsequentes, não excedam a 1% (um por cento) da receita corrente líquida projetada para os respectivos exercícios.

SERVIÇOS PÚBLICOS E CONCESSÃO DE SERVIÇOS PÚBLICOS

f) O Conselho Monetário Nacional estabelecerá, na forma da legislação pertinente, as diretrizes para a concessão de crédito destinado ao financiamento de contratos de parcerias público-privadas, bem como para participação de entidades fechadas de previdência complementar.

10. PERMISSÃO DE SERVIÇOS PÚBLICOS

LEGISLAÇÃO CORRELATA

Lei n. 8.987/95

Art. 2º Para os fins do disposto nesta Lei, considera-se: [...]

IV – **permissão de serviço público:** a delegação, a título precário, mediante licitação, da prestação de serviços públicos, feita pelo poder concedente à pessoa física ou jurídica que demonstre capacidade para seu desempenho, por sua conta e risco.

[...]

Art. 40. A **permissão de serviço público** será formalizada mediante **contrato de adesão**, que observará os termos desta Lei, das demais normas pertinentes e do edital de licitação, inclusive quanto à precariedade e à revogabilidade unilateral do contrato pelo poder concedente.

Parágrafo único. Aplica-se às permissões o disposto nesta Lei.

A permissão de serviço público é uma delegação de serviço público (há apenas a transferência da execução do serviço público – é uma forma de descentralização deste) para pessoa física ou jurídica com capacidade para o seu desempenho.

ESQUEMATIZANDO

CONCESSIONÁRIOS	PERMISSIONÁRIOS
Art. 2º, II, da Lei n. 8.987/95	Art. 2º, IV, e art. 40 da Lei n. 8.987/95
Quem é concessionário? Pessoa jurídica ou Consórcio de empresas	Quem é permissionário? Pessoa jurídica ou Pessoa física
Licitação ↓ Modalidade concorrência ou diálogo competitivo	Licitação ↓ Modalidade depende

10.1 Natureza jurídica da permissão de serviço público

No Brasil, a permissão nasceu como ato unilateral. Mas, em 1995, a lei estabeleceu que, se o nosso instituto for a permissão de serviço público, esta se formalizará por **contrato administrativo de adesão** (art. 40 da Lei n. 8.987/95).

Assim, se considerarmos que a permissão tem natureza jurídica de contrato administrativo, então, para a celebração desse contrato, será necessária licitação prévia, cuja modalidade dependerá do valor do futuro contrato.

Para o STF, tanto a permissão quanto a concessão têm natureza jurídica contratual.

Para Celso Antônio Bandeira de Mello, a permissão é ato unilateral.

11. AUTORIZAÇÃO DE SERVIÇO PÚBLICO

11.1 Conceito

A autorização não é vista com bons olhos pela doutrina, já que é um instituto simples demais, utilizado normalmente para serviços pequenos ou urgentes.

É formalizada por **ato unilateral** (ato realizado pela Administração individualmente. Independe da manifestação de vontade da outra parte), **discricionário** (a Administração dá autorização de acordo com a conveniência e oportunidade) e **precário** (a Administração pode desfazer a qualquer tempo a autorização, sem o ônus de indenizar o autorizatário).

> **JURISPRUDÊNCIA**
>
> - STF, RE 422.591. EMENTA: Recurso extraordinário – Ação direta de inconstitucionalidade de artigos de lei municipal – **Normas que determinam prorrogação automática de permissões e autorizações** em vigor, pelos períodos que especifica – Comandos que, por serem dotados de abstração e não de efeitos concretos, permitem o questionamento por meio de uma demanda como a presente – Prorrogações que efetivamente **vulneram os princípios da legalidade e da moralidade, por dispensarem certames licitatórios previamente à outorga do direito de exploração de serviços públicos** – Ação corretamente julgada procedente – Recurso não provido.

12. NOTÁRIOS E REGISTRADORES: ART. 236 DA CF

O ingresso na atividade notarial e de registro depende de concurso público de provas e títulos, não se permitindo que qualquer serventia fique vaga, sem abertura de concurso de provimento ou de remoção, por mais de seis meses.

Os serviços notariais e de registro são exercidos em caráter privado, por delegação do Poder Público, sendo suas atividades reguladas em lei que disciplinará a responsabilidade **civil e criminal** dos notários, dos oficiais de registro e de seus prepostos, e definirá a fiscalização de seus atos pelo Poder Judiciário.

JURISPRUDÊNCIA

- **STJ, REsp 797.463**. EMENTA. ADMINISTRATIVO. **RESPONSABILIDADE CIVIL DO ESTADO. ATO NOTARIAL. PROCURAÇÃO. FALSIDADE IDEOLÓGICA RECONHECIDA. COMPRA E VENDA REALIZADA.** ANULAÇÃO DO NEGÓCIO. RESPONSABILIDADE CONFIGURADA. 1. "Os tabelionatos são serventias judiciais e estão imbricadas na máquina estatal, mesmo quando os servidores têm remuneração pelos rendimentos do próprio cartório e não dos cofres públicos" (REsp 489.511/SP, rel. Min. Eliana Calmon, *DJU* 04.10.2004). 2. A procuração pública cuja falsidade foi reconhecida e que motivou a alienação imobiliária, posteriormente desfeita, **sujeita o Estado à responsabilidade civil.** 3. Recurso especial provido (STJ, REsp 797.463/SP, 2ª T., rel. Min. Castro Meira, j. 5-11-2008, *DJ* 17-12-2008).
- **STJ, RMS 26.536**. EMENTA: ADMINISTRATIVO – MANDADO DE SEGURANÇA – TABELIONATO – ADMINISTRATIVO – MANDADO DE SEGURANÇA – TABELIONATO – **SANÇÃO DE PERDA DE DELEGAÇÃO – POSSIBILIDADE DE APLICAÇÃO DESDE QUE OBSERVADA A PROPORCIONALIDADE.** A sanção de perda de delegação pode ser aplicada, desde que proporcionalmente, nos casos de **grave violação do ordenamento jurídico pátrio**. Recurso ordinário em mandado de segurança improvido (STJ, RMS 26.536/SP, 2ª T., rel. Min. Humberto Martins, j. 5-5-2009, *DJ* 19-5-2009).
- **STF, ADI 2.902**. EMENTA: CONSTITUCIONAL. AÇÃO DIRETA DE INCONSTITUCIONALIDADE: LEGITIMIDADE ATIVA. ASSOCIAÇÕES. PRECEDENTE: ADI 3.153-AgR/DF, Rel. p/ acórdão o Ministro S. Pertence. DECISÃO: – Vistos. Trata-se de agravo regimental, fundado no art. 317 do RI/STF, interposto pela ASSOCIAÇÃO BRASILEIRA DAS PRESTADORAS DE SERVIÇOS DE TELECOMUNICAÇÕES COMPETITIVAS – TELCOMP, da decisão (fls. 1.122/1.128) que negou seguimento ao pedido formulado na ação direta de inconstitucionalidade por faltar legitimidade ativa à requerente. Inicialmente, diz a agravante que o entendimento firmado pela decisão impugnada "terá a indesejável consequência de privar um importante setor econômico do País – o setor de telecomunicações – do recurso ao controle concentrado da constitucionalidade das leis" (fl. 1.132). Sustenta, mais, em síntese, o seguinte: a) o conceito de classe expresso na decisão agravada não reflete o sentido que lhe deu o inciso IX do art. 103 da Constituição Federal, dado que essa não faz distinção entre classes formadas por pessoas físicas e classes formadas por pessoas jurídicas. Nesse contexto, ressalta que "onde a lei não faz distinção, não cabe ao intérprete distinguir" (fl. 1.135); b) legitimidade da TELCOMP, já reconhecida, de forma indireta, pelo Supremo Tribunal Federal, no julgamento da ADI 2.183-AgR/AM, rel. Min. Octavio Gallotti. Na ocasião, firmou-se o entendimento de que "o ramo de atividades das prestadoras de serviço de telecomunicações formaria uma classe que poderia suscitar o controle concentrado da constitucionalidade das leis, desde que a associação postulante representasse a totalidade do setor e não mero segmento" (fl. 1.136); c) existência de graves danos ocasionados pela Lei Estadual n. 10.995/2001, na medida em que "quase toda a infraestrutura sem fio está sendo objeto de litígio potencial e efetivo" (fl. 1.138). Ao final, requer a agravante a reconsideração da decisão impugnada ou, caso assim não se entenda, o Julgamento do presente agravo pelo Plenário desta Corte. Decido. O Supremo Tribunal Federal, no julgamento da ADI 3.153-AgR/DF, Relator p/ acórdão o Ministro Sepúlveda Pertence, reformulou o seu entendimento a respeito do tema, conferindo legitimidade, para a ação direta de inconstitucionalidade, à associação constituída de associações (*Informativo 361*). Assim posta a questão, reconsidero a decisão de fls. 1.122/1.128, que negou seguimento ao pedido. Publicada esta decisão, venham-me os autos conclusos. Brasília, 02 de novembro de 2004. Ministro Carlos Velloso – Relator.

13. PROGRAMA DE PARCERIAS DE INVESTIMENTO – PPI – LEI N. 13.334, DE 13 DE NOVEMBRO DE 2016

A referida Lei criou, no âmbito da Presidência da República, o Programa de Parcerias de Investimento – PPI, destinado à ampliação e fortalecimento da interação entre Estado e a iniciativa privada por meio da **celebração de contratos de parceria** para a execução de empreendimentos públicos de infraestrutura e de outras medidas de desestatização.

Consideram-se **contratos de parceria** a concessão comum, a concessão patrocinada, a concessão administrativa, a concessão regida por legislação setorial, a permissão de serviço público, o arrendamento de bem público, a concessão de direito real e os outros negócios público-privados que, em função de seu caráter estratégico e de sua complexidade, especificidade, volume de investimentos, longo prazo, riscos ou incertezas envolvidos, adotem estrutura jurídica semelhante.

Mas o que poderá integrar o denominado PPI?

a) Os empreendimentos públicos de infraestrutura em execução ou a serem executados por meio de contratos de parceria celebrados pela Administração Pública Direta e Indireta da União.

b) Os empreendimentos públicos de infraestrutura que, por delegação ou com o fomento da União, sejam executados por meio de contratos de parceria celebrados pela Administração Pública Direta ou Indireta dos Estados, do Distrito Federal ou dos Municípios.

c) As demais medidas do programa nacional de desestatização a que se refere a Lei n. 9.491, de 9 de setembro de 1997.

Princípios que regem os PPIs: a) estabilidade das políticas públicas de infraestrutura; b) legalidade, qualidade, eficiência e transparência da atuação estatal; e c) garantia de segurança jurídica aos agentes públicos, às entidades estatais e aos particulares envolvidos.

PARA GABARITAR

a) Caso um serviço não seja prestado de forma adequada, segundo critérios e indicadores de qualidade definidos, poderá ser declarada a caducidade da concessão pelo poder concedente.

b) Os direitos e deveres do concessionário incluem a captação, a aplicação e a gestão dos recursos financeiros, dada a importância que esses processos têm para a qualidade da prestação do serviço público.

c) O princípio da continuidade do serviço público não impede a concessionária de energia elétrica de suspender o fornecimento de eletricidade no caso de inadimplemento do usuário.

d) Os serviços públicos podem ser remunerados mediante taxa ou tarifa.

e) As parcerias público-privadas são contratos administrativos de concessão e podem ser realizadas nas modalidades patrocinada ou administrativa.

14. ENUNCIADOS DA JORNADA DE DIREITO ADMINISTRATIVO

I JORNADA	IDs	ENUNCIADOS APROVADOS NA PLENÁRIA
26	2765	A Lei n. 10.520/2002 define o bem ou serviço comum baseada em critérios eminentemente mercadológicos, de modo que a complexidade técnica ou a natureza intelectual do bem ou serviço não impede a aplicação do pregão se o mercado possui definições usualmente praticadas em relação ao objeto da licitação.
28	2731 e 3037 (Aglutinados)	Na fase interna da licitação para concessões e parcerias público-privadas, o Poder Concedente deverá indicar as razões que o levaram a alocar o risco no concessionário ou no Poder Concedente, tendo como diretriz a melhor capacidade da parte para gerenciá-lo.
34	3021 e 2734 (Aglutinados)	Nos contratos de concessão e PPP, o reajuste contratual para reposição do valor da moeda no tempo é automático e deve ser aplicado independentemente de alegações do Poder Público sobre descumprimentos contratuais ou desequilíbrio econômico-financeiro do contrato, os quais devem ser apurados em processos administrativos próprios para este fim, nos quais garantir-se-ão ao parceiro privado os direitos ao contraditório e à ampla defesa.

15. CONTEÚDO DIGITAL

Acesse também pelo *link*: https://somos.in/MDADM9

Capítulo VIII

Agentes Públicos

1. CONSIDERAÇÕES INICIAIS

A Constituição Federal de 1988 discorre amplamente sobre a Administração Pública, com censurável grau de detalhamento e contendo um verdadeiro estatuto dos servidores públicos.

Assim, no art. 37 encontramos diversas normas que precisam de análise. Vejamos.

1.1 Acessibilidade aos cargos, empregos e funções públicas (art. 37, I, da CF)

Os cargos são lugares criados nos órgãos públicos, ocupados por agentes que exercem funções (encargos atribuídos por lei). Também os servidores públicos poderão ser contratados sob leis trabalhistas, e aí então ocupam um emprego público.

Os cargos, empregos e funções públicas são acessíveis aos brasileiros (natos ou naturalizados), aos portugueses equiparados e aos estrangeiros (desde a EC n. 19/98), cumpridas as formalidades da lei.

O direito de acesso tem algumas restrições, que devem ser compatíveis com as atribuições a serem exercidas. Há cargos que são privativos de brasileiros natos (como aqueles previstos no art. 12, § 3º, da CF); e outros que exigem limite de idade, formação profissional etc.

ESQUEMATIZANDO

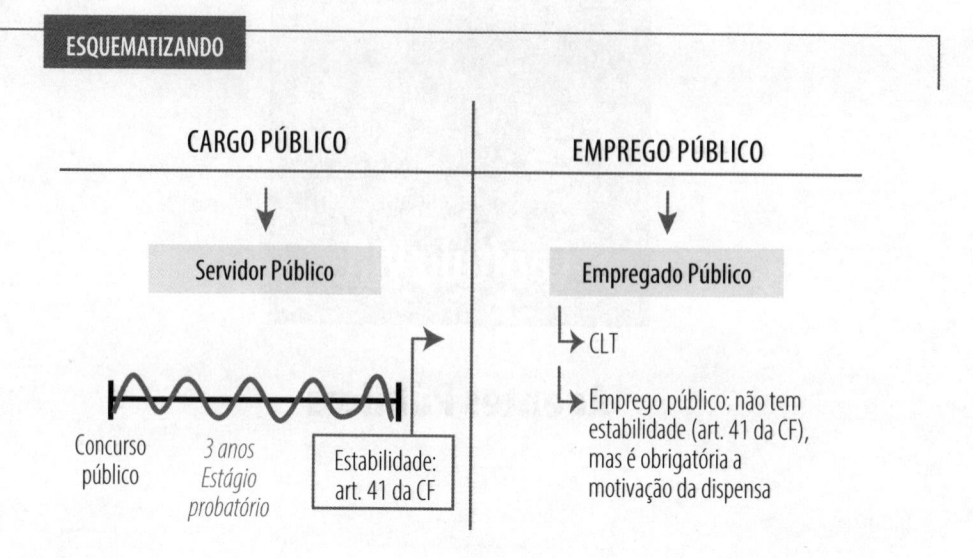

CARGO PÚBLICO → Servidor Público

Concurso público → 3 anos Estágio probatório → Estabilidade: art. 41 da CF

EMPREGO PÚBLICO → Empregado Público
↳ CLT
↳ Emprego público: não tem estabilidade (art. 41 da CF), mas é obrigatória a motivação da dispensa

Aprofundamento: **Súmula 683 do STF:** "O limite de idade para a inscrição em concurso público só se legitima em face do art. 7º, XXX, da Constituição, quando possa ser justificado pela natureza das atribuições do cargo a ser preenchido".

Nesse sentido, o STF, em 30 de abril de 2013, decidiu **rejeitar** Recurso Extraordinário com Agravo **(ARE 678.112)** no qual um cidadão que prestou concurso para o cargo de agente da Polícia Civil do Estado de Minas Gerais buscava garantir judicialmente o seu ingresso na corporação apesar de **ter idade superior ao máximo** previsto no edital (que nesse caso era de 32 anos).

1.2 Concurso público (art. 37, II, da CF)

A regra é: todas as admissões da Administração Pública devem ser precedidas de concurso público, tanto para servidores admitidos como para estatutários, funcionários, como para os empregados contratados pela CLT. Aplica-se aos servidores da Administração direta, como para as autarquias, empresas públicas, sociedade de economia mista e fundações, e vale para as quatro entidades estatais.

Lembrando que para os **cargos em comissão** declarados em lei, destituíveis *ad nutum* (a qualquer tempo), não há concurso, pois deve prevalecer o vínculo de confiança. Também os ocupantes de mandato eletivo não prestam concurso público em razão de estarmos diante de escolhas políticas. Mais, os contratados temporariamente (art. 37, IX, da CF) também não prestam concurso e podem ser escolhidos por processo seletivo simplificado.

Aprofundamento 1: Em 1º de setembro de 2014, o Plenário do Supremo Tribunal Federal, em julgamento do **RE 705.140, com repercussão geral reconhecida (tema 308)**, decidiu (por unanimidade) que **as contratações sem concurso pela Administração Pública não geram quaisquer efeitos jurídicos válidos**. Os únicos efeitos gerados são: **1)** o direito à percepção dos salários do período trabalhado e **2)** o levantamento dos depósitos efetuados no Fundo de Garantia do Tempo de Serviço (FGTS).

A **tese** fixada pelo STF tem a seguinte redação: "A Constituição de 1988 comina de nulidade as contratações de pessoal pela Administração Pública sem a observância das normas referentes à indispensabilidade da prévia aprovação em concurso público (CF, art. 37, § 2º), não gerando, essas contratações, quaisquer efeitos jurídicos válidos em relação aos empregados contratados, a não ser o direito à percepção dos salários referentes ao período trabalhado e, nos termos do art. 19-A da Lei n. 8.036/90, ao levantamento dos depósitos efetuados no Fundo de Garantia por Tempo de Serviço – FGTS".

Aprofundamento 2: Em 16 de maio de 2013, o STF, no **RE 630.733, com repercussão geral reconhecida (tema 335)**, entendeu que **não é possível admitir a remarcação de prova de aptidão física para data diversa da estabelecida em edital de concurso público em razão de circunstâncias pessoais de candidato,** ainda que de caráter fisiológico, como doença temporária devidamente comprovada por atestado médico, **salvo** se essa possibilidade estiver prevista pelo próprio edital do certame. Vejamos:

> **Os candidatos em concurso público não têm direito à prova de segunda chamada nos testes de aptidaoo física em razão de circunstâncias pessoais, ainda que de caráter fisiológico ou de força maior, salvo contrária disposição editalícia.** Discutia-se a possibilidade de remarcação de teste de aptidão física para data diversa da estabelecida por edital, em virtude de força maior que atingisse a higidez física do candidato, devidamente comprovada mediante documentação idônea. O Tribunal afirmou ser desarrazoada a movimentação da máquina estatal para privilegiar candidatos impossibilitados de realizar alguma das etapas do certame por motivos exclusivamente individuais. Asseverou que o consentimento na remarcação do teste de aptidão física nessas circunstâncias possibilitaria o adiamento, sem limites, de qualquer etapa do concurso, o que causaria tumulto e dispêndio desnecessário para a Administração. Ademais, esta não poderia ficar à mercê de situações adversas para colocar fim ao certame, de modo a deixar os concursos em aberto por prazo indeterminado. Por fim, assegurou-se a validade das provas de segunda chamada realizadas até a data do julgamento (**RE 630.733/DF**, rel. Min. Gilmar Mendes, j. 15-5-2013).

A **tese** firmada pelo STF no referido caso teve a seguinte redação: "Inexiste direito dos candidatos em concurso público à prova de segunda chamada nos teste de aptidão física, salvo contrária disposição editalícia, em razão de circunstâncias pessoais, ainda que de caráter fisiológico ou de força maior, mantida a validade das provas de segunda chamada realizadas até 15-5-2013, em nome da segurança jurídica".

Aprofundamento 3: O STF, em 23 de abril de 2015, reconheceu a **repercussão geral no RE 632.853 (tema 485)** – relatoria do Ministro Gilmar Mendes –, e, por maioria de votos, os ministros reafirmaram a jurisprudência do Tribunal para fixar que **apenas nos casos de flagrante ilegalidade ou inconstitucionalidade o Poder Judiciário poderá ingressar no mérito do ato administrativo para rever critérios de correção e de avaliação fixados pela Banca Organizadora do certame**. A jurisprudência do STF apenas permite que se verifique se o conteúdo das questões corresponde ao previsto no edital, sem entrar no mérito. O Ministro Teori Zavascki ressaltou que a interferência do Poder Judiciário em concursos públicos deve ser **mínima**, "pois se os critérios da banca forem modificados com fundamento de reclamação de uma parcela dos candidatos, todos os outros concorrentes serão afetados, violando o princípio da isonomia".

A **tese** firmada tem a seguinte redação: "Não compete ao Poder Judiciário substituir a banca examinadora para reexaminar o conteúdo das questões e os critérios de correção utilizados, **salvo** ocorrência de ilegalidade ou de inconstitucionalidade".

Aprofundamento 4: O Plenário do STF, em 26 de março de 2015, por maioria, julgou improcedente a **ADI 3.127** (de relatoria do Min. Teori Zavascki) e reafirmou o entendimento de que os trabalhadores que tiveram o contrato de trabalho com a Administração Pública declarado nulo em razão do descumprimento da regra constitucional da observância do concurso público **têm direito aos depósitos de FGTS (Fundo de Garantia do Tempo de Serviço)**. Essa decisão não torna válidas as contratações indevidas, mas apenas garante o saque dos valores recolhidos ao FGTS pelo trabalhador que efetivamente prestou serviço público. Tal questão já havia sido enfrentada quando do julgamento do **RE 596.478**, com repercussão geral (julgado em dezembro de 2014 – **tema 191**).

A **tese** firmada no presente caso teve a seguinte redação: "É constitucional o art. 19-A da Lei n. 8.036/90, que dispõe ser devido o depósito do Fundo de Garantia do Tempo de Serviço – FGTS na conta de trabalhador cujo contrato com a Administração Pública seja declarado nulo por ausência de prévia aprovação em concurso público, desde que mantido o direito ao salário".

Em resumo: é reconhecido direito ao FGTS a ex-servidor com contrato nulo ante a ausência de concurso público!

Aprofundamento 5: O STF, ao converter em Recurso Extraordinário Agravo de Instrumento (AI 758.533), **reafirmou jurisprudência no sentido de que psicotécnico para acesso ao serviço público só é possível com previsão legal**. Além disso, é preciso observar em sua aplicação os critérios mínimos de objetividade e o princípio da publicidade.

Aprofundamento 6: O STF, em 19 de fevereiro de 2014, decidiu (ao julgar o **RE 635.739, com repercussão geral – tema 376**) que **cláusula de barreira em concurso público é constitucional**. Para o então Procurador-Geral da República (Rodrigo

Janot), a fixação de cláusula de barreira **não implica** quebra do princípio da isonomia. Com o crescente número de pessoas que buscam ingresso em carreiras públicas, é cada vez mais usual a fixação de regras nos editais que estabeleçam **limitação prévia objetiva para a continuidade no concurso dos candidatos aprovados em sucessivas fases** (sem que essas regras restritivas – sejam elas eliminatórias ou de barreira – violem os princípios da isonomia, igualdade ou proporcionalidade). Muitas vezes é o tratamento desigual entre candidatos de concursos que tem o condão de igualar o tratamento entre eles, afirmou o Ministro Gilmar Mendes, numa alusão à igualdade material (consubstanciada na máxima aristotélica de tratar igualmente os iguais e desigualmente os desiguais na medida de suas desigualdades).

A **tese** fixada pelo STF tem a seguinte redação: "É constitucional a regra inserida no edital de concurso público, denominada cláusula de barreira, com o intuito de selecionar apenas os candidatos mais bem classificados para prosseguir no certame".

Aprofundamento 7: O STF, ao julgar o **RE 598.099** (relatoria do Min. Gilmar Mendes), **com repercussão geral (tema 161)**, fixou que **aprovado em concurso dentro do número de vagas tem direito à nomeação**. O Ministro ressaltou que "o dever de boa-fé da Administração Pública exige o respeito incondicional às regras do edital, inclusive quanto à previsão das vagas no concurso público" – como corolário do próprio princípio da segurança jurídica (considerada "pedra angular" do Estado de Direito, sob a forma de proteção à confiança).

As condições para a nomeação são de índole fática e jurídica: a) previsão em edital de número específico de vagas a serem preenchidas pelos candidatos aprovados no concurso; b) realização do certame conforme regras fixadas pelo edital; c) homologação do concurso; d) proclamação dos aprovados dentro do número de vagas previsto no edital, em ordem de classificação, por ato inequívoco e público da autoridade administrativa competente.

Ressaltou, todavia, que **"situações excepcionalíssimas"** e de interesse público, e desde que devidamente motivadas, podem ser levadas em consideração e seriam capazes de justificar **decisão diferente da mencionada**. Essas "situações excepcionalíssimas" ocorreriam, por exemplo, nos seguintes casos: a) guerra; b) fenômenos naturais causadores de calamidade pública ou comoção interna; c) gravidade – consistente em acontecimentos extraordinários e imprevisíveis, capazes de acarretar onerosidade excessiva que possa dificultar ou impossibilitar o cumprimento efetivo das regras do edital; d) necessidade – quando não existirem outros meios menos gravosos para lidar com a situação excepcional e imprevisível; e) superveniência – eventuais fatos ensejadores de situação excepcional posteriores à publicação do edital do concurso; f) imprevisibilidade – circunstâncias extraordinárias à época da publicação do edital.

A **tese** firmada no referido caso teve a seguinte redação: "O candidato aprovado em concurso público dentro do número de vagas previsto no edital possui direito subjetivo à nomeação".

Aprofundamento 8: O STF, em 21 de novembro de 2014, reconheceu a **repercussão geral no RE 837.311 (tema 784)**. Analisou o direito subjetivo à nomeação de candidatos aprovados **fora do número** de vagas previstas no edital de concurso público no caso de surgimento de novas vagas durante o prazo de validade do certame. Em 9 de dezembro de 2015, por maioria de votos, o Plenário do STF fixou a **tese** de que "**o surgimento de novas vagas ou a abertura de novo concurso para o mesmo cargo, durante o prazo de validade do certame anterior, não gera automaticamente o direito à nomeação dos candidatos aprovados fora das vagas previstas no edital,** ressalvadas as hipóteses de preterição arbitrária e imotivada por parte da Administração, caracterizada por comportamento tácito ou expresso do Poder Público capaz de revelar a inequívoca necessidade de nomeação do aprovado durante o período de validade do certame, a ser demonstrada de forma cabal pelo candidato. Assim, o **direito subjetivo à nomeação do candidato aprovado em concurso público exsurge nas seguintes hipóteses:** 1 – Quando a aprovação ocorrer dentro do número de vagas dentro do edital; 2 – Quando houver preterição na nomeação por não observância da ordem de classificação; 3 – Quando surgirem novas vagas, ou for aberto novo concurso durante a validade do certame anterior, e ocorrer a preterição de candidatos de forma arbitrária e imotivada por parte da Administração nos termos acima".

Aprofundamento 9: O STF, em dezembro de 2011, reconheceu a **repercussão geral** da questão no **RE 662.405 (tema 512)**, em que se discute acerca da responsabilidade civil do Estado objetiva da União por danos materiais causados a candidatos inscritos em concurso público em face do **cancelamento da prova do certame por suspeita de fraude**.

A **tese** firmada no referido caso teve a seguinte redação: "O Estado responde subsidiariamente por danos materiais causados a candidatos em concurso público organizado por pessoa jurídica de direito privado (art. 37, § 6º, da CRFB/88), quando os exames são cancelados por indícios de fraude".

Aprofundamento 10: O STF reconheceu a **repercussão geral** da questão no **RE 560.900 (tema 22)**, em que se discute, à luz do art. 5º, LVII, da Constituição Federal, a validade, ou não, de restrição à participação em concurso público de candidato a cabo da Polícia Militar denunciado pela prática do crime previsto no art. 342 do Código Penal (falso testemunho ou falsa perícia). Toda discussão gira em torno da possibilidade de restrição ou não da participação em concurso público de candidato que responde a processo criminal.

A **tese** firmada no referido caso teve a seguinte redação (5-2-2020): "Sem previsão constitucionalmente adequada e instituída por lei, **não é legítima** a cláusula de edital de concurso público que restrinja a participação de candidato pelo simples fato de responder a inquérito ou ação penal".

Aprofundamento 11: Em **26 de outubro de 2015**, o STF reconheceu a **repercussão geral de questão discutida no RE 898.450 (tema 838)**, de relatoria do Ministro Luiz Fux, em que se firmou a **tese** de que "editais de concurso público não podem estabelecer restrição a pessoas com tatuagem, salvo situações excepcionais em razão de conteúdo que viole valores constitucionais".

O referido RE foi interposto por candidato ao cargo de soldado da Polícia Militar de São Paulo contra acórdão do Tribunal de Justiça do Estado de São Paulo que reformou decisão de primeira instância e manteve sua desclassificação do concurso. Em **agosto de 2016**, por maioria, o Plenário do STF julgou o referido recurso e fixou a inconstitucionalidade da proibição de tatuagens a candidatos a cargo público estabelecida em leis e editais de concurso público. O relator do RE, Ministro Luiz Fux, observou que a criação de **barreiras arbitrárias** para impedir o acesso de candidatos a cargos públicos fere os princípios constitucionais da isonomia e da razoabilidade. A tatuagem, por si só, **não pode** ser considerada uma transgressão ou uma conduta atentatória aos bons costumes, por se tratar de uma forma autêntica de liberdade de manifestação do indivíduo e de liberdade de expressão, sem que isso seja capaz de representar ofensa aos princípios e aos valores éticos.

Ponto importante ressaltado no voto do Ministro Luiz Fux foi o fato de as tatuagens consideradas extremistas, racistas, preconceituosas ou capazes de atentar contra a instituição de que o candidato quer fazer parte devem ser coibidas. *Exemplificando:* um policial não poderia ostentar sinais corporais que signifiquem apologia ao crime ou exaltem organizações criminosas.

Já as Forças Armadas (Marinha, Exército e Aeronáutica – art. 142 da CF) "vedam o ingresso de pessoas com tatuagens que transmitam mensagens relacionadas à violação da lei e da ordem, tais como as que discriminem grupos por sua cor, origem, credo, sexo, orientação sexual ou que incitem o consumo de drogas ou a prática de crimes, por entender que são incompatíveis com a função militar".

Aprofundamento 12: A **Lei n. 13.656, de 30 de abril de 2018**, isenta do pagamento de taxa de inscrição em concursos públicos para provimento de cargo efetivo ou emprego permanente em órgãos ou entidades da Administração Pública direta e indireta de qualquer dos Poderes da União: a) os candidatos que pertençam a família inscrita no Cadastro Único para Programas Sociais (CadÚnico), do Governo Federal, cuja renda familiar mensal *per capita* seja inferior ou igual a meio salário mínimo nacional; b) os candidatos doadores de medula óssea em entidades reconhecidas pelo Ministério da Saúde.

Aprofundamento 13: Em **24 de setembro de 2018**, o STF **reafirmou** sua jurisprudência no sentido de que, caso o exame psicotécnico previsto em lei e em edital de concurso seja considerado nulo, o candidato só poderá prosseguir no certame após a realização de nova avaliação com critérios objetivos. O tema (com repercussão) foi abordado no **RE 1.133.146**, de relatoria do Ministro Luiz Fux.

Aprofundamento 14: Em **6 de fevereiro de 2020**, o Plenário do STF aprovou, por maioria de votos, a tese decorrente do julgamento do **RE 560.900 (tema 22)**, com repercussão geral reconhecida, em que os Ministros reconheceram a **inconstitucionalidade** da exclusão de candidato de concurso público que esteja respondendo a processo criminal.

A **tese** aprovada, proposta pelo relator, Ministro Luís Roberto Barroso, teve a seguinte redação: "Sem previsão constitucionalmente adequada e instituída por lei, **não é legítima** a cláusula de edital de concurso público que restrinja a participação de candidato pelo simples fato de responder a inquérito ou ação penal".

Aprofundamento 15: Em **22 de junho de 2020**, a Federação Nacional do Fisco Estadual e Distrital (Fenafisco) ajuizou no **STF a ADI 6465**, com pedido de medida cautelar, contra dispositivo da Lei Complementar n. 173/2020 que proíbe, até 31-12-2021, a realização de concurso público nos níveis federal, estadual, distrital e municipal, em razão da **pandemia da Covid-19**. Até o momento, não há decisão definitiva sobre o assunto.

JURISPRUDÊNCIA EM TESES

CONCURSOS PÚBLICOS (EDIÇÕES 9, 11, 15, 103 E 115)

A banca examinadora pode exigir conhecimento sobre legislação superveniente à publicação do edital, desde que vinculada às matérias nele previstas.	Acórdãos **AgRg no RMS 021654/ES**, Rel. Ministro OG FERNANDES, SEXTA TURMA, j. 1º-3-2012, *DJe* 14-3-2012 **RMS 033191/MA**, Rel. Ministro HUMBERTO MARTINS, SEGUNDA TURMA, j. 14-4-2011, *DJe* 26-4-2011 **AgRg no RMS 022730/ES**, Rel. Ministra MARIA THEREZA DE ASSIS MOURA, SEXTA TURMA, j. 20-4-2010, *DJe* 10-5-2010 **RMS 021743/ES**, Rel. Ministro ARNALDO ESTEVES LIMA, QUINTA TURMA, j. 9-10-2007, *DJ* 5-11-2007
A limitação de idade, sexo e altura para o ingresso na carreira militar é válida desde que haja previsão em lei específica e no edital do concurso público.	Acórdãos **RMS 044597/SC**, Rel. Ministro MAURO CAMPBELL MARQUES, SEGUNDA TURMA, j. 11-2-2014, *DJe* 18-2-2014 **RMS 044127/AC**, Rel. Ministro HUMBERTO MARTINS, SEGUNDA TURMA, j. 17-12-2013, *DJe* 3-2-2014 **AgRg no RMS 031200/SC**, Rel. Ministra ASSUSETE MAGALHÃES, SEXTA TURMA, j. 19-9-2013, *DJe* 16-10-2013

	AgRg na MC 015751/MT, Rel. Ministro OG FERNANDES, SEXTA TURMA, j. 2-5-2013, *DJe* 23-5-2013
AgRg no RMS 041515/BA, Rel. Ministro HERMAN BENJAMIN, SEGUNDA TURMA, j. 2-5-2013, *DJe* 10-5-2013
EDcl no RMS 034394/MS, Rel. Ministro BENEDITO GONÇALVES, PRIMEIRA TURMA, j. 18-9-2012, *DJe* 24-9-2012

Decisões Monocráticas
AREsp 400451/RN, Rel. Ministro NAPOLEÃO NUNES MAIA FILHO, PRIMEIRA TURMA, j. 26-2-2014, publicado em 6-3-2014
Ag 1392586/RS, Rel. Ministro ARNALDO ESTEVES LIMA, PRIMEIRA TURMA, j. 30-5-2011, publicado em 6-6-2011 |
| **A aferição do cumprimento do requisito de idade deve se dar no momento da posse no cargo público e não no momento da inscrição.** | **Acórdãos**
EDcl no AgRg no RMS 041515/BA, Rel. Ministro HERMAN BENJAMIN, SEGUNDA TURMA, j. 25-6-2013, *DJe* 13-9-2013
MC 019398/MG, Rel. Ministro HUMBERTO MARTINS, SEGUNDA TURMA, j. 2-10-2012, *DJe* 10-10-2012
AgRg no RMS 033166/MS, Rel. Ministro BENEDITO GONÇALVES, PRIMEIRA TURMA, j. 11-9-2012, *DJe* 17-9-2012 |
| **O edital é a lei do concurso e suas regras vinculam tanto a Administração Pública quanto os candidatos.** | **Acórdãos**
AgRg no RMS 040615/MG, Rel. Ministro MAURO CAMPBELL MARQUES, SEGUNDA TURMA, j. 17-9-2013, *DJe* 25-9-2013
EDcl no AgRg no REsp 1285589/CE, Rel. Ministro BENEDITO GONÇALVES, Rel. p/ Acórdão Ministro NAPOLEÃO NUNES MAIA FILHO, PRIMEIRA TURMA, j. 11-6-2013, *DJe* 1º-7-2013
AgRg no AREsp 306308/AP, Rel. Ministro HERMAN BENJAMIN, SEGUNDA TURMA, j. 14-5-2013, *DJe* 29-5-2013
EDcl no AgRg no REsp 1251123/RJ, Rel. Ministro ARNALDO ESTEVES LIMA, PRIMEIRA TURMA, j. 7-3-2013, *DJe* 14-3-2013

Decisões Monocráticas
REsp 1381505/SC, Rel. Ministro BENEDITO GONÇALVES, PRIMEIRA TURMA, j. 1º-10-2013, publicado em 4-10-2013 |

	RMS 023427/MS, Rel. Ministro OG FERNANDES, j. 24-8-2012, publicado em 30-8-2012 **SLS 001228/BA**, Rel. Ministro ARI PARGENDLER, j. 8-9-2010, publicado em 10-9-2010
Constatada a ilegalidade do exame psicotécnico, o candidato deve ser submetido a nova avaliação, pautada por critérios objetivos e assegurada a ampla defesa.	**Acórdãos** **AgRg no REsp 1404261/DF**, Rel. Ministro MAURO CAMPBELL MARQUES, SEGUNDA TURMA, j. 11-2-2014, *DJe* 18-2-2014 **EDcl no AgRg no REsp 1330229/DF**, Rel. Ministro OG FERNANDES, SEGUNDA TURMA, j. 17-12-2013, *DJe* 3-2-2014 **AgRg no AREsp 385611/DF**, Rel. Ministra ELIANA CALMON, SEGUNDA TURMA, j. 21-11-2013, *DJe* 29-11-2013 **AgRg no REsp 1285117/DF**, Rel. Ministro SÉRGIO KUKINA, PRIMEIRA TURMA, j. 7-11-2013, *DJe* 14-11-2013 **AgRg no AgRg no REsp 1352415/DF**, Rel. Ministro HUMBERTO MARTINS, SEGUNDA TURMA, j. 4-6-2013, *DJe* 10-6-2013 **REsp 1351034/DF**, Rel. Ministro HERMAN BENJAMIN, SEGUNDA TURMA, j. 11-12-2012, *DJe* 19-12-2012 **AgRg no AgRg no REsp 1197852/DF**, Rel. Ministro BENEDITO GONÇALVES, PRIMEIRA TURMA, j. 17-3-2011, *DJe* 22-3-2011 **REsp 469959/RS**, Rel. Ministro ARNALDO ESTEVES LIMA, QUINTA TURMA, j. 12-9-2006, *DJ* 9-10-2006 **Decisões Monocráticas** **REsp 1369508/DF**, Rel. Ministro NAPOLEÃO NUNES MAIA FILHO, PRIMEIRA TURMA, j. 5-4-2013, publicado em 10-4-2013
A exigência de teste de aptidão física é legítima quando prevista em lei, guardar relação de pertinência com as atividades a serem desenvolvidas, estiver pautada em critérios objetivos e for passível de recurso.	**Acórdãos** **RMS 044406/MA**, Rel. Ministro SÉRGIO KUKINA, PRIMEIRA TURMA, j. 11-2-2014, *DJe* 18-2-2014 **REsp 1351480/BA**, Rel. Ministra ELIANA CALMON, SEGUNDA TURMA, j. 18-6-2013, *DJe* 26-6-2013 **AgRg no RMS 026379/SC**, Rel. Ministro OG FERNANDES, SEXTA TURMA, j. 23-4-2013, *DJe* 2-5-2013 **RMS 036120/RO**, Rel. Ministro MAURO CAMPBELL MARQUES, SEGUNDA TURMA, j. 6-12-2011, *DJe* 13-12-2011

	RMS 032851/BA, Rel. Ministro HUMBERTO MARTINS, SEGUNDA TURMA, j. 19-5-2011, *DJe* 25-5-2011 **AgRg no RMS 027142/MS**, Rel. Ministro ARNALDO ESTEVES LIMA, QUINTA TURMA, j. 6-4-2010, *DJe* 3-5-2010 **Decisões Monocráticas** **RMS 039393/BA**, Rel. Ministro NAPOLEÃO NUNES MAIA FILHO, PRIMEIRA TURMA, j. 28-6-2013, publicado em 2-8-2013 **RMS 036535/MS**, Rel. Ministro BENEDITO GONÇALVES, PRIMEIRA TURMA, j. 18-10-2012, publicado em 22-10-2012 **RMS 034418/BA**, Rel. Ministro HERMAN BENJAMIN, SEGUNDA TURMA, j. 29-7-2011, publicado em 4-8-2011
O candidato não pode ser eliminado de concurso público, na fase de investigação social, em virtude da existência de termo circunstanciado, inquérito policial ou ação penal sem trânsito em julgado ou extinta pela prescrição da pretensão punitiva.	**Acórdãos** **AgRg no RMS 039580/PE**, Rel. Ministro MAURO CAMPBELL MARQUES, SEGUNDA TURMA, j. 11-2-2014, *DJe* 18-2-2014 **RMS 033183/RO**, Rel. Ministro SÉRGIO KUKINA, PRIMEIRA TURMA, j. 12-11-2013, *DJe* 21-11-2013 **RMS 038870/MT**, Rel. Ministro ARI PARGENDLER, PRIMEIRA TURMA, j. 6-8-2013, *DJe* 15-8-2013 **RMS 037964/CE**, Rel. Ministra ELIANA CALMON, SEGUNDA TURMA, j. 23-10-2012, *DJe* 30-10-2012 **AgRg no REsp 1127505/DF**, Rel. Ministro NAPOLEÃO NUNES MAIA FILHO, QUINTA TURMA, j. 22-2-2011, *DJe* 21-3-2011 **AgRg no REsp 1195587/DF**, Rel. Ministro BENEDITO GONÇALVES, PRIMEIRA TURMA, j. 21-10-2010, *DJe* 28-10-2010 **RMS 032657/RO**, Rel. Ministro ARNALDO ESTEVES LIMA, PRIMEIRA TURMA, j. 5-10-2010, *DJe* 14-10-2010 **RMS 013546/MA**, Rel. Ministro OG FERNANDES, SEXTA TURMA, j. 10-11-2009, *DJe* 30-11-2009 **Decisões Monocráticas** **AREsp 391819/MG**, Rel. Ministro HERMAN BENJAMIN, SEGUNDA TURMA, j. 10-10-2013, publicado em 23-10-2013

O entendimento de que o candidato não pode ser eliminado de concurso público, na fase de investigação social, em virtude da existência de termo circunstanciado, inquérito policial ou ação penal sem trânsito em julgado ou extinta pela prescrição da pretensão punitiva não se aplica aos cargos cujos ocupantes agem *stricto sensu* em nome do Estado, como o de delegado de polícia.	**Acórdãos** **RMS 043172/MT**, Rel. Ministro ARI PARGENDLER, PRIMEIRA TURMA, j. 12-11-2013, *DJe* 22-11-2013
O candidato não pode ser eliminado de concurso público, na fase de investigação social, em virtude da existência de registro em órgãos de proteção ao crédito.	**Acórdãos** **RMS 038870/MT**, Rel. Ministro ARI PARGENDLER, PRIMEIRA TURMA, j. 6-8-2013, *DJe* 15-8-2013 **AgRg no AREsp 024283/MG**, Rel. Ministro SÉRGIO KUKINA, PRIMEIRA TURMA, j. 4-4-2013, *DJe* 10-4-2013 **RMS 030734/DF**, Rel. Ministra LAURITA VAZ, QUINTA TURMA, j. 20-9-2011, *DJe* 4-10-2011 **REsp 1143717/DF**, Rel. Ministro NAPOLEÃO NUNES MAIA FILHO, QUINTA TURMA, j. 4-5-2010, *DJe* 17-5-2010 **Decisões Monocráticas** **REsp 1365794/RS**, Rel. Ministro HERMAN BENJAMIN, SEGUNDA TURMA, j. 25-2-2013, publicado em 5-3-2013
O candidato pode ser eliminado de concurso público quando omitir informações relevantes na fase de investigação social.	**Acórdãos** **AgRg no RMS 039108/PE**, Rel. Ministro HUMBERTO MARTINS, SEGUNDA TURMA, j. 23-4-2013, *DJe* 2-5-2013 **RMS 033387/SP**, Rel. Ministro BENEDITO GONÇALVES, PRIMEIRA TURMA, j. 7-6-2011, *DJe* 10-6-2011 **Decisões Monocráticas** **RMS 019164/RR**, Rel. Ministro OG FERNANDES, j. 19-8-2013, publicado em 21-8-2013 **AREsp 023693/SP**, Rel. Ministro HERMAN BENJAMIN, j. 29-8-2011, publicado em 17-10-2014

O termo inicial do prazo decadencial para a impetração de mandado de segurança, na hipótese de exclusão do candidato do concurso público, é o ato administrativo de efeitos concretos e não a publicação do edital, ainda que a causa de pedir envolva questionamento de critério do edital.	**Acórdãos** **AgRg no AREsp 213264/BA**, Rel. Ministro BENEDITO GONÇALVES, PRIMEIRA TURMA, j. 5-12-2013, *DJe* 16-12-2013 **RMS 034496/SP**, Rel. Ministro HERMAN BENJAMIN, SEGUNDA TURMA, j. 20-8-2013, *DJe* 12-9-2013 **AgRg no REsp 1306759/TO**, Rel. Ministra ELIANA CALMON, SEGUNDA TURMA, j. 25-6-2013, *DJe* 5-8-2013 **RMS 032216/AM**, Rel. Ministro SÉRGIO KUKINA, PRIMEIRA TURMA, j. 16-5-2013, *DJe* 21-5-2013 **AgRg no RMS 039516/BA**, Rel. Ministro MAURO CAMPBELL MARQUES, SEGUNDA TURMA, j. 9-4-2013, *DJe* 16-4-2013 **AgRg no AREsp 258950/BA**, Rel. Ministro HUMBERTO MARTINS, SEGUNDA TURMA, j. 7-3-2013, *DJe* 18-3-2013 **Decisões Monocráticas** **RMS 037984/BA**, Rel. Ministro NAPOLEÃO NUNES MAIA FILHO, PRIMEIRA TURMA, j. 3-2-2014, publicado em 5-2-2014 **AREsp 300599/BA**, Rel. Ministro OG FERNANDES, SEGUNDA TURMA, j. 25-10-2013, publicado em 4-11-2013 **AREsp 324888/CE**, Rel. Ministro ARI PARGENDLER, PRIMEIRA TURMA, j. 21-10-2013, publicado em 23-10-2013 **AREsp 206397/RO**, Rel. Ministro ARNALDO ESTEVES LIMA, PRIMEIRA TURMA, j. 24-4-2013, publicado em 29-4-2013
O encerramento do concurso público não conduz à perda do objeto do mandado de segurança que busca aferir suposta ilegalidade praticada em alguma das etapas do processo seletivo.	**Acórdãos** **AgRg no AREsp 261391/ES**, Rel. Ministro HUMBERTO MARTINS, SEGUNDA TURMA, j. 9-4-2013, *DJe* 15-4-2013 **AgRg no AREsp 165843/RJ**, Rel. Ministro HERMAN BENJAMIN, SEGUNDA TURMA, j. 7-8-2012, *DJe* 22-8-2012 **RMS 034717/DF**, Rel. Ministro MAURO CAMPBELL MARQUES, SEGUNDA TURMA, j. 22-11-2011, *DJe* 1º-12-2011 **RMS 032101/DF**, Rel. Ministra ELIANA CALMON, SEGUNDA TURMA, j. 10-8-2010, *DJe* 20-8-2010

	Decisões Monocráticas **MS 020658/DF**, Rel. Ministro OG FERNANDES, PRIMEIRA SEÇÃO, j. 29-11-2013, publicado em 4-12-2013 **REsp 1411093/CE**, Rel. Ministro SÉRGIO KUKINA, PRIMEIRA TURMA, j. 8-11-2013, publicado em 13-11-2013 **REsp 1347852/DF**, Rel. Ministro ARNALDO ESTEVES LIMA, PRIMEIRA TURMA, j. 5-8-2013, publicado em 8-8-2013 **REsp 1324746/DF**, Rel. Ministro BENEDITO GONÇALVES, PRIMEIRA TURMA, j. 2-8-2013, publicado em 7-8-2013
O candidato aprovado dentro do número de vagas previsto no edital tem direito subjetivo a ser nomeado no prazo de validade do concurso.	**Acórdãos** **AgRg no REsp 1384295/MS**, Rel. Ministro HERMAN BENJAMIN, SEGUNDA TURMA, j. 17-10-2013, *DJe* 6-12-2013 **AgRg no RMS 033716/SP**, Rel. Ministro ARNALDO ESTEVES LIMA, PRIMEIRA TURMA, j. 24-9-2013, *DJe* 4-12-2013 **MS 018696/DF**, Rel. Ministro MAURO CAMPBELL MARQUES, PRIMEIRA SEÇÃO, j. 22-5-2013, *DJe* 5-6-2013 **AgRg no AREsp 207155/MS**, Rel. Ministra ELIANA CALMON, SEGUNDA TURMA, j. 2-5-2013, *DJe* 10-5-2013 **AgRg no REsp 1196718/AL**, Rel. Ministro SÉRGIO KUKINA, PRIMEIRA TURMA, j. 26-2-2013, *DJe* 5-3-2013 **AgRg no RMS 033385/MS**, Rel. Ministro ARI PARGENDLER, PRIMEIRA TURMA, j. 19-2-2013, *DJe* 25-2-2013 **AgRg no AREsp 248292/RJ**, Rel. Ministro HUMBERTO MARTINS, SEGUNDA TURMA, j. 18-12-2012, *DJe* 8-2-2013 **MS 018881/DF**, Rel. Ministro NAPOLEÃO NUNES MAIA FILHO, PRIMEIRA SEÇÃO, j. 28-11-2012, *DJe* 5-12-2012 **AgRg no AREsp 125458/MG**, Rel. Ministro BENEDITO GONÇALVES, PRIMEIRA TURMA, j. 18-9-2012, *DJe* 24-9-2012 **Decisões Monocráticas** **AREsp 408311/RS**, Rel. Ministro OG FERNANDES, SEGUNDA TURMA, j. 16-10-2013, publicado em 21-10-2013

A desistência de candidatos convocados, dentro do prazo de validade do concurso, gera direito subjetivo à nomeação para os seguintes, observada a ordem de classificação e a quantidade de vagas disponibilizadas.	**Acórdãos** **EDcl no RMS 030776/RO**, Rel. Ministra ASSUSETE MAGALHÃES, SEXTA TURMA, j. 17-9-2013, *DJe* 11-10-2013 **AgRg no RMS 038609/RO**, Rel. Ministro ARNALDO ESTEVES LIMA, PRIMEIRA TURMA, j. 6-8-2013, *DJe* 14-8-2013 **REsp 1330890/BA**, Rel. Ministro MAURO CAMPBELL MARQUES, SEGUNDA TURMA, j. 9-4-2013, *DJe* 16-4-2013 **AgRg no REsp 1347487/BA**, Rel. Ministro BENEDITO GONÇALVES, PRIMEIRA TURMA, j. 26-2-2013, *DJe* 5-3-2013 **MS 017829/DF**, Rel. Ministro HUMBERTO MARTINS, PRIMEIRA SEÇÃO, j. 29-2-2012, *DJe* 5-3-2012 **Decisões Monocráticas** **RMS 034679/MS**, Rel. Ministro SÉRGIO KUKINA, PRIMEIRA TURMA, j. 10-4-2014, publicado em 14-4-2014 **AREsp 253267/BA**, Rel. Ministro NAPOLEÃO NUNES MAIA FILHO, PRIMEIRA TURMA, j. 19-12-2013, publicado em 4-2-2014 **REsp 1324841/BA**, Rel. Ministro HERMAN BENJAMIN, SEGUNDA TURMA, j. 30-5-2012, publicado em 12-6-2012
A abertura de novo concurso, enquanto vigente a validade do certame anterior, confere direito líquido e certo a eventuais candidatos cuja classificação seja alcançada pela divulgação das novas vagas.	**Acórdãos** **AgRg no REsp 1402265/PE**, Rel. Ministro HERMAN BENJAMIN, SEGUNDA TURMA, j. 4-2-2014, *DJe* 7-3-2014 **RMS 033719/SP**, Rel. Ministro BENEDITO GONÇALVES, PRIMEIRA TURMA, j. 6-6-2013, *DJe* 12-6-2013 **RMS 036553/MA**, Rel. Ministro MAURO CAMPBELL MARQUES, SEGUNDA TURMA, j. 2-8-2012, *DJe* 9-8-2012 **AgRg no AREsp 022749/ES**, Rel. Ministro NAPOLEÃO NUNES MAIA FILHO, PRIMEIRA TURMA, j. 14-2-2012, *DJe* 28-2-2012 **RMS 023942/RS**, Rel. Ministro ARNALDO ESTEVES LIMA, QUINTA TURMA, j. 21-8-2008, *DJe* 17-11-2008 **Decisões Monocráticas** **REsp 1352533/PB**, Rel. Ministro HUMBERTO MARTINS, SEGUNDA TURMA, j. 21-11-2012, publicado em 23-11-2012

O candidato aprovado fora do número de vagas previsto no edital possui mera expectativa de direito à nomeação, que se convola em direito subjetivo caso haja preterição na convocação, observada a ordem classificatória.	**Acórdãos** **AgRg nos EDcl no RMS 030054/SP**, Rel. Ministro OG FERNANDES, SEXTA TURMA, j. 9-10-2012, *DJe* 18-10-2012 **RMS 034075/SP**, Rel. Ministro MAURO CAMPBELL MARQUES, SEGUNDA TURMA, j. 23-8-2011, *DJe* 30-8-2011 **RMS 028298/DF**, Rel. Ministro ARNALDO ESTEVES LIMA, QUINTA TURMA, j. 8-6-2010, *DJe* 28-6-2010 **Decisões Monocráticas** **RMS 040745/TO**, Rel. Ministra ASSUSETE MAGALHÃES, SEGUNDA TURMA, j. 27-2-2014, publicado em 21-3-2014 **RMS 041944/PE**, Rel. Ministro BENEDITO GONÇALVES, PRIMEIRA TURMA, j. 27-11-2013, publicado em 3-12-2013 **AREsp 381114/DF**, Rel. Ministro NAPOLEÃO NUNES MAIA FILHO, PRIMEIRA TURMA, j. 13-9-2013, publicado em 20-9-2013
A simples requisição ou a cessão de servidores públicos não é suficiente para transformar a expectativa de direito do candidato aprovado fora do número de vagas em direito subjetivo à nomeação, porquanto imprescindível a comprovação da existência de cargos vagos.	**Acórdãos** **AgRg no RMS 040676/AC**, Rel. Ministro MAURO CAMPBELL MARQUES, SEGUNDA TURMA, j. 6-6-2013, *DJe* 11-6-2013 **MS 019227/DF**, Rel. Ministro ARNALDO ESTEVES LIMA, PRIMEIRA SEÇÃO, j. 13-3-2013, *DJe* 30-4-2013 **Decisões Monocráticas** **AREsp 470085/RO**, Rel. Ministro OG FERNANDES, SEGUNDA TURMA, j. 11-2-2014, publicado em 7-3-2014 **RMS 043830/SP,** Rel. Ministro HERMAN BENJAMIN, SEGUNDA TURMA, j. 18-11-2013, publicado em 9-12-2013 RMS 033692/MG, Rel. Ministro BENEDITO GONÇALVES, PRIMEIRA TURMA, j. 29-4-2011, publicado em 4-5-2011
O candidato aprovado fora do número de vagas previsto no edital possui mera expectativa de direito à nomeação, que se convola em direito subjetivo caso haja preterição em virtude de contratações precárias e comprovação da existência de cargos vagos.	**Acórdãos** **AgRg no AREsp 453742/RO**, Rel. Ministro OG FERNANDES, SEGUNDA TURMA, j. 20-3-2014, *DJe* 4-4-2014 **AgRg no RMS 044608/TO**, Rel. Ministro HERMAN BENJAMIN, SEGUNDA TURMA, j. 20-3-2014, *DJe* 27-3-2014

	AgRg no AREsp 418359/RO, Rel. Ministro HUMBERTO MARTINS, SEGUNDA TURMA, j. 20-2-2014, *DJe* 27-2-2014
AgRg nos EDcl no RMS 040715/TO, Rel. Ministro MAURO CAMPBELL MARQUES, SEGUNDA TURMA, j. 3-9-2013, *DJe* 11-9-2013
AgRg no AREsp 315313/ES, Rel. Ministro BENEDITO GONÇALVES, PRIMEIRA TURMA, j. 15-8-2013, *DJe* 22-8-2013
AgRg no REsp 1311820/PB, Rel. Ministro SÉRGIO KUKINA, PRIMEIRA TURMA, j. 20-6-2013, *DJe* 26-6-2013
AgRg no RMS 033514/MA, Rel. Ministro ARI PARGENDLER, PRIMEIRA TURMA, j. 2-5-2013, *DJe* 8-5-2013
RMS 033875/MT, Rel. Ministro ARNALDO ESTEVES LIMA, PRIMEIRA TURMA, j. 19-6-2012, *DJe* 22-6-2012
AgRg no AREsp 022749/ES, Rel. Ministro NAPOLEÃO NUNES MAIA FILHO, PRIMEIRA TURMA, j. 14-2-2012, *DJe* 28-2-2012

Decisões Monocráticas
RMS 040745/TO, Rel. Ministra ASSUSETE MAGALHÃES, SEGUNDA TURMA, j. 27-2-2014, publicado em 21-3-2014 |
| **Não ocorre preterição na ordem classificatória quando a convocação para próxima fase ou a nomeação de candidatos com posição inferior se dá por força de cumprimento de ordem judicial.** | **Acórdãos**
RMS 044672/ES, Rel. Ministro MAURO CAMPBELL MARQUES, SEGUNDA TURMA, j. 11-3-2014, *DJe* 17-3-2014
AgRg no AREsp 015804/GO, Rel. Ministro BENEDITO GONÇALVES, PRIMEIRA TURMA, j. 21-2-2013, *DJe* 11-3-2013
AgRg no RMS 033385/MS, Rel. Ministro ARI PARGENDLER, PRIMEIRA TURMA, j. 19-2-2013, *DJe* 25-2-2013
AgRg no RMS 035584/GO, Rel. Ministro HUMBERTO MARTINS, SEGUNDA TURMA, j. 7-2-2012, *DJe* 13-2-2012
AgRg no RMS 023167/DF, Rel. Ministro OG FERNANDES, SEXTA TURMA, j. 2-6-2011, *DJe* 28-6-2011
AgRg no RMS 027850/BA, Rel. Ministro ARNALDO ESTEVES LIMA, QUINTA TURMA, j. 23-3-2010, *DJe* 26-4-2010
RMS 024971/BA, Rel. Ministro NAPOLEÃO NUNES MAIA FILHO, QUINTA TURMA, j. 28-8-2008, *DJe* 22-9-2008 |

A surdez unilateral não autoriza o candidato a concorrer às vagas reservadas às pessoas com deficiência.	**Acórdãos** **REsp 1307814/AL**, Rel. Ministro ARI PARGENDLER, PRIMEIRA TURMA, j. 11-2-2014, *DJe* 31-3-2014 **MS 018966/DF**, Rel. Ministro CASTRO MEIRA, Rel. p/ Acórdão Ministro HUMBERTO MARTINS, CORTE ESPECIAL, j. 2-10-2013, *DJe* 20-3-2014 **Decisões Monocráticas** **REsp 1374669/RJ**, Rel. Ministro SÉRGIO KUKINA, PRIMEIRA TURMA, j. 5-3-2014, publicado em 11-3-2014 **AREsp 340141/DF**, Rel. Ministro ARNALDO ESTEVES LIMA, PRIMEIRA TURMA, j. 4-11-2013, publicado em 12-11-2013
Deverão ser reservadas, no mínimo, 5% das vagas ofertadas em concurso público às pessoas com deficiência e, caso a aplicação do referido percentual resulte em número fracionado, este deverá ser elevado até o primeiro número inteiro subsequente, desde que respeitado o limite máximo de 20% das vagas ofertadas, conforme art. 37, §§ 1º e 2º, do Decreto n. 3.298/99, e art. 5º, §2º, da Lei n. 8.112/90.	**Acórdãos** **AgRg no REsp 1137619/RJ**, Rel. Ministra REGINA HELENA COSTA, QUINTA TURMA, j. 12-11-2013, *DJe* 19-11-2013 **RMS 038595/MG**, Rel. Ministro MAURO CAMPBELL MARQUES, SEGUNDA TURMA, j. 5-11-2013, *DJe* 12-11-2013 **MS 008482/DF**, Rel. Ministro ARNALDO ESTEVES LIMA, TERCEIRA SEÇÃO, j. 10-8-2005, *DJ* 14-9-2005 **Decisões Monocráticas** **AREsp 478230/MS**, Rel. Ministro HUMBERTO MARTINS, SEGUNDA TURMA, j. 28-2-2014, publicado em 14-3-2014
O candidato *sub judice* não possui direito subjetivo à nomeação e à posse, mas à reserva da respectiva vaga até que ocorra o trânsito em julgado da decisão que o beneficiou.	**Acórdãos** **AgRg no REsp 1137920/CE**, Rel. Ministra ALDERITA RAMOS DE OLIVEIRA (DESEMBARGADORA CONVOCADA DO TJ/PE), SEXTA TURMA, j. 6-6-2013, *DJe* 14-6-2013 **AgRg no REsp 1214953/MS**, Rel. Ministro BENEDITO GONÇALVES, PRIMEIRA TURMA, j. 19-3-2013, *DJe* 25-3-2013 **AgRg no RMS 030000/PA**, Rel. Ministro MARCO AURÉLIO BELLIZZE, QUINTA TURMA, j. 25-9-2012, *DJe* 2-10-2012 **MS 015900/DF**, Rel. Ministro MAURO CAMPBELL MARQUES, PRIMEIRA SEÇÃO, j. 9-11-2011, *DJe* 18-11-2011

	MS 012786/DF, Rel. Ministro ARNALDO ESTEVES LIMA, TERCEIRA SEÇÃO, j. 23-6-2008, *DJe* 21-11-2008
Decisões Monocráticas
REsp 1080173/PE, Rel. Ministro OG FERNANDES, j. 21-11-2011, publicado em 28-11-2011
RMS 030241/AL, Rel. Ministro NAPOLEÃO NUNES MAIA FILHO, QUINTA TURMA, j. 22-3-2011, publicado em 24-3-201
A nomeação ou a convocação para determinada fase de concurso público após considerável lapso temporal entre uma fase e outra, sem a notificação pessoal do interessado, viola os princípios da publicidade e da razoabilidade, não sendo suficiente a publicação no Diário Oficial.	**Acórdãos**
AgRg no RMS 039895/ES, Rel. Ministro OG FERNANDES, SEGUNDA TURMA, j. 6-2-2014, *DJe* 14-2-2014
AgRg no AREsp 345191/PI, Rel. Ministro HUMBERTO MARTINS, SEGUNDA TURMA, j. 5-9-2013, *DJe* 18-9-2013
RMS 037910/RN, Rel. Ministro CASTRO MEIRA, SEGUNDA TURMA, j. 16-4-2013, *DJe* 26-4-2013
AgRg no RMS 034211/MG, Rel. Ministro BENEDITO GONÇALVES, PRIMEIRA TURMA, j. 27-11-2012, *DJe* 30-11-2012
MS 015450/DF, Rel. Ministro MAURO CAMPBELL MARQUES, PRIMEIRA SEÇÃO, j. 24-10-2012, *DJe* 12-11-2012
MS 016603/DF, Rel. Ministro BENEDITO GONÇALVES, Rel. p/ Acórdão Ministro CESAR ASFOR ROCHA, PRIMEIRA SEÇÃO, j. 24-8-2011, *DJe* 2-12-2011
AgRg no Ag 1369564/PE, Rel. Ministro HAMILTON CARVALHIDO, PRIMEIRA TURMA, j. 22-2-2011, *DJe* 10-3-2011
RMS 021554/MG, Rel. Ministra MARIA THEREZA DE ASSIS MOURA, SEXTA TURMA, j. 4-5-2010, *DJe* 2-8-2010
Decisões Monocráticas
AREsp 169460/SP, Rel. Ministro NAPOLEÃO NUNES MAIA FILHO, PRIMEIRA TURMA, j. 18-12-2013, publicado em 19-12-2013
REsp 1378145/PR, Rel. Ministro HERMAN BENJAMIN, SEGUNDA TURMA, j. 4-7-2013, publicado em 15-8-2013

Não se aplica a teoria do fato consumado na hipótese em que o candidato toma posse em virtude de decisão liminar, salvo situações fáticas excepcionais.	**Acórdãos** **AgRg no RMS 038535/DF**, Rel. Ministro BENEDITO GONÇALVES, PRIMEIRA TURMA, j. 11-3-2014, *DJe* 20-3-2014 **EDcl no MS 015473/DF**, Rel. Ministro HUMBERTO MARTINS, PRIMEIRA SEÇÃO, j. 13-11-2013, *DJe* 25-11-2013 **MS 015476/DF**, Rel. Ministro MAURO CAMPBELL MARQUES, PRIMEIRA SEÇÃO, j. 14-8-2013, *DJe* 23-8-2013 **MS 015471/DF**, Rel. Ministra ELIANA CALMON, PRIMEIRA SEÇÃO, j. 26-6-2013, *DJe* 2-8-2013 **Decisões Monocráticas** **AREsp 222070/TO**, Rel. Ministro NAPOLEÃO NUNES MAIA FILHO, PRIMEIRA TURMA, j. 27-2-2014, publicado em 6-3-2014 **REsp 1377235/CE**, Rel. Ministro ARNALDO ESTEVES LIMA, PRIMEIRA TURMA, j. 12-2-2014, publicado em 17-2-2014 **AREsp 322925/SC**, Rel. Ministro HERMAN BENJAMIN, SEGUNDA TURMA, j. 4-2-2014, publicado em 19-2-2014
É legítimo estabelecer no edital de concurso público critério de regionalização.	**Acórdãos** **RMS 028751/SP**, Rel. Ministra LAURITA VAZ, QUINTA TURMA, j. 6-12-2011, *DJe* 19-12-2011 **AgRg no RMS 034381/GO**, Rel. Ministro HUMBERTO MARTINS, SEGUNDA TURMA, j. 3-11-2011, *DJe* 11-11-2011 **AgRg no Ag 1006999/SP**, Rel. Ministro NAPOLEÃO NUNES MAIA FILHO, QUINTA TURMA, j. 28-8-2008, *DJe* 22-9-2008 **Decisões Monocráticas** **RMS 033654/PR**, Rel. Ministro HERMAN BENJAMIN, SEGUNDA TURMA, j. 6-4-2012, publicado em 23-4-2012
É legítimo estabelecer no edital de concurso público limite de candidatos que serão convocados para as próximas etapas do certame (Cláusula de Barreira).	**Acórdãos** **RMS 044719/DF**, Rel. Ministro MAURO CAMPBELL MARQUES, SEGUNDA TURMA, j. 18-2-2014, *DJe* 27-2-2014 **EDcl no AgRg no REsp 1301732/RJ**, Rel. Ministro ARI PARGENDLER, PRIMEIRA TURMA, j. 15-8-2013, *DJe* 30-8-2013 **AgRg no REsp 1251125/RJ**, Rel. Ministro ARNALDO ESTEVES LIMA, PRIMEIRA TURMA, j. 3-5-2012, *DJe* 10-5-2012

	AgRg no REsp 1246770/DF, Rel. Ministro HUMBERTO MARTINS, SEGUNDA TURMA, j. 2-6-2011, *DJe* 13-6-2011 **AgRg no RMS 031036/PE**, Rel. Ministro NAPOLEÃO NUNES MAIA FILHO, QUINTA TURMA, j. 18-11-2010, *DJe* 6-12-2010 **Decisões Monocráticas** **RMS 037746/MG**, Rel. Ministro SÉRGIO KUKINA, PRIMEIRA TURMA, j. 10-3-2014, publicado em 12-3-2014 **RMS 044273/MS**, Rel. Ministro HERMAN BENJAMIN, SEGUNDA TURMA, j. 28-2-2014, publicado em 11-3-2014 **REsp 1161491/DF**, Rel. Ministra ASSUSETE MAGALHÃES, j. 29-11-2013, publicado em 6-12-2013 **RMS 027454/RJ**, Rel. Ministro OG FERNANDES, j. 1º-8-2013, publicado em 6-8-2013 **RMS 038190/MS**, Rel. Ministro BENEDITO GONÇALVES, PRIMEIRA TURMA, j. 20-11-2012, publicado em 23-11-2012
A prorrogação do prazo de validade de concurso público é ato discricionário da Administração, sendo vedado ao Poder Judiciário o reexame dos critérios de conveniência e oportunidade adotados.	**Acórdãos** **AgRg no RMS 039748/RO**, Rel. Ministro HERMAN BENJAMIN, SEGUNDA TURMA, j. 4-4-2013, *DJe* 10-5-2013 **AgRg no RMS 037826/SC**, Rel. Ministro MAURO CAMPBELL MARQUES, SEGUNDA TURMA, j. 21-2-2013, *DJe* 28-2-2013 **AgRg no AREsp 128916/SP**, Rel. Ministro BENEDITO GONÇALVES, PRIMEIRA TURMA, j. 23-10-2012, *DJe* 26-10-2012 **AgRg no REsp 892999/RJ**, Rel. Ministro SEBASTIÃO REIS JÚNIOR, SEXTA TURMA, j. 2-10-2012, *DJe* 16-10-2012 **RMS 025501/RS**, Rel. Ministro ARNALDO ESTEVES LIMA, QUINTA TURMA, j. 18-8-2009, *DJe* 14-9-2009
A exoneração de servidor público em razão da anulação do concurso pressupõe a observância do devido processo legal, do contraditório e da ampla defesa.	**Acórdãos** **AgRg no AREsp 245888/SP**, Rel. Ministro CASTRO MEIRA, SEGUNDA TURMA, j. 15-8-2013, *DJe* 22-8-2013 **AgRg no AREsp 150441/PI**, Rel. Ministro HUMBERTO MARTINS, SEGUNDA TURMA, j. 17-5-2012, *DJe* 25-5-2012

	AgRg no REsp 1180695/MG, Rel. Ministra MARIA THEREZA DE ASSIS MOURA, SEXTA TURMA, j. 10-4-2012, *DJe* 23-4-2012 **RMS 031312/AM**, Rel. Ministra LAURITA VAZ, QUINTA TURMA, j. 22-11-2011, *DJe* 1º-12-2011 **REsp 697917/AL**, Rel. Ministro ARNALDO ESTEVES LIMA, QUINTA TURMA, j. 10-5-2007, *DJ* 28-5-2007 **AgRg no Ag 824703/PI**, Rel. Ministro FELIX FISCHER, QUINTA TURMA, j. 24-4-2007, *DJ* 29-6-2007
O candidato que possui qualificação superior à exigida no edital está habilitado a exercer o cargo a que prestou concurso público, nos casos em que a área de formação guardar identidade.	**Acórdãos** **AgRg no AREsp 475550/RN**, Rel. Ministro SÉRGIO KUKINA, PRIMEIRA TURMA, j. 8-4-2014, *DJe* 14-4-2014 **AgRg no AREsp 428463/PR**, Rel. Ministro HUMBERTO MARTINS, SEGUNDA TURMA, j. 3-12-2013, *DJe* 10-12-2013 **AgRg no AREsp 252982/MG**, Rel. Ministro BENEDITO GONÇALVES, PRIMEIRA TURMA, j. 15-8-2013, *DJe* 22-8-2013 **AgRg no REsp 1375017/CE**, Rel. Ministro MAURO CAMPBELL MARQUES, SEGUNDA TURMA, j. 28-5-2013, *DJe* 4-6-2013 **AgRg no AREsp 261543/RN**, Rel. Ministro HERMAN BENJAMIN, SEGUNDA TURMA, j. 19-2-2013, *DJe* 7-3-2013 **AgRg no AREsp 107535/PR**, Rel. Ministro ARNALDO ESTEVES LIMA, PRIMEIRA TURMA, j. 6-11-2012, *DJe* 14-11-2012 **AgRg no Ag 1245578/RS**, Rel. Ministro NAPOLEÃO NUNES MAIA FILHO, QUINTA TURMA, j. 4-11-2010, *DJe* 6-12-2010 **Decisões Monocráticas** **AREsp 504458/RN**, Rel. Ministro OG FERNANDES, SEGUNDA TURMA, j. 21-5-2014, publicado em 2-6-2014 **AREsp 377041/RN**, Rel. Ministra ASSUSETE MAGALHÃES, SEGUNDA TURMA, j. 19-5-2014, publicado em 30-5-2014

O Ministério Público possui legitimidade para propor ação civil pública com o objetivo de anular concurso realizado sem a observância dos princípios estabelecidos na Constituição Federal.	**Acórdãos** **REsp 1362269/CE**, Rel. Ministro HERMAN BENJAMIN, SEGUNDA TURMA, j. 16-5-2013, *DJe* 1º-8-2013 **EDcl no REsp 1121977/SP**, Rel. Ministro MAURO CAMPBELL MARQUES, SEGUNDA TURMA, j. 4-10-2012, *DJe* 11-10-2012 **AgRg no Ag 998628/GO**, Rel. Ministro ARNALDO ESTEVES LIMA, QUINTA TURMA, j. 2-3-2010, *DJe* 29-3-2010 **Decisões Monocráticas** **REsp 1409346/RN**, Rel. Ministra ASSUSETE MAGALHÃES, SEGUNDA TURMA, j. 8-5-2014, publicado em 16-5-2014 **REsp 1234729/RS**, Rel. Ministro OG FERNANDES, SEGUNDA TURMA, j. 14-3-2014, publicado em 25-3-2014 **REsp 1262425/CE**, Rel. Ministro BENEDITO GONÇALVES, PRIMEIRA TURMA, j. 13-2-2013, publicado em 18-2-2013 **REsp 1275586/RN**, Rel. Ministro HUMBERTO MARTINS, SEGUNDA TURMA, j. 31-8-2011, publicado em 1º-9-2011
A nomeação tardia do candidato por força de decisão judicial não gera direito à indenização.	**Acórdãos** **REsp 1200520/PR**, Rel. Ministra ELIANA CALMON, SEGUNDA TURMA, j. 17-12-2013, *DJe* 7-5-2014 **AgRg no AREsp 265516/SP**, Rel. Ministro ARI PARGENDLER, PRIMEIRA TURMA, j. 12-11-2013, *DJe* 21-11-2013 **AgRg no REsp 1365794/RS**, Rel. Ministro HERMAN BENJAMIN, CORTE ESPECIAL, j. 2-10-2013, *DJe* 9-12-2013 **AgRg nos EDcl no REsp 1057219/RS**, Rel. Ministra ASSUSETE MAGALHÃES, SEXTA TURMA, j. 27-8-2013, *DJe* 6-5-2014 **AgRg no REsp 1371234/DF**, Rel. Ministro HUMBERTO MARTINS, SEGUNDA TURMA, j. 27-8-2013, *DJe* 6-9-2013 **RMS 020007/SP**, Rel. Ministra MARILZA MAYNARD (DESEMBARGADORA CONVOCADA DO TJ/SE), QUINTA TURMA, j. 4-6-2013, *DJe* 7-6-2013

	EDcl no AREsp 196093/RS, Rel. Ministro SÉRGIO KUKINA, PRIMEIRA TURMA, j. 7-3-2013, *DJe* 13-3-2013 **AgRg nos EDcl nos EDcl no RMS 030054/SP**, Rel. Ministro OG FERNANDES, SEXTA TURMA, j. 19-2-2013, *DJe* 1º-3-2013 **AgRg no REsp 1305531/DF**, Rel. Ministro BENEDITO GONÇALVES, PRIMEIRA TURMA, j. 18-12-2012, *DJe* 4-2-2013 **REsp 1217346/RJ**, Rel. Ministro ARNALDO ESTEVES LIMA, PRIMEIRA TURMA, j. 22-11-2011, *DJe* 2-2-2012 **Decisões Monocráticas** **AREsp 142343/MG**, Rel. Ministro NAPOLEÃO NUNES MAIA FILHO, PRIMEIRA TURMA, j. 30-4-2012, publicado em 3-5-2012
O servidor não tem direito à indenização por danos morais em face da anulação de concurso público eivado de vícios.	**Acórdãos** **AgRg no AREsp 442443/RS**, Rel. Ministro HUMBERTO MARTINS, SEGUNDA TURMA, j. 6-2-2014, *DJe* 17-2-2014 **AgRg no AREsp 028375/RS**, Rel. Ministro MAURO CAMPBELL MARQUES, SEGUNDA TURMA, j. 17-11-2011, *DJe* 28-11-2011 **REsp 1233520/RS**, Rel. Ministro HERMAN BENJAMIN, SEGUNDA TURMA, j. 14-6-2011, *DJe* 31-8-2011 **Decisões Monocráticas** **AREsp 235681/RS**, Rel. Ministro CASTRO MEIRA, SEGUNDA TURMA, j. 2-10-2012, publicado em 5-10-2012
O militar aprovado em concurso público e convocado para a realização de curso de formação tem direito ao afastamento temporário do serviço ativo na qualidade de agregado.	**Acórdãos** **AgRg no REsp 1404735/RN**, Rel. Ministro HUMBERTO MARTINS, SEGUNDA TURMA, j. 4-2-2014, *DJe* 10-2-2014 **AgRg no AREsp 172343/RO**, Rel. Ministro HERMAN BENJAMIN, SEGUNDA TURMA, j. 26-6-2012, *DJe* 1º-8-2012 **AgRg no REsp 1007130/RJ**, Rel. Ministra MARIA THEREZA DE ASSIS MOURA, SEXTA TURMA, j. 3-2-2011, *DJe* 21-2-2011 **Decisões Monocráticas** **REsp 1341617/PE**, Rel. Ministro BENEDITO GONÇALVES, j. 12-2-2014, publicado em 14-2-2014 **REsp 1420735/PB**, Rel. Ministro MAURO CAMPBELL MARQUES, SEGUNDA TURMA, j. 21-11-2013, publicado em 26-11-2013

O provimento originário de cargos públicos deve se dar na classe e padrão iniciais da carreira, conforme a legislação vigente na data da nomeação do servidor.	**Acórdãos** **AgRg no REsp 837463/DF**, Rel. Ministro ROGERIO SCHIETTI CRUZ, SEXTA TURMA, j. 6-2-2014, *DJe* 27-2-2014 **AgRg no REsp 639959/ES**, Rel. Ministra ASSUSETE MAGALHÃES, SEXTA TURMA, j. 9-4-2013, *DJe* 25-4-2013 **AgRg no RMS 025863/DF**, Rel. Ministro OG FERNANDES, SEXTA TURMA, j. 17-4-2012, *DJe* 9-5-2012 **AgRg no RMS 026241/DF**, Rel. Ministro NAPOLEÃO NUNES MAIA FILHO, QUINTA TURMA, j. 19-8-2010, *DJe* 13-9-2010 **RMS 021824/MT**, Rel. Ministro ARNALDO ESTEVES LIMA, QUINTA TURMA, j. 23-8-2007, *DJ* 1º-10-2007 **Decisões Monocráticas** **REsp 1437380/BA**, Rel. Ministro MAURO CAMPBELL MARQUES, SEGUNDA TURMA, j. 5-3-2014, publicado em 20-3-2014 **REsp 1295080/PE**, Rel. Ministro BENEDITO GONÇALVES, PRIMEIRA TURMA, j. 10-12-2012, publicado em 12-12-2012
A Administração Pública pode promover a remoção de servidores concursados, sem que isso caracterize, por si só, preterição aos candidatos aprovados em novo concurso público.	**Acórdãos** **RMS 039271/TO**, Rel. Ministro HERMAN BENJAMIN, SEGUNDA TURMA, j. 15-10-2013, *DJe* 22-10-2013 **AgRg no RMS 025811/RS**, Rel. Ministro MARCO AURÉLIO BELLIZZE, QUINTA TURMA, j. 25-6-2013, *DJe* 1º-7-2013 **RMS 033718/MG**, Rel. Ministra ELIANA CALMON, SEGUNDA TURMA, j. 11-6-2013, *DJe* 19-6-2013 **AgRg no REsp 1234880/RS**, Rel. Ministro HUMBERTO MARTINS, SEGUNDA TURMA, j. 20-10-2011, *DJe* 27-10-2011 **Decisões Monocráticas** **AREsp 161348/PB**, Rel. Ministro NAPOLEÃO NUNES MAIA FILHO, PRIMEIRA TURMA, j. 26-11-2012, publicado em 27-11-2012
Há preterição de candidatos aprovados se as vagas regionalizadas estabelecidas no edital de concurso público forem preenchidas por remoção lançada posteriormente ao início do certame.	**Acórdãos** **REsp 1373789/PB**, Rel. Ministro MAURO CAMPBELL MARQUES, SEGUNDA TURMA, j. 20-2-2014, *DJe* 28-2-2014

	AgRg no REsp 1234880/RS, Rel. Ministro HUMBERTO MARTINS, SEGUNDA TURMA, j. 20-10-2011, *DJe* 27-10-2011 **Decisões Monocráticas** **AREsp 161348/PB**, Rel. Ministro NAPOLEÃO NUNES MAIA FILHO, PRIMEIRA TURMA, j. 26-11-2012, publicado em 27-11-2012
O candidato aprovado dentro do número de vagas que requer transferência para o final da lista de classificados passa a ter mera expectativa de direito à nomeação.	**Acórdãos** **AgRg no Ag 1402700/RS**, Rel. Ministro ARNALDO ESTEVES LIMA, PRIMEIRA TURMA, j. 14-8-2012, *DJe* 22-8-2012
A divulgação, ainda que *a posteriori*, dos critérios de correção das provas dissertativas ou orais não viola, por si só, o princípio da igualdade, desde que os mesmos parâmetros sejam aplicados uniforme e indistintamente a todos os candidatos.	**Acórdãos** **AgInt no RMS 051969/MS**, Rel. Ministro SÉRGIO KUKINA, PRIMEIRA TURMA, j. 8-8-2017, *DJe* 22-8-2017 **RMS 045854/MS**, Rel. Ministro OG FERNANDES, SEGUNDA TURMA, j. 28-4-2015, *DJe* 14-5-2015
O provimento originário em concurso público não permite a invocação do instituto da remoção para acompanhamento de cônjuge ou companheiro, em razão do prévio conhecimento das normas expressas no edital do certame.	**Acórdãos** **AgRg no RMS 033369/MS**, Rel. Ministro GURGEL DE FARIA, PRIMEIRA TURMA, j. 15-12-2016, *DJe* 17-2-2017 **AgRg no REsp 1339071/PR**, Rel. Ministro NAPOLEÃO NUNES MAIA FILHO, PRIMEIRA TURMA, j. 14-6-2016, *DJe* 22-6-2016 **AgRg no REsp 1347792/SC**, Rel. Ministro NAPOLEÃO NUNES MAIA FILHO, Rel. p/ Acórdão Ministro BENEDITO GONÇALVES, PRIMEIRA TURMA, j. 18-6-2015, *DJe* 5-8-2015 **EDcl no REsp 1506600/PR**, Rel. Ministro HERMAN BENJAMIN, SEGUNDA TURMA, j. 7-4-2015, *DJe* 21-5-2015 **AgRg no AREsp 281387/AL**, Rel. Ministro MAURO CAMPBELL MARQUES, SEGUNDA TURMA, j. 2-4-2013, *DJe* 9-4-2013 **REsp 1311588/RN**, Rel. Ministra ELIANA CALMON, SEGUNDA TURMA, j. 16-10-2012, *DJe* 22-10-2012
A administração pública pode anular, a qualquer tempo, o ato de provimento efetivo flagrantemente inconstitucional, pois o decurso do tempo não possui o condão de convalidar os atos administrativos que afrontem a regra do concurso público.	**Acórdãos** **AgInt no REsp 1444111/RN**, Rel. Ministro BENEDITO GONÇALVES, PRIMEIRA TURMA, j. 1º-3-2018, *DJe* 12-3-2018 **AgInt nos EREsp 1312177/RN**, Rel. Ministra REGINA HELENA COSTA, PRIMEIRA SEÇÃO, j. 22-11-2017, *DJe* 28-11-2017

	EDcl no AgRg no AREsp 395668/MG, Rel. Ministro HERMAN BENJAMIN, SEGUNDA TURMA, j. 25-8-2015, *DJe* 11-11-2015 **AgRg no REsp 930934/SC**, Rel. Ministro SÉRGIO KUKINA, PRIMEIRA TURMA, j. 24-3-2015, *DJe* 6-4-2015 **AgRg no REsp 1502071/GO**, Rel. Ministro HUMBERTO MARTINS, SEGUNDA TURMA, j. 17-3-2015, *DJe* 24-3-2015 **REsp 966086/SC**, Rel. Ministro JOSÉ DELGADO, PRIMEIRA TURMA, j. 1º-4-2008, *DJe* 5-5-2008
Na hipótese de abertura de novo concurso público dentro do prazo de validade do certame anterior, o termo inicial do prazo decadencial para a impetração do mandado de segurança por candidatos remanescentes é a data da publicação do novo edital.	**Acórdãos** **AgInt no RMS 049231/MS**, Rel. Ministro OG FERNANDES, SEGUNDA TURMA, j. 10-10-2017, *DJe* 17-10-2017 **AgInt no RMS 049766/MS**, Rel. Ministro BENEDITO GONÇALVES, PRIMEIRA TURMA, j. 14-3-2017, *DJe* 23-3-2017 **AgInt no RMS 049322/MS**, Rel. Ministro SÉRGIO KUKINA, PRIMEIRA TURMA, j. 6-12-2016, *DJe* 3-2-2017 **AgInt no RMS 049388/MS**, Rel. Ministro HERMAN BENJAMIN, SEGUNDA TURMA, j. 22-11-2016, *DJe* 30-11-2016 **AgInt no RMS 049991/MS**, Rel. Ministro HUMBERTO MARTINS, SEGUNDA TURMA, j. 17-5-2016, *DJe* 25-5-2016 **AgRg no REsp 733394/RR**, Rel. Ministra MARIA THEREZA DE ASSIS MOURA, j. 22-9-2009, *DJe* 13-10-2009
A vedação de execução provisória de sentença contra a Fazenda Pública inserida no art. 2º-B da Lei n. 9.494/97 não incide na hipótese de nomeação e de posse em razão de aprovação em concurso público.	**Acórdãos** **REsp 1705490/AM**, Rel. Ministro HERMAN BENJAMIN, SEGUNDA TURMA, j. 5-12-2017, *DJe* 1º-2-2018 **AgInt no REsp 1692759/PI**, Rel. Ministra REGINA HELENA COSTA, PRIMEIRA TURMA, j. 5-12-2017, *DJe* 13-12-2017 **AgInt no AREsp 740852/PI**, Rel. Ministra ASSUSETE MAGALHÃES, SEGUNDA TURMA, j. 5-12-2017, *DJe* 13-12-2017 **AgInt no REsp 1590185/DF**, Rel. Ministro BENEDITO GONÇALVES, PRIMEIRA TURMA, j. 21-11-2017, *DJe* 27-11-2017 **AgRg no REsp 1279161/DF**, Rel. Ministro NAPOLEÃO NUNES MAIA FILHO, PRIMEIRA TURMA, j. 25-10-2016, *DJe* 16-11-2016 **MS 019227/DF**, Rel. Ministro ARNALDO ESTEVES LIMA, PRIMEIRA SEÇÃO, j. 13-3-2013, *DJe* 30-4-2013

A contratação de servidores sem concurso público, quando realizada com base em lei municipal autorizadora, descaracteriza o ato de improbidade administrativa, em razão da ausência de dolo genérico do gestor público.	**Acórdãos** **AgInt no REsp 1655151/MT**, Rel. Ministro SÉRGIO KUKINA, PRIMEIRA TURMA, j. 7-12-2017, *DJe* 2-2-2018 **AgRg no AREsp 277706/RS**, Rel. Ministro OLINDO MENEZES (DESEMBARGADOR CONVOCADO DO TRF 1ª REGIÃO), Rel. p/ Acórdão Ministro NAPOLEÃO NUNES MAIA FILHO, PRIMEIRA TURMA, j. 22-9-2016, *DJe* 31-8-2017 **AgInt no REsp 1555070/SP**, Rel. Ministra REGINA HELENA COSTA, PRIMEIRA TURMA, j. 16-3-2017, *DJe* 24-3-2017 **REsp 1529530/SP**, Rel. Ministro BENEDITO GONÇALVES, PRIMEIRA TURMA, j. 16-6-2016, *DJe* 27-6-2016 **AgRg no REsp 1352934/MG**, Rel. Ministro NAPOLEÃO NUNES MAIA FILHO, PRIMEIRA TURMA, j. 1º-3-2016, *DJe* 17-3-2016 **REsp 1348175/MG**, Rel. Ministro MAURO CAMPBELL MARQUES, SEGUNDA TURMA, j. 17-9-2015, *DJe* 28-9-2015
A Justiça do Trabalho não tem competência para decidir os feitos em que se discutem critérios utilizados pela administração para a seleção e a admissão de pessoal em seus quadros, uma vez que envolve fase anterior à investidura no emprego público.	**Acórdãos** **CC 154087/MG**, Rel. Ministro HERMAN BENJAMIN, PRIMEIRA SEÇÃO, j. 27-9-2017, *DJe* 19-12-2017 **AgRg nos EDcl no REsp 1026027/ES**, Rel. Ministro NAPOLEÃO NUNES MAIA FILHO, PRIMEIRA TURMA, j. 1º-3-2016, *DJe* 11-3-2016 **AgRg no REsp 1411987/ES**, Rel. Ministro HUMBERTO MARTINS, SEGUNDA TURMA, j. 1º-10-2015, *DJe* 9-10-2015 **AgRg no CC 92698/RJ**, Rel. Ministra MARIA ISABEL GALLOTTI, SEGUNDA SEÇÃO, j. 24-11-2010, *DJe* 17-12-2010 **AgRg no CC 98613/RS**, Rel. Ministro BENEDITO GONÇALVES, PRIMEIRA SEÇÃO, j. 14-10-2009, *DJe* 22-10-2009 **AgRg no CC 81784/SP**, Rel. Ministro FELIX FISCHER, TERCEIRA SEÇÃO, j. 24-10-2007, *DJ* 14-11-2007 p. 402

As contratações temporárias celebradas pela administração pública, na vigência da Constituição Federal de 1988, ostentam caráter precário e submetem-se à regra do art. 37, inciso IX, não sendo passíveis de transmutação de sua natureza eventual pelo decurso do tempo.	**Acórdãos** **AgInt no RMS 49924/PA**, Rel. Ministro BENEDITO GONÇALVES, PRIMEIRA TURMA, j. 3-10-2017, *DJe* 13-10-2017 **AgInt no RMS 43658/PA**, Rel. Ministra REGINA HELENA COSTA, PRIMEIRA TURMA, j. 14-3-2017, *DJe* 22-3-2017 **AgRg no RMS 34663/PA**, Rel. Ministra ASSUSETE MAGALHÃES, SEGUNDA TURMA, j. 9-6-2015, *DJe* 22-6-2015 **AgRg no RMS 42801/PB**, Rel. Ministro MAURO CAMPBELL MARQUES, SEGUNDA TURMA, j. 11-2-2014, *DJe* 18-2-2014 **RMS 29462/PA**, Rel. Ministro FELIX FISCHER, QUINTA TURMA, j. 20-8-2009, *DJe* 14-9-2009 **RMS 26408/SE**, Rel. Ministro NAPOLEÃO NUNES MAIA FILHO, QUINTA TURMA, j. 29-5-2008, *DJe* 23-6-2008
Não ocorre a decadência administrativa prevista no art. 54 da Lei n. 9.784/99 em situações de evidente inconstitucionalidade, como é o caso de admissão de servidores sem concurso público.	**Acórdãos** **RMS 56774/PA**, Rel. Ministro MAURO CAMPBELL MARQUES, SEGUNDA TURMA, j. 22-5-2018, *DJe* 29-5-2018 **AgInt no AREsp 1108774/GO**, Rel. Ministro SÉRGIO KUKINA, PRIMEIRA TURMA, j. 13-3-2018, *DJe* 5-4-2018 **AgInt no REsp 1444111/RN**, Rel. Ministro BENEDITO GONÇALVES, PRIMEIRA TURMA, j. 1º-3-2018, *DJe* 12-3-2018 **RMS 53274/MG**, Rel. Ministro HERMAN BENJAMIN, SEGUNDA TURMA, j. 25-4-2017, *DJe* 5-5-2017 **AgInt no AgRg no RMS 28902/PB**, Rel. Ministro ANTONIO SALDANHA PALHEIRO, SEXTA TURMA, j. 4-10-2016, *DJe* 19-10-2016 **RMS 48848/PR**, Rel. Ministro HUMBERTO MARTINS, SEGUNDA TURMA, j. 9-8-2016, *DJe* 18-8-2016
Não é possível estender a estabilidade excepcional do art. 19 do Ato das Disposições Constitucionais Transitórias (ADCT) aos servidores contratados sem concurso público após a promulgação da Constituição Federal de 1988.	**Acórdãos** **AgInt no RMS 44213/PA**, Rel. Ministro NAPOLEÃO NUNES MAIA FILHO, PRIMEIRA TURMA, j. 20-2-2018, *DJe* 5-3-2018 **RMS 50000/PA**, Rel. Ministra DIVA MALERBI (DESEMBARGADORA CONVOCADA TRF 3ª REGIÃO), SEGUNDA TURMA, j. 14-6-2016, *DJe* 22-6-2016 **EDcl no RMS 33143/PA**, Rel. Ministro OG FERNANDES, SEGUNDA TURMA, j. 26-11-2013, *DJe* 3-12-2013

A contratação de servidores temporários ou o emprego de servidores comissionados, terceirizados ou estagiários, por si sós, não caracterizam preterição na convocação e na nomeação de candidatos advindos de concurso público, tampouco autorizam a conclusão de que tenham automaticamente surgido vagas correlatas no quadro efetivo, a ensejar o chamamento de candidatos aprovados em cadastro de reserva ou fora do número de vagas previstas no edital.	**Acórdãos** **AgInt no RMS 49084/RJ**, Rel. Ministra ASSUSETE MAGALHÃES, SEGUNDA TURMA, j. 19-6-2018, *DJe* 25-6-2018 **RMS 57089/MG**, Rel. Ministro NAPOLEÃO NUNES MAIA FILHO, PRIMEIRA TURMA, j. 5-6-2018, *DJe* 8-6-2018 **RMS 54527/MT**, Rel. Ministro OG FERNANDES, SEGUNDA TURMA, j. 5-12-2017, *DJe* 13-12-2017 **RMS 52667/MS**, Rel. Ministro HERMAN BENJAMIN, SEGUNDA TURMA, j. 19-9-2017, *DJe* 9-10-2017 **AgInt no RMS 52353/MS**, Rel. Ministro SÉRGIO KUKINA, PRIMEIRA TURMA, j. 13-12-2016, *DJe* 3-2-2017
Ocorrida a vacância na titularidade da serventia extrajudicial na vigência da atual Constituição Federal, o provimento de novo titular deve ser realizado por meio de concurso público, nos termos do art. 236, § 3º, da CF/88.	**Acórdãos** **RMS 21245/MS**, Rel. Ministro OG FERNANDES, SEGUNDA TURMA, j. 8-5-2018, *DJe* 14-5-2018 **AgInt no REsp 1316981/RJ**, Rel. Ministro GURGEL DE FARIA, PRIMEIRA TURMA, j. 21-11-2017, *DJe* 9-2-2018 **AgRg no RMS 44635/PR**, Rel. Ministra ASSUSETE MAGALHÃES, SEGUNDA TURMA, j. 1º-3-2016, *DJe* 14-3-2016 **AgRg nos EDcl no RMS 42126/MG**, Rel. Ministro MAURO CAMPBELL MARQUES, SEGUNDA TURMA, j. 19-11-2015, *DJe* 27-11-2015 **RMS 44323/SC**, Rel. Ministro HUMBERTO MARTINS, SEGUNDA TURMA, j. 24-2-2015, *DJe* 3-3-2015 **AgRg no RMS 37851/RJ**, Rel. Ministro NAPOLEÃO NUNES MAIA FILHO, PRIMEIRA TURMA, j. 2-10-2014, *DJe* 16-10-2014
O direito à liberdade de crença, assegurado pela Constituição, não pode criar situações que importem tratamento diferenciado – seja de favoritismo, seja de perseguição – em relação a outros candidatos de concurso público que não professam a mesma crença religiosa.	**Acórdãos** **RMS 54042/CE**, Rel. Ministro HERMAN BENJAMIN, SEGUNDA TURMA, j. 17-8-2017, *DJe* 13-9-2017 **AgInt no RMS 42828/CE**, Rel. Ministra REGINA HELENA COSTA, PRIMEIRA TURMA, j. 6-6-2017, *DJe* 9-6-2017 **RMS 37070/SP**, Rel. Ministro BENEDITO GONÇALVES, PRIMEIRA TURMA, j. 25-2-2014, *DJe* 10-3-2014 **Decisões Monocráticas** **RMS 048804/TO**, Rel. Ministro OG FERNANDES, SEGUNDA TURMA, j. 19-6-2018, publicado em 21-6-2018

É ilegítima a previsão de edital de concurso público que exige o prévio registro na Delegacia Regional do Trabalho como condição para que os graduados em Letras ou em Secretariado Bilíngue exerçam a atividade de Secretário-Executivo.	**Acórdãos** **AR 5340/DF**, Rel. Ministro OG FERNANDES, PRIMEIRA SEÇÃO, j. 11-4-2018, *DJe* 18-4-2018 **REsp 1683608/MG**, Rel. Ministro HERMAN BENJAMIN, SEGUNDA TURMA, j. 26-9-2017, *DJe* 19-12-2017 **AgRg no REsp 1419286/MG**, Rel. Ministro NAPOLEÃO NUNES MAIA FILHO, PRIMEIRA TURMA, j. 6-10-2015, *DJe* 15-10-2015 **AgRg no REsp 1449876/RS**, Rel. Ministro HUMBERTO MARTINS, SEGUNDA TURMA, j. 6-11-2014, *DJe* 17-11-2014
A investigação social em concursos públicos, além de servir à apuração de infrações criminais, presta-se a avaliar idoneidade moral e lisura daqueles que desejam ingressar nos quadros da administração pública.	**Acórdãos** **RMS 57329/TO**, Rel. Ministro BENEDITO GONÇALVES, PRIMEIRA TURMA, j. 20-9-2018, *DJe* 26-9-2018 **AgInt no RMS 54882/DF**, Rel. Ministra REGINA HELENA COSTA, PRIMEIRA TURMA, j. 6-2-2018, *DJe* 19-2-2018 **AgInt no RMS 53486/MT**, Rel. Ministro FRANCISCO FALCÃO, SEGUNDA TURMA, j. 7-12-2017, *DJe* 14-12-2017 **RMS 45139/AC**, Rel. Ministro SÉRGIO KUKINA, PRIMEIRA TURMA, j. 24-10-2017, *DJe* 10-11-2017 **AgInt no RMS 39643/MT**, Rel. Ministro NAPOLEÃO NUNES MAIA FILHO, PRIMEIRA TURMA, j. 9-3-2017, *DJe* 20-3-2017 **RMS 45229/RO**, Rel. Ministro HERMAN BENJAMIN, SEGUNDA TURMA, j. 10-3-2015, *DJe* 6-4-2015
Em concursos públicos, a inaptidão na avaliação psicológica ou no exame médico exige a devida fundamentação.	**Acórdãos** **RMS 53857/BA**, Rel. Ministro MAURO CAMPBELL MARQUES, SEGUNDA TURMA, j. 5-9-2017, *DJe* 15-9-2017 **AgRg no AREsp 320150/MS**, Rel. Ministro NAPOLEÃO NUNES MAIA FILHO, PRIMEIRA TURMA, j. 6-4-2017, *DJe* 19-4-2017 **REsp 1530256/SP**, Rel. Ministro HERMAN BENJAMIN, SEGUNDA TURMA, j. 26-5-2015, *DJe* 5-8-2015 **REsp 1444840/DF**, Rel. Ministro BENEDITO GONÇALVES, PRIMEIRA TURMA, j. 16-4-2015, *DJe* 24-4-2015 **RMS 28105/RO**, Rel. Ministro ROGERIO SCHIETTI CRUZ, SEXTA TURMA, j. 14-4-2015, *DJe* 22-4-2015

É indevida a acumulação de proventos de duas aposentadorias, de cargos públicos não acumuláveis na atividade, ainda que uma delas seja proveniente do reingresso no serviço público mediante aprovação em concurso, antes da Emenda Constitucional n. 20/98.	**Acórdãos** **AgInt no RMS 43639/ES**, Rel. Ministra REGINA HELENA COSTA, PRIMEIRA TURMA, j. 2-5-2017, *DJe* 10-5-2017 **AgRg no RMS 27434/ES**, Rel. Ministro ROGERIO SCHIETTI CRUZ, SEXTA TURMA, j. 19-3-2015, *DJe* 30-3-2015 **AgRg no RE no RMS 42729/DF**, Rel. Ministra LAURITA VAZ, CORTE ESPECIAL, j. 4-3-2015, *DJe* 23-3-2015 **RMS 42729/DF**, Rel. Ministro OG FERNANDES, SEGUNDA TURMA, j. 23-10-2014, *DJe* 21-11-2014 **RMS 32756/PE**, Rel. Ministro CASTRO MEIRA, SEGUNDA TURMA, j. 27-11-2012, *DJe* 6-12-2012 **Decisões Monocráticas** **AREsp 888736/RJ**, Rel. Ministra ASSUSETE MAGALHÃES, SEGUNDA TURMA, j. 3-5-2018, publicado em 9-5-2018

JURISPRUDÊNCIA EM TESES

SERVIDOR PÚBLICO – REMUNERAÇÃO (EDIÇÃO 73)

A questão relativa à indenização por omissão legislativa, decorrente da falta de encaminhamento de lei que garanta aos servidores públicos o direito à revisão geral anual dos seus vencimentos (art. 37, X, da Constituição Federal), tem natureza constitucional, razão pela qual não pode ser apreciada em sede de recurso especial.	**Acórdãos** **AgRg no AREsp 069762/AP**, Rel. Ministro NAPOLEÃO NUNES MAIA FILHO, PRIMEIRA TURMA, j. 23-8-2016, *DJe* 31-8-2016 **REsp 917982/RS**, Rel. Ministro ERICSON MARANHO (DESEMBARGADOR CONVOCADO DO TJ/SP), j. 16-2-2016, *DJe* 24-2-2016 **AgRg no REsp 1325950/AP**, Rel. Ministra ASSUSETE MAGALHÃES, SEGUNDA TURMA, j. 27-10-2015, *DJe* 10-11-2015 **AgRg no AREsp 148755/PR**, Rel. Ministro OLINDO MENEZES (DESEMBARGADOR CONVOCADO DO TRF 1ª REGIÃO), PRIMEIRA TURMA, j. 20-10-2015, *DJe* 6-11-2015 **AgRg no REsp 1273462/ES**, Rel. Ministro SÉRGIO KUKINA, PRIMEIRA TURMA, j. 20-11-2014, *DJe* 24-11-2014

Não compete ao Poder Judiciário equiparar ou reajustar os valores do auxílio-alimentação dos servidores públicos.	**Acórdãos** **AgInt no REsp 1336854/RS**, Rel. Ministro NAPOLEÃO NUNES MAIA FILHO, PRIMEIRA TURMA, j. 18-10-2016, *DJe* 27-10-2016 **AgInt no REsp 1586255/CE**, Rel. Ministro BENEDITO GONÇALVES, PRIMEIRA TURMA, j. 27-9-2016, *DJe* 4-10-2016 **AgRg no REsp 1560318/SC**, Rel. Ministra ASSUSETE MAGALHÃES, SEGUNDA TURMA, j. 16-8-2016, *DJe* 26-8-2016 **AgRg no REsp 1558927/SC**, Rel. Ministra DIVA MALERBI (DESEMBARGADORA CONVOCADA TRF 3ª REGIÃO), SEGUNDA TURMA, j. 15-12-2015, *DJe* 18-12-2015 **AgRg no REsp 1556358/RS**, Rel. Ministro HUMBERTO MARTINS, SEGUNDA TURMA, j. 19-11-2015, *DJe* 27-11-2015
É de 200 horas mensais o divisor adotado como parâmetro para o pagamento de horas extras aos servidores públicos federais, cujo cálculo é obtido dividindo-se as 40 horas semanais (art. 19 da Lei n. 8.112/90) por 6 dias úteis e multiplicando-se o resultado por 30 (total de dias do mês).	**Acórdãos** **AgRg no REsp 1227587/RS**, Rel. Ministro NAPOLEÃO NUNES MAIA FILHO, PRIMEIRA TURMA, j. 2-8-2016, *DJe* 12-8-2016 **AgRg no REsp 1132421/RS**, Rel. Ministro ERICSON MARANHO (DESEMBARGADOR CONVOCADO DO TJ/SP), j. 13-10-2015, *DJe* 3-2-2016 **AgRg no REsp 1421415/MG**, Rel. Ministro BENEDITO GONÇALVES, PRIMEIRA TURMA, j. 22-9-2015, *DJe* 28-9-2015 **REsp 1213399/RS**, Rel. Ministro CASTRO MEIRA, SEGUNDA TURMA, j. 14-6-2011, *DJe* 23-9-2011 **REsp 1019492/RS**, Rel. Ministra MARIA THEREZA DE ASSIS MOURA, j. 3-2-2011, *DJe* 21-2-2011 **REsp 805437/RS**, Rel. Ministra LAURITA VAZ, QUINTA TURMA, j. 24-3-2009, *DJe* 20-4-2009
O pagamento do adicional de penosidade (art. 71 da Lei n. 8.112/90) depende de regulamentação do Executivo Federal.	**Acórdãos** **AgInt no REsp 1571564/RS**, Rel. Ministro SÉRGIO KUKINA, PRIMEIRA TURMA, j. 13-9-2016, *DJe* 22-9-2016 **AgRg no REsp 1491890/RS**, Rel. Ministro MAURO CAMPBELL MARQUES, SEGUNDA TURMA, j. 9-8-2016, *DJe* 19-8-2016 **AgRg nos EDcl no REsp 1560432/PR**, Rel. Ministro HERMAN BENJAMIN, SEGUNDA TURMA, j. 19-4-2016, *DJe* 27-5-2016

Os efeitos do Decreto n. 493/92, que regulamentou o pagamento da Gratificação Especial de Localidade (GEL), devem retroagir à data em que se encerrou o prazo de 30 (trinta) dias previsto no art. 17 da Lei n. 8.270/91.	**Acórdãos** **AgInt no AREsp 838546/MS**, Rel. Ministro HERMAN BENJAMIN, SEGUNDA TURMA, j. 9-6-2016, *DJe* 5-9-2016 **AgRg no Ag 956404/SP**, Rel. Ministro ARNALDO ESTEVES LIMA, QUINTA TURMA, j. 24-4-2008, *DJe* 23-6-2008 **AgRg no Ag 951513/MS**, Rel. Ministra LAURITA VAZ, QUINTA TURMA, j. 28-2-2008, *DJe* 24-3-2008 **REsp 298470/MT**, Rel. Ministro FELIX FISCHER, QUINTA TURMA, j. 4-6-2002, *DJ* 1º-7-2002
É legítimo o tratamento diferenciado entre professores ativos e inativos, no que tange à percepção da Gratificação de Estímulo à Docência (GED), instituída pela Lei n. 9.678/98, tendo em vista a natureza da gratificação, cujo percentual depende da produtividade do servidor em atividade.	**Acórdãos** **AgRg no REsp 1440028/PB**, Rel. Ministro MAURO CAMPBELL MARQUES, SEGUNDA TURMA, j. 27-9-2016, *DJe* 3-10-2016 **AgRg no REsp 1447444/PB**, Rel. Ministra REGINA HELENA COSTA, PRIMEIRA TURMA, j. 17-5-2016, *DJe* 30-5-2016 **AgRg no REsp 1347426/MG**, Rel. Ministro SÉRGIO KUKINA, PRIMEIRA TURMA, j. 19-4-2016, *DJe* 26-4-2016 **AgRg no REsp 1435476/RS**, Rel. Ministro HERMAN BENJAMIN, SEGUNDA TURMA, j. 26-5-2015, *DJe* 18-11-2015 **AgRg no REsp 1430169/RS**, Rel. Ministro HUMBERTO MARTINS, SEGUNDA TURMA, j. 2-9-2014, *DJe* 9-9-2014 **AgRg no REsp 1441998/SE**, Rel. Ministro OG FERNANDES, SEGUNDA TURMA, j. 5-6-2014, *DJe* 24-6-2014
A lei que cria nova gratificação ao servidor sem promover reestruturação ou reorganização da carreira não tem aptidão para absorver índice de reajuste geral.	**Acórdãos** **AgInt no REsp 1590551/DF**, Rel. Ministro HERMAN BENJAMIN, SEGUNDA TURMA, j. 1º-9-2016, *DJe* 6-10-2016 **REsp 1593083/DF**, Rel. Ministro NAPOLEÃO NUNES MAIA FILHO, PRIMEIRA TURMA, j. 9-8-2016, *DJe* 24-8-2016 **AgRg no REsp 1573343/RS**, Rel. Ministra ASSUSETE MAGALHÃES, SEGUNDA TURMA, j. 10-3-2016, *DJe* 17-3-2016 **AgRg nos EDcl nos EDcl no REsp 1547151/PR**, Rel. Ministro MAURO CAMPBELL MARQUES, SEGUNDA TURMA, j. 18-2-2016, *DJe* 29-2-2016

A fixação ou alteração do sistema remuneratório e a supressão de vantagem pecuniária são atos comissivos únicos e de efeitos permanentes, que modificam a situação jurídica do servidor e não se renovam mensalmente.	**Acórdãos** **AgInt no AREsp 910738/RN**, Rel. Ministro MAURO CAMPBELL MARQUES, SEGUNDA TURMA, j. 25-10-2016, *DJe* 7-11-2016 **AgRg no REsp 1553593/RN**, Rel. Ministro NAPOLEÃO NUNES MAIA FILHO, PRIMEIRA TURMA, j. 3-5-2016, *DJe* 13-5-2016 **AgRg no REsp 1553289/RN**, Rel. Ministro SÉRGIO KUKINA, PRIMEIRA TURMA, j. 17-3-2016, *DJe* 1º-4-2016 **AgRg no RMS 025785/MT**, Rel. Ministro ROGERIO SCHIETTI CRUZ, j. 4-9-2014, *DJe* 15-9-2014 **AgRg no RMS 029000/PA**, Rel. Ministro SEBASTIÃO REIS JÚNIOR, j. 4-2-2014, *DJe* 20-2-2014 **EDcl no AgRg no REsp 1366300/ES**, Rel. Ministro HUMBERTO MARTINS, SEGUNDA TURMA, j. 7-11-2013, *DJe* 6-12-2013
A contagem do prazo decadencial para a impetração de mandado de segurança contra ato que fixa ou altera sistema remuneratório ou suprime vantagem pecuniária de servidor público inicia-se com a ciência do ato impugnado.	**Acórdãos** **AgInt no RMS 046314/BA**, Rel. Ministro BENEDITO GONÇALVES, PRIMEIRA TURMA, j. 22-9-2016, *DJe* 6-10-2016 **AgInt no REsp 1324197/SC**, Rel. Ministro NAPOLEÃO NUNES MAIA FILHO, PRIMEIRA TURMA, j. 15-9-2016, *DJe* 29-9-2016 **AgRg no RMS 025407/PB**, Rel. Ministro NEFI CORDEIRO, j. 15-9-2015, *DJe* 5-10-2015 **AgRg no RMS 046133/MS**, Rel. Ministro MAURO CAMPBELL MARQUES, SEGUNDA TURMA, j. 17-9-2015, *DJe* 28-9-2015 **AgRg no AREsp 583974/ES**, Rel. Ministro HUMBERTO MARTINS, SEGUNDA TURMA, j. 18-11-2014, *DJe* 3-12-2014 **AgRg no RMS 029000/PA**, Rel. Ministro SEBASTIÃO REIS JÚNIOR, j. 4-2-2014, *DJe* 20-2-2014
Não cabe o pagamento da ajuda de custo prevista no art. 53 da Lei n. 8.112/90 ao servidor público que participou de concurso de remoção.	**Acórdãos** **AgInt no REsp 1596636/PR**, Rel. Ministro NAPOLEÃO NUNES MAIA FILHO, PRIMEIRA TURMA, j. 13-9-2016, *DJe* 22-9-2016 **AgRg no REsp 1466541/PB**, Rel. Ministra DIVA MALERBI (DESEMBARGADORA CONVOCADA TRF 3ª REGIÃO), SEGUNDA TURMA, j. 17-12-2015, *DJe* 10-2-2016

	Pet 009867/PE, Rel. Ministro HUMBERTO MARTINS, PRIMEIRA SEÇÃO, j. 28-10-2015, *DJe* 9-11-2015 **AgRg no RMS 021106/BA**, Rel. Ministro NEFI CORDEIRO, j. 15-9-2015, *DJe* 1º-10-2015 **AgRg no REsp 1535681/SC**, Rel. Ministro MAURO CAMPBELL MARQUES, SEGUNDA TURMA, j. 6-8-2015, *DJe* 18-8-2015 **EDcl no AgRg no REsp 1136768/PR**, Rel. Ministro ROGERIO SCHIETTI CRUZ, j. 16-6-2015, *DJe* 26-6-2015
É devida ao servidor público aposentado a conversão em pecúnia da licença--prêmio não gozada, ou não contada em dobro para aposentadoria, sob pena de enriquecimento ilícito da administração.	**Acórdãos** **AgInt no REsp 1570813/PR**, Rel. Ministro HUMBERTO MARTINS, SEGUNDA TURMA, j. 7-6-2016, *DJe* 14-6-2016 **REsp 1588856/PB**, Rel. Ministra REGINA HELENA COSTA, PRIMEIRA TURMA, j. 19-5-2016, *DJe* 27-5-2016 **AgRg no AREsp 707027/DF**, Rel. Ministro HERMAN BENJAMIN, SEGUNDA TURMA, j. 20-8-2015, *DJe* 11-11-2015 **AgRg no REsp 1349282/PB**, Rel. Ministro OG FERNANDES, SEGUNDA TURMA, j. 26-5-2015, *DJe* 12-6-2015 **AgRg no REsp 1167562/RS**, Rel. Ministro ERICSON MARANHO (DESEMBARGADOR CONVOCADO DO TJ/SP), j. 7-5-2015, *DJe* 18-5-2015 **AgRg no AREsp 396977/RS**, Rel. Ministro SÉRGIO KUKINA, PRIMEIRA TURMA, j. 10-12-2013, *DJe* 24-3-2014
O prazo prescricional de cinco anos para converter em pecúnia licença-prêmio não gozada ou utilizada como lapso temporal para jubilamento tem início no dia posterior ao ato de registro da aposentadoria pelo Tribunal de Contas.	**Acórdãos** **AgRg no AREsp 804065/DF**, Rel. Ministro MAURO CAMPBELL MARQUES, SEGUNDA TURMA, j. 18-2-2016, *DJe* 26-2-2016 **AgRg no REsp 1522366/RS**, Rel. Ministro HERMAN BENJAMIN, SEGUNDA TURMA, j. 18-6-2015, *DJe* 30-6-2015 **RMS 035039/RS**, Rel. Ministro CASTRO MEIRA, SEGUNDA TURMA, j. 17-9-2013, *DJe* 1º-10-2013 **MS 017406/DF**, Rel. Ministra MARIA THEREZA DE ASSIS MOURA, CORTE ESPECIAL, j. 15-8-2012, *DJe* 26-9-2012 **REsp 1254456/PE**, Rel. Ministro BENEDITO GONÇALVES, PRIMEIRA SEÇÃO, j. 25-4-2012, *DJe* 2-5-2012

	AgRg no RMS 036287/DF, Rel. Ministro HUMBERTO MARTINS, SEGUNDA TURMA, j. 27-3-2012, *DJe* 3-4-2012
Os efeitos da sentença trabalhista, quanto ao reajuste de 84,32%, referente ao IPC Índice de Preços ao Consumidor de março de 1990, têm por limite temporal a Lei n. 8.112/90, que promoveu a transposição do regime celetista para o estatutário.	**Acórdãos** **AgInt no REsp 1097314/RS**, Rel. Ministro ANTONIO SALDANHA PALHEIRO, j. 21-6-2016, *DJe* 29-6-2016 **AgInt nos EDcl no REsp 1396651/RN**, Rel. Ministra DIVA MALERBI (DESEMBARGADORA CONVOCADA TRF 3ª REGIÃO), SEGUNDA TURMA, j. 7-6-2016, *DJe* 23-6-2016 **AgRg no REsp 1255019/RS**, Rel. Ministra ASSUSETE MAGALHÃES, SEGUNDA TURMA, j. 17-9-2015, *DJe* 28-9-2015 **AgRg no REsp 1155004/RS**, Rel. Ministro ERICSON MARANHO (DESEMBARGADOR CONVOCADO DO TJ/SP), j. 12-5-2015, *DJe* 26-5-2015 **AgRg no REsp 1358701/RS**, Rel. Ministro SÉRGIO KUKINA, PRIMEIRA TURMA, j. 5-5-2015, *DJe* 14-5-2015 **AgRg no Ag 1244771/RS**, Rel. Ministro ROGERIO SCHIETTI CRUZ, j. 4-11-2014, *DJe* 10-12-2014
O termo inicial da prescrição do direito de pleitear a indenização por férias não gozadas é o ato de aposentadoria do servidor.	**Acórdãos** **AgRg no AREsp 509554/RJ**, Rel. Ministro NAPOLEÃO NUNES MAIA FILHO, PRIMEIRA TURMA, j. 13-10-2015, *DJe* 26-10-2015 **AgRg no REsp 1189375/SC**, Rel. Ministro NEFI CORDEIRO, j. 22-9-2015, *DJe* 19-10-2015 **AgRg no REsp 1453813/PB**, Rel. Ministro HUMBERTO MARTINS, SEGUNDA TURMA, j. 15-9-2015, *DJe* 23-9-2015 **AgRg no AREsp 646000/BA**, Rel. Ministro MAURO CAMPBELL MARQUES, SEGUNDA TURMA, j. 5-3-2015, *DJe* 11-3-2015 **AgRg no AREsp 606830/M**S, Rel. Ministro HERMAN BENJAMIN, SEGUNDA TURMA, j. 3-2-2015, *DJe* 12-2-2015 **AgRg no AREsp 391479/BA**, Rel. Ministro SÉRGIO KUKINA, PRIMEIRA TURMA, j. 9-9-2014, *DJe* 16-9-2014

É possível a supressão do índice de 26,05% relativo à URP (Unidade de Referência de Preços) de 1989 incorporado em decorrência de sentença trabalhista transitada em julgado, pois a eficácia desta está adstrita à data da transformação dos empregos em cargos públicos e ao consequente enquadramento no Regime Jurídico Único.	**Acórdãos** **AgInt no AREsp 874447/SC**, Rel. Ministro HERMAN BENJAMIN, SEGUNDA TURMA, j. 18-8-2016, *DJe* 12-9-2016 **AgRg no REsp 1288805/RS**, Rel. Ministro NAPOLEÃO NUNES MAIA FILHO, PRIMEIRA TURMA, j. 23-8-2016, *DJe* 1º-9-2016 **AgInt no AREsp 814193/RS**, Rel. Ministro SÉRGIO KUKINA, PRIMEIRA TURMA, j. 19-4-2016, *DJe* 6-5-2016 **AgRg nos EDcl no REsp 1417583/SP**, Rel. Ministra ASSUSETE MAGALHÃES, SEGUNDA TURMA, j. 10-3-2016, *DJe* 17-3-2016 **AgRg no AREsp 722740/PR**, Rel. Ministro HUMBERTO MARTINS, SEGUNDA TURMA, j. 6-8-2015, *DJe* 17-8-2015 **AgRg no AREsp 709895/RS**, Rel. Ministro MAURO CAMPBELL MARQUES, SEGUNDA TURMA, j. 23-6-2015, *DJe* 30-6-2015
Os candidatos aprovados em concurso público para os cargos da Polícia Civil do DF e da Polícia Federal fazem jus, durante o programa de formação, à percepção de 80% dos vencimentos da classe inicial da categoria.	**Acórdãos** **AgInt no REsp 1390038/RS**, Rel. Ministra REGINA HELENA COSTA, PRIMEIRA TURMA, j. 13-9-2016, *DJe* 20-9-2016 **AgRg no Ag 1340349/DF**, Rel. Ministro NAPOLEÃO NUNES MAIA FILHO, PRIMEIRA TURMA, j. 3-9-2015, *DJe* 22-9-2015 **AgRg no AgRg no REsp 1323587/DF**, Rel. Ministro BENEDITO GONÇALVES, PRIMEIRA TURMA, j. 6-11-2014, *DJe* 11-11-2014 **REsp 1294265/DF**, Rel. Ministra MARIA THEREZA DE ASSIS MOURA, j. 25-6-2012, *DJe* 29-6-2012 **REsp 1195611/DF**, Rel. Ministro LUIZ FUX, PRIMEIRA TURMA, j. 14-9-2010, *DJe* 1º-10-2010

JURISPRUDÊNCIA EM TESES

SERVIDOR PÚBLICO II (EDIÇÃO 76)

É legítimo o ato da Administração que promove o desconto dos dias não trabalhados pelos servidores públicos participantes de movimento grevista.	**Acórdãos** **AgInt no REsp 1608657/DF**, Rel. Ministro MAURO CAMPBELL MARQUES, SEGUNDA TURMA, j. 15-12-2016, *DJe* 19-12-2016

	RMS 049339/SP, Rel. Ministro FRANCISCO FALCÃO, SEGUNDA TURMA, j. 6-10-2016, *DJe* 20-10-2016 **REsp 1616801/AP**, Rel. Ministro HERMAN BENJAMIN, SEGUNDA TURMA, j. 23-8-2016, *DJe* 13-9-2016 **AgInt no AREsp 780209/SC**, Rel. Ministra ASSUSETE MAGALHÃES, SEGUNDA TURMA, j. 24-5-2016, *DJe* 2-6-2016 **EDcl no AgRg no AgRg no REsp 1497127/SC**, Rel. Ministro HUMBERTO MARTINS, SEGUNDA TURMA, j. 17-5-2016, *DJe* 25-5-2016 **AgRg no AREsp 815187/SC**, Rel. Ministro SÉRGIO KUKINA, PRIMEIRA TURMA, j. 17-12-2015, *DJe* 4-2-2016
É vedado o cômputo do tempo do curso de formação para efeito de promoção do servidor público, sendo, contudo, considerado tal período para fins de progressão na carreira.	**Acórdãos** **AgRg no REsp 1485900/DF**, Rel. Ministro HERMAN BENJAMIN, SEGUNDA TURMA, j. 15-3-2016, *DJe* 31-5-2016 **REsp 1390465/RN**, Rel. Ministro HUMBERTO MARTINS, SEGUNDA TURMA, j. 8-9-2015, *DJe* 16-9-2015
O tempo de serviço prestado às empresas públicas e sociedades de economia mista somente pode ser computado para efeitos de aposentadoria e disponibilidade.	**Acórdãos** **AgInt no REsp 1238883/RS**, Rel. Ministro SÉRGIO KUKINA, PRIMEIRA TURMA, j. 20-10-2016, *DJe* 9-11-2016 **AgInt no RMS 048459/MS**, Rel. Ministra REGINA HELENA COSTA, PRIMEIRA TURMA, j. 13-9-2016, *DJe* 21-9-2016 **AgInt no RMS 046897/MS**, Rel. Ministro HUMBERTO MARTINS, SEGUNDA TURMA, j. 9-8-2016, *DJe* 18-8-2016 **AgRg no RMS 047070/MS**, Rel. Ministra ASSUSETE MAGALHÃES, SEGUNDA TURMA, j. 19-4-2016, *DJe* 29-4-2016 **AgRg no RMS 048271/MS**, Rel. Ministro BENEDITO GONÇALVES, PRIMEIRA TURMA, j. 8-3-2016, *DJe* 17-3-2016 **AgRg no REsp 1291640/SC**, Rel. Ministro OG FERNANDES, SEGUNDA TURMA, j. 27-10-2015, *DJe* 12-11-2015

O direito de transferência *ex officio* entre instituições de ensino congêneres conferido a servidor público federal da administração direta se estende aos empregados públicos integrantes da administração indireta.	**Acórdãos** **REsp 1615185/MG**, Rel. Ministro HERMAN BENJAMIN, SEGUNDA TURMA, j. 23-8-2016, *DJe* 13-9-2016 **REsp 1312530/PE**, Rel. Ministra ELIANA CALMON, SEGUNDA TURMA, j. 18-6-2013, *DJe* 26-6-2013 **AgRg no Ag 1426117/MA**, Rel. Ministro CASTRO MEIRA, SEGUNDA TURMA, j. 1º-12-2011, *DJe* 19-12-2011 **AgRg no REsp 1218810/RS**, Rel. Ministro HUMBERTO MARTINS, SEGUNDA TURMA, j. 15-2-2011, *DJe* 22-2-2011 **Decisões Monocráticas** **REsp 1469483/SC**, Rel. Ministro GURGEL DE FARIA, PRIMEIRA TURMA, j. 19-9-2016, publicado em 26-9-2016 **REsp 1594030/MG**, Rel. Ministro SÉRGIO KUKINA, PRIMEIRA TURMA, j. 1º-8-2016, publicado em 12-8-2016
Os efeitos da sentença trabalhista têm por limite temporal a Lei n. 8112/90, que promoveu a transposição do regime celetista para o estatutário, inexistindo violação à coisa julgada, ao direito adquirido ou ao princípio da irredutibilidade de vencimentos.	**Acórdãos** **AgInt no AREsp 874447/SC**, Rel. Ministro HERMAN BENJAMIN, SEGUNDA TURMA, j. 18-8-2016, *DJe* 12-9-2016 **AgRg no REsp 1288805/RS**, Rel. Ministro NAPOLEÃO NUNES MAIA FILHO, PRIMEIRA TURMA, j. 23-8-2016, *DJe* 1º-9-2016 **AgInt no REsp 1097314/RS**, Rel. Ministro ANTONIO SALDANHA PALHEIRO, j. 21-6-2016, *DJe* 29-6-2016 **AgInt nos EDcl no REsp 1396651/RN**, Rel. Ministra DIVA MALERBI (DESEMBARGADORA CONVOCADA TRF 3ª REGIÃO), SEGUNDA TURMA, j. 7-6-2016, *DJe* 23-6-2016 **AgRg nos EDcl no REsp 1417583/SP**, Rel. Ministra ASSUSETE MAGALHÃES, SEGUNDA TURMA, j. 10-3-2016, *DJe* 17-3-2016 **EDcl no AgRg no REsp 1493003/RS**, Rel. Ministro HUMBERTO MARTINS, SEGUNDA TURMA, j. 3-12-2015, *DJe* 14-12-2015

A pensão por morte do servidor público federal é devida até a idade limite de 21 (vinte e um) anos do dependente, salvo se inválido, não cabendo postergar o benefício para os universitários com idade até 24 (vinte e quatro) anos, ante a ausência de previsão normativa.	**Acórdãos** **MS 022160/DF**, Rel. Ministro HUMBERTO MARTINS, PRIMEIRA SEÇÃO, j. 13-4-2016, *DJe* 19-4-2016 **AgRg no RMS 048600/DF**, Rel. Ministro SÉRGIO KUKINA, PRIMEIRA TURMA, j. 17-3-2016, *DJe* 1º-4-2016 **AgRg no REsp 1479964/PB**, Rel. Ministro MAURO CAMPBELL MARQUES, SEGUNDA TURMA, j. 24-3-2015, *DJe* 30-3-2015 **AgRg no REsp 831470/RN**, Rel. Ministro OG FERNANDES, j. 10-11-2009, *DJe* 30-11-2009 **REsp 1074181/PB**, Rel. Ministro JORGE MUSSI, QUINTA TURMA, j. 23-6-2009, *DJe* 3-8-2009 **REsp 1008866/PR**, Rel. Ministro ARNALDO ESTEVES LIMA, QUINTA TURMA, j. 16-4-2009, *DJe* 18-5-2009
Não é possível o registro de penas nos assentamentos funcionais dos servidores públicos quando verificada a ocorrência da prescrição da pretensão punitiva do Estado, por força do entendimento do Supremo Tribunal Federal de que o art. 170 da Lei n. 8.112/90 viola a Constituição Federal.	**Acórdãos** **AgInt no MS 022485/DF**, Rel. Ministro GURGEL DE FARIA, PRIMEIRA SEÇÃO, j. 14-12-2016, *DJe* 16-2-2017 **MS 019593/DF**, Rel. Ministro NAPOLEÃO NUNES MAIA FILHO, PRIMEIRA SEÇÃO, j. 28-10-2015, *DJe* 16-11-2015 **MS 017888/DF**, Rel. Ministro HUMBERTO MARTINS, PRIMEIRA SEÇÃO, j. 26-8-2015, *DJe* 3-9-2015 **MS 021598/DF**, Rel. Ministro OG FERNANDES, PRIMEIRA SEÇÃO, j. 10-6-2015, *DJe* 19-6-2015 **MS 016087/DF**, Rel. Ministro ARNALDO ESTEVES LIMA, PRIMEIRA SEÇÃO, j. 13-11-2013, *DJe* 5-12-2013 **MS 016764/DF**, Rel. Ministra ELIANA CALMON, PRIMEIRA SEÇÃO, j. 8-5-2013, *DJe* 17-5-2013
A abertura de concurso de remoção pela administração revela que a existência de vaga a ser preenchida pelo servidor aprovado é de interesse público.	**Acórdãos** **AgRg no AREsp 661338/PR**, Rel. Ministra DIVA MALERBI (DESEMBARGADORA CONVOCADA TRF 3ª REGIÃO), SEGUNDA TURMA, j. 18-2-2016, *DJe* 26-2-2016 **MS 021403/DF**, Rel. Ministro MAURO CAMPBELL MARQUES, PRIMEIRA SEÇÃO, j. 9-9-2015, *DJe* 16-9-2015 **AgRg no REsp 1528656/RS**, Rel. Ministro HERMAN BENJAMIN, SEGUNDA TURMA, j. 18-8-2015, *DJe* 8-9-2015

	MS 021631/DF, Rel. Ministro OG FERNANDES, PRIMEIRA SEÇÃO, j. 24-6-2015, *DJe* 1º-7-2015 **REsp 1382425/RN**, Rel. Ministra ASSUSETE MAGALHÃES, SEGUNDA TURMA, j. 22-4-2014, *DJe* 2-5-2014 **AgRg no REsp 1247360/RJ**, Rel. Ministro CASTRO MEIRA, SEGUNDA TURMA, j. 17-9-2013, *DJe* 7-10-2013
A investidura originária não se enquadra no conceito de deslocamento para fins da concessão da licença para acompanhar cônjuge com exercício provisório.	Acórdãos **AgRg no AREsp 195779/RS**, Rel. Ministro NAPOLEÃO NUNES MAIA FILHO, Rel. p/ Acórdão Ministra REGINA HELENA COSTA, PRIMEIRA TURMA, j. 18-10-2016, *DJe* 29-11-2016 **AgInt no REsp 1572067/MS**, Rel. Ministro HERMAN BENJAMIN, SEGUNDA TURMA, j. 19-4-2016, *DJe* 27-5-2016 **AgRg no AREsp 519617/DF**, Rel. Ministro SÉRGIO KUKINA, PRIMEIRA TURMA, j. 8-9-2015, *DJe* 23-9-2015 **RMS 044119/SP**, Rel. Ministro OG FERNANDES, SEGUNDA TURMA, j. 10-12-2013, *DJe* 18-12-2013 **AgRg no RMS 030867/PE**, Rel. Ministro JORGE MUSSI, QUINTA TURMA, j. 13-11-2012, *DJe* 4-12-2012 **RMS 037330/DF**, Rel. Ministro TEORI ALBINO ZAVASCKI, PRIMEIRA TURMA, j. 11-9-2012, *DJe* 17-9-2012
É lícita a cassação de aposentadoria de servidor público, não obstante o caráter contributivo do benefício previdenciário.	Acórdãos **MS 019197/DF**, Rel. Ministro NAPOLEÃO NUNES MAIA FILHO, PRIMEIRA SEÇÃO, j. 23-11-2016, *DJe* 1º-12-2016 **MS 020647/DF**, Rel. Ministro HERMAN BENJAMIN, PRIMEIRA SEÇÃO, j. 14-12-2016, *DJe* 19-12-2016 **MS 021084/DF**, Rel. Ministro MAURO CAMPBELL MARQUES, PRIMEIRA SEÇÃO, j. 26-10-2016, *DJe* 1º-12-2016 **MS 013074/DF**, Rel. Ministro ROGERIO SCHIETTI CRUZ, TERCEIRA SEÇÃO, j. 27-5-2015, *DJe* 2-6-2015 **MS 014893/DF**, Rel. Ministro SEBASTIÃO REIS JÚNIOR, TERCEIRA SEÇÃO, j. 13-6-2012, *DJe* 22-6-2012 **EDcl no MS 007795/DF**, Rel. Ministro HAMILTON CARVALHIDO, TERCEIRA SEÇÃO, j. 26-2-2003, *DJ* 17-3-2003

O termo inicial para o pagamento dos proventos integrais devidos na conversão da aposentadoria proporcional por tempo de serviço em aposentadoria integral por invalidez é a data do requerimento administrativo.	**Acórdãos** **AgRg no REsp 1548870/RS**, Rel. Ministro MAURO CAMPBELL MARQUES, SEGUNDA TURMA, j. 17-9-2015, *DJe* 28-9-2015 **AgRg no AREsp 046173/DF**, Rel. Ministro NAPOLEÃO NUNES MAIA FILHO, PRIMEIRA TURMA, j. 19-6-2012, *DJe* 29-6-2012 **AgRg nos EDcl no REsp 1056141/SC**, Rel. Ministro OG FERNANDES, j. 17-3-2011, *DJe* 4-4-2011 **REsp 946068/SC**, Rel. Ministro ARNALDO ESTEVES LIMA, QUINTA TURMA, j. 3-6-2008, *DJe* 1º-9-2008
A concessão de aposentadoria especial aos servidores públicos será regulada pela Lei n. 8.213/91, enquanto não editada a lei complementar prevista no art. 40, § 4º, da CF/88.	**Acórdãos** **AgRg no REsp 1461136/PE**, Rel. Ministro OG FERNANDES, SEGUNDA TURMA, j. 10-11-2015, *DJe* 18-11-2015 **AgRg no AREsp 265962/CE**, Rel. Ministro BENEDITO GONÇALVES, PRIMEIRA TURMA, j. 2-10-2014, *DJe* 9-10-2014 **AgRg nos EDcl no REsp 1363285/DF**, Rel. Ministro HUMBERTO MARTINS, SEGUNDA TURMA, j. 5-9-2013, *DJe* 17-9-2013 **AgRg no AREsp 040576/MS**, Rel. Ministro ARNALDO ESTEVES LIMA, PRIMEIRA TURMA, j. 28-5-2013, *DJe* 4-6-2013 **RMS 036806/PE**, Rel. Ministro NAPOLEÃO NUNES MAIA FILHO, PRIMEIRA TURMA, j. 4-10-2012, *DJe* 25-10-2012 **REsp 1111027/SP**, Rel. Ministra LAURITA VAZ, QUINTA TURMA, j. 4-10-2011, *DJe* 23-11-2011
A limitação da carga horária semanal para servidores públicos profissionais de saúde que acumulam cargos deve ser de 60 horas semanais.	**Acórdãos** **AgInt no AREsp 956564/SC**, Rel. Ministro SÉRGIO KUKINA, PRIMEIRA TURMA, j. 13-12-2016, *DJe* 3-2-2017 **AgInt no AREsp 976311/RJ**, Rel. Ministro MAURO CAMPBELL MARQUES, SEGUNDA TURMA, j. 17-11-2016, *DJe* 29-11-2016 **AgInt no REsp 1539049/RJ**, Rel. Ministro GURGEL DE FARIA, PRIMEIRA TURMA, j. 18-10-2016, *DJe* 21-11-2016 **AgInt no AREsp 603179]/RJ**, Rel. Ministra ASSUSETE MAGALHÃES, SEGUNDA TURMA, j. 20-10-2016, *DJe* 11-11-2016 **EDcl no MS 019525/DF**, Rel. Ministro NAPOLEÃO NUNES MAIA FILHO, PRIMEIRA SEÇÃO, j. 26-10-2016, *DJe* 8-11-2016

	AgInt no AREsp 913528/RJ, Rel. Ministro OG FERNANDES, SEGUNDA TURMA, j. 27-9-2016, DJe 30-9-2016
A Lei n. 8.112/90, quando aplicada aos servidores do Distrito Federal por força da Lei Distrital n. 197/91, assume status de lei local, insuscetível de apreciação em sede de recurso especial, atraindo o óbice da Súmula n. 280/STF.	Acórdãos AgRg no AREsp 415833/DF, Rel. Ministro BENEDITO GONÇALVES, PRIMEIRA TURMA, j. 20-9-2016, DJe 21-11-2016 AgRg no AREsp 834798/DF, Rel. Ministro NAPOLEÃO NUNES MAIA FILHO, PRIMEIRA TURMA, j. 24-5-2016, DJe 6-6-2016 AgRg no REsp 1207554/DF, Rel. Ministro SÉRGIO KUKINA, PRIMEIRA TURMA, j. 15-3-2016, DJe 28-3-2016 AgRg no AREsp 738000/DF, Rel. Ministra DIVA MALERBI (DESEMBARGADORA CONVOCADA TRF 3ª REGIÃO), SEGUNDA TURMA, j. 1º-12-2015, DJe 17-12-2015 AgRg no AREsp 707027/DF, Rel. Ministro HERMAN BENJAMIN, SEGUNDA TURMA, j. 20-8-2015, DJe 11-11-2015 AgRg no AREsp 713381/DF, Rel. Ministra ASSUSETE MAGALHÃES, SEGUNDA TURMA, j. 15-10-2015, DJe 26-10-2015

JURISPRUDÊNCIA EM TESES

DOS MILITARES (EDIÇÃO 88)

É possível a promoção discricionária de servidores estaduais militares, desde que autorizada e fundamentada por lei.	Acórdãos AgInt no RMS 047660/MT, Rel. Ministra REGINA HELENA COSTA, PRIMEIRA TURMA, j. 16-5-2017, DJe 22-5-2017 AgRg no RMS 040474/TO, Rel. Ministro HERMAN BENJAMIN, SEGUNDA TURMA, j. 8-11-2016, DJe 17-11-2016 RMS 044529/TO, Rel. Ministro SÉRGIO KUKINA, PRIMEIRA TURMA, j. 19-4-2016, DJe 12-5-2016 RMS 044208/TO, Rel. Ministro HUMBERTO MARTINS, SEGUNDA TURMA, j. 18-6-2015, DJe 1º-7-2015
Não viola o princípio da presunção de inocência o impedimento, previsto em legislação ordinária, de inclusão do militar respondendo a ação penal em lista de promoção.	Acórdãos RMS 053515/TO, Rel. Ministro HERMAN BENJAMIN, SEGUNDA TURMA, j. 16-5-2017, DJe 16-6-2017

	RMS 029353/AC, Rel. Ministro RIBEIRO DANTAS, QUINTA TURMA, j. 10-5-2016, *DJe* 20-5-2016 **AgRg no RMS 048766/PB**, Rel. Ministro MAURO CAMPBELL MARQUES, SEGUNDA TURMA, j. 15-12-2015, *DJe* 18-12-2015 **MS 016909/DF**, Rel. Ministro OG FERNANDES, PRIMEIRA SEÇÃO, j. 12-3-2014, *DJe* 20-3-2014 **MS 014902/DF**, Rel. Ministro HAROLDO RODRIGUES (DESEMBARGADOR CONVOCADO DO TJ/CE), TERCEIRA SEÇÃO, j. 13-4-2011, *DJe* 27-5-2011
O militar das Forças Armadas aprovado em concurso público para o magistério civil somente tem direito de ser transferido para a reserva remunerada se obtiver autorização para a investidura no novo cargo, que será dada pelo Presidente da República, se o militar for oficial, ou pelo respectivo Ministro de Estado, se o militar for praça.	Acórdãos **AR 001162/DF**, Rel. Ministro ANTONIO SALDANHA PALHEIRO, TERCEIRA SEÇÃO, j. 10-5-2017, *DJe* 18-5-2017 **AgRg no REsp 734645/RJ**, Rel. Ministro OG FERNANDES, j. 13-8-2013, *DJe* 30-8-2013 **EDcl no AgRg no REsp 753200/RJ**, Rel. Ministra LAURITA VAZ, QUINTA TURMA, j. 2-4-2009, *DJe* 4-5-2009 **AgRg no REsp 513335/RJ**, Rel. Ministro CELSO LIMONGI (DESEMBARGADOR CONVOCADO DO TJ/SP), j. 19-3-2009, *DJe* 13-4-2009 **AgRg no REsp 642646/RJ**, Rel. Ministro NILSON NAVES, j. 18-12-2007, *DJe* 3-3-2008
É possível a acumulação de dois cargos por militares que atuam na área de saúde, desde que o servidor público não desempenhe as funções tipicamente exigidas para a atividade castrense, mas sim atribuições inerentes a profissões de civis; no entanto mostra-se ilícita a acumulação dos demais cargos militares com os de magistério.	Acórdãos **AgInt no RMS 041623/GO**, Rel. Ministra REGINA HELENA COSTA, PRIMEIRA TURMA, j. 21-3-2017, *DJe* 29-3-2017 **RMS 034239/GO**, Rel. Ministro SÉRGIO KUKINA, PRIMEIRA TURMA, j. 25-10-2016, *DJe* 9-11-2016 **AgRg no REsp 1572142/PR**, Rel. Ministro HUMBERTO MARTINS, SEGUNDA TURMA, j. 5-4-2016, *DJe* 13-4-2016 **AgRg no RMS 037602/PR**, Rel. Ministro OG FERNANDES, SEGUNDA TURMA, j. 18-12-2014, *DJe* 4-2-2015 **RMS 029838/RJ**, Rel. Ministro JORGE MUSSI, QUINTA TURMA, j. 23-10-2014, *DJe* 3-11-2014 **RMS 039157/GO**, Rel. Ministro HERMAN BENJAMIN, SEGUNDA TURMA, j. 26-2-2013, *DJe* 7-3-2013

O militar incapacitado temporariamente para o serviço castrense não pode ser licenciado, fazendo jus à reintegração como adido ou como agregado ao quadro para tratamento médico-hospitalar, sendo-lhe assegurada a percepção do soldo, demais vantagens remuneratórias e, ainda, a reforma caso constatada incapacidade definitiva.	**Acórdãos** **AgInt no REsp 1366005/RS**, Rel. Ministro NAPOLEÃO NUNES MAIA FILHO, PRIMEIRA TURMA, j. 9-5-2017, *DJe* 17-5-2017 **AgInt no REsp 1506828/SC**, Rel. Ministra REGINA HELENA COSTA, PRIMEIRA TURMA, j. 28-3-2017, *DJe* 5-4-2017 **REsp 1506737/RS**, Rel. Ministro MAURO CAMPBELL MARQUES, SEGUNDA TURMA, j. 19-11-2015, *DJe* 27-11-2015 **AgRg no REsp 1144527/SC**, Rel. Ministro NEFI CORDEIRO, j. 22-9-2015, *DJe* 19-10-2015 **AgRg no REsp 1340561/RJ**, Rel. Ministro SÉRGIO KUKINA, PRIMEIRA TURMA, j. 8-9-2015, *DJe* 23-9-2015 **AgRg no REsp 1072305/RS**, Rel. Ministro ROGERIO SCHIETTI CRUZ, j. 10-3-2015, *DJe* 17-3-2015
É possível a expulsão do militar, havendo falta residual não compreendida na absolvição criminal, no mesmo sentido da Súmula n. 18 do Supremo Tribunal Federal.	**Acórdãos** **AgInt no AgRg no AREsp 251574/SP**, Rel. Ministro NAPOLEÃO NUNES MAIA FILHO, PRIMEIRA TURMA, j. 7-3-2017, *DJe* 17-3-2017 **AgInt no REsp 1636963/SP**, Rel. Ministro MAURO CAMPBELL MARQUES, SEGUNDA TURMA, j. 15-12-2016, *DJe* 19-12-2016 **AgInt no AREsp 901554/RJ**, Rel. Ministra DIVA MALERBI (DESEMBARGADORA CONVOCADA TRF 3ª REGIÃO), SEGUNDA TURMA, j. 23-8-2016, *DJe* 30-8-2016 **AgRg no REsp 1425630/SP**, Rel. Ministro HUMBERTO MARTINS, SEGUNDA TURMA, j. 1º-9-2015, *DJe* 15-9-2015 **AgRg no AREsp 046489/SP**, Rel. Ministra ASSUSETE MAGALHÃES, SEGUNDA TURMA, j. 2-10-2014, *DJe* 9-10-2014
O termo inicial do prazo prescricional de cinco anos do Decreto n. 20.910/32 é a data do licenciamento ou a do ato da exclusão do ex--militar que pleiteia a reintegração ao serviço e a concessão de reforma.	**Acórdãos** **AgRg no AREsp 743354/RS**, Rel. Ministro MAURO CAMPBELL MARQUES, SEGUNDA TURMA, j. 8-9-2015, *DJe* 17-9-2015 **AgRg no REsp 1318829/RJ**, Rel. Ministra ASSUSETE MAGALHÃES, SEGUNDA TURMA, j. 17-3-2015, *DJe* 25-3-2015 **AgRg no AREsp 474427/AM**, Rel. Ministro HUMBERTO MARTINS, SEGUNDA TURMA, j. 1º-4-2014, *DJe* 7-4-2014

	AgRg no AREsp 045362/RS, Rel. Ministro ARNALDO ESTEVES LIMA, PRIMEIRA TURMA, j. 4-9-2012, *DJe* 11-9-2012 **AgRg no AREsp 127858/MG**, Rel. Ministro HERMAN BENJAMIN, SEGUNDA TURMA, j. 5-6-2012, *DJe* 15-6-2012 **AgRg nos EDcl no REsp 1157250/TO**, Rel. Ministro CELSO LIMONGI (DESEMBARGADOR CONVOCADO DO TJ/SP), j. 16-12-2010, *DJe* 1º-2-2011
O desconto em folha do servidor militar possui regulamentação própria (Medida Provisória n. 2.215-10/01), que permite comprometer contratualmente até 70% de sua remuneração mensal, desde que nesse percentual estejam incluídos, necessariamente, os descontos obrigatórios e autorizados.	**Acórdãos** **REsp 1597055/RJ**, Rel. Ministro HERMAN BENJAMIN, SEGUNDA TURMA, j. 16-3-2017, *DJe* 24-4-2017 **AgInt no REsp 1542299/RS**, Rel. Ministra DIVA MALERBI (DESEMBARGADORA CONVOCADA TRF 3ª REGIÃO), SEGUNDA TURMA, j. 7-6-2016, *DJe* 13-6-2016 **AgRg no REsp 1530406/RJ**, Rel. Ministra ASSUSETE MAGALHÃES, SEGUNDA TURMA, j. 15-3-2016, *DJe* 17-3-2016 **AgRg no AREsp 713892/RJ**, Rel. Ministro HUMBERTO MARTINS, SEGUNDA TURMA, j. 13-10-2015, *DJe* 20-10-2015 **REsp 1521393/RJ**, Rel. Ministro MAURO CAMPBELL MARQUES, SEGUNDA TURMA, j. 5-5-2015, *DJe* 12-5-2015 **REsp 1458770/RJ**, Rel. Ministro SÉRGIO KUKINA, PRIMEIRA TURMA, j. 16-4-2015, *DJe* 23-4-2015
O militar temporário que não adquiriu estabilidade pode ser licenciado pela Administração por motivo de conveniência e oportunidade.	**Acórdãos** **REsp 1651532/CE**, Rel. Ministro HERMAN BENJAMIN, SEGUNDA TURMA, j. 18-5-2017, *DJe* 20-6-2017 **REsp 1212103/RJ**, Rel. Ministro NAPOLEÃO NUNES MAIA FILHO, Rel. p/ Acórdão Ministro BENEDITO GONÇALVES, PRIMEIRA TURMA, j. 15-12-2015, *DJe* 28-3-2016 **AgRg no REsp 1328594/MG**, Rel. Ministro OG FERNANDES, SEGUNDA TURMA, j. 23-6-2015, *DJe* 1º-7-2015 **AgRg no Ag 1213398/SP**, Rel. Ministro ROGERIO SCHIETTI CRUZ, j. 7-4-2015, *DJe* 16-4-2015 **AgRg no AREsp 148955/MG**, Rel. Ministro CESAR ASFOR ROCHA, SEGUNDA TURMA, j. 28-8-2012, *DJe* 4-9-2012

	AgRg no AREsp 062128/RN, Rel. Ministro HUMBERTO MARTINS, SEGUNDA TURMA, j. 17-4-2012, DJe 25-4-2012
Não cabe a aplicação aos militares do corpo masculino, a título de isonomia, dos requisitos para aquisição de estabilidade próprios das militares do corpo feminino da Aeronáutica, uma vez que integram quadros diversos com atribuições distintas.	Acórdãos REsp 1212103/RJ, Rel. Ministro NAPOLEÃO NUNES MAIA FILHO, Rel. p/ Acórdão Ministro BENEDITO GONÇALVES, PRIMEIRA TURMA, j. 15-12-2015, DJe 28-3-2016 AgRg no REsp 931108/RJ, Rel. Ministro OG FERNANDES, j. 3-5-2012, DJe 16-5-2012 AgRg no REsp 645410/RJ, Rel. Ministro NILSON NAVES, j. 16-12-2008, DJe 16-2-2009 REsp 949204/RJ, Rel. Ministro ARNALDO ESTEVES LIMA, QUINTA TURMA, j. 11-11-2008, DJe 1º-12-2008
A existência de lei específica que rege a atividade militar (Lei n. 6.880/80) não isenta a responsabilidade do Estado pelos danos morais causados em decorrência de acidente sofrido durante as atividades militares.	Acórdãos AgInt no REsp 1165257/SC, Rel. Ministra ASSUSETE MAGALHÃES, SEGUNDA TURMA, j. 3-8-2017, DJe 16-8-2017 AgInt no REsp 1214848/RS, Rel. Ministro SÉRGIO KUKINA, PRIMEIRA TURMA, j. 14-2-2017, DJe 23-2-2017 AgRg no REsp 1283276/RS, Rel. Ministro NAPOLEÃO NUNES MAIA FILHO, PRIMEIRA TURMA, j. 23-8-2016, DJe 31-8-2016 REsp 1164436/RS, Rel. Ministro JORGE MUSSI, QUINTA TURMA, j. 17-3-2015, DJe 25-5-2015 AgRg no REsp 1213705/RS, Rel. Ministra ELIANA CALMON, SEGUNDA TURMA, j. 23-4-2013, DJe 7-5-2013 AgRg no REsp 1160922/PR, Rel. Ministro MARCO AURÉLIO BELLIZZE, QUINTA TURMA, j. 5-2-2013, DJe 15-2-2013

1.2.1 Doutrina estrangeira

A Constituição italiana, no art. 97, dispõe: "Agli impieghi nelle pubbliche amministrazioni si accede mediante concorso, salvo i casi stabiliti dalla legge"[1]. Falzone, Palermo e Cosentino demonstram grande discussão na Assembleia Constituinte sobre o tema, especialmente na defesa do "accedere solo per concorso", mas prevaleceu a introdução da exceção, por "legge".

---

[1] FALZONE, F.; PALERMO F.; COSENTINO, F. *La Constituzione della Repubblica italiana,* Milano: Arnoldo Mondadori Editore, 1991, p. 311.

> **JURISPRUDÊNCIA**

- **POSSE EM CONCURSO PÚBLICO POR MEDIDA JUDICIAL PRECÁRIA E "FATO CONSUMADO" – 1**

    A posse ou o exercício em cargo público por força de decisão judicial de caráter provisório não implica a manutenção, em definitivo, do candidato que não atende a exigência de prévia aprovação em concurso público (CF, art. 37, II), valor constitucional que prepondera sobre o interesse individual do candidato, que não pode invocar, na hipótese, o princípio da proteção da confiança legítima, pois conhece a precariedade da medida judicial. Com base nessa orientação, o Plenário, por maioria, deu provimento a recurso extraordinário para reformar acórdão que, com base na "teoria do fato consumado", concluíra pela permanência da recorrida no cargo público por ela ocupado desde 2002. Discutia-se a possibilidade de manutenção de candidato investido em cargo público em decorrência de decisão judicial de natureza provisória. Na espécie, a recorrida tomara posse no cargo de agente da polícia civil em virtude de medida liminar deferida em ação cautelar, embora ela tivesse sido reprovada na segunda etapa do certame (teste físico) e não tivesse se submetido à terceira fase (exame psicotécnico). RE 608.482/RN, rel. Min. Teori Zavascki, j. 7-8-2014.

- **POSSE EM CONCURSO PÚBLICO POR MEDIDA JUDICIAL PRECÁRIA E "FATO CONSUMADO" – 2**

    O Tribunal destacou, de início, a existência de conflito entre duas ordens de valores que, ante a incompatibilidade, deveriam ser sopesadas. De um lado, o interesse individual da candidata em permanecer no cargo público que, por força de liminar, exerceria há mais de 12 anos. De outro lado, o interesse público no cumprimento do art. 37, II, da CF e de seus consectários. Em seguida, mencionou que a jurisprudência predominante da Corte seria no sentido da prevalência à estrita observância das normas constitucionais. Asseverou que, na questão em debate, não seria cabível o argumento da boa-fé ou do princípio, a ela associado, da proteção da confiança legítima do administrado. No ponto, aduziu que essa alegação seria viável quando, por ato de iniciativa da própria Administração, decorrente de equivocada interpretação da lei ou dos fatos, o servidor seria alçado a determinada condição jurídica ou seria incorporada determinada vantagem ao seu patrimônio funcional, de modo que essas peculiares circunstâncias provocassem em seu íntimo justificável convicção de que se trataria de um *status* ou de uma vantagem legítima. Assim, superveniente constatação da ilegitimidade desses proveitos configuraria comprometimento da boa-fé ou da confiança legítima provocada pelo primitivo ato da Administração, o que poderia autorizar, ainda que em nome do "fato consumado", a manutenção do *status quo*, ou, pelo menos, a dispensa de restituição de valores. O Colegiado frisou, no entanto, a excepcionalidade dessa hipótese. RE 608.482/RN, rel. Min. Teori Zavascki, j. 7-8-2014.

- **POSSE EM CONCURSO PÚBLICO POR MEDIDA JUDICIAL PRECÁRIA E "FATO CONSUMADO" – 3**

    A Corte salientou, ainda, que a situação dos autos seria distinta, porquanto a nomeação e posse no cargo teriam ocorrido por provocação da recorrida e contra a vontade da Administração, a qual apresentara resistência no plano processual. Explicitou, também, que o acórdão recorrido não afirmara a plausibilidade do direito de a recorrida permanecer no cargo, mas somente se limitara a aplicar a "teoria do fato consumado", tendo em conta que a liminar vigoraria, à época, há mais de sete anos. O Colegiado observou que, na espécie, não faria sentido invocar-se o princípio da proteção da confiança legítima nos atos administrativos, haja vista que a beneficiária não desconheceria, porque decorrente de lei expressa, a natureza provisória do provimento, cuja revogação poderia se dar a qualquer momento e acarretar automático efeito retroativo. Acrescentou que a concessão das medidas antecipatórias correria por conta e responsabilidade do requerente. Assim, afastado o princípio da proteção da confiança legítima, o

Plenário registrou que apenas o interesse individual na manutenção do cargo sobejaria como fundamento para sustentar a conclusão do acórdão impugnado. Considerou, todavia, que a pretensão da recorrida não poderia justificar o desatendimento do superior interesse público no cumprimento das normas constitucionais. Frisou, ademais, que esse interesse individual se oporia, inclusive, ao interesse de mesma natureza de candidato que, aprovado no concurso, fora alijado do cargo, ocupado sem observância das regras constitucionais. Por fim, o Tribunal assegurou à recorrida os vencimentos e as vantagens percebidos até a data do julgamento. RE 608.482/RN, rel. Min. Teori Zavascki, j. 7-8-2014.

- **POSSE EM CONCURSO PÚBLICO POR MEDIDA JUDICIAL PRECÁRIA E "FATO CONSUMADO" – 4**

    Vencidos os Ministros Roberto Barroso e Luiz Fux negaram provimento ao recurso extraordinário. O Ministro Roberto Barroso entendia que, no caso, a ponderação não se daria entre interesse privado do indivíduo e interesse público da Administração, mas, entre o princípio da confiança legítima e o mandamento do concurso público. Esclarecia que, como em toda ponderação, nem sempre seria possível estabelecer, *prima facie*, qual dos dois princípios deveria prevalecer. Aduzia que essa ponderação deveria ser feita à luz dos elementos do caso concreto. Registrava que a proteção da confiança legítima seria valor constitucional decorrente do princípio da segurança jurídica e, por isso, se mostraria impróprio o argumento no sentido de ser inexistente tese constitucional em favor da recorrida. Destacava que a ideia de segurança jurídica teria vertente objetiva a impedir a retroatividade das normas. Nesse ponto, sublinhava que haveria proteção ao ato jurídico perfeito, ao direito adquirido e à coisa julgada, a amparar as expectativas legítimas das pessoas, a preservar, inclusive, efeitos de atos eventualmente inválidos. Reiterava que as situações de investiduras de servidor público envolveriam muitas nuanças, do que decorreria a necessidade de se conhecer o caso *sub judice* para se proceder à interpretação constitucionalmente adequada. Propunha a observância de parâmetros para a aferição de eventual confiança legítima: a) o tempo decorrido entre as decisões contraditórias, adotando-se, por analogia, o prazo de cinco anos previsto no art. 54 da Lei n. 9.784/99; b) a boa-fé do candidato; c) o grau de estabilidade da decisão judicial, de maneira que uma decisão de 2º grau geraria maior expectativa de direito; d) o órgão prolator da decisão, pois quanto mais elevado o órgão judicial, maior a expectativa de direito originada; e e) a plausibilidade da tese jurídica que justificara a investidura e a ausência de conduta processual procrastinatória. RE 608.482/RN, rel. Min. Teori Zavascki, j. 7-8-2014.

- **POSSE EM CONCURSO PÚBLICO POR MEDIDA JUDICIAL PRECÁRIA E "FATO CONSUMADO" – 5**

    O Ministro Luiz Fux, por sua vez, enfatizava que a recorrida teria prestado concurso público e sido aprovada com nota exemplar no curso de aperfeiçoamento, apesar de não ter se submetido ao exame psicotécnico. Registrava que a função desse teste seria aferir condições biopsicológicas no exercício de uma função, e a recorrida a exercera, de forma exemplar por vários anos, o que superaria completamente a ausência do referido exame. Reputava que a recorrida tivera seu direito reafirmado em sentença de mérito e confirmado em acórdão que perdurara por mais de 12 anos. Frisava que a tendência mundial seria fazer com que o jurisdicionado se contentasse com uma só decisão judicial e o advento de uma segunda decisão, por órgão colegiado, apuraria a sua juridicidade. Comparava, no ponto, com o que contido na denominada "Lei da Ficha Limpa", que prevê a decisão colegiada para fins de tornar alguém inelegível. Aduzia que, na espécie, estaria em jogo direito fundamental encartado no art. 5º da CF e, como direito fundamental, prevaleceria sobre outros interesses correlatos à causa. RE 608.482/RN, rel. Min. Teori Zavascki, j. 7-8-2014.

- **CONTRATAÇÕES PELA ADMINISTRAÇÃO PÚBLICA SEM CONCURSO PÚBLICO E EFEITOS TRABALHISTAS**

    É nula a contratação de pessoal pela Administração Pública sem a observância de prévia aprovação em concurso público, razão pela qual não gera quaisquer efeitos jurídicos válidos em relação aos empregados eventualmente contratados, ressalvados os direitos à percepção dos salários referentes ao período trabalhado e, nos termos do art. 19-A da Lei n. 8.036/90, ao levantamento dos depósitos efetuados no Fundo de Garantia do Tempo de Serviço – FGTS. Com base nessa orientação, o Plenário negou provimento a recurso extraordinário no qual trabalhadora – que prestava serviços a fundação pública estadual, embora não tivesse sido aprovada em concurso público – sustentava que o § 2º do art. 37 da CF ("A não observância do disposto nos incisos II e III implicará a nulidade do ato e a punição da autoridade responsável, nos termos da lei") não imporia a supressão de verbas rescisórias relativas a aviso prévio, gratificação natalina, férias e respectivo 1/3, indenização referente ao seguro-desemprego, multa prevista no art. 477, § 8º, da CLT entre outras. Discutiam-se, na espécie, os efeitos trabalhistas decorrentes de contratação pela Administração Pública sem observância do art. 37, II, da CF. O Tribunal asseverou que o citado § 2º do art. 37 da CF constituiria referência normativa que não poderia ser ignorada na avaliação dos efeitos extraíveis das relações estabelecidas entre a Administração e os prestadores de serviços ilegitimamente contratados. Destacou a importância que a Constituição atribuiria ao instituto do concurso público e às consequências jurídicas decorrentes de sua violação. Mencionou, também, que as Turmas possuiriam jurisprudência assente no tocante à negativa de pagamento, com base na responsabilidade extracontratual do Estado (CF, art. 37, § 6º), de outras verbas rescisórias típicas do contrato de trabalho, ainda que a título de indenização. O Colegiado consignou que o suposto prejuízo do trabalhador contratado sem concurso público não constituiria dano juridicamente indenizável e que o reconhecimento do direito a salários pelos serviços efetivamente prestados afastaria a alegação de enriquecimento ilícito. RE 705.140. rel. Min. Teori Zavascki. 28-8-2014.

- **CONCURSO PÚBLICO: PROVA ORAL E RECURSO ADMINISTRATIVO**

    A 2ª Turma concedeu mandado de segurança para cassar decisão proferida pelo CNJ, que excluíra o ora impetrante de concurso público para ingresso em magistratura estadual. No caso, o então candidato ao cargo de juiz substituto, após ter sido reprovado na prova oral do concurso, tivera seu recurso administrativo provido pela comissão organizadora, a qual anulara algumas questões formuladas naquela fase e recalculara a nota a ele atribuída, o que resultara em sua aprovação. O CNJ, em processo de controle administrativo instaurado por outro candidato – que, a despeito de se encontrar em situação similar à do ora impetrante, tivera seu recurso administrativo negado –, excluíra ambos os concorrentes da fase subsequente à prova oral, sob o fundamento de que, segundo o art. 70, § 1º, da Resolução 75/2009 do CNJ, a nota atribuída na prova oral seria irretratável em sede recursal. A Turma, de início, afastou as alegações de ocorrência de ofensa ao devido processo legal e de extrapolação dos limites objetivos do processo de controle administrativo. Consignou que não se poderia transpor para o processo administrativo a integralidade das regras que regem o processo judicial, sob pena de desnaturá-lo. Afirmou que o exercício do controle da atuação administrativa dos órgãos que compõem o Poder Judiciário imporia ao CNJ o poder-dever de apurar e corrigir irregularidades, nos termos do art. 103-B da CF. Em razão disso, a inclusão do ora impetrante como interessado no processo administrativo em análise, aliada à faculdade que tivera, e exercera, de defender a validade da decisão administrativa que o beneficiara em detrimento de outro candidato, evidenciariam a improcedência das referidas assertivas de ofensa ao devido processo legal e de extrapolação dos limites objetivos do processo de controle administrativo. Quanto à discussão relativa à suposta impossibilidade de a comissão examinadora do concurso público revisar notas de prova oral, a Turma asseverou que o § 1º do art. 70 da Resolução 75/2009 do CNJ ("É irretratável em sede recursal a nota atribuída na prova oral") pressuporia a validade da prova feita. Assinalou que conclusão diversa redundaria no não cabimento de recurso administrativo quando houvesse, inclusive, eventuais erros manifestos no processamento de concursos públicos. No caso, a comissão examinadora reconhecera o descumprimento de normas do edital do concurso no que diz com as questões que deveriam ter sido cobradas na fase oral. Ocorre que seria assente no STF o entendimento segundo o qual o edital de concurso público rege as relações entre os candidatos e a Administração Pública. Ambos estariam submetidos, portanto, às suas regras, e eventual desrespeito ao que nele disciplinado consubstanciaria violação ao princípio da legalidade, o que autorizaria o candidato a buscar sua correção. MS 32.042. rel. Min. Cármen Lúcia, j. 26-8-2014.

1.3 Prazo de validade do concurso público (art. 37, III, da CF)

O prazo de validade do concurso público será de até dois anos, prorrogável uma vez, por igual período.

Até 2007 o direito à nomeação era considerado mera expectativa de direito, mas, a partir do RMS 20.718, o STJ passou a entender que há o direito subjetivo à nomeação quando o candidato estiver **dentro do número** de vagas previstas no edital e desde que válido o certame.

Posteriormente, o STF (pela 1ª Turma) também reconheceu esse direito subjetivo à nomeação (RE 227.480), posição que hoje é adotada tanto pelo STJ quanto pelo STF. O assunto foi decidido em definitivo com o julgamento da repercussão geral sobre o tema **(RE 598.099 – tema 161).**

Em resumo: se o candidato for aprovado **dentro** de número de vagas, terá direito subjetivo à nomeação. Mas haveria direito subjetivo à nomeação do candidato **fora** do número de vagas previsto no edital? Nesse sentido, o aprofundamento:

> **Aprofundamento:** Em 9 de dezembro de 2015, por maioria de votos, o Plenário do STF fixou a tese de que "**o surgimento de novas vagas ou a abertura de novo concurso para o mesmo cargo, durante o prazo de validade do certame anterior, não gera automaticamente o direito à nomeação dos candidatos aprovados fora das vagas previstas no edital,** ressalvadas as hipóteses de preterição arbitrária e imotivada por parte da Administração, caracterizada por comportamento tácito ou expresso do Poder Público capaz de revelar a inequívoca necessidade de nomeação do aprovado durante o período de validade do certame, a ser demonstrada de forma cabal pelo candidato. Assim, o **direito subjetivo à nomeação do candidato aprovado em concurso público exsurge nas seguintes hipóteses:** 1 – Quando a aprovação ocorrer dentro do número de vagas dentro do edital; 2 – Quando houver preterição na nomeação por não observância da ordem de classificação; 3 – Quando surgirem novas vagas, ou for aberto novo concurso durante a validade do certame anterior, e ocorrer a preterição de candidatos de forma arbitrária e imotivada por parte da Administração nos termos acima".

ESQUEMATIZANDO

STF, RE 598.099	STF, RE 837.311
Repercussão geral reconhecida e mérito julgado.	Repercussão geral reconhecida e mérito julgado (em 9-12-2015).
Há direito subjetivo à nomeação quando o candidato aprovado estiver **dentro do número de vagas previstas** no edital e desde que válido o certame.	**O surgimento de novas vagas ou a abertura de novo concurso para o mesmo cargo, durante o prazo de validade do certame anterior, não gera automaticamente o direito à nomeação dos candidatos aprovados fora das vagas previstas no edital,** ressalvadas as hipóteses de preterição arbitrária e imotivada por parte da Administração, caracterizada por comportamento tácito ou expresso do Poder Público, capaz de revelar a inequívoca necessidade de nomeação do aprovado durante o período de validade do certame, a ser demonstrada de forma cabal pelo candidato.

JURISPRUDÊNCIA

- **CONCURSO PÚBLICO: DIREITO SUBJETIVO À NOMEAÇÃO E DISCRICIONARIEDADE**

    A 1ª Turma acolheu embargos de declaração para, emprestando-lhes efeitos modificativos, dar provimento a recurso extraordinário em que se discutia a existência de discricionariedade por parte da Administração na nomeação de candidatos aprovados em concurso público para o preenchimento de vagas no TRE/PR. No caso, os ora embargantes, embora aprovados, estariam classificados além do número de vagas previsto no edital do certame. Antes de expirar o prazo de validade do concurso – o que se daria em 28-6-2004 –, fora editada a Lei n. 10.842, de 20-2-2004, a qual criara novos cargos nos quadros de pessoal dos tribunais regionais eleitorais. Posteriormente, o TSE editara a Resolução 21.832, de 22-6-2004, em cujo art. 2º dispunha-se que os tribunais regionais deveriam aproveitar, nos cargos criados pela Lei n. 10.842/2004, os candidatos habilitados em concurso público, realizado ou em andamento na data de publicação da referida lei. O TRE/PR optara, entretanto, por deixar expirar o prazo de validade do concurso e realizar novo certame, publicado o respectivo edital em 23-12-2004. A Turma afirmou que, no caso, não haveria discricionariedade por parte do TRE/PR na nomeação dos candidatos aprovados no concurso em comento, configurado, portanto, o direito subjetivo dos embargantes à nomeação, respeitada a ordem classificatória do certame. Consignou que a Resolução 21.832/2004 teria estabelecido um dever, para os tribunais regionais eleitorais, de aproveitamento dos candidatos aprovados em concursos públicos vigentes à época da edição da Lei n. 10.842/2004. Assim, tratar-se-ia de uma decisão vinculada. Com relação ao argumento de que a referida resolução fora editada apenas seis dias antes de expirar o prazo de validade do certame, o Colegiado asseverou que a norma somente formalizara orientação que já vinha sendo reiteradamente expendida pelo TSE. RE 607.590/PR. rel. Min. Roberto Barroso, j. 19-8-2014.

1.4 Convocação dos aprovados em concurso público (art. 37, IV, da CF)

A Constituição procura resguardar os aprovados e o respeito à ordem classificatória. Eles serão convocados com prioridade sobre novos concursados, dentro do prazo legal.

1.5 Funções de confiança e cargos em comissão (art. 37, V, da CF)

As funções de confiança devem ser exercidas, exclusivamente, por servidores de cargo efetivo, e os cargos em comissão, preferencialmente (como a CF falava antes da EC n. 19/98), por servidores de carreira (porque a nova redação diz que o seu número será fixado em lei; portanto, os demais poderão ser para pessoas que não pertençam aos quadros da Administração). Essas funções e cargos destinam-se apenas às atribuições de direção, chefia e assessoramento.

Sobre **cargos em comissão**, em **1º de outubro de 2018**, o STF reafirmou a jurisprudência dominante no sentido de que **a criação de cargos em comissão** somente se justifica para o exercício de funções de direção, chefia e assessoramento, não se prestando ao desempenho de atividades burocráticas, técnicas ou operacionais. O tema foi objeto do **RE 1.041.210**, que teve repercussão geral reconhecida e julgamento de mérito no Plenário Virtual. A **tese de repercussão geral** fixada foi a seguinte (**tema 1010**):

"a) a criação de cargos em comissão somente se justifica para o exercício de funções de direção, chefia e assessoramento, não se prestando ao desempenho de atividades burocráticas, técnicas ou operacionais; b) tal criação deve pressupor a necessária relação de confiança entre a autoridade nomeante e o servidor nomeado; c) o número de cargos comissionados criados deve guardar proporcionalidade com a necessidade que eles visam suprir e com o número de servidores ocupantes de cargos efetivos no ente federativo que os criar; e d) as atribuições dos cargos em comissão devem estar descritas, de forma clara e objetiva, na própria lei que os instituir".

Lembrando que o limite encontrado para as nomeações para cargos em comissão encontra previsão na Súmula Vinculante 13 (que veda o nepotismo – como já estudado em outro momento neste *Manual de Direito Administrativo*).

Ainda, o STF, ao julgar o **RE 786.540 com repercussão geral (tema 763)**, firmou a **tese** no sentido de que: "1. Os servidores ocupantes de cargo exclusivamente em comissão **não se submetem** à regra da aposentadoria compulsória prevista no art. 40, § 1º, II, da Constituição Federal, a qual atinge apenas os ocupantes de cargo de provimento efetivo, inexistindo, também, qualquer idade limite para fins de nomeação a cargo em comissão; 2. Ressalvados impedimentos de ordem infraconstitucional, **não há óbice constitucional** a que o servidor efetivo aposentado compulsoriamente permaneça no cargo comissionado que já desempenhava ou a que seja nomeado para cargo de livre nomeação e exoneração, uma vez que não se trata de continuidade ou criação de vínculo efetivo com a Administração".

> **ESQUEMATIZANDO**
>
> Por maioria de votos, o Plenário do Supremo Tribunal Federal (STF) decidiu que apenas servidor titular de cargo de provimento efetivo se submete à aposentadoria compulsória, não incidindo a regra sobre titulares de cargos comissionados.
>
> STF, TEMA 763 ▶ RE 786.540
>
> APOSENTADORIA
>
> **CARGO EFETIVO**
> ✓ Aposentadoria compulsória
>
> **CARGO EM COMISSÃO**
> ✗ Aposentadoria compulsória

> **JURISPRUDÊNCIA**
>
> - **ADI E CRIAÇÃO DE CARGOS EM COMISSÃO**
>
>   Por entender violada a exigência constitucional do concurso público (CF, art. 37, II), o Plenário julgou procedente pedido formulado em ação direta ajuizada pelo Procurador-Geral da República para declarar a inconstitucionalidade do art. 16-A, XI, XII, XIII, XVIII, XIX, XX, XXIV e XXV, da Lei n. 15.224/2005, do Estado de Goiás, bem como do Anexo I da mesma norma, na parte em que criou os cargos de provimento em comissão. Asseverou-se que, na espécie, os cargos em comissão instituídos – perito médico-psiquiátrico, perito médico-clínico, auditor de controle interno, produtor jornalístico, repórter fotográfico, perito psicólogo, enfermeiro, motorista – teriam atribuições eminentemente técnicas, nos quais inexistiria relação de confiança entre nomeante e nomeado. Assim, apontou-se que tais cargos deveriam ser preenchidos regularmente pela via do concurso público. **ADI 3.602/GO**, rel. Min. Joaquim Barbosa, j. 14-4-2011 (*Informativo STF 623*).

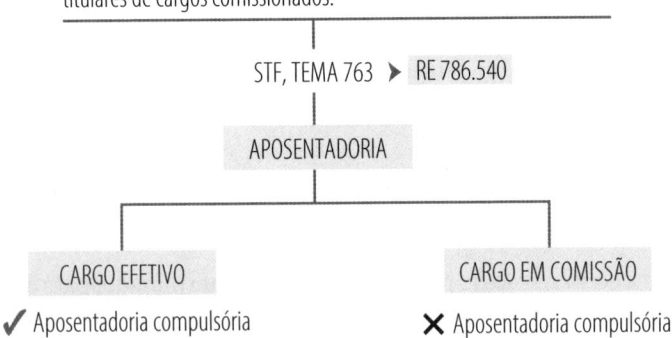

1.6 Direito à livre associação sindical (art. 37, VI, da CF)

É uma garantia nova dada aos servidores públicos e sem restrições: "É garantido ao servidor público o direito à livre associação sindical".

1.7 Direito de greve dos agentes públicos (art. 37, VII, da CF)

Esta norma é classificada como norma constitucional de eficácia limitada. Até o momento, não há a lei específica mencionada pelo dispositivo. Diante dessa síndrome da inefetividade das normas constitucionais, impetraram-se três mandados de injunção no STF (MI 670, 708 e 712), e o STF, adotando uma **teoria concretista geral**, fixou que, enquanto não vier a lei específica que regulamenta a greve no setor público, utiliza-se, no que couber, a lei que regulamenta a greve no setor privado (Lei n. 7.783/89).

Vide mais sobre o tema no item "Princípio da continuidade dos serviços públicos".

1.8 Reserva de cargos e empregos a pessoas portadoras de deficiência (art. 37, VIII, da CF)

Prevê a Constituição que a lei reservará percentual de cargos e empregos públicos para as pessoas portadoras de deficiência e definirá os critérios de sua admissão, por meio de concurso público, "na busca da igualização dos socialmente desiguais", como escreve José Afonso da Silva[2].

1.9 Contratação para atender à necessidade temporária (art. 37, IX, da CF)

Permite-se a contratação de pessoal, por tempo determinado, para atender a necessidade temporária do excepcional interesse público, definida em lei. Essa admissão quebra a regra geral da necessidade de concurso público, mas se justifica pela emergência da situação, apenas se exigindo um processo seletivo simplificado.

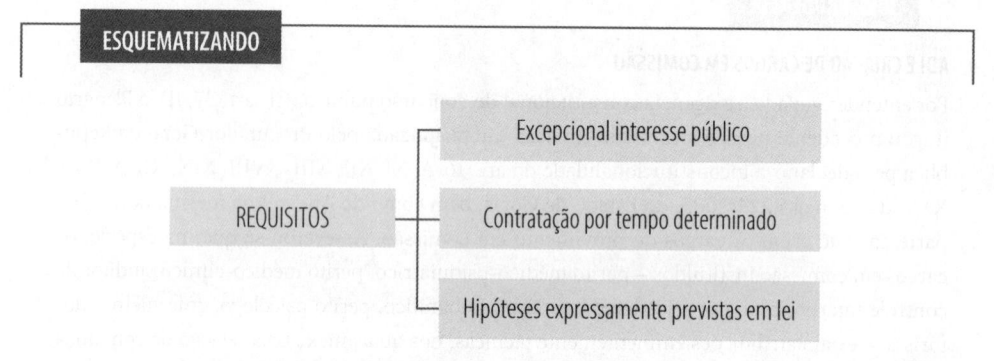

ESQUEMATIZANDO

REQUISITOS
- Excepcional interesse público
- Contratação por tempo determinado
- Hipóteses expressamente previstas em lei

Não esquecer: necessidade temporária de excepcional interesse público significa que não pode haver contratação para cargos típicos de carreira ou para atender a necessidades permanentes da Administração.

JURISPRUDÊNCIA

- **ADI 3.430-ES. REL. MIN. RICARDO LEWANDOWSKI**

    EMENTA: CONSTITUCIONAL. LEI ESTADUAL CAPIXABA QUE DISCIPLINOU A CONTRATAÇÃO TEMPORÁRIA DE SERVIDORES PÚBLICOS DA ÁREA DE SAÚDE. POSSÍVEL EXCEÇÃO PREVISTA NO INCISO IX DO ART. 37 DA LEI MAIOR. INCONSTITUCIONALIDADE. ADI JULGADA PROCEDENTE. I – A contratação temporária de servidores sem concur-

---

[2] SILVA, José Afonso da. *Comentário contextual à Constituição*, 5. ed., São Paulo: Malheiros, 2008, p. 339.

so público é exceção, e não regra na Administração Pública, e há de ser regulamentada por lei do ente federativo que assim disponha. II – Para que se efetue a contratação temporária, é necessário que não apenas seja estipulado o prazo de contratação em lei, mas, principalmente, que o serviço a ser prestado revista-se do caráter da temporariedade. III – O serviço público de saúde é essencial, jamais pode-se caracterizar como temporário, razão pela qual não assiste razão à Administração estadual capixaba ao contratar temporariamente servidores para exercer tais funções. IV – Prazo de contratação prorrogado por nova lei complementar: inconstitucionalidade. V – É pacífica a jurisprudência desta Corte no sentido de não permitir contratação temporária de servidores para a execução de serviços meramente burocráticos. Ausência de relevância e interesse social nesses casos. VI – Ação que se julga procedente. Noticiado no *Informativo 555* (*Informativo STF 565*).

- **PANDEMIA: CONTRATAÇÃO TEMPORÁRIA DE SERVIDORES E EXCEPCIONAL INTERESSE PÚBLICO**

    Por entender caracterizada a ofensa aos incisos II e IX do art. 37 da CF, o Tribunal julgou procedente pedido formulado em ação direta de inconstitucionalidade proposta pelo Procurador-Geral da República contra a Lei Complementar 300/2004, prorrogada pela Lei Complementar 378/2006, ambas do Estado do Espírito Santo, que dispõem sobre a contratação de servidores, em caráter temporário, para atender às necessidades da Secretaria de Saúde – SESA e do Instituto Estadual de Saúde Pública – IESP. Realçou-se que a Corte possui orientação consolidada no sentido de que, para a contratação temporária, é preciso que: a) os casos excepcionais estejam previstos em lei; b) o prazo de contratação seja predeterminado; c) a necessidade seja temporária; e d) o interesse público seja excepcional. Entendeu-se que as leis impugnadas fixam hipóteses abrangentes e genéricas de contratação temporária, sem especificar a contingência fática que, presente, justificaria a edição de lei que indicaria a existência de um estado de emergência, atribuindo-se, ao Chefe do Executivo interessado na contratação, a competência para estabelecer os casos. Tendo em conta a situação excepcional pela qual passa o país em virtude do surto da denominada "gripe suína" (Influenza A), o Tribunal, por maioria, modulou os efeitos da decisão, nos termos do art. 27 da Lei n. 9.868/99, para que ela tenha eficácia a partir de 60 dias da data de sua comunicação ao Governador e à Assembleia Legislativa. Vencido, neste ponto, o Min. Marco Aurélio, que simplesmente declarava as leis inconstitucionais, sem adentrar o campo da modulação. Precedente citado: ADI 2.987/SC (*DJU* de 2-4-2004). ADI 3.430/ES, rel. Min. Ricardo Lewandowski, 12-8-2009 (*Informativo STF 555*).

- **CONTRATO DE TRABALHO TEMPORÁRIO E COMPETÊNCIA DA JUSTIÇA COMUM**

    O Tribunal, por maioria, negou provimento a agravo regimental interposto contra decisão que julgara procedente pedido formulado em reclamação e determinara a remessa dos autos de reclamação trabalhista ao Tribunal de Justiça do Estado de Minas Gerais. Na espécie, o Tribunal Regional do Trabalho da 3ª Região desprovera recurso ordinário do ora reclamante, para manter a competência da Justiça do Trabalho para o julgamento da ação. Alegava-se ofensa à autoridade da decisão proferida pelo Supremo na ADI 3.395 MC/DF (*DJU* de 10-11-2006), que suspendera qualquer interpretação ao art. 114 da CF/88 que incluísse na competência da Justiça do Trabalho a apreciação de causas instauradas entre o Poder Público e seus servidores, tendo por base o vínculo de ordem estatutária ou jurídico-administrativo. Observou-se que, quando do julgamento da Rcl 5.381/AM (*DJe* 8-8-2008), o Tribunal firmara entendimento de que, estando a contratação regulada por uma lei especial, estadual, que, por sua vez, submete a contratação aos termos do Estatuto dos Funcionários Públicos, verificar-se-ia a relação de caráter jurídico-administrativo prevista na ADI 3.395/DF. No entanto, posteriormente, fixara nova orientação no julgamento do RE 573.202/AM (*DJe* 5-12-2008), segundo a qual a relação entre o servidor e o Estado é uma relação de direito administrativo, estando subordinada, em qualquer situação, à Justiça Comum. O Min. Gilmar Mendes, Presidente, mesmo salientando não ser a hipótese dos presentes autos, alertou ser possível, numa reclamação apropriada, ponderar-se no sentido de se modularem os efeitos, a fim de evitar que os casos que já tiverem sentença voltem à estaca zero. Vencido o Min. Marco Aurélio, que assentava ser da Justiça do Trabalho a competência para o julgamento do feito, ante as causas de pedir e o pedido, e o Min. Carlos Britto, que adotava o entendimento firmado no julgamento da referida Rcl 5.381/AM. Rcl 7.109 AgR/MG, rel. Min. Menezes Direito, j. 2-4-2009 (*Informativo STF 541*).

1.10. Remuneração dos agentes públicos (art. 37, X a XVII, da CF)

Vários incisos do art. 37 cuidam da remuneração dos servidores públicos. Vejamos.

a) Revisão geral anual de remuneração e de subsídio

É adoção do **princípio da periodicidade**, que prevê a fixação ou alteração só por lei específica de iniciativa privativa do chefe do Poder Executivo para a revisão geral anual da remuneração e do subsídio de servidores públicos, com uniformidade na data e nos índices.

> **Aprofundamento:** Por maioria de votos, o Plenário do STF decidiu que a **revisão anual da remuneração** dos servidores públicos **só é possível** se a despesa constar da Lei Orçamentária Anual (LOA) e estiver prevista na Lei de Diretrizes Orçamentárias (LDO).
>
> A decisão foi tomada em 28 de novembro de 2011 no **RE 905.357**, com repercussão geral reconhecida (**tema 864**).
>
> O Ministro Relator Alexandre de Moraes observou que a Constituição Federal estabelece que a concessão de qualquer vantagem ou aumento de remuneração **só poderá ocorrer** se houver prévia dotação orçamentária, suficiente para atender às projeções de despesa, **e** autorização específica na lei de diretrizes orçamentárias, **cumulativamente**. Como a LDO é uma norma de orientação para a elaboração do orçamento para o ano subsequente, o ministro assinalou que ela não cria direitos subjetivos para eventuais beneficiários, "tampouco exclui a necessidade de inclusão da despesa na LOA".
>
> A **tese** firmada no referido caso teve a seguinte redação: "A revisão geral anual da remuneração dos servidores públicos depende, cumulativamente, de dotação na Lei Orçamentária Anual e de previsão na Lei de Diretrizes Orçamentárias".

> **LEGISLAÇÃO CORRELATA**
>
> **CF**
>
> **Art. 37, X:** a **remuneração dos servidores públicos e o subsídio** de que trata o § 4º do art. 39 somente poderão ser fixados ou alterados por lei específica, observada a iniciativa privativa em cada caso, assegurada **revisão geral anual**, sempre na mesma data e sem distinção de índices; (*Redação dada pela Emenda Constitucional n. 19, de 1998.*)

b) Teto salarial

A Constituição fixou limites de remuneração a todos os agentes, nos termos do art. 37, XI:

> **LEGISLAÇÃO CORRELATA**
>
> **CF**
>
> **Art. 37, XI:** a remuneração e o subsídio dos ocupantes de cargos, funções e empregos públicos da administração direta, autárquica e fundacional, dos membros de qualquer dos Poderes da União, dos Estados, do Distrito Federal e dos Municípios, dos detentores de mandato eletivo e dos demais agentes políticos e os proventos, pensões ou outra espécie remuneratória, percebidos cumulativamente ou não, incluídas as vantagens pessoais ou de qualquer outra natureza, **não poderão exceder o subsídio mensal**, em espécie, dos **Ministros do Supremo Tribunal Federal**, aplicando-se como limite, nos Municípios, o subsídio do **Prefeito**, e nos Estados e no Distrito Federal, o subsídio mensal do **Governador** no âmbito do Poder Executivo, o subsídio dos **Deputados Estaduais e Distritais** no âmbito do Poder Legislativo e o subsídio dos **Desembargadores do Tribunal de Justiça,** limitado a noventa inteiros e vinte e cinco centésimos por cento do subsídio mensal, em espécie, dos Ministros do Supremo Tribunal Federal, no âmbito do Poder Judiciário, aplicável este limite aos membros do Ministério Público, aos Procuradores e aos Defensores Públicos; (*Redação dada pela Emenda Constitucional n. 41, de 2003.*)

O teto também se aplica às empresas públicas e às sociedades de economia mista e suas subsidiárias que dependem de recursos das pessoas estatais (§ 9º do art. 37).

Aprofundamento 1: Em 18 de novembro de 2015, o STF, apreciando o **tema 257** da repercussão geral por maioria e nos termos do voto da Ministra Relatora, conheceu e deu provimento ao **RE 606.358**. Fixou **tese** nos seguintes termos: "Computam-se para efeito de observância do teto remuneratório do art. 37, XI, da Constituição da República, também os valores percebidos anteriormente à vigência da Emenda Constitucional n. 41/2003 a título de vantagens pessoais pelo servidor público, dispensada a restituição dos valores recebidos em excesso e de boa-fé até o dia 18 de novembro de 2015". Não participaram da fixação da tese os Ministros Marco Aurélio e Dias Toffoli.

Aprofundamento 2: Ainda sobre o teto do funcionalismo, o STF admitiu o corte de vencimentos ao julgar o **tema 480** de repercussão geral no **RE 609.381** e fixar a **tese** no sentido de que: "O teto de retribuição estabelecido pela Emenda Constitucional n. 41/2003 possui eficácia imediata, submetendo às referências de valor máximo nele discriminadas todas as verbas de natureza remuneratória percebidas pelos servidores públicos da União, Estados, Distrito Federal e Municípios, ainda que adquiridas de acordo com regime legal anterior. Os valores que ultrapassam os limites estabelecidos para cada nível federativo na Constituição Federal constituem excesso cujo pagamento não pode ser reclamado com amparo na garantia da irredutibilidade de vencimentos".

Aprofundamento 3: O STF, ao julgar o **RE 675.978 com repercussão geral (tema 639)**, entendeu que teto constitucional deve ser aplicado sobre valor **bruto** da remuneração de servidor. A **tese** firmada tem a seguinte redação: "Subtraído o montante que exceder o teto e o subteto previsto no art. 37, inciso XI, da Constituição, tem-se o valor para base de cálculo para a incidência do imposto de renda e da contribuição previdenciária".

c) Paridade de vencimentos – isonomia (art. 37, XII, da CF)

Os servidores dos três Poderes têm direito à paridade isonômica de vencimentos, mas a comparação se faz com os cargos iguais ou assemelhados do Poder Executivo: "Os vencimentos dos cargos do Poder Legislativo e do Poder judiciário não poderão ser superiores aos pagos pelo Poder Executivo".

d) Vedação de vinculação e equiparação de remuneração

É proibida a vinculação ou equiparação de quaisquer espécies remuneratórias no serviço público. Não se pode equiparar, isto é, comparar cargos de denominação e atribuições diferentes, considerando-os iguais para receber os mesmos vencimentos, dando tratamento igual a desiguais; nem vincular um cargo inferior, menos complexo e com menos atribuições, a um cargo superior, para efeitos de aumento remuneratório.

Aprofundamento:
- d.1) **Súmula Vinculante 37:** "Não cabe ao Poder Judiciário, que não tem função legislativa, aumentar vencimentos de servidores públicos sob o fundamento de isonomia".
- d.2) **Súmula Vinculante 39:** "Compete privativamente à União legislar sobre vencimentos dos membros das polícias civil e militar e do corpo de bombeiros militar do Distrito Federal".
- d.3) **Súmula Vinculante 42:** "É inconstitucional a vinculação do reajuste de vencimentos de servidores estaduais ou municipais a índices federais de correção monetária".

e) Vedação de acumulação remunerada de cargos públicos, exceto se houver compatibilidade de horários, nos termos do art. 37, XVI, da CF

AGENTES PÚBLICOS

> **LEGISLAÇÃO CORRELATA**
>
> **CF**
>
> **Art. 37, XVI: é vedada a acumulação remunerada de cargos públicos**, **exceto, quando** houver compatibilidade de horários, observado em qualquer caso o disposto no inciso XI: (*Redação dada pela Emenda Constitucional n. 19, de 1998.*)
>
> a) a de dois cargos de professor; (*Redação dada pela Emenda Constitucional n. 19, de 1998.*)
>
> b) a de um cargo de professor com outro técnico ou científico; (*Redação dada pela Emenda Constitucional n. 19, de 1998.*)
>
> c) a de dois cargos ou empregos privativos de profissionais de saúde, com profissões regulamentadas; (*Redação dada pela Emenda Constitucional n. 34, de 2001.*)

A proibição de acumular estende-se a empregos e funções e abarca: 1) autarquias; 2) fundações; 3) empresas públicas; 4) sociedades de economia mista; 5) suas subsidiárias; 6) entidades controladas (direta ou indiretamente) pelo Poder Público.

2. CATEGORIAS DE AGENTES PÚBLICOS

Várias são as categorias de agentes públicos e podemos esquematizar da seguinte forma:

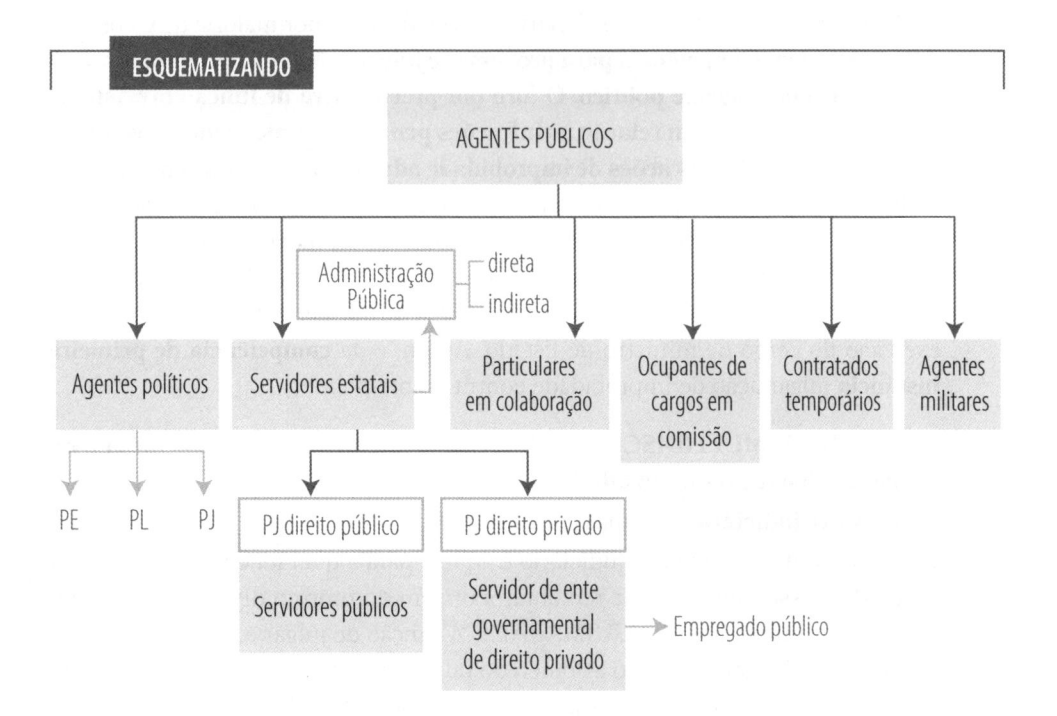

> **ESQUEMATIZANDO**
>
> AGENTES PÚBLICOS
> - Agentes políticos (PE, PL, PJ)
> - Servidores estatais
>   - PJ direito público → Servidores públicos
>   - PJ direito privado → Servidor de ente governamental de direito privado → Empregado público
> - Administração Pública (direta / indireta) — Particulares em colaboração
> - Ocupantes de cargos em comissão
> - Contratados temporários
> - Agentes militares

2.1 Agentes políticos

São os que estão no comando e chefia de cada um dos poderes. Representam e constituem a vontade do Estado. São os componentes do Governo nos seus primeiros escalões e desempenham atribuições constitucionais.

São eles:

- **Poder Executivo:** Presidente da República, Governadores e Prefeitos e seus respectivos vices.
- **Auxiliares imediatos** dos chefes do Poder Executivo (Ministros de Estado, Secretários Estaduais ou Municipais).
- **Poder Legislativo:** Senadores, Deputados Federais e Estaduais, Vereadores.
- **Poder Judiciário:** Magistrados e membros do Ministério Público. São agentes políticos em razão da importância de sua vontade.

Aprofundamento 1: Importante ressaltar a decisão do STF de 3 de maio de 2018 no sentido de que o foro por prerrogativa de função conferido aos **deputados federais e senadores** se aplica apenas a crimes cometidos no exercício do cargo e em razão das funções a ele relacionadas. A decisão foi tomada no julgamento de questão de ordem na Ação Penal (AP) n. 937. O entendimento deve ser aplicado aos processos em curso, ficando resguardados os atos e as decisões do STF – e dos juízes de outras instâncias – tomados com base na jurisprudência anterior, assentada na questão de ordem no Inquérito (INQ) n. 687.

Aprofundamento 2: Ainda, o Plenário do STF decidiu, por maioria de votos, que a Corte **não tem competência para processar e julgar ação de improbidade administrativa contra agente político. O foro por prerrogativa de função previsto na Constituição Federal em relação às infrações penais comuns, segundo os ministros, não é extensível às ações de improbidade administrativa, que têm natureza civil**. O Plenário negou provimento a agravo regimental interposto contra decisão do relator originário, Ministro Ayres Britto (aposentado) na Petição (Pet) 3.240, na qual determinou a baixa para a primeira instância de ação por improbidade administrativa contra o então Deputado Federal Eliseu Padilha, por atos praticados no exercício do cargo de ministro de Estado. Assim, é da **competência de primeira instância** julgar ação de improbidade contra agente político.

"ABORDAGEM MULTIDISCIPLINAR": relação interdisciplinar existente entre o direito constitucional e o direito administrativo:

Sobre **Poder Judiciário**, algumas considerações:

a) "A função típica do Poder Judiciário é aquela para a qual foi concebido e estruturado. Nisso, mister se faz remontar à origem do próprio direito. Como acentuava o Ministro MÁRIO GUIMARÃES: 'A função de julgar é tão antiga como a própria sociedade. Em todo aglomerado humano, por primitivo que seja, o choque de paixões e de interesses provoca desavenças que hão de ser dirimidas por alguém'³. A máxima segundo a qual é vedada a justiça privada tem como imperativo a destinação dos conflitos sociais ao Estado, que passa a contar com o monopólio exclusivo de uso da força (se necessária for). No Estado, a tarefa incumbe, como se sabe, ao Poder Judiciário. Assinala GERALDO DE ULHOA CINTRA que 'Com o advento do Estado de direito e mesmo antes dele, no Estado feudal e nas Repúblicas grega e romana, as inconveniências e arbitrariedades da justiça privada mostraram que o poder constituído devia assumir, com total ou relativa exclusividade, a função de distribuir justiça, declarando e realizando o direito'"[4-5].

b) **PRINCÍPIO DO LIVRE ACESSO AO JUDICIÁRIO (art. 5º, XXXV, da CF):** a lei não excluirá da apreciação do Poder Judiciário lesão ou ameaça a direito (inafastabilidade do controle jurisdicional). Apenas as decisões judiciais são marcadas da característica da coisa julgada – muito embora haja a denominada "coisa julgada administrativa", ela não tem a mesma força de definitividade da coisa julgada judicial.

c) **PRINCÍPIO DO JUIZ NATURAL (art. 5º, XXXVII e LIII, da CF):** a sua primeira face é a vedação ao tribunal de exceção, que são aqueles que não fazem parte do Poder Judiciário, constituídos após o fato, com competência retroativa para um fato específico (ex.: Tribunal de Nuremberg). Mas, também, prevê o inciso LIII que ninguém será processado nem sentenciado senão pela autoridade competente. O ordenamento jurídico deve prever regras objetivas de distribuição de competência. Essas duas faces completam o princípio do juiz natural, garantindo a imparcialidade do órgão julgador.

d) Por maioria de votos, o Plenário do STF reafirmou a jurisprudência no sentido de que a comprovação de atividade jurídica para ingresso no cargo de juiz substituto se dá na **inscrição definitiva** no concurso e não no momento da posse. A **tese de repercussão geral no RE 655.265 (tema 509)** tem a seguinte redação: "A comprovação do triênio de atividade jurídica exigida para o ingresso no cargo de juiz substituto, nos termos do inciso I do art. 93 da Constituição Federal, deve ocorrer no momento da inscrição definitiva no concurso público".

e) O STF, ao julgar o **tema 473** de repercussão geral no **RE 587.371,** fixou a **tese** de que "não encontra amparo constitucional a pretensão de acumular, no cargo de magistrado ou em qualquer outro, a vantagem correspondente a 'quintos', a que o titular fazia jus quando no exercício de cargo diverso".

O caso tratado nos autos envolvia juízes do Tribunal de Justiça do Distrito Federal e dos Territórios. Entretanto, partindo do pressuposto de que o benefício

---

[3] GUIMARÃES, Mário. *O juiz e a função jurisdicional.* Rio de Janeiro: Forense, p. 19.
[4] CINTRA, Geraldo de Ulhoa. *Da jurisdição.* Rio de Janeiro: Lux, p. 13-14.
[5] TAVARES, André Ramos. *Curso de direito constitucional,* 7. ed., São Paulo: Saraiva, 2009, p. 1146.

foi até agora recebido de boa-fé, a decisão isentou a restituição dos valores já recebidos.

Não há direito adquirido a regime jurídico. "Os direitos adquiridos somente podem ser legitimamente exercidos nos termos em que foram formados, segundo a estrutura que lhe conferiu correspondente regime jurídico, no âmbito do qual foram adquiridos", afirmou o Ministro Teori Zavascki.

f) **PROGRAMA DE MENTORING DA LICÍNIA**: Com o objetivo de direcionar e aprofundar seus estudos acerta do tema **"Poder Judiciário"**, recomendo que, antes de continuar a leitura dos temas subsequentes, leia os seguintes artigos e organize-os num mesmo local (**sugestões**: 1 – ou numa cartolina grande; 2 – ou num mesmo arquivo de computador; 3 – ou em fichas contendo apenas essa temática): **f.1)** art. 5º, XXXV, da CF; **f.2)** art. 21, XIII, da CF; **f.3)** art. 36, I, da CF; **f.4)** art. 37, XI, da CF; **f.5)** art. 62, § 1º, I, *c*, da CF; **f.6)** art. 68, § 1º, I, da CF; **f.7)** art. 85, II, da CF; **f.8)** art. 92 da CF; **f.9)** art. 93, IX, da CF; **f.10)** art. 99 da CF; **f.11)** art. 100, § 6º, da CF; **f.12)** art. 102, § 2º, da CF; **f.13)** art. 103-A da CF; **f.14)** art. 103-B, § 4º, da CF; **f.15)** art. 217, § 1º, da CF; **f.16)** art. 236, § 1º, da CF.

2.2 Servidores estatais

São os que atuam ou na Administração Pública Direta ou na Indireta.
Bipartem-se em:

2.2.1 Servidores públicos

São os titulares de cargo público efetivo ou em comissão, sob regime estatutário geral, e os integrantes da Administração Direta, das autarquias e das fundações com personalidade de direito público. Ligam-se à Administração não por contrato, mas por lei, que lhes estabelece unilateralmente um regime de trabalho e retribuição.

Aprofundamento: (STF, **ADI 2.135**)

Conforme a **redação originária da CF/88**, os servidores públicos deveriam seguir o regime jurídico **único**, isto é, ou todos os integrantes de determinada administração seriam celetistas, ou todos seriam estatutários.

Com a **reforma administrativa (pela EC n. 19/98)**, o art. 39 da CF/88 foi alterado, instituindo-se o **regime múltiplo** de servidores. Assim, em uma mesma ordem política seria possível a convivência de dois regimes ao mesmo tempo: o estatutário e o celetista. Porém, tal alteração foi objeto de controle de constitucionalidade, e o STF declarou a inconstitucionalidade formal do art. 39. A PEC, quando fixou o regime múltiplo de servidores, foi rejeitada pelo Plenário, e, mesmo assim, a Comissão de Redação inseriu a alteração. Portanto, ante o vício formal de inconstitucionalidade, o STF declarou a volta do regime único. Entretanto, apesar de reconhecer a inconstitucionalidade em sede de cautelar, conferiu à decisão efeitos *ex nunc*.

Com o julgamento da cautelar na ADI 2.135, o STF reconheceu a inconstitucionalidade formal do art. 39 da CF, após a alteração pela EC n. 19/98, afastando a possibilidade de regime múltiplo na Administração Pública, reestabelecendo, assim, o regime jurídico único previsto originariamente pela CF/88.

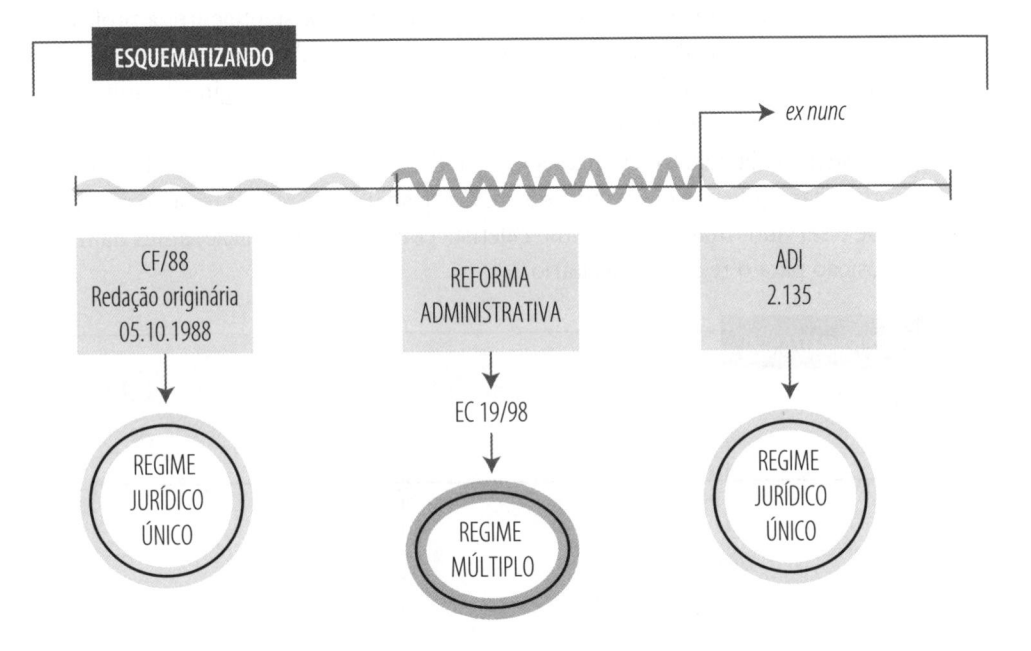

ESQUEMATIZANDO

```
                                                              ex nunc
    |~~~~~~~~~~~~~~MMMMMMM~~~~~~~~~~~~~~|

    CF/88                  REFORMA              ADI
  Redação originária     ADMINISTRATIVA        2.135
    05.10.1988
        ↓                     ↓                  ↓
     REGIME                EC 19/98            REGIME
     JURÍDICO                 ↓                JURÍDICO
      ÚNICO                REGIME              ÚNICO
                          MÚLTIPLO
```

"ABORDAGEM MULTIDISCIPLINAR" – relação interdisciplinar existente entre o direito do trabalho e o direito administrativo:

a) O STF, em dezembro de 2016, ao julgar o **ARE 1.001.075 com repercussão geral (tema 928)**, reafirmou a jurisprudência no sentido de que compete à Justiça do Trabalho processar e julgar ações em que se discute o direito às verbas trabalhistas relativas ao período em que o servidor mantinha vínculo celetista com a Administração antes da transposição para o regime estatutário.

O caso envolveu a contratação de uma professora pela Prefeitura de Barras (PI) em 2009, **por meio de concurso público**, sob o regime celetista (CLT). Posteriormente, em 2011, o município editou a Lei n. 585/2011, que instituiu o regime jurídico único para os servidores municipais. A professora exigia o pagamento de verbas laborais, e o TRT do Piauí entendeu que, apesar de a demanda ter sido proposta em data posterior à edição da lei municipal, a competência para apreciar os pedidos referentes a direitos e vantagens oriundos de período anterior à citada lei é da Justiça do Trabalho.

O Ministro Relator Gilmar Mendes destacou que "na ADI 3.395, temos que a Justiça do Trabalho é incompetente para processar e julgar as ações envolvendo servidores públicos estatutários. No caso em análise, trata-se de contrato de trabalho celebrado em 2009, pela via do concurso público, antes do advento do regime jurídico administrativo do Município, que foi instituído pela lei municipal 585/2011".

Assim, apesar de a propositura da ação ter ocorrido em data posterior à edição da lei municipal (que instituiu o regime jurídico administrativo), as vantagens pleiteadas referem-se ao período em que o vínculo existente entre a professora e o ente público tinha natureza estritamente contratual (e, portanto, regido pela CLT), devendo prevalecer, para essa análise, a natureza do regime jurídico existente entre as partes à época.

A **tese** firmada pelo STF tem a seguinte redação: "Compete à Justiça do Trabalho processar e julgar ações relativas às verbas trabalhistas referentes ao período em que o servidor mantinha vínculo celetista com a Administração, antes da transposição para o regime estatutário".

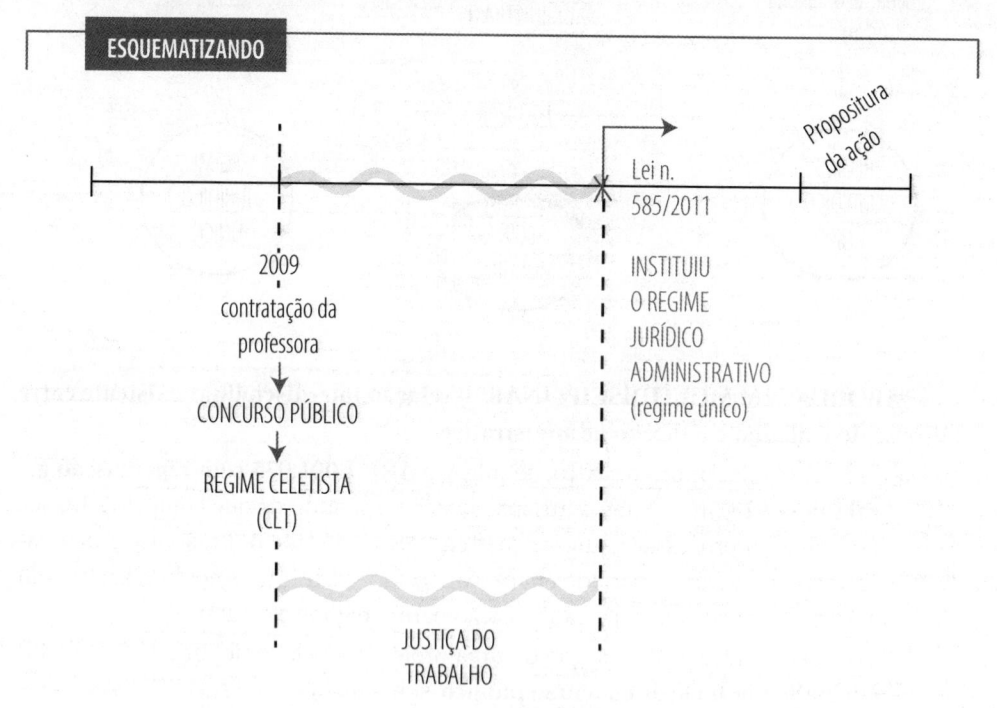

ESQUEMATIZANDO

```
                                            Lei n.              Propositura
                                            585/2011            da ação

        2009                                INSTITUIU
        contratação da                      O REGIME
        professora                          JURÍDICO
            ↓                               ADMINISTRATIVO
        CONCURSO PÚBLICO                    (regime único)
            ↓
        REGIME CELETISTA
        (CLT)


                    JUSTIÇA DO
                    TRABALHO
```

b) O STF reafirmou jurisprudência no sentido de que compete à **Justiça do Trabalho** processar e julgar a ação entre o Poder Público e servidores a ele vinculados por contrato regido pela Consolidação das Leis do Trabalho (CLT). A decisão foi tomada quando do julgamento do **ARE 906.491** com **repercussão geral** reconhecida **(tema 853)**.

O caso envolveu a contratação de uma professora, **sem concurso público**, admitida em 1982 pelo Estado do Piauí, mediante contrato celetista (CLT), adquirindo estabilidade com a promulgação da CF/88. A professora sustentou que o advento do regime jurídico único dos servidores não altera a natureza celetista de seu vínculo com o Estado – já que ingressou em seus quadros sem a realização de concurso público.

O Ministro Teori Zavascki fixou que "o advento do regime jurídico único no âmbito do Estado do Piauí não foi hábil a alterar a natureza celetista do vínculo da reclamante com o Poder Público", reconhecendo a competência da **Justiça do Trabalho** para processar e julgar a reclamação trabalhista.

A **tese** firmada pelo STF teve a seguinte redação: "Compete à Justiça do Trabalho processar e julgar demandas visando a obter prestações de natureza trabalhista, ajuizadas contra órgãos da Administração Pública por servidores que ingressaram em seus quadros, sem concurso público, antes do advento da CF/88, sob regime da Consolidação das Leis do Trabalho – CLT".

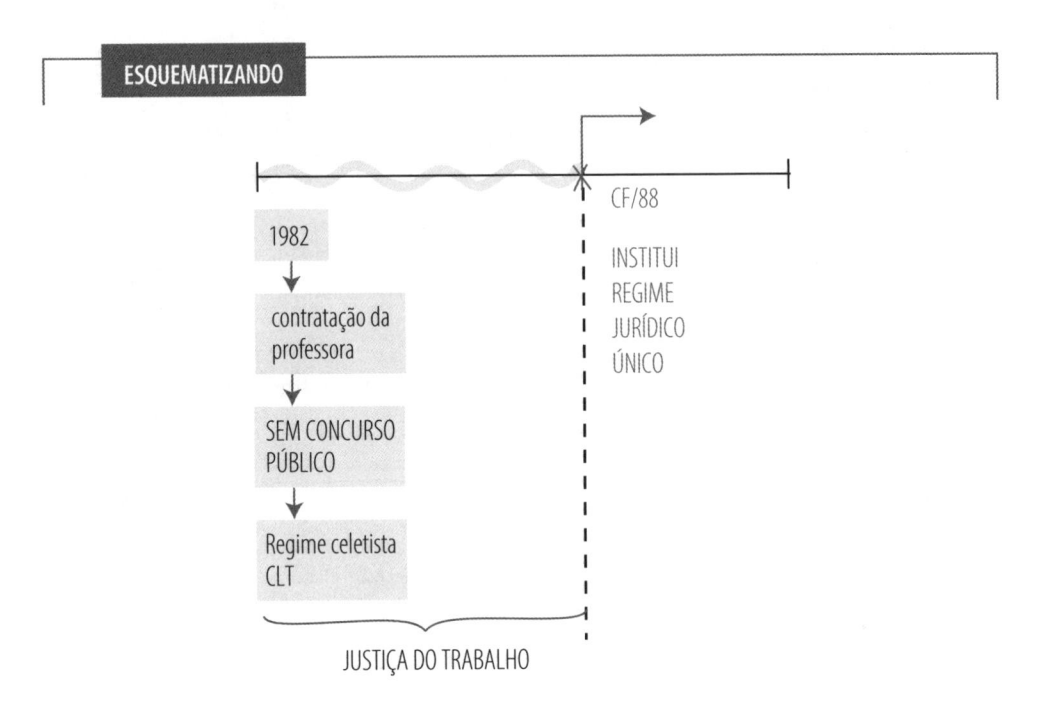

ESQUEMATIZANDO

1982 → contratação da professora → SEM CONCURSO PÚBLICO → Regime celetista CLT

CF/88 INSTITUI REGIME JURÍDICO ÚNICO

JUSTIÇA DO TRABALHO

Para complementar: A Lei n. 8.112/90 trata do regime dos servidores públicos da Administração Direta da União, das Autarquias (comum e especial) e das fundações públicas de direito público federais, nos termos do art. 1º da Lei n. 8.112/90. Este tema será estudado oportunamente no Capítulo IX deste *Manual de Direito Administrativo*.

2.2.2 Servidores de entes governamentais de direito privado

São os agentes das pessoas jurídicas de direito privado da Administração Indireta (empresas públicas, sociedades de economia mista, fundações públicas de direito privado).

Características principais:
- são servidores celetistas (CLT), portanto titulares de emprego público;
- prestam concurso público;
- estão proibidos de acumular (regra da não acumulação);
- estão sujeitos ao teto remuneratório, salvo quando a pessoa jurídica não receber dinheiro para custeio;
- estão sujeitos aos remédios constitucionais;
- estão sujeitos à Lei de Improbidade Administrativa (que sofreu diversas mudanças em 25 de outubro de 2021 com o advento da **Lei n. 14.230**);
- não gozam da estabilidade do art. 41 da CF, mas é obrigatória a motivação da dispensa unilateral de empregado de empresa pública e sociedade de economia mista da União, Estados, DF e Municípios. Esse foi o entendimento do STF no RE 589.998.

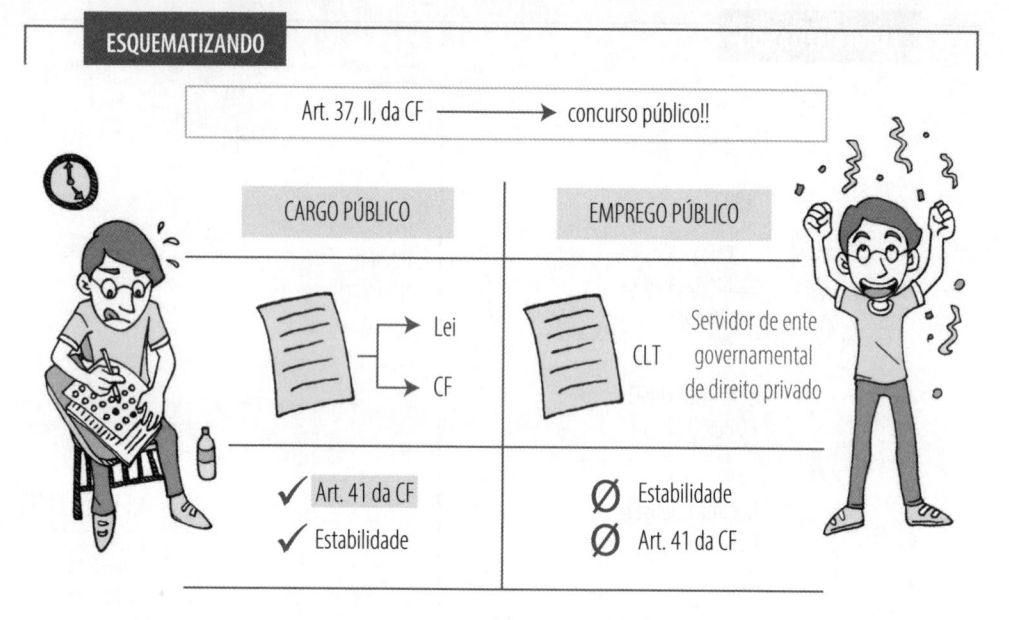

ESQUEMATIZANDO

Art. 37, II, da CF ⟶ concurso público!!

CARGO PÚBLICO	EMPREGO PÚBLICO
Lei / CF	CLT — Servidor de ente governamental de direito privado
✓ Art. 41 da CF ✓ Estabilidade	∅ Estabilidade ∅ Art. 41 da CF

2.3 Particulares em colaboração com o Estado

São aqueles que em determinado momento irão exercer função pública. São eles:

a) requisitados – mesários em época de eleição, os jurados no Tribunal do Júri, os que prestam o serviço militar obrigatório;

b) particulares voluntários – todos aqueles que exercem o voluntariado no serviço público, v.g., amigos da escola, médico que presta voluntariamente o serviço público em hospital. São denominados, também, **agentes honoríficos** ou particulares *sponte propria*;

c) os que trabalham nas concessionárias e permissionárias de serviços públicos;

d) particulares que praticam atos oficiais – ex.: dirigente de hospital privado; dirigente de escola privada;

e) contratados por locação civil de serviços – ex.: jurista famoso contratado para emitir um parecer;

f) hipótese do art. 236 da CF, que cuida dos exercentes dos **serviços notariais (delegados de função ou ofício público)**.

Aprofundamento 1: Em **10 de novembro de 2014**, o STF reconheceu a **repercussão geral** da questão discutida no **RE 842.846 (tema 777)** sobre a extensão da responsabilidade civil do Estado em razão de dano causado pela atuação de tabeliães e oficiais de registro. O caso concreto diz respeito a erro na certidão de óbito quanto ao nome de uma mulher falecida, fato que obstou o viúvo de receber a pensão previdenciária por morte da esposa junto ao Instituto Nacional do Seguro Social (INSS). Diante desse erro, houve a necessidade de ajuizamento de ação para retificação do registro, o que retardou o recebimento do benefício.

A **tese** firmada no referido caso teve a seguinte redação: "O Estado responde, objetivamente, pelos atos dos tabeliães e registradores oficiais que, no exercício de suas funções, causem dano a terceiros, assentado o dever de regresso contra o responsável, nos casos de dolo ou culpa, sob pena de improbidade administrativa".

Importante ressaltar que a Lei n. 8.429/92 (lei de improbidade administrativa) sofreu diversas alterações em sua redação com o advento da Lei n. 14.230/2021. Recomendamos o estudo do **Capítulo X** para maiores aprofundamentos sobre o tema.

Aprofundamento 2: Em fevereiro de 2017, o STF julgou recurso extraordinário em que se discute, à luz do inciso II, § 1º, do art. 40 da CF, se os titulares de serventias judiciais ainda não estatizadas são submetidos ou não à aposentadoria compulsória. Antes de olharmos a decisão do STF, é importante agruparmos as espécies de serventias judiciais existentes. Vejamos:

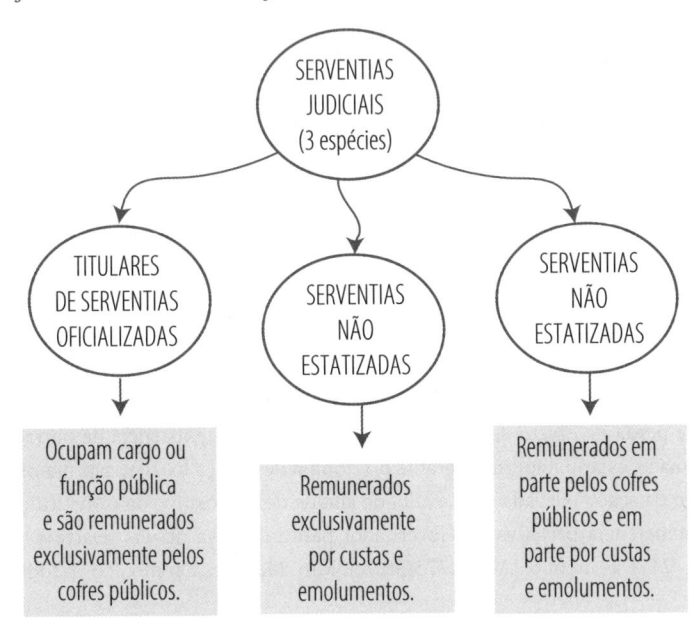

SERVENTIAS JUDICIAIS (3 espécies)

- **TITULARES DE SERVENTIAS OFICIALIZADAS**: Ocupam cargo ou função pública e são remunerados exclusivamente pelos cofres públicos.
- **SERVENTIAS NÃO ESTATIZADAS**: Remunerados exclusivamente por custas e emolumentos.
- **SERVENTIAS NÃO ESTATIZADAS**: Remunerados em parte pelos cofres públicos e em parte por custas e emolumentos.

A decisão do STF, por unanimidade, foi no sentido de **vedar aposentadoria compulsória** para titulares de serventias **não estatizadas** quando remunerados exclusivamente por custas e emolumentos. O caso foi decidido no **RE 647.827, com repercussão geral (tema 571)**.

A **tese** firmada teve a seguinte redação: "Não se aplica a aposentadoria compulsória prevista no art. 40, § 1º, inciso II, da Constituição Federal aos titulares de serventias judiciais não estatizadas, desde que não sejam ocupantes de cargo público efetivo e não recebam remuneração proveniente dos cofres públicos".

Importante ressaltar que, para as **serventias extrajudiciais**, o STF, no julgamento da **ADI 2.602**, assentou que **não** se aplica a aposentadoria compulsória para notários e registradores, exatamente por **não se tratar** de servidores públicos. Assim, deve se estender aos titulares de **serventias judiciais não estatizadas**, remuneradas **exclusivamente por custas e emolumentos**, o mesmo tratamento conferido aos titulares de foros extrajudiciais, levando-se em consideração a similitude das relações jurídicas.

LEGISLAÇÃO CORRELATA

CF

Art. 236. Os **serviços notariais e de registro** são exercidos em caráter privado, por delegação do Poder Público.

§ 1º Lei regulará as atividades, disciplinará a responsabilidade civil e criminal dos notários, dos oficiais de registro e de seus prepostos, e definirá a fiscalização de seus atos pelo Poder Judiciário.

§ 2º Lei federal estabelecerá normas gerais para fixação de emolumentos relativos aos atos praticados pelos serviços notariais e de registro.

§ 3º O ingresso na atividade notarial e de registro **depende de concurso público de provas e títulos**, não se permitindo que qualquer serventia fique vaga, sem abertura de concurso de provimento ou de remoção, por mais de seis meses.

JURISPRUDÊNCIA

- **ORGANIZAÇÃO DOS SERVIÇOS NOTARIAIS E DE REGISTROS E VÍCIO FORMAL – 1**
  Por entender usurpada a competência privativa dos Tribunais para a iniciativa de leis que disponham sobre a organização do serviço notarial e de registro (CF, art. 96, I, *b*), o Tribunal, por maioria, julgou procedente pedido formulado em ação direta ajuizada pelo Procurador-Geral da República para declarar, com eficácia *ex tunc*, a inconstitucionalidade da Lei n. 12.227/2006, do Estado de São Paulo, que regulamenta o art. 17 do Ato das Disposições Constitucionais Transitórias da Constituição estadual, estabelece a organização básica dos serviços notariais e de registros, as regras do concurso público de provimento da titularidade de delegação das serventias, e dá outras providências. Inicialmente, o Tribunal rejeitou, por unanimidade, a preliminar de perda de objeto da ação – suscitada em face da existência de outra ação direta contra a mesma lei estadual julgada perante o Tribunal de Justiça local, e, por maioria, a de não conhecimento da ação – alegada ante a falta de ataque de dispositivo da Constituição estadual que daria competência privativa ao Governador para iniciativa de leis relativas aos serviços notariais (art. 24, § 2º, item 6). ADI 3.773/SP, rel. Min. Menezes Direito, j. 4-3-2009.

- **ORGANIZAÇÃO DOS SERVIÇOS NOTARIAIS E DE REGISTROS E VÍCIO FORMAL – 2**

  Relativamente à primeira preliminar, levou-se em conta a orientação firmada no julgamento da ADI 1.423 MC/SP (*DJU* de 22-9-1996), segundo a qual, quando tramitam paralelamente duas ações diretas de inconstitucionalidade, uma no Tribunal de Justiça local e outra no Supremo, contra a mesma lei estadual impugnada, suspende-se o curso daquela proposta perante a Corte estadual até o julgamento final da ação direta proposta perante o Supremo. Afirmou-se que, no caso, o Tribunal de Justiça do Estado de São Paulo sequer poderia ter dado sequência à representação de inconstitucionalidade, mas considerou-se que, não obstante julgada procedente a representação, teria sido contra ela interposto recurso extraordinário, ainda pendente do juízo de admissibilidade. No que tange à segunda preliminar, prevaleceu o entendimento de que o art. 24, § 2º, item 6, da Constituição estadual não constituiria fundamento de validade para a norma ordinária impugnada. Vencidos, quanto a essa preliminar, os Ministros Menezes Direito, relator, Eros Grau e Marco Aurélio que a acolhiam por considerar que a referida norma constitucional estadual, sendo fundamento de validade para o vício formal da lei estadual sob exame, deveria ter sido atacada na inicial. Durante o julgamento da segunda preliminar, o Tribunal discutiu sobre a possibilidade de, no caso, avançar para se pronunciar, *incidenter tantum*, sobre a constitucionalidade, ou não, da referida norma da Constituição estadual, embora não impugnada na inicial. Tal questão, diante da tese prevalecente quanto à segunda preliminar, ficou superada. Vencido, quanto ao mérito, o Min. Marco Aurélio, que julgava o pleito improcedente. ADI 3.773/SP, rel. Min. Menezes Direito, j. 4-3-2009 (*Informativo STF 537*).

- ADMINISTRATIVO. RESPONSABILIDADE CIVIL DO ESTADO. ATO NOTARIAL. PROCURAÇÃO. FALSIDADE IDEOLÓGICA RECONHECIDA. COMPRA E VENDA REALIZADA. ANULAÇÃO DO NEGÓCIO. RESPONSABILIDADE CONFIGURADA. 1. "Os tabelionatos são serventias judiciais e estão imbricadas na máquina estatal, mesmo quando os servidores têm remuneração pelos rendimentos do próprio cartório e não dos cofres públicos" (REsp 489.511/SP, rel. Min. Eliana Calmon, *DJU* 4-10-2004). 2. A procuração pública cuja falsidade foi reconhecida e que motivou a alienação imobiliária, posteriormente desfeita, sujeita o Estado à responsabilidade civil. 3. Recurso especial provido (STJ, REsp 797.463/SP, 2ª T., rel. Min. Castro Meira, j. 5-11-2008, *DJ* 17-12-2008).

- EMENTA: ADMINISTRATIVO – MANDADO DE SEGURANÇA – TABELIONATO – SANÇÃO DE PERDA DE DELEGAÇÃO – POSSIBILIDADE DE APLICAÇÃO DESDE QUE OBSERVADA A PROPORCIONALIDADE. A sanção de perda de delegação pode ser aplicada, desde que proporcionalmente, nos casos de grave violação do ordenamento jurídico pátrio. Recurso ordinário em mandado de segurança improvido (STJ, RMS 26.536/SP, 2ª T., rel. Min. Humberto Martins, j. 5-5-2009, *DJ* 19-5-2009).

- STF, ADI 2.902 – os titulares de cartórios e notários não estão sujeitos à aposentadoria compulsória.

> **Para complementar:** A **EC n. 88, de 2015**, deu nova redação ao art. 40, § 1º, II, da CF, estabelecendo aos servidores do Regime Próprio de Previdência Social a aposentadoria compulsória com proventos proporcionais ao tempo de contribuição, aos **70 (setenta)** anos de idade, ou aos **75 (setenta e cinco)** anos de idade, nos casos definidos pela **LC n. 152, de 3 de dezembro de 2015**.

- As hipóteses de aposentadoria compulsória aos 75 anos estão listadas no art. 2º da referida Lei Complementar e serão aplicadas para: a) os servidores titulares de cargos efetivos da União, dos Estados, do Distrito Federal e dos Municípios, incluídas suas autarquias e fundações; b) os membros do Poder Judiciário; c) os membros do Ministério Público; d) os membros das Defensorias Públicas; e) os membros dos Tribunais e dos Conselhos de Contas.

2.4 Ocupantes de cargos em comissão

Intitulados, popularmente, detentores de "cargos de confiança", exercem as atribuições de direção, chefia e assessoramento (conforme fixa o inciso V do art. 37 da CF), v.g., assessoria parlamentar e cargo de subprefeito.

Trata-se de exceção constitucional ao concurso público (vide inciso II, in fine, do art. 37 da CF). A acessibilidade ao cargo público se dá sem concurso público – portanto, a nomeação e a exoneração são livres (ad nutum).

Apesar de livre a nomeação, essa liberdade não é absoluta, encontrando limites no enunciado da Súmula Vinculante 13, que veda o nepotismo.

Assim, o cônjuge, companheiro, parente em linha reta, colateral ou por afinidade, até o terceiro grau, inclusive, da autoridade nomeante, estão proibidos de ocupar cargo em comissão, e, se o fizerem, tal hipótese configurará nepotismo.

Vejamos:

> Súmula Vinculante 13: "A nomeação de cônjuge, companheiro ou parente em linha reta, colateral ou por afinidade, até o terceiro grau, inclusive, da autoridade nomeante ou de servidor da mesma pessoa jurídica investido em cargo de direção, chefia ou assessoramento, para o exercício de cargo em comissão ou de confiança ou, ainda, de função gratificada na administração pública direta e indireta em qualquer dos poderes da União, dos Estados, do Distrito Federal e dos Municípios, compreendido o ajuste mediante designações recíprocas, viola a Constituição Federal".

Em 12 de dezembro de 2014, o Plenário do STF fixou que leis que tratam de vedação ao nepotismo **não são** de iniciativa exclusiva do chefe do Poder Executivo. Por maioria de votos, os ministros deram provimento ao **RE 570.392, com repercussão geral (tema 29)**, para reconhecer a legitimidade ativa partilhada entre o Legislativo e o chefe do Executivo na propositura de leis que tratam de nepotismo.

A **tese** firmada tem a seguinte redação: "Leis que tratam dos casos de vedação a nepotismo não são de iniciativa exclusiva do chefe do Poder Executivo".

Pegadinha: "cargo de confiança" não se confunde com "função de confiança". As funções de confiança só podem ser exercidas por servidores de carreira; assim, só poderá ocupar essa função aquele que é integrante dos quadros de pessoal da Administração, portanto depende de vinculação prévia com o serviço público.

2.5 Contratados temporários

Os agentes contratados temporariamente, nos termos do art. 37, IX, da CF, só podem ocupar os quadros da Administração Pública para atender à necessidade temporária de excepcional interesse público.

No âmbito da Administração Federal Direta, autarquias e fundações públicas federais, é a Lei n. 8.745/93 que disciplina a realização desse tipo de contratação. Importante ressaltar que esse tipo de contratação regida pela Lei n. 8.745/93 somente é aplicável às pessoas jurídicas de direito público de **âmbito federal**, excluídas, portanto, as pessoas jurídicas de direito público de âmbito estadual, distrital e municipal.

Aprofundamento 1: Sobre as contratações temporárias, o STF firmou entendimento ao julgar o **tema 612 de repercussão geral no RE 658.026**, fixando a **tese** de que: "Nos termos do art. 37, IX, da Constituição Federal, para que se considere válida a contratação temporária de servidores públicos, é preciso que: a) os casos excepcionais estejam previstos em lei; b) o prazo de contratação seja predeterminado; c) a necessidade seja temporária; d) o interesse público seja excepcional; e) a contratação seja indispensável, sendo vedada para os serviços ordinários permanentes do Estado que estejam sob o espectro das contingências normais da Administração".

Aprofundamento 2: Por maioria de votos, o STF reafirmou jurisprudência ao julgar o **RE 765.210, com repercussão geral (tema 916)**, que analisou, à luz do art. 37, II, e § 2º, da CF e art. 37, IX, da CF, os efeitos jurídicos das contratações por tempo determinado. Decidiu no sentido de que a nulidade da contratação de servidor público sem concurso, ainda que por tempo determinado e para atendimento de necessidade excepcional da Administração, gera como efeitos jurídicos **apenas** o direito ao recebimento de **salários** durante o período e o levantamento dos depósitos realizados no Fundo de Garantia do Tempo de Serviço **(FGTS)**.

A **tese** teve a seguinte redação: "A contratação por tempo determinado para atendimento de necessidade temporária de excepcional interesse público realizada em desconformidade com os preceitos do art. 37, IX, da Constituição Federal não gera quaisquer efeitos jurídicos válidos em relação aos servidores contratados, com exceção do direito à percepção dos salários referentes ao período trabalhado e, nos termos do art. 19-A da Lei n. 8.036/90, ao levantamento dos depósitos efetuados no Fundo de Garantia do Tempo de Serviço – FGTS".

PROGRAMA DE MENTORING DA LICÍNIA: ainda sobre contratação temporária, para aprimoramento e aperfeiçoamento de seus estudos, recomendo a leitura da **ADI 2.229 do STF**, que, em apertada síntese, assentou que, para ser válida a contratação por tempo determinado, deverá atender a casos excepcionais previstos em lei e vedar a contratação para os serviços ordinários permanentes do Estado, sob pena de nulidade. *Vide* também a **ADI 3.127** do STF (quando o Plenário considerou constitucional o art. 19-A da Lei n. 8.036/90, que estabelece serem devidos os depósitos de FGTS na conta de trabalhador cujo contrato com a Administração seja declarado nulo por ausência de prévia aprovação em concurso público).

2.6 Agentes militares

As instituições militares são organizadas com base em dois postulados: 1) hierarquia; 2) disciplina.

Os que compõem os quadros permanentes das forças militares têm vínculo estatutário (e não contratual), e o seu regime jurídico é regido por lei específica, que não se confunde com a legislação aplicável aos servidores civis.

Os membros das Polícias Militares e Corpos de Bombeiros Militares, instituições organizadas com base na hierarquia e disciplina, são militares dos Estados, do Distrito Federal e dos Territórios, e a eles são aplicáveis as disposições constitucionais dos arts. 14, § 8º; 40, § 9º; e 142, §§ 2º e 3º, cabendo a lei estadual específica dispor sobre as matérias do art. 142, § 3º, X, sendo as patentes dos oficiais conferidas pelos respectivos governadores.

São também estatutários os militares que compõem as Forças Armadas (art. 142 da CF): Marinha, Exército e Aeronáutica.

Aos militares, nos termos do art. 142, § 3º, IV, da CF, são proibidas a sindicalização e a greve. Aliás, a vedação constitucional da greve para os militares vem sendo estendida, analogicamente, também para a Polícia Federal – que é um dos órgãos de segurança pública.

O STF, ao julgar, em 17 de março de 2014, a Rcl 17.358, fixou o entendimento de que os serviços públicos desenvolvidos por grupos armados são análogos aos dos militares, e, portanto, encaixam-se na proibição do direito de greve. O STF considera vedada a possibilidade de policiais cruzarem os braços, uma vez que o direito de greve não se aplica para agentes públicos cujas atividades sejam **essenciais para a manutenção da segurança e da ordem pública**. Nesse sentido, também a Rcl 6.568 do STF.

Ainda, utilizando analogicamente a vedação constitucional da greve para militares (art. 142, § 3º, IV), a mesma proibição se estendeu para os policiais civis (*vide* STF, MI 774).

Os policiais civis se equiparam aos militares, e, assim, são proibidos de fazer greve, "em razão de constituírem expressão da soberania nacional, revelando-se braços armados da nação, garantidores da segurança dos cidadãos, da paz e da tranquilidade públicas", explicou o Ministro Gilmar Mendes.

Ainda, em abril de 2017, reafirmando esse entendimento, o STF, quando do julgamento do **tema 541 de repercussão geral no ARE 654.432**, fixou a **tese** no sentido de que "1 – O exercício do direito de greve, sob qualquer forma ou modalidade, é vedado aos policiais civis e a todos os servidores públicos que atuem diretamente na área de segurança pública. 2 – É obrigatória a participação do Poder Público em mediação instaurada pelos órgãos classistas das carreiras de segurança pública, nos termos do art. 165 do CPC, para vocalização dos interesses da categoria".

ESQUEMATIZANDO

MILITARES DOS ESTADOS, DISTRITO FEDERAL E TERRITÓRIOS – ART. 42 DA CONSTITUIÇÃO FEDERAL	MILITARES DA UNIÃO – ART. 142 DA CONSTITUIÇÃO FEDERAL
Art. 42. Os membros das Polícias Militares e Corpos de Bombeiros Militares, instituições organizadas com base na **hierarquia e disciplina**, são militares dos Estados, do Distrito Federal e dos Territórios. § 1º Aplicam-se aos militares dos Estados, do Distrito Federal e dos Territórios, além do que vier a ser fixado em lei, as disposições do art. 14, § 8º; do art. 40, § 9º; e do art. 142, §§ 2º e 3º, cabendo a **lei estadual específica** dispor sobre as matérias do art. 142, § 3º, inciso X, sendo as patentes dos oficiais conferidas pelos respectivos governadores. § 2º Aos pensionistas dos militares dos Estados, do Distrito Federal e dos Territórios aplica-se o que for fixado em **lei específica do respectivo ente estatal**.	Art. 142. As Forças Armadas, constituídas pela Marinha, pelo Exército e pela Aeronáutica, são instituições nacionais permanentes e regulares, organizadas com base na hierarquia e na disciplina, sob a autoridade suprema do Presidente da República, e destinam-se à defesa da Pátria, à garantia dos poderes constitucionais e, por iniciativa de qualquer destes, da lei e da ordem. [...] § 3º Os membros das Forças Armadas são denominados militares, aplicando-se-lhes, além das que vierem a ser fixadas em lei, as seguintes disposições: I – as patentes, com prerrogativas, direitos e deveres a elas inerentes, são conferidas pelo Presidente da República e asseguradas em plenitude aos oficiais da ativa, da reserva ou reformados, sendo-lhes privativos os títulos e postos militares e, juntamente com os demais membros, o uso dos uniformes das Forças Armadas; II – o militar em atividade que tomar posse em cargo ou emprego público civil permanente, ressalvada a hipótese prevista no art. 37, inciso XVI, alínea *c*, será transferido para a reserva, nos termos da lei; III – o militar da ativa que, de acordo com a lei, tomar posse em cargo, emprego ou função pública civil temporária, não eletiva, ainda que da administração indireta, ressalvada a hipótese prevista no art. 37, inciso XVI, alínea *c*, ficará agregado ao respectivo quadro e somente poderá, enquanto permanecer nessa situação, ser promovido por antiguidade, contando-se-lhe o tempo de serviço apenas para aquela promoção e transferência para a reserva, sendo depois de dois anos de afastamento, contínuos ou não, transferido para a reserva, nos termos da lei; IV – ao militar são proibidas a sindicalização e a greve; V – o militar, enquanto em serviço ativo, não pode estar filiado a partidos políticos;

	VI – o oficial só perderá o posto e a patente se for julgado indigno do oficialato ou com ele incompatível, por decisão de tribunal militar de caráter permanente, em tempo de paz, ou de tribunal especial, em tempo de guerra; VII – o oficial condenado na justiça comum ou militar a pena privativa de liberdade superior a dois anos, por sentença transitada em julgado, será submetido ao julgamento previsto no inciso anterior; VIII – aplica-se aos militares o disposto no art. 7º, incisos VIII, XII, XVII, XVIII, XIX e XXV, e no art. 37, incisos XI, XIII, XIV e XV, bem como, na forma da lei e com prevalência da atividade militar, no art. 37, inciso XVI, alínea c; IX – *(Revogado)* X – a lei disporá sobre o ingresso nas Forças Armadas, os limites de idade, a estabilidade e outras condições de transferência do militar para a inatividade, os direitos, os deveres, a remuneração, as prerrogativas e outras situações especiais dos militares, consideradas as peculiaridades de suas atividades, inclusive aquelas cumpridas por força de compromissos internacionais e de guerra.

Importante ressaltar que o serviço militar é obrigatório nos termos da lei, mas respeitando a liberdade de manifestação do pensamento e a liberdade religiosa (arts. 19 e 5º, VIII, da Constituição). Às Forças Armadas compete, na forma da **lei**, atribuir **serviço alternativo** aos que, em tempo de paz, após alistados, alegarem imperativo de consciência, entendendo-se como tal o decorrente de crença religiosa e de convicção filosófica ou política, para se eximirem de atividades de caráter essencialmente militar.

Já as mulheres e os eclesiásticos ficam isentos do serviço militar obrigatório em tempo de paz, sujeitos, porém, a outros encargos que a lei lhes atribuir.

Aprofundamento: Em sessão realizada em **21 de maio de 2020** por videoconferência, o Plenário do STF decidiu que os atos de agentes públicos em relação à pandemia da Covid-19 devem observar critérios técnicos e científicos de entidades médicas e sanitárias. Por maioria de votos, os ministros concederam parcialmente medida cautelar em **sete Ações Diretas de Inconstitucionalidade** (ADIs) para conferir essa interpretação à **Medida Provisória (MP) n. 966/2020**, que trata sobre a responsabilização dos agentes públicos por ação e omissão em atos relacionados à pandemia da Covid-19. Nesse sentido, *vide* ADIs 6421, 6422, 6424, 6425, 6427, 6428 e 6431.

Pela referida MP, art. 1º, "Os agentes públicos somente poderão ser responsabilizados **nas esferas civil e administrativa** se agirem ou se omitirem com **dolo** ou **erro**

grosseiro pela prática de atos relacionados, direta ou indiretamente, com as medidas de: I – enfrentamento da emergência de saúde pública decorrente da pandemia da **covid-19**; e II – combate aos efeitos econômicos e sociais decorrentes da pandemia da **covid-19**".

Ainda segundo a referida MP: "Art. 2º [...] considera-se **erro grosseiro** o erro manifesto, evidente e inescusável praticado com culpa grave, caracterizado por ação ou omissão com elevado grau de negligência, imprudência ou imperícia. Art. 3º.

Na **aferição** da ocorrência do **erro grosseiro** serão considerados: I – os obstáculos e as dificuldades reais do agente público; II – a complexidade da matéria e das atribuições exercidas pelo agente público; III – a circunstância de incompletude de informações na situação de urgência ou emergência; IV – as circunstâncias práticas que houverem imposto, limitado ou condicionado a ação ou a omissão do agente público; e V – o contexto de incerteza acerca das medidas mais adequadas para enfrentamento da pandemia da **Covid-19** e das suas consequências, inclusive as econômicas".

3. ESTABILIDADE (ART. 41 DA CONSTITUIÇÃO FEDERAL)

> "O tema central deste artigo é a *estabilidade* do servidor público, que tão controvertido e polêmico se tem revelado ao longo de não menos que as últimas décadas, quanto ao mérito, tanto no direito quanto na vida da sociedade.
>
> Instituto tradicional da Constituição a amparar os servidores, o fato é que ensejou na última década uma crescente resistência pelo governo federal – sem dizer dos estaduais e municipais, que meio à sorrelfa e à socapa quase sempre compactuaram com a ideia federal – àquele privilégio que apenas os servidores públicos detinham, discriminatório do cidadão comum que é instável no emprego"[6].

Para os servidores nomeados para cargo de provimento efetivo em virtude de concurso público, a Constituição previu o instituto da **estabilidade**, mas, para sua aquisição, alguns apontamentos e requisitos são necessários: a) bom desempenho durante todo o período de estágio probatório e b) avaliação especial de desempenho por Comissão instituída para essa finalidade, nos termos do art. 41, § 4º, da CF.

Ivan Barbosa Rigolin ensina: "*Estágio probatório,* que é um título dado pela lei e um nome doutrinária e tradicionalmente pacificado, não consta nem do art. 41 da Constituição nem de artigo outro algum de seu corpo principal, e é o período de provas e demonstrações de aptidão a que se precisa submeter o concursado, mesmo já tendo vencido o próprio concurso que é em geral árduo e exigidor, para aperfeiçoar a sua estabilidade no serviço público"[7].

---

[6] RIGOLIN, Ivan Barbosa. *O servidor público nas reformas constitucionais*, 3. ed., Belo Horizonte: Fórum, 2008, p. 185.

[7] RIGOLIN, Ivan Barbosa. *O servidor público nas reformas constitucionais*, 3. ed., Belo Horizonte: Fórum, 2008, p. 189.

Assim, a estabilidade no cargo só é adquirida **após três anos de efetivo exercício** (triênio durante o qual o servidor fica em "estágio probatório"), e desde que a **avaliação especial de desempenho por comissão instituída para essa finalidade seja satisfatória** durante esse período.

> **Aprofundamento:** "A possibilidade de ser feita avaliação de desempenho sempre existiu e está implícita na ideia de estágio probatório. Só que agora a avaliação por comissão instituída para essa finalidade tornou-se obrigatória.
>
> Trata-se de imposição voltada para Administração Pública, no sentido de que depende de providência a ser por ela adotada. Se não o fizer, a omissão não poderá prejudicar a aquisição da estabilidade pelo servidor. Cumpridos os três anos de efetivo exercício, o servidor se tornará estável, com ou sem avaliação. Interpretação diversa poderia significar um incentivo à omissão da autoridade que, por alguma razão alheia ao objetivo do estágio probatório, quisesse impedir a aquisição da estabilidade.
>
> Por isso mesmo, a exigência é, de certa forma, inócua, já que o seu não cumprimento nenhuma consequência negativa poderá acarretar ao servidor. A autoridade que se omitir é que poderá responder administrativa e judicialmente pela omissão"[8].

A estabilidade impede a dispensa sem justificativa do servidor. Aliás, o servidor público estável **só perderá** o cargo em três hipóteses constitucionalmente previstas (art. 41, § 1º):

a) **em virtude de sentença judicial transitada em julgado** (que ocorre na hipótese de cometimento de **crime** pelo agente público que possa levar ao perdimento do cargo – *vide* art. 92, I, do Código Penal, ou em razão do cometimento de **improbidade administrativa**, nos termos do art. 37, § 4º, da CF – que fixa a "perda do cargo" como uma das sanções consequência da prática do ato de improbidade. O efeito da sentença não é automático, devendo ser nela declarado motivadamente). Importante ressaltar que, com o advento da **Lei n. 14.230/2021** passou-se a exigir como elemento subjetivo caracterizador do ímprobo o dolo: a vontade livre e consciente de alcançar o resultado ilícito tipificado nos arts. 9º, 10 e 11 da Lei n. 8.429/92, não bastando a voluntariedade do agente;

b) **mediante processo administrativo em que lhe seja assegurada ampla defesa** (que nada mais é que o "processo administrativo disciplinar", disciplinado na legislação estatutária de cada ente político, que fixa os casos de infração funcional administrativa puníveis com pena de demissão);

c) **mediante procedimento de avaliação periódica de desempenho**, na forma de lei complementar, assegurada ampla defesa (essa lei complementar, que deve ser de âmbito nacional, ainda não foi promulgada; sendo assim, o dispositivo em tela acaba sendo inútil).

---

[8] CANOTILHO, J. J. Gomes; MENDES, Gilmar Ferreira; SARLET, Ingo Wolfgang; STRECK, Lenio Luiz. *Comentários à Constituição do Brasil*. 1. ed., 6. tir., Coimbra-São Paulo: Almedina/Saraiva, 2014, p. 987.

Ainda, o instituto da **reintegração** (que tem previsão no § 2º do art. 41 da Constituição Federal) do servidor ao cargo é direito que só pode ser reconhecido ao **servidor estável**, não beneficiando aquele que está em estágio probatório.

> "Embora o dispositivo constitucional silencie, é correto afirmar que, no caso de reintegração, o servidor faz jus ao ressarcimento dos prejuízos sofridos em decorrência da demissão ilegal, correspondentes às vantagens que deixou de usufruir no período em que esteve desligado do cargo. Trata-se de efeito próprio da invalidação dos atos administrativos ilegais, já que ela produz efeitos *ex tunc*, que retroagem à data em que foi praticado o ato ilegal.
>
> Além disso, embora a Constituição se refira à reintegração como sendo decorrente de anulação de demissão por sentença judicial, ela pode ocorrer também quando a anulação decorre de ato da própria Administração, pois, como o ato nulo não gera efeitos jurídicos, a anulação retroagirá, garantindo ao servidor o direito de ser reintegrado no cargo. Nesse sentido, o art. 28 da Lei n. 8.112/90 define a reintegração como 'a reinvestidura do servidor estável no cargo anteriormente ocupado, ou no cargo resultando de sua transformação, quando invalidada a sua demissão por decisão admininistrativa ou judicial, com ressarcimento de todas as vantagens"[9].

LEGISLAÇÃO CORRELATA

CF
Art. 41, § 2º: Invalidada por sentença judicial a demissão do servidor estável, **será ele reintegrado**, e o eventual ocupante da vaga, se estável, reconduzido ao cargo de origem, sem direito a indenização, aproveitado em outro cargo ou posto em disponibilidade com remuneração proporcional ao tempo de serviço. (*Redação dada pela Emenda Constitucional n. 19, de 1998.*)

Também, como garantia ao servidor estável, há o **direito à disponibilidade**, com remuneração proporcional ao tempo de serviço, no caso de seu cargo ter sido extinto ou declarado desnecessário. Se o servidor estiver em "estágio probatório", não fará jus a esse benefício.

> "A extinção do cargo ou a declaração de sua desnecessidade inserem-se no âmbito da discricionariedade da Administração Pública, mas tem que ser devidamente justificada, até pelas consequências danosas que produz, seja para o servidor, que ficará em inatividade, experimentando redução em seus proventos, seja para

---

[9] CANOTILHO, J. J. Gomes; MENDES, Gilmar Ferreira; SARLET, Ingo Wolfgang; STRECK, Lenio Luiz. *Comentários à Constituição do Brasil*, 1. ed., 6. tir., Coimbra-São Paulo: Almedina/Saraiva, 2014, p. 988.

os cofres públicos, que terão que arcar com o pagamento de proventos a quem não está trabalhando. A consequência ainda pode ser mais danosa para o servidor não estável, porque ele não faz jus à disponibilidade, podendo vir a ser exonerado *ex officio*, ainda que tenha sido nomeado mediante concurso público"[10].

> **LEGISLAÇÃO CORRELATA**
>
> **CF**
> **Art. 41, § 3º:** Extinto o cargo ou declarada a sua desnecessidade, o servidor estável ficará em **disponibilidade**, **com remuneração** proporcional ao tempo de serviço, até seu adequado aproveitamento em outro cargo. (*Redação dada pela Emenda Constitucional n. 19, de 1998.*)

3.1 Estabilidade (art. 41 da CF) *versus* vitaliciedade (art. 95, I, da CF)

> **ESQUEMATIZANDO**
>
> Art. 95. Os juízes gozam das seguintes garantias:
> I – vitaliciedade, que, no primeiro grau, só será adquirida após dois anos de exercício, de-pendendo a perda do cargo, nesse período, de deliberação do tribunal a que o juiz estiver vinculado, e, nos demais casos, de sentença judicial transitada em julgado;
> II – inamovibilidade, salvo por motivo de interesse público, na forma do art. 93, VIII;
> III – irredutibilidade de subsídio, ressalvado o disposto nos arts. 37, X e XI, 39, § 4º, 150, II, 153, III, e 153, § 2º, I.
> (*Redação dada pela Emenda Constitucional n. 19, de 1998.*)

CUIDADO →	VITALICIEDADE	ESTABILIDADE
	Art. 95, I, da CF	Art. 41 da CF
	O magistrado, uma vez vitaliciado, só perderá o cargo por sentença judicial transitada em julgado (garantindo-se-lhe todas as etapas inerentes ao processo jurisdicional). A vitaliciedade, em primeiro grau de jurisdição, é adquirida após dois anos de efetivo exercício do cargo. Todos os membros dos tribunais têm a garantia da vitaliciedade, independentemente da forma de acesso.	A estabilidade ocorre para servidores titulares de cargo efetivo e ocorre após três anos de efetivo exercício (após avaliação especial de desempenho satisfatória). A perda da estabilidade no cargo ocorre por: 1. sentença judicial transitada em julgado; 2. processo administrativo com contraditório e ampla defesa; 3. avaliação periódica de desempenho.

---

[10] CANOTILHO, J. J. Gomes; MENDES, Gilmar Ferreira; SARLET, Ingo Wolfgang; STRECK, Lenio Luiz. *Comentários à Constituição do Brasil*, 1. ed., 6. tir., Coimbra-São Paulo: Almedina/Saraiva, 2014, p. 989.

3.2 Avaliação especial de desempenho *versus* avaliação periódica de desempenho

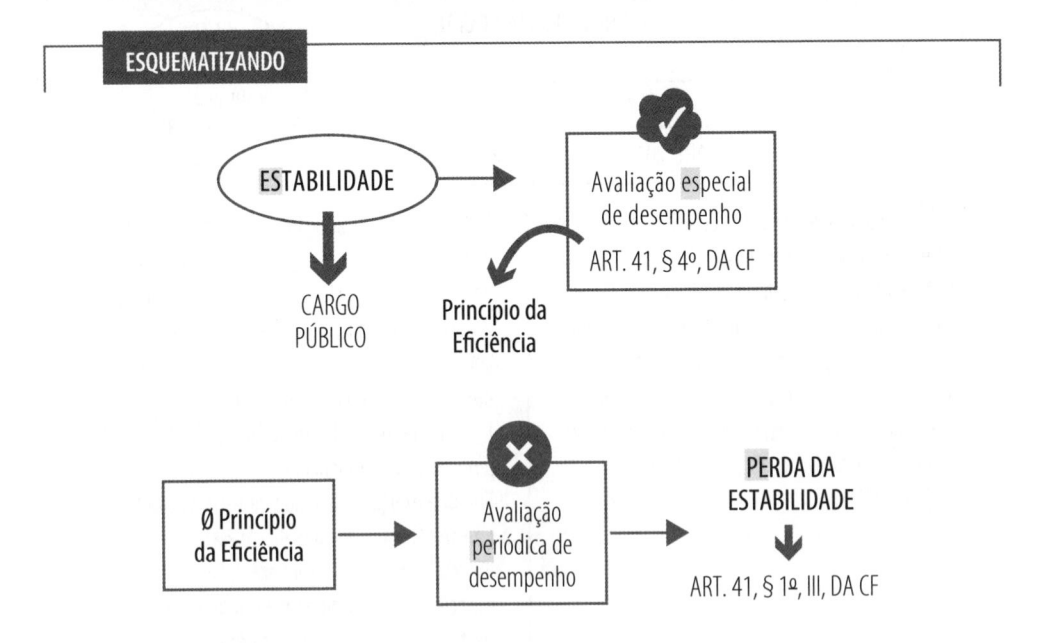

ESQUEMATIZANDO

ESTABILIDADE → Avaliação especial de desempenho — ART. 41, § 4º, DA CF ✓

ESTABILIDADE ↓ CARGO PÚBLICO / Princípio da Eficiência

Ø Princípio da Eficiência → Avaliação periódica de desempenho ✗ → PERDA DA ESTABILIDADE — ART. 41, § 1º, III, DA CF

4. APOSENTADORIA

Aprofundamento: Em 19 de fevereiro de 2020, o Plenário do STF negou provimento ao **Recurso Extraordinário 636.553 (tema 445)** e decidiu que o prazo para **revisão da legalidade** do ato da aposentadoria pelos Tribunais de Contas é de **cinco anos**, contados da data de chegada do ato de concessão do direito ao respectivo Tribunal de Contas.

A **tese** firmada teve a seguinte redação: "Os Tribunais de Contas estão sujeitos ao prazo de cinco anos para o julgamento da legalidade do ato de concessão inicial de aposentadoria, reforma ou pensão, a contar da chegada do processo à respectiva Corte de Contas, em atenção aos princípios da segurança jurídica e da confiança legítima".

ESQUEMATIZANDO

PREVIDÊNCIA SOCIAL

STF
- MI 795
- Súmula Vinculante 33

RGPS	RPPS
ART. 201, § 1º, DA CF	ART. 40, § 4º, DA CF
§ 1º É vedada a adoção de requisitos e critérios diferenciados para a concessão de aposentadoria aos beneficiários do regime geral da previdência social, ressalvados os casos de atividades exercidas sob condições especiais que prejudiquem a saúde ou a integridade física e quando se tratar de segurados portadores de deficiência, nos termos definidos em lei. (*Redação dada pela Emenda Constitucional n. 47, de 2005*)	§ 4º É vedada a adoção de requisitos e critérios diferenciados para a concessão de aposentadoria aos abrangidos pelo regime de que trata este artigo, ressalvados, nos termos definidos em leis complementares, os casos de servidores: (*Redação dada pela Emenda Constitucional n. 47, de 2005*) I – portadores de deficiência; (*Incluído pela Emenda Constitucional n. 47, de 2005*) II – que exerçam atividade de risco; (*Incluído pela Emenda Constitucional n. 47, de 2005*) III – cujas atividades sejam exercidas sob condições especiais que prejudiquem a saúde ou a integridade física. (*Incluído pela Emenda Constitucional n. 47, de 2005*)

ESQUEMATIZANDO

ART. 40, § 1º, II, DA CF

II – compulsoriamente, com proventos proporcionais ao tempo de contribuição, aos 70 (setenta) anos de idade, ou aos 75 (setenta e cinco) anos de idade, na forma de lei complementar; (*Redação dada pela Emenda Constitucional n. 88, de 2015*)

→ LC 152/2015

Art. 2º Serão aposentados compulsoriamente, com proventos proporcionais ao tempo de contribuição, aos 75 (setenta e cinco) anos de idade:

I – os servidores titulares de cargos efetivos da União, dos Estados, do Distrito Federal e dos Municípios, incluídas suas autarquias e fundações;

II – os membros do Poder Judiciário;

III – os membros do Ministério Público;

IV – os membros das Defensorias Públicas;

V – os membros dos Tribunais e dos Conselhos de Contas.

ESQUEMATIZANDO

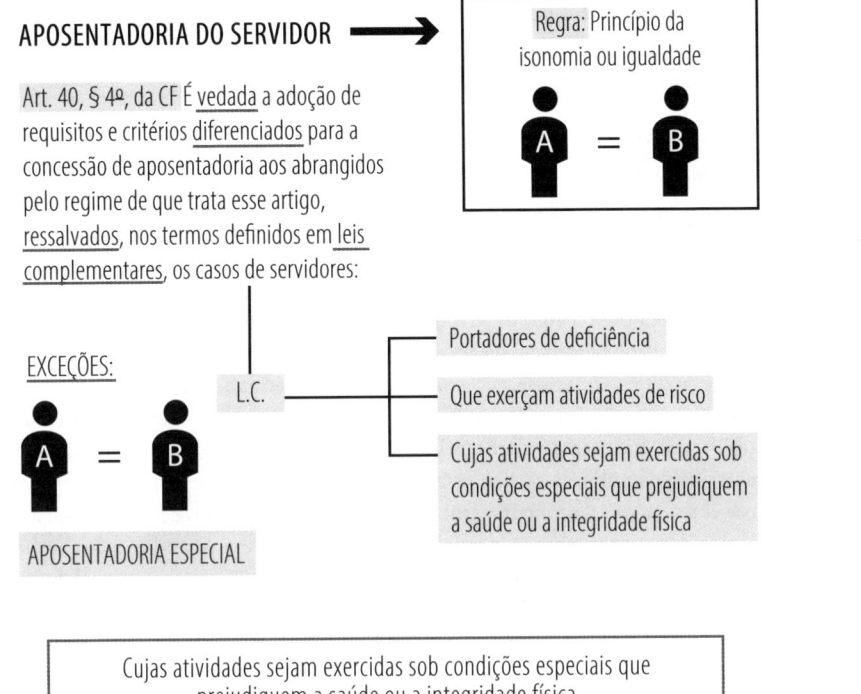

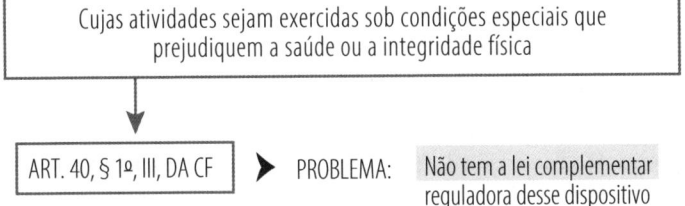

APOSENTADORIA DO SERVIDOR → Regra: Princípio da isonomia ou igualdade

Art. 40, § 4º, da CF É vedada a adoção de requisitos e critérios diferenciados para a concessão de aposentadoria aos abrangidos pelo regime de que trata esse artigo, ressalvados, nos termos definidos em leis complementares, os casos de servidores:

A = B

EXCEÇÕES: — L.C.
- Portadores de deficiência
- Que exerçam atividades de risco
- Cujas atividades sejam exercidas sob condições especiais que prejudiquem a saúde ou a integridade física

A = B

APOSENTADORIA ESPECIAL

Cujas atividades sejam exercidas sob condições especiais que prejudiquem a saúde ou a integridade física
↓
ART. 40, § 1º, III, DA CF ▶ PROBLEMA: Não tem a lei complementar reguladora desse dispositivo

"SÍNDROME DA INEFETIVIDADE DAS NORMAS CONSTITUCIONAIS"

• STF, MI 795 ▶ Súmula Vinculante 33
↓ → RGPS

Aplicam-se ao servidor público, no que couber, as regras do regime geral de previdência social sobre aposentadoria especial de que trata o art. 40, § 4º, inciso III, da Constituição Federal, até a edição de lei complementar específica.

5. DOUTRINA ESTRANGEIRA

Rafael Bielsa[11] destaca o caráter moral que deve assinalar o agente público: "El auténtico funcionario público tiene vocación por el interés público; él no va a la Adminis-

---

[11] BIELSA, Rafael. *Ciencia de la Administración*, 2. ed., Buenos Aires: Depalma, 1995, p. 12.

tración pública a percibir un sueldo, a obtener ventajas que puede lograr en la empresa privada, como la habilitación, la participación en los beneficios, con la esperanza de ser algún día patrón o capitán de industria; él ingresa en la Administración para expresar la voluntat del Estado, como el abogado va al foro, aunque su competencia no sea precisamente jurisdiccional; hace lo que el buen juez: sirve al derecho".

> **JURISPRUDÊNCIA**
>
> - **CARGO PÚBLICO: MUDANÇA DE ATRIBUIÇÕES E LEI FORMAL**
>   A alteração de atribuições de cargo público somente pode ocorrer por intermédio de lei formal. Ao reafirmar essa orientação, a 2ª Turma concedeu mandado de segurança para que servidores públicos possam ocupar o cargo de "Técnico de Apoio Especializado/Segurança", garantindo-lhes a continuidade da percepção da gratificação de atividade de segurança, prevista no art. 15 da Lei n. 11.415/2006. Tratava-se, na espécie, de *writ* impetrado contra ato do Procurador-Geral da República, consubstanciado na Portaria 286/2007, que teria alterado as atribuições dos cargos públicos de que eram titulares os impetrantes e promovido suposta transposição. Aduziu-se que os cargos públicos seriam criados por lei e providos, se em caráter efetivo, após a indispensável realização de concurso público específico. Consignou-se, ainda, que a mudança de atribuições dos cargos ocupados pelos impetrantes ocorrera por edição de portaria, meio juridicamente impróprio para veicular norma definidora de atividades inerentes e caracterizadoras de cargo público, uma vez que apenas a lei poderia promover as referidas alterações. Precedentes citados: ADI 1.329/AL (*DJU* de 12-9-2003), ADI 2.689/RN (*DJU* de 21-11-2003), ADI 1.254 MC/RJ (*DJU* de 18-8-1995) e MS 26.955/DF (*DJe* 13-4-2011). MS 26.740/DF, rel. Min. Ayres Britto, j. 30-8-2011 (*Informativo STF 638*).
>
> - **PROCURADOR DA FAZENDA E REDUÇÃO DE FÉRIAS**
>   A 2ª Turma negou provimento a recurso extraordinário interposto contra acórdão que entendera possível a redução de período de férias de procuradores da Fazenda Nacional por meio de medida provisória e lei ordinária. Inicialmente, registrou-se que o acórdão recorrido estaria em consonância com o entendimento do STF no sentido de não haver direito adquirido a regime jurídico. Tampouco reconheceu-se violação ao princípio da irredutibilidade salarial, no caso dos autos, uma vez que, suprimidas as férias, o servidor não teria jus ao seu abono. Consignou-se que a Constituição Federal reservaria à lei complementar apenas a questão referente à organização e ao funcionamento da Advocacia-Geral da União. Ressaltou-se que as regras estabelecidas na Lei n. 8.112/90 (Regime Geral dos Servidores Públicos) balizariam as atividades dos advogados públicos em geral – procuradores da Fazenda, advogados da União e procuradores autárquicos. Concluiu-se que haveria um enorme conflito, uma assimetria gravíssima, se esta Corte reconhecesse 2 meses de férias, aos procuradores da Fazenda, e apenas 1 mês, aos procuradores federais, quando ambos estão a serviço da mesma causa. RE 539.370/RJ, rel. Min. Gilmar Mendes, j. 30-11-2010 (*Informativo STF 611*).
>
> - **ADI E REGIME JURÍDICO DE SERVIDORES PÚBLICOS**
>   O Tribunal julgou procedente pedido formulado em ação direta ajuizada pelo Governador do Estado de Mato Grosso para declarar a inconstitucionalidade da Emenda Constitucional n. 54/2008, de iniciativa da Assembleia legislativa local, que modificou o art. 145, §§ 2º e 4º da Constituição mato-grossense. Entendeu-se que o § 2º do citado art. 145, ao fixar o subsídio mensal dos Desembargadores do Tribunal de Justiça do Estado como limite único no âmbito de qualquer dos Poderes locais usurpou a competência reservada ao Chefe do Executivo estadual

para instauração do processo legislativo em tema concernente ao regime jurídico dos servidores públicos (CF, art. 61, § 1º, II, c). Considerou-se, também, que esse parágrafo não ressalvou os subsídios dos parlamentares, conforme determina o art. 37, § 12, da CF. Por fim, reputou-se que o § 4º desse mesmo art. 145, ao vedar a "vinculação ou equiparação de vencimentos, para efeito de remuneração de pessoal do serviço, ressalvado o disposto no parágrafo anterior e no art. 39, § 1º, da Constituição Federal", afrontou o art. 37, XIII, da Carta Magna, que proíbe a vinculação de quaisquer espécies remuneratórias. ADI 4.154/MT, rel. Min. Ricardo Lewandowski, j. 26-5-2010 (Informativo STF 588).

- Ao julgar o RE 592.317, em novembro de 2014, o Supremo reafirmou que o Judiciário não pode aumentar vencimento de servidor com base na isonomia. De acordo com o relator, ministro Gilmar Mendes, o fundamento da Súmula 339 do STF permanece atual para a ordem constitucional vigente. Ele frisou que a Corte tem aplicado seu entendimento em reiterados julgamentos, levando à consolidação pacífica da tese de que o Poder Judiciário não tem poder para conceder aumentos para servidores regidos pelo regime estatutário com base no princípio da isonomia, nos termos do citado verbete.

6. SÚMULAS

- **STF – SÚMULA 671:** Os servidores públicos e os trabalhadores em geral têm direito, no que concerne à URP de abril/maio de 1988, apenas ao valor correspondente a 7/30 de 16,19% sobre os vencimentos e salários pertinentes aos meses de abril e maio de 1988, não cumulativamente, devidamente corrigido até o efetivo pagamento.
- **STF – SÚMULA 672:** O reajuste de 28,86%, concedido aos servidores militares pelas Leis n. 8.662/93 e 8.627/93, estende-se aos servidores civis do Poder Executivo, observadas as eventuais compensações decorrentes dos reajustes diferenciados concedidos pelos mesmos diplomas legais.
- **STF – SÚMULA 678:** São inconstitucionais os incisos I e III do art. 7º da Lei n. 8.162/91, que afastam, para efeito de anuênio e de licença-prêmio, a contagem do tempo de serviço regido pela CLT dos servidores que passaram a submeter-se ao regime jurídico único.
- **STF – SÚMULA 679:** A fixação de vencimentos dos servidores públicos não pode ser objeto de convenção coletiva.
- **STF – SÚMULA 680:** O direito ao auxílio-alimentação não se estende aos servidores inativos.
- **STF – SÚMULA 681:** É inconstitucional a vinculação do reajuste de vencimentos de servidores estaduais ou municipais a índices federais de correção monetária.
- **STF – SÚMULA 682:** Não ofende a Constituição a correção monetária no pagamento com atraso dos vencimentos de servidores públicos.
- **STF – SÚMULA 683:** O limite de idade para a inscrição em concurso público só se legitima em face do art. 7º, XXX, da Constituição, quando possa ser justificado pela natureza das atribuições do cargo a ser preenchido.

- **STF – SÚMULA 68:** É inconstitucional o veto não motivado à participação de candidato a concurso público.
- **STF – SÚMULA 685:** É inconstitucional toda modalidade de provimento que propicie ao servidor investir-se, sem prévia aprovação em concurso público destinado ao seu provimento, em cargo que não integra a carreira na qual anteriormente investido.
- **STF – SÚMULA 686:** Só por lei se pode sujeitar a exame psicotécnico a habilitação de candidato a cargo público.
- **STF – SÚMULA 687:** A revisão de que trata o art. 58 do ADCT não se aplica aos benefícios previdenciários concedidos após a promulgação da Constituição de 1988.
- **STF – SÚMULA 726:** Para efeito de aposentadoria especial de professores, não se computa o tempo de serviço prestado fora da sala de aula.
- **SÚMULA VINCULANTE 33:** Aplicam-se ao servidor público, no que couber, as regras do regime geral da previdência social sobre aposentadoria especial de que trata o art. 40, § 4º, inciso III da Constituição Federal, até a edição de lei complementar específica.
- **SÚMULA VINCULANTE 37:** Não cabe ao Poder Judiciário, que não tem função legislativa, aumentar vencimentos de servidores públicos sob o fundamento de isonomia.
- **SÚMULA VINCULANTE 39:** Compete privativamente à União legislar sobre vencimentos dos membros das polícias civil e militar e do corpo de bombeiros militar do Distrito Federal.
- **SÚMULA VINCULANTE 42:** É inconstitucional a vinculação do reajuste de vencimentos de servidores estaduais ou municipais a índices federais de correção monetária.

PARA GABARITAR

a) Os cargos em comissão, criados por lei, destinam-se somente às atribuições de direção, chefia e assessoramento.

b) O cargo público, cujo provimento se dá em caráter efetivo ou em comissão, só pode ser criado por lei, com denominação própria e vencimento pago pelos cofres públicos.

c) Os particulares, ao colaborarem com o Poder Público, ainda que em caráter episódico, como os jurados do tribunal do júri e os mesários durante as eleições, são considerados agentes públicos.

d) As funções de confiança não se confundem com os cargos em comissão, visto que estes são ocupados transitoriamente, sem a necessidade de concurso, e aquelas só podem ser titularizadas por servidores públicos ocupantes de cargos efetivos.

e) A Constituição Federal de 1988 não restringe o acesso aos cargos públicos a brasileiros que gozam de direitos políticos, admitindo que cargos, empregos e funções públicas sejam preenchidos por estrangeiros, na forma da lei.
f) Em um concurso público que requeira investigação social como uma de suas fases, a existência de inquérito policial instaurado contra o candidato não tem, por si só, o poder de eliminá-lo do certame.
g) A acumulação lícita de cargos públicos por parte do servidor é condicionada à demonstração de compatibilidade de horários.
h) A CF veda a acumulação ilegal de cargos públicos. No entanto, permite que um servidor venha a acumular um cargo efetivo com uma função de confiança.

7. ENUNCIADO DA JORNADA DE DIREITO ADMINISTRATIVO

I JORNADA	IDs	ENUNCIADOS APROVADOS NA PLENÁRIA
37	2837	A estabilidade do servidor titular de cargo público efetivo depende da reunião de dois requisitos cumulativos: (i) o efetivo desempenho das atribuições do cargo pelo período de 3 (três) anos; e (ii) a confirmação do servidor no serviço mediante aprovação pela comissão de avaliação responsável (art. 41, *caput* e § 4º, da CRFB c/c arts. 20 a 22 da Lei n. 8.112/90). Assim, não há estabilização automática em virtude do tempo, sendo o resultado positivo em avaliação especial de desempenho uma condição indispensável para a aquisição da estabilidade.

8. CONTEÚDO DIGITAL

Acesse também pelo *link*: https://somos.in/MDADM9

Capítulo IX

Lei n. 8.112/90 – Estatuto dos Servidores Públicos Federais

1. INTRODUÇÃO

A Lei n. 8.112, de 11 de dezembro de 1990, dispõe sobre o regime jurídico dos servidores públicos civis da União, das autarquias (inclusive as de regime especial) e das fundações públicas federais.

2. CONCEITUAÇÕES

a) **Servidor** (art. 2º da Lei n. 8.112/90): é a pessoa legalmente investida em cargo público.

b) **Cargo público** (art. 3º da Lei n. 8.112/90): é o conjunto de atribuições e responsabilidades previstas na estrutura organizacional que devem ser cometidas a um servidor.

Os cargos públicos, acessíveis a todos os brasileiros (natos ou naturalizados), são criados por lei e dessa forma devem ser extintos (paralelismo de formas), com denominação própria e vencimento pago pelos cofres públicos, para provimento em caráter efetivo ou em comissão.

O art. 5º da Lei n. 8.112/90 prevê os requisitos para a investidura em cargo público. São eles:

- a nacionalidade brasileira;
- o gozo dos direitos políticos;
- a quitação com as obrigações militares e eleitorais;
- o nível de escolaridade exigido para o exercício do cargo;
- a idade mínima de dezoito anos;
- aptidão física e mental.

JURISPRUDÊNCIA

- **EMPREGADO PÚBLICO ESTRANGEIRO E O PRINCÍPIO DA ISONOMIA**

   O disposto no § 6º do art. 243 da Lei n. 8.112/90 ("Ficam submetidos ao regime jurídico instituído por esta Lei, na qualidade de servidores públicos, os servidores dos Poderes da União, dos ex-Territórios, das autarquias, inclusive as em regime especial, e das fundações públicas, regidos pela Lei n. 1.711, de 28 de outubro de 1952 – Estatuto dos Funcionários Públicos Civis da União, ou pela Consolidação das Leis do Trabalho, aprovada pelo Decreto-lei n. 5.452, de 1º de maio de 1943, exceto os contratados por prazo determinado, cujos contratos não poderão ser prorrogados após o vencimento do prazo de prorrogação. [...] § 6º Os empregos dos servidores estrangeiros com estabilidade no serviço público, enquanto não adquirirem a nacionalidade brasileira, passarão a integrar tabela em extinção, do respectivo órgão ou entidade, sem prejuízo dos direitos inerentes aos planos de carreira aos quais se encontrem vinculados os empregos.") não afronta o princípio da isonomia. Com esse entendimento, a 2ª Turma desproveu agravo regimental interposto de decisão do Min. Joaquim Barbosa, proferida nos autos de recurso extraordinário, do qual relator, em que pretendido o reconhecimento de vínculo estatutário de estrangeiro com universidade federal da qual integra o quadro técnico desde 1966. Reputou-se que, até o advento das Emendas Constitucionais 11/96 e 19/98, o núcleo essencial dos direitos atribuídos aos estrangeiros não abrangia o direito à ocupação de cargos públicos efetivos na Administração Pública, conforme redação anterior do art. 37, I, da CF, que contemplava somente os brasileiros. Concluiu-se que a norma ora impugnada encontrar-se-ia em consonância com o texto constitucional, à época, e deveria permanecer em vigor até a instituição de lei que atribua eficácia ao atual dispositivo constitucional. RE 346.180 AgR/RS, rel. Min. Joaquim Barbosa, j. 14-6-2011 (*Informativo STF 631*).

Provimento (art. 8º da Lei n. 8.112/90): é o ato de designação de alguém para titularizar um cargo público. As formas de provimento em cargo público são: 3.1) nomeação; 3.2) promoção; 3.3) readaptação; 3.4) reversão; 3.5) aproveitamento; 3.6) reintegração; 3.7) recondução.

Vamos estudar cada uma das formas de provimento.

3. FORMAS DE PROVIMENTO EM CARGOS PÚBLICOS

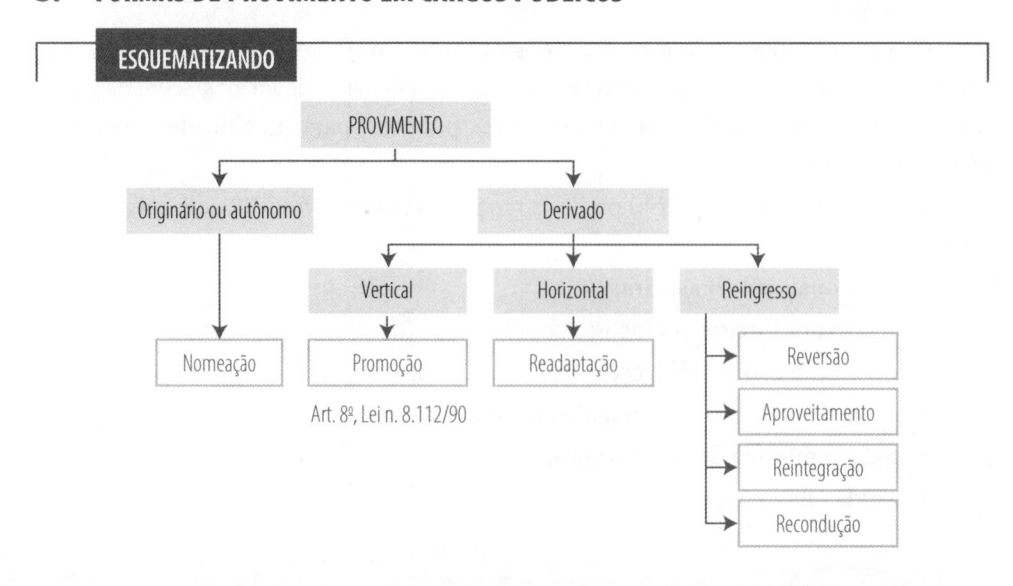

ESQUEMATIZANDO

```
                            PROVIMENTO
                           /          \
              Originário ou autônomo   Derivado
                                      /    |    \
                                Vertical Horizontal Reingresso
                                   |        |          |
                               Nomeação  Promoção  Readaptação → Reversão
                                                             → Aproveitamento
                                                             → Reintegração
                                                             → Recondução
```

Art. 8º, Lei n. 8.112/90

Importante: Súmula Vinculante 43: É inconstitucional toda modalidade de provimento que propicie ao servidor investir-se, sem prévia aprovação em concurso público destinado ao seu provimento, em cargo que não integra a carreira na qual anteriormente investido.

3.1 Nomeação (arts. 9º e 10 da Lei n. 8.112/90)

É a única forma de provimento autônomo ou originário, ou seja, independe de qualquer relação com a anterior situação do provido. Independe do fato de o provido ter tido ou não algum vínculo com o cargo público.

A nomeação pode ocorrer de duas maneiras: 1) em caráter efetivo, quando se tratar de cargo isolado de provimento efetivo ou de carreira; ou 2) em comissão, inclusive na condição de interino, para cargos de confiança vagos.

Nos termos fixados pelo art. 37, II, da CF e também pelo art. 10 da Lei n. 8.112/90, a nomeação para cargo de carreira ou cargo isolado de provimento efetivo **depende de prévia habilitação em concurso público de provas ou de provas e títulos** (art. 11 da Lei n. 8.112/90), obedecidos a ordem de classificação e o prazo de sua validade.

Porém, não basta a nomeação: é necessário também que o indivíduo tome posse (arts. 13 e 14 da Lei n. 8.112/90).

A posse ocorre com a investidura do servidor (art. 7º da Lei n. 8.112/90). É o ato de aceitação das responsabilidades e direitos decorrentes do cargo.

LEGISLAÇÃO CORRELATA

Lei n. 8.112/90

Art. 13. A **posse** dar-se-á pela assinatura do respectivo termo, no qual deverão constar as atribuições, os deveres, as responsabilidades e os direitos inerentes ao cargo ocupado, que não poderão ser alterados unilateralmente, por qualquer das partes, ressalvados os atos de ofício previstos em lei.

Pegadinha: Alguns lapsos temporais devem ser respeitados: do ato de nomeação: o indivíduo tem o prazo de 30 dias para **tomar posse** (art. 13, § 1º, da Lei n. 8.112/90), sob pena de sua **nomeação caducar**. Da data da posse terá o prazo de 15 dias para **entrar em exercício** desempenhando efetivamente as atribuições do cargo público ou da função de confiança (art. 15, §§ 1º e 2º, da Lei n. 8.112/90), sob pena de **exoneração.**

A jornada de trabalho dos servidores públicos federais terá duração máxima semanal de quarenta horas, observados os limites mínimo e máximo de seis horas e oito horas diárias, respectivamente (art. 19 da Lei n. 8.112/90).

Já o ocupante de cargo em comissão ou função de confiança é submetido ao regime de integral dedicação ao serviço, podendo ser convocado sempre que houver interesse da Administração.

> **Aprofundamento:** O STF, ao julgar o **RE 724.347 (tema 671) com repercussão geral**, fixou a **tese** de que, "na hipótese de posse em cargo público determinada por decisão judicial, o servidor não faz jus a indenização, sob fundamento de que deveria ter sido investido em momento anterior, salvo situação de arbitrariedade flagrante". A referida decisão foi tomada em situação na qual a União questiona decisão da Justiça Federal que garantiu a indenização a um grupo de dez auditores-fiscais do Tesouro que participaram de concurso realizado em 1991.

3.2 Promoção

É forma de provimento derivado vertical em que o servidor é "elevado", ou seja, passa a ocupar cargo mais elevado dentro da carreira, com maiores responsabilidades e complexidades. Os critérios para promoção são merecimento e antiguidade.

3.3 Readaptação (art. 24 da Lei n. 8.112/90)

Forma de provimento derivado horizontal consistente na investidura do servidor em cargo de atribuições e responsabilidades compatíveis com a limitação que tenha sofrido em sua capacidade física ou mental verificada em inspeção médica.

A readaptação será efetivada em cargo de atribuições afins, respeitada a habilitação exigida, nível de escolaridade e equivalência de vencimentos e, na hipótese de inexistência de cargo vago, o servidor exercerá suas atribuições como excedente, até a ocorrência de vaga.

3.4 Reversão (art. 25 da Lei n. 8.112/90)

É forma de provimento derivado por reingresso na qual ocorre o retorno à atividade de servidor aposentado por invalidez, quando junta médica oficial declarar insubsistentes os motivos da aposentadoria ou no interesse da Administração, desde que: 1) tenha solicitado a reversão; 2) a aposentadoria tenha sido voluntária; 3) estável quando na atividade; 4) a aposentadoria tenha ocorrido nos cinco anos anteriores à solicitação; 5) haja cargo vago.

Importante ressaltar a decisão do STF, ao julgar o **tema 524 com repercussão geral no RE 656.860**, de relatoria do Ministro Teori Zavascki. A **tese** firmada foi no sentido de que "a concessão de aposentadoria de servidor público por invalidez com proventos integrais exige que a doença incapacitante esteja prevista em rol taxativo da legislação de regência".

3.5 Aproveitamento (art. 30 da Lei n. 8.112/90)

É forma de provimento derivado por reingresso retornando obrigatoriamente à atividade o servidor em **disponibilidade**, com atribuições e vencimentos compatíveis com o cargo anteriormente ocupado.

Um servidor estará em disponibilidade (e portanto em inatividade) ou porque 1) houve a extinção de seu cargo ou porque 2) houve a declaração de desnecessidade do cargo. Permanece em disponibilidade até que haja seu adequado **aproveitamento** em outro cargo.

O servidor em disponibilidade recebe remuneração. Por essa razão, a Administração Pública tem o dever de aproveitá-lo em outro cargo o mais rápido possível a fim de evitar a eterna inatividade remunerada.

É da competência do órgão Central do Sistema de Pessoal Civil determinar o imediato aproveitamento de servidor em disponibilidade em vaga que vier a ocorrer nos órgãos ou entidades da Administração Pública Federal (art. 31 da Lei n. 8.112/90).

3.6 Reintegração (art. 28 da Lei n. 8.112/90)

É forma de provimento derivado por reingresso em que há a reinvestidura do servidor estável no cargo anteriormente ocupado, ou no cargo resultante de sua transformação, quando invalidada a sua demissão por decisão administrativa ou judicial, com ressarcimento de todas as vantagens.

Assim, a reintegração opera efeitos *ex tunc* (retroativos).

Vamos ilustrar a situação para facilitar:

- Imagine que o servidor "A" ocupante do cargo "A" seja demitido;
- Fica aberta a vaga do cargo "A" (vacância);
- O servidor "B" ocupa o cargo "A";
- Num momento posterior, há a reintegração do servidor "A" no cargo "A", uma vez que reconhecida a ilegalidade de sua demissão (ou em decisão administrativa ou judicial);
- Neste caso serão restaurados todos os direitos do servidor "A";
- O servidor "B", se não for estável, perderá seu lugar sem direito à indenização. Porém, se o servidor "B" for estável (nos termos do art. 41, § 2º, da CF), três são as possibilidades: 1) será reconduzido (art. 29 da Lei n. 8.112/90) ao cargo de origem (isto é, voltará para o cargo "B" em nosso exemplo); 2) será aproveitado em outro cargo (ocupando, por exemplo, um cargo "C"); ou 3) será posto em disponibilidade.

ESQUEMATIZANDO

REINTEGRAÇÃO — Art. 28, Lei n. 8.112/90

1º) Servidor "A" / Cargo "A" → Demitido

2º) Cargo "A" → Vacância

3º) Servidora "B" → Cargo "A"

4º) Processo → administrativo ou judicial
   → Decide reintegrar "A"
   → Demissão "A" → ilegal

3.7 Recondução (art. 29 da Lei n. 8.112/90)

É forma de provimento derivado por reingresso em que há o retorno do servidor estável ao cargo anteriormente ocupado, e decorrerá de: 1) inabilitação em estágio probatório relativo a outro cargo ou 2) reintegração do anterior ocupante (como visto no exemplo acima).

4. VACÂNCIA EM CARGO PÚBLICO (ART. 33 DA LEI N. 8.112/90)

A vacância em cargo público decorrerá de diversas causas: 4.1) exoneração; 4.2) demissão; 4.3) promoção; 4.4) readaptação; 4.5) aposentadoria; 4.6) posse em outro cargo inacumulável; 4.7) falecimento.

4.1 Exoneração

Consiste no desligamento do servidor público do cargo sem caráter sancionador.

A exoneração **de cargo efetivo** (art. 34 da Lei n. 8.112/90) pode ocorrer a pedido do servidor, ou de ofício (quando não satisfeitas as condições do estágio probatório; ou quando, tendo tomado posse, o servidor não entrar em exercício no prazo estabelecido; ou, ainda, quando houver acumulação proibida, de boa-fé[1], pelo servidor).

Já a exoneração **do cargo em comissão** e a dispensa da função de confiança ocorrerão a juízo da autoridade competente ou a pedido do próprio servidor (art. 35 da Lei n. 8.112/90).

ESQUEMATIZANDO

DEMISSÃO	EXONERAÇÃO
Extingue o vínculo estatutário do servidor.	Extingue o vínculo estatutário do servidor.
Acarreta a vacância do cargo.	Acarreta a vacância do cargo.
Tem caráter punitivo (*vide* hipóteses do art. 132 da Lei n. 8.112/90).	É a dispensa do servidor ou por interesse da Administração Pública ou por interesse do servidor.

Aprofundamento 1: É possível, ainda, nos termos fixados pelo art. 169 da CF e na LC n. 101/2000, a exoneração de servidor com o escopo de redução de despesas

---

[1] Lembrando que, se ocorrer a acumulação proibida, com má-fé, será hipótese de demissão e não de exoneração, conforme estabelece o art. 133, § 6º, da Lei n. 8.112/90: "Caracterizada a acumulação ilegal e provada má-fé, aplicar-se-á a pena de demissão, destituição ou cassação de aposentadoria ou disponibilidade em relação aos cargos, empregos ou funções públicas em regime de acumulação ilegal, hipótese em que os órgãos ou entidades de vinculação serão comunicados".

com folha de pagamento de pessoal (racionalização da máquina administrativa), quando esses gastos estiverem acima dos limites definidos pela respectiva lei.

Assim, para a União, a Lei de Responsabilidade Fiscal estabelece o percentual de até 50% para gastos com folha de pagamento. No âmbito dos Estados e Municípios, esse percentual é o limite de até 60%. Acima desses parâmetros, servidores serão exonerados nesta ordem:

Primeiro serão exonerados (pelo menos 20%) os ocupantes de cargo em comissão e função de confiança; se os limites continuarem acima do permitido pela Lei de Responsabilidade Fiscal, serão exonerados os servidores não estáveis (serão exonerados tantos quantos forem necessários).

Importante ressaltar que, se ocorrer a exoneração do servidor para conter gastos com folha de pagamento de pessoal, o servidor fará *jus* à indenização correspondente a um mês de remuneração por ano de serviço.

LEGISLAÇÃO CORRELATA

CF

Art. 169. A **despesa com pessoal ativo e inativo** e pensionistas da União, dos Estados, do Distrito Federal e dos Municípios não pode exceder os limites estabelecidos em lei complementar. (*Redação dada pela Emenda Constitucional n. 109, de 2021*)

§ 3º Para o cumprimento dos limites estabelecidos com base neste artigo, durante o prazo fixado na lei complementar referida no *caput*, **a União, os Estados, o Distrito Federal e os Municípios adotarão as seguintes providências:** (*Incluído pela Emenda Constitucional n. 19, de 1998*)

I – redução em pelo menos vinte por cento das despesas com cargos em comissão e funções de confiança; (*Incluído pela Emenda Constitucional n. 19, de 1998*)

II – exoneração dos servidores não estáveis. (*Incluído pela Emenda Constitucional n. 19, de 1998*) (*Vide Emenda Constitucional n. 19, de 1998*)

Aprofundamento 2: O art. 198, § 6º, da Constituição Federal (com redação dada pela EC n. 51/2006) prevê outra hipótese de exoneração: os agentes comunitários de saúde e os agentes de combate às endemias que não cumprirem os requisitos específicos para o exercício da função poderão ser exonerados.

LEGISLAÇÃO CORRELATA

CF

Art. 198. As ações e serviços públicos de saúde integram uma rede regionalizada e hierarquizada e constituem um sistema único, organizado de acordo com as seguintes diretrizes:

I – descentralização, com direção única em cada esfera de governo;

II – atendimento integral, com prioridade para as atividades preventivas, sem prejuízo dos serviços assistenciais;

III – participação da comunidade. [...]

§ 6º Além das hipóteses previstas no § 1º do art. 41 e no § 4º do art. 169 da Constituição Federal, o servidor que exerça funções equivalentes às de agente comunitário de saúde ou de agente de combate às endemias poderá perder o cargo em caso de descumprimento dos requisitos específicos, fixados em lei, para o seu exercício. (*Incluído pela Emenda Constitucional n. 51, de 2006.*)

4.2 Demissão

A demissão gera a extinção do vínculo estatutário do servidor e a vacância do respectivo cargo, porém, diferentemente da exoneração, tem caráter punitivo (art. 132 da Lei n. 8.112/90).

Haverá a demissão nos seguintes casos:

a) cometimento de crime contra a Administração Pública;

b) abandono de cargo;

c) inassiduidade habitual;

d) improbidade administrativa (*vide* Lei n. 8.429/92 com alterações advindas pela **Lei n. 14.230/2021**);

e) incontinência pública e conduta escandalosa, na repartição;

f) insubordinação grave em serviço;

g) ofensa física, em serviço, a servidor ou a particular, salvo em legítima defesa própria ou de outrem;

h) aplicação irregular de dinheiros públicos;

i) revelação de segredo do qual se apropriou em razão do cargo;

j) lesão aos cofres públicos e dilapidação do patrimônio nacional;

k) corrupção;

l) acumulação ilegal de cargos, empregos ou funções públicas;

m) transgressão dos incisos IX a XVI do art. 117.

Aprofundamento:

EXONERAÇÃO – PONTOS DE ATENÇÃO	DEMISSÃO – PONTOS DE ATENÇÃO
a) Uma das hipóteses de vacância de cargos públicos é a exoneração (art. 33, I, da Lei n. 8.112/90).	a) Uma das hipóteses de vacância de cargos públicos é a demissão (art. 33, II, da Lei n. 8.112/90).
b) A exoneração de cargo efetivo dar-se-á a pedido do servidor, ou de ofício (art. 34 da Lei n. 8.112/90).	b) A **reintegração** é a reinvestidura do servidor estável no cargo anteriormente ocupado, ou no cargo resultante de sua transformação, quando invalidada a sua **demissão** por decisão administrativa ou judicial, com ressarcimento de todas as vantagens.

c) **Exoneração de ofício** ocorre quando não satisfeitas as condições do estágio probatório; quando, tendo tomado posse, o servidor não entrar em exercício no prazo estabelecido.	c) Em se tratando de direito de petição (previsto nos arts. 104 e s. da Lei n. 8.112/90), o direito de requerer prescreve em 5 (cinco) anos, quanto aos **atos de demissão** e de cassação de aposentadoria ou disponibilidade, ou que afetem interesse patrimonial e créditos resultantes das relações de trabalho.
d) A exoneração de cargo em comissão e a dispensa de função de confiança ocorrerão a juízo da autoridade competente ou a pedido do próprio servidor.	d) A demissão é considerada uma das **penalidades disciplinares** previstas na Lei n. 8.112/90 (art. 127), assim como a advertência, a suspensão, a cassação de aposentadoria ou disponibilidade, a destituição de cargo em comissão e a destituição de função comissionada.
e) Nos termos do art. 60-E da Lei n. 8.112/90, no caso de falecimento, **exoneração**, colocação de imóvel funcional à disposição do servidor ou aquisição de imóvel, o auxílio-moradia continuará sendo pago **por um mês**.	e) A penalidade disciplinar **suspensão** será aplicada em caso de reincidência das faltas punidas com advertência e de violação das demais proibições que **não** tipifiquem infração sujeita a **penalidade de demissão**, não podendo exceder de 90 (noventa) dias (art. 130 da Lei n. 8.112/90).
f) O servidor exonerado perceberá sua gratificação natalina, proporcionalmente aos meses de exercício, calculada sobre a remuneração do mês da exoneração (art. 65 da Lei n. 8.112/90).	f) O art. 132 da Lei n. 8.112/90 elenca as hipóteses de aplicação da demissão: I – crime contra a administração pública; II – abandono de cargo; III – inassiduidade habitual; IV – improbidade administrativa; V – incontinência pública e conduta escandalosa, na repartição; VI – insubordinação grave em serviço; VII – ofensa física, em serviço, a servidor ou a particular, salvo em legítima defesa própria ou de outrem; VIII – aplicação irregular de dinheiros públicos; IX – revelação de segredo do qual se apropriou em razão do cargo; X – lesão aos cofres públicos e dilapidação do patrimônio nacional; XI – corrupção;

	XII – acumulação ilegal de cargos, empregos ou funções públicas; XIII – transgressão dos incisos IX a XVI do art. 117 da Lei n. 8.112/90. Lembrando que a demissão ou a destituição de cargo em comissão, nos casos dos incisos IV, VIII, X e XI do art. 132, implica a indisponibilidade dos bens e o ressarcimento ao erário, sem prejuízo da ação penal cabível. E a demissão ou a destituição de cargo em comissão, por infringência do art. 117, IX e XI, incompatibiliza o ex-servidor para nova investidura em cargo público federal, pelo prazo de 5 (cinco) anos.
g) Em se tratando de afastamento do servidor para estudo ou missão no exterior (art. 95 da Lei n. 8.112/90), **não será concedida exoneração** ou licença para tratar de interesse particular antes de decorrido período igual ao do afastamento, ressalvada a hipótese de ressarcimento da despesa havida com seu afastamento.	g) Caracterizada a **acumulação ilegal** e provada a **má-fé**, aplicar-se-á a pena de **demissão**, destituição ou cassação de aposentadoria ou disponibilidade em relação aos cargos, empregos ou funções públicas em regime de acumulação ilegal, hipótese em que os órgãos ou entidades de vinculação serão comunicados (§ 6º, art. 133 da Lei n. 8.112/90).
h) Detectada a qualquer tempo a **acumulação ilegal** de cargos, empregos ou funções públicas, e provada a **má-fé**, ao servidor será aplicada **a pena de demissão**, destituição ou cassação de aposentadoria ou disponibilidade em relação aos cargos, empregos ou funções públicas em regime de acumulação ilegal, hipótese em que os órgãos ou entidades de vinculação serão comunicados. Porém, se de **boa-fé a acumulação**, aí então automaticamente haverá **exoneração** do outro cargo.	h) Será cassada a aposentadoria ou a disponibilidade do inativo que houver praticado, na atividade, falta punível com a demissão (art. 134 da Lei n. 8.112/90).
i) Julgada procedente a revisão do processo (art. 174 da Lei n. 8.112/90), será declarada sem efeito a penalidade aplicada, restabelecendo-se todos os direitos do servidor, **exceto** em relação à destituição do cargo em comissão, que será convertida em **exoneração** (art. 182 da Lei n. 8.112/90).	i) A destituição de cargo em comissão exercido por não ocupante de cargo efetivo será aplicada nos casos de infração sujeita às penalidades de suspensão e de demissão (art. 135 da Lei n. 8.112/90).

4.3 Promoção

É forma de provimento derivado vertical em que o servidor é "elevado", ou seja, passa a ocupar cargo mais elevado dentro da carreira, com maiores responsabilidades e complexidades. Os critérios para promoção são merecimento e antiguidade.

4.4 Readaptação

Como visto anteriormente, a readaptação é forma de provimento derivado horizontal consistente na investidura do servidor em cargo de atribuições e responsabilidades compatíveis com a limitação que tenha sofrido em sua capacidade física ou mental, verificada em inspeção médica.

A readaptação será efetivada em cargo de atribuições afins, respeitada a habilitação exigida, nível de escolaridade e equivalência de vencimentos, e, na hipótese de inexistência de cargo vago, o servidor exercerá suas atribuições como excedente, até a ocorrência de vaga.

4.5 Aposentadoria

Completado o tempo e requisitos necessários no cargo, o servidor se tornará aposentado, quando então passará a receber "proventos", e o cargo por ele ocupado ficará vago.

4.6 Posse em outro cargo inacumulável

Excetuadas as hipóteses de acumulação constitucionalmente permitidas, se o agente tomar posse em cargo que a acumulação seja proibida, o cargo anteriormente ocupado ficará vago.

4.7 Falecimento

O falecimento do servidor gera a vacância do cargo em razão do desaparecimento do sujeito (agente público).

5. DA REMOÇÃO E REDISTRIBUIÇÃO

A **remoção** é o deslocamento do servidor, a pedido ou de ofício, no âmbito do mesmo quadro, com ou sem mudança de sede (art. 36 da Lei n. 8.112/90).

Temos três modalidades de remoção:

a) de ofício, no interesse da Administração Pública (art. 36, parágrafo único, I, da Lei n. 8.112/90). Esta modalidade independe de requerimento do servidor;

b) a pedido do servidor, mas a critério de juízo discricionário da Administração no sentido de deferir ou não o pedido (art. 36, parágrafo único, II, da Lei n. 8.112/90);

c) a pedido do servidor independentemente de interesse da Administração. Trata-se de ato vinculado. Assim, essa hipótese de remoção somente ocorrerá nos seguintes casos:

c.1) para acompanhar cônjuge ou companheiro, também servidor público civil ou militar, de qualquer dos Poderes da União, dos Estados, do Distrito Federal e dos Municípios, que foi deslocado no interesse da Administração;

c.2) por motivo de saúde do servidor, cônjuge, companheiro ou dependente que viva às suas expensas e conste do seu assentamento funcional, condicionada à comprovação por junta médica oficial;

c.3) em virtude de processo seletivo promovido, na hipótese em que o número de interessados for superior ao número de vagas, de acordo com normas preestabelecidas pelo órgão ou entidade em que aqueles estejam lotados.

A **redistribuição (art. 37 da Lei n. 8.112/90)** é o deslocamento de cargo de provimento efetivo, ocupado ou vago no âmbito do quadro geral de pessoal, para outro órgão ou entidade do mesmo Poder, com prévia apreciação do órgão central do SIPEC, observados os seguintes requisitos:

a) no interesse da Administração;

b) desde que haja equivalência de vencimentos;

c) deve haver a manutenção da essência das atribuições do cargo;

d) deve existir vinculação entre os graus de responsabilidade e complexidade das atividades;

e) mesmo nível de escolaridade, especialidade ou habilitação profissional;

f) compatibilidade entre as atribuições do cargo e as finalidades institucionais do órgão ou entidade.

Caso o servidor não seja redistribuído junto com o cargo, ou ele ficará em disponibilidade ou desempenhará provisoriamente suas atividades em outro órgão ou entidade.

6. DOS DIREITOS E VANTAGENS DO SERVIDOR

6.1 Diferenciações iniciais

VENCIMENTO (ART. 40 DA LEI N. 8.112/90)	REMUNERAÇÃO (ART. 41 DA LEI N. 8.112/90)	SUBSÍDIO
É a retribuição pecuniária pelo exercício de cargo público, com valor fixado em lei.	É o vencimento do cargo efetivo, acrescido das vantagens pecuniárias permanentes estabelecidas em lei.	Consiste em parcela única quando o servidor não receber outra verba remuneratória.

		Legislação correlata: art. 39, § 4º, da CF: "A União, os Estados, o Distrito Federal e os Municípios instituirão conselho de política de administração e remuneração de pessoal, integrado por servidores designados pelos respectivos Poderes. [...] § 4º O membro de Poder, o detentor de mandato eletivo, os Ministros de Estado e os Secretários Estaduais e Municipais serão remunerados exclusivamente por subsídio fixado em parcela única, vedado o acréscimo de qualquer gratificação, adicional, abono, prêmio, verba de representação ou outra espécie remuneratória, obedecido, em qualquer caso, o disposto no art. 37, X e XI (*Incluído pela Emenda Constitucional n. 19, de 1998.*)".

6.2 Vantagens do servidor

Além do vencimento, poderão ser pagas ao servidor as seguintes vantagens (art. 49 da Lei n. 8.112/90): 6.2.1) indenizações; 6.2.2) gratificações; 6.2.3) adicionais.

ESQUEMATIZANDO

6.2.1. INDENIZAÇÕES (ART. 51 DA LEI N. 8.112/90)	6.2.2. GRATIFICAÇÕES (ART. 61 DA LEI N. 8.112/90)	6.2.3. ADICIONAIS (ART. 61 DA LEI N. 8.112/90)
a) ajuda de custo	a) retribuição por exercício de função de direção, chefia e assessoramento (art. 61, I, da Lei n. 8.112/90)	a) adicional de insalubridade, periculosidade e penosidade (art. 61, IV, da Lei n. 8.112/90)
b) diárias	b) gratificação natalina (art. 61, II, da Lei n. 8.112/90)	b) adicional de serviços extraordinários (art. 61, V, da Lei n. 8.112/90)
c) transportes	c) gratificação por encargo de curso ou concurso (art. 61, IX, da Lei n. 8.112/90)	c) adicional noturno (art. 61, VI, da Lei n. 8.112/90)
d) auxílio-moradia		d) adicional de férias (art. 61, VII, da Lei n. 8.112/90)

ESQUEMATIZANDO

DIREITOS E VANTAGENS DO SERVIDOR

- **VENCIMENTO**
  - Art. 40 da Lei n. 8.112/90
  - É a retribuição pecuniária pelo exercício do cargo público, com valor fixado em lei

- **REMUNERAÇÃO**
  - VENCIMENTO + VANTAGENS PECUNIÁRIAS
  - Art. 49 da Lei n. 8.112/90
    - Indenizações
    - Gratificações
    - Adicionais

- **SUBSÍDIO**
  - Consiste em parcela única quando o servidor não receber outra verba remuneratória

6.2.1 Indenizações

a) A **ajuda de custo** destina-se a compensar as despesas de instalação do servidor que, no interesse do serviço, passar a ter exercício em nova sede, com mudança de domicílio em caráter permanente, vedado o duplo pagamento de indenização, a qualquer tempo, no caso de o cônjuge ou companheiro que detenha também a condição de servidor vir a ter exercício na mesma sede.

A ajuda de custo é calculada sobre a remuneração do servidor, conforme se dispuser em regulamento, não podendo exceder a importância correspondente a 3 (três) meses. Entretanto, não será concedida ajuda de custo ao servidor que se afastar do cargo, ou reassumi-lo, em virtude de mandato eletivo.

Em resumo: ajuda de custo visa ressarcir os gastos do servidor em razão da mudança em caráter definitivo.

b) As **diárias** servem para indenizar o deslocamento transitório do servidor. Assim, o servidor que, a serviço, afastar-se da sede em caráter eventual ou transitório para outro ponto do território nacional ou para o exterior fará jus a passagens e diárias destinadas a indenizar as parcelas de despesas extraordinárias com pousada, alimentação e locomoção urbana, conforme dispuser em regulamento.

A diária será concedida por dia de afastamento, sendo devida pela metade quando o deslocamento não exigir pernoite fora da sede, ou quando a União custear, por meio diverso, as despesas extraordinárias cobertas por diárias.

c) Indenização de transporte será conferida ao servidor que realizar despesas com a utilização de meio próprio de locomoção para a execução de serviços externos, por força das atribuições próprias do cargo, conforme se dispuser em regulamento.

d) Auxílio-moradia consiste no ressarcimento das despesas comprovadamente realizadas pelo servidor com aluguel de moradia ou com meio de hospedagem administrado por empresa hoteleira, no prazo de um mês após a comprovação da despesa pelo servidor.

Para o servidor fazer jus ao auxílio-moradia, deverá preencher os seguintes requisitos:

- não exista imóvel funcional disponível para uso pelo servidor;
- o cônjuge ou companheiro do servidor não ocupe imóvel funcional;
- o servidor ou seu cônjuge ou companheiro não seja ou tenha sido proprietário, promitente comprador, cessionário ou promitente cessionário de imóvel no Município onde for exercer o cargo, incluída a hipótese de lote edificado sem averbação de construção, nos doze meses que antecederem a sua nomeação;
- nenhuma outra pessoa que resida com o servidor receba auxílio-moradia;
- o servidor tenha se mudado do local de residência para ocupar cargo em comissão ou função de confiança do Grupo-Direção e Assessoramento Superiores – DAS, níveis 4, 5 e 6, de Natureza Especial, de Ministro de Estado ou equivalente;
- o Município no qual assuma o cargo em comissão ou função de confiança não se enquadre nas hipóteses do art. 58, § 3º, em relação ao local de residência ou domicílio do servidor;
- o servidor não tenha sido domiciliado ou tenha residido no Município, nos últimos 12 meses, onde for exercer o cargo em comissão ou função de confiança, desconsiderando-se prazo inferior a 60 dias dentro desse período;
- o deslocamento não tenha sido por força de alteração de lotação ou nomeação para cargo efetivo;
- o deslocamento tenha ocorrido após 30 de junho de 2006.

6.2.2 Gratificações

a) Retribuição pelo Exercício de Função de Direção, Chefia e Assessoramento: consiste no benefício do detentor de cargo efetivo para aquele que exerce a função de "chefe".

b) Gratificação natalina: corresponde a 1/12 (um doze avos) da remuneração a que o servidor fizer jus no mês de dezembro, por mês de exercício no respectivo ano.

A gratificação será paga até o dia 20 do mês de dezembro de cada ano.

c) Gratificação por Encargo de Curso ou Concurso (*vide* art. 76-A da Lei n. 8.112/90): esta gratificação é devida ao servidor em caráter eventual nos seguintes casos:

- quando o servidor atuar como instrutor em curso de formação, de desenvolvimento ou de treinamento regularmente instituído no âmbito da Administração Pública Federal;

- quando o servidor participar de banca examinadora ou de comissão para exames orais, para análise curricular, para correção de provas discursivas, para elaboração de questões de provas ou para julgamento de recursos intentados por candidatos;
- quando o servidor participar da logística de preparação e de realização de concurso público envolvendo atividades de planejamento, coordenação, supervisão, execução e avaliação de resultado, quando tais atividades não estiverem incluídas entre as suas atribuições permanentes;
- quando o servidor participar da aplicação, fiscalizar ou avaliar provas de exame vestibular ou de concurso público ou supervisionar essas atividades.

6.2.3 Adicionais

a) Adicional de insalubridade, periculosidade e penosidade (art. 68 da Lei n. 8.112/90)

Os servidores que trabalhem com habitualidade em locais insalubres ou em contato permanente com substâncias tóxicas, radioativas ou com risco de vida, fazem jus a um adicional sobre o vencimento do cargo efetivo.

Insalubre é o serviço prejudicial à saúde. Perigoso é o serviço que cria risco à vida do agente. Se o servidor fizer jus aos adicionais de insalubridade e de periculosidade, deverá optar por um deles.

b) Adicional de serviço extraordinário (art. 73 da Lei n. 8.112/90)

O serviço extraordinário será remunerado com acréscimo de 50% (cinquenta por cento) em relação à hora normal de trabalho. E somente será permitido serviço extraordinário para atender a situações excepcionais e temporárias, respeitado o limite máximo de 2 (duas) horas por jornada.

c) Adicional por serviço noturno (art. 75 da Lei n. 8.112/90)

O serviço noturno, prestado em horário compreendido entre 22 (vinte e duas) horas de um dia e 5 (cinco) horas do dia seguinte, terá o valor-hora acrescido de 25% (vinte e cinco por cento), computando-se cada hora como cinquenta e dois minutos e trinta segundos.

d) Adicional de férias (art. 76 da Lei n. 8.112/90)

Independentemente de solicitação, será pago ao servidor, por ocasião das férias, um adicional correspondente a 1/3 (um terço) da remuneração do período das férias.

7. DAS FÉRIAS

O servidor fará jus a 30 (trinta) dias de férias, que podem ser acumuladas, até o máximo de dois períodos, no caso de necessidade do serviço, ressalvadas as hipóteses em que haja legislação específica.

8. DAS LICENÇAS (ART. 81 DA LEI N. 8.112/90)

8.1 Por motivo de doença em pessoa da família

Considera-se pessoa da família: cônjuge ou companheiro, pais, filhos, padrasto ou madrasta e enteado, ou dependente que viva a suas expensas e conste do assentamento funcional do servidor, mediante comprovação por perícia médica oficial.

8.2 Por afastamento do cônjuge ou companheiro para outro ponto do território nacional ou exterior

Poderá ser concedida licença ao servidor para acompanhar cônjuge ou companheiro que foi deslocado para outro ponto do território nacional, para o exterior ou para o exercício de mandato eletivo dos Poderes Executivo e Legislativo. Essa licença será por prazo indeterminado e sem remuneração.

8.3 Licença para prestar o serviço militar

Concluído o serviço militar, o servidor terá até 30 (trinta) dias sem remuneração para reassumir o exercício do cargo.

8.4 Licença para exercício de atividade política

O servidor terá direito à licença, sem remuneração, durante o período que mediar entre a sua escolha em convenção partidária, como candidato a cargo eletivo, e a véspera do registro de sua candidatura perante a Justiça Eleitoral.

8.5 Licença-capacitação

Após cada quinquênio de efetivo exercício, o servidor poderá, no interesse da Administração, afastar-se do exercício do cargo efetivo, com a respectiva remuneração, por até três meses, para participar de curso de capacitação profissional.

8.6 Licença para participação em programa de pós-graduação *stricto sensu* (mestrado e doutorado) no país

O servidor poderá, no interesse da Administração, e desde que a participação não possa ocorrer simultaneamente com o exercício do cargo ou mediante compensação de horário, afastar-se do exercício do cargo efetivo, com a respectiva remuneração, para participar em programa de pós-graduação *stricto sensu* em instituição de ensino superior no País.

Os afastamentos para realização de programas de mestrado e doutorado somente serão concedidos aos servidores titulares de cargos efetivos no respectivo órgão ou entidade há pelo menos 3 (três) anos para mestrado e 4 (quatro) anos para doutorado, incluído o período de estágio probatório, que não tenham se afastado por licença para tratar de assuntos particulares para gozo de licença-capacitação ou com fundamento neste artigo nos 2 (dois) anos anteriores à data da solicitação de afastamento.

8.7 Licença para cuidar de assuntos particulares

A critério da Administração, poderão ser concedidas ao servidor ocupante de cargo efetivo, desde que não esteja em estágio probatório, licenças para o trato de assuntos particulares pelo prazo de até três anos consecutivos, sem remuneração.

8.8 Licença para exercício de mandato classista

É assegurado ao servidor o direito à licença sem remuneração para o desempenho de mandato em confederação, federação, associação de classe de âmbito nacional, sindicato representativo da categoria ou entidade fiscalizadora da profissão, ou, ainda, para participar de gerência ou administração em sociedade cooperativa constituída por servidores públicos para prestar serviços a seus membros, observado o disposto na alínea *c* do inciso VIII do art. 102 da Lei n. 8.112/90, conforme disposto em regulamento e observados os seguintes limites:

   a) para entidades com até 5.000 (cinco mil) associados, 2 (dois) servidores;
   b) para entidades com 5.001 (cinco mil e um) a 30.000 (trinta mil) associados, 4 (quatro) servidores;
   c) para entidades com mais de 30.000 (trinta mil) associados, 8 (oito) servidores.

8.9 Licença para tratamento de saúde ou acidente de serviço

Será concedida ao servidor licença para tratamento de saúde, a pedido ou de ofício, com base em perícia médica, sem prejuízo da remuneração a que fizer jus (art. 202 da Lei n. 8.112/90).

Configura acidente em serviço o dano físico ou mental sofrido pelo servidor, que se relacione, mediata ou imediatamente, com as atribuições do cargo exercido.

8.10 Licença à gestante, à adotante e licença-paternidade

PRAZO DA LICENÇA ANTES DA DECISÃO DO STF NO RE 778.889 COM REPERCUSSÃO GERAL (TEMA 782)	PRAZO DA LICENÇA DEPOIS DA DECISÃO DO STF NO RE 778.889 COM REPERCUSSÃO GERAL (TEMA 782)
Será concedida licença à servidora gestante por 120 (cento e vinte) dias consecutivos, sem prejuízo da remuneração. Pelo nascimento ou adoção de filhos, o servidor terá direito à licença-paternidade de 5 (cinco) dias consecutivos. À servidora que adotar ou obtiver guarda judicial de criança até 1 (um) ano de idade, serão concedidos 90 (noventa) dias de licença remunerada.	A tese firmada foi no sentido de que "os prazos da licença adotante não podem ser inferiores aos prazos da licença gestante, o mesmo valendo para as respectivas prorrogações. Em relação à adotante, não é possível fixar prazos diversos em função da idade da criança adotada". Portanto, a legislação não pode prever prazos diferenciados para concessão da licença-maternidade para servidoras públicas gestantes e adotantes.

> Os fundamentos para essa decisão levam em consideração a plena igualdade entre os filhos (prevista no art. 227, § 6º, da CF), e o direito à licença-maternidade de 120 dias à gestante (previsto no art. 7º, XVIII, da CF).
>
> Para o Ministro Barroso, o tratamento mais gravoso dado ao adotado de mais idade viola o princípio da proporcionalidade na medida em que cria mais dificuldade a quem mais precisa. "Se quanto maior a idade maior é a dificuldade de adaptação da criança à nova família e se o fator mais determinante da adaptação é a disponibilidade de tempo dos pais para a criança, não é possível conferir uma licença-maternidade menor para o caso de adoção de crianças mais velhas".

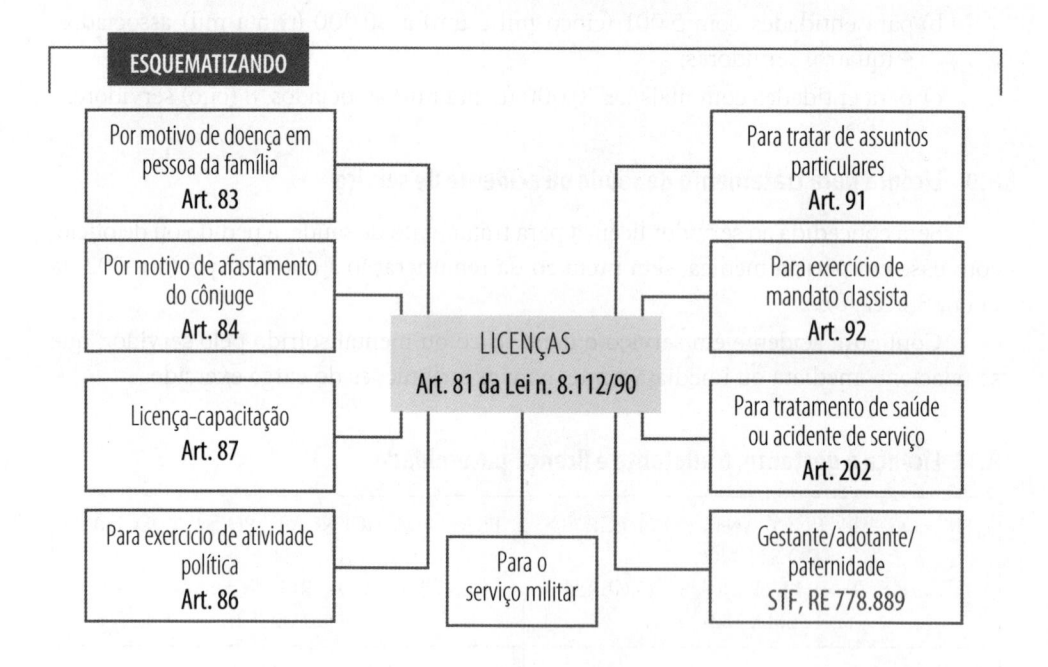

ESQUEMATIZANDO

- Por motivo de doença em pessoa da família — Art. 83
- Por motivo de afastamento do cônjuge — Art. 84
- Licença-capacitação — Art. 87
- Para exercício de atividade política — Art. 86
- Para o serviço militar

LICENÇAS — Art. 81 da Lei n. 8.112/90

- Para tratar de assuntos particulares — Art. 91
- Para exercício de mandato classista — Art. 92
- Para tratamento de saúde ou acidente de serviço — Art. 202
- Gestante/adotante/paternidade — STF, RE 778.889

9. DAS CONCESSÕES (TEMA COM ALTERAÇÕES TRAZIDAS PELA LEI N. 13.370, DE 12-12-2016)

9.1 Da possibilidade de o servidor ausentar-se do serviço

A Lei n. 8.112/90 estabelece que poderá o servidor ausentar-se do serviço, sem qualquer prejuízo, nos seguintes casos:

a) por **1 (um) dia**, para doação de sangue;

b) pelo período comprovadamente necessário para alistamento ou recadastramento eleitoral, limitado, em qualquer caso, a **2 (dois) dias** (redação dada pela Lei n. 12.998/2014);

c) por **8 (oito) dias consecutivos** em razão de casamento ou de falecimento do cônjuge, companheiro, pais, madrasta ou padrasto, filhos, enteados, menor sob guarda ou tutela e irmãos.

9.2 Do horário especial ao servidor (art. 98 da Lei n. 8.112/90)

Hipótese 1: Será concedido **horário especial ao servidor estudante**:
- quando comprovada a incompatibilidade entre o horário escolar e o da repartição, sem prejuízo do exercício do cargo.

Hipótese 2: Será concedido **horário especial ao servidor portador de deficiência**:
- desde que comprovada a necessidade por junta médica, independentemente de compensação de horário.
- Essa concessão será extensiva também quando o servidor tiver cônjuge, filho ou dependente **com deficiência** – hipótese esta advinda da Lei n. 13.370/2016, que deu nova redação ao § 3º do art. 98 da Lei n. 8.112/90.

Hipótese 3: Será igualmente concedido horário especial, vinculado à compensação de horário a ser efetivada no prazo de até 1 (um) ano, ao servidor que **desempenhe atividade prevista nos incisos I** (atuar como instrutor em curso de formação, de desenvolvimento ou de treinamento regularmente instituído no âmbito da Administração Pública federal) **e II** (participar de banca examinadora ou de comissão para exames orais, para análise curricular, para correção de provas discursivas, para elaboração de questões de provas ou para julgamento de recursos intentados por candidatos) **do art. 76-A** da Lei n. 8.112/90.

10. REGIME DISCIPLINAR DO SERVIDOR

10.1 Considerações

a) Como exercício do poder-dever disciplinar, a autoridade que tiver ciência de irregularidade no serviço público é obrigada a promover a sua apuração imediata, mediante sindicância ou processo administrativo disciplinar, assegurada ao acusado ampla defesa.

Aprofundamento 1: **Manifestações da Advocacia-Geral da União**
- Parecer-AGU n. GQ-35, vinculante: "22 [...] a) é compulsória a apuração das irregularidades atribuídas aos servidores em geral, inclusive as atribuídas aos titulares somente de cargos em comissão, [...] mesmo que tenham sido exonerados, pois a lei admite a conversão dessa desvinculação em destituição de cargo em comissão [...]".

- Parecer-AGU n. GM-1, vinculante: "[...] Impõe-se a apuração se o ilícito ocorre no serviço público, poder-dever de que a autoridade administrativa não pode esquivar-se [...]. 17. Embora a penalidade constitua o corolário da responsabilidade administrativa, a inviabilidade jurídica da atuação punitiva do Estado, advinda do fato de alguns dos envolvidos nas transgressões haverem se desligado do serviço público, não é de molde a obstar a apuração e a determinação de autoria no tocante a todos os envolvidos [...]".

JURISPRUDÊNCIA

- STJ – Mandado de Segurança 9.212/DF (2003/0142195-4), rel. Min. GILSON DIPP, DJ 1º-6-2005: "I – A sindicância constitui mero procedimento preparatório do processo administrativo disciplinar, sendo, portanto, dispensável quando já existam elementos suficientes a justificar a instauração do processo [administrativo disciplinar], como ocorreu *in casu*".
- STJ – Mandado de Segurança 11.974/DF (92006/0133789-1), rel. Min. LAURITA VAZ, DJ 7-5-2007: "[...] 2. Ademais, consoante dispõe o art. 143 da Lei n. 8.112/90, qualquer autoridade administrativa que tomar conhecimento de alguma irregularidade no serviço público deverá proceder à sua apuração ou comunicá-la à autoridade que tiver competência para promovê-la, sob pena de responder pelo delito de condescendência criminosa".

b) Nenhum servidor poderá ser responsabilizado civil, penal ou administrativamente por dar ciência à autoridade superior ou, quando houver suspeita de envolvimento desta, a outra autoridade competente para apuração de informação concernente à prática de crimes ou improbidade de que tenha conhecimento, ainda que em decorrência do exercício de cargo, emprego ou função pública.

c) Nos termos fixados pelo art. 143, § 3º, da Lei n. 8.112/90, a apuração das irregularidades poderá ser promovida por autoridade de órgão ou entidade diverso daquele em que tenha ocorrido a irregularidade, mediante competência específica para tal finalidade, delegada em caráter permanente ou temporário pelo Presidente da República, pelos presidentes das Casas do Poder Legislativo e dos Tribunais Federais e pelo Procurador-Geral da República, no âmbito do respectivo Poder, órgão ou entidade, preservadas as competências para o julgamento que se seguir à apuração.

Aprofundamento 2: Manifestações dos Órgãos de Controle

- 2. Manifestações da CGU/PR: "A apuração de irregularidades na administração pública é efetuada, em regra, no próprio órgão ou entidade onde ela ocorreu. Não obstante, a Controladoria-Geral da União poderá, no âmbito do Poder Executivo Federal, ao constatar omissão de autoridade competente ou, alternativamente, lesão ou ameaça de lesão ao patrimônio público, promover a apuração das respectivas irregularidades, avocando sindicância ou processo administrativo disciplinar já em curso ou deflagrando procedimento disciplinar ainda pendente de instauração".

d) As **denúncias sobre irregularidades** serão objeto de apuração, desde que contenham a identificação e o endereço do denunciante e sejam formuladas por escrito, confirmada a autenticidade (art. 144 da Lei n. 8.112/90).

A expressão "denúncia" engloba qualquer notícia de suposta irregularidade que a Administração tenha conhecimento.

Aprofundamento 3: E uma delação anônima? Tem força para instaurar um procedimento investigativo? Vejamos:

- STF – Mandado de Segurança n. 24.369, de 16-10-2002. rel. Min. CELSO DE MELLO, *DJ* 16-10-2002. "EMENTA: Delação anônima. Comunicação de fatos graves que teriam sido praticados no âmbito da administração pública [...]. A questão da vedação constitucional do anonimato (CF, art. 5º, IV, *in fine*), em face da necessidade ético-jurídica de investigação de condutas funcionais desviantes. Obrigação estatal, que, imposta pelo dever de observância dos postulados da legalidade, da impessoalidade e da moralidade administrativa (CF, art. 37, *caput*), torna inderrogável o encargo de apurar comportamentos eventualmente lesivos ao interesse público. Razões de interesse social em possível conflito com a exigência de proteção à incolumidade moral das pessoas (CF, art. 5º, X). [...] a existência de interesse público na revelação e no esclarecimento da verdade, em torno de supostas ilicitudes penais e/ou administrativas que teriam sido praticadas por entidade autárquica federal, bastaria, por si só, para atribuir, à denúncia em causa (embora anônima), condição viabilizadora da ação administrativa".

No mesmo sentido:

- STJ – Recurso Ordinário em Mandado de Segurança n. 1.278. rel. Min. Antônio de Pádua Ribeiro, *DJ* 5-4-1993. Ementa: "A instauração de inquérito administrativo, ainda que resultante de denúncia anônima, não encerra, no caso, qualquer ilegalidade".

e) Quando o fato narrado não configurar evidente infração disciplinar ou ilícito penal, a denúncia será arquivada, por falta de objeto.

f) O que poderá resultar da sindicância? Nos termos do art. 145 da Lei n. 8.112/90, da sindicância poderá resultar:

    f.1) arquivamento do processo;

    f.2) aplicação de penalidade de advertência ou suspensão de até 30 (trinta) dias;

    f.3) instauração de processo disciplinar.

Se a sindicância resultar em instauração de processo administrativo disciplinar, ela será mero procedimento preparatório deste. Se da sindicância for atribuída a penalidade de advertência ou de suspensão, será INDISPENSÁVEL A OBSERVÂNCIA DO CONTRADITÓRIO E DA AMPLA DEFESA.

g) O prazo para conclusão da sindicância não excederá 30 (trinta) dias, podendo ser prorrogado por igual período, a critério da autoridade superior.

h) Sempre que o ilícito praticado pelo servidor ensejar a imposição de penalidade de suspensão por mais de 30 (trinta) dias, de demissão, cassação de aposentadoria ou disponibilidade, ou destituição de cargo em comissão, será obrigatória a instauração de processo disciplinar (art. 146 da Lei n. 8.112/90).

i) Como medida cautelar e a fim de que o servidor não venha a influir na apuração da irregularidade, a autoridade instauradora do processo disciplinar poderá determinar o seu afastamento do exercício do cargo, pelo prazo de até 60 (sessenta) dias, sem prejuízo da remuneração (afastamento preventivo).

Aprofundamento 4: **Manifestações dos Órgãos de Controle**

- Manifestações da CGU-PR. "O afastamento preventivo, medida cautelar de emprego excepcional, é ato de competência da autoridade instauradora, aplicável em qualquer fase do processo disciplinar, sendo formalizado por meio de portaria, internamente publicada e com vigência a princípio imediata. Ato contínuo, a autoridade competente deve promover a notificação do acusado (acompanhada de cópia da respectiva portaria), com a informação da aplicação da medida e do período de seu afastamento. O afastamento preventivo tem por finalidade evitar que o acusado, acaso mantido seu livre acesso à repartição, traga prejuízos às apurações, destruindo provas ou coagindo intervenientes. Por essa razão, o instituto afasta o servidor de suas tarefas e impede seu acesso às dependências da repartição (não apenas à sua sala de trabalho) por até 60 dias, sem prejuízo de sua remuneração, não configurando, por si só, pelo fato de não ter caráter punitivo, imputação de qualquer responsabilidade ao acusado."

j) O processo disciplinar é o instrumento destinado a apurar responsabilidade de servidor por infração praticada no exercício de suas atribuições, ou que tenha relação com as atribuições do cargo em que se encontre investido.

k) O processo disciplinar será conduzido por comissão composta de três servidores estáveis designados pela autoridade competente, observado o disposto no § 3º do art. 143, que indicará, dentre eles, o seu presidente, que deverá ser ocupante de cargo efetivo superior ou de mesmo nível, ou ter nível de escolaridade igual ou superior ao do indiciado.

l) O processo disciplinar se desenvolve nas seguintes fases:
   l.1) instauração, com a publicação do ato que constituir a comissão;
   l.2) inquérito administrativo, que compreende instrução, defesa e relatório;
   l.3) julgamento.

m) É assegurado ao servidor o direito de acompanhar o processo pessoalmente ou por intermédio de procurador, arrolar e reinquirir testemunhas, produzir provas e contraprovas e formular quesitos, quando se tratar de prova pericial.

n) Quando houver dúvida sobre a sanidade mental do acusado, a comissão proporá à autoridade competente que ele seja submetido a exame por junta médica oficial, da qual participe pelo menos um médico psiquiatra.

o) Apreciada a defesa, a comissão elaborará relatório minucioso, onde resumirá as peças principais dos autos e mencionará as provas em que se baseou para formar a sua convicção.

Aprofundamento 5: **Manifestações dos Órgãos de Controle**
- Controladoria-Geral da União – Manual de Processo Administrativo Disciplinar. O relatório é o último ato da comissão, que se dissolve com sua entrega, junto com todo o processo, à autoridade instauradora, para julgamento. Concluído o relatório, nada mais a comissão pode apurar ou aditar, pois juridicamente ela não mais existe.

p) O relatório será sempre conclusivo quanto à inocência ou à responsabilidade do servidor.

q) Reconhecida a responsabilidade do servidor, a comissão indicará o dispositivo legal ou regulamentar transgredido, bem como as circunstâncias agravantes ou atenuantes.

r) O processo disciplinar, com o relatório da comissão, será remetido à autoridade que determinou a sua instauração, para julgamento.

s) No prazo de 20 (vinte) dias, contados do recebimento do processo, a autoridade julgadora proferirá a sua decisão.

t) Quando a infração estiver capitulada como crime, o processo disciplinar será remetido ao Ministério Público para instauração da ação penal, ficando trasladado na repartição.

u) O servidor que responder a processo disciplinar só poderá ser exonerado a pedido, ou aposentado voluntariamente, após a conclusão do processo e o cumprimento da penalidade, acaso aplicada.

v) O processo disciplinar poderá ser **revisto**, a qualquer tempo, a pedido ou de ofício, quando se aduzirem fatos novos ou circunstâncias suscetíveis de justificar a inocência do punido ou a inadequação da penalidade aplicada.

  v.1) Em caso de falecimento, ausência ou desaparecimento do servidor, qualquer pessoa da família poderá requerer a revisão do processo.

  v.2) No caso de incapacidade mental do servidor, a revisão será requerida pelo respectivo curador.

  v.3) No processo revisional, o ônus da prova cabe ao requerente.

  v.4) A simples alegação de injustiça da penalidade não constitui fundamento para a revisão, que requer elementos novos, ainda não apreciados no processo originário.

  v.5) O requerimento de revisão do processo será dirigido ao Ministro de Estado ou autoridade equivalente, que, se autorizar a revisão, encaminhará o pedido ao dirigente do órgão ou entidade onde se originou o processo disciplinar.

  v.6) A revisão correrá em apenso ao processo originário.

  v.7) Julgada procedente a revisão, será declarada sem efeito a penalidade aplicada, restabelecendo-se todos os direitos do servidor, exceto em relação à destituição do cargo em comissão, que será convertida em exoneração.

v.8) Da revisão do processo não poderá resultar agravamento de penalidade.

11. PENSÃO POR MORTE DO SERVIDOR E INOVAÇÕES TRAZIDAS PELA LEI N. 13.135, DE 17 DE JUNHO DE 2015 (ARTS. 215 A 225 DA LEI N. 8.112/90)

A publicação da Lei n. 13.135, de 17 de junho de 2015, acarretou importantes alterações nos benefícios do RGPS (Regime Geral da Previdência Social) e também na pensão por morte do RPPS (Regime Próprio dos Servidores Públicos Federais) – disciplinado pela Lei n. 8.112/90.

As principais características do regime de pagamento da pensão por morte são:

a) O pagamento da pensão por morte deverá **se submeter ao teto remuneratório** previsto no art. 37, XI, da Constituição Federal: "*a remuneração e o subsídio dos ocupantes de cargos, funções e empregos públicos da administração direta, autárquica e fundacional, dos membros de qualquer dos Poderes da União, dos Estados, do Distrito Federal e dos Municípios, dos detentores de mandato eletivo e dos demais agentes políticos e os proventos, pensões ou outra espécie remuneratória, percebidos cumulativamente ou não, incluídas as vantagens pessoais ou de qualquer outra natureza, não poderão exceder o subsídio mensal, em espécie, dos Ministros do Supremo Tribunal Federal, aplicando-se como limite, nos Municípios, o subsídio do Prefeito, e nos Estados e no Distrito Federal, o subsídio mensal do Governador no âmbito do Poder Executivo, o subsídio dos Deputados Estaduais e Distritais no âmbito do Poder Legislativo e o subsídio dos Desembargadores do Tribunal de Justiça, limitado a noventa inteiros e vinte e cinco centésimos por cento do subsídio mensal, em espécie, dos Ministros do Supremo Tribunal Federal, no âmbito do Poder Judiciário, aplicável este limite aos membros do Ministério Público, aos Procuradores e aos Defensores Públicos*" e no art. 2º da Lei n. 10.887, de 18 de junho de 2004.

b) Por morte do servidor, os dependentes, nas hipóteses legais, fazem jus à pensão a partir da data de óbito.

c) Vários são os possíveis beneficiários da pensão por morte do servidor. Todavia, ocorrendo habilitação de vários titulares à pensão, o seu valor será distribuído em partes iguais entre os beneficiários habilitados. São eles:

c.1) cônjuge;

c.2) o cônjuge divorciado ou separado judicialmente ou de fato, com percepção de pensão alimentícia estabelecida judicialmente;

c.3) o companheiro ou companheira que comprove união estável como entidade familiar;

c.4) o filho de qualquer condição que atenda a um dos seguintes requisitos: 1) seja menor de 21 (vinte e um) anos; 2) seja inválido; 3) tenha deficiência intelectual ou mental, nos termos do regulamento.

O enteado e o menor tutelado equiparam-se a filho mediante declaração do servidor e desde que comprovada dependência econômica, na forma estabelecida em regulamento.

c.5) mãe e o pai que comprovem dependência econômica do servidor;

c.6) o irmão de qualquer condição que comprove dependência econômica do servidor e atenda a um dos requisitos que são fixados para filhos (vistos no item c.4);

Diversas são as razões capazes de acarretar a perda da qualidade de beneficiário da pensão. Dentre elas podemos destacar: o seu falecimento; a anulação do casamento, quando a decisão ocorrer após a concessão da pensão ao cônjuge; a cessação da invalidez, em se tratando de beneficiário inválido, o afastamento da deficiência, em se tratando de beneficiário com deficiência, ou o levantamento da interdição, em se tratando de beneficiário com deficiência intelectual ou mental que o torne absoluta ou relativamente incapaz; o implemento da idade de 21 (vinte e um) anos, pelo filho ou irmão; a acumulação de pensão na forma do art. 225 da Lei n. 8.112/90; a renúncia expressa, entre outras hipóteses, tudo conforme fixa o art. 222 da Lei n. 8.112/90.

d) A pensão poderá ser requerida a qualquer tempo, prescrevendo tão somente as prestações exigíveis há mais de 5 (cinco) anos. Concedida a pensão, qualquer prova posterior ou habilitação tardia que implique exclusão de beneficiário ou redução de pensão só produzirá efeitos a partir da data em que for oferecida.

e) **Perde o direito à pensão por morte:**

e.1) após o trânsito em julgado, o beneficiário condenado pela prática de crime de que tenha dolosamente resultado a morte do servidor;

e.2) o cônjuge, o companheiro ou a companheira se comprovada, a qualquer tempo, simulação ou fraude no casamento ou na união estável, ou a formalização destes com o fim exclusivo de constituir benefício previdenciário, apuradas em processo judicial no qual será assegurado o direito ao contraditório e à ampla defesa.

f) Será concedida **pensão provisória por morte presumida do servidor**, nos seguintes casos:

f.1) declaração de ausência, pela autoridade judiciária competente;

f.2) desaparecimento em desabamento, inundação, incêndio ou acidente não caracterizado como em serviço;

f.3) desaparecimento no desempenho das atribuições do cargo ou em missão de segurança.

A pensão provisória será transformada em vitalícia ou temporária, conforme o caso, decorridos 5 (cinco) anos de sua vigência, ressalvado o eventual reaparecimento do servidor, hipótese em que o benefício será automaticamente cancelado.

g) As pensões serão automaticamente atualizadas na mesma data e na mesma proporção dos reajustes dos vencimentos dos servidores, aplicando-se o disposto no parágrafo único do art. 189 da Lei n. 8.112/90.

h) Ressalvado o **direito de opção**, é vedada a percepção cumulativa de pensão deixada por mais de um cônjuge ou companheiro ou companheira e de mais de duas pensões.

11.1 Do auxílio-reclusão – art. 229 da Lei n. 8.112/90

Ainda, a Lei n. 8.112/90 prevê à família do servidor ativo o auxílio-reclusão (o art. 229, § 3º, incluído pela Lei n. 13.135/2015, estabeleceu que o auxílio-reclusão será devido, **nas mesmas condições da pensão por morte**, aos dependentes do segurado recolhido à prisão).

O auxílio-reclusão tem como base os seguintes valores:

a) dois terços da remuneração, quando afastado por motivo de prisão, em flagrante ou preventiva, determinada pela autoridade competente, enquanto perdurar a prisão – nessa hipótese, o servidor terá direito à integralização da remuneração, desde que absolvido;

b) metade da remuneração, durante o afastamento, em virtude de condenação, por sentença definitiva, a pena que não determine a perda de cargo.

O pagamento do auxílio-reclusão cessará a partir do dia imediato àquele em que o servidor for posto em liberdade, ainda que condicional.

12. TABELA DE PRAZOS NA LEI N. 8.112/90

LEI N. 8.112/90	
Art. 13. A posse dar-se-á pela assinatura do respectivo termo, no qual deverão constar as atribuições, os deveres, as responsabilidades e os direitos inerentes ao cargo ocupado, que não poderão ser alterados unilateralmente, por qualquer das partes, ressalvados os atos de ofício previstos em lei. § 1º A posse ocorrerá no prazo de trinta dias contados da publicação do ato de provimento. (*Redação dada pela Lei n. 9.527, de 1997.*)	30 (trinta) dias contados da publicação do ato de provimento.
Art. 15. Exercício é o efetivo desempenho das atribuições do cargo público ou da função de confiança. (*Redação dada pela Lei n. 9.527, de 1997.*) § 1º É de quinze dias o prazo para o servidor empossado em cargo público entrar em exercício, contados da data da posse. (*Redação dada pela Lei n. 9.527, de 1997.*)	15 (quinze) dias, contados da data da posse.

Art. 15, § 4º O início do exercício de função de confiança coincidirá com a data de publicação do ato de designação, salvo quando o servidor estiver em licença ou afastado por qualquer outro motivo legal, hipótese em que recairá no primeiro dia útil após o término do impedimento, que não poderá exceder a trinta dias da publicação. (*Incluído pela Lei n. 9.527, de 1997.*)	Não poderá exceder a 30 (trinta) dias da publicação.
Art. 18. O servidor que deva ter exercício em outro município em razão de ter sido removido, redistribuído, requisitado, cedido ou posto em exercício provisório terá, no mínimo, dez e, no máximo, trinta dias de prazo, contados da publicação do ato, para a retomada do efetivo desempenho das atribuições do cargo, incluído nesse prazo o tempo necessário para o deslocamento para a nova sede. (*Redação dada pela Lei n. 9.527, de 1997*)	Mínimo 10 (dez) dias; máximo 30 (trinta) dias.
Art. 21. O servidor habilitado em concurso público e empossado em cargo de provimento efetivo adquirirá estabilidade no serviço público ao completar 2 (dois) anos de efetivo exercício.	Prazo de 3 anos – *vide* EC n. 19/98.
Art. 38. Os servidores investidos em cargo ou função de direção ou chefia e os ocupantes de cargo de Natureza Especial terão substitutos indicados no regimento interno ou, no caso de omissão, previamente designados pelo dirigente máximo do órgão ou entidade. (*Redação dada pela Lei n. 9.527, de 1997.*) [...] § 2º O substituto fará jus à retribuição pelo exercício do cargo ou função de direção ou chefia ou de cargo de Natureza Especial, nos casos dos afastamentos ou impedimentos legais do titular, superiores a trinta dias consecutivos, paga na proporção dos dias de efetiva substituição, que excederem o referido período. (*Redação dada pela Lei n. 9.527, de 1997.*)	Superiores a 30 (trinta) dias consecutivos.
Art. 46. As reposições e indenizações ao erário, atualizadas até 30 de junho de 1994, serão previamente comunicadas ao servidor ativo, aposentado ou ao pensionista, para pagamento, no prazo máximo de trinta dias, podendo ser parceladas, a pedido do interessado. (*Redação dada pela Medida Provisória n. 2.225-45, de 2001.*)	No máximo 30 (trinta) dias.

Art. 47. O servidor em débito com o erário, que for demitido, exonerado ou que tiver sua aposentadoria ou disponibilidade cassada, terá o prazo de sessenta dias para quitar o débito. (*Redação dada pela Medida Provisória n. 2.225-45, de 2001.*) Parágrafo único. A não quitação do débito no prazo previsto implicará sua inscrição em dívida ativa (*Redação dada pela Medida Provisória n. 2.225-45, de 2001.*)	60 (sessenta) dias.
Art. 53. A ajuda de custo destina-se a compensar as despesas de instalação do servidor que, no interesse do serviço, passar a ter exercício em nova sede, com mudança de domicílio em caráter permanente, vedado o duplo pagamento de indenização, a qualquer tempo, no caso de o cônjuge ou companheiro que detenha também a condição de servidor, vier a ter exercício na mesma sede. (*Redação dada pela Lei n. 9.527, de 1997.*) [...] § 2º À família do servidor que falecer na nova sede são assegurados ajuda de custo e transporte para a localidade de origem, dentro do prazo de 1 (um) ano, contado do óbito.	Prazo de 1 (um) ano, contado do óbito.
Art. 57. O servidor ficará obrigado a restituir a ajuda de custo quando, injustificadamente, não se apresentar na nova sede no prazo de 30 (trinta) dias.	30 (trinta) dias.
Art. 59. O servidor que receber diárias e não se afastar da sede, por qualquer motivo, fica obrigado a restituí-las integralmente, no prazo de 5 (cinco) dias. Parágrafo único. Na hipótese de o servidor retornar à sede em prazo menor do que o previsto para o seu afastamento, restituirá as diárias recebidas em excesso, no prazo previsto no *caput*.	5 (cinco) dias.
Art. 60-A. O auxílio-moradia consiste no ressarcimento das despesas comprovadamente realizadas pelo servidor com aluguel de moradia ou com meio de hospedagem administrado por empresa hoteleira, no prazo de um mês após a comprovação da despesa pelo servidor. (*Incluído pela Lei n. 11.355, de 2006.*)	1 (um) mês.
Art. 63. A gratificação natalina corresponde a 1/12 (um doze avos) da remuneração a que o servidor fizer jus no mês de dezembro, por mês de exercício no respectivo ano. Parágrafo único. A fração igual ou superior a 15 (quinze) dias será considerada como mês integral.	Igual ou superior a 15 (quinze) dias.

Art. 64. A gratificação será paga até o dia 20 (vinte) do mês de dezembro de cada ano.	Até o dia 20 do mês de dezembro de cada ano.
Art. 82. A licença concedida dentro de 60 (sessenta) dias do término de outra da mesma espécie será considerada como prorrogação.	Dentro de 60 (sessenta) dias.
Art. 83. Poderá ser concedida licença ao servidor por motivo de doença do cônjuge ou companheiro, dos pais, dos filhos, do padrasto ou madrasta e enteado, ou dependente que viva a suas expensas e conste do seu assentamento funcional, mediante comprovação por perícia médica oficial. (*Redação dada pela Lei n. 11.907, de 2009.*) [...] § 2º A licença de que trata o *caput*, incluídas as prorrogações, poderá ser concedida a cada período de doze meses nas seguintes condições: (*Redação dada pela Lei n. 12.269, de 2010.*) I – por até 60 (sessenta) dias, consecutivos ou não, mantida a remuneração do servidor; (*Incluído pela Lei n. 12.269, de 2010.*)	Por até 60 (sessenta) dias, consecutivos ou não.
Art. 83, § 2º, II – por até 90 (noventa) dias, consecutivos ou não, sem remuneração. (*Incluído pela Lei n. 12.269, de 2010.*)	Por até 90 (noventa) dias, consecutivos ou não.
Art. 85. Ao servidor convocado para o serviço militar será concedida licença, na forma e condições previstas na legislação específica. Parágrafo único. Concluído o serviço militar, o servidor terá até 30 (trinta) dias sem remuneração para reassumir o exercício do cargo.	Até 30 (trinta) dias sem remuneração.
Art. 91. A critério da Administração, poderão ser concedidas ao servidor ocupante de cargo efetivo, desde que não esteja em estágio probatório, licenças para o trato de assuntos particulares pelo prazo de até três anos consecutivos, sem remuneração (*Redação dada pela Medida Provisória n. 2.225-45, de 2001.*)	Até 3 (três) anos consecutivos, sem remuneração.
Art. 95. O servidor não poderá ausentar-se do País para estudo ou missão oficial, sem autorização do Presidente da República, Presidente dos Órgãos do Poder Legislativo e Presidente do Supremo Tribunal Federal. § 1º A ausência não excederá a 4 (quatro) anos, e finda a missão ou estudo, somente decorrido igual período, será permitida nova ausência.	Não excederá a 4 (quatro) anos.

Art. 97. Sem qualquer prejuízo, poderá o servidor ausentar-se do serviço: I – por 1 (um) dia, para doação de sangue;	1 (um) dia.
Art. 97. Sem qualquer prejuízo, poderá o servidor ausentar-se do serviço: [...] II – pelo período comprovadamente necessário para alistamento ou recadastramento eleitoral, limitado, em qualquer caso, a 2 (dois) dias; (*Redação dada pela Lei n. 12.998, de 2014.*)	2 (dois) dias.
Art. 97. Sem qualquer prejuízo, poderá o servidor ausentar-se do serviço: [...] III – por 8 (oito) dias consecutivos em razão de: a) casamento; b) falecimento do cônjuge, companheiro, pais, madrasta ou padrasto, filhos, enteados, menor sob guarda ou tutela e irmãos.	8 (oito) dias consecutivos.
Art. 98. Será concedido horário especial ao servidor estudante, quando comprovada a incompatibilidade entre o horário escolar e o da repartição, sem prejuízo do exercício do cargo. [...] § 4º Será igualmente concedido horário especial, vinculado à compensação de horário a ser efetivada no prazo de até 1 (um) ano, ao servidor que desempenhe atividade prevista nos incisos I e II do *caput* do art. 76-A desta Lei. (*Redação dada pela Lei n. 11.501, de 2007.*)	Até 1 (um) ano.
Art. 106. Cabe pedido de reconsideração à autoridade que houver expedido o ato ou proferido a primeira decisão, não podendo ser renovado. (*Vide Lei n. 12.300, de 2010*) Parágrafo único. O requerimento e o pedido de reconsideração de que tratam os artigos anteriores deverão ser despachados no prazo de 5 (cinco) dias e decididos dentro de 30 (trinta) dias.	Deverão ser despachados no prazo de 5 (cinco) dias e decididos dentro de 30 (trinta) dias.
Art. 108. O prazo para interposição de pedido de reconsideração ou de recurso é de 30 (trinta) dias, a contar da publicação ou da ciência, pelo interessado, da decisão recorrida. (*Vide Lei n. 12.300, de 2010.*)	30 (trinta) dias.
Art. 110. O direito de requerer prescreve: I – em 5 (cinco) anos, quanto aos atos de demissão e de cassação de aposentadoria ou disponibilidade, ou que afetem interesse patrimonial e créditos resultantes das relações de trabalho;	5 (cinco) anos.

Art. 110. O direito de requerer prescreve: [...] II – em 120 (cento e vinte) dias, nos demais casos, salvo quando outro prazo for fixado em lei. Parágrafo único. O prazo de prescrição será contado da data da publicação do ato impugnado ou da data da ciência pelo interessado, quando o ato não for publicado.	120 (cento e vinte) dias.
Art. 130. A suspensão será aplicada em caso de reincidência das faltas punidas com advertência e de violação das demais proibições que não tipifiquem infração sujeita a penalidade de demissão, não podendo exceder de 90 (noventa) dias.	Não podendo exceder de 90 (noventa) dias.
Art. 130, § 1º Será punido com suspensão de até 15 (quinze) dias o servidor que, injustificadamente, recusar-se a ser submetido a inspeção médica determinada pela autoridade competente, cessando os efeitos da penalidade uma vez cumprida a determinação.	Até 15 (quinze) dias.
Art. 131. As penalidades de advertência e de suspensão terão seus registros cancelados, após o decurso de 3 (três) e 5 (cinco) anos de efetivo exercício, respectivamente, se o servidor não houver, nesse período, praticado nova infração disciplinar.	Após o decurso de 3 (três) e 5 (cinco) anos de efetivo exercício.
Art. 133. Detectada a qualquer tempo a acumulação ilegal de cargos, empregos ou funções públicas, a autoridade a que se refere o art. 143 notificará o servidor, por intermédio de sua chefia imediata, para apresentar opção no prazo improrrogável de dez dias, contados da data da ciência e, na hipótese de omissão, adotará procedimento sumário para a sua apuração e regularização imediata, cujo processo administrativo disciplinar se desenvolverá nas seguintes fases: (*Redação dada pela Lei n. 9.527, de 1997.*) I – instauração, com a publicação do ato que constituir a comissão, a ser composta por dois servidores estáveis, e simultaneamente indicar a autoria e a materialidade da transgressão objeto da apuração; (*Incluído pela Lei n. 9.527, de 1997.*) II – instrução sumária, que compreende indiciação, defesa e relatório; (*Incluído pela Lei n. 9.527, de 1997.*) III – julgamento. (*Incluído pela Lei n. 9.527, de 1997.*)	10 (dez) dias improrrogáveis.

Art. 133, § 2º A comissão lavrará, até três dias após a publicação do ato que a constituiu, termo de indiciação em que serão transcritas as informações de que trata o parágrafo anterior, bem como promoverá a citação pessoal do servidor indiciado, ou por intermédio de sua chefia imediata, para, no prazo de cinco dias, apresentar defesa escrita, assegurando-se-lhe vista do processo na repartição, observado o disposto nos arts. 163 e 164. (*Redação dada pela Lei n. 9.527, de 1997.*)	5 (cinco) dias para apresentar defesa escrita.
Art. 133, § 4º No prazo de cinco dias, contados do recebimento do processo, a autoridade julgadora proferirá a sua decisão, aplicando-se, quando for o caso, o disposto no § 3º do art. 167. (*Incluído pela Lei n. 9.527, de 1997.*)	5 (cinco) dias, contados do recebimento do processo.
Art. 133, § 7º O prazo para a conclusão do processo administrativo disciplinar submetido ao rito sumário não excederá trinta dias, contados da data de publicação do ato que constituir a comissão, admitida a sua prorrogação por até quinze dias, quando as circunstâncias o exigirem. (*Incluído pela Lei n. 9.527, de 10-12-1997.*)	Não excederá a 30 (trinta) dias, prorrogado por até 15 (quinze) dias.
Art. 137. A demissão ou a destituição de cargo em comissão, por infringência do art. 117, incisos IX e XI, incompatibiliza o ex-servidor para nova investidura em cargo público federal, pelo prazo de 5 (cinco) anos.	5 (cinco) anos.
Art. 138. Configura abandono de cargo a ausência intencional do servidor ao serviço por mais de trinta dias consecutivos.	Mais de 30 (trinta) dias consecutivos.
Art. 139. Entende-se por inassiduidade habitual a falta ao serviço, sem causa justificada, por sessenta dias, interpoladamente, durante o período de doze meses.	60 (sessenta) dias, interpoladamente, durante o período de 12 (doze) meses.
Art. 140. Na apuração de abandono de cargo ou inassiduidade habitual, também será adotado o procedimento sumário a que se refere o art. 133, observando-se especialmente que: (*Redação dada pela Lei n. 9.527, de 1997.*) I – a indicação da materialidade dar-se-á: (*Incluído pela Lei n. 9.527, de 1997.*) a) na hipótese de abandono de cargo, pela indicação precisa do período de ausência intencional do servidor ao serviço superior a trinta dias; (*Incluído pela Lei n. 9.527, de 1997.*)	Superior a 30 (trinta) dias.

Art. 140. Na apuração de abandono de cargo ou inassiduidade habitual, também será adotado o procedimento sumário a que se refere o art. 133, observando-se especialmente que: (*Redação dada pela Lei n. 9.527, de 1997.*) I – a indicação da materialidade dar-se-á: (*Incluído pela Lei n. 9.527, de 1997.*) b) no caso de inassiduidade habitual, pela indicação dos dias de falta ao serviço sem causa justificada, por período igual ou superior a sessenta dias interpoladamente, durante o período de doze meses; (*Incluído pela Lei n. 9.527, de 1997.*)	Igual ou superior a 60 (sessenta) dias, interpoladamente, durante o período de 12 (doze) meses.
Art. 140. Na apuração de abandono de cargo ou inassiduidade habitual, também será adotado o procedimento sumário a que se refere o art. 133, observando-se especialmente que: (*Redação dada pela Lei n. 9.527, de 1997.*) II – após a apresentação da defesa a comissão elaborará relatório conclusivo quanto à inocência ou à responsabilidade do servidor, em que resumirá as peças principais dos autos, indicará o respectivo dispositivo legal, opinará, na hipótese de abandono de cargo, sobre a intencionalidade da ausência ao serviço superior a trinta dias e remeterá o processo à autoridade instauradora para julgamento. (*Incluído pela Lei n. 9.527, de 1997.*)	Superior a 30 (trinta) dias.
Art. 141. As penalidades disciplinares serão aplicadas: [...] II – pelas autoridades administrativas de hierarquia imediatamente inferior àquelas mencionadas no inciso anterior quando se tratar de suspensão superior a 30 (trinta) dias;	Superior a 30 (trinta) dias.
Art. 141. As penalidades disciplinares serão aplicadas: [...] III – pelo chefe da repartição e outras autoridades na forma dos respectivos regimentos ou regulamentos, nos casos de advertência ou de suspensão de até 30 (trinta) dias;	Até 30 (trinta) dias.
Art. 142. A ação disciplinar prescreverá: I – em 5 (cinco) anos, quanto às infrações puníveis com demissão, cassação de aposentadoria ou disponibilidade e destituição de cargo em comissão;	5 (cinco) anos.
II – em 2 (dois) anos, quanto à suspensão;	2 (dois) anos.
III – em 180 (cento e oitenta) dias, quanto à advertência.	180 (cento e oitenta) dias.

Art. 145. Da sindicância poderá resultar: [...] II – aplicação de penalidade de advertência ou suspensão de até 30 (trinta) dias;	Até 30 (trinta) dias.
Art. 146. Sempre que o ilícito praticado pelo servidor ensejar a imposição de penalidade de suspensão por mais de 30 (trinta) dias, de demissão, cassação de aposentadoria ou disponibilidade, ou destituição de cargo em comissão, será obrigatória a instauração de processo disciplinar.	Por mais de 30 (trinta) dias.
Art. 147. Como medida cautelar e a fim de que o servidor não venha a influir na apuração da irregularidade, a autoridade instauradora do processo disciplinar poderá determinar o seu afastamento do exercício do cargo, pelo prazo de até 60 (sessenta) dias, sem prejuízo da remuneração. Parágrafo único. O afastamento poderá ser prorrogado por igual prazo, findo o qual cessarão os seus efeitos, ainda que não concluído o processo.	Até 60 (sessenta) dias.
Art. 152. O prazo para a conclusão do processo disciplinar não excederá 60 (sessenta) dias, contados da data de publicação do ato que constituir a comissão, admitida a sua prorrogação por igual prazo, quando as circunstâncias o exigirem.	Não excederá a 60 (sessenta) dias, contados da data de publicação do ato que constituir a comissão, admitida a prorrogação por igual prazo.
Art. 161. Tipificada a infração disciplinar, será formulada a indiciação do servidor, com a especificação dos fatos a ele imputados e das respectivas provas. § 1º O indiciado será citado por mandado expedido pelo presidente da comissão para apresentar defesa escrita, no prazo de 10 (dez) dias, assegurando-se-lhe vista do processo na repartição.	10 (dez) dias.
§ 2º Havendo dois ou mais indiciados, o prazo será comum e de 20 (vinte) dias.	20 (vinte) dias.
Art. 163. Achando-se o indiciado em lugar incerto e não sabido, será citado por edital, publicado no Diário Oficial da União e em jornal de grande circulação na localidade do último domicílio conhecido, para apresentar defesa. Parágrafo único. Na hipótese deste artigo, o prazo para defesa será de 15 (quinze) dias a partir da última publicação do edital.	15 (quinze) dias a partir da última publicação do edital.
Art. 167. No prazo de 20 (vinte) dias, contados do recebimento do processo, a autoridade julgadora proferirá a sua decisão.	20 (vinte) dias, contados do recebimento do processo.

Art. 179. A comissão revisora terá 60 (sessenta) dias para a conclusão dos trabalhos.	60 (sessenta) dias.
Art. 181. O julgamento caberá à autoridade que aplicou a penalidade, nos termos do art. 141. Parágrafo único. O prazo para julgamento será de 20 (vinte) dias, contados do recebimento do processo, no curso do qual a autoridade julgadora poderá determinar diligências.	20 (vinte) dias.
Art. 195. Ao ex-combatente que tenha efetivamente participado de operações bélicas, durante a Segunda Guerra Mundial, nos termos da Lei n. 5.315, de 12 de setembro de 1967, será concedida aposentadoria com provento integral, aos 25 (vinte e cinco) anos de serviço efetivo.	25 (vinte e cinco) anos de serviço efetivo.
Art. 203. A licença de que trata o art. 202 desta Lei será concedida com base em perícia oficial. (*Redação dada pela Lei n. 11.907, de 2009.*) [...] § 4º A licença que exceder o prazo de 120 (cento e vinte) dias no período de 12 (doze) meses a contar do primeiro dia de afastamento será concedida mediante avaliação por junta médica oficial. (*Redação dada pela Lei n. 11.907, de 2009.*)	Exceder a 120 (cento e vinte) dias no período de 12 (doze) meses a contar do primeiro dia de afastamento.
Art. 204. A licença para tratamento de saúde inferior a 15 (quinze) dias, dentro de 1 (um) ano, poderá ser dispensada de perícia oficial, na forma definida em regulamento. (*Redação dada pela Lei n. 11.907, de 2009.*)	Inferior a 15 (quinze) dias, dentro de 1 (um) ano.
Art. 207. Será concedida licença à servidora gestante por 120 (cento e vinte) dias consecutivos, sem prejuízo da remuneração.	120 (cento e vinte) dias consecutivos.
Art. 207. Será concedida licença à servidora gestante por 120 (cento e vinte) dias consecutivos, sem prejuízo da remuneração. § 3º No caso de natimorto, decorridos 30 (trinta) dias do evento, a servidora será submetida a exame médico, e se julgada apta, reassumirá o exercício.	30 (trinta) dias.
Art. 207. Será concedida licença à servidora gestante por 120 (cento e vinte) dias consecutivos, sem prejuízo da remuneração. § 4º No caso de aborto atestado por médico oficial, a servidora terá direito a 30 (trinta) dias de repouso remunerado.	30 (trinta) dias.

Art. 208. Pelo nascimento ou adoção de filhos, o servidor terá direito à licença-paternidade de 5 (cinco) dias consecutivos.	5 (cinco) dias consecutivos.
Art. 210. À servidora que adotar ou obtiver guarda judicial de criança até 1 (um) ano de idade, serão concedidos 90 (noventa) dias de licença remunerada. (Vide *Decreto n. 6.691, de 2008.*)	90 (noventa) dias.
Parágrafo único. No caso de adoção ou guarda judicial de criança com mais de 1 (um) ano de idade, o prazo de que trata este artigo será de 30 (trinta) dias.	30 (trinta) dias.
Art. 214. A prova do acidente será feita no prazo de 10 (dez) dias, prorrogável quando as circunstâncias o exigirem.	10 (dez) dias, prorrogáveis.
Art. 219. A pensão por morte será devida ao conjunto dos dependentes do segurado que falecer, aposentado ou não, a contar da data: (*Redação dada pela Lei n. 13.846, de 2019*) I – do óbito, quando requerida em até 180 (cento e oitenta dias) após o óbito, para os filhos menores de 16 (dezesseis) anos, ou em até 90 (noventa) dias após o óbito, para os demais dependentes; (*Redação dada pela Lei n. 13.846, de 2019*)	Em até 180 (cento e oitenta dias) após o óbito.
Art. 221. Será concedida pensão provisória por morte presumida do servidor, nos seguintes casos: I – declaração de ausência, pela autoridade judiciária competente; II – desaparecimento em desabamento, inundação, incêndio ou acidente não caracterizado como em serviço; III – desaparecimento no desempenho das atribuições do cargo ou em missão de segurança. Parágrafo único. A pensão provisória será transformada em vitalícia ou temporária, conforme o caso, decorridos 5 (cinco) anos de sua vigência, ressalvado o eventual reaparecimento do servidor, hipótese em que o benefício será automaticamente cancelado.	5 (cinco) anos.
Art. 226. O auxílio-funeral é devido à família do servidor falecido na atividade ou aposentado, em valor equivalente a um mês da remuneração ou provento. § 3º O auxílio será pago no prazo de 48 (quarenta e oito) horas, por meio de procedimento sumaríssimo, à pessoa da família que houver custeado o funeral.	48 (quarenta e oito) horas.

Art. 230. A assistência à saúde do servidor, ativo ou inativo, e de sua família compreende assistência médica, hospitalar, odontológica, psicológica e farmacêutica, terá como diretriz básica o implemento de ações preventivas voltadas para a promoção da saúde e será prestada pelo Sistema Único de Saúde – SUS, diretamente pelo órgão ou entidade ao qual estiver vinculado o servidor, ou mediante convênio ou contrato, ou ainda na forma de auxílio, mediante ressarcimento parcial do valor despendido pelo servidor, ativo ou inativo, e seus dependentes ou pensionistas com planos ou seguros privados de assistência à saúde, na forma estabelecida em regulamento. (*Redação dada pela Lei n. 11.302, de 2006.*) § 3º Para os fins do disposto no *caput* deste artigo, ficam a União e suas entidades autárquicas e fundacionais autorizadas a: (*Incluído pela Lei n. 11.302, de 2006.*) I – celebrar convênios exclusivamente para a prestação de serviços de assistência à saúde para os seus servidores ou empregados ativos, aposentados, pensionistas, bem como para seus respectivos grupos familiares definidos, com entidades de autogestão por elas patrocinadas por meio de instrumentos jurídicos efetivamente celebrados e publicados até 12 de fevereiro de 2006 e que possuam autorização de funcionamento do órgão regulador, sendo certo que os convênios celebrados depois dessa data somente poderão sê-lo na forma da regulamentação específica sobre patrocínio de autogestões, a ser publicada pelo mesmo órgão regulador, no prazo de 180 (cento e oitenta) dias da vigência desta Lei, normas essas também aplicáveis aos convênios existentes até 12 de fevereiro de 2006; (*Incluído pela Lei n. 11.302, de 2006.*)	180 (cento e oitenta) dias da vigência desta lei.
Art. 236. O Dia do Servidor Público será comemorado a vinte e oito de outubro.	Dia 28 de outubro.

PARA GABARITAR

a) Todo agente público, qualquer que seja sua categoria ou a natureza do cargo, emprego ou função, é obrigado, na posse, exoneração ou aposentadoria, a declarar seus bens, bem como atualizar anualmente a declaração.

b) O agente público está obrigado a declarar bens e valores que componham o seu patrimônio privado – requisito que condiciona a sua posse em cargo ou função pública –, e poderá ser demitido a bem do serviço público caso apresente falsa declaração.

c) O servidor público federal tem direito de ser removido a pedido, independentemente do interesse da administração, para acompanhar cônjuge que, sendo empregado de empresa pública federal, tenha sido deslocado para outra localidade no interesse da administração.

d) Determinado servidor público teve seu pedido de férias negado pela chefia competente e, em que pese a possibilidade de indeferir a solicitação sem fundamentar sua decisão de forma expressa, a autoridade competente o fez, sob o fundamento de falta de pessoal na repartição.
Nessa situação hipotética, caso o servidor consiga provar que, em verdade, havia excesso de servidores onde trabalha, o referido ato será inválido.

e) A responsabilidade do servidor público pode se dar nas esferas civil, penal e administrativa, sendo afastada esta última no caso de absolvição criminal que negue a existência do fato ou de sua autoria.

f) Em se tratando de processo administrativo disciplinar, a autoridade instauradora pode, como medida cautelar e para que não haja interferências na apuração da irregularidade, decretar o afastamento do servidor investigado, sem prejuízo da remuneração.

g) A sindicância e o processo administrativo disciplinar (PAD), procedimentos administrativos de apuração de infrações, devem ser, obrigatoriamente, instaurados pela autoridade responsável sempre que esta tiver ciência de irregularidade no serviço público. O PAD, mais complexo do que a sindicância, deve ser instaurado em caso de ilícitos para os quais sejam previstas penalidades mais graves do que a suspensão por trinta dias.

h) Segundo a Lei n. 8.112/90, são consideradas formas de provimento e de vacância de cargo público a promoção e a readaptação.

i) Segundo entendimento do STJ, o servidor público federal tem direito de ser removido a pedido, independentemente do interesse da administração, para acompanhar o seu cônjuge empregado de empresa pública federal que tenha sido deslocado para outra localidade no interesse da administração.

j) Ao servidor público é vedado promover manifestação de apreço ou desapreço no recinto da repartição.

k) São requisitos para a investidura em cargo público, entre outros, a idade mínima de dezoito anos e a aptidão física e mental, podendo as atribuições do cargo justificar a exigência de outros requisitos estabelecidos em lei.

13. ENUNCIADO DA JORNADA DE DIREITO ADMINISTRATIVO

I JORNADA	IDs	ENUNCIADOS APROVADOS NA PLENÁRIA
16	2657	As hipóteses de remoção de servidor público a pedido, independentemente do interesse da Administração, fixadas no art. 36, parágrafo único, III, da Lei n. 8.112/90 são taxativas. Por esse motivo, a autoridade que indefere a remoção quando não presentes os requisitos da lei não pratica ato ilegal ou abusivo.
23	2940	O art. 9º, II, c/c art. 10 da Lei n. 8.112/90 estabelece a nomeação de servidor em comissão para cargos de confiança vagos. A existência de processo seletivo por competências para escolha de servidor para cargos de confiança vagos não equipara as regras deste processo seletivo às de concurso público, e nem o regime jurídico de servidor em comissão ao de servidor em caráter efetivo, quando se tratar de cargo isolado de provimento efetivo ou de carreira.
37	2837	A estabilidade do servidor titular de cargo público efetivo depende da reunião de dois requisitos cumulativos: (i) o efetivo desempenho das atribuições do cargo pelo período de 3 (três) anos; e (ii) a confirmação do servidor no serviço mediante aprovação pela comissão de avaliação responsável (art. 41, *caput* e § 4º, da CRFB c/c arts. 20 a 22 da Lei n. 8.112/90). Assim, não há estabilização automática em virtude do tempo, sendo o resultado positivo em avaliação especial de desempenho uma condição indispensável para a aquisição da estabilidade.

14. CONTEÚDO DIGITAL

Acesse também pelo *link*: https://somos.in/MDADM9

Capítulo X

Improbidade Administrativa

1. INTRODUÇÃO

A Lei de Improbidade Administrativa foi promulgada no dia 2 de junho de 1992 e é considerada o mais denso e importante conteúdo do princípio da moralidade, boa-fé, decoro, honestidade, lealdade, correção de atitudes, já que objetiva punir com severidade os desvios de conduta dos agentes públicos corruptos com relação aos dinheiros públicos, dano ao erário e violação aos princípios da Administração. Aos **25 de outubro de 2021** sofreu diversas alterações em sua redação original pela **Lei n. 14.230/2021**: algumas positivas, outras negativas que configuraram verdadeiro retrocesso (efeito *cliquet*) e convite à impunidade.

Tem por escopo regulamentar o art. 37 da Constituição Federal, que ordena a observância dos princípios básicos da Administração Pública: legalidade, impessoalidade, moralidade, publicidade e eficiência. Ainda, regulamenta o § 4º do art. 37, ao estabelecer as respectivas gradações das sanções aplicáveis ao agente ímprobo (a perda de bens acrescidos indevidamente ao patrimônio, o ressarcimento integral do dano ao Erário, a perda da função pública, a suspensão dos direitos políticos e o pagamento de multa).

a) Wallace Paiva Martins Júnior[1]; Eurico Bitencourt Neto[2]; Alexandre Mazza[3]: entendem que a expressão *probidade* é um SUBPRINCÍPIO da moralidade.

b) Emerson Garcia e Rogério Pacheco Alves[4] entendem que a expressão *probidade* tem conotação mais ampla do que moralidade.

---

[1] MARTINS JÚNIOR, Wallace Paiva. *Probidade administrativa*, 4. ed., São Paulo: Saraiva, 2009, p. 111.
[2] BITENCOURT NETO, Eurico. *Improbidade administrativa e violação de princípios*, Belo Horizonte: Del Rey, 2005, p. 105.
[3] MAZZA, Alexandre. *Manual de direito administrativo*, 4. ed., São Paulo: Saraiva, 2014, p. 542.
[4] GARCIA, Emerson; ALVES, Rogério Pacheco. *Improbidade administrativa*, 2. ed., Rio de Janeiro: Lumen Juris, 2004, p. 120.

c) **Maria Sylvia Zanella Di Pietro**[5]; **José dos Santos Carvalho Filho**[6]; **Marcelo Figueiredo**[7]: moralidade (art. 37, *caput*, da CF) é sinônimo de improbidade (art. 37, § 4º, da CF), justamente pela posição topográfica em que se encontra no texto constitucional: o constituinte alocou a improbidade no mesmo artigo que faz menção à moralidade. Assim, o agente ímprobo é aquele que se qualifica como violador do princípio da moralidade.

d) **Marino Pazzaglini Filho**[8]: "A improbidade administrativa constitui violação ao princípio constitucional da probidade administrativa, isto é, ao dever do agente público agir sempre com probidade (honestidade, decência, honradez) na gestão dos negócios públicos".

Várias são as categorias de atos de improbidade administrativa trazidos pela LIA: **a) enriquecimento ilícito (art. 9º); b) dano ao erário (art. 10); c) violação aos princípios da Administração Pública (art. 11)**.

Uma das **mudanças positivas** advindas pela **Lei n. 14.230/2021** foi alocar o **revogado art. 10-A** da Lei n. 8.429/92 (que tinha sido criado como "seção II-A do capítulo II pela Lei Complementar 157 de 2016) como inciso XXII no próprio art. 10 da Lei n. 8.429/92. Não fazia o menor sentido o legislativo ter, em 2016, criado uma seção exclusiva para o ato de improbidade decorrente de concessão ou aplicação indevida de benefício financeiro ou tributário. Esta conduta é causadora de **dano ao erário**, então, desde 2016, quando foi prevista expressamente na lei de improbidade, deveria ter sido já alocada dentro do próprio art. 10.

LEGISLAÇÃO CORRELATA

Lei n. 14.230/2021

Art. 10. Constitui ato de improbidade administrativa **que causa lesão ao erário** qualquer ação ou omissão dolosa, que enseje, efetiva e comprovadamente, perda patrimonial, desvio, apropriação, malbaratamento ou dilapidação dos bens ou haveres das entidades referidas no art. 1º desta Lei, e notadamente: (*Redação dada pela Lei n. 14.230, de 2021*)

XXII – conceder, aplicar ou manter benefício financeiro ou tributário contrário ao que dispõem o *caput* e o § 1º do art. 8º-A da Lei Complementar n. 116, de 31 de julho de 2003.

Por outro lado, e **negativamente**, a **Lei n. 14.230/2021** passou a exigir para toda e qualquer categoria de ato de improbidade, o elemento subjetivo **dolo**, assim entendido

---

[5] DI PIETRO, Maria Sylvia Zanella. *Direito administrativo*, 20. ed., São Paulo: Atlas, 2007, p. 709.
[6] CARVALHO FILHO, José dos Santos. *Manual de direito administrativo*. 24. ed. Rio de Janeiro: Lumen Juris, 2011, p 984.
[7] FIGUEIREDO, Marcelo. *Probidade administrativa*, 5. ed., São Paulo: Malheiros, 2004, p. 23-24.
[8] PAZZAGLINI FILHO, Marino. *Lei de improbidade administrativa comentada*: aspectos constitucionais, administrativos, civis, criminais, processuais e de responsabilidade fiscal: legislação e jurisprudência atualizadas. São Paulo: Atlas, 2009.

como a vontade livre e consciente de alcançar o resultado ilícito tipificado nos arts. 9º, 10 e 11 da Lei n. 8.429/92, **não bastando** a voluntariedade do agente.

Oportunamente estudaremos com detalhes todas essas questões aqui ponderadas.

Ainda, temos que acrescentar que não é só a Lei n. 8.429/92 que cuida da temática "improbidade administrativa". Diversas são as outras fontes. Vejamos:

a) **art. 37, § 4º, da CF** – "Os atos de improbidade administrativa importarão a suspensão dos direitos políticos, a perda da função pública, a indisponibilidade dos bens e o ressarcimento ao erário, na forma e gradação previstas em lei, sem prejuízo da ação penal cabível".

Aliás, versando sobre esse dispositivo, o STF reconheceu a **repercussão geral** da questão no **RE 656.558 (tema 309)** em Agravo de Instrumento interposto contra decisão que inadmitiu recurso extraordinário em que se discute, à luz do art. 37, § 4º, da Constituição Federal, **o alcance das sanções que essa norma impõe aos condenados por improbidade administrativa**.

Ainda não há decisão definitiva sobre essa questão.

b) **Art. 85, V, da CF** – "São crimes de responsabilidade os atos do Presidente da República que atentem contra a Constituição Federal e, especialmente, contra: V – a probidade na administração".

c) **Art. 15, V, da CF** – "É vedada a cassação de direitos políticos, cuja perda ou suspensão só se dará nos casos de: [...] V – improbidade administrativa, nos termos do art. 37, § 4º".

Importante ressaltar que a **Lei n. 14.230/2021** alterou os prazos de suspensão de direitos políticos a depender da modalidade de ato de improbidade. Nesse sentido os incisos I, II e III do art. 12 da Lei n. 8.429/92.

ART. 9º – ENRIQUECIMENTO ILÍCITO	ART. 10 – DANO AO ERÁRIO	ART. 11 – VIOLAÇÃO AOS PRINCÍPIOS DA ADMINISTRAÇÃO
Suspensão dos direitos políticos até 14 (catorze) anos.	Suspensão dos direitos políticos até 12 (doze) anos.	**Não há** previsão de suspensão dos direitos políticos para esta modalidade de ato de improbidade.

d) **Lei n. 8.429/92** – que define d.1) disposições gerais e sujeito passivo do ato de improbidade; d.2) elemento subjetivo configurador do ímprobo; d.3) modalidades de atos de improbidade administrativa; d.4) penalidades; d.5) declaração de bens; d.6) procedimento administrativo e judicial; d.7) prescrição;

e) **Lei n. 4.717/65** – trata da ação popular contra a imoralidade administrativa.

f) **Lei n. 8.730/93** – exige a declaração de bens de servidores públicos.

g) **LC n. 101/2000** – Lei de Responsabilidade Fiscal.

h) **Lei n. 10.028/2000** – fixa os crimes praticados em detrimento da LC n. 101/2000.

i) **Lei n. 8.112/90** – art. 126-A – "Nenhum servidor poderá ser responsabilizado civil, penal ou administrativamente por dar ciência à autoridade superior ou, quando houver suspeita de envolvimento desta, a outra autoridade competente para apuração de informação concernente à prática de crimes ou improbidade de que tenha conhecimento, ainda que em decorrência do exercício de cargo, emprego ou função pública. (Incluído pela Lei n. 12.527, de 2011)".

j) Lei n. 8.112/90 – art. 132, IV – será aplicada a penalidade de demissão ao servidor que incorrer em improbidade administrativa.

k) Lei n. 12.846/2013 – Lei Anticorrupção – que dispõe sobre a responsabilização administrativa e civil de pessoas jurídicas pela prática de atos contra a Administração Pública, nacional ou estrangeira. Nesse sentido, *vide* art. 30.

De acordo com levantamento do Conselho Nacional de Justiça (CNJ), a aplicação da Lei de Improbidade Administrativa já resultou em mais de 4.893 condenações nos Tribunais de Justiça Estaduais e mais de 627 nos Tribunais Regionais Federais, porém sua aplicação ainda gera diversas discussões no âmbito do Poder Judiciário (quer seja por meio dos recursos interpostos, ou, ainda, pelo questionamento sobre o teor e constitucionalidade da lei). Agora, com as mudanças advindas pela **Lei n. 14.230, de 25 de outubro de 2021**, acredito estarmos vivendo um cenário de pura desconstrução do que até então havia sido construído em termos de combate à corrupção.

Diversas mudanças introduzidas pela referida lei culminaram em **retrocesso, em efeito *cliquet***, oportunidade e convite para a impunidade: **a)** expressamente a novel redação proibiu a incidência da presunção de veracidade dos fatos alegados pelo autor em caso de revelia (§ 19, I, do art. 17); **b)** vedou o reexame obrigatório da sentença de improcedência ou extinção sem resolução de mérito (§ 19, IV, do art. 17); **c)** extinguiu o elemento subjetivo culpa como caracterizador do dano ao erário e passou a exigir apenas e tão somente a figura do dolo; **d)** extinguiu a penalidade de suspensão de direitos políticos no caso de ato de improbidade violador de princípios da Administração; **e)** fixou multa civil como consequência do ato de improbidade que, por tão branda, parece mais tentativa de reestabelecimento do *status quo* do que verdadeira sanção decorrente da prática ímproba dentre outra mudanças que serão estudadas ao longo deste capítulo.

1.1 Doutrina estrangeira

Bielsa[9] traça as linhas gerais de uma Administração homogênea, eficiente e inteligente: *"vitalizada por una savia moral que circula por todo el organismo, y que procede de la substancia ética que se acumula cada día, como si generara nueva energía, es eficiente y resiste ante las transformaciones de orden social, económico y político...".*

E adverte contra a arbitrariedade e a negação do direito, provocando *"la responsabilidad por actos arbitrarios o inmorales".*

---

9   BIELSA, Rafael. *Ciencia de la administración*, 2. ed., Buenos Aires: Depalma, 1995, p. 22 e 26.

> **JURISPRUDÊNCIA**

- Improbidade é maldade, perversidade, corrupção, devassidão, desonestidade, falsidade, qualidade de quem atenta contra os princípios ou as regras da lei, da moral e dos bons costumes, com propósitos maldosos ou desonestos. Ausentes essas características na inobservância formal do ordenamento, não há como aplicar pena por improbidade ao agente público (TJSP, Ap. 400.147-5/5, rel. Des. José Renato Nalini, *DJe* 15-8-2006).
- [...] Especificamente no campo da Improbidade Administrativa, deve-se ter em vista que, ao buscar conferir efetiva proteção aos valores éticos e morais da Administração Pública, a Lei n. 8.429/92 não reprova apenas o agente desonesto, que age com má-fé, mas também o que deixa de agir de forma diligente no desempenho da função para a qual foi investido. O art. 4º expõe a preocupação do legislador com o dever de observância aos princípios administrativos básicos [...] (STJ, REsp 765.212 AC, rel. Min. Herman Benjamin, 2ª T., j. 2-3-2010, *DJe* 23-6-2010). Este entendimento caiu por terra com o advento da **Lei n. 14.230/2021**, que, de forma expressa, consignou a necessidade de **dolo** e **má-fé** para a configuração dos atos de improbidade previstos nos arts. 9º, 10 e 11 da Lei n. 8.429/92.
- [...] A violação de princípio é o mais grave atentado cometido contra a Administração Pública porque é a completa e subversiva maneira frontal de ofender as bases orgânicas do complexo administrativo. A inobservância dos princípios acarreta responsabilidade [...] O cumprimento dos princípios administrativos, além de se constituir um dever do administrador, apresenta-se como um direito subjetivo de cada cidadão. Não satisfaz mais às aspirações da Nação a atuação do Estado de modo compatível apenas com a mera ordem legal, exige-se muito mais: necessário se torna que a gestão da coisa pública obedeça a determinados princípios que conduzam à valorização da dignidade humana, ao respeito à cidadania e à construção de uma sociedade justa e solidária. 5. A elevação da dignidade do princípio da moralidade administrativa ao patamar constitucional, embora desnecessária, porque no fundo o Estado possui uma só personalidade, que é a moral, consubstancia uma conquista da Nação que, incessantemente, por todos os seus segmentos, estava a exigir uma providência mais eficaz contra a prática de atos dos agentes públicos violadores desse preceito maior. [...] (STJ, REsp 695.718 SP, rel. Min. José Delgado, 1ª T., j. 16-8-2005, *DJ* 12-9-2005).

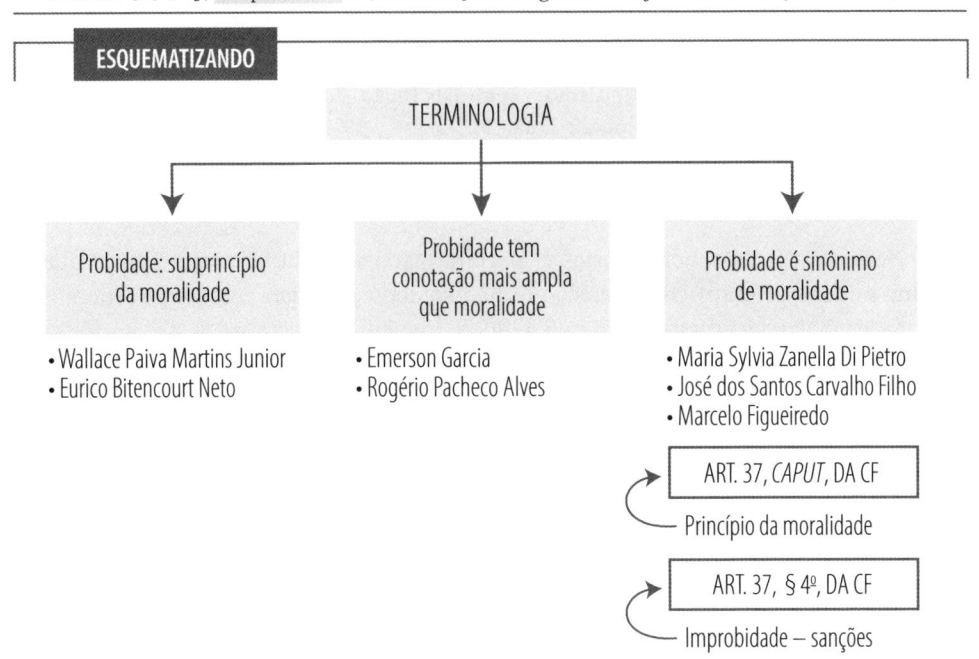

> **ESQUEMATIZANDO**

TERMINOLOGIA

- **Probidade: subprincípio da moralidade**
  - Wallace Paiva Martins Junior
  - Eurico Bitencourt Neto

- **Probidade tem conotação mais ampla que moralidade**
  - Emerson Garcia
  - Rogério Pacheco Alves

- **Probidade é sinônimo de moralidade**
  - Maria Sylvia Zanella Di Pietro
  - José dos Santos Carvalho Filho
  - Marcelo Figueiredo

  → ART. 37, *CAPUT*, DA CF — Princípio da moralidade
  → ART. 37, § 4º, DA CF — Improbidade – sanções

2. COMPETÊNCIA PARA LEGISLAR SOBRE IMPROBIDADE ADMINISTRATIVA

O texto constitucional não definiu de forma clara o ente competente para editar leis envolvendo as punições para condutas ímprobas.

O art. 37, § 4º, da Constituição Federal fixa que os atos de improbidade administrativa importarão: a) suspensão dos direitos políticos, b) a perda da função pública, c) a indisponibilidade dos bens e d) ressarcimento ao erário, na forma e gradação previstas em lei, sem prejuízo da ação penal cabível.

Ao mencionar "na forma e gradação previstas em lei", a Constituição deixou margem para questionamentos a respeito da natureza das penas previstas nessa lei.

Qual então seria o ente federativo competente para estabelecer a forma e gradação das penalidades para o agente ímprobo?

Seria da União, enquanto ente nacional ou da União no exercício de legislação federal? Teriam os Estados-membros competência para legislar acerca desse assunto?

Respondendo a essas perguntas, a doutrina administrativista por meio da relação existente entre as sanções de improbidade (art. 37, § 4º, da CF) e o ente político competente para legislar sobre referido assunto definiu essa competência.

Diversas são as naturezas das sanções fixadas pela Lei de Improbidade Administrativa: a) natureza política; b) natureza civil; c) cunho político-penal, e, conforme seja uma ou outra, a competência legislativa será determinada. Vejamos:

A) NATUREZA POLÍTICA	B) NATUREZA CIVIL	C) CUNHO POLÍTICO-PENAL
A.1) sanção de suspensão dos direitos políticos – por ser esse assunto (direitos políticos) matéria eleitoral, a competência privativa é da União, conforme estabelece o art. 22, I, da Constituição	B.1) indisponibilidade de bens e B.2) ressarcimento de danos ao erário – competência legislativa privativa da União (art. 22, I, da CF).	C.1) perda da função pública – é sanção autônoma com forte conteúdo político-penal[10], também de competência legislativa privativa da União (art. 22, I, da CF)

Nesses aspectos sancionatórios é, portanto, considerada lei nacional – já que se destina a todos os entes da Federação (e não somente à União como ente federativo). E, por essa razão, foi editada a Lei n. 8.429/92, com cunho nacional.

Idêntica competência (privativa da União – nos termos do art. 22, I, da CF) é utilizada para definição dos sujeitos ativo e passivo (arts. 1º, 2º, 3º da Lei n. 8.429/92), para estabelecimento dos atos de improbidade administrativa (arts. 9º, 10, 11); disposições penais (art. 19); fixação de prescrição de ação judicial (art. 23); matéria processual (arts. 14 a 18).

---

[10] CARVALHO FILHO, José dos Santos. *Manual de direito administrativo*, 24. ed., Rio de Janeiro: Lumen Juris, 2011, p. 986.

Portanto, levando-se em consideração a natureza das penas previstas, o tema é de competência legislativa privativa da União.

> **Aprofundamento:**
>
> **a)** Para **matéria processual,** é possível Estados e Distrito Federal legislarem suplementarmente conforme dispõe o art. 24, XI, da CF, desde que observem as normas gerais expedidas pela União (art. 24, § 2º, da CF).

LEGISLAÇÃO CORRELATA

CF
Art. 24. Compete à União, aos Estados e ao Distrito Federal **legislar concorrentemente** sobre: [...]
XI – procedimentos em matéria processual; [...]
§ 1º No âmbito da legislação concorrente, a competência da União limitar-se-á a estabelecer normas gerais. (Vide *Lei n. 13.874, de 2019*)
§ 2º A competência da União para legislar sobre normas gerais não exclui a competência suplementar dos Estados. (Vide *Lei n. 13.874, de 2019*)
§ 3º Inexistindo lei federal sobre normas gerais, os Estados exercerão a competência legislativa plena, para atender a suas peculiaridades. (Vide *Lei n. 13.874, de 2019*)
§ 4º A superveniência de lei federal sobre normas gerais suspende a eficácia da lei estadual, no que lhe for contrário. (Vide *Lei n. 13.874, de 2019*)

> **b)** Excepcionalmente, ao tratar de **matéria administrativa,** será considerada lei federal (isto é, destinada apenas à UNIÃO), o que significa que terão os demais entes federativos suas próprias competências para regular a matéria (competência concorrente) – como ocorre com o art. 13 da Lei n. 8.429/92, que exige apresentação de declaração de imposto de renda e proventos de qualquer natureza, que tenha sido apresentada à Secretaria Especial da Receita Federal do Brasil, a fim de ser arquivada no serviço de pessoal competente; também o art. 14, § 3º (atendidos os requisitos da representação, a autoridade determinará a imediata apuração dos fatos, observada a legislação que regula o processo administrativo disciplinar aplicável ao agente), e art. 20, §1º, ao exigir afastamento do agente público do exercício do cargo, do emprego ou da função, sem prejuízo da remuneração, quando a medida for necessária à instrução processual ou para evitar a iminente prática de novos ilícitos.

LEGISLAÇÃO CORRELATA

Lei n. 8.429/92
Art. 13. A **posse e o exercício de agente público** ficam condicionados à apresentação de declaração de imposto de renda e proventos de qualquer natureza, que tenha sido apresentada à Secretaria Especial da Receita Federal do Brasil, a fim de ser arquivada no serviço de pessoal competente. (*Redação dada pela Lei n. 14.230, de 2021*)

§ 2º A **declaração de bens** a que se refere o *caput* deste artigo será atualizada anualmente e na data em que o agente público deixar o exercício do mandato, do cargo, do emprego ou da função. (*Redação dada pela Lei n. 14.230, de 2021*)

§ 3º Será **apenado com a pena de demissão**, sem prejuízo de outras sanções cabíveis, o agente público que se recusar a prestar a declaração dos bens a que se refere o *caput* deste artigo dentro do prazo determinado ou que prestar declaração falsa. (*Redação dada pela Lei n. 14.230, de 2021*)

Art. 14. Qualquer pessoa poderá representar à autoridade administrativa competente para que seja instaurada investigação destinada a apurar a prática de ato de improbidade.

§ 1º A representação, que será escrita ou reduzida a termo e assinada, conterá a qualificação do representante, as informações sobre o fato e sua autoria e a indicação das provas de que tenha conhecimento.

§ 2º A autoridade administrativa rejeitará a representação, em despacho fundamentado, se esta não contiver as formalidades estabelecidas no § 1º deste artigo. A rejeição não impede a representação ao Ministério Público, nos termos do art. 22 desta lei.

§ 3º Atendidos os requisitos da representação, a autoridade determinará a **imediata apuração dos fatos**, observada a legislação que regula o **processo administrativo disciplinar aplicável ao agente**. (*Redação dada pela Lei n. 14.230, de 2021*)

Art. 20. A **perda da função pública e a suspensão dos direitos políticos** só se efetivam com o **trânsito em julgado da sentença condenatória**.

§ 1º A autoridade judicial competente **poderá determinar** o afastamento do agente público do exercício do cargo, do emprego ou da função, sem prejuízo da remuneração, quando a medida for necessária à instrução processual ou para evitar a iminente prática de novos ilícitos. (*Incluído pela Lei n. 14.230, de 2021*)

§ 2º O afastamento previsto no § 1º deste artigo **será de até 90 (noventa) dias, prorrogáveis** uma única vez por igual prazo, mediante **decisão motivada**. (*Incluído pela Lei n. 14.230, de 2021*).

3. SUJEITO PASSIVO DO ATO DE IMPROBIDADE ADMINISTRATIVA

O sistema de responsabilização por atos de improbidade administrativa objetiva tutelar a probidade na organização do Estado e no exercício de suas funções, como forma de assegurar a integridade do patrimônio público e social.

Assim, pontua como **sujeito passivo (vítima)** do ato de improbidade os seguintes:

a) Administração Direta

b) Administração Indireta

c) Entidade privada que receba subvenção, benefício ou incentivo, fiscal ou creditício, de entes públicos ou governamentais

d) Entidade privada para cuja criação ou custeio o erário haja concorrido ou concorra no seu patrimônio ou receita atual, limitado o ressarcimento de prejuízos, nesse caso, à repercussão do ilícito sobre a contribuição dos cofres públicos.

> **LEGISLAÇÃO CORRELATA**
>
> **Lei n. 8.429/92**
>
> **Art. 1º**
>
> § 5º Os atos de improbidade **violam a probidade** na organização do Estado e no exercício de suas funções e a integridade do patrimônio público e social dos Poderes Executivo, Legislativo

e Judiciário, bem como da administração direta e indireta, no âmbito da União, dos Estados, dos Municípios e do Distrito Federal. (*Incluído pela Lei n. 14.230, de 2021*)

§ 6º **Estão sujeitos às sanções** desta Lei os atos de improbidade praticados contra o patrimônio de entidade privada que receba subvenção, benefício ou incentivo, fiscal ou creditício, de entes públicos ou governamentais, previstos no § 5º deste artigo. (*Incluído pela Lei n. 14.230, de 2021*)

§ 7º **Independentemente de integrar a administração indireta**, estão sujeitos às sanções desta Lei os atos de improbidade praticados contra o patrimônio de entidade privada para cuja criação ou custeio o erário haja concorrido ou concorra no seu patrimônio ou receita atual, limitado o ressarcimento de prejuízos, nesse caso, à repercussão do ilícito sobre a contribuição dos cofres públicos. (*Incluído pela Lei n. 14.230, de 2021*)

§ 8º Não configura improbidade a ação ou omissão decorrente de divergência interpretativa da lei, baseada em jurisprudência, ainda que não pacificada, mesmo que não venha a ser posteriormente prevalecente nas decisões dos órgãos de controle ou dos tribunais do Poder Judiciário. (*Incluído pela Lei n. 14.230, de 2021*)

4. SUJEITO ATIVO DO ATO DE IMPROBIDADE: AGENTE PÚBLICO, TERCEIRO E SUCESSOR

E quem pode cometer ato de improbidade administrativa?

São considerados sujeitos ativos do ato de improbidade: a) o agente público; b) o terceiro e c) o sucessor.

A Lei de Improbidade Administrativa confere sentido lato à expressão "**agentes públicos**", englobando todas as categorias de agentes públicos: os agentes políticos – chefes do Executivo; Ministros e Secretários; integrantes das Casas Legislativas (Senadores, Deputados, Vereadores); Magistrados e Membros do Ministério Público; servidores de qualquer regime – estatutário, trabalhista, especial. E, portanto, para efeitos da lei os empregados das empresas públicas e sociedades de economia mista podem ser sujeito ativo de improbidade.

Empregados e dirigentes de concessionárias e permissionárias de serviços públicos **não estão** sujeitos à Lei de Improbidade Administrativa. Fundamento: prestam serviço público por delegação e o Estado, como regra, não lhes destina benefícios, auxílios e subvenções – já que recebem pelo uso do serviço tarifa de usuário[11].

Ainda, além dos agentes públicos, **terceiros** podem ser sujeitos ativos de improbidade administrativa, isto é, aqueles que, mesmo não sendo agentes públicos, induzam ou concorram **dolosamente** para a prática do ato de improbidade. A **Lei n. 14.230** previu expressamente a necessidade do dolo para configuração da improbidade para o terceiro. Ressaltou que **os sócios, os cotistas, os diretores e os colaboradores** de pessoa jurídica de direito privado **não respondem** pelo ato de improbidade que venha a ser imputado à

---

[11] CARVALHO FILHO, José dos Santos. *Manual de direito administrativo*, 24. ed., Rio de Janeiro: Lumen Juris, 2011, p. 990.

pessoa jurídica, salvo se, comprovadamente, houver participação e benefícios diretos, caso em que responderão nos limites da sua participação.

Por fim, também responderá por improbidade, **o sucessor ou o herdeiro** daquele que causar dano ao erário ou que se enriquecer ilicitamente, todavia estarão sujeitos apenas à obrigação de reparação do dano até o limite do valor da herança ou do patrimônio transferido.

Assim, a responsabilidade dos sucessores é **limitada**. "A regra do art. 8º da Lei Federal n. 8.429/92 deriva dos arts. 1.526 do Código Civil de 1916 (art. 943 do CC/2002) e 5º, XLV, da Constituição Federal. A transmissibilidade das sanções derivadas da improbidade administrativa limita-se às hipóteses da perda dos bens ou valores ilicitamente acrescidos e ao ressarcimento integral do dano, excluindo-se as demais cabíveis em face de seu caráter personalíssimo[12]. A responsabilidade sucessiva, no entanto, encontra outro limite, que é o valor do patrimônio transferido com a sucessão *mortis causa*[13] (até o limite do valor da herança)"[14].

LEGISLAÇÃO CORRELATA

Lei n. 8.429/92

Art. 2º Para os efeitos desta Lei, **consideram-se agente público** o agente político, o servidor público e todo aquele que exerce, ainda que transitoriamente ou sem remuneração, por eleição, nomeação, designação, contratação ou qualquer outra forma de investidura ou vínculo, mandato, cargo, emprego ou função nas entidades referidas no art. 1º desta Lei. (*Redação dada pela Lei n. 14.230, de 2021*)

Parágrafo único. No que se refere a recursos de origem pública, **sujeita-se às sanções previstas nesta Lei o particular**, pessoa física ou jurídica, que celebra com a administração pública convênio, contrato de repasse, contrato de gestão, termo de parceria, termo de cooperação ou ajuste administrativo equivalente. (*Incluído pela Lei n. 14.230, de 2021*)

Art. 3º As disposições desta Lei são aplicáveis, no que couber, **àquele que, mesmo não sendo agente público, induza ou concorra dolosamente** para a prática do ato de improbidade. (*Redação dada pela Lei n. 14.230, de 2021*)

§ 1º Os sócios, os cotistas, os diretores e os colaboradores de pessoa jurídica de direito privado **não respondem pelo ato de improbidade** que venha a ser imputado à pessoa jurídica, **salvo se**, comprovadamente, houver participação e benefícios diretos, caso em que responderão nos limites da sua participação.(*Incluído pela Lei n. 14.230, de 2021*)

---

[12] Cf. ORTIZ, Carlos Alberto. Improbidade administrativa. *Cadernos*, São Paulo: Imprensa Oficial do Estado, 1994, 28:14; e SANTOS, Luís Cláudio Almeida. Reflexões sobre a Lei n. 8.429, de 2-6-1992 – lei anticorrupção. *Revista do Ministério Público do Estado de Sergipe*, 5:28, 1993.

[13] Cf. PAZZAGLINI FILHO, Marino; ROSA, Márcio Fernando Elias; FAZZIO JÚNIOR, Waldo. *Improbidade administrativa*: aspectos jurídicos da defesa do patrimônio público. São Paulo: Atlas, 1999, p. 127.

[14] MARTINS JÚNIOR, Wallace Paiva. *Probidade administrativa*, 4. ed., São Paulo: Saraiva, 2009, p. 325.

§ 2º As sanções desta Lei **não se aplicarão** à pessoa jurídica, caso o ato de improbidade administrativa seja também sancionado como ato lesivo à administração pública de que trata a Lei n. 12.846, de 1º de agosto de 2013. (*Incluído pela Lei n. 14.230, de 2021*)

Art. 8º O **sucessor ou o herdeiro** daquele que causar dano ao erário ou que se enriquecer ilicitamente estão sujeitos apenas à obrigação de repará-lo até o limite do valor da herança ou do patrimônio transferido. (*Redação dada pela Lei n. 14.230, de 2021*)

Art. 8º-A A **responsabilidade sucessória** de que trata o art. 8º desta Lei aplica-se também na hipótese de alteração contratual, de transformação, de incorporação, de fusão ou de cisão societária. (*Incluído pela Lei n. 14.230, de 2021*)

Parágrafo único. Nas hipóteses de fusão e de incorporação, a responsabilidade da sucessora será restrita à obrigação de reparação integral do dano causado, até o limite do patrimônio transferido, não lhe sendo aplicáveis as demais sanções previstas nesta Lei decorrentes de atos e de fatos ocorridos antes da data da fusão ou da incorporação, exceto no caso de simulação ou de evidente intuito de fraude, devidamente comprovados. (*Incluído pela Lei n. 14.230, de 2021*)

JURISPRUDÊNCIA

- **STJ, AGRG NO RESP 1.182.298 – 25-4-2011**

"[...] Sem prejuízo da responsabilização política e criminal estabelecida no Decreto-lei n. 201/67, prefeitos e vereadores também se submetem aos ditames da Lei n. 8.429/92, que censura a prática de improbidade administrativa e comina sanções civis, sobretudo pela diferença entre a natureza das sanções e a competência para julgamento. [...]" (STJ, AgRg no REsp 1.182.298 RS, rel. Min. Herman Benjamin, 2ª T., j. 17-3-2011, *DJe* 25-4-2011).

- **STJ, RESP 1.075.882 – 12-11-2010**

"[...] Ainda que em tese, não existe óbice para admitir a pessoa jurídica como sujeito ativo de improbidade administrativa – muito embora, pareça que, pela teoria do órgão, sempre caiba a responsabilidade direta a um agente público, pessoa física, tal como tradicionalmente acontece na seara penal, porque só a pessoa física seria capaz de emprestar subjetividade à conduta reputada ímproba (subjetividade esta exigida para toda a tipologia da Lei n. 8.429/92) (Mais comum, entretanto, que a pessoa jurídica figure como beneficiária do ato, o que também lhe garante legitimidade passiva *ad causam*.) [...]" (STJ, REsp 1.075.882 MG, rel. Min. Arnaldo Esteves Lima, 1ª T., j. 4-11-2010, *DJe* 12-11-2010).

- **STJ, RESP 1.181.300 – 24-9-2010**

"'[...] Não figurando no polo passivo qualquer agente público, não há como o particular figurar sozinho como réu em Ação de Improbidade Administrativa'. [...] 3. Ressalva-se a via da ação civil pública comum (Lei n. 7.347/85) ao Ministério Público Federal a fim de que busque o ressarcimento de eventuais prejuízos ao patrimônio público" (STJ, REsp 1.181.300 PA, rel. Min. Castro Meira, 2ª T., j. 14-9-2010, *DJe* 24-9-2010).

- **STJ, RESP 416.329 – 23-9-2002**

"[...] São sujeitos ativos dos atos de improbidade administrativa, não só os servidores públicos, mas todos aqueles que estejam abrangidos no conceito de agente público, insculpido no art. 2º, da Lei n. 8.429/92: 'a Lei Federal n. 8.429/92 dedicou científica atenção na atribuição da sujeição do dever de probidade administrativa ao agente público, que se reflete internamente na relação estabelecida entre ele e a Administração Pública, superando a noção de servidor público, com uma visão mais dilatada do que o conceito do funcionário público contido no Código Penal (art. 327)'. 2. Hospitais e médicos conveniados ao SUS que além de exercerem função pública delegada, administram verbas públicas, são sujeitos ativos dos atos de improbidade administrativa. 3. Imperioso ressaltar que o âmbito de cognição do STJ, nas hipóteses em que se infirma a qualidade, em tese, de agente público passível de enquadramento na Lei de Improbidade Administrativa, limita-se a aferir a exegese da legislação com o escopo de verificar se houve ofensa ao ordenamento.[...]" (STJ, REsp 416.329 RS, rel. Min. Luiz Fux, 1ª T., j. 13-8-2002, *DJ* 23-9-2002, p. 254).

- **STJ, RESP 896.044 – 19-4-2011**

    "[...] É certo que os terceiros que participem ou se beneficiem de improbidade administrativa estão sujeitos aos ditames da Lei n. 8.429/92, consoante seu art. 3º, porém inexiste imposição legal de formação de litisconsórcio passivo necessário. [...] não há falar em relação jurídica unitária, tendo em vista que a conduta dos agentes públicos pauta-se especificamente pelos seus deveres funcionais e independe da responsabilização dos particulares que participaram da probidade ou dela se beneficiaram. Na hipótese, o Juízo de 1º grau condenou os agentes públicos responsáveis pelas irregularidades e também o particular que representava as empresas beneficiadas com pagamentos indevidos, inexistindo nulidade pela ausência de inclusão, no polo passivo, das pessoas jurídicas privadas [...]" (STJ, REsp 896.044 PA, rel. Min. Herman Benjamin, 2ª T., j. 16-9-2010 *DJe* 19-4-2011).

5. AGENTES POLÍTICOS E A LEI DE IMPROBIDADE ADMINISTRATIVA

Os agentes políticos são espécies do gênero agentes públicos e compõem os primeiros escalões do governo: Senadores, Deputados, Vereadores, Prefeitos, Governadores, representantes do Executivo, chefe do Executivo, Ministros, Secretários, Magistrados, membros do Ministério Público.

A questão relacionada à responsabilidade dos agentes políticos no que tange a atos de improbidade sempre suscitou grandes discussões. Iremos estudar o **contexto histórico de discussão** deste tema, bem como suas peculiaridades e desdobramentos com o advento da **Lei n. 14.230/2021** (em 25 de outubro de 2021).

No STJ, o marco da jurisprudência é o julgamento da **Reclamação 2.790**, ocorrido em **dezembro de 2009**. Segundo o voto do Ministro Teori Albino Zavascki, relator da reclamação, a Corte Especial decidiu que, "excetuada a hipótese de atos de improbidade praticados pelo Presidente da República, cujo julgamento se dá em regime especial pelo Senado Federal, não há norma constitucional alguma que imunize os agentes políticos, sujeitos a crime de responsabilidade, de qualquer das sanções por ato de improbidade".

No STF, toda a controvérsia originou-se a partir de ações de improbidade ajuizadas em face de **Ministros de Estado** – como veremos no caso concreto envolvendo a **Rcl 2.138**, em que o STF definiu que o ex-Ministro da Ciência e Tecnologia Ronaldo Sardenberg, acusado de crime de responsabilidade, **não deveria** ser julgado pela Justiça Comum, mas pelo STF, em virtude de prerrogativa de foro. Vejamos:

5.1 Rcl. 2.138 (*Informativo STF 471*): caso Ministro Ronaldo Motta Sardenberg

O caso: O Ministro de Estado da Ciência e Tecnologia foi acusado de utilizar, para fins privados, jatinhos da FAB (Força Aérea Brasileira) para turismo, e o hotel de trânsito da aeronáutica para fins privados.

Poderia o Ministro de Estado responder, ao mesmo tempo, por improbidade administrativa e por normas especiais de responsabilidade previstas na Constituição Federal?

O STF, **em 13 de junho de 2007**, julgou procedente a **Rcl 2.138**, para **excluir da Lei de Improbidade Administrativa o Ministro de Estado, já que este estaria regido por normas especiais de responsabilidade** (art. 102, I, *c*, da CF e Lei n. 1.079/50) e não poderia responder também por improbidade administrativa (Lei n. 8.429/92) por **configuração do *bis in idem***: a Constituição não admite a concorrência de dois regimes de responsabilidade político-administrativa (regime de responsabilidade dos agentes políticos e regime de responsabilidade dos agentes públicos).

Lembrando que a decisão proferida na Rcl 2.138 não tem efeito vinculante nem *erga omnes,* de maneira que é **inaplicável** a "teoria da transcendência dos motivos determinantes". A decisão na Rcl 2.138/DF tem efeito apenas *inter partes*. Nesse sentido STF: AgRg na Rcl 5.703-0 SP de 16-9-2009.

No mesmo sentido: STF. AgR 579.799-SP, rel. Min. Eros Grau, j. 19-12-2008 – todos aqueles aos quais a Constituição Federal atribui expressamente a prática de crime de responsabilidade (arts. 52, I e II, e 102, I, *c*, da CF) não incidirá a Lei de Improbidade Administrativa – o caso concreto envolvia a responsabilização de Desembargador.

JURISPRUDÊNCIA

EMENTA: RECLAMAÇÃO. USURPAÇÃO DA COMPETÊNCIA DO SUPREMO TRIBUNAL FEDERAL. IMPROBIDADE ADMINISTRATIVA. CRIME DE RESPONSABILIDADE. AGENTES POLÍTICOS. I. PRELIMINARES. QUESTÕES DE ORDEM. I.1. Questão de ordem quanto à manutenção da competência da Corte que justificou, no primeiro momento do julgamento, o conhecimento da reclamação, diante do fato novo da cessação do exercício da função pública pelo interessado. Ministro de Estado que posteriormente assumiu cargo de Chefe de Missão Diplomática Permanente do Brasil perante a Organização das Nações Unidas. Manutenção da prerrogativa de foro perante o STF, conforme o art. 102, I, *c*, da Constituição. Questão de ordem rejeitada. I.2. Questão de ordem quanto ao sobrestamento do julgamento até que seja possível realizá-lo em conjunto com outros processos sobre o mesmo tema, com participação de todos os Ministros que integram o Tribunal, tendo em vista a possibilidade de que o pronunciamento da Corte não reflita o entendimento de seus atuais membros, dentre os quais quatro não têm direito a voto, pois seus antecessores já se pronunciaram. Julgamento que já se estende por cinco anos. Celeridade processual. Existência de outro processo com matéria idêntica na sequência da pauta de julgamentos do dia. Inutilidade do sobrestamento. Questão de ordem rejeitada. **II. MÉRITO. II.1. Improbidade administrativa. Crimes de responsabilidade. Os atos de improbidade administrativa são tipificados como crime de responsabilidade na Lei n. 1.079/50, delito de caráter político-administrativo. II.2. Distinção entre os regimes de responsabilização político-administrativa. O sistema constitucional brasileiro distingue o regime de responsabilidade dos agentes políticos dos demais agentes públicos. A Constituição**

não admite a concorrência entre dois regimes de responsabilidade político-administrativa para os agentes políticos: o previsto no art. 37, § 4º (regulado pela Lei n. 8.429/92) e o regime fixado no art. 102, I, *c*, (disciplinado pela Lei n. 1.079/50). Se a competência para processar e julgar a ação de improbidade (CF, art. 37, § 4º) pudesse abranger também atos praticados pelos agentes políticos, submetidos a regime de responsabilidade especial, ter-se-ia uma interpretação ab-rogante do disposto no art. 102, I, *c*, da Constituição. II.3. Regime especial. Ministros de Estado. Os Ministros de Estado, por estarem regidos por normas especiais de responsabilidade (CF, art. 102, I, *c*; Lei n. 1.079/50), não se submetem ao modelo de competência previsto no regime comum da Lei de Improbidade Administrativa (Lei n. 8.429/92). **II.4. Crimes de responsabilidade. Competência do Supremo Tribunal Federal. Compete exclusivamente ao Supremo Tribunal Federal processar e julgar os delitos político-administrativos, na hipótese do art. 102, I, *c*, da Constituição. Somente o STF pode processar e julgar Ministro de Estado no caso de crime de responsabilidade e, assim, eventualmente, determinar a perda do cargo ou a suspensão de direitos políticos.** II.5. Ação de improbidade administrativa. Ministro de Estado que teve decretada a suspensão de seus direitos políticos pelo prazo de 8 anos e a perda da função pública por sentença do Juízo da 14ª Vara da Justiça Federal – Seção Judiciária do Distrito Federal. Incompetência dos juízos de primeira instância para processar e julgar ação civil de improbidade administrativa ajuizada contra agente político que possui prerrogativa de foro perante o Supremo Tribunal Federal, por crime de responsabilidade, conforme o art. 102, I, *c*, da Constituição. III. RECLAMAÇÃO JULGADA PROCEDENTE.

5.2 Presidente da República

Nos termos do art. 85, V, da Constituição Federal, em se tratando de ato que atente contra a probidade na Administração, o Presidente da República responderá por crime de responsabilidade (e não pela Lei de Improbidade Administrativa). Nesse sentido também o entendimento do STJ, Rcl 2.790.

Assim, se a acusação contra o Presidente da República for admitida pelo quórum de 2/3 da Câmara dos Deputados (juízo de admissibilidade), será remetido o processo ao Senado Federal, que instaurará o processo (sob a presidência do Presidente do STF). O Presidente da República, então, apresentará sua defesa, haverá a votação por parte do Senado Federal – no sentido de sua absolvição ou de sua condenação (cujas penas possíveis são: a) perda do cargo; b) inabilitação por oito anos).

> **Para complementar:**
> a) O STF ao julgar a ADPF 378 decidiu que é constitucional o rito do *impeachment* previsto pela Lei n. 1.079/50. Nesse sentido a ementa.

JURISPRUDÊNCIA

Ementa: DIREITO CONSTITUCIONAL. MEDIDA CAUTELAR EM AÇÃO DE DESCUMPRIMENTO DE PRECEITO FUNDAMENTAL. PROCESSO DE IMPEACHMENT. DEFINIÇÃO DA LEGITIMIDADE CONSTITUCIONAL DO RITO PREVISTO NA LEI N. 1.079/1950. ADOÇÃO, COMO LINHA GERAL, DAS MESMAS REGRAS SEGUIDAS EM 1992. CABIMENTO DA AÇÃO E CONCESSÃO PARCIAL DE MEDIDAS CAUTELARES. CONVERSÃO EM JULGAMENTO

DEFINITIVO. I. CABIMENTO DA ADPF E DAS MEDIDAS CAUTELARES INCIDENTAIS 1. A presente ação tem por objeto central analisar a compatibilidade do rito de impeachment de Presidente da República previsto na Lei n. 1.079/1950 com a Constituição de 1988. A ação é cabível, mesmo se considerarmos que requer, indiretamente, a declaração de inconstitucionalidade de norma posterior à Constituição e que pretende superar omissão parcial inconstitucional. Fungibilidade das ações diretas que se prestam a viabilizar o controle de constitucionalidade abstrato e em tese. Atendimento ao requisito da subsidiariedade, tendo em vista que somente a apreciação cumulativa de tais pedidos é capaz de assegurar o amplo esclarecimento do rito do impeachment por parte do STF. 2. A cautelar incidental requerida diz respeito à forma de votação (secreta ou aberta) e ao tipo de candidatura (indicação pelo líder ou candidatura avulsa) dos membros da Comissão Especial na Câmara dos Deputados. A formação da referida Comissão foi questionada na inicial, ainda que sob outro prisma. Interpretação da inicial de modo a conferir maior efetividade ao pronunciamento judicial. Pedido cautelar incidental que pode ser recebido, inclusive, como aditamento à inicial. Inocorrência de violação ao princípio do juiz natural, pois a ADPF foi à livre distribuição e os pedidos da cautelar incidental são abrangidos pelos pleitos da inicial. II. MÉRITO: DELIBERAÇÕES POR MAIORIA 1. PAPÉIS DA CÂMARA DOS DEPUTADOS E DO SENADO FEDERAL NO PROCESSO DE IMPEACHMENT (ITENS C, G, H E I DO PEDIDO CAUTELAR): 1.1. Apresentada denúncia contra o Presidente da República por crime de responsabilidade, compete à Câmara dos Deputados autorizar a instauração de processo (art. 51, I, da CF/1988). A Câmara exerce, assim, um juízo eminentemente político sobre os fatos narrados, que constitui condição para o prosseguimento da denúncia. Ao Senado compete, privativamente, processar e julgar o Presidente (art. 52, I), locução que abrange a realização de um juízo inicial de instauração ou não do processo, isto é, de recebimento ou não da denúncia autorizada pela Câmara. 1.2. Há três ordens de argumentos que justificam esse entendimento. Em primeiro lugar, esta é a única interpretação possível à luz da Constituição de 1988, por qualquer enfoque que se dê: literal, histórico, lógico ou sistemático. Em segundo lugar, é a interpretação que foi adotada pelo Supremo Tribunal Federal em 1992, quando atuou no impeachment do então Presidente Fernando Collor de Mello, de modo que a segurança jurídica reforça a sua reiteração pela Corte na presente ADPF. E, em terceiro e último lugar, trata-se de entendimento que, mesmo não tendo sido proferido pelo STF com força vinculante e erga omnes, foi, em alguma medida, incorporado à ordem jurídica brasileira. Dessa forma, modificá-lo, estando em curso denúncia contra a Presidente da República, representaria uma violação ainda mais grave à segurança jurídica, que afetaria a própria exigência democrática de definição prévia das regras do jogo político. 1.3. Partindo das premissas acima, depreende-se que não foram recepcionados pela CF/1988 os arts. 23, §§ 1º, 4º e 5º; 80, 1ª parte (que define a Câmara dos Deputados como tribunal de pronúncia); e 81, todos da Lei n. 1.079/1950, porque incompatíveis com os arts. 51, I; 52, I; e 86, § 1º, II, todos da CF/1988. 2. RITO DO IMPEACHMENT NA CÂMARA (ITEM C DO PEDIDO CAUTELAR): 2.1. O rito do impeachment perante a Câmara, previsto na Lei n. 1.079/1950, partia do pressuposto de que a tal Casa caberia, nos termos da CF/1946, pronunciar-se sobre o mérito da acusação. Em razão disso, estabeleciam-se duas deliberações pelo Plenário da Câmara: a primeira quanto à admissibilidade da denúncia e a segunda quanto à sua procedência ou não. Havia, entre elas, exigência de dilação probatória. 2.2. Essa sistemática foi, em parte, revogada pela Constituição de 1988, que, conforme indicado acima, alterou o papel institucional da Câmara no impeachment do Presidente da República. Conforme indicado pelo STF e efetivamente seguido no caso Collor, o Plenário da Câmara deve deliberar uma única vez, por maioria qualificada de seus integrantes, sem necessitar, porém, desincumbir-se de grande ônus probatório. Afinal, compete a esta Casa Legislativa apenas autorizar ou não a instauração do processo (condição de procedibilidade). 2.3. A ampla defesa do acusado no rito da Câmara dos Deputados deve ser exercida no prazo de dez sessões (RI/CD, art. 218, § 4º), tal como decidido pelo STF no caso Collor (MS 21.564, Rel. para o acórdão Min. Carlos Velloso). 3. RITO DO IMPEACHMENT NO SENADO (ITENS G E H DO PEDIDO CAUTELAR): 3.1. Por outro lado, há de se estender o rito relativamente abreviado da Lei n. 1.079/1950 para julgamento do impeachment pelo Senado, incorporando-se a ele uma etapa inicial de instauração ou não do processo, bem como uma etapa de pronúncia ou não do denunciado, tal como se fez em 1992. Estas são etapas essenciais ao exercício, pleno e pautado pelo devido processo legal, da competência do Senado de processar e julgar o Presidente da República. 3.2. Diante da ausência de regras específicas acerca dessas etapas iniciais do rito no Senado, deve-se seguir a mesma solução jurídica encontrada pelo STF no caso Collor, qual seja, a aplicação das regras da Lei n. 1.079/1950 relativas a denúncias por crime de responsabilidade contra Ministros do STF ou contra o PGR (também processados e julgados exclusivamente pelo Senado). 3.3. Conclui-se, assim, que a instauração do processo pelo Senado se dá por deliberação da maioria simples de seus membros, a partir de parecer elaborado por Comissão Especial, sendo improcedentes as pretensões do autor da ADPF de (i) possibilitar à própria Mesa do Senado, por decisão irrecorrível, rejeitar sumariamente a denúncia; e (ii) aplicar o quórum de 2/3, exigível para o julgamento final pela Casa Legislativa, a esta etapa inicial do processamento. 4. NÃO É POSSÍVEL A APRESENTAÇÃO DE CANDIDATURAS OU CHAPAS AVULSAS PARA FORMAÇÃO DA COMISSÃO ESPECIAL (CAUTELAR INCIDENTAL): É incompatível com o art. 58, *caput* e § 1º, da Constituição que os representantes dos partidos políticos ou blocos parlamentares deixem de ser indicados pelos líderes, na forma do Regimento Interno da Câmara dos Deputados, para serem escolhidos de fora para dentro, pelo Plenário, em violação à autonomia partidária. Em rigor, portanto, a hipótese não é de eleição. Para o rito de impeachment em curso, contudo, não se considera inválida a realização de eleição pelo Plenário da Câmara, desde que limitada, tal como ocorreu no caso Collor, a ratificar ou não as indicações feitas pelos líderes dos partidos ou blocos, isto é, sem abertura para candidaturas ou chapas avulsas. Procedência do pedido. 5. A VOTAÇÃO PARA FORMAÇÃO DA COMISSÃO ESPECIAL SOMENTE PODE SE DAR POR VOTO ABERTO (CAUTELAR INCIDENTAL): No impeachment, todas as votações devem ser abertas, de modo a permitir maior transparência, controle dos representantes e legitimação do processo. No silêncio da Constituição, da Lei n. 1.079/1950 e do Regimento Interno sobre a forma de votação, não é admissível que o Presidente da Câmara dos Deputados possa, por decisão unipessoal e discricionária, estender hipótese inespecífica de votação secreta prevista no RI/CD, por analogia, à eleição para a Comissão Especial de impeachment. Em uma democracia, a regra é a publicidade das votações. O escrutínio secreto somente pode ter lugar em hipóteses excepcionais e especificamente previstas. Além disso, o sigilo do escrutínio é incompatível com a natureza e a gravidade do processo por crime de responsabilidade. Em processo de tamanha magnitude, que pode levar o Presidente a ser afastado e perder o mandato, é preciso garantir o maior grau de transparência e publicidade possível. Nesse caso, não se pode invocar como justificativa para o voto secreto a necessidade de garantir a liberdade e independência dos congressistas, afastando a possibilidade de ingerências indevidas. Se a votação secreta pode ser capaz de afastar determinadas pressões, ao mesmo tempo, ela enfraquece o controle popular sobre os representantes, em violação aos princípios democrático, representativo e republicano. Por fim, a votação aberta (simbólica) foi adotada para a composição da Comissão Especial no processo de impeachment de Collor, de modo que a manutenção do mesmo rito seguido em 1992 contribui para a segurança jurídica e a previsibilidade do procedimento. Procedência do pedido. 6. A DEFESA TEM DIREITO DE SE MANIFESTAR APÓS A ACUSAÇÃO (ITEM E DO PEDIDO CAUTELAR): No curso do procedimento de impeachment, o acusado tem a prerrogativa de se manifestar, de um modo geral, após a acusação. Concretização da garantia constitucional do devido processo legal (due process of law). Precedente: MS 25.647-MC, Redator p/ acórdão Min. Cezar Peluso, Plenário. Procedência do pedido. III. MÉRITO: DELIBERAÇÕES UNÂNIMES 1. IM/2IBILIDADE DE APLICAÇÃO SUBSIDIÁRIA DAS HIPÓTESES DE IMPEDIMENTO E SUSPEIÇÃO AO PRESIDENTE DA CÂMARA (ITEM K DO PEDIDO CAUTELAR): Embora o art. 38 da Lei n. 1.079/1950 preveja a aplicação subsidiária do Código de Processo Penal no processo e julgamento do Presidente da República por crime de responsabilidade, o art. 36 dessa Lei já cuida da matéria, conferindo tratamento especial, ainda que de maneira distinta do CPP. Portanto, não há lacuna legal acerca das hipóteses de impedimento e suspeição dos julgadores, que pudesse justificar a incidência subsidiária do Código. A diferença de disciplina se justifica, de todo modo, pela distinção entre magistrados, dos quais se deve exigir plena imparcialidade, e parlamentares, que podem exercer suas funções, inclusive de fiscalização e julgamento, com base em suas convicções político-partidárias, devendo buscar realizar a vontade dos representados. Improcedência do pedido. 2. NÃO HÁ DIREITO A DEFESA PRÉVIA (ITEM A DO PEDIDO CAUTELAR): A apresentação de defesa prévia não é uma exigência do princípio constitucional da ampla defesa: ela é exceção, e não a regra no processo penal. Não há, portanto, impedimento para que a primeira oportunidade de apresentação de defesa no processo penal comum se dê após o recebimento da denúncia. No caso dos autos, muito embora não se assegure defesa previamente ao ato do Presidente da Câmara dos Deputados que inicia o rito naquela Casa, colocam-se à disposição do acusado inúmeras oportunidades de manifestação em ampla instrução processual. Não há, assim, violação à garantia da ampla defesa e aos compromissos internacionais assumidos pelo Brasil em tema de direito de defesa. Improcedência do pedido. 3. A PROPORCIONALIDADE NA FORMAÇÃO DA COMISSÃO ESPECIAL PODE SER AFERIDA EM RELAÇÃO A BLOCOS (ITEM D DO PEDIDO CAUTELAR): O art. 19 da Lei n. 1.079/1950, no ponto em que exige proporcionalidade na Comissão Especial da Câmara dos Deputados com base na participação dos partidos políticos, sem mencionar os blocos parlamentares, foi superado pelo regime constitucional de 1988. Este estabeleceu expressamente: (i) a possibilidade de se assegurar a representatividade por bloco (art. 58, § 1º) e (ii) a delegação da matéria ao Regimento Interno da Câmara (art. 58, *caput*). A opção pela aferição da proporcionalidade por bloco foi feita e vem sendo aplicada reiteradamente pela Câmara dos Deputados na formação de suas diversas Comissões, tendo sido seguida, inclusive, no caso Collor. Improcedência do pedido. 4. OS SENADORES NÃO PRECISAM SE APARTAR DA FUNÇÃO ACUSATÓRIA (ITEM J DO PEDIDO CAUTELAR): O procedimento acusatório estabelecido na Lei n. 1.079/1950, parcialmente recepcionado pela CF/1988, não impede que o Senado adote as medidas necessárias à apuração de crimes de responsabilidade, inclusive no que concerne à produção de provas, função que pode ser desempenhada de forma livre e independente. Improcedência do pedido. 5. É POSSÍVEL A APLICAÇÃO SUBSIDIÁRIA DOS REGIMENTOS INTERNOS DA CÂMARA E DO SENADO (ITEM B DO PEDIDO CAUTELAR): A aplicação subsidiária do Regimento Interno da Câmara dos Deputados e do Senado ao processamento e julgamento do impeachment não viola a reserva de lei especial imposta pelo art. 85, parágrafo único, da Constituição, desde que as normas regimentais sejam compatíveis com os preceitos legais e constitucionais pertinentes, limitando-se a disciplinar questões interna corporis. Improcedência do pedido. 6. O INTERROGATÓRIO DEVE SER O ATO FINAL DA INSTRUÇÃO PROBATÓRIA (ITEM F DO PEDIDO CAUTELAR): O interrogatório do acusado, instrumento de autodefesa que densifica as garantias do contraditório e da ampla defesa, deve ser o último ato de instrução do processo de impeachment. Aplicação analógica da interpretação conferida pelo Supremo Tribunal Federal ao rito das ações penais originárias. Precedente: AP 528-AgR, rel. Min. Ricardo Lewandowski, Plenário. Procedência do pedido. IV. ACOLHIMENTO PARCIAL DO PEDIDO Convertido o julgamento da medida cautelar em definitivo, a fim de promover segurança jurídica no processo de impeachment, foram acolhidos em parte os pedidos formulados pelo autor, nos seguintes termos: 1. Item "f" (equivalente à cautelar "a"): denegação, de modo a afirmar que não há direito a defesa prévia ao ato de recebimento pelo Presidente da Câmara dos Deputados previsto no art. 19 da Lei n. 1.079/1950; 2. Item "g" (equivalente à cautelar "b"): concessão parcial para estabelecer, em interpretação conforme a Constituição do art. 38 da Lei n. 1.079/1950, que é possível a aplicação subsidiária dos Regimentos Internos da Câmara e do Senado ao processo de impeachment, desde sejam compatíveis com os preceitos legais e constitucionais pertinentes; 3. Item "h" (equivalente à cautelar "c"): concessão parcial para: 1. declarar recepcionados pela CF/1988 os arts. 19, 20 e 21 da Lei n. 1.079/1950 interpretados conforme a Constituição, para que se entenda que as diligências e atividades ali previstas não se destinam a provar a (im)procedência da acusação, mas apenas a esclarecer a denúncia, e 2. para declarar não recepcionados pela CF/1988 os arts. 22, *caput*, 2ª parte (que se inicia com a expressão "No caso contrário..."), e §§ 1º, 2º, 3º e 4º, da Lei n. 1.079/1950, que determinam dilação probatória e uma segunda deliberação na Câmara dos Deputados, partindo do pressuposto que caberia a tal Casa pronunciar-se sobre o mérito da acusação; 4. Item "i" (equivalente à cautelar "d"): denegação, por reconhecer que a proporcionalidade na formação da comissão especial pode ser aferida em relação aos partidos e blocos parlamentares; 5. Item "j" (equivalente à cautelar "e"): concessão integral, para estabelecer que a defesa tem o direito de se manifestar após a acusação; 6. Item "k" (equivalente à cautelar "f"): concessão integral, para estabelecer que o interrogatório deve ser o ato final da instrução probatória; 7. Item "l" (equivalente à cautelar "g"): concessão parcial para dar interpretação conforme a Constituição ao art. 24 da Lei n. 1.079/1950, a fim de declarar que, com o advento da CF/1988, o recebimento da denúncia no processo de impeachment ocorre apenas após a decisão do Plenário do Senado Federal, em votação nominal tomada por maioria simples e presente a maioria absoluta de seus membros; 8. Item "m" (equivalente à cautelar "h"): concessão parcial para declarar constitucionalmente legítima a aplicação analógica dos arts. 44, 45, 46, 47, 48 e 49 da Lei n. 1.079/1950, os quais determinam o rito do processo de impeachment contra Ministros do STF e PGR ao processamento no Senado Federal de crime de responsabilidade contra Presidente da República, denegando-se o pedido de aplicação do quórum de 2/3 do Plenário do Senado para confirmar a instauração do processo; 9. Item "n" (equivalente à cautelar "i"): concessão integral, para declarar que não foram recepcionados pela CF/1988 os arts. 23, §§ 1º, 4º (por arrastamento) e 5º; 80, 1ª parte; e 81, todos da Lei n. 1.079/1950, porque estabelecem os papéis da Câmara e do Senado Federal de modo incompatível com os arts. 51, I; 52, I; e 86, § 1º, II, da CF/1988; 10. Item "o" (equivalente à cautelar "j"): denegação, para afirmar que os senadores não precisam se apartar da função acusatória; 11. Item "p" (equivalente à cautelar "k"): denegação, para reconhecer a impossibilidade de aplicação subsidiária das hipóteses de impedimento e suspeição do CPP relativamente ao Presidente da Câmara dos Deputados; 12. Cautelar incidental (candidatura avulsa): concessão integral para declarar que não é possível a formação da comissão especial a partir de candidaturas avulsas, de modo que eventual eleição pelo Plenário da Câmara limite-se a confirmar ou não as indicações feitas pelos líderes dos partidos ou blocos; e 13. Cautelar incidental (forma de votação): concessão integral para reconhecer que, havendo votação para a formação da comissão especial do impeachment, esta somente pode se dar por escrutínio aberto.

(ADPF 378 MC, Relator(a): Min. EDSON FACHIN, Relator(a) p/ Acórdão: Min. ROBERTO BARROSO, Tribunal Pleno, julgado em 17/12/2015, PROCESSO ELETRÔNICO DJe-043 DIVULG 07-03-2016 PUBLIC 08-03-2016).

b) **Súmula Vinculante 46:** A definição dos crimes de responsabilidade e o estabelecimento das respectivas normas de processo e julgamento são da competência legislativa privativa da União.

c) **Súmula 722 do STF:** São de competência legislativa da União a definição dos crimes de responsabilidade e o estabelecimento das respectivas normas de processo e julgamento.

d) "A definição das condutas típicas configuradoras do crime de responsabilidade e o estabelecimento de regras que disciplinem o processo e julgamento dos agentes políticos federais, estaduais ou municipais envolvidos são da competência legislativa privativa da União e devem ser tratados em lei nacional especial (art. 85 CR)" (ADI 2.220, rel. Min. Cármen Lúcia, j. 16-11-2011, Plenário, *DJe* 7-12-2011). No mesmo sentido: ADI 1.628, rel. Min. Eros Grau, j. 10-8-2006, Plenário, *DJ* 24-11-2006; ADI 2.235- MC, rel. Min. Octavio Gallotti, j. 29-6-2000, Plenário, *DJ* 7-5-2004; ADI 1.901, rel. Min. Ilmar Galvão, j. 3-2-2003, Plenário, *DJ* 9-5-2003; ADI 834, rel. Min. Sepúlveda Pertence, j. 18-2-1999, Plenário, *DJ* 9-4-1999).

e) "Constituição estadual e tribunais de contas: conselheiros do tribunal de contas estadual – a questão das infrações político-administrativas e dos crimes de responsabilidade – competência legislativa para tipificá-los e para estabelecer o respectivo procedimento ritual (Súmula 722/STF). A Constituição estadual representa, no plano local, a expressão mais elevada do exercício concreto do poder de auto-organização deferido aos Estados-membros pela Lei Fundamental da República. Essa prerrogativa, contudo, não se reveste de caráter absoluto, pois se acha submetida, quanto ao seu exercício, a limitações jurídicas impostas pela própria Carta Federal (art. 25). O Estado-membro não dispõe de competência para instituir, mesmo em sua própria Constituição, cláusulas tipificadoras de crimes de responsabilidade, ainda mais se as normas estaduais definidoras de tais ilícitos tiverem por finalidade viabilizar a responsabilização política dos membros integrantes do Tribunal de Contas. A competência constitucional para legislar sobre crimes de responsabilidade (e, também, para definir-lhes a respectiva disciplina ritual) pertence, exclusivamente, à União Federal. Precedentes. Súmula 722/STF" (ADI 4.190-MC-REF, rel. Min. Celso de Mello, j. 10-3-2010, Plenário, *DJe* 11-6-2010).

f) "O *impeachment* na Constituição de 1988, no que concerne ao presidente da República: autorizada pela Câmara dos Deputados, por 2/3 de seus membros, a instauração do processo (CF, art. 51, I), ou admitida a acusação (CF, art. 86), o Senado Federal processará e julgará o Presidente da República nos crimes de responsabilidade. É dizer: o *impeachment* do Presidente da República será processado e julgado pelo Senado Federal. O Senado e não mais a Câmara dos Deputados formulará a acusação (juízo de pronúncia) e proferirá o julgamento.

CF/88, art. 51, I; art. 52; art. 86, § 1º, II, § 2º (MS 21.564-DF). A lei estabelecerá as normas de processo e julgamento. CF, art. 85, parágrafo único. Essas normas estão na Lei n. 1.079, de 1950, que foi recepcionada, em grande parte, pela CF/88 (MS 21.564-DF). O *impeachment* e o *due process of law*: a aplicabilidade deste no processo de *impeachment*, observadas as disposições específicas inscritas na Constituição e na lei e a natureza do processo, ou o cunho político do juízo. CF, art. 85, parágrafo único. Lei n. 1.079, de 1950, recepcionada, em grande parte, pela CF/88 (MS 21.564-DF)" (MS 21.623, rel. Min. Carlos Velloso, j. 17-12-1992, Plenário, *DJ* 28-5-1993).

LEGISLAÇÃO CORRELATA

CF

Art. 85. São **crimes de responsabilidade** os atos do Presidente da República que atentem contra a Constituição Federal **e, especialmente, contra**:

I – a existência da União;

II – o livre exercício do Poder Legislativo, do Poder Judiciário, do Ministério Público e dos Poderes constitucionais das unidades da Federação;

III – o exercício dos direitos políticos, individuais e sociais;

IV – a segurança interna do País;

V – a probidade na administração;

VI – a lei orçamentária;

VII – o cumprimento das leis e das decisões judiciais.

Parágrafo único. Esses crimes serão definidos em lei especial, que estabelecerá as normas de processo e julgamento.

5.3 Prefeitos

O STF discutiu a possibilidade de processamento e julgamento de prefeitos por atos de improbidade (ARE 683.235). Tema 576 – em junho de 2016 houve substituição para julgamento de tema de repercussão geral, hoje RE 976.566.

A possibilidade de processamento e julgamento de prefeitos, por atos de improbidade administrativa, com fundamento na Lei n. 8.429/92, é tema de repercussão geral.

O caso concreto envolveu ex-prefeito de Eldorado dos Carajás (PA) em ação de improbidade administrativa movida contra ele em razão de irregularidades relacionadas à aplicação de valores do Fundo de Manutenção e Desenvolvimento do Ensino Fundamental e de Valorização do Magistério (FUNDEF). Ele alegava que o fato de ter sido processado por crime de responsabilidade **(Decreto-lei n. 201/67)** impediria a instauração de processo na esfera administrativa pelos mesmos atos.

Assim, sustentou, em síntese, ter ocorrido *bis in idem* (dupla punição pelo mesmo fato), porque as condutas atribuídas a ele deveriam ser julgadas somente com base na Lei de Responsabilidade (Decreto-lei n. 201/67), não se submetendo os agentes políticos à Lei de Improbidade. Alegou, ainda, ofensa ao art. 5º, II, XXXV, LIV e LV, da Constituição Federal.

Em 25 de setembro de 2019, o STF entendeu que o julgamento de prefeito municipal por crime de responsabilidade **não impede** sua responsabilização civil pelos mesmos atos de improbidade administrativa. Por unanimidade, os Ministros entenderam que, como as instâncias penal e civil são autônomas, a responsabilização nas duas esferas não representa duplicidade punitiva imprópria. A **tese** firmada teve a seguinte redação: "**O processo e o julgamento de prefeito municipal por crime de responsabilidade (Decreto-lei 201/67) não impede sua responsabilização por atos de improbidade administrativa previstos na Lei n. 8.429/92, em virtude da autonomia das instâncias**".

JURISPRUDÊNCIA

- **STF, AGR 579.799 – 19-12-2008**

    "**EMENTA: AGRAVO REGIMENTAL NO RECURSO EXTRAORDINÁRIO. DESEMBARGADOR. AGENTE POLÍTICO. AÇÃO DE IMPROBIDADE ADMINISTRATIVA.** O Supremo Tribunal Federal fixou entendimento nos termos do qual a Constituição do Brasil **não admite concorrência entre dois regimes de responsabilidade político-administrativa para os agentes políticos**. Precedentes. Agravo regimental a que se nega provimento (STF, AgR 579.799/SP, rel. Min. Eros Grau – 19-12-2008)."

- **STJ, AGRG NO AG 1.338.058 – 8-4-2011**

    "'[...] Esta Corte Superior tem posicionamento pacífico no sentido de que não existe norma vigente que desqualifique os agentes políticos – incluindo os **magistrados** – da possibilidade de figurar como parte legítima no polo passivo de ações de improbidade administrativa.' [...] Em primeiro lugar porque, admitindo tratar-se de agentes políticos, esta Corte Superior firmou seu entendimento pela possibilidade de ajuizamento de ação de improbidade em face dos mesmos, em razão da perfeita compatibilidade existente entre o regime especial de responsabilização política e o regime de improbidade administrativa previsto na Lei n. 8.429/92, cabendo, apenas e tão somente, restrições em relação ao órgão competente para impor as sanções quando houver previsão de foro privilegiado *ratione personae* na Constituição da República vigente. [...] 3. Em segundo lugar porque, admitindo tratar-se de agentes não políticos, o conceito de 'agente público' previsto no art. 2º da Lei n. 8.429/92 é amplo o suficiente para albergar os magistrados, especialmente, se, no exercício da função judicante, eles praticarem condutas enquadráveis, em tese, pelos arts. 9º, 10 e 11 daquele diploma normativo. [...]'" (STJ, AgRg no Ag 1.338.058 MG, rel. Min. Benedito Gonçalves, 1ª T., j. 5-4-2011, *DJe* 8-4-2011).

- **STJ, RESP 1.196.581 – 2-2-2011**

    "[...] Não há falar em ocorrência de *bis in idem* e, por consequência, em ilegitimidade passiva do **ex-vereador** para responder pela prática de atos de improbidade administrativa, de forma a estear a extinção do processo sem julgamento do mérito. [...] 'Não há qualquer antinomia entre o Decreto-lei n. 201/67 e a Lei n. 8.429/92, pois a primeira impõe ao prefeito e vereadores um julgamento político, enquanto a segunda submete-os ao julgamento pela via judicial, pela prática do mesmo fato [...].'" (STJ, REsp 1.196.581 RJ, rel. Min. Arnaldo Esteves Lima, 1ª T., j. 16-12-2010, *DJe* 2-2-2011).

5.4 Entendimento doutrinário

Rogério Pacheco Alves e Emerson Garcia[15], o Ministros Carlos Velloso e Joaquim Barbosa (STF, Rcl 2.138) e José dos Santos Carvalho Filho[16] defendem que o melhor entendimento seria aquele que permite a convivência dos crimes de responsabilidade e comum com a Lei de Improbidade Administrativa (como forma de garantir a observância do Princípio da Moralidade).

Essa convivência (das Leis n. 1.079/50 e 8.429/92) deveria ser feita de forma a serem aplicadas ao agente apenas as sanções exclusivamente administrativas da Lei n. 8.429/92 (multa civil, reparação de danos e proibição de receber benefícios fiscais ou creditícios) e não as de natureza de sanção político-administrativa (perda do cargo e suspensão de direitos políticos), já que essas sanções emanam do crime de responsabilidade (Lei n. 1.079/50).

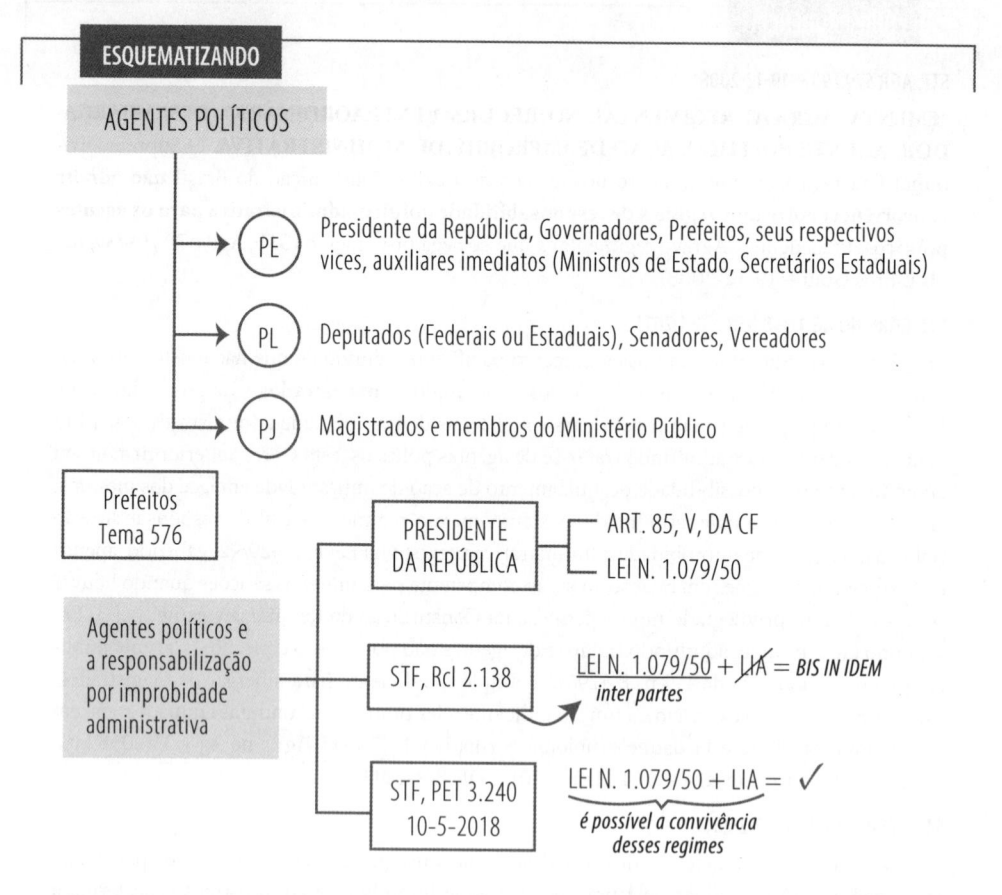

ESQUEMATIZANDO

AGENTES POLÍTICOS

- **PE** — Presidente da República, Governadores, Prefeitos, seus respectivos vices, auxiliares imediatos (Ministros de Estado, Secretários Estaduais)
- **PL** — Deputados (Federais ou Estaduais), Senadores, Vereadores
- **PJ** — Magistrados e membros do Ministério Público

Prefeitos — Tema 576

Agentes políticos e a responsabilização por improbidade administrativa:

- **PRESIDENTE DA REPÚBLICA** — ART. 85, V, DA CF / LEI N. 1.079/50
- **STF, Rcl 2.138** — LEI N. 1.079/50 + L~~IA~~ = BIS IN IDEM (inter partes)
- **STF, PET 3.240 — 10-5-2018** — LEI N. 1.079/50 + LIA = ✓ é possível a convivência desses regimes

---

[15] GARCIA, Emerson; ALVES, Rogério Pacheco. *Improbidade administrativa*, 2. ed., Rio de Janeiro: Lumen Juris, 2004, p. 740.

[16] CARVALHO FILHO, José dos Santos. *Manual de direito administrativo*, 24. ed., Rio de Janeiro: Lumen Juris, 2011, p. 992.

6. FORO COMPETENTE PARA JULGAR CASOS DE IMPROBIDADE ADMINISTRATIVA

Uma das questões mais recorrentes nos recursos contra condenações por improbidade diz respeito ao **foro competente** para julgar tais casos.

Toda a problemática surge porque a Lei n. 10.628/2002 alterou o art. 84 do Código de Processo Penal para estabelecer o foro por prerrogativa de função de autoridades e ex-autoridades (inclusive em processos de improbidade administrativa), retirando a competência do juízo de primeiro grau para julgar Prefeitos, Governadores e Ministros de Estado – que passariam a ser processados, respectivamente, nos Tribunais de Justiça, STJ e no STF (da mesma forma que ocorre com os processos criminais). Inclusive, pela lei a prerrogativa era garantida ainda que a denúncia fosse feita quando o agente político não estava mais no exercício do cargo.

Em resumo:

ANTES DO ART. 84 DO CPP	COM A ALTERAÇÃO TRAZIDA PELO ART. 84 DO CPP
Prefeitos, Governadores, Ministros de Estado – julgamento pelo juízo de primeiro grau.	Prefeitos – julgamento pelo Tribunal de Justiça; Governadores – julgamento pelo STJ Ministros de Estado – julgamento pelo STF

Porém, a novel norma que introduziu os §§ 1º e 2º no art. 84 do CPP foi objeto de controle de constitucionalidade (ADIs 2.797 e 2.860), e o Plenário do STF, ao julgar as referidas ações (em 15-9-2005), declarou a inconstitucionalidade da Lei n. 10.628/2002, concluindo que a ação civil por improbidade administrativa tem natureza civil, e o foro por prerrogativa de função abrange unicamente as ações penais.

Os Ministros entenderam também que a Constituição Federal de 1988 não previu o direito a foro especial para os ex-ocupantes de cargos públicos e ex-detentores de mandato, e uma lei (como a 10.628/2002) não poderia colocar-se acima do texto constitucional.

Em maio de 2012, o Procurador-Geral da República opôs embargos de declaração, e o Plenário do STF decidiu acolher a proposta de **modulação**[17] de efeitos da declaração

---

[17] STF, ADI 2.797 ED/DF – EMENTA: EMBARGOS DE DECLARAÇÃO EM AÇÃO DIRETA DE INCONSTITUCIONALIDADE. **PEDIDO DE MODULAÇÃO TEMPORAL DOS EFEITOS DA DECISÃO DE MÉRITO. POSSIBILIDADE.** AÇÕES PENAIS E DE IMPROBIDADE ADMINISTRATIVA CONTRA OCUPANTES E EX-OCUPANTES DE CARGOS COM PRERROGATIVA DE FORO. PRESERVAÇÃO DOS ATOS PROCESSUAIS PRATICADOS ATÉ 15 DE SETEMBRO DE 2005. 1. A proposição nuclear, em sede de fiscalização de constitucionalidade, é a da nulidade das leis e demais atos do Poder Público, eventualmente contrários à normatividade constitucional. Todavia, situações há que demandam uma decisão judicial excepcional ou de efeitos limitados ou restritos, porque somente assim é que se preservam princípios constitucionais outros, também revestidos de superlativa importância sistêmica. 2. Quando, no julgamento de mérito dessa ou daquela controvérsia, o STF deixa de se pronunciar acerca da eficácia temporal do julgado, é de se presumir que o Tribunal deu pela ausência de razões de segurança jurídica ou de interesse social. Presunção, porém, que apenas se torna absoluta com o trânsito em julgado da ação direta. O Supremo Tribunal Federal, ao tomar conhecimento, em sede de embargos de declaração (antes, portanto, do trânsito

de inconstitucionalidade da Lei n. 10.628/2002 para que a decisão de inconstitucionalidade tenha eficácia desde aquela data (setembro de 2005).

O STF ressaltou que os atos processuais que eventualmente tenham sido praticados em processos de improbidade administrativa e ações penais contra ex-detentores de cargos públicos e de mandatos eletivos, julgados anteriormente à declaração de inconstitucionalidade, são considerados válidos (ou seja, do período de 24-12-2002 – vigência da Lei n. 10.628/2002, que inseriu os §§ 1º e 2º do art. 84 do CPP – até 15-9-2005 – quando foi declarada inconstitucional pelo STF). Conclusão: o STF devolveu às instâncias ordinárias os processos que tinham como parte ex-ocupantes de cargos públicos que pretendiam ser processados em foros especiais.

6.1 Aprofundamentos

a) Importante ressaltar a decisão do STF de **3 de maio de 2018** no sentido de que o foro por prerrogativa de função conferido aos **deputados federais e senadores** (que são classificados como agentes políticos) se aplica **apenas** a crimes cometidos no exercício do cargo e em razão das funções a ele relacionadas.

A decisão foi tomada no julgamento de questão de ordem na Ação Penal (AP) n. 937. O entendimento deve ser aplicado aos processos em curso, ficando resguardados os atos e as decisões do STF – e dos juízes de outras instâncias – tomados com base na jurisprudência anterior, assentada na questão de ordem no Inquérito (INQ) n. 687.

b) O Plenário do STF decidiu, por maioria de votos, que a Corte **não tem competência para processar e julgar ação de improbidade administrativa contra agente político. O foro por prerrogativa de função previsto na Constituição Federal em relação às infrações penais comuns, segundo os ministros, não é extensível às ações de improbidade administrativa, que têm natureza civil**.

---

em julgado de sua decisão), de razões de segurança jurídica ou de excepcional interesse social que justifiquem a modulação de efeitos da declaração de inconstitucionalidade, não deve considerar a mera presunção (ainda relativa) obstáculo intransponível para a preservação da própria unidade material da Constituição. 3. Os embargos de declaração constituem a última fronteira processual apta a impedir que a decisão de inconstitucionalidade com efeito retroativo rasgue nos horizontes do Direito panoramas caóticos, do ângulo dos fatos e relações sociais. Panoramas em que a não salvaguarda do protovalor da segurança jurídica implica ofensa à Constituição ainda maior do que aquela declarada na ação direta. 4. Durante quase três anos os tribunais brasileiros processaram e julgaram ações penais e de improbidade administrativa contra ocupantes e ex-ocupantes de cargos com prerrogativa de foro, com fundamento nos §§ 1º e 2º do art. 84 do Código de Processo Penal. Como esses dispositivos legais cuidavam de competência dos órgãos do Poder Judiciário, todos os processos por eles alcançados retornariam à estaca zero, com evidentes impactos negativos à segurança jurídica e à efetividade da prestação jurisdicional. 5. Embargos de declaração conhecidos e acolhidos para fixar a data de 15 de setembro de 2005 como termo inicial dos efeitos da declaração de inconstitucionalidade dos §§ 1º e 2º do Código de Processo Penal, preservando-se, assim, a validade dos atos processuais até então praticados e devendo as ações ainda não transitadas em julgado seguirem na instância adequada.

O Plenário negou provimento a agravo regimental interposto contra decisão do relator originário, Ministro Ayres Britto (aposentado) na Petição (PET) n. 3.240, na qual determinou a baixa para a primeira instância de ação por improbidade administrativa contra o então Deputado Federal Eliseu Padilha, por atos praticados no exercício do cargo de ministro de Estado.

Assim, é da **competência de primeira instância** julgar ação de improbidade contra agente político.

c) Notícia de 23 de maio de 2012: Não cabe ao STF julgar ex-deputado acusado de improbidade (Petição 3.030).

Por votação unânime, o Plenário do STF decidiu que não compete ao Tribunal julgar ex-deputado federal pela prática de atos de improbidade administrativa previstos no art. 11, I, da LIA.

A decisão foi tomada no julgamento de uma questão de ordem suscitada na Petição (PET) 3.030.

No julgamento da PET 3.030, os Ministros lembraram que, em setembro de 2005, na ADI 2.797, o STF decidiu que ex-detentores de cargo público não teriam direito ao foro por prerrogativa de função: os §§ 1º e 2º do art. 84 do CPP (que estabeleciam a prerrogativa de foro para ex-detentores de cargo público por ato de improbidade administrativa) tinham sido declarados inconstitucionais, inclusive se modularam os efeitos da decisão para declarar válidas todas as decisões judiciais prolatadas com base nesses dispositivos, até a data do julgamento da ação.

7. ATOS DE IMPROBIDADE ADMINISTRATIVA

ESQUEMATIZANDO

Enriquecimento ilícito	Dano ao erário	Violação aos princípios da Administração
Art. 9º da LIA	Art. 10 da LIA	Art. 11 da LIA
Sanções: Art. 12, I, da LIA	Sanções: Art. 12, II, da LIA	Sanções: Art. 12, III, da LIA
Elemento subjetivo: dolo - vontade livre e consciente de alcançar o resultado ilícito tipificado nos art. 9º da Lei n. 8.429/92, não bastando a voluntariedade do agente.	Elemento subjetivo: dolo - vontade livre e consciente de alcançar o resultado ilícito tipificado nos art. 10 da Lei n. 8.429/92, não bastando a voluntariedade do agente.	Elemento subjetivo: dolo - vontade livre e consciente de alcançar o resultado ilícito tipificado nos art. 11 da Lei n. 8.429/92, não bastando a voluntariedade do agente.

7.1 Enriquecimento ilícito

Art. 9º da Lei n. 8.429/92 – consiste na aferição de qualquer tipo de vantagem patrimonial indevida pelo agente, **mediante a prática de ato doloso**, em razão do exercício do cargo, mandato, função, emprego ou atividade nas entidades mencionadas no art. 1º da Lei de Improbidade.

Exemplificando: o agente público comete enriquecimento ilícito quando adquire, para si ou para outrem, no exercício de mandato, cargo, emprego ou função pública, bens de qualquer natureza cujo valor seja desproporcional à evolução do patrimônio ou à renda do agente público. Se o agente recebe três mil reais por mês em razão do exercício de sua função pública, será incompatível com sua renda a aquisição de uma Ferrari e de um jatinho particular.

Também configura enriquecimento ilícito (e, portanto, improbidade administrativa) o recebimento, pelo agente público, de qualquer vantagem econômica, direta ou indiretamente, para omitir ato de ofício, providência ou declaração a que esteja obrigada.

LEGISLAÇÃO CORRELATA

Lei n. 8.429/92

Art. 9º Constitui ato de improbidade administrativa **importando em enriquecimento ilícito** auferir, mediante a prática de **ato doloso**, qualquer tipo de vantagem patrimonial indevida em razão do exercício de cargo, de mandato, de função, de emprego ou de atividade nas entidades referidas no art. 1º desta Lei, e notadamente: (*Redação dada pela Lei n. 14.230, de 2021*)

I – receber, para si ou para outrem, dinheiro, bem móvel ou imóvel, ou qualquer outra **vantagem econômica**, direta ou indireta, a título de comissão, percentagem, gratificação ou presente de quem tenha interesse, direto ou indireto, que possa ser atingido ou amparado por ação ou omissão decorrente das atribuições do agente público;

II – perceber **vantagem econômica**, direta ou indireta, para facilitar a aquisição, permuta ou locação de bem móvel ou imóvel, ou a contratação de serviços pelas entidades referidas no art. 1º por preço superior ao valor de mercado;

III – perceber **vantagem econômica**, direta ou indireta, para facilitar a alienação, permuta ou locação de bem público ou o fornecimento de serviço por ente estatal por preço inferior ao valor de mercado;

IV – utilizar, em obra ou serviço particular, qualquer bem móvel, de propriedade ou à disposição de qualquer das entidades referidas no art. 1º desta Lei, bem como o trabalho de servidores, de empregados ou de terceiros contratados por essas entidades; (*Redação dada pela Lei n. 14.230, de 2021*)

V – receber **vantagem econômica** de qualquer natureza, direta ou indireta, para tolerar a exploração ou a prática de jogos de azar, de lenocínio, de narcotráfico, de contrabando, de usura ou de qualquer outra atividade ilícita, ou aceitar promessa de tal vantagem;

VI – receber **vantagem econômica** de qualquer natureza, direta ou indireta, para fazer declaração falsa sobre qualquer dado técnico que envolva obras públicas ou qualquer outro serviço ou sobre quantidade, peso, medida, qualidade ou característica de mercadorias ou bens fornecidos a qualquer das entidades referidas no art. 1º desta Lei; (*Redação dada pela Lei n. 14.230, de 2021*)

VII – adquirir, para si ou para outrem, no exercício de mandato, de cargo, de emprego ou de função pública, e em razão deles, bens de qualquer natureza, decorrentes dos atos descritos no *caput* deste artigo, cujo **valor seja desproporcional à evolução do patrimônio ou à renda do agente público**, assegurada a demonstração pelo agente da licitude da origem dessa evolução; (*Redação dada pela Lei n. 14.230, de 2021*)

VIII – aceitar emprego, comissão ou exercer atividade de consultoria ou assessoramento para pessoa física ou jurídica que tenha interesse suscetível de ser atingido ou amparado por ação ou omissão decorrente das atribuições do agente público, durante a atividade;

IX – perceber **vantagem econômica** para intermediar a liberação ou aplicação de verba pública de qualquer natureza;

X – receber **vantagem econômica** de qualquer natureza, direta ou indiretamente, para omitir ato de ofício, providência ou declaração a que esteja obrigado;

XI – incorporar, por qualquer forma, ao seu patrimônio bens, rendas, verbas ou valores integrantes do acervo patrimonial das entidades mencionadas no art. 1º desta lei;

XII – usar, em proveito próprio, bens, rendas, verbas ou valores integrantes do acervo patrimonial das entidades mencionadas no art. 1º desta lei.

JURISPRUDÊNCIA

- **STJ, AIA 30 – 28-9-2011**

    "[...] Não se pode confundir improbidade com simples ilegalidade. A improbidade é ilegalidade tipificada e qualificada pelo elemento subjetivo da conduta do agente. Por isso mesmo, a jurisprudência do STJ considera indispensável, para a caracterização de improbidade, que a conduta do agente seja dolosa, para a tipificação das condutas descritas nos arts. 9º e 11 da Lei n. 8.429/92, ou pelo menos eivada de culpa grave, nas do art. 10. [...]" (STJ, AIA 30 AM, rel. Min. Teori Albino Zavascki, Corte Especial, j. 21-9-2011, *DJe* 28-9-2011). Este entendimento restou superado com o advento da Lei n. 14.230 de 25 de outubro de 2021, que passou a exigir também para a modalidade do art. 10 da LIA (dano ao erário) o elemento subjetivo dolo.

7.2 Dano ao erário

Art. 10 da Lei n. 8.429/92 – Constitui ato de improbidade administrativa que causa lesão ao erário qualquer ação ou omissão dolosa, que enseje, efetiva e comprovadamente, perda patrimonial, desvio, apropriação, malbaratamento ou dilapidação dos bens ou haveres das entidades referidas no art. 1º da Lei de Improbidade Administrativa.

Exemplificando: constitui conduta ímproba que causa dano ao erário quando o agente público permite ou facilita a aquisição, permuta ou locação de bem ou serviço por preço superior ao de mercado; da mesma maneira, será a conduta do art. 10 se o agente agir ilicitamente na arrecadação de tributo ou de renda, bem como no que diz respeito à conservação do patrimônio público.

Também o agente público comete improbidade administrativa (na modalidade dano ao erário) se permitir, facilitar ou concorrer para que terceiro se enriqueça ilicitamente; ou se liberar verba pública sem a estrita observância das normas pertinentes ou influir de qualquer forma para a sua aplicação irregular.

> **LEGISLAÇÃO CORRELATA**
>
> **Lei n. 8.429/92**
>
> **Art. 10.** Constitui ato de improbidade administrativa que **causa lesão ao erário** qualquer **ação ou omissão dolosa**, que enseje, efetiva e comprovadamente, perda patrimonial, desvio, apropriação, malbaratamento ou dilapidação dos bens ou haveres das entidades referidas no art. 1º desta Lei, e notadamente: *(Redação dada pela Lei n. 14.230, de 2021)*
>
> I – facilitar ou concorrer, por qualquer forma, para a indevida incorporação ao patrimônio particular, de pessoa física ou jurídica, de bens, de rendas, de verbas ou de valores integrantes do acervo patrimonial das entidades referidas no art. 1º desta Lei; *(Redação dada pela Lei n. 14.230, de 2021)*
>
> II – permitir ou concorrer para que pessoa física ou jurídica privada utilize bens, rendas, verbas ou valores integrantes do acervo patrimonial das entidades mencionadas no art. 1º desta lei, sem a observância das formalidades legais ou regulamentares aplicáveis à espécie;
>
> III – doar à pessoa física ou jurídica bem como ao ente despersonalizado, ainda que de fins educativos ou assistenciais, bens, rendas, verbas ou valores do patrimônio de qualquer das entidades mencionadas no art. 1º desta lei, sem observância das formalidades legais e regulamentares aplicáveis à espécie;
>
> IV – permitir ou facilitar a alienação, permuta ou locação de bem integrante do patrimônio de qualquer das entidades referidas no art. 1º desta lei, ou ainda a prestação de serviço por parte delas, por preço inferior ao de mercado;
>
> V – permitir ou facilitar a aquisição, permuta ou locação de bem ou serviço por preço superior ao de mercado;
>
> VI – realizar operação financeira sem observância das normas legais e regulamentares ou aceitar garantia insuficiente ou inidônea;
>
> VII – conceder benefício administrativo ou fiscal sem a observância das formalidades legais ou regulamentares aplicáveis à espécie;
>
> VIII – frustrar a licitude de processo licitatório ou de processo seletivo para celebração de parcerias com entidades sem fins lucrativos, ou dispensá-los indevidamente, acarretando perda patrimonial efetiva; *(Redação dada pela Lei n. 14.230, de 2021)*
>
> IX – ordenar ou permitir a realização de despesas não autorizadas em lei ou regulamento;
>
> X – agir ilicitamente na arrecadação de tributo ou de renda, bem como no que diz respeito à conservação do patrimônio público; *(Redação dada pela Lei n. 14.230, de 2021)*
>
> XI – liberar verba pública sem a estrita observância das normas pertinentes ou influir de qualquer forma para a sua aplicação irregular;
>
> XII – permitir, facilitar ou concorrer para que terceiro se enriqueça ilicitamente;
>
> XIII – permitir que se utilize, em obra ou serviço particular, veículos, máquinas, equipamentos ou material de qualquer natureza, de propriedade ou à disposição de qualquer das entidades mencionadas no art. 1º desta lei, bem como o trabalho de servidor público, empregados ou terceiros contratados por essas entidades.

XIV – celebrar contrato ou outro instrumento que tenha por objeto a prestação de serviços públicos por meio da gestão associada sem observar as formalidades previstas na lei; (*Incluído pela Lei n. 11.107, de 2005*)

XV – celebrar contrato de rateio de consórcio público sem suficiente e prévia dotação orçamentária, ou sem observar as formalidades previstas na lei. (*Incluído pela Lei n. 11.107, de 2005*)

XVI – facilitar ou concorrer, por qualquer forma, para a incorporação, ao patrimônio particular de pessoa física ou jurídica, de bens, rendas, verbas ou valores públicos transferidos pela administração pública a entidades privadas mediante celebração de parcerias, sem a observância das formalidades legais ou regulamentares aplicáveis à espécie; (*Incluído pela Lei n. 13.019, de 2014*) (Vigência)

XVII – permitir ou concorrer para que pessoa física ou jurídica privada utilize bens, rendas, verbas ou valores públicos transferidos pela administração pública a entidade privada mediante celebração de parcerias, sem a observância das formalidades legais ou regulamentares aplicáveis à espécie; (*Incluído pela Lei n. 13.019, de 2014*) (Vigência)

XVIII – celebrar parcerias da administração pública com entidades privadas sem a observância das formalidades legais ou regulamentares aplicáveis à espécie; (*Incluído pela Lei n. 13.019, de 2014*) (Vigência)

XIX – agir para a configuração de ilícito na celebração, na fiscalização e na análise das prestações de contas de parcerias firmadas pela administração pública com entidades privadas; (*Redação dada pela Lei n. 14.230, de 2021*)

XX – liberar recursos de parcerias firmadas pela administração pública com entidades privadas sem a estrita observância das normas pertinentes ou influir de qualquer forma para a sua aplicação irregular. (*Incluído pela Lei n. 13.019, de 2014, com a redação dada pela Lei n. 13.204, de 2015*)

XXII – conceder, aplicar ou manter benefício financeiro ou tributário contrário ao que dispõem o *caput* e o § 1º do art. 8º-A da Lei Complementar n. 116, de 31 de julho de 2003. (*Incluído pela Lei n. 14.230, de 2021*)

§ 1º Nos casos em que a inobservância de formalidades legais ou regulamentares não implicar perda patrimonial efetiva, não ocorrerá imposição de ressarcimento, vedado o enriquecimento sem causa das entidades referidas no art. 1º desta Lei. (*Incluído pela Lei n. 14.230, de 2021*)

§ 2º A mera perda patrimonial decorrente da atividade econômica não acarretará improbidade administrativa, salvo se comprovado ato doloso praticado com essa finalidade. (*Incluído pela Lei n. 14.230, de 2021*)

7.2.1 Concessão, aplicação ou manutenção de benefício financeiro ou tributário (art. 10, XXII, da Lei n. 8.429/92)

Este exemplo de dano ao erário **deixou de ser modalidade autônoma** do revogado art. 10-A da Seção II-A da lei de improbidade e passou integrar o **inciso XXII no seio do art. 10 da Lei n. 8429/92**. Esta foi uma mudança topográfica extremamente útil advinda em 25 de outubro de 2021 pela **Lei n. 14.230/2021**.

Em verdade, quando LC n. 157/2016 fixou a concessão ou aplicação indevida de benefício financeiro ou tributário como nova espécie de ato de improbidade, foi verdadeiro "cochilo" do legislador na época, afinal esta conduta não deixa de ser exemplo de espécie do gênero "dano ao erário". Deveria, portanto, desde 2016, já estar inclusa como inciso do art. 10 e não como modalidade autônoma em seção apartada e em artigo apartado como ocorreu à época. Pois bem, equívoco superado com o advento da **Lei n. 14.230/2021**.

Mas em que consiste este dispositivo (agora expressamente previsto no inciso XXXII do art. 10 da Lei n. 8.429/92?

É considerado ato de improbidade (dano ao erário – art. 10 da LIA) **conceder, aplicar ou manter benefício financeiro ou tributário** contrário ao que dispõem o *caput* e o § 1º do art. 8º-A da Lei Complementar n. 116, de 31 de julho de 2003".

Para entendermos o que isso significa, precisamos entender como esse assunto é disciplinado na LC n. 116/2003. Ela dispõe sobre Imposto sobre Serviços de Qualquer Natureza (dos Municípios e do DF) e fixa (com base na LC n. 157/2016) no art. 8º-A que a **alíquota mínima** do Imposto sobre Serviços de Qualquer Natureza é de 2% (dois por cento). Estabelece, também, **como regra**, que esse imposto **não será** objeto de concessão de isenções, incentivos ou benefícios tributários ou financeiros, inclusive de redução de base de cálculo ou de crédito presumido ou outorgado, ou sob qualquer outra forma que resulte, direta ou indiretamente, em carga tributária menor que a decorrente da aplicação da alíquota mínima estabelecida.

Assim, qualquer violação a essas determinações da LC n. 116/2003 fará com que aquele que não a obedecer esteja incurso na Lei de Improbidade Administrativa – art. 10, XXII.

> **Para complementar:**
>
> Todavia, o art. 8º-A, § 1º, *in fine*, da LC n. 116/2003 **excetua** três situações para esse imposto:
>
> **a)** execução, por administração, empreitada ou subempreitada, de obras de construção civil, hidráulica ou elétrica e de outras obras semelhantes, inclusive sondagem, perfuração de poços, escavação, drenagem e irrigação, terraplanagem, pavimentação, concretagem e instalação e montagem de produtos, peças e equipamentos (exceto o fornecimento de mercadorias produzidas pelo prestador de serviços fora do local da prestação dos serviços, que fica sujeito ao ICMS);
>
> **b)** reparação, conservação e reforma de edifícios, estradas, pontes, portos e congêneres (exceto o fornecimento de mercadorias produzidas pelo prestador dos serviços, fora do local da prestação dos serviços, que fica sujeito ao ICMS);
>
> **c)** serviços de transporte coletivo municipal rodoviário, metroviário, ferroviário e aquaviário de passageiros (*Redação dada pela Lei Complementar n. 157, de 2016*)

> **LEGISLAÇÃO CORRELATA**
>
> **Lei Complementar n. 116/2003**
>
> **Art. 8º-A.** A alíquota mínima do Imposto sobre Serviços de Qualquer Natureza **é de 2% (dois por cento)**. (*Incluído pela Lei Complementar n. 157, de 2016.*)

§ 1º O imposto não será objeto de concessão de isenções, incentivos ou benefícios tributários ou financeiros, inclusive de redução de base de cálculo ou de crédito presumido ou outorgado, ou sob qualquer outra forma que resulte, direta ou indiretamente, em carga tributária menor que a decorrente da aplicação da alíquota mínima estabelecida no *caput*, exceto para os serviços a que se referem os subitens 7.02, 7.05 e 16.01 da lista anexa a esta Lei Complementar. (*Incluído pela Lei Complementar n. 157, de 2016.*)

§ 2º É nula a lei ou o ato do Município ou do Distrito Federal que não respeite as disposições relativas à alíquota mínima previstas neste artigo no caso de serviço prestado a tomador ou intermediário localizado em Município diverso daquele onde está localizado o prestador do serviço. (*Incluído pela Lei Complementar n. 157, de 2016.*)

§ 3º A nulidade a que se refere o § 2º deste artigo gera, para o prestador do serviço, perante o Município ou o Distrito Federal que não respeitar as disposições deste artigo, o direito à restituição do valor efetivamente pago do Imposto sobre Serviços de Qualquer Natureza calculado sob a égide da lei nula. (*Incluído pela Lei Complementar n. 157, de 2016.*)

7.3 Violação aos princípios da Administração Pública

Destaca Marino Pazzaglini Filho[18] que essa hipótese é residual e só aplicável quando não configurada as demais modalidades de improbidade administrativa.

Dispõe o art. 11 da Lei n. 8.429/92 que constitui ato de improbidade administrativa que atenta contra os princípios da Administração Pública **a ação ou omissão dolosa** que viole os deveres de honestidade, de imparcialidade e de legalidade, caracterizada **por uma das seguintes condutas (rol taxativo): a)** revelar fato ou circunstância de que tem ciência em razão das atribuições e que deva permanecer em segredo, propiciando beneficiamento por informação privilegiada ou colocando em risco a segurança da sociedade e do Estado; **b)** negar publicidade aos atos oficiais, exceto em razão de sua imprescindibilidade para a segurança da sociedade e do Estado ou de outras hipóteses instituídas em lei; **c)** frustrar, em ofensa à imparcialidade, o caráter concorrencial de concurso público, de chamamento ou de procedimento licitatório, com vistas à obtenção de benefício próprio, direto ou indireto, ou de terceiros; **d)** deixar de prestar contas quando esteja obrigado a fazê-lo, desde que disponha das condições para isso, com vistas a ocultar irregularidades; **e)** revelar ou permitir que chegue ao conhecimento de terceiro, antes da respectiva divulgação oficial, teor de medida política ou econômica capaz de afetar o preço de mercadoria, bem ou serviço; **f)** descumprir as normas relativas à celebração, fiscalização e aprovação de contas de parcerias firmadas pela administração pública com entidades privadas; **g)** nomear cônjuge, companheiro ou parente em linha reta, colateral ou por afinidade, até o terceiro grau, inclusive, da autoridade nomeante ou de servidor da mesma pessoa jurídica investido em cargo de direção, chefia ou

---

[18] PAZZAGLINI FILHO, Marino. *Lei de improbidade administrativa comentada*: aspectos constitucionais, administrativos, civis, criminais, processuais e de responsabilidade fiscal: legislação e jurisprudência. São Paulo: Atlas, 1999, p. 99.

assessoramento, para o exercício de cargo em comissão ou de confiança ou, ainda, de função gratificada na administração pública direta e indireta em qualquer dos Poderes da União, dos Estados, do Distrito Federal e dos Municípios, compreendido o ajuste mediante designações recíprocas; **h)** praticar, no âmbito da administração pública e com recursos do erário, ato de publicidade que contrarie o disposto no § 1º do art. 37 da Constituição Federal, de forma a promover inequívoco enaltecimento do agente público e personalização de atos, de programas, de obras, de serviços ou de campanhas dos órgãos públicos.

Note que a **Lei n. 14.230/2021** restringiu os casos capazes de configurar ato de improbidade administrativa por violação aos princípios da Administração, afinal de contas, na parte final do *caput* do art. 11 utilizou, de forma hialina e estreme de dúvidas, a expressão "**caracterizada por uma das seguintes condutas**" – o que denota a intenção do legislador de pontuar, **em rol taxativo**, as hipóteses de sua incidência. Vejamos:

LEGISLAÇÃO CORRELATA

Lei n. 8.429/92

Art. 11. Constitui ato de improbidade administrativa **que atenta contra os princípios da administração pública a ação ou omissão dolosa** que viole os deveres de honestidade, de imparcialidade e de legalidade, caracterizada por uma das seguintes condutas: *(Redação dada pela Lei n. 14.230, de 2021)*

I – (revogado); *(Redação dada pela Lei n. 14.230, de 2021)*

II – (revogado); *(Redação dada pela Lei n. 14.230, de 2021)*

III – revelar fato ou circunstância de que tem ciência em razão das atribuições e que deva permanecer em segredo, **propiciando beneficiamento por informação privilegiada ou colocando em risco a segurança da sociedade e do Estado**; *(Redação dada pela Lei n. 14.230, de 2021)*

IV – negar publicidade aos atos oficiais, exceto em razão de sua imprescindibilidade para a segurança da sociedade e do Estado ou de outras hipóteses instituídas em lei; *(Redação dada pela Lei n. 14.230, de 2021)*

V – frustrar, em ofensa à imparcialidade, o caráter concorrencial **de concurso público, de chamamento ou de procedimento licitatório**, com vistas à obtenção de benefício próprio, direto ou indireto, ou de terceiros; *(Redação dada pela Lei n. 14.230, de 2021)*

VI – deixar de prestar contas quando esteja obrigado a fazê-lo, **desde que** disponha das condições para isso, com vistas a ocultar irregularidades; *(Redação dada pela Lei n. 14.230, de 2021)*

VII – revelar ou permitir que chegue ao conhecimento de terceiro, antes da respectiva divulgação oficial, teor de medida política ou econômica capaz de afetar o preço de mercadoria, bem ou serviço.

VIII – descumprir as normas relativas à celebração, fiscalização e aprovação de contas de parcerias firmadas pela administração pública com entidades privadas. *(Redação dada pela Lei n. 13.019, de 2014)* (Vigência)

IX – (revogado); *(Redação dada pela Lei n. 14.230, de 2021)*

X – (revogado); *(Redação dada pela Lei n. 14.230, de 2021)*

XI – **nomear cônjuge, companheiro ou parente em linha reta, colateral ou por afinidade, até o terceiro grau, inclusive,** da autoridade nomeante ou de servidor da mesma pessoa jurídica investido em cargo de direção, chefia ou assessoramento, **para o exercício de cargo em comissão ou de confiança ou, ainda, de função gratificada** na administração pública direta e indireta em qualquer dos Poderes da União, dos Estados, do Distrito Federal e dos Municípios, compreendido o ajuste mediante designações recíprocas; *(Incluído pela Lei n. 14.230, de 2021)*

XII – praticar, no âmbito da administração pública e com recursos do erário, ato de publicidade que contrarie o disposto no **§ 1º do art. 37 da Constituição Federal**, de forma a promover inequívoco enaltecimento do agente público e personalização de atos, de programas, de obras, de serviços ou de campanhas dos órgãos públicos. *(Incluído pela Lei n. 14.230, de 2021)*

§ 1º Nos termos da Convenção das Nações Unidas contra a Corrupção, promulgada pelo Decreto n. 5.687, de 31 de janeiro de 2006, somente haverá improbidade administrativa, na aplicação deste artigo, quando for comprovado na conduta funcional do agente público o fim de obter proveito ou benefício indevido para si ou para outra pessoa ou entidade. *(Incluído pela Lei n. 14.230, de 2021)*

§ 2º Aplica-se o disposto no § 1º deste artigo a quaisquer atos de improbidade administrativa tipificados nesta Lei e em leis especiais e a quaisquer outros tipos especiais de improbidade administrativa instituídos por lei. *(Incluído pela Lei n. 14.230, de 2021)*

§ 3º O enquadramento de conduta funcional na categoria de que trata este artigo pressupõe a demonstração objetiva da prática de ilegalidade no exercício da função pública, com a indicação das normas constitucionais, legais ou infralegais violadas. *(Incluído pela Lei n. 14.230, de 2021)*

§ 4º Os atos de improbidade de que trata este artigo exigem lesividade relevante ao bem jurídico tutelado para serem passíveis de sancionamento e independem do reconhecimento da produção de danos ao erário e de enriquecimento ilícito dos agentes públicos. *(Incluído pela Lei n. 14.230, de 2021)*

§ 5º Não se configurará improbidade a mera nomeação ou indicação política por parte dos detentores de mandatos eletivos, sendo necessária a aferição de dolo com finalidade ilícita por parte do agente. *(Incluído pela Lei n. 14.230, de 2021)*

Repare que a **Lei n. 14.230/2021** incluiu expressamente a hipótese consagrada na **Súmula Vinculante 13** como violação aos princípios da Administração (art. 11, XI da Lei n. 8.429/92), vedando o **nepotismo**. E, também de forma expressa, consignou que a **promoção pessoal**, prevista no art. 37, §1º da Constituição, enquadra-se como ato ímprobo violador de princípios da Administração (art. 11, XII da Lei n. 8.429/92).

Aprofundamento: O Estatuto da Cidade (art. 52 da Lei n. 10.257/2001) considerou como improbidade certos atos ou omissões relativos à ordem urbanística, determinando a aplicação das normas da Lei n. 8.429/92.

Pelo Estatuto, será sujeito ativo do ato o PREFEITO. Em certos casos, poderá ocorrer de a conduta praticada pelo prefeito estar disciplinada e enquadrar-se diretamente na Lei de Improbidade Administrativa. (*Exemplificando:* prefeito recebe vantagem indevida para a prática dos atos previstos no Estatuto.)

8. NATUREZA JURÍDICA DO ILÍCITO DE IMPROBIDADE ADMINISTRATIVA

Conforme fixado pelo STF na Ação Direta de Inconstitucionalidade 2.797, o ilícito de improbidade administrativa é considerado **ilícito civil**, isto é, tem natureza extrapenal. Portanto, o legislador deveria ter evitado o título "das penas" no Capítulo III, para não dar a falsa impressão de tratar-se de penalidades (muito embora algumas sanções ali previstas tenham inegável conteúdo penal).

JURISPRUDÊNCIA

- **STF, ADI 2.797**

    EMENTA: I. ADI: legitimidade ativa: "entidade de classe de âmbito nacional" (art. 103, IX, CF): Associação Nacional dos Membros do Ministério Público – CONAMP 1. Ao julgar, a ADI 3.153-AgR, 12.08.04, Pertence, *Inf STF 356*, o plenário do Supremo Tribunal abandonou o entendimento que excluía as entidades de classe de segundo grau – as chamadas "associações de associações" – do rol dos legitimados à ação direta. 2. De qualquer sorte, no novo estatuto da CONAMP – agora Associação Nacional dos Membros do Ministério Público – a qualidade de "associados efetivos" ficou adstrita às pessoas físicas integrantes da categoria, – o que basta a satisfazer a jurisprudência restritiva –, ainda que o estatuto reserve às associações afiliadas papel relevante na gestão da entidade nacional. II. ADI: pertinência temática. Presença da relação de pertinência temática entre a finalidade institucional das duas entidades requerentes e os dispositivos legais impugnados: as normas legais questionadas se refletem na distribuição vertical de competência funcional entre os órgãos do Poder Judiciário – e, em consequência, entre os do Ministério Público. III. Foro especial por prerrogativa de função: extensão, no tempo, ao momento posterior à cessação da investidura na função dele determinante. Súmula 394/STF (cancelamento pelo Supremo Tribunal Federal). Lei n. 10.628/2002, que acrescentou os §§ 1º e 2º ao art. 84 do C. Processo Penal: pretensão inadmissível de interpretação autêntica da Constituição por lei ordinária e usurpação da competência do Supremo Tribunal para interpretar a Constituição: inconstitucionalidade declarada. 1. O novo § 1º do art. 84 CPrPen constitui evidente reação legislativa ao cancelamento da Súmula 394 por decisão tomada pelo Supremo Tribunal no Inq 687-QO, 25-8-1997, rel. o em. Ministro Sydney Sanches (RTJ 179/912), cujos fundamentos a lei nova contraria inequivocamente. 2. Tanto a Súmula 394, como a decisão do Supremo Tribunal, que a cancelou, derivaram de interpretação direta e exclusiva da Constituição Federal. 3. Não pode a lei ordinária pretender impor, como seu objeto imediato, uma interpretação da Constituição: a questão é de inconstitucionalidade formal, ínsita a toda norma de gradação inferior que se proponha a ditar interpretação da norma de hierarquia superior. 4. Quando, ao vício de inconstitucionalidade formal, a lei interpretativa da Constituição acresça o de opor-se ao entendimento da jurisprudência constitucional do Supremo Tribunal – guarda da Constituição –, às razões dogmáticas acentuadas se impõem ao Tribunal razões de alta política institucional para repelir a usurpação pelo legislador de sua missão de intérprete final da Lei Fundamental: admitir pudesse a lei ordinária inverter a leitura pelo Supremo Tribunal da Constituição seria dizer que a interpretação constitucional da Corte estaria sujeita ao referendo do legislador, ou seja, que a Constituição – como entendida pelo órgão que ela própria erigiu em guarda da sua supremacia –, só constituiria o correto entendimento da Lei Suprema na medida da inteligência que lhe desse outro órgão constituído, o legislador ordinário, ao contrário, submetido aos seus ditames. 5. Inconstitucionalidade do § 1º do art. 84 C.Pr.Penal, acrescido pela lei questionada e, por arrastamento, da regra final do § 2º do mesmo artigo, que manda estender a regra à ação de improbidade administrativa. IV. Ação de improbidade administrativa: extensão da competência especial por prerrogativa de função estabelecida para o processo penal condenatório contra o mesmo dignitário (§ 2º do art. 84 do C Pr Penal introduzido pela L. 10.628/2002): declaração, por lei, de competência originária não prevista na Constituição: inconstitucionalidade. 1. No plano federal, as hipóteses de competência cível ou criminal dos tribunais da União são as previstas na Constituição da República ou dela implicitamente decorrentes, salvo quando esta mesma remeta à lei a sua fixação. 2. Essa exclusividade constitucional da fonte das competências dos tribunais federais resulta, de logo, de ser a Justiça da União especial em relação às dos Estados, detentores de toda a jurisdição residual. 3. Acresce que a competência originária dos Tribunais é, por definição, derrogação da competência ordinária dos juízos de primeiro grau, do que decorre que, demarcada a última pela Constituição, só a própria Constituição a pode excetuar. 4. Como mera explicitação de competências originárias implícitas na Lei Fundamental, à disposição legal em causa seriam oponíveis as razões já aventadas contra a pretensão de imposição por lei ordinária de uma dada interpretação constitucional. **5. De outro lado, pretende a lei questionada equiparar a ação de improbidade administrativa, de natureza civil (CF, art. 37, § 4º), à ação penal contra os mais altos dignitários da República, para o fim de estabelecer competência originária do Supremo Tribunal, em relação à qual a jurisprudência do Tribunal sempre estabeleceu nítida distinção entre as duas espécies.** 6. Quanto aos Tribunais locais, a Constituição Federal – salvo as hipóteses dos seus arts. 29, X, e 96, III –, reservou explicitamente às Constituições dos Estados-membros a definição da competência dos seus tribunais, o que afasta a possibilidade de ser ela alterada por lei federal ordinária. V. Ação de improbidade administrativa e competência constitucional para o julgamento dos crimes de responsabilidade. 1. O eventual acolhimento da tese de que a competência constitucional para julgar os crimes de responsabilidade haveria de estender-se ao processo e julgamento da ação de improbidade, agitada na Rcl 2.138, ora pendente de julgamento no Supremo Tribunal, não prejudica nem é prejudicada pela inconstitucionalidade do novo § 2º do art. 84 do C.Pr.Penal. 2. A competência originária dos tribunais para julgar crimes de responsabilidade é bem mais restrita que a de julgar autoridades por crimes comuns: afora o caso dos chefes do Poder Executivo – cujo *impeachment* é da competência dos órgãos políticos – a cogitada competência dos tribunais não alcançaria, sequer por integração analógica, os membros do Congresso Nacional e das outras casas legislativas, aos quais, segundo a Constituição, não se pode atribuir a prática de crimes de responsabilidade. 3. Por outro lado, ao contrário do que sucede com os crimes comuns, a regra é que cessa a imputabilidade por crimes de responsabilidade com o termo da investidura do dignitário acusado.

9. ELEMENTO SUBJETIVO

A **Lei n. 14.230 de 25 de outubro de 2021** trouxe significativas modificações na temática envolvendo o elemento subjetivo caracterizador do ato de improbidade. Todavia, como a lei alterou o que até então vinha sendo aplicado de forma tranquila pela jurisprudência, convém entendermos o contexto.

9.1 CONTEXTUALIZAÇÃO ANTES DO ADVENTO DA LEI N. 14.230/2021

De acordo com a jurisprudência do STJ, até então o elemento subjetivo é essencial para a caracterização da improbidade e está relacionado à noção de desonestidade e má-fé do agente.

A jurisprudência do Superior Tribunal de Justiça consolidou a tese de que é indispensável a existência de dolo nas condutas de improbidade que acarretam enriquecimento ilícito (art. 9º da Lei n. 8.429/92), que aplicam ou concedem indevidamente benefício financeiro ou tributário (art. 10-A da Lei n. 8.429/92) e, nos atos de improbidade que importam em violação aos princípios da Administração (art. 11 da Lei n. 8.429/92). Nesse último caso, o elemento subjetivo necessário para caracterizar a improbidade é o dolo genérico, ou seja, a vontade de realizar ato que atente contra princípios da Administração (REsp 951.389), não sendo necessária a presença do dolo específico.

Nos atos de improbidade que causam dano ao erário (art. 10 da Lei n. 8.429/92), como elemento subjetivo, basta a existência ao menos de culpa. De acordo com o Ministro Castro Meira (no julgamento do REsp 1.127.143), a conduta culposa ocorre quando o agente não pretende atingir o resultado danoso, mas atua com negligência, imprudência ou imperícia.

E, nos termos do art. 28 da Lei de Introdução às Normas do Direito Brasileiro (LINDB – Lei n. 13.655/2018), o agente público responderá **pessoalmente** por suas decisões ou opiniões técnicas em caso de dolo ou erro grosseiro.

JURISPRUDÊNCIA

- **STJ, RESP 1.248.529 – 18-9-2013**

    "[...] A Lei da Improbidade Administrativa (Lei n. 8.429/92) objetiva punir os praticantes de atos dolosos ou de má-fé no trato da coisa pública, assim tipificando o enriquecimento ilícito (art. 9º), o prejuízo ao erário (art. **10**) e a violação a princípios da Administração Pública (art. 11); a modalidade culposa é prevista apenas para a hipótese de prejuízo ao erário (art. **10**). 2. O ato ilegal só adquire os contornos de improbidade quando a conduta antijurídica fere os princípios constitucionais da Administração Pública coadjuvada pela má-intenção do administrador, caracterizando a conduta dolosa; a aplicação das severas sanções previstas na Lei n. 8.429/92 é aceitável, e mesmo recomendável, para a punição do administrador desonesto (conduta dolosa) e não daquele que apenas foi inábil (conduta culposa). [...]" (STJ, REsp 1.248.529 MG, rel. Min. Napoleão Nunes Maia Filho, 1ª T., j. 3-9-2013, DJe 18-9-2013).

- **STJ – 9-5-2013 – AGRG NO ARESP 184.923**

    "EMENTA AGRAVO REGIMENTAL NO AGRAVO EM RECURSO ESPECIAL. ALEGAÇÃO DE IRREGULARIDADES NA DISPENSA DE LICITAÇÃO. AUSÊNCIA DE PROVA QUE DEMONSTRASSE O PREJUÍZO AO ERÁRIO E O DOLO DO AGENTE. AGRAVO DESPROVIDO.

    1. Não houve prejuízo ao Erário, tampouco dolo na conduta do agente, o que afasta a incidência do art. 11 da Lei n. 8.429/92 e suas respectivas sanções; esta Corte Superior de Justiça já uniformizou a sua jurisprudência para afirmar que **é necessária a demonstração do elemento subjetivo, consubstanciado no dolo, para os tipos previstos nos arts. 9º e 11 e, ao menos, na culpa, nas hipóteses do art. 10 da Lei n. 8.429/92** (REsp 1.261.994/PE, rel. Min. Benedito Gonçalves, DJe 13-4-2012).

    2. Em sede de Ação de Improbidade Administrativa da qual exsurgem severas sanções **o dolo não se presume**, como já assentado em julgamento relatado pelo eminente Ministro Luiz Fux (REsp 939.118/SP, DJe 1º-3-2011).

    3. Agravo Regimental desprovido."

- **STJ – AGRG NO RESP 1.316.928 – 23-4-2013**

    "EMENTA. ADMINISTRATIVO. PROCESSUAL CIVIL. AGRAVO REGIMENTAL NO RECURSO ESPECIAL. IMPROBIDADE ADMINISTRATIVA. CONFIGURAÇÃO DA CONDUTA TIPIFICADA NO ART. 11 DA LEI N. 8.429/92. NECESSIDADE DE DEMONSTRAÇÃO DE DOLO, AINDA QUE GENÉRICO. INEXISTÊNCIA NO CASO DOS PRESENTES AUTOS. RECEBIMENTO IRREGULAR DE BENEFÍCIO POR SERVIDOR PÚBLICO. MÁ-FÉ. REVOLVIMENTO DO CONJUNTO FÁTICO E PROBATÓRIO CONSTANTE DOS AUTOS. INVIABILIDADE NA VIA RECURSAL ELEITA. SÚMULA 7/STJ. PRECEDENTES DO STJ.

    1. A conduta discutida no presente recurso especial – aceitação de benefícios concedidos pelo então Prefeito Municipal de Catanduva (já falecido) a dois servidores do quadro de pessoal da municipalidade – diz respeito a ofensa ao art. 11 da Lei n. 8.429/92.

    2. A esse respeito, é de ressaltar que, de acordo com a jurisprudência deste Sodalício, **a configuração de conduta improba na modalidade de violação dos princípios da administração pública exige a demonstração do elemento subjetivo consistente no dolo, ainda que genérico**.

    3. Não obstante, a análise do acórdão recorrido prolatado pelo Tribunal a quo revela que tão somente foi demonstrada a ocorrência dos elementos objetivos da conduta, sem que tenha havido nenhuma menção à existência de dolo por parte dos recorridos em aceitar os referidos benefícios.

    4. Assim, não consignado que tenha havido o elemento subjetivo exigido para a configuração da conduta, e, ainda, não alegada a existência de omissão a esse respeito pela parte recorrente, inviável a subsunção da conduta investigada à Lei n. 8.429/92, sob pena de caracterização da vedada responsabilidade objetiva nesta tema.

    5. Agravo regimental não provido."

- **STJ, AGRG NO AGRG NO AG 1.376.280 – 23-11-2012**

    "EMENTA. PROCESSUAL CIVIL E ADMINISTRATIVO. AGRAVO REGIMENTAL NO AGRAVO REGIMENTAL NO AGRAVO DE INSTRUMENTO. IMPROBIDADE ADMINISTRATIVA.

EXIGÊNCIA DO DOLO, NAS HIPÓTESES DOS ARTIGOS 9º E 11 DA LEI N. 8.429/92 E CULPA, PELO MENOS, NAS HIPÓTESES DO ART. 10. PAGAMENTO DE HORAS EXTRAS A SERVIDOR COMISSIONADO. ART. 11 DA LIA. NÃO CARACTERIZAÇÃO DE DOLO, AINDA QUE GENÉRICO, DE ATUAÇÃO CONTRA NORMAS LEGAIS. ENTENDIMENTO DO TCU PELA POSSIBILIDADE DO PAGAMENTO.

1. O STJ ostenta entendimento uníssono segundo o qual, para que seja reconhecida a tipificação da conduta do réu como incurso nas previsões da Lei de Improbidade Administrativa, **é necessária a demonstração do elemento subjetivo, consubstanciado pelo dolo para os tipos previstos nos arts. 9º e 11 e, ao menos, pela culpa, nas hipóteses do art. 10.** Precedentes: AgRg no AREsp 20.747/SP, rel. Min. Benedito Gonçalves, 1ª T., DJe 23-11-2011; REsp 1.130.198/RR, rel. Min. Luiz Fux, 1ª T., DJe 15-12-2010; EREsp 479.812/SP, rel. Min. Teori Albino Zavascki, 1ª S., DJe 27-9-2010; REsp 1.149.427/SC, rel. Min. Luiz Fux, 1ª T., DJe 9-9-2010; e EREsp 875.163/RS, rel. Min. Mauro Campbell Marques, 1ª S., DJe 30-6-2010.

2. Na presente hipótese, que versa sobre o pagamento de horas extras a cargos comissionados (que amolda, em princípio, aos atos de improbidade censurados pelo art. 11 da Lei n. 8.429/92 – patrimônio público imaterial), há acórdão do TCU no sentido da legalidade de tal pagamento (TCU, Decisão 479/2000 – Plenário, j. 7 de junho de 2000, Processo: 000.549/2000-9).

3. Infere-se que não se caracterizou o dolo, ainda que genérico, de se conduzir deliberadamente contra as normas legais, o que descaracteriza o ato de improbidade.

4. Agravo regimental não provido."

Em resumo: A responsabilidade dos agentes públicos pela prática de atos de improbidade é **pessoal e subjetiva**, tendo como elemento subjetivo o **dolo** nas condutas dispostas nos arts. 9º, 10-A e 11 da LIA, e **ao menos a culpa** naquelas estatuídas no art. 10.

Nos termos do art. 28 da LINDB (com redação e inclusão conferida pela Lei n. 13.655/2018), "o agente público responderá pessoalmente por suas decisões ou opiniões técnicas em caso de dolo ou erro grosseiro".

Foi exatamente esse o teor da questão da prova discursiva em direito administrativo do Tribunal de Justiça do Paraná – Comissão de Concurso Público para Provimento de Cargos de Juiz Substituto do Estado do Paraná (prova aplicada em 19-5-2019): "Redija um texto acerca de atos de improbidade administrativa, atendendo ao que se pede a seguir: 1 – Discorra a respeito da responsabilidade pessoal dos agentes públicos, de acordo com a legislação pertinente e com o entendimento do STJ".

9.2 CONTEXTUALIZAÇÃO COM O ADVENTO DA LEI N. 14.230/2021

Com a **Lei n. 14.230/2021** passou-se, **de forma expressa**, a exigir como elemento subjetivo caracterizador do ímprobo a figura do **dolo**, consistente na vontade livre e consciente de alcançar o resultado ilícito tipificado nas condutas do arts. 9º (enriquecimento ilícito), 10 (dano ao erário) e 11 (violação aos princípios da Administração), não bastando a voluntariedade do agente.

Assim:

ART. 9º DOS ATOS DE IMPROBIDADE ADMINISTRATIVA QUE IMPORTAM ENRIQUECIMENTO ILÍCITO	ART. 10 DOS ATOS DE IMPROBIDADE ADMINISTRATIVA QUE CAUSAM PREJUÍZO AO ERÁRIO	ART. 11 DOS ATOS DE IMPROBIDADE ADMINISTRATIVA QUE ATENTAM CONTRA OS PRINCÍPIOS DA ADMINISTRAÇÃO PÚBLICA
Constitui ato de improbidade administrativa importando em enriquecimento ilícito auferir, **mediante a prática de ato doloso**, qualquer tipo de vantagem patrimonial indevida em razão do exercício de cargo, de mandato, de função, de emprego ou de atividade nas entidades referidas no art. 1º desta Lei, e notadamente (...)	Constitui ato de improbidade administrativa que causa lesão ao erário qualquer **ação ou omissão dolosa**, que enseje, efetiva e comprovadamente, perda patrimonial, desvio, apropriação, malbaratamento ou dilapidação dos bens ou haveres das entidades referidas no art. 1º desta Lei, e notadamente. (...)	Constitui ato de improbidade administrativa que atenta contra os princípios da administração pública **a ação ou omissão dolosa** que viole os deveres de honestidade, de imparcialidade e de legalidade, caracterizada por uma das seguintes condutas (...)

A partir de 25 de outubro de 2021, portanto, o **dolo** passou a ser necessário para configuração e posterior fixação de penalidades àquele que cometer improbidade administrativa – fato este que dificultou, e muito, a inserção e penalização daquele que comente improbidade.

10. SANÇÕES ATRIBUÍDAS AO AGENTE ÍMPROBO

A Constituição Federal, em seu art. 37, § 4º, fixa uma **relação mínima** de penalidades (suspensão dos direitos políticos; perda da função pública; indisponibilidade de bens; ressarcimento ao erário), deixando para a norma infraconstitucional a incumbência de ampliar o rol das sanções conforme previsto no art. 12, I, II e III, da Lei n. 8.429/92.

Podemos sistematizar e comparar as sanções da Lei de Improbidade Administrativa da seguinte forma:

ART. 9º ENRIQUECIMENTO ILÍCITO	ART. 10 DANO AO ERÁRIO	ART. 11 VIOLAÇÃO AOS PRINCÍPIOS DA ADMINISTRAÇÃO
Perda dos bens ou valores acrescidos ilicitamente ao patrimônio.	Perda dos bens ou valores acrescidos ilicitamente ao patrimônio, se concorrer esta circunstância.	
Perda da função pública.	Perda da função pública.	
Suspensão dos direitos políticos até 14 (catorze) anos.	Suspensão dos direitos políticos até 12 (doze) anos.	

Pagamento de multa civil equivalente ao valor do acréscimo patrimonial.	Pagamento de multa civil equivalente ao valor do dano.	Pagamento de multa civil de até 24 (vinte e quatro) vezes o valor da remuneração percebida pelo agente.
Proibição de contratar com o poder público ou de receber benefícios ou incentivos fiscais ou creditícios, direta ou indiretamente, ainda que por intermédio de pessoa jurídica da qual seja sócio majoritário, pelo prazo não superior a 14 (catorze) anos.	Proibição de contratar com o poder público ou de receber benefícios ou incentivos fiscais ou creditícios, direta ou indiretamente, ainda que por intermédio de pessoa jurídica da qual seja sócio majoritário, pelo prazo não superior a 12 (doze) anos.	Proibição de contratar com o poder público ou de receber benefícios ou incentivos fiscais ou creditícios, direta ou indiretamente, ainda que por intermédio de pessoa jurídica da qual seja sócio majoritário, pelo prazo não superior a 4 (quatro) anos.

Importante ressaltar que, com a **Lei n. 14.230/2021**, as sanções previstas no art. 12 da lei de improbidade administrativa só poderão ser executadas **após o trânsito em julgado da sentença condenatória** nos termos do §9º do art. 12 e art. 20, ambos da Lei n. 8.429/92.

10.1 Critérios para fixação das penalidades previstas na Lei de Improbidade Administrativa (art. 12, I, II e III, da LIA)

a) PRINCÍPIO DA SUBSUNÇÃO

A conduta do autor da improbidade administrativa pode ofender simultaneamente mais de um dispositivo. Nesse caso, deverá o juiz valer-se do **princípio da subsunção**: a conduta e a sanção mais severa deverão absorver aquelas de menor gravidade[19].

Por essa razão, a Lei de Improbidade Administrativa impõe penalidades mais rigorosas para àquele que enriquece ilicitamente (art. 9º da LIA) se comparadas aos atos de improbidade que acarretam dano ao erário (art. 10 da LIA). Da mesma forma, fixa sanções mais rigorosas àquele que comete dano ao erário (art. 10 da LIA) do que ao que viola princípios da Administração (art. 11 da LIA).

b) PRINCÍPIOS DA PROPORCIONALIDADE E RAZOABILIDADE

Os **princípios da proporcionalidade e razoabilidade** são de observância obrigatória na aplicação das sanções para o ato de improbidade administrativa: deve haver proporcionalidade entre a conduta ímproba e a penalidade a ser fixada àquele que cometeu o ato de improbidade administrativa, objetivando inibir a reiteração da conduta ilícita.

---

[19] CARVALHO FILHO, José dos Santos. *Manual de direito administrativo*, 24. ed., Rio de Janeiro: Lumen Juris, 2011, p. 1.002; DI PIETRO, Maria Sylvia Zanella. *Direito administrativo*, 20. ed., São Paulo: Atlas, 2007, p. 730.

O art. 12, *caput*, da LIA estabelece critérios que orientam o aplicador do direito no momento da dosimetria da penalidade a ser aplicada àquele que desvirtuou o ordenamento jurídico.

Ao final de 2009, a redação do *caput* do art. 12 sofreu alteração pela Lei n. 12.120. A nova redação colocou uma pá de cal em tema que até então era objeto de grandes discussões entre os doutrinadores. Vejamos:

- **Primeira corrente:** mais severa, defendia que as penalidades da Lei de Improbidade Administrativa deveriam ser aplicadas de forma cumulativa[20]; Min. Francisco Falcão (STJ, REsp 993.658-SC, de 15-10-2009 – *Informativo 411*);
- **Segunda corrente:** tendo como adeptos os Desembargadores Rui Stoco e Francisco Vicente Rossi (ambos do Tribunal de Justiça do Estado de São Paulo); José dos Santos Carvalho Filho[21]; Franciulli Netto (STJ) e o Min. Luiz Fux (STF) entendiam que, das penalidades previstas para o ato de improbidade administrativa, deveriam ser aplicadas tantas quantas fossem necessárias para reprimir o ato. Entendimento este que posteriormente veio a ser consagrado expressamente pela Lei n. 12.120/2009 – que conferiu nova redação ao *caput* do art. 12 da LIA. Vejamos.

LEGISLAÇÃO CORRELATA

Lei n. 8.429/92

Note que a Lei n. 14.230 de outubro de 2021 alterou novamente este dispositivo, passando a dispor:

Art. 12. Independentemente do ressarcimento integral do dano patrimonial, se efetivo, e das sanções penais comuns e de responsabilidade, civis e administrativas previstas na legislação específica, está o responsável pelo ato de improbidade **sujeito às seguintes cominações, que podem ser aplicadas isolada ou cumulativamente, de acordo com a gravidade do fato**: (*Redação dada pela Lei n. 14.230, de 2021*)

Assim, a penalização ao agente ímprobo poderá abarcar todas as sanções previstas na lei cumulativamente, ou, ainda, **a depender da gravidade do fato**, o juiz poderá deixar de aplicar algumas. Isto não mudou com o advento da **Lei n. 14.230/2021**.

As penas não são necessariamente aplicadas de forma cumulativa, caberá ao magistrado dosar as sanções de acordo com a natureza, gravidade e consequências do ato ímprobo, sendo necessária a indicação das razões para a aplicação de cada uma delas – a fim de verificar a correta aplicação dos princípios da **razoabilidade e proporcionalidade**.

---

[20] GARCIA, Emerson; ALVES, Rogério Pacheco. *Improbidade administrativa*, 2. ed., Rio de Janeiro: Lumen Juris, 2004, p. 533.

[21] CARVALHO FILHO, José dos Santos. *Manual de direito administrativo*, 24. ed., Rio de Janeiro: Lumen Juris, 2011, p. 1001.

JURISPRUDÊNCIA

- **STJ, AGRG NO ARESP 73.968 – 29-10-2012**

    EMENTA. ADMINISTRATIVO E PROCESSUAL CIVIL. AGRAVO REGIMENTAL NO AGRAVO EM RECURSO ESPECIAL. AÇÃO CIVIL PÚBLICA. IMPROBIDADE ADMINISTRATIVA. LAUDO MÉDICO EMITIDO POR PROFISSIONAL MÉDICO, SERVIDOR PÚBLICO, EM SEU PRÓPRIO BENEFÍCIO. CONDENAÇÃO EM MULTA CIVIL. REDUÇÃO. PRINCÍPIOS DA PROPORCIONALIDADE E RAZOABILIDADE.

    1. Agravos regimentais interpostos contra decisão que deu provimento ao recurso especial, por violação do art. 12 da Lei n. 8.429/92, para reduzir a pena de multa imposta à recorrente, pela prática de ato de improbidade administrativa. A primeira agravante defende a inexistência de ato ímprobo e a desproporcionalidade da pena de multa que fora arbitrada. O segundo, que a pretensão não deveria ter sido acolhida, à luz do entendimento contido na Súmula n. 7 do STJ, e que "se a conduta ímproba é grave, a resposta judicial tem que guardar paridade e consonância com tal ato, devendo ser enérgica, sob pena de representar um incentivo à continuidade da prática de atos contrários aos princípios da legalidade e da moralidade" (fl. 788).

    2. **Conforme pacífico entendimento do STJ, "não se pode confundir improbidade com simples ilegalidade. A improbidade é ilegalidade tipificada e qualificada pelo elemento subjetivo da conduta do agente. Por isso mesmo, a jurisprudência do STJ considera indispensável, para a caracterização de improbidade, que a conduta do agente seja dolosa, para a tipificação das condutas descritas nos arts. 9º e 11 da Lei n. 8.429/92, ou pelo menos eivada de culpa grave, nas do art. 10"** (AIA 30/AM, rel. Min. Teori Albino Zavascki, Corte Especial, *DJe* 28-9-2011). De outro lado, o elemento subjetivo necessário à configuração de improbidade administrativa previsto pelo art. 11 da Lei n. 8.429/92 é o dolo eventual ou genérico de realizar conduta que atente contra os princípios da Administração Pública, não se exigindo a presença de intenção específica, pois a atuação deliberada em desrespeito às normas legais, cujo desconhecimento é inescusável, evidencia a presença do dolo. Nesse sentido, dentre outros: AgRg no AREsp 8.937/MG, rel. Min. Benedito Gonçalves, 1ª T., *DJe* 2-2-2012.

    3. O acórdão recorrido, sobre a caracterização do ato ímprobo, está em sintonia com o entendimento jurisprudencial do STJ, porquanto não se exige o dolo específico na prática do ato administrativo para caracterizá-lo como ímprobo. Ademais, não há como afastar o elemento subjetivo daquele que emite laudo médico de sua competência para si mesmo.

    4. No caso dos autos, o Tribunal de Justiça do Estado de São Paulo, **em razão da prática de ato ímprobo (art. 11 da Lei n. 8.429/92), ponderando a respeito da extensão do dano causado, do proveito patrimonial obtido, da gravidade da conduta e da intensidade do elemento subjetivo do agente, condenou a ora recorrente à multa "no valor de 20 vezes o valor da remuneração percebida, quando da sua manutenção no primeiro cargo, pelo período de 5 (cinco) anos, 1999 a 2004, esclarecendo que esta não é quantia referente à lesão ao patrimônio público".**

    5. **Em sede de revaloração do que fora considerado pelo acórdão *a quo*, atentando-se para os princípios da proporcionalidade e da razoabilidade, a multa deve ser reduzida para 5 vezes o valor da remuneração mensal que percebia pelo exercício do cargo, em razão desse valor ser suficiente para penalizar a recorrente pela conduta perpetrada.** Sobre a possibilidade de readequação da pena, em sede de recurso especial, *vide*, dentre outros: REsp 980.706/RS, rel. Min. Luiz Fux, 1ª T., *DJe* 23-2-2011; REsp 875.425/RJ, rel. Min. Denise Arruda, 1ª T., *DJe* 11-2-2009.

    6. Agravos regimentais não providos.

- **STJ, RESP 658.389 – 3-8-2007**

  EMENTA. PROCESSUAL CIVIL – ADMINISTRATIVO – AÇÃO CIVIL PÚBLICA – INTEMPESTIVIDADE – ENTENDIMENTO DA CORTE ESPECIAL – SANÇÕES DO ART. 12 DA LEI DE IMPROBIDADE – CUMULAÇÃO DE PENAS.

  1. A Corte Especial, no julgamento do REsp 776.265/SC, adotou o entendimento de que o recurso especial, interposto antes do julgamento dos embargos de declaração opostos junto ao Tribunal de origem, deve ser ratificado no momento oportuno, sob pena de ser considerado intempestivo.

  2. Consoante a jurisprudência desta Corte, **as penas do art. 12 da Lei n. 8.429/92 não são aplicadas necessariamente de forma cumulativa, do que decorre a necessidade de se fundamentar o porquê da escolha das penas aplicadas, bem como da sua cumulação, de acordo com fatos e provas abstraídos dos autos**, o que não pode ser feito em sede de recurso especial, diante do óbice da Súmula 7/STJ.

  3. Recurso especial do réu não conhecido e improvido o do Ministério Público.

Aprofundamento: Entendimento do STJ: possibilidade de aplicação **apenas** do ressarcimento do dano ao agente ímprobo

Importante ressaltar, ainda neste contexto de observância aos princípios da razoabilidade e proporcionalidade, o posicionamento do STJ no sentido de que, configurado o ato de improbidade administrativa, a sanção **não pode** se limitar unicamente ao ressarcimento de danos.

É inadmissível que ao ímprobo sejam aplicadas unicamente as sanções de ressarcimento do dano e perda de bens, pois estas, em verdade, não são reprimendas, visando unicamente à recomposição do *status quo*. Inclusive, ao Ministério Público incumbe o pedido de restabelecimento das demais sanções caso a condenação se limite ao ressarcimento do dano, até como obediência aos princípios da moralidade e da indisponibilidade do interesse público (tese consolidada pelas duas Turmas especializadas de direito público do Tribunal da Cidadania).

No julgamento do **REsp 622.234**, o Ministro Mauro Campbell Marques explicou que, nos casos de improbidade administrativa, duas são as consequências de cunho pecuniário: a) multa civil; b) ressarcimento. "A primeira vai cumprir o papel de verdadeiramente sancionar o agente ímprobo, enquanto o segundo vai cumprir a missão de caucionar o rombo consumado em desfavor do erário".

JURISPRUDÊNCIA

- **STJ, RESP 622.234 – 15-10-2009**

  "[...] As Turmas que compõem a Primeira Seção do Superior Tribunal de Justiça já se posicionaram no sentido de que, caracterizado o prejuízo ao erário, o ressarcimento não pode ser considerado propriamente uma sanção, senão uma consequência imediata e necessária do ato combatido, razão pela qual não se pode excluí-lo, a pretexto de cumprimento do paradigma da proporcionalidade das penas estampado no art. 12 da Lei n. 8.429/92. [...] 10. Mas a dogmática do ressarcimento não se esgota aí. Em termos de improbidade administrativa, onde se lê 'ressarcimento integral do dano' deve compreender-se unicamente os prejuízos efetivamente causados ao Poder Público, sem outras considerações ou parâmetros. 11. Ora, a Lei n. 8.429/92 – LIA, em seu art. 12, arrola diversas sanções concomitantemente aplicáveis ao ressarcimento (não sendo este, frise-se, verdadeiramente uma sanção) e são elas que têm o objetivo de verdadeiramente reprimir a conduta ímproba e evitar o cometimento de novas infrações. Somente elas estão sujeitas a considerações outras que não a própria extensão do dano. 12. O ressarcimento é apenas uma medida ética e economicamente defluente do ato que macula a saúde do erário; as outras demais sanções é que podem levar em conta, *e.g.*, a gravidade da conduta ou a forma como o ato ímprobo foi cometido, além da própria extensão do dano. Vale dizer: o ressarcimento é providência de caráter rígido, *i.e.*, sempre se impõe e sua extensão é exatamente a mesma do prejuízo ao patrimônio público. 13. A perda da função pública, a sanção política, a multa civil e a proibição de contratar com a Administração Pública e de receber benefícios do Poder Público, ao contrário, têm caráter elástico, ou seja, são providências que podem ou não ser aplicadas e, caso o sejam, são dadas à mensuração – conforme, exemplificativamente, à magnitude do dano, à gravidade da conduta e/ou a forma de cometimento do ato – nestes casos, tudo por conta do p. ún. do art. 12 da Lei n. 8.429/92. A bem da verdade, existe uma única exceção a essa elasticidade das sanções da LIA: é que pelo menos uma delas deve vir ao lado do dever de ressarcimento. [...] 14. Na verdade, essa criteriosa separação torna-se mais imperiosa porque, na seara da improbidade administrativa, existem duas consequências de cunho pecuniário, que são a multa civil e o ressarcimento. A primeira vai cumprir o papel de verdadeiramente sancionar o agente ímprobo, enquanto o segundo vai cumprir a missão de caucionar o rombo consumado em desfavor do erário. [...]" (STJ, REsp 622.234 SP, rel. Min. Mauro Campbell Marques, 2ª T., j. 1-10-2009, *DJe* 15-10-2009).

- **STJ, RESP 1.298.814 – 17-4-2012**

    "**EMENTA. ADMINISTRATIVO. RECURSO ESPECIAL. AÇÃO CIVIL PÚBLICA. DANO AO ERÁRIO. RESSARCIMENTO. ÚNICA MEDIDA IMPOSTA COMO CONSEQUÊNCIA DA IMPROBIDADE ADMINISTRATIVA. IMPOSSIBILIDADE. CONDENAÇÃO EM MULTA CIVIL.**

    1. **As Turmas que compõem a Primeira Seção do Superior Tribunal de Justiça já se posicionaram no sentido de que, caracterizado o prejuízo ao erário, o ressarcimento não pode ser considerado propriamente uma sanção, senão uma consequência imediata e necessária do ato combatido, razão pela qual não se pode excluí-lo, a pretexto de cumprimento do paradigma da proporcionalidade das penas estampado no art. 12 da Lei n. 8.429/92.** Precedentes.

    2. Tendo em vista a natureza patrimonial da lesão provocada, entende-se por bem manter a imposição do ressarcimento a título solidário contra ambos os réus e a proibição de contratar em face de Severino Buss (até porque o recorrente não suscitou junto a esta Corte Superior a revisão de tais condenações), acrescentando, em face do ex-Prefeito, e apenas dele, a condenação em multa civil na razão de 20% do valor do dano, atualizado monetariamente.

    3. Recurso especial provido."

- **STJ, RESP 1.184.897 – 27-4-2011**

    "**ADMINISTRATIVO. IMPROBIDADE. DANO AO ERÁRIO. CULPA. IMPROBIDADE CONFIGURADA. RESSARCIMENTO. INSUFICIÊNCIA. APLICAÇÃO DAS SANÇÕES PROPRIAMENTE DITAS. NECESSIDADE. DOSIMETRIA A CARGO DO JULGADOR ORDINÁRIO.**

    1. Cuidam os autos de Ação de Improbidade Administrativa movida contra ex-prefeita do Município de Rio Formoso/PE, com base em apuração feita pelo Tribunal de Contas das seguintes irregularidades: não aplicação de material adquirido para saneamento básico e recuperação das vias públicas; dispêndios representados pelo excedente embutido nos custos globais de obras;

aquisição de insumos por preços maiores que os praticados no mercado na recuperação de casas populares e escolas; e gastos com material de construção e serviços sem destinação definida.

2. A instância ordinária julgou o pedido procedente em parte para condenar a ré ao ressarcimento do Erário no valor de R$ 25.000,00, deixando, porém, de lhe impor sanções pela prática de improbidade administrativa, ao fundamento de não ter havido comprovação de dolo, mas apenas negligência.

3. O art. 10 da Lei n. 8.429/92, que censura as condutas ímprobas por dano ao Erário, admite a modalidade culposa. Precedentes do STJ.

4. O ressarcimento não constitui sanção propriamente dita, mas sim consequência necessária do prejuízo causado. Caracterizada a improbidade administrativa por dano ao Erário, a devolução dos valores é imperiosa e deve vir acompanhada de pelo menos uma das sanções legais que, efetivamente, visam a reprimir a conduta ímproba e a evitar o cometimento de novas infrações. Precedentes do STJ.

5. A repercussão do dano, o elemento subjetivo do agente e outras particularidades do caso concreto devem ser avaliados e ponderados pelo julgador ordinário na dosimetria das sanções, aplicáveis cumulativamente ou não, à luz dos princípios da razoabilidade e da proporcionalidade.

6. Recurso Especial provido, com o retorno do processo ao Tribunal de origem."

- **STJ, RESP 1.185.114 – 4-10-2010**

"**EMENTA. ADMINISTRATIVO. AÇÃO CIVIL PÚBLICA. DANO AO ERÁRIO. APLICAÇÃO DE MULTA CIVIL. INSUFICIÊNCIA. ART. 12 DA LEI N. 8.429/97. INSTITUTOS JURÍDICOS PARA FINS DE INCIDÊNCIA DAS PREVISÕES DO ART. 12 DA LEI N. 8.249/92.**

1. As Turmas que compõem a Primeira Seção do Superior Tribunal de Justiça já se posicionaram no sentido de que, caracterizado o prejuízo ao erário, o ressarcimento não pode ser considerado propriamente uma sanção, senão uma consequência imediata e necessária do ato combatido, razão pela qual não se pode excluí-lo, a pretexto de cumprimento do paradigma da proporcionalidade das penas estampado no art. 12 da Lei n. 8.429/92. A este respeito, v., p. ex., REsp 664.440/MG, rel. Min. José Delgado, 1ª T., *DJU* 8-5-2006.

2. A Lei n. 8.429/92 – LIA, em seu art. 12, arrola diversas sanções concomitantemente aplicáveis ao ressarcimento (não sendo este, frise-se, verdadeiramente uma sanção) e são elas que têm o objetivo de verdadeiramente reprimir a conduta ímproba e evitar o cometimento de novas infrações. Somente elas estão sujeitas a considerações outras que não a própria extensão do dano.

3. O ressarcimento é apenas uma medida ética e economicamente defluente do ato que macula a saúde do erário; as outras demais sanções é que podem levar em conta, *e.g.*, **a gravidade da conduta ou a forma como o ato ímprobo foi cometido, além da própria extensão do dano. Vale dizer: o ressarcimento é providência de caráter rígido,** *i.e.*, **sempre se impõe e sua extensão é exatamente a mesma do prejuízo ao patrimônio público.**

4. A perda da função pública, a sanção política, a multa civil e a proibição de contratar com a Administração Pública e de receber benefícios do Poder Público, ao contrário, têm caráter elástico, ou seja, são providências que podem ou não ser aplicadas e, caso o sejam, são dadas à mensuração – conforme, exemplificativamente, à magnitude do dano, à gravidade da conduta e/ou a forma de cometimento do ato – nestes casos, tudo por conta do p. ún. do art. 12 da Lei

n. 8.429/92. A bem da verdade, existe uma única exceção a essa elasticidade das sanções da LIA: é que pelo menos uma delas deve vir ao lado do dever de ressarcimento.

5. Existem duas consequências de cunho pecuniário, que são a multa civil e o ressarcimento. A primeira vai cumprir o papel de verdadeiramente sancionar o agente ímprobo, enquanto o segundo vai cumprir a missão de caucionar o rombo consumado em desfavor do erário.

6. É preciso reconhecer e bem lidar com essa diferenciação para evitar uma proteção da moralidade de forma deficiente ou excessiva, pois ambas as situações corresponderiam à antítese da proporcionalidade.

7. A mera condenação em multa civil realizada pelo Tribunal de origem é demasiadamente pouca. Daí que é viável manter a condenação pecuniária imposta aos recorridos, mas nos seguintes termos: (i) ressarcimento integral do dano causado; (ii) aumentar a multa civil do ex-prefeito para 20 (vinte) vezes a última remuneração que percebia como Prefeito, e (iii) para a empresa beneficiada, manter a multa de 10 (dez) vezes a última remuneração do ex-prefeito, e estabelecer a proibição de contratar com o Poder Público ou receber benefícios ou incentivos fiscais ou creditícios, direta ou indiretamente, ainda que por intermédio de pessoa jurídica da qual seja sócio majoritário, pelo prazo de três anos, conforme disposto no art. 12, inciso III, da Lei de Improbidade.

8. Visa-se inibir qualquer nova conduta dos recorridos em atos de improbidade. Posto que a ação de improbidade se destina fundamentalmente a aplicar as sanções de caráter punitivo referidas, que têm a força pedagógica e intimidadora de inibir a reiteração da conduta ilícita.

9. Recurso especial parcialmente conhecido e nessa parte provido."

- **STJ, RESP 664.440 – 8-5-2006**

"EMENTA. AÇÃO CIVIL PÚBLICA EM RAZÃO DE IMPROBIDADE ADMINISTRATIVA. RECURSO ESPECIAL. EX-PREFEITO. EXISTÊNCIA DE PROPORCIONALIDADE E RAZOABILIDADE NA CONDENAÇÃO. REPARAÇÃO DE DANO QUE NÃO SE CONFUNDE COM APLICAÇÃO DE PENA. LEGALIDADE DA OBRIGAÇÃO DE RESSARCIR O PREJUÍZO, ALÉM DA SUSPENSÃO DOS DIREITOS POLÍTICOS. ART. 12, I, DA LEI N. 8.429/92. RESTABELECIMENTO DA SOLUÇÃO APLICADA NA SENTENÇA. RECURSO ESPECIAL PROVIDO.

1. Ação civil pública ajuizada pelo Ministério Público do Estado de Minas Gerais contra Elias Antônio Filho, ex-prefeito de Ijaci/MG, em que se discute o cometimento de ato de improbidade. Sentença julgando parcialmente procedente o pedido e condenando o demandado ao ressarcimento de 260 (duzentos e sessenta) sacos de cimento, além da cominação das penas de suspensão de direitos políticos e proibição de contratar com o Poder Público ou de receber benefícios ou incentivos fiscais ou creditícios pelo prazo de cinco anos.

Interposta apelação pelo ex-prefeito, o TJMG deu-lhe parcial provimento por entender que as penalidades por atos de improbidade administrativa hão de ser aplicadas levando-se em conta a gravidade do ato punível e a amplitude de seus efeitos danosos, devendo ser mantida apenas a obrigatoriedade do reembolso. Recurso especial do Ministério Público de Minas Gerais alegando violação do art. 12 da Lei n. 8.429/92, em razão da proibição de aplicação isolada da obrigação de ressarcimento do dano pelo citado dispositivo, pois além de ressarcir o dano, o administrador ímprobo deve ser punido pela conduta desonesta. Contrarrazões sustentando a necessidade de aplicação do princípio da proporcionalidade nas sanções previstas na Lei de Improbidade. Parecer do Ministério Público Federal pelo provimento do apelo.

2. Não se vislumbra nenhuma ilegalidade no fato de o recorrido, ex-prefeito, ser compelido a ressarcir o prejuízo econômico que causou ao Município de Ijaci/MG, do qual, note-se, era o chefe do Poder Executivo, além de receber sanções de direito de natureza pessoal, tais como a suspensão dos direitos políticos e as restrições no relacionamento com o Poder Público, medidas que o art. 12, I, da Lei n. 8.429/92, com clareza, autoriza serem aplicadas.

3. Recurso especial conhecido e provido para o efeito de que sejam impostas ao recorrido as sanções de suspensão dos direitos políticos pelo prazo de cinco anos, a partir do trânsito em julgado, bem como a proibição de contratar com o Poder Público ou de receber benefícios ou incentivos fiscais ou creditícios, direta ou indiretamente, ainda que por intermédio de pessoa jurídica da qual seja sócio majoritário, além da obrigação de ressarcir ao Erário o prejuízo de 260 (duzentos e sessenta) sacos de cimento, consoante o disposto às fls. da sentença. 558/559."

Este entendimento até então já consolidado no STJ apenas se **solidificou** quando a **Lei n. 14.230/2021**, de forma expressa, alterou a redação do art. 12 da Lei n. 8.429/92 ao prever: "**independentemente do ressarcimento integral do dano patrimonial, se efetivo**, e das sanções penais comuns e de responsabilidade, civis e administrativas previstas na legislação específica, está o responsável pelo ato de improbidade sujeito às seguintes cominações, que podem ser aplicadas isolada ou cumulativamente, de acordo com a gravidade do fato".

c) PRINCÍPIO DA ADEQUAÇÃO PUNITIVA

Pelo **princípio da adequação punitiva**, a sanção só comporta aplicabilidade se houver adequação com a natureza do autor do fato, isto é, a penalidade de "perda da função pública" só poderá ser aplicada ao autor do fato que seja "agente público", excluídos dessa penalidade os terceiros que de qualquer forma puderem concorrer para a prática do ato ímprobo (art. 3º da Lei de Improbidade).

A multa civil de até 24 (vinte e quatro) vezes a remuneração recebida pelo agente (art. 12, III, da Lei n. 8.429/92) só pode ser aplicada ao agente público que recebe remuneração, não podendo ser atribuída aos agentes colaboradores honoríficos, que não recebem remuneração, mas que podem ser sujeitos ativos dos atos de improbidade administrativa.

d) PRINCÍPIO DA INDEPENDÊNCIA DAS INSTÂNCIAS

As instâncias civil, penal e administrativa são independentes. Dessa forma, é possível que um ato viole preceitos de apenas uma natureza: a desobediência do servidor viola apenas preceito administrativo – ensejando sua punição apenas perante o estatuto do servidor, porém, não viola preceitos penais e civis.

Entretanto, se algumas condutas violarem simultaneamente normas de diversa natureza, sofrerá o autor tantas sanções quantas forem as agressões. *Exemplificando:* se o agente público desviar um milhão da Administração Pública, essa conduta será considerada ilícito penal (ensejará ação penal); simultaneamente, será ilícito administrativo (enseja processo administrativo) e, por fim, também é considerada ilícito civil (enseja propositura de ação civil pública). São três ilícitos diferentes, com três tipos diferentes de ações, e o autor será processado em cada uma dessas searas, pois vigora a regra do Princípio da Independência das Instâncias.

Importante observar que, se certa sanção de outra esfera for aplicada, e essa sanção for idêntica à da Lei de Improbidade Administrativa, deve-se respeitar o *ne bis in idem*. Assim, se em sede de processo administrativo (infração administrativa) o servidor receber a penalidade de demissão, não poderá numa ação de improbidade administrativa (ilícito civil) ser atribuída a pena de perda do cargo, sob pena de estar configurado o *bis in idem*.

Nesse sentido *vide*: STJ, Pet 2.588[22]; STJ, MS 15.848; STJ, MS 16.418 e STJ, AgRg no AREsp 103.419. Assim também o próprio teor do *caput* do art. 12 (com redação dada pela **Lei n. 14.230/21**) da lei de improbidade administrativa: "independentemente do ressarcimento integral do dano patrimonial, se efetivo, e das **sanções penais comuns e de responsabilidade, civis e administrativas previstas na legislação específica**, está o responsável pelo ato de improbidade sujeito às seguintes cominações, que podem ser aplicadas isolada ou cumulativamente, de acordo com a gravidade do fato".

11. PRESCRIÇÃO

Com o advento da **Lei n. 14.230/2021**, algumas mudanças ocorreram na lei de improbidade administrativa no que tange ao instituto da **prescrição**.

a) O prazo prescricional para aplicação das sanções previstas na Lei n. 8.429/92 passou a ser de **08 (oito) anos** a partir da ocorrência do fato, ou no caso de infrações permanentes, do dia em que cessou a permanência.

Este prazo interrompe-se em algumas situações:

a.1) ajuizamento da ação de improbidade administrativa;

a.2) publicação da sentença condenatória;

a.3) publicação de decisão ou acórdão de Tribunal de Justiça ou Tribunal Regional Federal que confirma sentença condenatória ou que reforma sentença de improcedência;

---

[22] "[...] o ordenamento jurídico brasileiro abarca inúmeras hipóteses em que a mesma conduta recebe disciplina normativa sob diferentes enfoques – *e.g.* administrativo, civil, penal, tributário. [...] 'A própria Carta Magna ao dispor sobre as sanções aplicáveis distinguiu as sanções civis decorrentes da prática de atos de improbidade administrativa das sanções penais. Neste contexto, impõe-se destacar que um ato de improbidade administrativa não corresponde, necessariamente, a um ilícito penal, podendo, entretanto, também corresponder a uma figura típica penalmente prevista, hipótese em que a ação cível correrá concomitantemente com a ação penal. Caso assim não fosse entendido – sendo consideradas como penais as sanções prescritas na ação de improbidade – seria inútil a ressalva expressamente prevista na parte final do dispositivo constitucional. Assim, os atos de improbidade definidos nos arts. 9º, 10 e 11 da Lei n. 8.429/92 poderão sim corresponder também a crimes. Neste caso poderá haver a instauração simultânea de três processos distintos: a) ação penal, onde serão apurados os crimes eventualmente cometidos segundo a legislação penal aplicável; b) a ação civil, com a averiguação da improbidade administrativa e a aplicação das sanções previstas na Lei n. 8.429/92; e c) processo administrativo, na hipótese de servidores públicos, com a investigação dos ilícitos administrativos praticados e aplicação das penalidade previstas no estatuto do servidor' [...]" (STJ, Pet 2.588 RO, rel. Min. Franciulli Netto, rel. p/ Acórdão Ministro Luiz Fux, Corte Especial, j. 16-3-2005, *DJ* 9-10-2006).

a.4) pela publicação de decisão ou acórdão do Superior Tribunal de Justiça que confirma acórdão condenatório ou que reforma acórdão de improcedência;

a.5) pela publicação de decisão ou acórdão do Supremo Tribunal Federal que confirma acórdão condenatório ou que reforma acórdão de improcedência.

b) A instauração de inquérito civil ou de processo administrativo para apuração dos ilícitos referidos na lei de improbidade administrativa **suspende** o curso do prazo prescricional por, **no máximo, 180 (cento e oitenta) dias corridos**, recomeçando a correr após a sua conclusão ou, caso não concluído o processo, esgotado o prazo de suspensão.

c) O inquérito civil para apuração do ato de improbidade será concluído **no prazo de 365 (trezentos e sessenta e cinco) dias corridos**, prorrogável uma única vez por igual período, mediante ato fundamentado submetido à revisão da instância competente do órgão ministerial, conforme dispuser a respectiva lei orgânica. Encerrado este prazo, a ação **deverá ser proposta no prazo de 30 (trinta) dias**, se não for caso de arquivamento do inquérito civil.

d) A suspensão e a interrupção da prescrição produzem efeitos relativamente a todos os que concorreram para a prática do ato de improbidade.

e) Nos atos de improbidade conexos que sejam objeto do mesmo processo, a suspensão e a interrupção relativas a qualquer deles estendem-se aos demais.

Aprofundamento: O STF decidiu que o novo texto da Lei de Improbidade Administrativa (com as alterações inseridas pela Lei n. 14.230/2021) não pode ser aplicado a casos não intencionais (culposos) nos quais houve condenações definitivas e processos em fase de execução das penas. O Tribunal também entendeu que o novo regime prescricional previsto na lei **não é retroativo** e que os prazos **passam a contar a partir de 26-10-2021, data da publicação da norma**.

Prevaleceu o entendimento do relator, ministro Alexandre de Moraes, de que a LIA está no âmbito do **direito administrativo sancionador**, e não do direito penal, portanto, a nova norma, mesmo sendo mais benéfica para o réu, **não retroage** nesses casos.

Os Ministros entenderam que **a nova lei somente se aplica** a atos culposos praticados na vigência da norma anterior **se a ação ainda não tiver decisão definitiva**. Segundo a decisão tomada no **ARE 843.989**, como o texto anterior que não considerava a vontade do agente para os atos de improbidade foi expressamente revogado, não é possível a continuidade da ação em andamento por esses atos. A maioria destacou, porém, que o juiz deve analisar caso a caso se houve **dolo** (intenção) do agente antes de encerrar o processo (**tema 1199**).

A **tese** firmada em agosto de 2022 tem a seguinte redação: "**1.** É necessária a comprovação de responsabilidade subjetiva para a tipificação dos atos de improbidade administrativa, exigindo-se – nos arts. 9º, 10 e 11 da LIA – a presença do elemento subjetivo – DOLO; **2.** A norma benéfica da Lei n. 14.230/2021 – revogação da modalidade culposa do ato de improbidade administrativa –, é IRRETROATIVA, em virtude do art. 5º, inciso XXXVI, da Constituição Federal, não tendo incidência em relação à eficácia da coisa julgada; nem tampouco durante o processo de execução das penas e seus incidentes; **3.** A nova Lei n. 14.230/2021 aplica-se aos atos de improbidade administrativa culposos praticados na vigência do texto anterior da lei, porém sem condenação transitada em julgado, em virtude da revogação expressa do texto anterior; devendo o juízo competente analisar eventual dolo por parte do agente; **4.** O novo regime prescricional previsto na Lei n. 14.230/2021 é IRRETROATIVO, aplicando-se os novos marcos temporais a partir da publicação da lei".

LEGISLAÇÃO CORRELATA

Lei n. 8.429/92

Art. 23. A ação para a aplicação das sanções previstas nesta Lei **prescreve em 8 (oito) anos**, contados a partir da ocorrência do fato ou, no caso de infrações permanentes, do dia em que cessou a permanência. (*Redação dada pela Lei n. 14.230, de 2021*)

I – (revogado); (*Redação dada pela Lei n. 14.230, de 2021*)

II – (revogado); (*Redação dada pela Lei n. 14.230, de 2021*)

III – (revogado). (*Redação dada pela Lei n. 14.230, de 2021*)

§ 1º A **instauração de inquérito civil ou de processo administrativo** para apuração dos ilícitos referidos nesta Lei suspende o curso do prazo prescricional por, no máximo, 180 (cento e oitenta) dias corridos, recomeçando a correr após a sua conclusão ou, caso não concluído o processo, esgotado o prazo de suspensão. (*Incluído pela Lei n. 14.230, de 2021*)

§ 2º O inquérito civil para apuração do ato de improbidade **será concluído no prazo de 365 (trezentos e sessenta e cinco) dias corridos, prorrogável uma única vez por igual período**, mediante ato fundamentado submetido à revisão da instância competente do órgão ministerial, conforme dispuser a respectiva lei orgânica. (*Incluído pela Lei n. 14.230, de 2021*)

§ 3º Encerrado o prazo previsto no § 2º deste artigo, a ação deverá ser proposta no prazo de 30 (trinta) dias, se não for caso de arquivamento do inquérito civil. (*Incluído pela Lei n. 14.230, de 2021*)

§ 4º O prazo da prescrição referido no *caput* deste artigo interrompe-se: (*Incluído pela Lei n. 14.230, de 2021*)

I – pelo ajuizamento da ação de improbidade administrativa; (*Incluído pela Lei n. 14.230, de 2021*)

II – pela publicação da sentença condenatória; (*Incluído pela Lei n. 14.230, de 2021*)

III – pela publicação de decisão ou acórdão de Tribunal de Justiça ou Tribunal Regional Federal que confirma sentença condenatória ou que reforma sentença de improcedência; (*Incluído pela Lei n. 14.230, de 2021*)

IV – pela publicação de decisão ou acórdão do Superior Tribunal de Justiça que confirma acórdão condenatório ou que reforma acórdão de improcedência; (*Incluído pela Lei n. 14.230, de 2021*)

V – pela publicação de decisão ou acórdão do Supremo Tribunal Federal que confirma acórdão condenatório ou que reforma acórdão de improcedência. (*Incluído pela Lei n. 14.230, de 2021*)

§ 5º Interrompida a prescrição, o prazo recomeça a correr do dia da interrupção, pela metade do prazo previsto no *caput* deste artigo. (*Incluído pela Lei n. 14.230, de 2021*)

§ 6º A suspensão e a interrupção da prescrição produzem efeitos relativamente a todos os que concorreram para a prática do ato de improbidade. (*Incluído pela Lei n. 14.230, de 2021*)

§ 7º Nos atos de improbidade conexos que sejam objeto do mesmo processo, a suspensão e a interrupção relativas a qualquer deles estendem-se aos demais. (*Incluído pela Lei n. 14.230, de 2021*)

§ 8º O juiz ou o tribunal, depois de ouvido o Ministério Público, deverá, de ofício ou a requerimento da parte interessada, reconhecer a prescrição intercorrente da pretensão sancionadora e decretá-la de imediato, caso, entre os marcos interruptivos referidos no § 4º, transcorra o prazo previsto no § 5º deste artigo. (*Incluído pela Lei n. 14.230, de 2021*)

Art. 23-A. É dever do poder público **oferecer contínua capacitação** aos agentes públicos e políticos que atuem com prevenção ou repressão de atos de improbidade administrativa. (*Incluído pela Lei n. 14.230, de 2021*)

Art. 23-B. Nas ações e nos acordos regidos por esta Lei, **não haverá** adiantamento de custas, de preparo, de emolumentos, de honorários periciais e de quaisquer outras despesas. (*Incluído pela Lei n. 14.230, de 2021*)

§ 1º No caso de procedência da ação, as custas e as demais despesas processuais serão pagas ao final. (*Incluído pela Lei n. 14.230, de 2021*)

§ 2º Haverá condenação em honorários sucumbenciais em caso de improcedência da ação de improbidade se comprovada má-fé. (*Incluído pela Lei n. 14.230, de 2021*)

Art. 23-C. Atos que ensejem enriquecimento ilícito, perda patrimonial, desvio, apropriação, malbaratamento ou dilapidação de recursos públicos dos partidos políticos, ou de suas fundações, **serão responsabilizados nos termos da Lei n. 9.096, de 19 de setembro de 1995**. (*Incluído pela Lei n. 14.230, de 2021*)

11.1 Prescrição de ação de reparação de danos à Fazenda Pública decorrente de ilícito civil

O STF reconheceu a **repercussão geral** no **RE 669.069 (tema 666)**, em que se firmou a **tese** de que "é prescritível a ação de reparação de danos à Fazenda Pública decorrente de ilícito civil".

O caso foi analisado à luz do art. 37, § 5º, da Constituição Federal, e, de acordo com o entendimento do Ministro Relator, durante o julgamento do referido recurso, ficou clara a opção do Tribunal de considerar como **ilícito civil** o de natureza semelhante ao do caso concreto em exame, que tratou de danos decorrentes de acidente de trânsito.

Assim, **não são** considerados, para efeito de aplicação da tese, **os ilícitos decorrentes de infração ao direito público, como os de natureza penal e os de improbidade**, por exemplo.

11.2 Imprescritibilidade de ação de ressarcimento decorrente de ato doloso de improbidade administrativa

No **RE 852.475**, o Plenário Virtual do STF reconheceu (no ano de 2016) a existência de **repercussão geral (tema 897)** em ação que trata especificamente da **prescrição** nas ações de ressarcimento ao erário por parte de agentes públicos em decorrência da prática de **atos de improbidade administrativa**.

O julgamento do referido caso teve início em 2 de agosto de 2018 quando cinco Ministros acompanharam o voto do relator, Ministro Alexandre de Moraes, no sentido de desprovimento do recurso do Ministério Público Estadual, entendendo aplicar-se ao caso o prazo de prescrição previsto na Lei n. 8.429/92, de cinco anos. O Ministro Edson Fachin, acompanhado da Ministra Rosa Weber, **divergiu** do Relator por entender que o ressarcimento do dano decorrente de **ato de improbidade** administrativa é imprescritível (art. 37, § 5º, da CF).

Posteriormente, todos os Ministros que seguiram a divergência aberta pelo Ministro Edson Fachin alinharam seus votos a essa proposta, e, em **8 de agosto de 2018**, por maioria de votos, o Plenário do STF **reconheceu a imprescritibilidade de ações de ressarcimento de danos ao erário decorrentes de ato doloso de improbidade administrativa** (ou seja, quando o ato de improbidade decorrer de enriquecimento ilícito, favorecimento ilícito de terceiros, violação aos princípios da Administração ou causar dano intencional à Administração Pública).

A **tese** proposta pelo Ministro Edson Fachin teve a seguinte redação: "**São imprescritíveis as ações de ressarcimento ao erário fundadas na prática de ato doloso tipificado na Lei de Improbidade Administrativa**".

11.3 Prescritibilidade da pretensão de ressarcimento ao erário fundada em decisão de Tribunal de Contas

Por fim, envolvendo o tema prescrição, o STF reconheceu (também no ano de 2016) a **repercussão geral** do tema tratado no **RE 636.886 (tema 899)**, em que se discute a prescritibilidade da pretensão de ressarcimento ao erário fundada em decisão de Tribunal de Contas.

No caso concreto, uma ex-presidente da Associação Cultural Zumbi, em Alagoas, deixou de prestar contas de recursos recebidos do Ministério da Cultura para fins de aplicação no projeto Educar Quilombo. Por essa razão, o Tribunal do Contas da União (TCU), no julgamento de tomadas de conta especial, condenou a ex-dirigente a restituir aos cofres públicos os valores recebidos por meio do convênio. A parte não cumpriu a obrigação, o que levou a União a ajuizar ação de execução de título executivo extrajudicial. Decisão da primeira instância da Justiça Federal em Alagoas reconheceu, de ofício, a prescrição e extinguiu o processo de execução fiscal. Em seguida, ao julgar recurso, o Tribunal Regional Federal da 5ª Região (TRF-5) manteve o entendimento da sentença.

No STF, a União aponta ofensa ao art. 37, § 5º, da Constituição Federal e alega que não se aplica ao caso a decretação de prescrição de ofício (art. 40, parágrafo 4º, da Lei n. 6.830/80) às execuções de título extrajudicial propostas com base em acórdão do TCU que evidencia a existência do dever de ressarcimento ao erário.

A **tese** firmada pelo STF no referido caso teve a seguinte redação (20-4-2020): "É prescritível a pretensão de ressarcimento ao erário fundada em decisão de Tribunal de Contas".

JURISPRUDÊNCIA

- **STJ, AGRG NO AGRG NO ARESP 179.921, 15-4-2013**

    EMENTA: AGRAVO REGIMENTAL. ADMINISTRATIVO. PRETENSÃO DE RESSARCIMENTO DE DANOS CAUSADOS AO ERÁRIO POR ATOS DE IMPROBIDADE ADMINISTRATIVA. IMPRESCRITIBILIDADE.

    1. A jurisprudência das Turmas que compõem a Primeira Seção do STJ é no sentido da **imprescritibilidade da pretensão de ressarcimento de danos causados ao erário por atos de improbidade administrativa.**

    Precedentes.

    2. Agravo regimental improvido.

- **STJ, RESP 1.331.203, 11-4-2013**

    EMENTA. AÇÃO CIVIL PÚBLICA. ATO DE IMPROBIDADE ADMINISTRATIVA. CUMULAÇÃO DE PEDIDOS. PRESCRIÇÃO.

    A declaração da prescrição das sanções aplicáveis aos atos de improbidade administrativa não impede o prosseguimento da demanda quanto à pretensão de ressarcimento dos danos causados ao erário. Recurso especial provido.

- **STJ, AGRG NO RESP 1.287.471, 4-2-2013**

    EMENTA. ADMINISTRATIVO. AÇÃO CIVIL PÚBLICA. IMPROBIDADE ADMINISTRATIVA. PRESCRIÇÃO DAS PENALIDADES. PLEITO DE RESSARCIMENTO. CUMULAÇÃO. DESNECESSIDADE DE AÇÃO AUTÔNOMA. ILEGITIMIDADE *AD CAUSAM* DO MINISTÉRIO PÚBLICO. INOVAÇÃO.

    1. Apesar de prescrita a ação civil de improbidade administrativa quanto à aplicação das penalidades, ainda persiste o interesse de obter o ressarcimento do dano ao erário, visto que se trata de ação imprescritível.

    2. A alegação de que o Ministério Público não tem legitimidade para propor a ação de ressarcimento constitui inovação recursal, vedada no âmbito do regimental.

    3. Agravo regimental conhecido em parte e não provido.

- **STJ, RESP 1.292.699, 11-10-2012**

    EMENTA. PROCESSUAL CIVIL. RECURSO ESPECIAL. AÇÃO DE RESSARCIMENTO AO ERÁRIO. IMPROBIDADE ADMINISTRATIVA. LEGITIMIDADE DO MINISTÉRIO PÚBLICO.

    1. Trata-se de recurso especial interposto pelo Ministério Público Federal contra acórdão do Tribunal Regional Federal da 1ª Região que deu provimento ao agravo de instrumento para declarar a ilegitimidade ativa do Ministério Público para propor Ação de Improbidade Administrativa visando o ressarcimento dos danos ao erário decorrente de ato de improbidade administrativa, no caso, concessão irregular de benefícios previdenciários.

    2. É pacífico o entendimento desta Corte Superior no sentido de que a pretensão de ressarcimento por prejuízo causado ao erário, manifestada na via da ação civil pública por improbidade administrativa, é imprescritível. Daí por que o art. 23 da Lei n. 8.429/92 tem âmbito de aplicação restrito às demais sanções previstas no corpo do art. 12 do mesmo diploma normativo.

3. O Ministério Público tem legitimidade *ad causam* para a propositura de ação objetivando o ressarcimento de danos ao erário, decorrentes de atos de **improbidade** administrativa, no caso, a alegada concessão irregular de benefícios previdenciários.

4. Recurso especial provido para reconhecer a legitimidade do Ministério Público e determinar o retorno dos autos ao Tribunal *a quo* para que sejam analisadas as questões apresentadas no agravo de instrumento dos ora recorridos.

- **STJ, RESP 1.312.071 – 22-5-2013**

   "[...] A Primeira Seção do STJ firmou entendimento no sentido da imprescritibilidade da pretensão de ressarcimento de danos causados ao Erário por atos de improbidade administrativa. [...]" (STJ, REsp 1.312.071 RJ, rel. Min. Herman Benjamin, 2ª T., j. 16-5-2013, DJe 22-5-2013).

12. CONSIDERAÇÕES FINAIS

JURISPRUDÊNCIA EM TESES

IMPROBIDADE ADMINISTRATIVA (EDIÇÃO 38)

É inadmissível a responsabilidade objetiva na aplicação da Lei n. 8.429/92, exigindo-se a presença de dolo nos casos dos arts. 9º e 11 (que coíbem o enriquecimento ilícito e o atentado aos princípios administrativos, respectivamente) e ao menos de culpa nos termos do art. 10, que censura os atos de improbidade por dano ao Erário.	**Acórdãos** **AgRg no REsp 1500812/SE**, Rel. Ministro MAURO CAMPBELL MARQUES, SEGUNDA TURMA, j. 21-5-2015, *DJe* 28-5-2015 **AgRg no REsp 968447/PR**, Rel. Ministro NAPOLEÃO NUNES MAIA FILHO, PRIMEIRA TURMA, j. 16-4-2015, *DJe* 18-5-2015 **REsp 1238301/MG**, Rel. Ministro SÉRGIO KUKINA, PRIMEIRA TURMA, j. 19-3-2015, *DJe* 4-5-2015 **AgRg no AREsp 597359/MG**, Rel. Ministro HUMBERTO MARTINS, SEGUNDA TURMA, j. 16-4-2015, *DJe* 22-4-2015 **REsp 1478274/MT**, Rel. Ministro HERMAN BENJAMIN, SEGUNDA TURMA, j. 3-3-2015, *DJe* 31-3-2015 **AgRg no REsp 1397590/CE**, Rel. Ministro ASSUSETE MAGALHÃES, SEGUNDA TURMA, j. 24-2-2015, *DJe* 5-3-2015 **AgRg no AREsp 560613/ES**, Rel. Ministro OG FERNANDES, SEGUNDA TURMA, j. 20-11-2014, *DJe* 9-12-2014 **REsp 1237583/SP**, Rel. Ministro BENEDITO GONÇALVES, PRIMEIRA TURMA, j. 8-4-2014, *DJe* 2-9-2014 Veja também: Informativo de Jurisprudência n. 0540, publicado em 28 de maio de 2014.
O Ministério Público tem legitimidade *ad causam* para a propositura de Ação Civil Pública objetivando o ressarcimento de danos ao erário, decorrentes de atos de improbidade.	**Acórdãos** **REsp 1261660/SP**, Rel. Ministro NAPOLEÃO NUNES MAIA FILHO, Rel. p/ Acórdão MINISTRO BENEDITO GONÇALVES, PRIMEIRA TURMA, j. 24-3-2015, *DJe* 16-4-2015 **REsp 1435550/PR**, Rel. Ministro HUMBERTO MARTINS, SEGUNDA TURMA, j. 16-10-2014, *DJe* 11-11-2014

	EDcl no REsp 723296/SP, Rel. Ministro MAURO CAMPBELL MARQUES, SEGUNDA TURMA, j. 3-4-2014, *DJe* 19-12-2014 **REsp 1153738/SP**, Rel. Ministro OG FERNANDES, SEGUNDA TURMA, j. 26-8-2014, *DJe* 5-9-2014 **REsp 1203232/SP**, Rel. Ministro NAPOLEÃO NUNES MAIA FILHO, PRIMEIRA TURMA, j. 3-9-2013, *DJe* 17-9-2013 **REsp 817921/SP**, Rel. Ministro CASTRO MEIRA, SEGUNDA TURMA, j. 27-11-2012, *DJe* 6-12-2012 **AgRg no AREsp 076985/MS**, Rel. Ministro CESAR ASFOR ROCHA, SEGUNDA TURMA, j. 3-5-2012, *DJe* 18-5-2012 **REsp 1219706/MG**, Rel. Ministro HERMAN BENJAMIN, SEGUNDA TURMA, j. 15-3-2011, *DJe* 25-4-2011 **REsp 1089492/RO**, Rel. Ministro LUIZ FUX, PRIMEIRA TURMA, j. 4-11-2010, *DJe* 18-11-2010 **Decisões Monocráticas** **AREsp 484423/MS**, Rel. Ministro ASSUSETE MAGALHÃES, Rel. p/ Acórdão Ministra ASSUSETE MAGALHÃES, Quarta Turma, j. 26-3-2015, publicado em 10-4-2015 Veja também: Informativo de Jurisprudência n. 0384, publicado em 27 de fevereiro de 2009.
O Ministério Público estadual possui legitimidade recursal para atuar como parte no Superior Tribunal de Justiça nas ações de improbidade administrativa, reservando-se ao Ministério Público Federal a atuação como fiscal da lei.	**Acórdãos** **AgRg no AREsp 528143/RN**, Rel. Ministro BENEDITO GONÇALVES, PRIMEIRA TURMA, j. 7-5-2015, *DJe* 14-5-2015 **AgRg no REsp 1323236/RN**, Rel. Ministro HERMAN BENJAMIN, SEGUNDA TURMA, j. 10-6-2014, *DJe* 28-11-2014 Veja também: Informativo de Jurisprudência n. 0556, publicado em 4 de março de 2015.
A ausência da notificação do réu para a defesa prévia, prevista no art. 17, § 7º, da Lei de Improbidade Administrativa, só acarreta nulidade processual se houver comprovado prejuízo (*pas de nullité sans grief*).	**Acórdãos** **EREsp 1008632/RS**, Rel. Ministro MAURO CAMPBELL MARQUES, PRIMEIRA SEÇÃO, j. 11-2-2015, *DJe* 9-3-2015 **AgRg no REsp 1336055/GO**, Rel. Ministro HERMAN BENJAMIN, SEGUNDA TURMA, j. 10-6-2014, *DJe* 14-8-2014 **REsp 1101585/MG**, Rel. Ministro NAPOLEÃO NUNES MAIA FILHO, Rel. p/ Acórdão Ministro BENEDITO GONÇALVES, PRIMEIRA TURMA, j. 21-11-2013, *DJe* 25-4-2014 **AgRg no REsp 1134408/RJ**, Rel. Ministra ELIANA CALMON, SEGUNDA TURMA, j. 11-4-2013, *DJe* 18-4-2013 **EDcl no REsp 1194009/SP**, Rel. Ministro ARNALDO ESTEVES LIMA, PRIMEIRA TURMA, j. 17-5-2012, *DJe* 30-5-2012

	AgRg no REsp 1225295/PB, Rel. Ministro FRANCISCO FALCÃO, PRIMEIRA TURMA, j. 22-11-2011, *DJe* 6-12-2011 **AgRg no REsp 1218202/MG**, Rel. Ministro CESAR ASFOR ROCHA, SEGUNDA TURMA, j. 12-4-2011, *DJe* 29-4-2011 **Decisões Monocráticas** **AREsp 484423/MS**, Rel. Ministra ASSUSETE MAGALHÃES, Rel. p/ Acórdão Ministra ASSUSETE MAGALHÃES, QUARTA TURMA, j. 26-3-2015, publicado em 10-4-2015 **AREsp 408104/SP**, Rel. Ministro OG FERNANDES, Rel. p/ Acórdão Ministro Og FERNANDES, QUARTA TURMA, j. 22-8-2014, publicado em 3-9-2014 **REsp 1269404/SE**, Rel. Ministro SÉRGIO KUKINA, Rel. p/ Acórdão Ministro SÉRGIO KUKINA, TERCEIRA TURMA, j. 24-2-2014, publicado em 6-3-2014 Veja também: Informativo de Jurisprudência n. 0497, publicado em 18 de maio de 2012.
A presença de indícios de cometimento de atos ímprobos autoriza o recebimento fundamentado da petição inicial nos termos do art. 17, §§ 7º, 8º e 9º, da Lei n. 8.429/92, devendo prevalecer, no juízo preliminar, o princípio do *in dubio pro societate*.	**Acórdãos** **AgRg no AREsp 604949/RS**, Rel. Ministro HERMAN BENJAMIN, SEGUNDA TURMA, j. 5-5-2015, *DJe* 21-5-2015 **AgRg no REsp 1466157/MG**, Rel. Ministro MAURO CAMPBELL MARQUES, SEGUNDA TURMA, j. 18-6-2015, *DJe* 26-6-2015 **REsp 1504744/MG**, Rel. Ministro SÉRGIO KUKINA, PRIMEIRA TURMA, j. 16-4-2015, *DJe* 24-4-2015 **AgRg nos EDcl no AREsp 605092/RJ**, Rel. Ministra MARGA TESSLER (Juíza Federal convocada do TRF 4ª Região), PRIMEIRA TURMA, j. 24-3-2015, *DJe* 6-4-2015 **AgRg no AREsp 612342/RJ**, Rel. Ministro HUMBERTO MARTINS, SEGUNDA TURMA, j. 5-3-2015, *DJe* 11-3-2015 **AgRg no AREsp 444847/ES**, Rel. Ministro BENEDITO GONÇALVES, PRIMEIRA TURMA, j. 5-2-2015, *DJe* 20-2-2015 **AgRg no REsp 1455330/MG**, Rel. Ministro OG FERNANDES, SEGUNDA TURMA, j. 16-12-2014, *DJe* 4-2-2015 **REsp 1259350/MS**, Rel. Ministro NAPOLEÃO NUNES MAIA FILHO, PRIMEIRA TURMA, j. 22-10-2013, *DJe* 29-8-2014 **AgRg no AREsp 318511/DF**, Rel. Ministra ELIANA CALMON, SEGUNDA TURMA, j. 5-9-2013, *DJe* 17-9-2013

	Decisões Monocráticas **AREsp 531550/RJ**, Rel. Ministra ASSUSETE MAGALHÃES, Rel. p/ Acórdão Ministra ASSUSETE MAGALHÃES, QUARTA TURMA, j. 23-2-2015, publicado em 5-3-2015 Veja também: Informativo de Jurisprudência n. 0547, publicado em 8 de outubro de 2014.
O termo inicial da prescrição em improbidade administrativa em relação a particulares que se beneficiam de ato ímprobo é idêntico ao do agente público que praticou a ilicitude.	**Acórdãos** **AgRg no REsp 1510589/SE**, Rel. Ministro BENEDITO GONÇALVES, PRIMEIRA TURMA, j. 26-5-2015, *DJe* 10-6-2015 **REsp 1433552/SP**, Rel. Ministro HUMBERTO MARTINS, SEGUNDA TURMA, j. 25-11-2014, *DJe* 5-12-2014 **REsp 1405346/SP**, Rel. Ministro NAPOLEÃO NUNES MAIA FILHO, Rel. p/ Acórdão Ministro SÉRGIO KUKINA, PRIMEIRA TURMA, j. 15-5-2014, *DJe* 19-8-2014 **AgRg no REsp 1159035/MG**, Rel. Ministra ELIANA CALMON, SEGUNDA TURMA, j. 21-11-2013, *DJe* 29-11-2013 **REsp 1156519/RO**, Rel. Ministro CASTRO MEIRA, SEGUNDA TURMA, j. 18-6-2013, *DJe* 28-6-2013 **EDcl no AgRg no REsp 1066838/SC**, Rel. MIN. HERMAN BENJAMIN, SEGUNDA TURMA, j. 7-4-2011, *DJe* 26-4-2011 **Decisões Monocráticas** **REsp 1510589/SE**, Rel. Ministro BENEDITO GONÇALVES, Rel. p/ Acórdão Ministro BENEDITO GONÇALVES, TERCEIRA TURMA, j. 15-4-2015, publicado em 23-4-2015 **AREsp 365891/SP**, Rel. Ministra ASSUSETE MAGALHÃES, Rel. p/ Acórdão Ministra ASSUSETE MAGALHÃES, QUARTA TURMA, j. 6-11-2014, publicado em 4-12-2014 **REsp 1454221/RJ**, Rel. Ministro MAURO CAMPBELL MARQUES, Rel. p/ Acórdão Ministro MAURO CAMPBELL MARQUES, QUARTA TURMA, j. 1º-8-2014, publicado em 18-8-2014 **Ag 1300240/RS**, Rel. Ministro TEORI ALBINO ZAVASCKI, Rel. p/ Acórdão Ministro TEORI ALBINO ZAVASCKI, TERCEIRA TURMA, j. 15-3-2012, publicado em 21-3-2012 Veja também: Informativo de Jurisprudência n. 0382, publicado em 6 de fevereiro de 2009.

A eventual prescrição das sanções decorrentes dos atos de improbidade administrativa não obsta o prosseguimento da demanda quanto ao pleito de ressarcimento dos danos causados ao erário, que é imprescritível (art. 37, § 5º, da CF).	**Acórdãos** **AgRg no AREsp 663951/MG**, Rel. Ministro HUMBERTO MARTINS, SEGUNDA TURMA, j. 14-4-2015, *DJe* 20-4-2015 **AgRg no REsp 1481536/RJ**, Rel. Ministro MAURO CAMPBELL MARQUES, SEGUNDA TURMA, j. 18-12-2014, *DJe* 19-12-2014 **REsp 1289609/DF**, Rel. Ministro BENEDITO GONÇALVES, PRIMEIRA SEÇÃO, j. 12-11-2014, *DJe* 2-2-2015 **AgRg no REsp 1287471/PA**, Rel. Ministro CASTRO MEIRA, SEGUNDA TURMA, j. 6-12-2012, *DJe* 4-2-2013 **Decisões Monocráticas** **AREsp 622765/PE**, Rel. Ministro HERMAN BENJAMIN, Rel. p/ Acórdão Ministro HERMAN BENJAMIN, QUARTA TURMA, j. 11-5-2015, publicado em 17-6-2015 **AREsp 650163/MT**, Rel. Ministra REGINA Helena Costa, Rel. p/ Acórdão Ministra REGINA HELENA COSTA, TERCEIRA TURMA, j. 23-4-2015, publicado em 28-4-2015 **REsp 1422063/RJ**, Rel. Ministra MARGA TESSLER (Juíza Federal convocada do TRF 4ª Região), Rel. p/ Acórdão Ministra MARGA TESSLER (Juíza Federal convocada do TRF 4ª Região), TERCEIRA TURMA, j. 24-3-2015, publicado em 26-3-2015 Veja também: Informativo de Jurisprudência n. 0454, publicado em 5 de novembro de 2010.
É inviável a propositura de ação civil de improbidade administrativa exclusivamente contra o particular, sem a concomitante presença de agente público no polo passivo da demanda.	**Acórdãos** **AgRg no AREsp 574500/PA**, Rel. Ministro HUMBERTO MARTINS, SEGUNDA TURMA, j. 2-6-2015, *DJe* 10-6-2015 **REsp 1282445/DF**, Rel. Ministro NAPOLEÃO NUNES MAIA FILHO, PRIMEIRA TURMA, j. 24-4-2014, *DJe* 21-10-2014 **REsp 1409940/SP**, Rel. Ministro OG FERNANDES, SEGUNDA TURMA, j. 4-9-2014, *DJe* 22-9-2014 **REsp 1171017/PA**, Rel. Ministro SÉRGIO KUKINA, PRIMEIRA TURMA, j. 25-2-2014, *DJe* 6-3-2014 **REsp 896044/PA**, Rel. Ministro HERMAN BENJAMIN, SEGUNDA TURMA, j. 16-9-2010, *DJe* 19-4-2011 **REsp 1181300/PA**, Rel. Ministro CASTRO MEIRA, SEGUNDA TURMA, j. 14-9-2010, *DJe* 24-9-2010 **Decisões Monocráticas** **REsp 1504052/RJ**, Rel. Ministra ASSUSETE MAGALHÃES, Rel. p/ Acórdão MINISTRA ASSUSETE MAGALHÃES, QUARTA TURMA, j. 29-5-2015, publicado em 17-6-2015 Veja também: Informativo de Jurisprudência n. 0535, publicado em 12 de março de 2014.

Nas ações de improbidade administrativa, não há litisconsórcio passivo necessário entre o agente público e os terceiros beneficiados com o ato ímprobo.	**Acórdãos** **AgRg no REsp 1421144/PB**, Rel. Ministro BENEDITO GONÇALVES, PRIMEIRA TURMA, j. 26-5-2015, *DJe* 10-6-2015 **REsp 1261057/SP**, Rel. Ministro HUMBERTO MARTINS, SEGUNDA TURMA, j. 5-5-2015, *DJe* 15-5-2015 **AgRg no AREsp 355372/MS**, Rel. Ministra MARGA TESSLER (Juíza Federal convocada do TRF 4ª Região), PRIMEIRA TURMA, j. 5-3-2015, *DJe* 11-3-2015 **AgRg no REsp 1461489/MG**, Rel. Ministro MAURO CAMPBELL MARQUES, SEGUNDA TURMA, j. 18-12-2014, *DJe* 19-12-2014 **EDcl no REsp 987598/PR**, Rel. Ministro NAPOLEÃO NUNES MAIA FILHO, PRIMEIRA TURMA, j. 5-11-2013, *DJe* 22-11-2013 **REsp 896044/PA**, Rel. Ministro HERMAN BENJAMIN, SEGUNDA TURMA, j. 16-9-2010, *DJe* 19-4-2011 **AgRg no REsp 759646/SP**, Rel. Ministro TEORI ALBINO ZAVASCKI, PRIMEIRA TURMA, j. 23-3-2010, *DJe* 30-3-2010 **Decisões Monocráticas** **AREsp 299316/MG**, Rel. Ministro OG FERNANDES, Rel. p/ Acórdão Ministro OG FERNANDES, QUARTA TURMA, j. 11-12-2014, publicado em 16-12-2014 Veja também: Informativo de Jurisprudência n. 0447, publicado em 17 de setembro de 2010.
A revisão da dosimetria das sanções aplicadas em ação de improbidade administrativa implica reexame do conjunto fático-probatório dos autos, encontrando óbice na Súmula 7/STJ, salvo se da leitura do acórdão recorrido verificar-se a desproporcionalidade entre os atos praticados e as sanções impostas.	**Acórdãos** **AgRg no REsp 1452792/SC**, Rel. Ministro BENEDITO GONÇALVES, PRIMEIRA TURMA, j. 26-5-2015, *DJe* 10-6-2015 **AgRg no REsp 1500812/SE**, Rel. Ministro MAURO CAMPBELL MARQUES, SEGUNDA TURMA, j. 21-5-2015, *DJe* 28-5-2015 **AgRg no REsp 1372421/SP**, Rel. Ministro HERMAN BENJAMIN, SEGUNDA TURMA, j. 7-4-2015, *DJe* 22-5-2015 **AgRg no REsp 1362789/MG**, Rel. Ministro HUMBERTO MARTINS, SEGUNDA TURMA, j. 12-5-2015, *DJe* 19-5-2015 **AgRg no AREsp 589448/RS**, Rel. Ministro OG FERNANDES, SEGUNDA TURMA, j. 10-3-2015, *DJe* 18-3-2015 **AgRg no AREsp 097571/RS**, Rel. Ministra MARGA TESSLER (Juíza Federal convocada do TRF 4ª Região), PRIMEIRA TURMA, j. 10-3-2015, *DJe* 17-3-2015 **AgRg no AREsp 353745/RO**, Rel. Ministra ASSUSETE MAGALHÃES, SEGUNDA TURMA, j. 3-3-2015, *DJe* 10-3-2015 **EREsp 1215121/RS**, Rel. Ministro NAPOLEÃO NUNES MAIA FILHO, PRIMEIRA SEÇÃO, j. 14-8-2014, *DJe* 1º-9-2014

	REsp 1203149/RS, Rel. Ministra ELIANA CALMON, SEGUNDA TURMA, j. 17-12-2013, *DJe* 7-2-2014 **REsp 1113820/SP**, Rel. Ministro CASTRO MEIRA, SEGUNDA TURMA, j. 11-6-2013, *DJe* 18-6-2013 Veja também: Informativo de Jurisprudência n. 0549, publicado em 5 de novembro de 2014.
É possível o deferimento da medida acautelatória de indisponibilidade de bens em ação de improbidade administrativa nos autos da ação principal sem audiência da parte adversa e, portanto, antes da notificação a que se refere o art. 17, § 7º, da Lei n. 8.429/92.	**Acórdãos** **AgRg no AREsp 460279/MS**, Rel. Ministro HERMAN BENJAMIN, SEGUNDA TURMA, j. 7-10-2014, *DJe* 27-11-2014 **REsp 1197444/RJ**, Rel. Ministro NAPOLEÃO NUNES MAIA FILHO, PRIMEIRA TURMA, j. 27-8-2013, *DJe* 5-9-2013 **AgRg no AgRg no REsp 1328769/BA**, Rel. Ministra ELIANA CALMON, SEGUNDA TURMA, j. 13-8-2013, *DJe* 20-8-2013 **AgRg no Ag 1262343/SP**, Rel. Ministro TEORI ALBINO ZAVASCKI, PRIMEIRA TURMA, j. 28-8-2012, *DJe* 21-9-2012 **AgRg no REsp 1256287/MT**, Rel. Ministro HUMBERTO MARTINS, SEGUNDA TURMA, j. 15-9-2011, *DJe* 21-9-2011 **REsp 1163499/MT**, Rel. Ministro MAURO CAMPBELL MARQUES, SEGUNDA TURMA, j. 21-9-2010, *DJe* 8-10-2010 **REsp 1078640/ES**, Rel. Ministro LUIZ FUX, PRIMEIRA TURMA, j. 9-3-2010, *DJe* 23-3-2010 **REsp 1040254/CE**, Rel. Ministra DENISE ARRUDA, PRIMEIRA TURMA, j. 15-12-2009, *DJe* 2-2-2010 Veja também: Informativo de Jurisprudência n. 0547, publicado em 8 de outubro de 2014.
Na ação de improbidade, a decretação de indisponibilidade de bens pode recair sobre aqueles adquiridos anteriormente ao suposto ato, além de levar em consideração o valor de possível multa civil como sanção autônoma.	**Acórdãos** **REsp 1461892/BA**, Rel. Ministro HERMAN BENJAMIN, SEGUNDA TURMA, j. 17-3-2015, *DJe* 6-4-2015 **REsp 1461882/PA**, Rel. Ministro SÉRGIO KUKINA, PRIMEIRA TURMA, j. 5-3-2015, *DJe* 12-3-2015 **REsp 1176440/RO**, Rel. Ministro NAPOLEÃO NUNES MAIA FILHO, PRIMEIRA TURMA, j. 17-9-2013, *DJe* 4-10-2013 **AgRg no REsp 1191497/RS**, Rel. Ministro HUMBERTO MARTINS, SEGUNDA TURMA, j. 20-11-2012, *DJe* 28-11-2012 **AgRg no AREsp 020853/SP**, Rel. Ministro BENEDITO GONÇALVES, PRIMEIRA TURMA, j. 21-6-2012, *DJe* 29-6-2012

	Decisões Monocráticas **REsp 1426699/MA**, Rel. Ministra REGINA HELENA COSTA, Rel. p/ Acórdão Ministra REGINA HELENA COSTA, TERCEIRA TURMA, j. 16-6-2015, publicado em 23-6-2015 **AREsp 391067/SP**, Rel. Ministro OG FERNANDES, Rel. p/ Acórdão Ministro OG FERNANDES, QUARTA TURMA, j. 27-2-2015, publicado em 19-3-2015 **REsp 924142/ES**, Rel. Ministro MAURO CAMPBELL MARQUES, Rel. p/ Acórdão Ministro MAURO CAMPBELL MARQUES, QUARTA TURMA, j. 3-8-2009, publicado em 13-8-2009 Veja também: Informativo de Jurisprudência n. 0533, publicado em 12 de fevereiro de 2014.
No caso de agentes políticos reeleitos, o termo inicial do prazo prescricional nas ações de improbidade administrativa deve ser contado a partir do término do último mandato.	**Acórdãos** **AgRg no AREsp 161420/TO**, Rel. Ministro HUMBERTO MARTINS, SEGUNDA TURMA, j. 3-4-2014, *DJe* 14-4-2014 **REsp 1290824/MG**, Rel. Ministra ELIANA CALMON, SEGUNDA TURMA, j. 19-11-2013, *DJe* 29-11-2013 **AgRg no REsp 1259432/PB**, Rel. Ministro CASTRO MEIRA, SEGUNDA TURMA, j. 6-12-2012, *DJe* 4-2-2013 **AgRg no AREsp 119023/MG**, Rel. Ministro MAURO CAMPBELL MARQUES, SEGUNDA TURMA, j. 12-4-2012, *DJe* 18-4-2012 **AgRg no AREsp 023443/SP**, Rel. Ministro FRANCISCO FALCÃO, PRIMEIRA TURMA, j. 10-4-2012, *DJe* 2-8-2012 **Decisões Monocráticas** **AREsp 468961/RJ**, Rel. Ministro SÉRGIO KUKINA, Rel. p/ Acórdão Ministro SÉRGIO KUKINA, TERCEIRA TURMA, j. 1º-9-2014, publicado em 3-9-2014 **AREsp 151531/PI**, Rel. Ministro BENEDITO GONÇALVES, Rel. p/ Acórdão Ministro BENEDITO GONÇALVES, TERCEIRA TURMA, j. 1º-8-2013, publicado em 7-8-2013 **REsp 1510969/SP**, Rel. Ministra REGINA HELENA COSTA, Rel. p/ Acórdão Ministra REGINA HELENA COSTA, TERCEIRA TURMA, j. 19-6-2015, publicado em 24-6-2015 **AREsp 332412/SP**, Rel. Ministro OG FERNANDES, Rel. p/ Acórdão Ministro OG FERNANDES, QUARTA TURMA, j. 1º-8-2014, publicado em 7-8-2014 Veja também: Informativo de Jurisprudência n. 0406, publicado em 11 de setembro de 2009.

> **PARA GABARITAR**
>
> a) Consideram-se atos de improbidade administrativa as condutas dolosas tipificadas nos arts. 9º, 10 e 11 da Lei n. 8.429/92, ressalvados tipos previstos em leis especiais.
>
> b) Os atos de improbidade violam a probidade na organização do Estado e no exercício de suas funções e a integridade do patrimônio público e social dos Poderes Executivo, Legislativo e Judiciário, bem como da administração direta e indireta, no âmbito da União, dos Estados, dos Municípios e do Distrito Federal.
>
> c) O sucessor ou o herdeiro daquele que causar dano ao erário ou que se enriquecer ilicitamente estão sujeitos apenas à obrigação de repará-lo até o limite do valor da herança ou do patrimônio transferido.
>
> d) A posse e o exercício de agente público ficam condicionados à apresentação de declaração de imposto de renda e proventos de qualquer natureza, que tenha sido apresentada à Secretaria Especial da Receita Federal do Brasil, a fim de ser arquivada no serviço de pessoal competente.
>
> e) Na ação por improbidade administrativa poderá ser formulado, em caráter antecedente ou incidente, pedido de indisponibilidade de bens dos réus, a fim de garantir a integral recomposição do erário ou do acréscimo patrimonial resultante de enriquecimento ilícito.
>
> f) A perda da função pública e a suspensão dos direitos políticos só se efetivam com o trânsito em julgado da sentença condenatória.

13. ENUNCIADO DA JORNADA DE DIREITO ADMINISTRATIVO

I JORNADA	IDs	ENUNCIADOS APROVADOS NA PLENÁRIA
7	2701	Configura ato de improbidade administrativa a conduta do agente público que, em atuação legislativa *lato sensu*, recebe vantagem econômica indevida

14. CONTEÚDO DIGITAL

Acesse também pelo *link*: https://somos.in/MDADM9

Capítulo XI

Processo Administrativo Federal – Lei n. 9.784/99

1. CONCEITO

É a sucessão de atos e atividades (tanto do Estado quanto de particulares) ordenados para a obtenção de decisão sobre uma controvérsia no âmbito administrativo, produzindo uma vontade final da Administração Pública.

JURISPRUDÊNCIA

- **STJ, MS 8946 – 17-11-2003:** "A Lei n. 9.784/99 é, certamente, um dos mais importantes instrumentos de controle do relacionamento entre Administração e Cidadania. Seus dispositivos trouxeram para nosso direito administrativo, o devido processo legal. Não é exagero dizer que a Lei n. 9.784/99 instaurou no Brasil, o verdadeiro Estado de Direito" (MS 8.946 DF, rel. Min. Humberto Gomes de Barros, 1ª S., j. 22-10-2003, *DJ* 17-11-2003, p. 197).
- **STJ, REsp 852.493 – 25-8-2008:** "[...] Ausente lei local específica, a Lei n. 9.784/99 pode ser aplicada de forma subsidiária no âmbito dos demais Estados-Membros, tendo em vista que se trata de norma que deve nortear toda a Administração Pública, servindo de diretriz aos seus demais órgãos" (REsp 852.493 DF, rel. Min. Arnaldo Esteves Lima, 5ª T., j. 29-5-2008, *DJe* 25-8-2008).

ESQUEMATIZANDO

CONCEITOS → LEI N. 9.784/99

ÓRGÃO: Unidade de atuação integrante da estrutura da Administração Direta e Indireta

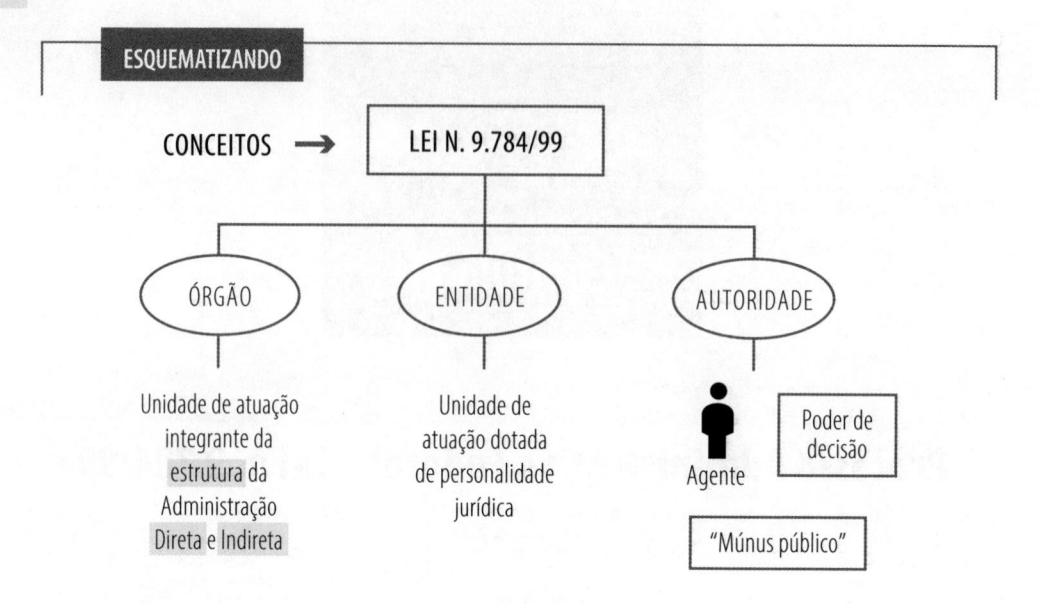

ENTIDADE: Unidade de atuação dotada de personalidade jurídica

AUTORIDADE: Agente — Poder de decisão — "Múnus público"

2. PRINCÍPIOS DO PROCESSO ADMINISTRATIVO

O art. 2º da Lei n. 9.784/99 elenca os princípios norteadores do processo administrativo federal:

LEGISLAÇÃO CORRELATA

Lei n. 9.784/99

Art. 2º A Administração Pública obedecerá, dentre outros, aos **princípios** da legalidade, finalidade, motivação, razoabilidade, proporcionalidade, moralidade, ampla defesa, contraditório, segurança jurídica, interesse público e eficiência.

JURISPRUDÊNCIA

- **STJ, MS 7897 – 12-11-2007**: "Preceitua o art. 2º da Lei n. 9.784, de 29 de janeiro de 1999, que a Administração Pública obedecerá, dentre outros, aos princípios da ampla defesa, contraditório e da segurança jurídica, de forma que todos os atos procedimentais subordinam-se ao corolário da legalidade" (MS 7.897 DF, rel. Min. João Otávio de Noronha, 1ª S., j. 24-10-2007, DJ 12-11-2007, p. 147).

- **STJ, MS 12.376 – 1º-9-2008**: "A duração razoável do processo não é apenas um direito da cidadania, mas também uma decorrência do princípio da eficiência, que deve nortear a administração pública, nos termos do art. 37, *caput*, da CF/88 e do art. 2º da Lei n. 9.784/99" (MS 12.376DF, rel. Min. Herman Benjamin, 1ª S., j. 28-3-2007, DJe 1º-9-2008).

- **STJ, MS 9.944 – 13-6-2005:** "[...]. Com efeito, a autorização para funcionamento de cursos de ensino superior situa-se, inegavelmente, no domínio do poder discricionário da Administração Pública, sendo defeso ao Judiciário examinar o seu mérito, máxime quando alicerçado no interesse público. Tal autorização, ademais, é regida pela conveniência e pela oportunidade da Administração Pública, cabendo somente a ela decidir o momento oportuno para sua outorga. Entretanto, isso não significa que o ato administrativo assim praticado esteja inteiramente insuscetível de controle jurisdicional. Os atos administrativos requerem a observância dos princípios da legalidade, impessoalidade moralidade e eficiência (CF, art. 37, *caput*), além daqueles previstos no art. 2º, *caput*, da Lei n. 9.784/99, dentre os quais destaca-se os da finalidade, motivação, razoabilidade, segurança jurídica e interesse público, que devem ser levados em consideração no momento da providência administrativa. E o controle judicial dos atos administrativos se estende, inevitavelmente, ao exame da observância a tais princípios, sem que isso possa significar ingerência indevida do Judiciário. É o que está assentado nas lições da doutrina clássica, reproduzida também pela mais moderna [...]. Pois bem, a existência de adequada motivação, quando essencial à validade do ato administrativo, é matéria sujeita a controle jurisdicional. Seguindo essa linha de entendimento, a jurisprudência enfatiza que 'em nosso atual estágio, os atos administrativos devem ser motivados e vinculam-se aos fins para os quais foram praticados (V. Lei n. 4.717/65, art. 2º). Não existem, nesta circunstância, atos discricionários absolutamente imunes ao controle jurisdicional. Diz-se que o administrador exercita competência discricionária, quando a lei lhe outorga a faculdade de escolher entre diversas opções aquela que lhe pareça mais condizente com o interesse público. No exercício desta faculdade, o administrador é imune ao controle judicial. Podem, entretanto, os tribunais apurar se os limites foram observados.' [...]" (MS 9.944 DF, rel. Min. Teori Albino Zavascki, 1ª S., j. 25-5-2005, *DJ* 13-6-2005, p. 157).

- **STJ, MS 11.124 – 12-11-2007**: "Processo administrativo (irregularidades na contratação direta de empresa para a execução de serviços). Pena (demissão). Princípio da proporcionalidade (ofensa). 1. Na aplicação da penalidade administrativa, deve-se atentar para a correspondência entre a quantidade e qualidade da sanção e a grandeza e grau de responsabilidade do servidor. 2. Não havendo, na espécie, certeza quanto ao grau de participação e de influência do impetrante na contratação da empresa, não tendo nem sequer sido declarada a irregularidade do contrato de prestação de serviços sem licitação, a pena de demissão fere princípios a que se subordina a administração pública, mormente o da proporcionalidade. Caso prevalecesse tal sanção, a conduta do impetrante passaria a ser considerada mais relevante do que aquela adotada pelos servidores responsáveis pela contratação e liberação dos recursos públicos" (MS 11.124 DF, rel. Min. Nilson Naves, 3ª S., j. 26-9-2007, *DJ* 12-11-2007, p. 154).

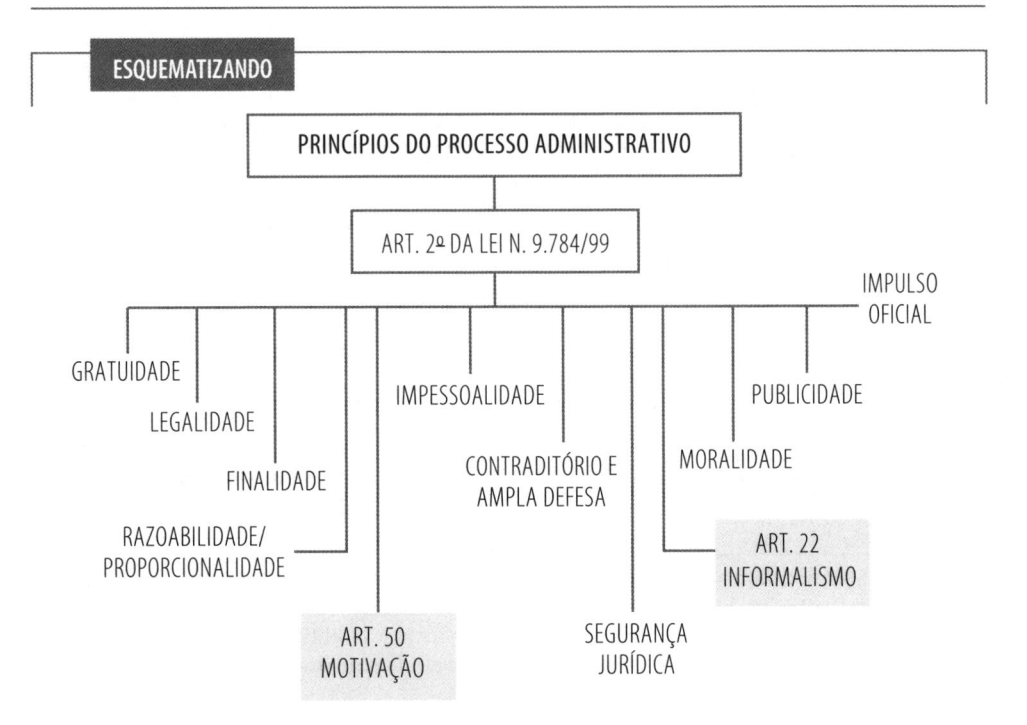

ESQUEMATIZANDO

PRINCÍPIOS DO PROCESSO ADMINISTRATIVO

ART. 2º DA LEI N. 9.784/99

- GRATUIDADE
- LEGALIDADE
- FINALIDADE
- RAZOABILIDADE/PROPORCIONALIDADE
- ART. 50 MOTIVAÇÃO
- IMPESSOALIDADE
- CONTRADITÓRIO E AMPLA DEFESA
- SEGURANÇA JURÍDICA
- IMPULSO OFICIAL
- PUBLICIDADE
- MORALIDADE
- ART. 22 INFORMALISMO

3. CRITÉRIOS OBSERVADOS NO PROCESSO ADMINISTRATIVO

O parágrafo único do art. 2º define os critérios que devem ser observados no processo administrativo federal. Vejamos:

a) Atuação conforme a lei e o direito – esse critério aparece como corolário do princípio da legalidade, uma vez que administrar é aplicar a lei de ofício, não podendo o administrador fugir desses preceitos.

b) Atendimento a fins de interesse geral, vedada a renúncia total ou parcial de poderes ou competências, salvo autorização em lei – a Administração deve sempre buscar o interesse público. Esse critério consagra, principalmente, os princípios da supremacia do interesse público sobre o particular e a indisponibilidade do interesse público.

c) Objetividade no atendimento do interesse público, vedada a promoção pessoal de agentes ou autoridades – o texto constitucional (art. 37, § 1º) veda a promoção pessoal. Inclusive a promoção pessoal é considerada ato de improbidade administrativa por violação aos princípios da Administração e encontra previsão expressa no art. 11, XII, da Lei n. 8.429/92.

> **LEGISLAÇÃO CORRELATA**
>
> **CF,**
> **Art. 37, § 1º:** A publicidade dos atos, programas, obras, serviços e campanhas dos órgãos públicos deverá ter caráter educativo, informativo ou de orientação social, **dela não podendo constar nomes, símbolos ou imagens que caracterizem promoção pessoal** de autoridades ou servidores públicos.
>
> **Lei n. 8.429/92**
> **Art. 11.** Constitui ato de improbidade administrativa **que atenta contra os princípios da administração pública a ação ou omissão dolosa** que viole os deveres de honestidade, de imparcialidade e de legalidade, caracterizada por uma das seguintes condutas: (*Redação dada pela Lei n. 14.230, de 2021*)
>
> XII – praticar, no âmbito da administração pública e com recursos do erário, ato de publicidade que contrarie o disposto no § 1º do art. 37 da Constituição Federal, de forma a promover inequívoco enaltecimento do agente público e personalização de atos, de programas, de obras, de serviços ou de campanhas dos órgãos públicos. (*Incluído pela Lei n. 14.230, de 2021*)

d) Atuação segundo padrões éticos de probidade, decoro e boa-fé[1]. Como princípio norteador da atuação do administrador, a moralidade administrativa aparece a fim de que seja sempre perseguido o conceito da "boa administração".

---

[1] "PROCESSUAL CIVIL – ADMINISTRATIVO – CARTÓRIO EXTRAJUDICIAL – SERVIÇO NOTARIAL E DE REGISTRO – PERDA SUPERVENIENTE DE OBJETO DO *MANDAMUS* – INEXISTÊNCIA – IMPERATIVOS DE BOA-FÉ OBJETIVA – APLICABILIDADE À ADMINISTRAÇÃO PÚBLICA [...] 1. Não há perda de objeto em mandado de segurança quando a Administração

e) Divulgação oficial dos atos administrativos, ressalvadas as hipóteses de sigilo previstas na Constituição. Em regra, aos atos administrativos praticados deve ser dada publicidade[2]. Só não haverá publicidade em algumas hipóteses: art. 5º, X, XXXIII e LX, da CF.

f) Adequação entre meios e fins, vedada a imposição de obrigações, restrições e sanções em medida superior àquelas estritamente necessárias ao atendimento do interesse público.

No processo administrativo, os princípios da razoabilidade e proporcionalidade devem ser observados.

g) Indicação dos pressupostos de fato e de direito que determinarem a decisão.

A conjugação dos pressupostos de fato e dos pressupostos de direito configuram o elemento "motivo". **Pressuposto de fato** (ou motivo de fato, conforme José dos Santos[3]) são as circunstâncias ocorridas. **Pressuposto de direito** (ou motivo de direito, conforme José dos Santos[4]) são os fundamentos legais que embasam a prática do ato.

Exemplificando: um servidor comete uma infração e é punido. Pressuposto de fato: é o cometimento da infração. Pressuposto de direito: é a legislação que diz que tal conduta é infração; o fundamento legal que embasa a prática do ato.

Para gabaritar: MOTIVO = é a razão da prática do ato.

h) Observância das formalidades essenciais à garantia dos direitos dos administrados.

i) Adoção de formas simples, suficientes para propiciar adequado grau de certeza, segurança e respeito aos direitos dos administrados.

j) Garantia dos direitos à comunicação, à apresentação de alegações finais, à produção de provas e à interposição de recursos, nos processos de que possam resultar sanções e nas situações de litígio.

O inciso X do parágrafo único do art. 2º da Lei n. 9.784/99 consagra o **princípio do contraditório e da ampla defesa** (também consignado no art. 5º, LV, da CF). Para o exercício do contraditório e da ampla defesa, o administrado deve ter ciência dos atos do processo, possibilidade de produção de prova, interpor recursos e apresentar alegações finais.

Pública, por meio de autoridade incompetente, edita ato administrativo e, depois, a autoridade competente o ratifica. A alegação de perda de objeto, neste caso, é *venire contra factum proprium*, conduta vedada ao agente público em face do princípio da boa-fé objetiva na seara pública, na forma do inciso IV do parágrafo único do art. 2º da Lei n. 9.784/99" (RMS 29.493 MS, rel. Min. Humberto Martins, 2ª T., j. 23-6-2009, *DJe* 1º-7-2009).

[2] Súmula Vinculante 14: "É direito do defensor, no interesse do representado, ter acesso amplo aos elementos de prova que, já documentados em procedimento investigatório realizado por órgão com competência de polícia judiciária, digam respeito ao exercício do direito de defesa".

[3] CARVALHO FILHO, José dos Santos. *Manual de direito administrativo*, 24. ed., Rio de Janeiro: Lumen Juris, 2011, p. 105.

[4] CARVALHO FILHO, José dos Santos. *Manual de direito administrativo*, 24. ed., Rio de Janeiro: Lumen Juris, 2011, p. 105.

O art. 3º, III, da Lei n. 9.784/99 também faz menção ao contraditório e à ampla defesa:

> **LEGISLAÇÃO CORRELATA**
>
> **Lei n. 9.784/99**
> **Art. 3º** O administrado tem os seguintes **direitos** perante a Administração, sem prejuízo de outros que lhe sejam assegurados: [...]
> III – formular alegações e apresentar documentos antes da decisão, os quais serão objeto de consideração pelo órgão competente.

Aprofundamento 1: Inerente à ideia de exercício do contraditório e ampla defesa, temos o enunciado da Súmula Vinculante 3: "Nos processos perante o Tribunal de Contas da União, asseguram-se o contraditório e a ampla defesa quando da decisão puder resultar anulação ou revogação de ato administrativo que beneficie o interessado, excetuada a apreciação da legalidade do ao de concessão inicial de aposentadoria, reforma e pensão".

Para complementar: Vide STF, no MS 25.116[5]: "temperando a Súmula Vinculante 3".

---

[5] **Jurisprudência: Prazo para Registro de Aposentadoria e Princípios do Contraditório e da Ampla Defesa – 6**
Em conclusão, o Tribunal, por maioria, concedeu mandado de segurança para anular acórdão do TCU no que se refere ao impetrante e para o fim de se lhe **assegurar a oportunidade do uso das garantias constitucionais do contraditório e da ampla defesa**. Na situação dos autos, a Corte de Contas negara registro a ato de aposentadoria especial de professor – outorgada ao impetrante – por considerar indevido o cômputo de serviço prestado sem contrato formal e sem o recolhimento das contribuições previdenciárias – v. *Informativos* 415, 469, 589 e 590. Não obstante admitindo o fato de que a relação jurídica estabelecida no caso se dá entre o TCU e a Administração Pública, o que, em princípio, não reclamaria a audição da parte diretamente interessada, **entendeu-se, tendo em conta o longo decurso de tempo da percepção da aposentadoria até a negativa do registro (cinco anos e oito meses), haver direito líquido e certo do impetrante de exercitar as garantias do contraditório e da ampla defesa**. Considerou-se, ao invocar os princípios da segurança jurídica e da lealdade, ser imperioso reconhecer determinadas situações jurídicas subjetivas em face do Poder Público. Salientou-se a necessidade de se fixar um tempo médio razoável a ser aplicado aos processos de contas cujo objeto seja o exame da legalidade dos atos concessivos de aposentadorias, reformas e pensões, e afirmou-se poder se extrair, dos prazos existentes no ordenamento jurídico brasileiro, o referencial de cinco anos. Com base nisso, assentou-se que, **transcorrido in albis o prazo quinquenal, haver-se-ia de convocar o particular para fazer parte do processo de seu interesse. MS 25.116/DF, rel. Min. Ayres Britto, 8-9-2010**.
Prazo para Registro de Aposentadoria e Princípios do Contraditório e da Ampla Defesa – 7
Vencidos, em parte, os Ministros Celso de Mello e Cezar Peluso, que concediam a segurança em maior extensão ao fundamento de que, após o prazo decadencial de cinco anos, a Corte de Contas perderia o direito de analisar a legalidade da aposentadoria e de proceder ao respectivo registro. Vencidos, também, os Ministros Marco Aurélio, Ellen Gracie e Sepúlveda Pertence, que denegavam a ordem, por não se ter ato aperfeiçoado antes da manifestação do TCU pelo registro.

Aprofundamento 2: Em 19 de fevereiro de 2020, o Plenário do STF negou provimento ao **Recurso Extraordinário 636.553 (tema 445)** e decidiu que o prazo para **revisão da legalidade** do ato da aposentadoria pelos Tribunais de Contas é de **cinco anos**, contados da data de chegada do ato de concessão do direito ao respectivo Tribunal de Contas.

A **tese** firmada teve a seguinte redação: "Os Tribunais de Contas estão sujeitos ao prazo de cinco anos para o julgamento da legalidade do ato de concessão inicial de aposentadoria, reforma ou pensão, a contar da chegada do processo à respectiva Corte de Contas, **em atenção aos princípios da segurança jurídica e da confiança legítima**".

k) Proibição de cobrança de despesas processuais, ressalvadas as previstas em lei.

l) Impulsão, de ofício, do processo administrativo, sem prejuízo da atuação dos interessados.

m) Interpretação da norma administrativa da forma que melhor garanta o atendimento do fim público a que se dirige, vedada aplicação retroativa de nova interpretação.

4. DIREITOS DOS ADMINISTRADOS (ART. 3º DA LEI N. 9.784/99)

a) Ser tratado com respeito pelas autoridades e servidores, que deverão facilitar o exercício de seus direitos e o cumprimento de suas obrigações.

b) Ter ciência da tramitação dos processos administrativos em que tenha a condição de interessado, ter vista dos autos, obter cópias de documentos neles contidos e conhecer as decisões proferidas.

c) Formular alegações e apresentar documentos antes da decisão, os quais serão objeto de consideração pelo órgão competente.

d) Fazer-se assistir, facultativamente, por advogado, salvo quando obrigatória a representação, por força de lei.

JURISPRUDÊNCIA

- "PROCESSO ADMINISTRATIVO DISCIPLINAR. SERVIDORA FEDERAL. DEMISSÃO. FALTA DE DEFENSOR QUALIFICADO NA FASE INSTRUTÓRIA. CERCEAMENTO DE DEFESA. NULIDADE. INOCORRÊNCIA. 1. A Lei de regência do processo disciplinar – Lei n. 8.112/90 – não obriga – apenas faculta – a assistência por advogado (art. 156). Na mesma direção está o

---

Ademais, o Min. Marco Aurélio salientava que se estaria a temperar a Súmula Vinculante 3 ("Nos processos perante o Tribunal de Contas da União asseguram-se o contraditório e a ampla defesa quando da decisão puder resultar anulação ou revogação de ato administrativo que beneficie o interessado, excetuada a apreciação da legalidade do ato de concessão inicial de aposentadoria, reforma e pensão"). **MS 25.116/DF, rel. Min. Ayres Britto, j. 8-9-2010.**

Estatuto do Processo Administrativo (Lei n. 9.784/99), como se extrai do teor do seu art. 3º. 2. Esta Terceira Seção vem decidindo, na linha da Súmula Vinculante 5 do STF, que 'a falta de defesa técnica por advogado no processo administrativo não ofende a Constituição'. [...]" (MS 12.953 DF, rel. Min. Haroldo Rodrigues (Desembargador convocado do TJCE), 3ª S., j. 28-10-2009, *DJe* 25-2-2010).

- "[...] a aplicação da pena de demissão ao Impetrante, sem a observância do contraditório, com a não realização do translado das provas realizadas durante a sindicância ao processo administrativo disciplinar, e o cerceamento de defesa do Impetrante, que não pôde ser assistido por advogado devidamente legitimado, violam, expressamente, o art. 5º, inciso LV, CR/88, bem no art. 2º, parágrafo único, incisos I e VIII, e art. 3º, incisos I, III e IV, da Lei n. 9.784/99" (MS 10.075 DF, rel. Min. Paulo Medina, 3ª S., j. 11-5-2005, *DJ* 1-8-2005, p. 317).
- "PROCESSUAL CIVIL. ADMINISTRATIVO. PROCESSO ADMINISTRATIVO. CONSELHO REGIONAL DE MEDICINA. ERRO MÉDICO. VISTA DOS AUTOS FORA DO CARTÓRIO. PRERROGATIVA FUNCIONAL DO ADVOGADO CONSTITUÍDO PELA PARTE INTERESSADA. POSSIBILIDADE. ART. 7º DA LEI N. 8.906/94 E ART. 3º, INCISOS II E IV DA LEI N. 9.784/99" (REsp 1.112.443 SP, rel. Min. Luiz Fux, 1ª T., j. 20-10-2009, *DJe* 6-11-2009).

5. DEVERES DOS ADMINISTRADOS (ART. 4º DA LEI N. 9.784/99)

Os deveres dos administrados perante a Administração Pública, sem prejuízo de outros, são:

a) expor os fatos conforme a verdade;

b) proceder com lealdade, urbanidade e boa-fé;

c) não agir de modo temerário;

d) prestar as informações que lhe forem solicitadas e colaborar para o esclarecimento dos fatos.

JURISPRUDÊNCIA

- **STJ, REsp 817.061 – 4-8-2008:** DIREITO ADMINISTRATIVO. RECURSO ESPECIAL. SERVIDOR PÚBLICO. CARGO PÚBLICO. VACÂNCIA PARA OCUPAR EMPREGO PÚBLICO INACUMULÁVEL. DEFERIMENTO ADMINISTRATIVO. EXISTÊNCIA. RECONDUÇÃO. POSSIBILIDADE. [...] não pode o servidor, após ter seguido todos os trâmites legais, inclusive com a chancela da própria Administração, ser surpreendido com a recusa quanto à sua recondução ao cargo público de origem, uma vez que tal fato importaria, também, em ofensa direta aos princípios da boa-fé objetiva e da moralidade pública, que devem pautar os atos da Administração. Nesse sentido, explicitando ainda mais os princípios gerais do direito, a Lei n. 9.784/99, em seu art. 4º, [...] 4. Tendo os requerimentos de vacância e, posteriormente, de recondução ao cargo de origem sido deferidos pela Autarquia/recorrente, sua não inclusão na respectiva folha de pagamento importaria em ofensa direta aos princípios da boa-fé objetiva e da moralidade pública, que devem pautar os atos da Administração (REsp 817.061 RJ, rel. Min. Arnaldo Esteves Lima, 5ª T., j. 29-5-2008, *DJe* 4-8-2008).

> **ESQUEMATIZANDO**

```
            DEVERES DOS
           ADMINISTRADOS
         (Art. 4º da Lei n. 9.784/99)
```

- Expor os dados conforme a verdade
- Proceder com lealdade, urbanidade e boa-fé
  - Honestidade
  - Ética
  - Moralidade
- Não agir de modo temerário
- Prestar as informações que lhes forem solicitadas e colaborar para o esclarecimento dos fatos

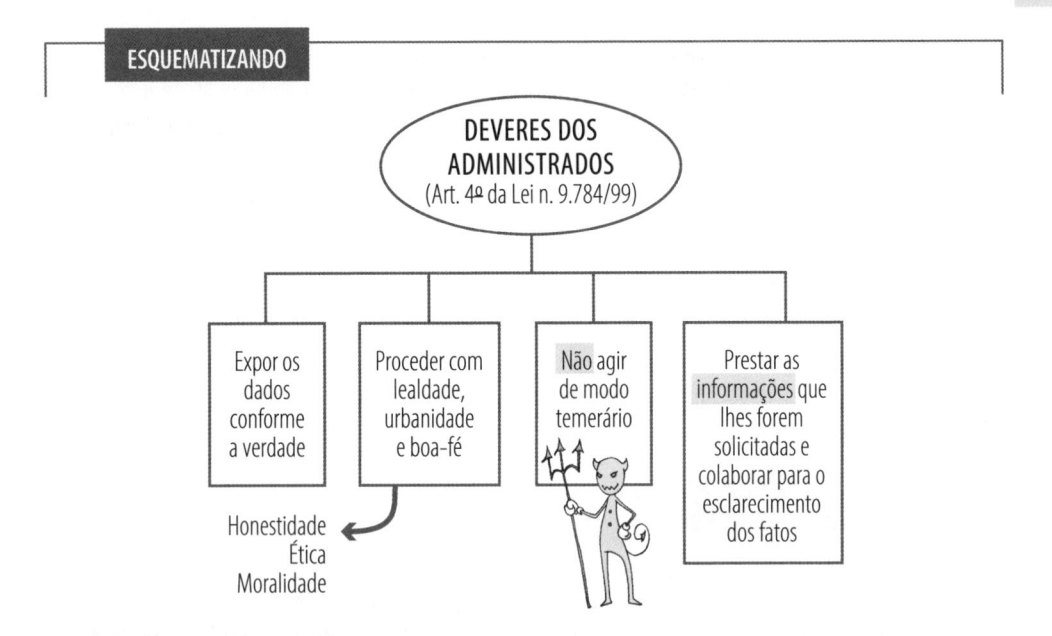

6. COMPETÊNCIA LEGISLATIVA SOBRE PROCESSO ADMINISTRATIVO

A competência legislativa é de cada ente da Federação. A Lei n. 9.784/99 tem incidência no âmbito da Administração **Federal** Direta ou Indireta.

Já os processos administrativos específicos terão lei própria, de modo que a Lei n. 9.784/99 será apenas aplicada subsidiariamente em processos administrativos específicos.

> **LEGISLAÇÃO CORRELATA**
>
> **Lei n. 9.784/99**
>
> **Art. 69.** Os processos administrativos específicos continuarão a reger-se por lei própria, aplicando-se-lhes apenas **subsidiariamente** os preceitos desta Lei.

7. FASES DO PROCESSO ADMINISTRATIVO

7.1 Instauração (art. 5º)

a) **De ofício pela Administração** – por portaria, auto de infração, representação ou despacho inicial da autoridade competente.

b) **A pedido do interessado** – por requerimento ou petição.

São considerados interessados no processo administrativo (art. 9º):

- b.1) pessoas físicas ou jurídicas que o iniciem como titulares de direitos ou interesses individuais ou no exercício do direito de representação;
- b.2) aqueles que, sem terem iniciado o processo, têm direitos ou interesses que possam ser afetados pela decisão a ser adotada;

b.3) as organizações e associações representativas, no tocante a direitos e interesses coletivos;

b.4) as pessoas ou as associações legalmente constituídas quanto a direitos ou interesses difusos.

7.2 Instrução (arts. 29 a 47 da Lei n. 9.784/99)

a) Conceitos iniciais:

A fase de instrução serve para a realização de colheita de provas, depoimentos, análise de documentos etc.

Instruir o processo significa provê-lo de provas e de elementos aptos a formar a convicção daquele que irá decidir o feito de forma justa, correta e adequada.

LEGISLAÇÃO CORRELATA

Lei n. 9.784/99

Art. 29. As atividades de instrução destinadas a averiguar e comprovar os dados necessários à tomada de decisão realizam-se de ofício ou mediante impulsão do órgão responsável pelo processo, sem prejuízo do direito dos interessados de propor atuações probatórias.

§ 1º O órgão competente para a instrução fará constar dos autos os dados necessários à decisão do processo.

§ 2º Os atos de instrução que exijam a atuação dos interessados devem realizar-se do modo menos oneroso para estes.

---

b) Inadmissibilidade de provas ilícitas (art. 30 da Lei n. 9.784/99) – aparece como forma de observar o mandamento constitucional do art. 5º, LVI, da CF.

São inadmissíveis não somente as provas obtidas por meios ilícitos, como também aquelas que nela tiveram origem (*fruits of the poisonous tree*). A consequência deve ser apenas o desentranhamento da prova do processo ou sua desconsideração para o desfecho da causa.

c) Se a matéria do processo envolver assunto de INTERESSE GERAL, poderá o órgão competente, mediante despacho motivado, abrir período para **CONSULTA PÚBLICA**.

Consultar tem o sentido de pedir opinião, ouvir. A norma legal objetiva obter dos indivíduos sua opinião sobre determinadas questões.

Interesse geral é conceito jurídico vago ou indeterminado, ou seja, traz termos despidos de conteúdo exato e concreto. Necessita, portanto, de valoração por parte do intérprete, que irá analisar qual a melhor situação fática na qual o conceito irá incidir.

c.1) Condições para realização de consulta pública:
- a consulta pública não pode resultar em prejuízo ao interessado;

Nesse caso, deve prevalecer o interesse do participante direto no feito.
- a decisão do administrador deve ter motivação – a própria lei fala em "despacho motivado" – art. 31;

- a resolução administrativa que vai implantar a consulta pública deve ocorrer antes da decisão que será proferida no processo;

> **LEGISLAÇÃO CORRELATA**
>
> **Lei n. 9.784/99**
> **Art. 31.** Quando a matéria do processo envolver **assunto de interesse geral**, o órgão competente poderá, mediante despacho motivado, abrir período de **consulta pública** para manifestação de terceiros, antes da decisão do pedido, se não houver prejuízo para a parte interessada.

- uma vez decidida a realização de consulta geral, é necessário dar efetiva PUBLICIDADE à decisão proferida (art. 31, § 1º, da Lei n. 9.784/99);

> **LEGISLAÇÃO CORRELATA**
>
> **Lei n. 9.784/99**
> **Art. 31, § 1º:** A abertura da consulta pública será objeto de divulgação pelos meios oficiais, a fim de que pessoas físicas ou jurídicas possam examinar os autos, fixando-se prazo para oferecimento de alegações escritas.

- a intervenção de terceiros em virtude da instauração do incidente de consulta pública não os converte automaticamente em parte interessadas (art. 31, § 2º, da Lei n. 9.784/99).

> **LEGISLAÇÃO CORRELATA**
>
> **Lei n. 9.784/99**
> **Art. 31, § 2º:** O **comparecimento à consulta pública não confere**, por si, a condição de interessado do processo, mas confere o direito de obter da Administração resposta fundamentada, que poderá ser comum a todas as alegações substancialmente iguais.

d) Se o processo tratar de **questão relevante**, poderá ser realizada **audiência pública** para debates sobre a matéria do processo.

> **LEGISLAÇÃO CORRELATA**
>
> **Lei n. 9.784/99**
> **Art. 32.** Antes da tomada de decisão, a juízo da autoridade, diante da **relevância da questão**, poderá ser realizada **audiência pública** para debates sobre a matéria do processo.

Assim, o debate de determinada questão relevante será público e pessoal, realizado por pessoas físicas ou representantes de entidades da sociedade civil.

Caberá audiência porque a relevância da questão ultrapassa os limites do processo administrativo – e alcança a própria coletividade.

> **ESQUEMATIZANDO**

CONSULTA PÚBLICA	AUDIÊNCIA PÚBLICA
A manifestação das pessoas ocorre por meio de peças formais, escritas e juntadas no processo administrativo.	É modalidade de consulta pública, só que é consubstanciada por meio de debates orais em sessão designada previamente para esse fim.
Os intervenientes têm algum interesse pertinente à matéria discutida no processo.	A sessão é realmente pública, e dela participam quaisquer pessoas – tenham ou não interesse no assunto objeto do processo.

e) A lei também permite que outros instrumentos participativos dos administrados sejam utilizados (art. 33 da Lei n. 9.784/99).

> **LEGISLAÇÃO CORRELATA**
>
> **Lei n. 9.784/99**
> **Art. 33.** Os órgãos e entidades administrativas, em matéria relevante, poderão estabelecer outros meios de participação de administrados, diretamente ou por meio de organizações e associações legalmente reconhecidas.

Mas o que seriam esses outros meios?

Reuniões, convocações, troca de correspondência etc.

f) A Lei prevê também a participação de órgãos ou entidades da própria Administração (art. 35 da Lei n. 9.784/99).

A lei nem deveria prever essa hipótese, já que o próprio PRINCÍPIO DA COORDENAÇÃO (Decreto-lei n. 200/67) autoriza a participação de órgãos ou entidades da própria Administração.

> "A coordenação será exercida em todos os níveis da administração, mediante a atuação das chefias individuais, a realização sistemática de reuniões com a participação das chefias subordinadas e a instituição e funcionamento de comissões de coordenação em cada nível administrativo."

7.3 Defesa (art. 44 da Lei n. 9.784/99)

Nessa fase, o administrado exerce o seu direito ao contraditório e à ampla defesa.

> **LEGISLAÇÃO CORRELATA**
>
> **Lei n. 9.784/99**
> **Art. 44.** Encerrada a instrução, o interessado terá o direito de manifestar-se no **prazo máximo de dez dias**, salvo se outro prazo for legalmente fixado.

7.4 Relatório

Consiste em peça informativa e opinativa do agente ou de comissão com um RESUMO DOS AUTOS + uma OPINIÃO propondo uma solução.

O relatório é composto de três partes básicas:

a) a descrição – com o detalhamento das fases do procedimento;

b) a fundamentação – com a apresentação dos elementos justificativos que servem de base para a autoridade formular a proposta;

c) a proposição – o administrador formula proposta a ser examinada pela autoridade superior incumbida da decisão.

> **LEGISLAÇÃO CORRELATA**
>
> **Lei n. 9.784/99**
>
> **Art. 47.** O órgão de instrução que não for competente para emitir a decisão final elaborará **relatório** indicando o pedido inicial, o conteúdo das fases do procedimento e formulará proposta de decisão, objetivamente justificada, encaminhando o processo à autoridade competente.

7.5 Decisão

A decisão (no prazo, em regra, de até 30 dias) por parte da autoridade administrativa consiste em verdadeiro poder administrativo – PODER-DEVER (arts. 48 e 49 da Lei n. 9.784/99).

Ultrapassado o prazo legal sem que a autoridade profira decisão, será ela considerada omissa, tendo o interessado o direito de recorrer ao Judiciário para postular a condenação do omisso ao cumprimento de obrigação de fazer, no caso, a obrigação de praticar o ato decisório.

A prorrogação da decisão só é possível se existirem motivos que o justifiquem e desde que sejam elencadas expressamente as razões para tanto.

7.5.1 Da motivação das decisões administrativas

Prevalece o entendimento de que tanto a prática dos atos administrativos vinculados quanto dos atos administrativos discricionários necessitam de motivação.

A motivação deve ser explícita, clara e congruente, podendo consistir em declaração de concordância com fundamentos de anteriores pareceres, informações, decisões ou propostas, que, neste caso, serão parte integrante do ato.

O art. 50 da Lei n. 9.784/99 estabelece quando os atos administrativos deverão ser motivados (costuma cair muito nas provas e concursos públicos de todo o país):

a) quando neguem, limitem ou afetem direitos ou interesses;

b) quando imponham ou agravem deveres, encargos ou sanções;

Imposição é o ato de instituição do dever, encargo ou sanção, ao passo que agravamento constitui o elastecimento de um ônus já anteriormente instituído.

Exemplificando: quando a autoridade determina a paralisação de atividade por certo prazo, impõe um dever, mas quando aumenta o período desse prazo está agravando a situação do interessado.

c) quando decidam processos administrativos de concurso ou seleção pública;

A seleção pública não deixa de ser um concurso, mas com procedimento mais simplificado. Desta feita, se a Administração Pública pretende escolher indivíduos para executar tarefas especiais, como trabalho nas regiões de seca, o recrutamento para esse regime temporário pode ocorrer por meio de processo de seleção pública.

d) nas situações que dispensem ou declarem a inexigibilidade de processo licitatório;

Como regra, a CF, em seu art. 37, XXI, impõe a obrigatoriedade de licitação. Porém, nos termos da Lei n. 8.666/93, há algumas hipóteses em que é admissível a dispensa e a inexigibilidade de licitação (arts. 24 e 25 da Lei n. 8.666/93).

ESQUEMATIZANDO

DISPENSA DE LICITAÇÃO	INEXIGIBILIDADE DE LICITAÇÃO
A licitação é viável, mas a lei não a obriga em virtude de situações especiais que enumera.	A licitação é mesmo inviável, de modo que, mesmo que o desejasse, a Administração não poderia realizar o certame.

e) nas situações que decidam recursos administrativos;

f) é necessário motivação nos casos que decorram de reexame de ofício;

Reexame *ex officio* é a reapreciação, normalmente pela autoridade superior, de determinado ato praticado por agente de escala hierárquica inferior. Alguns atos, mesmo que não sejam impugnados pelo interessado, serão reapreciados por outra autoridade para nova análise da questão.

g) quando deixarem de aplicar jurisprudência firmada sobre a questão ou discrepem de pareceres, laudos, propostas e relatórios oficiais;

h) quando importarem anulação, revogação, suspensão ou convalidação de ato administrativo.

ESQUEMATIZANDO

ANULAÇÃO	REVOGAÇÃO
Prática de ato ilegal pela Administração (inobservância do princípio da legalidade).	Prática de ato inconveniente ou inoportuno ao interesse público.

Efeitos da anulação: *ex tunc*.	Efeitos da revogação: *ex nunc*.
Prazo para anulação: art. 54 da Lei n. 9.784/99: "O direito da Administração de anular os atos administrativos de que decorram efeitos favoráveis para os destinatários **decai em cinco anos**, contados da data em que foram praticados, salvo comprovada má-fé. No caso de efeitos patrimoniais contínuos, o prazo de decadência contar-se-á da percepção do primeiro pagamento".	Prazo para revogação: Não há. O ato será revogado quando a situação deixar de ser conveniente ou oportuna ao interesse público.
Aprofundamento: O STF vai decidir se é facultado à Administração Pública o direito de anular um ato administrativo mesmo depois de decorrido o prazo decadencial previsto na Lei n. 9.784/99, caso seja constatada manifesta inconstitucionalidade. A matéria é objeto do **RE 817.338**, com repercussão geral reconhecida (**tema 839**). A **tese** de repercussão geral firmada teve a seguinte redação: "No exercício do seu poder de autotutela, poderá a Administração Pública rever os atos de concessão de anistia a cabos da Aeronáutica com fundamento na Portaria n. 1.104/64, quando se comprovar a ausência de ato com motivação exclusivamente política, assegurando-se ao anistiado, em procedimento administrativo, o devido processo legal e a não devolução das verbas já recebidas".	

7.5.2 Teoria dos motivos determinantes

Um tema importante a ser estudado neste tópico diz respeito à denominada **TEORIA DOS MOTIVOS DETERMINANTES**, sistematizada por Jèze.

Essa teoria estabelece que a Administração Pública se vincula aos motivos que elegeu para a prática do ato, de forma que o motivo precisa ser VERDADEIRO e EXISTENTE, sob pena de ANULAÇÃO DO ATO (vício de legalidade).

José dos Santos Carvalho Filho[6] exemplifica: um servidor requer férias para determinado mês. O chefe da repartição pública indefere as férias SEM deixar expresso no ato o motivo. Agora imagine que o chefe da repartição indeferisse o pedido de férias alegando como motivo que há FALTA DE PESSOAL na repartição naquele mês em que se pleiteiam as férias. Esse motivo "falta de pessoal naquele mês" deve ser verdadeiro e existente; se for falso, o ato será invalidado.

Assim, se o interessado provar que o motivo alegado (falta de pessoal) é falso ou inexistente, o ato estará viciado no motivo, por incidência da teoria dos motivos determinantes.

---

[6] CARVALHO FILHO, José dos Santos. *Manual de direito administrativo*, 24. ed., Rio de Janeiro: Lumen Juris, 2011, p. 109.

JURISPRUDÊNCIA EM TESES

DO PROCESSO ADMINISTRATIVO (EDIÇÃO 132))

No âmbito de recurso ordinário, a decadência administrativa prevista no art. 54 da Lei n. 9.784/99 pode ser reconhecida a qualquer tempo e *ex officio*, por se tratar de matéria de ordem pública, sendo indispensável seu prequestionamento nas instâncias especiais.	**Acórdãos** **AgInt no AREsp 629004/RJ**, Rel. Ministro NAPOLEÃO NUNES MAIA FILHO, PRIMEIRA TURMA, j. 10-6-2019, *DJe* 13-6-2019 **AgRg no RMS 25489/AC**, Rel. Ministro REYNALDO SOARES DA FONSECA, QUINTA TURMA, j. 23-6-2015, *DJe* 29-6-2015 **AgRg no REsp 1212942/RS**, Rel. Ministro BENEDITO GONÇALVES, PRIMEIRA TURMA, j. 21-8-2014, *DJe* 2-9-2014 **EDcl no AgRg no AgRg no REsp 1399071/AL**, Rel. Ministro HUMBERTO MARTINS, SEGUNDA TURMA, j. 18-2-2014, *DJe* 24-2-2014 **AgRg no REsp 1122154/SC**, Rel. Ministra MARIA THEREZA DE ASSIS MOURA, SEXTA TURMA, j. 28-2-2012, *DJe* 12-3-2012 **AgRg no REsp 931724/SC**, Rel. Ministro FELIX FISCHER, QUINTA TURMA, j. 18-9-2007, *DJ* 15-10-2007 p. 351
Diante da ausência de previsão legal, o prazo decadencial de cinco anos do art. 54, *caput*, da Lei n. 9.784/99 é insuscetível de suspensão ou de interrupção, devendo ser observada a regra do art. 207 do Código Civil.	**Acórdãos** **AgInt no AgRg no REsp 1580246/RS**, Rel. Ministro HERMAN BENJAMIN, SEGUNDA TURMA, j. 21-2-2017, *DJe* 18-4-2017 **AgRg nos EDcl no REsp 1409018/SP**, Rel. Ministro HUMBERTO MARTINS, SEGUNDA TURMA, j. 5-3-2015, *DJe* 11-3-2015 **REsp 1103105/RJ**, Rel. Ministro OG FERNANDES, SEXTA TURMA, j. 3-5-2012, *DJe* 16-5-2012 **REsp 1148460/PR**, Rel. Ministro CASTRO MEIRA, SEGUNDA TURMA, j. 19-10-2010, *DJe* 28-10-2010
A superveniência da Lei Distrital n. 2.834/2001 não interrompe a contagem do prazo decadencial iniciado com a publicação da Lei n. 9.784/99, uma vez que sua única finalidade é aplicar, no âmbito do Distrito Federal, as regras previstas na referida lei federal.	**Acórdãos** **AgRg no REsp 797106/DF**, Rel. Ministro NEFI CORDEIRO, SEXTA TURMA, j. 15-9-2015, *DJe* 1º-10-2015 **EDcl no REsp 1134395/DF**, Rel. Ministro OG FERNANDES, SEXTA TURMA, j. 6-8-2013, *DJe* 2-9-2013 **AgRg no REsp 1092202/DF**, Rel. Ministro MARCO AURÉLIO BELLIZZE, QUINTA TURMA, j. 11-4-2013, *DJe* 18-4-2013 **AgRg no REsp 1111843/DF**, Rel. Ministra LAURITA VAZ, QUINTA TURMA, j. 7-12-2010, *DJe* 1º-2-2011 **AgRg no Ag 1196717/DF**, Rel. Ministro ARNALDO ESTEVES LIMA, QUINTA TURMA, j. 23-2-2010, *DJe* 22-3-2010 **Decisões Monocráticas** **AREsp 188526/DF**, Rel. Ministro OLINDO MENEZES (DESEMBARGADOR CONVOCADO DO TRF 1ª REGIÃO), PRIMEIRA TURMA, j. 15-2-2016, publicado em 18-2-2016

PROCESSO ADMINISTRATIVO FEDERAL — LEI N. 9.784/99

O prazo decadencial para que a administração promova a autotutela, previsto no art. 54 da Lei n. 9.784/99, aplica-se tanto aos atos nulos, quanto aos anuláveis.	**Acórdãos** **AgInt no REsp 1749059/RJ**, Rel. Ministro HERMAN BENJAMIN, SEGUNDA TURMA, j. 28-3-2019, *DJe* 28-5-2019 **AgRg no AgRg no AREsp 676880/SC**, Rel. Ministro NAPOLEÃO NUNES MAIA FILHO, PRIMEIRA TURMA, j. 6-12-2018, *DJe* 19-12-2018 **AgInt nos EDcl no REsp 1624449/RS**, Rel. Ministro MAURO CAMPBELL MARQUES, SEGUNDA TURMA, j. 21-3-2018, *DJe* 27-3-2018 **AgInt no REsp 1248807/MS**, Rel. Ministra ASSUSETE MAGALHÃES, SEGUNDA TURMA, j. 22-9-2016, *DJe* 7-10-2016 **AgRg no REsp 1366119/SC**, Rel. Ministro HUMBERTO MARTINS, SEGUNDA TURMA, j. 15-5-2014, *DJe* 12-8-2014
As situações flagrantemente inconstitucionais não se submetem ao prazo decadencial de 5 anos previsto no art. 54 da Lei n. 9.784/99, não havendo que se falar em convalidação pelo mero decurso do tempo.	**Acórdãos** **REsp 1799759/ES**, Rel. Ministro HERMAN BENJAMIN, SEGUNDA TURMA, j. 23-4-2019, *DJe* 29-5-2019 **MS 20033/DF**, Rel. Ministro GURGEL DE FARIA, PRIMEIRA SEÇÃO, j. 27-3-2019, *DJe* 1º-4-2019 **RMS 51398/MG**, Rel. Ministro NAPOLEÃO NUNES MAIA FILHO, PRIMEIRA TURMA, j. 21-3-2019, *DJe* 28-3-2019 **REsp 1647347/RO**, Rel. Ministro FRANCISCO FALCÃO, SEGUNDA TURMA, j. 11-12-2018, *DJe* 17-12-2018 **AgInt no REsp 1538992/ES**, Rel. Ministro SÉRGIO KUKINA, PRIMEIRA TURMA, j. 6-11-2018, *DJe* 13-11-2018 **RMS 56774/PA**, Rel. Ministro MAURO CAMPBELL MARQUES, SEGUNDA TURMA, j. 22-5-2018, *DJe* 29-5-2018
O prazo previsto no art. 54 da Lei n. 9.784/99 para a administração rever seus atos não pode ser aplicado de forma retroativa, devendo incidir somente após a vigência do referido diploma legal.	**Acórdãos** **AgInt no REsp 1749059/RJ**, Rel. Ministro HERMAN BENJAMIN, SEGUNDA TURMA, j. 28-3-2019, *DJe* 28-5-2019 **MS 20033/DF**, Rel. Ministro GURGEL DE FARIA, PRIMEIRA SEÇÃO, j. 27-3-2019, *DJe* 1º-4-2019 **EDcl no AgInt no AREsp 169867/DF**, Rel. Ministro NAPOLEÃO NUNES MAIA FILHO, PRIMEIRA TURMA, j. 26-9-2017, *DJe* 9-10-2017 **AgInt no AREsp 598068/DF**, Rel. Ministra REGINA HELENA COSTA, PRIMEIRA TURMA, j. 9-8-2016, *DJe* 23-8-2016 **AgRg no REsp 1563235/RN**, Rel. Ministra ASSUSETE MAGALHÃES, SEGUNDA TURMA, j. 16-2-2016, *DJe* 24-2-2016 **AgRg nos EDcl no AREsp 196105/CE**, Rel. Ministro BENEDITO GONÇALVES, PRIMEIRA TURMA, j. 18-11-2014, *DJe* 25-11-2014

A Lei n. 9.784/99, especialmente no que diz respeito ao prazo decadencial para a revisão de atos administrativos no âmbito da administração pública federal, pode ser aplicada, de forma subsidiária, aos estados e municípios, se inexistente norma local e específica que regule a matéria. (Súmula 633/STJ)	**Acórdãos** **AgInt no REsp 1642879/GO**, Rel. Ministro SÉRGIO KUKINA, PRIMEIRA TURMA, j. 17-6-2019, *DJe* 25-6-2019 **REsp 1684556/SP**, Rel. Ministro HERMAN BENJAMIN, SEGUNDA TURMA, j. 21-9-2017, *DJe* 9-10-2017 **AgRg no AREsp 345831/PR**, Rel. Ministra ASSUSETE MAGALHÃES, SEGUNDA TURMA, j. 9-6-2016, *DJe* 21-6-2016 **EDcl no REsp 1525330/MG**, Rel. Ministro MAURO CAMPBELL MARQUES, SEGUNDA TURMA, j. 16-6-2015, *DJe* 23-6-2015 **RMS 21866/SP**, Rel. Ministro NEFI CORDEIRO, SEXTA TURMA, j. 16-4-2015, *DJe* 27-4-2015 **AgRg no AREsp 201084/SP**, Rel. Ministro ARNALDO ESTEVES LIMA, PRIMEIRA TURMA, j. 13-8-2013, *DJe* 21-8-2013
Em se tratando de atos de que decorram efeitos patrimoniais contínuos, como aqueles decorrentes de pagamentos de vencimentos e de pensões, ocorridos após a entrada em vigor da Lei n. 9.784/99, nos quais haja pagamento de vantagem considerada irregular pela administração, o prazo decadencial de cinco anos é contado a partir da percepção do primeiro pagamento indevido, consoante o § 1º do art. 54 da Lei n. 9.784/99.	**Acórdãos** **REsp 1758047/ES**, Rel. Ministro HERMAN BENJAMIN, SEGUNDA TURMA, j. 11-9-2018, *DJe* 21-11-2018 **AgRg no AREsp 150977/GO**, Rel. Ministro NAPOLEÃO NUNES MAIA FILHO, PRIMEIRA TURMA, j. 2-6-2015, *DJe* 18-6-2015 **AgRg no REsp 1452180/PE**, Rel. Ministro MAURO CAMPBELL MARQUES, SEGUNDA TURMA, j. 5-8-2014, *DJe* 12-8-2014 **Decisões Monocráticas** **REsp 1533515/RS**, Rel. Ministra ASSUSETE MAGALHÃES, j. 7-6-2019, publicado em 27-6-2019 **REsp 1575541/SC**, Rel. Ministro OG FERNANDES, SEGUNDA TURMA, j. 10-4-2019, publicado em 12-4-2019 **REsp 1636406/RN**, Rel. Ministro FRANCISCO FALCÃO, j. 11-2-2019, publicado em 26-2-2019
É possível interromper o prazo decadencial com base no art. 54, § 2º, da Lei n. 9.784/99 desde que haja ato concreto, produzido por autoridade competente, em prol da revisão do ato administrativo identificado como ilegal, cujo prazo será fixado a partir da cientificação do interessado.	**Acórdãos** **AgInt nos EDcl no REsp 1455630/MG**, Rel. Ministro SÉRGIO KUKINA, PRIMEIRA TURMA, j. 17-10-2017, *DJe* 31-10-2017 **MS 14259/DF**, Rel. Ministro ROGERIO SCHIETTI CRUZ, TERCEIRA SEÇÃO, j. 24-2-2016, *DJe* 2-3-2016 **AgRg nos EDcl nos EDcl no AgRg nos EDcl no REsp 1413003/MG**, Rel. Ministro MAURO CAMPBELL MARQUES, SEGUNDA TURMA, j. 9-12-2014, *DJe* 15-12-2014 **EDcl nos EDcl no AREsp 382995/MG**, Rel. Ministro HERMAN BENJAMIN, SEGUNDA TURMA, j. 25-11-2014, *DJe* 4-12-2014 **EDcl no MS 12286/DF**, Rel. Ministro HUMBERTO MARTINS, PRIMEIRA SEÇÃO, j. 23-4-2014, *DJe* 30-4-2014 **MS 19052/DF**, Rel. Ministra ASSUSETE MAGALHÃES, PRIMEIRA SEÇÃO, j. 9-4-2014, *DJe* 25-4-2014

Os atos administrativos abstratos, como as notas e os pareceres da Advocacia-Geral da União (AGU), não configuram atos de autoridade tendentes à revisão das anistias e são, portanto, ineficazes para, por si sós, interromper o fluxo decadencial, nos moldes do art. 54, § 2º, da Lei n. 9.784/99.	**Acórdãos** **REsp 1740184/DF**, Rel. Ministro HERMAN BENJAMIN, SEGUNDA TURMA, j. 13-12-2018, *DJe* 22-4-2019 **AgInt nos EDcl no MS 24302/DF**, Rel. Ministra REGINA HELENA COSTA, PRIMEIRA SEÇÃO, j. 12-12-2018, *DJe* 14-12-2018 **AgInt no MS 14568/DF**, Rel. Ministro JORGE MUSSI, TERCEIRA SEÇÃO, j. 24-10-2018, *DJe* 8-11-2018 **AgInt nos EDcl no REsp 1520000/RN**, Rel. Ministro SÉRGIO KUKINA, PRIMEIRA TURMA, j. 7-8-2018, *DJe* 14-8-2018 **EDcl no MS 18587/DF**, Rel. Ministro NAPOLEÃO NUNES MAIA FILHO, PRIMEIRA SEÇÃO, j. 22-2-2017, *DJe* 7-3-2017 **AgInt na PET no RE nos EDcl no MS 18590/DF**, Rel. Ministro HUMBERTO MARTINS, CORTE ESPECIAL, j. 19-10-2016, *DJe* 26-10-2016
Por se tratar de hipótese de ato administrativo complexo, a decadência prevista no art. 54 da Lei n. 9.784/99 não se consuma no período compreendido entre o ato administrativo concessivo de aposentadoria ou de pensão e o julgamento de sua legalidade pelo Tribunal de Contas, vez que tais atos se aperfeiçoam apenas com o registro na Corte de Contas.	**Acórdãos** **REsp 1773739/RJ**, Rel. Ministro HERMAN BENJAMIN, SEGUNDA TURMA, j. 28-3-2019, *DJe* 28-5-2019 **EDcl no AgInt no REsp 1562307/RS**, Rel. Ministro FRANCISCO FALCÃO, SEGUNDA TURMA, j. 4-12-2018, *DJe* 11-12-2018 **MS 22289/DF**, Rel. Ministro GURGEL DE FARIA, PRIMEIRA SEÇÃO, j. 26-9-2018, *DJe* 25-10-2018 **AgInt no REsp 1476973/PE**, Rel. Ministro SÉRGIO KUKINA, PRIMEIRA TURMA, j. 20-9-2018, *DJe* 26-9-2018 **AgInt nos EDcl no REsp 1624449/RS**, Rel. Ministro MAURO CAMPBELL MARQUES, SEGUNDA TURMA, j. 21-3-2018, *DJe* 27-3-2018 **AgInt no RMS 49197/MG**, Rel. Ministro BENEDITO GONÇALVES, PRIMEIRA TURMA, j. 5-12-2017, *DJe* 2-2-2018
O prazo previsto no art. 49 da Lei n. 9.784/99 é impróprio, visto que ausente qualquer penalidade ante o seu descumprimento.	**Acórdãos** **REsp 1682605/CE**, Rel. Ministro HERMAN BENJAMIN, SEGUNDA TURMA, j. 3-10-2017, *DJe* 16-10-2017 **AgRg no AREsp 588898/RJ**, Rel. Ministro MAURO CAMPBELL MARQUES, SEGUNDA TURMA, j. 3-2-2015, *DJe* 6-2-2015 **Decisões Monocráticas** **REsp 1398474/ES**, Rel. Ministra REGINA HELENA COSTA, PRIMEIRA TURMA, j. 9-3-2018, publicado em 19-3-2018 **REsp 1494872/ES**, Rel. Ministro SÉRGIO KUKINA, PRIMEIRA TURMA, j. 6-11-2017, publicado em 10-11-2017 **AREsp 1155311/ES**, Rel. Ministra ASSUSETE MAGALHÃES, SEGUNDA TURMA, j. 19-9-2017, publicado em 28-9-2017 **REsp 1319560/ES**, Rel. Ministra DIVA MALERBI (DESEMBARGADORA CONVOCADA TRF 3ª REGIÃO), SEGUNDA TURMA, j. 5-5-2016, publicado em 30-5-2016

8. PEDIDO DE RECONSIDERAÇÃO

O pedido de reconsideração será formulado quando o interessado tiver novos argumentos. Desta forma, o recurso será dirigido à autoridade que proferiu a decisão, a qual, se não o reconsiderar no prazo de cinco dias, o encaminhará à autoridade superior.

O pedido de reconsideração só pode ser formulado **uma vez**. Nesse pedido, o interessado requer o REEXAME DO ATO à própria autoridade que o emitiu.

Se o pedido de reconsideração for indeferido (total ou parcialmente), não será admitida nova formulação.

Exemplificado: se um ato for praticado pelo **Coordenador-Geral**, haverá pedido de reconsideração se o interessado pedir a reconsideração ao próprio **Coordenador-Geral**.

9. RECURSO

O recurso será encaminhado para a autoridade hierarquicamente superior àquela que proferiu o ato decisório.

9.1 Características gerais dos recursos

a) O recurso tem efeito devolutivo.

O efeito devolutivo dos recursos tem como fundamento o atributo da presunção de legitimidade dos atos administrativos.

b) Pode ter ou não efeito suspensivo (art. 61, parágrafo único).

Se houver **justo receio de prejuízo de difícil ou incerta reparação** decorrente da execução, a autoridade recorrida ou a imediatamente superior poderá, de ofício ou a pedido, dar efeito suspensivo ao recurso.

c) O recurso pode ser interposto por razões de:

c.1) legalidade;

c.2) mérito.

d) O recurso independe de caução – art. 56, § 2º, da Lei n. 9.784/99.

e) Prazo para interposição do recurso: 10 (dez) dias (art. 59 da Lei n. 9.784/99).

f) Prazo para decisão dos recursos administrativos: 30 (trinta) dias.

> **LEGISLAÇÃO CORRELATA**
>
> **Lei n. 9.784/99**
>
> **Art. 59.** [...]
>
> § 1º Quando a lei não fixar prazo diferente, o recurso administrativo deverá ser decidido no prazo máximo de trinta dias, a partir do recebimento dos autos pelo órgão competente.
>
> § 2º O prazo mencionado no parágrafo anterior poderá ser prorrogado por igual período, ante justificativa explícita.

g) O recurso será dirigido para a autoridade que proferiu a decisão. Essa autoridade poderá:

g.1) reconsiderar a decisão no prazo de 5 dias;

g.2) encaminhar para a autoridade superior.

h) O recurso tramitará por no máximo 3 instâncias administrativas, salvo disposição legal diversa (art. 57 da Lei n. 9.784/99):

i) O RECURSO administrativo **admite** *REFORMATIO IN PEJUS*.

LEGISLAÇÃO CORRELATA

Lei n. 9.784/99

Art. 64. O órgão competente para decidir o recurso poderá confirmar, modificar, anular ou revogar, total ou parcialmente, a decisão recorrida, se a matéria for de sua competência.

Parágrafo único. Se da aplicação do disposto neste artigo **puder decorrer gravame à situação do recorrente**, este deverá ser **cientificado** para que formule suas **alegações antes da decisão**.

---

j) PEGADINHA: A REVISÃO DO PROCESSO **não admite** agravamento da sanção.

LEGISLAÇÃO CORRELATA

Lei n. 9.784/99

Art. 65. Os processos administrativos de **que resultem sanções** poderão ser **revistos**, a qualquer tempo, a pedido ou de ofício, quando surgirem fatos novos ou circunstâncias relevantes suscetíveis de justificar a inadequação da sanção aplicada.

Parágrafo único. Da revisão do processo não poderá resultar agravamento da sanção.

ESQUEMATIZANDO

PEGADINHA

Lei n. 9.784/99

RECURSO	REVISÃO DO PROCESSO
Admite *reformatio in pejus*	Não admite *reformatio in pejus*
Art. 64 da Lei n. 9.784/99 O órgão competente para decidir o recurso poderá confirmar, modificar, anular ou revogar, total ou parcialmente, a decisão recorrida, se a matéria for de sua competência. **Parágrafo único.** Se da aplicação do disposto neste artigo puder decorrer gravame à situação do recorrente, este deverá ser cientificado para que formule suas alegações antes da decisão.	**Art. 65 da Lei n. 9.784/99** Os processos administrativos de que resultem sanções poderão ser revistos, a qualquer tempo, a pedido ou de ofício, quando surgirem fatos novos ou circunstâncias relevantes suscetíveis de justificar a inadequação da sanção aplicada. **Parágrafo único.** Da revisão do processo não poderá resultar agravamento da sanção.

JURISPRUDÊNCIA EM TESES

PROCESSO ADMINISTRATIVO DISCIPLINAR (EDIÇÕES 1, 5, 140, 141, 142 E 147)

É possível a utilização de prova emprestada no processo administrativo disciplinar, devidamente autorizada na esfera criminal, desde que produzida com observância do contraditório e do devido processo legal.	**Acórdãos** **MS 016146/DF**, Rel. Ministra ELIANA CALMON, PRIMEIRA SEÇÃO, j. 22-5-2013, *DJe* 29-8-2013 **MS 015848/DF**, Rel. Ministro CASTRO MEIRA, PRIMEIRA SEÇÃO, j. 24-4-2013, *DJe* 16-8-2013 **RMS 033628/PE**, Rel. Ministro HUMBERTO MARTINS, SEGUNDA TURMA, j. 2-4-2013, *DJe* 12-4-2013 **MS 017472/DF**, Rel. Ministro ARNALDO ESTEVES LIMA, PRIMEIRA SEÇÃO, j. 13-6-2012, *DJe* 22-6-2012 **MS 015787/DF**, Rel. Ministro BENEDITO GONÇALVES, PRIMEIRA SEÇÃO, j. 9-5-2012, *DJe* 6-8-2012 **EDcl no REsp 1163499/MT**, Rel. Ministro MAURO CAMPBELL MARQUES, SEGUNDA TURMA, j. 16-11-2010, *DJe* 25-11-2010 **REsp 1122177/MT**, Rel. Ministro HERMAN BENJAMIN, SEGUNDA TURMA, j. 3-8-2010, *DJe* 27-4-2011 **MS 014405/DF**, Rel. Ministro NAPOLEÃO NUNES MAIA FILHO, TERCEIRA SEÇÃO, j. 26-5-2010, *DJe* 2-8-2010
É possível a instauração de processo administrativo com base em denúncia anônima.	**Acórdãos** **AgRg no REsp 1307503/RR**, Rel. Ministro MAURO CAMPBELL MARQUES, SEGUNDA TURMA, j. 6-8-2013, *DJe* 13-8-2013 **RMS 038010/RJ**, Rel. Ministro HERMAN BENJAMIN, SEGUNDA TURMA, j. 2-5-2013, *DJe* 16-5-2013 **EDcl no MS 015517/DF**, Rel. Ministro BENEDITO GONÇALVES, PRIMEIRA SEÇÃO, j. 24-8-2011, *DJe* 31-8-2011 **RMS 030510/RJ**, Rel. Ministra ELIANA CALMON, SEGUNDA TURMA, j. 17-12-2009, *DJe* 10-2-2010 **REsp 867666/DF**, Rel. Ministro ARNALDO ESTEVES LIMA, QUINTA TURMA, j. 27-4-2009, *DJe* 25-5-2009 **Decisões Monocráticas** **REsp 1271165/PR**, Rel. Ministro HUMBERTO MARTINS, SEGUNDA TURMA, j. 30-4-2013, publicado em 3-5-2013 **MS 013122/DF**, Rel. Ministro NAPOLEÃO NUNES MAIA FILHO, TERCEIRA SEÇÃO, j. 22-11-2007, publicado em 29-11-2007
Instaurado o competente processo administrativo disciplinar, fica superado o exame de eventuais irregularidades ocorridas durante a sindicância.	**Acórdãos** **RMS 037871/SC**, Rel. Ministro HERMAN BENJAMIN, SEGUNDA TURMA, j. 7-3-2013, *DJe* 20-3-2013 **Decisões Monocráticas** **MC 021602/ES**, Rel. Ministro BENEDITO GONÇALVES, PRIMEIRA TURMA, j. 3-9-2013, publicado em 9-9-2013

O excesso de prazo para conclusão do processo administrativo disciplinar não conduz à sua nulidade automática, devendo, para tanto, ser demonstrado o prejuízo para a defesa.	**Acórdãos** **MS 019823/DF**, Rel. Ministra ELIANA CALMON, PRIMEIRA SEÇÃO, j. 14-8-2013, *DJe* 23-8-2013 **MS 016031/DF**, Rel. Ministro HUMBERTO MARTINS, PRIMEIRA SEÇÃO, j. 26-6-2013, *DJe* 2-8-2013 **MS 016192/DF**, Rel. Ministro MAURO CAMPBELL MARQUES, PRIMEIRA SEÇÃO, j. 10-4-2013, *DJe* 18-4-2013 **MS 015768/DF**, Rel. Ministro BENEDITO GONÇALVES, PRIMEIRA SEÇÃO, j. 29-2-2012, *DJe* 6-3-2012 **MS 015825/DF**, Rel. Ministro HERMAN BENJAMIN, PRIMEIRA SEÇÃO, j. 14-3-2011, *DJe* 19-5-2011 **RMS 029290/MG**, Rel. Ministro ARNALDO ESTEVES LIMA, QUINTA TURMA, j. 18-2-2010, *DJe* 15-3-2010 **MS 013340/DF**, Rel. Ministro NAPOLEÃO NUNES MAIA FILHO, TERCEIRA SEÇÃO, j. 13-5-2009, *DJe* 4-6-2009
A autoridade administrativa pode aplicar a pena de demissão quando em processo administrativo disciplinar é apurada a prática de ato de improbidade por servidor público, tendo em vista a independência das instâncias civil, penal e administrativa. OBS: Com as mudanças trazidas pela Lei n. 14.230 de 25 de outubro de 2021 na Lei de Improbidade Administrativa, passou-se a exigir, para quaisquer das modalidades de atos de improbidade administrativa, a presença do elemento subjetivo "dolo", consistente na vontade livre e consciente de alcançar o resultado ilícito tipificado nos arts. 9º, 10 e 11 da Lei n. 8.429/92, não bastando a voluntariedade do agente.	**Acórdãos** **EDcl no MS 017873/DF**, Rel. Ministro MAURO CAMPBELL MARQUES, PRIMEIRA SEÇÃO, j. 28-8-2013, *DJe* 9-9-2013 **MS 015848/DF**, Rel. Ministro CASTRO MEIRA, PRIMEIRA SEÇÃO, j. 24-4-2013, *DJe* 16-8-2013 **MS 016418/DF**, Rel. Ministro HERMAN BENJAMIN, PRIMEIRA SEÇÃO, j. 8-8-2012, *DJe* 24-8-2012 **Decisões Monocráticas** **AREsp 147269/DF**, Rel. Ministro NAPOLEÃO NUNES MAIA FILHO, PRIMEIRA TURMA, j. 8-5-2013, *DJe* 16-5-2013 **MS 017151/DF**, Rel. Ministro ARNALDO ESTEVES LIMA, PRIMEIRA SEÇÃO, j. 15-12-2011, *DJe* 01-2-2012

A decretação de nulidade no processo administrativo depende da demonstração do efetivo prejuízo para as partes, à luz do princípio *pas de nullité sans grief*.	**Acórdãos** **AgRg no REsp 1186672/DF**, Rel. Ministro BENEDITO GONÇALVES, PRIMEIRA TURMA, j. 5-9-2013, *DJe* 13-9-2013 **REsp 1225426/SC**, Rel. Ministro NAPOLEÃO NUNES MAIA FILHO, PRIMEIRA TURMA, j. 27-8-2013, *DJe* 11-9-2013 **MS 019823/DF**, Rel. Ministra ELIANA CALMON, PRIMEIRA SEÇÃO, j. 14-8-2013, *DJe* 23-8-2013 **MS 017518/DF**, Rel. Ministro HUMBERTO MARTINS, PRIMEIRA SEÇÃO, j. 26-6-2013, *DJe* 2-8-2013 **MS 015859/DF**, Rel. Ministro ARNALDO ESTEVES LIMA, PRIMEIRA SEÇÃO, j. 22-5-2013, *DJe* 5-6-2013 **MS 017333/DF**, Rel. Ministro HERMAN BENJAMIN, PRIMEIRA SEÇÃO, j. 22-5-2013, *DJe* 31-5-2013 **MS 017485/DF**, Rel. Ministro MAURO CAMPBELL MARQUES, PRIMEIRA SEÇÃO, j. 8-5-2013, *DJe* 14-5-2013 **Decisões Monocráticas** **AREsp 321531/PE**, Rel. Ministro SÉRGIO KUKINA, PRIMEIRA TURMA, j. 28-5-2013, *DJe* 6-6-2013
O termo inicial do prazo prescricional em processo administrativo disciplinar começa a correr da data em que o fato se tornou conhecido pela Administração, conforme prevê o art. 142, § 1º, da Lei n. 8.112/90.	**Acórdãos** **EDcl no MS 017873/DF**, Rel. Ministro MAURO CAMPBELL MARQUES, PRIMEIRA SEÇÃO, j. 28-8-2013, *DJe* 9-9-2013 **MS 015859/DF**, Rel. Ministro ARNALDO ESTEVES LIMA, PRIMEIRA SEÇÃO, j. 22-5-2013, *DJe* 5-6-2013 **MS 019533/DF**, Rel. Ministro NAPOLEÃO NUNES MAIA FILHO, PRIMEIRA SEÇÃO, j. 8-5-2013, *DJe* 5-6-2013 **AgRg no REsp 1306133/DF**, Rel. Ministro CASTRO MEIRA, SEGUNDA TURMA, j. 11-12-2012, *DJe* 4-2-2013 **MS 016075/DF**, Rel. Ministro BENEDITO GONÇALVES, PRIMEIRA SEÇÃO, j. 29-2-2012, *DJe* 21-3-2012 **MS 015825/DF**, Rel. Ministro HERMAN BENJAMIN, PRIMEIRA SEÇÃO, j. 14-3-2011, *DJe* 19-5-2011 **REsp 1145173/PR**, Rel. Ministra ELIANA CALMON, SEGUNDA TURMA, j. 27-10-2009, *DJe* 25-11-2009 **HC 016093/DF**, Rel. Ministro FERNANDO GONÇALVES, SEXTA TURMA, j. 24-5-2001, *DJ* 18-6-2001
O prazo da prescrição no âmbito administrativo disciplinar, havendo sentença penal condenatória, deve ser computado pela pena em concreto aplicada na esfera penal.	**Acórdãos** **RMS 032285/RS**, Rel. Ministro MAURO CAMPBELL MARQUES, SEGUNDA TURMA, j. 8-11-2011, *DJe* 17-11-2011 **MS 014320/DF**, Rel. Ministro NAPOLEÃO NUNES MAIA FILHO, TERCEIRA SEÇÃO, j. 28-4-2010, *DJe* 14-5-2010 **MS 010078/DF**, Rel. Ministro ARNALDO ESTEVES LIMA, TERCEIRA SEÇÃO, j. 24-8-2005, *DJ* 26-9-2005 **Decisões Monocráticas** **REsp 1243282/SP**, Rel. Ministro HERMAN BENJAMIN, SEGUNDA TURMA, j. 3-5-2011, publicado em 19-5-2011

É possível haver discrepância entre a penalidade sugerida pela comissão disciplinar e a aplicada pela autoridade julgadora desde que a conclusão lançada no relatório final não guarde sintonia com as provas dos autos e a sanção imposta esteja devidamente motivada.	**Acórdãos** **MS 015826/DF**, Rel. Ministro HUMBERTO MARTINS, PRIMEIRA SEÇÃO, j. 22-5-2013, *DJe* 31-5-2013 **MS 017479/DF**, Rel. Ministro HERMAN BENJAMIN, PRIMEIRA SEÇÃO, j. 28-11-2012, *DJe* 5-6-2013 **RMS 028169/PE**, Rel. Ministro NAPOLEÃO NUNES MAIA FILHO, QUINTA TURMA, j. 26-10-2010, *DJe* 29-11-2010 **MS 014212/DF**, Rel. Ministro ARNALDO ESTEVES LIMA, TERCEIRA SEÇÃO, j. 28-4-2010, *DJe* 7-5-2010 **Decisões Monocráticas** **RMS 033599/RJ**, Rel. Ministro BENEDITO GONÇALVES, PRIMEIRA TURMA, j. 1º-10-2012, publicado em 3-10-2012 **Ag 1393818/SP**, Rel. Ministro MAURO CAMPBELL MARQUES, SEGUNDA TURMA, j. 9-5-2011, publicado em 12-5-2011
Quando o fato objeto da ação punitiva da administração também constituir crime e enquanto não houver sentença penal condenatória transitada em julgado, a prescrição do poder disciplinar reger-se-á pelo prazo previsto na lei penal para pena cominada em abstrato.	**Acórdãos** **EDcl no RMS 021641/SP**, Rel. Ministro OG FERNANDES, SEXTA TURMA, j. 2-5-2013, *DJe* 14-5-2013 **MS 016075/DF**, Rel. Ministro BENEDITO GONÇALVES, PRIMEIRA SEÇÃO, j. 29-2-2012, *DJe* 21-3-2012 **MS 016567/DF**, Rel. Ministro MAURO CAMPBELL MARQUES, PRIMEIRA SEÇÃO, j. 9-11-2011, *DJe* 18-11-2011 **AgRg no REsp 1243282/SP**, Rel. Ministro HERMAN BENJAMIN, SEGUNDA TURMA, j. 28-6-2011, *DJe* 01-9-2011 **Decisões Monocráticas** **REsp 1243282/SP**, Rel. Ministro HERMAN BENJAMIN, SEGUNDA TURMA, j. 3-5-2011, publicado em 19-5-2011
A portaria de instauração do processo disciplinar prescinde de minuciosa descrição dos fatos imputados, sendo certo que a exposição pormenorizada dos acontecimentos se mostra necessária somente quando do indiciamento do servidor.	**Acórdãos** **MS 017053/DF**, Rel. Ministro MAURO CAMPBELL MARQUES, PRIMEIRA SEÇÃO, j. 11-9-2013, *DJe* 18-9-2013 **MS 019823/DF**, Rel. Ministra ELIANA CALMON, PRIMEIRA SEÇÃO, j. 14-8-2013, *DJe* 23-8-2013 **RMS 034473/MS**, Rel. Ministro HUMBERTO MARTINS, SEGUNDA TURMA, j. 4-4-2013, *DJe* 15-4-2013 **MS 016582/DF**, Rel. Ministro HERMAN BENJAMIN, PRIMEIRA SEÇÃO, j. 12-12-2012, *DJe* 01-2-2013 **EDcl no MS 014703/DF**, Rel. Ministro OG FERNANDES, TERCEIRA SEÇÃO, j. 14-11-2012, *DJe* 23-11-2012 **MS 015832/DF**, Rel. Ministro ARNALDO ESTEVES LIMA, PRIMEIRA SEÇÃO, j. 27-6-2012, *DJe* 01-8-2012 **MS 015787/DF**, Rel. Ministro BENEDITO GONÇALVES, PRIMEIRA SEÇÃO, j. 9-5-2012, *DJe* 6-8-2012 **MS 013518/DF**, Rel. Ministro NAPOLEÃO NUNES MAIA FILHO, TERCEIRA SEÇÃO, j. 5-12-2008, *DJe* 19-12-2008

O prazo prescricional interrompido com a abertura do Processo Administrativo Disciplinar (PAD) voltará a correr por inteiro após 140 dias, uma vez que esse é o prazo legal para o encerramento do procedimento.	**Acórdãos** **MS 015859/DF**, Rel. Ministro ARNALDO ESTEVES LIMA, PRIMEIRA SEÇÃO, j. 22-5-2013, *DJe* 5-6-2013 **AgRg no MS 019488/DF**, Rel. Ministro MAURO CAMPBELL MARQUES, PRIMEIRA SEÇÃO, j. 27-2-2013, *DJe* 6-3-2013 **MS 016093/DF**, Rel. Ministro HUMBERTO MARTINS, PRIMEIRA SEÇÃO, j. 13-6-2012, *DJe* 18-6-2012 **MS 014159/DF**, Rel. Ministro NAPOLEÃO NUNES MAIA FILHO, TERCEIRA SEÇÃO, j. 24-8-2011, *DJe* 10-2-2012 **MS 015230/DF**, Rel. Ministro HERMAN BENJAMIN, PRIMEIRA SEÇÃO, j. 9-2-2011, *DJe* 15-3-2011 **REsp 1191346/CE**, Rel. Ministro BENEDITO GONÇALVES, PRIMEIRA TURMA, j. 7-10-2010, *DJe* 15-10-2010
No PAD, a alteração da capitulação legal imputada ao acusado não enseja nulidade, uma vez que o indiciado se defende dos fatos nele descritos e não dos enquadramentos legais.	**Acórdãos** **MS 015905/DF**, Rel. Ministra ELIANA CALMON, PRIMEIRA SEÇÃO, j. 9-10-2013, *DJe* 8-11-2013 **MS 017370/DF**, Rel. Ministro ARNALDO ESTEVES LIMA, PRIMEIRA SEÇÃO, j. 28-8-2013, *DJe* 10-9-2013 **EDcl no MS 015837/DF**, Rel. Ministro BENEDITO GONÇALVES, PRIMEIRA SEÇÃO, j. 22-8-2012, *DJe* 28-8-2012 **MS 012677/DF**, Rel. Ministro HUMBERTO MARTINS, PRIMEIRA SEÇÃO, j. 11-4-2012, *DJe* 20-4-2012 **MS 014045/DF**, Rel. Ministro NAPOLEÃO NUNES MAIA FILHO, TERCEIRA SEÇÃO, j. 14-4-2010, *DJe* 29-4-2010 **RMS 021409/GO**, Rel. Ministro HERMAN BENJAMIN, SEGUNDA TURMA, j. 12-6-2007, *DJ* 19-12-2007 **Decisões Monocráticas** **REsp 1335821/SP**, Rel. Ministro MAURO CAMPBELL MARQUES, SEGUNDA TURMA, j. 20-9-2012, publicado em 27-9-2012
Da revisão do PAD não poderá resultar agravamento da sanção aplicada, em virtude da proibição do *bis in idem* e da *reformatio in pejus*.	**Acórdãos** **MS 017370/DF,** Rel. Ministro ARNALDO ESTEVES LIMA, PRIMEIRA SEÇÃO, j. 28-8-2013, *DJe* 10-9-2013 **MS 010950/DF**, Rel. Ministro OG FERNANDES, TERCEIRA SEÇÃO, j. 23-5-2012, *DJe* 01-6-2012 **AgRg no MS 015463/DF**, Rel. Ministro HERMAN BENJAMIN, PRIMEIRA SEÇÃO, j. 9-2-2011, *DJe* 15-3-2011

10. TABELA DE PRAZOS

LEI N. 9.784/99	
Art. 24. Inexistindo disposição específica, os atos do órgão ou autoridade responsável pelo processo e dos administrados que dele participem devem ser praticados no prazo de cinco dias, salvo motivo de força maior. Parágrafo único. O prazo previsto neste artigo pode ser dilatado até o dobro, mediante comprovada justificação.	Prazo de 5 (cinco) dias. Obs.: Esse prazo pode ser dilatado até o dobro, mediante comprovada justificação.

Art. 26. O órgão competente perante o qual tramita o processo administrativo determinará a intimação do interessado para ciência de decisão ou a efetivação de diligências. [...] § 2º A intimação observará a antecedência mínima de três dias úteis quanto à data de comparecimento.	Mínimo de 3 (três) dias úteis.
Art. 41. Os interessados serão intimados de prova ou diligência ordenada, com antecedência mínima de três dias úteis, mencionando-se data, hora e local de realização.	Mínimo de 3 (três) dias úteis, mencionando-se data, hora e local de realização.
Art. 42. Quando deva ser obrigatoriamente ouvido um órgão consultivo, o parecer deverá ser emitido no prazo máximo de quinze dias, salvo norma especial ou comprovada necessidade de maior prazo.	Máximo de 15 (quinze) dias.
Art. 44. Encerrada a instrução, o interessado terá o direito de manifestar-se no prazo máximo de dez dias, salvo se outro prazo for legalmente fixado.	Máximo de 10 (dez) dias.
Art. 49. Concluída a instrução de processo administrativo, a Administração tem o prazo de até trinta dias para decidir, salvo prorrogação por igual período expressamente motivada.	Até 30 (trinta) dias.
Art. 54. O direito da Administração de anular os atos administrativos de que decorram efeitos favoráveis para os destinatários decai em cinco anos, contados da data em que foram praticados, salvo comprovada má-fé.	Decai em 5 (cinco) anos, contados da data em que foram praticados, salvo comprovada má-fé.
Art. 56. Das decisões administrativas cabe recurso, em face de razões de legalidade e de mérito. § 1º O recurso será dirigido à autoridade que proferiu a decisão, a qual, se não a reconsiderar no prazo de cinco dias, o encaminhará à autoridade superior.	5 (cinco) dias.
Art. 59. Salvo disposição legal específica, é de dez dias o prazo para interposição de recurso administrativo, contado a partir da ciência ou divulgação oficial da decisão recorrida.	10 (dez) dias.
Art. 59, § 1º Quando a lei não fixar prazo diferente, o recurso administrativo deverá ser decidido no prazo máximo de trinta dias, a partir do recebimento dos autos pelo órgão competente.	No máximo 30 (trinta dias).
Art. 62. Interposto o recurso, o órgão competente para dele conhecer deverá intimar os demais interessados para que, no prazo de cinco dias úteis, apresentem alegações.	5 (cinco) dias úteis.

JURISPRUDÊNCIA

- **ATO ADMINISTRATIVO: CONTRADITÓRIO E AMPLA DEFESA – 1**

    O Plenário iniciou julgamento de recurso extraordinário em que questionada a legalidade de decisão administrativa por meio da qual foram cancelados 4 quinquênios anteriormente concedidos a servidora pública e determinada a devolução dos valores percebidos indevidamente. Na espécie, a servidora recorrida postulara, junto à Administração, averbação de tempo de serviço preteritamente prestado, o que lhe fora deferido. Cerca de 3 anos mais tarde, recebera um comunicado da recorrente com a informação de que os quinquênios teriam sido concedidos irregularmente e que o montante a eles vinculado seria debitado de seus vencimentos mensais. O ente federativo sustenta que atuara com fundamento no poder de autotutela da Administração Pública e alude à desnecessidade, na hipótese, de abertura de qualquer procedimento, ou mesmo de concessão de prazo de defesa ao interessado, de modo que, após a consumação do ato administrativo, a este incumbiria recorrer ao Poder Judiciário. O Min. Dias Toffoli, relator, desproveu o recurso. Afirmou que, a partir da CF/88, foi erigido à condição de garantia constitucional do cidadão, quer se encontre na posição de litigante, em processo judicial, quer seja mero interessado, o direito ao contraditório e à ampla defesa. Asseverou que, a partir de então, qualquer ato da Administração Pública capaz de repercutir sobre a esfera de interesses do cidadão deveria ser precedido de procedimento em que se assegurasse, ao interessado, o efetivo exercício dessas garantias. Após discorrer sobre apanhado teórico e jurisprudencial a respaldar essa assertiva, reputou que, no caso, o cancelamento de averbação de tempo de serviço e a ordem de restituição dos valores imposta teriam influído inegavelmente na esfera de interesses da servidora. Dessa maneira, a aludida intervenção estatal deveria ter sido antecedida de regular processo administrativo, o que não ocorrera, conforme reconhecido pela própria Administração. Ressaltou que seria facultado à recorrente renovar o ato ora anulado, desde que respeitados os princípios constitucionais que lhe são inerentes. O Min. Luiz Fux acompanhou o relator e ressaltou que a servidora teria percebido os citados valores de boa-fé, pois o adicional fora deferido administrativamente. Acrescentou que a devolução do que recebido, nessas condições, seria repudiada pelo Tribunal de Contas da União, no Verbete 249 de sua Súmula. Após, pediu vista dos autos a Min. Cármen Lúcia. RE 594.296/MG, rel. Min. Dias Toffoli, j. 31-8-2011.

- **ATO ADMINISTRATIVO: CONTRADITÓRIO E AMPLA DEFESA – 2**

    Em conclusão de julgamento, o Plenário desproveu recurso extraordinário em que questionada a legalidade de decisão administrativa por meio da qual foram cancelados 4 quinquênios anteriormente concedidos a servidora pública e determinada a devolução dos valores percebidos indevidamente. O ente federativo sustentava que atuara com fundamento no poder de autotutela da Administração Pública e aludia à desnecessidade, na hipótese, de abertura de qualquer procedimento, ou mesmo de concessão de prazo de defesa à interessada, de modo que, após a consumação do ato administrativo, a esta incumbiria recorrer ao Poder Judiciário – v. *Informativo 638*. Afirmou-se que, a partir da CF/88, foi erigido à condição de garantia constitucional do cidadão, quer se encontre na posição de litigante, em processo judicial, quer seja mero interessado, o direito ao contraditório e à ampla defesa. Asseverou-se que, a partir de então, qualquer ato da Administração Pública capaz de repercutir sobre a esfera de interesses do cidadão deveria ser precedido de procedimento em que se assegurasse, ao interessado, o efetivo exercício dessas garantias. RE 594.296/MG, rel. Min. Dias Toffoli, j. 21-9-2011.

- **ATO ADMINISTRATIVO: CONTRADITÓRIO E AMPLA DEFESA – 3**

    Reputou-se que, no caso, o cancelamento de averbação de tempo de serviço e a ordem de restituição dos valores imposta teriam influído inegavelmente na esfera de interesses da servidora. Dessa maneira, a referida intervenção estatal deveria ter sido antecedida de regular processo administrativo, o que não ocorrera, conforme reconhecido pela própria Administração. Ressaltou-se que seria facultado à recorrente renovar o ato ora anulado, desde que respeitados os princípios constitucionais. Destacou-se, ademais, que a servidora teria percebido os citados valores de boa-fé, pois o adicional fora deferido administrativamente. A Min. Cármen Lúcia propôs a revisão do Verbete 473 da Súmula do STF ("A Administração pode anular seus próprios atos, quando eivados de vícios que os tornam ilegais, porque deles não se originam direitos; ou revogá-los, por motivo de conveniência ou oportunidade, respeitados os direitos adquiridos, e ressalvada, em todos os casos, a apreciação judicial"), com eventual alteração do seu enunciado ou com a concessão de força vinculante, para que seja acrescentada a seguinte expressão "garantidos, em todos os casos, o devido processo legal administrativo e a apreciação judicial". Advertiu que, assim, evitar-se-ia que essa súmula fosse invocada em decisões administrativas eivadas de vícios. RE 594.296/MG, rel. Min. Dias Toffoli, j. 21-9-2011 (*Informativo STF 641*).

- **LEI N. 9.784/99 E DEMARCAÇÃO DE TERRAS INDÍGENAS**

    A 1ª Turma desproveu recurso ordinário em mandado de segurança interposto de acórdão do STJ, que entendera legal o procedimento administrativo de demarcação de terras do grupo indígena Guarani Ñandéva. Ao rechaçar a primeira alegação, aludiu-se à jurisprudência pacífica do Supremo no sentido de que o prazo de 5 anos para a conclusão de demarcação de terras indígenas não é decadencial, sendo a norma constante do art. 67 do ADCT meramente programática, a indicar ao órgão administrativo que proceda às demarcações dentro de um prazo razoável. No tocante à aplicação subsidiária da Lei n. 9.784/99, asseverou-se que o Estatuto do Índio (Lei n. 6.001/73) seria legislação específica a regulamentar o mencionado procedimento administrativo. No ponto, salientou-se que esta afastaria a incidência de qualquer outra norma de natureza geral. Na sequência, ressaltou-se inexistir ofensa ao princípio do contraditório e da ampla defesa, porquanto a recorrente manifestara-se nos autos administrativos e apresentara suas razões, devidamente refutadas pela FUNAI. Assentou-se, por fim, não haver que se falar em duplo grau de jurisdição em matéria administrativa. RMS 26.212/DF, rel. Min. Ricardo Lewandowski, j. 3-5-2011 (*Informativo STF 625*).

- **SUPRESSÃO DE GRATIFICAÇÃO E CONTRADITÓRIO**

    O Tribunal iniciou julgamento de mandado de segurança impetrado contra ato do Tribunal de Contas da União – TCU que suprimira, sem observância do contraditório, vantagem pessoal incorporada aos vencimentos do impetrante. No caso, após ocupar o cargo de analista de finanças do Ministério da Fazenda, o impetrante integrara-se ao quadro funcional do TCU, sendo-lhe deferida a averbação do tempo de serviço prestado em função comissionada no citado Ministério, para fins de vantagem pessoal ("quintos"). Requer o servidor a nulidade do ato administrativo que implicara a revogação dessa vantagem. Inicialmente, rejeitou-se a preliminar suscitada pelo Min. Marco Aurélio, relator, sobre a ausência de quórum para julgamento de matéria constitucional. Em seguida, o relator afastou as preliminares de incompetência do STF para julgar o *writ*, dado que a autoridade apontada como coatora seria o Presidente do TCU, e de decadência, porquanto impetrado dentro do prazo legal. No mérito, concedeu a segurança para assentar a nulidade do processo. Aduziu que o impetrante alcançara situação remuneratória posteriormente retirada do cenário jurídico sem que se lhe desse oportunidade para manifestar-se. Enfatizou que a Corte já proclamara que a anulação de ato administrativo cuja formalização haja repercutido no campo de interesses individuais não prescinde da observância da instauração de processo administrativo que viabilize a audição daquele que teria a situação jurídica modificada. Salientou que cumpriria dar ciência ao servidor, não vingando a óptica segundo a qual a autotutela administrativa poderia afastar o próprio direito de defesa, pouco importando a observância dos cinco anos previstos na Lei n. 9.784/99. Consignou, ainda, que o vício não teria sido convalidado com o fato de o impetrante ter interposto, depois de já estar decidido o processo que implicara a glosa do direito, recurso para a autoridade maior. Após, o julgamento foi suspenso com o pedido de vista do Min. Dias Toffoli. MS 25.399/DF, rel. Min. Marco Aurélio, j. 17-2-2010 *(Informativo STF 575).*

- **ALTERAÇÃO DE APOSENTADORIA: ADITAMENTO E DESNECESSIDADE DE CONTRADITÓRIO**
  O Tribunal indeferiu mandado de segurança impetrado contra ato do Tribunal de Contas da União – TCU que, sem prévia manifestação do impetrante, excluíra dos seus proventos de aposentadoria o pagamento de "quintos". Na espécie, a Corte de Contas reputara legal a aposentação originária do impetrante, ocorrida em 1995. Entretanto, em 1997, a fundação que concedera a aposentadoria ao impetrante incluíra, de maneira superveniente, o pagamento de "quintos", parcela remuneratória esta não examinada naquela oportunidade, por não constar do processo. Ocorre que, submetida tal inclusão ao TCU, este a considerara ilegal ante a insuficiência de tempo de serviço do impetrante para auferi-la. Inicialmente, rejeitou-se a preliminar suscitada pelo Min. Marco Aurélio, relator, sobre a ausência de quórum para julgamento da matéria constitucional. Em seguida, afastou-se a preliminar de decadência ao fundamento de que o prazo de cinco anos previsto no art. 54 da Lei n. 9.784/99 teria sido observado. No ponto, ressaltando que o ato de aposentadoria seria complexo, aduziu-se que o termo *a quo* para a contagem do referido prazo seria a data em que aperfeiçoada aquela. No mérito, consignou-se que, na situação dos autos, fora encaminhada ao TCU alteração introduzida posteriormente nos proventos de aposentadoria do impetrante e que o órgão competente glosara o que praticado na origem, modificando os parâmetros da aposentadoria então registrada. Mencionou-se, ademais, que o procedimento referente à alteração estaria ligado ao registro. Asseverou-se que, uma vez procedido o registro da aposentadoria pelo TCU, fixando-se certos parâmetros a nortearem os proventos, alteração realizada pelo órgão de origem em benefício do aposentado implicaria aditamento e, então, não haveria necessidade de estabelecer-se contraditório. MS 25.525/DF, rel. Min. Marco Aurélio, j. 17-2-2010 *(Informativo STF 575).*

- **RECURSO ADMINISTRATIVO E ARROLAMENTO DE BENS – 1**
  O Tribunal julgou duas ações diretas propostas pelo Conselho Federal da Ordem dos Advogados do Brasil e pela Confederação Nacional da Indústria – CNI, nas quais se objetivava a declaração de inconstitucionalidade do art. 32 da Medida Provisória 1.699-41/98, que deu nova redação ao art. 33, § 2º, do Decreto n. 70.235/72, e do art. 33, *caput*, e parágrafos da referida Medida Provisória. O primeiro artigo contestado prescrevia depósito de, no mínimo, 30% da exigência fiscal como condição para conhecimento de recurso voluntário pelo Conselho de Contribuintes, tendo sido alterado pela lei de conversão (Lei n. 10.522/2002), que substituiu o depósito prévio pelo arrolamento de bens. O segundo artigo em questão estabelecia o prazo de 180 dias, a partir da intimação da decisão da 1ª instância administrativa, para que o contribuinte exercesse o direito de pleitear judicialmente a desconstituição da exigência fiscal nela fixada. ADI 1.922/DF, rel. Min. Joaquim Barbosa, j. 28-3-2007. ADI 1.976/DF, rel. Min. Joaquim Barbosa, 28-3-2007.

- **RECURSO ADMINISTRATIVO E ARROLAMENTO DE BENS – 2**
  Preliminarmente, o Tribunal considerou prejudicada a ação ajuizada pela CNI no que se refere ao art. 33, *caput* e parágrafos, da norma impugnada, haja vista que, depois da concessão da liminar, teria ocorrido alteração do quadro normativo inicialmente impugnado, não havendo

dispositivos idênticos ou similares nas reedições da Medida Provisória ou na lei de conversão, o que inviabilizaria o controle. Também reconheceu o prejuízo da ação proposta pelo Conselho Federal da OAB, por falta de aditamento relativamente à lei de conversão. Afastou, ainda, a preliminar de prejudicialidade da ação proposta pela CNI em relação ao art. 32 da aludida Medida Provisória, por entender que a substituição do depósito prévio pelo arrolamento de bens não implicara alteração substancial do conteúdo da norma impugnada. Asseverou, no ponto, que a obrigação de arrolar bens criara a mesma dificuldade que depositar quantia para recorrer administrativamente. Considerou superada, ademais, a análise dos requisitos de relevância e urgência da Medida Provisória 1.699-41/98, em virtude de sua conversão em lei. Quanto ao mérito, o Tribunal julgou procedente o pedido formulado para declarar a inconstitucionalidade do art. 32 da Medida Provisória 1.699-41/98, convertida na Lei n. 10.522/2002, reportando-se à orientação firmada nos recursos extraordinários 388.359/PE, 389.383/SP e 390.513/SP anteriormente mencionados. O Min. Sepúlveda Pertence também fez ressalva quanto aos fundamentos de seu voto vencido nesses recursos extraordinários. ADI 1.922/DF, rel. Min. Joaquim Barbosa, j. 28-3-2007. ADI 1.976/DF, rel. Min. Joaquim Barbosa, j. 28-3-2007 (*Informativo STF 461*).

- **MS. DECADÊNCIA. RECURSO ADMINISTRATIVO**
A sociedade anônima impetrante insurge-se contra suposto ato ilegal e abusivo de ministro de Estado que julgou prejudicado seu recurso administrativo hierárquico, isso ao reconhecer a decadência de seu direito de desconstituir o alvará que concedeu à diversa empresa de mineração a autorização de pesquisa na área sobre a qual a impetrante, anteriormente, havia também requerido autorização. Pede a cassação da decisão combatida, o afastamento da decadência e o provimento de seu recurso hierárquico, com a anulação do alvará concedido. Porém, desses pedidos, somente o afastamento da decadência e a consequente anulação da decisão podem ser examinados via *mandamus*. Quanto a isso, o ato tido por coator embasou-se na desídia do impetrante em deixar paralisado o processo por um longo tempo e no decurso de mais de cinco anos entre a expedição do alvará e a interposição do recurso hierárquico (art. 54 da Lei n. 9.784/99). Sucede que, pelos fatos narrados nas informações pela própria autoridade impetrada, vê-se que os autos do processo administrativo ficaram desaparecidos por tanto tempo em razão da própria desorganização interna do departamento por eles responsável, o que, decerto, não pode ser atribuído à impetrante, e que nem sequer três anos transcorreram da data da publicação do alvará e sua impugnação pela impetrante. Daí se conceder, em parte, a segurança, tão somente para anular o julgamento do recurso administrativo e determinar que outro seja proferido com exame das questões de mérito nele contidas. MS 14.037-DF, rel. Min. Castro Meira, j. 12-8-2009 (*Informativo STJ 402*).

PARA GABARITAR

a) A lei permite que órgão administrativo e seu titular deleguem parte de sua competência a órgão não hierarquicamente subordinado.

b) Nos processos administrativos, as intimações serão nulas quando feitas sem observância das prescrições legais, no entanto o comparecimento do administrado supre sua falta ou sua irregularidade.

c) O recurso administrativo, em regra, apresenta efeito devolutivo, admitindo, excepcionalmente, efeito suspensivo.

d) Constitui exemplo do princípio da impulsão a possibilidade de a autoridade recorrida conferir, sem o requerimento da parte interessada, efeito suspensivo ao recurso, quando houver receio de prejuízo de difícil ou incerta reparação decorrente da execução da decisão.

e) Um dos efeitos da absolvição do servidor por negativa de autoria, em processo penal relativo a fato objeto também de processo administrativo, consiste na extinção do processo administrativo.

f) O fundamento da prescrição administrativa reside no princípio da conservação dos valores jurídicos já concretizados, visando impedir, em razão do decurso do prazo legalmente fixado, o exercício da autotutela por parte da Administração Pública.

g) Órgão – a unidade de atuação integrante da estrutura da Administração Direta e da estrutura da Administração Indireta.

h) Entidade – a unidade de atuação dotada de personalidade jurídica.

i) Autoridade – o servidor ou agente público dotado de poder de decisão.

j) Os atos do processo administrativo não dependem de forma determinada senão quando a lei expressamente a exigir.

k) Devem ser objeto de intimação os atos do processo que resultem para o interessado imposição de deveres, ônus, sanções ou restrição ao exercício de direitos e atividades e os atos de outra natureza, de seu interesse.

l) Quando o interessado declarar que fatos e dados estão registrados em documentos existentes na própria Administração responsável pelo processo ou em outro órgão administrativo, o órgão competente para a instrução proverá, de ofício, à obtenção dos documentos ou das respectivas cópias.

m) Em decisão na qual se evidencie não acarretar lesão ao interesse público nem prejuízo a terceiros, os atos que apresentarem defeitos sanáveis poderão ser convalidados pela própria Administração.

n) Se o recorrente alegar violação de enunciado da Súmula Vinculante, o órgão competente para decidir o recurso explicitará as razões da aplicabilidade ou inaplicabilidade da Súmula, conforme o caso.

o) Acolhida pelo Supremo Tribunal Federal a reclamação fundada em violação de enunciado da Súmula Vinculante, dar-se-á ciência à autoridade prolatora e ao órgão competente para o julgamento do recurso, que deverão adequar as futuras decisões administrativas em casos semelhantes, sob pena de responsabilização pessoal nas esferas cível, administrativa e penal.

p) Terão prioridade na tramitação, em qualquer órgão ou instância, os procedimentos administrativos em que figure como parte ou interessado: pessoa com idade igual ou superior a 60 (sessenta) anos; pessoa portadora de deficiência, física ou mental; pessoa portadora de tuberculose ativa, esclerose múltipla, neoplasia maligna, hanseníase, paralisia irreversível e incapacitante, cardiopatia grave, doença de Parkinson, espondiloartrose anquilosante, nefropatia grave, hepatopatia grave, estados avançados da doença de Paget (osteíte deformante), contaminação por radiação, síndrome de imunodeficiência adquirida, ou outra doença grave, com base em conclusão da medicina especializada, mesmo que a doença tenha sido contraída após o início do processo.

11. ENUNCIADO DA JORNADA DE DIREITO ADMINISTRATIVO

I JORNADA	IDs	ENUNCIADOS APROVADOS NA PLENÁRIA
33	3035	O prazo processual, no âmbito do processo administrativo, deverá ser contado em dias corridos mesmo com a vigência dos arts. 15 e 219 do CPC, salvo se existir norma específica estabelecendo essa forma de contagem.

12. CONTEÚDO DIGITAL

Acesse também pelo *link*: https://somos.in/MDADM9

Capítulo XII

Licitação – Lei n. 8.666/93 e Lei n. 14.133/2021

1. INTRODUÇÃO

A Lei n. 8.666/93 está com os dias contados. Dia 01 de abril de 2021 foi publicada a **Lei n. 14.133/2021**, que em seu art. 193, II, fixou a revogação da Lei n. 8.666/93 **após decorridos dois anos** da publicação oficial da **Lei n. 14.133/2021**. Portanto, a partir de 01 de abril de 2023, não teremos mais a Lei n. 8.666/93.

Enquanto esta data não chega, vamos estudar a Lei n. 8.666/93 e entender suas peculiaridades e estudar de forma comparativa também a **Lei n. 14.133/2021**.

Ao final deste capítulo, haverá item destinado ao estudo de pontos importantes da **Lei n. 14.133/2021** a fim de que o leitor se familiarize com a nova legislação (sem perder de vista a importância do estudo comparativo com os diplomas legais vigentes até então).

Mas então o que é licitação?

Licitação é um procedimento prévio para a escolha da proposta mais vantajosa para a Administração Pública antes da celebração de um contrato administrativo. Também objetiva assegurar igualdade de oportunidades àqueles que desejam e têm condições de contratar com ela, garantindo, assim, a eficiência, impessoalidade e moralidade aos negócios administrativos.

Assim, sempre que o Poder Público desejar adquirir, alienar, locar bens, contratar a execução de obras ou de serviços, necessitará – observando o mandamento constitucional do art. 37, XXI – adotar um procedimento preliminar denominado "licitação", que só será afastado nas hipóteses previstas expressamente na Lei n. 8.666/93 (nos casos de contratação direta – arts. 24 e 25) e na **Lei n. 14.133/2021** (nos casos de contratação direta – arts. 74 e 75). Aqui um primeiro ponto já de diferenciação dos dispositivos.

O procedimento licitatório tem diversas finalidades, todas com o objetivo de proteção ao interesse público:

a) garantir o Princípio da Isonomia (propiciando igualdade de condições para todos os licitantes);

b) selecionar a proposta mais vantajosa para a Administração Pública;

c) promover o desenvolvimento nacional sustentável;

d) observar sobretudo os princípios da legalidade; impessoalidade; moralidade; igualdade entre os licitantes (art. 3º, § 1º, da Lei n. 8.666/93); publicidade (*vide* art. 3º, § 3º, e art. 43, § 1º, da Lei n. 8.666/93); probidade administrativa (*vide* art. 37, § 4º, da CF); vinculação ao instrumento convocatório (já que o edital é a "lei interna" da licitação); julgamento objetivo das propostas (calcado em critérios previamente definidos no edital e nos termos das propostas – arts. 44 e 45 da Lei n. 8.666/93).

> **LEGISLAÇÃO CORRELATA**
>
> **CF**
>
> **Art. 37, XXI. Ressalvados os casos especificados na legislação**, as obras, serviços, compras e alienações serão contratados mediante **processo de licitação pública** que assegure igualdade de condições a todos os concorrentes, com cláusulas que estabeleçam obrigações de pagamento, mantidas as condições efetivas da proposta, nos termos da lei, o qual somente permitirá as exigências de qualificação técnica e econômica indispensáveis à garantia do cumprimento das obrigações.
>
> **Lei n. 8.666/93**
>
> **Art. 3º.** A licitação destina-se a garantir a observância do princípio constitucional da isonomia, a seleção da **proposta mais vantajosa** para a administração e a promoção do desenvolvimento nacional sustentável e será processada e julgada em estrita conformidade com os princípios básicos da legalidade, da impessoalidade, da moralidade, da igualdade, da publicidade, da probidade administrativa, da vinculação ao instrumento convocatório, do julgamento objetivo e dos que lhes são correlatos (*Redação dada pela Lei n. 12.349, de 2010.*)
>
> § 2º Em igualdade de condições, como critério de desempate, será assegurada preferência, sucessivamente, aos bens e serviços:
>
> II – produzidos no País;
>
> III – produzidos ou prestados por empresas brasileiras;
>
> IV – produzidos ou prestados por empresas que invistam em pesquisa e no desenvolvimento de tecnologia no País; (*Incluído pela Lei n. 11.196, de 2005.*)
>
> V – produzidos ou prestados por empresas que comprovem cumprimento de reserva de cargos prevista em lei para pessoa com deficiência ou para reabilitado da Previdência Social e que atendam às regras de acessibilidade previstas na legislação (*Incluído pela Lei n. 13.146, de 2015.*)
>
> § 3º A licitação não será sigilosa, sendo públicos e acessíveis ao público os atos de seu procedimento, salvo quanto ao conteúdo das propostas, até a respectiva abertura.

Na **Lei n. 14.133/2021** os princípios aplicáveis no procedimento licitatório estão definidos no art. 5º que fixa: "na aplicação desta Lei, serão observados os princípios da legalidade, da impessoalidade, da moralidade, da publicidade, da eficiência, do interesse público, da probidade administrativa, da igualdade, do planejamento, da transparência, da eficácia, da segregação de funções, da motivação, da vinculação ao edital, do julgamento objetivo, da segurança jurídica, da razoabilidade, da competitividade, da proporcionalidade, da celeridade, da economicidade e do desenvolvimento nacional sustentável, assim como as disposições do Decreto-Lei n. 4.657, de 4 de setembro de 1942 (Lei de Introdução às Normas do Direito Brasileiro)".

Veja que a nova lei de licitações incluiu novos princípios além daqueles que até então são trazidos pela Lei n. 8.666/93.

Diversos são os diplomas constitucionais e legais versando sobre o tema licitação. Os principais são:

a) CF, art. 37, XXI;
b) CF, art. 173, § 1º, III;
c) CF, art. 175;

LEGISLAÇÃO CORRELATA

CF

Art. 175. Incumbe ao Poder Público, na forma da lei, **diretamente ou sob regime de concessão ou permissão**, sempre através de licitação, a prestação de serviços públicos.

Parágrafo único. A lei disporá sobre:

I – o regime das empresas concessionárias e permissionárias de serviços públicos, o caráter especial de seu contrato e de sua prorrogação, bem como as condições de caducidade, fiscalização e rescisão da concessão ou permissão;

II – os direitos dos usuários;

III – política tarifária;

IV – a obrigação de manter serviço adequado.

d) CF, art. 22, XXVII;
e) Lei n. 8.666/93 (com diversas alterações pelas Leis n. 8.248/91; 8.883/94; 9.032/95; 9.648/98; 9.854/99; 10.973/2004; 11.079/2004; 11.107/2005; 11.196/2005; 11.481/2007; 11.763/2008; 11.952/2009; 12.349/2010; 12.440/2011; 12.598/2012; 12.715/2012; 12.873/2013; LC n. 147/2014);
f) Lei Complementar n. 123/2006 (arts. 42 a 48) – versa sobre a licitação com participação de microempresa (ME) e empresa de pequeno porte (EPP);
g) Lei n. 10.520/2002 – que cuida da modalidade licitatória "pregão";
h) Lei n. 12.232/2010 – versando sobre a licitação e contratação de serviços de publicidade;
i) Lei n. 13.303/2016 – Estatuto das Estatais;
j) Lei n. 12.462/2011 – RDC – Regime Diferenciado de Contratações Públicas.
k) **Lei n. 14.133/2021** – Lei de Licitações e Contratos Administrativos. A nova lei de licitações trouxe, em seu art. 11, alguns objetivos. Vejamos:

> **ESQUEMATIZANDO**

```
PROCESSO LICITATÓRIO ──────▶ OBJETIVOS
                                 │
                                 ▼
                         ART. 11, LEI N. 14.133/21
```

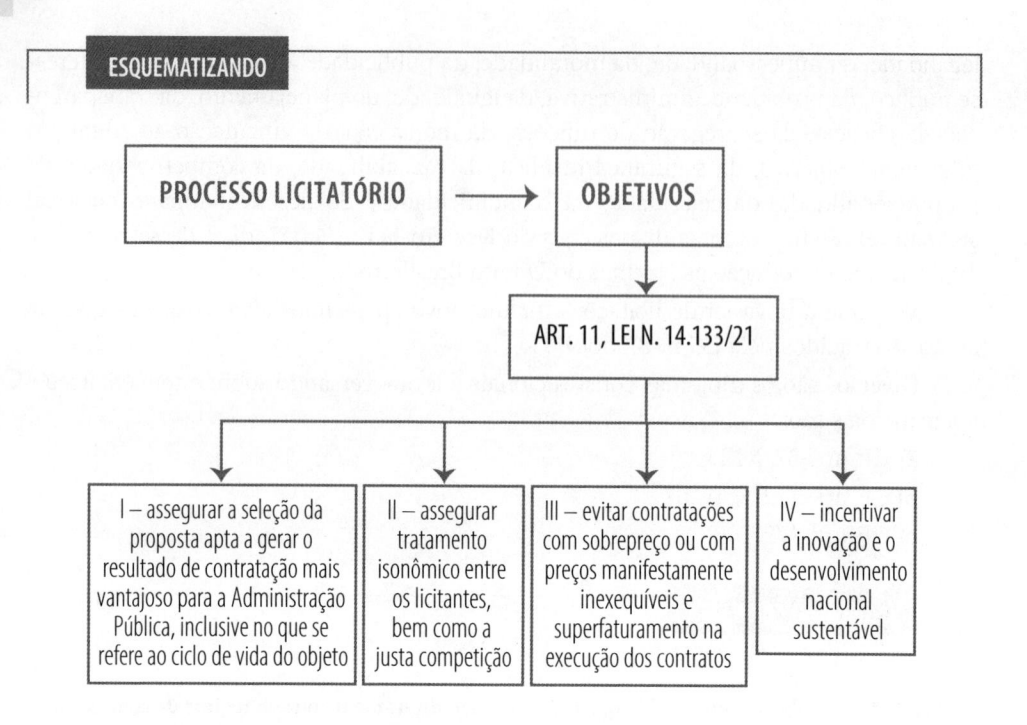

| I – assegurar a seleção da proposta apta a gerar o resultado de contratação mais vantajoso para a Administração Pública, inclusive no que se refere ao ciclo de vida do objeto | II – assegurar tratamento isonômico entre os licitantes, bem como a justa competição | III – evitar contratações com sobrepreço ou com preços manifestamente inexequíveis e superfaturamento na execução dos contratos | IV – incentivar a inovação e o desenvolvimento nacional sustentável |

2. QUEM ESTÁ OBRIGADO A LICITAR?

A resposta a esse questionamento encontra-se no art. 1º, parágrafo único, da Lei n. 8.666/93:

> **LEGISLAÇÃO CORRELATA**
>
> **Lei n. 8.666/93**
>
> **Art. 1º** Esta Lei estabelece normas gerais sobre licitações e contratos administrativos pertinentes a obras, serviços, inclusive de publicidade, compras, alienações e locações no âmbito dos Poderes da União, dos Estados, do Distrito Federal e dos Municípios.
>
> Parágrafo único. Subordinam-se ao regime desta Lei, além dos órgãos da administração direta, os fundos especiais, as autarquias, as fundações públicas, as empresas públicas, as sociedades de economia mista e demais entidades controladas direta ou indiretamente pela União, Estados, Distrito Federal e Municípios.

a) ADMINISTRAÇÃO DIRETA (composta pela União, Estados, DF e Municípios);
b) ADMINISTRAÇÃO INDIRETA;

As entidades da Administração Indireta devem realizar procedimento licitatório, como visto anteriormente no capítulo "Organização da Administração Pública".

Aprofundamento: Fixa o art. 173, § 1º, III, da CF especificamente, para as empresas estatais (empresas públicas e sociedades de economia mista), um estatuto próprio para cuidar do tema "licitações e contratos". É a **Lei n. 13.303, de 30 de junho de 2016**, que dispõe sobre esse estatuto jurídico, que, a partir do art. 51, cuida do procedimento licitatório.

> **LEGISLAÇÃO CORRELATA**

CF

Art. 173. Ressalvados os casos previstos nesta Constituição, a **exploração direta de atividade econômica pelo Estado só será permitida quando** necessária aos imperativos da segurança nacional ou a relevante interesse coletivo, conforme definidos em lei.

§ 1º A lei estabelecerá o estatuto jurídico da empresa pública, da sociedade de economia mista e de suas subsidiárias que explorem atividade econômica de produção ou comercialização de bens ou de prestação de serviços, dispondo sobre:

III – **licitação e contratação** de obras, serviços, compras e alienações, observados os princípios da administração pública;

> **JURISPRUDÊNCIA**

- **CONTRATAÇÃO PÚBLICA – REGIME JURÍDICO – LICITAÇÃO – SOCIEDADE DE ECONOMIA MISTA – ATIVIDADE-FIM – TCU**

  "Segundo decidiu o TCU, até que seja editada a norma legal a que se refere o art. 173, § 1º, da Constituição Federal, é possível a contratação direta por parte das empresas públicas, sociedades de economia mista e suas subsidiárias exploradoras de atividade econômica, de bens e serviços que constituam sua atividade-fim, nas hipóteses em que a utilização da Lei de Licitações constitua óbice intransponível à sua atividade negocial" (TCU, Acórdão n. 1.390/2004, Plenário, rel. Min. Marcos Bemquerer Costa, *DOU* 23-9-2004).

- **CONTRATAÇÃO PÚBLICA – LICITAÇÃO – SOCIEDADE DE ECONOMIA MISTA – ATIVIDADE-MEIO – TCU**

  "O TCU entendeu que as atividades-fim das empresas estatais regem-se pelo direito privado e não estão sujeitas à obrigatoriedade de licitação, a qual é apenas exigível nas suas atividades-meio" (TCU, Decisão n. 121/98, Plenário, rel. Min. Iram Saraiva, *DOU* 4-9-1998, veiculada na *Revista Zênite de Licitações e Contratos – ILC*, Curitiba: Zênite, n. 67, p. 740, set. 1999, seção Tribunais de Contas).

- **CONTRATAÇÃO PÚBLICA – LICITAÇÃO – EMPRESA DE ECONOMIA MISTA – OBRIGATORIEDADE DE LICITAR – MANDADO DE SEGURANÇA – CABIMENTO – STJ**

  "As empresas de economia mista sujeitam-se a processo de licitação pública para aquisição de bens e contratação de obras e serviços de terceiros (art. 37, XXI, da Constituição Federal). Destarte, os atos administrativos que envolvem a promoção de licitação pública por empresa de economia mista são atos de autoridade, submetidos ao regime de Direito Público (Lei n. 8.666/93), passíveis de questionamento por mandado de segurança. 'O dirigente de empresa pública ou sociedade de economia mista (pessoas qualificadas como de Direito Privado), ainda quando sejam elas meramente exploradoras de atividade econômica, também pode ser enquadrado como 'autoridade' no que concerne a atos expedidos para cumprimentos de normas de

Direito Público a que tais entidades estejam obrigadas, como *exempli gratia*, os relativos às licitações públicas que promovam'" (DE MELLO, Celso Antônio Bandeira. *Curso de direito administrativo*, Malheiros Editores, São Paulo: 2002, p. 221) (STJ, REsp 533.613, rel. Min. Franciulli Netto, *DJ* 3-11-2003).

- **CONTRATAÇÃO PÚBLICA – LICITAÇÃO – SOCIEDADE DE ECONOMIA MISTA – OBRIGATORIEDADE DE PRECEDER SUAS CONTRATAÇÕES POR MEIO DE LICITAÇÃO – STJ**

"Administrativo. Sociedade de Economia Mista. Serviços advocatícios não singulares. Atividade-meio. Licitação. Obrigatoriedade. 1. O disposto no art. 121 da Lei n. 8.666/93 não exclui os contratos firmados antes da sua vigência por sociedades de economia mista, da obrigatoriedade de serem precedidos de procedimento licitatório, o que já ocorria na vigência do Decreto-lei n. 2.300/86. 2. A obrigatoriedade de observar o regime de licitações decorre do disposto no art. 37, XXI, da Constituição Federal, e, antes mesmo do advento da Lei n. 8.666/93, as sociedades de economia mista já estavam subordinadas ao dever de licitar. 3. Malgrado sejam regidas pelo direito privado, as sociedades de economia mista, ainda que explorem atividade econômica, integram a administração pública estando jungidas aos princípios norteadores da atuação do Poder Público, notadamente a impessoalidade e a moralidade. 4. Recurso essencial provido" (STJ, REsp 80.061, rel. Min. Castro Meira, *DJ* 11-10-2004).

c) FUNDOS ESPECIAIS;

Os fundos especiais são instrumentos utilizados para finalidades assistenciais que têm por objetivo angariar e destinar recursos, dando assim assistência, ou têm natureza jurídica de órgão da Administração Direta ou de Fundação Pública.

Exemplificando: fundo especial para dar assistência aos desprotegidos da seca e fundo especial para dar assistência aos desabrigados da chuva.

d) PESSOAS JURÍDICAS CONTROLADAS DIRETA OU INDIRETAMENTE PELO PODER PÚBLICO.

Na **Lei n. 14.133/2021** a matéria vem disciplinada no art. 1º:

a) Administração Pública Direta;

b) Autarquias e Fundações da União, Estados, Distrito Federal e Municípios;

c) Órgãos dos Poderes Legislativo e Judiciário da União, dos Estados e do Distrito Federal e os órgãos do Poder Legislativo dos Municípios, quando no desempenho de função administrativa;

d) os fundos especiais e as demais entidades controladas direta ou indiretamente pela Administração Pública.

De forma expressa a **Lei n. 14.133/2021 excetua da incidência da lei** para as empresas públicas, as sociedades de economia mista e as suas subsidiárias, regidas pela Lei n. 13.303/2016, ressalvado o disposto no art. 178. Também não se subordinam ao regime da **Lei n. 14.133/2021** os contratos que tenham por objeto operação de crédito, interno ou externo, e gestão de dívida pública, incluídas as contratações de agente financeiro e a concessão de garantia relacionadas a esses contratos e as contratações sujeitas a normas previstas em legislação própria (este o teor do art. 3º da nova lei).

Por fim, a **Lei n. 14.133/2021** deve ser aplicada para:

a) alienação e concessão de direito real de uso de bens;

b) compra, inclusive por encomenda;

c) locação;

d) concessão e permissão de uso de bens públicos;

e) prestação de serviços, inclusive os técnico-profissionais especializados;

f) obras e serviços de arquitetura e engenharia;

g) contratações de tecnologia da informação e de comunicação.

LEGISLAÇÃO CORRELATA

Lei n. 14.133/2021

Art. 1º Esta Lei estabelece normas gerais de licitação e contratação para as Administrações Públicas diretas, autárquicas e fundacionais da União, dos Estados, do Distrito Federal e dos Municípios, e abrange:

I – os órgãos dos Poderes Legislativo e Judiciário da União, dos Estados e do Distrito Federal e os órgãos do Poder Legislativo dos Municípios, quando no desempenho de função administrativa;

II – os fundos especiais e as demais entidades controladas direta ou indiretamente pela Administração Pública.

§ 1º **Não são abrangidas por esta Lei** as empresas públicas, as sociedades de economia mista e as suas subsidiárias, regidas pela Lei n. 13.303, de 30 de junho de 2016, ressalvado o disposto no art. 178 desta Lei.

§ 2º As contratações realizadas no âmbito das repartições públicas sediadas no exterior obedecerão às peculiaridades locais e aos princípios básicos estabelecidos nesta Lei, na forma de regulamentação específica a ser editada por ministro de Estado.

§ 3º Nas licitações e contratações que envolvam recursos provenientes de empréstimo ou doação oriundos de agência oficial de cooperação estrangeira ou de organismo financeiro de que o Brasil seja parte, podem ser admitidas:

I – condições decorrentes de acordos internacionais aprovados pelo Congresso Nacional e ratificados pelo Presidente da República;

II – condições peculiares à seleção e à contratação constantes de normas e procedimentos das agências ou dos organismos, desde que:

a) sejam exigidas para a obtenção do empréstimo ou doação;

b) não conflitem com os princípios constitucionais em vigor;

c) sejam indicadas no respectivo contrato de empréstimo ou doação e tenham sido objeto de parecer favorável do órgão jurídico do contratante do financiamento previamente à celebração do referido contrato;

d) (VETADO).

§ 4º A documentação encaminhada ao Senado Federal para autorização do empréstimo de que trata o § 3º deste artigo deverá fazer referência às condições contratuais que incidam na hipótese do referido parágrafo.

§ 5º As contratações relativas à gestão, direta e indireta, das reservas internacionais do País, inclusive as de serviços conexos ou acessórios a essa atividade, serão disciplinadas em ato normativo próprio do Banco Central do Brasil, assegurada a observância dos princípios estabelecidos no *caput* do art. 37 da Constituição Federal.

Art. 2º Esta Lei aplica-se a:

I – alienação e concessão de direito real de uso de bens;

II – compra, inclusive por encomenda;

III – locação;

IV – concessão e permissão de uso de bens públicos;

V – prestação de serviços, inclusive os técnico-profissionais especializados;

VI – obras e serviços de arquitetura e engenharia;

VII – contratações de tecnologia da informação e de comunicação.

Art. 3º Não se subordinam ao regime desta Lei:

I – **contratos que tenham por objeto** operação de crédito, interno ou externo, e gestão de dívida pública, incluídas as contratações de agente financeiro e a concessão de garantia relacionadas a esses contratos;

II – **contratações sujeitas a normas previstas em legislação própria**.

3. COMPETÊNCIA PARA LEGISLAR SOBRE LICITAÇÕES E CONTRATOS ADMINISTRATIVOS

A competência para a edição de normas gerais é privativa da União (nos termos do art. 22, XXVII, da CF).

São "normas gerais" aquelas que podem ser aplicadas uniformemente em todo o País (e não apenas em certa região ou local). Tratam de fundamentos, princípios, diretrizes, critérios básicos, e, portanto, precisarão de regramento posterior específico. Se determinada norma já exaurir determinado assunto e dispensar regramento sucessivo específico, não será qualificada como "norma geral".

A Lei n. 8.666/93 contém muitas "normas gerais", mas contém também dispositivos específicos, como é o caso do art. 17 da Lei de Licitações: a União legislou em norma específica (esse dispositivo é aplicável apenas para o âmbito de incidência União, portanto será, nesse aspecto, considerada lei federal).

Em resumo:

a) se a União legislar sobre normas específicas, a lei será considerada lei federal;

b) se os Estados legislarem sobre normas específicas, a lei será considerada lei estadual;

c) se os Municípios legislarem sobre normas específicas, a lei será considerada lei municipal.

JURISPRUDÊNCIA

STF

ADI 927: "CONSTITUCIONAL. LICITAÇÃO. CONTRATAÇÃO ADMINISTRATIVA. Lei n. 8.666, de 21-06-93. I. – Interpretação conforme dada ao art. 17, I, *b* (doação de bem imóvel) e art. 17, II, *b* (permuta de bem móvel), para esclarecer que a vedação tem aplicação no âmbito da União Federal, apenas. Idêntico entendimento em relação ao art. 17, I, *c* e § 1º do art. 17. Vencido o Relator, nesta parte. II. – Cautelar deferida, em parte" (ADI 927 MC, rel. Min. Carlos Velloso, Tribunal Pleno, j. 3-11-1993, *DJ* 11-11-1994, p. 30.635. Ementa. v. 1766-01, p. 39).

LEGISLAÇÃO CORRELATA

Lei n. 8.666/93

Art. 17. A alienação de bens da Administração Pública, subordinada à existência de interesse público devidamente justificado, será precedida de avaliação e obedecerá às seguintes normas:

I – quando imóveis, dependerá de autorização legislativa para órgãos da administração direta e entidades autárquicas e fundacionais, e, para todos, inclusive as entidades paraestatais, dependerá de avaliação prévia e de licitação na modalidade de concorrência, dispensada esta nos seguintes casos:

a) dação em pagamento;

b) doação, permitida exclusivamente para outro órgão ou entidade da administração pública, de qualquer esfera de governo, ressalvado o disposto nas alíneas *f*, *h* e *i*; *(Redação dada pela Lei n. 11.952, de 2009.)*

c) permuta, por outro imóvel que atenda aos requisitos constantes do inciso X do art. 24 desta Lei;

d) investidura;

e) venda a outro órgão ou entidade da administração pública, de qualquer esfera de governo; *(Incluída pela Lei n. 8.883, de 1994.)*

f) alienação gratuita ou onerosa, aforamento, concessão de direito real de uso, locação ou permissão de uso de bens imóveis residenciais construídos, destinados ou efetivamente utilizados no âmbito de programas habitacionais ou de regularização fundiária de interesse social desenvolvidos por órgãos ou entidades da administração pública; *(Redação dada pela Lei n. 11.481, de 2007.)*

g) procedimentos de legitimação de posse de que trata o *art. 29 da Lei n. 6.383, de 7 de dezembro de 1976*, mediante iniciativa e deliberação dos órgãos da Administração Pública em cuja competência legal inclua-se tal atribuição; *(Incluído pela Lei n. 11.196, de 2005.)*

h) alienação gratuita ou onerosa, aforamento, concessão de direito real de uso, locação ou permissão de uso de bens imóveis de uso comercial de âmbito local com área de até 250 m² (duzentos e cinquenta metros quadrados) e inseridos no âmbito de programas de regularização fundiária de interesse social desenvolvidos por órgãos ou entidades da administração pública; *(Incluído pela Lei n. 11.481, de 2007.)*

i) alienação e concessão de direito real de uso, gratuita ou onerosa, de terras públicas rurais da União na Amazônia Legal onde incidam ocupações até o limite de 15 (quinze) módulos fiscais ou 1.500ha (mil e quinhentos hectares), para fins de regularização fundiária, atendidos os requisitos legais; *(Incluído pela Lei n. 11.952, de 2009.)*

II – quando móveis, dependerá de avaliação prévia e de licitação, dispensada esta nos seguintes casos:

a) doação, permitida exclusivamente para fins e uso de interesse social, após avaliação de sua oportunidade e conveniência socioeconômica, relativamente à escolha de outra forma de alienação;

b) permuta, permitida exclusivamente entre órgãos ou entidades da Administração Pública;

c) venda de ações, que poderão ser negociadas em bolsa, observada a legislação específica;

d) venda de títulos, na forma da legislação pertinente;

e) venda de bens produzidos ou comercializados por órgãos ou entidades da Administração Pública, em virtude de suas finalidades;

f) venda de materiais e equipamentos para outros órgãos ou entidades da Administração Pública, sem utilização previsível por quem deles dispõe.

§ 1º Os imóveis doados com base na alínea b do inciso I deste artigo, cessadas as razões que justificaram a sua doação, reverterão ao patrimônio da pessoa jurídica doadora, vedada a sua alienação pelo beneficiário.

§ 2º A Administração também poderá conceder título de propriedade ou de direito real de uso de imóveis, dispensada licitação, quando o uso destinar-se: *(Redação dada pela Lei n. 11.196, de 2005.)*

I – a outro órgão ou entidade da Administração Pública, qualquer que seja a localização do imóvel; *(Incluído pela Lei n. 11.196, de 2005.)*

II – a pessoa natural que, nos termos da lei, regulamento ou ato normativo do órgão competente, haja implementado os requisitos mínimos de cultura, ocupação mansa e pacífica e exploração direta sobre área rural situada na Amazônia Legal, superior a 1 (um) módulo fiscal e limitada a 15 (quinze) módulos fiscais, desde que não exceda 1.500ha (mil e quinhentos hectares); *(Redação dada pela Lei n. 11.952, de 2009.)*

§ 2º-A. As hipóteses do inciso II do § 2º ficam dispensadas de autorização legislativa, porém submetem-se aos seguintes condicionamentos: *(Redação dada pela Lei n. 11.952, de 2009.)*

I – aplicação exclusivamente às áreas em que a detenção por particular seja comprovadamente anterior a 1º de dezembro de 2004; *(Incluído pela Lei n. 11.196, de 2005.)*

II – submissão aos demais requisitos e impedimentos do regime legal e administrativo da destinação e da regularização fundiária de terras públicas; *(Incluído pela Lei n. 11.196, de 2005.)*

III – vedação de concessões para hipóteses de exploração não contempladas na lei agrária, nas leis de destinação de terras públicas, ou nas normas legais ou administrativas de zoneamento ecológico-econômico; e *(Incluído pela Lei n. 11.196, de 2005.)*

IV – previsão de rescisão automática da concessão, dispensada notificação, em caso de declaração de utilidade, ou necessidade pública ou interesse social. *(Incluído pela Lei n. 11.196, de 2005.)*

§ 2º-B. A hipótese do inciso II do § 2º deste artigo: *(Incluído pela Lei n. 11.196, de 2005.)*

I – só se aplica a imóvel situado em zona rural, não sujeito a vedação, impedimento ou inconveniente a sua exploração mediante atividades agropecuárias; *(Incluído pela Lei n. 11.196, de 2005.)*

II – fica limitada a áreas de até quinze módulos fiscais, desde que não exceda mil e quinhentos hectares, vedada a dispensa de licitação para áreas superiores a esse limite; *(Redação dada pela Lei n. 11.763, de 2008.)*

III – pode ser cumulada com o quantitativo de área decorrente da figura prevista na alínea g do inciso I do caput deste artigo, até o limite previsto no inciso II deste parágrafo. *(Incluído pela Lei n. 11.196, de 2005.)*

§ 3º Entende-se por investidura, para os fins desta lei: *(Redação dada pela Lei n. 9.648, de 1998.)*

I – a alienação aos proprietários de imóveis lindeiros de área remanescente ou resultante de obra pública, área esta que se tornar inaproveitável isoladamente, por preço nunca inferior ao da avaliação e desde que esse não ultrapasse a 50% (cinquenta por cento) do valor constante da alínea a do inciso II do art. 23 desta lei; *(Incluído pela Lei n. 9.648, de 1998.)*

II – a alienação, aos legítimos possuidores diretos ou, na falta destes, ao Poder Público, de imóveis para fins residenciais construídos em núcleos urbanos anexos a usinas hidrelétricas, desde que considerados dispensáveis na fase de operação dessas unidades e não integrem a categoria de bens reversíveis ao final da concessão *(Incluído pela Lei n. 9.648, de 1998.)*

§ 4º A doação com encargo será licitada e de seu instrumento constarão, obrigatoriamente os encargos, o prazo de seu cumprimento e cláusula de reversão, sob pena de nulidade do ato, sendo dispensada a licitação no caso de interesse público devidamente justificado; *(Redação dada pela Lei n. 8.883, de 1994.)*

§ 5º Na hipótese do parágrafo anterior, caso o donatário necessite oferecer o imóvel em garantia de financiamento, a cláusula de reversão e demais obrigações serão garantidas por hipoteca em segundo grau em favor do doador *(Incluído pela Lei n. 8.883, de 1994.)*

§ 6º Para a venda de bens móveis avaliados, isolada ou globalmente, em quantia não superior ao limite previsto no art. 23, inciso II, alínea *b* desta Lei, a Administração poderá permitir o leilão *(Incluído pela Lei n. 8.883, de 1994.)*

4. PRINCÍPIOS DA LICITAÇÃO

O art. 3º da Lei n. 8.666/93 prevê um rol exemplificativo dos princípios da licitação (na **Lei n. 14.133/2021** é o art. 5º que prevê os princípios). Estudando e sabendo o artigo correspondente na nova legislação, fica mais organizado para o leitor entender o que temos e o que foi acrescido. Iniciaremos o estudo pelos princípios trazidos pelo art. 3º da Lei n. 8.666/93:

4.1 Princípio da legalidade (ou princípio do procedimento formal – art. 4º da Lei n. 8.666/93)

Todos quantos participarem de licitação promovida pelos órgãos ou entidades a que se refere o art. 1º da Lei n. 8.666/93 têm direito público subjetivo à fiel observância do pertinente **procedimento estabelecido**, podendo qualquer cidadão acompanhar o seu desenvolvimento, desde que não interfira de modo a perturbar ou impedir a realização dos trabalhos.

Legalidade significa obediência à Lei n. 8.666/93 e também ao ato convocatório (edital), que é a verdadeira lei interna da licitação.

O procedimento licitatório é FORMAL, por isso o Administrador **não** pode criar nova etapa, pular etapas ou juntar duas etapas no mesmo procedimento.

A legalidade também tem essa mesma conotação e está previsto expressamente no art. 5º da **Lei n. 14.133/2021**.

4.2 Princípio da impessoalidade

Todos os licitantes devem ser tratados com absoluta neutralidade, não sendo possível haver perseguições ou favoritismos indevidos.

> "A principiologia do novel art. 37 da Constituição Federal, impõe a todos quantos integram os Poderes da República nas esferas compreendidas na Federação, obediência aos princípios da moralidade, legalidade, impessoalidade, eficiência e publicidade. O princípio da impessoalidade obsta que critérios subjetivos ou anti-isonômicos influam na escolha dos candidatos exercentes da prestação de serviços públicos. A impessoalidade opera-se *pro populo*, impedindo discrimina-

ções, e contra o administrador, ao vedar-lhe a contratação dirigida *intuitu personae*" (STJ, RMS 16.697, rel. Min. Luiz Fux, *DJ* 2-5-2005).

No mesmo sentido:

A comprovação de "relacionamento afetivo público e notório entre a principal sócia da empresa contratada e o prefeito do Município licitante, ao menos em tese, indica quebra da impessoalidade, ocasionando também a violação dos princípios da isonomia e da moralidade administrativa, e do disposto nos arts. 3º e 9º da Lei de Licitações" (STJ, REsp 615.432, rel. Min. Luiz Fux, *DJ* 27-6-2005, veiculado na *Revista Zênite de Licitações e Contratos – ILC*, Curitiba: Zênite, n. 142, p. 1084, dez. 2005, seção Jurisprudência).

Ainda, a "participação de empresas em licitação pública, que têm como sócio majoritário o Vice-Prefeito do Município, Secretário de Obras. Lesão aos princípios da impessoalidade e moralidade administrativa (art. 11, da Lei n. 8.429/92)" (STJ, REsp 439.280/RJ, rel. Min. Luiz Fux, *DJ* 16-6-2003). No mesmo sentido, em outra decisão:

> "Merece subsistir o entendimento da Corte de origem, no sentido de que o contrato entre a Prefeitura Municipal e a empresa da qual o prefeito é sócio, está eivado de ilegalidade, seja em virtude da necessidade de prévia licitação ou em decorrência da inequívoca afronta aos princípios administrativos que sempre devem nortear o Administrador público, notadamente a moralidade e a impessoalidade administrativa" (STJ, AgRg no Ag 597.529/PR, rel. Min. Franciulli Netto, *DJ* 21-9-2006; AgRg no AI 2004/0045219-2, rel. Min. Franciulli Netto, *DJ* 21-9-2006).

O princípio da impessoalidade também está previsto de forma expressa no art. 5º da **Lei n. 14.133/2021**.

4.3 Princípio da moralidade (ou princípio da probidade administrativa)

O procedimento licitatório deverá desenvolver-se conforme os padrões éticos, pautado nos ideais de honestidade, boa-fé, lealdade e probidade. Inclusive, se assim não for, a CF, em seu art. 37, § 4º, e a Lei n. 8.429/92 definem as consequências (sanções) para aquele que cometer atos de improbidade administrativa. Inclusive, a Lei n. 8429/92 sofreu diversas mudanças advindas pela **Lei n. 14.230/2021**. Sobre esta temática, confira o **Capítulo X** deste Manual.

LEGISLAÇÃO CORRELATA

CF

Art. 37, § 4º: Os **atos de improbidade administrativa** importarão a suspensão dos direitos políticos, a perda da função pública, a indisponibilidade dos bens e o ressarcimento ao erário, na forma e gradação previstas em lei, sem prejuízo da ação penal cabível.

O princípio da moralidade também está previsto de forma expressa no art. 5º da **Lei n. 14.133/2021**.

4.4 Princípio da igualdade

Este princípio é relevante, pois impede restrições abusivas feitas pela Administração para certas empresas contratarem com elas. Pela igualdade é conferida oportunidade de disputa a quaisquer interessados.

Como consequência deste princípio, se um licitante oferecer uma vantagem que **não** estava prevista no ato convocatório, a Administração Pública **não** a poderá levar em consideração, pois violaria o Princípio da Igualdade. Da mesma forma, se houver empate entre os licitantes, não poderá escolher aquele que preferir, devendo observar os **critérios de desempate**[1] previamente definidos no edital e na lei.

LEGISLAÇÃO CORRELATA

Lei n. 8.666/93

Art. 3º, § 1º: É vedado aos agentes públicos:

I – admitir, prever, incluir ou tolerar, nos atos de convocação, cláusulas ou condições que comprometam, restrinjam ou frustrem o seu caráter competitivo, inclusive nos casos de sociedades cooperativas, e estabeleçam preferências ou distinções em razão da naturalidade, da sede ou domicílio dos licitantes ou de qualquer outra circunstância impertinente ou irrelevante para o específico objeto do contrato, ressalvado o disposto nos §§ 5º a 12 deste artigo e no art. 3º da Lei n. 8.248, de 23 de outubro de 1991; (*Redação dada pela Lei n. 12.349, de 2010.*)

II – estabelecer tratamento diferenciado de natureza comercial, legal, trabalhista, previdenciária ou qualquer outra, entre empresas brasileiras e estrangeiras, inclusive no que se refere a moeda, modalidade e local de pagamentos, mesmo quando envolvidos financiamentos de agências internacionais, ressalvado o disposto no parágrafo seguinte e no art. 3º da Lei n. 8.248, de 23 de outubro de 1991.

Para complementar: Para garantir a aplicação dos princípios que regem a contratação pública, em especial o princípio da isonomia, a lei veda a participação na licitação de algumas pessoas que de alguma maneira participaram do planejamento da contratação. Nesse sentido, entendeu o TJSP: "As vedações do art. 9º retratam derivação dos princípios da moralidade pública e isonomia [...] O impedimento consiste no afastamento preventivo daquele que, por vínculos pessoais com a situação concreta, poderia obter benefício especial e incompatível com o princípio da

---

[1] Em igualdade de condições, como critério de desempate, será assegurada preferência, sucessivamente, aos bens e serviços: 1) produzidos no País; 2) produzidos ou prestados por empresas brasileiras; 3) produzidos ou prestados por empresas que invistam em pesquisa e no desenvolvimento de tecnologia no País.

isonomia. O impedimento abrange aqueles que, dada a situação específica em que se encontram, teriam condições (teoricamente) de frustrar a competitividade, produzindo benefícios indevidos e reprováveis para si ou terceiro" (TJSP, Apelação com Revisão n. 7.8292.354, rel. Des. Gama Pellegrini, j. 9-9-2008).

O princípio da igualdade também está previsto de forma expressa no art. 5º da **Lei n. 14.133/2021**.

4.5 Princípio da publicidade

Não há licitação sigilosa (salvo, por óbvio, quanto ao conteúdo das propostas, até a respectiva abertura). O princípio da publicidade na licitação consiste no **dever de transparência** (art. 3º, § 3º, da Lei n. 8.666/93) em benefício dos licitantes e de quaisquer interessados.

Se houver necessidade de sigilo, a licitação **não** será realizada, e o contrato será celebrado DIRETAMENTE.

LEGISLAÇÃO CORRELATA

Lei n. 8.666/93
Art. 4º Todos quantos participem de licitação promovida pelos órgãos ou entidades a que se refere o art. 1º têm direito público subjetivo à fiel observância do pertinente procedimento estabelecido nesta lei, podendo qualquer cidadão acompanhar o seu desenvolvimento, desde que não interfira de modo a perturbar ou impedir a realização dos trabalhos. [...]
Art. 15. As compras, sempre que possível, deverão: [...]
§ 2º Os preços registrados serão publicados trimestralmente para orientação da Administração, na imprensa oficial. [...]
§ 6º Qualquer cidadão é parte legítima para impugnar preço constante do quadro geral em razão de incompatibilidade desse com o preço vigente no mercado.
[...]
Art. 16. Será dada **publicidade**, mensalmente, em órgão de divulgação oficial ou em quadro de avisos de amplo acesso público, à relação de todas as compras feitas pela Administração Direta ou Indireta, de maneira a clarificar a identificação do bem comprado, seu preço unitário, a quantidade adquirida, o nome do vendedor e o valor total da operação, podendo ser aglutinadas por itens as compras feitas com dispensa e inexigibilidade de licitação *(Redação dada pela Lei n. 8.883, de 1994.)*
[...]
Art. 41. A Administração **não pode descumprir as normas e condições do edital**, ao qual se acha estritamente vinculada.
§ 1º Qualquer cidadão é parte legítima para impugnar edital de licitação por irregularidade na aplicação desta Lei, devendo protocolar o pedido até 5 (cinco) dias úteis antes da data fixada para a abertura dos envelopes de habilitação, devendo a Administração julgar e responder à impugnação em até 3 (três) dias úteis, sem prejuízo da faculdade prevista no § 1º do art. 113.
[...]

Art. 113. O controle das despesas decorrentes dos contratos e demais instrumentos regidos por esta Lei será feito pelo Tribunal de Contas competente, na forma da legislação pertinente, ficando os órgãos interessados da Administração responsáveis pela demonstração da legalidade e regularidade da despesa e execução, nos termos da Constituição e sem prejuízo do sistema de controle interno nela previsto.

§ 1º Qualquer licitante, contratado ou pessoa física ou jurídica poderá representar ao Tribunal de Contas ou aos órgãos integrantes do sistema de controle interno contra irregularidades na aplicação desta Lei, para os fins do disposto neste artigo.

JURISPRUDÊNCIA

- Processo Administrativo. Alegação do responsável de que não teve acesso à documentação necessária à defesa. A defesa alega que não encaminhou a referida documentação, *verbis* "por não ter acesso aos arquivos da Prefeitura por motivos políticos". Sobre o tema, o Órgão Técnico registra a doutrina do Prof. Hely Lopes Meirelles: "O princípio da publicidade dos atos e contratos administrativos, além de assegurar seus efeitos externos, visa a propiciar seu conhecimento e controle pelos interessados diretos e pelo povo em geral, através dos meios constitucionais – mandado de segurança (art. 5º, LXIX), direito de petição (art. 5º, XXXIV, *a*), ação popular (art. 5º, LXXIII), *habeas data* (art. 5º, LXXII), suspensão dos direitos políticos por improbidade administrativa (art. 37, § 4º). A publicidade, como princípio de administração pública (CF, art. 37, *caput*), abrange toda atuação estatal, não só sob o aspecto de divulgação oficial de seus atos como, também, de propiciação de conhecimento da conduta interna de seus agentes. Essa publicidade atinge, assim, os atos concluídos e em formação, os processos em andamento, os pareceres dos órgãos técnicos e jurídicos, os despachos intermediários e finais, as atas de julgamentos das licitações e os contratos com quaisquer interessados, bem como os comprovantes de despesas e as prestações de contas submetidas aos órgãos competentes. Tudo isto é papel ou documento público que pode ser examinado na repartição por qualquer interessado, e dele pode obter certidão ou fotocópia autenticada para os fins constitucionais"[2]. Ora, é sabido que a própria Constituição da República assegura ao interessado o direito ao acesso a informações e documentação pública concernentes à defesa de seus interesses. Contudo, *in casu*, o defendente não fez prova acerca de qualquer tentativa de obtenção da documentação referente, limitando-se a alegar que não teve acesso ao arquivo da Prefeitura por motivos políticos (TCE/MG, Processo Administrativo n. 450.987, rel. Conselheiro Murta Lages, j. 28-10-1999).

- **CONTRATAÇÃO PÚBLICA – PRINCÍPIO – PUBLICIDADE – PRINCÍPIO DA INFORMAÇÃO – CONDIÇÃO A SER ASSEGURADA PELA ADMINISTRAÇÃO – TJ/SP**
   Quanto à garantia do princípio da publicidade, o TJSP entendeu que "A Administração Pública brasileira se pauta pelo princípio da legalidade e é ilegal adquirir bens sem o prévio e essencial procedimento licitatório. Também deve atender ao princípio da publicidade, que significa transparência. É-lhe vedado atuar sub-repticiamente, às escondidas, mediante artifício ou fraude. Subtraindo a possíveis interessados o conhecimento de que iria necessitar de materiais para fazer face às exigências comunitárias" (TJSP, Apelação Cível n. 44991350, rel. Des. Renato Nalini, j. 15-8-2006).

---

[2] MEIRELLES, Hely Lopes. *Direito administrativo brasileiro*, 14. ed., São Paulo: Revista dos Tribunais, 1989, p. 82-83.

O princípio da publicidade está previsto expressamente no art. 5º da **Lei n. 14.133/2021**. Ainda, o art. 13 da **Lei n. 14.133/2021** prevê que os atos praticados no processo licitatório são públicos, ressalvadas as hipóteses de informações cujo sigilo seja imprescindível à segurança da sociedade e do Estado, na forma da lei.

A publicidade será diferida quanto ao conteúdo das propostas, até a respectiva abertura; quanto ao orçamento da Administração nos termos do art. 24 da **Lei n. 14.133/2021**: "desde que justificado, o orçamento estimado da contratação poderá ter caráter sigiloso, sem prejuízo da divulgação do detalhamento dos quantitativos e das demais informações necessárias para a elaboração das propostas, e, nesse caso: o sigilo não prevalecerá para os órgãos de controle interno e externo".

4.6 Princípio da vinculação ao instrumento convocatório

Além das disposições legais aplicáveis num procedimento licitatório, a Administração não pode descumprir as normas e condições do edital, ao qual se acha estritamente vinculada (art. 41 da Lei n. 8.666/93).

Na **Lei n. 14.133/2021** este princípio tem previsão no art. 5º e recebe o nome "**vinculação ao edital**". Nos termos do art. 25 da **Lei n. 14.133/2021**, o edital deverá conter o objeto da licitação e as regras relativas à convocação, ao julgamento, à habilitação, aos recursos e às penalidades da licitação, à fiscalização e à gestão do contrato, à entrega do objeto e às condições de pagamento.

Sobre o edital (previsto na Lei n. 14.133/2021) destaco alguns pontos importantes:

a) Art. 15, § 1º da Lei n. 14.133/2021: o **edital** deverá estabelecer para o consórcio acréscimo de 10% (dez por cento) a 30% (trinta por cento) sobre o valor exigido de licitante individual para a habilitação econômico-financeira, salvo justificação;

b) Art. 15, § 4º da Lei n. 14.133/2021: desde que haja justificativa técnica aprovada pela autoridade competente, o edital de licitação poderá estabelecer limite máximo para o número de pessoas consorciadas;

c) Art. 18, V da Lei n. 14.133/2021: é na fase preparatória que ocorre a elaboração do edital de licitação;

d) Art. 22 da Lei n. 14.133/2021: o edital poderá contemplar matriz de alocação de riscos entre o contratante e o contratado, hipótese em que o cálculo do valor estimado da contratação poderá considerar taxa de risco compatível com o objeto da licitação e com os riscos atribuídos ao contratado, de acordo com metodologia predefinida pelo ente federativo;

e) Art. 22, § 3º da Lei n. 14.133/2021: quando a contratação se referir a obras e serviços de grande vulto ou forem adotados os regimes de contratação integrada e semi-integrada, o edital obrigatoriamente contemplará matriz de alocação de riscos entre o contratante e o contratado;

f) Art. 25, § 5º da Lei n. 14.133/2021: o edital poderá prever a responsabilidade do contratado pela: obtenção do licenciamento ambiental e/ou realização da desapropriação autorizada pelo poder público;

g) Art. 25, § 7º da Lei n. 14.133/2021: independentemente do prazo de duração do contrato, será **obrigatória** a previsão no edital de índice de reajustamento de preço, com data-base vinculada à data do orçamento estimado e com a possibilidade de ser estabelecido mais de um índice específico ou setorial, em conformidade com a realidade de mercado dos respectivos insumos;

h) art. 25, § 9º da Lei n. 14.133/2021: o edital poderá, na forma disposta em regulamento, **exigir que percentual mínimo** da mão de obra responsável pela execução do objeto da contratação seja constituído por: **mulheres vítimas de violência doméstica ou oriundos ou egressos do sistema prisional**.

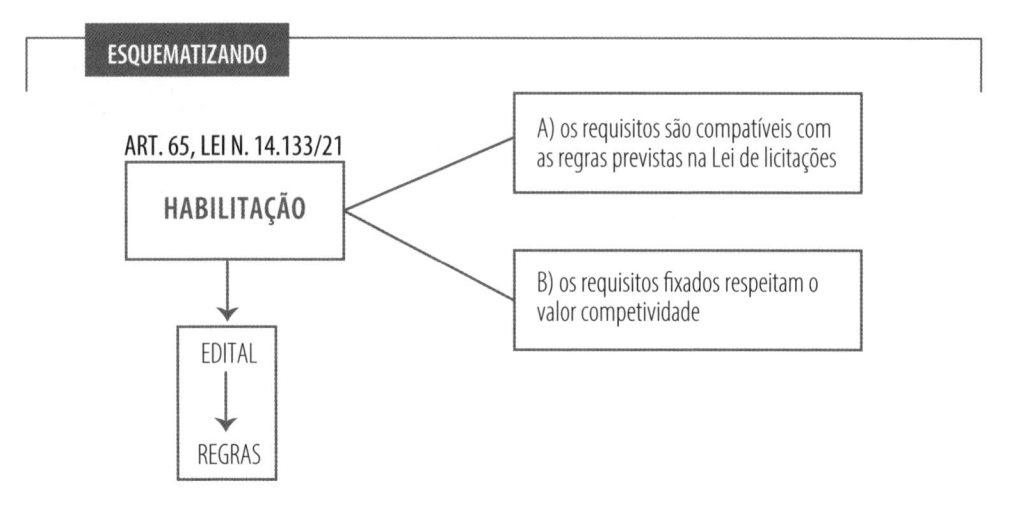

ESQUEMATIZANDO

ART. 65, LEI N. 14.133/21 → HABILITAÇÃO
- A) os requisitos são compatíveis com as regras previstas na Lei de licitações
- B) os requisitos fixados respeitam o valor competividade

HABILITAÇÃO → EDITAL → REGRAS

4.7 Princípio do julgamento objetivo

Este princípio impede que a licitação seja decidida com base no subjetivismo ou em propósitos pessoais dos membros da comissão julgadora.

Os critérios para a escolha da melhor proposta (previamente especificados no ato convocatório – edital) devem ser os mais objetivos possíveis.

LEGISLAÇÃO CORRELATA

Lei n. 8.666/93

Art. 45. O **julgamento** das propostas será **objetivo**, devendo a Comissão de licitação ou o responsável pelo convite realizá-lo em conformidade com os tipos de licitação, os critérios previamente estabelecidos no ato convocatório e de acordo com os fatores exclusivamente nele referidos, de maneira a possibilitar sua aferição pelos licitantes e pelos órgãos de controle.

É claro que objetividade absoluta só é possível de se auferir nas licitações cujo tipo de julgamento é o preço, pois, quando o critério de julgamento é qualidade, técnica ou rendimento, nem sempre é possível atingir a objetividade extrema, mas deve-se buscar o **máximo possível** de objetividade.

Na **Lei n. 14.133/2021** o princípio do julgamento objetivo encontra previsão expressa no art. 5º.

Pegadinha: Imagine que a Administração deseje fazer licitação para compra de canetas e escolha como tipo de licitação (critério de julgamento) o **menor preço**.

O licitante "A" apresenta uma proposta de R$ 1,00 (um real) por unidade. O licitante "B" apresenta a proposta de R$ 1,01 (um real e um centavo) por unidade, porém com o benefício de a caneta ser banhada a ouro e podendo a Administração pagar em até dez vezes sem juros. Pergunta-se quem ganhará a licitação? O licitante "A" ou o licitante "B" do exemplo?

Resposta: quem ganhará será o licitante "A". Apesar de parecer bem mais vantajoso (por apenas um centavo) contratar com o licitante "B", os benefícios por ele ofertados não estavam previstos no edital como critério de julgamento ou desempate. O tipo licitatório inicialmente fixado foi o do "menor preço", e, por essa razão, o licitante "A" deve ser declarado vencedor do certame e não o licitante "B": ouro e parcelamento não estavam previstos no edital!

Aprofundamento:

MODALIDADE LICITATÓRIA CONCURSO – LEI N. 8.666/93	MODALIDADE LICITATÓRIA CONCURSO – LEI N. 14.133/2021
Concurso é modalidade de licitação entre quaisquer interessados para a escolha de trabalho técnico, científico ou artístico, mediante a instituição de prêmios ou remuneração aos vencedores, conforme critérios constantes de edital publicado na imprensa oficial com antecedência mínima de 45 (quarenta e cinco) dias. Nessa modalidade licitatória, por sua própria natureza, o julgamento acaba sendo um tanto quanto subjetivo, pois não há como falar em objetividade cem por cento na escolha de trabalho técnico, científico ou artístico.	**Art. 6º**, XXXIX – concurso: modalidade de licitação para escolha de trabalho técnico, científico ou artístico, cujo critério de julgamento será o de melhor técnica ou conteúdo artístico, e para concessão de prêmio ou remuneração ao vencedor. **Art. 30.** O concurso observará as regras e condições previstas em edital, que indicará: I – a qualificação exigida dos participantes; II – as diretrizes e formas de apresentação do trabalho; III – as condições de realização e o prêmio ou remuneração a ser concedida ao vencedor. Parágrafo único. Nos concursos destinados à elaboração de projeto, o vencedor deverá ceder à Administração Pública, nos termos do art. 93 desta Lei, todos os direitos patrimoniais relativos ao projeto e autorizar sua execução conforme juízo de conveniência e oportunidade das autoridades competentes.

4.8 Princípio do sigilo em licitação

As propostas devem ser sigilosas até o momento de sua abertura a fim de não conferir vantagem àquele licitante que sabe, antecipada e indevidamente, do conteúdo das demais propostas.

Assim, os licitantes, em regra, entregam as propostas lacradas.

Na **Lei n. 14.133/2021** é o parágrafo único do art. 13 que cuida do assunto em seu inciso I fixando: "a publicidade será diferida: I – quanto ao conteúdo das propostas, até a respectiva abertura".

Violar o sigilo em licitação é considerado **crime** na **Lei n. 14.133/2021** assim definido no **art. 337-J do Código Penal: "devassar o sigilo de proposta** apresentada em processo licitatório ou proporcionar a terceiro o ensejo de devassá-lo: pena – detenção, de 2 (dois) anos a 3 (três) anos, e multa".

4.9 Princípio da adjudicação compulsória

O licitante vencedor não pode ser preterido na futura contratação, é esta a definição deste princípio pela Lei n. 8.666/93.

Esse princípio **não aparece** previsto de forma expressa no art. 5º da **Lei n. 14.133/2021**, todavia, o art. 71, IV da **Lei n. 14.133/2021** prevê que, encerradas as fases de julgamento e habilitação, e exauridos os recursos administrativos, o processo licitatório será encaminhado à autoridade superior, que poderá adjudicar o objeto e homologar a licitação.

A recusa injustificada do adjudicatário em assinar o contrato ou em aceitar ou retirar o instrumento equivalente no prazo estabelecido pela Administração caracterizará o descumprimento total da obrigação assumida e o sujeitará às penalidades legalmente estabelecidas e à imediata perda da garantia de proposta em favor do órgão ou entidade licitante. Nesse sentido o § 5º do art. 90 da **Lei n. 14.133/2021**.

4.10 Princípio da ampla defesa

Sempre que existir alguma litigiosidade entre Administração Pública e administrado, é necessário que a Administração confira oportunidade de contraditório e ampla defesa. Trata-se de princípio de índole constitucional, previsto no art. 5º, LV.

4.11 Princípio do planejamento

Sobre este princípio previsto expressamente no art. 5º da **Lei n. 14.133/2021**, é importante ressaltar o disposto no art. 12, VII da referida lei: "a partir de documentos de formalização de demandas, os órgãos responsáveis pelo planejamento de cada ente federativo poderão, na forma de regulamento, elaborar plano de contratações anual, com o objetivo de racionalizar as contratações dos órgãos e entidades sob sua competência, garantir o alinhamento com o seu planejamento estratégico e subsidiar a elaboração das respectivas leis orçamentárias".

4.12. Princípio da transparência

A transparência é princípio expresso no art. 5º da **Lei n. 14.133/2021**. Ao dar transparência é possível também ter o controle dos atos praticados, e, com isso, minimizar as chances de abusos e de ilegalidade.

4.13. Outros princípios trazidos pela Lei n. 14.133/2021

Ainda, a nova lei pontua outros princípios que devem ser observados em procedimento licitatório. São eles: princípio da eficácia; princípio da segregação de funções; princípio da motivação (com a justificativa dos pronunciamentos tomados na licitação); segurança jurídica; razoabilidade e proporcionalidade; princípio da competitividade (que fica demonstrado quando da determinação das fases de julgamento das propostas precedendo a fase de habilitação); princípio da celeridade; economicidade; desenvolvimento nacional sustentável e, por fim, observância das disposições do Decreto-lei n. 4657/41 (Lei de Introdução às Normas do Direito Brasileiro).

5. FASES DA LICITAÇÃO

Temos três grandes fases num procedimento licitatório: 5.1) a fase interna; 5.2) a fase externa (com a divulgação do edital e atos subsequentes) e, posteriormente uma outra etapa decorrente das duas anteriores, intitulada 5.3) a fase contratual.

5.1 Fase interna e preparatória

Nessa fase a Administração Pública planejará o que licitar, como licitar, quais os riscos que a licitação poderá implicar, quais serão as condições do edital e a quantidade de recursos financeiros para a realização do certame.

Essa fase é a mais importante, pois garantirá o sucesso ou insucesso da futura contratação pública.

É nessa fase que a Administração Pública define o **encargo**, ou seja, o conjunto de obrigações necessárias para a Administração Pública atender às suas necessidades.

A identificação de recurso orçamentário é muito importante em um procedimento licitatório. Muitas vezes verificamos situações de obras públicas realizadas que não ficam prontas nunca porque o dinheiro não foi suficiente para terminá-las. Esse tipo de situação não deve ocorrer, e se ocorrer é porque algo foi mal planejado. Antes de a Administração iniciar os trabalhos, o recurso orçamentário **deve** ser identificado. Se o dinheiro acabar no meio do caminho é porque a Administração não conseguiu obedecer ao que estava previsto na lei orçamentária. É verdadeiro planejamento daquilo que se quer licitar.

Na Lei n. 8.666/93 é na fase interna que ocorre, também, a **nomeação da Comissão de Licitação (art. 51)** – composta por pelo menos três servidores. A Administração

Pública pode ou não nomear uma Comissão por um tempo determinado, ou, nos casos de órgãos que licitam apenas esporadicamente, nomear uma Comissão temporária.

Na fase interna também ocorre a **elaboração do instrumento convocatório** – edital (art. 40 da Lei n. 8.666/93).

O edital (na Lei n. 8.666/93) deverá conter alguns requisitos: a) número de ordem em série anual; b) o nome da repartição interessada e de seu setor; b) a modalidade, o regime de execução e o tipo da licitação; c) o local, dia e hora para recebimento da documentação e proposta, bem como para início da abertura dos envelopes; d) o objeto da licitação, em descrição sucinta e clara; e) os prazo e condições para assinatura do contrato; f) as sanções para o caso de inadimplemento; g) o local onde poderá ser examinado e adquirido o projeto básico; h) se há projeto executivo disponível na data da publicação do edital de licitação e o local onde possa ser examinado e adquirido; i) as condições para participação na licitação, em conformidade com os arts. 27 a 31 da Lei n. 8.666/93, e forma de apresentação das propostas; j) os critérios para julgamento, com disposições claras e parâmetros objetivos; k) locais, horários e códigos de acesso dos meios de comunicação à distância em que serão fornecidos elementos, informações e esclarecimentos relativos à licitação e às condições para atendimento das obrigações necessárias ao cumprimento de seu objeto etc.

O edital será submetido a um parecer jurídico. Recebido o parecer jurídico, haverá uma autorização formal por parte do **chefe da repartição** permitindo a publicação do edital, e assim deflagra-se o certame. Portanto, a fase interna vai até o momento da autorização formal por parte do chefe da repartição. A partir daí, avançamos para a fase externa.

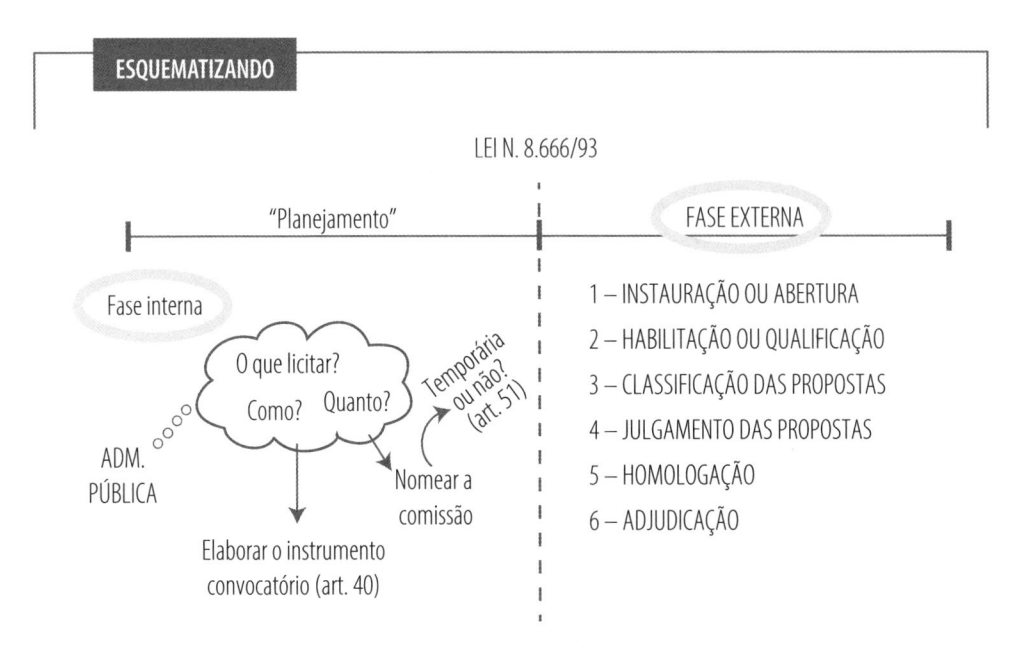

ESQUEMATIZANDO

LEI N. 8.666/93

"Planejamento" | FASE EXTERNA

Fase interna

ADM. PÚBLICA
- O que licitar?
- Como? Quanto?
- Temporária ou não? (art. 51)
- Nomear a comissão
- Elaborar o instrumento convocatório (art. 40)

1 – INSTAURAÇÃO OU ABERTURA
2 – HABILITAÇÃO OU QUALIFICAÇÃO
3 – CLASSIFICAÇÃO DAS PROPOSTAS
4 – JULGAMENTO DAS PROPOSTAS
5 – HOMOLOGAÇÃO
6 – ADJUDICAÇÃO

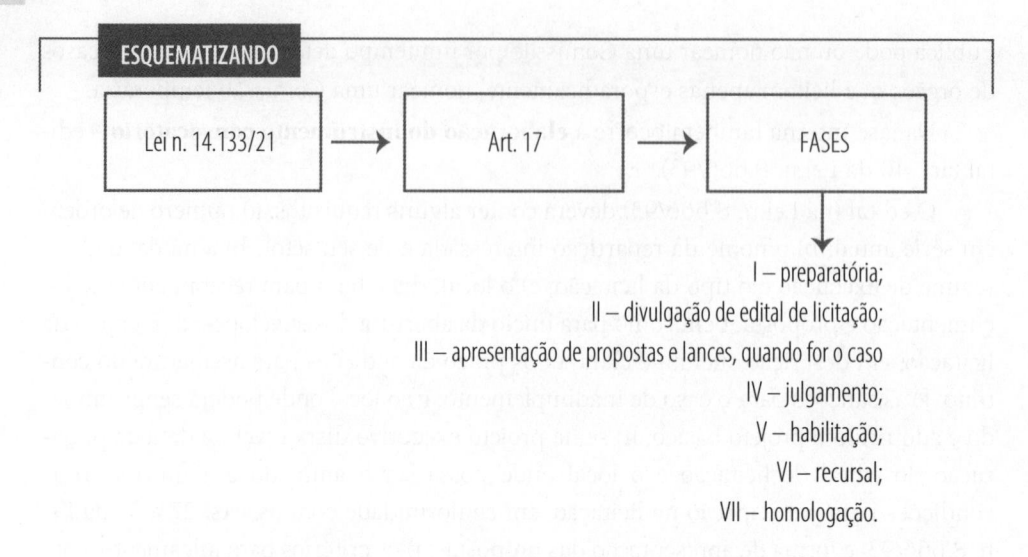

> **ESQUEMATIZANDO**
>
> Lei n. 14.133/21 → Art. 17 → FASES
>
> I – preparatória;
> II – divulgação de edital de licitação;
> III – apresentação de propostas e lances, quando for o caso
> IV – julgamento;
> V – habilitação;
> VI – recursal;
> VII – homologação.

Já na **Lei n. 14.133/2021**, a fase interna é intitulada "**fase preparatória**" (art. 17, I) e tem previsão a partir do art. 18 e seguintes da referida lei.

A **fase preparatória** do processo licitatório é caracterizada pelo **planejamento** e deve compatibilizar-se com o plano de contratações anual previsto no inciso VII do art. 12, sempre que elaborado, e com as leis orçamentárias, bem como abordar todas as considerações técnicas, mercadológicas e de gestão que podem interferir na contratação.

A **fase preparatória** compreende:

a) a descrição da **necessidade da contratação** fundamentada em **estudo técnico preliminar** que caracterize o interesse público envolvido;

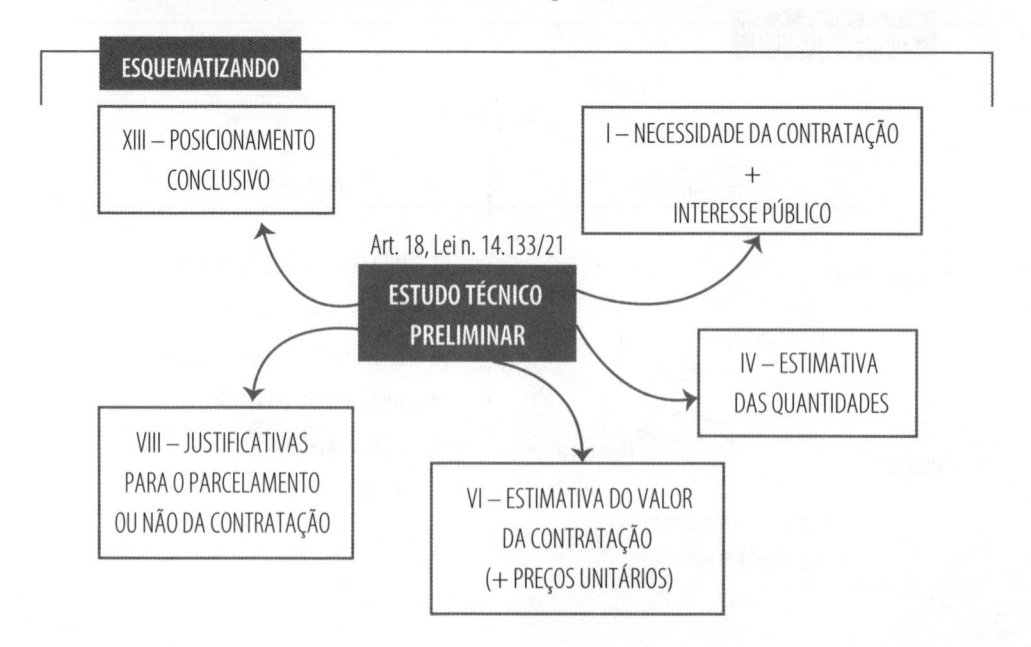

> **ESQUEMATIZANDO**
>
> Art. 18, Lei n. 14.133/21
> **ESTUDO TÉCNICO PRELIMINAR**
>
> - XIII – POSICIONAMENTO CONCLUSIVO
> - I – NECESSIDADE DA CONTRATAÇÃO + INTERESSE PÚBLICO
> - IV – ESTIMATIVA DAS QUANTIDADES
> - VI – ESTIMATIVA DO VALOR DA CONTRATAÇÃO (+ PREÇOS UNITÁRIOS)
> - VIII – JUSTIFICATIVAS PARA O PARCELAMENTO OU NÃO DA CONTRATAÇÃO

b) a **definição do objeto** para o atendimento da necessidade, por meio de termo de referência, anteprojeto, projeto básico ou projeto executivo, conforme o caso;

c) a definição das **condições de execução e pagamento**, das garantias exigidas e ofertadas e das condições de recebimento;

d) o **orçamento estimado**, com as composições dos preços utilizados para sua formação;

e) a elaboração do **edital** de licitação;

f) a elaboração de **minuta de contrato**, quando necessária, que constará **obrigatoriamente** como anexo do edital de licitação;

g) o regime de fornecimento de bens, de prestação de serviços ou de execução de obras e serviços de engenharia, observados os potenciais de economia de escala;

h) a **modalidade de licitação**, o **critério de julgamento**, o **modo de disputa** e a adequação e eficiência da forma de combinação desses parâmetros, para os fins de seleção da proposta apta a gerar o resultado de contratação mais vantajoso para a Administração Pública, considerado todo o ciclo de vida do objeto;

i) a **motivação circunstanciada** das condições do edital, tais como justificativa de exigências de qualificação técnica, mediante indicação das parcelas de maior relevância técnica ou valor significativo do objeto, e de qualificação econômico-financeira, justificativa dos critérios de pontuação e julgamento das propostas técnicas, nas licitações com julgamento por melhor técnica ou técnica e preço, e justificativa das regras pertinentes à participação de empresas em consórcio;

j) a **análise dos riscos** que possam comprometer o sucesso da licitação e a boa execução contratual;

k) a **motivação** sobre o momento da divulgação do orçamento da licitação, observado o art. 24 da **Lei n. 14.133/2021**.

5.2 Fase externa na Lei n. 8.666/93

Essa fase na **Lei n. 8.666/93** é composta por diversas etapas: 5.2.1) Instauração ou abertura; 5.2.2) Habilitação (ou qualificação); 5.2.3) Classificação das propostas; 5.2.4) Julgamento das propostas (tipos de licitação: menor preço; melhor técnica; técnica e preço ou maior lance ou oferta); 5.2.5) Homologação; 5.2.6) Adjudicação. Após o estudo das fases na Lei n. 8.666/93, passaremos ao estudo das fases na **Lei n. 14.133/2021** (que fixa, no art. 17, ordem diferente da que será estudada agora).

5.2.1 Instauração ou abertura na Lei n. 8.666/93

A abertura do procedimento licitatório ocorre, em regra, com a publicação do ato convocatório (edital ou carta-convite), conforme determina o art. 21 da Lei n. 8.666/93.

> **LEGISLAÇÃO CORRELATA**
>
> **Lei n. 8.666/93**
>
> **Art. 21.** Os avisos contendo os resumos dos editais das concorrências, das tomadas de preços, dos concursos e dos leilões, embora realizados no local da repartição interessada, deverão ser publicados com antecedência, no mínimo, por uma vez: *(Redação dada pela Lei n. 8.883, de 1994.)*
>
> I – no *Diário Oficial da União*, quando se tratar de licitação feita por órgão ou entidade da Administração Pública Federal e, ainda, quando se tratar de obras financiadas parcial ou totalmente com recursos federais ou garantidas por instituições federais; *(Redação dada pela Lei n. 8.883, de 1994.)*
>
> II – no *Diário Oficial do Estado*, ou do Distrito Federal quando se tratar, respectivamente, de licitação feita por órgão ou entidade da Administração Pública Estadual ou Municipal, ou do Distrito Federal; *(Redação dada pela Lei n. 8.883, de 1994.)*
>
> III – em jornal diário de grande circulação no Estado e também, se houver, em jornal de circulação no Município ou na região onde será realizada a obra, prestado o serviço, fornecido, alienado ou alugado o bem, podendo ainda a Administração, conforme o vulto da licitação, utilizar-se de outros meios de divulgação para ampliar a área de competição. *(Redação dada pela Lei n. 8.883, de 1994.)*

O ato convocatório (edital ou carta-convite) tem o condão de vincular a Administração Pública, fixando as regras que deverão ser seguidas na licitação.

A partir da publicação do edital fica iniciada a oportunidade para a **impugnação do edital** (art. 41 da Lei n. 8.666/93).

De quem é a competência para impugnar o edital?

Resposta:

a) Qualquer cidadão é parte legítima para impugnar o edital. Prazo: até o 5º dia útil anterior à data fixada para a abertura dos envelopes de habilitação, devendo a Administração julgar e responder à impugnação em até 3 (três) dias úteis (art. 41, § 1º, da Lei n. 8.666/93).

b) Uma empresa que tem interesse em participar do procedimento licitatório também poderá impugnar o edital. Prazo: até o segundo dia útil que antecede a abertura dos envelopes de habilitação em concorrência, a abertura dos envelopes com as propostas em convite, tomada de preços ou concurso, ou a realização de leilão. Esse prazo é decadencial (art. 41, § 2º, da Lei n. 8.666/93).

Exemplificando: se um edital exigir que certo medicamento venha embalado em uma caixa com as cores azul e rosa, sem que isso tenha qualquer relação com a proteção do medicamento, essa determinação de cores poderá direcionar para certo laboratório (que consequentemente será o vencedor da licitação). Esse direcionamento impede a competitividade e frustra os princípios da impessoalidade e igualdade de condições entre os licitantes, fato que autoriza a impugnação do edital.

A impugnação ao edital não tem natureza jurídica de recurso, então, **não** há que se falar em concessão de efeito suspensivo à impugnação (por isso a grande necessidade de julgamento, com urgência, pela Comissão da referida impugnação ao edital).

Se a Comissão verificar que realmente há um vício no edital, poderá corrigi-lo por meio de **aditamento** (que deverá ser publicado da mesma maneira que foi publicado o edital).

Aprofundamento: Quando **excepcionalmente** a abertura ou instauração da licitação não ocorrer com a divulgação do ato convocatório, ocorrerá com a realização de **audiência pública.** Essa hipótese ocorre para licitações de **imenso vulto** (art. 39 da Lei n. 8.666/93).

LEGISLAÇÃO CORRELATA

Lei n. 8.666/93
Art. 39. Sempre que o valor estimado para uma licitação ou para um conjunto de licitações simultâneas ou sucessivas for superior a 100 (cem) vezes o limite previsto no art. 23, inciso I, alínea *c* desta Lei, o processo licitatório será iniciado, obrigatoriamente, com uma audiência pública concedida pela autoridade responsável com antecedência mínima de 15 (quinze) dias úteis da data prevista para a publicação do edital, e divulgada, com a antecedência mínima de 10 (dez) dias úteis de sua realização, pelos mesmos meios previstos para a publicidade da licitação, à qual terão acesso e direito a todas as informações pertinentes e a se manifestar todos os interessados.

Na **Lei n. 14.133/2021** isso corresponde ao previsto no inciso II do art. 17: **divulgação do edital de licitação**. Assim, ao final da fase preparatória, o processo licitatório seguirá para o órgão de assessoramento jurídico da Administração, que realizará controle prévio de legalidade mediante análise jurídica da contratação (**art. 53**).

5.2.2 Habilitação ou qualificação na Lei n. 8.666/93

Conceito: "A habilitação é a fase do processo de licitação pública em que a Administração averigua a capacidade e idoneidade dos licitantes para firmarem contrato com ela. A Administração não deve contratar qualquer um, que não tenha a qualificação adequada. Ao contrário, ela deve verificar se aqueles que pretendem ser contratados reúnem ou não as condições para tanto", explica Joel de Menezes Niebuhr[3].

Assim, essa etapa tem o escopo de verificar a **pessoa do licitante**, verificando sua aptidão para a execução do futuro contrato (art. 27 da Lei n. 8.666/93).

Na **Lei n. 14.133/2021**, a fase de habilitação (art. 17, V e arts. 62 e seguintes) é posterior a fase de propostas e julgamento (como veremos oportunamente).

---

[3] NIEBUHR, Joel de Menezes. *Licitação pública e contrato administrativo*, 3. ed., Belo Horizonte: Fórum, 2013, p. 367.

> **LEGISLAÇÃO CORRELATA**
>
> **Lei n. 8.666/93**
> **Art. 27.** Para a **habilitação** nas licitações exigir-se-á dos interessados, exclusivamente, documentação relativa a:
> I – habilitação jurídica;
> II – qualificação técnica;
> III – qualificação econômico-financeira;
> IV – regularidade fiscal e trabalhista; (Redação dada pela Lei n. 12.440, de 2011.)
> V – cumprimento do disposto no inciso XXXIII do art. 7º da Constituição Federal (Incluído pela Lei n. 9.854, de 1999.)
>
> **Lei n. 14.133/2021**
> **Art. 62.** A habilitação é a fase da licitação em que se verifica o conjunto de informações e documentos necessários e suficientes para demonstrar a capacidade do licitante de realizar o objeto da licitação, dividindo-se em:
> I – jurídica;
> II – técnica;
> III – fiscal, social e trabalhista;
> IV – econômico-financeira.

Inicia-se a fase de habilitação com a abertura dos envelopes de documentação da empresa licitante.

Todos os membros da Comissão e todos os licitantes presentes devem rubricar todos os documentos de todos os envelopes entregues (o objetivo dessa regra é a não ocorrência de substituição dos documentos, *v.g.*, com a troca de uma certidão vencida).

O licitante que preencher os requisitos previstos no edital e na lei estará **habilitado (ou qualificado)**. Ao contrário, o licitante que não o preencher será declarado **inabilitado (ou desqualificado)**.

Julgada a habilitação, abre-se a oportunidade para **recurso**, que, nos termos do art. 109, I, *a*, da Lei n. 8.666/93, deverá ser apresentado no prazo de 5 dias úteis.

Na **Lei n. 14.133/2021**, exige-se (art. 63), na fase de **habilitação**, que as seguintes disposições sejam observadas:

  a) poderá ser exigida dos licitantes a declaração de que atendem aos requisitos de habilitação, e o declarante responderá pela veracidade das informações prestadas, na forma da lei;
  b) será exigida a apresentação dos documentos de habilitação apenas pelo licitante vencedor, exceto quando a fase de habilitação anteceder a de julgamento;
  c) serão exigidos os documentos relativos à regularidade fiscal, em qualquer caso, somente em momento posterior ao julgamento das propostas, e apenas do licitante mais bem classificado;
  d) será exigida do licitante declaração de que cumpre as exigências de reserva de cargos para pessoa com deficiência e para reabilitado da Previdência Social, previstas em lei e em outras normas específicas.

ESQUEMATIZANDO

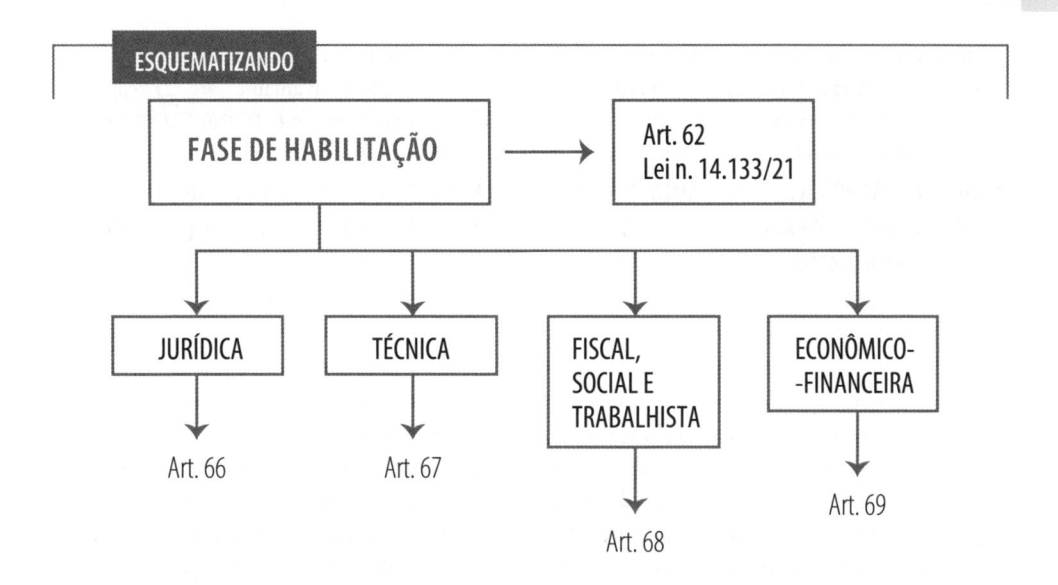

```
FASE DE HABILITAÇÃO ──────▶ Art. 62
                             Lei n. 14.133/21
        │
        ├──────────┬──────────────┬──────────────┐
        ▼          ▼              ▼              ▼
    JURÍDICA    TÉCNICA        FISCAL,      ECONÔMICO-
                               SOCIAL E     -FINANCEIRA
                               TRABALHISTA
        ▼          ▼              ▼              ▼
    Art. 66     Art. 67        Art. 68       Art. 69
```

JURISPRUDÊNCIA

- **CONTRATAÇÃO PÚBLICA – LICITAÇÃO – HABILITAÇÃO – CONTRIBUIÇÃO SINDICAL – EXIGÊNCIA – ILEGALIDADE – TCU**

  Certidões de regularidade sindical não fazem parte do rol de documentos previstos em lei para fins de habilitação (TCU, Acórdão n. 951/2006, Plenário, rel. Min. Raimundo Carreiro, *DOU* 28-5-2007, veiculado na *Revista Zênite de Licitações e Contratos – ILC*, Curitiba: Zênite, n. 160, p. 645, jun. 2007, seção Tribunais de Contas).

- **CONTRATAÇÃO PÚBLICA – LICITAÇÃO – HABILITAÇÃO – DOCUMENTOS A SEREM EXIGIDOS – ROL TAXATIVO – TCU**

  A Administração Pública, para fins de habilitação, deve se ater ao rol dos documentos constantes dos arts. 28 a 31, não sendo lícito exigir outro documento ali não elencado (TCU, Decisão n. 523/97, Plenário, rel. Min. Marcos Vinicios Rodrigues Vilaça, *DOU* 1-9-1997, veiculada na *Revista Zênite de Licitações e Contratos – ILC*, Curitiba: Zênite, n. 45, p. 897, nov. 1997, seção Tribunais de Contas).

- **CONTRATAÇÃO PÚBLICA – LICITAÇÃO – HABILITAÇÃO – FRAUDE – RESPONSABILIDADE – TCU**

  A responsabilidade pela regularidade das certidões apresentadas em procedimentos licitatórios é da pessoa jurídica interessada no certame, e o seu representante legal não pode se eximir, atribuindo a fraude a subordinado. É correta a aplicação de sanção de declaração de inidoneidade de empresa que concretamente tentou burlar procedimento licitatório mediante a utilização de documento fraudado (TCU, Acórdão n. 767/2005, Plenário, rel. Min. Walton Alencar Rodrigues, *DOU* 23-6-2005, veiculado na *Revista Zênite de Licitações e Contratos – ILC*, Curitiba: Zênite, n. 148, p. 567, jun. 2006, seção Tribunais de Contas). O conteúdo da decisão deve ser visto com cautela, pois tudo vai depender da situação concreta.

- **CONTRATAÇÃO PÚBLICA – PLANEJAMENTO – HABILITAÇÃO – DOCUMENTOS NECESSÁRIOS – ROL TAXATIVO – TCE/SP**

  No entendimento do TCE/SP, "para habilitação nas licitações somente podem ser formuladas as exigências expressamente previstas nos arts. 27 a 31 da Lei n. 8.666/93, que, sendo taxativas, devem ser interpretadas restritivamente. As limitações para habilitação não podem ser ampliadas, como, aliás, evidencia a reiterada preocupação da Lei ('exclusivamente', art. 27, *caput*; 'consistirá', arts. 28, *caput*, e 29, *caput*; 'limitar-se-á', art. 30, *caput*)" (TCE/SP, TC 001772/010/04, rel. Cons. Cláudio Ferraz de Alvarenga, *DOE* 30-6-2007).

- **CONTRATAÇÃO PÚBLICA – PLANEJAMENTO – CONDIÇÕES DE PARTICIPAÇÃO – PREVISÃO DE INABILITAÇÃO DE LICITANTE MULTADO E ADVERTIDO – CONTRATO DIVERSO COM OBJETO IDÊNTICO AO LICITADO – IMPOSSIBILIDADE – TRF 4ª REGIÃO**

Em sede de reexame necessário, discutiu-se a legalidade de inabilitar empresa licitante por ter recebido duas advertências e uma multa em prazo inferior a um ano, referente a contrato administrativo de idêntico objeto ao licitado. Ao apreciar a questão, o TRF da 4ª Região entendeu que "em que pese a existência de previsão no Edital do processo licitatório, a inabilitação da Impetrante em razão de haver recebido duas advertências e uma multa no âmbito de outro contrato administrativo de idêntico objeto não encontra amparo na Lei de Licitações. [...] Portanto, a mera imposição de advertência ou multa não pode ser invocada para caracterizar a inidoneidade de empresa licitante. Somente produzem tal efeito as sanções de suspensão temporária de participação em licitação e impedimento de contratar com a Administração, por prazo não superior a 2 (dois) anos e a declaração de inidoneidade para licitar ou contratar com a Administração Pública enquanto perdurarem os motivos determinantes da punição ou até que seja promovida a reabilitação perante a própria autoridade que aplicou a penalidade. Conforme consta no documento da fl. 131, a demandante recebeu apenas duas sanções de advertência e uma de multa, o que não a impede de participar de novos processos licitatórios. Estando a Administração Pública vinculada ao princípio da legalidade, não pode subsistir o ato que considerou a Impetrante inabilitada no pregão eletrônico" (TRF 4ª Região, ACRN 0000480-60.2009.404.7001, rel. Marga Inge Barth Tessler, j. 14-4-2010).

- **CONTRATAÇÃO PÚBLICA – LICITAÇÃO – HABILITAÇÃO – RIGORISMO EXCESSIVO – DESCABIMENTO – TJ/RS**

Visa a concorrência pública fazer com que maior número de licitantes se habilitem para o objetivo de facilitar aos órgãos públicos a obtenção de coisas e serviços mais convenientes a seus interesses. Em razão desse escopo, exigências demasiadas e rigorismos inconsentâneos com a boa exegese da lei devem ser arredados. Não deve haver nos trabalhos nenhum rigorismo e na primeira fase da habilitação deve ser de absoluta singeleza o procedimento licitatório (TJRS, *RDP* 14/240).

- **CONTRATAÇÃO PÚBLICA – LICITAÇÃO – HABILITAÇÃO – REGULARIDADE FISCAL – APENAS EXIGÊNCIAS INDISPENSÁVEIS – PRECEITO CONSTITUCIONAL – STJ**

A exigência de regularidade fiscal para habilitação nas licitações (arts. 27, IV, e 29, III, da Lei n. 8.666/93) está respaldada pelo art. 195, § 3º, da C.F., todavia não se deve perder de vista o princípio constitucional inserido no art. 37, XXI, da C.F., que veda exigências que sejam dispensáveis, já que o objetivo é a garantia do interesse público. A habilitação é o meio do qual a Administração Pública dispõe para aferir a idoneidade do licitante e sua capacidade de cumprir o objeto da licitação. [...] A despeito da vinculação ao edital a que se sujeita a Administração Pública (art. 41 da Lei n. 8.666/93), afigura-se ilegítima a exigência da apresentação de certidões comprobatórias de regularidade fiscal quando não são fornecidas, do modo como requerido pelo edital, pelo município de domicílio do licitante (STJ, REsp 974.854, rel. Min. Castro Meira, *DJ* 16-5-2008).

- **CONTRATAÇÃO PÚBLICA – PLANEJAMENTO – HABILITAÇÃO – TÉCNICA – ESTIPULAÇÃO DE EXIGÊNCIAS NECESSÁRIAS AO CUMPRIMENTO DA OBRIGAÇÃO – POSSIBILIDADE – STF**

O STF, ao apreciar agravo de instrumento sustentando que "a exigência editalícia de comprovação do licenciamento ambiental do licitante como requisito para sua habilitação jurídica, extrapola, por completo os limites do art. 22, XXVII e art. 37, inciso XXI, ambos da CR/88", decidiu que "exigências de qualificação técnica e econômica podem ser estipuladas, desde que indispensáveis à garantia do cumprimento da obrigação". O Relator citou as seguintes decisões no mesmo sentido: ADI 3.070, *DJ* 19-12-2007 e ADI 2.716, *DJ* 7-3-2008, ambas relatadas pelo Min. Eros Grau[4].

5.2.3 Etapa de classificação das propostas na Lei n. 8.666/93

Nessa etapa ocorrerá a verificação, pela Comissão de Licitação, se a proposta dos licitantes cumpriu as formalidades previstas no edital e se o preço por eles ofertado está compatível com o praticado no mercado.

A empresa que cumprir todos os requisitos será considerada **classificada**. Ao contrário, aquela que não os cumprir será **desclassificada**.

> "Na sistemática da Lei n. 8.666/93, a não aceitação de proposta importa na desclassificação dela. Se a proposta é desclassificada, o licitante é alijado da licitação. Por exemplo, se proposta de menor preço, em licitação do tipo menor preço, é desclassificada, seu autor é alijado da licitação. Daí o autor da proposta com o segundo menor preço é considerado primeiro colocado na licitação"[5].

LEGISLAÇÃO CORRELATA

Lei n. 8.666/93
Art. 48. Serão **desclassificadas**:
I – as propostas que não atendam às exigências do ato convocatório da licitação;
II – propostas com valor global superior ao limite estabelecido ou com preços manifestamente inexequíveis, assim considerados aqueles que não venham a ter demonstrada sua viabilidade através de documentação que comprove que os custos dos insumos são coerentes com os de mercado e que os coeficientes de produtividade são compatíveis com a execução do objeto do contrato, condições estas necessariamente especificadas no ato convocatório da licitação. (Redação dada pela Lei n. 8.883, de 1994.)
§ 1º Para os efeitos do disposto no inciso II deste artigo consideram-se **manifestamente inexequíveis**, no caso de licitações de menor preço para obras e serviços de engenharia, as propostas cujos valores sejam inferiores a 70% (setenta por cento) do menor dos seguintes valores: (Incluído pela Lei n. 9.648, de 1998.)
a) média aritmética dos valores das propostas superiores a 50% (cinquenta por cento) do valor orçado pela administração, ou (Incluído pela Lei n. 9.648, de 1998.)

---

[4] *Revista Zênite – Informativo de Licitações e Contratos* (ILC), Curitiba: Zênite, n. 209, p. 695, jul. 2011, seção Jurisprudência.
[5] NIEBUHR, Joel de Menezes. *Licitação pública e contrato administrativo*, 3. ed., Belo Horizonte: Fórum, 2013, p. 498.

b) valor orçado pela administração. (Incluído pela Lei n. 9.648, de 1998.)

§ 2º Dos licitantes classificados na forma do parágrafo anterior cujo valor global da proposta for inferior a 80% (oitenta por cento) do menor valor a que se referem as alíneas *a* e *b*, será exigida, para a assinatura do contrato, prestação de garantia adicional, dentre as modalidades previstas no § 1º do art. 56, igual a diferença entre o valor resultante do parágrafo anterior e o valor da correspondente proposta (Incluído pela Lei n. 9.648, de 1998.)

§ 3º Quando todos os licitantes forem inabilitados ou todas as propostas forem desclassificadas, a administração poderá fixar aos licitantes o prazo de oito dias úteis para a apresentação de nova documentação ou de outras propostas escoimadas das causas referidas neste artigo, facultada, no caso de convite, a redução deste prazo para três dias úteis. (Incluído pela Lei n. 9.648, de 1998.)

Na **Lei n. 14.133/2021**, esta fase está prevista no art. 17, III. E, a **Lei n. 14.133/2021** (art. 59) considera que serão **desclassificadas** as propostas que: a) contiverem vícios insanáveis; b) não obedecerem às especificações técnicas pormenorizadas no edital; c) apresentarem preços inexequíveis ou permanecerem acima do orçamento estimado para a contratação; d) não tiverem sua exequibilidade demonstrada, quando exigido pela Administração; e) apresentarem desconformidade com quaisquer outras exigências do edital, desde que insanável.

> **LEGISLAÇÃO CORRELATA**
>
> **Lei n. 14.133/2021**
>
> **Art. 59.** Serão **desclassificadas** as propostas que:
>
> I – contiverem vícios insanáveis;
>
> II – não obedecerem às especificações técnicas pormenorizadas no edital;
>
> III – apresentarem preços inexequíveis ou permanecerem acima do orçamento estimado para a contratação;
>
> IV – não tiverem sua exequibilidade demonstrada, quando exigido pela Administração;
>
> V – apresentarem desconformidade com quaisquer outras exigências do edital, desde que insanável.
>
> § 1º A verificação da conformidade das propostas poderá ser feita exclusivamente em relação à proposta mais bem classificada.
>
> § 2º A Administração poderá realizar diligências para aferir a exequibilidade das propostas ou exigir dos licitantes que ela seja demonstrada, conforme disposto no inciso IV do *caput* deste artigo.
>
> § 3º No caso de obras e serviços de engenharia e arquitetura, para efeito de avaliação da exequibilidade e de sobrepreço, serão considerados o preço global, os quantitativos e os preços unitários tidos como relevantes, observado o critério de aceitabilidade de preços unitário e global a ser fixado no edital, conforme as especificidades do mercado correspondente.
>
> § 4º No caso de obras e serviços de engenharia, serão consideradas inexequíveis as propostas cujos valores forem inferiores a 75% (setenta e cinco por cento) do valor orçado pela Administração.

§ 5º Nas contratações de obras e serviços de engenharia, será exigida garantia adicional do licitante vencedor cuja proposta for inferior a 85% (oitenta e cinco por cento) do valor orçado pela Administração, equivalente à diferença entre este último e o valor da proposta, sem prejuízo das demais garantias exigíveis de acordo com esta Lei.

Art. 60. Em caso de empate entre duas ou mais propostas, serão utilizados os seguintes critérios de desempate, nesta ordem:

I – disputa final, hipótese em que os licitantes empatados poderão apresentar nova proposta em ato contínuo à classificação;

II – avaliação do desempenho contratual prévio dos licitantes, para a qual deverão preferencialmente ser utilizados registros cadastrais para efeito de atesto de cumprimento de obrigações previstos nesta Lei;

III – desenvolvimento pelo licitante de ações de equidade entre homens e mulheres no ambiente de trabalho, conforme regulamento;

IV – desenvolvimento pelo licitante de programa de integridade, conforme orientações dos órgãos de controle.

§ 1º Em igualdade de condições, se não houver desempate, será assegurada preferência, sucessivamente, aos bens e serviços produzidos ou prestados por:

I – empresas estabelecidas no território do Estado ou do Distrito Federal do órgão ou entidade da Administração Pública estadual ou distrital licitante ou, no caso de licitação realizada por órgão ou entidade de Município, no território do Estado em que este se localize;

II – empresas brasileiras;

III – empresas que invistam em pesquisa e no desenvolvimento de tecnologia no País;

IV – empresas que comprovem a prática de mitigação, nos termos da Lei n. 12.187, de 29 de dezembro de 2009.

§ 2º As regras previstas no *caput* deste artigo não prejudicarão a aplicação do disposto no art. 44 da Lei Complementar n. 123, de 14 de dezembro de 2006.

ESQUEMATIZANDO

Art. 59 da Lei n. 14.133/21 — DESCLASSIFICAÇÃO DAS PROPOSTAS

- ✘ I – contiverem vício insanáveis;
- ✘ II – não obedecerem às especificações técnicas pormenorizadas no edital
- ✘ III – apresentarem preços inexequíveis ou permanecerem acima do orçamento estimado para a contratação
- ✘ IV – não tiverem sua exequibilidade demonstrada, quando exigido pela Administração;
- ✘ V – apresentarem desconformidade com quaisquer outras exigências do edital, desde que insanável

5.2.4 Julgamento das propostas na Lei n. 8.666/93

O julgamento das propostas nada mais é que a **escolha da proposta** vencedora pela Comissão de Licitação ou pelo responsável pelo convite. A escolha da melhor proposta deverá ser realizada em conformidade com os tipos de licitação previamente estabelecidos no ato convocatório.

Os **tipos de licitação** consistem nos **critérios de julgamento** passíveis de serem utilizados nas modalidades licitatórias (com exceção da modalidade licitatória concurso). Os critérios de julgamento previstos na **Lei n. 8.666/93** são:

a) **Menor preço:** quando o critério de seleção da proposta mais vantajosa para a Administração determinar que será vencedor o licitante que apresentar a proposta de acordo com as especificações do edital ou convite e ofertar o menor preço.

b) **Melhor técnica:** esse critério será utilizado exclusivamente para serviços de natureza predominantemente intelectual, em especial na elaboração de projetos, cálculos, fiscalização, supervisão e gerenciamento e de engenharia consultiva em geral e, em particular, para a elaboração de estudos técnicos preliminares e projetos básicos e executivos.

> **LEGISLAÇÃO CORRELATA**
>
> **Lei n. 8.666/93**
>
> **Art. 46, § 1º:** Nas licitações do tipo "melhor técnica" será adotado o seguinte procedimento claramente explicitado no instrumento convocatório, o qual fixará o preço máximo que a Administração se propõe a pagar:
>
> I – serão abertos os envelopes contendo as propostas técnicas exclusivamente dos licitantes previamente qualificados e feita então a avaliação e classificação destas propostas de acordo com os critérios pertinentes e adequados ao objeto licitado, definidos com clareza e objetividade no instrumento convocatório e que considerem a capacitação e a experiência do proponente, a qualidade técnica da proposta, compreendendo metodologia, organização, tecnologias e recursos materiais a serem utilizados nos trabalhos, e a qualificação das equipes técnicas a serem mobilizadas para a sua execução;
>
> II – uma vez classificadas as propostas técnicas, proceder-se-á à abertura das propostas de preço dos licitantes que tenham atingido a valorização mínima estabelecida no instrumento convocatório e à negociação das condições propostas, com a proponente melhor classificada, com base nos orçamentos detalhados apresentados e respectivos preços unitários e tendo como referência o limite representado pela proposta de menor preço entre os licitantes que obtiveram a valorização mínima;
>
> III – no caso de impasse na negociação anterior, procedimento idêntico será adotado, sucessivamente, com os demais proponentes, pela ordem de classificação, até a consecução de acordo para a contratação;
>
> IV – as propostas de preços serão devolvidas intactas aos licitantes que não forem preliminarmente habilitados ou que não obtiverem a valorização mínima estabelecida para a proposta técnica.

c) **Técnica e preço:** esse critério conjuga os dois critérios anteriores e deve obedecer ao fixado no art. 46, § 2º, da Lei n. 8.666/93.

d) Maior lance ou oferta: nos casos de alienação de bens ou concessão de direito real de uso.

Na **Lei n. 14.133/2021** (arts. 33 e seguintes) **o julgamento das propostas** será realizado de acordo com os seguintes critérios:

a) menor preço;

b) maior desconto;

> O julgamento por menor preço ou maior desconto e, quando couber, por técnica e preço considerará o menor dispêndio para a Administração, atendidos os parâmetros mínimos de qualidade definidos no edital de licitação.

c) melhor técnica ou conteúdo artístico;

> O julgamento por melhor técnica ou conteúdo artístico considerará exclusivamente as propostas técnicas ou artísticas apresentadas pelos licitantes, e o edital deverá definir o prêmio ou a remuneração que será atribuída aos vencedores.

d) técnica e preço;

> O julgamento por técnica e preço considerará a maior pontuação obtida a partir da ponderação, segundo fatores objetivos previstos no edital, das notas atribuídas aos aspectos de técnica e de preço da proposta.

e) maior lance, no caso de leilão;

> **Leilão**, nos termos do art. 6º, XL da **Lei n. 14.133/2021** é modalidade de licitação para alienação de bens imóveis ou de bens móveis inservíveis ou legalmente apreendidos a quem oferecer o maior lance.

f) maior retorno econômico.

> O julgamento por maior retorno econômico, utilizado exclusivamente para a celebração de contrato de eficiência, considerará a maior economia para a Administração, e a remuneração deverá ser fixada em percentual que incidirá de forma proporcional à economia efetivamente obtida na execução do contrato.

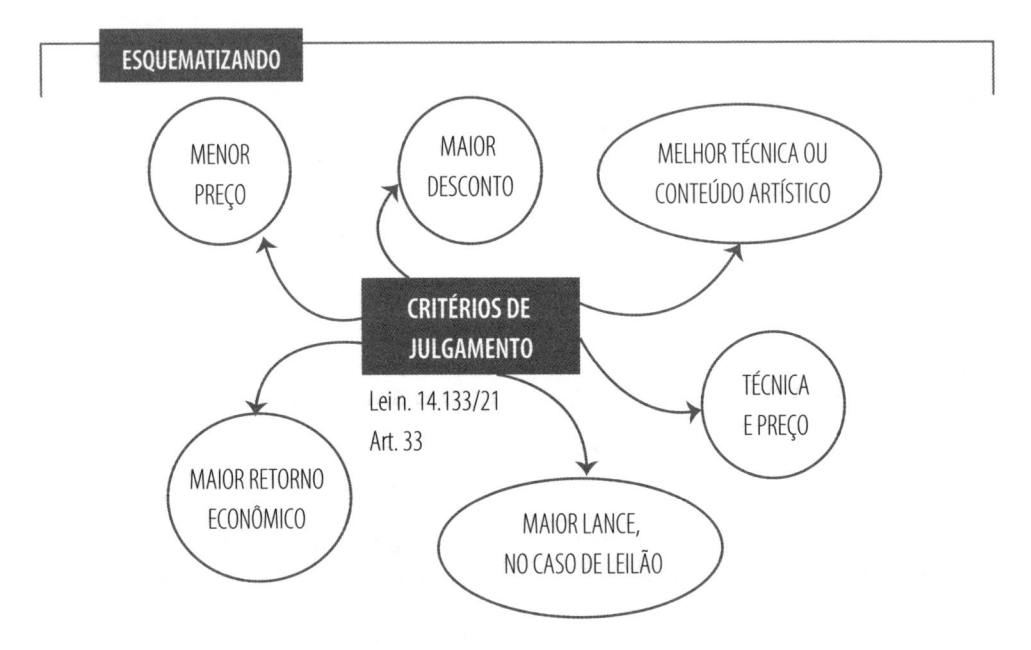

ESQUEMATIZANDO

CRITÉRIOS DE JULGAMENTO
Lei n. 14.133/21
Art. 33

- MENOR PREÇO
- MAIOR DESCONTO
- MELHOR TÉCNICA OU CONTEÚDO ARTÍSTICO
- TÉCNICA E PREÇO
- MAIOR LANCE, NO CASO DE LEILÃO
- MAIOR RETORNO ECONÔMICO

5.2.5 Homologação na Lei n. 8.666/93

A homologação é a fase de verificação, pela autoridade superior que nomeou a Comissão da Licitação, da regularidade do procedimento.

Na **Lei n. 14.133/2021** tem previsão no art. 17, VII.

5.2.6 Adjudicação na Lei n. 8.666/93

Com a adjudicação dá-se ao vencedor o *status* de vencedor. É o resultado oficial.

O licitante vencedor não tem direito à assinatura do contrato. Há apenas uma expectativa de direito e não um direito subjetivo ao contrato. Todavia, o licitante vencedor tem a garantia de **não ser preterido** (isto é, não ser passado para trás) pela Administração caso haja a celebração do contrato.

LEGISLAÇÃO CORRELATA

Lei n. 8.666/93

Art. 64. A Administração convocará regularmente o interessado para assinar o termo de contrato, aceitar ou retirar o instrumento equivalente, dentro do prazo e condições estabelecidos, sob pena de decair o direito à contratação, sem prejuízo das sanções previstas no art. 81 desta Lei.

§ 1º O prazo de convocação poderá ser prorrogado uma vez, por igual período, quando solicitado pela parte durante o seu transcurso e desde que ocorra motivo justificado aceito pela Administração.

§ 2º É facultado à Administração, quando o convocado não assinar o termo de contrato ou não aceitar ou retirar o instrumento equivalente no prazo e condições estabelecidos, convocar os licitantes remanescentes, na ordem de classificação, para fazê-lo em igual prazo e nas mesmas condições propostas pelo primeiro classificado, inclusive quanto aos preços atualizados de conformidade com o ato convocatório, ou revogar a licitação independentemente da cominação prevista no art. 81 desta Lei.

§ 3º Decorridos 60 (sessenta) dias da data da entrega das propostas, sem convocação para a contratação, ficam os licitantes liberados dos compromissos assumidos.

5.3 Fase contratual

Assunto que será estudado no Capítulo XIV, sobre Contratos Administrativos. Na Lei n. 8.666/93 a matéria está disciplinada a partir do art. 54 e, na **Lei n. 14.133/2021**, a matéria tem sua regulamentação a partir do art. 89.

6. FASES DO PROCESSO DE LICITAÇÃO NA LEI N. 14.133/2021

Como visto anteriormente de forma comparativa (Lei n. 8.666/93 *versus* **Lei n. 14.133/2021**), há pontos que diferenciam o regramento desse dois diplomas legais.

A fim de deixar mais claro para nosso leitor a sequência de fases no procedimento licitatório, e esclarecer alguns pontos e detalhes importantes, vamos agora apenas fixar atenção para as fases e detalhes da **Lei n. 14.133/2021**.

É o art. 17 da **Lei n. 14.133/2021** que fixa quais as sequências de fases do processo de licitação. Assim, a sequência que deverá ser obedecida é:

a) fase preparatória; b) divulgação do edital de licitação; c) apresentação de propostas e lances, quando for o caso; d) julgamento; e) habilitação; f) recursal; g) homologação.

A **fase preparatória** é caracterizada pelo **planejamento** e deve compatibilizar-se com o plano de contratações anual previsto no inciso VII do art. 12 da **Lei n. 14.133/2021**, sempre que elaborado, e om as leis orçamentárias, bem como abordar todas as considerações técnicas, mercadológicas e de gestão que podem interferir na contratação.

Sempre que houver necessidade de contratação fundamentada em **estudo técnico preliminar**, deverá ser evidenciado o **problema a ser resolvido e a sua melhor solução**, de modo a permitir a avaliação da viabilidade técnica e econômica da contratação, e conterá os seguintes elementos: a) descrição da necessidade da contratação, considerado o problema a ser resolvido sob a perspectiva do interesse público; b) demonstração da previsão da contratação no plano de contratações anual, sempre que elaborado, de modo a indicar o seu alinhamento com o planejamento da Administração; c) requisitos da contratação; d) estimativas das quantidades para a contratação, acompanhadas das memórias de cálculo e dos documentos que lhes dão suporte, que considerem interdependências com outras contratações, de modo a possibilitar economia de escala; e) levantamento de mercado, que consiste na análise das alternativas possíveis, e justificativa técnica e econômica da escolha do tipo de solução a contratar; f) estimativa do valor da contratação, acompanhada dos preços unitários referenciais, das memórias de cálculo e dos documentos que lhe dão suporte, que poderão constar de anexo classificado, se a Administração optar por preservar o seu sigilo até a conclusão da licitação; g) descrição da solução como um todo, inclusive das exigências relacionadas à manutenção e à assistência técnica, quando for o caso; h) justificativas para o parcelamento ou não da contratação; i) demonstrativo dos resultados pretendidos em termos de economicidade e de melhor aproveitamento dos recursos humanos, materiais e financeiros disponíveis; j) providências a serem adotadas pela Administração previamente à celebração do contrato, inclusive quanto à capacitação de servidores ou de empregados para fiscalização e gestão contratual; k) contratações correlatas e/ou interdependentes; l) descrição de possíveis impactos ambientais e respectivas medidas mitigadoras, incluídos requisitos de baixo consumo de energia e de outros recursos, bem como logística reversa para desfazimento e reciclagem de bens e refugos, quando aplicável; m) posicionamento conclusivo sobre a adequação da contratação para o atendimento da necessidade a que se destina.

Divulgação do edital de licitação. O **edital** deverá conter (nos termos do art. 25 da Lei n.13.144/2021) o objeto da licitação e as regras relativas à convocação, ao julgamento, à habilitação, aos recursos e às penalidades da licitação, à fiscalização e à gestão do contrato, à entrega do objeto e às condições de pagamento.

Sempre que o objeto permitir, a Administração adotará minutas padronizadas de edital e de contrato com cláusulas uniformes.

Desde que, conforme demonstrado em estudo técnico preliminar, não sejam causados prejuízos à competitividade do processo licitatório e à eficiência do respectivo contrato, o edital poderá prever a utilização de mão de obra, materiais, tecnologias e matérias-primas existentes no local da execução, conservação e operação do bem, serviço ou obra.

Apresentação de propostas e lances, quando for o caso. O julgamento das propostas será realizado de acordo com os seguintes critérios: **menor preço; maior desconto; melhor técnica ou conteúdo artístico; técnica e preço; maior lance, no caso de leilão; maior retorno econômico**. Nesse sentido, arts. 34 e seguintes da **Lei n. 14.133/2021**.

A **Lei n. 14.133/2021** fixa (art.55) alguns prazos mínimos (contados a partir da data de divulgação do edital de licitação) para apresentação de propostas e lances. Vejamos a legislação a respeito:

LEGISLAÇÃO CORRELATA

Lei n. 14.133/2021

Art. 55. Os **prazos mínimos** para apresentação de propostas e lances, contados a partir da data de divulgação do edital de licitação, são de:

I – para aquisição de bens:

a) 8 (oito) dias úteis, quando adotados os critérios de julgamento de menor preço ou de maior desconto;

b) 15 (quinze) dias úteis, nas hipóteses não abrangidas pela alínea "a" deste inciso;

II – no caso de serviços e obras:

a) 10 (dez) dias úteis, quando adotados os critérios de julgamento de menor preço ou de maior desconto, no caso de serviços comuns e de obras e serviços comuns de engenharia;

b) 25 (vinte e cinco) dias úteis, quando adotados os critérios de julgamento de menor preço ou de maior desconto, no caso de serviços especiais e de obras e serviços especiais de engenharia;

c) 60 (sessenta) dias úteis, quando o regime de execução for de contratação integrada;

d) 35 (trinta e cinco) dias úteis, quando o regime de execução for o de contratação semi-integrada ou nas hipóteses não abrangidas pelas alíneas "a", "b" e "c" deste inciso;

III – para licitação em que se adote o critério de julgamento de maior lance, 15 (quinze) dias úteis;

IV – para licitação em que se adote o critério de julgamento de técnica e preço ou de melhor técnica ou conteúdo artístico, 35 (trinta e cinco) dias úteis.

§ 1º Eventuais modificações no edital implicarão nova divulgação na mesma forma de sua divulgação inicial, além do cumprimento dos mesmos prazos dos atos e procedimentos originais, exceto quando a alteração não comprometer a formulação das propostas.

§ 2º Os prazos previstos neste artigo poderão, mediante decisão fundamentada, ser reduzidos até a metade nas licitações realizadas pelo Ministério da Saúde, no âmbito do Sistema Único de Saúde (SUS).

A fase de **julgamento das propostas** é a próxima etapa. Nos termos do art. 59 da **Lei n. 14.133/2021**, serão desclassificadas as propostas que: **a)** contiverem vícios insanáveis; **b)** não obedecerem às especificações técnicas pormenorizadas no edital; **c)** apresentarem preços inexequíveis ou permanecerem acima do orçamento estimado para a contratação; **d)** não tiverem sua exequibilidade demonstrada, quando exigido pela Administração; **e)** apresentarem desconformidade com quaisquer outras exigências do edital, desde que insanável.

A verificação da conformidade das propostas **poderá ser feita exclusivamente** em relação à proposta mais bem classificada.

Se houver **empate** entre duas ou mais propostas, serão utilizados os seguintes critérios de desempate, nesta ordem: 1º disputa final, hipótese em que os licitantes empatados poderão apresentar nova proposta em ato contínuo à classificação; 2º avaliação do desempenho contratual prévio dos licitantes, para a qual deverão preferencialmente ser utilizados registros cadastrais para efeito de atesto de cumprimento de obrigações previstos na **Lei n. 14.133/2021**; 3º desenvolvimento pelo licitante de ações de equidade entre homens e mulheres no ambiente de trabalho, conforme regulamento; 4º desenvolvimento pelo licitante de programa de integridade, conforme orientações dos órgãos de controle.

Ainda, em igualdade de condições, **se não houver desempate**, será assegurada **preferência, sucessivamente**, aos bens e serviços produzidos ou prestados por: **a)** empresas estabelecidas no território do Estado ou do Distrito Federal do órgão ou entidade da Administração Pública estadual ou distrital licitante ou, no caso de licitação realizada por órgão ou entidade de Município, no território do Estado em que este se localize; **b)** empresas brasileiras; **c)** empresas que invistam em pesquisa e no desenvolvimento de tecnologia no País; **d)** empresas que comprovem a prática de mitigação, nos termos da Lei n. 12.187/2009

Definido o resultado do julgamento, a Administração **poderá negociar condições mais vantajosas** com o primeiro colocado. Esse é um diferencial da **Lei n. 14.133/2021**. A negociação poderá ser feita com os demais licitantes, segundo a ordem de classificação inicialmente estabelecida, quando o primeiro colocado, mesmo após a negociação, for desclassificado em razão de sua proposta permanecer acima do preço máximo definido pela Administração.

Posteriormente a esta fase, passaremos então para a **fase de habilitação (que terão suas condições definidas no edital da licitação)**. Por definição (art. 62) da **Lei n. 14.133/2021**, habilitação é a fase da licitação em que se verifica o **conjunto de informações e documentos necessários e suficientes** para demonstrar a capacidade do licitante de realizar o objeto da licitação, dividindo-se em: jurídica; técnica; fiscal, social e trabalhista e econômico-financeira.

Encerramento da licitação (art. 71 da **Lei n. 14.133/2021**): encerradas as fases de julgamento e habilitação, e exauridos os recursos administrativos, o processo licitatório será encaminhado à autoridade superior, que poderá: a) determinar o retorno dos autos para **saneamento de irregularidades**; b) **revogar** a licitação por motivo de conveniência e oportunidade; c) proceder à **anulação** da licitação, de ofício ou mediante provocação de terceiros, sempre que presente ilegalidade insanável; d) **adjudicar** o objeto e homologar a licitação.

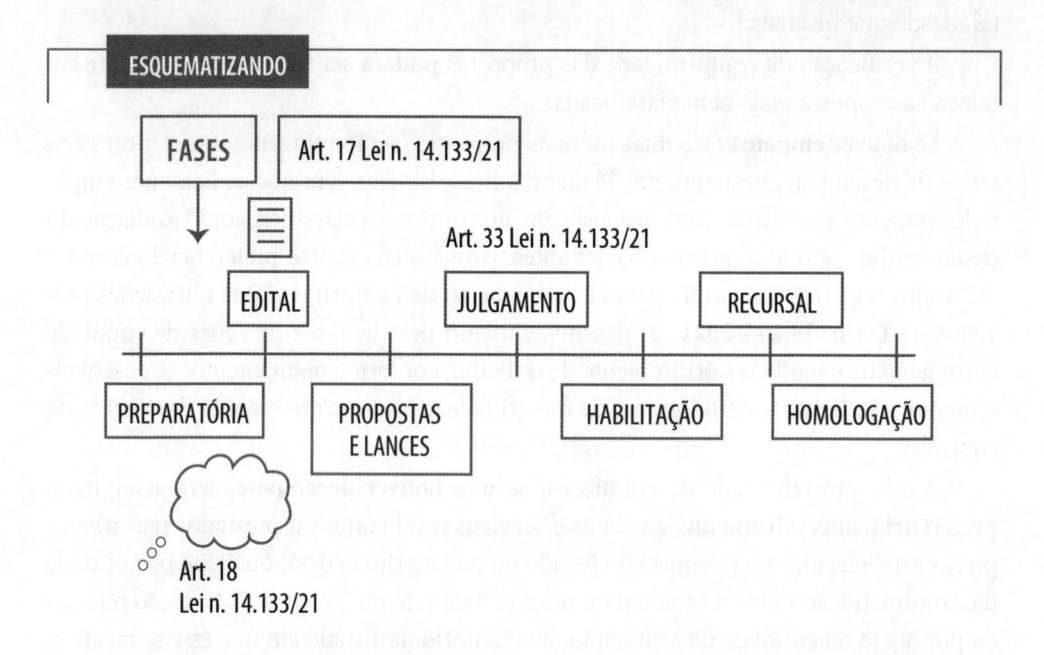

ESQUEMATIZANDO

FASES — Art. 17 Lei n. 14.133/21

Art. 33 Lei n. 14.133/21

EDITAL — JULGAMENTO — RECURSAL

PREPARATÓRIA — PROPOSTAS E LANCES — HABILITAÇÃO — HOMOLOGAÇÃO

Art. 18 Lei n. 14.133/21

LEI N. 8.666/93	LEI N. 14.133/2021	LEI N. 13.303/2016	LEI N. 10.520/2002
1º Habilitação	1º Propostas	1º Propostas	1º Propostas
2º Propostas	2º Habilitação	2º Habilitação	2º Habilitação
1º Homologação	1º Adjudicação	1º Adjudicação	1º Adjudicação
2º Adjudicação	2º Homologação	2º Homologação	2º Homologação

7. MODALIDADES DE LICITAÇÃO

São modalidades de licitação previstas expressamente na Lei n. 8.666/93: a **concorrência**; a **tomada de preços**; o **convite**; o **concurso** e, por fim, o **leilão**. E a Lei n. 10.520/2002 também traz, como modalidade licitatória, o **pregão**.

As modalidades licitatórias da Lei n. 8.666/93 são definidas com base em dois critérios: a) valor e b) objeto.

> **ESQUEMATIZANDO**

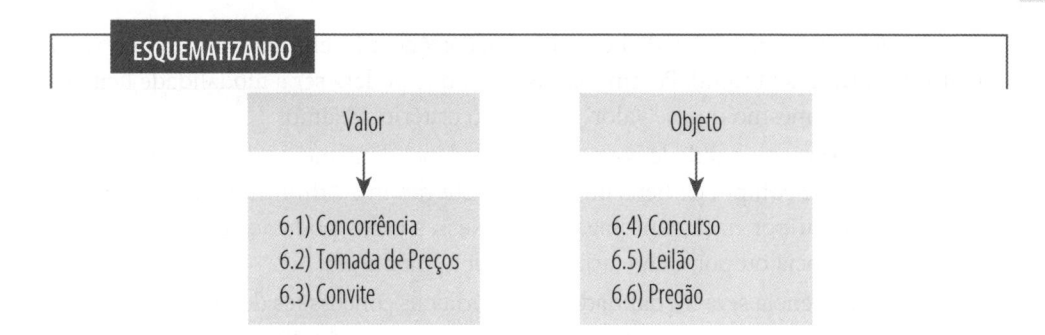

Valor
- 6.1) Concorrência
- 6.2) Tomada de Preços
- 6.3) Convite

Objeto
- 6.4) Concurso
- 6.5) Leilão
- 6.6) Pregão

Já na **Lei n. 14.133/2021 (art. 28)**, a grande novidade trazida foi a exclusão das modalidades licitatórias **tomada de preço** e **convite** e inclusão da modalidade licitatória **diálogo competitivo e pregão** (esta no bojo da própria **Lei n. 14.133/2021**).

> **LEGISLAÇÃO CORRELATA**
>
> **Lei n. 14.133/2021**
> **Art. 28.** São **modalidades** de licitação:
> I – pregão;
> II – concorrência;
> III – concurso;
> IV – leilão;
> V – diálogo competitivo.
> § 1º Além das modalidades referidas no *caput* deste artigo, a Administração pode servir-se dos procedimentos auxiliares previstos no art. 78 desta Lei.
> § 2º É vedada a criação de outras modalidades de licitação ou, ainda, a combinação daquelas referidas no *caput* deste artigo.
> **Art. 78.** São **procedimentos auxiliares** das licitações e das contratações regidas por esta Lei:
> I – credenciamento;
> II – pré-qualificação;
> III – procedimento de manifestação de interesse;
> IV – sistema de registro de preços;
> V – registro cadastral.
> § 1º Os procedimentos auxiliares de que trata o *caput* deste artigo obedecerão a critérios claros e objetivos definidos em regulamento.
> § 2º O julgamento que decorrer dos procedimentos auxiliares das licitações previstos nos incisos II e III do *caput* deste artigo seguirá o mesmo procedimento das licitações.

7.1 Concorrência na Lei n. 8.666/93

É a modalidade de licitação entre quaisquer interessados que, na fase inicial de habilitação preliminar, comprovem possuir os requisitos mínimos de qualificação exigidos no edital para execução de seu objeto.

Normalmente a modalidade licitatória concorrência é definida em razão do valor da futura contratação (regra). Porém, há casos em que poderá ser a modalidade licitatória concorrência, mesmo que o "valor" não seja o critério. Vejamos:

a) Poderá ser a modalidade concorrência, independentemente do valor do imóvel, no caso de compra de bens imóveis que chegaram à Administração por decisão judicial ou por dação em pagamento. Nesses casos poderão ser alienados por concorrência ou por leilão (art. 19 da Lei n. 8.666/93).

b) A concorrência será modalidade obrigatória nas concessões de serviços públicos (art. 2º, II, da Lei n. 8.987/95) e nas concessões de direito real de uso de bem público.

> "A concessão e a permissão do serviço público devem ser objeto de prévia licitação e precisam ser formalizadas em contrato administrativo (CF, art. 175, *caput*). Não se pode firmar contrato de permissão ou concessão de serviço público sem que ele seja antecipado de licitação. O STF já teve a oportunidade tanto de declarar a inconstitucionalidade de lei estadual que visou a prorrogar, sem licitação, contratos de concessão já vencidos como de cassar decisão judicial que reconheceu o 'direito' de o particular prestar serviço público sem prévia licitação. Em suma, há 'precedentes do STF no sentido da impossibilidade de prestação de serviços de transporte de passageiros a título precário, sem a observância do devido procedimento licitatório'. Tal como neste serviço público, em todos os demais se aplica o requisito da prévia licitação. Desta forma, e em regra, os contratos de concessão devem ser precedidos de licitação pública (CF, art. 175; Lei n. 8.987/95, arts. 2º e 14 e s.). Porém, uma ressalva merece ser feita: se o contrato administrativo é absolutamente indispensável à concessão, a licitação não pode ser assim qualificada. Como aponta Cintra do Amaral, há casos excepcionais de dispensa e inexigibilidade de licitação"[6].

No mesmo sentido: "A realização de prévio procedimento licitatório para a concessão de serviços públicos é obrigatória, nos termos da Constituição Federal e da Lei n. 8.987/95. Não há direito adquirido em relação às contratações firmadas antes da entrada em vigor da CF/88" (STJ, REsp 599.536, rel. Min. Franciulli Netto, *DJ* 30-6-2004, veiculado na *Revista Zênite de Licitações e Contratos – ILC*, Curitiba: Zênite, n. 133, p. 259, mar. 2005, seção Jurisprudência).

c) A concorrência será a modalidade licitatória adequada nas licitações internacionais.

No caso de licitações internacionais, poderá ser a modalidade licitatória tomada de preços quando o órgão ou entidade da Administração dispuser de cadastro internacional de fornecedores e o valor da licitação estiver dentro dos parâmetros definidos em lei para a tomada de preços.

---

[6] MOREIRA, Egon Bockmann; GUIMARÃES, Fernando Vernalha. *Licitação pública*, São Paulo: Malheiros, 2012, p. 65.

No caso de licitações internacionais, poderá ser a modalidade licitatória convite quando não houver fornecedor do bem ou serviço no País e o valor da licitação estiver dentro dos parâmetros de valores por lei fixados para o convite.

d) A modalidade licitatória concorrência será obrigatória nos contratos de empreitada integral.

Já na **Lei n. 14.133/2021** a definição de **concorrência** está no **art. 6º, XXXVIII**: modalidade de licitação para contratação de bens e serviços especiais e de obras e serviços comuns e especiais de engenharia, cujo critério de julgamento poderá ser: a) menor preço; b) melhor técnica ou conteúdo artístico; c) técnica e preço; d) maior retorno econômico; e) maior desconto.

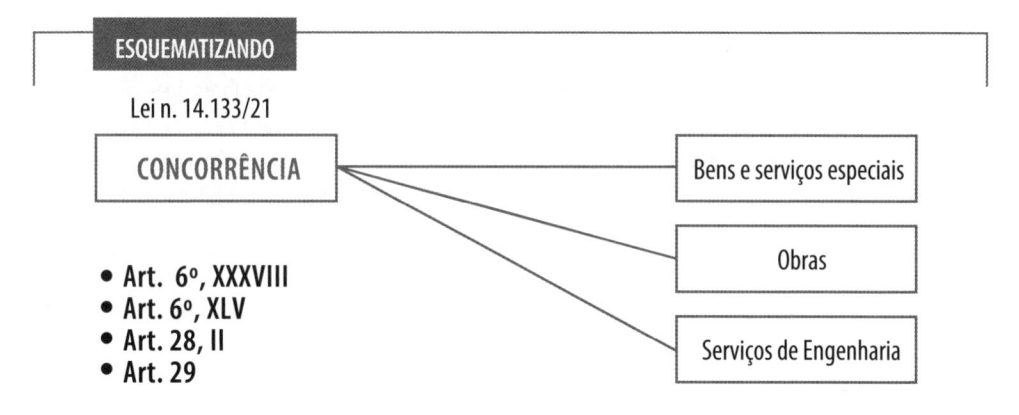

ESQUEMATIZANDO

Lei n. 14.133/21

CONCORRÊNCIA → Bens e serviços especiais / Obras / Serviços de Engenharia

- Art. 6º, XXXVIII
- Art. 6º, XLV
- Art. 28, II
- Art. 29

7.2 Tomada de preços na Lei n. 8.666/93

É modalidade licitatória que deixou de existir na **Lei n. 14.133/2021**. Todavia, como a Lei n. 8.666/93 ainda está em vigor, vamos ao seu estudo.

Trata-se de modalidade de licitação entre interessados devidamente cadastrados ou que atenderem a todas as condições exigidas para cadastramento até o terceiro dia anterior à data do recebimento das propostas, observada a necessária qualificação.

JURISPRUDÊNCIA

- Na hipótese de licitação pela Tomada de Preço, a Administração Pública deve oportunizar aos licitantes livre acesso ao cadastramento, não lhe sendo permitido ordenar requisitos diversos daqueles autorizados legalmente para a habilitação, salvo as condições específicas relativas às qualificações técnicas. Exigir uma visita técnica ao local onde será edificada a Vila Olímpica como requisito imprescindível para a habilitação do participante é totalmente paradoxal, porque exclui a possibilidade de participação de licitantes em perfeitas condições de executar o objeto, sobretudo quando o participante não conseguiu chegar a tempo para participar da visita. Deve a Administração Pública, antes de fixar as condições específicas, observar os princípios da razoabilidade, proporcionalidade e ampla competição (TJMT, RN 47.628/2009, rel. Gilperes Fernandes da Silva, j. 17-8-2009).

7.3 Convite

É modalidade licitatória que deixou de existir na **Lei n. 14.133/2021**. Todavia, como a Lei n. 8.666/93 ainda está em vigor, vamos ao seu estudo.

Trata-se de modalidade de licitação entre interessados do ramo pertinente ao seu objeto, cadastrados ou não, escolhidos e convidados em número mínimo de 3 (três) pela unidade administrativa, a qual afixará, em local apropriado, cópia do instrumento convocatório e o estenderá aos demais cadastrados na correspondente especialidade em que manifestarem seu interesse com antecedência de até 24 (vinte e quatro) horas da apresentação das propostas.

JURISPRUDÊNCIA

- Inexistindo três licitantes hábeis a ofertar e salvo despacho fundamentado da comissão de licitação atestando a impossibilidade de competição por inexistência de prestadores do serviço ou desinteresse (cf. art. 22, § 3º, da Lei n. 8.666/93) é possível à Administração anular a licitação pela modalidade convite para estender a oferta da contratação de modo a conferir maior publicidade com vistas à obtenção da proposta mais vantajosa ao ente público (STJ, REsp 884.988/RS, rel. Min. Eliana Calmon, *DJ* 17-6-2009).

7.4 Quadro comparativo: concorrência *versus* tomada de preços *versus* convite

CONCORRÊNCIA (ART. 22, § 1º, DA LEI N. 8.666/93)	TOMADA DE PREÇOS (ART. 22, § 2º, DA LEI N. 8.666/93)	CONVITE (ART. 22, § 3º, DA LEI N. 8.666/93)
Quem pode participar de uma concorrência? Resposta: qualquer interessado que preencha os requisitos do edital (Princípio da Universalidade).	Quem pode participar de uma tomada de preços? Resposta: apenas os CADASTRADOS inscritos em registro cadastral. Eventual interessado não cadastrado poderá participar, desde que solicite, até 3 (três) dias antes da data do recebimento das propostas, o seu cadastramento, e preencha os requisitos para tanto. Se for denegado o cadastramento será cabível recurso administrativo (art. 109, § 2º, da Lei n. 8.666/93).	Quem pode participar do convite? Resposta: os CONVIDADOS pela Administração Pública (pelo menos três, cadastrados ou não). Eventual interessado cadastrado poderá manifestar interesse em participar do convite em até 24 (vinte e quatro) horas antes do recebimento das propostas.

As modalidades licitatórias "concorrência", "tomada de preços" e "convite" são determinadas em razão do **valor** estimado da futura contratação (art. 23 da Lei n. 8.666/93).

Importante ressaltar que o Decreto n. 9.412, de 18 de junho de 2018, **alterou**, com fulcro no art. 120 da Lei n. 8.666/93, os valores de referência para a fixação de cada uma das modalidades licitatórias. Vejamos:

Modalidades de licitação – definidas em razão do VALOR da futura contratação (art. 23 da Lei n. 8.666/93):	Art. 23 da Lei n. 8.666/93 ↓ Considerações antes do Decreto n. 9.412, de 18 de junho de 2018. ↓ Portanto, antes do dia 19-7-2018 – já que o decreto entra em vigor 30 dias após a data de sua publicação, nos termos do seu art. 2º.	Atualização do art. 23 da Lei n. 8.666/93 pelo Decreto n. 9.412/2018 Embasamento para a referida alteração: a) art. 84, IV da CF; b) art. 120 da Lei n. 8.666/93 (que estabelece: "Os valores fixados por esta Lei, poderão ser anualmente revistos pelo Poder Executivo Federal, que os fará publicar no *Diário Oficial da União*, observado como limite superior a variação geral dos preços do mercado, no período").
Obras e serviços de engenharia:		
Convite	Até R$ 150.000,00	Até R$ 330.000,00
Tomada de preços	Até R$ 1.500.000,00	Até R$ 3.300.000,00
Concorrência	Acima de R$ 1.500.00,00	Acima de R$ 3.300.00,00
Compras e outros serviços (que não engenharia):		
Convite	Até R$ 80.000,00	Até R$ 176.000,00
Tomada de preços	Até R$ 650.000,00	Até R$ 1.430.000,00
Concorrência	Acima de R$ 650.000,00	Acima de R$ 1.430.000,00
Dispensa de licitação – art. 24 da Lei n. 8.666/93		
Obras e serviços de engenharia (art. 24, I, da Lei n. 8.666/93)	Até R$ 15.000,00	Até R$ 33.000,00
Compras e outros serviços – que não engenharia (art. 24, II, da Lei n. 8.666/93)	Até R$ 8.000,00	Até R$ 17.600,00

Aprofundamento:

a) Em se tratando de consórcio público formado por até três entes da Federação, será aplicado o dobro desses valores, e, se o consórcio for formado por mais de três entes da Federação, aí então o percentual será o triplo desses valores.

> **LEGISLAÇÃO CORRELATA**
>
> **Lei n. 8.666/93**
>
> **Art. 23, § 8º:** No caso de **consórcios públicos**, aplicar-se-á o **dobro** dos valores mencionados no *caput* deste artigo quando formado por até 3 (três) entes da Federação, e o **triplo**, quando formado por maior número.

b) Imagine que a Administração Pública necessita locar oito carros. Se ela somar os oito contratos, a modalidade licitatória adequada com base no valor seria a concorrência. Entretanto, se a Administração realizar contratações isoladas, locando um carro de cada vez, a modalidade (pautada nesse valor) seria o convite. Nesse exemplo não poderia a Administração fazer o uso do convite, pois é vedado à Administração parcelar e fracionar aquilo que já se sabe que será contratado por inteiro. O parcelamento proibido inclusive configura fraude na licitação.

> **LEGISLAÇÃO CORRELATA**
>
> **Lei n. 8.666/93**
>
> **Art. 23, § 5º:** É vedada a utilização da modalidade "convite" ou "tomada de preços", conforme o caso, para parcelas de uma mesma obra ou serviço, ou ainda para obras e serviços da mesma natureza e no mesmo local que possam ser realizadas conjunta e concomitantemente, sempre que o somatório de seus valores caracterizar o caso de "tomada de preços" ou "concorrência", respectivamente, nos termos deste artigo, exceto para as parcelas de natureza específica que possam ser executadas por pessoas ou empresas de especialidade diversa daquela do executor da obra ou serviço. (Redação dada pela Lei n. 8.883, de 1994.)

Assim, sempre que o valor das parcelas, tomadas em seu conjunto, atingir o montante previsto para a concorrência, esta é que deverá ser a modalidade licitatória adequada.

> **JURISPRUDÊNCIA**
>
> - **CONTRATAÇÃO PÚBLICA – PLANEJAMENTO – OBJETO – FRACIONAMENTO – ADOÇÃO DA MODALIDADE EM RAZÃO DE CADA PARCELA DO OBJETO – INADEQUAÇÃO – TJ/SP**
>   Ao diferenciar o fracionamento do objeto e o fracionamento de despesas, o TJ/SP entendeu que fracionamento é uma prática ilegal utilizada pelos agentes que, "pretendendo definir a modalidade de licitação inferior à devida ou deixar de realizar o certame, reduz o objeto para lançar valor inferior e realizar várias licitações para o mesmo objeto" (TJ/SP, Apelação Cível com Revisão n. 776.568-5/4-00, rel. Des. Vera Angrisani, j. 2-9-2008).
> - O TCE/SP, com fundamento na Lei n. 8.666/93, entendeu que "A vedação do fracionamento do objeto está prevista na Lei n. 8.666/93 com a finalidade de impedir a sua utilização como subterfúgio à abertura de várias licitações em modalidades mais simples, seja porque o rol de interessados é menor, portanto, mais simples o procedimento, seja porque os requisitos de habilitação não são tão severos. Nesse sentido as normas do art. 23, §§ 2º e 5º, da Lei n. 8.666/93 são claras" (TCE/SP, TC-001528.011.05, rel. Cláudio Ferraz de Alvarenga, j. 6-1-2009).

7.5 Concurso

É a modalidade de licitação entre quaisquer interessados para a escolha de trabalho técnico, científico ou artístico, mediante a instituição de prêmios ou remuneração aos vencedores, conforme critérios constantes de edital publicado na imprensa oficial com antecedência mínima de 45 (quarenta e cinco) dias. Exemplo: concurso para escolher uma escultura para colocar na secretaria "x".

Características:

a) Cada concurso tem seu regulamento próprio, tudo a depender do trabalho escolhido.

b) Normalmente nessa modalidade licitatória será nomeada uma **Comissão Especial** com reconhecido conhecimento na área e reputação ilibada (art. 51, § 5º, da Lei de Licitação).

LEGISLAÇÃO CORRELATA

Lei n. 8.666/93

Art. 51, § 5º: No caso de **concurso**, o julgamento será feito por uma comissão especial integrada por pessoas de reputação ilibada e reconhecido conhecimento da matéria em exame, servidores públicos ou não.

ESQUEMATIZANDO

CUIDADO: Na modalidade licitatória concurso, por sua própria natureza, o julgamento acaba sendo um tanto quanto subjetivo – inclusive com a nomeação de comissão especial para julgar os participantes.

Art. 22 da Lei n. 8.666/93

§ 4º Concurso é a modalidade de licitação entre quaisquer interessados para escolha de trabalho técnico, científico ou artístico, mediante a instituição de prêmios ou remuneração aos vencedores, conforme critérios constantes de edital publicado na imprensa oficial com antecedência mínima de 45 (quarenta e cinco) dias.

Comissão ESPECIAL
- Servidor ou não.
- Reputação ilibada.
- Notório conhecimento.

A modalidade licitatória concurso, na Lei n. 14.133/2021 têm sua definição no art. 6º, XXXIX: "modalidade de licitação para escolha de trabalho técnico, científico ou artístico, cujo critério de julgamento será o de melhor técnica ou conteúdo artístico, e para concessão de prêmio ou remuneração ao vencedor".

> **LEGISLAÇÃO CORRELATA**
>
> **Lei n. 14.133/2021**
> **Art. 30.** O concurso observará as regras e condições previstas em edital, que indicará:
> I – a qualificação exigida dos participantes;
> II – as diretrizes e formas de apresentação do trabalho;
> III – as condições de realização e o prêmio ou remuneração a ser concedida ao vencedor.
> Parágrafo único. Nos concursos destinados à elaboração de projeto, o vencedor deverá ceder à Administração Pública, nos termos do art. 93 desta Lei, todos os direitos patrimoniais relativos ao projeto e autorizar sua execução conforme juízo de conveniência e oportunidade das autoridades competentes.

> **ESQUEMATIZANDO**
>
> MODALIDADE LICITATÓRIA → CONCURSO
> Art. 18 Lei n. 14.133/21
> REGRAS E CONDIÇÕES
> I – a qualificação exigida dos participantes
> II – as diretrizes e formas de apresentação do trabalho
> III – as condições de realização e prêmio ou remuneração a ser concedida ao vencedor

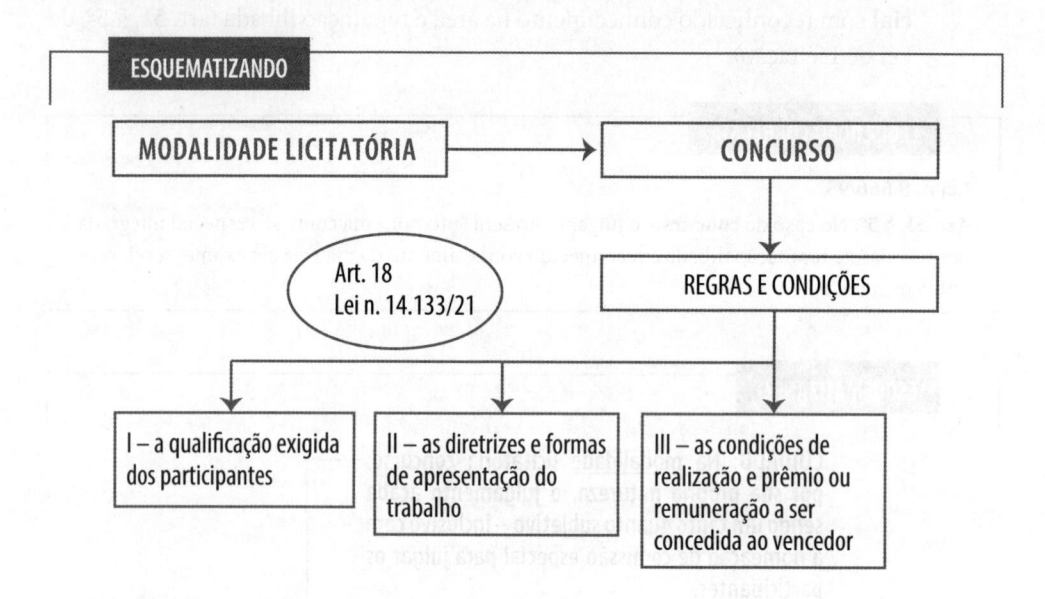

7.6 Leilão

É a modalidade de licitação entre quaisquer interessados para a venda de bens móveis inservíveis para a Administração ou de produtos legalmente apreendidos ou penhorados, ou para a alienação de bens imóveis prevista no art. 19, a quem oferecer o maior lance, igual ou superior ao valor da avaliação.

> **LEGISLAÇÃO CORRELATA**
>
> **Lei n. 8.666/93**
> **Art. 19.** Os bens imóveis da Administração Pública, cuja aquisição haja derivado de procedimentos judiciais ou de dação em pagamento, poderão ser alienados por ato da autoridade competente, observadas as seguintes regras:
> I – avaliação dos bens alienáveis;
> II – comprovação da necessidade ou utilidade da alienação;

III – adoção do procedimento licitatório, sob a modalidade de concorrência ou leilão (Redação dada pela Lei n. 8.883, de 1994).

Em resumo: será utilizada a modalidade licitatória "leilão" (na Lei n. 8.666/93) nos seguintes casos:

a) venda de imóveis nas hipóteses do art. 19 da Lei n. 8.666/93;

b) alienação de bens móveis inservíveis, apreendidos ou bens penhorados;

c) para a venda de bens móveis avaliados, isolada ou globalmente, em quantia não superior a R$ 650.000 (art. 17, § 6º, da Lei n. 8.666/93).

Na **Lei n.14.133/2021**, a modalidade licitatória **leilão** tem a seguinte definição (**art. 6º, XL**): "modalidade de licitação para alienação de bens imóveis ou de bens móveis inservíveis ou legalmente apreendidos a quem oferecer o maior lance".

LEGISLAÇÃO CORRELATA

Lei n. 14.133/2021

Art. 31. O **leilão** poderá ser cometido a leiloeiro oficial ou a servidor designado pela autoridade competente da Administração, e regulamento deverá dispor sobre seus procedimentos operacionais.

§ 1º Se optar pela realização de leilão por intermédio de leiloeiro oficial, a Administração deverá selecioná-lo mediante credenciamento ou licitação na modalidade pregão e adotar o critério de julgamento de maior desconto para as comissões a serem cobradas, utilizados como parâmetro máximo os percentuais definidos na lei que regula a referida profissão e observados os valores dos bens a serem leiloados.

§ 2º O leilão será precedido da divulgação do edital em sítio eletrônico oficial, que conterá:

I – a descrição do bem, com suas características, e, no caso de imóvel, sua situação e suas divisas, com remissão à matrícula e aos registros;

II – o valor pelo qual o bem foi avaliado, o preço mínimo pelo qual poderá ser alienado, as condições de pagamento e, se for o caso, a comissão do leiloeiro designado;

III – a indicação do lugar onde estiverem os móveis, os veículos e os semoventes;

IV – o sítio da internet e o período em que ocorrerá o leilão, salvo se excepcionalmente for realizado sob a forma presencial por comprovada inviabilidade técnica ou desvantagem para a Administração, hipótese em que serão indicados o local, o dia e a hora de sua realização;

V – a especificação de eventuais ônus, gravames ou pendências existentes sobre os bens a serem leiloados.

§ 3º Além da divulgação no sítio eletrônico oficial, o edital do leilão será afixado em local de ampla circulação de pessoas na sede da Administração e poderá, ainda, ser divulgado por outros meios necessários para ampliar a publicidade e a competitividade da licitação.

§ 4º O leilão não exigirá registro cadastral prévio, não terá fase de habilitação e deverá ser homologado assim que concluída a fase de lances, superada a fase recursal e efetivado o pagamento pelo licitante vencedor, na forma definida no edital.

7.7 Pregão – tema disciplinado pela Lei n. 10.520, de 17 de julho de 2002

7.7.1 Introdução

A Lei do Pregão está com os dias contados. Dia 01 de abril de 2021 foi publicada a **Lei n. 14.133** que em seu **art. 193, II** fixou a revogação da Lei n. 10.520/2021 **após decorridos dois anos** da publicação oficial da **Lei n. 14.133/2021**. Portanto, a partir de 01 de abril de 2023, não teremos mais a Lei do Pregão (Lei n. 10.520/21).

Enquanto este dia não chega, vamos estudar e entender as peculiaridades da Lei n. 10.520/2002.

Lembrando que na **Lei n. 14.133/2021** o pregão aparece disciplinado no **art.6º, XLI** que define: "modalidade de licitação obrigatória para aquisição de bens e serviços comuns, cujo critério de julgamento poderá ser o de **menor preço ou o de maior desconto**" (grifos nossos).

O pregão (Lei n. 10.520/02) foi instituído no âmbito da União pela Medida Provisória n. 2.026, de 4 de maio de 2000. Essa MP foi reeditada várias vezes. Sua última edição, a Medida Provisória n. 2.182-18, de 23 de agosto de 2001, foi convertida na Lei n. 10.520, de 17 de julho de 2002, modalidade licitatória destinada para a aquisição de bens e serviços comuns.

Na vigência da MP, foram editados o Decreto n. 3.555/2000 (que regulamenta o pregão presencial) e o Decreto n. 3.697/2000 (que regulamentava o pregão eletrônico – posteriormente revogado pelo Decreto n. 5.450/2005).

A Lei n. 10.520/2002 não revogou expressamente a Lei n. 8.666/93; são leis que se **complementam** e que se destinam a atender a situações distintas.

Inclusive, o art. 9º da Lei n. 10.520/2002 assinala, com objetividade, que se aplicam **subsidiariamente**, para a modalidade pregão, as normas da Lei n. 8.666/93.

Marçal Justen Filho[7]: "A edição da lei especial produz o efeito de subtrair o setor específico disciplinado da lei geral. Esse efeito não significa, no entanto, a impossibilidade de aplicação da lei geral naquilo que não for incompatível com a lei especial. Já a disciplina do pregão envolve legislação especial, cujo campo de incidência é delimitado e restrito. De regra, aplicam-se ao campo do pregão as normas da legislação específica. No entanto, **a interpretação dos institutos do pregão deve se dar à luz dos princípios e soluções consagradas na Lei n. 8.666.** Em muitos casos, as disposições da Lei n. 8.666 deverão ser aplicadas diretamente. É o caso dos dispositivos acerca da habilitação, análise das propostas e outros. **Na omissão da legislação acerca do pregão, o aplicador deverá recorrer à Lei de Licitações**, fazendo incidir as normas correspondentes, desde que compatíveis com a sistemática e o espírito do pregão".

---

[7] JUSTEN FILHO, Marçal. *Pregão*: comentários à legislação do pregão comum e eletrônico, 5. ed., São Paulo: Dialética, 2009, p. 267-268.

7.7.2 Por que o decreto regulamentador do pregão é anterior à própria lei que instituiu a modalidade pregão?

O Decreto n. 3.555/2000, que regulamenta o pregão presencial, tem sua edição datada anteriormente à da Lei n. 10.520/2002. Isso é possível porque o decreto foi editado na vigência da Medida Provisória n. 2.026, de 4 de maio de 2000, que instituiu o pregão no âmbito da União.

Posteriormente, a medida provisória, reeditada diversas vezes, foi convertida na Lei n. 10.520/2002.

7.7.3 Quando deverá ser utilizada a modalidade de licitação pregão?

Pregão é a modalidade de licitação para aquisição de bens e serviços comuns, independentemente do valor estimado da contratação. A disputa é realizada por meio de sessão pública (por propostas e lances, sucessivos e decrescentes, objetivando obter a melhor proposta para a Administração).

Não poderá ser utilizado quando o objeto revestir-se de complexidade técnica (justamente em razão da inversão das fases de habilitação e de proposta, pois o preço condicionará a capacidade técnica).

LEGISLAÇÃO CORRELATA

Lei n. 10.520/2002

Art. 1º Para aquisição de **bens e serviços comuns**, poderá ser adotada a licitação na modalidade de **pregão**, que será regida por esta Lei.

Parágrafo único. Consideram-se bens e serviços comuns, para os fins e efeitos deste artigo, aqueles cujos padrões de desempenho e qualidade possam ser objetivamente definidos pelo edital, por meio de especificações usuais no mercado.

Lei n. 14.133/2021

Art. 6º

XLI – pregão: modalidade de licitação obrigatória para aquisição de bens e serviços comuns, cujo critério de julgamento poderá ser o de menor preço ou o de maior desconto

XLV – sistema de registro de preços: conjunto de procedimentos para realização, mediante contratação direta ou licitação nas modalidades pregão ou concorrência, de registro formal de preços relativos a prestação de serviços, a obras e a aquisição e locação de bens para contratações futuras

Art. 8º

§5º Em licitação na modalidade pregão, o agente responsável pela condução do certame será designado pregoeiro.

Art. 28. São **modalidades** de licitação:

I – pregão;

II – concorrência;

III – concurso;
IV – leilão;
V – diálogo competitivo.

Art. 29. A concorrência e o pregão seguem o rito procedimental comum a que se refere o art. 17 desta Lei, adotando-se o pregão sempre que o objeto possuir padrões de desempenho e qualidade que possam ser objetivamente definidos pelo edital, por meio de especificações usuais de mercado.

Parágrafo único. O pregão não se aplica às contratações de serviços técnicos especializados de natureza predominantemente intelectual e de obras e serviços de engenharia, exceto os serviços de engenharia de que trata a alínea "a" do inciso XXI do *caput* do art. 6º desta Lei.

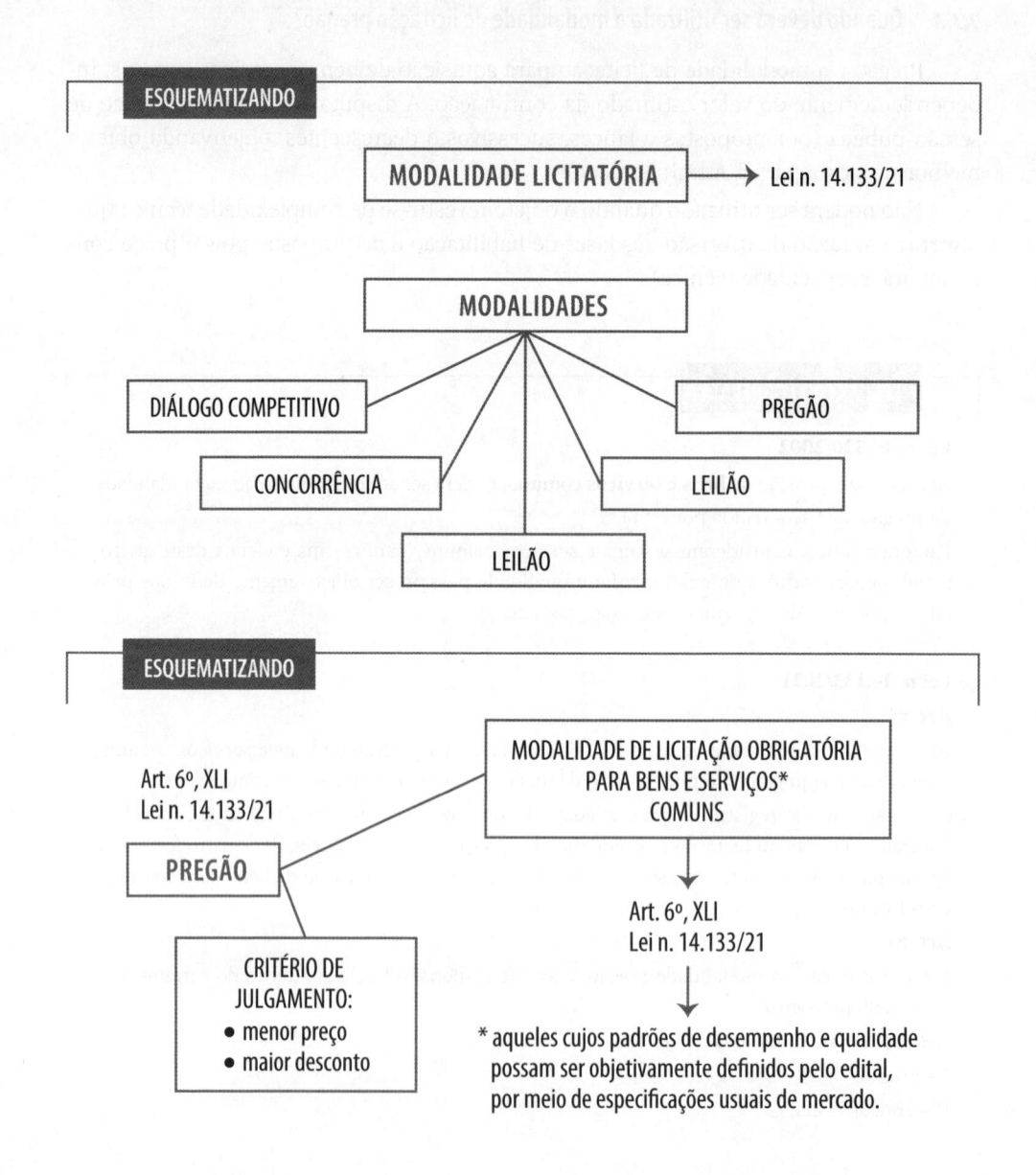

ESQUEMATIZANDO

MODALIDADE LICITATÓRIA → Lei n. 14.133/21

MODALIDADES
- DIÁLOGO COMPETITIVO
- CONCORRÊNCIA
- LEILÃO
- PREGÃO
- LEILÃO

ESQUEMATIZANDO

Art. 6º, XLI
Lei n. 14.133/21

PREGÃO → MODALIDADE DE LICITAÇÃO OBRIGATÓRIA PARA BENS E SERVIÇOS* COMUNS

CRITÉRIO DE JULGAMENTO:
- menor preço
- maior desconto

Art. 6º, XLI
Lei n. 14.133/21

* aqueles cujos padrões de desempenho e qualidade possam ser objetivamente definidos pelo edital, por meio de especificações usuais de mercado.

> **JURISPRUDÊNCIA**
>
> - **CONTRATAÇÃO PÚBLICA – PREGÃO – CABIMENTO DA MODALIDADE – OBJETO – SERVIÇOS COMPLEXOS DE ENGENHARIA – IMPOSSIBILIDADE – TRF 3ª REGIÃO**
> O TRF 3ª Região entendeu **não ser cabível a utilização da modalidade pregão para a contratação de "empresa de engenharia e arquitetura para a execução de serviços técnicos** compreendendo a elaboração de análises, assessoramento, coordenação, especificações, estudos de viabilidade técnica, orçamentos, fiscalizações de obras e serviços, laudos, levantamentos, projetos, pareceres, vistorias, e outros de mesma natureza, necessários à administração, conservação e manutenção dos imóveis patrimoniais de uso da (*omissis*)". De acordo com o Tribunal, **"não se aplicam aos serviços de caráter complexo, sobretudo, quando se relacionam ao saber estritamente técnico, como na hipótese das obras e serviços da área de engenharia e arquitetura, as modalidades possíveis do pregão"**. Fundamentou sua decisão argumentando que, "ainda que o pregão eletrônico se revele modalidade licitatória mais célere e econômica, não se pode deixar de aplicar a legislação específica, sob o risco de violação ao art. 37, inciso XXI, da Constituição Federal" (TRF 3ª Região, ARN 0001008-40.2011.4.03.6100, rel. Des. Mairan Maia, j. 26-4-2012).

Mas então qual o melhor critério para a definição de bens e serviços comuns e o consequente cabimento do pregão?

O melhor critério é, respondendo a duas perguntas: a) O objeto licitado é complexo?; b) O objeto deve ser feito diretamente por quem será contratado?

Se "a" e "b" tiverem como resposta "SIM", deve-se fazer uso da Lei n. 8.666/93.

Se "a" e "b" tiverem como resposta "NÃO", deve-se utilizar a Lei n. 10.520/2002.

Se "a" tiver como resposta "SIM" e "b" como resposta "NÃO", deve-se utilizar a Lei n. 10.520/2002.

Se "a" tiver como resposta "NÃO" e "b" como resposta "SIM", deve-se utilizar a Lei n. 8.666/93.

7.7.4 A quais requisitos a fase preparatória do pregão deverá obedecer?

Na etapa preparatória, o órgão público requisitante do pregão, por meio da autoridade competente, definirá o bem ou serviço comum a ser adquirido, seu quantitativo, justificando sua necessidade e verificando sua disponibilidade no mercado. Deverá, ainda, realizar prévio orçamento e fixar as exigências da habilitação e aceitação das propostas, bem como os prazos e sanções para as situações de inadimplemento. Nesse sentido: TCU, Acórdão n. 1.888/2010, Plenário, rel. Min. Valmir Campelo, *DOU* 11-8-2010.

> **LEGISLAÇÃO CORRELATA**
>
> **Lei n. 10.520/2002**
> **Art. 3º** A **fase preparatória** do pregão observará o seguinte:

I – a autoridade competente justificará a necessidade de contratação e definirá o objeto do certame, as exigências de habilitação, os critérios de aceitação das propostas, as sanções por inadimplemento e as cláusulas do contrato, inclusive com fixação dos prazos para fornecimento;

II – a definição do objeto deverá ser precisa, suficiente e clara, vedadas especificações que, por excessivas, irrelevantes ou desnecessárias, limitem a competição;

III – dos autos do procedimento constarão a justificativa das definições referidas no inciso I deste artigo e os indispensáveis elementos técnicos sobre os quais estiverem apoiados, bem como o orçamento, elaborado pelo órgão ou entidade promotora da licitação, dos bens ou serviços a serem licitados; e

IV – a autoridade competente designará, dentre os servidores do órgão ou entidade promotora da licitação, o pregoeiro e respectiva equipe de apoio, cuja atribuição inclui, dentre outras, o recebimento das propostas e lances, a análise de sua aceitabilidade e sua classificação, bem como a habilitação e a adjudicação do objeto do certame ao licitante vencedor.

7.7.5 Integrantes da equipe de apoio do pregão

A equipe de apoio deverá ser integrada em sua maioria por **servidores ocupantes de cargo efetivo ou emprego da Administração**, preferencialmente pertencentes ao quadro permanente do órgão ou entidade promotora do evento.

No âmbito do Ministério da Defesa, as funções de pregoeiro e de membro da equipe de apoio poderão ser desempenhadas por militares.

7.7.6 Fase externa do pregão

O pregoeiro e a comissão de licitação têm competência para atuar exclusivamente na fase externa do pregão. Na prática é até comum o pregoeiro e o "presidente" da comissão exercerem algumas atividades da fase interna (elaboração do edital, por exemplo). Mas, legalmente, a competência do pregoeiro e a da comissão de licitação se restringem aos atos exclusivamente da **fase externa**.

A fase externa deverá observar determinados **requisitos** (art. 4º da Lei n. 10.520/2002):

a) A convocação dos interessados deve ser efetuada por meio de publicação de aviso em **Diário Oficial** do respectivo ente federado ou, não existindo, em jornal de circulação local, e facultativamente, por meios eletrônicos, e conforme o vulto da licitação, em jornal de grande circulação. Essa imposição consagra o princípio da publicidade.

b) O aviso deverá conter: definição do objeto da licitação; a indicação do local, dias e horários em que poderá ser lida ou obtida a íntegra do edital.

c) Do edital constarão todos os elementos definidos no art. 3º, I, da Lei n. 10.520/2002, as normas que disciplinarem o procedimento e a minuta do contrato, quando for o caso, inclusive colocando à disposição de qualquer pessoa cópias do edital e do respectivo aviso.

d) Também será fixado prazo para a apresentação das propostas, contado a partir da publicação do aviso, que não será inferior a 8 (oito) dias úteis.

e) No dia, hora e local designados, será realizada sessão pública para recebimento das propostas, devendo o interessado, ou seu representante, identificar-se e, se for o caso, comprovar a existência dos necessários poderes para a formulação de propostas e para a prática de todos os demais atos inerentes ao certame.

f) Aberta a sessão, os interessados ou seus representantes apresentarão **declaração dando ciência de que cumprem plenamente os requisitos de habilitação e entregarão os envelopes contendo a indicação do objeto e do preço oferecidos**, procedendo-se à sua imediata abertura e à verificação da conformidade das propostas com os requisitos estabelecidos no instrumento convocatório.

JURISPRUDÊNCIA

- **Voto 12.485 TJ/SP. Des. Francisco Vicente Rossi. Ap. 9876315600.** "MANDADO DE SEGURANÇA – Pregão – Impugnação a requisito previsto no edital – Indeferimento – **O edital é lei interna da licitação e suas exigências vinculam a Administração e os licitantes** – Ausência de direito líquido e certo – Reexame necessário, considerado interposto, e recurso voluntário improvidos.
[...]
'**A vinculação ao edital é princípio básico de toda licitação**. Nem se compreenderia que a Administração fixasse no edital a forma e o modo de participação dos licitantes e no decorrer do procedimento ou na realização do julgamento se afastasse do estabelecido, ou admitisse documentação e propostas em desacordo com o solicitado. **O edital é a lei interna da licitação, e, como tal, vincula aos termos tanto os licitantes como a Administração que o expediu** (art. 41, da Lei n. 8.666/93),' leciona Hely Lopes Meirelles, *Direito administrativo brasileiro*, 30. ed., São Paulo: Malheiros, p. 271-272.
E, mais, o **descumprimento de requisito objetivo do edital leva à inabilitação de licitante**, como esta C. Câmara, tranquilamente, decide. V.g.: 'De outro lado, a administração e os interessados em contratos devem observar o princípio da vinculação ao edital. A vinculação ao instrumento convocatório constitui princípio expresso no art. 3º, *caput*, da Lei n. 8.666/93 e art. 41: 'Art. 41 – A Administração não pode descumprir as normas e condições do edital, ao qual se acha estritamente vinculada'.
Igualmente, os licitantes se acham vinculados ao mesmo princípio. O edital é a lei interna da licitação, consoante lição doutrinária' (Ap. 281.548.5/0, rel. Des. Pires de Araújo, voto 10.957). Coletou na Ap. 875.350.5/1, o eminente Relator Des. Ricardo Dip, voto RHMD 19.947:
'5. Bem se assentou em precedente do egrégio Superior Tribunal de Justiça que 'o edital de licitação, enquanto instrumento convocatório, delimita as condições norteadoras dos atos do certame, fixa o seu objeto de forma precisa e enumera os deveres e as garantias das partes interessadas' (REsp 796.388 – 2ª Turma – Ministro **João Otávio de Noronha**), atraindo o edital a vinculação jurídica não apenas dos licitantes, senão que também da Administração Pública'.
E, o ilustre Des. Luis Ganzerla, na Ap. 443.795.5/6, voto 12.559, ementou:
'MANDADO DE SEGURANÇA – LICITAÇÃO – Inabilitação por não atendimento ao requisito de capacidade técnica – Não cumprimento das exigências do edital – Sentença denegatória da segurança mantida – Recurso não provido – É possível a Administração comprovada a ausência da capacidade técnica exigida no edital, não habilitar o concorrente a fase posterior'". [...] grifos nossos.

7.7.7 Da classificação das propostas e da fase de habilitação

No pregão, primeiro será realizada a fase das propostas, para posteriormente se verificar a habilitação dos licitantes.

A inabilitação de licitante antes da abertura das propostas em pregão ocasiona a **inversão indevida** das fases do certame, uma vez que nessa modalidade de licitação **a habilitação ocorre somente após a etapa competitiva**.

Em nome do princípio da celeridade, que informa o procedimento do pregão, iniciada a sessão e efetuados os atos preparatórios, cabe ao pregoeiro proceder à imediata abertura das propostas e verificar sua conformidade com os requisitos estabelecidos no edital (princípio da vinculação ao instrumento convocatório), devendo afastar da licitação aquelas propostas que não satisfaçam os critérios fixados pelo edital.

Se reprovado o primeiro colocado, ele será desclassificado, passando-se a analisar a habilitação e a amostra dos licitantes remanescentes (art. 4º, XVI, da Lei do Pregão).

Sobre o momento em que devem ser entregues os envelopes da proposta e da documentação, Marçal Justen Filho[8] salienta: "A redação sumária do inciso VII (art. 4º da Lei n. 10.520/02) não significa que os documentos probatórios da habilitação devam ser entregues em momento diverso. [...] Dissociar a entrega dos envelopes conduziria a resultados catastróficos para o sucesso do pregão. Ainda que a redação legal seja esdrúxula, impõe-se a conclusão de que **ambos os envelopes deverão ser entregues simultaneamente**".

No mesmo sentido: Joel de Menezes Niebuhr[9]: "Vê-se que o inciso VII do art. 4º da Lei n. 10.520/02 se refere à entrega dos 'envelopes', logo, mais de um. Ademais, o inciso XII do mesmo art. 4º determina que, 'encerrada a etapa competitiva e ordenadas as ofertas, o pregoeiro procederá à abertura do invólucro contendo os documentos de habilitação [...]'. Portanto, a todas as luzes, existe um envelope com as propostas e outro, a ser aberto depois de encerrada a etapa competitiva, com os documentos de habilitação".

No curso da sessão, o autor da oferta de **valor mais baixo e os das ofertas com preços até 10% (dez por cento) superiores àquela** poderão fazer novos lances verbais e sucessivos, até a proclamação do vencedor. Não havendo pelo menos 3 (três) ofertas nessas condições definidas, poderão os autores das melhores propostas, até o máximo de 3 (três), oferecer novos lances verbais e sucessivos, quaisquer que sejam os preços oferecidos.

Para **julgamento e classificação** das propostas, será adotado o critério de **menor preço** (afinal, não há razões para a Administração pagar mais caro se a situação pode ser resolvida por meio de uma solução mais econômica). E os prazos máximos para forne-

---

[8] JUSTEN FILHO, Marçal. *Pregão:* comentários à legislação do pregão comum e eletrônico, 5. ed., São Paulo: Dialética, 2009, p. 158.
[9] NIEBUHR, Joel de Menezes. *Pregão presencial e eletrônico*, 5. ed., Curitiba: Zênite, 2008, p. 210.

cimento, as especificações técnicas e parâmetros mínimos de desempenho e qualidade definidos no edital também devem ser observados.

A doutrina entende pela impossibilidade de utilização de outro tipo de licitação, como a de técnica e preço. Nesse sentido, Joel de Menezes Niebuhr[10] "[...] a modalidade pregão pressupõe licitações cujos objetos sejam bens e serviços de natureza comum, isto é, que não se revistam de grande complexidade, mas que sejam simples. Para licitar objetos desse naipe **não se faz necessário valer-se de critério de julgamento de ordem técnica**".

Também Marçal Justen Filho[11] é mais enfático ao afirmar que "é impossível pregão adotando critério distinto do menor preço. **É da inerência do pregão o menor preço, do mesmo modo que é impossível imaginar um leilão norteado por outro critério que não o de maior preço**".

Examinada a proposta classificada em primeiro lugar, quanto ao objeto e valor, caberá ao pregoeiro decidir **motivadamente** a respeito da sua aceitabilidade.

Encerrada a etapa competitiva e ordenadas as ofertas, o pregoeiro procederá à abertura do invólucro contendo os documentos de habilitação do licitante que apresentou a melhor proposta, para verificação do atendimento das condições fixadas no edital.

A habilitação far-se-á com a verificação de que o licitante está em **situação regular** perante a Fazenda Nacional, a Seguridade Social e o Fundo de Garantia do Tempo de Serviço – FGTS, e as Fazendas Estaduais e Municipais, quando for o caso, com a comprovação de que atende às exigências do edital quanto à habilitação jurídica e qualificações técnica e econômico-financeira.

A Administração Pública **não pode habilitar** licitante que apresente documento diferente do descrito no edital (instrumento convocatório).

JURISPRUDÊNCIA

- Não é cabível suprir, com o fornecimento de certidão negativa relacionada a operações de filial, a exigência de prova de regularidade fiscal na celebração de atos ou negócios jurídicos perante o Poder Público ou terceiros, em nome da própria pessoa jurídica. Em casos tais, é a pessoa jurídica – e não a filial, que sequer tem personalidade jurídica própria – quem assume os direitos e obrigações decorrentes do ato ou do negócio celebrado e, portanto, quem assume, como todo o seu patrimônio, a correspondente responsabilidade **(STJ, REsp 939.262, rel. Min. Teori Albino Zavascki,** DJ **9-12-2011)**.
- Se o próprio órgão fazendário do Estado declara a não obrigatoriedade da inscrição do licitante no cadastro de contribuintes do Estado, não há razão para desabilitar o concorrente que não apresenta documento de habilitação, posto que por sua natureza não poderia obter, mesmo porque se assim fosse feito frustrados poderiam ser os objetivos do processo, excluindo-se proposta classificada entre as mais vantajosas (STJ, ARARE 2.930, rel. Min. Mauro Campbell Marques, j. 14-6-2011).

---

[10] NIEBUHR, Joel de Menezes. *Pregão presencial eletrônico*, 5. ed., Curitiba: Zênite, 2008, p. 219.
[11] *Comentários à legislação do pregão comum e eletrônico*, 5. ed., São Paulo: Dialética, 2009, p. 122.

- Sabe-se que o procedimento licitatório é resguardado pelo princípio da vinculação ao edital; esta exigência é expressa no art. 41 da Lei n. 8.666/93. Tal artigo veda à Administração o descumprimento das normas contidas no edital. Sendo assim, se o edital prevê, conforme explicitado no acórdão recorrido (fl. 264), "a cópia autenticada da publicação no *Diário Oficial da União* do registro do alimento emitido pela Anvisa", este deve ser o documento apresentado para que o concorrente supra o requisito relativo à qualificação técnica. Seguindo tal raciocínio, se a empresa apresenta outra documentação – protocolo de pedido de renovação de registro – que não a requerida, não supre a exigência do edital. De acordo com o Tribunal, a conduta é reprovável por ferir a isonomia: "aceitar documentação para suprir determinado requisito, que não foi a solicitada, é privilegiar um concorrente em detrimento de outros, o que feriria o princípio da igualdade entre os licitantes. 4. Recurso especial não provido" (STJ, REsp 1.178.657/MG, rel. Min. Mauro Campbell Marques, *DJ* 8-10-2010).

Verificado o atendimento das exigências fixadas no edital, o licitante será declarado vencedor.

Em sendo a oferta inaceitável ou se o licitante desatender às exigências habilitatórias, o pregoeiro examinará as ofertas subsequentes e a qualificação dos licitantes, na ordem de classificação, e assim sucessivamente, até a apuração de uma que atenda ao edital, sendo o respectivo licitante declarado vencedor.

7.7.8 Do recurso do licitante perdedor do pregão

Declarado o vencedor, qualquer licitante poderá manifestar **imediata e motivadamente** a intenção de recorrer (condição de admissibilidade do recurso), quando lhe será concedido o prazo de 3 (três) dias para apresentação das razões do recurso, ficando os demais licitantes desde logo intimados para apresentar contrarrazões em igual número de dias. Esse prazo começará a correr do término do prazo do recorrente, sendo assegurada aos demais licitantes vista imediata dos autos.

O acolhimento de recurso importará a invalidação apenas dos atos insuscetíveis de aproveitamento, e a falta de manifestação **imediata e motivada** do licitante importará a **decadência** do direito de recurso e a adjudicação do objeto da licitação pelo pregoeiro ao vencedor.

JURISPRUDÊNCIA

- O recurso administrativo no procedimento licitatório na modalidade "pregão" deve ser interposto na própria sessão. O prazo de três dias é assegurado apenas para oferecimento das razões. Dessarte, se manejado *a posteriori*, ainda que dentro do prazo de contrarrazões, revela-se intempestivo. Inteligência do art. 4º, XVIII, da Lei n. 10.520/2002. 2. Recurso especial provido (STJ, REsp 817.422/RJ, rel. Min. Castro Meira, *DJ* 5-4-2006).
- De acordo com o que dispõe o inciso XVIII do art. 4º da Lei n. 10.520/2002, corroborado pelo art. 26, *caput*, do Decreto n. 5.450/2005 e estabelecido no item 10.2 do Edital (fl. 28, v.p), é fixado o prazo de três dias para a apresentação das razões de recurso. Este prazo pressupõe que durante a sessão pública houve a manifestação da intenção de recorrer, por parte

das interessadas, pois que, nos termos da norma, o pregoeiro deve expressamente indagar aos licitantes se alguns deles pretendem interpor recurso administrativo. Ao pregoeiro não é permitido passar diretamente à adjudicação, sem antes dar cumprimento a esse dispositivo. 10. Cumprido o requisito, os licitantes que quiserem interpor recurso devem manifestar motivadamente a intenção de fazê-lo, o que lhes assegura o prazo de três dias para apresentação das razões por escrito. Os demais licitantes não precisam ser intimados, porque eles já o são na própria sessão, pois o inciso XVII do art. 4º da Lei n. 10.520/2002 enuncia que, manifestada a intenção de recorrer por um dos licitantes, consideram-se os demais desde logo intimados para apresentar contrarrazões em igual número de dias. 11. A apresentação de memoriais além do prazo de 3 (três) dias úteis não impede a apreciação do recurso, desde que manifestadas as razões de recorrer na sessão do Pregão, na forma acima delineada. 12. Evidentemente que não estou aqui defendendo que não se deva observar a questão da tempestividade da interposição das razões recursais. Essa decisão deve ser apreciada no caso concreto e observados limites e parâmetros, sob pena de subverter de forma até irresponsável a segurança jurídica que devemos tutelar. 13. Entretanto, a ata do pregão juntada às fls. 103/110 do v.p não menciona a existência de manifestação de intenção de recorrer, por qualquer das participantes, o que implica na decadência desse direito, razão pela qual o recurso administrativo apresentado não poderia ser considerado como razões recursais e conhecido com esse fundamento e no prazo de três dias (TCU, Acórdão n. 1.879/2009, 2ª Câmara, rel. Min. Aroldo Cedraz, *DOU* 17-4-2009).

7.7.9 Da adjudicação do pregão

A licitação é realizada objetivando a celebração de um contrato. Assim, decididos os recursos, a autoridade competente fará a adjudicação do objeto da licitação ao licitante vencedor.

> "É da lavra da autoridade superior a adjudicação e a homologação, em havendo recurso. E essa mecânica decorre de uma lógica procedimental coerente, pois não existia motivo prático para, reconhecida razão ao ato do pregoeiro, tornarem-lhe os autos para adjudicar com posterior encaminhamento à autoridade superior para homologação. Ora, se o expediente já se encontra com a autoridade superior e se esta é responsável pela homologação, aparece espaço para o brocardo quem pode o mais (homologar) pode o menos (adjudicar). [...] Como julgador administrativo máximo que é, a autoridade em questão tem o poder homologatório através do qual deve sanear não somente a matéria posta em discussão pelo recurso, mas toda e qualquer ofensa havida no processado"[12].

Homologada a licitação pela autoridade competente, o adjudicatário será convocado para assinar o contrato no prazo definido em edital.

---

[12] SANTANA, Jair Eduardo. *Pregão presencial e eletrônico:* manual de implantação, operacionalização e controle, Belo Horizonte: Fórum, 2006, p. 200.

7.7.10 Vedações em sede de pregão (art. 5º da Lei n. 10.520/2002)

É vedada a exigência de: a) garantia de proposta; b) aquisição do edital pelos licitantes, como condição para participação no certame; e c) pagamento de taxas e emolumentos, salvo os referentes a fornecimento do edital, que não serão superiores ao custo de sua reprodução gráfica, e aos custos de utilização de recursos de tecnologia da informação, quando for o caso.

7.7.11 Prazo de validade das propostas

O prazo de validade das propostas será de 60 (sessenta) dias, se outro não estiver fixado no edital. Porém, se a lei nada disser acerca do prazo inicial dessa contagem, deve-se aplicar por analogia a regra do art. 64, § 3º, da Lei de Licitações: considera-se a data definida no edital para o recebimento das propostas.

De acordo com o TCU, o prazo de validade das propostas deve ser "compatível com a modalidade licitatória, com a complexidade do objeto a ser licitado e, sobretudo, com a experiência de licitações anteriores e com a capacidade de instrução de processos licitatórios de seu corpo técnico, de modo a reduzir a ocorrência de casos de perda da validade de propostas, justificando nos autos do procedimento licitatório as razões julgadas convenientes para a escolha, nos termos do art. 64, § 3º, da Lei n. 8.666/93 e art. 6º da Lei n. 10.520/2002" (TCU, Acórdão n. 2.314/2010, 2ª Câmara, rel. Min. Aroldo Cedraz, *DOU* 27-5-2010).

Aquele que, convocado dentro do prazo de validade da sua proposta, não celebrar o contrato, deixar de entregar ou apresentar documentação falsa exigida para o certame, ensejar o retardamento da execução de seu objeto, não mantiver a proposta, falhar ou fraudar na execução do contrato, comportar-se de modo inidôneo ou cometer fraude fiscal **ficará impedido de licitar** e contratar com a União, Estados, Distrito Federal ou Municípios e será descredenciado no Sicaf, ou nos sistemas de cadastramento de fornecedores a que se refere o inciso XIV do art. 4º dessa lei, pelo prazo de até 5 (cinco) anos, sem prejuízo das multas previstas em edital e no contrato e das demais cominações legais.

7.7.12 Pegadinhas sobre o pregão

a) Não é possível o pregão para serviços na engenharia, serviços intelectuais, locações imobiliárias, alienações em geral.

Nessas hipóteses acima o objeto da **licitação é complexo ou precisa ser executado diretamente pelo contratado**, sendo assim, não é cabível o pregão. Trata-se de uma **proibição implícita**.

Todo o problema gira em torno do fato de que se é exigida **capacidade técnica** esta deve ser apurada na fase de habilitação e, no pregão, essa fase é posterior à fase de propostas. Consequência: se não apurar a capacidade técnica de imediato (na fase de habilitação), corre-se risco quanto ao resultado final do objeto da licitação.

b) Tipo de licitação na modalidade pregão: menor preço, independentemente do valor da futura contratação.

c) É possível pregão eletrônico. Inclusive, o art. 4º do Decreto n. 5.450/2005 tornou obrigatório o uso do pregão para o âmbito federal, devendo ser adotada preferencialmente a modalidade eletrônica.

d) O pregão pode ser presencial.

e) O procedimento do pregão é INVERTIDO: primeiro a fase de propostas, depois a análise de documentos.

f) O uso do pregão é opcional, podendo sempre a Administração optar por outra modalidade licitatória.

g) O pregão é válido para todas as esferas federativas.

h) Diferentemente das demais modalidades licitatórias, a homologação é realizada após a adjudicação.

i) O Decreto n. 7.174/2010 disciplina as contratações de bens e serviços de informática e automação pelos órgãos e entidades da Administração Federal. Assim, podem fazer uso do PREGÃO para licitar bens e serviços de informática e automação.

j) É legalmente admissível a realização de licitação na modalidade pregão para o registro de preços.

k) Na fase preparatória do pregão, o agente encarregado da compra poderá, por delegação da autoridade competente, designar, entre os servidores do órgão ou da entidade promotora da licitação, o pregoeiro responsável. Para evitar a perpetuação de apenas um pregoeiro e não ofender o princípio da impessoalidade, recomenda-se à autoridade competente habilitar vários agentes para exercer a função de pregoeiro, bem como adotar sistema de rodízio nas designações.

l) Os contratos celebrados pelas agências reguladoras federais para a aquisição de bens e serviços comuns devem ser precedidos de pregão, a ser realizado, preferencialmente, na forma eletrônica.

m) Dada a tendência atual de ampliação da utilização do pregão, os serviços de engenharia, desde que caracterizáveis como serviços comuns, podem ser licitados por meio do pregão na forma eletrônica.

n) O pregão é juridicamente condicionado aos princípios da probidade administrativa e da seletividade, tendo os participantes dessa modalidade de licitação direito público subjetivo à fiel observância do procedimento normativamente estabelecido.

o) Os participantes do pregão na forma eletrônica devem ser previamente credenciados perante o provedor do sistema eletrônico, por meio da atribuição de chave de identificação e de senha, pessoal e intransferível, para acesso ao sistema eletrônico.

7.8. Diálogo competitivo – modalidade licitatória trazida pela Lei n. 14.133/2021

O **diálogo competitivo** é modalidade licitatória prevista **no art. 6º, XLII da Lei n. 14.133/2021**: "diálogo competitivo: modalidade de licitação para contratação de obras, serviços e compras em que a Administração Pública realiza diálogos com licitantes previamente selecionados mediante critérios objetivos, com o intuito de desenvolver uma ou mais alternativas capazes de atender às suas necessidades, devendo os licitantes apresentar proposta final após o encerramento dos diálogos".

Na modalidade **diálogo competitivo** serão observadas as seguintes disposições:

a) a Administração apresentará, por ocasião da divulgação do edital em sítio eletrônico oficial, suas necessidades e as exigências já definidas e estabelecerá prazo mínimo de 25 (vinte e cinco) dias úteis para manifestação de interesse na participação da licitação;

b) os critérios empregados para pré-seleção dos licitantes deverão ser previstos em edital, e serão admitidos todos os interessados que preencherem os requisitos objetivos estabelecidos;

c) a divulgação de informações de modo discriminatório que possa implicar vantagem para algum licitante será vedada;

d) a Administração não poderá revelar a outros licitantes as soluções propostas ou as informações sigilosas comunicadas por um licitante sem o seu consentimento;

e) a fase de diálogo poderá ser mantida até que a Administração, em decisão fundamentada, identifique a solução ou as soluções que atendam às suas necessidades;

f) as reuniões com os licitantes pré-selecionados serão registradas em ata e gravadas mediante utilização de recursos tecnológicos de áudio e vídeo;

g) o edital poderá prever a realização de fases sucessivas, caso em que cada fase poderá restringir as soluções ou as propostas a serem discutidas;

h) a Administração deverá, ao declarar que o diálogo foi concluído, juntar aos autos do processo licitatório os registros e as gravações da fase de diálogo, iniciar a fase competitiva com a divulgação de edital contendo a especificação da solução que atenda às suas necessidades e os critérios objetivos a serem utilizados para seleção da proposta mais vantajosa e abrir prazo, não inferior a 60 (sessenta) dias úteis, para todos os licitantes pré-selecionados na forma do inciso II do §1º do art. 32 da **Lei n. 14.133/2021** apresentarem suas propostas, que deverão conter os elementos necessários para a realização do projeto;

i) a Administração poderá solicitar esclarecimentos ou ajustes às propostas apresentadas, desde que não impliquem discriminação nem distorçam a concorrência entre as propostas;

j) a Administração definirá a proposta vencedora de acordo com critérios divulgados no início da fase competitiva, assegurada a contratação mais vantajosa como resultado;

k) o diálogo competitivo será conduzido por comissão de contratação composta de pelo menos 3 (três) servidores efetivos ou empregados públicos pertencentes aos quadros permanentes da Administração, admitida a contratação de profissionais para assessoramento técnico da comissão.

7.9. Procedimentos auxiliares na Lei n. 14.133/2021

São **procedimentos auxiliares** (art. 78) das licitações e das contratações regidas pela **Lei n. 14.133/2021**: a) credenciamento; b) pré-qualificação; c) procedimento de manifestação de interesse; d) sistema de registro de preços; e) registro cadastral.

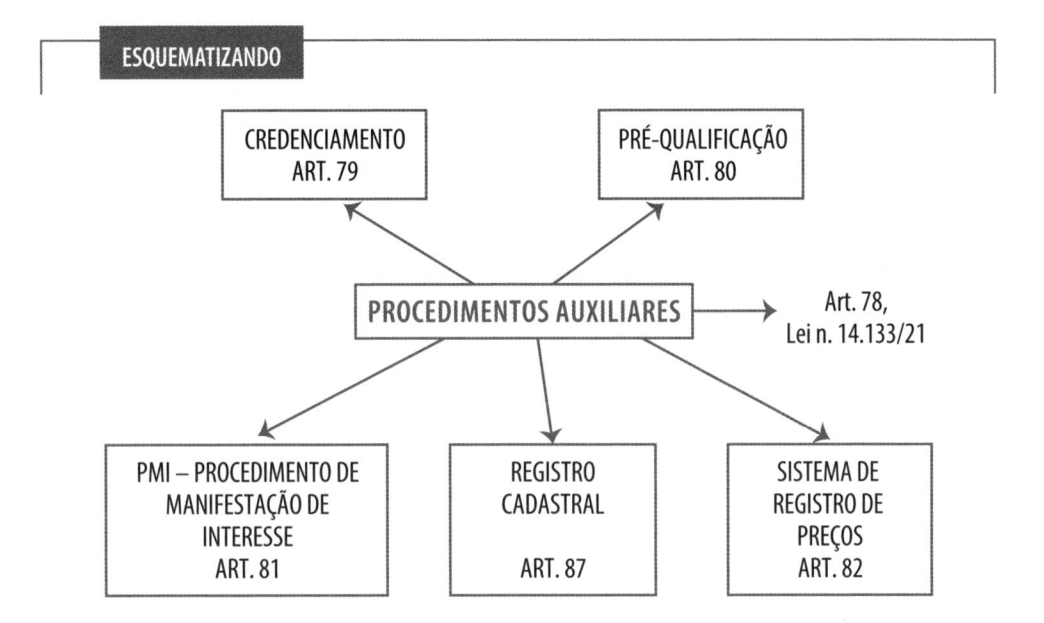

ESQUEMATIZANDO

PROCEDIMENTOS AUXILIARES → Art. 78, Lei n. 14.133/21
- CREDENCIAMENTO – ART. 79
- PRÉ-QUALIFICAÇÃO – ART. 80
- PMI – PROCEDIMENTO DE MANIFESTAÇÃO DE INTERESSE – ART. 81
- REGISTRO CADASTRAL – ART. 87
- SISTEMA DE REGISTRO DE PREÇOS – ART. 82

a) **Credenciamento (art. 79):** o credenciamento poderá ser usado nas seguintes hipóteses de contratação: paralela e não excludente: caso em que é viável e vantajosa para a Administração a realização de contratações simultâneas em condições padronizadas; com seleção a critério de terceiros: caso em que a seleção do contratado está a cargo do beneficiário direto da prestação; em mercados fluidos: caso em que a flutuação constante do valor da prestação e das condições de contratação inviabiliza a seleção de agente por meio de processo de licitação.

b) **Pré-qualificação (art. 80):** a pré-qualificação é o procedimento técnico-administrativo para selecionar previamente: licitantes que reúnam condições de habilitação para participar de futura licitação ou de licitação vinculada a programas de obras ou de serviços objetivamente definidos; bens que atendam às exigências técnicas ou de qualidade estabelecidas pela Administração.

c) **Procedimento de Manifestação de Interesse (art. 81):** a Administração poderá solicitar à iniciativa privada, mediante procedimento aberto de manifestação de interesse a ser iniciado com a publicação de edital de chamamento público, a propositura e a realização de estudos, investigações, levantamentos e projetos de soluções inovadoras que contribuam com questões de relevância pública, na forma de regulamento.

d) Sistema de Registro de Preços (arts. 82 a 86): o edital de licitação para registro de preços observará as regras gerais da **Lei n. 14.133/2021** e deverá dispor sobre: d.1) as especificidades da licitação e de seu objeto, inclusive a quantidade máxima de cada item que poderá ser adquirida; d.2) a quantidade mínima a ser cotada de unidades de bens ou, no caso de serviços, de unidades de medida; d.3) a possibilidade de prever preços diferentes: quando o objeto for realizado ou entregue em locais diferentes; em razão da forma e do local de acondicionamento; quando admitida cotação variável em razão do tamanho do lote; por outros motivos justificados no processo; d.4) a possibilidade de o licitante oferecer ou não proposta em quantitativo inferior ao máximo previsto no edital, obrigando-se nos limites dela; d.5) o critério de julgamento da licitação, que será o de menor preço ou o de maior desconto sobre tabela de preços praticada no mercado; d.6) as condições para alteração de preços registrados; d.7) o registro de mais de um fornecedor ou prestador de serviço, desde que aceitem cotar o objeto em preço igual ao do licitante vencedor, assegurada a preferência de contratação de acordo com a ordem de classificação; d.8) a vedação à participação do órgão ou entidade em mais de uma ata de registro de preços com o mesmo objeto no prazo de validade daquela de que já tiver participado, salvo na ocorrência de ata que tenha registrado quantitativo inferior ao máximo previsto no edital; d.9) as hipóteses de cancelamento da ata de registro de preços e suas consequências.

O prazo de vigência da ata de registro de preços será de 1 (um) ano e poderá ser prorrogado, por igual período, desde que comprovado o preço vantajoso. Lembrando que o contrato decorrente da ata de registro de preços terá sua vigência estabelecida em conformidade com as disposições nela contidas.

Ainda, a Administração poderá contratar a execução de obras e serviços de engenharia pelo sistema de registro de preços, desde que atendidos os seguintes requisitos: existência de projeto padronizado, sem complexidade técnica e operacional; necessidade permanente ou frequente de obra ou serviço a ser contratado.

ESQUEMATIZANDO

```
                 SISTEMA DE REGISTRO DE PREÇOS
              ┌──────────────────┬──────────────────┐
              │  Lei n. 8.666/93 │  Lei n. 14.133/21│
              └──────────────────┴──────────────────┘
                                    Qualquer
                                    modalidade
                    Concorrência        │
                        ou              ▼
                      Pregão      Critérios de  ──►  Menor preço
                                  julgamento              ou
                                                    maior desconto
```

e) **Registro cadastral (art. 87):** os órgãos e entidades da Administração Pública deverão utilizar o sistema de registro cadastral unificado disponível no Portal Nacional de Contratações Públicas (PNCP), para efeito de cadastro unificado de licitantes, na forma disposta em regulamento. O sistema de registro cadastral unificado será público e deverá ser amplamente divulgado e estar permanentemente aberto aos interessados, e será obrigatória a realização de chamamento público pela internet, no mínimo anualmente, para atualização dos registros existentes e para ingresso de novos interessados.

8. CONTRATAÇÃO DIRETA

A Lei n. 8666/93 criou três hipóteses de casos de não realização da licitação, tornando-a dispensada, dispensável ou inexigível.

Assim, "identifica-se a necessidade, motiva-se a contratação, para, então, partir-se para a verificação da melhor forma de sua prestação. Ou seja, a decisão pela contratação direta, por inexigibilidade ou dispensa, é posterior a toda uma etapa preparatória que deve ser a mesma para qualquer caso. A impossibilidade ou a identificação da possibilidade da contratação direta, como a melhor opção para a administração, só surge após a etapa inicial de estudos. Como a regra geral é a licitação, a sua dispensa ou inexigibilidade configuram exceções. Como tal, portanto, não podem ser adotadas antes das pesquisas e estudos que permitam chegar a essa conclusão" (TCU, Acórdão n. 994/2006, Plenário, rel. Min. Ubiratan Aguiar, *DOU* 26-6-2006).

8.1 Licitação dispensada

Ocorre quando a lei, de forma expressa, libera a administração de licitar. O art. 17, I e II, da Lei n. 8.666/93 prevê, quando a licitação é dispensada.

No caso de imóveis: *dação em pagamento*[13], *investidura*[14], doação permitida exclusivamente para outro órgão ou entidade da Administração Pública, de qualquer esfera de governo; venda a outro órgão ou entidade da Administração Pública, de qualquer esfera de governo etc.

Com relação a móveis: doação permitida exclusivamente para fins e uso de interesse social, após avaliação de sua oportunidade e conveniência socioeconômica, relativamente à escolha de outra forma de alienação; permuta permitida exclusivamente entre órgãos ou entidades da Administração Pública; venda de ações e títulos, venda de

---

[13] *Dação em pagamento* é o instituto do Direito Civil que consiste em um acordo entre credor e devedor, no qual aquele consente na quitação do débito mediante a entrega de uma coisa diversa da avençada. Exemplo: uma quantia devida em dinheiro saldada mediante a entrega de um terreno.

[14] *Investidura*: incorporação de terreno que não possa ser aproveitado isoladamente, remanescente de uma obra pública, ao proprietário confinante, mediante pagamento de indenização (art. 17, § 3º, da Lei das Licitações).

bens produzidos ou comercializados por órgãos ou entidades da Administração, em virtude de suas finalidades etc.

8.2 Licitação dispensável

"A licitação é o meio adotado pelo ordenamento jurídico para o controle sadio e legítimo dos gastos públicos, tanto no tocante à coordenação das quantias liberadas para fazer frente às necessidades dos interesses primários e secundários da Administração, quanto no que atine à oportunização da genuína participação competitiva dos interessados, corolário do princípio republicano e esperada em um Estado Democrático de Direito.

As hipóteses de dispensa de licitação são taxativas e previstas pelo art. 24 da Lei n. 8.666/93 [...][15]."

É aquela em que a lei (art. 24 da Lei n. 8.666/93) deixa à Administração o poder discricionário de dispensá-la ou não.

Essas hipóteses podem ser agrupadas em quatro categorias:

a) licitação dispensável em razão do pequeno valor (ex.: art. 24, I);

b) licitação dispensável em razão de situações excepcionais e especiais (ex.: art. 24, III e IV);

c) licitação dispensável em razão da pessoa (ex.: art. 24, XXII);

d) licitação dispensável em razão do objeto (ex.: art. 24, XII).

LEGISLAÇÃO CORRELATA

Lei n. 8.666/93

Art. 24. É **dispensável** a licitação:

I – para obras e serviços de engenharia de valor até 10% (dez por cento) do limite previsto na alínea *a*, do inciso I do artigo anterior, desde que não se refiram a parcelas de uma mesma obra ou serviço ou ainda para obras e serviços da mesma natureza e no mesmo local que possam ser realizadas conjunta e concomitantemente; *(Redação dada pela Lei n. 9.648, de 1998.)*

II – para outros serviços e compras de valor até 10% (dez por cento) do limite previsto na alínea *a*, do inciso II do artigo anterior e para alienações, nos casos previstos nesta Lei, desde que não se refiram a parcelas de um mesmo serviço, compra ou alienação de maior vulto que possa ser realizada de uma só vez; *(Redação dada pela Lei n. 9.648, de 1998.)*

III – nos casos de guerra ou grave perturbação da ordem;

IV – nos casos de emergência ou de calamidade pública, quando caracterizada urgência de atendimento de situação que possa ocasionar prejuízo ou comprometer a segurança de pessoas, obras, serviços, equipamentos e outros bens, públicos ou particulares, e somente para os bens necessários ao atendimento da situação emergencial ou calamitosa e para as parcelas de obras

---

[15] NIEBUHR, Joel de Menezes. *Licitação pública e contrato administrativo*, 3. ed., Belo Horizonte: Fórum, 2013, p. 156.

e serviços que possam ser concluídas no prazo máximo de 180 (cento e oitenta) dias consecutivos e ininterruptos, contados da ocorrência da emergência ou calamidade, vedada a prorrogação dos respectivos contratos;

V – quando não acudirem interessados à licitação anterior e esta, justificadamente, não puder ser repetida sem prejuízo para a Administração, mantidas, neste caso, todas as condições preestabelecidas;

VI – quando a União tiver que intervir no domínio econômico para regular preços ou normalizar o abastecimento;

VII – quando as propostas apresentadas consignarem preços manifestamente superiores aos praticados no mercado nacional, ou forem incompatíveis com os fixados pelos órgãos oficiais competentes, casos em que, observado o parágrafo único do art. 48 desta Lei e, persistindo a situação, será admitida a adjudicação direta dos bens ou serviços, por valor não superior ao constante do registro de preços, ou dos serviços; *(Vide § 3º do art. 48.)*

VIII – para a aquisição, por pessoa jurídica de direito público interno, de bens produzidos ou serviços prestados por órgão ou entidade que integre a Administração Pública e que tenha sido criado para esse fim específico em data anterior à vigência desta Lei, desde que o preço contratado seja compatível com o praticado no mercado; *(Redação dada pela Lei n. 8.883, de 1994.)*

IX – quando houver possibilidade de comprometimento da segurança nacional, nos casos estabelecidos em decreto do Presidente da República, ouvido o Conselho de Defesa Nacional; *(Regulamento.)*

X – para a compra ou locação de imóvel destinado ao atendimento das finalidades precípuas da administração, cujas necessidades de instalação e localização condicionem a sua escolha, desde que o preço seja compatível com o valor de mercado, segundo avaliação prévia; *(Redação dada pela Lei n. 8.883, de 1994.)*

XI – na contratação de remanescente de obra, serviço ou fornecimento, em consequência de rescisão contratual, desde que atendida a ordem de classificação da licitação anterior e aceitas as mesmas condições oferecidas pelo licitante vencedor, inclusive quanto ao preço, devidamente corrigido;

XII – nas compras de hortifrutigranjeiros, pão e outros gêneros perecíveis, no tempo necessário para a realização dos processos licitatórios correspondentes, realizadas diretamente com base no preço do dia; *(Redação dada pela Lei n. 8.883, de 1994.)*

XIII – na contratação de instituição brasileira incumbida regimental ou estatutariamente da pesquisa, do ensino ou do desenvolvimento institucional, ou de instituição dedicada à recuperação social do preso, desde que a contratada detenha inquestionável reputação ético-profissional e não tenha fins lucrativos; *(Redação dada pela Lei n. 8.883, de 1994.)*

XIV – para a aquisição de bens ou serviços nos termos de acordo internacional específico aprovado pelo Congresso Nacional, quando as condições ofertadas forem manifestamente vantajosas para o Poder Público; *(Redação dada pela Lei n. 8.883, de 1994.)*

XV – para a aquisição ou restauração de obras de arte e objetos históricos, de autenticidade certificada, desde que compatíveis ou inerentes às finalidades do órgão ou entidade;

XVI – para a impressão dos diários oficiais, de formulários padronizados de uso da administração, e de edições técnicas oficiais, bem como para prestação de serviços de informática a pessoa jurídica de direito público interno, por órgãos ou entidades que integrem a Administração Pública, criados para esse fim específico; *(Incluído pela Lei n. 8.883, de 1994.)*

XVII – para a aquisição de componentes ou peças de origem nacional ou estrangeira, necessários à manutenção de equipamentos durante o período de garantia técnica, junto ao fornecedor original desses equipamentos, quando tal condição de exclusividade for indispensável para a vigência da garantia; *(Incluído pela Lei n. 8.883, de 1994.)*

XVIII – nas compras ou contratações de serviços para o abastecimento de navios, embarcações, unidades aéreas ou tropas e seus meios de deslocamento quando em estada eventual de curta duração em portos, aeroportos ou localidades diferentes de suas sedes, por motivo de movimentação operacional ou de adestramento, quando a exiguidade dos prazos legais puder comprometer a normalidade e os propósitos das operações e desde que seu valor não exceda ao limite previsto na alínea *a* do inciso II do art. 23 desta Lei; *(Incluído pela Lei n. 8.883, de 1994.)*

XIX – para as compras de material de uso pelas Forças Armadas, com exceção de materiais de uso pessoal e administrativo, quando houver necessidade de manter a padronização requerida pela estrutura de apoio logístico dos meios navais, aéreos e terrestres, mediante parecer de comissão instituída por decreto; *(Incluído pela Lei n. 8.883, de 1994.)*

XX – na contratação de associação de portadores de deficiência física, sem fins lucrativos e de comprovada idoneidade, por órgãos ou entidades da Administração Pública, para a prestação de serviços ou fornecimento de mão de obra, desde que o preço contratado seja compatível com o praticado no mercado; *(Incluído pela Lei n. 8.883, de 1994.)*

XXI – para a aquisição ou contratação de produto para pesquisa e desenvolvimento, limitada, no caso de obras e serviços de engenharia, a 20% (vinte por cento) do valor de que trata a alínea *b* do inciso I do *caput* do art. 23; *(Incluído pela Lei n. 13.243, de 2016.)*

XXII – na contratação de fornecimento ou suprimento de energia elétrica e gás natural com concessionário, permissionário ou autorizado, segundo as normas da legislação específica; *(Incluído pela Lei n. 9.648, de 1998.)*

XXIII – na contratação realizada por empresa pública ou sociedade de economia mista com suas subsidiárias e controladas, para a aquisição ou alienação de bens, prestação ou obtenção de serviços, desde que o preço contratado seja compatível com o praticado no mercado; *(Incluído pela Lei n. 9.648, de 1998.)*

XXIV – para a celebração de contratos de prestação de serviços com as organizações sociais, qualificadas no âmbito das respectivas esferas de governo, para atividades contempladas no contrato de gestão; *(Incluído pela Lei n. 9.648, de 1998.)*

XXV – na contratação realizada por Instituição Científica e Tecnológica – ICT ou por agência de fomento para a transferência de tecnologia e para o licenciamento de direito de uso ou de exploração de criação protegida; *(Incluído pela Lei n. 10.973, de 2004.)*

XXVI – na celebração de contrato de programa com ente da Federação ou com entidade de sua administração indireta, para a prestação de serviços públicos de forma associada nos termos do autorizado em contrato de consórcio público ou em convênio de cooperação; *(Incluído pela Lei n. 11.107, de 2005.)*

XXVII – na contratação da coleta, processamento e comercialização de resíduos sólidos urbanos recicláveis ou reutilizáveis, em áreas com sistema de coleta seletiva de lixo, efetuados por associações ou cooperativas formadas exclusivamente por pessoas físicas de baixa renda reconhecidas pelo Poder Público como catadores de materiais recicláveis, com o uso de equipamentos compatíveis com as normas técnicas, ambientais e de saúde pública; *(Redação dada pela Lei n. 11.445, de 2007.)*

XXVIII – para o fornecimento de bens e serviços, produzidos ou prestados no País, que envolvam, cumulativamente, alta complexidade tecnológica e defesa nacional, mediante parecer de comissão especialmente designada pela autoridade máxima do órgão; *(Incluído pela Lei n. 11.484, de 2007.)*

XXIX – na aquisição de bens e contratação de serviços para atender aos contingentes militares das Forças Singulares brasileiras empregadas em operações de paz no exterior, necessariamente justificadas quanto ao preço e à escolha do fornecedor ou executante e ratificadas pelo Comandante da Força; *(Incluído pela Lei n. 11.783, de 2008.)*

XXX – na contratação de instituição ou organização, pública ou privada, com ou sem fins lucrativos, para a prestação de serviços de assistência técnica e extensão rural no âmbito do Programa Nacional de Assistência Técnica e Extensão Rural na Agricultura Familiar e na Reforma Agrária, instituído por lei federal; *(Incluído pela Lei n. 12.188, de 2010.)*

XXXI – nas contratações visando ao cumprimento do disposto nos *arts. 3º, 4º, 5º e 20 da Lei n. 10.973, de 2 de dezembro de 2004*, observados os princípios gerais de contratação dela constantes; *(Incluído pela Lei n. 12.349, de 2010.)*

XXXII – na contratação em que houver transferência de tecnologia de produtos estratégicos para o Sistema Único de Saúde – SUS, no âmbito da *Lei n. 8.080, de 19 de setembro de 1990*, conforme elencados em ato da direção nacional do SUS, inclusive por ocasião da aquisição destes produtos durante as etapas de absorção tecnológica; *(Incluído pela Lei n. 12.715, de 2012.)*

XXXIII – na contratação de entidades privadas sem fins lucrativos, para a implementação de cisternas ou outras tecnologias sociais de acesso à água para consumo humano e produção de alimentos, para beneficiar as famílias rurais de baixa renda atingidas pela seca ou falta regular de água; *(Incluído pela Lei n. 12.873, de 2013.)*

XXXIV – para a aquisição por pessoa jurídica de direito público interno de insumos estratégicos para a saúde produzidos ou distribuídos por fundação que, regimental ou estatutariamente, tenha por finalidade apoiar órgão da administração pública direta, sua autarquia ou fundação em projetos de ensino, pesquisa, extensão, desenvolvimento institucional, científico e tecnológico e estímulo à inovação, inclusive na gestão administrativa e financeira necessária à execução desses projetos, ou em parcerias que envolvam transferência de tecnologia de produtos estratégicos para o Sistema Único de Saúde – SUS, nos termos do inciso XXXII deste artigo, e que tenha sido criada para esse fim específico em data anterior à vigência desta Lei, desde que o preço contratado seja compatível com o praticado no mercado *(Incluído pela Lei n. 13.204, de 2015)*

XXXV – para a construção, a ampliação, a reforma e o aprimoramento de estabelecimentos penais, desde que configurada situação de grave e iminente risco à segurança pública. *(Incluído pela Lei n. 13.500, de 2017)*

§ 1º Os percentuais referidos nos incisos I e II do *caput* deste artigo serão 20% (vinte por cento) para compras, obras e serviços contratados por consórcios públicos, sociedade de economia mista, empresa pública e por autarquia ou fundação qualificadas, na forma da lei, como Agências Executivas. *(Incluído pela Lei n. 12.715, de 2012)*

§ 2º O limite temporal de criação do órgão ou entidade que integre a administração pública estabelecido no inciso VIII do *caput* deste artigo não se aplica aos órgãos ou entidades que produzem produtos estratégicos para o SUS, no âmbito da *Lei n. 8.080, de 19 de setembro de 1990*, conforme elencados em ato da direção nacional do SUS. *(Incluído pela Lei n. 12.715, de 2012)*

§ 3º A hipótese de dispensa prevista no inciso XXI do *caput*, quando aplicada a obras e serviços de engenharia, seguirá procedimentos especiais instituídos em regulamentação específica. *(Incluído pela Lei n. 13.243, de 2016.)*

§ 4º Não se aplica a vedação prevista no inciso I do *caput* do art. 9º à hipótese prevista no inciso XXI do *caput*. *(Incluído pela Lei n. 13.243, de 2016.).*

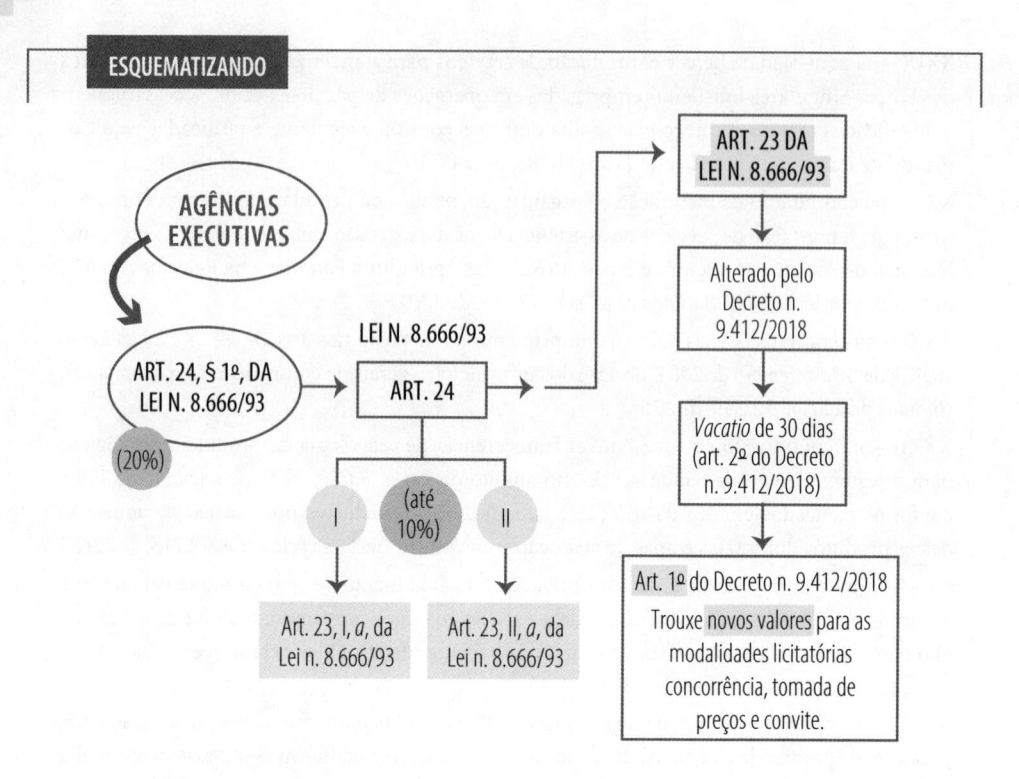

> **ESQUEMATIZANDO**
>
> - **AGÊNCIAS EXECUTIVAS** → ART. 24, § 1º, DA LEI N. 8.666/93 (20%)
> - **LEI N. 8.666/93** → **ART. 24**
>   - I (até 10%) → Art. 23, I, *a*, da Lei n. 8.666/93
>   - II → Art. 23, II, *a*, da Lei n. 8.666/93
> - **ART. 23 DA LEI N. 8.666/93** → Alterado pelo Decreto n. 9.412/2018 → *Vacatio* de 30 dias (art. 2º do Decreto n. 9.412/2018) → Art. 1º do Decreto n. 9.412/2018 Trouxe novos valores para as modalidades licitatórias concorrência, tomada de preços e convite.

Na **Lei n. 14.133/2021**, o processo de contratação direta compreende os casos de inexigibilidade e de dispensa de licitação. As hipóteses de dispensa de licitação aparecem no **art. 75**. Vejamos:

> **LEGISLAÇÃO CORRELATA**
>
> **Lei n. 14.133/2021**
>
> **Art. 75.** É **dispensável** a licitação:
>
> I – para contratação que envolva valores inferiores a R$ 100.000,00 (cem mil reais), no caso de obras e serviços de engenharia ou de serviços de manutenção de veículos automotores;
>
> II – para contratação que envolva valores inferiores a R$ 50.000,00 (cinquenta mil reais), no caso de outros serviços e compras;
>
> III – para contratação que mantenha todas as condições definidas em edital de licitação realizada há menos de 1 (um) ano, quando se verificar que naquela licitação:
>
> a) não surgiram licitantes interessados ou não foram apresentadas propostas válidas;
>
> b) as propostas apresentadas consignaram preços manifestamente superiores aos praticados no mercado ou incompatíveis com os fixados pelos órgãos oficiais competentes;
>
> IV – para contratação que tenha por objeto:
>
> a) bens, componentes ou peças de origem nacional ou estrangeira necessários à manutenção de equipamentos, a serem adquiridos do fornecedor original desses equipamentos durante o período de garantia técnica, quando essa condição de exclusividade for indispensável para a vigência da garantia;

b) bens, serviços, alienações ou obras, nos termos de acordo internacional específico aprovado pelo Congresso Nacional, quando as condições ofertadas forem manifestamente vantajosas para a Administração;

c) produtos para pesquisa e desenvolvimento, limitada a contratação, no caso de obras e serviços de engenharia, ao valor de R$ 300.000,00 (trezentos mil reais);

d) transferência de tecnologia ou licenciamento de direito de uso ou de exploração de criação protegida, nas contratações realizadas por instituição científica, tecnológica e de inovação (ICT) pública ou por agência de fomento, desde que demonstrada vantagem para a Administração;

e) hortifrutigranjeiros, pães e outros gêneros perecíveis, no período necessário para a realização dos processos licitatórios correspondentes, hipótese em que a contratação será realizada diretamente com base no preço do dia;

f) bens ou serviços produzidos ou prestados no país que envolvam, cumulativamente, alta complexidade tecnológica e defesa nacional;

g) materiais de uso das Forças Armadas, com exceção de materiais de uso pessoal e administrativo, quando houver necessidade de manter a padronização requerida pela estrutura de apoio logístico dos meios navais, aéreos e terrestres, mediante autorização por ato do comandante da força militar;

h) bens e serviços para atendimento dos contingentes militares das forças singulares brasileiras empregadas em operações de paz no exterior, hipótese em que a contratação deverá ser justificada quanto ao preço e à escolha do fornecedor ou executante e ratificada pelo comandante da força militar;

i) abastecimento ou suprimento de efetivos militares em estada eventual de curta duração em portos, aeroportos ou localidades diferentes de suas sedes, por motivo de movimentação operacional ou de adestramento;

j) coleta, processamento e comercialização de resíduos sólidos urbanos recicláveis ou reutilizáveis, em áreas com sistema de coleta seletiva de lixo, realizados por associações ou cooperativas formadas exclusivamente de pessoas físicas de baixa renda reconhecidas pelo poder público como catadores de materiais recicláveis, com o uso de equipamentos compatíveis com as normas técnicas, ambientais e de saúde pública;

k) aquisição ou restauração de obras de arte e objetos históricos, de autenticidade certificada, desde que inerente às finalidades do órgão ou com elas compatível;

l) serviços especializados ou aquisição ou locação de equipamentos destinados ao rastreamento e à obtenção de provas previstas nos incisos II e V do *caput* do art. 3º da Lei n. 12.850, de 2 de agosto de 2013, quando houver necessidade justificada de manutenção de sigilo sobre a investigação;

m) aquisição de medicamentos destinados exclusivamente ao tratamento de doenças raras definidas pelo Ministério da Saúde;

V – para contratação com vistas ao cumprimento do disposto nos arts. 3º, 3º-A, 4º, 5º e 20 da Lei n. 10.973, de 2 de dezembro de 2004, observados os princípios gerais de contratação constantes da referida Lei;

VI – para contratação que possa acarretar comprometimento da segurança nacional, nos casos estabelecidos pelo Ministro de Estado da Defesa, mediante demanda dos comandos das Forças Armadas ou dos demais ministérios;

VII – nos casos de guerra, estado de defesa, estado de sítio, intervenção federal ou de grave perturbação da ordem;

VIII – nos casos de emergência ou de calamidade pública, quando caracterizada urgência de atendimento de situação que possa ocasionar prejuízo ou comprometer a continuidade dos serviços públicos ou a segurança de pessoas, obras, serviços, equipamentos e outros bens, públicos ou particulares, e somente para aquisição dos bens necessários ao atendimento da situação emergencial ou calamitosa e para as parcelas de obras e serviços que possam ser concluídas no prazo máximo de 1 (um) ano, contado da data de ocorrência da emergência ou da calamidade, vedadas a prorrogação dos respectivos contratos e a recontratação de empresa já contratada com base no disposto neste inciso;

IX – para a aquisição, por pessoa jurídica de direito público interno, de bens produzidos ou serviços prestados por órgão ou entidade que integrem a Administração Pública e que tenham sido criados para esse fim específico, desde que o preço contratado seja compatível com o praticado no mercado;

X – quando a União tiver que intervir no domínio econômico para regular preços ou normalizar o abastecimento;

XI – para celebração de contrato de programa com ente federativo ou com entidade de sua Administração Pública indireta que envolva prestação de serviços públicos de forma associada nos termos autorizados em contrato de consórcio público ou em convênio de cooperação;

XII – para contratação em que houver transferência de tecnologia de produtos estratégicos para o Sistema Único de Saúde (SUS), conforme elencados em ato da direção nacional do SUS, inclusive por ocasião da aquisição desses produtos durante as etapas de absorção tecnológica, e em valores compatíveis com aqueles definidos no instrumento firmado para a transferência de tecnologia;

XIII – para contratação de profissionais para compor a comissão de avaliação de critérios de técnica, quando se tratar de profissional técnico de notória especialização;

XIV – para contratação de associação de pessoas com deficiência, sem fins lucrativos e de comprovada idoneidade, por órgão ou entidade da Administração Pública, para a prestação de serviços, desde que o preço contratado seja compatível com o praticado no mercado e os serviços contratados sejam prestados exclusivamente por pessoas com deficiência;

XV – para contratação de instituição brasileira que tenha por finalidade estatutária apoiar, captar e executar atividades de ensino, pesquisa, extensão, desenvolvimento institucional, científico e tecnológico e estímulo à inovação, inclusive para gerir administrativa e financeiramente essas atividades, ou para contratação de instituição dedicada à recuperação social da pessoa presa, desde que o contratado tenha inquestionável reputação ética e profissional e não tenha fins lucrativos;

XVI – para aquisição, por pessoa jurídica de direito público interno, de insumos estratégicos para a saúde produzidos por fundação que, regimental ou estatutariamente, tenha por finalidade apoiar órgão da Administração Pública direta, sua autarquia ou fundação em projetos de ensino, pesquisa, extensão, desenvolvimento institucional, científico e tecnológico e de estímulo à inovação, inclusive na gestão administrativa e financeira necessária à execução desses projetos, ou em parcerias que envolvam transferência de tecnologia de produtos estratégicos para o SUS, nos termos do inciso XII do *caput* deste artigo, e que tenha sido criada para esse fim específico em data anterior à entrada em vigor desta Lei, desde que o preço contratado seja compatível com o praticado no mercado.

§ 1º Para fins de aferição dos valores que atendam aos limites referidos nos incisos I e II do *caput* deste artigo, deverão ser observados:

I – o somatório do que for despendido no exercício financeiro pela respectiva unidade gestora;

II – o somatório da despesa realizada com objetos de mesma natureza, entendidos como tais aqueles relativos a contratações no mesmo ramo de atividade.

§ 2º Os valores referidos nos incisos I e II do *caput* deste artigo serão duplicados para compras, obras e serviços contratados por consórcio público ou por autarquia ou fundação qualificadas como agências executivas na forma da lei.

§ 3º As contratações de que tratam os incisos I e II do *caput* deste artigo serão preferencialmente precedidas de divulgação de aviso em sítio eletrônico oficial, pelo prazo mínimo de 3 (três) dias úteis, com a especificação do objeto pretendido e com a manifestação de interesse da Administração em obter propostas adicionais de eventuais interessados, devendo ser selecionada a proposta mais vantajosa.

§ 4º As contratações de que tratam os incisos I e II do *caput* deste artigo serão preferencialmente pagas por meio de cartão de pagamento, cujo extrato deverá ser divulgado e mantido à disposição do público no Portal Nacional de Contratações Públicas (PNCP).

§ 5º A dispensa prevista na alínea "c" do inciso IV do *caput* deste artigo, quando aplicada a obras e serviços de engenharia, seguirá procedimentos especiais instituídos em regulamentação específica.

§ 6º Para os fins do inciso VIII do *caput* deste artigo, considera-se emergencial a contratação por dispensa com objetivo de manter a continuidade do serviço público, e deverão ser observados os valores praticados pelo mercado na forma do art. 23 desta Lei e adotadas as providências necessárias para a conclusão do processo licitatório, sem prejuízo de apuração de responsabilidade dos agentes públicos que deram causa à situação emergencial.

§ 7º Não se aplica o disposto no § 1º deste artigo às contratações de até R$ 8.000,00 (oito mil reais) de serviços de manutenção de veículos automotores de propriedade do órgão ou entidade contratante, incluído o fornecimento de peças.

8.3 Inexigibilidade de licitação

A licitação será inexigível quando a competição for **inviável**. É o art. 25 da Lei n. 8.666/93 que prevê diversas hipóteses de inexigibilidade de licitação (rol meramente exemplificativo).

Na **Lei n. 14.133/2021** é o **art. 74** que cuida do assunto.

Para uma competição ser considerada viável, é necessário respeitar três pressupostos:

a) Pressuposto lógico: é a pluralidade de fornecedores, a pluralidade de competidores, a pluralidade de licitantes, a pluralidade de produtores no certame licitatório;

Se **não** houver pluralidade de competidores, a competição será considerada inviável, e, se inviável, a licitação será inexigível.

Exemplo 1: a Administração Pública precisa comprar um aparelho de exame para o hospital, porém existe um único fornecedor desse aparelho. Não é viável fazer uma licitação se só há uma empresa para entregar o respectivo aparelho (fornecedor exclusivo).

Exemplo 2: é aniversário da cidade "X" e o prefeito resolve dar aos munícipes uma festa na cidade com um *show* do cantor Jon Bon Jovi. Não há outro igual, portanto não vai adiantar chamar outro. A singularidade afasta o dever de licitar, e poderá ser realizada a contratação direta do cantor Jon Bon Jovi (inexigibilidade de licitação).

Exemplo 3: um objeto também se tornará singular em razão de sua participação em um evento externo: o capacete utilizado por Ayrton Senna na corrida "X". Muito embora existam vários capacetes, não existem vários capacetes utilizados por Ayrton Senna na corrida "X".

Nas hipóteses em que o objeto for singular (quer seja em razão de seu caráter absoluto, quer seja em razão de um evento externo, ou ainda em razão de seu caráter pessoal), haverá inexigibilidade de licitação ante a falta de pressuposto lógico: pluralidade.

b) Pressuposto jurídico: a licitação tem que buscar uma razão de interesse público. Se assim não for e se inviabilizar o cumprimento de um interesse jurídico, a competição será considerada inviável, e consequentemente a licitação será inexigível.

Exemplo: se o procedimento licitatório sair mais caro para a Administração do que o próprio contrato (há, portanto, um prejuízo ao interesse público), será possível uma contratação direta e a licitação será inexigível.

c) Pressuposto fático: para ocorrer licitação, tem que existir interesse de mercado. Se não há interesse no mercado, falta pressuposto fático, portanto poderá ser realizada contratação direta.

Para memorizar: para a licitação ser viável (competição viável), é necessário observar a presença dos pressupostos lógico, jurídico e fático cumulativamente. *A contrario sensu*, se ausente um desses pressupostos, a licitação será inviável, portanto haverá contratação direta (inexigibilidade de licitação).

LEGISLAÇÃO CORRELATA

Lei n. 8.666/93

Art. 25. É inexigível a licitação quando houver inviabilidade de competição, em especial:

I – para aquisição de materiais, equipamentos, ou gêneros que só possam ser fornecidos por produtor, empresa ou representante comercial exclusivo, vedada a preferência de marca, devendo a comprovação de exclusividade ser feita através de atestado fornecido pelo órgão de registro do comércio do local em que se realizaria a licitação ou a obra ou o serviço, pelo Sindicato, Federação ou Confederação Patronal, ou, ainda, pelas entidades equivalentes;

II – para a contratação de serviços técnicos enumerados no art. 13 desta Lei, de natureza singular, com profissionais ou empresas de notória especialização, vedada a inexigibilidade para serviços de publicidade e divulgação;

III – para contratação de profissional de qualquer setor artístico, diretamente ou através de empresário exclusivo, desde que consagrado pela crítica especializada ou pela opinião pública.

§ 1º Considera-se de notória especialização o profissional ou empresa cujo conceito no campo de sua especialidade, decorrente de desempenho anterior, estudos, experiências, publicações, organização, aparelhamento, equipe técnica, ou de outros requisitos relacionados com suas atividades, permita inferir que o seu trabalho é essencial e indiscutivelmente o mais adequado à plena satisfação do objeto do contrato.

§ 2º Na hipótese deste artigo e em qualquer dos casos de dispensa, se comprovado superfaturamento, respondem solidariamente pelo dano causado à Fazenda Pública o fornecedor ou o prestador de serviços e o agente público responsável, sem prejuízo de outras sanções legais cabíveis.

Art. 26. As dispensas previstas nos §§ 2º e 4º do art. 17 e no inciso III e seguintes do art. 24, as situações de inexigibilidade referidas no art. 25, necessariamente justificadas, e o retardamento previsto no final do parágrafo único do art. 8º desta Lei deverão ser comunicados, dentro de 3 (três) dias, à autoridade superior, para ratificação e publicação na imprensa oficial, no prazo de 5 (cinco) dias, como condição para a eficácia dos atos. *(Redação dada pela Lei n. 11.107, de 2005.)*

Parágrafo único. O processo de dispensa, de inexigibilidade ou de retardamento, previsto neste artigo, será instruído, no que couber, com os seguintes elementos:

I – caracterização da situação emergencial, calamitosa ou de grave e iminente risco à segurança pública que justifique a dispensa, quando for o caso; *(Redação dada pela Lei n. 13.500, de 2017.)*

II – razão da escolha do fornecedor ou executante;

III – justificativa do preço;

IV – documento de aprovação dos projetos de pesquisa aos quais os bens serão alocados. *(Incluído pela Lei n. 9.648, de 1998.)*

Para complementar: De acordo com o art. 13 da Lei n. 8.666/93, são considerados serviços técnicos profissionais especializados os trabalhos relativos a:

a) estudos técnicos, planejamentos e projetos básicos ou executivos;

b) pareceres, perícias e avaliações em geral;

c) assessorias ou consultorias técnicas e auditorias financeiras ou tributárias;

d) fiscalização, supervisão ou gerenciamento de obras ou serviços;

e) patrocínio ou defesa de causas judiciais ou administrativas;

f) treinamento e aperfeiçoamento de pessoal;

g) restauração de obras de arte e bens de valor histórico.

Para a ocorrência da inexigibilidade de licitação não basta ser um serviço técnico-profissional elencado no art. 13 da Lei n. 8.666/93 e a notória especialização preconizada pelo art. 25, § 1º, da Lei de Licitações. É necessária a **singularidade relevante** do serviço. Só com a cumulação desses três elementos estaremos diante de inexigibilidade de licitação.

> **ESQUEMATIZANDO**
>
> Serviço técnico-profissional especializado (art. 13)
> +
> Notória especialização (§ 1º, art. 25)
> +
> Singularidade relevante do serviço
> =
> Inexigibilidade do art. 25

Em resumo: não basta, para configurar hipótese de inexigibilidade do art. 25 da Lei n. 8.666/93, que estejamos diante de um dos serviços técnicos especializados previstos no art. 13. Mais do que isso: é necessário o reconhecimento da **NATUREZA SINGULAR** e da qualificação incomum de quem se vai contratar, sendo essa singularidade **necessária** para atender a necessidade da Administração Pública.

> **JURISPRUDÊNCIA**

- **CONTRATAÇÃO PÚBLICA – INEXIGIBILIDADE – SERVIÇOS DE TELECOMUNICAÇÃO – CONTRATAÇÃO – STJ**
  O STJ decidiu que "É inafastável a exigência constitucional e legal da realização de licitação, quando se verifica que o objeto do contrato a ser firmado é passível de prestação por mais de uma empresa de telecomunicação" (STJ, ROMS 15251/CE, rel. Min. Paulo Medina, *DJ* 5-5-2003).

- **CONTRATAÇÃO PÚBLICA – INEXIGIBILIDADE – SERVIÇOS DE PUBLICIDADE – CONTRATAÇÃO DE TODAS AS EMPRESAS TELEVISIVAS E JORNALÍSTICAS DA REGIÃO – CAMPANHA PUBLICITÁRIA EDUCATIVA – POSSIBILIDADE – STJ**
  O STJ apreciou a legalidade da contratação sem licitação de diversas emissoras de televisão e jornais locais. A justificativa apresentada pelo ente licitante foi a de que a competição era inviável diante da necessidade da contratação de todas as empresas atuantes no mercado local para campanha publicitária educativa. Após apreciar a questão, o STJ transcreveu o disposto no art. 25, inc. II, da Lei n. 8.666/93 e, em seguida, pontuou: "a *ratio* da norma está em não se exigir certame na hipótese de serviço técnico especializado, de natureza singular e que envolva profissionais de notória especialização – elementos esses que, em virtude do objeto da contratação, tornariam de tal forma dificultosa a escolha da melhor proposta que a lei optou por não exigir o certame. A pedra angular do instituto da inexigibilidade está, portanto, em dados particulares da realidade que tornem a competição inviável pela ausência de pluralidade de alternativas equivalentes. Nos casos de serviços de publicidade e divulgação, optou o legislador por estabelecer vedação à inexigibilidade, amparado no receio de que tal atividade pudesse estar sempre atrelada a elementos subjetivos (p. ex., criatividade artística) que inviabilizassem o certame.

Porém, proponho uma interpretação sistemática e integrativa do art. 25, II, *in fine*, da Lei de Licitação, à luz da especificidade do caso concreto. Isso porque ele visa a impedir que sua aplicação desregrada seja convertida em declarações imprudentes de inexigibilidade, acarretando fraude à regra de obrigatoriedade da realização de certame destinado à seleção de proposta mais vantajosa à administração pública. Ocorre que, *in casu*, à luz do objeto licitado, o acórdão recorrido asseverou textualmente que 'centrado o motivo da inexigibilidade da licitação na inviabilidade da concorrência ante a necessidade de contratação de todas as empresas televisivas e jornalísticas para veiculação de campanha publicitária educativa, portanto, sem possibilidade de escolha da proposta mais vantajosa, refugindo a hipótese daquelas enumeradas nos incisos do art. 25, da Lei de Licitações'. Aduziu ainda a especificidade do 'público alvo da campanha publicitária, qual seja, a população geral da cidade de Rio Branco, no Acre – consoante delineado na Exposição de Motivos dantes transcrita – inexistindo interesse na veiculação da campanha além das fronteiras desta Capital'. Com base nisso, o STJ considerou não haver ilegalidade na contratação direta" (STJ, RE 1.202.715, rel. Min. Herman Benjamin, j. 3-11-2011, veiculado na *Revista Zênite* – Informativo de Licitações e Contratos (ILC), Curitiba: Zênite, n. 216, p. 194, fev. 2012, seção Jurisprudência).

- **CONTRATAÇÃO PÚBLICA – INEXIGIBILIDADE – SERVIÇOS DE NATUREZA SINGULAR/PROFISSIONAL DE NOTÓRIA ESPECIALIZAÇÃO – INVIABILIDADE DE COMPETIÇÃO – EXCLUSIVIDADE DO SERVIÇO – ELEMENTOS QUE CARACTERIZAM A INEXIGIBILIDADE – TJ/SP**

  A justificativa para utilização da inexigibilidade é a inviabilidade de competição. Nesse sentido, o TJ/SP decidiu negar recurso que tratava de uma contratação sem prévia licitação, na qual foi utilizada a inexigibilidade. O TJ/SP não reconheceu os elementos da inexigibilidade presentes em tal procedimento, porque foi considerado que a empresa contratada não detinha a exclusividade desse serviço, bem como pelo fato de o projeto original ter sido produzido por essa empresa também não ser fundamento para esse procedimento. Desse modo, a empresa contratada foi condenada a ressarcir os cofres públicos, como também os agentes responsáveis foram responsabilizados, pois se tivessem aberto um procedimento licitatório, a Administração poderia ter obtido uma contratação mais vantajosa (TJSP, Apelação Cível n. 360.767-5/4-00, rel. Des. Prado Ferreira, j. 18-3-2009).

- **CONTRATAÇÃO PÚBLICA – INEXIGIBILIDADE – SERVIÇOS DE NATUREZA SINGULAR/PROFISSIONAL DE NOTÓRIA ESPECIALIZAÇÃO – INVIABILIDADE DE COMPETIÇÃO – OBJETO SINGULAR – EXCLUSIVIDADE DO SERVIÇO – TJ/SP**

  O TJSP, em conformidade com a doutrina especializada, entendeu que "a licitação seria inteiramente descabida em face da inviabilidade de competição, ou porque o objeto perseguido é singular, não existindo outro similar, ou porque singular é o ofertante do serviço ou o produtor/fornecedor do bem desejado. Em suma, um único particular está em condições de atender ao interesse público. O pressuposto aqui é a própria impossibilidade de competição" (TJSP, Apelação Cível com Revisão n. 795.904-5/8-00, rel. Des. Antonio Rulli, j. 11-2-2009).

- **CONTRATAÇÃO PÚBLICA – INEXIGIBILIDADE – INVIABILIDADE DE DISPUTA – FORNECEDOR EXCLUSIVO – DOCUMENTAÇÃO COMPROBATÓRIA – NECESSIDADE – SÚMULA – TCU**

  "Nas contratações em que o objeto só possa ser fornecido por produtor, empresa ou representante comercial exclusivo, é dever do agente público responsável pela contratação a adoção das providências necessárias para confirmar a veracidade da documentação comprobatória da condição de exclusividade" (TCU, Súmula 255, de 13-4-2010).

- **CONTRATAÇÃO PÚBLICA – INEXIGIBILIDADE – AQUISIÇÃO DE VEÍCULO – DESCABIMENTO – TCU**

    O TCU reputou ilegal a contratação direta, com fulcro no inc. I do art. 25, para a aquisição de veículo Santana Quantum. Primeiro, porque existem no mercado outros automóveis com características similares que poderiam satisfazer à finalidade norteadora da contratação, desconstituindo a exigência legal da exclusividade de fabricação. Segundo, e ainda se fosse de fabricação exclusiva, a aquisição poderia ocorrer em qualquer uma das diversas concessionárias da empresa que o fabrica, o que descaracteriza, enfim, a inviabilidade de competição (TCU, Acórdão n. 75/98, Plenário, rel. Min. Substituto Benjamin Zymler, *DOU* 3-6-1998).

- De acordo com o TCU, "o conceito de singularidade não está vinculado à ideia de unicidade. Para fins de subsunção ao art. 25, inciso II, da Lei n. 8.666/93, entendo não existir um serviço que possa ser prestado apenas e exclusivamente por uma única pessoa. A existência de um único sujeito em condições de ser contratado conduziria à inviabilidade de competição em relação a qualquer serviço e não apenas em relação àqueles considerados técnicos profissionais especializados, o que tornaria letra morta o dispositivo legal [...] singularidade, a meu ver, significa complexidade e especificidade. Dessa forma, a natureza singular não deve ser compreendida como ausência de pluralidade de sujeitos em condições de executar o objeto, mas sim como uma situação diferenciada e sofisticada a exigir acentuado nível de segurança e cuidado" (TCU, Acórdão n. 1.074/2013, Plenário, rel. Min. Benjamin Zymler, *DOU* 8-5-2013).

- **CONTRATAÇÃO PÚBLICA – INEXIGIBILIDADE – NOTÓRIA ESPECIALIZAÇÃO – COMPROVAÇÃO – APRESENTAÇÃO DE CURRÍCULO – INSUFICIÊNCIA – TCU**

    Acerca da comprovação da notória especialização, o TCU, citando decisão anterior do próprio Tribunal (Acórdão n. 2.217/2010, Plenário), registrou que "a simples apresentação de currículos não se presta, por si só, a comprovar a notória especialização do contratado, especialmente considerando que tais elementos de convicção não indicam necessariamente se tratar de profissional com estilo ou uma marca pessoal inconfundível e exclusiva no mercado, tornado seu trabalho essencial e indiscutivelmente o mais adequado para atender o interesse da companhia" (TCU, Acórdão n. 2.673/2011, Plenário, rel. Min. Aroldo Cedraz, *DOU* 10-10-2011).

- Constata-se que notória especialização só tem lugar quando se trata de serviço inédito ou incomum, capaz de exigir, na seleção do executor de confiança, um grau de subjetividade insuscetível de ser medido pelos critérios objetivos de qualificação inerentes ao processo de licitação (TCU, Súmula n. 39.) Destaca-se a importância de bem definir a necessidade para a qual está se buscando a solução. Em se tratando de serviços advocatícios, faz-se indispensável que o objeto da contratação seja único e demande, efetivamente, a notória especialização prevista. Não se comprovando os requisitos acima, procede-se a contratação pelas outras vias previstas nesta Lei (TCU, Acórdão n. 1.524/2005, Plenário, rel. Min. Marcos Vinicios Vilaça, *DOU* 7-10-2005, veiculado na *Revista Zênite de Licitações e Contratos* – ILC, Curitiba: Zênite, n. 143, p. 89, jan. 2006, seção Tribunais de Contas; TCU, Acórdão n. 283/2007, 2ª Câmara, rel. Min. Aroldo Cedraz, *DOU* 9-3-2007).

ESQUEMATIZANDO

CONTRATAÇÃO DIRETA

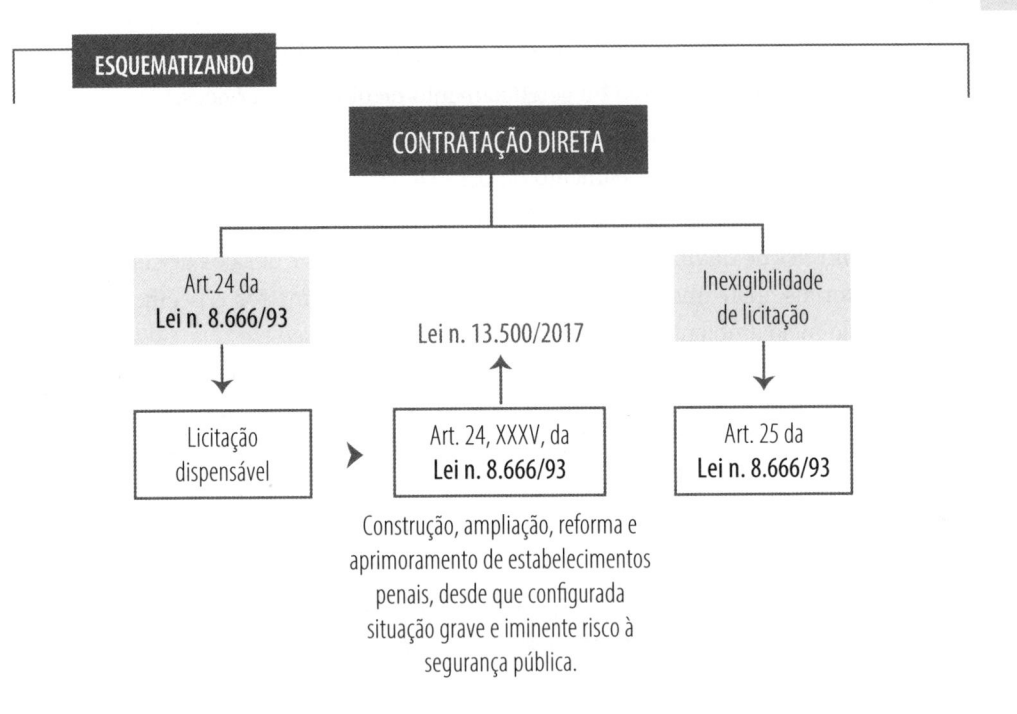

- Art. 24 da Lei n. 8.666/93 → Licitação dispensável ▸ Art. 24, XXXV, da Lei n. 8.666/93 (Lei n. 13.500/2017)
  - Construção, ampliação, reforma e aprimoramento de estabelecimentos penais, desde que configurada situação grave e iminente risco à segurança pública.
- Inexigibilidade de licitação → Art. 25 da Lei n. 8.666/93

Pelo **art. 74 da Lei n. 14.133/2021**, é **inexigível** a licitação quando inviável a competição, em especial nos casos de:

a) aquisição de materiais, de equipamentos ou de gêneros ou contratação de serviços que só possam ser fornecidos por produtor, empresa ou representante comercial exclusivos. Neste caso, a Administração deverá **demonstrar a inviabilidade de competição** mediante atestado de exclusividade, contrato de exclusividade, declaração do fabricante ou outro documento idôneo capaz de comprovar que o objeto é fornecido ou prestado por produtor, empresa ou representante comercial exclusivos, vedada a preferência por marca específica.

b) contratação de profissional do setor artístico, diretamente ou por meio de **empresário exclusivo**, desde que consagrado pela crítica especializada ou pela opinião pública. Considera-se empresário exclusivo a pessoa física ou jurídica que possua contrato, declaração, carta ou outro documento que ateste a exclusividade permanente e contínua de representação, no país ou em Estado específico, do profissional do setor artístico, afastada a possibilidade de contratação direta por inexigibilidade por meio de empresário com representação restrita a evento ou local específico.

c) contratação dos seguintes serviços técnicos especializados de natureza predominantemente intelectual com profissionais ou empresas de **notória especialização**, vedada a inexigibilidade para serviços de publicidade e divulgação:

- estudos técnicos, planejamentos, projetos básicos ou projetos executivos;
- pareceres, perícias e avaliações em geral;

- assessorias ou consultorias técnicas e auditorias financeiras ou tributárias;
- fiscalização, supervisão ou gerenciamento de obras ou serviços;
- patrocínio ou defesa de causas judiciais ou administrativas;
- treinamento e aperfeiçoamento de pessoal;
- restauração de obras de arte e de bens de valor histórico;
- controles de qualidade e tecnológico, análises, testes e ensaios de campo e laboratoriais, instrumentação e monitoramento de parâmetros específicos de obras e do meio ambiente e demais serviços de engenharia.

Assim, considera-se de **notória especialização** o profissional ou a empresa cujo conceito no campo de sua especialidade, decorrente de desempenho anterior, estudos, experiência, publicações, organização, aparelhamento, equipe técnica ou outros requisitos relacionados com suas atividades, permita inferir que o seu trabalho é essencial e reconhecidamente adequado à plena satisfação do objeto do contrato.

Nesses casos, é vedada a subcontratação de empresas ou a atuação de profissionais distintos daqueles que tenham justificado a inexigibilidade.

d) objetos que devam ou possam ser contratados por meio de credenciamento;

e) aquisição ou locação de imóvel cujas características de instalações e de localização tornem necessária sua escolha. Nesses casos, devem ser observados os seguintes requisitos: e.1) avaliação prévia do bem, do seu estado de conservação, dos custos de adaptações, quando imprescindíveis às necessidades de utilização, e do prazo de amortização dos investimentos; e.2) certificação da inexistência de imóveis públicos vagos e disponíveis que atendam ao objeto; e.3) justificativas que demonstrem a singularidade do imóvel a ser comprado ou locado pela Administração e que evidenciem vantagem para ela.

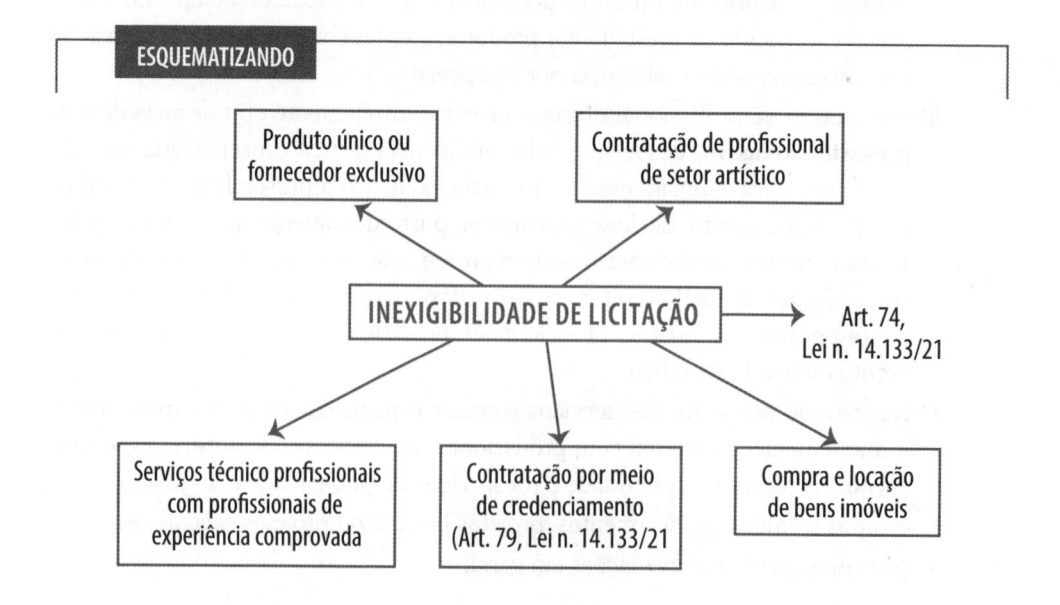

ESQUEMATIZANDO

- Produto único ou fornecedor exclusivo
- Contratação de profissional de setor artístico

INEXIGIBILIDADE DE LICITAÇÃO → Art. 74, Lei n. 14.133/21

- Serviços técnico profissionais com profissionais de experiência comprovada
- Contratação por meio de credenciamento (Art. 79, Lei n. 14.133/21)
- Compra e locação de bens imóveis

ESQUEMATIZANDO

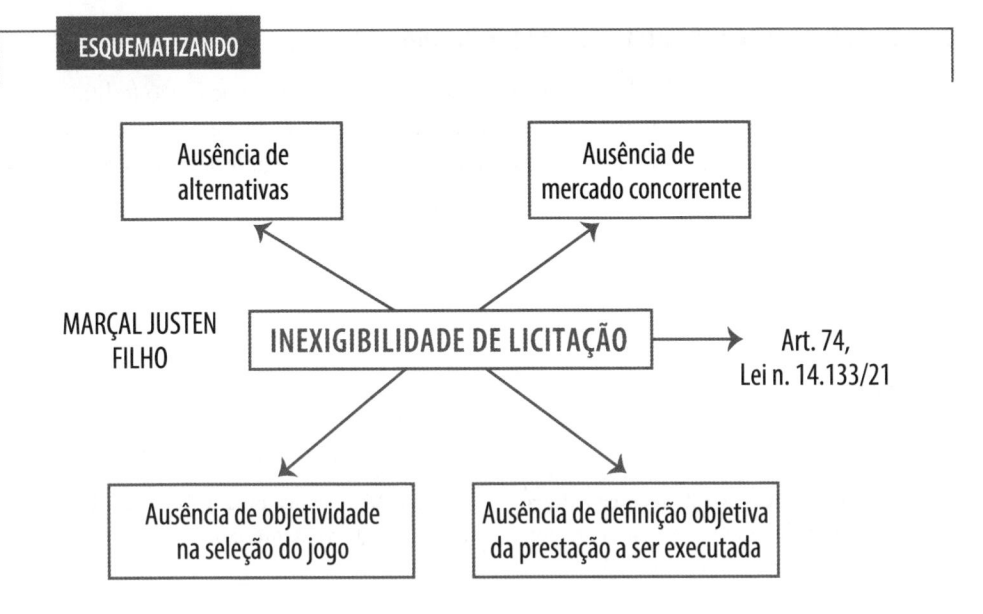

```
                Ausência de              Ausência de
                alternativas         mercado concorrente
                      ↖                    ↗
MARÇAL JUSTEN
   FILHO          INEXIGIBILIDADE DE LICITAÇÃO  →  Art. 74,
                      ↙                    ↘         Lei n. 14.133/21
        Ausência de objetividade    Ausência de definição objetiva
          na seleção do jogo          da prestação a ser executada
```

Aprofundamento:

a) Licitação deserta: é aquela em que não aparece nenhum interessado em disputar o certame. Para não ser realizada uma segunda licitação (que poderá causar prejuízos à Administração), admite-se a contratação direta neste caso.

Jurisprudência: O TJSP entendeu ser ilegal a contratação de empresa sem o devido procedimento licitatório com fundamento na deserção do procedimento inicial. Isso porque, na ocasião, o contrato foi celebrado mais de um ano depois do procedimento licitatório original. Desse modo, não restou caracterizado o prejuízo para a Administração se realizado outro procedimento licitatório, bem como restou comprovado prejuízo ao erário porque a empresa foi contratada com preço 10% superior ao previsto no edital originário (TJSP, Apelação Cível com Revisão n. 849.837-5/9-00, rel. Des. Rebouças de Carvalho, j. 25-3-2009).

b) Licitação fracassada: se no final do procedimento não se encontrou o vencedor (porque nenhum licitante preencheu os requisitos preestabelecidos no ato convocatório), essa licitação será considerada fracassada. É possível que o fracasso da licitação venha ou da inabilitação ou da desclassificação.

Se o fracasso (licitação fracassada) advier em razão da inabilitação, será necessário licitar novamente. Isso não gerará dispensa de licitação. A inabilitação não pode gerar dispensa de licitação.

Só haverá **dispensa de licitação** se a eliminação dos licitantes ocorreu em razão de **desclassificação.**

Em resumo: só será **licitação fracassada** a eliminação de todos os licitantes por **desclassificação**, e consequentemente haverá dispensa de licitação se houver a desclassificação.

9. PRAZO DE INTERVALO MÍNIMO NA LEI N. 8.666/93

É o período que vai desde a publicação do instrumento convocatório (edital) até a entrega dos envelopes com as propostas dos licitantes (ou no caso específico da modalidade licitatória leilão, até a data do evento). Esse prazo varia de acordo com a modalidade de licitação e com o tipo (critério de julgamento) de licitação.

ESQUEMATIZANDO

CONCORRÊNCIA	TOMADA DE PREÇOS
1. Tipo: Preço Prazo de intervalo mínimo: 30 dias corridos (art. 21, § 2º, *a*, da Lei n. 8.666/93).	**1. Tipo: Preço** Prazo de intervalo mínimo: 15 dias corridos (art. 21, § 2º, III, da Lei n. 8.666/93).
2. Tipo: 2.1. Técnica ou 2.2. Técnica e Preço Prazo de intervalo mínimo: 45 dias corridos (art. 21, § 2º, I, *b*, da Lei n. 8.666/93).	**2. Tipo: 2.1. Técnica ou 2.2. Técnica e Preço** Prazo de intervalo mínimo: 30 dias corridos.

CONVITE
Prazo de intervalo mínimo: 5 dias úteis!

LEILÃO	CONCURSO
O prazo de intervalo mínimo é o período que tem como marco inicial a publicação do instrumento convocatório (edital) até a data do evento com as propostas (que são lances verbais). O prazo de intervalo mínimo no leilão é o período mínimo de 15 dias corridos.	Prazo de intervalo mínimo é de 45 dias corridos!

JURISPRUDÊNCIA EM TESES

LICITAÇÕES I (EDIÇÃO 97)

A Lei n. 8.666/93, que estabelece normas gerais sobre licitações e contratos administrativos pertinentes a obras, serviços, inclusive de publicidade, compras, alienações e locações no âmbito dos poderes da União, dos estados, do Distrito Federal e dos municípios, não guarda pertinência com as questões envolvendo concursos para preenchimento de cargos públicos efetivos.	**Acórdãos** **REsp 1671401/PE**, Rel. Ministro HERMAN BENJAMIN, SEGUNDA TURMA, j. 5-9-2017, *DJe* 13-9-2017 **AgInt no AREsp 1050544/SP**, Rel. Ministro NAPOLEÃO NUNES MAIA FILHO, PRIMEIRA TURMA, j. 22-8-2017, *DJe* 31-8-2017 **AgInt nos EDcl no AREsp 975889/SP**, Rel. Ministro MAURO CAMPBELL MARQUES, SEGUNDA TURMA, j. 6-4-2017, *DJe* 17-4-2017 **AgRg no REsp 1527417/CE**, Rel. Ministra ASSUSETE MAGALHÃES, SEGUNDA TURMA, j. 9-6-2016, *DJe* 21-6-2016

	AgRg no AREsp 327109/PA, Rel. Ministro SÉRGIO KUKINA, PRIMEIRA TURMA, j. 10-5-2016, *DJe* 19-5-2016 **AgRg no REsp 1529923/AC**, Rel. Ministro BENEDITO GONÇALVES, PRIMEIRA TURMA, j. 6-8-2015, *DJe* 24-8-2015
Ainda que o servidor esteja de licença à época do certame, não é possível a participação de empresa que possua no seu quadro de pessoal servidor público, efetivo ou ocupante de cargo em comissão/função gratificada, ou dirigente do órgão contratante ou responsável pela licitação.	**Acórdãos** **REsp 1607715/AL**, Rel. Ministro HERMAN BENJAMIN, SEGUNDA TURMA, j. 7-3-2017, *DJe* 20-4-2017 **REsp 467871/SP**, Rel. Ministro HUMBERTO GOMES DE BARROS, PRIMEIRA TURMA, j. 23-9-2003, *DJ* 13-10-2003 **REsp 254115/SP**, Rel. Ministro GARCIA VIEIRA, PRIMEIRA TURMA, j. 20-6-2000, *DJ* 14-8-2000
A previsão indenizatória do art. 42, § 2º, da Lei n. 8.987/95 não se aplica às hipóteses de permissão, mas apenas aos casos de concessão de serviço público.	**Acórdãos** **REsp 1643802/RO**, Rel. Ministro HERMAN BENJAMIN, SEGUNDA TURMA, j. 14-3-2017, *DJe* 20-4-2017 **AgRg no REsp 1358744/RJ**, Rel. Ministro OG FERNANDES, SEGUNDA TURMA, j. 6-12-2016, *DJe* 15-12-2016 **AgRg no REsp 1374448/RJ**, Rel. Ministro GURGEL DE FARIA, PRIMEIRA TURMA, j. 14-6-2016, *DJe* 3-8-2016 **AgRg no REsp 1364470/RJ**, Rel. Ministra DIVA MALERBI (DESEMBARGADORA CONVOCADA TRF 3ª REGIÃO), SEGUNDA TURMA, j. 15-12-2015, *DJe* 18-12-2015 **AgRg no AREsp 481094/RJ**, Rel. Ministro MAURO CAMPBELL MARQUES, SEGUNDA TURMA, j. 15-5-2014, *DJe* 21-5-2014 **AgRg no AREsp 227043/RJ**, Rel. Ministro HUMBERTO MARTINS, SEGUNDA TURMA, j. 18-2-2014, *DJe* 24-2-2014
Não é devida indenização a permissionário de serviço público de transporte coletivo por prejuízos suportados em face de déficit nas tarifas quando ausente procedimento licitatório prévio.	**Acórdãos** **AgInt no AREsp 885436/ES**, Rel. Ministra ASSUSETE MAGALHÃES, SEGUNDA TURMA, j. 16-11-2017, *DJe* 24-11-2017 **REsp 1643802/RO**, Rel. Ministro HERMAN BENJAMIN, SEGUNDA TURMA, j. 14-3-2017, *DJe* 20-4-2017 **AgRg no REsp 1358744/RJ**, Rel. Ministro OG FERNANDES, SEGUNDA TURMA, j. 6-12-2016, *DJe* 15-12-2016 **AgRg no REsp 1364470/RJ**, Rel. Ministra DIVA MALERBI (DESEMBARGADORA CONVOCADA TRF 3ª REGIÃO), SEGUNDA TURMA, j. 15-12-2015, *DJe* 18-12-2015

	REsp 1354802/RJ, Rel. Ministro MAURO CAMPBELL MARQUES, SEGUNDA TURMA, j. 19-9-2013, *DJe* 26-9-2013 **EDcl no AgRg no REsp 1108628/PE**, Rel. Ministro HUMBERTO MARTINS, SEGUNDA TURMA, j. 23-3-2010, *DJe* 3-8-2010
Nos termos do § 2º do art. 42 da Lei n. 8.987/95, a administração deve promover certame licitatório para novas concessões de serviços públicos, não sendo razoável a prorrogação indefinida de contratos de caráter precário.	**Acórdãos** **REsp 1374541/RJ**, Rel. Ministro GURGEL DE FARIA, PRIMEIRA TURMA, j. 20-6-2017, *DJe* 16-8-2017 **REsp 1549406/SC**, Rel. Ministro HERMAN BENJAMIN, SEGUNDA TURMA, j. 16-8-2016, *DJe* 6-9-2016 **REsp 1407860/RJ**, Rel. Ministro OG FERNANDES, SEGUNDA TURMA, j. 10-12-2013, *DJe* 18-12-2013
Extinto o contrato de concessão por decurso do prazo de vigência, cabe ao Poder Público a retomada imediata da prestação do serviço até a realização de nova licitação, independentemente de prévia indenização, assegurando a observância do princípio da continuidade do serviço público.	**Acórdãos** **REsp 1643802/RO**, Rel. Ministro HERMAN BENJAMIN, SEGUNDA TURMA, j. 14-3-2017, *DJe* 20-4-2017 **AgRg no AREsp 316388/SP**, Rel. Ministro GURGEL DE FARIA, PRIMEIRA TURMA, j. 13-9-2016, *DJe* 22-9-2016 **AgRg no AREsp 481094/RJ**, Rel. Ministro MAURO CAMPBELL MARQUES, SEGUNDA TURMA, j. 15-5-2014, *DJe* 21-5-2014 **AgRg no REsp 1139802/SC**, Rel. Ministro HAMILTON CARVALHIDO, PRIMEIRA TURMA, j. 12-4-2011, *DJe* 25-4-2011 **REsp 1059137/SC**, Rel. Ministro FRANCISCO FALCÃO, PRIMEIRA TURMA, j. 14-10-2008, *DJe* 29-10-2008 **AgRg na SS 001307/PR**, Rel. Ministro EDSON VIDIGAL, CORTE ESPECIAL, j. 25-10-2004, *DJ* 6-12-2004
A contratação de advogados pela administração pública, mediante procedimento de inexigibilidade de licitação, deve ser devidamente justificada com a demonstração de que os serviços possuem natureza singular e com a indicação dos motivos pelos quais se entende que o profissional detém notória especialização.	**Acórdãos** **AgInt no AgRg no REsp 1330842/MG**, Rel. Ministra REGINA HELENA COSTA, Rel. p/ Acórdão Ministro NAPOLEÃO NUNES MAIA FILHO, PRIMEIRA TURMA, j. 7-11-2017, *DJe* 19-12-2017 **REsp 1505356/MG**, Rel. Ministro HERMAN BENJAMIN, SEGUNDA TURMA, j. 10-11-2016, *DJe* 30-11-2016 **REsp 1370992/MT**, Rel. Ministro HUMBERTO MARTINS, SEGUNDA TURMA, j. 23-8-2016, *DJe* 31-8-2016 **AgRg no REsp 1464412/MG**, Rel. Ministro NAPOLEÃO NUNES MAIA FILHO, Rel. p/ Acórdão Ministro BENEDITO GONÇALVES, PRIMEIRA TURMA, j. 21-6-2016, *DJe* 1º-7-2016

	AgRg no AgRg no REsp 1288585/RJ, Rel. Ministro OLINDO MENEZES (DESEMBARGADOR CONVOCADO DO TRF 1ª REGIÃO), PRIMEIRA TURMA, j. 16-2-2016, *DJe* 9-3-2016
A contratação direta, quando não caracterizada situação de dispensa ou de inexigibilidade de licitação, gera lesão ao erário (dano *in re ipsa*), na medida em que o Poder Público perde a oportunidade de contratar melhor proposta.	**Acórdãos** **AgInt no REsp 1671366/SP**, Rel. Ministro MAURO CAMPBELL MARQUES, SEGUNDA TURMA, j. 28-11-2017, *DJe* 1º-12-2017 **REsp 1121501/RJ**, Rel. Ministro SÉRGIO KUKINA, PRIMEIRA TURMA, j. 19-10-2017, *DJe* 8-11-2017 **AgInt no REsp 1528837/SP**, Rel. Ministro FRANCISCO FALCÃO, SEGUNDA TURMA, j. 24-10-2017, *DJe* 31-10-2017 **AgInt no AREsp 595208/PR**, Rel. Ministra ASSUSETE MAGALHÃES, SEGUNDA TURMA, j. 21-9-2017, *DJe* 28-9-2017 **AgRg no REsp 1499706/SP**, Rel. Ministro GURGEL DE FARIA, PRIMEIRA TURMA, j. 2-2-2017, *DJe* 14-3-2017 **AgRg no REsp 1406949/AL**, Rel. Ministro BENEDITO GONÇALVES, PRIMEIRA TURMA, j. 18-10-2016, *DJe* 9-2-2017
A alegação de nulidade contratual fundamentada na ausência de licitação não exime o dever de a administração pública pagar pelos serviços efetivamente prestados ou pelos prejuízos decorrentes da administração, quando comprovados, ressalvadas as hipóteses de má-fé ou de haver o contratado concorrido para a nulidade.	**Acórdãos** **AgRg no REsp 1339952/SP**, Rel. Ministra REGINA HELENA COSTA, PRIMEIRA TURMA, j. 27-6-2017, *DJe* 2-8-2017 **AgInt nos EDcl no REsp 1303567/SC**, Rel. Ministro NAPOLEÃO NUNES MAIA FILHO, PRIMEIRA TURMA, j. 13-6-2017, *DJe* 26-6-2017 **AgRg no REsp 1363879/SC**, Rel. Ministro HERMAN BENJAMIN, SEGUNDA TURMA, j. 26-8-2014, *DJe* 25-9-2014 **AgRg no REsp 1383177/MA**, Rel. Ministro HUMBERTO MARTINS, SEGUNDA TURMA, j. 15-8-2013, *DJe* 26-8-2013 **AgRg no REsp 1140386/SP**, Rel. Ministro BENEDITO GONÇALVES, PRIMEIRA TURMA, j. 3-8-2010, *DJe* 9-8-2010 **AgRg no Ag 1056922/RS**, Rel. Ministro MAURO CAMPBELL MARQUES, SEGUNDA TURMA, j. 10-2-2009, *DJe* 11-3-2009

A superveniente homologação/adjudicação do objeto licitado não implica a perda do interesse processual na ação em que se alegam nulidades no procedimento licitatório.	**Acórdãos** **AgInt no RMS 052178/AM**, Rel. Ministro OG FERNANDES, SEGUNDA TURMA, j. 20-4-2017, *DJe* 2-5-2017 **REsp 1643492/AM**, Rel. Ministro HERMAN BENJAMIN, SEGUNDA TURMA, j. 14-3-2017, *DJe* 20-4-2017 **MS 012892/DF**, Rel. Ministro HUMBERTO MARTINS, PRIMEIRA SEÇÃO, j. 26-2-2014, *DJe* 11-3-2014 **REsp 1278809/MS**, Rel. Ministro BENEDITO GONÇALVES, PRIMEIRA TURMA, j. 3-9-2013, *DJe* 10-9-2013 **AgRg na SS 002370/PE**, Rel. Ministro ARI PARGENDLER, CORTE ESPECIAL, j. 16-3-2011, *DJe* 23-9-2011 **REsp 1059501/MG**, Rel. Ministro MAURO CAMPBELL MARQUES, SEGUNDA TURMA, j. 18-8-2009, *DJe* 10-9-2009

JURISPRUDÊNCIA EM TESES

DOS CRIMES DA LEI DE LICITAÇÃO – LEI N. 8.666/93 (EDIÇÃO 134)

Para a configuração do delito tipificado no art. 89 da Lei n. 8.666/93, é indispensável a comprovação do dolo específico do agente em causar dano ao erário, bem como do prejuízo à administração pública.	**Acórdãos** **RHC 108813/SP**, Rel. Ministro SEBASTIÃO REIS JÚNIOR, SEXTA TURMA, j. 5-9-2019, *DJe* 17-9-2019 **AgRg no AREsp 1426799/SP**, Rel. Ministra LAURITA VAZ, SEXTA TURMA, j. 27-8-2019, *DJe* 12-9-2019 **HC 490195/PB**, Rel. Ministro JOEL ILAN PACIORNIK, QUINTA TURMA, j. 3-9-2019, *DJe* 10-9-2019 **RHC 115457/SP**, Rel. Ministro JORGE MUSSI, QUINTA TURMA, j. 20-8-2019, *DJe* 2-9-2019 **AgRg no RHC 108658/MG**, Rel. Ministro NEFI CORDEIRO, SEXTA TURMA, j. 13-8-2019, *DJe* 22-8-2019 **HC 444024/PR**, Rel. Ministro ROGERIO SCHIETTI CRUZ, SEXTA TURMA, j. 2-4-2019, *DJe* 2-8-2019 **HC 498748/RS**, Rel. Ministro FELIX FISCHER, QUINTA TURMA, j. 30-5-2019, *DJe* 6-6-2019
O art. 89 da Lei n. 8.666/93 revogou o inciso XI do art. 1º do Decreto-lei n. 201/67, devendo, portanto, ser aplicado às condutas típicas praticadas por prefeitos após sua vigência.	**Acórdãos** **EDcl no AgRg no REsp 1745232/CE**, Rel. Ministro REYNALDO SOARES DA FONSECA, QUINTA TURMA, j. 9-10-2018, *DJe* 19-10-2018 **AgRg no REsp 1113982/PB**, Rel. Ministra LAURITA VAZ, QUINTA TURMA, j. 19-8-2014, *DJe* 29-8-2014 **REsp 1288855/SP**, Rel. Ministra MARIA THEREZA DE ASSIS MOURA, SEXTA TURMA, j. 17-10-2013, *DJe* 29-10-2013

	HC 121708/RJ, Rel. Ministro MOURA RIBEIRO, QUINTA TURMA, j. 19-9-2013, *DJe* 27-9-2013 **Decisões Monocráticas** **REsp 1807302/RN**, Rel. Ministro JORGE MUSSI, j. 27-6-2019, publicado em 1º-7-2019 **RHC 041763/RJ**, Rel. Ministro ANTONIO SALDANHA PALHEIRO, SEXTA TURMA, j. 25-4-2018, publicado em 27-4-2018
A condição de agente político (cargo de prefeito) é elementar do tipo penal descrito no *caput* do art. 89 da Lei n. 8.666/93, não podendo, portanto, ser sopesada como circunstância judicial desfavorável.	**Acórdãos** **HC 163204/PB**, Rel. Ministro SEBASTIÃO REIS JÚNIOR, SEXTA TURMA, j. 17-4-2012, *DJe* 19-10-2012 **HC 108989/PR**, Rel. Ministro OG FERNANDES, SEXTA TURMA, j. 28-10-2008, *DJe* 17-11-2008 **HC 95203/SP**, Rel. Ministro FELIX FISCHER, QUINTA TURMA, j. 24-6-2008, *DJe* 18-8-2008 **Decisões Monocráticas** **REsp 1509998/CE**, Rel. Ministro RIBEIRO DANTAS, QUINTA TURMA, j. 20-8-2018, publicado em 23-8-2018
O crime do art. 90 da Lei n. 8.666/93 é formal e prescinde da existência de prejuízo ao erário, haja vista que o dano se revela pela simples quebra do caráter competitivo entre os licitantes interessados em contratar, causada pela frustração ou pela fraude no procedimento licitatório.	**Acórdãos** **AgRg no REsp 1793069/PR**, Rel. Ministro JORGE MUSSI, QUINTA TURMA, j. 10-9-2019, *DJe* 19-9-2019 **EDcl no REsp 1623985/SP**, Rel. Ministro NEFI CORDEIRO, SEXTA TURMA, j. 5-9-2019, *DJe* 12-9-2019 **AgRg no AREsp 1345383/BA**, Rel. Ministro REYNALDO SOARES DA FONSECA, QUINTA TURMA, j. 3-9-2019, *DJe* 12-9-2019 **RHC 94327/SC**, Rel. Ministro RIBEIRO DANTAS, QUINTA TURMA, j. 13-8-2019, *DJe* 19-8-2019 **AgRg no REsp 1533488/PB**, Rel. Ministro ROGERIO SCHIETTI CRUZ, SEXTA TURMA, j. 13-12-2018, *DJe* 4-2-2019 **HC 341341/MG**, Rel. Ministro JOEL ILAN PACIORNIK, QUINTA TURMA, j. 16-10-2018, *DJe* 30-10-2018
O crime previsto no art. 90 da Lei n. 8.666/93 classifica-se como comum, não se exigindo do sujeito ativo nenhuma característica específica, podendo ser praticado por qualquer pessoa que participe do certame.	**Acórdãos** **AgRg no REsp 1795894/PB**, Rel. Ministro ANTONIO SALDANHA PALHEIRO, SEXTA TURMA, j. 26-3-2019, *DJe* 8-4-2019 **AgRg no REsp 1646332/SP**, Rel. Ministro JORGE MUSSI, QUINTA TURMA, j. 17-8-2017, *DJe* 23-8-2017 **HC 348084/SC**, Rel. Ministro FELIX FISCHER, QUINTA TURMA, j. 14-2-2017, *DJe* 21-2-2017

	AgRg no AREsp 4047/RS, Rel. Ministra MARIA THEREZA DE ASSIS MOURA, SEXTA TURMA, j. 3-9-2013, *DJe* 16-9-2013 **HC 218663/RJ**, Rel. Ministra LAURITA VAZ, QUINTA TURMA, j. 13-11-2012, *DJe* 23-11-2012 **HC 26089/SP**, Rel. Ministro GILSON DIPP, QUINTA TURMA, j. 6-11-2003, *DJ* 1º-12-2003 p. 376
É possível a incidência da agravante genérica prevista no art. 61, II, g, do Código Penal, no crime de fraude em licitação, quando violado dever inerente à função pública, circunstância que não integra o tipo previsto no art. 90 da Lei n. 8.666/93.	**Acórdãos** **AgRg no REsp 1793069/PR**, Rel. Ministro JORGE MUSSI, QUINTA TURMA, j. 10-9-2019, *DJe* 19-9-2019 **AgInt no REsp 1693705/PR**, Rel. Ministro NEFI CORDEIRO, SEXTA TURMA, j. 19-4-2018, *DJe* 11-5-2018 **AgRg nos EDcl no REsp 1495611/SC**, Rel. Ministro ROGERIO SCHIETTI CRUZ, SEXTA TURMA, j. 22-8-2017, *DJe* 31-8-2017 **AgRg no AREsp 4047/RS**, Rel. Ministra MARIA THEREZA DE ASSIS MOURA, SEXTA TURMA, j. 3-9-2013, *DJe* 16-9-2013
É possível o concurso de crimes entre os delitos do art. 90 (fraudar o caráter competitivo do procedimento licitatório) com o do art. 96, inciso I (fraudar licitação mediante elevação arbitraria dos preços), da Lei de Licitações, pois tutelam objetos distintos, afastando-se, portanto, o princípio da absorção.	**Acórdãos** **REsp 1315619/RJ**, Rel. Ministro CAMPOS MARQUES (DESEMBARGADOR CONVOCADO DO TJ/PR), QUINTA TURMA, j. 15-8-2013, *DJe* 30-8-2013 **Decisões Monocráticas** **REsp 1790561/RS**, Rel. Ministro ANTONIO SALDANHA PALHEIRO, SEXTA TURMA, j. 30-5-2019, publicado em 31-5-2019 **AREsp 1217163/MG**, Rel. Ministro JOEL ILAN PACIORNIK, QUINTA TURMA, j. 11-9-2018, publicado em 26-9-2018
Em relação ao delito previsto no art. 90 da Lei n. 8.666/93, o termo inicial para contagem do prazo prescricional deve ser a data em que o contrato administrativo foi efetivamente assinado.	**Acórdãos** **HC 484690/SC**, Rel. Ministro RIBEIRO DANTAS, QUINTA TURMA, j. 30-5-2019, *DJe* 4-6-2019 **MS 15036/DF**, Rel. Ministro CASTRO MEIRA, PRIMEIRA SEÇÃO, j. 10-11-2010, *DJe* 22-11-2010 **Decisões Monocráticas** **AgInt no AREsp 932019/DF**, Rel. Ministro GURGEL DE FARIA, PRIMEIRA TURMA, j. 29-5-2018, publicado em 5-6-2018
É idônea a valorização negativa da culpabilidade do agente pelo fato de exercer cargo de prefeito ao cometer os crimes previstos nos art. 90 e art. 92 da Lei n. 8.666/93, dada a lisura e a ética que se esperam de um representante do interesse público.	**Acórdãos** **AgRg no REsp 1795894/PB**, Rel. Ministro ANTONIO SALDANHA PALHEIRO, SEXTA TURMA, j. 26-3-2019, *DJe* 8-4-2019 **AgRg no HC 448057/SP**, Rel. Ministro REYNALDO SOARES DA FONSECA, QUINTA TURMA, j. 6-12-2018, *DJe* 18-12-2018

	AgRg no REsp 1704577/GO, Rel. Ministro JOEL ILAN PACIORNIK, QUINTA TURMA, j. 6-12-2018, *DJe* 17-12-2018 **AgRg no AREsp 1127434/MG**, Rel. Ministro ROGERIO SCHIETTI CRUZ, SEXTA TURMA, j. 2-8-2018, *DJe* 9-8-2018 **HC 193124/SP**, Rel. Ministra LAURITA VAZ, QUINTA TURMA, j. 11-12-2012, *DJe* 17-12-2012
O delito do art. 93 da Lei n. 8.666/93 somente se tipifica se as condutas nele previstas forem praticadas no curso do procedimento licitatório.	Acórdão **HC 348414/RN**, Rel. Ministra MARIA THEREZA DE ASSIS MOURA, SEXTA TURMA, j. 7-4-2016, *DJe* 19-4-2016
A fraude na licitação para fins de contratação de serviço não está abrangida pelo tipo penal previsto no art. 96 da Lei n. 8.666/93, uma vez que apresenta hipóteses estreitas de penalidade, não podendo haver interpretação extensiva em prejuízo do réu, à luz do princípio penal da taxatividade.	Acórdãos **HC 485791/SP**, Rel. Ministro REYNALDO SOARES DA FONSECA, QUINTA TURMA, j. 7-5-2019, *DJe* 20-5-2019 **REsp 1407255/SC**, Rel. Ministro JOEL ILAN PACIORNIK, QUINTA TURMA, j. 21-8-2018, *DJe* 29-8-2018 **REsp 1571527/RS**, Rel. Ministro SEBASTIÃO REIS JÚNIOR, SEXTA TURMA, j. 6-10-2016, *DJe* 25-10-2016 Decisões Monocráticas **REsp 1793069/PR**, Rel. Ministro JORGE MUSSI, j. 20-8-2019, publicado em 22-8-2019 **REsp 1790561/RS**, Rel. Ministro ANTONIO SALDANHA PALHEIRO, SEXTA TURMA, j. 30-5-2019, publicado em 31-5-2019
As infrações penais tipificadas na Lei n. 8.666/93 não são meio necessário ou fase preparatória ou de execução para a prática de crimes de responsabilidade de prefeitos (art. 1º da Decreto-lei n. 201/76), tratando-se de delitos autônomos e distintos, a tutelar bens jurídicos diversos, não sendo possível a aplicação do princípio da consunção.	Acórdãos **AgRg no HC 448057/SP**, Rel. Ministro REYNALDO SOARES DA FONSECA, QUINTA TURMA, j. 6-12-2018, *DJe* 18-12-2018 **HC 341341/MG**, Rel. Ministro JOEL ILAN PACIORNIK, QUINTA TURMA, j. 16-10-2018, *DJe* 30-10-2018 **AgRg no REsp 1388345/AL**, Rel. Ministro FELIX FISCHER, QUINTA TURMA, j. 17-5-2018, *DJe* 23-5-2018 **AgRg no AREsp 621601/SP**, Rel. Ministro NEFI CORDEIRO, SEXTA TURMA, j. 22-3-2018, *DJe* 5-4-2018 **HC 261766/BA**, Rel. Ministro SEBASTIÃO REIS JÚNIOR, SEXTA TURMA, j. 27-2-2018, *DJe* 8-3-2018 **HC 275909/MG**, Rel. Ministro JORGE MUSSI, QUINTA TURMA, j. 5-5-2015, *DJe* 14-5-2015

À luz do sistema constitucional acusatório e dos princípios do contraditório e da ampla defesa, a norma contida no art. 400 do Código de Processo Penal – CPP (com redação dada pela Lei n. 11.719/2008), que prevê a realização do interrogatório ao final da instrução criminal, é de observância obrigatória no âmbito dos procedimentos especiais, não havendo que se falar em afronta ao rito procedimental previsto no art. 104 da Lei de Licitações.	**Acórdãos** **RHC 41419/CE**, Rel. Ministro RIBEIRO DANTAS, QUINTA TURMA, j. 21-3-2019, *DJe* 26-3-2019 **AgRg no RHC 51672/SP**, Rel. Ministro SEBASTIÃO REIS JÚNIOR, SEXTA TURMA, j. 7-6-2018, *DJe* 13-6-2018 **HC 399765/RJ**, Rel. Ministra MARIA THEREZA DE ASSIS MOURA, SEXTA TURMA, j. 8-8-2017, *DJe* 15-8-2017 **HC 376575/PR**, Rel. Ministro REYNALDO SOARES DA FONSECA, QUINTA TURMA, j. 22-11-2016, *DJe* 2-12-2016 **Decisões Monocráticas** **AREsp 1454667/MG**, Rel. Ministro JORGE MUSSI, j. 17-6-2019, publicado em 21-6-2019
Compete à Justiça Castrense processar e julgar os crimes licitatórios praticados por militar contra patrimônio sujeito à administração militar (art. 9º do Código Penal Militar – CPM).	**Acórdãos** **CC 160902/RJ**, Rel. Ministra LAURITA VAZ, TERCEIRA SEÇÃO, j. 12-12-2018, *DJe* 18-12-2018 **RMS 57118/SP**, Rel. Ministra MARIA THEREZA DE ASSIS MOURA, SEXTA TURMA, j. 12-6-2018, *DJe* 22-6-2018 **RHC 83586/RJ**, Rel. Ministro REYNALDO SOARES DA FONSECA, QUINTA TURMA, j. 24-4-2018, *DJe* 11-5-2018 **CC 133582/RJ**, Rel. Ministro ROGERIO SCHIETTI CRUZ, TERCEIRA SEÇÃO, j. 8-4-2015, *DJe* 13-4-2015 **Decisões Monocráticas** **CC 155889/RJ**, Rel. Ministro JORGE MUSSI, j. 7-2-2019, publicado em 28-2-2019 **CC 157614/DF**, Rel. Ministro FELIX FISCHER, TERCEIRA SEÇÃO, j. 11-5-2018, publicado em 15-5-2018

10. TABELA DE PRAZOS NA LEI N. 8.666/93

LEI N. 8.666/93	
Art. 3º A licitação destina-se a garantir a observância do princípio constitucional da isonomia, a seleção da proposta mais vantajosa para a Administração e a promoção do desenvolvimento nacional sustentável e será processada e j. estrita conformidade com os princípios básicos da legalidade, da impessoalidade, da moralidade, da igualdade, da publicidade, da probidade administrativa, da vinculação ao instrumento convocatório, do julgamento objetivo e dos que lhes são correlatos (*Redação dada pela Lei n. 12.349, de 2010.*) [...]	Não superior a 5 (cinco) anos.

§ 6º A margem de preferência de que trata o § 5º será estabelecida com base em estudos revistos periodicamente, em prazo não superior a 5 (cinco) anos, que levem em consideração: *(Incluído pela Lei n. 12.349, de 2010.)* I – geração de emprego e renda; *(Incluído pela Lei n. 12.349, de 2010.)* II – efeito na arrecadação de tributos federais, estaduais e municipais; *(Incluído pela Lei n. 12.349, de 2010.)* III – desenvolvimento e inovação tecnológica realizados no País; *(Incluído pela Lei n. 12.349, de 2010.)* IV – custo adicional dos produtos e serviços; e *(Incluído pela Lei n. 12.349, de 2010.)* V – em suas revisões, análise retrospectiva de resultados. *(Incluído pela Lei n. 12.349, de 2010.)*	
Art. 5º Todos os valores, preços e custos utilizados nas licitações terão como expressão monetária a moeda corrente nacional, ressalvado o disposto no art. 42 desta Lei, devendo cada unidade da Administração, no pagamento das obrigações relativas ao fornecimento de bens, locações, realização de obras e prestação de serviços, obedecer, para cada fonte diferenciada de recursos, a estrita ordem cronológica das datas de suas exigibilidades, salvo quando presentes relevantes razões de interesse público e mediante prévia justificativa da autoridade competente, devidamente publicada. [...] § 3º Observados o disposto no *caput*, os pagamentos decorrentes de despesas cujos valores não ultrapassem o limite de que trata o inciso II do art. 24, sem prejuízo do que dispõe seu parágrafo único, deverão ser efetuados no prazo de até 5 (cinco) dias úteis, contados da apresentação da fatura. *(Incluído pela Lei n. 9.648, de 1998.)*	Até 5 (cinco) dias úteis.
Art. 21. Os avisos contendo os resumos dos editais das concorrências, das tomadas de preços, dos concursos e dos leilões, embora realizados no local da repartição interessada, deverão ser publicados com antecedência, no mínimo, por uma vez: *(Redação dada pela Lei n. 8.883, de 1994.)* [...] § 2º O prazo mínimo até o recebimento das propostas ou da realização do evento será: I – quarenta e cinco dias para: *(Redação dada pela Lei n. 8.883, de 1994.)* a) concurso; *(Incluída pela Lei n. 8.883, de 1994.)* b) concorrência, quando o contrato a ser celebrado contemplar o regime de empreitada integral ou quando a licitação for do tipo "melhor técnica" ou "técnica e preço"; *(Incluída pela Lei n. 8.883, de 1994.)*	45 (quarenta e cinco) dias.

Art. 21, § 2º, II – trinta dias para: (*Redação dada pela Lei n. 8.883, de 1994.*) a) concorrência, nos casos não especificados na alínea *b* do inciso anterior; (Incluída pela Lei n. 8.883, de 1994.) b) tomada de preços, quando a licitação for do tipo "melhor técnica" ou "técnica e preço"; (Incluída pela Lei n. 8.883, de 1994.)	30 (trinta) dias.
Art. 21, § 2º, III – quinze dias para a tomada de preços, nos casos não especificados na alínea *b* do inciso anterior, ou leilão; (*Redação dada pela Lei n. 8.883, de 1994.*)	15 (quinze) dias.
Art. 21, § 2º, IV – cinco dias úteis para convite. (*Redação dada pela Lei n. 8.883, de 1994.*)	5 (cinco) dias úteis.
Art. 22, § 4º – Concurso é a modalidade de licitação entre quaisquer interessados para escolha de trabalho técnico, científico ou artístico, mediante a instituição de prêmios ou remuneração aos vencedores, conforme critérios constantes de edital publicado na imprensa oficial com antecedência mínima de 45 (quarenta e cinco) dias.	No mínimo 45 (quarenta e cinco) dias.
Art. 24. É dispensável a licitação: [...] IV – nos casos de emergência ou de calamidade pública, quando caracterizada urgência de atendimento de situação que possa ocasionar prejuízo ou comprometer a segurança de pessoas, obras, serviços, equipamentos e outros bens, públicos ou particulares, e somente para os bens necessários ao atendimento da situação emergencial ou calamitosa e para as parcelas de obras e serviços que possam ser concluídas no prazo máximo de 180 (cento e oitenta) dias consecutivos e ininterruptos, contados da ocorrência da emergência ou calamidade, vedada a prorrogação dos respectivos contratos;	No máximo 180 (cento e oitenta) dias.
Art. 26. As dispensas previstas nos §§ 2º e 4º do art. 17 e no inciso III e seguintes do art. 24, as situações de inexigibilidade referidas no art. 25, necessariamente justificadas, e o retardamento previsto no final do parágrafo único do art. 8º desta Lei deverão ser comunicados, dentro de 3 (três) dias, à autoridade superior, para ratificação e publicação na imprensa oficial, no prazo de 5 (cinco) dias, como condição para a eficácia dos atos. (*Redação dada pela Lei n. 11.107, de 2005.*)	Comunicação: 3 (três) dias. Publicação na imprensa oficial: 5 (cinco) dias.
Art. 39. Sempre que o valor estimado para uma licitação ou para um conjunto de licitações simultâneas ou sucessivas for superior a 100 (cem) vezes o limite previsto no art. 23, inciso I, alínea *c* desta Lei, o processo licitatório será iniciado, obrigatoriamente, com uma audiência pública concedida pela autoridade responsável com antecedência mínima de 15 (quinze) dias úteis da data prevista para a publicação do edital, e divulgada, com a antecedência mínima de 10 (dez) dias úteis de sua realização, pelos mesmos meios previstos para a publicidade da licitação, à qual terão acesso e direito a todas as informações pertinentes e a se manifestar todos os interessados.	Audiência pública: a) concessão da audiência pela autoridade com antecedência mínima de 15 (quinze) dias úteis da data prevista para publicação do edital; b) divulgação da audiência com antecedência mínima de 10 (dez) dias úteis de sua realização.

Art. 39, Parágrafo único. Para os fins deste artigo, consideram-se licitações simultâneas aquelas com objetos similares e com realização prevista para intervalos não superiores a trinta dias e licitações sucessivas aquelas em que, também com objetos similares, o edital subsequente tenha uma data anterior a cento e vinte dias após o término do contrato resultante da licitação antecedente. (Redação dada pela Lei n. 8.883, de 1994.)	Licitações simultâneas: intervalos não superiores a 30 (trinta) dias. Licitações sucessivas: edital subsequente com data anterior a 120 (cento e vinte) dias após o término do contrato resultante da licitação antecedente.
Art. 40. O edital conterá no preâmbulo o número de ordem em série anual, o nome da repartição interessada e de seu setor, a modalidade, o regime de execução e o tipo da licitação, a menção de que será regida por esta Lei, o local, dia e hora para recebimento da documentação e proposta, bem como para início da abertura dos envelopes, e indicará, obrigatoriamente, o seguinte: [...] XIV – condições de pagamento, prevendo: a) prazo de pagamento não superior a trinta dias, contado a partir da data final do período de adimplemento de cada parcela; (Redação dada pela Lei n. 8.883, de 1994.)	Não superior a 30 (trinta) dias.
Art. 40, § 4º – Nas compras para entrega imediata, assim entendidas aquelas com prazo de entrega até trinta dias da data prevista para apresentação da proposta, poderão ser dispensadas: (Incluído pela Lei n. 8.883, de 1994) I – o disposto no inciso XI deste artigo; (Incluído pela Lei n. 8.883, de 1994.)	Até 30 (trinta) dias.
Art. 40, § 4º, II § 4º Nas compras para entrega imediata, assim entendidas aquelas com prazo de entrega até trinta dias da data prevista para apresentação da proposta, poderão ser dispensadas: (Incluído pela Lei n. 8.883, de 1994.) II – a atualização financeira a que se refere a alínea c do inciso XIV deste artigo, correspondente ao período compreendido entre as datas do adimplemento e a prevista para o pagamento, desde que não superior a quinze dias (Incluído pela Lei n. 8.883, de 1994.)	Não superior a 15 (quinze) dias.
Art. 41. A Administração não pode descumprir as normas e condições do edital, ao qual se acha estritamente vinculada. § 1º Qualquer cidadão é parte legítima para impugnar edital de licitação por irregularidade na aplicação desta Lei, devendo protocolar o pedido até 5 (cinco) dias úteis antes da data fixada para a abertura dos envelopes de habilitação, devendo a Administração julgar e responder à impugnação em até 3 (três) dias úteis, sem prejuízo da faculdade prevista no § 1º do art. 113.	a) protocolar o pedido em até 5 (cinco) dias úteis antes da data fixada para abertura dos envelopes de habilitação; b) responder à impugnação em até 3 (três) dias úteis.

Art. 48. Serão desclassificadas: [...] § 3º Quando todos os licitantes forem inabilitados ou todas as propostas forem desclassificadas, a administração poderá fixar aos licitantes o prazo de oito dias úteis para a apresentação de nova documentação ou de outras propostas escoimadas das causas referidas neste artigo, facultada, no caso de convite, a redução deste prazo para três dias úteis. (*Incluído pela Lei n. 9.648, de 1998.*)	Todos os licitantes inabilitados ou todas as propostas desclassificadas: 8 (oito) dias para apresentação de nova documentação ou de outras propostas. OBS.: no caso de licitação na modalidade "convite", esse prazo será de 3 (três) dias úteis.
Art. 57. A duração dos contratos regidos por esta Lei ficará adstrita à vigência dos respectivos créditos orçamentários, exceto quanto aos relativos: [...] IV – ao aluguel de equipamentos e à utilização de programas de informática, podendo a duração estender-se pelo prazo de até 48 (quarenta e oito) meses após o início da vigência do contrato.	Até 48 (quarenta e oito) meses após o início da vigência do contrato.
Art. 60, Parágrafo único. A publicação resumida do instrumento de contrato ou de seus aditamentos na imprensa oficial, que é condição indispensável para sua eficácia, será providenciada pela Administração até o quinto dia útil do mês seguinte ao de sua assinatura, para ocorrer no prazo de vinte dias daquela data, qualquer que seja o seu valor, ainda que sem ônus, ressalvado o disposto no art. 26 desta Lei.	20 (vinte) dias.
Art. 64, § 3º – Decorridos 60 (sessenta) dias da data da entrega das propostas, sem convocação para a contratação, ficam os licitantes liberados dos compromissos assumidos.	decorridos 60 (sessenta) dias.
Art. 73. Executado o contrato, o seu objeto será recebido: I – em se tratando de obras e serviços: a) provisoriamente, pelo responsável por seu acompanhamento e fiscalização, mediante termo circunstanciado, assinado pelas partes em até 15 (quinze) dias da comunicação escrita do contratado;	Em até 15 (quinze) dias da comunicação escrita do contratado.
I – em se tratando de obras e serviços: [...] b) definitivamente, por servidor ou comissão designada pela autoridade competente, mediante termo circunstanciado, assinado pelas partes, após o decurso do prazo de observação, ou vistoria que comprove a adequação do objeto aos termos contratuais, observado o disposto no art. 69 desta Lei; [...] § 3º O prazo a que se refere a alínea *b* do inciso I deste artigo não poderá ser superior a 90 (noventa) dias, salvo em casos excepcionais, devidamente justificados e previstos no edital.	Não superior a 90 (noventa) dias, exceto em situações especiais devidamente justificadas e previstas no edital.

Art. 73, § 4º Na hipótese de o termo circunstanciado ou a verificação a que se refere este artigo não serem, respectivamente, lavrado ou procedida dentro dos prazos fixados, reputar-se-ão como realizados, desde que comunicados à Administração nos 15 (quinze) dias anteriores à exaustão dos mesmos.	Nos 15 (quinze) dias anteriores à exaustão dos mesmos
Art. 78. Constituem motivo para rescisão do contrato: [...] XIV – a suspensão de sua execução, por ordem escrita da Administração, por prazo superior a 120 (cento e vinte) dias, salvo em caso de calamidade pública, grave perturbação da ordem interna ou guerra, ou ainda por repetidas suspensões que totalizem o mesmo prazo, independentemente do pagamento obrigatório de indenizações pelas sucessivas e contratualmente imprevistas desmobilizações e mobilizações e outras previstas, assegurado ao contratado, nesses casos, o direito de optar pela suspensão do cumprimento das obrigações assumidas até que seja normalizada a situação;	Superior a 120 (cento e vinte) dias.
Art. 78. Constituem motivo para rescisão do contrato: [...] XV – o atraso superior a 90 (noventa) dias dos pagamentos devidos pela Administração decorrentes de obras, serviços ou fornecimento, ou parcelas destes, já recebidos ou executados, salvo em caso de calamidade pública, grave perturbação da ordem interna ou guerra, assegurado ao contratado o direito de optar pela suspensão do cumprimento de suas obrigações até que seja normalizada a situação;	Superior a 90 (noventa) dias.
Art. 87. Pela inexecução total ou parcial do contrato a Administração poderá, garantida a prévia defesa, aplicar ao contratado as seguintes sanções: [...] III – suspensão temporária de participação em licitação e impedimento de contratar com a Administração, por prazo não superior a 2 (dois) anos;	Não superior a 2 (dois) anos.
Art. 87, § 2º – As sanções previstas nos incisos I, III e IV deste artigo poderão ser aplicadas juntamente com a do inciso II, facultada a defesa prévia do interessado, no respectivo processo, no prazo de 5 (cinco) dias úteis.	5 (cinco) dias úteis
Art. 87, § 3º – A sanção estabelecida no inciso IV deste artigo é de competência exclusiva do Ministro de Estado, do Secretário Estadual ou Municipal, conforme o caso, facultada a defesa do interessado no respectivo processo, no prazo de 10 (dez) dias da abertura de vista, podendo a reabilitação ser requerida após 2 (dois) anos de sua aplicação. (Vide art. 109, III.)	a) prazo para defesa do interessado: 10 (dez) dias da abertura de vista; b) prazo para requerer a reabilitação: após 2 (dois) anos de sua aplicação.

Art. 104. Recebida a denúncia e citado o réu, terá este o prazo de 10 (dez) dias para apresentação de defesa escrita, contado da data do seu interrogatório, podendo juntar documentos, arrolar as testemunhas que tiver, em número não superior a 5 (cinco), e indicar as demais provas que pretenda produzir.	Prazo para apresentação de defesa escrita: 10 (dez) dias, contado da data do seu interrogatório.
Art. 105. Ouvidas as testemunhas da acusação e da defesa e praticadas as diligências instrutórias deferidas ou ordenadas pelo juiz, abrir-se-á, sucessivamente, o prazo de 5 (cinco) dias a cada parte para alegações finais.	5 (cinco) dias.
Art. 106. Decorrido esse prazo, e conclusos os autos dentro de 24 (vinte e quatro) horas, terá o juiz 10 (dez) dias para proferir a sentença.	Prazo de 10 (dez) dias para o juiz proferir a sentença.
Art. 107. Da sentença cabe apelação, interponível no prazo de 5 (cinco) dias.	Da apelação da sentença: prazo de 5 (cinco) dias.
Art. 109. Dos atos da Administração decorrentes da aplicação desta Lei cabem: I – recurso, no prazo de 5 (cinco) dias úteis a contar da intimação do ato ou da lavratura da ata, nos casos de: a) habilitação ou inabilitação do licitante; b) julgamento das propostas; c) anulação ou revogação da licitação; d) indeferimento do pedido de inscrição em registro cadastral, sua alteração ou cancelamento; e) rescisão do contrato, a que se refere o inciso I do art. 79 desta Lei; *(Redação dada pela Lei n. 8.883, de 1994.)* f) aplicação das penas de advertência, suspensão temporária ou de multa;	5 (cinco) dias úteis.
Art. 109. Dos atos da Administração decorrentes da aplicação desta Lei cabem: [...] II – representação, no prazo de 5 (cinco) dias úteis da intimação da decisão relacionada com o objeto da licitação ou do contrato, de que não caiba recurso hierárquico;	5 (cinco) dias úteis.
Art. 109. Dos atos da Administração decorrentes da aplicação desta Lei cabem: [...] III – pedido de reconsideração, de decisão de Ministro de Estado, ou Secretário Estadual ou Municipal, conforme o caso, na hipótese do § 4º do art. 87 desta Lei, no prazo de 10 (dez) dias úteis da intimação do ato.	10 (dez) dias úteis da intimação do ato.
Art. 109, § 3º – Interposto, o recurso será comunicado aos demais licitantes, que poderão impugná-lo no prazo de 5 (cinco) dias úteis.	5 (cinco) dias úteis.

Art. 109, § 4º – O recurso será dirigido à autoridade superior, por intermédio da que praticou o ato recorrido, a qual poderá reconsiderar sua decisão, no prazo de 5 (cinco) dias úteis, ou, nesse mesmo prazo, fazê-lo subir, devidamente informado, devendo, neste caso, a decisão ser proferida dentro do prazo de 5 (cinco) dias úteis, contado do recebimento do recurso, sob pena de responsabilidade.	Prazo para reconsideração: 5 (cinco) dias úteis.
Art. 109, § 6º – Em se tratando de licitações efetuadas na modalidade de "carta convite" os prazos estabelecidos nos incisos I e II e no § 3º deste artigo serão de dois dias úteis. (*Incluído pela Lei n. 8.883, de 1994.*)	2 (dois) dias úteis.
Art. 116. Aplicam-se as disposições desta Lei, no que couber, aos convênios, acordos, ajustes e outros instrumentos congêneres celebrados por órgãos e entidades da Administração. [...] § 6º Quando da conclusão, denúncia, rescisão ou extinção do convênio, acordo ou ajuste, os saldos financeiros remanescentes, inclusive os provenientes das receitas obtidas das aplicações financeiras realizadas, serão devolvidos à entidade ou órgão repassador dos recursos, no prazo improrrogável de 30 (trinta) dias do evento, sob pena da imediata instauração de tomada de contas especial do responsável, providenciada pela autoridade competente do órgão ou entidade titular dos recursos.	Prazo improrrogável de 30 (trinta) dias do evento.
Art. 121. O disposto nesta Lei não se aplica às licitações instauradas e aos contratos assinados anteriormente à sua vigência, ressalvado o disposto no art. 57, nos parágrafos 1º, 2º e 8º do art. 65, no inciso XV do art. 78, bem assim o disposto no *caput* do art. 5º, com relação ao pagamento das obrigações na ordem cronológica, podendo esta ser observada, no prazo de noventa dias contados da vigência desta Lei, separadamente para as obrigações relativas aos contratos regidos por legislação anterior à Lei n. 8.666, de 21 de junho de 1993 (*Redação dada pela Lei n. 8.883, de 1994.*)	90 (noventa) dias, contados da vigência desta Lei.

11. TABELA DE PRAZO NA LEI N. 14.133/2021

LEI N. 14.133/2021	
Art. 6º, X – compra: aquisição remunerada de bens para fornecimento de uma só vez ou parceladamente, considerada imediata aquela com prazo de entrega de até 30 (trinta) dias da ordem de fornecimento;	Até 30 (trinta) dias da ordem de fornecimento
Art. 21. A Administração poderá convocar, com antecedência mínima de 8 (oito) dias úteis, audiência pública, presencial ou a distância, na forma eletrônica, sobre licitação que pretenda realizar, com disponibilização prévia de informações pertinentes, inclusive de estudo técnico preliminar e elementos do edital de licitação, e com possibilidade de manifestação de todos os interessados. Parágrafo único. A Administração também poderá submeter a licitação a prévia consulta pública, mediante a disponibilização de seus elementos a todos os interessados, que poderão formular sugestões no prazo fixado.	No mínimo 8 (oito) dias úteis

Art. 32, § 1º Na modalidade diálogo competitivo, serão observadas as seguintes disposições: I – a Administração apresentará, por ocasião da divulgação do edital em sítio eletrônico oficial, suas necessidades e as exigências já definidas e estabelecerá prazo mínimo de 25 (vinte e cinco) dias úteis para manifestação de interesse na participação da licitação	Prazo mínimo de 25 (vinte e cinco) dias úteis
Art. 55. Os prazos mínimos para apresentação de propostas e lances, contados a partir da data de divulgação do edital de licitação, são de: I – para aquisição de bens: a) 8 (oito) dias úteis, quando adotados os critérios de julgamento de menor preço ou de maior desconto; b) 15 (quinze) dias úteis, nas hipóteses não abrangidas pela alínea "a" deste inciso; II – no caso de serviços e obras: a) 10 (dez) dias úteis, quando adotados os critérios de julgamento de menor preço ou de maior desconto, no caso de serviços comuns e de obras e serviços comuns de engenharia; b) 25 (vinte e cinco) dias úteis, quando adotados os critérios de julgamento de menor preço ou de maior desconto, no caso de serviços especiais e de obras e serviços especiais de engenharia; c) 60 (sessenta) dias úteis, quando o regime de execução for de contratação integrada; d) 35 (trinta e cinco) dias úteis, quando o regime de execução for o de contratação semi-integrada ou nas hipóteses não abrangidas pelas alíneas "a", "b" e "c" deste inciso; III – para licitação em que se adote o critério de julgamento de maior lance, 15 (quinze) dias úteis; IV – para licitação em que se adote o critério de julgamento de técnica e preço ou de melhor técnica ou conteúdo artístico, 35 (trinta e cinco) dias úteis. § 1º Eventuais modificações no edital implicarão nova divulgação na mesma forma de sua divulgação inicial, além do cumprimento dos mesmos prazos dos atos e procedimentos originais, exceto quando a alteração não comprometer a formulação das propostas. § 2º Os prazos previstos neste artigo poderão, mediante decisão fundamentada, ser reduzidos até a metade nas licitações realizadas pelo Ministério da Saúde, no âmbito do Sistema Único de Saúde (SUS).	– 8 (oito) dias úteis – 15 (quize) dias úteis – 10 (dez) dias úteis – 25 (vinte e cinco) dias úteis – 60 (sessenta) dias úteis – 35 (trinta e cinco) dias úteis – 15 (quinze) dias úteis – 35 (trinta e cinco) dias úteis
Art. 58. Poderá ser exigida, no momento da apresentação da proposta, a comprovação do recolhimento de quantia a título de garantia de proposta, como requisito de pré-habilitação. § 2º A garantia de proposta será devolvida aos licitantes no prazo de 10 (dez) dias úteis, contado da assinatura do contrato ou da data em que for declarada fracassada a licitação.	Prazo de 10 (dez) dias úteis, contados da assinatura do contrato ou da data em que for declarada fracassada a licitação

Art. 86. O órgão ou entidade gerenciadora deverá, na fase preparatória do processo licitatório, para fins de registro de preços, realizar procedimento público de intenção de registro de preços para, nos termos de regulamento, possibilitar, pelo prazo mínimo de 8 (oito) dias úteis, a participação de outros órgãos ou entidades na respectiva ata e determinar a estimativa total de quantidades da contratação.	Prazo mínimo de 8 (oito) dias úteis
Art. 94. A divulgação no Portal Nacional de Contratações Públicas (PNCP) é condição indispensável para a eficácia do contrato e de seus aditamentos e deverá ocorrer nos seguintes prazos, contados da data de sua assinatura: I – 20 (vinte) dias úteis, no caso de licitação; II – 10 (dez) dias úteis, no caso de contratação direta. § 1º Os contratos celebrados em caso de urgência terão eficácia a partir de sua assinatura e deverão ser publicados nos prazos previstos nos incisos I e II do *caput* deste artigo, sob pena de nulidade. § 2º A divulgação de que trata o *caput* deste artigo, quando referente à contratação de profissional do setor artístico por inexigibilidade, deverá identificar os custos do cachê do artista, dos músicos ou da banda, quando houver, do transporte, da hospedagem, da infraestrutura, da logística do evento e das demais despesas específicas. § 3º No caso de obras, a Administração divulgará em sítio eletrônico oficial, em até 25 (vinte e cinco) dias úteis após a assinatura do contrato, os quantitativos e os preços unitários e totais que contratar e, em até 45 (quarenta e cinco) dias úteis após a conclusão do contrato, os quantitativos executados e os preços praticados.	– 20 (vinte) dias úteis, no caso de licitação – 10 (dez) dias úteis, no caso de contratação direta
Art. 193. Revogam-se: I – os arts. 89 a 108 da Lei n. 8.666, de 21 de junho de 1993, na data de publicação desta Lei; II – a Lei n. 8.666, de 21 de junho de 1993, a Lei n. 10.520, de 17 de julho de 2002, e os arts. 1º a 47-A da Lei n. 12.462, de 4 de agosto de 2011, após decorridos 2 (dois) anos da publicação oficial desta Lei.	Após decorridos 2 (dois) anos da publicação oficial desta Lei

JURISPRUDÊNCIA

- **LICITAÇÃO: LEI ORGÂNICA E RESTRIÇÃO – 1**

    A 2ª Turma deu provimento a recurso extraordinário para declarar a constitucionalidade do art. 36 da Lei Orgânica do Município de Brumadinho/MG, que proibiria agentes políticos e seus parentes de contratar com o município ("O Prefeito, o Vice-Prefeito, os Vereadores, os ocupantes de cargo em comissão ou função de confiança, as pessoas ligadas a qualquer deles por matrimônio ou parentesco, afim ou consanguíneo, até o 2º grau, ou por adoção e os servidores e empregados públicos municipais, não poderão contratar com o Município, subsistindo a proibição até seis meses após findas as respectivas funções"). Asseverou-se que a Constituição outorgaria à União a competência para editar normas gerais sobre licitação (CF, art. 22, XXVII) e permitiria que

Estados-membros e Municípios legislassem para complementar as normas gerais e adaptá-las às suas realidades. Afirmou-se que essa discricionariedade existiria para preservar interesse público fundamental, de modo a possibilitar efetiva, real e isonômica competição. Assim, as leis locais deveriam observar o art. 37, XXI, da CF, para assegurar "a igualdade de condições de todos os concorrentes". RE 423.560/MG, rel. Min. Joaquim Barbosa, j. 29-5-2012.

- **LICITAÇÃO: LEI ORGÂNICA E RESTRIÇÃO – 2**

Registrou-se que o art. 9º da Lei n. 8.666/93 estabeleceria uma série de impedimentos à participação nas licitações, porém não vedaria expressamente a contratação com parentes dos administradores, razão por que haveria doutrinadores que sustentariam, com fulcro no princípio da legalidade, que não se poderia impedir a participação de parentes nos procedimentos licitatórios, se estivessem presentes os demais pressupostos legais, em particular, a existência de vários interessados em disputar o certame. Não obstante, entendeu-se que, ante a ausência de regra geral para o assunto – a significar que não haveria proibição ou permissão acerca do impedimento à participação em licitações em decorrência de parentesco –, abrir-se-ia campo para a liberdade de atuação dos demais entes federados, a fim de que legislassem de acordo com suas particularidades locais, até que sobreviesse norma geral sobre o tema. Por fim, consignou-se que a referida norma municipal, editada com base no art. 30, II, da CF, homenagearia os princípios da impessoalidade e da moralidade administrativa, bem como preveniria eventuais lesões ao interesse público e ao patrimônio do município, sem restringir a competição entre os licitantes. RE 423.560/MG, rel. Min. Joaquim Barbosa, j. 29-5-2012 (*Informativo STF 668*).

- **ART. 1º, PARÁGRAFO ÚNICO, DA LEI N. 8.666/93 E PETROBRAS – 1**

A Turma iniciou julgamento de recurso extraordinário, interposto com fundamento no art. 102, III, *a* e *b*, da CF, em que se discute a aplicação, ou não, à Petrobras, do disposto no art. 1º, parágrafo único, da Lei n. 8.666/93 ("Art. 1º Esta Lei estabelece normas gerais sobre licitações e contratos administrativos pertinentes a obras, serviços, inclusive de publicidade, compras, alienações e locações no âmbito dos Poderes da União, dos Estados, do Distrito Federal e dos Municípios. Parágrafo único. Subordinam-se ao regime desta Lei, além dos órgãos da administração direta, os fundos especiais, as autarquias, as fundações públicas, as empresas públicas, as sociedades de economia mista e demais entidades controladas direta ou indiretamente pela União, Estados, Distrito Federal e Municípios."). Na espécie, o tribunal local reformara sentença concessiva de indenização em favor das empresas recorrentes e assentara, por seu Órgão Especial, a não incidência do aludido dispositivo legal à Petrobras, ao fundamento de que, por se tratar de sociedade de economia mista, seu regime jurídico seria de natureza privada. As recorrentes sustentam violação ao art. 37, XXI, da CF, ao argumento de que seria nulo o ato da Petrobras que cancelara contrato com elas firmado e submetera a outra empresa os serviços de afretamento de navios, sem observância à regra constitucional que exige licitação. Inicialmente, a Turma, por maioria, rejeitou questão de ordem suscitada pelo Min. Marco Aurélio no sentido de se submeter ao Plenário a apreciação do presente recurso. Entendeu-se que, não obstante tenha sido arguido, na origem, incidente de inconstitucionalidade, aquela Corte limitara-se a assentar o não cabimento do art. 1º, parágrafo único, da Lei de Licitações, às sociedades de economia mista. Assim, concluiu-se que não haveria, no caso, matéria a envolver declaração de constitucionalidade, ou não, do mencionado dispositivo, o que permitiria o julgamento no âmbito da própria Turma. Vencidos os Ministros Marco Aurélio e Carlos Britto que, ressaltando estar-se diante de extraordinário apresentado também com base na alínea *b* ("III – julgar, mediante recurso extraordinário, as causas decididas em única ou última instância, quando a decisão recorrida: ... b) declarar a inconstitucionalidade de tratado ou lei federal;"), asseveravam competir ao Plenário o exame da causa, uma vez que o afastamento, pelo Órgão Especial, do artigo questionado pressuporia a pecha de inconstitucionalidade. RE 441.280/RS, rel. Min. Menezes Direito, j. 30-9-2008.

- **ART. 1º, PARÁGRAFO ÚNICO, DA LEI N. 8.666/93 E PETROBRAS – 2**

    No mérito, o Min. Menezes Direito, relator, negou provimento ao recurso, no que foi acompanhado pelo Min. Ricardo Lewandowski. Salientou que, ao tempo dos fatos, vigorava o art. 173 da CF, na sua redação original, o qual estabelecia que empresa pública, sociedade de economia mista e outras entidades que explorassem atividade econômica, sujeitar-se-iam ao regime jurídico próprio das empresas privadas. Contudo, com o advento da EC n.19/98, esse preceito ganhou nova redação para determinar que a lei estabeleceria o estatuto jurídico da empresa pública, da sociedade de economia mista e de suas subsidiárias que explorassem atividade econômica de produção ou comercialização de bens ou de prestação de serviços, elencando a disciplina que deveria constar desse estatuto jurídico. Dessa forma, esclareceu que o constituinte visou, nesses dois momentos, proteger a atividade dessas sociedades exploradoras de atividade econômica, pondo-as sob o regime das empresas privadas, para garantir que mantivessem o mesmo desempenho das demais empresas que atuam no mercado, de modo a afastar qualquer mecanismo de proteção ou de privilégios. Nesse sentido, aduziu que a submissão legal da Petrobras a um regime diferenciado de licitação estaria justificado pelo fato de que, com a relativização do monopólio do petróleo trazida pela EC n.9/95, a empresa passou a exercer a atividade econômica de exploração do petróleo em regime de livre competição com as empresas privadas concessionárias da atividade, as quais, frise-se, não estão submetidas às regras rígidas de licitação e contratação da Lei n. 8.666/93. Em consequência, reputou não ser possível conciliar o regime previsto nessa lei com a agilidade própria do mercado de afretamento. Daí observar que a interpretação que afasta a aplicação do art. 1º, parágrafo único, do aludido diploma ser uma consequência direta da própria natureza constitucional da sociedade de economia mista, tal como declarado pelo constituinte originário e reiterado pelo constituinte derivado. RE 441.280/RS, rel. Min. Menezes Direito, j. 30-9-2008.

- **ART. 1º, PARÁGRAFO ÚNICO, DA LEI N. 8.666/93 E PETROBRAS – 3**

    A Min. Cármen Lúcia abriu divergência e proveu o recurso extraordinário por considerar que os princípios constantes do art. 3º da Lei n. 8.666/93 e as regras, genéricas, que estruturam o instituto da licitação, aplicam-se indistintamente a todos os entes integrantes da Administração Pública, seja direta ou indireta. Não vislumbrou, em consequência, obstáculo para que a recorrida adotasse o processo licitatório. No ponto, realçou que o processo seria um meio, enquanto o procedimento, um modo e que este diferenciar-se-ia para empresas prestadoras de serviço público e para empresas que intervêm na atividade econômica. Não conheceu do extraordinário, todavia, no que se refere à indenização, porquanto implicaria o revolvimento de matéria probatória. Em adição, o Min. Carlos Britto enfatizou que a Lei n. 9.478/97 – que dispõe sobre as atividades relativas ao monopólio do petróleo entre outras providências – remeteu ao Decreto n. 2.745/98 o tema relativo aos contratos celebrados pela Petrobras (art. 67), sem observar a imposição de reserva legal para tratamento do tema. Em decorrência disso, registrou que, enquanto prevalecer essa anomia, incidiria, *in totum,* a Lei n. 8.666/93. Verificado o empate na votação, pediu vista dos autos o Min. Marco Aurélio. RE 441.280/RS, rel. Min. Menezes Direito, j. 30-9-2008.

- **ART. 1º, PARÁGRAFO ÚNICO, DA LEI N. 8.666/93 E PETROBRAS – 4**

    Em continuidade de julgamento, a Turma, em nova questão de ordem suscitada pelo Min. Marco Aurélio, decidiu afetar ao Plenário julgamento de recurso extraordinário interposto com fundamento no art. 102, III, *a* e *b*, da CF, em que se questiona a aplicação, ou não, à Petrobras, do disposto no art. 1º, parágrafo único, da Lei n. 8.666/93 ("Art. 1º Esta Lei estabelece normas gerais sobre licitações e contratos administrativos pertinentes a obras, serviços, inclusive de publicidade, compras, alienações e locações no âmbito dos Poderes da União, dos Estados, do Distrito Federal e dos Municípios. Parágrafo único. Subordinam-se ao regime desta Lei, além dos órgãos da administração direta, os fundos especiais, as autarquias, as fundações públicas, as empresas públicas, as sociedades de economia mista e demais entidades controladas direta ou indiretamente pela União, Estados, Distrito Federal e Municípios.") – v. *Informativo 522*. No caso, em voto-vista, o Min. Marco Aurélio, tendo em conta disposição constitucional expressa atinente à reserva de Plenário (CF, art. 97), ponderara, novamente, sobre a conveniência de remeter ao Pleno a matéria debatida. Entendeu-se ser possível a reabertura de tal discussão, conforme reiterados pronunciamentos desta Corte, haja vista que não ocorrera a conclusão do julgamento. O Min. Menezes Direito, relator, e os demais Ministros não se opuseram ao deslocamento do feito. RE 441.280/RS, rel. Min. Menezes Direito, j. 12-5-2009.

- **ART. 1º, PARÁGRAFO ÚNICO, DA LEI N. 8.666/93 E PETROBRAS – 5**

  O Plenário iniciou julgamento de recurso extraordinário em que se discute a aplicação, ou não, à Petrobras, do disposto no art. 1º, parágrafo único, da Lei n. 8.666/93 ("Art. 1º Esta Lei estabelece normas gerais sobre licitações e contratos administrativos pertinentes a obras, serviços, inclusive de publicidade, compras, alienações e locações no âmbito dos Poderes da União, dos Estados, do Distrito Federal e dos Municípios. Parágrafo único. Subordinam-se ao regime desta Lei, além dos órgãos da administração direta, os fundos especiais, as autarquias, as fundações públicas, as empresas públicas, as sociedades de economia mista e demais entidades controladas direta ou indiretamente pela União, Estados, Distrito Federal e Municípios."). Na espécie, o tribunal local reformara sentença concessiva de indenização em favor das empresas recorrentes e assentara, por seu Órgão Especial, a não incidência do aludido dispositivo legal à Petrobras, ao fundamento de que, por se tratar de sociedade de economia mista, seu regime jurídico seria de natureza privada. As recorrentes sustentam violação ao art. 37, XXI, da CF, ao argumento de que seria nulo o ato da Petrobras que cancelara contrato com elas firmado e submetera a outra empresa os serviços de afretamento de navios, sem observância à regra constitucional que exige licitação. O recurso fora deslocado ao Pleno, pela 1ª Turma, após o acolhimento de questão de ordem suscitada pelo Min. Marco Aurélio, que reputara estar-se diante de extraordinário apresentado também com base na alínea *b* do art. 102, III, da CF ("III – julgar, mediante recurso extraordinário, as causas decididas em única ou última instância, quando a decisão recorrida: ... b) declarar a inconstitucionalidade de tratado ou lei federal;"). Por essa razão, asseverara que o afastamento, pelo Órgão Especial, do artigo questionado pressuporia a pecha de inconstitucionalidade – v. *Informativos 522 e 546*. RE 441.280/RS, rel. Min. Dias Toffoli, j. 3-8-2011.

- **ART. 1º, PARÁGRAFO ÚNICO, DA LEI N. 8.666/93 E PETROBRAS – 6**

  O Min. Dias Toffoli, relator, desproveu o recurso, para afastar a aplicabilidade do art. 1º, parágrafo único, da Lei n. 8.666/93, à recorrida. Inicialmente, destacou que, à época dos fatos em discussão, vigorava o art. 173, § 1º, da CF, em sua redação original. Considerou que se preconizava, então, que a sociedade de economia mista, a empresa pública e outras entidades que viessem a explorar atividade econômica deveriam sujeitar-se a regime jurídico próprio de empresas privadas, inclusive quanto a obrigações trabalhistas e tributárias. Afirmou que a EC n.19/98, ao alterar o referido dispositivo, determinara que o estatuto jurídico da sociedade de economia mista e da empresa pública, de produção ou comercialização de bens ou de prestação de serviços, deveria ser estabelecido por lei. Aduziu, entretanto, que, em ambos os momentos em que redigidas essas normas constitucionais, desejara-se proteger a atividade dessas sociedades, impondo-lhes, sempre, o regime de empresas privadas. Asseverou que esse aspecto revelaria a preocupação de assegurar que o desempenho das sociedades de economia mista pudesse se equivaler ao das demais empresas no mercado, de maneira a afastar qualquer mecanismo de proteção ou de privilégios. Assinalou que, em observância à disciplina constitucional trazida pela EC n.9/95, que relativizara o monopólio do petróleo, outrora exclusivo da União, a empresa recorrida passara a se submeter a regime diferenciado de licitação – nos termos da Lei n. 9.748/97 e do Decreto n. 2.745/98 –, uma vez que sua atividade econômica vinculara-se a um regime de livre competição. Consignou não se poder exigir que a recorrida se subordinasse aos rígidos limites da licitação destinada aos serviços públicos – prevista na Lei n. 8.666/93 –, sob pena de se criar grave obstáculo ao normal desempenho de suas atividades comerciais. Destacou que a interpretação no sentido de que empresas como essa se sujeitam a regime jurídico de direito privado seria até mesmo anterior às referidas emendas constitucionais e que as exigências mercadológicas em contratos de afretamento, como no caso, seriam incompatíveis com a Lei n. 8.666/93, tendo em vista se tratar de modelos contratuais padronizados internacionalmente. Reputou, ademais, que a globalização da economia exigiria que se descentralizasse a produção de bens e serviços, considerados os preços e as condições de fornecimento, razão pela qual o Estado moderno deveria se adequar a essas exigências competitivas, sob o risco de derrocada econômica. Concluiu que empresas de economia mista que disputam livremente o mercado, sob o regime de empresas privadas, conforme a Constituição, deveriam estar submetidas a regramento próprio e diferenciado, de acordo com o que o constituinte derivado pretendera aperfeiçoar desde a edição da EC n.9/95. RE 441.280/RS, rel. Min. Dias Toffoli, j. 3-8-2011.

- **ART. 1º, PARÁGRAFO ÚNICO, DA LEI N. 8.666/93 E PETROBRAS – 7**

  Em divergência, o Min. Marco Aurélio proveu o recurso, para assentar a constitucionalidade do dispositivo questionado. Afirmou que as sociedades de economia mista estariam obrigadas a contratar mediante licitação, considerada a eficácia do ordenamento jurídico constitucional e o cuidado quanto à coisa pública. Aduziu que o art. 37, XXI, da CF teria por escopo evitar que interesses maiores fossem norteados por certa política vigente, com o fim de se beneficiar algum cidadão em detrimento de outros. Ressaltou a necessidade de tratamento igualitário de tantos quantos se disponham a contratar com a Administração Pública, em que pese a existência de normas especiais de regência. Consignou que a leitura da alteração legislativa promovida pela EC n.19/98 levaria a duas conclusões: a de que o instituto da licitação teria sido inicialmente previsto de forma a abranger as sociedades de economia mista; e a de que a lei própria ao estatuto da sociedade de economia mista e subsidiárias, bem como da empresa pública – ambas exploradoras de atividade econômica de produção ou comercialização de bens ou de prestação de serviços – deveria tratar de licitação, observados os princípios da Administração Pública. Afirmou que o art. 173, § 1º, da CF originalmente dispunha que empresas públicas e sociedades de economia mista seriam pessoas jurídicas de direito privado, submetidas, portanto, a regime jurídico pertinente às empresas privadas propriamente ditas. Frisou, entretanto, que o aludido dispositivo não excluía obrigação própria da Administração Pública geral, mas apenas afastava tratamento preferencial, a implicar desequilíbrio de mercado. Enfatizou que, sob o ângulo da licitação, com a EC n.19/98 viera à balha dispositivo a especificá-la, e não a afastá-la. Desse modo, concluiu não haver conflito entre o art. 173, § 1º, da CF e o art. 1º, parágrafo único, da Lei n. 8.666/93. Após, pediu vista dos autos o Min. Luiz Fux. RE 441.280/RS, rel. Min. Dias Toffoli, j. 3-8-2011 (*Informativo STF 634*).

- **CONVÊNIOS DE PRESTAÇÃO DE SERVIÇOS DE ASSISTÊNCIA À SAÚDE: GEAP E LICITAÇÃO – 1**

  O Tribunal iniciou julgamento de mandados de segurança coletivos, impetrados contra acórdão do TCU, em que se discute a validade de convênios de prestação de serviços de assistência à saúde firmados entre a GEAP – Fundação de Seguridade Social e vários órgãos e entidades da Administração Pública. Na espécie, o TCU reputara regulares apenas os convênios celebrados com os entes patrocinadores da entidade (os Ministérios da Saúde e da Previdência Social, a Empresa de Tecnologia e Informação da Previdência Social – DATAPREV e o Instituto Nacional do Seguro Social – INSS), concluindo ser obrigatória a licitação para a celebração de quaisquer outras avenças com os demais entes da Administração Pública que não os órgãos detentores da condição de patrocinadores, observado, assim, o disposto no art. 1º, I e II, do Decreto n. 4.978/2004, alterado pelo Decreto n. 5.010-2004 ("Art. 1º. A assistência à saúde do servidor ativo ou inativo e de sua família, de responsabilidade do Poder Executivo da União, de suas autarquias e fundações, será prestada mediante: I – convênios com entidades fechadas de autogestão, sem fins lucrativos, assegurando-se a gestão participativa; ou II – contratos, respeitado o disposto na Lei n. 8.666, de 21 de junho de 1993.") e no art. 37, XXI, da CF. O Min. Carlos Britto, relator, salientando as razões de segurança jurídica e relevante interesse público, deferiu parcialmente a segurança para: a) assentar a legalidade dos convênios de adesão entre a GEAP e os órgãos e entidades da Administração Pública federal direta, autárquica e fundacional (excluídos, portanto, órgãos e entidades estaduais, distritais e municipais); b) garantir a todos os patrocinadores de que trata a letra "a", assim como aos respectivos servidores participantes, o direito de participação no processo de escolha dos membros do Conselho Deliberativo da GEAP. MS 25.855/DF, rel. Min. Carlos Britto, j. 15-10-2009.

- **CONVÊNIOS DE PRESTAÇÃO DE SERVIÇOS DE ASSISTÊNCIA À SAÚDE: GEAP E LICITAÇÃO – 2**

  Tendo em conta que a maioria dos órgãos e entidades patrocinadores da GEAP e respectivos servidores não interfere na administração da fundação, mesmo participando do custeio dos planos de benefícios, entendeu o relator haver, de fato, um déficit de representação que reclamaria ajustes para enquadrar a GEAP no rigoroso conceito de entidade fechada de autogestão. Não obstante, considerou que o TCU, ao restringir a validade dos convênios da GEAP aos quatro únicos órgãos e entidades que detinham o *status* de originários patrocinadores da instituição, teria obstruído de forma abrupta a possibilidade de permanência dos outros patrocinadores que também se alocam na estrutura da Administração Pública federal direta, autárquica e fundacional, não atentando para o fato de que tais órgãos e entidades sob regime de obstrução abrigam em seus quadros funcionais servidores que têm o direito líquido e certo de acesso a planos de assistência suplementar de saúde, nos termos do art. 6º da CF, c/c os arts. 184, III, e 230 da Lei n. 8.112/90. No caso, direito líquido e certo à continuidade de um vínculo jurídico que seria lídima expressão de uma autonomia de vontade associativa que decorreria da própria Constituição Federal (art. 5º, XVII), vontade associativa esta que, por viabilizar assistência suplementar à saúde dos servidores, culminaria por servir ao princípio constitucional da eficiência administrativa. Acrescentou que a vinculação jurídica dos servidores federais à GEAP teria ocorrido, na espécie, pela figura do Estado-ponte, ou seja, foram órgãos e entidades estatais que se colocaram entre a GEAP e os servidores para operacionalizar um sistema oficial de cogestão e ao mesmo tempo de compartilhado financiamento da assistência suplementar de saúde, o que projetaria para as relações jurídicas em causa uma forte aura de juridicidade, inclusive porque a própria Agência Nacional de Saúde Suplementar – ANS jamais teria deixado de qualificar a GEAP como entidade fechada de autogestão, o que atrairia a incidência do princípio da proteção da confiança. MS 25.855/DF, rel. Min. Carlos Britto, j. 15-10-2009.

- **CONVÊNIOS DE PRESTAÇÃO DE SERVIÇOS DE ASSISTÊNCIA À SAÚDE: GEAP E LICITAÇÃO – 3**

  Assim, o relator concluiu que seria necessário fazer ajustes no estatuto da GEAP, mas não com o fim específico de limitar os quadros da instituição, e sim para possibilitar efetiva cogestão dos patrocinadores e participantes do sistema. Ponderou, por fim, que, se órgãos e entidades da Administração Pública, pelo art. 230 da Lei n. 8.112/90, podem aderir, por convênio, a um plano de saúde de autogestão novo, também poderiam aderir a um plano preexistente de idêntica natureza, ou nele permanecer, se o caso, bastando que lhes fosse reconhecido, na companhia de seus próprios servidores, o direito de efetiva participação no processo de escolha dos membros do Conselho Deliberativo da entidade fechada de autogestão. Após o voto da Min. Cármen Lúcia que denegava a ordem para manter o acórdão do TCU, ao fundamento de que não teriam sido observadas as exigências legais que permitiriam que, relativamente aos demais órgãos e entidades, que não os patrocinadores da GEAP, pudesse haver convênio e sem licitação, pediu vista dos autos o Min. Ricardo Lewandowski. MS 25.855/DF, rel. Min. Carlos Britto, j. 15-10-2009.

- **CONVÊNIOS DE PRESTAÇÃO DE SERVIÇOS DE ASSISTÊNCIA À SAÚDE: GEAP E LICITAÇÃO – 4**
O Tribunal retomou julgamento de mandados de segurança coletivos, impetrados contra acórdão do TCU, em que se discute a validade de convênios de prestação de serviços de assistência à saúde firmados entre a GEAP – Fundação de Seguridade Social e vários órgãos e entidades da Administração Pública. Na espécie, o TCU reputara regulares apenas os convênios celebrados com os entes patrocinadores da entidade (os Ministérios da Saúde e da Previdência Social, a Empresa de Tecnologia e Informação da Previdência Social – DATAPREV e o Instituto Nacional do Seguro Social – INSS), concluindo ser obrigatória a licitação para a celebração de quaisquer outras avenças com os demais entes da Administração Pública que não os órgãos detentores da condição de patrocinadores, observados, assim, o disposto no art. 1º, I e II, do Decreto n. 4.978/2004, alterado pelo Decreto n. 5.010/2004 e no art. 37, XXI, da CF – v. *Informativo 563*. Em voto-vista, o Min. Ricardo Lewandowski acompanhou a divergência iniciada pela Min. Cármen Lúcia para denegar a ordem e assentar a ausência de ilegalidade ou de violação a direitos no acórdão impugnado. Considerou que a GEAP não se enquadraria nos requisitos que excepcionariam a obrigatoriedade da realização de procedimento licitatório para a consecução de convênios de adesão com a Administração Pública. Enfatizou que a referida entidade seria pessoa jurídica de direito privado, a qual não integra a Administração Pública, e que estaria jungida às regras do Direito Administrativo – em especial relativamente à obrigatoriedade de licitação – para estabelecer relações obrigacionais com o Estado, que, no caso, apresentariam natureza contratual. Além disso, consignou que a GEAP não configura entidade de autogestão, haja vista que os servidores dos patrocinadores subsequentes não participam do processo deliberativo da GEAP. Ressaltou que, embora não exista óbice a que os denominados "convênios de adesão" continuem a ser celebrados entre a entidade e seus patrocinadores originais, assinalou que não seria possível a sua formalização em relação a servidores de outros órgãos e entidades federais, inclusive de outras esferas político-administrativas da federação, sem que sejam celebrados contratos administrativos precedidos de licitação. Após o voto do Min. Eros Grau, que, reputando cuidar-se de relação de comunhão de escopo e não de intercâmbio, acompanhava o relator, pediu vista dos autos o Min. Dias Toffoli. MS 25.855/DF, rel. Min. Carlos Britto, j. 1º-2-2010 (*Informativo STF 573*).

- **CONVÊNIOS DE PRESTAÇÃO DE SERVIÇOS DE ASSISTÊNCIA À SAÚDE: GEAP E LICITAÇÃO – 5**
O Plenário retomou julgamento de mandados de segurança coletivos, impetrados contra acórdão do TCU, em que se discute a validade de convênios de prestação de serviços de assistência à saúde firmados entre a Geap – Fundação de Seguridade Social e vários órgãos e entidades da Administração Pública. Na espécie, a Corte de Contas reputara regulares apenas os convênios celebrados com os entes patrocinadores da entidade (os Ministérios da Saúde e da Previdência Social, a Empresa de Tecnologia e Informação da Previdência Social – Dataprev e o Instituto

Nacional do Seguro Social – INSS), concluindo ser obrigatória a licitação para a celebração de quaisquer outras avenças com os demais entes da Administração Pública que não os órgãos legítimos detentores da condição de patrocinadores, observado, assim, o disposto no art. 1º, I e II, do Decreto n. 4.978/2004, alterado pelo Decreto n. 5.010/2004, e no art. 37, XXI, da CF – v. *Informativos 563 e 573*. Em voto-vista, o Min. Dias Toffoli acompanhou o Min. Ayres Britto, relator, para conceder, parcialmente, a segurança. Sublinhou que, como a própria natureza jurídica dos convênios preceituaria, aqueles que participam dessa espécie de avença seriam movidos por interesses confluentes. No ponto, assinalou que os servidores públicos, além do óbvio benefício de uma assistência à saúde complementar de qualidade, desejariam a prestação desta em condições econômicas compatíveis com seus vencimentos. E à União interessaria preservar a saúde daqueles, de modo a evitar inúmeras faltas ao trabalho, bem assim aposentadorias precoces por doenças incapacitantes, que onerariam, ainda mais, os cofres públicos. Anotou que a Geap não seria dotada de fins lucrativos. Ademais, não se destinaria a oferecer planos de saúde indiscriminadamente no mercado. O Ministro relator corroborou posicionamento no sentido de que o caso não seria de licitação, porquanto o convênio pressuporia a prestação de serviços mediante uma convergência de interesses. Os Ministros Gilmar Mendes e Marco Aurélio aderiram ao entendimento divergente e denegaram a ordem. Este último enfatizou que o TCU teria atuado a partir do arcabouço normativo, principalmente, o constitucional. Após, pediu vista o Min. Cezar Peluso, Presidente. MS 25.855/DF, rel. Min. Ayres Britto, 24-11-2011. MS 25.866/DF, rel. Min. Ayres Britto, 24-11-2011. MS 25.891/DF, rel. Min. Ayres Britto, 24-11-2011. MS 25.901/DF, rel. Min. Ayres Britto, 24-11-2011. MS 25.919/DF, rel. Min. Ayres Britto, 24-11-2011. MS 25.922/DF, rel. Min. Ayres Britto, 24-11-2011. MS 25.928/DF, rel. Min. Ayres Britto, 24-11-2011. MS 25.934/DF, rel. Min. Ayres Britto, 24-11-2011. MS 25.942/DF, rel. Min. Ayres Britto, 24-11-2011 (*Informativo STF 649*).

- **ADC E ART. 71, § 1º, DA LEI N. 8.666/93 – 1**

O Tribunal iniciou julgamento de ação declaratória de constitucionalidade movida pelo Governador do Distrito Federal, em que se objetiva a declaração de que o art. 71, § 1º, da Lei n. 8.666/93 é válido segundo a CF/88 (Lei n. 8.666/93: "Art. 71. O contratado é responsável pelos encargos trabalhistas, previdenciários, fiscais e comerciais resultantes da execução do contrato. § 1º A inadimplência do contratado, com referência aos encargos trabalhistas, fiscais e comerciais não transfere à Administração Pública a responsabilidade por seu pagamento, nem poderá onerar o objeto do contrato ou restringir a regularização e o uso das obras e edificações, inclusive perante o Registro de Imóveis."). O Min. Cezar Peluso, relator, julgou o autor carecedor da ação, por falta de interesse objetivo de agir, e indeferiu a petição inicial, levando em conta não ter sido demonstrada a existência de controvérsia judicial relevante sobre a legitimidade constitucional da norma, nos termos do art. 14, III, da Lei n. 9.868/99. No ponto, ressaltou que o autor limitou-se a juntar cópias de 3 decisões de Tribunais Regionais do Trabalho que não versaram questão de inconstitucionalidade do art. 71, § 1º, da Lei n. 8.666/93, em se tendo adstrito a afastar a orientação do TST, firmada no item IV do seu Enunciado 331 ["O inadimplemento das obrigações trabalhistas, por parte do empregador, implica a responsabilidade subsidiária do tomador dos serviços, quanto àquelas obrigações, inclusive quanto aos órgãos da administração direta, das autarquias, das fundações públicas, das empresas públicas e das sociedades de economia mista, desde que hajam participado da relação processual e constem também do título executivo judicial (art. 71 da Lei n. 8.666, de 21-06-1993)."]. ADC 16/DF, rel. Min. Cezar Peluso, j. 10-9-2008.

- **ADC E ART. 71, § 1º, DA LEI N. 8.666/93 – 2**

  Em divergência, o Min. Marco Aurélio admitiu a ação, por reputar demonstrado o aludido requisito. Ressaltou, de início, 3 aspectos, no sentido de: 1) dever-se encarar de forma relativa o que contido na Lei n. 9.868/99, no que exige a demonstração inequívoca de controvérsia judicial, pois a ADC é "irmã gêmea" da ADI; 2) atentar-se para a multiplicação de conflitos de interesses envolvendo a matéria, os quais, tendo em conta em si a interpretação da CLT, não chegam, na maioria das vezes, ao STF; 3) ter-se, na espécie, uma declaração branca de inconstitucionalidade da Lei n. 8.666/93. Realçou o afastamento de preceito legal por verbete de súmula do TST, a mercê de uma interpretação toda própria, ampliativa, da solidariedade prevista no § 2º do art. 2º da CLT. Em seguida, após registrar que várias entidades da federação articularam como terceiros no processo, considerou não ser possível ser tão ortodoxo nessa matéria, sob pena de se perpetuar, haja vista a inadmissibilidade da ADI contra o verbete do TST, essa extravagante situação, em que se tem, pelo menos, um conflito aparente entre a CLT e a Lei de Licitações. Aduziu, por fim, que se a jurisprudência fosse pacífica no sentido da responsabilidade, não teria o TST editado o verbete, e asseverou que, quando da edição deste, implicitamente se projetou, para o campo da inconstitucionalidade, o que disposto no art. 71, § 1º, da Lei n. 8.666/93. Após, pediu vista dos autos o Min. Menezes Direito. ADC 16/DF, rel. Min. Cezar Peluso, j. 10-9-2008.

- **ADC E ART. 71, § 1º, DA LEI N. 8.666/93 – 3**

  Em conclusão, o Plenário, por maioria, julgou procedente pedido formulado em ação declaratória de constitucionalidade movida pelo Governador do Distrito Federal, para declarar a constitucionalidade do art. 71, § 1º, da Lei n. 8.666/93 ("Art. 71. O contratado é responsável pelos encargos trabalhistas, previdenciários, fiscais e comerciais resultantes da execução do contrato. § 1º A inadimplência do contratado, com referência aos encargos trabalhistas, fiscais e comerciais não transfere à Administração Pública a responsabilidade por seu pagamento, nem poderá onerar o objeto do contrato ou restringir a regularização e o uso das obras e edificações, inclusive perante o Registro de Imóveis.") – v. *Informativo 519*. Preliminarmente, conheceu-se da ação por se reputar devidamente demonstrado o requisito de existência de controvérsia jurisprudencial acerca da constitucionalidade, ou não, do citado dispositivo, razão pela qual seria necessário o pronunciamento do Supremo acerca do assunto. A Min. Cármen Lúcia, em seu voto, salientou que, em princípio, na petição inicial, as referências aos julgados poderiam até ter sido feitas de forma muito breve, precária. Entretanto, considerou que o Enunciado 331 do TST ensejara não apenas nos Tribunais Regionais do Trabalho, mas também no Supremo, enorme controvérsia exatamente tendo-se como base a eventual inconstitucionalidade do referido preceito. Registrou que os Tribunais Regionais do Trabalho, com o advento daquele verbete, passaram a considerar que haveria a inconstitucionalidade do § 1º do art. 71 da Lei n. 8.666/93. Referiu-se, também, a diversas reclamações ajuizadas no STF, e disse, que apesar de elas tratarem desse Enunciado, o ponto nuclear seria a questão da constitucionalidade dessa norma. O Min. Cezar Peluso superou a preliminar, ressalvando seu ponto de vista quanto ao não conhecimento. ADC 16/DF, rel. Min. Cezar Peluso, j. 24-11-2010.

- **ADC E ART. 71, § 1º, DA LEI N. 8.666/93 – 4**

  Quanto ao mérito, entendeu-se que a mera inadimplência do contratado não poderia transferir à Administração Pública a responsabilidade pelo pagamento dos encargos, mas reconheceu-se que isso não significaria que eventual omissão da Administração Pública, na obrigação de fiscalizar as obrigações do contratado, não viesse a gerar essa responsabilidade. Registrou-se que, entretanto, a tendência da Justiça do Trabalho não seria de analisar a omissão, mas aplicar, irrestritamente, o Enunciado 331 do TST. O Min. Marco Aurélio, ao mencionar os precedentes do TST, observou que eles estariam fundamentados tanto no § 6º do art. 37 da CF quanto no § 2º do art. 2º da CLT ("§ 2º – Sempre que uma ou mais empresas, tendo, embora, cada uma delas, personalidade jurídica própria, estiverem sob a direção, controle ou administração de outra, constituindo grupo industrial, comercial ou de qualquer outra atividade econômica, serão, para os efeitos da relação de emprego, solidariamente responsáveis a empresa principal e cada uma das subordinadas."). Afirmou que o primeiro não encerraria a obrigação solidária do Poder Público quando recruta mão de obra, mediante prestadores de serviços, considerado o inadimplemento da prestadora de serviços. Enfatizou que se teria partido, considerado o verbete 331, para a responsabilidade objetiva do Poder Público, presente esse preceito que não versaria essa responsabilidade, porque não haveria ato do agente público causando prejuízo a terceiros que seriam os prestadores do serviço. No que tange ao segundo dispositivo, observou que a premissa da solidariedade nele prevista seria a direção, o controle, ou a administração da empresa, o que não se daria no caso, haja vista que o Poder Público não teria a direção, a administração, ou o controle da empresa prestadora de serviços. Concluiu que restaria, então, o parágrafo único do art. 71 da Lei n. 8.666/93, que, ao excluir a responsabilidade do Poder Público pela inadimplência do contratado, não estaria em confronto com a Constituição Federal. ADC 16/DF, rel. Min. Cezar Peluso, j. 24-11-2010.

- **ADC E ART. 71, § 1º, DA LEI N. 8.666/93 – 5**

Por sua vez, a Min. Cármen Lúcia consignou que o art. 37, § 6º, da CF trataria de responsabilidade objetiva extracontratual, não se aplicando o dispositivo à espécie. Explicou que uma coisa seria a responsabilidade contratual da Administração Pública e outra, a extracontratual ou patrimonial. Aduziu que o Estado responderia por atos lícitos, aqueles do contrato, ou por ilícitos, os danos praticados. Vencido, parcialmente, o Min. Ayres Britto, que dava pela inconstitucionalidade apenas no que respeita à terceirização de mão de obra. Ressaltava que a Constituição teria esgotado as formas de recrutamento de mão de obra permanente para a Administração Pública (concurso público, nomeação para cargo em comissão e contratação por prazo determinado para atender a necessidade temporária de excepcional interesse público), não tendo falado em terceirização. Salientou que esta significaria um recrutamento de mão de obra que serviria ao tomador do serviço, Administração Pública, e não à empresa contratada, terceirizada. Assentava que, em virtude de se aceitar a validade jurídica da terceirização, dever-se-ia, pelo menos, admitir a responsabilidade subsidiária da Administração Pública, beneficiária do serviço, ou seja, da mão de obra recrutada por interposta pessoa. ADC 16/DF, rel. Min. Cezar Peluso, j. 24-11-2010 (*Informativo STF 610*).

- **ADI E EXIGÊNCIA EM LICITAÇÃO**

O Tribunal deferiu medida cautelar em ação direta de inconstitucionalidade para suspender a eficácia do § 3º do art. 5º da Portaria 2.814/98, do Ministério da Saúde, que exige que, nas compras e licitações públicas de medicamentos, realizadas pelos serviços próprios, e conveniados pelo SUS, as empresas distribuidoras apresentem declaração do seu credenciamento como distribuidora junto à empresa detentora do registro dos produtos, bem como termo de responsabilidade emitido pela distribuidora, garantindo a entrega dos mesmos em prazo e quantidade estabelecidos na licitação. Preliminarmente, consignou-se que, em resposta à diligência determinada pela Corte, fora informado que o preceito impugnado continuaria em vigor. Em seguida, entendeu-se que as exigências constantes do dispositivo analisado, em princípio, limitariam a concorrência no certame, configurando verdadeiro aditamento da Lei de Licitações (Lei n. 8.666/93), em dissonância com o previsto no art. 37, XXI, da CF. ADI 4.105 MC/DF, rel. Min. Marco Aurélio, j. 17-3-2010 (*Informativo STF 579*).

- **LICITAÇÃO. PREVISÃO DE RECURSOS ORÇAMENTÁRIOS**

  A Lei de Licitações exige, para a realização de licitação, a existência de previsão de recursos orçamentários que assegurem o pagamento das obrigações decorrentes de obras ou serviços a serem executados no exercício financeiro em curso, de acordo com o respectivo cronograma, ou seja, a lei não exige a disponibilidade financeira (fato de a Administração ter o recurso antes do início da licitação), mas, tão somente, que haja previsão desses recursos na lei orçamentária. REsp 1.141.021-SP, rel. Min. Mauro Campbell Marques, j. 21-8-2012 (*Informativo STJ 502*).

- **LICITAÇÃO. SERVIÇOS GERAIS. COOPERATIVAS**

  Trata-se de mandado de segurança impetrado por cooperativa objetivando o reconhecimento da ilegalidade de cláusula de edital proibitiva de participação das cooperativas em licitação promovida pela recorrente, a CEF, para contratação de empresa de prestação de serviços gerais. Segundo a então autora, tal restrição era ilegal e abusiva por romper com a autonomia do cooperativismo e com a livre concorrência. Mas a Min. Relatora entendeu assistir razão à recorrente, destacando ser notório que tanto a legislação previdenciária quanto a trabalhista são implacáveis com os tomadores de serviços, atribuindo-lhes o caráter de responsáveis solidários pelo pagamento de salários e de tributos não recolhidos pela empresa prestadora dos serviços. A exigência do edital é razoável, pois preserva o interesse público tanto sob o aspecto primário quanto secundário. Também há acordos celebrados perante a Justiça do Trabalho pelos quais tanto a CEF quanto a União comprometeram-se a não contratar cooperativas para a prestação de serviços que impliquem existência de subordinação, como é o caso dos serviços gerais objeto da licitação, sob pena de multa diária. Há também orientação firmada pelo TCU, com caráter vinculante para a Administração Pública, vedando a participação de cooperativas em licitações que tenham por objeto a prestação de serviços em que se fazem presentes os elementos da relação de emprego. Concluiu a Min. Relatora que não há qualquer ilegalidade na vedação a que as cooperativas participem de licitação cujo objeto é a prestação de serviços gerais, visto que evidente a razoabilidade da medida como forma de garantir à Administração selecionar a melhor proposta sob todos os aspectos, notadamente o da prevenção à futura responsabilização pelo pagamento de débitos trabalhistas e fiscais. Diante disso, a Turma conheceu em parte do recurso e, nessa parte, deu-lhe provimento. Precedentes citados: AgRg no REsp 947.300-RS, *DJe* 16-12-2008, e AgRg na SS 1.516-RS, *DJ* 10-4-2006. REsp 1.141.763-RS, rel. Min. Eliana Calmon, j. 23-2-2010 (*Informativo STJ 424*).

- **LICITAÇÃO. ADMINISTRAÇÃO PÚBLICA. INIDONEIDADE**

  Na espécie, duas são as questões essenciais a serem decididas (pela ordem de prejudicialidade): a legitimidade da aplicação da pena de inidoneidade contestada em face de ausência de justa causa e de vícios formais do processo administrativo e os efeitos decorrentes da aplicação dessa sanção, que não podem atingir os contratos em curso. Para o Min. Relator, ainda que reconhecida a ilegitimidade da utilização, em processo administrativo, de conversações telefônicas interceptadas para fins de instrução criminal (única finalidade autorizada pelo art. 5º, XII, da CF/88), não há nulidade na sanção administrativa aplicada, já que fundada em outros elementos de prova colhidos em processo administrativo regular, com a participação da empresa interessada. Segundo precedentes da Seção, a declaração de inidoneidade só produz efeito para o futuro (efeito *ex nunc*), sem interferir nos contratos já existentes e em andamento. Com isso, afirma-se que o efeito da sanção inibe a empresa de licitar ou contratar com a Administração Pública (art. 87 da Lei n. 8.666/93), sem, no entanto, acarretar, automaticamente, a rescisão de contratos administrativos já aperfeiçoados juridicamente e em curso de execução, notadamente os celebrados perante outros órgãos administrativos não vinculados à autoridade impetrada ou integrantes de outros entes da Federação (estados, Distrito Federal e municípios). Todavia, a ausência do efeito rescisório automático não compromete nem restringe a faculdade que têm as entidades da Administração Pública de, no âmbito da sua esfera autônoma de atuação, promover medidas administrativas específicas para rescindir os contratos nos casos autorizados, observadas as formalidades estabelecidas nos arts. 77 a 80 da mencionada lei. No caso, está reconhecido que o ato atacado não operou automaticamente a rescisão dos contratos em curso firmados pela impetrante. Diante disso, a Seção denegou o mandado de segurança. MS 13.964-DF, rel. Min. Teori Albino Zavascki, j. 13-5-2009 *(Informativo STJ 394)*.

- **CONTRATAÇÃO. ESCRITÓRIO ESPECIALIZADO. DISPENSA. LICITAÇÃO**
O Ministério Público estadual ajuizou ação civil pública contra escritório de advogados e prefeita de município, por meio da qual pretende apurar a prática de ato de improbidade administrativa consubstanciado na contratação irregular daquele estabelecimento para acompanhamento de feitos nos tribunais, sem a observância do procedimento licitatório. Porém, o Min. Relator esclareceu que, na hipótese, o Tribunal *a quo* deliberou sobre se tratar de escritório com notória especialização, o que levou à conclusão da possibilidade da dispensa de licitação e, quanto ao tema, para analisar a questão acerca da alegada inviabilidade de competição reconhecida pelo Tribunal *a quo,* faz-se necessário o reexame do conjunto probatório, vedado pela Súm. n. 7-STJ. Observou ainda o Min. Relator que o valor da contratação, cinco mil reais mensais durante doze meses, por si só, denota a boa-fé empregada na contratação, além de comprovar a inexistência de enriquecimento ilícito. Diante disso, a Turma negou provimento ao recurso. REsp 1.103.280-MG, rel. Min. Francisco Falcão, j. 16-4-2009 *(Informativo STJ 390)*.

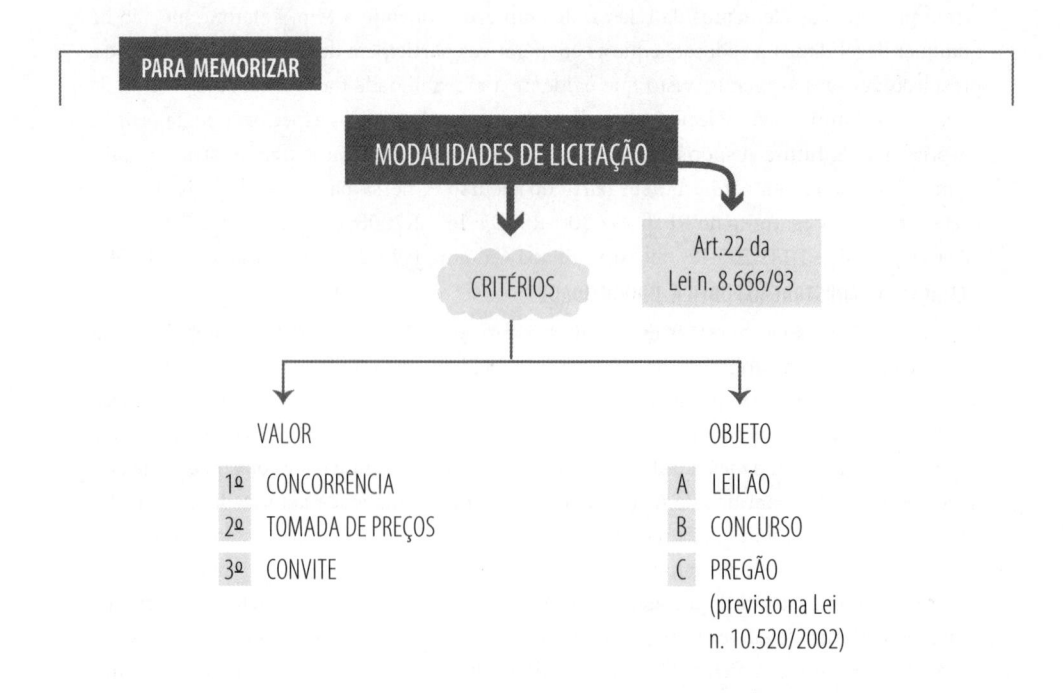

PARA MEMORIZAR

MODALIDADES DE LICITAÇÃO

CRITÉRIOS — Art. 22 da Lei n. 8.666/93

VALOR
- 1º CONCORRÊNCIA
- 2º TOMADA DE PREÇOS
- 3º CONVITE

OBJETO
- A LEILÃO
- B CONCURSO
- C PREGÃO (previsto na Lei n. 10.520/2002)

LICITAÇÃO — LEI N. 8.666/93 E LEI N. 14.133/2021

CUIDADO:

MODALIDADES DE LICITAÇÃO	"TIPO" DE LICITAÇÃO
Art. 22 da Lei n. 8.666/93 • CONCORRÊNCIA • TOMADA DE PREÇOS • CONVITE • CONCURSO • LEILÃO **Lei n. 10.520/2002 → Pregão**	→ Critério de julgamento das propostas → Art. 45 e s. da **Lei n. 8.666/93** • MENOR PREÇO • MELHOR TÉCNICA • TÉCNICA E PREÇO • MAIOR LANCE OU OFERTA

VALORES

		LEI N. 8.666/93	DECRETO N. 9.412/2018
CONCORRÊNCIA	ENGENHARIA	Acima de R$ 1.500.000,00 (um milhão e quinhentos mil reais);	Acima de R$ 3.300.000,00 (três milhões e trezentos mil reais);
	OUTRAS OBRAS/SERVIÇOS	Acima de R$ 650.000,00 (seiscentos e cinquenta mil reais);	Acima de R$ 1.430.000,00 (um milhão quatrocentos e trinta mil reais);
TOMADA DE PREÇOS	ENGENHARIA	Até R$ 1.500.000,00 (um milhão e quinhentos mil reais);	Até R$ 3.300.000,00 (três milhões e trezentos mil reais);
	OUTRAS OBRAS/SERVIÇOS	Até R$ 650.000,00 (seiscentos e cinquenta mil reais);	Até R$ 1.430.000,00 (um milhão quatrocentos e trinta mil reais);
CONVITE	ENGENHARIA	Até R$ 150.000,00 (cento e cinquenta mil reais);	Até R$ 330.000,00 (trezentos e trinta mil reais);
	OUTRAS OBRAS/SERVIÇOS	Até R$ 80.000,00 (oitenta mil reais).	Até R$ 176.000,00 (cento e setenta e seis mil reais).

TIPO DE LICITAÇÃO
(CRITÉRIO DE JULGAMENTO)

LEI N. 8.666/93 ≠ **LEI N. 13.303/2016** ≠ **LEI N. 10.520/2002**

- Melhor preço
- Melhor técnica
- Técnica e preço
- Maior lance ou oferta

Art. 54. Poderão ser utilizados os seguintes critérios de julgamento:

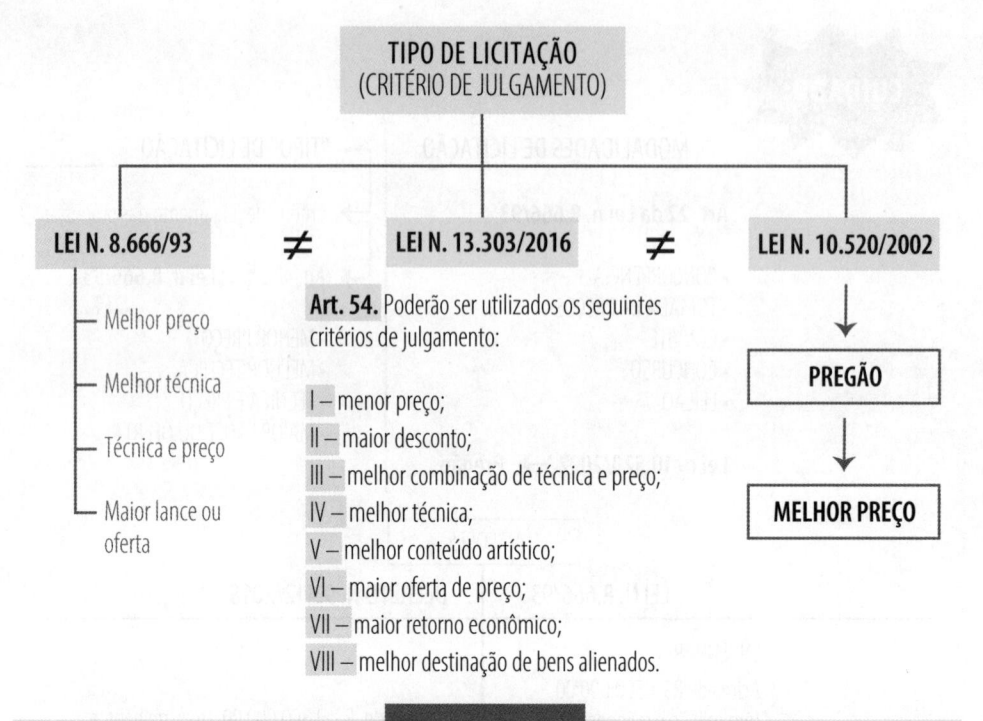

I – menor preço;
II – maior desconto;
III – melhor combinação de técnica e preço;
IV – melhor técnica;
V – melhor conteúdo artístico;
VI – maior oferta de preço;
VII – maior retorno econômico;
VIII – melhor destinação de bens alienados.

PREGÃO → **MELHOR PREÇO**

PARA GABARITAR

a) Concessão de serviço público: a delegação de sua prestação, feita pelo poder concedente, mediante licitação, na modalidade concorrência ou diálogo competitivo, a pessoa jurídica ou consórcio de empresas que demonstre capacidade para seu desempenho, por sua conta e risco e por prazo determinado.

b) Administração Pública: administração direta e indireta da União, dos Estados, do Distrito Federal e dos Municípios, inclusive as entidades com personalidade jurídica de direito privado sob controle do poder público e as fundações por ele instituídas ou mantidas.

c) Serviço: atividade ou conjunto de atividades destinadas a obter determinada utilidade, intelectual ou material, de interesse da Administração.

d) Obra: toda atividade estabelecida, por força de lei, como privativa das profissões de arquiteto e engenheiro que implica intervenção no meio ambiente por meio de um conjunto harmônico de ações que, agregadas, formam um todo que inova o espaço físico da natureza ou acarreta alteração substancial das características originais de bem imóvel.

12. ENUNCIADOS DA JORNADA DE DIREITO ADMINISTRATIVO

I JORNADA	IDs	ENUNCIADOS APROVADOS NA PLENÁRIA
1	2941	A autorização para apresentação de projetos, levantamentos, investigações ou estudos no âmbito do Procedimento de Manifestação de Interesse, quando concedida mediante restrição ao número de participantes, deve se dar por meio de seleção imparcial dos interessados, com ampla publicidade e critérios objetivos.

18	2781	A ausência de previsão editalícia não afasta a possibilidade de celebração de compromisso arbitral em conflitos oriundos de contratos administrativos.
21	3032	A conduta de apresentação de documentos falsos ou adulterados por pessoa jurídica em processo licitatório configura o ato lesivo previsto no art. 5º, IV, d, da Lei n. 12.846/2013, independentemente de essa sagrar-se vencedora no certame ou ter a continuidade da sua participação obstada nesse.
28	2731 e 3037 (Aglutinados)	Na fase interna da licitação para concessões e parcerias público-privadas, o Poder Concedente deverá indicar as razões que o levaram a alocar o risco no concessionário ou no Poder Concedente, tendo como diretriz a melhor capacidade da parte para gerenciá-lo.
35	2877	Cabe mandado de segurança para pleitear que seja obedecida a ordem cronológica para pagamentos em relação a crédito já reconhecido e atestado pela Administração, de acordo com o art. 5º, caput, da Lei n. 8.666/93.
36	2844	A responsabilidade solidária das empresas consorciadas pelos atos praticados na licitação e na execução do contrato, de que trata o inciso V do art. 33 da Lei n. 8.666/93, refere-se à responsabilidade civil, não se estendendo às penalidades administrativas.
39	2968 e 2842 (Aglutinados)	A indicação e a aceitação de árbitros pela Administração Pública não dependem de seleção pública formal, como concurso ou licitação, mas devem ser objeto de fundamentação prévia e por escrito, considerando os elementos relevantes.

13. ASPECTOS IMPORTANTES DA LEI N. 14.133, DE 1º DE ABRIL DE 2021

Agora que você já estudou de forma comparativa a Lei n. 8666/93 e a **Lei n. 14.333/2021**, vamos estudar e aprender alguns conceitos trazidos exclusivamente pela Lei n. 14.133/2021.

Órgão	unidade de atuação integrante da estrutura da Administração Pública.
Entidade	unidade de atuação dotada de personalidade jurídica.
Administração Pública	administração direta e indireta da União, dos Estados, do Distrito Federal e dos Municípios, inclusive as entidades com personalidade jurídica de direito privado sob controle do poder público e as fundações por ele instituídas ou mantidas.
Administração	órgão ou entidade por meio do qual a Administração Pública atua.

Agente Público	indivíduo que, em virtude de eleição, nomeação, designação, contratação ou qualquer outra forma de investidura ou vínculo, exerce mandato, cargo, emprego ou função em pessoa jurídica integrante da Administração Pública.
Autoridade	agente público dotado de poder de decisão.
Contratante	pessoa jurídica integrante da Administração Pública responsável pela contratação.
Contratado	pessoa física ou jurídica, ou consórcio de pessoas jurídicas, signatária de contrato com a Administração.
Licitante	pessoa física ou jurídica, ou consórcio de pessoas jurídicas, que participa ou manifesta a intenção de participar de processo licitatório, sendo-lhe equiparável, para os fins desta Lei, o fornecedor ou o prestador de serviço que, em atendimento à solicitação da Administração, oferece proposta.
Compra	aquisição remunerada de bens para fornecimento de uma só vez ou parceladamente, considerada imediata aquela com prazo de entrega de até 30 (trinta) dias da ordem de fornecimento.
Serviço	atividade ou conjunto de atividades destinadas a obter determinada utilidade, intelectual ou material, de interesse da Administração.
Obra	toda atividade estabelecida, por força de lei, como privativa das profissões de arquiteto e engenheiro que implica intervenção no meio ambiente por meio de um conjunto harmônico de ações que, agregadas, formam um todo que inova o espaço físico da natureza ou acarreta alteração substancial das características originais de bem imóvel.
Bens e serviços comuns	bens e serviços comuns: aqueles cujos padrões de desempenho e qualidade podem ser objetivamente definidos pelo edital, por meio de especificações usuais de mercado.
Bens e serviços especiais	aqueles que, por sua alta heterogeneidade ou complexidade, não podem ser descritos na forma da linha acima que define bens e serviços comuns, exigida justificativa prévia do contratante.
Serviços e fornecimentos contínuos	serviços contratados e compras realizadas pela Administração Pública para a manutenção da atividade administrativa, decorrentes de necessidades permanentes ou prolongadas.
Serviços contínuos com regime de dedicação exclusiva de mão de obra	aqueles cujo modelo de execução contratual exige, entre outros requisitos, que: a) os empregados do contratado fiquem à disposição nas dependências do contratante para a prestação dos serviços; b) o contratado não compartilhe os recursos humanos e materiais disponíveis de uma contratação para execução simultânea de outros contratos; c) o contratado possibilite a fiscalização pelo contratante quanto à distribuição, controle e supervisão dos recursos humanos alocados aos seus contratos.

Serviços não contínuos ou contratados por escopo	aqueles que impõem ao contratado o dever de realizar a prestação de um serviço específico em período predeterminado, podendo ser prorrogado, desde que justificadamente, pelo prazo necessário à conclusão do objeto.
Serviços técnicos especializados de natureza predominantemente intelectual	aqueles realizados em trabalhos relativos a: a) estudos técnicos, planejamentos, projetos básicos e projetos executivos; b) pareceres, perícias e avaliações em geral; c) assessorias e consultorias técnicas e auditorias financeiras e tributárias; d) fiscalização, supervisão e gerenciamento de obras e serviços; e) patrocínio ou defesa de causas judiciais e administrativas; f) treinamento e aperfeiçoamento de pessoal; g) restauração de obras de arte e de bens de valor histórico; h) controles de qualidade e tecnológico, análises, testes e ensaios de campo e laboratoriais, instrumentação e monitoramento de parâmetros específicos de obras e do meio ambiente e demais serviços de engenharia que se enquadrem na definição do inciso XVIII do art. 6º da **Lei n. 14.133/2021**.
Notória especialização	qualidade de profissional ou de empresa cujo conceito, no campo de sua especialidade, decorrente de desempenho anterior, estudos, experiência, publicações, organização, aparelhamento, equipe técnica ou outros requisitos relacionados com suas atividades, permite inferir que o seu trabalho é essencial e reconhecidamente adequado à plena satisfação do objeto do contrato.
Estudo técnico preliminar	documento constitutivo da primeira etapa do planejamento de uma contratação que caracteriza o interesse público envolvido e a sua melhor solução e dá base ao anteprojeto, ao termo de referência ou ao projeto básico a serem elaborados caso se conclua pela viabilidade da contratação.
Serviço de engenharia	toda atividade ou conjunto de atividades destinadas a obter determinada utilidade, intelectual ou material, de interesse para a Administração e que, não enquadradas no conceito de obra a que se refere o inciso XII do *caput* do art.6º, são estabelecidas, por força de lei, como privativas das profissões de arquiteto e engenheiro ou de técnicos especializados, que compreendem: a) serviço comum de engenharia: todo serviço de engenharia que tem por objeto ações, objetivamente padronizáveis em termos de desempenho e qualidade, de manutenção, de adequação e de adaptação de bens móveis e imóveis, com preservação das características originais dos bens; b) serviço especial de engenharia: aquele que, por sua alta heterogeneidade ou complexidade, não pode se enquadrar na definição constante da alínea "a" do inciso XXI do art. 6º da **Lei n. 14.133/2021**.
Obras, serviços e fornecimentos de grande vulto	aqueles cujo valor estimado supera R$ 200.000.000,00 (duzentos milhões de reais).

Termo de referência	documento necessário para a contratação de bens e serviços, que deve conter os seguintes parâmetros e elementos descritivos: a) definição do objeto, incluídos sua natureza, os quantitativos, o prazo do contrato e, se for o caso, a possibilidade de sua prorrogação; b) fundamentação da contratação, que consiste na referência aos estudos técnicos preliminares correspondentes ou, quando não for possível divulgar esses estudos, no extrato das partes que não contiverem informações sigilosas; c) descrição da solução como um todo, considerado todo o ciclo de vida do objeto; d) requisitos da contratação; e) modelo de execução do objeto, que consiste na definição de como o contrato deverá produzir os resultados pretendidos desde o seu início até o seu encerramento; f) modelo de gestão do contrato, que descreve como a execução do objeto será acompanhada e fiscalizada pelo órgão ou entidade; g) critérios de medição e de pagamento; h) forma e critérios de seleção do fornecedor; i) estimativas do valor da contratação, acompanhadas dos preços unitários referenciais, das memórias de cálculo e dos documentos que lhe dão suporte, com os parâmetros utilizados para a obtenção dos preços e para os respectivos cálculos, que devem constar de documento separado e classificado; j) adequação orçamentária.
Anteprojeto	Peça técnica com todos os subsídios necessários à elaboração do projeto básico que deve conter, no mínimo, os seguintes elementos: a) demonstração e justificativa do programa de necessidades, avaliação de demanda do público-alvo, motivação técnico-econômico-social do empreendimento, visão global dos investimentos e definições relacionadas ao nível de serviço desejado; b) condições de solidez, de segurança e de durabilidade; c) prazo de entrega; d) estética do projeto arquitetônico, traçado geométrico e/ou projeto da área de influência, quando cabível; e) parâmetros de adequação ao interesse público, de economia na utilização, de facilidade na execução, de impacto ambiental e de acessibilidade; f) proposta de concepção da obra ou do serviço de engenharia; g) projetos anteriores ou estudos preliminares que embasaram a concepção proposta; h) levantamento topográfico e cadastral; i) pareceres de sondagem; j) memorial descritivo dos elementos da edificação, dos componentes construtivos e dos materiais de construção, de forma a estabelecer padrões mínimos para a contratação

Projeto básico	conjunto de elementos necessários e suficientes, com nível de precisão adequado para definir e dimensionar a obra ou o serviço, ou o complexo de obras ou de serviços objeto da licitação, elaborado com base nas indicações dos estudos técnicos preliminares, que assegure a viabilidade técnica e o adequado tratamento do impacto ambiental do empreendimento e que possibilite a avaliação do custo da obra e a definição dos métodos e do prazo de execução, devendo conter os seguintes elementos: a) levantamentos topográficos e cadastrais, sondagens e ensaios geotécnicos, ensaios e análises laboratoriais, estudos socioambientais e demais dados e levantamentos necessários para execução da solução escolhida; b) soluções técnicas globais e localizadas, suficientemente detalhadas, de forma a evitar, por ocasião da elaboração do projeto executivo e da realização das obras e montagem, a necessidade de reformulações ou variantes quanto à qualidade, ao preço e ao prazo inicialmente definidos; c) identificação dos tipos de serviços a executar e dos materiais e equipamentos a incorporar à obra, bem como das suas especificações, de modo a assegurar os melhores resultados para o empreendimento e a segurança executiva na utilização do objeto, para os fins a que se destina, considerados os riscos e os perigos identificáveis, sem frustrar o caráter competitivo para a sua execução; d) informações que possibilitem o estudo e a definição de métodos construtivos, de instalações provisórias e de condições organizacionais para a obra, sem frustrar o caráter competitivo para a sua execução; e) subsídios para montagem do plano de licitação e gestão da obra, compreendidos a sua programação, a estratégia de suprimentos, as normas de fiscalização e outros dados necessários em cada caso; f) orçamento detalhado do custo global da obra, fundamentado em quantitativos de serviços e fornecimentos propriamente avaliados, obrigatório exclusivamente para os regimes de execução previstos nos incisos I, II, III, IV e VII do *caput* do art. 46 desta Lei.
Projeto executivo	conjunto de elementos necessários e suficientes à execução completa da obra, com o detalhamento das soluções previstas no projeto básico, a identificação de serviços, de materiais e de equipamentos a serem incorporados à obra, bem como suas especificações técnicas, de acordo com as normas técnicas pertinentes.
Matriz de riscos	cláusula contratual definidora de riscos e de responsabilidades entre as partes e caracterizadora do equilíbrio econômico-financeiro inicial do contrato, em termos de ônus financeiro decorrente de eventos supervenientes à contratação, contendo, no mínimo, as seguintes informações: a) listagem de possíveis eventos supervenientes à assinatura do contrato que possam causar impacto em seu equilíbrio econômico-financeiro e previsão de eventual necessidade de prolação de termo aditivo por ocasião de sua ocorrência;

	b) no caso de obrigações de resultado, estabelecimento das frações do objeto com relação às quais haverá liberdade para os contratados inovarem em soluções metodológicas ou tecnológicas, em termos de modificação das soluções previamente delineadas no anteprojeto ou no projeto básico; c) no caso de obrigações de meio, estabelecimento preciso das frações do objeto com relação às quais não haverá liberdade para os contratados inovarem em soluções metodológicas ou tecnológicas, devendo haver obrigação de aderência entre a execução e a solução predefinida no anteprojeto ou no projeto básico, consideradas as características do regime de execução no caso de obras e serviços de engenharia.
Empreitada por preço unitário	contratação da execução da obra ou do serviço por preço certo de unidades determinadas.
Empreitada por preço global	contratação da execução da obra ou do serviço por preço certo e total.
Empreitada integral	contratação de empreendimento em sua integralidade, compreendida a totalidade das etapas de obras, serviços e instalações necessárias, sob inteira responsabilidade do contratado até sua entrega ao contratante em condições de entrada em operação, com características adequadas às finalidades para as quais foi contratado e atendidos os requisitos técnicos e legais para sua utilização com segurança estrutural e operacional.
Contratação por tarefa	regime de contratação de mão de obra para pequenos trabalhos por preço certo, com ou sem fornecimento de materiais.
Contratação integrada	regime de contratação de obras e serviços de engenharia em que o contratado é responsável por elaborar e desenvolver os projetos básico e executivo, executar obras e serviços de engenharia, fornecer bens ou prestar serviços especiais e realizar montagem, teste, pré-operação e as demais operações necessárias e suficientes para a entrega final do objeto.
Contratação semi-integrada	regime de contratação de obras e serviços de engenharia em que o contratado é responsável por elaborar e desenvolver o projeto executivo, executar obras e serviços de engenharia, fornecer bens ou prestar serviços especiais e realizar montagem, teste, pré-operação e as demais operações necessárias e suficientes para a entrega final do objeto.
Fornecimento e prestação de serviço associado	regime de contratação em que, além do fornecimento do objeto, o contratado responsabiliza-se por sua operação, manutenção ou ambas, por tempo determinado.
Licitação internacional	licitação processada em território nacional na qual é admitida a participação de licitantes estrangeiros, com a possibilidade de cotação de preços em moeda estrangeira, ou licitação na qual o objeto contratual pode ou deve ser executado no todo ou em parte em território estrangeiro.

Serviço Nacional	serviço prestado em território nacional, nas condições estabelecidas pelo Poder Executivo federal.
Produto manufaturado nacional	produto manufaturado produzido no território nacional de acordo com o processo produtivo básico ou com as regras de origem estabelecidas pelo Poder Executivo Federal.
Concorrência	modalidade de licitação para contratação de bens e serviços especiais e de obras e serviços comuns e especiais de engenharia, cujo critério de julgamento poderá ser: a) menor preço; b) melhor técnica ou conteúdo artístico; c) técnica e preço; d) maior retorno econômico; e) maior desconto.
Concurso	modalidade de licitação para escolha de trabalho técnico, científico ou artístico, cujo critério de julgamento será o de melhor técnica ou conteúdo artístico, e para concessão de prêmio ou remuneração ao vencedor.
Leilão	modalidade de licitação para alienação de bens imóveis ou de bens móveis inservíveis ou legalmente apreendidos a quem oferecer o maior lance.
Pregão	modalidade de licitação obrigatória para aquisição de bens e serviços comuns, cujo critério de julgamento poderá ser o de menor preço ou o de maior desconto.
Diálogo Competitivo	modalidade de licitação para contratação de obras, serviços e compras em que a Administração Pública realiza diálogos com licitantes previamente selecionados mediante critérios objetivos, com o intuito de desenvolver uma ou mais alternativas capazes de atender às suas necessidades, devendo os licitantes apresentar proposta final após o encerramento dos diálogos.
Credenciamento	processo administrativo de chamamento público em que a Administração Pública convoca interessados em prestar serviços ou fornecer bens para que, preenchidos os requisitos necessários, se credenciem no órgão ou na entidade para executar o objeto quando convocados.
Pré-qualificação	procedimento seletivo prévio à licitação, convocado por meio de edital, destinado à análise das condições de habilitação, total ou parcial, dos interessados ou do objeto.
Sistema de registro de preço	conjunto de procedimentos para realização, mediante contratação direta ou licitação nas modalidades pregão ou concorrência, de registro formal de preços relativos a prestação de serviços, a obras e a aquisição e locação de bens para contratações futuras.

Ata de registro de preços	documento vinculativo e obrigacional, com característica de compromisso para futura contratação, no qual são registrados o objeto, os preços, os fornecedores, os órgãos participantes e as condições a serem praticadas, conforme as disposições contidas no edital da licitação, no aviso ou instrumento de contratação direta e nas propostas apresentadas.
Órgão ou entidade gerenciadora	órgão ou entidade da Administração Pública responsável pela condução do conjunto de procedimentos para registro de preços e pelo gerenciamento da ata de registro de preços dele decorrente.
Órgão ou entidade participante	órgão ou entidade da Administração Pública que participa dos procedimentos iniciais da contratação para registro de preços e integra a ata de registro de preços.
Órgão ou entidade não participante	órgão ou entidade da Administração Pública que não participa dos procedimentos iniciais da licitação para registro de preços e não integra a ata de registro de preços.
Comissão de contratação	conjunto de agentes públicos indicados pela Administração, em caráter permanente ou especial, com a função de receber, examinar e julgar documentos relativos às licitações e aos procedimentos auxiliares.
Catálogo eletrônico de padronização de compras, serviços e obras	sistema informatizado, de gerenciamento centralizado e com indicação de preços, destinado a permitir a padronização de itens a serem adquiridos pela Administração Pública e que estarão disponíveis para a licitação.
Sítio eletrônico oficial	sítio da internet, certificado digitalmente por autoridade certificadora, no qual o ente federativo divulga de forma centralizada as informações e os serviços de governo digital dos seus órgãos e entidades.
Contrato de eficiência	contrato cujo objeto é a prestação de serviços, que pode incluir a realização de obras e o fornecimento de bens, com o objetivo de proporcionar economia ao contratante, na forma de redução de despesas correntes, remunerado o contratado com base em percentual da economia gerada.
Seguro-garantia	seguro que garante o fiel cumprimento das obrigações assumidas pelo contratado.
Produtos para pesquisa e desenvolvimento	bens, insumos, serviços e obras necessários para atividade de pesquisa científica e tecnológica, desenvolvimento de tecnologia ou inovação tecnológica, discriminados em projeto de pesquisa.
Sobrepreço	preço orçado para licitação ou contratado em valor expressivamente superior aos preços referenciais de mercado, seja de apenas 1 (um) item, se a licitação ou a contratação for por preços unitários de serviço, seja do valor global do objeto, se a licitação ou a contratação for por tarefa, empreitada por preço global ou empreitada integral, semi-integrada ou integrada.

Superfaturamento	dano provocado ao patrimônio da Administração, caracterizado, entre outras situações, por: a) medição de quantidades superiores às efetivamente executadas ou fornecidas; b) deficiência na execução de obras e de serviços de engenharia que resulte em diminuição da sua qualidade, vida útil ou segurança; c) alterações no orçamento de obras e de serviços de engenharia que causem desequilíbrio econômico-financeiro do contrato em favor do contratado; d) outras alterações de cláusulas financeiras que gerem recebimentos contratuais antecipados, distorção do cronograma físico-financeiro, prorrogação injustificada do prazo contratual com custos adicionais para a Administração ou reajuste irregular de preços.
Reajustamento em sentido estrito	forma de manutenção do equilíbrio econômico-financeiro de contrato consistente na aplicação do índice de correção monetária previsto no contrato, que deve retratar a variação efetiva do custo de produção, admitida a adoção de índices específicos ou setoriais.
Repactuação	forma de manutenção do equilíbrio econômico-financeiro de contrato utilizada para serviços contínuos com regime de dedicação exclusiva de mão de obra ou predominância de mão de obra, por meio da análise da variação dos custos contratuais, devendo estar prevista no edital com data vinculada à apresentação das propostas, para os custos decorrentes do mercado, e com data vinculada ao acordo, à convenção coletiva ou ao dissídio coletivo ao qual o orçamento esteja vinculado, para os custos decorrentes da mão de obra.
Agente de contratação	pessoa designada pela autoridade competente, entre servidores efetivos ou empregados públicos dos quadros permanentes da Administração Pública, para tomar decisões, acompanhar o trâmite da licitação, dar impulso ao procedimento licitatório e executar quaisquer outras atividades necessárias ao bom andamento do certame até a homologação.

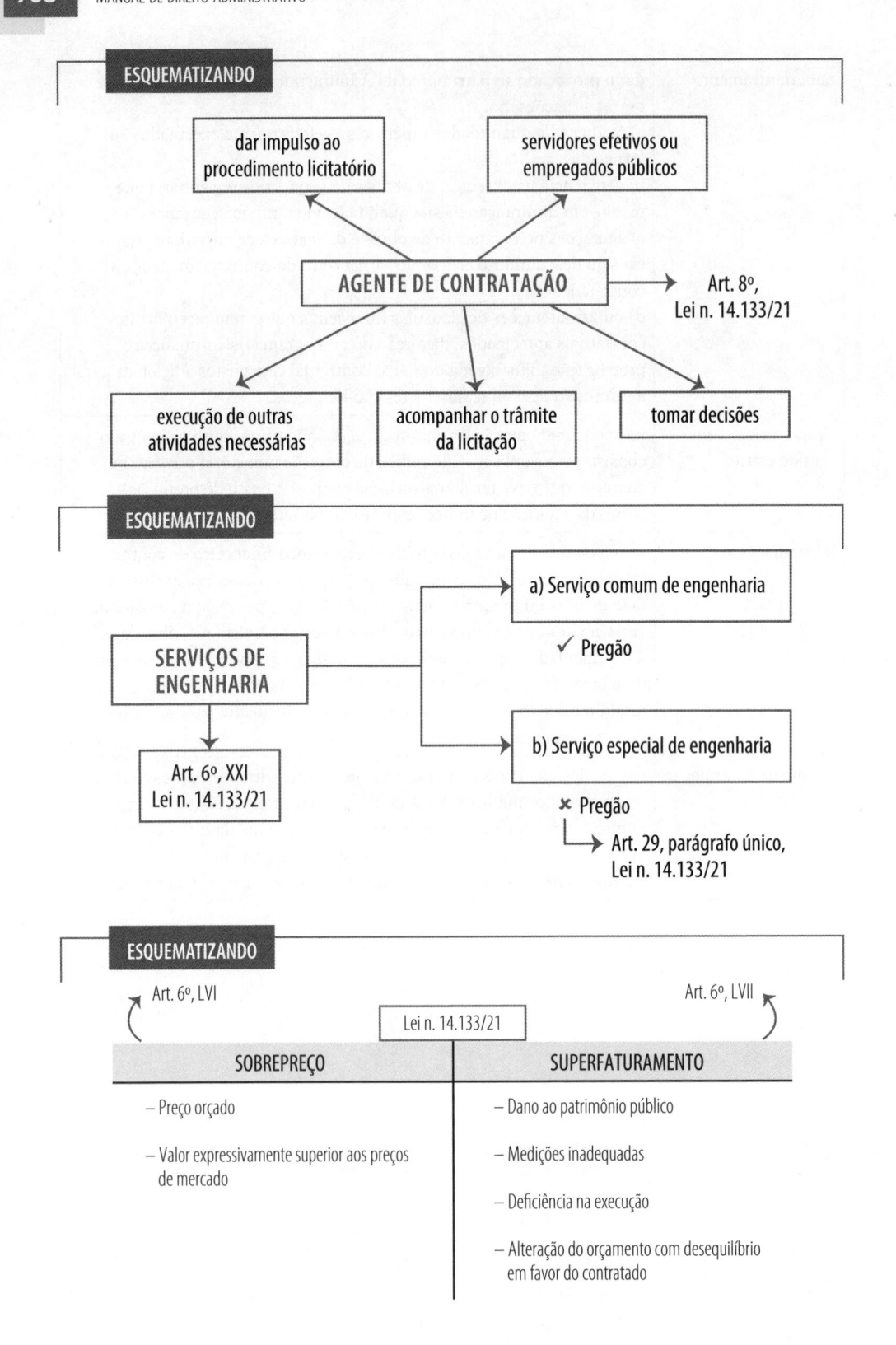

ESQUEMATIZANDO

```
        dar impulso ao              servidores efetivos ou
      procedimento licitatório       empregados públicos
                  ↖              ↗
                AGENTE DE CONTRATAÇÃO  →  Art. 8º,
                  ↙       ↓       ↘       Lei n. 14.133/21
  execução de outras   acompanhar o trâmite    tomar decisões
  atividades necessárias   da licitação
```

ESQUEMATIZANDO

```
                         → a) Serviço comum de engenharia
                              ✓ Pregão
   SERVIÇOS DE
   ENGENHARIA  →
      ↓                  → b) Serviço especial de engenharia
   Art. 6º, XXI              ✗ Pregão
   Lei n. 14.133/21            → Art. 29, parágrafo único,
                                  Lei n. 14.133/21
```

ESQUEMATIZANDO

Art. 6º, LVI — Lei n. 14.133/21 — Art. 6º, LVII

SOBREPREÇO	SUPERFATURAMENTO
– Preço orçado	– Dano ao patrimônio público
– Valor expressivamente superior aos preços de mercado	– Medições inadequadas
	– Deficiência na execução
	– Alteração do orçamento com desequilíbrio em favor do contratado

ESQUEMATIZANDO

Lei n. 14.133/21

CRITÉRIO DE JULGAMENTO (Art. 6º, LVI)	MODALIDADE LICITATÓRIA (Art. 6º, LVII)
– Menor preço	– Pregão
– Maior desconto	– Concorrência
– Melhor técnica ou conteúdo artístico	– Concurso
– Técnica e preço	– Leilão
– Maior lance	– Diálogo competitivo
– Maior retorno econômico	

14. CONTEÚDO DIGITAL

Acesse também pelo *link*: https://somos.in/MDADM9

Capítulo XIII

Regime Diferenciado para Contratações – RDC

1. CARACTERÍSTICAS DO REGIME DIFERENCIADO PARA CONTRATAÇÕES – RDC

A Lei n. 12.462, de 4 de agosto de 2011, instituiu o Regime Diferenciado de Contratações Públicas – RDC. Em 19 de novembro de 2015, essa lei sofreu algumas alterações decorrentes da Lei n. 13.190. Também, em 11 de janeiro de 2016, a Lei n. 13.243 incluiu o inciso X no art. 1º da Lei n. 12.462/2011.

A Lei n. 12.462/2011 está com os dias contados. Dia 01 de abril de 2021 foi publicada a **Lei n. 14.133** que, em seu art. 193, II fixou a revogação da Lei n. 12.462.2011 **após decorridos dois anos** da publicação oficial da **Lei n. 14.133/2021**. Portanto, a partir de 01 de abril de 2023, não teremos mais o Regime Diferenciado para Contratações – RDC.

Enquanto esta data não chega, vamos estudar o RDC e entender suas peculiaridades. As características principais desse regime serão tratadas a seguir.

1.1 Quais obras e contratações podem ser realizadas via RDC?

O Regime Diferenciado foi criado com o objetivo de viabilizar as obras e contratações necessárias para criar a infraestrutura indispensável para a realização:

a) dos Jogos Olímpicos e Paraolímpicos de 2016, constantes da Carteira de Projetos Olímpicos definida pela Autoridade Pública Olímpica (APO);

b) da Copa das Confederações da Federação Internacional de Futebol Associação – Fifa 2013 e da Copa do Mundo Fifa 2014, definidos pelo Grupo Executivo – Gecopa 2014 do Comitê Gestor instituído para definir, aprovar e supervisionar as ações previstas no Plano Estratégico das Ações do Governo Brasileiro para a realização da Copa do Mundo Fifa 2014 – CGCOPA 2014, restringindo-se, no caso de obras públicas, às constantes da matriz de responsabilidades celebrada entre a União, Estados, Distrito Federal e Municípios;

c) de obras de infraestrutura e de contratação de serviços para os aeroportos das capitais dos Estados da Federação distantes até 350 km (trezentos e cinquenta quilômetros) das cidades sedes dos mundiais referidos nos dois itens acima;

d) das ações integrantes do Programa de Aceleração do Crescimento (PAC) – inclusão pela Lei n. 12.688, de 2012;

e) das obras e serviços de engenharia no âmbito do Sistema Único de Saúde – SUS – inclusão pela Lei n. 12.745, de 2012;

f) das obras e serviços de engenharia para construção, ampliação e reforma de estabelecimentos penais e unidades de atendimento socioeducativo – inclusão pela Lei n. 13.190, de 19 de novembro de 2015;

Aprofundamento: A Lei n. 13.190/2015 acrescentou dois dispositivos importantes (arts. 83-A e 83- B) à Lei de Execução Penal (Lei n. 7.210/84), prevendo: **1)** a possibilidade de serem objeto de **execução indireta** as atividades materiais acessórias, instrumentais ou complementares desenvolvidas em estabelecimentos penais, v.g., serviços de conservação, limpeza, informática, copeiragem, portaria, recepção, reprografia, telecomunicações, lavanderia e manutenção de prédios, instalações e equipamentos internos e externos, serviços relacionados à execução de trabalho pelo preso; **2)** a **indelegabilidade** das funções de direção, chefia e coordenação no âmbito do sistema penal, bem como todas as atividades que **exijam o exercício do poder de polícia**, v.g., classificação de condenados, aplicação de sanções disciplinares, controle de rebeliões e transporte de presos para órgãos do Poder Judiciário, hospitais e outros locais externos aos estabelecimentos penais.

g) das ações em órgãos e entidades dedicados à ciência, à tecnologia, à inovação – inclusão pela Lei n. 13.243, de 11 de janeiro de 2016;

h) das ações no âmbito da segurança pública – inclusão pela Lei n. 13.190, de 19 de novembro de 2015;

i) das obras e serviços de engenharia, relacionadas a melhorias na mobilidade urbana ou ampliação de infraestrutura logística – inclusão pela Lei n. 13.190, de 19 de novembro de 2015;

j) dos contratos a que se refere o art. 47-A – inclusão pela Lei n. 13.190, de 19 de novembro de 2015;

k) ainda, o RDC também é aplicável às licitações e aos contratos necessários à realização de obras e serviços de engenharia no âmbito dos sistemas públicos de ensino e de pesquisa, ciência e tecnologia (nos termos estabelecidos pelo § 3º do art. 1º – com redação dada pela Lei n. 13.190, de 19 de novembro de 2015).

"A justificativa para o RDC era que o país estava atrasado no tocante ao cumprimento dos encargos para a realização de tais eventos e que o regime tradicional de licitação pública, que tem por base a Lei n. 8.666/93, era insuficiente, sobretudo porque as licitações demandavam muito tempo, tempo que alegadamente já não se dispunha por culpa única e exclusiva da negligência provocada pela péssima gestão e pela ausência de planejamento"¹.

Mas será que após o término desses eventos seria possível continuar utilizando o RDC?

O Plenário do Tribunal de Contas da União (Acórdão n. 1.324/2012) entendeu que é permitido utilizar o RDC para obras com término posterior à Copa do Mundo e às Olimpíadas, "desde que uma parte de tais obras seja aproveitada em tais eventos e desde que se demonstre que não seria viável fracionar os seus respectivos objetos"².

Inclusive, com as ampliações que o RDC sofreu pela Lei n. 12.688/2012 (que permitiu a utilização do RDC para ações integrantes do Programa de Aceleração do Crescimento – PAC), com a Lei n. 12.745/2012 (que permitiu a utilização do RDC para obras e serviços de engenharia no âmbito do Sistema Único de Saúde – SUS) e a Lei n. 12.980/2014 (que permitiu a utilização do RDC para obras e serviços de engenharia para construção, ampliação e reforma de estabelecimentos penais e unidades de atendimento socioeducativo), deixou de ser um regime transitório e passou "a conviver de maneira estável e sem prazo de validade determinado ao lado do regime tradicional de licitações, que, como dito, é baseado na Lei n. 8.666/93"³.

CRÍTICA: A tendência, portanto, é a de que o RDC seja ampliado (tudo isso com base no que vem sendo incluído como passível de contratação via RDC, v.g., as inclusões realizadas pelas Leis n. 12.688/2012, 12.745/2012, 12.980/2014 e 13.190/2015). "Em que pese isso, não é correto, adequado e constitucional o modo como o RDC foi constituído e como vem sendo ampliado, por meio de inconstitucionais medidas provisórias, com viés autoritário, sem debate mais aprofundado e amadurecido.

Por derradeiro, deixe-se claro que o RDC convive com o regime tradicional de licitações fundado na Lei n. 8.666/93. Mesmo nas hipóteses autorizadas pela legislação, **o RDC não é obrigatório**. Os agentes administrativos gozam da opção de realizar as licitações pelo regime tradicional ou pelo regime diferenciado. Essa pluralidade de regimes de licitação e o amontoado de leis e atos normativos sobre o assunto obscurecem a matéria, provocando sensação de incerteza e insegurança jurídica. Seria muito melhor que o país contasse com apenas um regime de licitações, uma lei somente, fruto do debate e do confronto democrático de ideias e percepções, que permitisse à Administração melhora no desempenho das suas licitações e contratos"⁴.

Todavia, apesar de todas essas considerações e apontamentos críticos, com a **Lei n. 14.133 de 01 de abril de 2021**, decorridos dois anos após a data de publicação oficial

---

[1] NIEBUHR, Joel de Menezes. *Licitação pública e contrato administrativo*, 3. ed., Belo Horizonte: Fórum, 2013, p. 655.

[2] NIEBUHR, Joel de Menezes. *Licitação pública e contrato administrativo*, 3. ed., Belo Horizonte: Fórum, 2013, p. 655.

[3] NIEBUHR, Joel de Menezes. *Licitação pública e contrato administrativo*, 3. ed., Belo Horizonte: Fórum, 2013, p. 656.

[4] NIEBUHR, Joel de Menezes. *Licitação pública e contrato administrativo*, 3. ed., Belo Horizonte: Fórum, 2013, p. 656.

desta lei, o RDC, nos termos do art. 193, II, será revogado. Isto coloca uma pá de cal na discussão que existia até então quanto a sua usabilidade e incidência.

1.2 Objetivos do RDC

a) Ampliar a eficiência nas contratações públicas e a competitividade entre os licitantes.

b) Promover a troca de experiências e tecnologias em busca da melhor relação entre custos e benefícios para o setor público.

c) Incentivar a inovação tecnológica.

d) Assegurar tratamento isonômico entre os licitantes e a seleção da proposta mais vantajosa para a Administração Pública.

1.3 Peculiaridades do RDC

a) O RDC prevê o instituto da **"multiadjudicação"** (art. 11 da Lei n. 12.462/2011) – salvo no que tange aos serviços de engenharia (§ 2º do art. 11).

Pela multiadjudicação, a Administração Pública poderá, mediante justificativa expressa, contratar mais de uma empresa ou instituição para executar o mesmo serviço, desde que não implique perda de economia de escala, quando: o objeto da contratação puder ser executado de forma concorrente e simultânea por mais de um contratado; ou a múltipla execução for conveniente para atender à Administração Pública.

b) As fases do procedimento do RDC são, nesta ordem, assim fixadas: 1ª – preparatória; 2ª – publicação do instrumento convocatório; 3ª – apresentação de propostas ou lances; 4ª – julgamento; 5ª – habilitação; 6ª – fase recursal; e 7ª – encerramento (art. 12 da Lei n. 12.462/2011).

c) As licitações deverão ser realizadas **preferencialmente** sob a forma eletrônica, admitida a presencial (art. 13 da Lei n. 12.462/2011).

d) O oferecimento das propostas poderá seguir um sistema de **disputa aberto** (com lances públicos e sucessivos, crescentes ou decrescentes) OU um sistema de **disputa fechado** (com propostas sigilosas).

> **LEGISLAÇÃO CORRELATA**
>
> **Lei n. 12.462/2011**
>
> **Art. 17.** O regulamento disporá sobre as regras e procedimentos de apresentação de propostas ou lances, observado o seguinte:
>
> I – no modo de disputa aberto, os licitantes apresentarão suas ofertas por meio de lances públicos e sucessivos, crescentes ou decrescentes, conforme o critério de julgamento adotado;
>
> II – no modo de disputa fechado, as propostas apresentadas pelos licitantes serão sigilosas até a data e hora designadas para que sejam divulgadas; e
>
> III – nas licitações de obras ou serviços de engenharia, após o julgamento das propostas, o licitante vencedor deverá reelaborar e apresentar à administração pública, por meio eletrônico, as

planilhas com indicação dos quantitativos e dos custos unitários, bem como do detalhamento das Bonificações e Despesas Indiretas (BDI) e dos Encargos Sociais (ES), com os respectivos valores adequados ao lance vencedor.

e) Os **critérios de julgamento das propostas** (art. 18 da Lei n. 12.462/2011) que podem ser utilizados no RDC e que devem ser identificados no instrumento convocatório são: **1) menor preço ou maior desconto** (considerando o menor dispêndio para a Administração Pública, atendidos os parâmetros mínimos de qualidade definidos no instrumento convocatório – art. 19 da Lei n. 12.462/2011); **2) técnica e preço** (devendo ser avaliadas e ponderadas as propostas técnicas e de preço apresentadas pelos licitantes, mediante a utilização de parâmetros objetivos obrigatoriamente inseridos no instrumento convocatório – art. 20 da Lei n. 12.462/2011); **3) melhor técnica ou conteúdo artístico** (critério que considerará exclusivamente as propostas técnicas ou artísticas apresentadas pelos licitantes com base em critérios objetivos previamente estabelecidos no instrumento convocatório, no qual será definido o prêmio ou a remuneração que será atribuída aos vencedores – art. 21); **4) maior oferta de preço** (critério utilizado no caso de contratos que resultem em receita para a Administração Pública – art. 22 da Lei n. 12.462/2011); ou **5) maior retorno econômico** (critério utilizado exclusivamente para a celebração de contratos de eficiência, as propostas serão consideradas de forma a selecionar a que proporcionará a maior economia para a Administração Pública decorrente da execução do contrato – art. 23 da Lei n. 12.462/2011).

Serão **desclassificadas** as propostas que: contenham vícios insanáveis; não obedeçam às especificações técnicas pormenorizadas no instrumento convocatório; apresentem preços manifestamente inexequíveis ou que apresentem desconformidade com quaisquer outras exigências do instrumento convocatório, desde que insanáveis (art. 24 da Lei n. 12.462/2011).

Se houver **empate** entre duas ou mais propostas, os critérios de desempate deverão obedecer à seguinte ordem: 1º) disputa final – os licitantes empatados poderão apresentar nova proposta fechada em ato contínuo à classificação; 2º) avaliação do desempenho contratual prévio dos licitantes – essa hipótese só será possível se houver sistema objetivo de avaliação instituído; 3º) critérios estabelecidos no art. 3º da Lei n. 8.248/91 e no § 2º do art. 3º da Lei n. 8.666/93; e 4º) sorteio.

O procedimento licitatório terá **fase recursal única** (exceto no caso de inversão de fases) – art. 27 da Lei n. 12.462/2011. Na fase recursal serão analisados os recursos referentes ao **julgamento das propostas ou lances e à habilitação do vencedor**. Exauridos os recursos administrativos, o procedimento licitatório será encerrado e encaminhado à autoridade superior, que poderá: 1) determinar o retorno dos autos para saneamento de irregularidades que forem supríveis; 2) anular o procedimento – no todo ou em parte – por vício insanável; 3) revogar o procedimento por motivo de conveniência ou oportunidade; e 4) adjudicar o objeto e homologar a licitação.

f) Nos contratos regidos pelo RDC poderá ser admitido o emprego de mecanismos privados de resolução de disputas, inclusive a **arbitragem** (a ser realizada no Brasil e em língua portuguesa, tudo como fixa a Lei n. 9.307/96) e a mediação, para dirimir conflitos decorrentes da sua execução ou a ela relacionados. Essa inovação está prevista no art. 44-A (com redação dada pela Lei n. 13.190, de 19-11-2015).

g) A Lei n. 13.190, de 19 de novembro de 2015, estabeleceu, ainda, a possibilidade de a Administração Pública **firmar contratos de locação** de bens móveis ou imóveis, nos quais o locador realiza prévia aquisição, construção ou reforma substancial, com ou sem aparelhamento de bens, por si mesmo ou por terceiros, do bem especificado pela Administração.

LEGISLAÇÃO CORRELATA

Lei n. 12.462/2011

Art. 47-A. A administração pública poderá firmar contratos de locação de bens móveis e imóveis, nos quais o locador realiza prévia aquisição, construção ou reforma substancial, com ou sem aparelhamento de bens, por si mesmo ou por terceiros, do bem especificado pela administração. *(Incluído pela Lei n. 13.190, de 2015.)*

§ 1º A contratação referida no *caput* sujeita-se à mesma disciplina de dispensa e inexigibilidade de licitação aplicável às locações comuns. *(Incluído pela Lei n. 13.190, de 2015.)*

§ 2º A contratação referida no *caput* poderá prever a reversão dos bens à administração pública ao final da locação, desde que estabelecida no contrato. *(Incluído pela Lei n. 13.190, de 2015.)*

§ 3º O valor da locação a que se refere o *caput* não poderá exceder, ao mês, 1% (um por cento) do valor do bem locado. *(Incluído pela Lei n. 13.190, de 2015.)*

PARA GABARITAR

a) O RDC foi instituído para regular as licitações e contratos necessários à execução de obras e serviços relacionados à realização de grandes eventos, das ações do Programa de Aceleração do Crescimento (PAC), das obras e dos serviços de engenharia no âmbito do Sistema Único de Saúde (SUS), entre outros.

b) Afora a Copa do Mundo de 2014 e os Jogos Olímpicos de 2016, o regime diferenciado de contratações aplica-se a obras e a serviços voltados à construção, à ampliação e à reforma de estabelecimentos penais e de unidades de atendimento socioeducativo, entre outras.

c) Dada a necessidade de aumento da rede pública de ensino do Estado Y, o secretário de educação, com o intuito de construir uma nova escola pública, resolveu consultar a Procuradoria do Estado para que esta esclarecesse algumas dúvidas relacionadas ao modelo licitatório e às normas contratuais aplicáveis à espécie. Na hipótese descrita, é possível utilizar o regime diferenciado de contratações como modalidade licitatória, sendo aplicável o regime de contratação integrada, desde que técnica e economicamente justificada.

d) As licitações promovidas consoante o RDC serão processadas e julgadas por comissão permanente ou especial de licitações, composta majoritariamente por servidores ou empregados públicos pertencentes aos quadros permanentes dos órgãos ou entidades da Administração Pública responsáveis pela licitação.

e) As hipóteses de dispensa e inexigibilidade de licitação estabelecidas nos **arts. 24 e 25 da Lei n. 8.666, de 21 de junho de 1993**, aplicam-se, no que couber, às contratações realizadas com base no RDC.

3. CONTEÚDO DIGITAL

Acesse também pelo *link*: https://somos.in/MDADM9

Capítulo XIV

Contratos Administrativos

1. INTRODUÇÃO

A **Lei n. 14.133/2021** disciplina a temática dos contratos administrativos. Desta forma, o regramento infraconstitucional trazido pela Lei n. 8.666/93 está com os seus dias contados. De toda forma, a Lei n.8666/93 poderá continuar sendo utilizada até o período de **dois anos** da publicação da nova lei (que foi aos 01 de abril de 2021), como fixa o inciso II do art. 193 da **Lei n. 14.133/2021**.

Neste capítulo abordaremos questões dogmáticas e conceituais dos contratos administrativos, aspectos comparativos da Lei n. 8.666/93 e da **Lei n. 14.133/2021** e seus impactos.

Na Lei n. 8.666/93 a matéria vem disciplinada a partir do art. 54. Na **Lei n. 14.133/2021**, a matéria vem disciplinada a partir do art. 89.

Vamos então ao estudo dos aspectos introdutórios desta temática trazendo algumas diferenciações importantes.

São os **fatos**, os **atos unilaterais** e os **atos bilaterais** que fazem surgir relações jurídicas das quais decorrem direitos e deveres para as partes envolvidas:

- a) **Fato:** a morte de um servidor acarreta a vacância do cargo (é um **fato**), possibilitando que seja o cargo posto novamente em concurso público para preenchimento da vaga.
- b) **Ato unilateral:** a multa imposta ao motorista infrator das regras de trânsito decorre do exercício do poder de polícia e possibilita que a Administração imponha unilateralmente essa multa, independentemente de concordância do administrado.
- c) **Ato bilateral:** uma concessão de serviços públicos de transporte coletivo traz consequências para a Administração Pública contratante, para o contratado e para os usuários desse serviço. Trata-se de ato bilateral, pois há um contrato

administrativo firmado entre Administração Pública e Empresa Concessionária Contratada.

Os **atos bilaterais**, por sua vez, podem ser:

c.1) Tratados internacionais: são aqueles celebrados entre pessoas jurídicas de direito público externo. Podem ser celebrados entre países ou entre organizações internacionais, ou, ainda, entre países e organizações internacionais.

c.2) Convênios e consórcios: não são contratos, porém conjugam interesses convergentes (objetivos comuns dos partícipes).

c.3) Contratos administrativos: são atos bilaterais que conjugam interesses **divergentes**: se a Administração celebrar um contrato para realização de uma obra com a empresa "y", o objetivo da Administração é o de que a obra seja realizada para atingir o interesse público, ao passo que o interesse da empresa "y" contratada é o de receber a retribuição pecuniária por esse desempenho.

O instituto dos "**contratos**" é tema tratado no âmbito do direito privado, mas temos também a existência dos contratos no âmbito do direito público. Sobre esse tema temos três correntes:

- **Primeira corrente:** nega a existência dos contratos administrativos porque em tema de "contratos" vigoram alguns princípios: princípio da autonomia da vontade; princípio de que o contrato faz lei entre as partes envolvidas; princípio da força obrigatória do pacto (*pacta sunt servanda*). Ora, um contrato em que a Administração seja parte não é celebrado com base na autonomia da vontade (porque a Administração está submetida ao princípio da legalidade e tem a função de atender ao interesse público – e essas características não se coadunam com o campo da "autonomia da vontade"). Por outro lado, o princípio de que o "contrato faz lei entre as partes" leva à consequência de que somente uma modificação bilateral do contrato é que pode eventualmente estabelecer uma relação jurídica diferente da inicialmente estabelecida. No caso da Administração Pública, ela pode rescindir e alterar unilateralmente o contrato. Como, então, compatibilizar essa possibilidade com o referido princípio?

Mas, se para os contratos em geral o postulado de "o que se pactua deve ser cumprido", como justificar e explicar a possibilidade que a Administração Pública tem de alterar ou rescindir unilateralmente o contrato?

Portanto, diante dessas ponderações, para essa corrente a Administração deveria fixar **por ato unilateral** as cláusulas regulamentares, e **por contrato** seriam fixadas apenas as questões relacionadas com o lado econômico. A parte econômica seria acessória em relação à parte principal, e, assim, o acessório não poderia dar natureza jurídica ao ato principal.

- **Segunda corrente:** para esta corrente, todos os contratos que a Administração Pública celebra são considerados contratos administrativos pelo simples fato de a Administração ser parte na relação contratual.

- **Terceira corrente:** a Administração Pública ora celebra contratos administrativos submetidos ao regime de direito público, ora celebra contratos privados da

Administração (que seriam contratos existentes no direito privado que a Administração Pública poderia, também, celebrar). Essa terceira posição ainda permite que haja a incidência de normas de direito público nesses contratos privados da Administração, já que a Administração figura como parte da relação jurídica.

1.1 Conceitos

No entendimento de Carlos Ari Sundfeld, "são contratos administrativos em sentido estrito, independentemente de seu objeto, todos os que tenham como parte uma pessoa jurídica de direito público (administração direta, autarquias e fundações governamentais públicas) ou alguém que lhe faça as vezes. [...] Assim, definimos o contrato administrativo em sentido estrito como o contrato (isto é, o vínculo sinalagmático e obrigatório, consensualmente estabelecido) administrativo (isto é, submetido ao sistema do direito administrativo) celebrado entre a Administração – ou quem lhe faça as vezes – e terceiros, em que: a) a determinação exata do objeto é feita posteriormente à sua celebração, por atos administrativos unilaterais; b) as pretensões da Administração se materializam em decisões autoexecutórias; e c) é intangível o equilíbrio da equação econômico-financeira inicialmente estabelecido"[1].

Para Hely Lopes Meirelles, o "contrato administrativo é sempre bilateral e, em regra, formal, oneroso, comutativo e realizado *intuitu personae*. Com isto se afirma que é um acordo de vontades (e não um ato unilateral e impositivo da Administração); é formal porque se expressa por escrito e com requisitos especiais; é oneroso porque remunerado na forma convencionada; é comutativo porque estabelece compensações recíprocas e equivalentes para as partes; é *intuitu personae* porque exige a pessoa do contratado para sua execução. Dentro desses princípios, o contrato administrativo requer concordância das partes para ser validamente efetivado; remuneração de seu objeto; equivalência nos encargos e vantagens; e cumprimento pessoal da obrigação assumida pelo contratado para com a Administração"[2].

1.2 Doutrina estrangeira

Alessi[3] define **contrato administrativo** "como la manifestación de un poder por parte de una autoridad administrativa, como tal, y con respecto a una relación en la que dicha autoridad *sea parte* para la satisfacción de intereses públicos concretos confiados a la misma.

---

[1] SUNDFELD, Carlos Ari. *Licitação e contrato administrativo*, 2. ed., São Paulo: Malheiros, 1995, p. 207 e 214.
[2] MEIRELLES, Hely Lopes. *Licitação e contrato administrativo*, 15. ed., São Paulo: Malheiros, 2010, p. 248.
[3] ALESSI, Renato. *Instituciones de derecho administrativo*, trad. Buenaventura Pellisé Prats, 3. ed., Barcelona: Bosch, Casa Editorial, t. I, p. 254.

De esta definición se desprenden los elementos esenciales del concepto de acuerdo administrativo, o sea, aquellos elementos en presencia de los cuales cualquier manifestación administrativa podrá calificarse de acuerdo. Tales elementos son:

1. una manifestación;
2. que esta manifestación provenga de una autoridad administrativa como tal;
3. el ejercicio de un poder jurídico a través de la manifestación;
4. que la finalidad sea la satisfacción de intereses públicos concretos confiados a la autoridad pública".

2. CARACTERÍSTICAS

a) Submissão ao regime de direito público.

Um dos traços mais marcantes da existência de um contrato administrativo é a exigência de **prévia licitação** para que possa ser, futuramente, firmado o contrato (característica não encontrada nos contratos regidos pelo direito privado).

b) Participação da Administração Pública em um dos polos (característica que é **condição necessária** para a existência dos contratos administrativos).

"É a participação da Administração, derrogando normas de direito privado e agindo *publicae utilitatis causa*, sob a égide do direito público, que tipifica o contrato administrativo."[4] Todavia, os princípios da teoria geral dos contratos pode ser aplicado. Nesse sentido teor do art. 89 da **Lei n. 14.133/2021**: "os contratos de que trata esta Lei regular-se-ão pelas suas cláusulas e pelos preceitos de direito público, e a eles serão aplicados, **supletivamente**, os princípios da teoria geral dos contratos e as disposições de direito privado".

c) Desigualdade entre as partes (relação de **verticalidade** entre os interesses da Administração Pública e do contratado: a Administração detém "supremacia de poder para fixar as condições iniciais do ajuste").

d) Bilateralidade dos contratos administrativos.

e) Confiança recíproca.

f) Todo contrato deve mencionar os nomes das partes e os de seus representantes, a finalidade, o ato que autorizou sua lavratura, o número do processo da licitação ou da contratação direta e a sujeição dos contratantes às normas desta Lei e às cláusulas contratuais.

g) os contratos deverão estabelecer com clareza e precisão as **condições para sua execução**, expressas em cláusulas que definam os direitos, as obrigações e as responsabilidades das partes, em conformidade com os termos do edital de licitação e os da proposta vencedora ou com os termos do ato que autorizou a contratação direta e os da respectiva proposta.

f) Mutabilidade dos contratos administrativos.

---

[4] MEIRELLES, Hely Lopes. *Direito administrativo brasileiro,* 35. ed., São Paulo: Malheiros, 2010, p. 216.

CONTRATOS REGIDOS PELO DIREITO PRIVADO	CONTRATOS REGIDOS PELO DIREITO PÚBLICO
Pacta sunt servanda (observância do pactuado) é princípio que deve ser obedecido nos contratos regidos pelo direito privado. No direito privado a liberdade de contratar é ampla e informal.	Existe a possibilidade de **modificação unilateral** das cláusulas contratuais: "Em suma, a possibilidade de o Poder Público modificar unilateralmente o vínculo constituído é corolário da prioridade do interesse público em relação ao privado, bem assim de sua indisponibilidade. Porém, ninguém contrataria com o Estado se não houvesse limites a esse poder de alteração unilateral. Decorrem eles de três diferentes direitos assegurados aos particulares que se vinculem contratualmente ao Estado. O primeiro e mais importante é o direito à intangibilidade da equação econômico-financeira. [...] O segundo limite decorre do direito à preservação da natureza do objeto. Não pode o Estado exigir do contratado a realização de prestação de índole diversa daquela a que se obrigou. [...] Por fim, o terceiro direito importando em restrição ao poder estatal de alteração do pactuado é o de não ser obrigado a realizar prestações em quantidade excessivamente diversa da originalmente prevista"[5]. No direito público, a Administração está sujeita a limitações de conteúdo rígidas para contratar, entretanto possui **prerrogativas** para a fixação, alteração e até mesmo extinção das cláusulas contratuais.

Aprofundamento: Nesse sentido, entendeu o TJSP que: "Cumpre anotar que em matéria de contratação com o Poder Público o princípio da autonomia da vontade é significativamente cerceado porque a este último é vedado fazer qualquer coisa que a lei não autorize expressamente e por isso o particular ou se submete ou inviabiliza o empreendimento, com possibilidade ainda de sofrer sanções legais e contratuais, inclusive de ser impedido de contratar novamente com o Poder Público" (TJSP, Apelação Cível com Revisão 378.975-5/0-00, rel. Des. Edson Ferreira, j. 3-12-2008).

Também: "As prerrogativas existentes nos contratos indicam que em ocorrendo necessidade de alteração da obrigação de fazer, a Administração Pública tomará sua iniciativa, independentemente do consentimento do contratado privado, entendendo-se que estas prerrogativas estão implícitas no contrato. Assim, a obrigação objeto do contrato está inserida no âmbito e na finalidade do contrato administrativo". Dessa forma, "a modificação unilateral do contrato administrativo constitui preceito de ordem pública, não podendo a Administração renunciar à faculdade de exercê-lo" (TJSP, Embargos Infringentes 154.961-5/4-01, rel. Des. Antonio Rulli, j. 11-5-2005).

---

[5] SUNDFELD, Carlos Ari. *Licitação e contrato administrativo*, 2. ed., São Paulo: Malheiros, 1995, p. 228-229.

i) Manutenção do equilíbrio econômico-financeiro.

O contratado, para cumprir certos encargos, recebe da Administração Pública uma contraprestação pecuniária. Esse equilíbrio econômico-financeiro deve ser mantido durante toda a execução do contrato, de modo que, se ocorrer alguma situação de mutabilidade do contrato, o equilíbrio econômico-financeiro deve ser restabelecido.

j) Existência de cláusulas exorbitantes.

> "Cláusulas exorbitantes são, pois, as que excedem do direito comum para consignar uma vantagem ou uma restrição à Administração ou ao contratado. A cláusula exorbitante não seria lícita num contrato privado, porque desigualaria as partes na execução do avençado, mas é absolutamente válida no contrato administrativo, desde que decorrente da lei ou dos princípios que regem a atividade administrativa, porque visa a estabelecer uma prerrogativa em favor de uma das partes para o perfeito atendimento do interesse público, que se sobrepõe sempre aos interesses particulares. É, portanto, a presença dessas cláusulas exorbitantes nos contratos administrativos que lhe imprime o que os franceses denominam '*la marque du Droit Public*', uma vez que, como observa Laubadére: 'C'est en effet la prèsence de telles clauses dans un contrat que est le critère par excellence de son caractère administratif.'"[6]

A **Lei n. 14.133/2021** intitulou as cláusulas exorbitantes "prerrogativas da Administração" e, em seu art. 104 fixou algumas possibilidades/vantagens, *v.g*, a de modificar unilateralmente as cláusulas do contrato (para melhor adequação às finalidades de interesse público); a possibilidade de extinção unilateral dos contratos (nos casos previstos em lei); a fiscalização da execução do contrato; a aplicação de sanções motivadas pela inexecução total ou parcial do ajuste; a ocupação provisória de bens móveis e imóveis, etc.

Primeiramente vamos estudar o instituto das **cláusulas exorbitantes** na Lei n. 8.666/93 e na sequência compará-los com o regramento trazido pela **Lei n. 14.133/2021**.

2.1 Das cláusulas exorbitantes

São exemplos de cláusulas exorbitantes trazidas pela **Lei n. 8666.93**:

2.1.1 Da possibilidade de alteração e rescisão unilateral do contrato pela Administração Pública (art. 58, I, da Lei n. 8.666/93)

a) DA ALTERAÇÃO: todo contrato administrativo tem duas ordens de cláusula: as **cláusulas regulamentares ou de serviço** (que dizem respeito ao objeto do contrato e ao modo de sua execução) e as **cláusulas econômicas ou financeiras**

---

[6] MEIRELLES, Hely Lopes. *Direito administrativo brasileiro*, 35. ed., São Paulo: Malheiros, 2010, p. 217.

(que tratam da retribuição que o contratado recebe em relação ao encargo que deve desempenhar).

A parte alterável unilateralmente pela Administração Pública é a das **cláusulas regulamentares ou de serviço**.

No momento em que o contratante ofereceu a proposta, estabeleceu-se um equilíbrio entre o encargo que ele deveria desempenhar e a remuneração que ele deveria receber da Administração. Esse equilíbrio deve ser mantido até o final do contrato.

Entretanto, se a Administração Pública alterar a cláusula regulamentar ou de serviço, criando um encargo para o contratado ou suprimindo algum encargo, deverá, também, alterar a parte econômica a fim de que seja mantido o EQUILÍBRIO entre o encargo a ser desempenhado e a remuneração a ser recebida pelo contratado.

A alteração unilateral do contrato pode ser quantitativa ou qualitativa.

A **alteração quantitativa** (art. 65, § 1º, da Lei n. 8.666/93) do objeto do contrato está sujeita a alguns limites:

- para obras, serviços e compras: até 25% do valor inicial atualizado do contrato, para acréscimos ou para supressões;
- para reforma de edifício ou equipamento: até 50% para os seus acréscimos.

Aprofundamento: "O que sucederá se a Administração operar a diminuição quantitativa do objeto acima do limite estipulado no art. 65 – § 1º? Nessa hipótese, faculta-se ao particular pleitear a rescisão (art. 78 – XIII, c/c art. 79 – II e III), com direito ao ressarcimento dos prejuízos comprovados e, se for o caso, à devolução da garantia, ao recebimento dos pagamentos devidos pela execução até a data da rescisão e do custo de desmobilização (art. 79 – § 2º). A lei não cogita da hipótese de o interessado não pleitear a rescisão, conformando-se com a diminuição excessiva. Por óbvio, nada o impede, devendo os prejuízos daí decorrentes ser ressarcidos na forma disposta no art. 65 – § 4º"[7].

A **alteração qualitativa** do contrato ocorre sempre que a Administração Pública necessitar realizar alteração do objeto do contrato para ajustá-lo com a conveniência e oportunidade ao interesse público.

JURISPRUDÊNCIA

- **CONTRATAÇÃO PÚBLICA – CONTRATO – ALTERAÇÃO – QUANTITATIVA – LIMITES – TRF 5ª REGIÃO**
  Acerca do limite à alteração unilateral quantitativa nos contratos administrativos, o TRF da 5ª Região entendeu que "deve ser respeitado o limite imposto pelo § 1º do art. 65; esse dispositivo estabelece um limite para os acréscimos ou supressões que se fizerem nas obras, serviços ou compras, sendo de até 25% do valor inicial atualizado do contrato e, no caso de reforma de

---

[7] SUNDFELD, Carlos Ari. *Licitação e contrato administrativo*, 2. ed., São Paulo: Malheiros, 1995, p. 242-243.

edifício ou equipamento, até 50% para os seus acréscimos" (TRF 5ª Região, AC 0000294-38.2010.4.05, rel. Des. Francisco Barros Dias, j. 28-6-2011).

- **CONTRATAÇÃO PÚBLICA – CONTRATO – ALTERAÇÃO – QUANTITATIVA E QUALITATIVA – LIMITES – EXTRAPOLAÇÃO – CASOS EXCEPCIONAIS – TCU**

  "[...] tanto nas alterações contratuais quantitativas quanto nas alterações qualitativas deve ser observado o limite legal estabelecido nos §§ 1º e 2º do art. 65 da Lei n. 8.666/93, só se admitindo a extrapolação desse limite em casos excepcionalíssimos, desde que satisfeitos os pressupostos fixados na referida decisão". No mesmo sentido: TCU, Acórdão n. 0.645/2002, Plenário (TCU, Acórdão n. 1.428/2003, Plenário, rel. Min. Ubiratan Aguiar, *DOU* 3-10-2003).

b) DA RESCISÃO UNILATERAL DO CONTRATO: a Administração poderá, também, colocar fim ao vínculo contratual independentemente da concordância do contratado. Os motivos ensejadores dessa rescisão ou são embasados em razões de interesse público ou por decorrência de falta praticada pelo contratado (*v.g.*, inadimplência do contratado) – tema que será esmiuçado oportunamente (na Lei n. 8666/93 a matéria está disciplinada a partir do art. 79 e, na **Lei n. 14.133/2021** a matéria tem sua regulamentação a partir do art. 137).

Na **Lei n. 14.133/2021** a matéria da **alteração** dos contratos e dos preços vem disciplinada no Capítulo VII a partir do **art. 124**.

Assim:

ALTERAÇÃO UNILATERAL PELA ADMINISTRAÇÃO	ACORDO ENTRE AS PARTES
a) quando houver modificação do projeto ou das especificações, para melhor adequação técnica a seus objetivos;	a) quando conveniente a substituição da garantia de execução;
b) quando for necessária a modificação do valor contratual em decorrência de acréscimo ou diminuição quantitativa de seu objeto, nos limites permitidos pela **Lei n. 14.133/2021**;	b) quando necessária a modificação do regime de execução da obra ou do serviço, bem como do modo de fornecimento, em face de verificação técnica da inaplicabilidade dos termos contratuais originários;
OBS.: Nesses casos de **alteração unilateral pela Administração**, o contratado será obrigado a aceitar, nas mesmas condições contratuais, acréscimos ou supressões de **até 25% (vinte e cinco por cento)** do valor inicial atualizado do contrato que se fizerem nas obras, nos serviços ou nas compras, e, no caso de reforma de edifício ou de equipamento, o limite para os acréscimos será de **50% (cinquenta por cento)**. **Essas alterações não poderão transfigurar o objeto da contratação.**	c) quando necessária a modificação da forma de pagamento por imposição de circunstâncias supervenientes, mantido o valor inicial atualizado e vedada a antecipação do pagamento em relação ao cronograma financeiro fixado sem a correspondente contraprestação de fornecimento de bens ou execução de obra ou serviço;

	d) para restabelecer o equilíbrio econômico-financeiro inicial do contrato em caso de força maior, caso fortuito ou fato do príncipe ou em decorrência de fatos imprevisíveis ou previsíveis de consequências incalculáveis, que inviabilizem a execução do contrato tal como pactuado, respeitada, em qualquer caso, a repartição objetiva de risco estabelecida no contrato.

LEGISLAÇÃO CORRELATA

Lei n. 14.133/2021

Art. 128. Nas contratações de obras e serviços de engenharia, a diferença percentual entre o valor global do contrato e o preço global de referência não poderá ser reduzida em favor do contratado em decorrência de aditamentos que modifiquem a planilha orçamentária.

Art. 129. Nas alterações contratuais para supressão de obras, bens ou serviços, se o contratado já houver adquirido os materiais e os colocado no local dos trabalhos, estes deverão ser pagos pela Administração pelos custos de aquisição regularmente comprovados e monetariamente reajustados, podendo caber indenização por outros danos eventualmente decorrentes da supressão, desde que regularmente comprovados.

Art. 130. Caso haja **alteração unilateral do contrato** que aumente ou diminua os encargos do contratado, a Administração deverá restabelecer, no mesmo termo aditivo, o equilíbrio econômico-financeiro inicial.

2.1.2 Da possibilidade de aplicação, pela Administração Pública, de sanções ao contratado

É o art. 87 da Lei n. 8.666/93 que fixa as possíveis sanções aplicáveis ao contratado em razão da inexecução total ou parcial do contrato. São elas:

- advertência;
- multa, na forma prevista no instrumento convocatório ou no contrato. Lembrando que, se a multa aplicada for superior ao valor da garantia prestada, além da perda desta, responderá o contratado pela sua diferença, que será descontada dos pagamentos eventualmente devidos pela Administração ou cobrada judicialmente;
- suspensão temporária de participação em licitação e impedimento de contratar com a Administração, por prazo não superior a 2 (dois) anos;
- declaração de inidoneidade para licitar ou contratar com a Administração Pública enquanto perdurarem os motivos determinantes da punição ou até que seja promovida a reabilitação perante a própria autoridade que aplicou a penalidade, que será concedida sempre que o contratado ressarcir a Administração pelos prejuízos resultantes e após decorrido o prazo da sanção aplicada com base no item anterior.

Aprofundamento: No rol dessas possíveis penalidades, as mais severas são a de suspensão temporária para licitar e celebrar contrato administrativo e a declaração de inidoneidade para participar de licitação e celebrar contrato administrativo. São mais severas porque acarretam como consequência o impedimento de o contratado realizar licitações e celebrar contratos.

A grande dúvida e divergência que esse tema suscita diz respeito à abrangência da aplicação dessas duas penalidades.

Se, por exemplo, uma dessas penalidades acima for aplicada pelo Município "X" durante o prazo de vigência do contrato, estaria a empresa "Z" impedida de participar de licitação e celebrar contrato com entidade diversa daquela que fixou e aplicou a sanção?

É dizer: se, exemplificativamente, o Município "X" aplicar a penalidade de declaração de inidoneidade para participar de licitação e celebrar contrato para a empresa "Z", ou ainda aplicar a penalidade de suspensão temporária para licitar e celebrar contrato administrativo, poderia a empresa "Z" celebrar contrato com o Estado "Y" ou com a União ou com entidade da Administração Pública Indireta diversa daquela?

Sobre esse tema temos vários entendimentos possíveis.

- Primeira corrente: as duas penas (suspensão temporária para licitar e celebrar contrato administrativo e a declaração de inidoneidade para participar de licitação e celebrar contrato administrativo) devem ficar restritas à Administração que aplicou a sanção.
- Segunda corrente: a suspensão temporária para licitar e contratar fica restrita ao órgão que aplicou a penalidade, enquanto a declaração de inidoneidade para licitar e contratar abarca toda Administração Pública de todas as esferas de governo.
- Terceira corrente: como a consequência da aplicação da penalidade de suspensão temporária para licitar e contratar e a declaração de inidoneidade têm o mesmo prazo de vigência, então por que não distinguir a Administração? O apenado não pode participar de nenhuma licitação e de nenhuma celebração de contrato administrativo de toda Administração Pública de qualquer esfera de governo. Assim, se a empresa "Z" for apenada no Município "X", não poderá participar de nenhuma licitação e de nenhuma celebração de contrato em qualquer Município ou Estado ou até mesmo União. A Administração Pública é una, portanto está o apenado impossibilitado de participar de licitação e contratar durante toda a vigência da pena.

JURISPRUDÊNCIA

- **CONTRATAÇÃO PÚBLICA – CONTRATO – INEXECUÇÃO – SERVIÇOS NÃO PRESTADOS À ADMINISTRAÇÃO – APLICAÇÃO DE MULTA – INTERESSE E CONTINUIDADE DO SERVIÇO PÚBLICO – TJ/SP**
  O TJSP entendeu que "Seria contraditório conferir essa prerrogativa, deste matiz e ao mesmo tempo, impor à Administração a sanção pecuniária da multa. Pois elas, as multas previstas em ajustes dessa natureza, sancionam-se se e quando os serviços não forem prestados à Administração, isto é, sancionam-se em proveito do interesse e da continuidade do serviço público" (TJSP, Apelação Cível com Revisão 612051 5/8-00, rel. Des. Nogueira Diefenthaler, j. 7-4-2008).

- **CONTRATAÇÃO PÚBLICA – EDITAL – SANÇÃO – CONTRATO – DESCUMPRIMENTO – ALEGAÇÃO DE VIOLAÇÃO DE DIREITO LÍQUIDO E CERTO – NÃO DEMONSTRAÇÃO – STJ**
  Mandado de segurança. Recurso. Edital de licitação. Proposta vencedora. Sanções aplicadas pela Administração, em decorrência do descumprimento do contrato. Violação a direito líquido e certo indemonstrada. Descumpridas as normas do edital, a aplicação das penalidades previstas no próprio edital e na legislação pertinente não fere direito, muito menos líquido e certo (STJ, ROMS 4.261, rel. Min. Hélio Mosimann, *DJ* 29-8-1994).

- **CONTRATAÇÃO PÚBLICA – CONTRATO – INEXECUÇÃO PARCIAL – RETENÇÃO INTEGRAL DOS PAGAMENTOS – ILEGALIDADE – TJ/SP**
  O Tribunal de Justiça de São Paulo, ao apreciar retenção de pagamento integral de contrato pela Administração em razão de inexecução parcial, concluiu que "o art. 80, IV [da Lei n. 8.666], [...], prevê 'a retenção de créditos decorrentes do contrato até o limite dos prejuízos causados à Administração' somente na hipótese da rescisão contratual, ao passo que o art. 87 e incisos, da referida lei, autoriza a Administração Pública, no caso de inexecução total ou parcial do contrato, a aplicar ao contratado as sanções de advertência, multa, suspensão temporária de participação em licitação e impedimento de contratar, bem como a declaração de inidoneidade para licitar ou contratar com a Administração Pública". Esclareceu, ainda, que "das regras esculpidas nos arts. 80 e 87, da Lei n. 8.666/93, não se extrai a existência de autorização legal para que a Administração Pública efetive a retenção do pagamento devido ao contratado pela inexecução parcial da obrigação sem que tenha havido a rescisão contratual, o que é justamente hipótese desses autos, cabendo, neste caso, a aplicação das penalidades previstas no art. 87" (TJSP, AC 9107870-15.2004.8.26.0000, rel. Des. João Camillo de Almeida Prado Costa, j. 20-9-2011).

- **CONTRATAÇÃO PÚBLICA – CONTRATO – FORMALIZAÇÃO – EMPRESA QUE SE RECUSA A ASSINAR O CONTRATO OU PRESTAR GARANTIA – APLICAÇÃO DE SANÇÕES – TCE/SP**
  O TCE/SP entendeu devida a determinação para aplicação de sanção de suspensão do direito de licitar e declaração de inidoneidade, nos termos dos arts. 81, 86, 87 e 88 da Lei n. 8.666/93, para a empresa que se recuse injustificadamente a assinar o contrato ou a prestar garantia, pois a previsão decorre do texto de lei de regência (TCE/SP, TC-37959/026/06, rel. Fulvio Julião Biazzi, j. 6-12-2006).

Na **Lei n. 14.133/2021**, uma das prerrogativas colocadas à disposição da Administração é a de aplicar sanções motivadas pela inexecução total ou parcial do ajuste (art. 104, IV). Nesse sentido o estudo de alguns dispositivos se faz necessário. Vejamos:

LEGISLAÇÃO CORRELATA

Lei n. 14.133/2021

Art. 111. Na contratação que previr a conclusão de escopo predefinido, o prazo de vigência será automaticamente prorrogado quando seu objeto não for concluído no período firmado no contrato.

Parágrafo único. Quando a não conclusão decorrer de culpa do contratado:

I – o contratado será constituído em mora, aplicáveis a ele as respectivas sanções administrativas.

Art. 156. Serão aplicadas ao responsável pelas infrações administrativas previstas nesta Lei as seguintes sanções:

I – advertência;

II – multa;

III – impedimento de licitar e contratar;

IV – declaração de inidoneidade para licitar ou contratar.

§ 1º Na aplicação das sanções serão considerados:

I – a natureza e a gravidade da infração cometida;

II – as peculiaridades do caso concreto;

III – as circunstâncias agravantes ou atenuantes;

IV – os danos que dela provierem para a Administração Pública;

V – a implantação ou o aperfeiçoamento de programa de integridade, conforme normas e orientações dos órgãos de controle.

2.1.3 Da exigência de garantia

É possível que a Administração Pública exija do contratado garantia (desde que essa condição esteja prevista anteriormente no instrumento convocatório).

A escolha da modalidade de garantia compete ao **próprio contratado** e tem por escopo permitir que a Administração Pública a utilize no caso de eventuais prejuízos que o contratado tenha dado causa.

Também é possível descontar da garantia o valor da penalidade de multa aplicada ao contratado. A multa é penalidade prevista na Lei de Licitações como autoexecutória, de forma que é possível que o valor da multa seja descontado da garantia prestada ou dos créditos do contratado.

> **LEGISLAÇÃO CORRELATA**
>
> **Lei n. 8.666/93**
>
> **Art. 56.** A critério da autoridade competente, em cada caso, e desde que prevista no instrumento convocatório, poderá ser exigida prestação de garantia nas contratações de obras, serviços e compras.
>
> § 1º Caberá ao contratado optar por uma das seguintes modalidades de garantia: *(Redação dada pela Lei n. 8.883, de 1994.)*
>
> I – caução em dinheiro ou em títulos da dívida pública, devendo estes ter sido emitidos sob a forma escritural, mediante registro em sistema centralizado de liquidação e de custódia autorizado pelo Banco Central do Brasil e avaliados pelos seus valores econômicos, conforme definido pelo Ministério da Fazenda; *(Redação dada pela Lei n. 11.079, de 2004.)*
>
> II – seguro-garantia; *(Redação dada pela Lei n. 8.883, de 1994.)*
>
> III – fiança bancária *(Redação dada pela Lei n. 8.883, de 1994.)*
>
> § 2º A garantia a que se refere o *caput* deste artigo não excederá a cinco por cento do valor do contrato e terá seu valor atualizado nas mesmas condições daquele, ressalvado o previsto no parágrafo 3º deste artigo *(Redação dada pela Lei n. 8.883, de 1994.)*
>
> § 3º Para obras, serviços e fornecimentos de grande vulto envolvendo alta complexidade técnica e riscos financeiros consideráveis, demonstrados através de parecer tecnicamente aprovado pela autoridade competente, o limite de garantia previsto no parágrafo anterior poderá ser elevado para até dez por cento do valor do contrato *(Redação dada pela Lei n. 8.883, de 1994.)*

§ 4º A garantia prestada pelo contratado será liberada ou restituída após a execução do contrato e, quando em dinheiro, atualizada monetariamente.

§ 5º Nos casos de contratos que importem na entrega de bens pela Administração, dos quais o contratado ficará depositário, ao valor da garantia deverá ser acrescido o valor desses bens.

JURISPRUDÊNCIA

- **CONTRATAÇÃO PÚBLICA – CONTRATO – GARANTIA – MODALIDADE A SER PRESTADA – ESCOLHA DO CONTRATADO – TCE/MG**

    Licitação. Determinação indevida no edital do tipo de garantia a ser prestada. O item 11.3 do ato convocatório prevê modalidade de garantia fora das hipóteses estabelecidas no art. 56 da Lei n. 8.666/93, em 5% do valor de cada fatura emitida, que ficaria retida por ocasião do pagamento. [...] a Lei de Licitações prevê três espécies de garantia de execução do contrato: caução em dinheiro ou títulos da dívida pública, seguro garantia e fiança bancária, cuja escolha compete ao licitante e não à Administração, de modo que especificar a forma de garantia contratual [a ser prestada] constitui ingerência sobre a conveniência do licitante, sem amparo legal. Por essas razões, o item relativo à garantia contratual deve ser alterado para possibilitar que os proponentes a ofereçam [escolhendo] dentre aquelas previstas no art. 56 da Lei n. 8.666/93 (TCE/MG, Licitação n. 696088, rel. Conselheiro Moura e Castro, j. 20-9-2005).

- **CONTRATAÇÃO PÚBLICA – PLANEJAMENTO – EDITAL – GARANTIA – CUMULAÇÃO – RAZOABILIDADE E PERTINÊNCIA COM O OBJETO – MOTIVAÇÃO – POSSIBILIDADE – TJ/RJ**

    Em conformidade com o art. 37, inc. XXI, da CF/88, "[...] deve prevalecer interpretação que autorize o edital a cumular as exigências desse § 1º, desde que se enunciem e demonstrem os motivos que as justifiquem no caso concreto. [...] O objeto da licitação é a contratação de empresa especializada na prestação de serviço de transporte escolar, de enorme relevância, na medida em que voltado para a educação básica da rede de ensino, o que envolve transporte de crianças, cuja segurança deve ser preservada, daí a necessidade justificada da dupla garantia [...]" (TJRJ, AI 2009.002.23446, rel. Des. Carlos Eduardo da Fonseca Passos, j. 5-8-2009).

- **CONTRATAÇÃO PÚBLICA – PLANEJAMENTO – EDITAL – LICITAÇÃO – QUALIFICAÇÃO TÉCNICA – HABILITAÇÃO – EXIGÊNCIA DE CAUÇÃO – TJ/MT**

    Sobre a exigência de caução na fase de habilitação, assim entendeu o TJ/MT: "Não se afigura ilegal a exigência de caução por parte do interessado, na fase de habilitação, para comprovação de sua qualificação econômico-financeira, até porque a disposição do art. 56, § 1º, da Lei n. 8.666/93, autoriza a Administração a agir neste sentido, desde que tal imposição esteja prevista no Edital do certame respectivo. [...] Ademais, registre-se que a referida exigência visa excluir do procedimento licitatório os interessados que não disponham de propostas consistentes, sem, contudo, inserir condição discriminatória, permitindo, na verdade, a aferição da capacidade econômico-financeira do participante no mercado de trabalho, consoante o interesse da Administração Pública na escolha da oferta mais vantajosa, a teor da disposição do inciso XXI, do art. 37, da CF" (TJMT, AI 110.582/2007, rel. Des. Sebastião Barbosa Farias, j. 28-4-2008).

A **Lei n. 14.133/2021** trouxe (em seu **art. 96**) basicamente **três modalidades** de garantia:

a) caução em dinheiro ou em títulos da dívida pública emitidos sob a forma escritural, mediante registro em sistema centralizado de liquidação e de custódia autorizado pelo Banco Central do Brasil, e avaliados por seus valores econômicos, conforme definido pelo Ministério da Economia;

b) seguro-garantia (que tem por **objetivo** garantir o fiel cumprimento das obrigações assumidas pelo contratado perante à Administração, inclusive as multas, os prejuízos e as indenizações decorrentes de inadimplemento);

c) fiança bancária emitida por banco ou instituição financeira devidamente autorizada a operar no país pelo Banco Central do Brasil.

Na hipótese de suspensão do contrato por ordem ou inadimplemento da Administração, o contratado ficará desobrigado de renovar a garantia ou de endossar a apólice de seguro até a ordem de reinício da execução ou o adimplemento pela Administração.

LEGISLAÇÃO CORRELATA

Lei n. 14.133/2021

Art. 96. A critério da autoridade competente, em cada caso, poderá ser exigida, mediante previsão no edital, prestação de garantia nas contratações de obras, serviços e fornecimentos.

§ 1º Caberá ao contratado optar por uma das seguintes modalidades de garantia:

I – caução em dinheiro ou em títulos da dívida pública emitidos sob a forma escritural, mediante registro em sistema centralizado de liquidação e de custódia autorizado pelo Banco Central do Brasil, e avaliados por seus valores econômicos, conforme definido pelo Ministério da Economia;

II – seguro-garantia;

III – fiança bancária emitida por banco ou instituição financeira devidamente autorizada a operar no país pelo Banco Central do Brasil.

§ 2º Na hipótese de suspensão do contrato por ordem ou inadimplemento da Administração, o contratado ficará desobrigado de renovar a garantia ou de endossar a apólice de seguro até a ordem de reinício da execução ou o adimplemento pela Administração.

§ 3º O edital fixará prazo mínimo de 1 (um) mês, contado da data de homologação da licitação e anterior à assinatura do contrato, para a prestação da garantia pelo contratado quando optar pela modalidade prevista no inciso II do § 1º deste artigo.

Art. 98. Nas contratações de obras, serviços e fornecimentos, a garantia poderá ser de até 5% (cinco por cento) do valor inicial do contrato, autorizada a majoração desse percentual para até 10% (dez por cento), desde que justificada mediante análise da complexidade técnica e dos riscos envolvidos.

Parágrafo único. Nas contratações de serviços e fornecimentos contínuos com vigência superior a 1 (um) ano, assim como nas subsequentes prorrogações, será utilizado o valor anual do contrato para definição e aplicação dos percentuais previstos no *caput* deste artigo.

Art. 99. Nas contratações de obras e serviços de engenharia de grande vulto, poderá ser exigida a prestação de garantia, na modalidade seguro-garantia, com cláusula de retomada prevista no art. 102 desta Lei, em percentual equivalente a até 30% (trinta por cento) do valor inicial do contrato.

Art. 100. A garantia prestada pelo contratado será liberada ou restituída após a fiel execução do contrato ou após a sua extinção por culpa exclusiva da Administração e, quando em dinheiro, atualizada monetariamente.

Art. 101. Nos casos de contratos que impliquem a entrega de bens pela Administração, dos quais o contratado ficará depositário, o valor desses bens deverá ser acrescido ao valor da garantia.

Art. 102. Na contratação de obras e serviços de engenharia, o edital poderá exigir a prestação da garantia na modalidade seguro-garantia e prever a obrigação de a seguradora, em caso de inadimplemento pelo contratado, assumir a execução e concluir o objeto do contrato, hipótese em que:

I – a seguradora deverá firmar o contrato, inclusive os aditivos, como interveniente anuente e poderá:

a) ter livre acesso às instalações em que for executado o contrato principal;

b) acompanhar a execução do contrato principal;

c) ter acesso a auditoria técnica e contábil;

d) requerer esclarecimentos ao responsável técnico pela obra ou pelo fornecimento;

II – a emissão de empenho em nome da seguradora, ou a quem ela indicar para a conclusão do contrato, será autorizada desde que demonstrada sua regularidade fiscal;

III – a seguradora poderá subcontratar a conclusão do contrato, total ou parcialmente.

Parágrafo único. Na hipótese de inadimplemento do contratado, serão observadas as seguintes disposições:

I – caso a seguradora execute e conclua o objeto do contrato, estará isenta da obrigação de pagar a importância segurada indicada na apólice;

II – caso a seguradora não assuma a execução do contrato, pagará a integralidade da importância segurada indicada na apólice.

2.1.4 Inoponibilidade da exceção do contrato não cumprido

Existem contratos que oferecem obrigações recíprocas entre as partes contratantes, de forma que uma parte não pode exigir da outra o cumprimento de uma obrigação enquanto ela mesma não cumprir sua própria incumbência. No direito administrativo, mesmo a Administração Pública estando inadimplente, o contratado **deve** dar continuidade à execução do contrato porque ele não poderá invocar, de imediato, a exceção do contrato não cumprido em sua defesa.

Essa regra se revelou muito injusta, principalmente quando a Administração atrasava os pagamentos, o que fazia com que o contratado financiasse o objeto do contrato sem que isso jamais tivesse sido previsto no ato convocatório.

A **Lei n. 8.666/93** fixa três hipóteses em que é possível invocar a **exceção do contrato não cumprido**:

- **art. 78, XIV, da Lei n. 8.666/93:** constituem motivo para rescisão do contrato a suspensão de sua execução, por ordem escrita da Administração, por prazo superior a 120 (cento e vinte) dias, salvo em caso de calamidade pública, grave perturbação da ordem interna ou guerra, ou ainda por repetidas suspensões que totalizem o mesmo prazo, independentemente do pagamento obrigatório de indenizações pelas sucessivas e contratualmente imprevistas desmobilizações e mobilizações e outras previstas, assegurado ao contratado, nesses casos, o direito de optar pela suspensão do cumprimento das obrigações assumidas até que seja normalizada a situação;

- **art. 78, XV, da Lei n. 8.666/93:** nos contratos administrativos, a *exceptio non adimpleti contractus* somente pode ser invocada pelo contratado após 90 (noventa) dias do inadimplemento por parte da Administração Pública[8];
- **art. 78, XVI, da Lei n. 8.666/93:** "Constituem motivo para rescisão do contrato a não liberação, por parte da Administração, de área, local ou objeto para execução de obra, serviço ou fornecimento, nos prazos contratuais, bem como das fontes de materiais naturais especificadas no projeto".

JURISPRUDÊNCIA

- **CONTRATAÇÃO PÚBLICA – CONTRATO – EXCEÇÃO DO CONTRATO NÃO CUMPRIDO – STJ**
[...] 4. Com o advento da Lei n. 8.666/93, não tem mais sentido a discussão doutrinária sobre o cabimento ou não da inoponibilidade da *exceptio non adimpleti contractus* contra a Administração, ante o teor do art. 78, XV, do referido diploma legal. Por isso, despicienda a análise da questão sob o prisma do princípio da continuidade do serviço público. 5. Se a Administração Pública deixou de efetuar os pagamentos devidos por mais de 90 (noventa) dias, pode o contratado, licitamente, suspender a execução do contrato, sendo desnecessária, nessa hipótese, a tutela jurisdicional porque o art. 78, XV, da Lei n. 8.666/93 lhe garante tal direito. 6. Recurso especial conhecido em parte e, nessa parte, provido (STJ, REsp 910.802, rel. Min. Eliana Calmon, *DJ* 6-8-2008).

- **CONTRATAÇÃO PÚBLICA – CONTRATO – PAGAMENTO – INADIMPLÊNCIA DO MUNICÍPIO – ENRIQUECIMENTO SEM CAUSA – TJ/MT**
A inadimplência do município em relação aos serviços prestados pelo contratado configura enriquecimento sem causa: "Havendo provas de que a autora executou a obra para o Município e que não recebeu a contraprestação pelo serviço prestado, é imperiosa a condenação do ente municipal, sob pena de enriquecimento sem causa e afronta ao princípio da moralidade. A falta de procedimento licitatório não exonera o Poder Público do dever de indenizar o particular prestador de serviços. As irregularidades e/ou nulidades praticadas pela própria Administração não podem ser imputadas ao particular e nem ensejar óbice ao pagamento a quem de

---

[8] "A conduta administrativa gravosa aos interesses do particular e insubmissa ao ajustado gera, além da induvidosa satisfação do débito com indenização por perdas e danos e a rescisão do contrato após noventa dias de atraso no pagamento, a invocação da *exceptio non adimpleti contractus* pelo contratante privado com suspensão das prestações a seu cargo, após verificação do não pagamento da parcela devida pela administração" (ARAÚJO, Shirley Mendes de; GOMES, Vladimir Mourão Guimarães e. Suspensão do contrato administrativo por atraso de pagamento por parte da Administração: análise do art. 78, inc. XV, da Lei n. 8.666/93. *Revista Zênite de Licitações e Contratos – ILC*, Curitiba: Zênite, n. 107, p. 22, jan. 2003, seção Doutrina/Parecer/Comentários).

direito" (TJMT, Apelação/Reexame Necessário n. 133.961/2009, rel. Des. Clarice Claudino da Silva, j. 9-3-2010).

- **CONTRATAÇÃO PÚBLICA – CONTRATO – PAGAMENTO – OBRIGATORIEDADE – PENA DE CONFIGURAÇÃO DE ENRIQUECIMENTO ILÍCITO – TJ/MT**
Sobre a obrigatoriedade de a Administração pagar à contratada o preço pactuado em contrato, o TJ/MT pronunciou-se da seguinte forma em acórdão: "Corolário do princípio constitucional da moralidade e do preceito da boa-fé objetiva que devem reger as relações administrativas em geral, se a Administração pública municipal contrata determinada empreiteira para a construção de uma obra após o regular procedimento licitatório, com prévia fixação do valor do empreendimento, deverá referida municipalidade pagar à contratada todo o preço avençado, não se revelando escusa válida para a negativa de tal custeio a cláusula contratual em que se prevê que os respectivos recursos financeiros adviriam de um convênio firmado entre o município e o Ministério da Educação e Cultura (MEC). Se, mesmo ciente da pendência dos recursos de tal convênio, a municipalidade resolve contratar empreitada de valor bem maior do que o do repasse federal, de se presumir que arcará com o valor restante da obra, sob pena de enriquecer-se indevidamente" (TJMT, Apelação/Reexame Necessário 21.410/2010, rel. Des. Marilsen Andrade Addario, j. 4-5-2010).

Na **Lei n. 14.133/2021** o regramento acerca da cláusula da **exceção do contrato não cumprido** fixou redução do período de inadimplemento que o particular deve suportar para valer-se da referida cláusula.

O direito de o particular paralisar o contrato surge caso a Administração seja inadimplente por mais de dois meses, ou suspensa, por ato próprio, a execução contratual por mais de três meses consecutivos, ou alternadamente faça essa suspensão diversas vezes, atingindo o limite de 90 (noventa) dias úteis de suspensão.

Essa situação confere ao contratado uma situação mais confortável e segura minimizando futuros prejuízos, todavia, como garantia do princípio da continuidade dos serviços públicos, o particular contratado não poderá suspender a execução do contrato ainda que a Administração seja inadimplente (se não estiverem configuradas as hipóteses de suspensão previstas em lei).

LEGISLAÇÃO CORRELATA

Lei n. 14.133/2021

Art. 137, § 2º: O contratado terá direito à **extinção do contrato** nas seguintes hipóteses:

I – supressão, por parte da Administração, de obras, serviços ou compras que acarrete modificação do valor inicial do contrato além do limite permitido no art. 125 desta Lei;

II – suspensão de execução do contrato, por ordem escrita da Administração, por prazo superior a 3 (três) meses;

III – repetidas suspensões que totalizem 90 (noventa) dias úteis, independentemente do pagamento obrigatório de indenização pelas sucessivas e contratualmente imprevistas desmobilizações e mobilizações e outras previstas;

IV – atraso superior a 2 (dois) meses, contado da emissão da nota fiscal, dos pagamentos ou de parcelas de pagamentos devidos pela Administração por despesas de obras, serviços ou fornecimentos;

V – não liberação pela Administração, nos prazos contratuais, de área, local ou objeto, para execução de obra, serviço ou fornecimento, e de fontes de materiais naturais especificadas no projeto, inclusive devido a atraso ou descumprimento das obrigações atribuídas pelo contrato à Administração relacionadas a desapropriação, a desocupação de áreas públicas ou a licenciamento ambiental.

§ 3º As hipóteses de extinção a que se referem os incisos II, III e IV do § 2º deste artigo observarão as seguintes disposições:

I – não serão admitidas em caso de calamidade pública, de grave perturbação da ordem interna ou de guerra, bem como quando decorrerem de ato ou fato que o contratado tenha praticado, do qual tenha participado ou para o qual tenha contribuído;

II – assegurarão ao contratado o direito de optar pela suspensão do cumprimento das obrigações assumidas até a normalização da situação, admitido o restabelecimento do equilíbrio econômico-financeiro do contrato, na forma da alínea "d" do inciso II do *caput* do art. 124 desta Lei.

§ 4º Os emitentes das garantias previstas no art. 96 desta Lei deverão ser notificados pelo contratante quanto ao início de processo administrativo para apuração de descumprimento de cláusulas contratuais.

2.1.5 Da fiscalização dos contratos administrativos

A fiscalização do contrato administrativo é dever da Administração. Por essa razão, deve a execução do contrato ser acompanhada e fiscalizada por um **representante da Administração especialmente designado**, permitida a contratação de terceiros para assisti-lo e subsidiá-lo de informações pertinentes a essa atribuição.

A designação do representante para acompanhamento e fiscalização deve ser formal, por ato próprio ou por termo nos autos, a fim de que fique claro quem será o responsável da Administração por qualquer falha no acompanhamento/na fiscalização dos termos do contrato firmado.

Na Lei n. 8.666/97 a matéria vem disciplinada no art. 67. Na **Lei n. 14.133/2021** é o art. 104, II que autoriza tal prerrogativa da Administração.

> **JURISPRUDÊNCIA**
>
> - **CONTRATAÇÃO PÚBLICA – CONTRATO – FISCALIZAÇÃO – ATRIBUIÇÕES DO ART. 67 DA LEI N. 8.666/93 – NÃO CUMPRIMENTO – MULTA – TCU**
>
>   De acordo com o TCU, está sujeito à multa o responsável por fiscalização de obras que não cumpra as atribuições previstas no art. 67 da Lei n. 8.666/93. O Relator, ao tratar da questão, registrou que: "O art. 67 determina que a execução do contrato deve ser acompanhada e fiscalizada por representante da Administração, que anotará, em registro próprio, todas as ocorrências pertinentes, mantendo os superiores devidamente informados. O descumprimento do dispositivo, com a deficiente fiscalização da execução contratual, implicou a não correspondência dos serviços previstos com as necessidades dos respectivos trechos. [...] O registro da fiscalização, na forma prescrita em lei, não é ato discricionário. É elemento essencial que autoriza as ações subsequentes e informa os procedimentos de liquidação e pagamento dos serviços. É controle fundamental que a administração exerce sobre o contratado. Propiciará aos gestores informações sobre o cumprimento do cronograma das obras e a conformidade da

quantidade e qualidade contratadas e executadas" (TCU, Acórdão n. 767/2009, Plenário, rel. Min. Walton Alencar Rodrigues, *DOU* 27-4-2009).

- **CONTRATAÇÃO PÚBLICA – CONTRATO – FISCALIZAÇÃO – EXECUÇÃO DO CONTRATO – ACOMPANHAMENTO – DEVER DA ADMINISTRAÇÃO – TCU**
"Como é cediço, no âmbito dos contratos administrativos, a Administração tem o dever de acompanhar a perfeita execução do contrato, não podendo assumir a posição passiva de aguardar que o contratado cumpra todas as suas obrigações contratuais" (TCU, Acórdão n. 381/2009, Plenário, rel. Min. Benjamin Zymler, *DOU* 13-3-2009).

- **CONTRATAÇÃO PÚBLICA – CONTRATO – FISCALIZAÇÃO – GARANTIA DA EXECUÇÃO – DEVERES DA ADMINISTRAÇÃO – TJ/RJ**
O TJRJ asseverou que o Poder Público deve "controlar o perfeito andamento do contrato, ou seja, da consecução do objeto avençado". Para isso, poderá, "por meio do seu poder de controle, verificar se o contratado está agindo para o alcance do objeto contratado. A Administração poderá intervir para assegurar a continuidade do serviço ao verificar algum evento estranho que paralise ou retarde a execução do objeto" (TJRJ, AC 0105856-43.2003.8.19.0001, rel. Des. Antônio Saldanha Palheiro, j. 16-10-2012).

2.1.6 Ocupação provisória de bens e pessoal do contratado prestador de serviços essenciais para a coletividade

A ocupação provisória de bens e pessoal do contratado está prevista em dois casos e tem por escopo a observância e manutenção do princípio da continuidade dos serviços públicos:

- A Administração pode ocupar bens do contratado e utilizar o pessoal no caso de **rescisão do contrato.** Prevalece o entendimento de que essa ocupação só é permitida se a rescisão se fundamentar em **falta cometida pelo contratado**, porque, se as razões da rescisão se fundarem no interesse público, a Administração deverá primeiramente indenizar o contratado, para só depois ocupar os bens e pessoal do contratado.
- Apuração de faltas contratuais pelo contratado sempre que houver necessidade de a Administração se acautelar na produção dessas provas que demonstrem a falta do contratado. *Exemplificando:* o contratado pratica uma falta e a Administração precisa ocupar os bens do contratado para realizar produção de provas a fim de que, com o tempo, essas provas não se percam.

Na **Lei n. 14.133/2021** tal prerrogativa está prevista no art. 104, V.

3. EQUILÍBRIO ECONÔMICO-FINANCEIRO (OU EQUILÍBRIO FINANCEIRO, OU EQUILÍBRIO ECONÔMICO, OU EQUAÇÃO ECONÔMICA, OU EQUAÇÃO FINANCEIRA) DO CONTRATO ADMINISTRATIVO

Conceito: consiste na "relação estabelecida inicialmente pelas partes entre os encargos do contratado e a retribuição da Administração para a justa remuneração do objeto do ajuste. Essa relação *encargo-remuneração* deve ser mantida durante toda a execução do contrato, a fim de que o contratado não venha a sofrer indevida redução nos lucros normais do empreendimento"[9].

Pode ocorrer, todavia, que haja alteração da situação fática, de forma que o cumprimento do contrato poderá significar para uma das partes a ruína. Nesse caso, o contrato administrativo deverá ser revisto ou rescindido, porque, se as partes soubessem que iria existir uma alteração da situação fática de forma a causar-lhes prejuízo substancial, provavelmente não teriam pactuado.

Nessa esteira de raciocínio aparece a **TEORIA DA IMPREVISÃO**, com diversos desdobramentos.

Para Hely Lopes Meirelles, os desdobramentos são: 2.2.1) força maior e caso fortuito; 2.2.2) fato do príncipe; 2.2.3) fato da Administração; 2.2.4) interferências imprevistas.

3.1 Força maior e caso fortuito

Força maior: consiste em evento humano, imprevisível ou previsível, mas de consequências incalculáveis e que impedem a normal execução do ajuste. Exemplo: greve que paralisa a fábrica de matéria-prima que seria utilizada na execução de uma grande obra.

Conforme Hely Lopes Meirelles[10], "força maior: é o evento humano que, por sua imprevisibilidade e inevitabilidade, cria para o contratado impossibilidade intransponível de regular execução do contrato. Assim, uma greve que paralise os transportes [...]. Caso fortuito é o evento da natureza que, por sua imprevisibilidade e inevitabilidade, cria para o contratado impossibilidade intransponível de regular execução do contrato. Caso fortuito é, por exemplo, um tufão destruidor em regiões não sujeitas a esse fenômeno [...]".

Caso fortuito: é evento da natureza, imprevisível ou previsível, mas com consequências incalculáveis e que impedem a normal execução do ajuste.

Exemplo: chuva torrencial que alaga o local onde a obra seria realizada.

Assim, caso fortuito é a expressão utilizada para indicar todo e qualquer evento da natureza, por exemplo, vendaval, enchente, tufão etc., o que impossibilita o cumprimento de uma obrigação.

Diversas são as causas de descumprimento do contrato. No entanto, quando o impedimento para cumprir o encargo decorrer de fenômeno natural, o rótulo a ser empregado é caso fortuito. Portanto, falar em caso fortuito é afirmar que o contratado, por exemplo, não cumpriu o encargo em razão de um evento da natureza que o impediu. A comprovação desse evento justificará o descumprimento da obrigação e impedirá a aplicação de punição ao contratado pela Administração.

---

[9] MEIRELLES, Hely Lopes. *Direito administrativo brasileiro*, 35. ed., São Paulo: Malheiros, 2010, p. 219.

[10] MEIRELLES, Hely Lopes. *Direito administrativo brasileiro*, 25. ed., São Paulo: Malheiros, 2000, p. 225.

Muitos autores definem caso fortuito com o conceito apresentado para força maior e vice-versa. Outros autores evitam essa diferenciação, já que as consequências seriam as mesmas.

> **JURISPRUDÊNCIA**
>
> - **CONTRATAÇÃO PÚBLICA – CONTRATO – EQUILÍBRIO ECONÔMICO-FINANCEIRO – REAJUSTE – REVISÃO – DISTINÇÃO – TCU**
>
>   "O primeiro deles, o reajuste, objetiva compensar os efeitos da desvalorização da moeda nos custos de produção ou dos insumos utilizados, reposicionando os valores reais originais pactuados. Como se relaciona a fatores previstos antecipadamente, as partes estabelecem, já nos termos do contrato, o critério para promover esse reequilíbrio. O art. 2º da Lei n. 10.192/2001, convertida da Medida Provisória n. 1.053/95, assim estabelece: 'Art. 2º É admitida estipulação de correção monetária ou de reajuste por índices de preços gerais, setoriais ou que reflitam a variação dos custos de produção ou dos insumos utilizados nos contratos de prazo de duração igual ou superior a um ano'. 8. Por outro lado, a revisão destina-se a corrigir distorções geradas por ocorrências imprevisíveis ou previsíveis com consequências inestimáveis. Nasce de acordo entre as partes, iniciado a partir de solicitação realizada por um dos contratantes, o qual deve demonstrar a onerosidade excessiva originada pelos acontecimentos supervenientes. Esse instrumento consta do art. 65, inciso II, alínea d, da Lei n. 8.666/93, nestes termos: 'd) para restabelecer a relação que as partes pactuaram inicialmente entre os encargos do contratado e a retribuição da administração para a justa remuneração da obra, serviço ou fornecimento, objetivando a manutenção do equilíbrio econômico-financeiro inicial do contrato, na hipótese de sobrevirem fatos imprevisíveis, ou previsíveis porém de consequências incalculáveis, retardadores ou impeditivos da execução do ajustado, ou, ainda, em caso de força maior, caso fortuito ou fato do príncipe, configurando álea econômica extraordinária e extracontratual'" (TCU, Acórdão n. 1.246/2012, 1ª Câmara, rel. Min. José Múcio Monteiro, *DOU* 20-3-2012).
>
> - **CONTRATAÇÃO PÚBLICA – CONTRATO – ALTERAÇÃO – EQUILÍBRIO ECONÔMICO-FINANCEIRO – PARTICIPAÇÃO NOS LUCROS – IMPOSSIBILIDADE – TCU**
>
>   Em resposta a consulta formulada por membro da Câmara dos Deputados, o TCU entendeu que a decisão do contratado pelo pagamento de benefício de participação nos lucros não autoriza o restabelecimento do equilíbrio econômico-financeiro com fundamento no art. 65, II, d, da Lei n. 8.666/93. Nesse sentido, excerto do voto proferido pelo Relator: "O equilíbrio econômico-financeiro visa preservar as condições originalmente pactuadas durante todo o período de vigência do contrato. Para que exista o direito ao restabelecimento do referido equilíbrio, é necessária a ocorrência de algum fato imprevisível, ou previsível, porém de consequências incalculáveis, ou, ainda, caso de força maior, caso fortuito ou fato do príncipe, que venha a reduzir ou ampliar os encargos do contratado, nos termos do art. 65 da Lei n. 8.666/93. O pagamento de participação nos lucros não se inclui entre as hipóteses previstas em lei, não sendo, assim, permitido pleitear o reequilíbrio econômico-financeiro do contrato sob esse fundamento" (TCU, Acórdão n. 3.336/2012, Plenário, rel. Min. José Múcio Monteiro, *DOU* 12-12-2012).
>
> - **CONTRATAÇÃO PÚBLICA – CONTRATO – EQUILÍBRIO ECONÔMICO-FINANCEIRO – ÁLEA EXTRAORDINÁRIA – CASO FORTUITO – FORÇA MAIOR – CONCEITOS – TCE/MG**
>
>   O caso fortuito ou força maior pode ser definido como um evento excepcional relacionado a fatos da natureza ou decorrente de processos sociais em que não seja possível imputar a con-

duta a um agente determinado, como ressalta Marçal Justen Filho. É o caso de chuvas torrenciais não previstas que prejudicam a realização da obra ou a prestação dos serviços. Os fatos supervenientes imprevistos, também chamados de álea econômica, são alterações mercadológicas imprevisíveis, ou previsíveis, mas de consequências incalculáveis, as quais prejudicam a execução contratual pelo particular nas condições originalmente avençadas. O exemplo mais comum é a inflação. As sujeições imprevistas, a seu turno, constituem obstáculos materiais anteriores à contratação que só se revelam em momento posterior, não sendo possível a sua verificação antes da execução contratual. Tal fato impõe a reestruturação da relação entre os encargos do particular e a remuneração devida pela Administração Pública. Exemplo usualmente citado pela doutrina é de um terreno rochoso ou falha geológica verificados somente após o início da execução da obra (TCE/MG, Consulta n. 811.939, rel. Cons. Antônio Carlos Andrada, j. 26-5-2010).

- **CONTRATAÇÃO PÚBLICA – CONTRATO – EQUILÍBRIO ECONÔMICO-FINANCEIRO – QUEBRA – COMPROVAÇÃO – OBRIGATORIEDADE – TRF 1ª REGIÃO**

    De acordo com o TRF da 1ª Região, "o reequilíbrio econômico financeiro de um contrato administrativo é necessário diante da prova de que ocorreu alteração unilateral do contrato (art. 58, § 2º, da Lei de Licitações), fato do príncipe, fato da Administração ou situações que se enquadrem na teoria da imprevisão (os três últimos previstos no art. 65, II, *d*, da Lei de Licitações), incluindo o caso fortuito e força maior (art. 65, II, *d*)". Segundo o Tribunal, a produção dessas provas acerca da modificação do preço visa possibilitar a verificação do "exato impacto deste na economia do contrato" (TRF 1ª Região, AC 0033085-89.2003.4.01.3400/DF, rel. Des. Daniel Paes Ribeiro, j. 4-2-2011).

- **CONTRATAÇÃO PÚBLICA – CONTRATO – EQUILÍBRIO ECONÔMICO-FINANCEIRO – FATO DO PRÍNCIPE – APLICAÇÃO – PONDERAÇÕES – TRF 1ª REGIÃO**

    "A aplicação do 'Fato do Príncipe' deve ser tida com comedimento. Necessidade de um vínculo direto entre o encargo e a prestação, ou seja, uma relação direta de causalidade que caracterize o rompimento do equilíbrio econômico-financeiro. Reflexos decorrentes de leis ou regulamentos de ordem geral não se enquadram na teoria do *Factum Principis* (posição da doutrina, acolhida pelo TCU)" (TRF 1ª Região, AC 2004.32.00.005662-0/AM, rel. Des. Jirair Aram Meguerian, j. 13-5-2011).

- **CONTRATAÇÃO PÚBLICA – CONTRATO – EXECUÇÃO – PARALISAÇÃO – DIREITO À INDENIZAÇÃO – TRF 1ª REGIÃO**

    "A paralisação de contrato administrativo para a execução de obras, sem motivo de caso fortuito ou força maior, gera para a parte contratada direito a receber indenização pelos prejuízos decorrentes de tal proceder [...] A ausência de comprovação quantitativa dos prejuízos enseja a determinação de que os danos sejam apurados por ocasião da execução da sentença, em liquidação por artigos" (TRF 1ª Região, *RT* 725/397).

- **CONTRATAÇÃO PÚBLICA – CONTRATO – RESCISÃO – FORMA EXCEPCIONAL DE EXTINÇÃO – RAZÃO DO DESCUMPRIMENTO – INTERESSE PÚBLICO – CASO FORTUITO E FORÇA MAIOR – GARANTIA DO CONTRADITÓRIO E DA AMPLA DEFESA – DEVER DE INDENIZAR – TJ/SP**

    O TJSP entendeu que "A rescisão unilateral dos contratos administrativos, como forma excepcional de extinção do contrato, conforme o art. 58, inc. II, c.c o art. 79, inc. I e incs. I a XII e XVII do art. 78 da Lei n. 8.666/93, em razão do descumprimento do contrato por parte do contratado, razões de interesse público, ocorrência de caso fortuito ou força maior, entre outros motivos, após contraditório e ampla defesa prévios, devendo a Administração, em alguns casos, quando não existir culpa do contratado, ressarcir esse particular dos prejuízos regularmente comprovados, entre outros direitos" (TJSP, Apelação Cível n. 446.071-5/4, rel. Antonio Rulli, j. 1-4-2009).

3.2 Fato do príncipe

Fato do príncipe é toda determinação estatal, genérica, abstrata, que incide **indireta e reflexamente** sobre o contrato administrativo, impedindo sua normal execução.

Nos dizeres de Hely Lopes Meirelles, fato do príncipe é "toda determinação estatal, positiva ou negativa, geral, imprevista e imprevisível, que onera substancialmente a execução do contrato administrativo. Essa oneração, constituindo uma *álea administrativa extraordinária e extracontratual*, desde que *intolerável* e *impeditiva da execução do ajuste,* obriga o Poder Público contratante a compensar integralmente os prejuízos suportados pela outra parte, a fim de possibilitar o prosseguimento da execução, e, se esta for impossível, rende ensejo à rescisão do contrato, com as indenizações cabíveis"[11].

Oswaldo Aranha Bandeira de Mello define ***fait du prince*** como "o ato da Administração Pública contratante, no exercício do seu poder de gestão, que acarreta a modificação no modo de execução do serviço público ou no de execução de obra pública consistente em normas regulamentares ou decisões executórias, unilateralmente, no interesse coletivo, que afetam as cláusulas contratuais relativas ao regime jurídico pertinente à execução do ajuste, que tornam mais onerosa a satisfação das obrigações pelo outro contratante. Tal fato de autoridade acarreta modificação na consecução do serviço público ou na execução de obra pública. E corresponde ao exercício do poder de gestão da Administração Pública (cf. Alphonse Furtuna, *Le Fait du Prince*, 1924; Saroit Badaqui, *Le Fait du Prince dans les Contrats Administratifs*, 1955; Caio Tácito, 'O equilíbrio financeiro na concessão de serviço público', *RDA* 63-1)"[12].

Exemplo 1: imagine que a Administração "X" contratante tenha tomado a decisão genérica e abstrata de majorar determinado tributo para toda a coletividade. Essa majoração **não teve o escopo direto** de afetar a empresa contratada, mas, de forma reflexa, o contratado foi afetado: o contrato administrativo é atingido apenas indireta e reflexamente.

Exemplo 2: imagine que a Administração "X" contratante expeça determinação geral no sentido do impedimento de importação de determinada matéria-prima (que seria utilizada na obra pública realizada pela empresa contratada). Ao fixar essa vedação para toda a coletividade, a Administração "X" não tinha o objetivo direto de afetar o contrato administrativo, porém essa conduta acabou por refletir indireta e reflexamente no contrato administrativo, tornando-se excessivamente oneroso – o que justifica sua readequação para que seja mantido o equilíbrio econômico-financeiro do contrato.

---

[11] MEIRELLES, Hely Lopes. *Direito administrativo brasileiro*, 35. ed., São Paulo: Malheiros, 2010, p. 245.

[12] BANDEIRA DE MELLO, Oswaldo Aranha. *Princípios gerais de direito administrativo*, 3. ed., 2. tir., São Paulo: Malheiros, 2010, v. I, p. 681.

3.3 Fato da Administração

Conceito: é toda omissão ou ação que atinge **diretamente** o contrato administrativo e impede sua normal execução, causando onerosidade para o contrato.

Fato da Administração ocorre "quando a Administração deixa de entregar o local da obra ou serviço, ou não providencia as desapropriações necessárias, ou atrasa os pagamentos por longo tempo, ou pratica qualquer ato impeditivo dos trabalhos a cargo da outra parte (art. 78, XIV a XVI)". Em todos esses casos o contratado pode pleitear a rescisão do contrato, amigável ou judicialmente, por culpa do Poder Público; o que não se lhe permite é a paralisação sumária dos trabalhos pela invocação da exceção de contrato não cumprido, inaplicável aos ajustes administrativos, salvo se o atraso for superior a 90 (noventa) dias (art. 78, XV)[13]. O referido artigo citado por Hely Lopes Meirelles diz respeito a Lei n. 8666/93.

> **JURISPRUDÊNCIA**
>
> - **CONTRATAÇÃO PÚBLICA – CONTRATO – EXECUÇÃO – SUSPENSÃO – FALTA DE LICENCIAMENTO AMBIENTAL – FATO DA ADMINISTRAÇÃO – TJ/SP**
> "A suspensão de execução de obra por falta de licença ambiental é fato da administração, autorizante, em tese, da incidência do dever de indenizar os prejuízos sofridos pelo executor inocente. Todavia, deixa de fazer jus a esta compensação quando a ela renuncia em transação judicial via da qual foi o impasse solucionado. Por outro lado, não se constitui como fato da administração a emissão de medida liminar em ações judiciais, assim não respondendo a Administração contratante pelos prejuízos advindos de paralisações sucessivas em virtude de tais medidas" (TJSP, ARN 9470265200, rel. Coimbra Schmidt, j. 21-9-2009).
>
> - **CONTRATAÇÃO PÚBLICA – CONTRATO – EQUILÍBRIO ECONÔMICO-FINANCEIRO – ÁLEA ADMINISTRATIVA – FATO DA ADMINISTRAÇÃO – FATO DO PRÍNCIPE – CONCEITOS – TCE/MG**
> A álea administrativa, por sua vez, decorre do comportamento da Administração Pública e pode ser subdividida em fato da administração e fato do príncipe. O primeiro consiste em atuação da própria Administração Pública contratante que, de alguma forma, prejudica a execução do pactuado e onera os encargos do contratado. Assim, incide diretamente sobre o contrato administrativo, o que levar à alteração do instrumento e até mesmo à indenização do particular por eventuais prejuízos sofridos. Como exemplo, pode ser citado um atraso na liberação do terreno em que será realizada a obra licitada. Já o fato do príncipe constitui medida lícita e regular, proveniente de autoridade pública, seja ela a pessoa estatal contratante ou não, que atinge indiretamente o contrato, autorizando a recomposição da equação econômico-financeira. O § 5º do art. 65 da Lei n. 8.666/93 disciplina a mais clássica hipótese de fato do príncipe, que é a elevação da carga tributária. Não obstante, mister se faz destacar que, conquanto atinja apenas de forma reflexa a relação contratual, o fato do príncipe deve estar diretamente relacionado com o aumento ou a diminuição dos encargos do contratado, caso contrário não autoriza a alteração da avença (TCE/MG, Consulta n. 811.939, rel. Cons. Antônio Carlos Andrada, j. 26-5-2010).

---

[13] MEIRELLES, Hely Lopes. *Direito administrativo brasileiro*, 35. ed., São Paulo: Malheiros, 2010, p. 246.

ESQUEMATIZANDO

TEORIA DA IMPREVISÃO ⟶ "MANUTENÇÃO DO EQUILÍBRIO ECONÔMICO-FINANCEIRO."

FATO DO PRÍNCIPE	FATO DA ADMINISTRAÇÃO
É toda determinação estatal, genérica, abstrata que incide INDIRETA E REFLEXAMENTE sobre o contrato administrativo, impedindo sua normal execução.	É toda omissão ou ação que atinge DIRETAMENTE o contrato administrativo e impede sua normal execução, causando onerosidade para o contratado.

EXEMPLO:
A ⟶ "y" tributação $
X Adm. Pública
CONTRATO

ADM. PÚBLICA
↑"y"
A B C
D E F
etc.

EXEMPLO:
A ⟶ "condição" ⟶ licença ambiental
X Adm. Pública
CONTRATO

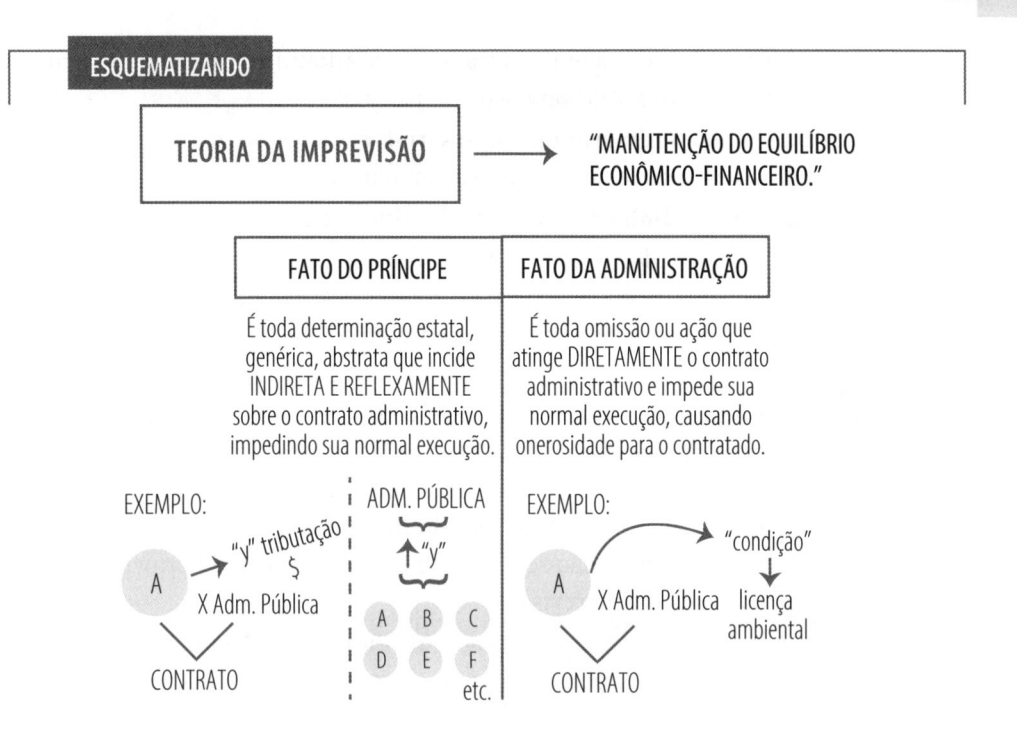

3.4 Interferências imprevistas

São ocorrências materiais preexistentes à celebração do contrato, que se revelam no momento da execução deste, mas desconhecidas dos contratantes e que impedem sua normal execução.

É o caso da presença de lençol freático no local da obra com um volume de água inesperado pelas partes.

3.5 Aprofundamento sobre o tema

Maria Sylvia Zanella Di Pietro, ao tratar da mutabilidade dos contratos, sustenta que, quando um contrato administrativo é celebrado, não significa que será executado integralmente tal qual foi avençado. Existe a possibilidade de a Administração alterar ou rescindir unilateralmente o contrato; também há a possibilidade de acontecer o fato do príncipe (que vai propiciar modificação naquilo que foi pactuado); ainda, poderá ser aplicada a teoria da imprevisão (que também pode acarretar a alteração do que foi pactuado).

Quando o contrato administrativo é celebrado, existe a formação de um equilíbrio econômico-financeiro: o contratado, para cumprir certos encargos, recebe uma contraprestação pecuniária. Esse equilíbrio deverá ser mantido durante toda a execução do contrato, de forma que, se ocorrer alguma situação de mutabilidade do contrato, o equilíbrio econômico-financeiro deste deverá ser restabelecido.

Assim, o contratado, ao celebrar contrato com a Administração Pública, além da força maior, está sujeito a três áleas ou riscos.

A primeira é a **álea ordinária ou empresarial**, que consiste no risco comum do empreendedor de sucesso ou insucesso de sua empreitada.

A segunda é a **álea administrativa.** Esta, por sua vez, subdivide-se em:
- alteração unilateral do contrato: a Administração pode, sozinha, alterar as cláusulas regulamentares ou de serviço do contrato. Se, alterando, onerar o contratado, deverá fazer a referida compensação a fim de que seja mantido o equilíbrio econômico-financeiro do contrato;
- fato do príncipe: consiste na determinação estatal genérica, que incide reflexamente sobre o contrato. Se o fato do príncipe advém da mesma esfera contratante, pode-se invocá-lo para restabelecer o equilíbrio econômico-financeiro que foi violado. Mas, se o fato do príncipe advém de outra esfera governamental que não a esfera contratante, não será caso de alegação de fato do príncipe, mas de aplicação da teoria da imprevisão;
- fato da Administração: consiste na ação ou omissão da Administração que vai repercutir diretamente sobre o contrato, causando o impedimento de sua normal execução.

Por fim, o terceiro risco é a **álea econômica**, que dá lugar à **teoria da imprevisão**.

Nos contratos em que a execução se prolonga no tempo, se houver alteração tal da situação fática no momento da execução do contrato, em comparação com o momento da celebração deste, de forma que cumprir o contrato signifique ruína do contratado, o contrato deverá ser revisto.

Curiosidade: Há uma "álea", uma incerteza, que seria uma "sorte" no negócio. Júlio César, comandante das legiões romanas nas Gálias, estava cada vez mais poderoso e ambicioso. O Senado romano convocou-o para Roma e determinou que licenciasse seus soldados. O riacho Rubicão era o limite de sua província. Ele, em lugar de dispensar suas tropas, veio com elas e atravessou o rio, exclamando: "*Alea jact est*" – "a sorte está lançada". E assim dominou Roma e seus inimigos.

JURISPRUDÊNCIA

- **CONTRATAÇÃO PÚBLICA – CONTRATO – ALTERAÇÃO – ELEVAÇÃO DOS CUSTOS – FATO NOVO – TEORIA DA IMPREVISÃO – TCU**

    Acerca da elevação dos custos de aquisição de material para execução de obra, o TCU manifestou-se no sentido de que "o aumento de preço causado por fato novo – mesmo que de terceiro – que resulte em insuportável esforço para a contratada, justifica a aplicação da teoria da imprevisão adotada pela legislação pátria, em especial, pela Lei n. 8.666, de 21-6-93, não se mostrando razoável, sob pena de enriquecimento sem causa do Estado, compelir a contratada a arcar com tais riscos" (TCU, Acórdão n. 30/2012, Plenário, rel. Min. Aroldo Cedraz, *DOU* 24-1-2012).

- **CONTRATAÇÃO PÚBLICA – CONTRATO – EQUILÍBRIO ECONÔMICO-FINANCEIRO – TEORIA DA IMPREVISÃO – CABIMENTO – TCE/SP**

    De acordo com manifestação do TCE/SP, "a aplicação da teoria da imprevisão somente é cabível quando houver acontecimentos inesperados e imprevisíveis, sendo uma das partes contratantes submetida à onerosidade excessiva na prestação, em patente desequilíbrio contratual" (TCE/SP, TC 001162/002/07, rel. Cons. Eduardo Bittencourt Carvalho, j. 1-3-2011).

4. DO FORMALISMO DOS CONTRATOS ADMINISTRATIVOS

Em regra, os contratos administrativos devem ser formalizados por escrito.

A Lei n. 8.666/93 em seu art. 60 fixa única exceção: para pequenas compras (até R$ 8.800,00 – valor definido com base no Decreto n. 9.412/2018) de pronto pagamento feitas em regime de adiantamento, casos em que se admite o contrato verbal.

Os documentos escritos pelos quais o contrato se formaliza são:

- instrumento de contrato;
- carta-contrato;
- nota de empenho de despesa;
- ordem de execução de serviço;
- outros documentos hábeis;
- autorização de compra.

JURISPRUDÊNCIA

- **CONTRATAÇÃO PÚBLICA – CONTRATO – FORMALIZAÇÃO – CONTRATO VERBAL – AUSÊNCIA DE LICITAÇÃO – NULIDADE – STJ**

    "I – Consta do acórdão recorrido inexistir boa-fé na atitude da empresa agravante, de contratar com o serviço público sem licitação e por meio de contrato verbal. Eis o trecho nele transcrito: "[...] não há elementos que autorizem o conhecimento da boa-fé da Autora, uma vez que estava ciente de que as contratações deveriam ser precedidas de licitação, pelo que se dessume da prova testemunhal, ou pelo menos de justificativa prévia e escrita de dispensa ou possibilidade de licitação, em face do disposto no art. 26 da Lei de Licitações" (fls. 506) II – Assim sendo, na esteira da jurisprudência desta colenda Corte, ante a única interpretação possível do disposto no art. 60, parágrafo único, da Lei de Licitações, "é nulo o contrato administrativo verbal" e, ainda que assim não fosse, é nulo "pois vai de encontro às regras e princípios constitucionais, notadamente a legalidade, a moralidade, a impessoalidade, a publicidade, além de macular a finalidade da licitação, deixando de concretizar, em última análise, o interesse público" (STJ, AgRg 915.697/PR, rel. Min. Francisco Falcão, DJ 24-5-2007).

- **CONTRATAÇÃO PÚBLICA – CONTRATO VERBAL – SERVIÇOS PRESTADOS – PAGAMENTO DEVIDO – TRF 1ª REGIÃO**

    De acordo com o TRF 1ª Região, "embora o instrumento escrito e formal seja requisito para a contratação com a Administração Pública a sua inexistência não impede o ressarcimento ao particular dos serviços que prestou em benefício daquela ou por quem lhe foi indicado, sob pena de promover o enriquecimento sem causa, incompatível com os princípios que norteiam a justiça" (TRF 1ª Região, ARN 1998.34.00.007145-9, rel. Des. Rodrigo Navarro de Oliveira, j. 11-10-2011).

Na **Lei n. 14.133/2021**, a matéria relativa à formalização dos contratos tem previsão a partir do art. 89. As principais regras sobre a matéria são:

a) os contratos da **Lei n. 14.133/2021** serão regulamentados por suas cláusulas e pelos preceitos de direito público, e a eles serão aplicados, supletivamente, os princípios da teoria geral dos contratos e as disposições de direito privado;

b) todo contrato deverá mencionar os nomes das partes e os de seus representantes, a finalidade, o ato que autorizou sua lavratura, o número do processo da licitação ou da contratação direta e a sujeição dos contratantes às normas desta Lei e às cláusulas contratuais;

c) os contratos deverão estabelecer com clareza e precisão as condições para sua execução, expressas em cláusulas que definam os direitos, as obrigações e as responsabilidades das partes, em conformidade com os termos do edital de licitação e os da proposta vencedora ou com os termos do ato que autorizou a contratação direta e os da respectiva proposta;

d) a Administração convocará regularmente o licitante vencedor para assinar o termo de contrato ou para aceitar ou retirar o instrumento equivalente, dentro do prazo e nas condições estabelecidas no edital de licitação, sob pena de **decair o direito à contratação**, sem prejuízo das sanções previstas na **Lei n. 14.133/2021**. Este prazo de convocação poderá ser prorrogado **1 (uma) vez, por igual período**, mediante solicitação da parte durante seu transcurso, devidamente justificada, e desde que o motivo apresentado seja aceito pela Administração;

e) será facultado à Administração, quando o convocado não assinar o termo de contrato ou não aceitar ou não retirar o instrumento equivalente no prazo e nas condições estabelecidas, convocar os licitantes remanescentes, na ordem de classificação, para a celebração do contrato nas condições propostas pelo licitante vencedor. Se nenhum dos licitantes aceitar a contratação, a Administração poderá (desde que observe o valor estimado e sua eventual atualização):

e.1) convocar os licitantes remanescentes para negociação, na ordem de classificação, com vistas à obtenção de preço melhor, mesmo que acima do preço do adjudicatário;

e.2) adjudicar e celebrar o contrato nas condições ofertadas pelos licitantes remanescentes, atendida a ordem classificatória, quando frustrada a negociação de melhor condição.

f) decorrido o prazo de validade da proposta indicado no edital sem convocação para a contratação, ficarão os licitantes liberados dos compromissos assumidos;

g) a **recusa injustificada do adjudicatário** em assinar o contrato ou em aceitar ou retirar o instrumento equivalente no prazo estabelecido pela Administração caracterizará o descumprimento total da obrigação assumida e o sujeitará às penalidades legalmente estabelecidas e à imediata perda da garantia de proposta em favor do órgão ou entidade licitante. Esta regra **não se aplica na hipótese e.1) acima**.

h) os contratos e seus aditamentos terão forma escrita e serão juntados ao processo que tiver dado origem à contratação, divulgados e mantidos à disposição do público em sítio eletrônico oficial;

i) será admitida a manutenção em sigilo de contratos e de termos aditivos quando imprescindível à segurança da sociedade e do Estado, nos termos da legislação que regula o acesso à informação;

j) contratos relativos a direitos reais sobre imóveis serão formalizados por escritura pública lavrada em notas de tabelião, cujo teor deverá ser divulgado e mantido à disposição do público em sítio eletrônico oficial;

k) será admitida a forma eletrônica na celebração de contratos e de termos aditivos, atendidas as exigências previstas em regulamento;

l) antes de formalizar ou prorrogar o prazo de vigência do contrato, a Administração deverá verificar a regularidade fiscal do contratado, consultar o Cadastro Nacional de Empresas Inidôneas e Suspensas (Ceis) e o Cadastro Nacional de Empresas Punidas (Cnep), emitir as certidões negativas de inidoneidade, de impedimento e de débitos trabalhistas e juntá-las ao respectivo processo.

5. DURAÇÃO DOS CONTRATOS

O contrato administrativo não pode ser firmado por prazo indeterminado, e sua duração fica adstrita à vigência dos respectivos créditos orçamentários. Esta é a regra trazida pelo **art. 57** da **Lei n. 8666/93**.

Todavia, a referida lei fixa algumas **exceções**. Vejamos:

a) aos projetos cujos produtos estejam contemplados nas metas estabelecidas no Plano Plurianual, os quais poderão ser prorrogados se houver interesse da Administração e desde que isso tenha sido previsto no ato convocatório;

b) à prestação de serviços a serem executados de forma contínua, que poderão ter a sua duração prorrogada por iguais e sucessivos períodos com vistas à obtenção de preços e condições mais vantajosas para a Administração, limitada a 60 (sessenta) meses;

c) ao aluguel de equipamentos e à utilização de programas de informática, podendo a duração estender-se pelo prazo de até 48 (quarenta e oito) meses após o início da vigência do contrato;

d) às hipóteses previstas nos incisos IX, XIX, XXVIII e XXXI do art. 24, cujos contratos poderão ter vigência por até 120 (cento e vinte) meses, caso haja interesse da Administração:

d.1) inciso IX: quando houver possibilidade de comprometimento da segurança nacional, nos casos estabelecidos em decreto do Presidente da República, ouvido o Conselho de Defesa Nacional;

d.2) inciso XIX: para as compras de material de uso pelas Forças Armadas, com exceção de materiais de uso pessoal e administrativo, quando houver necessidade de manter a padronização requerida pela estrutura de apoio logístico dos meios navais, aéreos e terrestres, mediante parecer de comissão instituída por decreto;

d.3) inciso XXVIII: para o fornecimento de bens e serviços, produzidos ou prestados no País, que envolvam, cumulativamente, alta complexidade tecnológica e defesa nacional, mediante parecer de comissão especialmente designada pela autoridade máxima do órgão;

d.4) inciso XXXI: nas contratações visando ao cumprimento do disposto nos arts. 3º, 4º, 5º e 20 da Lei n. 10.973, de 2 de dezembro de 2004, observados os princípios gerais de contratação dela constantes;

E o que a **Lei n. 14.133/2021** trouxe sobre o regramento acerca da duração dos contratos?

Fixou que a duração dos contratos administrativos deve estar **prevista em edital** e vinculada à duração do respectivo **crédito orçamentário**, bem como ter **previsão no plano plurianual** (quando ultrapassar um exercício financeiro), esta é a regra trazida pelo **art. 105 da Lei. n. 14.133/2021**.

Trouxe ainda algumas peculiaridades sobre o tema. Vejamos:

a) A **Lei n. 14.133/2021** ressalta, ainda, que a Administração poderá celebrar contratos **com prazo de até 5 (cinco) anos** nas hipóteses de **serviços e fornecimentos contínuos**, observadas as seguintes diretrizes:

- a autoridade competente do órgão ou entidade contratante deverá atestar a maior vantagem econômica vislumbrada em razão da contratação plurianual;
- a Administração deverá atestar, no início da contratação e de cada exercício, a existência de créditos orçamentários vinculados à contratação e a vantagem em sua manutenção;
- a Administração terá a opção de extinguir o contrato, sem ônus, quando não dispuser de créditos orçamentários para sua continuidade ou quando entender que o contrato não mais lhe oferece vantagem. Esta extinção ocorrerá apenas na próxima data de aniversário do contrato e não poderá ocorrer em prazo inferior a 2 (dois) meses, contado da referida data.

Importante salientar que os **contratos de serviços e fornecimentos contínuos** poderão ser prorrogados sucessivamente, respeitada a **vigência máxima decenal**, desde que haja previsão em edital e que a autoridade competente ateste que as condições e os preços permanecem vantajosos para a Administração, permitida a negociação com o contratado ou a extinção contratual sem ônus para qualquer das partes.

b) E será possível vigência de **contrato por prazo indeterminado**?

A **Lei n. 14.133/2021** em seu art. 109 estabelece a possibilidade de vigência de contrato por **prazo indeterminado** nos contratos em que seja **usuária de serviço público oferecido em regime de monopólio**, desde que comprovada, a cada exercício financeiro, a existência de créditos orçamentários vinculados à contratação.

c) Para a contratação que **gere receita** e no **contrato de eficiência** que gere economia para a Administração, os prazos serão de: **até 10 (dez) anos**, nos contratos sem investimento; **até 35 (trinta e cinco) anos**, nos contratos com investimento, assim considerados aqueles que impliquem a elaboração de benfeitorias permanentes, realizadas exclusivamente a expensas do contratado, que serão revertidas ao patrimônio da Administração Pública ao término do contrato.

d) Na contratação que previr a conclusão de escopo predefinido, o prazo de vigência será automaticamente prorrogado quando seu objeto não for concluído no período firmado no contrato. Quando a não conclusão decorrer de culpa do contratado: d.1) o contratado será constituído em mora, aplicáveis a ele as respectivas sanções administrativas; d.2) a Administração poderá optar pela extinção do contrato e, nesse caso, adotará as medidas admitidas em lei para a continuidade da execução contratual.

e) Os prazos contratuais previstos na **Lei n. 14.133/2021** não excluem nem revogam os prazos contratuais previstos em lei especial.

f) O contrato firmado sob o **regime de fornecimento e prestação de serviço associado** terá sua vigência máxima definida **pela soma** do prazo relativo ao fornecimento inicial ou à entrega da obra com o prazo relativo ao serviço de operação e manutenção, este **limitado a 5 (cinco) anos** contados da data de recebimento do objeto inicial, autorizada a prorrogação na forma art. 107 da **Lei n. 14.133/2021**.

g) O contrato que previr **a operação continuada de sistemas estruturantes de tecnologia da informação** poderá ter vigência **máxima de 15 (quinze) anos**.

6. CLÁUSULAS NECESSÁRIAS NOS CONTRATOS ADMINISTRATIVOS

Primeiramente vamos ao estudo das **cláusulas necessárias** trazidas pelo **art. 55 da Lei n. 8666/93**.

> "Segundo a lei, são necessárias a todo contrato as cláusulas que: a) reconheçam, em favor da Administração, os direitos e poderes que a lei, no art. 80, lhe atribui em caso de rescisão (art. 55 – IX); b) vinculem o contrato ao edital de licitação ou, na hipótese de contratação direta, ao ato que a autorizou, bem como à proposta formulada pelo contratado (art. 55 – XI); c) indiquem a legislação aplicável (art. 55 – XII) e imponham às partes sua observância (art. 61 – *caput*); d) imponham ao contratado o dever de manter durante a execução do contrato,

em compatibilidade com as obrigações por ele assumidas, todas as condições de habilitação e qualificação exigidas na licitação (art. 55 – XIII); e) determinem como foro de eleição o da sede da Administração, salvo o disposto no art. 32 – § 6º (art. 55 – § 2º); f) reconheçam, em favor da Administração, os poderes de modificação e rescisão unilateral, fiscalização da execução, aplicação de sanções e requisição provisória de bens, pessoal e serviços (art. 58). A ausência de referência a essas disposições no instrumento de contrato é de total irrelevância. Por serem normas de ordem pública, cuja necessária aplicação deriva de imposição legislativa, incidem na relação independentemente da vontade das partes, que é impotente para modificá-las ou afastá-las. Pela mesma razão, é inválida, devendo ser considerada como não escrita, a cláusula que as afaste."[14]

LEGISLAÇÃO CORRELATA

Lei n. 8.666/93

Art. 55. São **cláusulas necessárias** em todo contrato as que estabeleçam:

I – o objeto e seus elementos característicos;

II – o regime de execução ou a forma de fornecimento;

III – o preço e as condições de pagamento, os critérios, data-base e periodicidade do reajustamento de preços, os critérios de atualização monetária entre a data do adimplemento das obrigações e a do efetivo pagamento;

IV – os prazos de início de etapas de execução, de conclusão, de entrega, de observação e de recebimento definitivo, conforme o caso;

V – o crédito pelo qual correrá a despesa, com a indicação da classificação funcional programática e da categoria econômica;

VI – as garantias oferecidas para assegurar sua plena execução, quando exigidas;

VII – os direitos e as responsabilidades das partes, as penalidades cabíveis e os valores das multas;

VIII – os casos de rescisão;

IX – o reconhecimento dos direitos da Administração, em caso de rescisão administrativa prevista no art. 77 desta Lei;

X – as condições de importação, a data e a taxa de câmbio para conversão, quando for o caso;

XI – a vinculação ao edital de licitação ou ao termo que a dispensou ou a inexigiu, ao convite e à proposta do licitante vencedor;

XII – a legislação aplicável à execução do contrato e especialmente aos casos omissos;

XIII – a obrigação do contratado de manter, durante toda a execução do contrato, em compatibilidade com as obrigações por ele assumidas, todas as condições de habilitação e qualificação exigidas na licitação.

---

[14] SUNDFELD, Carlos Ari. *Licitação e contrato administrativo*. 2. ed., São Paulo: Malheiros, 1995, p. 225.

Na **Lei n. 14.133/2021**, as cláusulas necessárias encontram previsão no **art. 92**. São elas:

a) o objeto e seus elementos característicos;

b) a vinculação ao edital de licitação e à proposta do licitante vencedor ou ao ato que tiver autorizado a contratação direta e à respectiva proposta;

c) a legislação aplicável à execução do contrato, inclusive quanto aos casos omissos;

d) o regime de execução ou a forma de fornecimento;

e) o preço e as condições de pagamento, os critérios, a data-base e a periodicidade do reajustamento de preços e os critérios de atualização monetária entre a data do adimplemento das obrigações e a do efetivo pagamento;

f) os critérios e a periodicidade da medição, quando for o caso, e o prazo para liquidação e para pagamento;

g) os prazos de início das etapas de execução, conclusão, entrega, observação e recebimento definitivo, quando for o caso;

h) o crédito pelo qual correrá a despesa, com a indicação da classificação funcional programática e da categoria econômica;

i) a matriz de risco, quando for o caso;

j) o prazo para resposta ao pedido de repactuação de preços, quando for o caso;

k) o prazo para resposta ao pedido de restabelecimento do equilíbrio econômico-financeiro, quando for o caso;

l) as garantias oferecidas para assegurar sua plena execução, quando exigidas, inclusive as que forem oferecidas pelo contratado no caso de antecipação de valores a título de pagamento;

m) o prazo de garantia mínima do objeto, observados os prazos mínimos estabelecidos nesta Lei e nas normas técnicas aplicáveis, e as condições de manutenção e assistência técnica, quando for o caso;

n) os direitos e as responsabilidades das partes, as penalidades cabíveis e os valores das multas e suas bases de cálculo;

o) as condições de importação e a data e a taxa de câmbio para conversão, quando for o caso;

p) a obrigação do contratado de manter, durante toda a execução do contrato, em compatibilidade com as obrigações por ele assumidas, todas as condições exigidas para a habilitação na licitação, ou para a qualificação, na contratação direta;

q) a obrigação de o contratado cumprir as exigências de reserva de cargos prevista em lei, bem como em outras normas específicas, para pessoa com deficiência, para reabilitado da Previdência Social e para aprendiz;

r) o modelo de gestão do contrato, observados os requisitos definidos em regulamento;

s) os casos de extinção.

7. RESCISÃO CONTRATUAL E HIPÓTESES DE EXTINÇÃO DOS CONTRATOS

A rescisão do contrato administrativo pode ocorrer de diversas formas: 4.1. Rescisão administrativa; 4.2. Rescisão amigável; 4.3. Rescisão judicial; 4.4. Rescisão de pleno direito.

> "A relação dos motivos de rescisão não nos parece exaustiva, mas simplesmente exemplificativa, pois o regulamento do serviço, o caderno de encargos e o próprio contrato podem acrescentar outros casos de rescisão, em face das peculiaridades da obra, do serviço ou do fornecimento."[15]

Vejamos cada uma delas:

7.1 Rescisão administrativa

Ocorre por ato unilateral da Administração Pública e independe da concordância do contratado (muito embora seja a ele conferido o direito ao contraditório e à ampla defesa).

JURISPRUDÊNCIA

- **CONTRATAÇÃO PÚBLICA – CONTRATO – RESCISÃO – INSTAURAÇÃO DE PROCESSO ADMINISTRATIVO – CONTRADITÓRIO E AMPLA DEFESA – TJ/MG**

    Em relação à rescisão unilateral do contrato, o Tribunal de Justiça de Minas Gerais reiterou a necessidade de instauração de processo administrativo que assegure o contraditório e a ampla defesa, conforme trecho da ementa: "Ainda que autorizada a rescisão unilateral dos contratos administrativos nas hipóteses previstas nos incisos I a XII e XVII do art. 78 da Lei n. 8.666/93, tem-se como indispensável a necessidade de motivação do ato, e, ainda, da instauração de processo administrativo, em que se assegure ao contratado o contraditório e a ampla defesa, para fins de apuração da ocorrência de uma das mencionadas hipóteses, conforme estabelecido no parágrafo único do mesmo dispositivo legal, sob pena de ilegalidade" (TJMG, AC 1.0481.08.084412-1, rel. Des. Elias Camilo, j. 4-3-2010).

- **CONTRATAÇÃO PÚBLICA – CONTRATO – RESCISÃO – DEVIDO PROCESSO – OBRIGATORIEDADE – TJ/SP**

    Contrato administrativo. Licitação. Rescisão unilateral da Administração sem o devido processo administrativo. Impossibilidade. Necessidade de assegurar o contraditório e a ampla defesa à contratada. Lei n. 8.666/93, art. 78, parágrafo único. Recursos não providos. Para que a rescisão fosse possível deveria, antes de mais nada, ter sido garantido o contraditório e a ampla defesa, observando o devido processo administrativo. É que o direito de defesa deve anteceder o ato de rescisão, descabendo à Administração praticar o ato rescisório e depois facultar o contraditório e o direito de defesa (TJSP, Apelação Cível n. 244.604-1, rel. Des. Celso Bonilha, j. 17-4-1996).

A rescisão administrativa pode decorrer de duas situações: **a)** inadimplência do contratado; **b)** razões de interesse público.

---

[15] MEIRELLES, Hely Lopes. *Licitação e contrato administrativo*, 15. ed., São Paulo: Malheiros, 2010, p. 353.

Quando o contratado está inadimplente, ele não está cumprindo o que foi avençado, e então, como consequência, poderá ocorrer a rescisão do contrato. Nesse caso, a Administração retomará o objeto do contrato, poderá ocupar provisoriamente seus bens e pessoal (no caso de prestação de serviços considerados essenciais), poderá reter os créditos do contratado e também a garantia que o contratado tenha prestado para pagar eventuais prejuízos e multas que tenham sido impostas.

No entendimento de Marçal Justen Filho[16]: "a interpretação do art. 78, como não poderia deixar de ser, tem de ser norteada pelo princípio da indisponibilidade dos interesses fundamentais. [...] Não se pode cominar a rescisão do contrato como a consequência automática para toda e qualquer infração contratual. Essa solução seria mais perniciosa do que benéfica. Rescindir o contrato significa paralisar o atendimento aos interesses fundamentais. A lesão aos interesses fundamentais não é evitada simplesmente através da rescisão do contrato. [...] Sempre que a Administração pretender a rescisão do contrato por inadimplemento do particular, deverá evidenciar não apenas a concretização de uma das hipóteses do art. 78. É fundamental apontar o vínculo entre essa conduta e a lesão aos interesses fundamentais. Quando o inadimplemento for irrelevante ou secundário e não envolver a satisfação de deveres fundamentais, a Administração poderá impor sanções ao particular. Mas não poderá decretar a rescisão".

No caso de rescisão administrativa por razões de interesse público não há qualquer inadimplência do contratado, mas há razões de **conveniência e oportunidade ao interesse público** que apontam para a descontinuidade do contrato. Nesse caso, a Administração deverá recompor todo o prejuízo do contratado em razão da extinção antecipada do contrato, acrescido de indenização pelo que o contratado deixou de lucrar.

> "A rescisão administrativa por interesse público ou conveniência da Administração tem por fundamento a variação do interesse público, que autoriza a cessação do ajuste quando este se torne inútil ou prejudicial à coletividade. [...]" (STJ, RMS 20.264, rel. Min. Luiz Fux, *DJ* 1º-3-2007).

Assim: "a alteração ou a rescisão administrativa do contrato é em regra possível, sempre que estiver em conformidade com o princípio basilar do direito administrativo que é o interesse público" (TJSP, Mandado de Segurança 134.841-0/0-00, rel. Des. Nelson Calandra, j. 8-10-2007).

7.2 Rescisão amigável

Ocorre por acordo entre as partes e desde que haja interesse da Administração para a rescisão.

---

[16] JUSTEN FILHO, Marçal. *Comentários à lei das licitações e contratos administrativos*, 15. ed., São Paulo: Dialética, 2012, p. 958.

Assim: "Rescisão amigável é a que se realiza por mútuo acordo das partes, convencionando-se a extinção do contrato e o acerto dos direitos dos distratantes. Como todo distrato, deve ser feita pela mesma forma utilizada no contrato: escritura pública, termo administrativo ou qualquer outro escrito correspondente ao do ajuste original. Assim também a autoridade signatária do distrato deve ser a mesma ou ter competência idêntica ou superior à da que firmou o contrato, tudo dependendo das normas administrativas regedoras do ajuste inicial. O essencial é que na rescisão amigável se observem as exigências legais e regulamentares do distrato, que, em princípio, são as mesmas do contrato. Por essa razão, se o contrato dependeu de autorização legislativa ou de ordem superior, para a rescisão amigável será necessária idêntica autorização ou ordem, para que as partes se componham e firmem o distrato, nos limites da permissão legal ou hierárquica. A rescisão amigável opera efeitos a partir da data em que foi firmada (*ex nunc*), embora possam ser fixados direitos e obrigações das partes, para o acerto do distrato, com eficácia retroativa ou posterior, como, por exemplo, a fluência de juros sobre débitos anteriores, o pagamento futuro de créditos e outras relações negociais decorrentes do contrato que a vai extinguir. Se a rescisão for ilegal ou lesiva ao patrimônio público ficará sujeita a invalidação por ação popular, como qualquer outro ato administrativo prejudicial aos interesses protegidos pela Constituição da República (art. 5º, LXXIII) e Lei Federal n. 4.717, de 29-6-1965. Nessa ação poderá ser obtida não só a anulação da rescisão, como as reparações devidas à Fazenda Pública ou ao patrimônio das entidades de personalidade privada a que a lei se refere"[17].

Os efeitos dessa rescisão são *ex nunc*.

JURISPRUDÊNCIA

- **CONTRATAÇÃO PÚBLICA – CONTRATO – RESCISÃO AMIGÁVEL – SOLICITAÇÃO DA CONTRATADA – IMPOSSIBILIDADE – HIPÓTESE DE RESCISÃO UNILATERAL – TCU**

    Em sede de auditoria, o TCU apreciou as razões de fato e de direito que motivaram a rescisão amigável de contrato firmado com a primeira colocada em licitação realizada sob a modalidade concorrência pública, cujo objeto consistia na realização de obras de construção de trechos rodoviários. A rescisão amigável foi solicitada pela empresa contratada, que alegou a inviabilidade de executar o objeto contratual no prazo originalmente pactuado pelas partes, tendo em vista as dificuldades para a obtenção do licenciamento ambiental e a incidência de período chuvoso na região das obras. O Relator considerou irregular a rescisão amigável, uma vez que o particular incorreu em inadimplemento contratual, o que caracterizaria hipótese de rescisão unilateral. Anotou, portanto, que **"a entidade contratante não possui a liberdade discricionária de deixar de promover a rescisão unilateral do ajuste caso seja configurado o inadimplemento do particular, só existe campo para a rescisão amigável de um**

---

[17] MEIRELLES, Hely Lopes. *Licitação e contrato administrativo*, 15. ed., São Paulo: Malheiros, 2010, p. 358.

contrato administrativo quando houver conveniência para a Administração e não ocorrer nenhuma das hipóteses previstas para a rescisão unilateral da avença". Ao se reportar ao caso concreto, destacou que a rescisão do contrato "não se fundamentou em documentos que demonstrassem a efetiva ocorrência das circunstâncias de fato indicadas pela empresa (*omissis*)". Acrescentou que a entidade não adotou providências com vistas a verificar "se havia razões para a aplicação de sanções administrativas ou mesmo para a rescisão unilateral do ajuste com fulcro no art. 79, inciso I, da Lei n. 8.666/93". Ressaltou que "a única maneira de não cumprir o contrato sem incorrer em sanções administrativas seria nas hipóteses excepcionais de inadimplência da própria Administração, previstas no art. 78, incisos XIII a XVI da Lei n. 8.666/93, o que não ocorreu no presente caso concreto". Destacou que "o interesse da entidade pública contratante é a plena execução do ajuste, não sendo possível extrair a presença de interesse público em um pedido de rescisão contratual, ainda mais quando desacompanhado da demonstração das circunstâncias de fato impeditivas de sua execução". O Tribunal, então, deu ciência à entidade licitante de que **"a rescisão amigável do Contrato [...] sem a devida comprovação de conveniência para a Administração e de que não houve os motivos para a rescisão unilateral do ajuste constitui irregularidade, o que afronta o art. 79, inciso II, da Lei n. 8.666/93"** (grifamos) (TCU, Acórdão n. 740/2013, Plenário, rel. Min. Benjamin Zymler, *DOU* 3-4-2013).

7.3 Rescisão judicial

Ocorre nos casos em que a Administração Pública está inadimplente. É o caso do atraso, pela Administração Pública, do pagamento ao contratado além do prazo normal de noventa dias. Normalmente o contratado irá pleitear a recomposição dos prejuízos sofridos, lucros que deixou de ganhar e também a devolução da garantia anteriormente prestada.

> **JURISPRUDÊNCIA**
>
> - **CONTRATAÇÃO PÚBLICA – CONTRATO – EXCEÇÃO DO CONTRATO NÃO CUMPRIDO – STJ**
>   "[...] 4. Com o advento da Lei n. 8.666/93, não tem mais sentido a discussão doutrinária sobre o cabimento ou não da inoponibilidade da *exceptio non adimpleti contractus* contra a Administração, ante o teor do art. 78, XV, do referido diploma legal. Por isso, despicienda a análise da questão sob o prisma do princípio da continuidade do serviço público. 5. Se a Administração Pública deixou de efetuar os pagamentos devidos por mais de 90 (noventa) dias, pode o contratado, licitamente, suspender a execução do contrato, sendo desnecessária, nessa hipótese, a tutela jurisdicional porque o art. 78, XV, da Lei n. 8.666/93 lhe garante tal direito. 6. Recurso especial conhecido em parte e, nessa parte, provido" (STJ, REsp 910.802, rel. Min. Eliana Calmon, *DJ* 6-8-2008).
> - **CONTRATAÇÃO PÚBLICA – CONTRATO – PAGAMENTO – INADIMPLÊNCIA DO MUNICÍPIO – ENRIQUECIMENTO SEM CAUSA – TJ/MT**
>   A inadimplência do município em relação aos serviços prestados pelo contratado configura enriquecimento sem causa: "Havendo provas de que a autora executou a obra para o Município

e que não recebeu a contraprestação pelo serviço prestado, é imperiosa a condenação do ente municipal, sob pena de enriquecimento sem causa e afronta ao princípio da moralidade. A falta de procedimento licitatório não exonera o Poder Público do dever de indenizar o particular prestador de serviços. As irregularidades e/ou nulidades praticadas pela própria Administração não podem ser imputadas ao particular e nem ensejar óbice ao pagamento a quem de direito" (TJMT, Apelação/Reexame Necessário n. 133961/2009, rel. Des. Clarice Claudino da Silva, j. 9-3-2010).

7.4 Rescisão de pleno direito

Ocorre em razão de fato extintivo do contrato e opera efeitos *ex tunc*.

Em relação aos contratos que se extinguem pela conclusão do objeto, "[...] a prorrogação independe de previsão e de licitação, porque, embora ultrapassado o prazo assinalado para seu cumprimento, o contrato continua em execução".

No tocante aos contratos que se extinguem pelo término do prazo, Hely Lopes Meirelles[18] aduz que "[...] a expiração do prazo de vigência, sem prorrogação, opera de pleno direito a extinção do ajuste, exigindo novo contrato para continuação das obras, serviços ou compras anteriormente contratados. O contrato extinto não se prorroga, nem se renova: é refeito e formalizado em novo instrumento, inteiramente desvinculado do anterior. [...] Se a prorrogação não foi providenciada pela Administração antes de vencido o prazo contratual, haverá a extinção do contrato e será considerado irregular o instrumento de prorrogação feito posteriormente".

7.5. Hipóteses de extinção dos contratos previstas expressamente na Lei n. 14.133/2021

Constituirão motivos para **extinção do contrato**, a qual deverá ser **formalmente motivada** nos autos do processo, assegurados o contraditório e a ampla defesa, as seguintes situações:

a) não cumprimento ou cumprimento irregular de normas editalícias ou de cláusulas contratuais, de especificações, de projetos ou de prazos;

b) desatendimento das determinações regulares emitidas pela autoridade designada para acompanhar e fiscalizar sua execução ou por autoridade superior;

c) alteração social ou modificação da finalidade ou da estrutura da empresa que restrinja sua capacidade de concluir o contrato;

d) decretação de falência ou de insolvência civil, dissolução da sociedade ou falecimento do contratado;

e) caso fortuito ou força maior, regularmente comprovados, impeditivos da execução do contrato;

---

[18] MEIRELLES, Hely Lopes. *Licitação e contrato administrativo*, 15. ed., São Paulo: Malheiros, 2010, p. 313-314.

f) atraso na obtenção da licença ambiental, ou impossibilidade de obtê-la, ou alteração substancial do anteprojeto que dela resultar, ainda que obtida no prazo previsto;
g) atraso na liberação das áreas sujeitas a desapropriação, a desocupação ou a servidão administrativa, ou impossibilidade de liberação dessas áreas;
h) razões de interesse público, justificadas pela autoridade máxima do órgão ou da entidade contratante;
i) não cumprimento das obrigações relativas à reserva de cargos prevista em lei, bem como em outras normas específicas, para pessoa com deficiência, para reabilitado da Previdência Social ou para aprendiz.

Ainda, o **contratado terá direito à extinção do contrato** nas seguintes hipóteses:
a) supressão, por parte da Administração, de obras, serviços ou compras que acarrete modificação do valor inicial do contrato além do limite permitido no art. 125 da **Lei n. 14.133/2021**;
b) suspensão de execução do contrato, por ordem escrita da Administração, **por prazo superior a 3 (três) meses**;
c) repetidas suspensões que totalizem **90 (noventa) dias úteis**, independentemente do pagamento obrigatório de indenização pelas sucessivas e contratualmente imprevistas desmobilizações e mobilizações e outras previstas;
d) atraso **superior a 2 (dois) meses**, contado da emissão da nota fiscal, dos pagamentos ou de parcelas de pagamentos devidos pela Administração por despesas de obras, serviços ou fornecimentos;
e) não liberação pela Administração, nos prazos contratuais, de área, local ou objeto, para execução de obra, serviço ou fornecimento, e de fontes de materiais naturais especificadas no projeto, inclusive devido a atraso ou descumprimento das obrigações atribuídas pelo contrato à Administração relacionadas a desapropriação, a desocupação de áreas públicas ou a licenciamento ambiental.

Para complementar: Para as hipóteses de extinção do contrato pelo **contratado** descritas nos itens "b", "c" e "d" supra, não serão admitidas em caso de calamidade pública, de grave perturbação da ordem interna ou de guerra, bem como quando decorrerem de ato ou fato que o contratado tenha praticado, do qual tenha participado ou para o qual tenha contribuído; assegurarão ao contratado o direito de optar pela suspensão do cumprimento das obrigações assumidas até a normalização da situação, admitido o restabelecimento do equilíbrio econômico-financeiro do contrato, na forma da alínea "d" do inciso II do *caput* do art. 124 da **Lei n. 14.133/2021**.

Ainda, nos termos do art. 138 da **Lei n. 14.133/2021**, a extinção do contrato pode ser:
a) determinada por **ato unilateral e escrito** da Administração, exceto no caso de descumprimento decorrente de sua própria conduta (quedeve ser precedidas de

autorização escrita e fundamentada da autoridade competente e reduzidas a termo no respectivo processo).

b) **consensual**, por acordo entre as partes, por conciliação, por mediação ou por comitê de resolução de disputas, desde que haja interesse da Administração (que devem ser precedidas de autorização escrita e fundamentada da autoridade competente e reduzidas a termo no respectivo processo;

c) determinada por **decisão arbitral**, em decorrência de cláusula compromissória ou compromisso arbitral, ou por **decisão judicial**.

8. CONTRATOS EM ESPÉCIE

8.1 Contrato de obra pública e de serviço

Por questões didáticas, estudaremos essas duas espécies de contrato em conjunto.

Contrato de obra pública consiste em toda construção, reforma, fabricação, recuperação ou ampliação que pode ser realizada por execução direta ou indireta (art. 6º, I, da Lei n. 8.666/93).

Contrato de serviço (previsto no art. 6º, II, da Lei n. 8.666/93), entendido como toda atividade destinada a obter qualquer utilidade para a Administração Pública, por exemplo: demolição, conserto, montagem etc.

Os serviços pretendidos pela Administração Pública podem ser:

a) serviços comuns: são aqueles que não exigem habilitação específica do prestador (v.g., serviço de limpeza realizado em um prédio público);

b) serviços técnico-profissionais: são os serviços que exigem habilitação específica (v.g., os serviços de advocacia);

c) serviços técnico-profissionais especializados (são os previstos no art. 13 da Lei n. 8.666/93):

> **LEGISLAÇÃO CORRELATA**
>
> **Lei n. 8.666/93**
>
> **Art. 13**. Para os fins desta Lei, consideram-se **serviços técnicos profissionais especializados** os trabalhos relativos a:
>
> I – estudos técnicos, planejamentos e projetos básicos ou executivos;
>
> II – pareceres, perícias e avaliações em geral;
>
> III – assessorias ou consultorias técnicas e auditorias financeiras ou tributárias; *(Redação dada pela Lei n. 8.883, de 1994.)*
>
> IV – fiscalização, supervisão ou gerenciamento de obras ou serviços;
>
> V – patrocínio ou defesa de causas judiciais ou administrativas;
>
> VI – treinamento e aperfeiçoamento de pessoal;
>
> VII – restauração de obras de arte e bens de valor histórico.

Nessa conceituação de "serviços profissionais especializados" podemos inserir os *serviços de notória especialização*[19] (em que a licitação, nos termos do art. 25, § 1º, da Lei n. 8.666/93, é inexigível).

[...]

Art. 25. É inexigível a licitação quando houver inviabilidade de competição, em especial:

I – para aquisição de materiais, equipamentos, ou gêneros que só possam ser fornecidos por produtor, empresa ou representante comercial exclusivo, vedada a preferência de marca, devendo a comprovação de exclusividade ser feita através de atestado fornecido pelo órgão de registro do comércio do local em que se realizaria a licitação ou a obra ou o serviço, pelo Sindicato, Federação ou Confederação Patronal, ou, ainda, pelas entidades equivalentes;

II – para a contratação de serviços técnicos enumerados no art. 13 desta Lei, de natureza singular, com profissionais ou empresas de notória especialização, vedada a inexigibilidade para serviços de publicidade e divulgação;

III – para contratação de profissional de qualquer setor artístico, diretamente ou através de empresário exclusivo, desde que consagrado pela crítica especializada ou pela opinião pública.

§ 1º Considera-se de notória especialização o profissional ou empresa cujo conceito no campo de sua especialidade, decorrente de desempenho anterior, estudos, experiências, publicações, organização, aparelhamento, equipe técnica, ou de outros requisitos relacionados com suas atividades, permita inferir que o seu trabalho é essencial e indiscutivelmente o mais adequado à plena satisfação do objeto do contrato.

§ 2º Na hipótese deste artigo e em qualquer dos casos de dispensa, se comprovado superfaturamento, respondem solidariamente pelo dano causado à Fazenda Pública o fornecedor ou o prestador de serviços e o agente público responsável, sem prejuízo de outras sanções legais cabíveis.

d) serviços artísticos[20].

Tanto a obra pública quanto o serviço podem ser executados **diretamente** pelos próprios membros da Administração Pública, isto é, por seus órgãos. É o caso da obra que pode ser realizada pela Secretaria de Obras. Nesses casos, não há que se falar em contratação, pois é o próprio Estado que está realizando a obra ou prestando o serviço.

A execução **direta** da obra ou da prestação do serviço pela Administração não se confunde com a execução **indireta**.

A execução indireta da obra ocorre quando o Estado contrata alguém para executar a obra ou prestar o serviço (situação que ocorre com a terceirização).

Temos duas modalidades de execução indireta da obra ou do serviço: a) execução indireta por empreitada e b) execução indireta por tarefa.

---

[19] Considera-se de notória especialização o profissional ou empresa cujo conceito no campo de sua especialidade, decorrente de desempenho anterior, estudos, experiências, publicações, organização, aparelhamento, equipe técnica, ou de outros requisitos relacionados com suas atividades, permita inferir que o seu trabalho é essencial e indiscutivelmente o mais adequado à plena satisfação do objeto do contrato.

[20] Se o profissional artístico for consagrado pela crítica especializada ou pela opinião pública, a licitação para sua contratação será inexigível.

a) **Execução indireta por empreitada:** consiste na execução da obra ou do serviço por conta e risco do contratado, mediante remuneração preestabelecida.

Nessa hipótese, o empreiteiro corre os riscos normais do empreendimento como qualquer empreendedor e tem direito a ser remunerado pelo serviço que vai prestar.

Essa modalidade de empreitada subdivide-se em:

a.1) empreitada de lavor: o empreiteiro concorre apenas com o trabalho e mão de obra;

a.2) empreitada de materiais: o empreiteiro concorre tanto com a mão de obra quanto com os materiais.

Ainda, outra classificação de empreitada leva em consideração a **forma de pagamento,** e aí então se fala em a.3) empreitada por preço global e a.4) empreitada por preço unitário.

a.3) empreitada por preço global: o pagamento é combinado tendo em consideração o valor total da obra ou do serviço.

a.4) empreitada por preço unitário: o pagamento é combinado com base em unidades contratadas, v.g., quilometragem por asfaltamento.

Por fim, há ainda a a.5) empreitada integral, que ocorre quando se contrata um empreendimento em toda a sua integralidade. Nesse caso, o empreendimento será entregue pela Administração Pública pronta para entrada em operação, sob inteira responsabilidade do contratado, até entrega final para a Administração Pública.

b) **Execução indireta por tarefa:** é uma modalidade de execução indireta da obra ou do serviço, formalizada por nota de empenho de despesa ou ordem de execução de serviço, objetivando a realização de pequenos trabalhos de valor econômico baixo.

Nesse caso, o tarefeiro pode concorrer tanto com a mão de obra quanto com os materiais.

Na **Lei n. 14.133/21, art. 6º, XII, obra** é toda atividade estabelecida, por força de lei, como privativa das profissões de arquiteto e engenheiro que implica intervenção no meio ambiente por meio de um conjunto harmônico de ações que, agregadas, formam um todo que inova o espaço físico da natureza ou acarreta alteração substancial das características originais de bem imóvel. Por sua vez, o **art. 6º, XI** do citado diploma legal define **serviço**: atividade ou conjunto de atividades destinadas a obter determinada utilidade, intelectual ou material, de interesse da Administração.

8.2 Contrato de fornecimento

No contrato de fornecimento, o objetivo da Administração Pública é a aquisição de coisas **móveis**: gêneros perecíveis e produtos industrializados para manutenção de suas obras ou de seus serviços.

Exemplo: imagine que a Administração Pública tenha celebrado um contrato de obra pública, sob a modalidade de empreitada de lavor (isto é, o empreiteiro só concorreu com a mão de obra). Será necessário, adicionalmente, que a Administração Pública faça um contrato de fornecimento de materiais que serão utilizados nessa obra.

O contrato de fornecimento pode ser classificado em:

a) contrato de fornecimento integral: o fornecimento daquilo que a Administração adquiriu ocorre de uma só vez;

b) contrato de fornecimento contínuo: o fornecimento é realizado com certa periodicidade, durante o espaço de tempo avençado;

c) contrato de fornecimento parcelado: a entrega daquilo que a Administração adquiriu ocorre em parcelas.

JURISPRUDÊNCIA

- **CONTRATAÇÃO PÚBLICA – CONTRATO – PRAZO – PRORROGAÇÃO – FORNECIMENTO DE PASSAGENS – IMPOSSIBILIDADE – TCU**

    O TCU considerou indevida a prorrogação de contrato de fornecimento de passagens com base no inciso II do art. 57 da Lei n. 8.666/93, por não se enquadrar na condição de serviços contínuos. Decisões no mesmo sentido: Acórdãos n. 5.903/2010, 4.620/2010 e 4.742/2009, todos da 2ª Câmara, e Acórdão n. 4.748/2009, da 1ª Câmara, bem como Decisão n. 2/2002, da 2ª Câmara (TCU, Acórdão n. 6.780/2011, 2ª Câmara, rel. Min. André Luís de Carvalho, j. 23-8-2011).

- **CONTRATAÇÃO PÚBLICA – CONTRATO – OBJETO PRODUZIDO PARA ATENDER À ADMINISTRAÇÃO – DEVER DE INDENIZAR – TJ/DF**

    Indenização. Licitação Pública. Contrato de fornecimento de equipamentos. Sobrando demonstrado que o equipamento a ser fornecido foi fabricado especialmente para atender ao cumprimento da obrigação assumida, mesmo porque não pode ter outro adquirente para os produtos, deve a licitante indenizar os prejuízos causados pela contratada, se, após a celebração do contrato, a licitação foi cancelada, somente se comunicado o fato após a fabricação do produto. As despesas havidas com a participação na licitação são indenizáveis em virtude da quebra do contrato (TJDF, Apelação Cível, Acórdão n. 70.123, rel. Des. Vasquez Cruxên, *DJ* 11-5-1994).

Sobre este tema, vejamos algumas definições trazidas pela **Lei n. 14.133/2021**:

SERVIÇOS E FORNECIMENTOS CONTÍNUOS	SERVIÇOS CONTÍNUOS COM REGIME DE DEDICAÇÃO EXCLUSIVA DE MÃO DE OBRA	SERVIÇOS NÃO CONTÍNUOS OU CONTRATADOS POR ESCOPO
serviços contratados e compras realizadas pela Administração Pública para a manutenção da atividade administrativa, decorrentes de necessidades permanentes ou prolongadas.	aqueles cujo modelo de execução contratual exige, entre outros requisitos, que: a) os empregados do contratado fiquem à disposição nas dependências do contratante para a prestação dos serviços;	aqueles que impõem ao contratado o dever de realizar a prestação de um serviço específico em período predeterminado, podendo ser prorrogado, desde que justificadamente, pelo prazo necessário à conclusão do objeto.

	b) o contratado não compartilhe os recursos humanos e materiais disponíveis de uma contratação para execução simultânea de outros contratos; c) o contratado possibilite a fiscalização pelo contratante quanto à distribuição, controle e supervisão dos recursos humanos alocados aos seus contratos.	

8.3 Contrato de concessão de serviço público

É a Constituição Federal, no art. 175, que dispõe sobre as normas de concessão e permissão de serviço público.

A competência para a edição de normas gerais sobre licitação e contratação, no que se incluiu a contratação da concessão de serviço público, é da **União** (art. 22, XXVII, da CF). Como a União fixou as normas gerais, nada impede que outras pessoas políticas estabeleçam regras específicas para suas concessões de serviço público.

A normação infraconstitucional é encontrada na Lei n. 8.987/95. A **Lei n. 8.987/95, art. 2º, II**, define: "concessão de serviço público: a delegação de sua prestação, feita pelo poder concedente, mediante licitação, na modalidade concorrência ou diálogo competitivo, a pessoa jurídica ou consórcio de empresas que demonstre capacidade para seu desempenho, por sua conta e risco e por prazo determinado" (Redação dada pela **Lei n. 14.133/2021**).

Características principais do contrato de concessão de serviços públicos:

a) O concessionário ou contratado se remunera pela exploração do serviço público concedido (e essa é a diferença basilar entre um contrato de concessão de serviço público e um contrato de prestação de serviço. Assim, se a **Administração Pública remunera** o contratado, é porque ele está prestando e executando um contrato **de serviço**, mas, se **o contratado se remunera pela própria exploração do serviço público**, aí então estamos diante de um contrato de **concessão de serviços públicos**).

b) A forma mais comum de remuneração no contrato de concessão é a cobrança de tarifa de usuário, mas existem outras maneiras. Por exemplo: no serviço de telecomunicações, o concessionário se remunera por meio da publicidade que veicula, portanto, nesse caso, não há cobrança de tarifa de usuário.

c) Somente o exercício do serviço público que é transferido ao concessionário. O Poder Público continua com a titularidade do serviço (o que possibilita que ele extinga o contrato antes de seu termo final ou que possa alterar unilateralmente aquilo que foi pactuado).

d) Somente serviços públicos privativos do Poder Público é que podem ser concedidos.

e) Dependem sempre de licitação na modalidade **concorrência ou diálogo competitivo**. Esta modalidade licitatória foi incluída na Lei n. 8.987/95 pela **Lei n. 14.133/2021**.

f) O concessionário executa o serviço por sua conta e risco. Claro que o concessionário tem direito ao equilíbrio econômico-financeiro do contrato, mas é ele que corre os riscos normais do empreendimento.

g) O concessionário deve garantir que o usuário do serviço receba o serviço prestado de forma **adequada. Serviço adequado** é aquele que satisfaz as condições de regularidade, generalidade, continuidade, eficiência, segurança, atualidade, cortesia em sua prestação e modicidade das tarifas.

h) O concessionário responde **objetivamente** pelos prejuízos e danos causados na prestação do serviço, conforme fixa o art. 37, § 6º, da CF.

i) A concessão de serviço público pode ser rescindida unilateralmente pela Administração. Isso pode ocorrer por razões de interesse público – quando então essa extinção receberá o nome de "encampação ou resgate" –, ou, ainda, poderá ocorrer a extinção em razão do descumprimento das cláusulas contratuais pelo contratado – hipótese intitulada "caducidade ou decadência".

Em qualquer dessas duas modalidades de extinção unilateral, pela Administração, do contrato de concessão, os bens vinculados à prestação do serviço público revertem para o Poder Público: é a chamada **reversão**.

Mais aprofundamentos sobre Concessão de Serviços Públicos, *vide o* Capítulo VII deste *Manual* – que cuida especificamente da disciplina e regramento deste tema na Lei n. 8.987/95, com todas as suas especificidades.

8.4 Contrato de permissão de serviços públicos

Características principais:

a) **para a definição da Lei n. 8.987/95 (art. 40)**, a permissão de serviços públicos tem natureza jurídica **de contrato de adesão**, revogável e precário;

b) a permissão de serviços públicos depende sempre de licitação;

c) o permissionário pode ser tanto pessoa física quanto pessoa jurídica;

d) o permissionário está submetido a fiscalização do Poder Público permitente;

e) a permissão pode ser alterada unilateralmente;

f) é da natureza da permissão o fato de ser deferida ao particular sem prazo. Entretanto, se houver permissão qualificada a prazo, praticamente desaparecerão as diferenças entre concessão e permissão de serviços públicos.

ESQUEMATIZANDO

Concessão de serviços públicos	Permissão de serviços públicos
Art. 2º, II, da Lei n. 8.987/95	Arts. 2º, IV, e 40 da Lei n. 8.987/95
U, E, DF, M ← P. concedente	P. concedente → U, E, DF, M
↓ DELEGAÇÃO ↓	↓ DELEGAÇÃO ↓
Concessionário	Permissionário
↓ PJ/Consórcio de empresas	↓ PF ou PJ
Licitação → Concorrência ou diálogo competitivo	Licitação → Licitação

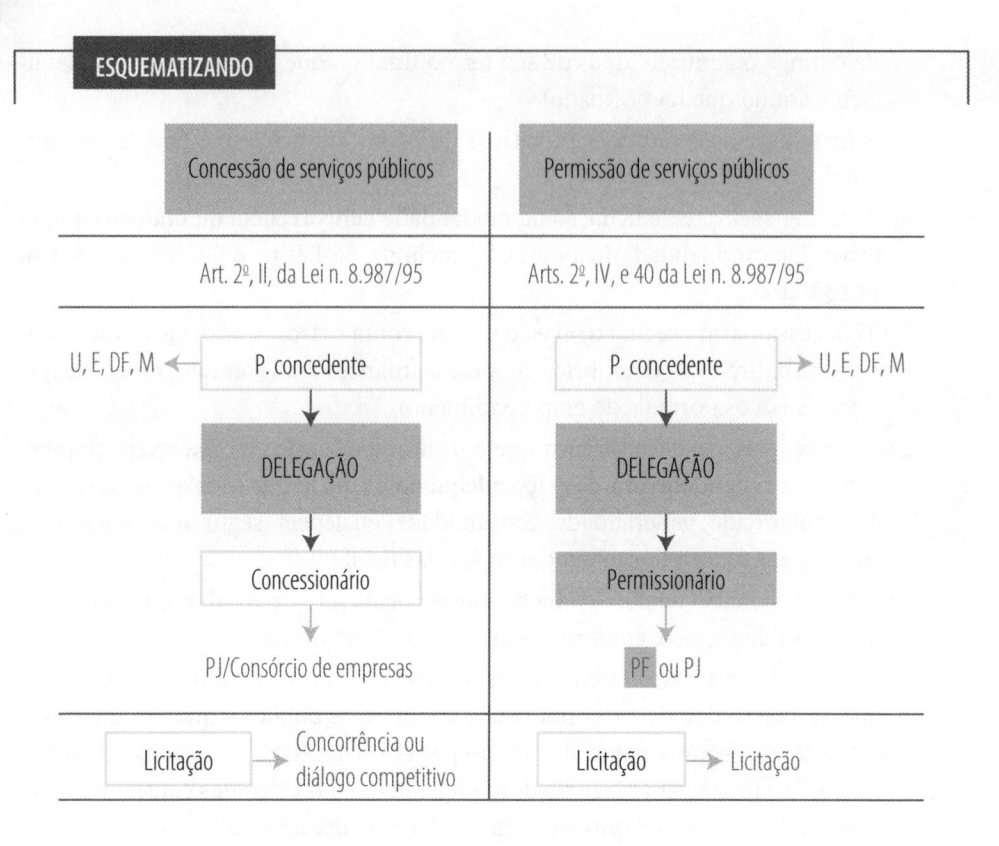

8.5 Contrato de concessão de obra pública

No contrato de concessão de obra pública, a Administração transfere ao particular a **execução de uma obra pública**, por sua conta e risco, mediante remuneração. Essa remuneração é obtida em razão da cobrança de contribuição de melhoria dos beneficiados da obra ou então pela exploração dos serviços ou utilidades que a obra proporciona.

Em resumo, teremos:

a) contribuição de melhoria com o escopo de reembolsar o concessionário;

b) o concessionário irá explorar essa obra e as utilidades que a obra proporciona.

Exemplo: é o caso da realização, pelo concessionário, de uma estrada. Ele irá executar a obra e depois vai se remunerar (com a cobrança de pedágio), explorando, durante certo tempo, as utilidades que aquela obra proporciona.

Embora não usual no Brasil, é possível, também, que a remuneração do concessionário ocorra pela cobrança de contribuição de melhoria.

A **Lei n. 8.987/95, art. 2º, III**, define: "concessão de serviço público precedida da execução de obra pública: a construção, total ou parcial, conservação, reforma, ampliação ou melhoramento de quaisquer obras de interesse público, delegados pelo poder concedente, mediante licitação, na **modalidade concorrência ou diálogo competitivo**, a pessoa jurídica ou consórcio de empresas que demonstre capacidade para a sua realização, por sua conta e risco, de forma que o investimento da concessionária seja remunerado e amortizado mediante a exploração do serviço ou da obra por prazo determinado. (Redação dada pela **Lei n. 14.133/21**)".

8.6 Contrato de concessão de uso de bem público

É o contrato administrativo pelo qual a Administração Pública defere ao particular a utilização de um bem público (tudo em conformidade com a destinação específica que será dada a ele).

Há três espécies de contrato de concessão de uso de bem público:

a) Concessão administrativa de uso de bem público: o uso é deferido como direito pessoal, portanto não é um direito transferível (nem em razão de morte, nem por ato *inter vivos*).

b) Concessão de direito real de uso: previsto no Decreto-lei n. 271/67.

O Poder Público, por meio dessa concessão, transfere ao particular, como **direito real resolúvel**[21], um terreno público ou um espaço aéreo que o recobre, para fins específicos de urbanização, de edificação, industrialização, cultivo ou outra exploração de interesse social.

Por se tratar de direito real, o particular tem o poder de sequela, que é o poder de perseguir o bem e reavê-lo de quem injustamente o detenha.

Também, por se tratar de direito real, é transmissível, seja por ato *inter vivos*, seja em razão da morte.

c) Concessão de uso especial para fins de moradia: essa concessão possibilita àquele que, até 30 de junho de 2001, possuir como seu, para fins de moradia em área urbana, imóvel público urbano de até 250 (duzentos e cinquenta) m², desde que não tenha outro imóvel, e que não seja concessionário de outro imóvel, e possa ter o direito de usar essa área para fins de moradia.

Trata-se de alternativa à impossibilidade de usucapir terras públicas.

Características principais:

c.1) é um direito real resolúvel, ou seja, se o concessionário não der a finalidade de moradia, o direito se extingue. Também se extingue se o concessionário adquirir a propriedade de outro imóvel, ou se tornar concessionário de outro imóvel urbano ou rural;

c.2) a concessão de uso especial de moradia, pode, ainda, ser deferida de **forma coletiva** – quando não for possível identificar a área ocupada por cada morador;

c.3) a concessão de uso especial de moradia é um direito do particular, desde que preenchidos os requisitos legais;

---

[21] Que se extingue se o concessionário der destinação diversa daquela prevista no Decreto-lei n. 271/67 e no contrato.

c.4) é formalizada por termo (na esfera administrativa) ou por decisão judicial (se for negada indevidamente), mas tanto a decisão administrativa quanto a decisão judicial são consideradas título hábil para registro no Cartório de Registro de Imóveis.

8.7 Contrato de concessão especial – PPP

Características principais:

a) Parceria Público-Privada é o contrato de concessão na modalidade: a.1) patrocinada; a.2) administrativa.

Concessão patrocinada é a concessão de serviços públicos ou de obras públicas, quando envolver adicionalmente à tarifa cobrada dos usuários, contraprestação pecuniária do parceiro público ao parceiro privado.

Concessão administrativa é o contrato de prestação de serviços de que a Administração seja usuária, direta ou indireta, ainda que envolva a execução de obra pública e o fornecimento ou a instalação de bens.

b) Vedações em sede de PPP:

b.1) O art. 6º da **Lei n. 13.529, de 4 de dezembro de 2017**, deu nova redação ao art. 2º, § 4º, I, da Lei n. 11.079/2004. **Alterou** o valor de vedação do contrato de PPP – que não podia ser inferior a 20 milhões de reais – para o valor de **dez milhões** de reais. Assim a nova redação fixou a impossibilidade de contrato de PPP cujo valor do contrato seja inferior a R$ 10.000.000,00 (dez milhões de reais).

b.2) PPP tem o prazo mínimo de 5 (cinco) anos e prazo máximo de 35 (trinta e cinco) anos, incluindo eventual prorrogação – art. 5º, I da Lei n. 11.079/2004;

b.3) **não é** possível celebrar contrato de PPP que tenha único objeto como exemplo: apenas o fornecimento de mão de obra, apenas a execução de obra pública, ou apenas o fornecimento e instalação de bens.

c) Várias são as diretrizes (art. 4º da Lei n. 11.079/2004) nas parcerias público-privadas, dentre elas destacam-se:

c.1) a **indelegabilidade** das funções de regulação, jurisdicional, exercício do poder de polícia e desenvolvimento de atividades exclusivas do Estado;

c.2) **repartição objetiva dos riscos entre as partes:** o parceiro público e o privado repartem entre si os riscos normais do empreendimento. Isso possibilita também a repartição dos riscos anormais entre as partes, tais como aqueles decorrentes de caso fortuito, força maior, fato do príncipe, álea econômica extraordinária.

d) Sociedade de propósito específico – é instituto previsto na Lei n. 11.079/2004. A Sociedade de propósito específico é destinada a implantar e gerir o objeto da parceria.

e) A licitação na PPP é a modalidade de concorrência ou diálogo competitivo. Nesse sentido o art. 10 da Lei. n. 11.079/2004 com redação dada pela **Lei n. 14.133/2021**.

LEGISLAÇÃO CORRELATA

Lei n. 11.079/2004

Art. 10. A contratação de parceria público-privada será precedida de licitação **na modalidade concorrência ou diálogo competitivo**, estando a abertura do processo licitatório condicionada a: *(Redação dada pela Lei n. 14.133, de 2021)*

I – autorização da autoridade competente, fundamentada em estudo técnico que demonstre:

a) a conveniência e a oportunidade da contratação, mediante identificação das razões que justifiquem a opção pela forma de parceria público-privada;

b) que as despesas criadas ou aumentadas não afetarão as metas de resultados fiscais previstas no Anexo referido no § 1º do art. 4º da Lei Complementar n. 101, de 4 de maio de 2000, devendo seus efeitos financeiros, nos períodos seguintes, ser compensados pelo aumento permanente de receita ou pela redução permanente de despesa; e

c) quando for o caso, conforme as normas editadas na forma do art. 25 desta Lei, a observância dos limites e condições decorrentes da aplicação dos arts. 29, 30 e 32 da Lei Complementar n. 101, de 4 de maio de 2000, pelas obrigações contraídas pela Administração Pública relativas ao objeto do contrato;

II – elaboração de estimativa do impacto orçamentário-financeiro nos exercícios em que deva vigorar o contrato de parceria público-privada;

III – declaração do ordenador da despesa de que as obrigações contraídas pela Administração Pública no decorrer do contrato são compatíveis com a lei de diretrizes orçamentárias e estão previstas na lei orçamentária anual;

IV – estimativa do fluxo de recursos públicos suficientes para o cumprimento, durante a vigência do contrato e por exercício financeiro, das obrigações contraídas pela Administração Pública;

V – seu objeto estar previsto no plano plurianual em vigor no âmbito onde o contrato será celebrado;

VI – submissão da minuta de edital e de contrato à consulta pública, mediante publicação na imprensa oficial, em jornais de grande circulação e por meio eletrônico, que deverá informar a justificativa para a contratação, a identificação do objeto, o prazo de duração do contrato, seu valor estimado, fixando-se prazo mínimo de 30 (trinta) dias para recebimento de sugestões, cujo termo dar-se-á pelo menos 7 (sete) dias antes da data prevista para a publicação do edital; e

VII – licença ambiental prévia ou expedição das diretrizes para o licenciamento ambiental do empreendimento, na forma do regulamento, sempre que o objeto do contrato exigir.

§ 1º A comprovação referida nas alíneas b e c do inciso I do *caput* deste artigo conterá as premissas e metodologia de cálculo utilizadas, observadas as normas gerais para consolidação das contas públicas, sem prejuízo do exame de compatibilidade das despesas com as demais normas do plano plurianual e da lei de diretrizes orçamentárias.

§ 2º Sempre que a assinatura do contrato ocorrer em exercício diverso daquele em que for publicado o edital, deverá ser precedida da atualização dos estudos e demonstrações a que se referem os incisos I a IV do *caput* deste artigo.

§ 3º As concessões patrocinadas em que mais de 70% (setenta por cento) da remuneração do parceiro privado for paga pela Administração Pública dependerão de autorização legislativa específica.

§ 4º Os estudos de engenharia para a definição do valor do investimento da PPP deverão ter nível de detalhamento de anteprojeto, e o valor dos investimentos para definição do preço de referência para a licitação será calculado com base em valores de mercado considerando o custo global de obras semelhantes no Brasil ou no exterior ou com base em sistemas de custos que utilizem como insumo valores de mercado do setor específico do projeto, aferidos, em qualquer caso, mediante orçamento sintético, elaborado por meio de metodologia expedita ou paramétrica. (*Incluído pela Lei n. 12.766, de 2012*)

f) As cláusulas contratuais nas PPPs que merecem destaque são aquelas que permitem a possibilidade de eleição de mecanismos privados para resolução de disputas, inclusive a arbitragem.

Mais aprofundamentos sobre Concessão Especial de Serviços Públicos *vide* capítulo VII deste *Manual* – que cuida especificamente da disciplina e regramento deste tema na Lei n. 11.079/2004 com todos os seus aprofundamentos e especificidades.

JURISPRUDÊNCIA

- **NULIDADE DE CONTRATO E OFENSA À CONSTITUIÇÃO – 1**
A Turma iniciou julgamento de recurso extraordinário interposto por ex-Governador do Estado de São Paulo e pela Petrobras contra acórdão do STJ que, reformando decisão que julgara improcedente o pedido formulado em ação popular, declarara a nulidade de "contrato de risco", firmado (em 1979) entre a referida sociedade de economia mista e outra empresa, para prospecção de petróleo, ante sua lesividade aos interesses da União e do respectivo Estado-membro. Na espécie, o primeiro recorrente alega ofensa aos seguintes dispositivos: a) art. 102, I, *f*, da CF/88 ou art. 119, I, *d*, da CF/67 (com a redação introduzida pela EC n.1/69), por incompetência absoluta do STJ para apreciar litígio entre a União e o Estado; b) art. 105, III, *a* e *b*, bem como art. 102 III, *a* e *c*, ambos da CF/88, por incompetência do STJ para resolver matéria constitucional sob reserva do STF; c) art. 153, § 31, da CF/67 e art. 5º, LXXIII, da CF/88, por impossibilidade de aplicação desta última ao caso concreto; d) art. 5º, LIV, LV, XXXV, XXXVI e XL, da CF/88. A Petrobras, por sua vez, sustenta afronta aos arts. 5º, XXXVI, LIV e LV, e 105, III, ambos da CF/88, e aduz que os fundamentos constitucionais da decisão originária, já transitados em julgado, não poderiam ser modificados com o recurso especial. RE 479.887/RJ, rel. Min. Carlos Britto, j. 3-4-2007.

- **NULIDADE DE CONTRATO E OFENSA À CONSTITUIÇÃO – 2**
O Min. Carlos Britto, relator, não conheceu do recurso extraordinário por entender que a Corte *a quo* solucionara a controvérsia sem amparo de nenhum comando direto da Constituição, no que foi acompanhado pelos Ministros Ricardo Lewandowski e Cármen Lúcia. Inicialmente, examinou a suposta violação ao art. 105, III, c/c o art. 102, III, ambos da CF/88, referida pelos dois recorrentes. Considerou que o tribunal de origem decidira a questão sem necessitar de fundamentos constitucionais, sendo apenas mencionados o art. 5º, LXXIII, da CF/88 e o art. 168, § 1º, da CF/67, os quais não teriam força de embasar o acórdão. Em consequência, afastou o argumento de transgressão ao art. 5º, XXXV, LIV e LV, da CF/88, invocado pela Petrobras, uma vez que sua análise envolveria matéria infraconstitucional, o mesmo ocorrendo com os incisos XXXVI e XL, do mesmo artigo, acrescentados pelo ex-Governador. Por falta de prequestionamento, rejeitou, também, a alegação de incompetência do STJ para apreciar o litígio entre a União e o ente federativo. No ponto, salientou que a contenda existiria somente entre o autor popular e os réus por ele arrolados na ação. No tocante ao art. 153, § 31, da CF/67 e do art. 5º,

LXXIII, da CF/88, aduziu que o STJ não embasara sua conclusão com apoio exclusivo no desrespeito ao princípio da moralidade administrativa (CF/88, art. 37) ou na interpretação do inciso LXXIII da Constituição, mas sim no art. 2º da Lei de Ação Popular – LAP (Lei n. 4.717/65). RE 479.887/RJ, rel. Min. Carlos Britto, j. 3-4-2007.

- **NULIDADE DE CONTRATO E OFENSA À CONSTITUIÇÃO – 3**

  Concluiu que o STJ, ao assentar a violação ao aludido art. 2º da LAP, com a consequente nulidade da avença, que ocasionara "colossal prejuízo", movimentara-se no seu espaço de judicialização, qual seja, o de guardião da lei federal. Asseverou, ademais, que sempre que uma conduta estiver sob duplo modelo normativo, constitucional e legal-ordinário, o seu controle jurisdicional de validade iniciar-se-á pelo parâmetro da lei, que particulariza os comandos e é o substrato imediato de validade desse agir. Nesse sentido, assinalou que as leis ordinárias possuem duplo papel: proximidade com a Constituição – para detalhar seus imperativos ou tratar de espaços normativos por ela não ocupados e nem remetidos para a lei complementar –, e com os sujeitos públicos e privados, para atuar enquanto primeiro referencial de validade das respectivas condutas. Assim, isso possibilitaria a formação da teoria sobre a dualidade temática da "ofensa direta/ofensa indireta à Constituição", ocorrendo esta quando a conduta reconhecida como inválida agride o texto constitucional depois de infringir a lei. Por fim, ressaltou, tendo em conta essa dicotomia "ofensa direta/indireta à Constituição" – condizente com o sistema constitucional de repartição de competências judicantes –, que as jurisdições do STJ e STF coexistem pelo fato de atuarem em diferentes espaços de judicialização: o primeiro, tomando como parâmetro de controle dos atos administrativos a lei federal e o outro, atuando no controle de constitucionalidade desses mesmos atos. Após, pediu vista o Min. Marco Aurélio. RE 479.887/RJ, rel. Min. Carlos Britto, j. 3-4-2007.

- **NULIDADE DE CONTRATO E OFENSA À CONSTITUIÇÃO – 4**

  Em conclusão de julgamento, a Turma, por maioria, não conheceu de recurso extraordinário interposto por ex-Governador do Estado de São Paulo e pela Petrobras contra acórdão do STJ que, reformando decisão que julgara improcedente o pedido formulado em ação popular, declarara a nulidade de "contrato de risco" firmado, em 1979, entre a referida sociedade de economia mista e outra empresa, para prospecção de petróleo, ante sua lesividade aos interesses da União e do respectivo Estado-membro. Na espécie, o primeiro recorrente alegava ofensa aos seguintes dispositivos: a) art. 102, I, *f*, da CF/88 ou art. 119, I, *d*, da CF/67 (com a redação introduzida pela EC n.1/69), por incompetência absoluta do STJ para apreciar litígio entre a União e o Estado; b) art. 105, III, *a* e *b*, bem como art. 102, III, *a* e *c*, ambos da CF/88, por incompetência do STJ para resolver matéria constitucional sob reserva do STF; c) art. 153, § 31, da CF/67 e art. 5º, LXXIII, da CF/88, por impossibilidade de aplicação desta última ao caso concreto; d) art. 5º, LIV, LV, XXXV, XXXVI e XL, da CF/88. A Petrobras, por sua vez, sustentava afronta aos arts. 5º, XXXVI, LIV e LV, e 105, III, ambos da CF/88, e aduzia que os fundamentos constitucionais da decisão originária, já transitados em julgado, não poderiam ser modificados com o recurso especial – v. *Informativo 462*. RE 479.887/RJ, rel. Min. Carlos Britto, j. 7-8-2007.

- **NULIDADE DE CONTRATO E OFENSA À CONSTITUIÇÃO – 5**

  Entendeu-se, na espécie, que a Corte *a quo* solucionara a controvérsia sem amparo de nenhum comando direto da Constituição, afastando-se, assim, as ofensas sustentadas pelos recorrentes. Asseverou-se, no ponto, que os únicos dispositivos constitucionais citados pelo acórdão do TRF da 2ª Região foram o art. 5º, LXXIII, da CF/88, que cuida da ação popular, e o art. 168, § 1º, da CF/67, que tratava de autorização ou concessão federal a brasileiros para exploração e aproveitamento de recursos minerais, mas que nenhum deles serviria como fundamento de decidir. Vencido o Min. Marco Aurélio que, por considerar que estiveram em jogo, no TRF, o monopólio da União relativamente ao petróleo, de cunho nitidamente constitucional, e a abordagem do tratamento isonômico sob o ângulo do referido art. 168 da Carta anterior, conhecia e dava provimento ao recurso, para assentar que o recurso especial não tinha condição de ser conhecido e provido, tendo em conta a existência de duplo fundamento e da falta de protocolação do extraordinário. No tocante às razões do ex-Governador, aduziu, ainda, que o recurso não fora prequestionado quanto à alegação de violência ao art. 102, I, *f*, da CF/88, mas que o provia em relação à transgressão ao art. 153, § 31, da CF/67, e ao art. 5º, XXXV, XXXVI, XL, LIV, LV e LXXIII, da CF/88, ao fundamento de que a simples formalização do ajuste não equivaleria à lesividade aos cofres públicos, indispensável à adequação da ação popular. RE 479.887/RJ, rel. Min. Carlos Britto, j. 7-8-2007 *(Informativo STF 475)*.

- **ADI E RESTRIÇÃO A CONTRATO COM A ADMINISTRAÇÃO PÚBLICA**

   O Tribunal julgou procedente pedido formulado em ação direta proposta pelo Governador do Distrito Federal para declarar a inconstitucionalidade da Lei distrital 3.705/2005, que proíbe que firmem contrato com a Administração Pública Direta e Indireta do Distrito Federal as pessoas jurídicas de direito privado que discriminarem, na contratação de mão de obra, pessoas que estejam com o nome incluído nos serviços de proteção ao crédito (art. 1º), e estabelece providências a serem tomadas pela Delegacia Regional do Trabalho e por órgãos da Administração distrital a fim de apurar e reprimir essa discriminação (arts. 2º, 3º e 4º). Entendeu-se que o art. 1º da lei impugnada viola a competência privativa da União para legislar sobre normas gerais de licitação e contratação, em todas as modalidades, para as administrações públicas diretas, autárquicas e fundacionais de todos os entes da Federação (CF, art. 22, XXVII), bem como afronta o art. 37, XXI, da CF, de observância obrigatória pelos Estados-membros, que estabelece que a disciplina legal das licitações deve assegurar igualdade de condições de todos os concorrentes, o que é incompatível com a proibição de licitar em função de um critério – o da discriminação de pessoas que estejam inscritas em cadastros restritivos de crédito –, que não tem pertinência com a exigência de garantia do cumprimento do contrato objeto do concurso. Considerou-se, também, que os arts. 2º, 3º e 4º da referida lei dispõem sobre matéria referente a direito do trabalho e inspeção do trabalho, ambos da competência legislativa da União (CF, art. 21, XXIV e art. 22, I). ADI 3.670/DF, rel. Min. Sepúlveda Pertence, j. 2-4-2007 *(Informativo STF 462)*.

- **DIREITO ADMINISTRATIVO. CONTRATO ADMINISTRATIVO. RETENÇÃO DE PAGAMENTO. FORNECEDOR EM SITUAÇÃO IRREGULAR PERANTE O FISCO**

   É ilegal reter o pagamento devido a fornecedor em situação de irregularidade perante o Fisco.
   A exigência de regularidade fiscal para a participação no procedimento licitatório funda-se no art. 195, § 3º, da CF e deve ser mantida durante toda a execução do contrato, consoante o art. 55 da Lei n. 8.666/93. No entanto, o ato administrativo, no Estado democrático de direito, está subordinado ao princípio da legalidade (CF, arts. 5º, II, 37, *caput*, e 84, IV), o que equivale assentar que a Administração poderá atuar tão somente de acordo com o que a lei determina. Não constando do rol do art. 87 da Lei n. 8.666/93, não pode ser aplicada a retenção do pagamento pelos serviços prestados. O descumprimento de cláusula contratual pode até ensejar, eventualmente, a rescisão do contrato (art. 78 da Lei de Licitações), mas não autoriza, ao mesmo tempo, suspender o pagamento das faturas e exigir a prestação dos serviços pela empresa contratada. Precedentes citados: REsp 633.432-MG, *DJ* 20-6-2005; AgRg no REsp 1.048.984-DF, *DJe* 10-9-2009; RMS 24.953-CE, *DJe* 17-3-2008. AgRg no REsp 1.313.659-RR, Min. Mauro Campbell Marques, j. 23-10-2012 *(Informativo STJ 507)*.

- **CONTRATO ADMINISTRATIVO. RESCISÃO. PROCEDIMENTO PRÉVIO**

   Trata-se originariamente de mandado de segurança (MS) impetrado pelo banco ora recorrido em que se manifesta contrariamente à rescisão do contrato estabelecido com o município ora recorrente sem a ocorrência de procedimento administrativo prévio. Tanto a sentença quanto o acórdão entenderam ser procedente o MS, imputando ilegal o ato de rescisão contratual realizado sem o referido procedimento. A discussão, portanto, diz respeito à obrigatoriedade de a rescisão contratual ser precedida de procedimento administrativo, o que, de fato, não ocorreu. A Turma, ao prosseguir o julgamento, por maioria, entendeu que a exigência de prévio procedimento administrativo, assegurado o amplo direito de defesa, é incompatível com a hipótese específica do inciso XII do art. 78 da Lei n. 8.666/93, que admite a rescisão unilateral do contrato administrativo com base em razões de interesse público, de alta relevância e amplo conhecimento, justificadas e determinadas pela máxima autoridade da esfera administrativa a que está subordinado o contratante e exaradas no processo administrativo a que se refere o contrato. Assim, consignou-se que, no caso, o benefício financeiro apontado pela municipalidade poderia deixar de existir se a instituição financeira recorrente, por razão da demora na contratação, retirasse a sua proposta contratual. Portanto, coube ao administrador rapidamente avaliar as circunstâncias, o contrato anterior com o banco recorrido e a proposta da recorrente para decidir a respeito da nova contratação e da rescisão da anterior. Frisou-se não se tratar, na espécie, de ato meramente discricionário, mas de ato rescisório vinculado à sua motivação, indissociável do efetivo interesse público. Com isso, a revisão da decisão tomada pelo administrador, mesmo em relação à possível intervenção do Poder Judiciário, é muito restrita, atendo-se, a rigor, à existência de motivação e da presença dos respectivos fatos. Desse modo, a concessão de amplo direito de defesa ao contratado é inócua, já que também não pode impedir a rescisão diante do interesse público revelado pelo administrador. Por fim, observou-se ser o interesse do contratante protegido mediante a garantia legal de que fará jus à indenização dos danos decorrentes da rescisão contratual, conforme estabelece o art. 79, § 2º, da Lei n. 8.666/93, não podendo a ausência de procedimento administrativo ou de prévia notificação acarretar o restabelecimento da relação contratual contrariamente ao interesse público. Dessarte, deu-se provimento aos recursos especiais para denegar a segurança, ressalvando-se a possibilidade de ser questionada a indenização dos danos decorrentes da rescisão contratual pelos meios próprios. REsp 1.223.306-PR, rel. originário Min. Mauro Campbell Marques, rel. para o Acórdão Min. Cesar Asfor Rocha, j. 8-11-2011 (*Informativo STJ 487*).

- **PRESCRIÇÃO. CONTRATO ADMINISTRATIVO**

   Nos contratos administrativos, a prescrição em favor do Estado deve ser contada a partir da data em que ele se torna inadimplente ao deixar de efetuar o pagamento no tempo pactuado, ocasionando a lesão do direito subjetivo da parte (teoria da *actio nata*). Na hipótese, execução de obras referentes à canalização de um arroio, essa prescrição deve ser contada da certidão de serviço expedida após a suspensão das obras por opção do município, pela qual ele reconheceu quantitativos e preços dos serviços realizados. Também não é caso de aplicação do art. 4º, parágrafo único, do Decreto n. 20.910/32, só incidente na hipótese de o município manter-se inerte após o protocolo do requerimento de pagamento, o que não se verificou no caso dos autos. Precedentes citados: REsp 819.562-SP, *DJe* 10-9-2010, e REsp 444.825-PR, *DJ* 27-9-2004. REsp 1.174.731-RS, rel. Min. Mauro Campbell Marques, j. 12-4-2011 (*Informativo STJ 469*).

- **CONTRATO ADMINISTRATIVO. RESCISÃO**

   Na espécie, houve a rescisão de contrato por parte da Administração Pública de não prosseguir na construção de uma nova casa de detenção, em razão das rebeliões sangrentas que tomaram lugar no complexo prisional, sobretudo em função de sua localização em perímetro urbano. O contrato foi firmado na vigência do DL n. 2.300/86 e sua rescisão ocorreu já na vigência da Lei n. 8.666/93. Para o Min. Relator, como sustentado pela recorrente, embora as rebeliões sejam uma constante no sistema carcerário brasileiro, a extensão e os impactos daquelas ocorridas no presídio Carandiru extrapolaram qualquer perspectiva de previsão governamental, o que acarreta, sem dúvida, a caracterização da força maior ou caso fortuito. A imprevisibilidade, importante aos contratos administrativos, diz não apenas com a ocorrência de certo fato, mas também com os efeitos de certo fato (casos em que a ocorrência era previsível, mas a amplitude das consequências não). Destacou o Min. Relator que, tendo ocorrido os motivos que ensejaram a rescisão, bem como a própria rescisão, depois de 1993, aplica-se a Lei n. 8.666/93. É que a rescisão legal dos contratos administrativos será sempre regida pela lei em vigor na data do acontecimento que a ensejou, e não na data em que o contrato foi firmado. Por se tratar de contratos administrativos, é evidente que o regime jurídico de suas vicissitudes (aditivos e rescisões, *e.g.*) será o da lei em vigor, e não o da lei anterior. É essa, pois, a extensão do art. 121 da Lei de Licitações e Contratos vigente: os requisitos de exigência, validade e eficácia serão os da lei anterior. Mas o regime das vicissitudes contratuais, como ocorre com a sistemática da rescisão, será o da lei nova, se os fatos remontarem à sua época. Mesmo que assim não fosse, o art. 69, § 2º, do DL n. 2.300/86, quando trata das parcelas devidas ao particular na rescisão ocorrida por razões de interesse público, tem previsão idêntica ao art. 79, § 2º, da Lei n. 8.666/93. Dessa forma, considerando os fatos que subjazem à hipótese, entende o Min. Relator que a não construção de uma nova casa de detenção deveu-se exclusivamente a fortes razões de interesse público, o que enseja a incidência do art. 69, § 2º, do DL n. 2.300/86. Embora voltado inicialmente à Administração Pública Federal, centralizada e autárquica, esse decreto (art. 1º) incide nos contratos firmados por sociedade de economia mista estadual (como na espécie), na medida do que dispõem seus arts. 85 e 86. Diante disso, a Turma deu parcial provimento ao recurso para fazer incidir, no caso concreto, apenas o art. 79, § 2º, da Lei n. 8.666/93 ou o art. 69, § 2º, do DL n. 2.300/86, conforme se entender aplicável à espécie a Lei n. 8.666/93 ou o DL n. 2.300/86. Precedentes citados: REsp 1.112.895-SP, *DJ* 2-12-2009, e REsp 202.430-SP, *DJ* 18-10-1999. REsp 710.078-SP, rel. Min. Mauro Campbell Marques, j. 23-3-2010 (*Informativo STJ 428*).

- **VIDEOLOTERIA. CONTRATO. RESCISÃO**

  Buscava-se, no mandado de segurança (MS), que fosse mantido contrato administrativo referente à prestação de serviços de operacionalizar sistema de concursos de prognósticos (videoloteria), ora rescindido unilateralmente pelo governo estadual. Aduz, para tanto, que a atividade em questão está prevista em legislação estadual e que a contratação foi precedida de regular procedimento licitatório. Nesse contexto, não há que se confundir o poder de a Administração agir de ofício, de iniciar procedimento independentemente da provocação das partes, com tomar decisões sem prévia oitiva dos interessados (*vide* Súmulas n. 346 e 473 do STF). Assim, a revisão de contrato administrativo deve observar o devido processo legal, ao se conferir ao administrado o direito à ampla defesa e ao contraditório. Porém, o STF já editou sua Súmula Vinculante n. 2, a proclamar que é inconstitucional a legislação estadual ou distrital que trate de consórcios ou sorteios, inclusive bingos e loterias. Daí, mesmo que exista vício procedimental na rescisão do contrato administrativo, não há como conceder a segurança diante da impossibilidade de prosseguir contrato lastreado em legislação inconstitucional, tal como pleiteado. Ademais, como sabido, o MS não é substitutivo de ação de cobrança, o que afasta o pedido de reparação também formulado. RMS 20.385-PR, rel. Min. Castro Meira, j. 9-2-2010 (*Informativo STJ 422*).

- **DECLARAÇÃO. INIDONEIDADE. EFEITO *EX NUNC***

  A declaração de inidoneidade só produz efeitos para o futuro (*ex nunc*). Ela não interfere nos contratos preexistentes e em andamento. Dessa forma, esse efeito da sanção inibe a sociedade empresarial de licitar ou contratar com a Administração Pública (art. 87 da Lei n. 8.666/93), sem, contudo, acarretar, automaticamente, a rescisão de contratos administrativos já aperfeiçoados juridicamente e em curso de execução, notadamente os celebrados diante de órgãos administrativos não vinculados à autoridade coatora ou de outros entes da Federação. Contudo, a falta de efeito rescisório automático não inibe a Administração de promover medidas administrativas específicas tendentes a rescindir os contratos nos casos autorizados, observadas as formalidades contidas nos arts. de 77 a 80 da referida lei. Precedente citado: MS 13.101-DF, *DJe* 9-12-2008. MS 14.002-DF, rel. Min. Teori Albino Zavascki, j. 28-10-2009 (*Informativo STJ 413*).

- **CONTRATO ADMINISTRATIVO. ACORDO. PRESCRIÇÃO**

    O departamento de estradas de rodagem estadual, ora recorrente, após licitação, firmou, com a sociedade empresária recorrida, contrato administrativo de obra pública. Porém, diante da deficiência apurada no projeto, a recorrida viu-se obrigada a adquirir materiais de melhor qualidade e em maiores quantidades do que a estabelecida, medida que resultou aumento dos custos, que foram repassados ao recorrente. Isso levou a fiscalização a deduzir que houve irregularidades a ponto de impugnar os valores. Em razão disso, o recorrente apresentou acordo que propunha a retenção de certos valores referentes a serviços já executados até o esclarecimento das irregularidades, o que foi aceito pela recorrida. Posteriormente, a mesma recorrida impetrou *mandamus* e conseguiu a liberação dos valores diante do fato de que, após apuração, nenhuma irregularidade foi efetivamente encontrada. Alegou, então, que essa situação obrigou-a a recorrer às instituições financeiras em busca de empréstimos e, nesta ação, pediu indenização consistente na diferença entre os juros cobrados pelos bancos e os deferidos no acordo. Desse contexto, exsurge o fato de a recorrente propor o acordo especificando determinados juros e a ele aderir a recorrida sem ressalvas. Isso demonstra claramente que ela concordou com seus termos. Assim, mostra-se sem importância a alegação de que o acordo nada teria de consensual, pois imposto à recorrida sob pena de rescisão contratual. Apesar da anuência ao acordo, a recorrida poderia discuti-lo a tempo no Judiciário ou mesmo contestar a eventual rescisão contratual se a tivesse como indevida, pois se trata de garantia assegurada a todos pelo art. 5º, XXXV, da CF/88. Contudo, o acordo entabulado em 1992 é a alegada causa dos empréstimos e do pedido de indenização (*actio nata*), o que leva à irremediável consumação da prescrição (art. 1º do Decreto n. 20.910/32), visto que a ação foi proposta apenas em 2000. Releva-se, também, a alegação de que a incidência dos juros sobre os empréstimos caracterizar-se-ia como relação de trato sucessivo, pois a indenização pleiteada baseia-se na responsabilidade civil originada, como já dito, do acordo, mostrando-se a periodicidade dos juros apenas como simples efeitos danosos do ato que se prolongam no tempo. REsp 1.057.539-RS, rel. Min. Mauro Campbell Marques, j. 1º-9-2009 (*Informativo STJ 405*).

- **CONTRATO ADMINISTRATIVO. TÍTULO EXECUTIVO**

    Trata-se de execução fundada no inadimplemento de contrato administrativo firmado entre as empresas recorrentes e a Companhia do Metropolitano (Metrô), celebrado para o fornecimento de bens, serviços, documentação técnica e bilhetes, visando à implantação do sistema de controle de arrecadação e de passageiros. Aquela empresa pública pretende o cumprimento das pendências existentes no contrato entre os litigantes, assim como a conclusão dos serviços não executados pelas contratadas. Foi com o objetivo de atender ao interesse público que ela optou pela manutenção do contrato, afastando a hipótese de rescisão, preferindo, assim, executá-lo judicialmente. Destarte, o título executivo a que se visa atribuir caráter extrajudicial é o próprio contrato administrativo. Para a Min. Relatora, somente constituem títulos executivos extrajudiciais aqueles definidos em lei, por força do princípio da tipicidade legal (*nullus titulus sine legis*). O inciso II do art. 585 do CPC, com redação dada pela Lei n. 8.953/94, incluiu, entre os títulos executivos extrajudiciais, as escrituras públicas ou outros documentos públicos, os documentos particulares e os instrumentos de transação, passando, assim, a contemplar as obrigações de fazer, não fazer e entregar coisa, além das já conhecidas obrigações de pagar coisa certa e de entregar coisa fungível previstas na redação anterior do referido dispositivo legal. Para o deslinde da questão, dois pontos são fundamentais: definir se o contrato administrativo firmado entre os consórcios e a empresa pública enquadra-se em alguma das hipóteses do referido inciso e verificar se o contrato em exame está revestido dos requisitos de certeza, liquidez e exigibilidade previstos no art. 586 do CPC. Quanto ao primeiro ponto, este Superior Tribunal, em algumas ocasiões, ao interpretar o mencionado artigo, tem reconhecido a natureza de documento público dos contratos administrativos, tendo em vista emanar de ato do Poder Público. Quanto ao segundo ponto, o Tribunal de origem, soberano no exame dos aspectos fáticos e probatórios da lide, das cláusulas contratuais e do edital de licitação, concluiu que o título executivo extrajudicial está revestido de certeza, liquidez e exigibilidade, na medida em que as obrigações estipuladas ao contratado estão devidamente especificadas no contrato administrativo e no ato convocatório do certame e que os documentos dos autos demonstram a liquidez e a exigibilidade do contrato administrativo. Portanto, não há como entender em sentido diverso no caso, sob pena de incorrer nas vedações das Súmulas n. 5 e 7/STJ. Destacou a Min. Relatora que as questões relativas ao efetivo cumprimento pelas empresas das obrigações estipuladas no contrato e a satisfação pela empresa pública de suas contraprestações podem ser analisadas na via dos embargos à execução, porquanto a cognição, nesse caso, é ampla. Este Superior Tribunal consagra que a regra de não aplicação da *exceptio non adimpleti contractus*, em sede de contrato administrativo, não é absoluta, tendo em vista que, após a Lei n. 8.666/93, passou-se a permitir sua incidência em certas circunstâncias, mormente na hipótese de atraso no pagamento, pela Administração Pública, por mais de noventa dias (art. 78, XV). Precedentes citados: REsp 700.114-MT, *DJ* 14-5-2007, e REsp 882.747-MA, *DJ* 26-11-2007. REsp 879.046-DF, rel. Min. Denise Arruda, j. 19-5-2009 *(Informativo STJ 395)*.

Para complementar: O CPC de 1973 disciplinava os "títulos executivos extrajudiciais" no art. 585. No atual **CPC**, a matéria está disciplinada no art. 784, e são considerados títulos executivos extrajudiciais: I – a letra de câmbio, a nota promissória, a duplicata, a debênture e o cheque; II – a escritura pública ou outro documento público assinado pelo devedor; III – o documento particular assinado pelo devedor e por 2 (duas) testemunhas; IV – o instrumento de transação referendado pelo Ministério Público, pela Defensoria Pública, pela Advocacia Pública, pelos advogados dos transatores ou por conciliador ou mediador credenciado por tribunal; V – o contrato garantido por hipoteca, penhor, anticrese ou outro direito real de garantia e aquele garantido por caução; VI – o contrato de seguro de vida em caso de morte; VII – o crédito decorrente de foro e laudêmio; VIII – o crédito, documentalmente comprovado, decorrente de aluguel de imóvel, bem como de encargos acessórios, tais como taxas e despesas de condomínio; IX – a certidão de dívida ativa da Fazenda Pública da União, dos Estados, do Distrito Federal e dos Municípios, correspondente aos créditos inscritos na forma da lei; X – o crédito referente às contribuições ordinárias ou extraordinárias de condomínio edilício, previstas na respectiva convenção ou aprovadas em assembleia geral, desde que documentalmente comprovadas; XI – a certidão expedida por serventia notarial ou de registro relativa a valores de emolumentos e demais despesas devidas pelos atos por ela praticados, fixados nas tabelas estabelecidas em lei; XII – todos os demais títulos aos quais, por disposição expressa, a lei atribuir força executiva.

- **INIDONEIDADE. EFEITOS *EX NUNC***

    O processo administrativo obedeceu toda a tramitação legal, não havendo que se falar em desrespeito ao princípio da ampla defesa, supressão do recurso hierárquico, falta de prova suficiente a embasar a penalidade aplicada ou mesmo sua inconstitucionalidade. Daí se ter por legítima a declaração da inidoneidade da sociedade empresarial, ora impetrante. Porém, faz-se necessário ressaltar que essa declaração deve ser aplicada com efeitos *ex nunc*, sem alcançar os contratos que já estavam firmados anteriormente àquela declaração. Anote-se que não se está a limitar as eventuais suspensões ou rescisões de anteriores contratos em razão de vícios que lhes são próprios. Com esse entendimento, a Seção, por maioria, denegou a segurança. O Min. Relator ficou vencido em pequena extensão. MS 13.101-DF, rel. originário Min. José Delgado, rel. para acórdão Min. Eliana Calmon, j. 14-5-2008 (*Informativo STJ 355*).

- **LICITAÇÃO. CONTRATO. PREJUÍZOS SOFRIDOS. TEORIA DA IMPREVISÃO**

    Trata-se de recurso em que se discute a aplicação da teoria da imprevisão de modo a propiciar o reequilíbrio econômico-financeiro do contrato. Primeiramente, o Min. Relator asseverou ser irrelevante o fato de o contrato ter sido firmado antes da vigência do novo Código Civil para a análise da mencionada teoria. Para o Min. Relator, não se mostra razoável o entendimento de que a inflação possa ser tomada, no Brasil, como álea extraordinária, de modo a possibilitar algum desequilíbrio na equação econômica do contrato, como há muito afirma a jurisprudência deste Superior Tribunal. Não há como imputar as aludidas perdas a fatores imprevisíveis, já que decorrentes de má previsão das autoras, o que constitui álea ordinária, não suportável pela Administração e não autorizadora da teoria da imprevisão. Caso fosse permitida a revisão pretendida, estar-se-ia beneficiando as apeladas em detrimento das demais licitantes que, agindo com cautela, apresentaram proposta coerente com os ditames do mercado e, talvez por terem incluído essa margem de segurança em suas propostas, não apresentaram valor mais atraente. REsp 744.446-DF, rel. Min. Herman Benjamin, j. 17-4-2008 (*Informativo STJ 352*).

- **CONTRATO ADMINISTRATIVO. REGULARIDADE FISCAL. ÁLCOOL. EMPRESAS PRODUTORAS**

    A Turma reiterou que, para contratação com o Poder Público, as empresas produtoras de álcool carburante, na venda de sua produção à Petrobras, devem comprovar a quitação dos tributos devidos, ou seja, a regularidade fiscal (Lei n. 8.212/91, art. 47). Isso porque a Petrobras integra a administração indireta, subordinada às normas de contratação com o Poder Público. Precedentes citados: REsp 478.071-PB, *DJ* 18-8-2006, e REsp 720.359-PE, *DJ* 13-2-2006. REsp 839.510-DF, rel. Min. Luiz Fux, j. 4-10-2007 (*Informativo STJ 334*).

PARA GABARITAR

a) Conforme entendimento do Tribunal de Contas da União, a extensão dos efeitos da sanção de suspensão temporária do direito de licitar e contratar aplicada pelo órgão ou entidade à empresa contratada impede a referida empresa de licitar e contratar apenas com o órgão ou a entidade que aplicou a sanção.

b) Considere que determinada autarquia tenha contratado empresa prestadora de serviços terceirizados de faxina e tenha sido comprovado, em juízo, que não foram adotadas as medidas cabíveis para se fiscalizar a execução do contrato. Considere, ainda, que a empresa que terceiriza os serviços tenha deixado de honrar seus compromissos trabalhistas com os empregados. Nesse caso, a autarquia deve responder, subsidiariamente, pelo pagamento das verbas laborais.

c) Aos contratos administrativos aplicam-se, supletivamente, as disposições de direito privado.

d) A Administração pode definir expressamente a localização geográfica da execução do contrato e desclassificar propostas que não atestem a viabilidade técnica para o cumprimento do contrato de acordo com tal definição.

e) Se não houver previsão de penalidade de multa no edital da licitação nem no instrumento contratual, para o caso de atraso na execução do contrato, a Administração não poderá valer-se do poder discricionário para aplicar a referida penalidade.

f) É imprescindível que haja previsão orçamentária no plano plurianual para que sejam realizados contratos de longo prazo, ou seja, contratos com prazo superior ao prazo de vigência do crédito orçamentário.

g) A regra de prorrogabilidade dos contratos poderá ser usada para assegurar compras de bens de uso contínuo destinados a atender a necessidades públicas permanentes.

h) A Administração não pode impor regras e procedimentos mais rígidos para empresas que possuam débitos fiscais – ainda que habilitadas no processo licitatório – como forma de assegurar o cumprimento contratual.

i) Todos os contratos para os quais a lei exige licitação são firmados *intuitu personae*, ou seja, em razão de condições pessoais do contratado, apuradas no procedimento da licitação.

j) A multa, uma das sanções aplicáveis pela Administração Pública em caso de inexecução total ou parcial de contrato administrativo, pode ser aplicada com qualquer outra sanção de natureza administrativa prevista na Lei de Licitações e Contratos.

k) Havendo inexecução culposa do contrato administrativo, poderá a administração contratante rescindir, unilateralmente, o contrato administrativo.

l) Os contratos administrativos, embora bilaterais, não se caracterizam pela horizontalidade, já que as partes envolvidas não figuram em posição de igualdade.

m) Caso a Administração Pública promova a rescisão unilateral de determinado contrato administrativo, com fundamento na ocorrência de caso fortuito ou de força maior, ela é obrigada a ressarcir o contratado pelos prejuízos regularmente comprovados.

9. ENUNCIADOS DA JORNADA DE DIREITO ADMINISTRATIVO

I JORNADA	IDs	ENUNCIADOS APROVADOS NA PLENÁRIA
6	2892	O atraso superior a 90 (noventa) dias dos pagamentos devidos pela Administração Pública autoriza o contratado a suspender o cumprimento de suas obrigações até que seja normalizada a situação, mesmo sem provimento jurisdicional.

10	2614	Em contratos administrativos decorrentes de licitações regidas pela Lei n. 8.666/93, é facultado à Administração Pública propor aditivo para alterar a cláusula de resolução de conflitos entre as partes, incluindo métodos alternativos ao Poder Judiciário como Mediação, Arbitragem e *Dispute Board*.
11	2580	O contrato de desempenho previsto na Lei n. 13.934/2019, quando celebrado entre órgãos que mantêm entre si relação hierárquica, significa a suspensão da hierarquia administrativa, por autovinculação do órgão superior, em relação ao objeto acordado, para substituí-la por uma regulação contratual, nos termos do art. 3º da referida Lei.
18	2781	A ausência de previsão editalícia não afasta a possibilidade de celebração de compromisso arbitral em conflitos oriundos de contratos administrativos.
19	2507	As controvérsias acerca de equilíbrio econômico-financeiro dos contratos administrativos integram a categoria das relativas a direitos patrimoniais disponíveis, para cuja solução se admitem meios extrajudiciais adequados de prevenção e resolução de controvérsias, notadamente a conciliação, a mediação, o comitê de resolução de disputas e a arbitragem.

10. CONTEÚDO DIGITAL

Acesse também pelo *link*: https://somos.in/MDADM9

Capítulo XV

Intervenção do Estado na Propriedade

1. INTRODUÇÃO

É garantido o direito de propriedade, devendo a propriedade atender à sua função social (nos termos do art. 5º, XXII e XXIII, da CF).

Apesar de o direito de propriedade estar assegurado pela Constituição Federal, casos há em que esse direito será relativizado como consequência do **Princípio da Supremacia do Interesse Público sobre o Particular** na busca do interesse da coletividade.

A propriedade cumpre sua função social:

a) Se propriedade urbana: quando atender às exigências fundamentais da cidade, previstas no plano diretor (art. 182, §§ 1º e 2º, da CF). Nos termos do art. 39 do Estatuto da Cidade, a propriedade urbana cumpre sua função social quando atende às exigências fundamentais de ordenação da cidade expressas no plano diretor, assegurando o atendimento das necessidades dos cidadãos quanto à qualidade de vida, à justiça social e ao desenvolvimento das atividades econômicas, respeitadas as diretrizes estabelecidas no art. 2º da Lei n. 10.257/2001.

LEGISLAÇÃO CORRELATA

CF
Art. 182. A **política de desenvolvimento urbano**, executada pelo Poder Público municipal, conforme diretrizes gerais fixadas em lei, tem por objetivo ordenar o pleno desenvolvimento das funções sociais da cidade e garantir o bem-estar de seus habitantes.

§ 1º O plano diretor, aprovado pela Câmara Municipal, obrigatório para cidades com mais de vinte mil habitantes, é o instrumento básico da política de desenvolvimento e de expansão urbana.

§ 2º A **propriedade urbana** cumpre sua **função social** quando atende às exigências fundamentais de ordenação da cidade expressas no plano diretor.

b) Se propriedade rural: quando preencher os requisitos legais e constitucionais previstos no art. 186 da CF.

> **LEGISLAÇÃO CORRELATA**
>
> **CF**
> **Art. 186.** A **função social** é cumprida quando a propriedade rural atende, simultaneamente, segundo critérios e graus de exigência estabelecidos em lei, aos seguintes requisitos:
> I – aproveitamento racional e adequado;
> II – utilização adequada dos recursos naturais disponíveis e preservação do meio ambiente;
> III – observância das disposições que regulam as relações de trabalho;
> IV – exploração que favoreça o bem-estar dos proprietários e dos trabalhadores.

c) Se propriedade pública: quando, além dos requisitos gerais exigidos para toda e qualquer propriedade, também estiver **afetada** a uma finalidade específica (que é o atendimento do interesse público).

2. DIFERENCIAÇÕES: FORMA SUPRESSIVA E NÃO SUPRESSIVA DE DOMÍNIO

FORMA SUPRESSIVA DE DOMÍNIO	FORMA NÃO SUPRESSIVA DE DOMÍNIO (OU RESTRITIVA)
É a intervenção do Estado na propriedade, que gera a transferência da propriedade (do particular para o Estado). É o caso da desapropriação (art. 5º, XXIV, da CF); da pena de perdimento de bens (art. 5º, XLVI, *b*, da CF).	A intervenção do Estado acontece, mas o bem continua no domínio privado, ou seja, a propriedade continua no particular, mas o Poder Público retira algumas faculdades quanto ao seu domínio. É o caso da requisição administrativa (art. 5º, XXV, da CF); da servidão administrativa; da ocupação temporária (art. 36 do Decreto-lei n. 3.365/41); da limitação administrativa.

3. FORMAS DE INTERVENÇÃO DO ESTADO NA PROPRIEDADE

3.1 Requisição administrativa

É forma de intervenção do Estado na propriedade e ocorre em caso de **iminente perigo público**. Assim, a autoridade competente poderá usar de propriedade particular, assegurado ao proprietário indenização ulterior, se houver dano.

Características:

a) A requisição administrativa incide sobre **bens móveis, imóveis ou serviços**.

b) É situação temporária, em que só será possível a requisição administrativa se houver a situação de perigo público iminente.

c) Só haverá pagamento de indenização ao particular se comprovado dano por ele sofrido em razão da requisição. "O dano nessa hipótese é o material, embora não fique descartada a hipótese de ocorrência de dano moral, incumbindo ao particular comprovar a deteriorização do bem, com todos os detalhes e especificações"[1].

d) A requisição administrativa atinge o caráter exclusivo da propriedade.

e) Há duas espécies de requisição:

   e.1) requisição civil: que tem o escopo de evitar danos à vida, à coletividade, à saúde;

   e.2) requisição militar: no caso de guerra e perturbação da ordem.

f) Em se tratando, excepcionalmente, de decretação de estado de sítio (art. 137 da CF), com fundamento em comoção grave de repercussão nacional ou ocorrência de fatos que comprovem a ineficácia de medida tomada durante o estado de defesa, prevê o art. 139, VII, uma das medidas que podem ser tomadas contra o indivíduo é a **requisição de bens**.

LEGISLAÇÃO CORRELATA

CF

Art. 139. Na vigência do **estado de sítio** decretado com fundamento no art. 137, I, só poderão ser tomadas contra as pessoas as seguintes medidas:

I – obrigação de permanência em localidade determinada;

II – detenção em edifício não destinado a acusados ou condenados por crimes comuns;

III – restrições relativas à inviolabilidade da correspondência, ao sigilo das comunicações, à prestação de informações e à liberdade de imprensa, radiodifusão e televisão, na forma da lei;

IV – suspensão da liberdade de reunião;

V – busca e apreensão em domicílio;

VI – intervenção nas empresas de serviços públicos;

VII – requisição de bens.

Parágrafo único. Não se inclui nas restrições do inciso III a difusão de pronunciamentos de parlamentares efetuados em suas Casas Legislativas, desde que liberada pela respectiva Mesa.

g) "Todo o procedimento requisitório deverá estar imune aos abusos de poder. Se, por um lado, a matéria liga-se à discricionariedade, por outro existem vinculações legais que adstringem a competência do requisitante, ao qual compete avaliar, com prudência e senso de lógica, o que pode ser tido ou não como iminente perigo público. Possíveis abusos deverão servir de apanágio para um sério e

---

[1] BULOS, Uadi Lammêgo. *Constituição Federal anotada*, 10. ed., São Paulo: Saraiva, 2012, p. 187.

rígido controle judicial dos atos administrativos, ou então o comando constitucional sob comento ficaria no limbo, sem qualquer razão de ser"[2].

h) Exemplos de requisição administrativa: requisição de leitos de hospitais particulares para atender a situação emergencial de epidemia; requisição do ginásio esportivo da escola particular para abrigar os desabrigados em razão da inundação; requisição de veículo do particular para a perseguição de criminoso; requisição de escada do particular para combater incêndio; requisição do serviço de médicos de hospitais particulares para atender a situação emergencial de grande explosão que acometeu grande parte da população.

i) Pegadinha:

REQUISIÇÃO ADMINISTRATIVA (ART. 5º, XXV, DA CF)	DESAPROPRIAÇÃO ORDINÁRIA (ART. 5º, XXIV, DA CF)
Situação: perigo público iminente (e por essa razão é autoexecutável).	Situação: • utilidade pública; • necessidade pública; • interesse social.
Indenização: ulterior, apenas se comprovado o dano ao particular	Indenização: justa, prévia e em dinheiro.

j) O Supremo Tribunal Federal (STF) julgou procedente a Ação Direta de Inconstitucionalidade (ADI) 3454 e reafirmou entendimento de que **constitui ofensa ao princípio federativo a requisição administrativa de bens ou serviços por uma unidade federativa a outra**.

Em sessão virtual encerrada em 20 de junho de 2022, por unanimidade, o Tribunal excluiu do art. 15, XIII, da Lei Orgânica do Sistema Único de Saúde – SUS (Lei 8.080/1990) interpretação que possibilite a requisição administrativa de bens e serviços públicos de titularidade de outros entes federativos. Desta feita, o STF reafirma que a requisição administrativa de bens de uma unidade federativa por outra é inconstitucional.

Aprofundamento: Em **Constituições comparadas**[3], o tema vem previsto: a) Constituição dos Estados Unidos da América de 1787, na Emenda n. 5, de 15-12-1971; b) Lei Fundamental para a República Federal da Alemanha de 1949 (*Grundgesetz Für Die Bundesrepublik Deutschland*), nos arts. 14 e 15; c) Constituição italiana de 1947, arts. 42; 43; 44; d) Constituição espanhola de 1978, art. 33; e) Constituição portuguesa de 1976, art. 62.

---

[2] BULOS, Uadi Lammêgo. *Constituição Federal anotada*, 10. ed., São Paulo: Saraiva, 2012, p. 187.

[3] CANOTILHO, J. J. Gomes; MENDES, Gilmar Ferreira; SARLET, Ingo Wolfgang; STRECK, Lenio Luiz. *Comentários à Constituição do Brasil*, 1. ed., 6. tir., Coimbra: Almedina/São Paulo: Saraiva, 2014, p. 317 e 318.

JURISPRUDÊNCIA

Constitucional. Administrativo. Mandado de segurança. Município do Rio de Janeiro. União Federal. Decretação de estado de calamidade pública no sistema único de saúde no Município do Rio de Janeiro. Requisição de bens e serviços municipais. Decreto n. 5.392/2005 do presidente da República. Mandado de segurança deferido. Mandado de segurança, impetrado pelo Município, em que se impugna o art. 2º, V e VI (requisição dos hospitais municipais Souza Aguiar e Miguel Couto) e § 1º e § 2º (delegação ao ministro de Estado da Saúde da competência para requisição de outros serviços de saúde e recursos financeiros afetos à gestão de serviços e ações relacionados aos hospitais requisitados) do Decreto n. 5.392/2005 do presidente da República. Ordem deferida, por unanimidade. Fundamentos predominantes: (i) a requisição de bens e serviços do Município do Rio de Janeiro, já afetados à prestação de serviços de saúde, não tem amparo no inciso XIII do art. 15 da Lei n. 8.080/90, a despeito da invocação desse dispositivo no ato atacado; (ii) nesse sentido, as determinações impugnadas do decreto presidencial configuram-se efetiva intervenção da União no Município, vedada pela Constituição; (iii) inadmissibilidade da requisição de bens municipais pela União em situação de normalidade institucional, sem a decretação de Estado de Defesa ou Estado de Sítio. Suscitada também a ofensa à autonomia municipal e ao pacto federativo. Ressalva do ministro presidente e do Relator quanto à admissibilidade, em tese, da requisição, pela União, de bens e serviços municipais para o atendimento a situações de comprovada calamidade e perigo públicos. Ressalvas do relator quanto ao fundamento do deferimento da ordem: (i) ato sem expressa motivação e fixação de prazo para as medidas adotadas pelo governo federal; (ii) reajuste, nesse último ponto, do voto do relator, que inicialmente indicava a possibilidade de saneamento excepcional do vício, em consideração à gravidade dos fatos demonstrados relativos ao estado da prestação de serviços de saúde no Município do Rio de Janeiro e das controvérsias entre União e Município sobre o cumprimento de convênios de municipalização de hospitais federais; (iii) nulidade do § 1º do art. 2º do decreto atacado, por inconstitucionalidade da delegação, pelo presidente da República ao ministro da Saúde, das atribuições ali fixadas; (iv) nulidade do § 2º do art. 2º do decreto impugnado, por ofensa à autonomia municipal e em virtude da impossibilidade de delegação (MS 25.295, rel. Min. Joaquim Barbosa, j. 20-4-2005, Plenário, *DJ* 5-10-2007).

3.2 Servidão administrativa

Conceito: "É **direito real público sobre propriedade alheia**, restringindo seu uso **em favor do interesse público**. Diferentemente da desapropriação, a servidão **não altera a propriedade** do bem, mas somente cria restrições na sua utilização, transferindo a outrem as **faculdades de uso e gozo**"[4].

A servidão tem um regime jurídico específico, que acarreta um **dever de suportar e de não fazer** (como é o caso do proprietário que tem de suportar a passagem de fios elétricos por sua propriedade). Não se confunde com o instituto da limitação adminis-

---

[4] MAZZA, Alexandre. *Manual de direito administrativo*, 4. ed., São Paulo: Saraiva, 2014, p. 687.

trativa. Na limitação administrativa, ao particular é imposto, por exemplo, o dever de não edificar a certa distância da rua, devendo manter um recuo mínimo. Como se vê, a restrição produzida pela servidão administrativa é muito mais intensa do que a produzida por limitação administrativa.

Características:

a) É direito real sobre coisa alheia, cuja base normativa encontra-se nos arts. 1.378 a 1.389 do Código Civil. A diferença da servidão do direito privado para a servidão do direito público é que esta sofre maior influência das regras do direito administrativo.

A **servidão do direito privado** proporciona utilidade para o prédio dominante, e grava o prédio serviente, que pertence a diverso dono. Constitui-se mediante declaração expressa dos proprietários, ou por testamento, e subsequente registro no Cartório de Registro de Imóveis. O dono dessa servidão pode fazer todas as obras necessárias à sua conservação e uso, e, se a servidão pertencer a mais de um prédio, serão as despesas rateadas entre os respectivos donos.

b) Presença de **interesse público específico** para a realização da obra ou execução do serviço público no bem do particular.

c) O mais comum é a incidência da servidão administrativa sobre bens imóveis dos particulares, mas nada impede que haja servidão incidindo sobre bens móveis ou serviços.

d) Na servidão administrativa, há a presença de duas figuras: **d.1) o dominante** (que é o serviço); e **d.2) o serviente** (que é a propriedade particular). Exemplo: a passagem de fios elétricos (dominante) em uma propriedade particular (serviente).

e) Em regra, a servidão administrativa não acarreta o dever de indenizar, exceto se houver dano.

f) A servidão administrativa atinge o caráter exclusivo da propriedade, e tem duração normalmente **perpétua**, só se extinguindo com o desaparecimento do bem gravado ou com a incorporação do bem ao domínio público, ou, ainda, por manifesto desinteresse do Estado no sentido de continuar utilizando o bem do particular.

g) Formalização da servidão administrativa: normalmente por **acordo** entre o Poder Público e o proprietário, precedido da expedição de decreto do chefe do Poder Executivo. É possível a instituição da servidão administrativa por **sentença judicial** (no caso de imposição ilegal de restrições à propriedade) ou, ainda, por **lei específica**.

h) Exemplos de servidão administrativa: a instalação num imóvel de placa com o nome da rua; a passagem de fios e cabos em uma propriedade.

Pegadinha: Mas, se houver a instalação de fio de alta-tensão em uma propriedade, o proprietário perderá aquele trecho da propriedade onde está a instalação. Nesse caso, estamos diante de desapropriação indireta (que será estudada oportunamente) e não de servidão administrativa.

ESQUEMATIZANDO

SERVIDÃO ADMINISTRATIVA	LIMITAÇÃO ADMINISTRATIVA
Incide sobre a propriedade particular.	Incide sobre a liberdade e propriedade do indivíduo (art. 78 do CTN).
Tem natureza jurídica de direito real.	Tem natureza jurídica de direito pessoal.
Produz, ao particular, o dever de não fazer e, também o de tolerar.	Gera, ao particular, a obrigação de não fazer.
Indelegável a particulares.	Indelegável a particulares.

i) Súmula 56 do STJ: "Na desapropriação para instituir servidão administrativa são devidos os juros compensatórios pela limitação de uso da propriedade".

3.3 Ocupação temporária ou provisória

Consiste na "utilização transitória, remunerada ou gratuita, de bens particulares pelo Poder Público, para a execução de obras, serviços ou atividades públicas ou de interesse público (CF, art. 5º, XXV).

O fundamento da *ocupação temporária* é, normalmente, a necessidade de local para depósito de equipamentos e materiais destinados à realização de obras e serviços públicos nas vizinhanças de propriedade particular"[5].

Características:

a) É forma de intervenção do Estado na propriedade em áreas normalmente vizinhas ao local onde serão realizados obras, serviços e atividades públicas, objetivando depositar e guardar ali os equipamentos e maquinários que serão utilizados pela Administração na realização das referidas obras, serviços ou atividades.

b) Essa prerrogativa estatal de "ocupação temporária ou provisória" pode ser transferida a concessionários e empreiteiros (desde que haja autorização da Administração para isso).

---

[5] MEIRELLES, Hely Lopes. *Direito administrativo brasileiro*, 35. ed., São Paulo: Malheiros, 2010, p. 662.

c) Normalmente a ocupação temporária ou provisória não acarreta ao proprietário particular alterações prejudiciais à sua propriedade utilizada, portanto não enseja o direito à indenização (regra), exceto se houver dano – quando, então, será passível de indenização como forma de recomposição dos prejuízos sofridos pelo particular.

Aprofundamento: Todavia, se a ocupação **temporária estiver vinculada à desapropriação** (hipótese prevista no art. 36 do Decreto-lei n. 3.365/41), aí, então, a ocupação será **remunerada** e com indenização. "Para essa ocupação deverá a Administração interessada expedir a competente ordem, fixando desde logo a justa indenização devida ao proprietário do terreno ocupado"[6].

d) A formalização da ocupação temporária ocorre: d.1) se vinculada à desapropriação, mediante **ato formal** (no caso do art. 36 do Decreto-lei n. 3.365/41); ou d.2) desvinculada da desapropriação, **mediante simples ocupação material**, caso em que se dispensam maiores rigores e formalidades.

LEGISLAÇÃO CORRELATA

Decreto-lei n. 3.365/41
Art. 36. É permitida a **ocupação temporária**, que será indenizada, afinal, por ação própria, de terrenos não edificados, vizinhos às obras e necessários à sua realização.
O expropriante prestará caução, quando exigida.

e) A ocupação temporária incide sobre bens imóveis.
f) A ocupação temporária atinge o caráter exclusivo da propriedade.

3.4 Limitação administrativa

Conceito: "Consiste numa alteração do regime jurídico privatístico da propriedade, produzida por ato administrativo unilateral de cunho geral, impondo restrições das faculdades de usar e fruir de bem imóvel, aplicável a todos os bens de uma mesma espécie, que usualmente não gera direito de indenização ao particular"[7].

Limitação administrativa configura exercício do poder de polícia (*vide* Capítulo II – Poderes da Administração) e consiste em "imposição geral, gratuita, unilateral e de ordem pública condicionadora do exercício de direitos ou de atividades particulares às exigências do bem-estar social"[8].

---

[6] MEIRELLES, Hely Lopes. *Direito administrativo brasileiro*, 35. ed., São Paulo: Malheiros, 2010, p. 663.
[7] JUSTEN FILHO, Marçal. *Curso de direito administrativo*, 5. ed., São Paulo: Saraiva, 2010, p. 593.
[8] MEIRELLES, Hely Lopes. *Direito administrativo brasileiro*, 35. ed., São Paulo: Malheiros, 2010, p. 664.

Características:

a) Atinge indivíduos indeterminados (aparecendo como modalidades de expressão de **supremacia geral**), restringindo sua liberdade e propriedade.

b) Incide sobre bens móveis, imóveis ou atividades dos particulares.

c) Desdobra-se em três atividades: c.1) limitar; c.2) fiscalizar, e c.3) sancionar particulares. Exemplo: é limitação a determinação administrativa que fixa o limite máximo de altura para construções verticais. Apesar de dono da propriedade, o particular não poderá construir acima do limite imposto pela Administração Pública. Consiste em **obrigações genéricas** impostas a toda a coletividade (assim, qualquer indivíduo que quiser construir acima do limite para construções verticais estabelecido pela Administração, estará impedido).

d) Em regra, a limitação administrativa não acarreta o dever de indenizar, exceto se houver dano demonstrado e caracterizado no caso concreto.

e) Atinge o caráter absoluto da propriedade.

f) A limitação administrativa é considerada direito pessoal (e não direito real): "o poder de polícia manifesta-se, como regra, por meio de obrigações de não fazer impostas ao proprietário, e não sobre o bem em si mesmo considerado"[9].

JURISPRUDÊNCIA

- **DIREITO ADMINISTRATIVO. LIMITAÇÃO ADMINISTRATIVA. PRESCRIÇÃO DA PRETENSÃO DE RESSARCIMENTO**

  A pretensão reparatória do esvaziamento do conteúdo econômico da propriedade decorrente de limitações administrativas prescreve em cinco anos, nos termos do art. 10, parágrafo único, do Decreto-lei n. 3.365/41. Os danos eventualmente causados pela limitação administrativa devem ser objeto de ação de direito pessoal, cujo prazo prescricional é de cinco anos, e não de direito real, que seria o caso da desapropriação indireta. A limitação administrativa distingue-se da desapropriação: nesta, há transferência da propriedade individual para o domínio do expropriante, com integral indenização; naquela, há apenas restrição ao uso da propriedade imposta genericamente a todos os proprietários, sem qualquer indenização. Dessa forma, as restrições ao direito de propriedade impostas por normas ambientais, ainda que esvaziem o conteúdo econômico, não constituem desapropriação indireta. Precedentes citados: AgRg no REsp 1.235.798-RS, *DJe* 13-4-2011; AgRg no REsp 1.192.971-SP, *DJe* 3-9-2010, e EREsp 901.319-SC, *DJe* 3-8-2009. AgRg no REsp 1.317.806-MG, rel. Min. Humberto Martins, j. 6-11-2012 *(Informativo STJ 508).*

3.5 Tombamento

É forma de intervenção do Estado na propriedade e tem previsão no **Decreto-lei n. 25/37**.

---

[9] MAZZA, Alexandre. *Manual de direito administrativo*, 4. ed., São Paulo: Saraiva, 2014, p. 686.

Nas conceituações de Hely Lopes Meirelles, tombamento é "a declaração pelo Poder Público do valor histórico, artístico, paisagístico, turístico, cultural ou científico de coisas ou locais que, por essa razão, devam ser preservados, de acordo com a inscrição em livro próprio. Atualmente, sua efetivação, como forma de proteção ao patrimônio público, está expressamente prevista na CF, em seu art. 216, § 1º [...]"[10].

> **LEGISLAÇÃO CORRELATA**
>
> **CF**
> **Art. 216.** Constituem patrimônio cultural brasileiro os bens de natureza material e imaterial, tomados individualmente ou em conjunto, portadores de referência à identidade, à ação, à memória dos diferentes grupos formadores da sociedade brasileira, nos quais se incluem:
> I – as formas de expressão;
> II – os modos de criar, fazer e viver;
> III – as criações científicas, artísticas e tecnológicas;
> IV – as obras, objetos, documentos, edificações e demais espaços destinados às manifestações artístico-culturais;
> V – os conjuntos urbanos e sítios de valor histórico, paisagístico, artístico, arqueológico, paleontológico, ecológico e científico.
> § 1º O Poder Público, com a colaboração da comunidade, promoverá e protegerá o patrimônio cultural brasileiro, por meio de inventários, registros, vigilância, tombamento e desapropriação, e de outras formas de acautelamento e preservação.
> § 2º Cabem à administração pública, na forma da lei, a gestão da documentação governamental e as providências para franquear sua consulta a quantos dela necessitem.
> § 3º A lei estabelecerá incentivos para a produção e o conhecimento de bens e valores culturais.
> § 4º Os danos e ameaças ao patrimônio cultural serão punidos, na forma da lei.
> § 5º Ficam tombados todos os documentos e os sítios detentores de reminiscências históricas dos antigos quilombos.

Características:

a) Os bens móveis e imóveis existentes no País cuja conservação seja de interesse público, quer por sua vinculação a fatos memoráveis da história do Brasil, quer por seu excepcional valor arqueológico ou etnográfico, bibliográfico ou artístico, só serão considerados parte integrante do patrimônio histórico e artístico nacional depois de inscritos separada ou agrupadamente num dos quatro Livros do Tombo.

b) Os Quatro Livros do Tombo (art. 4º do Decreto-lei n. 25/37) que temos são:

b.1) Livro do Tombo Arqueológico, Etnográfico e Paisagístico;

b.2) Livro do Tombo Histórico;

---

[10] MEIRELLES, Hely Lopes. *Direito administrativo brasileiro,* 35. ed., São Paulo: Malheiros, 2010, p. 607.

b.3) Livro do Tombo das Belas Artes;

b.4) Livro do Tombo das Artes Aplicadas.

c) O tombamento pode ser:

c.1) voluntário (art. 7º do Decreto-lei n. 25/37): ocorre em dois casos: 1) sempre que o proprietário requerer ao órgão competente e a coisa se revestir dos requisitos necessários para constituir parte integrante do Patrimônio Histórico e Artístico Nacional – neste caso dependerá de juízo discricionário do Conselho Consultivo do Serviço do Patrimônio Histórico e Artístico Nacional; 2) sempre que o proprietário anuir, por escrito, à notificação feita pelo Poder Público para que haja a inscrição do bem do particular em qualquer dos Livros do Tombo;

c.2) compulsório (art. 8º da Decreto-lei n. 25/37): o tombamento será considerado compulsório sempre que o proprietário se recusar a anuir à inscrição da coisa no Livro do Tombo.

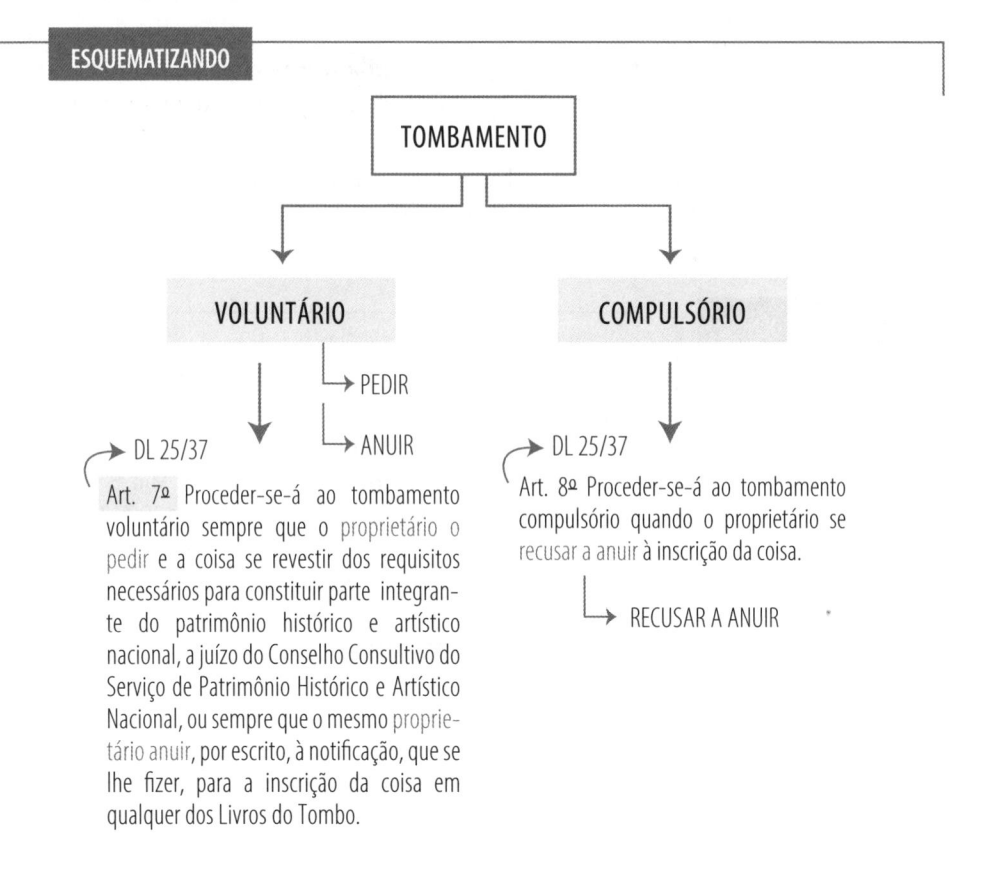

ESQUEMATIZANDO

TOMBAMENTO

VOLUNTÁRIO
→ PEDIR
→ ANUIR

DL 25/37
Art. 7º Proceder-se-á ao tombamento voluntário sempre que o proprietário o pedir e a coisa se revestir dos requisitos necessários para constituir parte integrante do patrimônio histórico e artístico nacional, a juízo do Conselho Consultivo do Serviço de Patrimônio Histórico e Artístico Nacional, ou sempre que o mesmo proprietário anuir, por escrito, à notificação, que se lhe fizer, para a inscrição da coisa em qualquer dos Livros do Tombo.

COMPULSÓRIO

DL 25/37
Art. 8º Proceder-se-á ao tombamento compulsório quando o proprietário se recusar a anuir à inscrição da coisa.
→ RECUSAR A ANUIR

d) Efeitos do tombamento:

d.1) as coisas tombadas pertencentes à União, Estados, Municípios são inalienáveis por natureza (art. 11 do Decreto-lei n. 25/37);

d.2) a coisa tombada não poderá sair do País, senão **por curto prazo**, sem transferência de domínio **e para fim de intercâmbio cultural**, a juízo do Conselho Consultivo do Serviço do Patrimônio Histórico e Artístico Nacional (art. 14 do Decreto-lei n. 25/37). Se tentada a exportação de bem tombado fora dessas hipóteses acima, haverá o **sequestro** da coisa (art. 15 do Decreto-lei n. 25/37);

d.3) se houver **extravio** ou **furto** de qualquer objeto tombado, o proprietário deverá dar conhecimento do fato ao Serviço do Patrimônio Histórico e Artístico Nacional (art. 16 do Decreto-lei n. 25/37);

d.4) as coisas tombadas **não poderão, em caso nenhum**, ser destruídas, demolidas ou mutiladas. E **só poderão** ser reparadas, pintadas ou restauradas **se houver prévia autorização especial** do Serviço do Patrimônio Histórico e Artístico Nacional (art. 17 do Decreto-lei n. 25/37);

d.5) a vizinhança da coisa tombada está **impedida** de realizar construção que impeça ou reduza a visibilidade do bem tombado. Também não é possível a colocação de anúncios ou cartazes no bem tombado (art. 18 do Decreto-lei n. 25/37);

d.6) as coisas tombadas ficam sujeitas à **vigilância permanente** do Serviço do Patrimônio Histórico e Artístico Nacional – que poderá inspecioná-las sempre que julgar conveniente (art. 20 do Decreto-lei n. 25/37);

d.7) DIREITO DE PREFERÊNCIA: o capítulo sobre o direito de preferência (art. 22 do Decreto-lei n. 25/37) foi revogado pelo Código de Processo Civil (Lei n. 13.105/2015).

JURISPRUDÊNCIA

- Ação Direta de Inconstitucionalidade. Art. 251 da Constituição do Estado de Mato Grosso e Lei Estadual n. 7.782/2002, "que declara integrantes do patrimônio científico-cultural do Estado os sítios paleontológicos e arqueológicos localizados em Municípios do Estado de Mato Grosso". Violação aos arts. 23, III e 216, V, da Constituição. Precedente: ADI 2.544, rel. Min. Sepúlveda Pertence. Ação julgada procedente (ADI 3.525, rel. Min. Gilmar Mendes, j. 30-8-2007, Plenário, *DJ* 26-10-2007).

- Federação: competência comum: proteção do patrimônio comum, incluído o dos sítios de valor arqueológico (CF, arts. 23, III, e 216, V): encargo que não comporta demissão unilateral. Lei Estadual n. 11.380, de 1999, do Estado do Rio Grande do Sul, confere aos Municípios em que se localizam a proteção, a guarda e a responsabilidade pelos sítios arqueológicos e seus acervos, no Estado, o que vale por excluir, a propósito de tais bens do patrimônio cultural brasileiro (CF, art. 216, V), o dever de proteção e guarda e a consequente responsabilidade não apenas do Estado, mas também da própria União, incluídas na competência comum dos entes da Federação, que substantiva incumbência de natureza qualificadamente irrenunciável. A inclusão de determinada função administrativa no âmbito da competência comum não impõe que cada tarefa compreendida no seu domínio, por menos expressiva que seja, haja de ser objeto de ações simultâneas das três entidades federativas: donde, a previsão, no parágrafo único do art. 23, CF, de lei complementar que fixe normas de cooperação (v. sobre monumentos arqueológicos e pré-históricos, a Lei n. 3.924/61), cuja edição, porém, é da competência da União e, de qualquer modo, não abrange o poder de demitirem-se a União ou os Estados dos encargos constitucionais de proteção dos bens de valor arqueológico para descarregá-los ilimitadamente sobre os Municípios (ADI 2.544, rel. Min. Sepúlveda Pertence, j. 28-6-2006, Plenário, *DJ* 17-11-2006).

- Lei Distrital 1.713, de 3-9-1997. Quadras residenciais do Plano Piloto da Asa Norte e da Asa Sul. Administração por prefeituras ou associações de moradores. Taxa de manutenção e conservação. Subdivisão do Distrito Federal. Fixação de obstáculos que dificultem o trânsito de veículos e pessoas. Bem de uso comum. Tombamento. Competência do Poder Executivo para estabelecer as restrições do direito de propriedade. Violação do disposto nos arts. 2º, 32 e 37, XXI, da Constituição do Brasil. A Lei n. 1.713 autoriza a divisão do Distrito Federal em unidades relativamente autônomas, em afronta ao texto da Constituição do Brasil – art. 32 – que proíbe a subdivisão do Distrito Federal em Municípios. Afronta a Constituição do Brasil o preceito que permite que os serviços públicos sejam prestados por particulares, independentemente de licitação (art. 37, XXI, da CF/88). Ninguém é obrigado a associar-se em "condomínios" não regularmente instituídos. O art. 4º da lei possibilita a fixação de obstáculos a fim de dificultar a entrada e saída de veículos nos limites externos das quadras ou conjuntos. Violação do direito à circulação, que é a manifestação mais característica do direito de locomoção. A Administração não poderá impedir o trânsito de pessoas no que toca aos bens de uso comum. O tombamento é constituído mediante ato do Poder Executivo que estabelece o alcance da limitação ao direito de propriedade. Incompetência do Poder Legislativo no que toca a essas restrições, pena de violação ao disposto no art. 2º da Constituição do Brasil. É incabível a delegação da execução de determinados serviços públicos às "Prefeituras" das quadras, bem como a instituição de taxas remuneratórias, na medida em que essas "Prefeituras" não detêm capacidade tributária (ADI 1.706, rel. Min. Eros Grau, j. 9-4-2008, Plenário, *DJe* 12-9-2008).

- Tombamento de bem imóvel para limitar sua destinação às atividades artístico-culturais. Preservação a ser atendida por meio de desapropriação. Não pelo emprego da modalidade do chamado tombamento de uso. Recurso da Municipalidade do qual não se conhece, porquanto não configurada a alegada contrariedade, pelo acórdão recorrido, do disposto no art. 216, § 1º, da Constituição (RE 21.9292, rel. Min. Octavio Gallotti, j. 7-12-1999, 1ª T., *DJ* 23-6-2000).

- No tocante ao § 1º do art. 216 da CF, não ofende esse dispositivo constitucional a afirmação constante do acórdão recorrido no sentido de que há um conceito amplo e um conceito restrito de patrimônio histórico e artístico, cabendo à legislação infraconstitucional adotar um desses dois conceitos para determinar que sua proteção se fará por tombamento ou por desapropriação, sendo que, tendo à legislação vigente sobre tombamento adotado a conceituação mais restrita, ficou, pois, a proteção dos bens, que integram o conceito mais amplo, no âmbito da desapropriação (RE 182.782, rel. Min. Moreira Alves, j. 14-11-1995, 1ª T., *DJ* 9-2-1996).

3.6 Desapropriação

3.6.1 Conceitos

Para **Hely Lopes Meirelles**[11], desapropriação ou expropriação "é a transferência compulsória de propriedade particular (ou de pública de entidade de grau inferior para a superior) para o Poder Público ou seus delegados, por utilidade pública ou necessidade

---

[11] MEIRELLES, Hely Lopes. *Direito administrativo brasileiro*, 35. ed., São Paulo: Malheiros, 2010, p. 633.

pública ou, ainda, por interesse social, mediante prévia e justa indenização em dinheiro (art. 5º, XXIV), salvo as exceções constitucionais de pagamento em *títulos da dívida pública de emissão previamente aprovada pelo Senado Federal*, no caso de área urbana não edificada, subutilizada ou não utilizada (CF, art. 182, § 4º, III), e de pagamento em *títulos da dívida agrária*, no caso de Reforma Agrária, por interesse social (CF, art. 184)".

> "Desapropriação é conceito de direito público. Revela-se como direito subjetivo público atribuído ao Estado em suas dimensões políticas (União, Estados-membros, Municípios e Distrito Federal), exercitado diretamente ou por terceiros (delegados) legitimados, nos limites de sua formatação legal, sempre que preenchidos os pressupostos de sua subjetivação. Ademais de direito subjetivo público, a desapropriação é direito objetivo decorrente do núcleo de socialidade incluído em todo o direito de propriedade. Em tempos de constitucionalismo social, não mais importa referir o Poder do Estado (o *imperium*) sobre a propriedade ou sobre o poder de intervenção do Estado na propriedade; dá-se por suposto e limitado, decorrente da supremacia da Constituição, que conforma posições jurídicas que implicam direitos, deveres, pretensões, ações e exceções topicamente insertas na dimensão do público e do privado. Atente-se que o mandamento constitucional contamina todo o sistema jurídico; neste, como sujeitos de direitos e deveres, se incluem todos, forte no princípio da solidariedade que anima a dignidade da pessoa humana, e aí vinculante também as pessoas morais, emprestada à Constituição, como princípio estruturante do Estado brasileiro"[12].

LEGISLAÇÃO CORRELATA

CF
Art. 5º, XXIV: a lei estabelecerá o procedimento para desapropriação por necessidade ou utilidade pública, ou por interesse social, mediante justa e prévia indenização em dinheiro, ressalvados os casos previstos nesta Constituição.

Aprofundamento: Para **Marçal Justen Filho**[13], "desapropriação é ato estatal unilateral que produz a extinção da propriedade sobre um bem ou direito e a aquisição do domínio sobre ele pela entidade expropriante, mediante indenização justa". Desse conceito de Marçal Justen Filho, podemos sintetizar que:

---

[12] CANOTILHO, J. J. Gomes; MENDES, Gilmar Ferreira; SARLET, Ingo Wolfgang; STRECK, Lenio Luiz. *Comentários à Constituição do Brasil*, 1. ed., 6. tir., Coimbra-São Paulo: Almedina, 2014, p. 320.
[13] JUSTEN FILHO, Marçal. *Curso de direito administrativo*, 5. ed., São Paulo: Saraiva, 2005, p. 640.

a) desapropriação **é um ato** (e não é procedimento);

b) **estatal:** porque ocorre ou por ato administrativo (quando há possibilidade de acordo) ou judicialmente (em caso de discordância do particular com o preço ofertado pelo Poder Público);

c) **unilateral:** pois decorre da supremacia do interesse público sobre o particular. Diferentemente de uma compra e venda, em que há acordo de vontades de duas partes sobre a coisa e o preço;

d) produz a extinção da propriedade sobre um bem ou direito e a aquisição do domínio sobre ele pela entidade expropriante;

e) mediante indenização justa.

JURISPRUDÊNCIA

TJSP, Apelação n. 0000936-16.2005.8.26.0498, rel. Des. Camargo Pereira. Comarca: Ribeirão Bonito. Órgão julgador: 3ª Câmara de Direito Público. Data do j. 20-3-2012. Data de registro: 21-3-2012. Outros números: 9361620058260498

EMENTA: DESAPROPRIAÇÃO POR UTILIDADE PÚBLICA VALOR DA INDENIZAÇÃO. Indenização justa é aquela que deve ser feita de forma integral, reparando todo o prejuízo sofrido pelo particular que teve seu bem transferido de maneira compulsória para o Poder Público. Método involutivo de avaliação do imóvel que se afigura mais adequado na hipótese concreta. Manutenção do valor fixado na sentença.

3.6.2 Efeitos da desapropriação

A desapropriação é ato de **duplo efeito**: a) causa extinção do domínio do proprietário e b) acarreta aquisição de domínio pelo Poder Público expropriante.

3.6.3 Natureza jurídica da desapropriação

É **forma originária de aquisição da propriedade**. Não vem de nenhum título anterior, e a só vontade do Estado é idônea a consumar a transferência da propriedade (independentemente da vontade do proprietário).

Daí decorrem dois efeitos: a) a irreversibilidade da transferência e b) com a desapropriação ficam extintos os direitos reais de terceiros sobre a coisa.

LEGISLAÇÃO CORRELATA

Decreto-lei n. 3.365/41

Art. 31. Ficam sub-rogados no preço quaisquer ônus ou direitos que recaiam sobre o bem expropriado.

Exemplificando: no caso da uma hipoteca, o credor hipotecário terá seu direito real substituído pelo preço total ou parcial da indenização. Citem-se, também, penhor, usufruto etc.

3.6.4 Postulados de observância obrigatória na desapropriação

Marçal Justen Filho[14] destaca três postulados de observância obrigatória na desapropriação: a) Princípio da Eficácia Administrativa; b) Princípio da Proporcionalidade; c) Controle Jurisdicional da Atividade Administrativa.

ESQUEMATIZANDO

PRINCÍPIO DA EFICÁCIA ADMINISTRATIVA	PRINCÍPIO DA PROPORCIONALIDADE	CONTROLE JURISDICIONAL DA ATIVIDADE ADMINISTRATIVA
Veda o desembolso de recursos públicos para o pagamento de desapropriação desnecessária ou inútil para a sociedade.	A desapropriação se sujeita ao princípio da proporcionalidade. Isso significa a invalidade da desapropriação em que o Estado não evidenciar que a expropriação é a solução adequada e necessária para o cumprimento de suas funções, sem que tal importe lesão a direitos e valores protegidos constitucionalmente.	Submete-se ao controle do Poder Judiciário a verificação da legalidade da desapropriação conforme hipóteses de utilidade pública previstas no Decreto-lei n. 3.365/41.

JURISPRUDÊNCIA

- STJ: RE 97.748-RJ: Submete-se ao conhecimento do Poder Judiciário a verificação da validade de utilidade pública da desapropriação e o seu enquadramento nas hipóteses previstas no Decreto-lei n. 3365. A vedação que encontra está no juízo valorativo da utilidade pública. A mera verificação de legalidade é atinente ao controle jurisdicional dos atos administrativos, cuja discricionariedade, nos casos de desapropriação, não ultrapassa as hipóteses legais regulamentadoras do ato.
- **TJSP. REL. DES. FRANCISCO VICENTE ROSSI. VOTO N.: 12.327. APELAÇÃO N. 984.636.5/7-00**
  Poder Judiciário – Análise de requisito extrínseco do ato expropriatório.
  DESAPROPRIAÇÃO – Cabe ao Poder Judiciário o exame extrínseco e formal do ato expropriatório – Vício insanável no decreto expropriatório – Erro quanto à identificação do bem e do proprietário – Ausente o pressuposto de constituição e desenvolvimento válido do processo – Recurso desprovido [...]

---

[14] JUSTEN FILHO, Marçal. *Curso de direito administrativo*, 5. ed., São Paulo: Saraiva, 2005, p. 618-619.

Trata-se de ação de desapropriação ajuizada pelo Município de São Manoel contra a Fábrica Matriz Nossa Senhora Aparecida – Mitra Arquidiocesana Santana de Botucatu. As terras, foco da aludida ação, são consideradas de utilidade pública para instalação de indústrias, com a Sociedade Missionários de Nossa Senhora Consoladora incluída no polo passivo [...]

Mas, lembra Hely Lopes Meirelles[15]: "No processo de desapropriação o **Poder Judiciário limitar-se-á ao exame extrínseco e formal do ato expropriatório** e, se conforme à lei, dará prosseguimento à ação... é óbvio que, no próprio processo de desapropriação, o juiz pode e deve decidir sobre a regularidade extrínseca do ato expropriatório (competência, forma, caducidade etc.), assim como nulidades processuais", aliás, como determina a própria lei específica – a contestação poderá versar sobre vício do processo judicial (art. 20 do Decreto-lei n. 3.365/41).

No mesmo sentido são as lições de Celso Antônio Bandeira de Mello[16]: "**Na ação de desapropriação o controle jurisdicional cinge-se aos seguintes pontos: a) fixação do justo preço; b) nulidades processuais; c) verificação se o expropriante fundou a ação expropriatória numa das hipóteses legais permissivas dela.** Isto é o que resulta das disposições do Decreto-lei n. 3.365. Entendemos, contudo, que na própria ação de desapropriação ou então desde a declaração de utilidade pública, antes de iniciada a ação expropriatória, pode ser contestada a validade da declaração de utilidade pública pelo proprietário do bem (TJSP, *RDA* 47/0)" [...] grifos nossos

3.6.5 A finalidade da desapropriação e sua alteração

A finalidade da intervenção do Estado na propriedade intitulada "desapropriação" tem por escopo a busca do **interesse público**.

Assim, a declaração expropriatória de utilidade pública, necessidade pública ou interesse social deverá indicar a **destinação a ser dada ao bem desapropriado** (com demonstração, de forma concreta, de que a desapropriação é necessária e adequada para atendimento dos interesses da coletividade).

Aprofundamento 1: Poderia o proprietário expropriado propor **ação de retrocessão** objetivando seja restituído o imóvel à sua propriedade em razão de a expropriação não conferir ao bem a finalidade prevista no decreto expropriatório?

Resposta: Depende. Se ao bem for dado **outra finalidade pública** (hipótese intitulada **"tredestinação lícita"**), não há vício que legitime o proprietário a ingressar com ação de retrocessão.

Nesse sentido, o entendimento de Celso Antônio Bandeira de Mello[17]: "[...] a jurisprudência pacificou-se no entendimento de que, se o bem desapropriado para uma específica finalidade for utilizado em outra finalidade pública, não há vício algum

---

[15] MEIRELLES, Hely Lopes. *Direito administrativo brasileiro*, 30. ed., São Paulo: Malheiros, 2005, p. 594.
[16] BANDEIRA DE MELLO, Celso Antônio. *Curso de direito administrativo*, 24. ed., São Paulo: Malheiros, 2007, p. 866.
[17] BANDEIRA DE MELLO, Celso Antônio. *Curso de direito administrativo*, 11. ed., São Paulo: Malheiros, 2007, p. 602-603.

que enseje ao particular ação de retrocessão, considerando-se que, no caso, não teria havido obrigação do Poder Público de oferecer o bem para reaquisição".

No mesmo sentido, Maria Sylvia Zanella Di Pietro[18]: "A retrocessão cabe quando o Poder Público não dê ao imóvel a utilização para a qual se fez a desapropriação, estando pacífica na jurisprudência a tese de que o expropriado não pode fazer valer o seu direito quando o expropriante dê ao imóvel uma destinação pública diversa daquela mencionada no ato expropriatório; por outras palavras, desde que o imóvel seja utilizado para um fim público qualquer, ainda que não o especificado originariamente, não ocorre o direito de retrocessão. Este só é possível em caso de desvio de poder (finalidade contrária ao interesse público, como, por exemplo, perseguição ou favoritismo a pessoas determinadas), também chamado, na desapropriação, de tredestinação, ou quando o imóvel seja transferido a terceiros, a qualquer título, nas hipóteses em que essa transferência não era possível".

Assim, "deve-se entender que a finalidade pública é sempre genérica e, por isso, o bem desapropriado para um fim público pode ser usado em outro fim público sem que ocorra desvio de finalidade"[19].

Todavia, se ao bem expropriado for dada finalidade outra (que não de interesse público), aí então caberá ao particular expropriado exercer o seu **direito de retrocessão,** ou seja, pleitear a reversão do procedimento de desapropriação, quando não lhe for atribuída destinação e finalidade públicas.

Em resumo: a **ação de retrocessão** tem lugar quando estivermos diante de **tredestinação ilícita**, ou seja, quando o Poder Público conferir ao bem destinação que não atenda ao interesse público (situação que inclusive configura abuso de poder na modalidade **desvio de finalidade**).

Hely Lopes Meirelles[20] define **retrocessão**: "Obrigação que se impõe ao expropriante de oferecer o bem ao expropriado, mediante a devolução do valor da indenização, quando não lhe der o destino declarado no ato expropriatório (CC, art. 1.150). Se o expropriante não cumprir essa obrigação, o direito do expropriado resolve-se em perdas e danos, uma vez que os bens incorporados ao patrimônio público não são objeto de reivindicação (Dec.-lei n. 3.365/41, art. 35)".

Dispunha o art. 1.150 do Código Civil de 1916 que "a União, o Estado, ou o Município, oferecerá ao ex-proprietário o imóvel desapropriado, pelo preço por que o foi, caso não tenha o destino, para que se desapropriou".

Hoje, o instituto vem disciplinado no art. 519 do CC/2002.

---

[18] DI PIETRO, Maria Sylvia Zanella. *Direito administrativo*, 14. ed., São Paulo: Atlas, 2002, p. 180-181.

[19] MEIRELLES, Hely Lopes. *Direito administrativo brasileiro*, 35. ed., São Paulo: Malheiros, 2010, p. 534.

[20] MEIRELLES, Hely Lopes. *Direito administrativo brasileiro*, 35. ed., São Paulo: Malheiros, 2010, p. 536.

> **LEGISLAÇÃO CORRELATA**
>
> **Código Civil**
> **Art. 519.** Se a coisa expropriada para fins de necessidade ou utilidade pública, ou por interesse social, não tiver o destino para que se desapropriou, ou não for utilizada em obras ou serviços públicos, caberá ao expropriado direito de preferência, pelo preço atual da coisa.

Assim, se impossível for a reaquisição do bem (v.g., a área expropriada já foi vendida a terceiros, ou houve alterações introduzidas no bem, ou ocorreu sua deterioração ou perda etc.), a questão se resolverá em perdas e danos.

Conclusão: "A tredestinação ilícita acarreta um impasse. Em princípio, poder-se-ia cogitar um vício no ato administrativo superveniente, gerando o seu desfazimento. Mas isso conduziria apenas a manter no patrimônio do sujeito estatal o bem, sem qualquer proveito concreto para o particular expropriado. A solução tradicionalmente adotada consiste na retrocessão, instituto que assegura ao proprietário expropriado o direito de adquirir o domínio do bem expropriado em hipótese de tredestinação ilícita. A redação do art. 519 do Código Civil de 2002 restringiu significativamente a extensão da retrocessão"[21].

Aprofundamento 2: Cuidado. Se estivermos diante de imóvel desapropriado para implantação de parcelamento popular, destinado à classe de menor renda, **não poderá** haver qualquer outra utilização, nem ocorrerá retrocessão.

> **LEGISLAÇÃO CORRELATA**
>
> **Decreto-lei n. 3.365/41**
> **Art. 5º, § 3º:** Ao imóvel desapropriado para implantação de parcelamento popular, destinado às classes de menor renda, não se dará outra utilização nem haverá retrocessão.

Aprofundamento 3: Natureza jurídica da retrocessão: direito real ou direito pessoal?
- Primeira corrente: defende que é direito pessoal.
- Segunda corrente: a retrocessão é direito real, pois permite ao ex-proprietário reivindicar o próprio bem expropriado. O direito de reivindicar o bem se estenderia não só ao antigo proprietário, mas também aos herdeiros, sucessores e cessionários.
- Terceira corrente: a retrocessão é tanto direito real quanto direito pessoal (é a corrente majoritária).

---

[21] JUSTEN FILHO, Marçal. *Curso de direito administrativo*, 5. ed., São Paulo: Saraiva, 2005, p. 623.

> **JURISPRUDÊNCIA**
>
> - **AÇÃO. RETROCESSÃO. LEGITIMIDADE**
>   Cinge-se a questão em saber se a autarquia, ora recorrente, tem ou não legitimidade para figurar no polo passivo da ação de retrocessão. A Turma, por maioria, prosseguindo o julgamento, entendeu que, efetivamente, a legitimidade para essa ação é da entidade que, apesar de não ser a expropriante originária, incorporou o bem expropriado ao seu patrimônio, incumbindo-se do pagamento da indenização. Raciocínio inverso imporia *legitimatio per saltum,* desconhecendo a transferência originária do domínio, sem verificar a propriedade devida. Destarte, conforme assentado pelo Tribunal *a quo*, se a outorga da competência executória da desapropriação redunda na transferência ao órgão executor para ultimar todos os atos expropriatórios, inclusive no que tange à propositura da ação judicial e ao pagamento da respectiva indenização, por certo que o ente executor possui legitimidade para figurar no polo passivo da ação de retrocessão, porquanto, como dito alhures, ao ente executor estendem-se todas as obrigações decorrentes do processo expropriatório. Assim, por maioria, negou-se provimento ao recurso. REsp 983.390-MG, rel. originário Min. Francisco Falcão, rel. para Acórdão Min. Luiz Fux, j. 24-6-2008 *(Informativo STJ 361).*
>
> - **Des. Pires de Araújo – TJSP. APELAÇÃO CÍVEL N. 0149317-54.2009.8.26.0100. VOTO. 23.894**. Dessa forma, "não há que se **confundir retrocessão – aqui entendida como o retorno do bem expropriado ao patrimônio do antigo proprietário, quando não lhe foi dado o destino previsto** (Odete Medauar, in 'Direito Administrativo Moderno', Ed. Revista dos Tribunais, 14. ed., 2010, p. 374) **– com o direito de preempção ou de preferência insculpido no art. 1.150 do Código Civil de 1916, aqui entendido como a obrigação imposta ao expropriante de oferecer o bem ao expropriado antes de aliená-lo para terceiros em caso de tredestinação.**
>
>   E isto porque a primeira **– retrocessão – é instituto de direito real direcionado à reivindicação do bem, conquanto que o segundo – direito de preempção – reflete direito de natureza pessoal que impõe ao Poder Expropriante a obrigação de oferecer o bem expropriado ao ex- -proprietário para readquiri-lo, sob pena de perdas e danos**. [...]
>
>   O magistério de **Maria Sylvia Zanella Di Pietro**, pautando-se na terceira corrente doutrinária que discute a natureza jurídica da retrocessão (se direito real ou pessoal), atribuiu-lhe a **natureza jurídica mista** – de direito real e pessoal –, cuja conclusão, contudo, não discrepa dos ensinamentos supra, *in verbis*:
>
>   'Essa terceira corrente é a que melhor se coaduna com a proteção do direito de propriedade: **em princípio, a retrocessão é um direito real**, já que o art. 1.150, do Código Civil manda que o expropriante ofereça de volta o imóvel; **pode ocorrer, no entanto, que a devolução do imóvel tenha se tornado problemática**, em decorrência de sua transferência a terceiros, de alterações nele introduzidas, de sua deterioração ou perda, da realização de benfeitorias; nesse passo, pode o ex-proprietário pleitear indenização, que corresponderá ao mesmo preço da desapropriação, devidamente corrigido, com alterações para mais ou para menos, conforme as melhorias ou deteriorações incidentes sobre o imóvel' (in *Direito Administrativo*, 15. ed., Editora Atlas, São Paulo, 2003, p. 180)".

3.6.6 Competências na desapropriação

Temos três grandes competências em sede de desapropriação: a) competência legislativa; b) competência declaratória; c) competência executória, que se subdivide em c.1) condicionada e c.2) incondicionada.

A. COMPETÊNCIA LEGISLATIVA

Nos termos do art. 22, II, da CF, terá competência privativa para legislar sobre desapropriação a União Federal. E lei complementar poderá autorizar os Estados a disciplinar matéria específica (art. 22, parágrafo único, da CF).

B. COMPETÊNCIA DECLARATÓRIA

Consiste na competência para **declaração** da utilidade pública, necessidade pública ou interesse social.

Mas qual a diferença entre utilidade pública, necessidade pública e interesse social?

ESQUEMATIZANDO

UTILIDADE PÚBLICA	NECESSIDADE PÚBLICA	INTERESSE SOCIAL
Conveniência na desapropriação. Ex.: construção de uma escola pública; construção de um centro de assistência social do Estado.	Urgência na desapropriação.	São hipóteses em que se realça a FUNÇÃO SOCIAL DA PROPRIEDADE. São situações que impõem o condicionamento da propriedade para melhor aproveitamento, utilização e produtividade. Os bens desapropriados por interesse social não se destinam à Administração Pública ou seus delegados, mas à coletividade ou categorias sociais merecedoras de amparo específico do Poder Público.
Art. 5º do Decreto-lei n. 3.365/41: "Consideram-se casos de utilidade pública: a) a segurança nacional; b) a defesa do Estado; c) o socorro público em caso de calamidade; d) a salubridade pública; e) a criação e melhoramento de centros de população, seu abastecimento regular de meios de subsistência;		Art. 2º da Lei n. 4.132/62.

f) o aproveitamento industrial das minas e das jazidas minerais, das águas e da energia hidráulica;
g) a assistência pública, as obras de higiene e decoração, casas de saúde, clínicas, estações de clima e fontes medicinais;
h) a exploração ou a conservação dos serviços públicos;
i) a abertura, conservação e melhoramento de vias ou logradouros públicos; a execução de planos de urbanização; o parcelamento do solo, com ou sem edificação, para sua melhor utilização econômica, higiênica ou estética; a construção ou ampliação de distritos industriais; *(Redação dada pela Lei n. 9.785, de 1999.)*
j) o funcionamento dos meios de transporte coletivo;
k) a preservação e conservação dos monumentos históricos e artísticos, isolados ou integrados em conjuntos urbanos ou rurais, bem como as medidas necessárias a manter-lhes e realçar-lhes os aspectos mais valiosos ou característicos e, ainda, a proteção de paisagens e locais particularmente dotados pela natureza;
l) a preservação e a conservação adequada de arquivos, documentos e outros bens móveis de valor histórico ou artístico;
m) a construção de edifícios públicos, monumentos comemorativos e cemitérios;
n) a criação de estádios, aeródromos ou campos de pouso para aeronaves;
o) a reedição ou divulgação de obra ou invento de natureza científica, artística ou literária;
p) os demais casos previstos por leis especiais".

A competência declaratória de utilidade ou necessidade pública e de interesse social é **concorrente** da União, Estados, Distrito Federal e Municípios (*vide* art. 2º do Decreto-lei n. 3.365/41).

Aprofundamento: Em algumas situações, como é o caso do DNIT (Departamento Nacional de Infraestrutura de Transportes), a lei atribui-lhe competência para declarar de utilidade pública (art. 82, IX, da Lei n. 10.233/2001).

Também a Lei n. 9.074/95, que cuida da ANEEL (Agência Nacional de Energia Elétrica), atribui-lhe, no art. 10, competência para declaração de utilidade pública.

Em se tratando de desapropriação por interesse social de imóvel rural que não esteja cumprindo sua função social, para fins de reforma agrária, a competência declaratória é exclusiva da União, conforme fixa o art. 184 da CF.

Por fim, na desapropriação de imóveis para fins urbanísticos, quem deve declarar a utilidade pública é o Município (art. 30, I e VIII, da CF; art. 182, *caput* e § 3º, da CF).

Características da declaração expropriatória:
- A declaração expropriatória é uma manifestação emitida pelas pessoas federativas no sentido de expressar a vontade de transferir determinado bem para seu patrimônio ou para o patrimônio de pessoa delegada, com o objetivo de executar atividade de interesse público, prevista em lei.
- A declaração expropriatória pode ser formalizada por **lei** ou por **decreto** do chefe do Poder Executivo (Presidente da República, Governadores ou Prefeitos), devendo conter a identificação do bem, seu destino e o dispositivo legal que autoriza a realização da desapropriação.

LEGISLAÇÃO CORRELATA

Decreto-lei n. 3.365/41

Art. 6º A declaração de utilidade pública far-se-á por decreto do Presidente da República, Governador, Interventor ou Prefeito.

Art. 8º O Poder Legislativo poderá tomar a iniciativa da desapropriação, cumprindo, neste caso, ao Executivo, praticar os atos necessários à sua efetivação.

- A declaração expropriatória manifesta uma vontade administrativa e não pode ser uma declaração genérica, sob pena de ser considerada inválida.
- A declaração expropriatória deve ser formalizada e divulgada aos administrados em nome do **princípio da publicidade**.
- Com a declaração expropriatória as autoridades passam a ter permissão para penetrar no prédio objeto da declaração.

LEGISLAÇÃO CORRELATA

Decreto-lei n. 3.365/41

Art. 7º Declarada a utilidade pública, ficam as autoridades administrativas autorizadas a penetrar nos prédios compreendidos na declaração, podendo recorrer, em caso de oposição, ao auxílio de força policial.

Àquele que for molestado por excesso ou abuso de poder, cabe indenização por perdas e danos, sem prejuízo da ação penal.

- Com a declaração expropriatória inicia-se a contagem do prazo para a **caducidade** do ato expropriatório. Assim, a desapropriação por utilidade pública deverá efetivar-se mediante acordo ou intentar-se judicialmente, **dentro de cinco anos, contados da data da expedição do respectivo decreto,** e findos os quais este caducará. Nesse caso, somente decorrido **um ano** poderá ser o mesmo bem objeto de nova declaração.

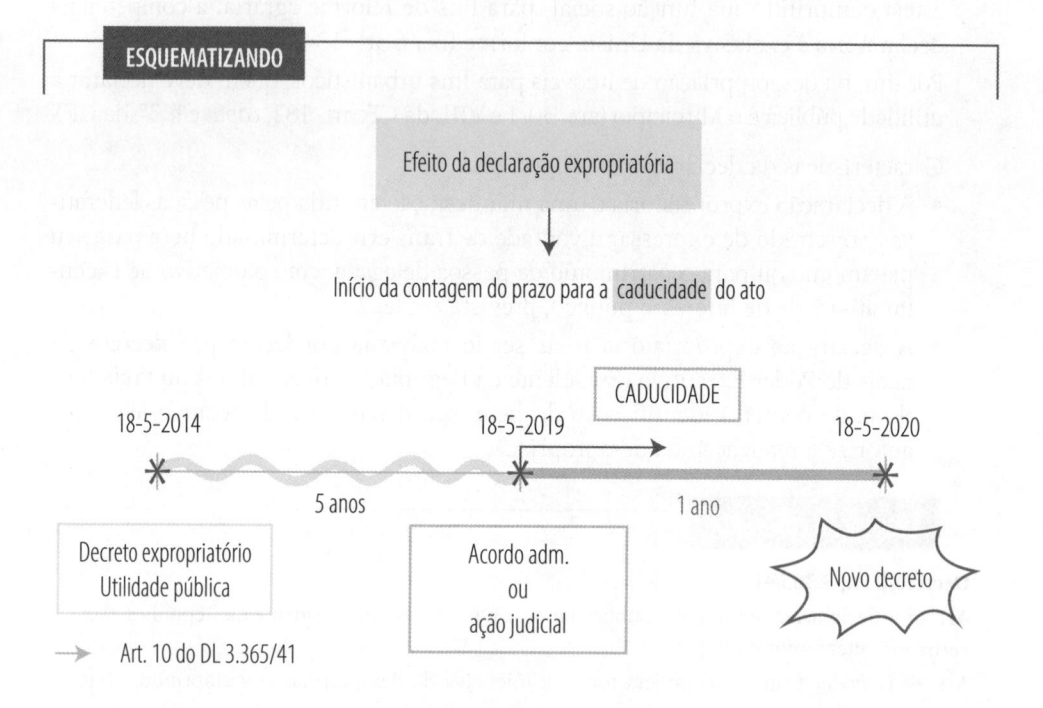

ESQUEMATIZANDO

Efeito da declaração expropriatória

Início da contagem do prazo para a caducidade do ato

18-5-2014 — 5 anos — 18-5-2019 — CADUCIDADE — 1 ano — 18-5-2020

- Decreto expropriatório / Utilidade pública
- Acordo adm. ou ação judicial
- Novo decreto

→ Art. 10 do DL 3.365/41

C. COMPETÊNCIA EXECUTÓRIA

Consiste na atribuição para promover a desapropriação, ou seja, providenciar todas as medidas e exercer todas as atividades que venham a conduzir à efetiva transferência da propriedade (e essa etapa vai desde a negociação com o proprietário até a efetiva transferência da propriedade).

A competência executória subdivide-se em:

- **c.1) incondicionada:** estão livres para a propositura da ação expropriatória União, Estado, Distrito Federal e Municípios;
- **c.2) condicionada:** são os que exercem funções delegadas do Poder Público e só podem propor a ação expropriatória se estiverem expressamente autorizados em **lei** (como é o caso das Autarquias, Fundações Públicas e/ou Empresas Estatais) ou por **contrato administrativo** (no caso dos concessionários e permissionários de serviços públicos).

LEGISLAÇÃO CORRELATA

Decreto-lei n. 3.365/41

Art. 3º Os concessionários de serviços públicos e os estabelecimentos de caráter público ou que exerçam funções delegadas de Poder Público poderão promover desapropriações mediante autorização expressa, constante de lei ou contrato.

Na **fase executória**, ocorre uma sucessão de atos até que haja a transferência do bem expropriado para o domínio do expropriante. É nessa fase que será fixado o valor da estimativa da justa indenização.

Muitas vezes, a desapropriação já se esgota na fase administrativa (mediante **acordo administrativo** entre o Poder Público e o proprietário – quando há concordância em relação ao preço ofertado pelo expropriante). Nesse caso, recebe o nome de **desapropriação amigável**, pois há verdadeiro consenso entre as partes quanto ao valor ofertado.

Firmado o acordo, desnecessária a propositura da ação judicial.

Entretanto, na inviabilidade de acordo administrativo, a desapropriação irá prolongar-se na **via judicial** (por meio de ação a ser movida pelo Estado contra o proprietário expropriado), com o escopo de solucionar o conflito de interesses entre o particular expropriado e o Poder Público expropriante.

Nessa fase, o Judiciário limitar-se-á ao exame do ato expropriatório; admitirá o depósito provisório; concederá, se for o caso, a imissão na posse; fixará o valor da indenização e adjudicará o bem ao expropriante.

O processo judicial seguirá o rito estabelecido pelo Decreto-lei n. 3.365/41 e, supletivamente, as regras fixadas pelo CPC.

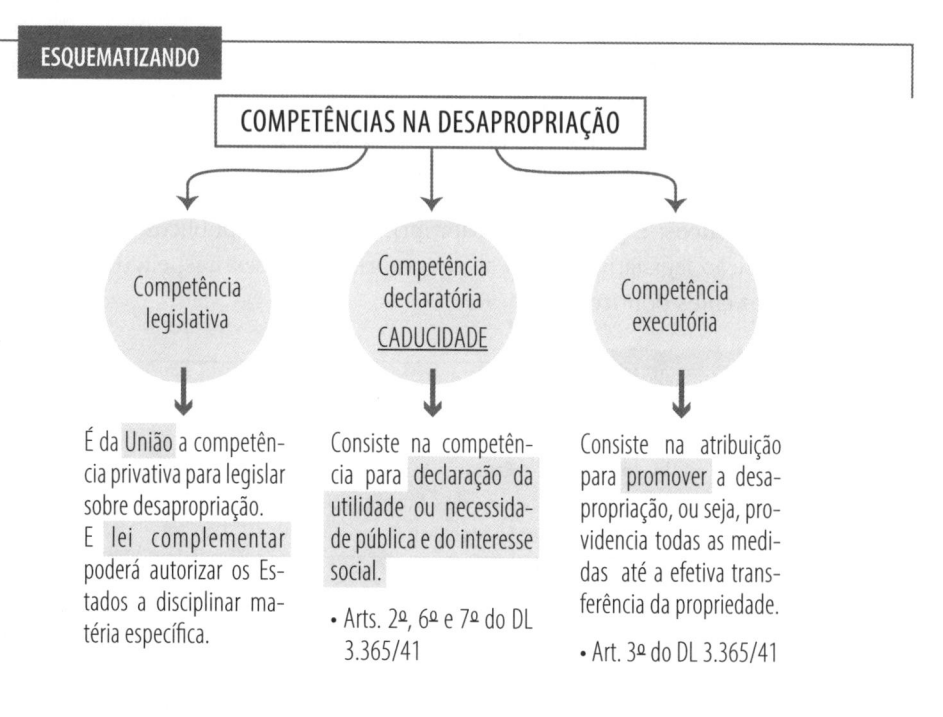

ESQUEMATIZANDO

COMPETÊNCIAS NA DESAPROPRIAÇÃO

Competência legislativa	Competência declaratória CADUCIDADE	Competência executória
É da União a competência privativa para legislar sobre desapropriação. E lei complementar poderá autorizar os Estados a disciplinar matéria específica.	Consiste na competência para declaração da utilidade ou necessidade pública e do interesse social. • Arts. 2º, 6º e 7º do DL 3.365/41	Consiste na atribuição para promover a desapropriação, ou seja, providencia todas as medidas até a efetiva transferência da propriedade. • Art. 3º do DL 3.365/41

3.6.7 O que pode ser objeto de desapropriação?

a) Todos os bens e direitos patrimoniais prestam-se à desapropriação: **bens móveis e imóveis**.

> **LEGISLAÇÃO CORRELATA**
>
> **Decreto-lei n. 3.365/41**
> **Art. 2º** Mediante declaração de utilidade pública, todos os bens poderão ser desapropriados pela União, pelos Estados, Municípios, Distrito Federal e Territórios. [...]
> § 2º Os bens do domínio dos Estados, Municípios, Distrito Federal e Territórios poderão ser desapropriados pela União, e os dos Municípios pelos Estados, mas, em qualquer caso, ao ato deverá preceder autorização legislativa.

b) **Espaço aéreo e subsolo**.

> **LEGISLAÇÃO CORRELATA**
>
> **Decreto-lei n. 3.365/41**
> **Art. 2º, § 1º:** A desapropriação do espaço aéreo ou do subsolo só se tornará necessária, quando de sua utilização resultar prejuízo patrimonial do proprietário do solo.

c) **Posse legítima e posse de boa-fé** são expropriáveis por terem valor econômico para o possuidor.

> "A desapropriação da propriedade é a regra, mas a posse legítima ou de boa-fé também é expropriável, por ter valor econômico para o possuidor, principalmente quando se trata de imóvel utilizado ou cultivado pelo possuidor. Certamente, a posse vale menos que a propriedade, mas nem por isso deixa de ser indenizável, como têm reconhecido e proclamado os nossos Tribunais"[22].

d) **Bens públicos:** é possível a desapropriação de bens públicos, desde que haja autorização legislativa para o ato expropriatório e seja respeitada a hierarquia entre os entes políticos.

> **LEGISLAÇÃO CORRELATA**
>
> **Decreto-lei n. 3.365/41**
> **Art. 2º, § 2º:** Os bens do domínio dos Estados, Municípios, Distrito Federal e Territórios poderão ser desapropriados pela União, e os dos Municípios pelos Estados, mas, em qualquer caso, ao ato deverá preceder autorização legislativa.

---

[22] MEIRELLES, Hely Lopes. *Direito administrativo brasileiro*, 35. ed., São Paulo: Malheiros, 2010, p. 609.

Lembrando que bens da União são inexpropriáveis e o Município não tem poder expropriatório sobre bens das pessoas federativas maiores.

e) É possível a **desapropriação de bens particulares tombados**?

Resposta: Se o tombamento provém de entidade federativa menor (Município tomba um bem), será possível a desapropriação do bem pela entidade maior (por exemplo, pela União), desde que comprovado o interesse público na desapropriação e que o interesse na desapropriação tenha prevalência sobre o interesse público que ensejou o tombamento.

Não poderá, porém, entidade menor desapropriar bem que foi tombado por entidade maior. Nesse caso, só seria possível a desapropriação se houvesse autorização da entidade maior.

f) Bens de entidades da Administração Pública Indireta menores podem ser desapropriados por entidades maiores.

Assim, a União (entidade maior) pode desapropriar bem de uma sociedade de economia mista estadual ou de uma empresa pública municipal (entidade menor).

g) Margem de rios navegáveis: por pertencerem ao domínio público, são insuscetíveis de expropriação conforme entendimento exarado na Súmula 479 do STF.

h) A pequena e média propriedade rural, quando o proprietário não possuir outra (art. 185, I, da CF), assim como a propriedade produtiva (art. 185, II, da CF), **para fins de reforma agrária**, são insuscetíveis de desapropriação.

LEGISLAÇÃO CORRELATA

CF

Art. 185. São **insuscetíveis de desapropriação** para **fins de reforma agrária**:

I – a pequena e média propriedade rural, assim definida em lei, desde que seu proprietário não possua outra;

II – a propriedade produtiva.

Parágrafo único. A lei garantirá tratamento especial à propriedade produtiva e fixará normas para o cumprimento dos requisitos relativos a sua função social.

i) Não são passíveis de desapropriação os direitos personalíssimos, tais como a honra, a liberdade e a cidadania.

j) A moeda corrente do país é insuscetível de desapropriação, já que constitui o próprio meio de pagamento da indenização. Porém, moedas raras (nacionais ou estrangeiras) podem ser desapropriadas.

JURISPRUDÊNCIA

- Não há dúvida de que a posse é um bem passível de indenização, tanto que nos termos do Código Civil de 1916 e no atual, ao possuidor são conferidos meios para sua defesa. Para a indenização, em razão do apossamento administrativo, no entanto, o possuidor deve provar sua posse, sob pena de improcedência da ação. No caso, os autores não são titulares do domínio, e sua posse foi contestada pela Municipalidade. Não há nos autos prova convincente para demonstrar a posse longeva, pacífica e ininterrupta mencionada na inicial, valendo-se os autores, apenas, da prova emprestada de outro processo, que nada demonstra, e refere-se a outras pessoas. Assim, à míngua de prova da posse dos autores, a improcedência da ação **se impõe** (8ª Câmara de Direito Público, Apelação Cível n. 319.614.5/1-00, rel. Des. Toledo Silva, j. 26-1-2005).

- **STF, RE 172.816. rel. Min. Paulo Brossard:** EMENTA. Desapropriação, por Estado, de bem de sociedade de economia mista federal que explora serviço público privativo da União. 1) A União pode desapropriar bens dos Estados, do Distrito Federal, dos Municípios e dos Territórios, e os Estados, dos Municípios sempre com autorização legislativa específica. A lei estabeleceu uma gradação de poder entre os sujeitos ativos da desapropriação, de modo a prevalecer o ato da pessoa jurídica de mais alta categoria, segundo o interesse de que cuida: o interesse nacional, representado pela União, prevalece sobre o regional, interpretado pelo Estado, e este sobre o local, ligado ao Município, não havendo reversão ascendente; os Estados e o Distrito Federal não podem desapropriar bens da União, nem os Municípios, bens dos Estados ou da União, Decreto-lei n. 3.365/41, art. 2º, § 2º. 2) Pelo mesmo princípio, em relação a bens particulares, a desapropriação pelo Estado prevalece sobre a do Município, e da União sobre a deste e daquele, em se tratando do mesmo bem. 3) [...]. 4) Competindo a União, e só a ela, explorar diretamente ou mediante autorização, concessão ou permissão, os portos marítimos, fluviais e lacustres, art. 21, XII, *f*, da CF, está caracterizada a natureza pública do serviço de docas. 5) A Companhia Docas do Rio de Janeiro, Sociedade de Economia Mista Federal, incumbida de explorar o serviço portuário em regime de exclusividade, não pode ter bem desapropriado pelo Estado [...]. (grifos nossos).

Observação: No julgamento do **MS 24.573**, alterando o entendimento firmado no MS 22.045, o Plenário do STF passou a entender que o imóvel rural em comum, transmitido por força de herança, permanece uma única propriedade até que sobrevenha a partilha e que o Estatuto da Terra não pode servir como parâmetro de dimensionamento de imóveis rurais para reforma agrária. Vejamos:

- A *saisine* torna múltipla apenas a titularidade do imóvel rural, que permanece uma única propriedade até que sobrevenha a partilha (art. 1.791 e parágrafo único do vigente CC). A finalidade do art. 46, § 6º, do Estatuto da Terra (Lei n. 4.504/64) é instrumentar o cálculo do coeficiente de progressividade do Imposto Territorial Rural – ITR. O preceito não deve ser usado como parâmetro de dimensionamento de imóveis rurais destinados à reforma agrária, matéria afeta à Lei n. 8.629/93. A existência de condomínio sobre o imóvel rural não impede a desapropriação-sanção do art. 184 da CF, cujo alvo é o imóvel rural que não esteja cumprindo sua função social. Precedente (MS 24.503, rel. Min. Marco Aurélio, *DJ* 5-9-2003). O cadastro efetivado pelo SNCR – INCRA possui caráter declaratório e tem por finalidade: i) o levantamento de dados necessários à aplicação dos critérios de lançamentos fiscais atribuídos ao INCRA e à concessão das isenções a eles relativas, previstas na Constituição e na legislação específica; e ii) o levantamento sistemático dos imóveis rurais, para conhecimento das condições vigentes na estrutura fundiária das várias regiões do País, visando à provisão de elementos que informem a orientação da política agrícola a ser promovida pelos órgãos competentes. O conceito de imóvel rural do art. 4º, I, do Estatuto da Terra contempla a unidade da exploração econômica do prédio rústico, distanciando-se da noção de propriedade rural. Precedente (MS 24.488, rel. Min. Eros Grau, *DJ* 3-6-2005). O registro público prevalece nos estritos termos de seu conteúdo, revestido de presunção *iuris tantum*. Não se pode tomar cada parte ideal do condomínio, averbada no registro imobiliário de forma abstrata, como propriedade distinta, para fins de reforma agrária. Precedentes (MS 22.591, rel. Min. Moreira Alves, *DJ* 14-11-2003 e MS 21.919, rel. Min. Celso de Mello, *DJ* 6-6-1997) (**MS**

24.573, rel. p/ o ac. Min. **Eros Grau**, j. 12-6-2006, Plenário, *DJ* 15-12-2006). **No mesmo sentido**: **MS 24.294**, rel. p/ o ac. Min. **Joaquim Barbosa**, j. 24-2-2011, Plenário, *Informativo* 617; **MS 26.129**, rel. Min. **Eros Grau**, j. 14-6-2007, Plenário, *DJ* 24-8-2007. **Em sentido contrário**: **MS 23.853**, rel. Min. **Néri da Silveira**, j. 6-2-2002, Plenário, *DJ* 7-5-2004; **MS 22.045**, rel. Min. **Marco Aurélio**, j. 26-5-1995, Plenário, *DJ* 30-6-1995.

- A divisão de imóvel rural, em frações que configurem médias propriedades rurais, decorridos mais de seis meses da data da comunicação para levantamento de dados e informações, mas antes da edição do decreto presidencial, impede a desapropriação para fins de reforma agrária. Não incidência, na espécie, do que dispõe o parágrafo 4º do art. 2º da Lei n. 8.629/93 (**MS 24.890**, rel. Min. **Ellen Gracie**, j. 27-11-2008, Plenário, *DJe* 13-2-2009). **No mesmo sentido**: **MS 24.171**, rel. Min. **Sepúlveda Pertence**, j. 20-8-2003, Plenário, *DJ* 12-9-2003.

- Mandado de segurança. Desapropriação. Dilação probatória. Impropriedade da via eleita. Média propriedade rural. Existência de outra propriedade rural. [...] As discussões sobre a correção do cálculo do grau de utilização da terra (GUT), bem como sobre a desconsideração da reserva legal na totalização da área para efeito de cálculo do GUT e a inadequação da área para assentamento de famílias implicam análise de matéria de fato que se traduz em dilação probatória, incabível na via eleita. A administração tem o ônus de demonstrar, com base em todo o acervo documental de que dispõe, a multiplicidade de propriedades rurais no patrimônio de determinada pessoa. Demonstração, no caso, da existência de outra propriedade rural em nome do impetrante (MS 25.142, rel. Min. Joaquim Barbosa, j. 1º-8-2008, Plenário, *DJe* 19-9-2008).

- É possível decretar-se a desapropriação-sanção, mesmo que se trate de pequena ou de média propriedade rural, se resultar comprovado que o proprietário afetado pelo ato presidencial também possui outra propriedade imobiliária rural. Não incidência, em tal situação, da cláusula constitucional de inexpropriabilidade (CF, art. 185, I, *in fine*), porque descaracterizada, documentalmente (certidão do registro imobiliário), na espécie, a condição de unititularidade dominial da impetrante. A questão do conflito entre o conteúdo da declaração expropriatória e o teor do registro imobiliário: *quod non est in tabula, non est in mundo* (CC/16, art. 859; CC/2002, art. 1.245, § 1º e § 2º, e art. 1.247). Eficácia do registro imobiliário: subsistência (LRP, art. 252). Irrelevância, no entanto, na espécie, do exame da alegada divergência, considerada a existência, no caso, de outra propriedade imobiliária rural em nome da impetrante (**MS 24.595**, rel. Min. **Celso de Mello**, j. 20-9-2006, Plenário, *DJ* 9-2-2007). **No mesmo sentido: MS 28.168**, rel. min. **Marco Aurélio**, j. 4-4-2013, Plenário, *DJe* 26-4-2013. *Vide:* **MS 23.006**, rel. Min. **Celso de Mello**, j. 11-6-2003, Plenário, *DJ* 29-8-2003.

- A pequena e a média propriedades rurais, cujas dimensões físicas ajustem-se aos parâmetros fixados em sede legal (Lei n. 8.629/93, art. 4º, II e III), não estão sujeitas, em tema de reforma agrária, (CF, art. 184) ao poder expropriatório da União Federal, em face da cláusula de inexpropriabilidade fundada no art. 185, I, da Constituição da República, desde que o proprietário de tais prédios rústicos – sejam eles produtivos ou não – não possua outra propriedade rural. A prova negativa do domínio, para os fins do art. 185, I, da Constituição, não incumbe ao proprietário que sofre a ação expropriatória da União Federal, pois o *onus probandi*, em tal situação, compete ao poder expropriante, que dispõe, para esse efeito, de amplo acervo informativo resultante dos dados constantes do Sistema Nacional de Cadastro Rural (**MS 23.006**, rel. Min. **Celso de Mello**, j. 11-6-2003, Plenário, *DJ* 29-8-2003). *Vide:* **MS 24.595**, rel. Min. **Celso de Mello**, j. 20-9-2006, Plenário, *DJ* 9-2-2007.

- Mandado de segurança. Desapropriação para fins de reforma agrária. Os recursos administrativos, sem efeito suspensivo, não impedem a edição do decreto de declaração de utilidade pública (Lei n. 9.784/99, art. 61). Precedente: MS 24.163, *DJ* 19-9-2003. Inocorrência de ofensa ao princípio do contraditório e da ampla defesa. Vistorias parceladas. Admissibilidade. Glebas exploradas autonomamente por arrendatários distintos. Configuração de plausibilidade da impetração de modo a obstar medidas tendentes a dificultar a própria produtividade do imóvel, especialmente se, como no caso, a invasão ocorre em áreas onde haja água, passagens ou caminhos. Ocupação pelos "sem-terra" de fração que, embora diminuta, é representativa para a administração da propriedade denominada Engenho Dependência. Superação da jurisprudência do STF firmada no MS 23.054-PB, *DJ* 4-5-2001 e MS 23.857-MS, *DJ* 13-6-2003, segundo a qual a ínfima extensão de área invadida não justifica a improdutividade de imóvel (**MS 24.764**, rel. p/ o Acórdão Min. **Gilmar Mendes**, j. 6-10-2005, Plenário, *DJ* 24-3-2006).

3.6.8 Ação de desapropriação direta – peculiaridades

O **foro** para ingresso da ação expropriatória normalmente é o do lugar da situação do bem expropriado. Excepcionalmente, se houver interesse da União, competente será a Justiça Federal, com sede na capital do Estado.

As **partes** na ação expropriatória são:

a) **Poder Público Expropriante:** é o sujeito ativo da ação e tem como pretensão a transferência do bem para seu patrimônio;

b) **Proprietário Expropriado:** é o sujeito passivo da ação.

A **petição inicial** da ação de desapropriação direta deve conter os requisitos do art. 319 do CPC; um exemplar do contrato ou Diário Oficial em que houver sido publicado o decreto expropriatório e a planta ou descrição do bem a ser desapropriado.

O proprietário expropriado, em sede de **contestação**[23], poderá arguir, em **matéria preliminar**, condições da ação; pressupostos processuais; ilegitimidade de parte; falta de interesse de agir; inépcia da inicial; litispendência; coisa julgada. No **mérito**, o proprietário expropriado questionará o *quantum* **indenizatório** ofertado pelo Poder Público expropriante.

> **Aprofundamento:** Na ação judicial de desapropriação direta **não se discute** acerca do conteúdo da vontade administrativa (isto é, se era mesmo caso de utilidade pública ou interesse social, por exemplo).
>
> Caso haja dúvidas acerca dos motivos da desapropriação, esta dúvida poderá ser dirimida em **ação autônoma (ação direta)** como fixa o art. 20 do Decreto-lei n. 3.365/41:

LEGISLAÇÃO CORRELATA

Decreto-lei n. 3.365/41

Art. 20. A **contestação** só poderá versar sobre vício do processo judicial ou impugnação do preço; qualquer outra questão deverá ser decidida por ação direta.

---

[23] Além da contestação, como forma de defesa, temos as **exceções** (que irão discutir aspectos da relação processual, tais como competência, impedimento, suspeição, e são opostas como matéria preliminar ao mérito). A reconvenção **não** pode ser oposta.

Em ação autônoma, podem-se discutir questões, como a ocorrência de desvio de finalidade; dúvida sobre a figura do proprietário; motivação em desconformidade com a lei etc.

Na ação judicial expropriatória, a discussão sobre o **valor da indenização** (que em verdade é sua principal característica) será objeto de provas, principalmente a prova **pericial**.

A **prova pericial** é a prova técnica que irá indicar ao juiz os elementos para a fixação do valor indenizatório.

c) Nos termos da **Lei n. 13.867, de 26 de agosto de 2019 (art. 10-A)**, o Poder Público deverá **notificar** o proprietário e apresentar-lhe **oferta** de indenização. Essa notificação deverá conter: a) cópia do ato de declaração de utilidade pública; b) planta ou descrição dos bens e suas confrontações; c) valor da oferta; d) informação de que o prazo para aceitar ou rejeitar a oferta é de 15 (quinze) dias e de que o silêncio será considerado rejeição.

Aceita a oferta e realizado o pagamento, será lavrado acordo, o qual será título hábil para a transcrição no registro de imóveis. Ao contrário, se rejeitada a oferta, ou transcorrido o prazo sem manifestação, o Poder Público procederá na forma dos arts. 11 e seguintes do DL n. 3.365/41.

d) A **Lei n. 13.867, de 26 de agosto de 2019 (art. 10-B)**, trouxe, ainda, a possibilidade de utilização, em procedimento expropriatório, da **mediação e da via arbitral**. Neste caso, o particular indicará um dos órgãos ou instituições especializados em mediação ou arbitragem previamente cadastrados pelo órgão responsável pela desapropriação.

A **mediação** seguirá as normas da Lei n. 13.140, de 26 de junho de 2015, e, subsidiariamente, os regulamentos do órgão ou instituição responsável, podendo ser eleita **câmara de mediação** criada pelo Poder Público, nos termos do art. 32 da Lei n. 13.140, de 26 de junho de 2015.

A **arbitragem** seguirá as normas da Lei n. 9.307, de 23 de setembro de 1996, e, subsidiariamente, os regulamentos do órgão ou instituição responsável.

3.6.8.1 Imissão provisória na posse[24]

Requisitos para imissão provisória na posse (art. 15 do Decreto-lei n. 3.365/41):

a) alegação de urgência (no decreto expropriatório) pela Administração na realização da desapropriação;

b) depósito da quantia arbitrada em conformidade com o disposto no art. 874 do CPC.

---

[24] Sobre este tema, *vide* Decreto-lei n. 1.075/70, que regula a imissão de posse, *initio litis*, em imóveis residenciais urbanos.

Se o magistrado conceder a imissão na posse sem a realização do depósito pelo Poder Público expropriante, deverá corrigir a omissão e determinar que o expropriante providencie **de imediato** o depósito do valor que a perícia do juízo fixar.

Da data de alegação de urgência, o expropriante tem o prazo de 120 (cento e vinte) dias para requerer ao juiz a imissão na posse (sob pena de caducidade e impossibilidade de renovação da alegação de urgência).

LEGISLAÇÃO CORRELATA

Decreto-lei n. 3.365/41

Art. 15. Se o expropriante **alegar urgência e depositar quantia arbitrada** de conformidade com o art. 685 do Código de Processo Civil, o juiz mandará imiti-lo provisoriamente na posse dos bens;

§ 1º A imissão provisória poderá ser feita, independente da citação do réu, mediante o depósito: (*Incluído pela Lei n. 2.786, de 1956.*)

a) do preço oferecido, se este for superior a 20 (vinte) vezes o valor locativo, caso o imóvel esteja sujeito ao imposto predial; (*Incluída pela Lei n. 2.786, de 1956.*)

b) da quantia correspondente a 20 (vinte) vezes o valor locativo, estando o imóvel sujeito ao imposto predial e sendo menor o preço oferecido; (*Incluída pela Lei n. 2.786, de 1956.*)

c) do valor cadastral do imóvel, para fins de lançamento do imposto territorial, urbano ou rural, caso o referido valor tenha sido atualizado no ano fiscal imediatamente anterior; (*Incluída pela Lei n. 2.786, de 1956.*)

d) não tendo havido a atualização a que se refere o inciso *c*, o juiz fixará independente de avaliação, a importância do depósito, tendo em vista a época em que houver sido fixado originalmente o valor cadastral e a valorização ou desvalorização posterior do imóvel (*Incluída pela Lei n. 2.786, de 1956.*)

§ 2º A alegação de urgência, que não poderá ser renovada, obrigará o expropriante a requerer a imissão provisória dentro do prazo improrrogável de 120 (cento e vinte) dias (*Incluído pela Lei n. 2.786, de 1956.*)

§ 3º Excedido o prazo fixado no parágrafo anterior não será concedida a imissão provisória (*Incluído pela Lei n. 2.786, de 1956.*)

§ 4º A imissão provisória na posse será registrada no registro de imóveis competente (*Incluído pela Lei n. 11.977, de 2009.*)

Para complementar: Em conformidade com o atual CPC, foi dada nova redação ao art. 685 do CPC de 1973, e os **arts. 874 e 875 do CPC** passaram a estabelecer: "Após a avaliação, o juiz poderá, a requerimento do interessado e ouvida a parte contrária, mandar: I – reduzir a penhora aos bens suficientes ou transferi-la para outros, se o valor dos bens penhorados for consideravelmente superior ao crédito do exequente e dos acessórios; II – ampliar a penhora ou transferi-la para outros bens mais valiosos, se o valor dos bens penhorados for inferior ao crédito do exequente.

Realizadas a penhora e a avaliação, o juiz dará início aos atos de expropriação do bem".

O proprietário expropriado poderá requerer ao juiz o **levantamento parcial do depósito** feito pelo expropriante a até 80% da importância depositada (art. 33, § 2º, do Decreto-lei n. 3.365/41), ainda que discorde do preço oferecido, do arbitrado ou do fixado pela sentença, desde que obedecidos os requisitos fixados pelo art. 34 do Decreto-lei n. 3.365/41.

Assim, esse direito de levantamento *initio litis* independe da concordância do expropriado quanto ao valor oferecido ou depositado. Pode o proprietário expropriado exercer o direito de levantar o depósito, ainda que discorde dos valores.

Os requisitos para o levantamento parcial do depósito são:

a) o proprietário expropriado deverá produzir prova da propriedade;

b) apresentação de certidão de quitação de dívidas fiscais que incidam sobre o bem objeto da desapropriação;

c) providenciar, pelo cartório, a publicação de editais, com o prazo de 10 dias, para conhecimento de terceiros.

LEGISLAÇÃO CORRELATA

Decreto-lei n. 3.365/41

Art. 34. O levantamento do preço será deferido mediante prova de propriedade, de quitação de dívidas fiscais que recaiam sobre o bem expropriado, e publicação de editais, com o prazo de 10 dias, para conhecimento de terceiros.

Parágrafo único. Se o juiz verificar que há dúvida fundada sobre o domínio, o preço ficará em depósito, ressalvada aos interessados a ação própria para disputá-lo.

Se houver **dúvida** sobre o domínio do bem, **não** poderá ser deferido o levantamento de qualquer valor, permanecendo a importância sob custódia judicial.

Nesse sentido: "A dúvida objetiva, inequívoca, sobre o domínio, com base em documento de propriedade. Se o expropriado tem título de domínio devidamente transcrito, não impede o levantamento do preço o simples ajuizamento de ação anulatória deste, por isso que, enquanto não anulado o título, regularmente, o seu titular é legítimo proprietário" (*RTFR* 69/7).

3.6.8.2 Indenização do bem expropriado

Para obedecer ao mandamento constitucional do art. 5º, XXIV, da CF, o pagamento da indenização pelo bem expropriado deve ser justa, prévia e em dinheiro (regra). Para que a indenização seja considerada justa, devem ser levados em consideração alguns elementos, quando da sua definição: a) fixação do valor real e atual do bem expropriado; b) danos emergentes; c) lucros cessantes do proprietário; d) juros compensatórios; e) juros moratórios; f) despesas judiciais; g) honorários advocatícios; h) correção monetária.

3.6.8.2.1 Juros compensatórios

São aqueles devidos pelo expropriante, a título de compensação pela **imissão provisória** e antecipada na posse do bem.

Haverá a incidência desses juros sempre que for deferida a imissão na posse e houver divergência entre o valor ofertado em juízo e o valor fixado na sentença.

Existe todo um contexto decorrente de construção jurisprudencial (com enunciados de súmula, medidas provisórias e ADI) que envolve a introdução e o cálculo dos juros compensatórios em nosso ordenamento jurídico. A disciplina normativa infraconstitucional passou a ocorrer apenas com o advento da MP 2.183. Vejamos.

a) Inicialmente, o STF expediu a Súmula 618, fixando os juros compensatórios em 12% ao ano, incidentes sobre o valor da indenização.

b) Com o advento das Medidas Provisórias n. 1.577/97, 2.027.43/2000 e 2.183.56/2001 – que introduziram o art. 15-A no Decreto-lei n. 3.365/41 –, o percentual dos juros compensatórios passou a ser de **até 6% ao ano**.

LEGISLAÇÃO CORRELATA

Decreto-lei n. 3.365/41

Art. 15-A. No caso de imissão prévia na posse, na desapropriação por necessidade ou utilidade pública e interesse social, inclusive para fins de reforma agrária, havendo divergência entre o preço ofertado em juízo e o valor do bem, fixado na sentença, expressos em termos reais, incidirão juros compensatórios de até seis por cento ao ano sobre o valor da diferença eventualmente apurada, a contar da imissão na posse, vedado o cálculo de juros compostos. (Incluído pela Medida Provisória n. 2.183-56, de 2001.)

---

c) Posteriormente, a norma do art. 15-A do Decreto-lei n. 3.365/41 foi objeto de **controle de constitucionalidade no STF (ADI 2.332)**.

O STF, dando **interpretação conforme** ao *caput* do art. 15-A, no tocante à base de cálculo dos compensatórios, na ADI 2.332, **em liminar**, suspendeu a eficácia da expressão "de até 6% ao ano" do art. 15-A do Decreto-lei n. 3.365/41 e fixou que a base de cálculo seria a **diferença** entre o valor correspondente a 80% do preço ofertado e o valor fixado na sentença.

Exemplificando: se o valor ofertado fosse 100 e o valor fixado na sentença,150, a base de cálculo para os juros compensatórios seria a diferença entre 80% do valor ofertado (que, no exemplo, corresponderia a 80 – 80% de 100) e o valor fixado na sentença (que, no exemplo, é 150). Portanto, 70 seria o valor para a incidência dos juros compensatórios (150 menos 80).

Além disso, também **em liminar**, **suspendeu a eficácia do § 1º** do referido artigo, segundo o qual os compensatórios destinam-se, apenas, a compensar a perda de renda comprovadamente sofrida pelo proprietário; **do § 2º**, que dispõe que eles não serão devidos se os graus de exploração e eficiência da terra forem iguais a zero e, **do § 4º**, segundo o qual, nas ações mencionadas no § 3º (indenização por apossamento administrativo ou desapropriação indireta e indenizatórias por restrições impostas pelo Poder Público), os compensatórios só incidirão em período anterior à aquisição da propriedade ou posse titulada. Por fim, ainda em sede cautelar, o STF **indeferiu** o pedido de suspensão do § 3º, que prevê o pagamento de compensatórios nas referidas ações indenizatórias.

d) Posteriormente, o **STJ, no REsp 1.111-89/SP**, Min. Teori Albino Zavascki, diante de todas essas considerações, decide recurso, fixando que, nas ações de desapropriação, os juros compensatórios incidentes após a Medida Provisória n. 1.577, de 11 de julho de 1997, devem ser fixados em 6% ao ano até 13 de dezembro de 2001 e, a partir de então, em 12% ao ano, na forma da Súmula 618 do Supremo Tribunal Federal. Inclusive esse entendimento foi sumulado, dando origem à **Súmula 408 do STJ**.

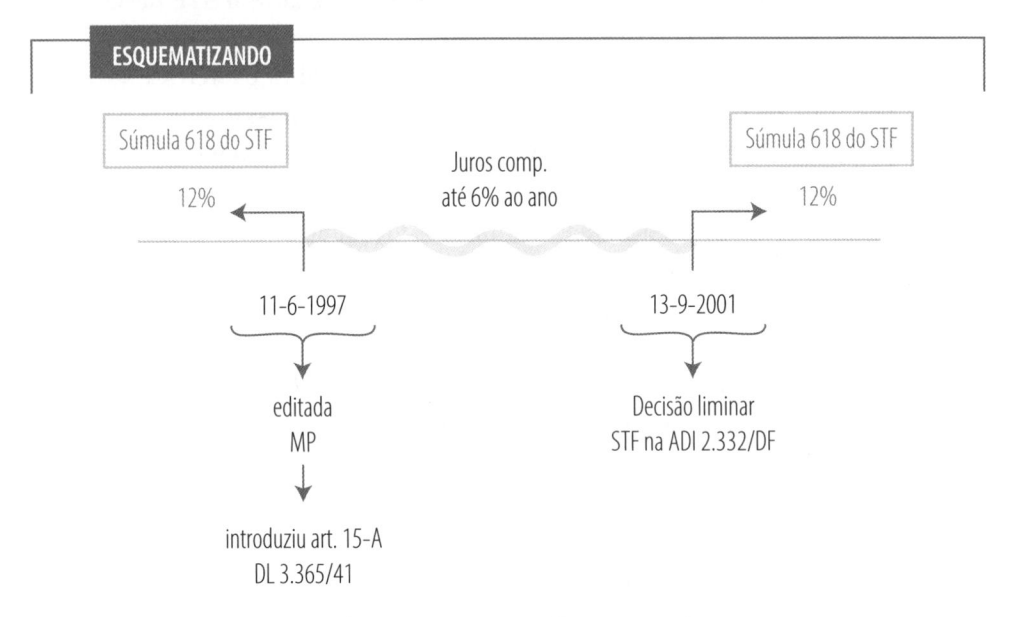

ESQUEMATIZANDO

Súmula 618 do STF — 12% | Juros comp. até 6% ao ano | Súmula 618 do STF — 12%

11-6-1997 → editada MP → introduziu art. 15-A DL 3.365/41

13-9-2001 → Decisão liminar STF na ADI 2.332/DF

e) **Em 8 de dezembro de 2015, a MP 700 deu nova redação ao art. 15-A, passando a prever,** no caso de imissão prévia na posse, na desapropriação por necessidade ou utilidade pública e interesse social prevista na Lei n. 4.132, de 10 de setembro de 1962, na hipótese de haver divergência entre o preço ofertado em juízo e o valor do bem fixado na sentença, expressos em termos reais, poderão **incidir juros compensatórios de até 12% ao ano sobre o valor da diferença eventualmente apurada, contado da data de imissão na posse, vedada a aplicação de juros compostos.** Essa previsão aplica-se também às ações ordinárias de indenização por apossamento administrativo ou por desapropriação indireta e às ações que visem à indenização por restrições decorrentes de atos do Poder Público (nessas ações o Poder Público não será onerado por juros compensatórios relativos a período anterior à aquisição da propriedade ou da posse titulada pelo autor da ação).

Fixou, ainda, que os juros compensatórios destinam-se apenas a compensar danos correspondentes a lucros cessantes comprovadamente sofridos pelo proprietário, não incidindo nas indenizações relativas às desapropriações que tiverem como pressuposto o descumprimento da função social da propriedade, previstas nos arts. 182, § 4º, III, e 184 da Constituição.

f) Em **17 de maio de 2016**, o Presidente da Mesa do Congresso Nacional (Senador Renan Calheiros) declarou o **encerramento de vigência da MP 700**, de 8 de dezembro de 2015. Até então a redação do art. 15-A do Decreto-lei n. 3.365/41 continuava sendo a mesma dada pela Medida Provisória n. 2.183-56/2011, bem como o decidido pelo STF quando do julgamento da ADI 2.332 (que já comentamos).

g) Por fim, e ainda sobre este tema, **em 17 de maio de 2018 o STF decidiu que** devem ser de 6%, e não mais de 12%, os juros compensatórios incidentes sobre as desapropriações **por necessidade ou utilidade pública e interesse social ou para fins de reforma agrária, no caso em que haja imissão prévia na posse pelo Poder Público e divergência entre o preço ofertado em juízo e o valor do bem, fixado em sentença judicial**.

Por maioria de votos, **nessa data**, os Ministros julgaram parcialmente procedente a **ADI 2.332** contra dispositivos da Medida Provisória n. 2.027-43/2000 e demais reedições, que alteraram o Decreto-lei n. 3.365/41. Os dispositivos estavam suspensos desde setembro de 2001, em razão de medida liminar concedida pelo Plenário do STF, e agora houve o julgamento final de mérito, pelo STF.

No mérito, a Corte manteve a interpretação conforme à Constituição, no tocante à base de cálculo; reconheceu a constitucionalidade do percentual de 6% como também dos §§ 1º, 2º e 3. Declarou inconstitucional o vocábulo "até" constante do *caput* e do § 4º.

Data venia, penso ser este um dos temas do direito administrativo com regramento mais confuso, pautado numa série de idas e vindas intermináveis e que com certeza, na prática publicista, desencadeará dúvidas, divergências, muitas discussões. Alvo de questionamento em provas discursivas (como ocorreu na prova aplicada pelo Tribunal de Justiça de São Paulo em 22-2-2019)[25].

---

[25] TJ – São Paulo – Concurso Público para Provimento de Cargos de Juiz Substituto do Estado de São Paulo – Prova discursiva aplicada em 22 de fevereiro de 2019: "Como se deu a introdução no nosso sistema jurídico dos juros compensatórios como verba integrante da justa indenização? Qual o teor dos pronunciamentos do STF, em caráter liminar e no julgamento final da ADI 2.332, sobre o art. 15-A, e respectivos parágrafos, acrescentados ao Decreto-lei 3.365/41 pela Medida Provisória 2.183-56/2001?".

JURISPRUDÊNCIA EM TESES

DESAPROPRIAÇÃO (EDIÇÕES 46 E 49)

A intervenção do Ministério Público nas ações de desapropriação de imóvel rural para fins de reforma agrária é obrigatória, porquanto presente o interesse público.	**Acórdãos** **AgRg no REsp 1174225/SC**, Rel. Ministro HUMBERTO MARTINS, SEGUNDA TURMA, j. 6-6-2013, *DJe* 14-6-2013 **REsp 1061852/PR**, Rel. Ministro BENEDITO GONÇALVES, PRIMEIRA TURMA, j. 22-9-2009, *DJe* 28-9-2009 **REsp 1068429/BA**, Rel. Ministro HERMAN BENJAMIN, SEGUNDA TURMA, j. 25-8-2009, *DJe* 31-8-2009 **EREsp 486645/SP**, Rel. Ministro MAURO CAMPBELL MARQUES, PRIMEIRA SEÇÃO, j. 12-8-2009, *DJe* 21-8-2009 **REsp 1035444/AM**, Rel. Ministro FRANCISCO FALCÃO, PRIMEIRA TURMA, j. 21-10-2008, *DJe* 10-11-2008 **REsp 811530/RN**, Rel. Ministro LUIZ FUX, PRIMEIRA TURMA, j. 25-3-2008, *DJe* 14-4-2008 **AR 002896/SP**, Rel. Ministro CASTRO MEIRA, PRIMEIRA SEÇÃO, j. 28-2-2007, *DJ* 2-4-2007 **REsp 258743/RJ**, Rel. Ministro FRANCIULLI NETTO, SEGUNDA TURMA, j. 2-12-2003, *DJ* 22-3-2004 **Decisões Monocráticas** **AREsp 128167/SP**, Rel. Ministro HUMBERTO MARTINS, SEGUNDA TURMA, j. 29-6-2012, publicado em 1º-8-2012
A ação de desapropriação direta ou indireta, em regra, não pressupõe automática intervenção do Ministério Público, exceto quando envolver, frontal ou reflexamente, proteção ao meio ambiente, interesse urbanístico ou improbidade administrativa.	**Acórdãos** **AgRg no AREsp 211911/RJ**, Rel. Ministro HERMAN BENJAMIN, SEGUNDA TURMA, j. 11-3-2014, *DJe* 19-3-2014 **EREsp 506226/DF**, Rel. Ministro HUMBERTO MARTINS, PRIMEIRA SEÇÃO, j. 24-4-2013, *DJe* 5-6-2013 **Decisões Monocráticas** **REsp 1415486/PB**, Rel. Ministro SÉRGIO KUKINA, PRIMEIRA TURMA, j. 24-9-2015, publicado em 30-9-2015 **AREsp 665053/SE**, Rel. Ministra ASSUSETE MAGALHÃES, SEGUNDA TURMA, j. 10-9-2015, publicado em 23-9-2015

A imissão provisória na posse do imóvel objeto de desapropriação, caracterizada pela urgência, prescinde de avaliação prévia ou de pagamento integral, exigindo apenas o depósito judicial nos termos do art. 15, § 1º, do Decreto-lei n. 3.365/41.	**Acórdãos** **REsp 1234606/MG**, Rel. Ministro HERMAN BENJAMIN, SEGUNDA TURMA, j. 26-4-2011, *DJe* 4-5-2011 **AgRg no Ag 1371208/MG**, Rel. Ministro HUMBERTO MARTINS, SEGUNDA TURMA, j. 22-3-2011, *DJe* 4-4-2011 **REsp 1185073/SP**, Rel. Ministro MAURO CAMPBELL MARQUES, SEGUNDA TURMA, j. 21-10-2010, *DJe* 5-11-2010 **REsp 1139701/SP**, Rel. Ministro LUIZ FUX, PRIMEIRA TURMA, j. 2-3-2010, *DJe* 30-3-2010 **REsp 692519/ES**, Rel. Ministro CASTRO MEIRA, SEGUNDA TURMA, j. 15-8-2006, *DJ* 25-8-2006 **Decisões Monocráticas** **MC 024740/SC**, Rel. Ministro NAPOLEÃO NUNES MAIA FILHO, PRIMEIRA TURMA, j. 18-9-2015, publicado em 25-9-2015 **REsp 1513043/MG**, Rel. Ministro SÉRGIO KUKINA, j. 3-8-2015, publicado em 7-8-2015 **AREsp 665698/MG**, Rel. Ministra ASSUSETE MAGALHÃES, SEGUNDA TURMA, j. 12-3-2015, publicado em 31-3-2015 **MC 023887/SC**, Rel. Ministro OG FERNANDES, SEGUNDA TURMA, j. 19-2-2015, publicado em 24-2-2015 **REsp 1309019/SP**, Rel. Ministro BENEDITO GONÇALVES, PRIMEIRA TURMA, j. 22-10-2014, publicado em 23-10-2014
Na desapropriação direta, os juros compensatórios são devidos desde a antecipada imissão na posse e, na desapropriação indireta, a partir da efetiva ocupação do imóvel, calculados, nos dois casos, sobre o valor da indenização corrigido monetariamente.	**Acórdãos** **REsp 1272487/SE**, Rel. Ministro HUMBERTO MARTINS, SEGUNDA TURMA, j. 14-4-2015, *DJe* 20-4-2015 **AgRg no REsp 1458700/SC**, Rel. Ministro BENEDITO GONÇALVES, PRIMEIRA TURMA, j. 3-3-2015, *DJe* 18-3-2015 **REsp 1395490/PE**, Rel. Ministro MAURO CAMPBELL MARQUES, SEGUNDA TURMA, j. 20-2-2014, *DJe* 28-2-2014 **AR 004315/MA**, Rel. Ministro ARI PARGENDLER, PRIMEIRA SEÇÃO, j. 11-12-2013, *DJe* 18-2-2014 **REsp 1296134/BA**, Rel. Ministra ELIANA CALMON, SEGUNDA TURMA, j. 24-9-2013, *DJe* 1º-10-2013 **AgRg no AREsp 277798/SP**, Rel. Ministro HERMAN BENJAMIN, SEGUNDA TURMA, j. 18-6-2013, *DJe* 26-6-2013 **AgRg no REsp 1168613/MS**, Rel. Ministro ARNALDO

	ESTEVES LIMA, PRIMEIRA TURMA, j. 20-11-2012, *DJe* 26-11-2012 **AgRg no REsp 1238288/RS**, Rel. Ministro TEORI ALBINO ZAVASCKI, PRIMEIRA TURMA, j. 13-9-2011, *DJe* 19-9-2011 **REsp 1092010/SC**, Rel. Ministro CASTRO MEIRA, SEGUNDA TURMA, j. 12-4-2011, *DJe* 15-9-2011 **REsp 1116364/PI**, Rel. Ministro CASTRO MEIRA, PRIMEIRA SEÇÃO, j. 26-5-2010, *DJe* 10-9-2010
Na desapropriação, a base de cálculo dos juros compensatórios é a diferença entre os 80% do preço ofertado e o valor do bem definido judicialmente.	**Acórdãos** **REsp 1397476/PE**, Rel. Ministro HERMAN BENJAMIN, SEGUNDA TURMA, j. 28-4-2015, *DJe* 1º-7-2015 **AgRg nos EDcl no REsp 1440993/PE**, Rel. Ministro HUMBERTO MARTINS, SEGUNDA TURMA, j. 9-6-2015, *DJe* 19-6-2015 **REsp 1273242/PE**, Rel. Ministro NAPOLEÃO NUNES MAIA FILHO, PRIMEIRA TURMA, j. 2-10-2014, *DJe* 20-10-2014 **AgRg no AREsp 449833/SP**, Rel. Ministro OG FERNANDES, SEGUNDA TURMA, j. 9-9-2014, *DJe* 23-9-2014 **REsp 1314758/CE**, Rel. Ministra ELIANA CALMON, SEGUNDA TURMA, j. 15-10-2013, *DJe* 24-10-2013 **EDcl nos EDcl no AgRg no AREsp 053265/SP**, Rel. Ministro ARNALDO ESTEVES LIMA, PRIMEIRA TURMA, j. 13-11-2012, *DJe* 26-11-2012
Nas hipóteses em que o valor da indenização fixada judicialmente for igual ou inferior ao valor ofertado inicialmente, a base de cálculo para os juros compensatórios e moratórios deve ser os 20% (vinte por cento) que ficaram indisponíveis para o expropriado.	**Acórdãos** **AgRg no REsp 1480265/RN**, Rel. Ministra ASSUSETE MAGALHÃES, SEGUNDA TURMA, j. 1º-9-2015, *DJe* 15-9-2015 **AgRg no REsp 1441445/MA**, Rel. Ministro HUMBERTO MARTINS, SEGUNDA TURMA, j. 20-8-2015, *DJe* 1º-9-2015 **AgRg nos EDcl no AREsp 091096/TO**, Rel. Ministro BENEDITO GONÇALVES, PRIMEIRA TURMA, j. 7-10-2014, *DJe* 5-11-2014 **AgRg no AREsp 487269/PE**, Rel. Ministro MAURO CAMPBELL MARQUES, SEGUNDA TURMA, j. 16-9-2014, *DJe* 22-9-2014 **EDcl no AgRg no AREsp 498476/CE**, Rel. Ministro OG FERNANDES, SEGUNDA TURMA, j. 20-11-2014, *DJe* 5-12-2014 **AgRg no AREsp 502430/CE**, Rel. Ministro HERMAN BENJAMIN, SEGUNDA TURMA, j. 18-6-2014, *DJe* 18-8-2014

	AgRg no REsp 1027835/RJ, Rel. Ministro TEORI ALBINO ZAVASCKI, PRIMEIRA TURMA, j. 1º-3-2011, *DJe* 11-3-2011 **Decisões Monocráticas** **REsp 1500420/PI**, Rel. Ministra REGINA HELENA COSTA, PRIMEIRA TURMA, j. 6-10-2015, publicado em 20-10-2015
O valor da indenização por desapropriação deve ser contemporâneo à data da avaliação do perito judicial.	**Acórdãos** **AgRg no REsp 1434078/RN**, Rel. Ministra REGINA HELENA COSTA, PRIMEIRA TURMA, j. 6-10-2015, *DJe* 13-10-2015 **REsp 1401189/RN**, Rel. Ministro OLINDO MENEZES (DESEMBARGADOR CONVOCADO DO TRF 1ª REGIÃO), PRIMEIRA TURMA, j. 6-10-2015, *DJe* 13-10-2015 **AgRg no AgRg no REsp 1423363/MT**, Rel. Ministro NAPOLEÃO NUNES MAIA FILHO, PRIMEIRA TURMA, j. 1º-10-2015, *DJe* 9-10-2015 **AgRg no REsp 1396659/CE**, Rel. Ministro MAURO CAMPBELL MARQUES, SEGUNDA TURMA, j. 18-8-2015, *DJe* 28-8-2015
	REsp 1397476/PE, Rel. Ministro HERMAN BENJAMIN, SEGUNDA TURMA, j. 28-4-2015, *DJe* 1º-7-2015 **AgRg no REsp 1380721/SE**, Rel. Ministro HUMBERTO MARTINS, SEGUNDA TURMA, j. 19-5-2015, *DJe* 26-5-2015 **AgRg no AREsp 288284/CE**, Rel. Ministro SÉRGIO KUKINA, PRIMEIRA TURMA, j. 12-5-2015, *DJe* 18-5-2015 **AgRg no REsp 1410877/RN**, Rel. Ministra ASSUSETE MAGALHÃES, SEGUNDA TURMA, j. 17-3-2015, *DJe* 25-3-2015 **AgRg no AREsp 489654/SP**, Rel. Ministra MARGA TESSLER (JUÍZA FEDERAL CONVOCADA DO TRF 4ª REGIÃO), PRIMEIRA TURMA, j. 10-3-2015, *DJe* 17-3-2015 **AgRg no REsp 1396576/CE**, Rel. Ministro BENEDITO GONÇALVES, PRIMEIRA TURMA, j. 9-9-2014, *DJe* 16-9-2014

Em se tratando de desapropriação, a prova pericial para a fixação do justo preço somente é dispensável quando há expressa concordância do expropriado com o valor da oferta inicial.	**Acórdãos** **AgRg no AREsp 203423/SE**, Rel. Ministra ELIANA CALMON, SEGUNDA TURMA, j. 19-9-2013, *DJe* 26-9-2013 **EDcl no AgRg no AREsp 153732/PE**, Rel. Ministro HUMBERTO MARTINS, SEGUNDA TURMA, j. 6-11-2012, *DJe* 14-11-2012 **REsp 930212/RO**, Rel. Ministra DENISE ARRUDA, PRIMEIRA TURMA, j. 19-5-2009, *DJe* 22-6-2009 **AgRg no AgRg no REsp 956063/BA**, Rel. Ministro FRANCISCO FALCÃO, PRIMEIRA TURMA, j. 26-5-2009, *DJe* 10-6-2009 **AgRg no REsp 993680/SE**, Rel. Ministro HERMAN BENJAMIN, SEGUNDA TURMA, j. 19-2-2009, *DJe* 19-3-2009 **Decisões Monocráticas** **REsp 1498038/MS**, PRIMEIRA TURMA, j. 6-5-2015, publicado em 8-5-2015 **REsp 1423925/PR**, PRIMEIRA TURMA, j. 22-5-2014, publicado em 27-5-2014
Em ação de desapropriação, é possível ao juiz determinar a realização de perícia avaliatória, ainda que os réus tenham concordado com o valor oferecido pelo Estado.	**Acórdãos** **AgRg no AREsp 459637/RJ**, Rel. Ministro HUMBERTO MARTINS, SEGUNDA TURMA, j. 8-4-2014, *DJe* 14-4-2014 **AgRg no AREsp 272004/MG**, Rel. Ministro HERMAN BENJAMIN, SEGUNDA TURMA, j. 19-11-2013, *DJe* 5-12-2013 **REsp 886672/RO**, Rel. Ministro LUIZ FUX, PRIMEIRA TURMA, j. 25-9-2007, *DJ* 22-11-2007 **Decisões Monocráticas** **REsp 1423925/PR**, PRIMEIRA TURMA, j. 22-5-2014, publicado em 27-5-2014
A revelia do desapropriado não implica aceitação tácita da oferta, não autorizando a dispensa da avaliação, conforme Súmula n. 118 do extinto Tribunal Federal de Recursos.	**Acórdãos** **REsp 1466747/PE**, Rel. Ministro HUMBERTO MARTINS, SEGUNDA TURMA, j. 24-2-2015, *DJe* 3-3-2015 **AgRg no REsp 1414864/PE**, Rel. Ministro MAURO CAMPBELL MARQUES, SEGUNDA TURMA, j. 6-2-2014, *DJe* 11-2-2014

	REsp 930212/RO, Rel. Ministra DENISE ARRUDA, PRIMEIRA TURMA, j. 19-5-2009, *DJe* 22-6-2009 **AgRg no REsp 993680/SE**, Rel. Ministro HERMAN BENJAMIN, SEGUNDA TURMA, j. 19-2-2009, *DJe* 19-3-2009 **REsp 618146/ES**, Rel. Ministro JOÃO OTÁVIO DE NORONHA, SEGUNDA TURMA, j. 14-11-2006, *DJ* 19-12-2006 **REsp 686901/BA**, Rel. Ministro CASTRO MEIRA, SEGUNDA TURMA, j. 18-5-2006, *DJ* 30-5-2006 **Decisões Monocráticas** **REsp 1440253/SE**, Rel. Ministra ASSUSETE MAGALHÃES, SEGUNDA TURMA, j. 28-5-2015, publicado em 17-6-2015 **REsp 1396528/CE**, PRIMEIRA TURMA, j. 9-12-2014, publicado em 12-12-2014 **REsp 1254189/PB**, Rel. Ministro BENEDITO GONÇALVES, PRIMEIRA TURMA, j. 10-9-2014, publicado em 16-9-2014
Se, em procedimento de desapropriação por interesse social, constatar-se que a área medida do bem é maior do que a escriturada no Registro de Imóveis, o expropriado receberá indenização correspondente à área registrada, ficando a diferença depositada em Juízo até que, posteriormente, se complemente o registro ou se defina a titularidade para o pagamento a quem de direito.	**Acórdãos** **REsp 1307026/BA**, Rel. Ministro HERMAN BENJAMIN, SEGUNDA TURMA, j. 16-6-2015, *DJe* 17-11-2015 **REsp 1466747/PE**, Rel. Ministro HUMBERTO MARTINS, SEGUNDA TURMA, j. 24-2-2015, *DJe* 3-3-2015 **REsp 1395490/PE**, Rel. Ministro MAURO CAMPBELL MARQUES, SEGUNDA TURMA, j. 20-2-2014, *DJe* 28-2-2014 **REsp 1321842/PE**, Rel. Ministra ELIANA CALMON, SEGUNDA TURMA, j. 15-10-2013, *DJe* 24-10-2013
Na desapropriação é devida a indenização correspondente aos danos relativos ao fundo de comércio.	**Acórdãos** **EDcl no AgRg no AREsp 275586/SP**, Rel. Ministro HUMBERTO MARTINS, SEGUNDA TURMA, j. 18-4-2013, *DJe* 29-4-2013 **EDcl no AgRg no REsp 1199990/SP**, Rel. Ministro MAURO CAMPBELL MARQUES, SEGUNDA TURMA, j. 7-8-2012, *DJe* 14-8-2012 **REsp 696929/SP**, Rel. Ministro CASTRO MEIRA, SEGUNDA TURMA, j. 16-8-2005, *DJ* 3-10-2005 **REsp 406502/SP**, Rel. Ministro GARCIA VIEIRA, PRIMEIRA TURMA, j. 23-4-2002, *DJ* 27-5-200

A imissão provisória na posse não deve ser condicionada ao depósito prévio do valor relativo ao fundo de comércio eventualmente devido.	**Acórdãos** **REsp 1337295/SP**, Rel. Ministro HERMAN BENJAMIN, SEGUNDA TURMA, j. 20-2-2014, *DJe* 7-3-2014 **REsp 1395221/SP**, Rel. Ministra ELIANA CALMON, SEGUNDA TURMA, j. 5-9-2013, *DJe* 17-9-2013 **AgRg na SLS 001681/SP**, Rel. Ministro FELIX FISCHER, CORTE ESPECIAL, j. 17-12-2012, *DJe* 1º-2-2013 **Decisões Monocráticas** **AREsp 454678/SP**, Rel. Ministra REGINA HELENA COSTA, PRIMEIRA TURMA, j. 18-8-2015, publicado em 1º-9-2015
O pedido de desistência na ação expropriatória afasta a limitação dos honorários estabelecida no art. 27, § 1º, do Decreto n. 3.365/41.	**Acórdãos** **AgRg no REsp 1327803/PE**, Rel. Ministro SÉRGIO KUKINA, PRIMEIRA TURMA, j. 16-12-2014, *DJe* 19-12-2014 **AgRg no AREsp 157203/PE**, Rel. Ministro ARI PARGENDLER, PRIMEIRA TURMA, j. 4-9-2014, *DJe* 11-9-2014 **AgRg no REsp 1330308/PE**, Rel. Ministro MAURO CAMPBELL MARQUES, SEGUNDA TURMA, j. 16-5-2013, *DJe* 22-5-2013
São aplicáveis às desapropriações indiretas os limites percentuais de honorários advocatícios constantes do art. 27, § 1º, do Decreto-lei n. 3.365/41.	**Acórdãos** **REsp 1416135/SP**, Rel. Ministro HUMBERTO MARTINS, SEGUNDA TURMA, j. 11-2-2014, *DJe* 21-2-2014 **REsp 1300442/SC**, Rel. Ministro HERMAN BENJAMIN, SEGUNDA TURMA, j. 18-6-2013, *DJe* 26-6-2013 **REsp 1210156/PR**, Rel. Ministro CASTRO MEIRA, SEGUNDA TURMA, j. 27-3-2012, *DJe* 23-4-2012 **REsp 792637/SC**, Rel. Ministro JOÃO OTÁVIO DE NORONHA, SEGUNDA TURMA, j. 21-2-2006, *DJ* 29-3-2006 **Decisões Monocráticas** **REsp 1408137/MG**, Rel. Ministra ASSUSETE MAGALHÃES, SEGUNDA TURMA, j. 31-10-2014, publicado em 6-11-2014 **REsp 1256064/RS**, PRIMEIRA TURMA, j. 7-10-2013, publicado em 16-10-2013 **Ag 1340454/SC**, Rel. Ministro NAPOLEÃO NUNES MAIA FILHO, PRIMEIRA TURMA, j. 15-8-2013, publicado em 21-8-2013

O prazo para resgate dos TDAs complementares expedidos para o pagamento de diferença apurada entre o preço do imóvel fixado na sentença e o valor ofertado na inicial pelo expropriante tem como termo a quo a data da imissão provisória na posse, de acordo com o prazo máximo de vinte anos para pagamento da indenização estabelecido pelo art. 184 da CF/88.	**Acórdãos** **AgRg no REsp 1205337/DF**, Rel. Ministro NAPOLEÃO NUNES MAIA FILHO, PRIMEIRA TURMA, j. 20-5-2014, *DJe* 27-5-2014 **AgRg no AREsp 075960/PA**, Rel. Ministro CASTRO MEIRA, SEGUNDA TURMA, j. 23-10-2012, *DJe* 6-11-2012 **AgRg no Ag 1415034/TO**, Rel. Ministro ARNALDO ESTEVES LIMA, PRIMEIRA TURMA, j. 6-9-2011, *DJe* 15-9-2011 **REsp 1393677/PB**, Rel. Ministro MAURO CAMPBELL MARQUES, SEGUNDA TURMA, j. 20-2-2014, *DJe* 28-2-2014 **REsp 1035057/GO**, Rel. Ministro HERMAN BENJAMIN, SEGUNDA TURMA, j. 1º-9-2009, *DJe* 8-9-2009 **AgRg no REsp 1094749/PA**, Rel. Ministro HUMBERTO MARTINS, SEGUNDA TURMA, j. 28-4-2009, *DJe* 11-5-2009 **REsp 1025809/PR**, Rel. Ministra DENISE ARRUDA, PRIMEIRA TURMA, j. 21-10-2008, *DJe* 12-11-2008 **REsp 845026/MT**, Rel. Ministro LUIZ FUX, PRIMEIRA TURMA, j. 25-9-2007, *DJ* 18-10-2007 **Decisões Monocráticas** **REsp 1484565/BA**, Rel. Ministro SÉRGIO KUKINA, PRI–MEIRA TURMA, j. 17-9-2015, publicado em 24-9-2015 **REsp 1237762/PA**, Rel. Ministro BENEDITO GONÇALVES, PRIMEIRA TURMA, j. 2-12-2013, publicado em 4-12-2013
O promitente comprador tem legitimidade ativa para propor ação cujo objetivo é o recebimento de verba indenizatória decorrente de ação desapropriatória, ainda que a transferência de sua titularidade não tenha sido efetuada perante o registro geral de imóveis.	**Acórdãos** **REsp 1204923/RJ**, Rel. Ministro HUMBERTO MARTINS, SEGUNDA TURMA, j. 20-3-2012, *DJe* 28-5-2012 **REsp 1198137/DF**, Rel. Ministro TEORI ALBINO ZAVASCKI, PRIMEIRA TURMA, j. 2-2-2012, *DJe* 9-2-2012 **REsp 769731/PR**, Rel. Ministro LUIZ FUX, PRIMEIRA TURMA, j. 8-5-2007, *DJ* 31-5-2007 **REsp 132486/RJ**, Rel. Ministro JOÃO OTÁVIO DE NORONHA, SEGUNDA TURMA, j. 8-3-2005, *DJ* 2-5-2005

	Decisões Monocráticas **REsp 1291453/RN**, Rel. Ministro BENEDITO GONÇALVES, PRIMEIRA TURMA, j. 10-6-2014, publicado em 12-6-2014 **AREsp 182670/GO**, Rel. Ministra ASSUSETE MAGALHÃES, SEGUNDA TURMA, j. 6-5-2014, publicado em 21-5-2014
O possuidor titular do imóvel desapropriado tem direito ao levantamento da indenização pela perda do seu direito possessório.	**Acórdãos** **EDcl no AgRg no AREsp 361177/RJ**, Rel. Ministro HUMBERTO MARTINS, SEGUNDA TURMA, j. 3-12-2013, *DJe* 10-12-2013 **REsp 1267385/RN**, Rel. Ministra ELIANA CALMON, SEGUNDA TURMA, j. 27-8-2013, *DJe* 6-9-2013 **AgRg no AREsp 102508/RN**, Rel. Ministro MAURO CAMPBELL MARQUES, SEGUNDA TURMA, j. 27-3-2012, *DJe* 10-4-2012 **AgRg no Ag 1261328/BA**, Rel. Ministro LUIZ FUX, PRIMEIRA TURMA, j. 6-4-2010, *DJe* 22-4-2010 **Decisões Monocráticas** **AREsp 308227/SP**, Rel. Ministro HERMAN BENJAMIN, SEGUNDA TURMA, j. 11-2-2014, publicado em 18-2-2014 **AREsp 188018/RJ**, SEGUNDA TURMA, j. 28-6-2012, publicado em 1º-8-2012
Nas desapropriações realizadas por concessionária de serviço público, não sujeita a regime de precatório, a regra contida no art. 15-B do Decreto-lei n. 3.365/41 é inaplicável, devendo os juros moratórios incidir a partir do trânsito em julgado da sentença.	**Acórdãos** **AgRg nos EDcl no REsp 1350914/MS**, Rel. Ministro NAPOLEÃO NUNES MAIA FILHO, PRIMEIRA TURMA, j. 22-4-2014, *DJe* 7-5-2014 **REsp 1306397/GO**, Rel. Ministro ARI PARGENDLER, PRIMEIRA TURMA, j. 21-11-2013, *DJe* 27-11-2013 **Decisões Monocráticas** **AREsp 655525/TO**, Rel. Ministro MAURO CAMPBELL MARQUES, SEGUNDA TURMA, j. 27-2-2015, publicado em 13-3-2015 **REsp 1439589/RS**, Rel. Ministro HERMAN BENJAMIN, SEGUNDA TURMA, j. 12-12-2014, publicado em 5-2-2015 **REsp 1350914/MS**, Rel. Ministro NAPOLEÃO NUNES MAIA FILHO, PRIMEIRA TURMA, j. 11-3-2014, publicado em 13-3-2014

A ação de desapropriação indireta prescreve em 20 anos, nos termos da Súmula 119 do STJ e na vigência do Código Civil de 1916, e em 10 anos sob a égide do Código Civil de 2002, observando-se a regra de transição disposta no art. 2.028 do CC/2002.	**Acórdãos** **AgRg no AREsp 424803/RS**, Rel. Ministro HERMAN BENJAMIN, SEGUNDA TURMA, j. 25-8-2015, *DJe* 10-9-2015 **REsp 1328597/TO**, Rel. Ministro OG FERNANDES, SEGUNDA TURMA, j. 28-4-2015, *DJe* 15-5-2015 **REsp 1386164/SC**, Rel. Ministra ELIANA CALMON, SEGUNDA TURMA, j. 3-10-2013, *DJe* 14-10-2013 **Decisões Monocráticas** **REsp 1559744/CE**, Rel. Ministro MAURO CAMPBELL MARQUES, SEGUNDA TURMA, j. 14-10-2015, publicado em 16-10-2015

JURISPRUDÊNCIA EM TESES

INTERVENÇÃO DO ESTADO NA PROPRIEDADE PRIVADA (EDIÇÃO 127)

O ato de tombamento geral não precisa individualizar os bens abarcados pelo tombo, pois as restrições impostas pelo Decreto-lei n. 25/37 se estendem à totalidade dos imóveis pertencentes à área tombada.	**Acórdãos** **REsp 1359534/MA**, Rel. Ministro HERMAN BENJAMIN, SEGUNDA TURMA, j. 20-2-2014, *DJe* 24-10-2016 **REsp 761756/DF**, Rel. Ministro TEORI ALBINO ZAVASCKI, PRIMEIRA TURMA, j. 15-12-2009, *DJe* 2-2-2010 **REsp 1098640/MG**, Rel. Ministro HUMBERTO MARTINS, SEGUNDA TURMA, j. 9-6-2009, *DJe* 25-6-2009
Inexistindo ofensa à harmonia estética de conjunto arquitetônico tombado, não há falar em demolição de construção acrescida.	**Acórdãos** **REsp 1527252/BA**, Rel. Ministro HERMAN BENJAMIN, SEGUNDA TURMA, j. 21-5-2015, *DJe* 30-6-2015 **EDcl no AREsp 39360/MG**, Rel. Ministro BENEDITO GONÇALVES, PRIMEIRA TURMA, j. 28-2-2012, *DJe* 2-3-2012 **REsp 840918/DF**, Rel. Ministra ELIANA CALMON, Rel. p/ Acórdão Ministro HERMAN BENJAMIN, SEGUNDA TURMA, j. 14-10-2008, *DJe* 10-9-2010 **REsp 290460/DF**, Rel. Ministro FRANCIULLI NETTO, SEGUNDA TURMA, j. 13-5-2003, *DJ* 23-6-2003 p. 302

O tombamento do Plano Piloto de Brasília abrange o seu singular conceito urbanístico e paisagístico, que expressa e forma a própria identidade da capital federal.	**Acórdãos** **AgRg nos EREsp 1166337/DF**, Rel. Ministro MAURO CAMPBELL MARQUES, PRIMEIRA SEÇÃO, j. 24-10-2012, *DJe* 12-11-2012 **REsp 1127633/DF**, Rel. Ministro HERMAN BENJAMIN, SEGUNDA TURMA, j. 23-3-2010, *DJe* 28-2-2012 **REsp 840918/DF**, Rel. Ministra ELIANA CALMON, Rel. p/ Acórdão Ministro HERMAN BENJAMIN, SEGUNDA TURMA, j. 14-10-2008, *DJe* 10-9-2010 **REsp 761756/DF**, Rel. Ministro TEORI ALBINO ZAVASCKI, PRIMEIRA TURMA, j. 15-12-2009, *DJe* 2-2-2010
A indenização pela limitação administrativa ao direito de edificar, advinda da criação de área *non aedificandi*, somente é devida se imposta sobre imóvel urbano e desde que fique demonstrado o prejuízo causado ao proprietário da área.	**Acórdãos** **AgRg no REsp 1113343/SC**, Rel. Ministro HAMILTON CARVALHIDO, PRIMEIRA TURMA, j. 19-10-2010, *DJe* 3-12-2010 **AgRg nos EDcl no REsp 883147/SC**, Rel. Ministro HUMBERTO MARTINS, SEGUNDA TURMA, j. 4-5-2010, *DJe* 21-5-2010 **AgRg nos EDcl no REsp 1108188/SC**, Rel. Ministra DENISE ARRUDA, PRIMEIRA TURMA, j. 5-11-2009, *DJe* 26-11-2009 **REsp 983017/SP**, Rel. Ministro TEORI ALBINO ZAVASCKI, PRIMEIRA TURMA, j. 15-5-2008, *DJe* 29-5-2008 **Decisões Monocráticas** **REsp 1695213/SP**, Rel. Ministra REGINA HELENA COSTA, PRIMEIRA TURMA, j. 28-9-2017, publicado em 2-10-2017 **AREsp 551389/RN**, Rel. Ministra ASSUSETE MAGALHÃES, SEGUNDA TURMA, j. 15-9-2017, publicado em 21-9-2017 **REsp 1213098/SC**, Rel. Ministro OG FERNANDES, SEGUNDA TURMA, j. 29-11-2016, publicado em 2-12-2016
É indevido o direito à indenização se o imóvel expropriado foi adquirido após a imposição de limitação administrativa, porque se supõe que as restrições de uso e gozo da propriedade já foram consideradas na fixação do preço do imóvel.	**Acórdãos** **AgInt no REsp 1732096/SC**, Rel. Ministro FRANCISCO FALCÃO, SEGUNDA TURMA, j. 14-8-2018, *DJe* 20-8-2018 **AgInt nos EREsp 1533984/SC**, Rel. Ministra REGINA HELENA COSTA, PRIMEIRA SEÇÃO, j. 13-6-2018, *DJe* 22-6-2018

	REsp 1081257/SP, Rel. Ministro OG FERNANDES, SEGUNDA TURMA, j. 5-6-2018, *DJe* 13-6-2018 **REsp 1246853/PR**, Rel. Ministro HERMAN BENJAMIN, SEGUNDA TURMA, j. 7-2-2013, *DJe* 17-11-2016 **AR 4330/SP**, Rel. Ministro CASTRO MEIRA, PRIMEIRA SEÇÃO, j. 28-8-2013, *DJe* 7-10-2013 **REsp 920170/PR**, Rel. Ministro MAURO CAMPBELL MARQUES, SEGUNDA TURMA, j. 9-8-2011, *DJe* 18-8-2011
As restrições relativas à exploração da mata atlântica estabelecidas pelo Decreto n. 750/93 constituem mera limitação administrativa, e não desapropriação indireta, sujeitando-se, portanto, à prescrição quinquenal.	**Acórdãos** **REsp 1104517/SC**, Rel. Ministro CASTRO MEIRA, Rel. p/ Acórdão Ministro HERMAN BENJAMIN, SEGUNDA TURMA, j. 27-8-2013, *DJe* 6-3-2014 **EDcl nos EDcl no REsp 1099169/PR**, Rel. Ministra ELIANA CALMON, SEGUNDA TURMA, j. 11-6-2013, *DJe* 19-6-2013 **AgRg no Ag 1337762/SC**, Rel. Ministro BENEDITO GONÇALVES, PRIMEIRA TURMA, j. 5-6-2012, *DJe* 12-6-2012 **AgRg no Ag 1364626/SC**, Rel. Ministro CESAR ASFOR ROCHA, SEGUNDA TURMA, j. 24-5-2011, *DJe* 8-6-2011 **AgRg no REsp 934932/SC**, Rel. Ministro TEORI ALBINO ZAVASCKI, PRIMEIRA TURMA, j. 17-5-2011, *DJe* 26-5-2011 **Decisões Monocráticas** **REsp 1281714/SC**, Rel. Ministro HUMBERTO MARTINS, SEGUNDA TURMA, j. 31-3-2014, publicado em 9-4-2014
A indenização referente à cobertura vegetal deve ser calculada em separado do valor da terra nua quando comprovada a exploração dos recursos vegetais de forma lícita e anterior ao processo interventivo na propriedade.	**Acórdãos** **AgInt no REsp 1326015/PR**, Rel. Ministro NAPOLEÃO NUNES MAIA FILHO, PRIMEIRA TURMA, j. 1º-4-2019, *DJe* 10-4-2019 **REsp 1698577/RO**, Rel. Ministro HERMAN BENJAMIN, SEGUNDA TURMA, j. 6-11-2018, *DJe* 19-11-2018 **AREsp 927490/RS**, Rel. Ministro MAURO CAMPBELL MARQUES, SEGUNDA TURMA, j. 19-6-2018, *DJe* 27-6-2018 **REsp 1308702/SP**, Rel. Ministro OG FERNANDES, SEGUNDA TURMA, j. 15-5-2018, *DJe* 25-5-2018

	REsp 1287823/MT, Rel. Ministro ARI PARGENDLER, Rel. p/ Acórdão Ministro SÉRGIO KUKINA, PRIMEIRA TURMA, j. 4-8-2015, *DJe* 28-8-2015 **AgRg no REsp 1336913/MS**, Rel. Ministra ASSUSETE MAGALHÃES, SEGUNDA TURMA, j. 24-2-2015, *DJe* 5-3-2015
Nas hipóteses em que ficar demonstrado que a servidão de passagem abrange área superior àquela prevista na escritura pública, impõe-se o dever de indenizar, sob pena de violação do princípio do justo preço.	**Acórdãos** **REsp 1359575/RS**, Rel. Ministro OG FERNANDES, SEGUNDA TURMA, j. 9-10-2018, *DJe* 15-10-2018 **AgRg no REsp 949507/RS**, Rel. Ministro SÉRGIO KUKINA, PRIMEIRA TURMA, j. 6-8-2015, *DJe* 19-8-2015 **REsp 1366012/RS**, Rel. Ministro HUMBERTO MARTINS, SEGUNDA TURMA, j. 28-4-2015, *DJe* 8-5-2015 **REsp 1050641/RS**, Rel. Ministro CASTRO MEIRA, SEGUNDA TURMA, j. 20-8-2013, *DJe* 30-8-2013 **AgRg no REsp 1070826/RS**, Rel. Ministro HERMAN BENJAMIN, SEGUNDA TURMA, j. 21-5-2009, *DJe* 21-8-2009
Não incide imposto de renda sobre os valores indenizatórios recebidos pelo particular em razão de servidão administrativa instituída pelo Poder Público.	**Acórdãos** **REsp 1410119/SC**, Rel. Ministra ELIANA CALMON, SEGUNDA TURMA, j. 12-11-2013, *DJe* 20-11-2013 **Decisões Monocráticas** **REsp 1474995/SC**, Rel. Ministra ASSUSETE MAGALHÃES, SEGUNDA TURMA, j. 24-3-2015, publicado em 8-4-2015
Admite-se a possibilidade de construções que não afetem a prestação do serviço público na faixa de servidão (art. 3º do Decreto n. 35.851/54).	**Acórdãos** **AgInt no REsp 1370632/ES**, Rel. Ministro OG FERNANDES, SEGUNDA TURMA, j. 11-4-2019, *DJe* 22-4-2019 **REsp 86498/ES**, Rel. Ministro RUY ROSADO DE AGUIAR, QUARTA TURMA, j. 9-4-1996, REP*DJ* 31-3-1997 p. 9633

JURISPRUDÊNCIA

- *INFO* 436 DO STJ. REPETITIVO. DESAPROPRIAÇÃO. IMÓVEL IMPRODUTIVO. JUROS COMPENSATÓRIOS

    A Seção, ao prosseguir o julgamento, entre outras questões, ao julgar o recurso sobre o regime do art. 543-C do CPC c/c a Res. n. 8/2008-STJ, entendeu que a eventual improdutividade do imóvel não afasta o direito aos juros compensatórios, pois eles restituem não só o que o expropriado deixou de ganhar com a perda antecipada, mas também a expectativa de renda, considerando a possibilidade de o imóvel ser aproveitado a qualquer momento de forma racional e adequada, ou até ser vendido com o recebimento do seu valor à vista. Afirmou, ainda, que são indevidos juros compensatórios quando a propriedade mostrar-se impassível de qualquer espécie de exploração econômica seja atual ou futura, em decorrência de limitações legais ou da situação geográfica ou topográfica do local onde se situa a propriedade. Considerou também que as restrições contidas nos §§ 1º e 2º do art. 15-A do DL n. 3.365/41, inseridas pelas MPs n. 1.901-30/99 e 2.027-38/2000 e reedições, as quais vedam a incidência de juros compensatórios em propriedade improdutiva, serão aplicáveis, tão somente, às situações ocorridas após a sua vigência. Assim, publicada a medida liminar concedida na ADI 2.332-DF (*DJ* 13-9-2001), deve ser suspensa a aplicabilidade dos §§ 1º e 2º do art. 15-A do DL n. 3.365/41 até o julgamento de mérito da demanda. Na hipótese, os juros compensatórios são devidos sobre o imóvel improdutivo desde a imissão na posse até a entrada em vigor das citadas MPs, as quais suspendem a incidência dos referidos juros. A partir da publicação da MC na ADI 2.332-DF (*DJ* 13-9-2001), tais juros voltam a incidir sobre a propriedade improdutiva até a data da expedição do precatório original, segundo a dicção do § 12 do art. 100 da CF/88, com a redação dada pela EC n. 62/2009, salvo se houver mudança de entendimento do Pretório Excelso quando do julgamento de mérito da referida ação de controle abstrato. Segundo a jurisprudência do STJ, a MP n. 1.577/97, que reduziu a taxa dos juros compensatórios em desapropriação de 12% para 6% ao ano, é aplicável no período entre 11-6-97, quando foi editada, até 13-9-2001, quando foi publicada a decisão liminar do STF na ADI 2.332-DF, suspendendo a eficácia da expressão "de até seis por cento ao ano", do *caput* do art. 15-A do DL n. 3.365/41, introduzida pela referida MP. Nos demais períodos, a taxa dos juros compensatórios é de 12% ao ano, como prevê a Súmula n. 618-STF. Precedentes citados: EREsp 453.823-MA, *DJ* 17-5-2004; REsp 675.401-RO, *DJe* 10-9-2009; REsp 984.965-CE, *DJe* 4-8-2009; REsp 1.099.264-PA, *DJe* 19-8-2009; REsp 1.034.014-CE, *DJ* 26-6-2008; REsp 1.090.221-PE, *DJe* 29-9-2009; REsp 1.066.839-SP, *DJe* 31-8-2009; EREsp 519.365-SP, *DJ* 27-11-2006, e REsp 1.118.103-SP, *DJe* 8-3-2010. **REsp 1.116.364-PI, rel. Min. Castro Meira, j. 26-5-2010.**

Para complementar: A matéria disciplinada no art. 543-C do CPC de 1973 está atualmente regulamentada no **art. 1.036 do atual CPC**: "Sempre que houver multiplicidade de recursos extraordinários ou especiais com fundamento em idêntica questão de direito, haverá afetação para julgamento de acordo com as disposições desta Subseção, observado o disposto no Regimento Interno do Supremo Tribunal Federal e no do Superior Tribunal de Justiça".

- TJ/SP. DES. FRANCISCO VICENTE ROSSI. VOTO N.: 17.018. APELAÇÃO N.: 0107506-66.2006.8.26.0053

    DESAPROPRIAÇÃO – Laudo do perito judicial fixou o valor real e justo da indenização – Juros compensatórios de 12% ao ano (Súmula 618, do STF), suspensa a redução pela ADI 2.332/DF, de 13-9-2001 – Juros moratórios de 6% ao ano a partir de 1% de janeiro do exercício seguinte em que deveria ser pago – Os juros são cumuláveis (Súmulas 12 e 102, do STJ) – Honorários advocatícios em conformidade com a nova redação do art. 27, § 1º, do Decreto-lei n. 3.365/41, com juros compensatórios incidindo para seu cálculo (Súmulas 131 e 141, do STJ) – Reexame necessário, considerado interposto, e recursos voluntários não providos.

    [...]

    Os juros moratórios foram estabelecidos nos termos do art. 100, da Constituição Federal; os juros compensatórios são de 12% ao ano (Súmula 618, do STF), suspensa a redução pela ADI

2.332/DF, de 13-09-01. Os juros são cumuláveis (Súmulas 12 e 102, do STJ). Os honorários advocatícios foram fixados de acordo com a nova redação do art. 27, § 1º, do Decreto-lei n. 3.365/41 (MP 1.997-37/2000) – tudo conforme jurisprudência do STJ (*v.g.* REsp 1.111.829/SP, *DJU* 25-5-2009; E REsp 586.212/RS, *DJU* 26-11-2007; E REsp 615.018/RS, *DJU* 6-6-2005, cit. REsp 1.007.301/PB, rel. Min. Herman Benjamin, j. 16-6-2009, *Informativo STJ 399*) e a doutrina[26]: "Na *justa indenização* inclui-se também a *correção monetária*, tomando-se por base o índice oficial. Os *juros compensatórios*, na base de doze por cento ao ano, são devidos desde a ocupação do bem [...] os *juros moratórios* são devidos desde que haja atraso no pagamento da condenação e não se confundem com os *juros compensatórios* que correm desde a data da efetiva ocupação do bem. Por isso mesmo, esses juros são cumuláveis, porque se destinam a indenizações diferentes [...]". Os juros compensatórios incidem sobre a indenização para o cálculo da verba honorária (Súmulas 131 e 141 do STJ).

- **DESAPROPRIAÇÃO. STJ RESP 1190684 30/05-2012. DECISÃO**

  Simples demora em pagar indenização por desapropriação não permite cumulação de juros e lucros cessantes.

  Em ação de desapropriação, os juros compensatórios possuem, em regra, a mesma finalidade que os lucros cessantes. Conceder a cumulação desses elementos em razão da simples demora em pagar a indenização levaria a acréscimo indevido ao patrimônio do expropriado. A decisão, da 1ª Seção do Superior Tribunal de Justiça (STJ), uniformiza o entendimento das turmas de direito público.

- **DESAPROPRIAÇÃO. JUROS COMPENSATÓRIOS**

  Os juros compensatórios são fixados à luz do princípio *tempus regit actum*. Assim é que, ocorrida a imissão na posse do imóvel desapropriado em data anterior à vigência da MP n. 1.577/97, esses juros devem ser fixados no limite de 12% ao ano. Contudo, os juros são arbitrados no limite de 6% ao ano se a imissão na posse deu-se após a vigência da mencionada MP e suas reedições e antes da data da publicação da medida liminar deferida na ADI 2.332-DF (13-9-2001), a qual suspendeu a eficácia da expressão de "até seis por cento ao ano", constante do art. 15-A do DL n. 3.365/41. *In casu*, a imissão do recorrente na posse do imóvel expropriado ocorreu em 12-12-97, portanto os mencionados juros devem ser fixados em 6% ao ano. Precedentes citados: REsp 785.418-AC, *DJe* 25-9-2008, e REsp 995.603-MA, *DJe* 19-8-2008. EREsp 650.727-TO, rel. Min. Benedito Gonçalves, julgados em 26-8-2009 (*Informativo STJ 404*).

- **Súmula 618 do STF:** Na desapropriação, direta ou indireta, a taxa dos juros compensatórios é de 12% (doze por cento) ao ano.

- **Súmula 164 do STF:** No processo de desapropriação, são devidos juros compensatórios desde a antecipada imissão de posse, ordenada pelo juiz, por motivo de urgência.

- **Súmula 408 do STJ:** Nas ações de desapropriação, os juros compensatórios incidentes após a Medida Provisória n. 1.577, de 11-6-1997, devem ser fixados em 6% ao ano até 13-9-2001 e, a partir de então, em 12% ao ano, na forma da Súmula 618 do Supremo Tribunal Federal.

- **Súmula 131 do STJ:** Nas ações de desapropriação incluem-se no cálculo da verba advocatícia as parcelas relativas aos juros compensatórios e moratórios, devidamente corrigidas.

- **Súmula 113 do STJ:** Os juros compensatórios, na desapropriação direta, incidem a partir da imissão na posse, calculados sobre o valor da indenização, corrigido monetariamente.

---

[26] MEIRELLES, Hely Lopes. *Direito administrativo brasileiro*, 30. ed., São Paulo: Malheiros, 2005, p. 597.

- **Súmula 69 do STJ:** Na desapropriação direta, os juros compensatórios são devidos desde a antecipada imissão na posse e, na desapropriação indireta, a partir da efetiva ocupação do imóvel.
- **Súmula 12 do STJ:** Em desapropriação, são cumuláveis juros compensatórios e moratórios.

3.6.8.2.2 Juros moratórios

São os devidos ao proprietário expropriado quando há atraso e demora no pagamento da condenação, figurando como verdadeira pena imposta ao devedor em atraso com o cumprimento da obrigação.

> **LEGISLAÇÃO CORRELATA**
>
> **Decreto-lei n. 3.365/41**
> **Art. 15-B.** Nas ações a que se refere o art. 15-A, os **juros moratórios** destinam-se a recompor a perda decorrente do atraso no efetivo pagamento da indenização fixada na decisão final de mérito, e somente serão devidos à razão de até seis por cento ao ano, a partir de 1º de janeiro do exercício seguinte àquele em que o pagamento deveria ser feito, nos termos do art. 100 da Constituição (*Incluído pela Medida Provisória n. 2.183-56, de 2001.*)

> **JURISPRUDÊNCIA**
>
> - **TJSP. DES. FRANCISCO VICENTE ROSSI. VOTO N.: 15921. APELAÇÃO N.: 0008712-62.2006.8.26.0068**
>   DESAPROPRIAÇÃO – Indenização justa inclui os juros compensatórios de 12% ao ano (Súmula 618, do STF e período posterior a ADI 2.332/DF) e juros moratórios de 6% ao ano a partir de 1º de janeiro do exercício seguinte àquele em que o pagamento deveria ocorrer – Perito judicial que bem encontrou o valor do terreno, mas no que tange às benfeitorias, recurso provido para adotar como padrão, conforme o princípio da razoabilidade, metade do preço do m² fixado pela tabela do SINDUSCON – Honorários advocatícios reduzidos para 5% – Reexame necessário e recursos parcialmente providos [...]
>   **Os juros compensatórios são de 12% ao ano (Súmula 618, STF),** pois a ADI 2.332/DF, em medida liminar, suspendeu a MP 1.577/97 (STJ, REsp 1.007.301/PB, rel. Min. Herman Benjamin, j. 16-6-2009, *Informativo STJ 399*).
>   Os **juros moratórios** não foram mencionados, mas integram o pedido (art. 293 do CPC) e "incluem-se na liquidação ainda que a sentença exequenda tenha restado omissa quanto ao particular" (STJ, REsp 253.671/RJ, rel. Min. Sálvio de Figueiredo, *DJU* 9-10-2000, p. 254), consagrando a Súmula 274, do STF, **são de 6% ao ano e incidem a partir de 1º de janeiro do exercício seguinte àquele em que o pagamento deveria ocorrer (art. 100, da Constituição Federal).** [...] (grifos nossos).

> **Para complementar:** A matéria disciplinada no art. 293 do CPC de 1973 hoje está prevista no **art. 322 do atual CPC**: "O pedido deve ser certo. § 1º Compreendem-se no principal os juros legais, a correção monetária e as verbas de sucumbência, inclusive os honorários advocatícios. § 2º A interpretação do pedido considerará o conjunto da postulação e observará o princípio da boa-fé".

- **TJ/SP. VOTO N.: 15.717. APELAÇÃO N.: 0030253-94.8.26.0053**
  COMARCA: SÃO PAULO
  DESAPROPRIAÇÃO – Valor justo fixado pelo laudo oficial que retificou, nos esclarecimentos, o termo "padrão simples" para "padrão médio", cujos elementos construtivos e índices haviam sido adotados, coerentes com a realidade do imóvel expropriado – Verba honorária: 5% sobre a diferença do depósito inicial e o valor fixado como indenização – Recurso parcialmente provido apenas para reduzir o percentual dos honorários advocatícios para 5% [...]

  Os honorários advocatícios têm percentual máximo de cinco por cento (art. 27, § 1º, do Decreto-lei n. 3.365/41) e devem ser reduzidos a esse patamar (STJ, REsp 1.007.301/PB, rel. Min. Herman Benjamin, j. 16-6-2009; STF, Pleno, ADI 2.332-2/DF, Med. Caut., rel. Min. Moreira Alves, *DJU* 13-9-2001).

  O depósito inicial que serve para o cálculo da verba honorária é o primeiro efetuado, com a petição inicial, e não o obtido pela avaliação prévia do imóvel ordenada pelo juiz para a imissão na posse.

  "Oferta, para fins de honorários, é a oferta mesma, feita inicialmente pelo desapropriante, e não o preço provisório do imóvel, fixado pelo juiz, para fim de imissão de posse" (STJ, REsp 4.037-0/SP, rel. Min. Cesar Rocha, *DJU* 21-3-1994, p. 5.441).

  "Os honorários advocatícios, na desapropriação, devem ser percentualizados sobre a diferença entre a oferta inicial e o 'quantum' fixado, a final, como indenização, desconsiderada a complementação do depósito oferecido, de início, ainda que por determinação judicial" (RSTJ 99/80), cf. Theotonio Negrão, Código de Processo Civil, 39. ed., SP: Saraiva, p. 1376, nota 6, ao art. 27, do Decreto-lei n. 3.365/41.

  Esta C. Câmara, na Ap. 343.004.5/9, rel. Des. Aroldo Viotti, voto 10.335, sobre a verba honorária na desapropriação, evidenciou:

  "Nessa mesma linha de compreensão a resistência da expropriante quanto à base adotada na sentença para cálculo dos honorários advocatícios ('a diferença entre a oferta inicial corrigida e o montante da indenização (principal corrigido mais juros compensatórios e juros moratórios)' (fls. 177). Está correta a disposição do julgado. Se houver incidência de juros compensatórios, estes integram a indenização, e assim deverão compor a base para cálculo da verba honorária, nos exatos termos da construção jurisprudencial compendiada na Súmula n. 131 do Superior Tribunal de Justiça (**'Nas ações de desapropriação incluem-se no cálculo da verba advocatícia as parcelas relativas aos juros compensatórios e moratórios, devidamente corrigidas'**).

  No que respeita ao percentual dos honorários advocatícios, tem razão a expropriante. O art. 27, § 1º, do Dec.-lei n. 3.365/41, alterado pela Medida Provisória n. 2.183-56, de 24-8-2001, estabeleceu que os honorários de advogado, em desapropriação, serão fixados '**entre meio e cinco por cento do valor da diferença**' entre o valor da indenização e o preço oferecido, quando aquele for superior a este. Nada obstante resistência que algumas vozes na jurisprudência vêm ecoando a propósito do disciplinamento de tal matéria por meio de medida provisória, certo é que não foi esse dispositivo suspenso, por eventual inconstitucionalidade, pelo Pretório Excelso, e que o E. STJ vem repetidamente atribuindo-lhe eficácia. Nesse sentido: '**A sucumbência rege-se pela lei vigente à data da sentença que a impõe' (REsp 542.056/SP, 1ª Turma, Min. Luiz Fux, *DJ* 22-3-2004; REsp 487.570/SP, 1ª Turma, Min. Francisco Falcão, *DJ* 31-5-2004; REsp 439.014-RJ, 2ª Turma, Min. Franciulli Netto, *DJ* 8-9-2003). Assim, na fixação dos honorários advocatícios, em desapropriação direta, devem prevalecer as regras do art. 27 do Decreto-lei n. 3.365/41, com a redação dada pela Medida Provisória n. 1997/37, de 11-4-2000, sempre que a decisão for proferida após essa data**' (1ª Turma, REsp 727.265-RS, j. 9-8-2005,

DJU 22-8-2005, p. 146, rel. o Min. TEORI ALBINO ZAVASCKI). Ainda: **'A MP n. 1997-37, de 11-04-00, reeditada por último sob n. 2183-56, de 24-08-01, estabeleceu no art. 27 que o percentual de verba de honorários de advogado não pode ultrapassar 5% da base de cálculo já consagrada. Restrição que se aplica à espécie, porque proferida a sentença em data posterior à medida provisória'** (STJ, 2ª Turma, REsp 633.765-RS, j. 18-8-2005, *DJU* 12-9-2005, p. 281, rel. o Min. CASTRO MEIRA)", lições que adotei no voto 13.185, Ap. 994.08.085560-2.

- Súmula 70 do STJ: Os juros moratórios, na desapropriação direta ou indireta, contam-se desde o trânsito em julgado da sentença.

3.6.8.2.3 Honorários de advogado

Só serão cabíveis honorários de sucumbência se houver diferença entre a oferta inicial e o valor final da indenização.

Exemplo: quando o valor ofertado pelo expropriante no início da ação corresponder hipoteticamente a 100 e o valor da indenização fixado na sentença for o de 170, haverá, então, honorários de advogado, que serão 70 de sucumbência.

Os honorários incidem exatamente sobre essa **diferença**, corrigidos monetariamente.

Peculiaridades:

a) o percentual dos honorários deve ser fixado entre 0,5% e 5% sobre o valor da diferença;

b) o limite máximo de valor a que podem chegar os honorários é de R$ 151.000,00 (passíveis de atualização no 1º dia de janeiro de cada ano, com base na variação acumulada do IPCA – Índice de Preços ao Consumidor Amplo).

LEGISLAÇÃO CORRELATA

Decreto-lei n. 3.365/41

Art. 27. O juiz indicará na sentença os fatos que motivaram o seu convencimento e deverá atender, especialmente, à estimação dos bens para efeitos fiscais; ao preço de aquisição e interesse que deles aufere o proprietário; à sua situação, estado de conservação e segurança; ao valor venal dos da mesma espécie, nos últimos cinco anos, e à valorização ou depreciação de área remanescente, pertencente ao réu.

§ 1º A sentença que fixar o valor da indenização quando este for superior ao preço oferecido condenará o desapropriante a pagar honorários do advogado, que serão fixados entre meio e cinco por cento do valor da diferença, observado o disposto no § 4º do art. 20 do Código de Processo Civil, não podendo os honorários ultrapassar R$ 151.000,00 (cento e cinquenta e um mil reais) (*Redação dada Medida Provisória n. 2.183-56, de 2001.*)

Para complementar: Ao art. 20 do CPC de 1973 foi dada nova redação pelos arts. 82 e 85, § 2º, do atual **CPC**.

Nesse sentido, a Súmula 617 do STF, que define que a base de cálculo dos honorários de advogado em desapropriação é a **diferença** entre a oferta e a indenização, corrigidas ambas monetariamente.

No mesmo sentido, a **Súmula 141 do STF**: "Os honorários de advogado em desapropriação direta são calculados sobre a diferença entre a indenização e a oferta, corrigidas monetariamente".

Também, a **Súmula 378 do STF**: "Na indenização por desapropriação incluem-se honorários do advogado do expropriado".

3.6.8.2.4 Correção monetária

A atualização do valor fixado judicialmente é realizada por meio da aplicação de índices oficiais para correção monetária, não se justificando a realização de nova perícia, exceto em situações especiais.

O STF entende que a correção monetária é devida até o efetivo pagamento da indenização, devendo ser processada nova atualização do cálculo, ainda que por mais de uma vez.

3.6.8.2.5 Sentença

A sentença terá por escopo solucionar a lide, fixando a indenização devida pelo expropriante ao expropriado. A indenização necessita ser justa, isto é, que o valor indenizatório corresponda realmente ao valor do bem expropriado.

Com a sentença autoriza-se a imissão **definitiva** na posse do bem em favor do expropriante, sendo **título idôneo** para a transcrição da propriedade no registro imobiliário.

LEGISLAÇÃO CORRELATA

Decreto-lei n. 3.365/41
Art. 29. Efetuado o pagamento ou a consignação, expedir-se-á, em favor do expropriante, mandado de imissão de posse, valendo a sentença como título hábil para a transcrição no registro de imóveis.

A imissão definitiva na posse só se dará após o pagamento integral do preço, havendo, assim, a adjudicação do bem ao expropriante, transferindo-lhe o domínio e todos os seus consectários.

4. DIREITO DE EXTENSÃO

Ensina Elyesley Silva do Nascimento: "entende-se por direito de extensão a faculdade que tem o proprietário do bem de exigir que, na desapropriação, seja incluída a parte restante dos bens que se tornaram inaproveitáveis isoladamente ou de difícil utilização para ocupação ou exploração econômica"[27].

É um direito do proprietário de "exigir que na desapropriação se inclua a parte restante do bem expropriado, que se tornou inútil ou de difícil utilização"[28].

O proprietário expropriado deverá exercitar o direito de extensão ou em **acordo administrativo** ou na **ação judicial**. Não o fazendo nessas oportunidades significa que renunciou a seu direito, não sendo admissível que o pleiteie após o término da desapropriação.

Esse direito de extensão tem previsão no art. 12 do Decreto federal n. 4.956/2003.

5. DESISTÊNCIA DA DESAPROPRIAÇÃO

Ocorre desistência da desapropriação **pelo expropriante** pela **revogação** do ato expropriatório (decreto ou lei) e devolução do bem expropriado nas mesmas condições em que o expropriante o recebeu do proprietário, **desde que** não tenha consumado o pagamento da indenização.

É possível até a incorporação do bem ao patrimônio do expropriante: a) se bem **móvel**, será possível até a tradição; b) se bem **imóvel**, será possível até o trânsito em julgado da sentença, ou o registro do título em caso de acordo.

6. CASOS ESPECIAIS DE DESAPROPRIAÇÃO

6.1 Desapropriação por zona

Prevista no art. 4º do Decreto-lei n. 3.365/41, consiste na ampliação da expropriação às áreas que se valorizem extraordinariamente em consequência da realização da obra ou do serviço público.

As áreas e zonas excedentes e desnecessárias ao Poder Público podem ser vendidas a terceiros para a obtenção de recurso financeiro.

> **LEGISLAÇÃO CORRELATA**
>
> **Decreto-lei n. 3.365/41**
>
> **Art. 4º** A desapropriação **poderá abranger** a área contígua necessária ao desenvolvimento da obra a que se destina, e as zonas que se valorizarem extraordinariamente, em consequência da realização do serviço. Em qualquer caso, a declaração de utilidade pública deverá compreendê-

---

[27] NASCIMENTO, Elyesley Silva do. *Curso de direito administrativo*, Rio de Janeiro: Impetus, 2013, p. 1110.

[28] MEIRELLES, Hely Lopes. *Direito administrativo brasileiro*, 35. ed., São Paulo: Malheiros, 2010, p. 647.

-las, mencionando-se quais as indispensáveis à continuação da obra e as que se destinam à revenda.

Parágrafo único. Quando a desapropriação destinar-se à urbanização ou à reurbanização realizada mediante concessão ou parceria público-privada, o edital de licitação poderá prever que a receita decorrente da revenda ou utilização imobiliária integre projeto associado por conta e risco do concessionário, garantido ao poder concedente no mínimo o ressarcimento dos desembolsos com indenizações, quando estas ficarem sob sua responsabilidade. (*Incluído pela Lei n. 12.873, de 2013.*)

JURISPRUDÊNCIA

- **INFORMATIVO N. 0469 DO STJ – PERÍODO: 11 A 15 DE ABRIL DE 2011. DESAPROPRIAÇÃO. VALORIZAÇÃO ESPECÍFICA**

Cuida-se de REsp derivado de ação indenizatória por desapropriação indireta no qual a autora, ora recorrente, insurge-se, entre outras questões, contra a assertiva do acórdão recorrido de que a valorização de seu imóvel (área remanescente) decorrente da construção de rodovia estadual deveria ser deduzida do valor da indenização. Nesse contexto, mostra-se relevante frisar que a valorização imobiliária que advém de obra ou serviço público pode ser de ordem geral (beneficia indistintamente grupo considerável de administrados) ou especial (apenas um ou alguns identificados ou identificáveis são beneficiados) e a mais-valia divide-se em ordinária (todos os imóveis lindeiros à obra valorizam-se na mesma proporção) ou extraordinária (um ou alguns se valorizam mais que outros sujeitos à mais-valia ordinária). Na hipótese de valorização geral ordinária, o Poder Público tem em mão o instrumento legal da contribuição de melhoria e, diante da valorização geral extraordinária, tem a desapropriação por zona ou extensiva (art. 4º do DL n. 3.365/41). Já na seara da valorização específica e só nela, pode o Estado abatê-la da indenização a ser paga (art. 27 daquele mesmo DL, que deve ser interpretado em consonância com os demais princípios e regras do ordenamento jurídico). Anote-se que a tendência da jurisprudência de vetar o abatimento da mais-valia pelo Estado como regra geral remonta à década de 1950 e visava assegurar que o ônus referente à valorização fosse suportado não só pelo expropriado, mas por todos os beneficiados pelo melhoramento público, além de evitar que o desapropriado ficasse devedor do Poder Público acaso a valorização da parte remanescente fosse maior que o preço da parte desapropriada. Contudo, essa tendência sofreu evolução jurisprudencial a possibilitar a compensação nos casos de valorização específica, diante da impossibilidade de repartir o ônus oriundo da valorização. Disso decorre a jurisprudência do Superior Tribunal de que essa compensação não pode ser feita na desapropriação, com exceção dos casos de comprovada valorização específica ou individual. No caso, é patente a mais-valia da área remanescente em decorrência da construção da rodovia. Todavia, essa se mostra não como especial, mas como genérica, ao atingir os mesmos patamares dos demais imóveis lindeiros. Daí a respectiva mais-valia dever ser cobrada mediante contribuição de melhoria, a invalidar seu abatimento proporcional do valor da indenização, tal qual assentado no acórdão recorrido. Esse entendimento foi firmado por maioria pela Turma no prosseguimento do julgamento. Precedentes citados: REsp 795.580-SC, *DJ* 1º-2-2007; REsp 951.533-MG, *DJe* 5-3-2008, e REsp 831.405-SC, *DJ* 12-11-2007. REsp 1.092.010-SC, rel. Min. Castro Meira, j. 12-4-2011.

6.2 Desapropriação urbanística ou reurbanização

Prevista no **art. 5º, i, do Decreto-lei n. 3.365/41**, ocorre quando o Poder Público pretende criar ou alterar planos de urbanização para as cidades (e para isso precisa retirar algumas propriedades de seus donos).

A desapropriação para urbanização tem como utilidade pública a própria urbanização ou reurbanização.

Aparece nos casos de:

a) implantação de novos núcleos urbanos;

b) para fins de zoneamento ou renovação de bairros envelhecidos ou obsoletos;

c) remoção de indústria;

d) modificação de traçado viário.

6.3 Desapropriação por interesse social (Lei n. 4.132/62)

O art. 2º da Lei n. 4.132/62 indica os casos de interesse social:

a) o aproveitamento de todo bem improdutivo ou explorado sem correspondência com as necessidades de habitação, trabalho e consumo dos centros de população a que deve ou possa suprir por seu destino econômico;

b) o estabelecimento e a manutenção de colônias ou cooperativas de povoamento e trabalho agrícola;

c) a manutenção de posseiros em terrenos urbanos onde, com a tolerância expressa ou tácita do proprietário, tenham construído sua habilitação, formando núcleos residenciais de mais de 10 (dez) famílias;

d) a construção de casas populares;

e) as terras e águas suscetíveis de valorização extraordinária, pela conclusão de obras e serviços públicos, notadamente de saneamento, portos, transporte, eletrificação armazenamento de água e irrigação, no caso em que não sejam ditas áreas socialmente aproveitadas;

f) a proteção do solo e a preservação de cursos e mananciais de água e de reservas florestais;

g) a utilização de áreas, locais ou bens que, por suas características, sejam apropriados ao desenvolvimento de atividades turísticas.

A desapropriação por interesse social pode ser decretada para: a) **promover a justa distribuição da propriedade** (reforma agrária – art. 184 da CF) e/ou para b) **condicionar seu uso ao bem-estar social** (adequando o uso da propriedade às exigências da coletividade) – conforme fixa o art. 1º da Lei n. 4.132/62.

Quando realizada com fundamento de promoção da justa distribuição da propriedade para fins de reforma agrária, a competência declaratória será privativa da União (art. 184 da CF). Na segunda hipótese (condicionar seu uso ao bem-estar social), a competência declaratória é de todas as entidades constitucionais (União, Estados, DF e Municípios).

INTERVENÇÃO DO ESTADO NA PROPRIEDADE

LEGISLAÇÃO CORRELATA

CF

Art. 184. Compete à União **desapropriar por interesse social**, para fins de reforma agrária, o imóvel rural que não esteja cumprindo sua função social, mediante prévia e justa indenização em títulos da dívida agrária, com cláusula de preservação do valor real, resgatáveis no prazo de até vinte anos, a partir do segundo ano de sua emissão, e cuja utilização será definida em lei.

§ 1º As benfeitorias úteis e necessárias serão indenizadas em dinheiro.

§ 2º O decreto que declarar o imóvel como de interesse social, para fins de reforma agrária, autoriza a União a propor a ação de desapropriação.

§ 3º Cabe à lei complementar estabelecer procedimento contraditório especial, de rito sumário, para o processo judicial de desapropriação.

§ 4º O orçamento fixará anualmente o volume total de títulos da dívida agrária, assim como o montante de recursos para atender ao programa de reforma agrária no exercício.

§ 5º São isentas de impostos federais, estaduais e municipais as operações de transferência de imóveis desapropriados para fins de reforma agrária.

JURISPRUDÊNCIA

- **STJ – INFO 459. DESAPROPRIAÇÃO. REFORMA AGRÁRIA. INDENIZAÇÃO**

    Em respeito ao princípio da justa indenização, os valores referentes à desapropriação para fins de reforma agrária devem corresponder à exata dimensão da propriedade, pois não faz sentido vincular-se, de forma indissociável, o valor da indenização à área registrada, visto que tal procedimento poderia acarretar, em certos casos, o enriquecimento sem causa de uma ou de outra parte caso a área constante do registro seja superior. Dessarte, para fins indenizatórios, o alcance do justo preço recomenda que se adote a área efetivamente expropriada, com o fim de evitar prejuízo a qualquer das partes. No caso, deve-se pagar pelo que foi constatado pelo perito (a parte incontroversa), e o montante correspondente à área remanescente ficará eventualmente depositado em juízo até que se defina quem faz jus ao levantamento dos valores. Precedentes citados: REsp 596.300-SP, DJe 22-4-2008; REsp 937.585-MG, DJe 26-5-2008; REsp 841.001-BA, DJ 12-12-2007, e REsp 837.962-PB, DJ 16-11-2006. **REsp 1.115.875-MT, rel. Min. Mauro Campbell Marques, j. 7-12-2010.**

- **DESAPROPRIAÇÃO: ECOSSISTEMA DA FLORESTA AMAZÔNICA E INTIMAÇÃO – 1**

    O Tribunal iniciou julgamento de mandado de segurança impetrado contra ato do Presidente da República que, por decreto, declarara de interesse social, para fins de reforma agrária, imóvel rural. Os impetrantes sustentam a nulidade do procedimento administrativo realizado pelo INCRA, pelos seguintes fundamentos: a) invalidade da notificação para a vistoria prévia, dado que recebida por pessoa sem poderes de representação; b) inexistência de intimação sobre a atualização cadastral do imóvel, já que endereçada a local diverso da sede da empresa-autora; c) impossibilidade de desapropriação do imóvel, por se localizar em perímetro de ecossistema da Floresta Amazônica (art. 1º da Portaria/MEPF 88/99) e ser objeto de plano de manejo florestal sustentável (Lei n. 8.629/93, art. 7º); d) falta de notificação de entidades de classe (Decreto n. 2.250/97, art. 2º); e) invasão da propriedade por integrantes do Movimento dos Trabalhadores Rurais Sem Terra – MST. Inicialmente, aplicando-se a orientação firmada pela Corte no sentido de que, em se tratando de desapropriação para fins de reforma agrária, podem ser analisados os vícios do processo administrativo quando do julgamento do mandado de segurança impetrado contra o decreto presidencial, rejeitou-se a preliminar de não cabimento do writ. **MS 25.391/DF, rel. Min. Carlos Britto, j. 11-2-2008** (MS-25391)

- **DESAPROPRIAÇÃO: ECOSSISTEMA DA FLORESTA AMAZÔNICA E INTIMAÇÃO – 2**

  Quanto ao mérito, o Min. Carlos Britto, relator, denegou a segurança e cassou a liminar deferida. Relativamente à suposta invalidade da notificação da vistoria prévia, aduziu que esta fora recebida por advogado constituído pela impetrante para representá-la em notícia-crime e que funcionário da empresa acompanhara toda a vistoria. Afastou a segunda alegação, porquanto juntado aviso de recebimento endereçado à impetrante, intimando-a da atualização cadastral do imóvel. No tocante à impossibilidade de desapropriação do imóvel, por sua localização e por ser objeto de plano de manejo, asseverou, de início, que a área possui cobertura florestal primária incidente no Ecossistema da Floresta Amazônica, conforme demonstrado em laudo agronômico do INCRA, o que proibiria a desapropriação, nos termos do art. 1º, *caput*, da aludida Portaria 88/99. Contudo, entendeu que tal norma seria excepcionada pelo seu parágrafo único, bem como pelo § 6º do art. 37-A do Código Florestal ("§ 6º É proibida, em área com cobertura florestal primária ou secundária em estágio avançado de regeneração, a implantação de projetos de assentamento humano ou de colonização para fim de reforma agrária, ressalvados os projetos de assentamento agroextrativista, respeitadas as legislações específicas").

  Dessa forma, uma vez destinada à implantação de projeto de assentamento agroextrativista – recomendado pela Procuradoria do INCRA e solicitado pelos trabalhadores da região – a propriedade estaria disponível para desapropriação. De igual modo, repeliu o argumento de que a implantação de projeto técnico na área obstaculizaria a desapropriação, haja vista a existência de controvérsia sobre a veracidade do documento em que afirmado ser o imóvel objeto desse projeto. Ademais, salientou não restar comprovado o atendimento dos requisitos legais, cuja conclusão em sentido diverso ensejaria dilação probatória, incabível na sede eleita. Também não acolheu o penúltimo fundamento, pois a jurisprudência do STF seria pacífica quanto à necessidade de intimação da entidade representativa da classe produtora se esta houver indicado a área a ser desapropriada, o que não ocorrera na espécie. Por fim, aduziu que a impetrante reconhecera que a invasão da propriedade por integrantes do MST acontecera bem depois da vistoria do INCRA. Após preliminar suscitada pelo Min. Cezar Peluso quanto à prova da intimação oportuna da impetrante no processo e confirmação do voto pelo relator, pediu vista dos autos o Min. Eros Grau. **MS 25.391/DF, rel. Min. Carlos Britto, j. 11-2-2008**.

- **DESAPROPRIAÇÃO: ECOSSISTEMA DA FLORESTA AMAZÔNICA E INTIMAÇÃO – 3**

  Em conclusão, o Tribunal denegou mandado de segurança impetrado contra ato do Presidente da República que, por decreto, declarara de interesse social, para fins de reforma agrária, imóvel rural. Sustentava-se a nulidade do procedimento administrativo realizado pelo INCRA – v. *Informativo 494*. Relativamente à suposta invalidade da notificação da vistoria prévia, aduziu-se que esta fora recebida por advogado constituído pela impetrante para representá-la em notícia-crime e que funcionário da empresa acompanhara toda a vistoria. Afastou-se, também, a alegada inexistência de intimação sobre a atualização cadastral do imóvel, porquanto juntado aviso de recebimento endereçado à impetrante, intimando-a. Quanto à impossibilidade de desapropriação do imóvel, por sua localização e por ser objeto de plano de manejo, asseverou-se, de início, que a área possuiria cobertura florestal primária incidente no Ecossistema da Floresta Amazônica, conforme demonstrado em laudo agronômico do INCRA, o que proibiria a desapropriação, nos termos do art. 1º, *caput*, da Portaria 88/99. Contudo, entendeu-se que tal norma seria excepcionada pelo seu parágrafo único, bem como pelo § 6º do art. 37-A do Código Florestal. Dessa forma, uma vez destinada à implantação de projeto de assentamento agroextrativista – recomendado pela Procuradoria do INCRA e solicitado pelos trabalhadores da região – a propriedade estaria disponível para desapropriação. Repeliu-se, ainda, o argumento de que a implantação de projeto técnico na área obstaculizaria a desapropriação, haja vista a existência de controvérsia sobre a veracidade do documento em que afirmado ser o imóvel objeto desse projeto. Salientou-se, ademais, não restar comprovado o atendimento dos requisitos legais, cuja conclusão em sentido diverso ensejaria dilação probatória, incabível na sede eleita. Também não se acolheu o fundamento de falta de notificação de entidades de classe (Decreto n. 2.250/97, art. 2º), ante a jurisprudência pacífica do STF quanto à necessidade de intimação da entidade representativa da classe produtora se esta houver indicado a área a ser desapropriada, o que não ocorrera na espécie. Por fim, frisou-se que a impetrante reconhecera que a invasão da propriedade por integrantes do MST acontecera bem depois da vistoria do INCRA. MS 25.391/DF, rel. Min. Ayres Britto, j. 12-5-2010 *(Informativo STF 586)*.

- **INFORMATIVO N. 0467 DO STJ – PERÍODO: 21 A 25 DE MARÇO DE 2011. DESAPROPRIAÇÃO. REFORMA AGRÁRIA. INDENIZAÇÃO. PERÍCIA. LAUDO TÉCNICO**

  Trata-se, na origem, de ação expropriatória por interesse social para fins de reforma agrária proposta pelo Instituto Nacional de Colonização e Reforma Agrária (Incra) que culminou, neste Superior Tribunal, em recursos interpostos pela expropriada e pelo Incra. Discute a expropriada, no REsp, entre outras questões, a necessidade de laudo pericial para a apuração da justa indenização, apontando violação dos arts. 165 e 458, II, do CPC, alegando que não se poderia ter como fundamentação jurídica a adoção errônea da impugnação do Incra como laudo técnico nem a adoção de mero valor especulativo fornecido pelo expropriante, sem qualquer embasamento técnico. Aduz, ainda, ofensa ao art. 12, § 1º, da LC n. 76/93, sustentando que o magistrado, para apurar a justa indenização, deve, necessariamente, pautar-se em laudo técnico. Já o Incra, em suas razões, alega, entre outros temas, ofensa aos arts. 118 da Lei n. 4.504/64, 2º e 3º do DL n. 1.110/70 e 475, I, do CPC, sustentando que o tribunal de origem omitiu-se quanto à necessidade de remessa oficial, obrigatória no caso. *A priori*, esclareceu o Min. Relator que, apesar de ser firme a jurisprudência no sentido de que o magistrado não está vinculado às conclusões do laudo oficial, a prova pericial é indispensável ao pleito expropriatório. Ademais, sendo o laudo um parecer dos técnicos que levaram a efeito a perícia, ela é peça fundamental para o estabelecimento da convicção do magistrado. *In casu*, tomou-se a impugnação da segunda perícia como se laudo fosse, tornando-se suporte da decisão que foi afirmada e reafirmada no acórdão e nos embargos declaratórios como laudo da expropriante, quando, na realidade, não o era. Dessarte, concluiu o Min. Relator que tomar uma coisa pela outra – a impugnação da expropriante ao laudo pericial como prova técnica –, erigindo-a a fundamento do acórdão, importa violação do art. 12, § 1º, da LC n. 76/93. Com essas considerações, a Turma deu parcial provimento ao recurso da expropriada, para determinar a realização de nova perícia e declarar, em consequência, a nulidade do processo a partir do encerramento da instrução inclusive, julgando prejudicados o recurso do Incra e as demais questões. Precedentes citados: REsp 59.527-MG, *DJ* 12-8-1996; REsp 432.251-MG, *DJ* 16-9-2002; REsp 750.988-RJ, *DJ* 25-9-2006; REsp 797.854-PR, *DJe* 30-4-2008, e REsp 880.102-TO, *DJe* 16-12-2008. REsp 1.036.289-PA, rel. Min. Hamilton Carvalhido, j. 22-3-2011.

  > **Para complementar:** *Vide* arts. 205 e 489 do CPC/2015 (em substituição aos arts. 165 e 458 do CPC/73).

- **INFORMATIVO N. 618 DO STF – 28 DE FEVEREIRO A 4 DE MARÇO DE 2011 – DESAPROPRIAÇÃO E FUNDAMENTOS – 1**

  O Plenário iniciou julgamento de mandado de segurança impetrado contra ato do Presidente da República, consistente em decreto que declarara de interesse social, para fins de reforma agrária, propriedade rural localizada no Município de Sapé/PB. O impetrante alega que o processo que subsidiara o ato impetrado teria violado o art. 2º, § 6º, da Lei n. 8.629/93 ("Art. 2º A propriedade rural que não cumprir a função social prevista no art. 9º é passível de desapropriação, nos termos desta lei, respeitados os dispositivos constitucionais. ... § 6º O imóvel rural de domínio público ou particular objeto de esbulho possessório ou invasão motivada por conflito agrário ou fundiário de caráter coletivo não será vistoriado, avaliado ou desapropriado nos dois anos seguintes à sua desocupação, ou no dobro desse prazo, em caso de reincidência; e deverá ser apurada a responsabilidade civil e administrativa de quem concorra com qualquer ato omissivo ou comissivo que propicie o descumprimento dessas vedações"), já que o imóvel em questão teria sido alvo de sucessivas invasões provocadas pelo Movimento dos Sem-Terra – MST, fatos comprovados por meio de sentença transitada em julgado de ação de reintegração de posse. MS 26.336/DF, rel. Min. Joaquim Barbosa, j. 2-3-2011.

- **DESAPROPRIAÇÃO E FUNDAMENTOS – 2**

    O Min. Joaquim Barbosa, relator, denegou a ordem. considerou que o conjunto probatório constante dos autos apresentaria controvérsia cuja solução não seria viável por meio de mandado de segurança, pois não estaria claro se os ocupantes das áreas em questão seriam realmente invasores, pertencentes ao MST, ou trabalhadores fixados originariamente no local. Além disso, aduziu não haver prova cabal de que a região supostamente invadida pertenceria ao impetrante. Dessa forma, concluiu inexistir direito líquido e certo a autorizar o deferimento do pedido. Em divergência, os Ministros Marco Aurélio, Gilmar Mendes e Ellen Gracie concederam a segurança. Afirmaram haver inquestionável evidência acerca da invasão à propriedade do impetrante, corroborada por sucessivas decisões judiciais. Ademais, reputaram que a vistoria que dera base ao ato impugnado ocorrera de forma ilegal, pois realizada após a ocupação das terras, fato que teria contaminado o referido Decreto. Salientaram, por fim, que o objetivo da lei seria impedir invasões e evitar conflitos no campo, o que superaria qualquer fundamento utilizado para a desapropriação. Após, pediu vista dos autos o Min. Dias Toffoli. MS 26.336/DF, rel. Min. Joaquim Barbosa, j. 2-3-2011.

- **INFORMATIVO N. 626 DO STF – 9 A 13 DE MAIO DE 2011. DESAPROPRIAÇÃO: INTERESSE SOCIAL E REFORMA AGRÁRIA – 1**

    O Plenário denegou mandado de segurança impetrado com o fim de anular decreto presidencial que declarara de interesse social, para fins de estabelecimento e manutenção de colônias ou cooperativas de povoamento e trabalho agrícola, imóvel rural localizado no Estado da Paraíba, nos termos da Lei n. 4.132/62 ("Art. 2º Considera-se de interesse social: ... III – o estabelecimento e a manutenção de colônias ou cooperativas de povoamento e trabalho agrícola"). Alegava a impetração que o Tribunal de Justiça local teria anulado decreto estadual que desapropriara a mesma área, para fins de estabelecimento de colônia agrícola, razão pela qual o decreto impugnado afrontaria a coisa julgada. Sustentava, ademais, que não se poderia, no caso, cogitar de desapropriação para fins de reforma agrária, haja vista referir-se a média propriedade rural produtiva, e que teria havido desvio de finalidade, visto que a região destinada à desapropriação seria diversa daquela onde residiriam os colonos. Apontava, também, que o ato impugnado teria autorizado o Instituto Nacional de Colonização e Reforma Agrária – INCRA a promover a desapropriação e que a autarquia não teria competência legal para tanto. Por fim, afirmava afronta ao devido processo legal, à ampla defesa e ao contraditório em decorrência da falta de vistoria prévia do imóvel. MS 26.192/PB, rel. Min. Joaquim Barbosa, j. 11-5-2011.

- **DESAPROPRIAÇÃO: INTERESSE SOCIAL E REFORMA AGRÁRIA – 2**

    Em relação ao argumento de violação à coisa julgada, salientou-se que o decreto expropriatório proferido pelo Estado-membro teria sido anulado, em sentença transitada em julgado, devido a vício de incompetência, uma vez que encampado com o intuito de reforma agrária, atribuição exclusiva da União. No ponto, destacou o Min. Luiz Fux que esse vício consistiria em mera formalidade, de modo a não impedir a propositura de nova ação com o mesmo objeto. Reputou-se que, muito embora se tratasse de média propriedade rural produtiva, o ato impugnado não teria a finalidade de desapropriar para reforma agrária, mas para atender a interesse social, conceito este mais amplo do que aquele. A respeito, o Min. Celso de Mello consignou que a desapropriação para fins de reforma agrária seria modalidade de desapropriação-sanção, condicionada à notificação prévia como medida concretizadora do devido processo e vinculada ao mau uso da propriedade, cuja justa e prévia indenização se daria em títulos da dívida agrária. Enfatizou que a hipótese dos autos, por sua vez, trataria de assentamento de colonos em observância a interesse social, sem caráter sancionatório – motivo pelo qual a justa e prévia indenização teria ocorrido em espécie – e não vinculada à produtividade ou às dimensões da área desapropriada. Acrescentou o Min. Joaquim Barbosa, relator, que o referido interesse social residiria na necessidade de apaziguamento dos iminentes conflitos fundiários na região e, por essa razão, estaria justificada a interferência da União, por meio do INCRA. O Min. Ayres Britto aduziu que não competiria à citada autarquia atuar apenas em questões de reforma agrária, mas também naquelas de interesse social diverso. No tocante ao sustentado desvio de finalidade, assentou-se que caberia ao órgão expropriante determinar a gleba a ser destinada aos colonos, consideradas, inclusive, as áreas de preservação ambiental. MS 26.192/PB, rel. Min. Joaquim Barbosa, j. 11-5-2011.

- EMENTA: IMÓVEL RURAL. REFORMA AGRÁRIA. DESAPROPRIAÇÃO-SANÇÃO POR INTERESSE SOCIAL. NOTIFICAÇÃO PRÉVIA. INOCORRÊNCIA. COMUNICAÇÃO RECEBIDA POR PESSOA ESTRANHA À EMPRESA PROPRIETÁRIA DE PRÉDIO RÚSTICO. COMPROVAÇÃO, PELA IMPETRANTE, DE QUE AQUELE QUE RECEBEU A NOTIFICAÇÃO NÃO DISPUNHA DE PODERES PARA REPRESENTÁ-LA. DESRESPEITO À GARANTIA CONSTITUCIONAL DO *DUE PROCESS OF LAW*. TRANSGRESSÃO AO DIREITO DE DEFESA E AO POSTULADO DO CONTRADITÓRIO. O SIGNIFICADO DA VISTORIA PRÉVIA. REFORMA AGRÁRIA E ABUSO DE PODER. INADMISSIBILIDADE. A FUNÇÃO SOCIAL DA PROPRIEDADE: VETORES QUE PERMITEM RECONHECER O SEU ADIMPLEMENTO PELO *DOMINUS*. A SUBMISSÃO DO PODER PÚBLICO À *RULE OF LAW*. OFENSA A DIREITO LÍQUIDO E CERTO DA EMPRESA IMPETRANTE. PRECEDENTES. MANDADO DE SEGURANÇA DEFERIDO (*Informativo STF 608*).

6.4 Desapropriação por descumprimento da função social da propriedade urbana

Ocorre na hipótese elencada no art. 182, § 4º, III, da Constituição Federal (este tema é tratado e aprofundado no Capítulo XVIII, sobre o Estatuto da Cidade), também intitulada "Desapropriação Urbanística Sancionatória".

Características principais:

a) A norma constitucional do art. 182, § 4º, III, da CF foi regulamentada pela Lei n. 10.257/2001 (Estatuto da Cidade), que fixa as complementações necessárias para sua efetividade.

b) É desapropriação com caráter tipicamente punitivo – sempre que a propriedade urbana não cumprir sua função social.

c) É o Município que tem competência privativa para promover essa desapropriação.

d) O pressuposto da modalidade expropriatória em questão está no fato de que o proprietário descumpriu a obrigação urbanística de aproveitamento do imóvel prevista no plano diretor. "Não sendo cumprida, o Município adota as providências punitivas em *caráter sucessivo*: só pode ser aplicada a sanção subsequente se a anterior tiver sido ineficaz. As sanções têm a seguinte ordem de aplicabilidade: 1ª) ordem de edificação ou parcelamento compulsórios; 2ª) imposição de IPTU progressivo no tempo; 3ª) desapropriação urbanística sancionatória. Esta última é a sanção mais grave, vez que acarreta a perda da propriedade do imóvel"[29].

e) A indenização será efetivada por meio de títulos da dívida pública.

> **LEGISLAÇÃO CORRELATA**
>
> **CF**
> **Art. 182.** A política de desenvolvimento urbano, executada pelo Poder Público municipal, conforme diretrizes gerais fixadas em lei, tem por objetivo ordenar o pleno desenvolvimento das funções sociais da cidade e garantir o bem-estar de seus habitantes.
> § 1º O plano diretor, aprovado pela Câmara Municipal, obrigatório para cidades com mais de vinte mil habitantes, é o instrumento básico da política de desenvolvimento e de expansão urbana.
> § 2º A propriedade urbana cumpre sua função social quando atende às exigências fundamentais de ordenação da cidade expressas no plano diretor.
> § 3º As desapropriações de imóveis urbanos serão feitas com prévia e justa indenização em dinheiro.
> § 4º É facultado ao Poder Público municipal, mediante lei específica para área incluída no plano diretor, exigir, nos termos da lei federal, do proprietário do solo urbano não edificado, subutilizado ou não utilizado, que promova seu adequado aproveitamento, sob pena, sucessivamente, de:
> I – parcelamento ou edificação compulsórios;
> II – imposto sobre a propriedade predial e territorial urbana progressivo no tempo;
> III – desapropriação com pagamento mediante títulos da dívida pública de emissão previamente aprovada pelo Senado Federal, com prazo de resgate de até dez anos, em parcelas anuais, iguais e sucessivas, assegurados o valor real da indenização e os juros legais.

6.5 Desapropriação confiscatória (art. 243 da CF[30])

Aparece como sanção ao proprietário que não cumpre a função social da propriedade ou porque **a) cultiva ilegalmente plantas psicotrópicas ou b) explora trabalho escravo na propriedade**.

---

[29] CARVALHO FILHO, José dos Santos. *Manual de direito administrativo*, 24. ed., Rio de Janeiro: Lumen Juris, 2011, p. 828.

[30] As Constituições brasileiras de 1824, 1891, 1934, 1937, 1946 e 1967, com a EC n.1/69, não previam a hipótese em comento.

Nessas hipóteses, a propriedade será imediatamente desapropriada, **sem qualquer indenização** ao proprietário (pois é desapropriação sancionatória).

> **LEGISLAÇÃO CORRELATA**
>
> **CF**
> **Art. 243.** As propriedades rurais e urbanas de qualquer região do País onde forem localizadas culturas ilegais de plantas psicotrópicas ou a exploração de trabalho escravo na forma da lei serão expropriadas e destinadas à reforma agrária e a programas de habitação popular, sem qualquer indenização ao proprietário e sem prejuízo de outras sanções previstas em lei, observado, no que couber, o disposto no art. 5º. (*Redação dada pela Emenda Constitucional n. 81, de 2014.*)
> Parágrafo único. Todo e qualquer bem de valor econômico apreendido em decorrência do tráfico ilícito de entorpecentes e drogas afins e da exploração de trabalho escravo será confiscado e reverterá a fundo especial com destinação específica, na forma da lei. (*Redação dada pela Emenda Constitucional n. 81, de 2014.*)

O conceito de "gleba" mencionado pelo art. 243 da CF deve ser entendido como "propriedade" (e não apenas as áreas em que sejam cultivadas plantas psicotrópicas, mas as glebas no seu todo).

> "[...] a linguagem jurídica corresponde à linguagem natural, de modo que é nesta, linguagem natural, que se há de buscar o significado das palavras e expressões que se compõem naquela. Cada vocábulo nela assume significado no contexto no qual inserido. O sentido de cada palavra há de ser discernido em cada caso. No seu contexto e em face das circunstâncias do caso. Não se pode atribuir à palavra qualquer sentido distinto do que ela tem em estado de dicionário, ainda que não baste a consulta aos dicionários, ignorando-se o contexto no qual ela é usada, para que esse sentido seja em cada caso discernido. A interpretação/aplicação do direito se faz não apenas a partir de elementos colhidos do texto normativo [mundo do dever-ser], mas também a partir de elementos do caso ao qual será ela aplicada, isto é, a partir de dados da realidade [mundo do dever-ser]. O direito, qual ensinou Carlos Maximiliano, deve ser interpretado 'inteligentemente, não de modo que a ordem legal envolva um absurdo, prescreva inconveniências, vá ter a conclusões inconsistentes ou impossíveis'. O entendimento sufragado no acórdão recorrido não pode ser acolhido, conduzindo ao abuso de expropriar-se 150m² de terra rural para nesses mesmos 150m² assentar-se colonos, tendo em vista o cultivo de produtos alimentícios e medicamentosos. Não violação do preceito veiculado pelo art. 5º, LIV, da Constituição do Brasil e do chamado 'princípio' da proporcionalidade. Ausência de 'desvio de poder legislativo'" (RE 543.974, rel. Min. Eros Grau, j. 26-3-2009, Plenário, *DJe* 29-5-2009)[31].

---

[31] BULOS, Uadi Lammêgo. *Constituição Federal anotada*, 10. ed., São Paulo: Saraiva, 2012, p. 1.540.

Aprofundamento 1: **Terminologia "desapropriação" *versus* "expropriação":** "O artigo em comento merece maior atenção: Trata-se do instituto da desapropriação ou, noutra perspectiva, consistem em verdadeiro confisco? A doutrina controverte, parte inclina-se para a desapropriação, inclusive com as extensões de desapropriação sanção ou desapropriação-confiscatória. Mais ainda, por que o constituinte e, do mesmo modo, o legislador infraconstitucional utilizaram a expressão *expropriação* no lugar de *desapropriação*?

Desapropriar e expropriar possuem igual significado, e em que medida? Essas perguntas reclamam respostas. Certamente, do ponto de vista lexical não há distinção entre os verbos desapropriar e expropriar, isto é, retirar o próprio, da mesma forma os substantivos desapropriação e expropriação reveladores do ato de privar alguém do próprio. Contudo, semasiologicamente tais palavras apresentam outra moldura conceitual na língua portuguesa. Expropriar, no sentido político, sociológico e mesmo antropológico, significa, entre outras possíveis, a situação de retirar de alguém o que lhe é próprio, de desapossar no sentido de submissão, punição, flagício, não importando qualquer mecanismo compensatório. Desapropriar, por sua vez, denota um significado jurídico qualificado: a intervenção do Estado na propriedade privada com o objetivo de subtrair do proprietário o domínio de um bem, por utilidade, necessidade pública ou interesse social, com prévia e justa indenização.

Como fica então o modelo reitor contido no artigo em comento? Tem-se que se desapropriação fosse, à evidência, precedida da devida declaração estipulativa da finalidade, impor-se-ia, no curso regular, a prévia e justa indenização. E, parece, não procede à caracterização de desapropriação-sanção, pois mesmo no caso das desapropriações dos imóveis que não cumprem com a função social, no paradigma da reforma agrária (sanção imposta), se os proprietários ou possuidores são compensados pelas perdas que sofrerem. Portanto, duas são as situações que precisam ser enfrentadas. Em primeiro lugar, atente-se para a má técnica utilizada pelo constituinte; na verdade, ele dispôs no *caput* um enunciado que parece revelar a intenção de confiscar glebas de terras onde o proprietário ou possuidor afronta o direito; nesse sentido, o Poder Público tem ação direta com fundamento na antijuridicidade da prática do cultivo (o cultivo legal de plantas psicotrópicas está devidamente regulamentado pelo órgão sanitário do Ministério da Saúde – Serviço Nacional de Fiscalização e Farmácia do Ministério da Saúde), cujo procedimento está regulado pelas normas contidas na Lei n. 8.257/91 e Decreto n. 577/92. Em segundo lugar, dispõe no parágrafo único o *confisco* de bens (diz o texto 'todo e qualquer de valor econômico') em decorrência do tráfico de entorpecentes (*vide* comentário ao art. 5º, XLIII e XLI, *b*). Note-se que tal disposição está conformando a obrigação que assumiu o Estado brasileiro na adesão que fez à Convenção contra o Tráfico Ilícito de Entorpecentes e Substâncias Psicotrópicas, a exatos dois meses após a promulgação da Carta de 1988.Portanto, temos aí dois enunciados cujos conteúdos induzem significados que os individualizam; nesse sentido, como é sabido, manda a técnica legislativa que os parágrafos têm função analítica voltada para compreensão ou explicação de juízos complexos, mediante o estabelecimento de definições, restrições ou exceções ao texto do *caput* do artigo, técnica esta não observada pelo constituinte de 1988. De qualquer modo, temos que na cabeça do artigo se constitucionaliza o confisco pelo abuso do proprietário ou possuidor no exercício de seu direito, e pelo resultado produzido ou por produzir-se com tal exercício; na situação prevista no parágrafo único, tem-se a figura do confisco, não mais como um exercício de ação própria do Poder Público, sim efeito da condenação em crime devidamente tipificado.

O artigo em comento foi devidamente regulamentado pela Lei n. 8.257, de 27-11-1991, que introduziu na processualística brasileira um procedimento judicial típico objetivando a expropriação (confisco) das glebas (terras, imóveis) rurais onde seja praticado o cultivo ilegal de plantas psicotrópicas, e a mesma lei é que vai definir o que são plantas psicotrópicas (art. 2º). De igual modo, o Decreto n. 577, de 24-6-1992, confere à Polícia Federal competência legal para o exercício de ato de *polícia*, via relatório técnico, que substitui a declaração de utilidade, necessidade pública ou interesse social, exigida para as desapropriações, e peça indispensável para a pertinente ação processual expropriatória (confisco). Observe-se que a competência é exclusiva da União. Impende, ainda, ter presente que o mandamento constitucional previamente define o destino que deve ser dado às glebas rurais confiscadas: ao assentamento de colonos, para o *cultivo de produtos alimentícios e medicamentosos*. Com esta elocução quis o constituinte desagravar a sociedade pela conduta antijurídica do expropriado, dando uma finalidade ao bem compatível com o princípio da função social da propriedade, ademais do efeito pedagógico, tanto para as políticas agrárias como para as de natureza criminal.

O concílio pretoriano ainda está para ser construído, especialmente com relação à natureza do articulado pela Carta de 1988, e a aplicação do princípio da proporcionalidade nos casos em que incide o preceito constitucional. O Supremo Tribunal Federal, pelo Min. Eros Grau pronunciou-se sobre a extensão da área objeto de confisco, entendendo que, quando a Constituição fala em gleba, está referindo-se a toda a propriedade, e não parte da mesma onde se realiza o cultivo ilegal. Ademais, os tribunais brasileiros, em especial o TRF da 5ª Região (ib.), vêm julgando o maior número de casos onde incide o conteúdo do artigo em comento, tendo sido reconhecida a natureza jurídica da pena, pois destituída de compensação financeira. Há consenso pretoriano, ao contrário do que a União vem postulando (responsabilidade objetiva), é que o direito brasileiro privilegia a responsabilidade subjetiva, e nesta perspectiva, sim, é válida a perquirição da culpa em todas as suas modalidades, até mesmo pelo preceito fundamental contido no art. 5º, XLVI, portanto, deve-se investigar a culpabilidade do expropriado (confiscado)"[32].

---

[32] CANOTILHO, J. J. Gomes; MENDES, Gilmar Ferreira; SARLET, Ingo Wolfgang; STRECK, Lenio Luiz. *Comentários à Constituição do Brasil*, 1. ed., 6. tir., Coimbra-São Paulo: Almedina/Saraiva, 2014, p. 2175.

Aprofundamento 2: O STF reconheceu a repercussão geral no RE 635.336 (tema 399), em que se discutiu a possibilidade de expropriação de terra na qual foram cultivadas plantas psicotrópicas quando o proprietário comprovar que não teve culpa.

No caso os Ministros debateram sobre a natureza da responsabilidade do proprietário de terras com cultivo ilegal de plantas psicotrópicas: se objetiva ou subjetiva. O RE foi interposto pelo Ministério Público Federal (MPF) contra decisão do Tribunal Regional Federal da 5ª Região que manteve a expropriação de imóveis utilizados para a plantação de maconha, conforme art. 243 da CF. Ao alegar violação ao art. 243, *caput*, da Constituição Federal, o Ministério Público ressalta que, no caso de expropriação de glebas onde forem localizadas culturas ilegais de plantas psicotrópicas, a responsabilidade do proprietário deve ser subjetiva, e não objetiva, como decidiu o TRF-5.

Ao concluir o julgamento do referido recurso, o STF firmou a tese (em dezembro de 2016) de que a expropriação prevista no art. 243 da Constituição Federal pode ser afastada, desde que o proprietário comprove que **não incorreu** em culpa, ainda que *in vigilando* (falta de atenção com procedimento de outra pessoa) ou *in eligendo* (má escolha daquele a quem se confia a prática de um ato).

Claro que a função social da propriedade aponta para um dever do proprietário de zelar pelo uso lícito, ainda que não esteja na posse direta, porém esse dever não é ilimitado, só podendo ser exigido do proprietário que evite o ilícito quando estiver ao seu alcance. Assim, o proprietário pode afastar sua responsabilidade demonstrando que **não incorreu em culpa**, provando, por exemplo, que foi esbulhado ou até enganado por possuidor ou detentor.

JURISPRUDÊNCIA

- *INFORMATIVO* 587 DO STF – 17 A 21 DE MAIO DE 2010. ART. 243 DA CF E ANÁLISE DE REQUISITO SUBJETIVO

    A Turma iniciou julgamento de dois recursos extraordinários em que se discute se questões de índole subjetiva devem ser consideradas na aplicação do art. 243 da CF ("As glebas de qualquer região do País onde forem localizadas culturas ilegais de plantas psicotrópicas serão imediatamente expropriadas e especificamente destinadas ao assentamento de colonos, para o cultivo de produtos alimentícios e medicamentosos, sem qualquer indenização ao proprietário e sem prejuízo de outras sanções previstas em lei"). No caso, a União insurge-se contra acórdão do Tribunal de Justiça do Estado de Pernambuco que afastara a incidência do mencionado dispositivo constitucional ao fundamento de que os recorridos, **pessoas idosas, não tinham como se opor ao plantio ilícito de plantas psicotrópicas em suas terras, promovido por terceiros com fama de serem violentos e andarem armados.** A Corte de origem aduziu, ainda, que a área em que realizado o cultivo seria de difícil acesso e que o Poder Público não ofereceria condições para que os agricultores pudessem, sem risco, comunicar às autoridades as plantações de maconha em suas propriedades. O Min. Dias Toffoli, relator, proveu o recurso para decretar a expropriação do imóvel em tela. Asseverou que a efetividade da Constituição se imporia. Tendo em conta que a expropriação prevista no art. 243 da CF seria uma sanção, entendeu que não se exigiria nenhum tipo de análise de caráter subjetivo sobre o proprietário, recaindo a sanção sobre a propriedade. Assim, concluiu pela **inviabilidade de se partir para a apreciação subjetiva da conduta do proprietário ou do possuidor da terra – sua culpabilidade –, bastando para a expropriação a existência, no imóvel, de cultura ilegal de plantas psicotrópicas. Após, pediu vista a Min. Cármen Lúcia. RE 402.839/PE, rel. Min. Dias Toffoli, j. 18-5-2010. RE 436.806/PE, rel. Min. Dias Toffoli, j. 18-5-2010.**

- **CULTURAS ILEGAIS DE PLANTAS PSICOTRÓPICAS E EXPROPRIAÇÃO DE GLEBA**

    A expropriação de glebas a que se refere o art. 243 da CF há de abranger toda a propriedade e não apenas a área efetivamente cultivada (CF: "Art. 243. As glebas de qualquer região do País onde forem localizadas culturas ilegais de plantas psicotrópicas serão imediatamente expropriadas e especificamente destinadas ao assentamento de colonos, para o cultivo de produtos alimentícios e medicamentosos, sem qualquer indenização ao proprietário e sem prejuízo de outras sanções previstas em lei"). Com base nesse entendimento, o Tribunal proveu recurso extraordinário interposto pela União contra acórdão proferido pelo TRF da 1ª Região que concluíra que apenas a área onde efetivamente cultivada a planta psicotrópica deveria ter sido expropriada, pelos seguintes fundamentos: a) gleba seria parcela de um imóvel, tendo em conta a literalidade do art. 243 da CF; b) o art. 5º, LIV, da CF dispõe que "ninguém será privado da liberdade ou de seus bens sem o devido processo legal"; c) o perdimento da totalidade do imóvel violaria o princípio da proporcionalidade. Reputou-se insubsistente o primeiro fundamento, haja vista que gleba é uma área de terra, um terreno e não uma porção dessa área. Asseverou-se, no ponto, que a linguagem jurídica prescinde de retórica e que cada vocábulo nela assume significado no contexto no qual inserido. Assim, no art. 243 da CF, gleba só poderia ser entendida como propriedade, esta sujeita à expropriação quando nela localizadas culturas ilegais de plantas psicotrópicas. Repeliu-se, de igual modo, o segundo argumento, porquanto o devido processo legal, no caso dos autos, teria sido observado, tendo em conta que a União propusera ação expropriatória contra o recorrido, regularmente processada. Por fim, afastou-se a terceira assertiva, visto que ela seria uma oposição ao que o poder constituinte estabeleceu, ou seja, que a expropriação da totalidade da gleba onde foram localizadas culturas ilegais de plantas psicotrópicas seria desproporcional, como se o TRF apontasse, corrigindo-o, um desvio do poder constituinte. **RE 543.974/MG, rel. Min. Eros Grau, j. 26-3-2009** (*Informativo STF 540*).

6.5.1 E o uso da maconha para fins medicinais?

No ano de 1997 a Justiça do Canadá autorizou Terrence Parker (um homem de 42 anos) a plantar e consumir maconha com fins de tratamento para sua epilepsia. Quatro anos mais tarde, o governo canadense foi o primeiro do mundo a regulamentar o uso da maconha para fins medicinais. No Reino Unido há um laboratório que fabrica medicamento em forma de *spray* utilizando dois componentes da planta: a) THC – tetrahidrocanabinol; b) CBD – canabidiol. A França aprovou a venda desse mesmo remédio; Israel (desde que com autorização do Governo); Holanda; Áustria; Bélgica; Finlândia, República Tcheca etc. Nesses países é possível qualquer cidadão que tenha prescrição médica utilizar a *cannabis* em seu tratamento (em suas mais variadas formas de administração – óleo, *spray*, vapor –, a depender do tipo de enfermidade).

Mas e no Brasil? Como fica essa situação?

De acordo com pesquisas feitas (e aqui não podemos deixar de mencionar Elisaldo Carlini, da UNIFESP, que há mais de trinta anos estuda as propriedades medicinais da maconha), brasileiros vítimas de doenças como câncer, esclerose múltipla e mal de Parkinson poderiam se beneficiar com medicamentos feitos tendo por base a *cannabis*.

Assim, diante das diversas discussões e desdobramentos envolvendo o tema, **em 14 de janeiro de 2015**, a ANVISA (Agência Nacional de Vigilância Sanitária) aprovou a liberação do uso medicinal do canabidiol (CBD), um dos oitenta princípios ativos da maconha. Dessa forma, o CBD (canabidiol) sai da lista das substâncias proibidas pela ANVISA e passa a integrar a lista das substâncias controladas. Essa foi a primeira vez que a agência reguladora reconheceu oficialmente o efeito terapêutico de uma substância derivada da *cannabis* – disse um dos diretores da ANVISA, Ivo Bucaresky.

Portanto, o canabidiol (CBD) deixou de integrar as listas E F2 da ANVISA (que incluem substâncias entorpecentes) e passou integrar a lista C1 (que cuida das substâncias classificadas como controladas, ou seja, aquelas cujo desenvolvimento e registro necessitam de aprovação). Todavia, apesar da reclassificação, os pacientes ainda terão de solicitar à ANVISA autorização para importar produtos à base de canabidiol (CBD), uma vez que no Brasil ainda não há registro de medicamentos ou produtos semelhantes contendo CBD. A mesma situação ocorreu com o THC (tetrahidrocanabinol) em março de 2016.

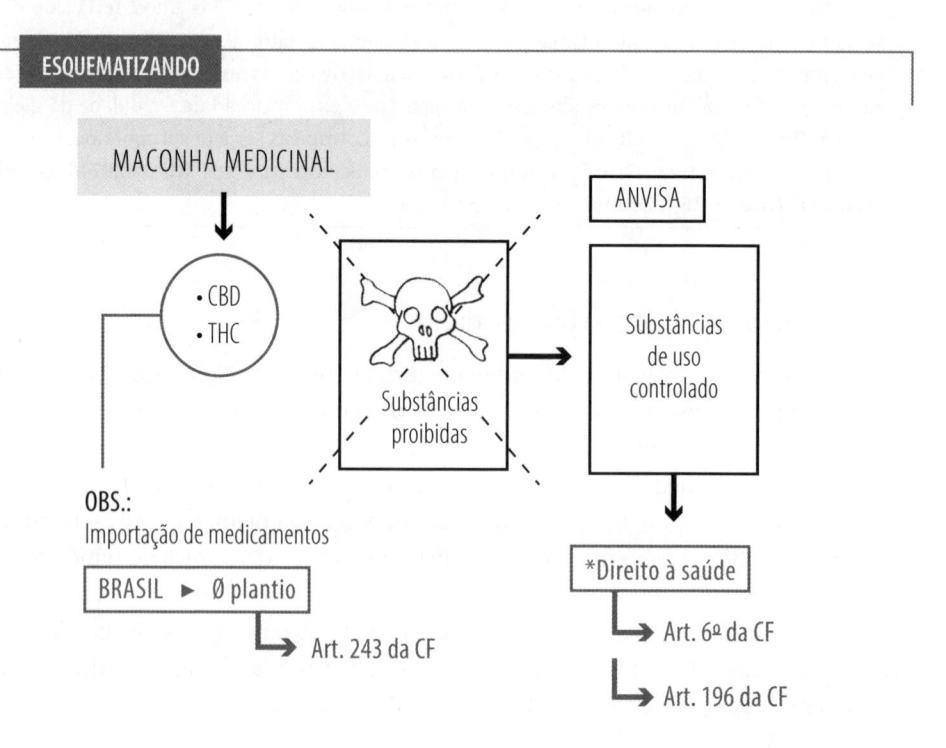

ESQUEMATIZANDO

MACONHA MEDICINAL
- CBD
- THC

Substâncias proibidas

ANVISA

Substâncias de uso controlado

OBS.: Importação de medicamentos

BRASIL ▶ Ø plantio → Art. 243 da CF

*Direito à saúde
→ Art. 6º da CF
→ Art. 196 da CF

6.5.2 Marcha da maconha: ADPF 187

Em decisão unânime (oito votos), o STF, em junho de 2011, liberou a realização da "marcha da maconha" – movimento que reúne manifestantes favoráveis à descriminalização da droga.

A referida ADPF foi ajuizada pela Procuradoria-Geral da República, e pela decisão do STF o art. 287 do Código Penal (que tipifica como crime fazer apologia de "fato criminoso" ou de "autor de crime") deve **ser interpretado conforme à Constituição**, de maneira a não impedir a realização de manifestações públicas em defesa da legalização da droga.

Para o Ministro Celso de Mello, a "marcha da maconha" tem caráter nitidamente cultural (em razão da realização de atividades musicais, teatrais e performáticas). É um movimento social espontâneo que reivindica, por meio da livre manifestação do pensamento, a "possibilidade da discussão democrática do modelo proibicionista (do consumo de droga) e dos efeitos (que esse modelo) produziu em termos de incremento de violência".

A mera proposta de descriminalização de determinado ilícito penal, qualquer que seja ele, não se confunde com o ato de incitação à prática desse mesmo delito, nem com o de apologia de fato criminoso, "eis que o debate sobre a abolição penal de determinadas condutas puníveis pode ser realizado de forma racional, com respeito entre interlocutores, ainda que a ideia, para a maioria, possa ser eventualmente considerada estranha, extravagante, inaceitável ou perigosa".

Destacou, ainda, que em nosso ordenamento jurídico diversos casos de *abolitio criminis* já ocorreram, dentre eles a descaracterização típica do crime de adultério, do crime de sedução e do delito de rapto consensual, então por que não ser possível realizar marchas em favor da legalização das drogas?

O Ministro Luiz Fux destacou que as manifestações devem ser pacíficas, sem armas e previamente noticiadas às autoridades públicas, tudo como manda o art. 5º, XVI, da Constituição Federal, quando prevê os requisitos para a realização do "direito de reunião".

Para a Ministra Cármen Lúcia, é necessário assegurar o direito de manifestação do pensamento sobre a criminalização ou não do uso da maconha, pois manifestações como essa têm o condão até mesmo de modificar leis.

Essa decisão tem eficácia para toda a sociedade e efeito vinculante aos demais órgãos do Poder Público, tendo validade imediata, como fixamos nos §§ 1º e 3º do art. 10 da Lei n. 9.882/99 (Lei da ADPF).

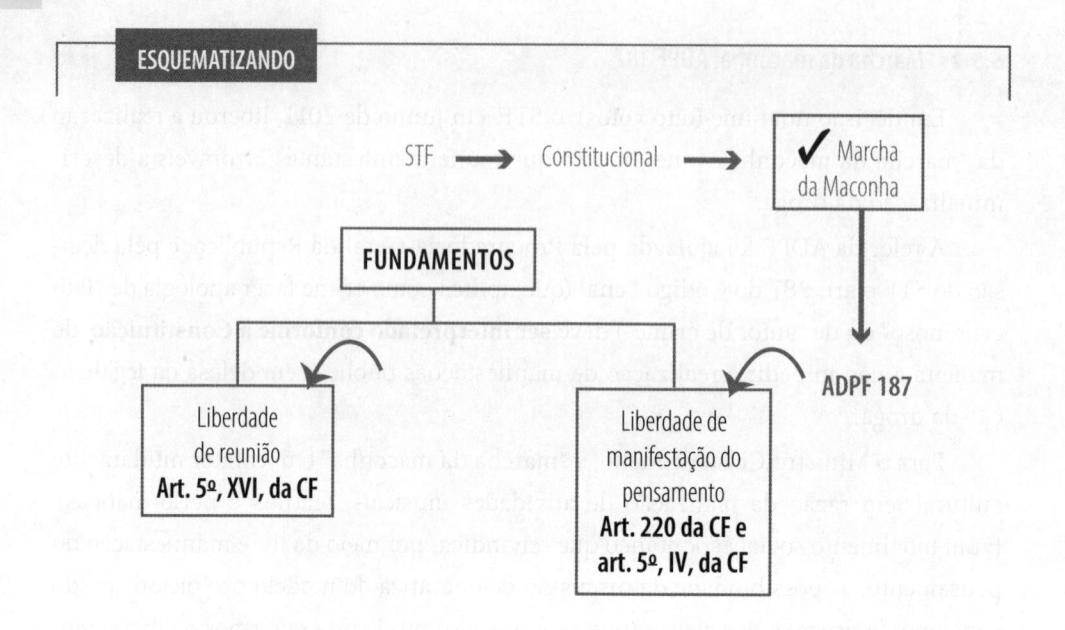

> **ESQUEMATIZANDO**
>
> STF → Constitucional → ✓ Marcha da Maconha
>
> **FUNDAMENTOS**
>
> - Liberdade de reunião — Art. 5º, XVI, da CF
> - Liberdade de manifestação do pensamento — Art. 220 da CF e art. 5º, IV, da CF
>
> ADPF 187

6.5.3 Recurso Extraordinário 635.659, com repercussão geral, discute a constitucionalidade da criminalização do porte de drogas para uso pessoal

Em 22 de dezembro de 2011, o STF reconheceu a existência de repercussão geral em recurso extraordinário **(RE 635.659 – tema 506)** que discute, à luz do princípio da lesividade e do art. 5º, X, da CF (direito à intimidade e à vida privada), a constitucionalidade do art. 28 da Lei de Drogas (Lei n. 11.343/2006), que tipifica como crime o uso de drogas para consumo próprio. A Defensoria Pública argumenta que o porte de drogas para uso próprio não afronta a chamada "saúde pública" (objeto jurídico do delito de tráfico), mas apenas, e quando muito, a saúde pessoal do próprio usuário. O referido recurso não analisa a questão da venda de drogas – que continuará ilegal qualquer que seja o resultado de julgamento do RE 635.659.

O Ministro relator, Gilmar Mendes, votou (em 20-8-2015) pela inconstitucionalidade do art. 28 da Lei de Drogas – que define como crime o porte de drogas para uso pessoal. O Ministro Edson Fachin defendeu (em 10-9-2015) descriminalizar o porte da maconha para consumo próprio. O Ministro Luís Roberto Barroso se manifestou exclusivamente sobre o uso da maconha (e não de outras drogas) e propôs um critério para distinguir o consumo do tráfico, sugerindo que porte de até 25 gramas seja parâmetro para uso pessoal. Destacou, contudo, que esse não é um parâmetro rígido, sendo que o juiz, ao analisar casos concretos nas chamadas "audiências de custódia", poderá considerar traficante pessoa que porte menos que 25 gramas, ou usuário, alguém que leve consigo mais do que isso (desde que o faça de maneira devidamente justificada).

Ainda não há decisão definitiva do caso e, em 3 de agosto de 2020, houve remessa dos autos ao gabinete do Ministro Relator.

6.6 Desapropriação indireta

"Também chamada de **desapropriação de fato**, diz-se indireta a desapropriação não precedida das **formalidades legais** exigidas, a exemplo da regular declaração desapropriatória, na qual se faça a indicação do bem a ser desapropriado e se indique com precisão a destinação que a ele se pretende dar, ou do pagamento da indenização, quando cabível. Pelo que se vê, trata-se de ação ilegal do Estado que passa a utilizar ostensivamente o bem de terceiro sem que com isso tenha observado os requisitos legais.

Desse modo, a desapropriação indireta não pode ser tida sequer como um ato administrativo, mas tão somente como um **fato administrativo**, porquanto revela um mero acontecimento no âmbito da Administração Pública e que trouxe repercussão para a esfera de direitos e obrigações dos particulares e da própria Administração"[33].

Conceito: é um **fato administrativo** pelo qual o Estado se apropria de bem particular **sem observar** os requisitos da declaração expropriatória e da indenização prévia.

Trata-se de situação de tamanho repúdio que os estudiosos a consideram verdadeiro esbulho possessório.

Características:

a) O proprietário fica desobrigado do pagamento do IPTU, a partir do momento em que se efetivou a desapropriação (STJ, REsp 770.559/RJ, rel. Min. Teori Albino Zavascki. *Informativo STF 293*).

b) A indenização deve corresponder ao valor real e atualizado do imóvel (ainda que o imóvel só tenha valorizado em virtude de obra pública). Qualquer supervalorização que o imóvel tenha, ainda que em razão da obra pública, deve ser compensada na indenização.

c) O bem se incorpora definitivamente ao patrimônio público, porém a posse continua do proprietário.

d) A ação tem conteúdo condenatório. Se for julgada procedente, a sentença condenará o Poder Público a indenizar o autor.

e) A legitimidade ativa e passiva nesse tipo de ação é inversa à da ação de desapropriação direta: o autor é o prejudicado e o réu é a pessoa jurídica de direito público responsável pela incorporação do bem a seu patrimônio.

f) O autor deve ser proprietário do imóvel, cabendo-lhe a prova do domínio.

g) Sendo casado o autor, a jurisprudência tem exigido o comparecimento de ambos os cônjuges no polo ativo da ação, sob pena de ser extinto o processo (STJ, REsp 46.899-0/SP).

---

[33] NASCIMENTO, Elyesley Silva do. *Curso de direito administrativo*, Rio de Janeiro: Impetus, 2013, p. 1108.

h) Enquanto na desapropriação direta o Ministério Público atua como fiscalizador, na desapropriação indireta dispensa-se sua intervenção no processo.

i) Foro da ação é o do local do imóvel. Este também é o posicionamento do STF (RE 111.988).

j) PRESCRIÇÃO DA AÇÃO.

Tradicionalmente dominava o entendimento de que o prazo prescricional para ajuizamento da ação seria de 20 (vinte) anos (Súmula 119 do STJ). Nesse sentido:

- **0001008-83.2009.8.26.0523. Apelação. Rel. Cristina Cotrofe. Comarca: Santa Branca. Órgão julgador: 8ª Câmara de Direito Público. TJSP, j. 5-6-2013. Data de registro: 6-6-2013. Outros números: 10088320098260523.**

  Ementa: APELAÇÃO CÍVEL. Desapropriação Indireta. 1. PRESCRIÇÃO. Inocorrência Ação de natureza real Prescrição vintenária. Inteligência da Súmula n. 119, do Superior Tribunal de Justiça. 2. JUROS COMPENSATÓRIOS. Incidência que decorre da perda antecipada da posse do imóvel. Aplicabilidade da Súmula 408, do Superior Tribunal de Justiça. 3. JUROS MORATÓRIOS. Incidência a contar do trânsito em julgado Inadmissibilidade Observância da regra do art. 100, § 12º, da Constituição Federal, com a redação dada pela EC n. 62/2009. 4. HONORÁRIOS ADVOCATÍCIOS. Decisão que fixou a verba honorária em 5% do valor da indenização Admissibilidade – Incidência da regra do art. 27, § 1º, do Decreto-lei n. 3.365/41. Recurso parcialmente provido.

- **9156336-64.2009.8.26.0000. Apelação. Rel. Maria Olívia Alves. Comarca: Santo André. Órgão julgador: 6ª Câmara de Direito Público TJSP, j. 13-05-2013. Data de registro: 15-5-2013. Outros números: 9601225600.**

  Ementa: APELAÇÕES e REEXAME NECESSÁRIO. DESAPROPRIAÇÃO INDIRETA. Pedido de indenização correspondente ao valor da área c.c. pagamento de IPTU. Processo extinto, sem resolução do mérito, com relação ao SEMASA. Pedido acolhimento parcialmente, com relação ao Município de Santo André. RECURSO DO MUNICÍPIO. Inépcia da petição inicial. Inocorrência. Preenchimento dos requisitos do art. 282 do CPC. Possibilidade de ampla defesa aos réus. Legitimidade passiva do SEMASA. Reconhecimento – Ato ilícito imputado à autarquia e ao Município. Reconhecimento da procedência do pedido somente em relação ao Município, que decorreu do exame no mérito – Condições da ação que devem ser analisadas, sem esse exame. Extinção que deve ser afastada. Pedido entretanto improcedente, no tocante ao SEMASA – Prescrição. Inocorrência. Ação de natureza real – Apossamento ocorrido em 1990 – Ação ajuizada em 2009. Prazo vintenário, nos termos da Súmula 119 do STJ. Juros Compensatórios e moratórios. Destinação dos primeiros a compensar a perda antecipada do imóvel – Manutenção do termo inicial, que, no caso, favoreceu o réu. Observância do preceito constitucional da prévia e integral indenização. Redução do percentual: de 12% para 6% ao ano. Cabimento. Aplicação do art. 15-A do Decreto-lei n. 3.365/41. Juros moratórios já fixados de acordo com a pretensão do recorrente. Cabimento. Honorários advocatícios – Redução de 10% para 5% do valor da condenação. Aplicação do art. 27, parágrafos 1º e 3º, II, do Decreto-lei n. 3.365/41. Rejeição da matéria preliminar – Recurso parcialmente provido, com solução extensiva ao reexame necessário. RECURSO DO SEMASA. Pretensão de condenação do autor, no pagamento dos honorários do seu patrono e das despesas com assistente técnico. Cabimento. Pedido julgado improcedente, no tocante a esse réu. Aplicação do princípio da causalidade (art. 20 do CPC). Município que não pode ser responsabilizado pela demanda contra esse réu – Recurso provido.

Para complementar: Os requisitos da petição inicial, antes disciplinados no art. 282 do CPC de 1973, hoje estão previstos no **art. 319 do atual CPC**. E a matéria prevista no art. 20 do CPC de 1973 está disciplinada nos arts. 82 e 85 do atual CPC. Vejamos:

CPC/73	CPC/2015
Art. 282. A petição inicial indicará:	**Art. 319.** A petição inicial indicará:
I – o juiz ou tribunal, a que é dirigida;	I – o juízo a que é dirigida;
II – os nomes, prenomes, estado civil, profissão, domicílio e residência do autor e do réu;	II – os nomes, os prenomes, o estado civil, a existência de união estável, a profissão, o número de inscrição no Cadastro de Pessoas Físicas ou no Cadastro Nacional da Pessoa Jurídica, o endereço eletrônico, o domicílio e a residência do autor e do réu;
III – o fato e os fundamentos jurídicos do pedido;	III – o fato e os fundamentos jurídicos do pedido;
IV – o pedido, com as suas especificações;	IV – o pedido com as suas especificações;
V – o valor da causa;	V – o valor da causa;
VI – as provas com que o autor pretende demonstrar a verdade dos fatos alegados;	VI – as provas com que o autor pretende demonstrar a verdade dos fatos alegados;
VII – o requerimento para a citação do réu.	VII – a opção do autor pela realização ou não de audiência de conciliação ou de mediação.
	§ 1º Caso não disponha das informações previstas no inciso II, poderá o autor, na petição inicial, requerer ao juiz diligências necessárias a sua obtenção.
	§ 2º A petição inicial não será indeferida se, a despeito da falta de informações a que se refere o inciso II, for possível a citação do réu.
	§ 3º A petição inicial não será indeferida pelo não atendimento ao disposto no inciso II deste artigo se a obtenção de tais informações tornar impossível ou excessivamente oneroso o acesso à justiça.

Art. 20. A sentença condenará o vencido a pagar ao vencedor as despesas que antecipou e os honorários advocatícios. Esta verba honorária será devida, também, nos casos em que o advogado funcionar em causa própria. (*Redação dada pela Lei n. 6.355, de 1976.*)
§ 1º O juiz, ao decidir qualquer incidente ou recurso, condenará nas despesas o vencido. (Redação dada pela Lei n. 5.925, de 1º-10-1973.)
§ 2º As despesas abrangem não só as custas dos atos do processo, como também a indenização de viagem, diária de testemunha e remuneração do assistente técnico. (Redação dada pela Lei n. 5.925, de 1º-10-1973.)
§ 3º Os honorários serão fixados entre o mínimo de dez por cento (10%) e o máximo de vinte por cento (20%) sobre o valor da condenação, atendidos: (Redação dada pela Lei n. 5.925, de 1º-10-1973.)
a) o grau de zelo do profissional; (Redação dada pela Lei n. 5.925, de 1º-10-1973.)
b) o lugar de prestação do serviço; (Redação dada pela Lei n. 5.925, de 1º-10-1973.)
c) a natureza e importância da causa, o trabalho realizado pelo advogado e o tempo exigido para o seu serviço. (Redação dada pela Lei n. 5.925, de 1º-10-1973.)
§ 4º Nas causas de pequeno valor, nas de valor inestimável, naquelas em que não houver condenação ou for vencida a Fazenda Pública, e nas execuções, embargadas ou não, os honorários serão fixados consoante apreciação equitativa do juiz, atendidas as normas das alíneas *a*, *b* e *c* do parágrafo anterior. (*Redação dada pela Lei n. 8.952, de 13-12-1994.*)

Art. 82. Salvo as disposições concernentes à gratuidade da justiça, incumbe às partes prover as despesas dos atos que realizarem ou requererem no processo, antecipando-lhes o pagamento, desde o início até a sentença final ou, na execução, até a plena satisfação do direito reconhecido no título.
§ 1º Incumbe ao autor adiantar as despesas relativas a ato cuja realização o juiz determinar de ofício ou a requerimento do Ministério Público, quando sua intervenção ocorrer como fiscal da ordem jurídica.
§ 2º A sentença condenará o vencido a pagar ao vencedor as despesas que antecipou.
Art. 85. A sentença condenará o vencido a pagar honorários ao advogado do vencedor.
§ 1º São devidos honorários advocatícios na reconvenção, no cumprimento de sentença, provisório ou definitivo, na execução, resistida ou não, e nos recursos interpostos, cumulativamente.
§ 2º Os honorários serão fixados entre o mínimo de dez e o máximo de vinte por cento sobre o valor da condenação, do proveito econômico obtido ou, não sendo possível mensurá-lo, sobre o valor atualizado da causa, atendidos:
I – o grau de zelo do profissional;
II – o lugar de prestação do serviço;
III – a natureza e a importância da causa;
IV – o trabalho realizado pelo advogado e o tempo exigido para o seu serviço.
§ 3º Nas causas em que a Fazenda Pública for parte, a fixação dos honorários observará os critérios estabelecidos nos incisos I a IV do § 2º e os seguintes percentuais:
I – mínimo de dez e máximo de vinte por cento sobre o valor da condenação ou do proveito econômico obtido até 200 (duzentos) salários mínimos;
II – mínimo de oito e máximo de dez por cento sobre o valor da condenação ou do proveito econômico obtido acima de 200 (duzentos) salários mínimos até 2.000 (dois mil) salários mínimos;
III – mínimo de cinco e máximo de oito por cento sobre o valor da condenação ou do proveito econômico obtido acima de 2.000 (dois mil) salários mínimos até 20.000 (vinte mil) salários mínimos;

§ 5º Nas ações de indenização por ato ilícito contra pessoa, o valor da condenação será a soma das prestações vencidas com o capital necessário a produzir a renda correspondente às prestações vincendas (art. 602), podendo estas ser pagas, também mensalmente, na forma do § 2º do referido art. 602, inclusive em consignação na folha de pagamentos do devedor. (*Incluído pela Lei n. 6.745, de 5-12-1979.*) (*Vide* § 2º do art. 475-Q.)

IV – mínimo de três e máximo de cinco por cento sobre o valor da condenação ou do proveito econômico obtido acima de 20.000 (vinte mil) salários mínimos até 100.000 (cem mil) salários mínimos;

V – mínimo de um e máximo de três por cento sobre o valor da condenação ou do proveito econômico obtido acima de 100.000 (cem mil) salários mínimos.

§ 4º Em qualquer das hipóteses do § 3º:

I – os percentuais previstos nos incisos I a V devem ser aplicados desde logo, quando for líquida a sentença;

II – não sendo líquida a sentença, a definição do percentual, nos termos previstos nos incisos I a V, somente ocorrerá quando liquidado o julgado;

III – não havendo condenação principal ou não sendo possível mensurar o proveito econômico obtido, a condenação em honorários dar-se-á sobre o valor atualizado da causa;

IV – será considerado o salário mínimo vigente quando prolatada sentença líquida ou o que estiver em vigor na data da decisão de liquidação.

§ 5º Quando, conforme o caso, a condenação contra a Fazenda Pública ou o benefício econômico obtido pelo vencedor ou o valor da causa for superior ao valor previsto no inciso I do § 3º, a fixação do percentual de honorários deve observar a faixa inicial e, naquilo que a exceder, a faixa subsequente, e assim sucessivamente.

§ 6º Os limites e critérios previstos nos §§ 2º e 3º aplicam-se independentemente de qual seja o conteúdo da decisão, inclusive aos casos de improcedência ou de sentença sem resolução de mérito.

§ 7º Não serão devidos honorários no cumprimento de sentença contra a Fazenda Pública que enseje expedição de precatório, desde que não tenha sido impugnada.

§ 8º Nas causas em que for inestimável ou irrisório o proveito econômico ou, ainda, quando o valor da causa for muito baixo, o juiz fixará o valor dos honorários por apreciação equitativa, observando o disposto nos incisos do § 2º.

§ 9º Na ação de indenização por ato ilícito contra pessoa, o percentual de honorários incidirá sobre a soma das prestações vencidas acrescida de 12 (doze) prestações vincendas.

§ 10. Nos casos de perda do objeto, os honorários serão devidos por quem deu causa ao processo.

§ 11. O tribunal, ao julgar recurso, majorará os honorários fixados anteriormente levando em conta o trabalho adicional realizado em grau recursal, observando, conforme o caso, o disposto nos §§ 2º a 6º, sendo vedado ao tribunal, no cômputo geral da fixação de honorários devidos ao advogado do vencedor, ultrapassar os respectivos limites estabelecidos nos §§ 2º e 3º para a fase de conhecimento.

§ 12. Os honorários referidos no § 11 são cumuláveis com multas e outras sanções processuais, inclusive as previstas no art. 77.

§ 13. As verbas de sucumbência arbitradas em embargos à execução rejeitados ou julgados improcedentes e em fase de cumprimento de sentença serão acrescidas no valor do débito principal, para todos os efeitos legais.

§ 14. Os honorários constituem direito do advogado e têm natureza alimentar, com os mesmos privilégios dos créditos oriundos da legislação do trabalho, sendo vedada a compensação em caso de sucumbência parcial.

§ 15. O advogado pode requerer que o pagamento dos honorários que lhe caibam seja efetuado em favor da sociedade de advogados que integra na qualidade de sócio, aplicando-se à hipótese o disposto no § 14.

§ 16. Quando os honorários forem fixados em quantia certa, os juros moratórios incidirão a partir da data do trânsito em julgado da decisão.

§ 17. Os honorários serão devidos quando o advogado atuar em causa própria.

§ 18. Caso a decisão transitada em julgado seja omissa quanto ao direito aos honorários ou ao seu valor, é cabível ação autônoma para sua definição e cobrança.

§ 19. Os advogados públicos perceberão honorários de sucumbência, nos termos da lei.

- 0003320-73.2010.8.26.0595. Apelação. Rel. Danilo Panizza. Comarca: Serra Negra. Órgão julgador: 1ª Câmara de Direito Público TJSP, j. 23-4-2013. Data de registro: 23-4-2013. Outros números: 33207320108260595.

    Ementa: INDENIZATÓRIA. DESAPROPRIAÇÃO INDIRETA. APOSSAMENTO DEMONSTRADO. REPARAÇÃO CABÍVEL. EXCLUSÃO DA PRESCRIÇÃO QUINQUENAL. IRRESIGNAÇÃO MANTENÇA – AÇÃO DE DESAPROPRIAÇÃO INDIRETA, PRESCRIÇÃO VINTENÁRIA (Súmula 119 do STJ) – Uma vez demonstrado o apossamento de propriedade particular é cabível a indenização, a qual se conta a partir do ato de apossamento, excluída a prescrição quinquenal. A ação de desapropriação indireta prescreve em vinte anos, de conformidade com a Súmula 119 do STJ. Recursos negados.

- 007809-46.2009.8.26.0157. Apelação. Rel. Moacir Peres. Comarca: Cubatão. Órgão julgador: 7ª Câmara de Direito Público. TJSP, j. 15-4-2013. Data de registro: 17-4-2013. Outros números: 78094620098260157.

    Ementa: EMBARGOS À EXECUÇÃO. DESAPROPRIAÇÃO INDIRETA. PRESCRIÇÃO – A ação indenizatória por desapropriação indireta se sujeita à prescrição vintenária, prescrevendo a execução no mesmo prazo da ação principal, não se aplicando, no caso, o disposto no art. 1º do Decreto n. 20.910/32 (Súmula n. 119 do STJ e Súmula 150 do STF) – CORREÇÃO MONETÁRIA. Atualização monetária deve ser elaborada com base nos índices da Tabela Prática para cálculos de atualização de débitos judiciais, elaborada de acordo com a jurisprudência predominante deste Egrégio Tribunal de Justiça, atualizada Correção monetária deve ser aplicada de forma a preservar o valor real da moeda IPC, apurado pelo IBGE, é o índice de atualização que melhor representa a desvalorização da moeda.

No mesmo sentido, STJ:

- AgRg no AREsp 457.390/GO. AGRAVO REGIMENTAL NO AGRAVO EM RECURSO ESPECIAL. 2013/0421674-0, j. 22-4-2014. rel. Min. HUMBERTO MARTINS

    ADMINISTRATIVO. PROCESSUAL CIVIL. **DESAPROPRIAÇÃO INDIRETA**. **PRESCRIÇÃO.** INDENIZAÇÃO. ART. 1.238 DO CÓDIGO CIVIL. PARÁGRAFO ÚNICO. ART. 2.028 DO CÓDIGO CIVIL. INAPLICABILIDADE. SÚMULA 119/STJ.

    A pretensão do agravante no sentido de que, no caso vertente, a **prescrição** é decenal apenas reproduz as razões do recurso especial, não sendo trazidos novos argumentos capazes de mudar o entendimento exposto na decisão monocrática, segundo o qual a pretensão do recorrente encontra óbice na Súmula n. 119 deste Tribunal, verbis: "A ação de **desapropriação indireta** prescreve em vinte anos". Agravo regimental improvido.

k) Juros compensatórios na desapropriação indireta: incidem sobre o valor da indenização e são corrigidos monetariamente.

Súmula 114 do STJ: "Os juros compensatórios, na desapropriação indireta, incidem a partir da ocupação, calculados sobre o valor da indenização, corrigido monetariamente".

ESQUEMATIZANDO

DESAPROPRIAÇÃO DIRETA	DESAPROPRIAÇÃO INDIRETA
Juros compensatórios: base de cálculo incide sobre a diferença do valor ofertado pelo expropriante e o valor da indenização fixado na sentença.	Juros compensatórios: base de cálculo incide sobre o VALOR DA INDENIZAÇÃO fixada na sentença.

l) Honorários advocatícios na desapropriação indireta.

DESAPROPRIAÇÃO DIRETA	DESAPROPRIAÇÃO INDIRETA
Art. 27, § 1º, do Decreto-lei n. 3.365/41.	Art. 85, § 2º, do CPC.
Percentual: de 0,5 a 5% sobre o valor da DIFERENÇA entre o ofertado pelo expropriante e o valor fixado na sentença.	Percentual: incidem os parâmetros do CPC: os honorários serão fixados entre o mínimo de 10% e o máximo de 20% sobre o valor da condenação.

m) Prova pericial.

Deve ser paga por aquele que tiver requerido o exame pericial. Se ambos requereram, o ônus incumbirá ao autor.

n) Assistente técnico.

É remunerado pela parte que o houver indicado.

JURISPRUDÊNCIA

- *INFO* 507 DO STJ. DIREITO ADMINISTRATIVO. DESAPROPRIAÇÃO INDIRETA. VALORIZAÇÃO DA ÁREA REMANESCENTE. REDUÇÃO DO *QUANTUM* INDENIZATÓRIO. IMPOSSIBILIDADE
  Na desapropriação indireta, quando há valorização geral e ordinária da área remanescente ao bem esbulhado em decorrência de obra ou serviço público, não é possível o abatimento no valor da indenização devida ao antigo proprietário. Cabe ao Poder Público, em tese, a utilização da contribuição de melhoria como instrumento legal capaz de fazer face ao custo da obra, devida proporcionalmente pelos proprietários de imóveis beneficiados com a valorização do bem. Precedentes citados: REsp 795.580/SC, DJ 1º-2-2007; REsp 1.074.994-SC, DJe 29-10-2008. **REsp 1.230.687-SC, rel. Min. Eliana Calmon, j. 18-10-2012.**
- **DESAPROPRIAÇÃO INDIRETA. ESBULHO. PROMESSA DE COMPRA E VENDA NÃO REGISTRADA. INDENIZAÇÃO**
  A Turma negou provimento ao recurso ao reafirmar que, em se tratando de desapropriação indireta, a promessa de compra e venda, ainda que não registrada no cartório de imóveis, habilita os promissários compradores a receber a indenização pelo esbulho praticado pelo ente

público. Consignou-se que a promessa de compra e venda constitui negócio jurídico, sendo imanentes a ele direitos, deveres, obrigações, exceções e demais categorias eficaciais. Portanto, o registro não interfere na relação de direito obrigacional, apenas produz eficácia perante terceiros que não participaram do contrato. Ademais, possuem direito à indenização o titular do domínio, o titular do direito real limitado e o detentor da posse. Precedente citado: REsp 769.731-PR, *DJ* 31-5-2007. **REsp 1.204.923-RJ, rel. Min. Humberto Martins, j. 20-3-2012** (*Informativo STJ 493*).

- *INFO* **478 STJ. DESAPROPRIAÇÃO. TERRAS. GALEÃO. PRESCRIÇÃO**

  A Turma conheceu parcialmente do recurso da União e, nessa extensão, proveu-o para reconhecer a ocorrência da prescrição da pretensão executiva, invertendo os ônus sucumbenciais nos termos do fixado pelo magistrado de primeira instância. No caso, a ação ordinária discutia a desapropriação indireta das glebas hoje pertencentes ao Aeroporto Internacional do Galeão e a indenização a que fora condenada a União, arbitrada em R$ 17 bilhões. No REsp, a recorrente (União) alegou que inúmeras ilegalidades teriam ocorrido na ação de conhecimento, a qual se iniciou em 1951. Entre as ilegalidades apontadas pela União, estaria o vício de representação da companhia recorrida em liquidação, omissões perpetradas pelo TRF acerca de questões fundamentais ao deslinde da controvérsia, o que tornaria nulo o acórdão recorrido, bem como a ocorrência de prescrição. O Ministro Mauro Campbell Marques, Relator do REsp, iniciou seu voto afastando as preliminares de nulidade por suposto vício de representação da empresa recorrida e das alegadas omissões do acórdão *a quo*. Entendeu o Min. Relator que não seria possível o conhecimento do REsp quanto ao vício de representação, pois tal medida implicaria a análise de todo o acervo probatório dos autos, hipótese que encontra óbice na Súm. n. 7-STJ. Quanto à omissão do TRF, asseverou que todas as questões suscitadas pelas partes foram exaustivamente analisadas por aquele tribunal, inclusive quando da admissibilidade do REsp, razão por que não seria possível sustentar haver omissão no julgamento. Quanto à preliminar de mérito, afirmou ter havido a prescrição da pretensão executiva, uma vez que a companhia recorrida, após a liquidação dos cálculos por sentença com trânsito em julgado, teria levado 20 anos para propor a ação de execução. Ressaltou ainda que, em 9-4-1997, os autos foram retirados do cartório pelo advogado da companhia recorrida sob a alegação de que estariam diligenciando para uma melhor composição da lide. No entanto, o processo não foi devolvido nas datas estipuladas e permaneceu desaparecido por mais de quatro anos, sendo devolvido em 16-5-2001 por um pastor de igreja evangélica, que redigiu ofício noticiando o achado na igreja e informando a devolução dos autos em cartório. O Min. Relator ainda afirmou que a inércia da companhia recorrida em propor a ação de execução por tempo superior a 20 anos fulminou a pretensão do particular de receber o valor de R$ 17 bilhões. Concluiu por fim, no que foi acompanhado pelos demais Ministros da Turma, que, no caso, sequer se iniciou a ação de execução, razão por que é inevitável o reconhecimento da prescrição da pretensão executiva, visto que o prazo vintenário é contado a partir do trânsito em julgado da homologação da sentença de liquidação, que se deu em 2-4-1990 e findou em 2-4-2010. Precedentes citados: REsp 993.554-RS, *DJe* 30-5-2008; REsp 450.860-RS, *DJ* 1º-8-2006; AgRg no Ag 1.300.072-SP, *DJe* 3-9-2010; AgRg no REsp 1.159.721-RN, *DJe* 18-6-2010; AgRg no REsp 1.056.531-SP, *DJe* 19-11-2008; REsp 536.600-SC, *DJ* 12-9-2005; REsp 1.231.805-PE, *DJe* 4-3-2011; AgRg no REsp 1.129.931-PR, *DJe* 18-12-2009, e AgRg no REsp 1.106.436-PR, *DJe* 14-12-2009. **REsp 894.911-RJ, rel. Min. Mauro Campbell Marques, j. 21-6-2011.**

- **TJSP. DES. REL. FRANCISCO VICENTE ROSSI. VOTO 15.202. APELAÇÃO N.: 0002575-33.2006.8.26.0337**

  APOSSAMENTO PELO PODER PÚBLICO DE BEM IMÓVEL PARTICULAR – Desapropriação indireta – Valor do bem fixado por perícia com a qual o próprio réu concordou – Juros compensatórios de 12% ao ano desde a ocupação – Juros moratórios de 6% ao ano a partir de 1º de janeiro do exercício seguinte em que deveria ser pago – Prescrição: não ocorrência – Súmula 119 do STJ – Reexame necessário provido parcialmente apenas para alterar o termo inicial dos juros moratórios e não provido o apelo do réu. [...]

As razões recursais citaram lições de Hely Lopes Meirelles[34] para justificar o prazo quinquenal da prescrição. Mas, não as trouxeram por inteiro, pois **o Mestre, após comentar as limitações impostas pela MP 1997-37, completou: "As alterações feitas pelas medidas provisórias que regulavam a prescrição nos casos de desapropriação indireta e apossamento administrativo, assim como a fixação dos limites para cálculo dos juros compensatórios (MPs 1997, 2027, 2109 e 2183-56), já não mais sentem efeitos, visto que em relação aos prazos prescricionais os preceitos não foram reeditados e no pertinente aos juros compensatórios a eficácia das disposições foi suspensa pelo STF no julgamento da ADI 2332 (rel. Min. Moreira Alves, j. 5-9-2001)".**

Sedimentou a jurisprudência ser de vinte anos o prazo prescricional da ação de indenização nos casos de desapropriação indireta, salienta a doutrina de Hely Lopes Meirelles (ob. e p. cits.). **De fato, a Súmula 119 do STJ consagra: "A ação de desapropriação indireta prescreve em vinte anos".**

Esta C. Câmara, **na Ap. 465.237.5/1, rel. Des. Maria Laura de Assis Moura Tavares, voto 1478**, ementou:

"Apossamento administrativo – Indenização – Prescrição – Inocorrência – Súmula 119 do STJ – Valor da indenização condizente com a realidade local – Juros de 12% a.a. – Súmula 618 do STF – Termo inicial – 1º de janeiro do exercício seguinte ao do trânsito em julgado – Recurso parcialmente provido".

E o eminente **Des. Aroldo Viotti, na Ap. 407.750.5/8, voto 12.807**, dirime:

"Prescrição. Ação de desapropriação indireta movida contra a SABESP – Cia de Saneamento Básico de São Paulo. Reconhecimento da prescrição extintiva em primeiro grau. Recurso dos autores buscando a inversão do julgado. Desacolhimento. **Prescrição das ações de desapropriação indireta (indenização por apossamento ilícito por parte do Poder Público) que é a vintenária, na esteira da Súmula n. 119 do Superior Tribunal de Justiça**, a qual conserva plena eficácia e tem sido iterativamente aplicada na jurisprudência dos Tribunais Superiores. Recurso improvido". [...] grifos nossos

- **TJSP. REL. DES. FRANCISCO VICENTE ROSSI. VOTO 15.746. APELAÇÃO N.: 0001662-66.2008.8.26.0180**

DESAPROPRIAÇÃO – Prazo da prescrição: em desapropriação indireta é de 20 anos (Súmula 119, do STJ) – Área ocupada é a que o laudo estabeleceu – Valor só afrontado com superficiais alegações prevalece – Juros compensatórios de 12% ao ano (Súmula 618, do STF) e a contar do laudo, pois sem data exata da ocupação (Súmula 345, do STF) – Juros moratórios de 6% ao ano a partir de 1º de janeiro do exercício seguinte àquele em que deveria ser pago – Honorários advocatícios em conformidade com o art. 27 do Decreto-lei n. 3.365/41, com alteração da MP 1.997-37/2000: 5% sobre o valor da condenação – Reexame necessário e apelo do Município parcialmente providos – Agravo retido não conhecido.[...]

De fato, dispõe a Súmula 119, do STJ: "A ação de desapropriação indireta prescreve em vinte anos". No mesmo sentido, RSTJ 53/306, 62/370, 68/378, 72/, 82/50, 105/161 (cf. Theotonio Negrão, ob. cit., p. 399, nota 22 a, ao art. 269).

---

[34] MEIRELLES, Hely Lopes. *Direito administrativo brasileiro*, 30. ed., São Paulo: Malheiros, 2005, p. 583.

Confirmando o prazo, **a MP 2027-38/2000, depois a MP 2.183-56/2001, reduziram-no para cinco anos, mas "já não mais surtem efeitos, visto que em relação aos prazos prescricionais os preceitos não foram reeditados"**, esclarece Hely Lopes Meirelles[35] [...]

- **DESAPROPRIAÇÃO INDIRETA. CONSTRUÇÃO. RODOVIA. VALORIZAÇÃO GERAL. IMÓVEIS**

Trata-se de recurso para ver reconhecida indenização em razão de desapropriação indireta realizada pelo departamento de estradas de rodagem estadual, ao argumento de que essa instituição pública tomou posse de uma área para construção de rodovia, resultando violação do direito de propriedade ante a inexistência de pagamento pela área do imóvel apossado. Entendeu o Min. Relator que há de ser reconhecido o direito postulado, porquanto a jurisprudência deste Superior Tribunal agasalha a tese de que os efeitos patrimoniais decorrentes de valorização de imóvel por obra pública merecem solução pela via fiscal adequada – contribuição de melhoria –, sendo ilegal a dedução do valor indenizatório da quantia que se entenda proveniente da referida valorização, que, na espécie, ocorreu de modo geral, alcançando todos os imóveis marginais à rodovia construída pelo Estado. Diante disso, a Turma conheceu, em parte, do recurso e, nessa parte, deu-lhe provimento para que, desconstituído o acórdão recorrido, não seja abatido do valor indenizatório atual do imóvel a quantia que se entendeu proveniente da valorização por realização de obra pública. Precedentes citados: REsp 795.400-SC, *DJ* 31-5-2007; REsp 795.580-SC, *DJ* 1º-2-2007; REsp 793.300-SC, *DJ* 31-8-2006, e REsp 439.878-RJ, *DJ* 5-4-2004. **REsp 827.613-SC, rel. Min. José Delgado, j. 2-10-2007** (*Informativo STJ 334*).

- **DESAPROPRIAÇÃO INDIRETA. ANTECIPAÇÃO. HONORÁRIOS PERICIAIS**

Cinge-se a controvérsia acerca do ônus pela antecipação dos honorários do perito em ação de desapropriação indireta. O Min. Relator lembrou que a interpretação literal dos dispositivos da legislação processual revela a responsabilidade do autor pelo adiantamento das despesas com os honorários do perito. Todavia essa norma não se aplica às ações de indenização ajuizadas em decorrência de desapropriação indireta. Isso porque incumbe ao Poder Público o ônus da desapropriação, cujo mandamento constitucional impõe o prévio procedimento expropriatório, inclusive com prévia indenização. A ação indenizatória resulta da inobservância, pelo Poder Público, da obrigação que lhe competia de ajuizar a ação de desapropriação, com suas despesas subsequentes. Consectariamente, imputar ao expropriado o adiantamento dos honorários periciais em desapropriação indireta é premiar o ilícito e, *a fortiori*, agravar o ônus da indenização expropriatória. Dessarte, não parece verossímil transferir o encargo a quem perdeu seu patrimônio sem o devido processo legal e beneficiar aquele que transgrediu o mandamento constitucional. Outrossim, a violação da norma constitucional acarretaria vantagem para o Poder Público, na medida em que o adiantamento das despesas pelo expropriado funcionaria como medida inibitória ao ajuizamento da ação de indenização. Com esse entendimento, a Turma, por maioria, negou provimento ao recurso. **REsp 788.817-GO, rel. Min. Luiz Fux, j. 19-6-2007** (*Informativo STJ 324*).

- **LIMINAR EM AÇÃO CAUTELAR: RECURSO EXTRAORDINÁRIO NÃO ADMITIDO E DESAPROPRIAÇÃO – 1**

O Plenário retomou julgamento de agravo regimental interposto de decisão proferida pela Min. Ellen Gracie, que deferira pedido de medida liminar, em ação cautelar, da qual relatora, para suspender os efeitos de acórdãos de tribunal de justiça local, bem assim a imissão do ora agravante na posse do imóvel rural. O Estado-membro agravante alega que o tema

---

[35] MEIRELLES, Hely Lopes. *Direito administrativo brasileiro*, 30. ed., São Paulo: Malheiros, 2005, p. 583.

central seria a ocorrência de preclusão, matéria processual infraconstitucional, não passível de análise no âmbito de extraordinário. Na espécie, encontra-se pendente de exame, nesta Corte, agravo de instrumento interposto de decisão que negara seguimento a recurso extraordinário dos proprietários do imóvel, ora agravados. Na sessão de 4-8-2011, a relatora propôs o referendo da cautelar por ela deferida e julgou prejudicado o regimental. Inicialmente, registrou entendimento no sentido de que a jurisdição cautelar do Supremo somente é iniciada com a admissão de recurso extraordinário, ou com o provimento de agravo de instrumento, no caso de juízo negativo de admissibilidade. Salientou que, entretanto, esta Corte tem suspendido, excepcionalmente, os efeitos de acórdão que sejam manifestamente contrários a sua jurisprudência e que provoquem efeitos de difícil ou impossível reversão. Em seguida, verificou que, num primeiro exame, o acórdão recorrido pareceria ter divergido da orientação do STF segundo a qual os Estados-membros não possuiriam competência para efetuar desapropriações para reforma agrária, matéria situada na competência privativa da União, portanto, demonstrada a plausibilidade do pedido. Ademais, reputou patentemente comprovado o perigo da demora, haja vista prazo determinado judicialmente para desocupação do bem, além de notícia de data para se efetivar a imissão na posse. Ato contínuo, ressaltou que o juízo de origem consignara expressamente na sentença que o Estado-membro teria legitimidade ativa para propor a ação de desapropriação para reforma agrária. No ponto, observou que a questão processual poderia ser examinada na oportunidade do julgamento do recurso extraordinário. AC 2.910 AgR-MC/RS, rel. Min. Ellen Gracie, j. 20-10-2011.

- **LIMINAR EM AÇÃO CAUTELAR: RECURSO EXTRAORDINÁRIO NÃO ADMITIDO E DESAPROPRIAÇÃO – 2**

    Nesta assentada, o Min. Dias Toffoli, em divergência, negou referendo à cautelar concedida. Entreviu que, na espécie, a solução mais adequada à discussão residiria no indeferimento da medida liminar, porquanto a primeira sentença, que extinguira o feito sem apreciação de mérito, fora reformada pelo tribunal de justiça gaúcho, que tratara da legitimidade do ente federado e determinara o prosseguimento da desapropriação, em pronunciamento transitado em julgado. Apontou que o recurso extraordinário decorreria da segunda sentença, posterior à mencionada, e que a divergência entre as partes, dentre outros aspectos, prosseguira quanto aos valores envolvidos na indenização. Anotou que a Corte *a quo* não mais se manifestara sobre a matéria da legitimidade por considerá-la preclusa. Além disso, explicitou que, no juízo de admissibilidade, o tribunal de justiça afirmara a ausência de prequestionamento, bem assim a inviabilidade do apelo extremo, em virtude de se restringir a temas, a rigor, infraconstitucionais. Sublinhou inexistir pronunciamento colegiado do Supremo, em face da atual Constituição, a respeito da competência da aludida unidade federativa para efetuar a desapropriação requerida nos autos e que apenas 1 dos atos monocráticos, contrários à utilização pelo Estado-membro do instituto para fins de reforma agrária, transitara em julgado. Aduziu que esses entendimentos, no entanto, seriam irrelevantes para o deslinde da discussão, visto que se encontraria coberta pelo manto da coisa julgada. Portanto, não haveria que se falar em fumaça do bom direito a amparar a renovada pretensão dos agravados. Assim, em razão das escassas chances de êxito e da ausência de demonstração de viabilidade do recurso extraordinário, entendeu não ser cabível a liminar. Aludiu, por derradeiro, à jurisprudência do STF nesse sentido. Após, pediu vista o Min. Luiz Fux. AC 2.910 AgR-MC/RS, rel. Min. Ellen Gracie, j. 20-10-2011 (*Informativo STF 645*).

- **DESAPROPRIAÇÃO: NOTIFICAÇÃO E VISTORIA DE IMÓVEL INVADIDO – 1**

    O Tribunal iniciou julgamento de mandado de segurança impetrado contra ato do Presidente da República que declarara de interesse social, para fins de reforma agrária, imóvel rural dos impetrantes. O Min. Marco Aurélio, relator, concedeu a ordem, para declarar insubsistente, em definitivo, o decreto expropriatório, no que foi acompanhado pelos Ministros Gilmar Mendes e Celso de Mello. Entendeu, primeiro, que, na espécie, a notificação, ocorrida na figura do inventariante, considerado o espólio, se dera de forma inválida, haja vista que não fora fixada data nem espaço de tempo razoável para o início dos trabalhos. Afirmou que a notificação tem por finalidade viabilizar o acompanhamento cabível, permitindo ao proprietário, inclusive, a contratação de técnico para fazê-lo, e que a designação da data da vistoria é elemento substancial dela, forma essencial à valia do ato. Reputou, em seguida, que a vistoria se dera à margem do disposto na Medida Provisória 2.183-56/2001, visto que, quando de sua feitura, o imóvel em questão se encontrava invadido. Ademais, teriam sido incluídas áreas não aproveitáveis na averiguação do grau de utilização da terra. Destacou, por fim, a existência de decisão de reintegração preclusa na via da recorribilidade. Após, pediu vista dos autos o Min. Dias Toffoli. MS 25.493/DF, rel. Min. Marco Aurélio, j. 19-5-2010.

- **DESAPROPRIAÇÃO: NOTIFICAÇÃO E VISTORIA DE IMÓVEL INVADIDO – 2**

    O Plenário retomou julgamento de mandado de segurança impetrado contra ato do Presidente da República que declarara de interesse social, para fins de reforma agrária, imóvel rural dos impetrantes – v. *Informativo 587*. Em divergência, o Min. Dias Toffoli denegou a ordem. De início, ponderou que o fato de o objeto do decreto expropriatório pertencer a espólios não induziria à necessidade de que todos os herdeiros fossem pessoal e previamente notificados. Portanto, adequada a notificação endereçada à representante legal. A despeito do lapso temporal entre o recebimento daquela e a data da vistoria, entendeu inexistir prejuízo ao direito de defesa dos proprietários do bem, porquanto se manifestaram no curso de procedimento administrativo e recorreram, inclusive, judicialmente, na tentativa de impugnar trâmite de processo análogo proposto, anteriormente, com relação ao mesmo imóvel. Em seguida, consignou que – conquanto houvesse entendimento do Supremo segundo o qual a ocupação de parte, ainda que diminuta, do bem não permite a sua desapropriação – a norma impeditiva de vistoria entrara em vigor após a invasão do imóvel em tela, o que obstaria sua utilização em favor do pleito dos impetrantes. Complementou que a ocupação atingira aproximadamente 0,3% da área total do bem, logo, deveria ser considerada absolutamente ínfima e insuscetível de prejudicar de alguma maneira o seu adequado aproveitamento econômico. Além disso, destacou que na vistoria fora constatada: a) a ausência de representantes dos proprietários vivendo ou trabalhando no local; b) a falta de qualquer tipo de atividade econômica no imóvel rural, apesar de sua dimensão; e c) a presença de poucas pessoas instaladas em sua área, que estaria livre de tensões sociais referentes a possíveis conflitos agrários. Mencionou haver projetos de assentamento nas imediações da propriedade que seriam beneficiados com sua incorporação. Por outro lado, aduziu que, consoante jurisprudência da Corte, aspectos sobre a efetiva exploração do bem não poderiam ser equacionados na via estreita de ações como a da espécie. Concluiu não haver razões para se anular o decreto expropriatório questionado, motivo pelo qual insubsistente a cautelar deferida nos autos. MS 25.493/DF, rel. Min. Marco Aurélio, j. 27-10-2011.

- **DESAPROPRIAÇÃO: NOTIFICAÇÃO E VISTORIA DE IMÓVEL INVADIDO – 3**

    O Min. Gilmar Mendes, ao reafirmar o voto proferido na sessão de 19-5-2010, assinalou que o procedimento expropriatório fora subsequente à lei que obstaculiza a vistoria de imóvel objeto de esbulho possessório ou invasão e, por conseguinte, deveria ter observado o modelo estatutário em toda sua extensão. O Min. Luiz Fux acompanhou o relator e, também, concedeu a segurança, tendo em vista a irregularidade da notificação e a ocupação da propriedade, capaz de impedir a realização de vistoria. Após, pediu vista a Min. Cármen Lúcia. MS 25.493/DF, rel. Min. Marco Aurélio, j. 27-10-2011 (*Informativo STF 646*).

- **DESAPROPRIAÇÃO: NOTIFICAÇÃO E VISTORIA DE IMÓVEL INVADIDO – 4**

Em conclusão, o Plenário, por maioria, concedeu mandado de segurança para declarar insubsistente, em definitivo, decreto expropriatório por interesse social, para fins de reforma agrária, do imóvel rural dos impetrantes – v. *Informativos 587 e 646*. Prevaleceu o voto do Min. Marco Aurélio, relator, que, primeiramente, entendeu inválida a notificação ocorrida na figura da inventariante, considerados os espólios. Ressaltou, também, que não fora fixada data nem lapso de tempo razoável para o início dos trabalhos. Afirmou que a notificação objetivaria viabilizar o acompanhamento cabível, permitindo ao proprietário, inclusive, a contratação de técnico para fazê-lo e que a designação da data da vistoria seria elemento substancial da notificação, forma essencial à valia do ato. Reputou, em seguida, que a inspeção teria acontecido à margem do que disposto na Medida Provisória 2.183-56/2001, pois, quando de sua feitura, o imóvel encontrava-se invadido. Ademais, teriam sido incluídas áreas não aproveitáveis ao se averiguar o grau de utilização da terra. Por fim, destacou a existência de decisão de reintegração preclusa na via da recorribilidade. O Min. Gilmar Mendes aduziu que o procedimento expropriatório fora subsequente à lei que obstaculizaria a inspeção de imóvel objeto de esbulho possessório ou invasão e, por conseguinte, deveria ter observado o modelo estatutário em toda sua amplitude. Esclareceu, ainda, que a ocupação da propriedade, mesmo que diminuta, impediria realizar a vistoria. **MS 25.493/DF, rel. Min. Marco Aurélio, j. 14-12-2011.**

- **DESAPROPRIAÇÃO: NOTIFICAÇÃO E VISTORIA DE IMÓVEL INVADIDO – 5**

A Min. Cármen Lúcia, embora entendesse que a notificação apenas na pessoa da inventariante fosse perfeitamente hígida, deferiu a ordem sob o fundamento de que evidenciado vício na notificação dos impetrantes que os impossibilitara o acompanhamento dos trabalhos de campo destinados à aferição da produtividade do imóvel, a impor, por si só, a anulação do procedimento administrativo e, consequentemente, do decreto desapropriatório. O Min. Ricardo Lewandowski também concedeu a segurança. Salientou que bastaria a assertiva de que, apesar de a inventariante ter sido notificada da vistoria previamente, não se assinalara dia e hora e, conquanto tivesse pedido esclarecimento desse detalhe, aquela fora efetivamente feita sem a presença de qualquer representante dos espólios, o que seria irregular e impediria o exercício da ampla defesa. Consignou que, no entanto, deixaria de se manifestar sobre a matéria da ocupação, se esta seria mínima ou se afetaria a higidez do ato. Vencido o Min. Dias Toffoli, que denegava o mandado de segurança, por concluir não haver razões para a anulação do decreto expropriatório. **MS 25.493/DF, rel. Min. Marco Aurélio, j. 14-12-2011.**

7. SÚMULAS

- **STF – SÚMULA 652:** Não contraria a Constituição o art. 15, § 1º, do Decreto-lei n. 3.365/41 (Lei da Desapropriação por Utilidade Pública).
- **STF – SÚMULA 561:** Em desapropriação, é devida a correção monetária até a data do efetivo pagamento da indenização, devendo proceder-se à atualização do cálculo, ainda que por mais de uma vez.
- **STF – SÚMULA 476:** Desapropriadas as ações de uma sociedade, o poder desapropriante, imitido na posse, pode exercer, desde logo, todos os direitos inerentes aos respectivos títulos.

- **STF – SÚMULA 416:** Pela demora no pagamento do preço da desapropriação não cabe indenização complementar além dos juros.
- **STF – SÚMULA 218:** É competente o juízo da Fazenda Nacional da capital do Estado, e não o da situação da coisa, para a desapropriação promovida por empresa de energia elétrica, se a União Federal intervém como assistente.
- **STF – SÚMULA 157:** É necessária prévia autorização do presidente da república para desapropriação, pelos Estados, de empresa de energia elétrica.
- **STF – SÚMULA 23:** Verificados os pressupostos legais para o licenciamento da obra, não o impede a declaração de utilidade pública para desapropriação do imóvel, mas o valor da obra não se incluirá na indenização, quando a desapropriação for efetivada.
- **STJ – SÚMULA 354:** A invasão do imóvel é causa de suspensão do processo expropriatório para fins de reforma agrária.
- **STJ – SÚMULA 119:** A ação de desapropriação indireta prescreve em vinte anos.
- **STJ – SÚMULA 114:** Os juros compensatórios, na desapropriação indireta, incidem a partir da ocupação, calculados sobre o valor da indenização, corrigido monetariamente.
- **STJ – SÚMULA 67:** Na desapropriação, cabe a atualização monetária, ainda que por mais de uma vez, independente do decurso de prazo superior a um ano entre o cálculo e o efetivo pagamento da indenização.

PARA GABARITAR

a) Denomina-se desapropriação indireta o apossamento total ou parcial de um bem, pelo Poder Público, sem consentimento do proprietário ou sem o devido processo legal.
b) A desapropriação é forma de aquisição originária da propriedade, por isso será válida ainda que a indenização seja paga a quem não seja o proprietário do bem.
c) Os juros compensatórios, que podem ser cumulados com os moratórios, incidem tanto sobre a desapropriação direta quanto sobre a indireta, sendo calculados sobre o valor da indenização, com a devida correção monetária; entretanto, independem da produtividade do imóvel, pois decorrem da perda antecipada da posse.
d) Todos os bens e direitos patrimoniais prestam-se à desapropriação ou expropriação, incluindo, via de regra, coisas móveis e imóveis, corpóreas e incorpóreas, públicas ou privadas, além do espaço aéreo e o subsolo.
e) Uma norma que limita a quinze o número de andares dos prédios a serem construídos na localidade constitui limitação administrativa, que, dotada de caráter geral, se distingue das demais formas de intervenção estatal na propriedade, não caracterizando, via de regra, situação passível de indenização.
f) Como modalidade de intervenção estatal que visa à satisfação do interesse público, a requisição incide sobre bens e sobre serviços particulares.

g) Segundo a LRF, é nulo de pleno direito o ato de desapropriação de imóvel urbano expedido sem prévio depósito judicial do valor da indenização.

h) No caso de requisição de bem particular, se este sofrer qualquer dano, caberá indenização ao proprietário.

8. ENUNCIADOS DA JORNADA DE DIREITO ADMINISTRATIVO

I JORNADA	IDs	ENUNCIADOS APROVADOS NA PLENÁRIA
3	2797	Não constitui ofensa ao art. 9º do Decreto-lei n. 3.365/41 o exame por parte do Poder Judiciário, no curso do processo de desapropriação, da regularidade do processo administrativo de desapropriação e da presença dos elementos de validade do ato de declaração de utilidade pública.
4	2342	O ato declaratório da desapropriação, por utilidade ou necessidade pública, ou por interesse social, deve ser motivado de maneira explícita, clara e congruente, não sendo suficiente a mera referência à hipótese legal.
31	2825	A avaliação do bem expropriado deve levar em conta as condições mercadológicas existentes à época da efetiva perda da posse do bem.

9. CONTEÚDO DIGITAL

Acesse também pelo *link*: https://somos.in/MDADM9

Capítulo XVI

Controle da Administração

1. INTRODUÇÃO

O controle do Estado pode ser exercido de duas formas: a) controle político e b) controle administrativo.

O **controle político** é o pautado no equilíbrio entre os Poderes Executivo, Legislativo e Judiciário, por meio de um sistema de freios e contrapesos, objetivando preservar o equilíbrio das instituições democráticas.

Foi nesse contexto que surgiu a ideia da tripartição dos Poderes[1] (hoje consagrada no art. 2º da Constituição Federal), segundo a qual um Poder teria a função de controlar e fiscalizar a atuação do outro – justamente para não existir o abuso do poder.

> **LEGISLAÇÃO CORRELATA**
>
> **CF**
> **Art. 2º** São Poderes da União, **independentes e harmônicos entre si**, o Legislativo, o Executivo e o Judiciário.

Exemplos:
   a) O Poder Executivo controla a atuação do Poder Legislativo por meio do veto (art. 66, § 1º, da CF).
   b) O Poder Judiciário controla os Poderes Legislativo e Executivo por meio do controle de legalidade e de constitucionalidade.
   c) Por fim, o Poder Legislativo controla o Poder Judiciário com a realização de controle financeiro e orçamentário.

---

[1] Preconizada por Montesquieu no *Espírito das leis* e em John Lock em seus *Dois tratados sobre o governo*.

ESQUEMATIZANDO

SISTEMA DE FREIOS E CONTRAPESOS → Objetivo: evitar abuso de poder → Separação dos Poderes

- PODER EXECUTIVO
- PODER LEGISLATIVO
- PODER JUDICIÁRIO

Exemplos:

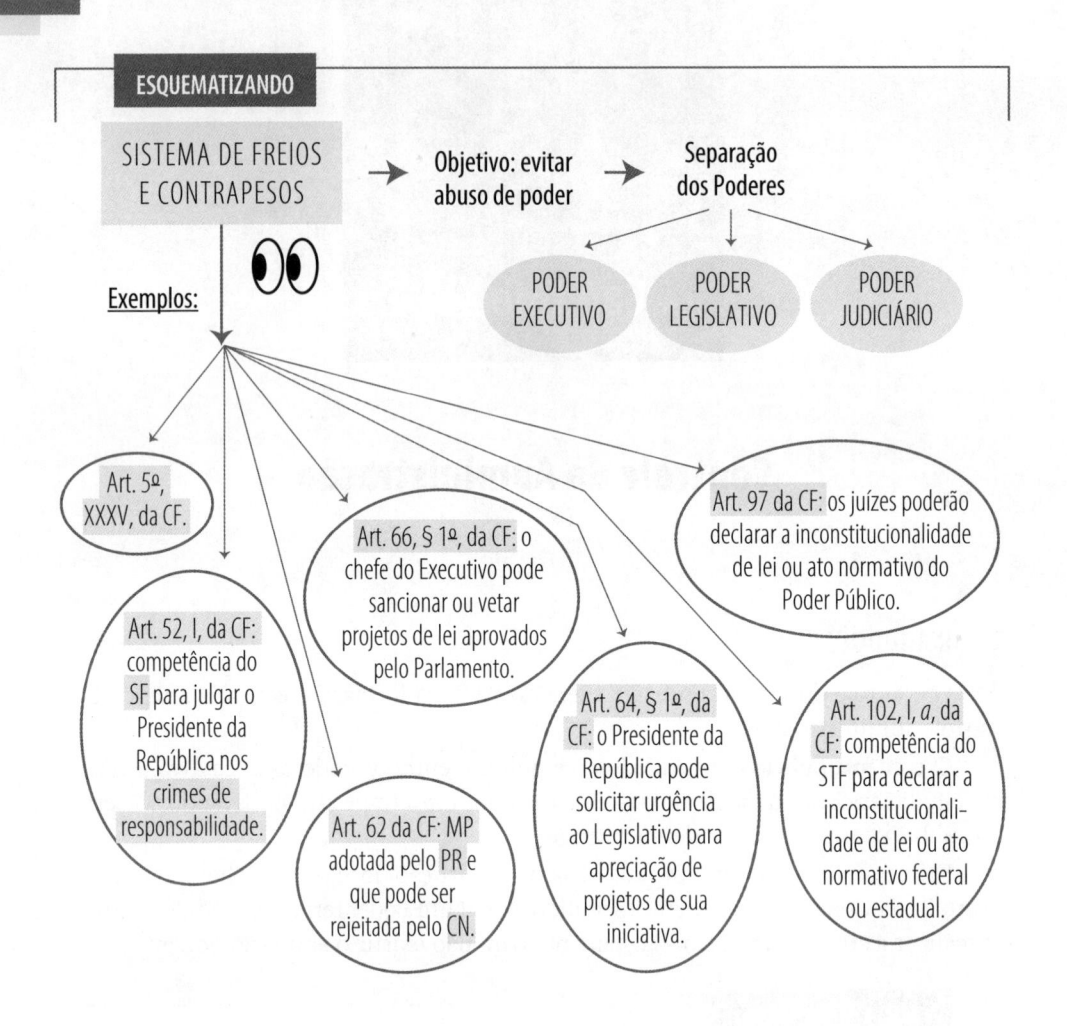

- Art. 5º, XXXV, da CF.
- Art. 52, I, da CF: competência do SF para julgar o Presidente da República nos crimes de responsabilidade.
- Art. 66, § 1º, da CF: o chefe do Executivo pode sancionar ou vetar projetos de lei aprovados pelo Parlamento.
- Art. 62 da CF: MP adotada pelo PR e que pode ser rejeitada pelo CN.
- Art. 64, § 1º, da CF: o Presidente da República pode solicitar urgência ao Legislativo para apreciação de projetos de sua iniciativa.
- Art. 97 da CF: os juízes poderão declarar a inconstitucionalidade de lei ou ato normativo do Poder Público.
- Art. 102, I, *a*, da CF: competência do STF para declarar a inconstitucionalidade de lei ou ato normativo federal ou estadual.

O **controle administrativo**, por sua vez, relaciona-se com as instituições administrativas, com o exercício da função administrativa, a atuação dos órgãos e de seus agentes no sentido de verificar se estão agindo em conformidade com o **Princípio da Legalidade**. No direito público, a observância da legalidade norteia-se por um critério de subordinação à lei, e tudo que assim não for estará contaminado e sujeito a correções, modificações e supressões.

Em resumo:

princípio da legalidade + princípio da eficiência
= fundamento do controle da Administração.

2. CONTROLE DA ADMINISTRAÇÃO: CONCEITOS

Para José dos Santos Carvalho Filho[2], controle da Administração é entendido como "o conjunto de mecanismos jurídicos e administrativos por meio dos quais se exerce o poder de fiscalização e de revisão da atividade administrativa em qualquer das esferas de Poder".

Para Maria Sylvia Di Pietro[3], é "o poder de fiscalização e correção que sobre ela exercem os órgãos dos Poderes Judiciário, Legislativo e Executivo, com o objetivo de garantir a conformidade de sua atuação com os princípios que lhe são impostos pelo ordenamento jurídico".

Assim, podemos identificar dois elementos básicos do controle: a) **fiscalização**: no sentido de apurar se a atividade dos órgãos e dos agentes administrativos está atingindo a finalidade de buscar o interesse público e, b) **revisão**: no sentido de correção das atividades contrárias às normas legais.

3. NATUREZA JURÍDICA DO CONTROLE DA ADMINISTRAÇÃO PÚBLICA

As ferramentas de controle têm natureza jurídica de **princípio fundamental da Administração Pública**. A fundamentação para isso encontra-se no Decreto-lei n. 200/67, art. 6º, I a V, que elenca cinco princípios fundamentais que a Administração Pública deve observar: a) planejamento; b) coordenação; c) descentralização; d) delegação de competências; e) controle.

Muito embora esses princípios estejam previstos em legislação federal, devem ser observados, também, por todas as esferas federativas, não podendo a realização desse controle ser recusada por nenhum órgão administrativo.

4. CLASSIFICAÇÃO E ESPÉCIES DE CONTROLE

A doutrina administrativista elenca diversas categorias de controle da Administração, levando em consideração variadas formas e critérios. Vejamos:

---

[2] CARVALHO FILHO, José dos Santos. *Manual de direito administrativo*, 24. ed., Rio de Janeiro: Lumen Juris, 2011, p. 863.
[3] DI PIETRO, Maria Sylvia Zanella. *Direito administrativo*, 20. ed., São Paulo: Atlas, 2007, p. 672.

4.1 Quanto à natureza do controlador (José dos Santos Carvalho Filho[4])

> **ESQUEMATIZANDO**

CONTROLE ADMINISTRATIVO OU EXECUTIVO	CONTROLE LEGISLATIVO OU PARLAMENTAR	CONTROLE JUDICIÁRIO OU JUDICIAL
É o controle da própria Administração sobre a atuação de seus agentes.	É o controle do Legislativo sobre os atos e agentes do Poder Executivo.	É o realizado pelo Poder Judiciário quando verificada a prática de atos ilegais.

4.2 Quanto ao órgão que realiza (critério de Celso Antônio Bandeira de Mello[5] e de Maria Sylvia Zanella Di Pietro[6]) ou critério da extensão do controle (para José dos Santos Carvalho Filho[7])

a) **Controle interno (ou autocontrole):** é aquele realizado por cada um dos Poderes em relação aos seus próprios atos, *v.g.*, o controle que um órgão ministerial exerce sobre os vários departamentos administrativos, ou o controle exercido pelas chefias sobre seus subordinados (controle decorrente também da ideia de escalonamento vertical dos quadros da Administração); o controle exercido pela Corregedoria em relação aos atos praticados pelos serventuários da Justiça; as auditorias, que acompanham a execução do orçamento e verificam a legalidade na aplicação do dinheiro público.

> **LEGISLAÇÃO CORRELATA**

CF
Art. 74. Os Poderes Legislativo, Executivo e Judiciário **manterão, de forma integrada, sistema de controle interno** com a finalidade de:
I – avaliar o cumprimento das metas previstas no plano plurianual, a execução dos programas de governo e dos orçamentos da União;

---

[4] CARVALHO FILHO, José dos Santos. *Manual de direito administrativo*, 24. ed., Rio de Janeiro: Lumen Juris, 2011, p. 864-865.
[5] BANDEIRA DE MELLO, Celso Antonio. *Curso de direito administrativo*, 26. ed., São Paulo: Malheiros, 2009, p. 921.
[6] DI PIETRO, Maria Sylvia Zanella. *Direito administrativo*, 20. ed., São Paulo: Atlas, 2007, p. 673.
[7] CARVALHO FILHO, José dos Santos. *Manual de direito administrativo*, 24. ed., Rio de Janeiro: Lumen Juris, 2011, p. 865.

II – comprovar a legalidade e avaliar os resultados, quanto à eficácia e eficiência, da gestão orçamentária, financeira e patrimonial nos órgãos e entidades da administração federal, bem como da aplicação de recursos públicos por entidades de direito privado;

III – exercer o controle das operações de crédito, avais e garantias, bem como dos direitos e haveres da União;

IV – apoiar o controle externo no exercício de sua missão institucional.

§ 1º Os responsáveis pelo controle interno, ao tomarem conhecimento de qualquer irregularidade ou ilegalidade, dela darão ciência ao Tribunal de Contas da União, sob pena de responsabilidade solidária.

§ 2º Qualquer cidadão, partido político, associação ou sindicato é parte legítima para, na forma da lei, denunciar irregularidades ou ilegalidades perante o Tribunal de Contas da União.

- **b) Controle externo (ou heterocontrole):** é o controle exercido por um dos poderes sobre o outro. Por exemplo: o controle da Administração Direta sobre a atuação da Administração Indireta; o controle do Poder Judiciário no que tange à anulação dos atos praticados pelo Poder Executivo em desconformidade com a lei; e, também inserido nessa espécie de controle, podemos citar o controle externo popular (previsto em diversos diplomas legais). Vejamos.
    - Também a Lei n. 8.429/92, em seus arts. 14 e 22, legitima a existência de controle externo popular.

LEGISLAÇÃO CORRELATA

Lei n. 8.429/92

Art. 14. Qualquer pessoa poderá representar à autoridade administrativa competente para que seja instaurada investigação destinada a apurar a prática de ato de improbidade.

§ 1º A representação, que será escrita ou reduzida a termo e assinada, conterá a qualificação do representante, as informações sobre o fato e sua autoria e a indicação das provas de que tenha conhecimento.

§ 2º A autoridade administrativa rejeitará a representação, em despacho fundamentado, se esta não contiver as formalidades estabelecidas no § 1º deste artigo. A rejeição não impede a representação ao Ministério Público, nos termos do art. 22 desta lei.

§ 3º Atendidos os requisitos da representação, a autoridade determinará a imediata apuração dos fatos, observada a legislação que regula o processo administrativo disciplinar aplicável ao agente. (*Redação dada pela Lei n. 14.230, de 2021*)

[...]

Art. 22. Para apurar qualquer ilícito previsto nesta Lei, o Ministério Público, de ofício, a requerimento de autoridade administrativa ou mediante representação formulada de acordo com o disposto no art. 14 desta Lei, poderá instaurar inquérito civil ou procedimento investigativo assemelhado e requisitar a instauração de inquérito policial. (*Redação dada pela Lei n. 14.230, de 2021*)

Parágrafo único. Na apuração dos ilícitos previstos nesta Lei, será garantido ao investigado a oportunidade de manifestação por escrito e de juntada de documentos que comprovem suas alegações e auxiliem na elucidação dos fatos. (*Incluído pela Lei n. 14.230, de 2021*)

- O próprio texto constitucional estimula a realização de controle externo popular quando, no art. 31, § 3º, possibilita que as contas dos Municípios (Executivo e Câmara) fiquem, durante sessenta dias, anualmente, à disposição de qualquer contribuinte, para exame, apreciação e questionamento de sua legitimidade.

4.3 Quanto ao aspecto controlado (critério de Celso Antônio Bandeira de Mello[8] e de Maria Sylvia Zanella Di Pietro[9]), quanto à natureza do controle (para José dos Santos Carvalho Filho[10]) ou quanto ao objeto

ESQUEMATIZANDO

A) CONTROLE DE LEGALIDADE	B) CONTROLE DE MÉRITO
Verificação se a atuação da Administração Pública está sendo realizada em conformidade com a lei. Exemplos: a.1) O Poder Judiciário controla a legalidade dos atos administrativos por meio do mandado de segurança (art. 5º, LXIX, da CF), afinal nenhuma lesão ou ameaça a direito será excluída da apreciação do Poder Judiciário; a.2) A Administração Pública pode revisar (por meio da autotutela) seus próprios atos, anulando-os. É o caso da anulação de um contrato administrativo por desrespeito ao procedimento e às formalidades da Lei n. 8.666/93; a.3) Por fim, o Poder Legislativo também realiza controle de legalidade – nos casos previstos na Constituição Federal – quando, por meio do Tribunal de Contas, aprecia a legalidade dos atos de admissão de pessoal (art. 71, III, da CF).	É exercido somente pela própria Administração em relação aos seus próprios atos, revogando-os quando não forem mais convenientes ou oportunos ao interesse público. É o caso da desativação de certo equipamento considerado obsoleto.

Aprofundamento: O controle de legalidade poderá resultar em **confirmação do ato** (com sua homologação, aprovação ou visto) ou sua **anulação** (por exemplo, mediante uma portaria com conteúdo anulatório que invalide conduta administrativa anterior).

---

[8] BANDEIRA DE MELLO, Celso Antônio. *Curso de direito administrativo*, 26. ed., São Paulo: Malheiros, 2009, p. 921.
[9] DI PIETRO, Maria Sylvia Zanella. *Direito administrativo*, 20. ed., São Paulo: Atlas, 2007, p. 673.
[10] CARVALHO FILHO, José dos Santos. *Manual de direito administrativo*, 24. ed., Rio de Janeiro: Lumen Juris, 2011, p. 865.

4.4 Quanto ao momento em que o controle é realizado (critério de Celso Antônio Bandeira de Mello[11] e de Maria Sylvia Zanella Di Pietro[12]) ou quanto à oportunidade (para José dos Santos Carvalho Filho[13])

ESQUEMATIZANDO

A) CONTROLE PRÉVIO (OU PREVENTIVO)	B) CONTROLE CONCOMITANTE (OU SUCESSIVO)	C) CONTROLE POSTERIOR (OU SUBSEQUENTE)
É o que é realizado antes mesmo da prática do ato, portanto exercido antes de consumar-se a conduta administrativa.	É realizado no momento em que a conduta administrativa vai se desenvolvendo.	É o controle realizado após a prática do ato com o escopo de confirmá-lo ou corrigi-lo.
Exemplo: é o caso do mandado de segurança impetrado para impedir a realização de ato abusivo e ilegal; uma ação administrativa de engenharia que depende de aprovação do órgão técnico superior para ser executada.	**Exemplo:** a fiscalização, pelos agentes públicos, durante a execução de obras públicas (*vide* art. 67 da Lei n. 8.666/93); o acompanhamento da execução orçamentária pelo sistema de auditoria; a fiscalização que se exerce sobre escolas, hospitais e outros órgãos públicos prestadores de serviços à coletividade.	**Exemplo:** a homologação do julgamento de uma concorrência; o visto das autoridades superiores em geral; a aprovação; a anulação; a revogação e a convalidação.

4.5 Quanto à iniciativa (para José dos Santos Carvalho Filho[14])

ESQUEMATIZANDO

A) CONTROLE DE OFÍCIO	B) CONTROLE PROVOCADO
É realizado pela própria Administração Pública no exercício da autotutela administrativa. Exemplo: instauração, de ofício, pela Administração, de processo administrativo disciplinar para apuração de infração funcional supostamente cometida pelo agente público.	É o controle deflagrado por terceiro e dependente de iniciativa da parte interessada. Exemplo: recursos administrativos; ações para controle judicial de legalidade da atuação da Administração.

---

[11] BANDEIRA DE MELLO, Celso Antônio. *Curso de direito administrativo*, 26. ed., São Paulo: Malheiros, 2009, p. 921.
[12] DI PIETRO, Maria Sylvia Zanella. *Direito administrativo*, 20. ed., São Paulo: Atlas, 2007, p. 673.
[13] CARVALHO FILHO, José dos Santos. *Manual de direito administrativo*, 24. ed., Rio de Janeiro: Lumen Juris, 2011, p. 865.
[14] CARVALHO FILHO, José dos Santos. *Manual de direito administrativo*, 24. ed., Rio de Janeiro: Lumen Juris, 2011, p. 865.

4.6 Quanto ao âmbito

a) Controle por subordinação: aquele realizado pela autoridade hierarquicamente superior em relação aos atos praticados por seus subordinados. Fundamenta-se no exercício do poder hierárquico e no escalonamento vertical dos órgãos do Executivo. Trata-se de controle tipicamente interno em que o órgão superior fiscaliza, orienta e revê a atuação do órgão de menor hierarquia.

b) Controle por vinculação: "É o poder de influência exercido pela Administração direta sobre as entidades descentralizadas, não se caracterizando como subordinação hierárquica. Exemplo: poder de fiscalização do Ministro de Estado sobre autarquia vinculada à sua pasta"[15].

5. CONTROLE ADMINISTRATIVO

"É o poder de fiscalização e correção que a Administração Pública (em sentido amplo) exerce sobre sua própria atuação, sob os aspectos de legalidade e mérito, por iniciativa própria ou mediante provocação"[16].

Esse controle tem por finalidade **confirmar, rever e alterar** as condutas internas da Administração no que tange à sua legalidade e conveniência.

Na esfera federal, esse controle é denominado supervisão ministerial (*vide* Decreto-lei n. 200/67).

Para Hely Lopes Meirelles[17], é entendido como "aquele que o executivo e os órgãos de administração dos demais poderes exercem sobre suas próprias atividades, visando a mantê-las dentro da lei, segundo as necessidades do serviço e as exigências técnicas e econômicas de sua realização, pelo quê é um controle de legalidade e de mérito".

Portanto, é controle que deriva do poder de autotutela da Administração.

5.1 Instrumentos de controle administrativo

Diversos são os instrumentos de controle administrativo. Vejamos:

5.1.1. Direito de petição

5.1.2. Controle ministerial

5.1.3. Fiscalização hierárquica

5.1.4. Controle social

5.1.5. Instrumentos legais de controle

5.1.6. Recursos administrativos

5.1.6.1. Representação administrativa

---

[15] MAZZA, Alexandre. *Manual de direito administrativo*, 4. ed., São Paulo: Saraiva, 2014, p. 800-801.

[16] DI PIETRO, Maria Sylvia Zanella. *Direito administrativo*, 20. ed., São Paulo: Atlas, 2007, p. 673.

[17] MEIRELLES, Hely Lopes. *Direito administrativo brasileiro*, 35. ed., São Paulo: Malheiros, 2010, p. 703.

5.1.6.2. Reclamação administrativa
5.1.6.3. Pedido de reconsideração
5.1.6.4. Revisão do processo
5.1.6.5. Recurso hierárquico

5.1.1 Direito de petição

O direito de petição é instituto antigo, que nasceu na Inglaterra, na Idade Média, com o nome *right of petition*, e hoje tem previsão no art. 5º, XXXIV, *a*, da CF.

Características principais:

a) consiste na faculdade que as pessoas têm de formular aos órgãos públicos qualquer tipo de postulação (tanto relacionada a direito próprio quanto para tutela de interesse coletivo), tudo como decorrência da cidadania;

b) o pedido poderá conter: súplicas, queixas, sugestões, correções de erros e absurdos, pedido revisional etc.;

c) o recebimento do pedido pela autoridade administrativa é obrigatório, ainda que contenha algum absurdo;

d) o direito de petição é **direito dotado de eficácia**, pois exige um pronunciamento da autoridade competente a quem é dirigido acerca do que foi postulado (inclusive sendo cabível mandado de segurança se houver omissão de pronunciamento da autoridade);

e) o direito de petição é exercitável por petição escrita e assinada (por pessoa física ou jurídica);

f) não há pagamento de taxas para exercer o direito de petição.

5.1.2 Controle ministerial

É o exercido pelos Ministérios sobre os órgãos de sua estrutura administrativa e também sobre as pessoas da Administração Indireta federal, nos termos do Decreto-lei n. 200/67, art. 19.

Na esfera federal, a União, por intermédio dos Ministérios, controla as pessoas descentralizadas federais; nos Estados e Municípios, exercendo esse controle, temos as Secretarias.

5.1.3 Fiscalização hierárquica

Controle que está relacionado ao próprio sistema organizacional da Administração e do escalonamento vertical entre os órgãos da Administração. Assim, o agente de grau superior fiscaliza e revisa os atos do agente de grau inferior. Esse controle pode ser: a) de ofício; b) provocado; c) de legalidade; d) de mérito; e) prévio; f) concomitante; g) posterior; h) sobre suas próprias atividades.

5.1.4 Controle social

É o controle do Poder Público por segmentos oriundos da sociedade. Encontramos esse controle social em diversos diplomas:

a) leis de iniciativa popular (art. 61, § 2º, da CF);

b) § 3º do art. 37 da CF, que possibilita que haja a edição de lei que regule as formas de participação do usuário na Administração Direta ou Indireta;

c) art. 198, III, da CF ao estabelecer que as ações e serviços de saúde devem admitir a participação da comunidade;

d) art. 194, VII, da CF, que garante a participação social na seguridade social;

e) Lei n. 9.784/99, ao prever ferramentas de participação popular como a consulta pública (art. 31) e a audiência pública (art. 32).

5.1.5 Instrumentos legais de controle

O principal instrumento legal de controle sobre os órgãos e agentes públicos é a LC n. 101/2000: Lei de Responsabilidade Fiscal, que tem por escopo obter equilíbrio nas contas públicas, prevenindo riscos e corrigindo desvios.

5.1.6 Recursos administrativos

Características gerais:

a) os recursos são meios formais de controle administrativo, em que o interessado pleiteia a revisão de certo ato administrativo;

b) a tramitação desses recursos sujeita-se tanto à observância do princípio da publicidade quanto ao princípio do formalismo;

c) para que o administrado interponha recurso, é necessário que haja um **inconformismo**, isto é, uma contrariedade do ato a algum interesse do administrado;

d) o recurso tramita pela via administrativa e percorrerá diversos órgãos – que compõem o escalonamento organizacional da Administração;

e) os recursos administrativos não têm função jurisdicional. A solução do caso se exaure na via administrativa;

f) três são os fundamentos para a interposição do recurso administrativo: f.1) sistema de hierarquia orgânica (em que a autoridade superior reapreciará os atos da autoridade inferior); f.2) exercício do direito de petição (art. 5º, XXIV, *a*, da CF); f.3) garantia de exercício do contraditório e da ampla defesa (art. 5º, LV, da CF);

g) os recursos administrativos têm natureza jurídica de meio formal de impugnação de atos e comportamentos administrativos;

h) no processo administrativo federal (art. 58 da Lei n. 9.784/99), são legitimados para interposição de recurso administrativo: h.1) os titulares de direitos e interesses que forem parte do processo; h.2) aqueles cujos direitos ou interesses forem indiretamente afetados pela decisão recorrida; h.3) as organizações e associações representativas, no tocante a direitos e interesses coletivos; e h.4) os cidadãos ou associações, quanto a direitos ou interesses difusos;

i) efeitos dos recursos administrativos: devolutivo (regra que aparece inclusive como consequência da presunção de legitimidade dos atos administrativos). Apenas excepcionalmente terão efeito suspensivo (nesse sentido, *vide* art. 109 da Lei n. 8.666/93 e art. 61 da Lei n. 9.784/99).

Aprofundamento:

- Se o recurso tem **apenas efeito devolutivo**, sua interposição não suspende e não interrompe o prazo prescricional.
- Se o recurso tem **efeito suspensivo**, o ato impugnado fica com sua eficácia suspensa até que a autoridade competente o decida. Confirmado o ato impugnado, continuará a correr o prazo prescricional, que se iniciara quando se tornou eficaz o primeiro ato.

Vistas essas características gerais, vamos então analisar as modalidades de recurso em espécie.

5.1.6.1 Representação administrativa

Na **representação administrativa**, o recorrente (que pode ser qualquer pessoa, desde que não seja a parte diretamente afetada pela irregularidade ou conduta abusiva) denuncia irregularidades, ilegalidades, condutas abusivas dos agentes ou órgãos públicos, com o objetivo de **apuração e regularização**.

O recorrente oferece a representação para a Administração Pública, que recebe a denúncia e instaura procedimento administrativo.

A Administração Pública tem o poder-dever de averiguar e, se for o caso, punir os responsáveis pelas irregularidades.

Não confunda direito de petição com representação administrativa.

ESQUEMATIZANDO

DIREITO DE PETIÇÃO	REPRESENTAÇÃO ADMINISTRATIVA
Fundamento: art. 5º, XXXV, *a*, da CF.	Fundamento: art. 5º, XXXV, *a*, da CF.
Para defender interesses próprios e de terceiros.	Não defende interesses próprios e de terceiros, apenas denuncia a ocorrência de ilegalidades e condutas abusivas para averiguação pelo órgão administrativo competente. É denúncia solene escrita, datada, subscrita por qualquer pessoa, de irregularidades ou abusos na Administração Pública. Ex.: art. 74, § 2º, da CF "Qualquer cidadão, partido político, associação ou sindicato é parte legítima para, na forma da lei denunciar irregularidades ou ilegalidades perante o Tribunal de Contas da União".

Exemplos de representação administrativa:

a) art. 74, § 2º, da CF, que prevê caso específico de representação perante o Tribunal de Contas;

> **LEGISLAÇÃO CORRELATA**
>
> **CF**
>
> **Art. 74, § 2º:** Qualquer cidadão, partido político, associação ou sindicato é parte legítima para, na forma da lei, denunciar irregularidades ou ilegalidades perante o Tribunal de Contas da União.

b) o CPC prevê representação contra magistrado quando há excesso no cumprimento de prazos processuais (art. 235).

5.1.6.2 Reclamação administrativa

O instituto da **reclamação administrativa** tem previsão no Decreto n. 20.910, de 1932.

Reclamação administrativa "é o ato pelo qual o administrado, seja particular ou servidor público, deduz uma pretensão perante a Administração Pública, visando obter o reconhecimento de um direito ou a correção de um ato que lhe cause lesão ou ameaça de lesão"[18].

Na reclamação administrativa, o **recorrente é o interessado direto** na correção do ato que entende prejudicial.

> **ESQUEMATIZANDO**

RECLAMAÇÃO ADMINISTRATIVA	REPRESENTAÇÃO ADMINISTRATIVA
O recorrente é o **interessado direto** na correção do ato que entende prejudicial.	O pedido pode ser formulado por **qualquer pessoa**, ainda que não afetada pela irregularidade, ilegalidade ou conduta abusiva praticada.

Aprofundamento: A Lei n. 11.417/2006, que regulamenta o art. 103-A da CF, previu a **reclamação ao STF** contra ato administrativo que contribui, negue vigência ou aplique indevidamente Súmula Vinculante. Esta reclamação tem caráter jurisprudencial e não se confunde com a reclamação administrativa em comento.

5.1.6.3 Pedido de reconsideração

Consiste no pedido de reexame do ato, pelo interessado, à própria autoridade que o emitiu. É pedido que só pode ser formulado uma vez; se for indeferido (total ou parcialmente), não admite nova formulação.

---

[18] DI PIETRO, Maria Sylvia Zanella. *Direito administrativo*, 20. ed., São Paulo: Atlas, 2007, p. 678.

Exemplo: se um ato for praticado pelo Coordenador-Geral, haverá pedido de reconsideração se o interessado dirigir-se ao próprio Coordenador-Geral que proferiu aquele ato.

Não há previsão legal específica tratando do pedido de reconsideração, mas há alguns diplomas que fazem referência a ele, tais como o art. 106 da Lei n. 8.112/90, o art. 240 da Lei n. 10.261/68, do Estado de São Paulo, e o art. 109, III, da Lei n. 8.666/93.

> **LEGISLAÇÃO CORRELATA**
>
> **Lei n. 8.112/90**
> **Art. 106.** Cabe pedido de reconsideração à autoridade que houver expedido o ato ou proferido a primeira decisão, não podendo ser renovado (*Vide* Lei n. 12.300, de 2010.)
> Parágrafo único. O requerimento e o pedido de reconsideração de que tratam os artigos anteriores deverão ser despachados no prazo de 5 (cinco) dias e decididos dentro de 30 (trinta) dias.
> **Lei n. 10.261/68 (Estatuto dos Funcionários Públicos Civis do Estado de São Paulo)**
> **Art. 240.** Ao servidor é assegurado o direito de requerer ou representar, bem como, nos termos desta lei complementar, pedir reconsideração e recorrer de decisões, no prazo de 30 (trinta) dias, salvo previsão legal específica (NR).
> **Lei n. 8.666/93**
> **Art. 109, III:** Dos atos da Administração decorrentes da aplicação desta Lei cabem: pedido de reconsideração, de decisão de Ministro de Estado, ou Secretário Estadual ou Municipal, conforme o caso, na hipótese do § 4º do art. 87 desta Lei, no prazo de 10 (dez) dias úteis da intimação do ato.

De acordo com a Súmula 430 do STF, o pedido de reconsideração na via administrativa não interrompe o prazo para a interposição do mandado de segurança.

5.1.6.4 Revisão do processo

"É o recurso de que se utiliza o servidor público, punido pela Administração, para reexame da decisão, em caso de surgirem fatos novos suscetíveis de demonstrar sua inocência"[19].

Previsão legal:

a) arts. 174 a 182 da Lei n. 8.112/90; e

b) art. 65 da Lei n. 9.784/99.

> **LEGISLAÇÃO CORRELATA**
>
> **Lei n. 9.784/99**
> **Art. 65.** Os processos administrativos de que **resultem sanções** poderão ser **revistos**, a qualquer tempo, a pedido ou de ofício, quando surgirem fatos novos ou circunstâncias relevantes suscetíveis de justificar a inadequação da sanção aplicada.
> Parágrafo único. Da revisão do processo não poderá resultar agravamento da sanção.

---

[19] DI PIETRO, Maria Sylvia Zanella. *Direito administrativo*, 20. ed., São Paulo: Atlas, 2007, p. 681.

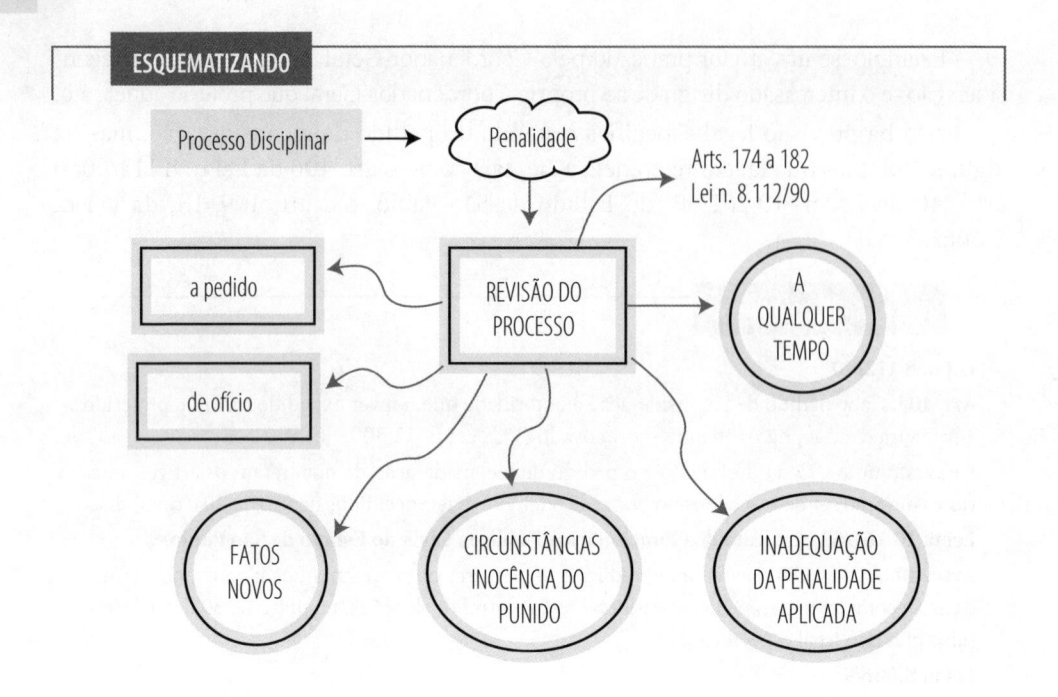

> **ESQUEMATIZANDO**
>
> Processo Disciplinar → Penalidade
>
> Arts. 174 a 182
> Lei n. 8.112/90
>
> - a pedido
> - de ofício
>
> → REVISÃO DO PROCESSO →
>
> - A QUALQUER TEMPO
> - FATOS NOVOS
> - CIRCUNSTÂNCIAS INOCÊNCIA DO PUNIDO
> - INADEQUAÇÃO DA PENALIDADE APLICADA

5.1.6.5 Recurso hierárquico

A doutrina identifica duas espécies de recurso hierárquico:

a) Recurso hierárquico próprio: é o que tramita na via interna de órgãos ou pessoas administrativas e é dirigido à autoridade imediatamente superior (dentro do mesmo órgão em que o ato foi praticado). Decorre diretamente da hierarquia nos quadros da Administração e, por essa razão, pode ser interposto sem a necessidade de previsão legal.

O órgão competente para decidir o recurso poderá confirmar, modificar, anular ou revogar, total ou parcialmente, a decisão recorrida, se a matéria for de sua competência.

No processo administrativo federal, o recurso hierárquico tramita até o máximo de três instâncias administrativas (art. 57 da Lei n. 9.784/99).

b) Recurso hierárquico impróprio: o recurso hierárquico impróprio é encaminhado para autoridade de outro órgão não integrado na mesma hierarquia daquele que proferiu o ato. Não decorre da hierarquia, por isso o nome "impróprio". O recurso hierárquico impróprio só é cabível se houver **previsão legal expressa**.

José dos Santos Carvalho Filho[20] exemplifica: o interessado recorre contra ato do Presidente de uma Fundação Pública Estadual para o Secretário Estadual.

---

[20] CARVALHO FILHO, José dos Santos. *Manual de direito administrativo*, 24. ed., Rio de Janeiro: Lumen Juris, 2011, p. 877.

Alexandre Mazza[21] exemplifica: recurso contra decisão tomada por autarquia endereçado ao Ministro da pasta a qual à entidade recorrida está vinculada.

6. COISA JULGADA ADMINISTRATIVA

A expressão "coisa julgada" é instituto típico do direito processual (civil e penal), e alguns doutrinadores tentam trazer esse modelo para o direito administrativo.

"Coisa julgada administrativa" consiste na imodificabilidade e irretratabilidade do ato perante a Administração Pública, pois se exaurem os meios de impugnação na via administrativa. Entretanto, nada impede que o mesmo ato que não pode mais ser revisto na esfera administrativa possa ser revisto perante o Poder Judiciário (art. 5º, XXXV, da CF).

A coisa julgada administrativa **não tem** o alcance e a força conclusiva da coisa julgada judicial. Falta ao ato administrativo aquilo que os publicistas norte-americanos intitulam "the final enforcing power", ou seja, a definitividade da decisão administrativa é relativa, pois pode ser desfeita e reformada na esfera judicial.

Aprofundamento: Maria Sylvia Zanella Di Pietro[22] complementa: embora os administrativistas mencionem "coisa julgada administrativa" apenas se referindo à hipótese em que se exauriu a via administrativa, não cabendo mais recurso, temos também coisa julgada administrativa quando tratamos de limitação ao poder de revogar atos administrativos. Assim, não podem ser revogados: a) atos vinculados; b) atos que exauriram seus efeitos; c) meros atos administrativos; d) atos que geraram direitos subjetivos etc. Ora, se são irretratáveis perante a Administração Pública, fazem coisa julgada administrativa e, portanto, são considerados situações irretratáveis e imodificáveis perante a Administração Pública.

7. CONTROLE LEGISLATIVO

O Poder Legislativo fiscaliza a atuação da Administração Pública pautado em dois critérios: **7.1. controle político** (que apreciará as decisões administrativas sob o aspecto da discricionariedade, oportunidade e conveniência ao interesse público) e **7.2 controle financeiro** (exercido com o auxílio dos Tribunais de Contas).

7.1 Controle político

O fundamento desse controle é eminentemente **constitucional**, competindo, nos termos do art. 49, X, da CF, ao Congresso Nacional (que é Poder Legislativo) a incumbência de fiscalizar e controlar, diretamente, ou por qualquer de suas Casas, os atos do Poder Executivo, incluídos os da Administração Indireta.

---

[21] MAZZA, Alexandre. *Manual de direito administrativo*, 4. ed., São Paulo: Saraiva, 2014, p. 802.
[22] DI PIETRO, Maria Sylvia Zanella. *Direito administrativo*, 20. ed., São Paulo: Atlas, 2007, p. 682.

As hipóteses mais importantes de realização desse controle são:

a) **Art. 48, X, da CF:** que fixa para o Congresso Nacional a competência para legislar sobre a criação e extinção dos Ministérios e órgãos da Administração Pública.

b) **Art. 49, V, da CF:** que atribui competência ao Congresso Nacional para sustar os atos normativos do Poder Executivo que exorbitem do poder regulamentar ou dos limites de delegação legislativa.

c) **Art. 50 da CF:** que prevê para a Câmara dos Deputados e para o Senado Federal, ou qualquer de suas Comissões, a possibilidade de convocarem Ministro de Estado ou quaisquer titulares de órgãos diretamente subordinados à Presidência da República para prestarem, pessoalmente, informações sobre assunto previamente determinado, importando crime de responsabilidade a ausência sem justificação adequada.

d) **art. 58, § 3º, da CF:** Comissões Parlamentares de Inquérito.

LEGISLAÇÃO CORRELATA

CF

Art. 58, § 3º: As **comissões parlamentares de inquérito**, que terão poderes de investigação próprios das autoridades judiciais, além de outros previstos nos regimentos das respectivas Casas, serão criadas pela Câmara dos Deputados e pelo Senado Federal, em conjunto ou separadamente, mediante requerimento de um terço de seus membros, para a apuração de fato determinado e por prazo certo, sendo suas conclusões, se for o caso, encaminhadas ao Ministério Público, para que promova a responsabilidade civil ou criminal dos infratores.

e) As autorizações ou aprovações do Congresso Nacional necessárias para a realização de atos concretos do Executivo, *v.g.*, o Congresso Nacional aprecia atos de concessão e renovação de concessão de emissoras de TV (art. 49, XII, da CF).

f) **Art. 52, III, da CF:** ao Senado Federal compete privativamente aprovar previamente, por voto secreto, após arguição pública, a escolha de: a) Magistrados, nos casos estabelecidos na Constituição Federal; b) Ministros do Tribunal de Contas da União indicados pelo Presidente da República; c) Governador de Território; d) Presidente e Diretores do Banco Central; e) Procurador-Geral da República; f) titulares de outros cargos que a lei determinar.

g) **Art. 52, IV, da CF:** compete privativamente ao Senado Federal aprovar previamente, por voto secreto, após arguição em sessão secreta, a escolha dos chefes de missão diplomática de caráter permanente.

h) **Art. 52, V, da CF:** compete privativamente ao Senado Federal autorizar operações externas de natureza financeira, de interesse da União, dos Estados, do Distrito Federal, dos Territórios e dos Municípios.

i) Art. 52, VI, da CF: compete privativamente ao Senado Federal fixar, por proposta do Presidente da República, limites globais para o montante da dívida consolidada da União, dos Estados, do Distrito Federal e dos Municípios.

j) Art. 52, VII, da CF: compete privativamente ao Senado Federal dispor sobre limites globais e condições para as operações de crédito externo e interno da União, dos Estados, do Distrito Federal e dos Municípios, de suas autarquias e demais entidades controladas pelo Poder Público federal.

k) Art. 52, VIII, da CF: compete privativamente ao Senado Federal dispor sobre limites e condições para a concessão de garantia da União em operações de crédito externo e interno.

l) Art. 52, IX, da CF: compete privativamente ao Senado Federal estabelecer limites globais e condições para o montante da dívida mobiliária dos Estados, do Distrito Federal e dos Municípios.

m) Art. 49, IX, da CF: é o Congresso Nacional que julga anualmente contas prestadas pelo Presidente da República e aprecia relatórios sobre a execução dos planos de governo;

Se as contas não forem apreciadas dentro de 60 (sessenta) dias após a abertura da sessão legislativa, a Câmara dos Deputados procederá à tomada de contas, conforme o art. 51, II, da CF.

n) Art. 86 da CF: cuida da supressão e destituição (*impeachment*) do Presidente da República ou de Ministros.

LEGISLAÇÃO CORRELATA

CF

Art. 86. Admitida a acusação contra o Presidente da República, por dois terços da Câmara dos Deputados, será ele submetido a julgamento perante o Supremo Tribunal Federal, nas infrações penais comuns, ou perante o Senado Federal, nos crimes de responsabilidade.

§ 1º O Presidente ficará suspenso de suas funções:

I – nas infrações penais comuns, se recebida a denúncia ou queixa-crime pelo Supremo Tribunal Federal;

II – nos crimes de responsabilidade, após a instauração do processo pelo Senado Federal.

§ 2º Se, decorrido o prazo de cento e oitenta dias, o julgamento não estiver concluído, cessará o afastamento do Presidente, sem prejuízo do regular prosseguimento do processo.

§ 3º Enquanto não sobrevier sentença condenatória, nas infrações comuns, o Presidente da República não estará sujeito a prisão.

§ 4º O Presidente da República, na vigência de seu mandato, não pode ser responsabilizado por atos estranhos ao exercício de suas funções.

7.2 Controle financeiro (arts. 70 a 75 da CF)

O controle financeiro abarca tanto a realização de controle externo (realizado pelo Congresso Nacional com o auxílio do Tribunal de Contas – TCU, nos termos do art. 71 da CF) quanto a de controle interno, realizado pelo próprio Poder Executivo.

Diversas são as áreas sujeitas a controle financeiro: a área contábil, a área financeira *stricto sensu*, a área orçamentária (visando ao acompanhamento do orçamento), a área operacional (de forma a verificar se as atividades administrativas estão sendo prestadas de forma satisfatória coibindo desperdícios e gastos desnecessários), a área patrimonial (fiscalizando os bens do patrimônio público, a fiscalização dos almoxarifados) etc.

7.2.1 Tribunais de Contas

Os Tribunais de Contas têm a atribuição de fiscalizar quaisquer entidades (públicas ou privadas que façam uso de dinheiro público), incluindo as contas do Ministério Público, Poder Legislativo e Poder Judiciário.

Características principais

a) Temos quatro Tribunais de Contas:

    a.1) Tribunal de Contas da União (TCU);

    a.2) Tribunal de Contas dos Estados (TCEs);

    a.3) Tribunal de Contas do Distrito Federal (TCDF);

    a.4) Tribunais de Contas dos Municípios (TCMs);

b) O **Tribunal de Contas da União (TCU)** é composto por nove Ministros, com idade entre 35 (trinta e cinco) e 65 (sessenta e cinco) anos, idoneidade moral, reputação ilibada e notório conhecimento (jurídico, econômico e financeiro):

    b.1) um terço dos membros do Tribunal de Contas da União será nomeado pelo Presidente da República, sob aprovação do Senado Federal. Os outros dois terços serão nomeados pelo Congresso Nacional (*vide* art. 73, § 1º, da CF);

    b.2) os Ministros do Tribunal de Contas da União terão as mesmas garantias, prerrogativas, impedimentos, vencimentos e vantagens dos **Ministros do Superior Tribunal de Justiça**, aplicando-se-lhes, quanto à aposentadoria e pensão, as normas constantes do art. 40 da Constituição Federal;

    b.3) as atribuições do TCU estão elencadas no art. 71 da CF. Assim, compete aos Ministros do TCU:

- apreciar as contas prestadas anualmente pelo Presidente da República, mediante parecer prévio que deverá ser elaborado em 60 (sessenta) dias a contar de seu recebimento;

- julgar as contas dos administradores e demais responsáveis por dinheiros, bens e valores públicos da Administração Direta e Indireta, incluídas as fundações e sociedades instituídas e mantidas pelo Poder Público federal,

e as contas daqueles que derem causa a perda, extravio ou outra irregularidade de que resulte prejuízo ao erário público;
- apreciar, para fins de registro, a legalidade dos atos de admissão de pessoal, a qualquer título, na Administração Direta e Indireta, incluídas as fundações instituídas e mantidas pelo Poder Público, excetuadas as nomeações para cargo de provimento em comissão, bem como a das concessões de aposentadorias, reformas e pensões, ressalvadas as melhorias posteriores que não alterem o fundamento legal do ato concessório;
- realizar, por iniciativa própria, da Câmara dos Deputados, do Senado Federal, de Comissão técnica ou de inquérito, inspeções e auditorias de natureza contábil, financeira, orçamentária, operacional e patrimonial, nas unidades administrativas dos Poderes Legislativo, Executivo e Judiciário, e demais entidades referidas no inciso II do art. 71;
- fiscalizar as contas nacionais das empresas supranacionais de cujo capital social a União participe, de forma direta ou indireta, nos termos do tratado constitutivo;
- fiscalizar a aplicação de quaisquer recursos repassados pela União mediante convênio, acordo, ajuste ou outros instrumentos congêneres, a Estado, ao Distrito Federal ou a Município;
- prestar as informações solicitadas pelo Congresso Nacional, por qualquer de suas Casas, ou por qualquer das respectivas Comissões, sobre a fiscalização contábil, financeira, orçamentária, operacional e patrimonial e sobre resultados de auditorias e inspeções realizadas;
- aplicar aos responsáveis, em caso de ilegalidade de despesa ou irregularidade de contas, as sanções previstas em lei, que estabelecerá, entre outras cominações, multa proporcional ao dano causado ao erário;
- assinar prazo para que o órgão ou entidade adote as providências necessárias ao exato cumprimento da lei, se verificada ilegalidade;
- sustar, se não atendido, a execução do ato impugnado, comunicando a decisão à Câmara dos Deputados e ao Senado Federal;
- representar ao Poder competente sobre irregularidades ou abusos apurados.

c) O **Tribunal de Contas Estadual** (TCEs) é composto por sete Conselheiros, sendo que quatro devem ser escolhidos pela Assembleia Legislativa e três pelo chefe do Executivo Estadual, cabendo a este indicar um dentre auditores e outro dentre membros do Ministério Público, e um terceiro à sua livre escolha. Nesse sentido a Súmula 653 do STF.

JURISPRUDÊNCIA

O STF, no **RE 576.920 com repercussão geral** reconhecida (**tema 47**), discute, à luz dos arts. 31, § 1º; 37, *caput* e I; 71, III, todos da Constituição Federal, a **natureza do controle externo** exercido pelos Tribunais de Contas Estaduais em relação a atos administrativos dos Municípios, isto é, se as decisões do Tribunal de Contas dos Estados, na análise definitiva de atos de admissão de pessoal por parte dos Municípios, possuem natureza mandamental ou meramente opinativa.

A **tese** firmada pelo STF em 20 de abril de 2020 teve a seguinte redação: "A competência técnica do Tribunal de Contas do Estado, ao negar registro de admissão de pessoal, não se subordina à revisão pelo Poder Legislativo respectivo".

8. CONTROLE JUDICIAL

No Brasil, adotamos o **sistema de jurisdição única ou sistema inglês**, ou seja, compete ao Poder Judiciário decidir, desde que provocado, com força de definitividade, toda e qualquer contenda sobre a adequada aplicação do direito a um caso concreto.

As mais importantes **ações judiciais** de controle da Administração Pública são:

a) *Habeas Corpus* – art. 5º, LXVIII, da CF;

b) Mandado de Segurança (individual ou coletivo) – art. 5º, LXIX e LXX, da CF e Lei n. 12.019/2009.

Sobre o mandado de segurança, importante destacar a decisão do STF, de 2 de maio de 2013, no **RE 669.367 (tema 530)**, com repercussão geral, no sentido de que a desistência do mandado de segurança é uma prerrogativa de quem o propõe e **pode ocorrer a qualquer tempo**, sem anuência da parte contrária e independentemente de já ter havido decisão de mérito, ainda que favorável ao autor da ação.

De acordo com o entendimento da maioria dos Ministros, o mandado de segurança é uma ação dada ao cidadão contra o Estado e, portanto, **não gera** direito à autoridade pública considerada coatora, pois seria "intrínseco na defesa da liberdade do cidadão".

A **tese** firmada pelo STF tem a seguinte redação: "É lícito ao impetrante desistir da ação de mandado de segurança, independentemente de aquiescência da autoridade apontada como coatora ou da entidade estatal interessada ou, ainda, quando for o caso, dos litisconsortes passivos necessários, a qualquer momento antes do término do julgamento, mesmo após eventual sentença concessiva do '*writ*' constitucional, não se aplicando, em tal hipótese, a norma inscrita no art. 267, § 4º, do CPC/73".

c) *Habeas Data* (art. 5º, LXXII, da CF);

d) Mandado de Injunção (art. 5º, LXXI, da CF);

e) Ação Popular (art. 5º, LXXIII, da CF);

f) Ação Civil Pública (art. 129, III, da CF e Lei n. 7.347/85, que sofreu duas alterações no ano de 2014: uma pela Lei n. 12.966 e outra pela Lei n. 13.004);

g) Ação Direta de Inconstitucionalidade (ação ou omissão) – arts. 102, I, *a*; 103, ambos da CF, e Lei n. 9.868/99.

> **JURISPRUDÊNCIA**

- **TCU E ANULAÇÃO DE CONTRATOS ADMINISTRATIVOS – 1**

    O TCU, embora não tenha poder para anular ou sustar contratos administrativos, possui competência, consoante o art. 71, IX, da CF, para determinar à autoridade administrativa que promova a anulação de contrato e, se for o caso, da licitação de que se originara. Ao ratificar essa orientação, firmada no julgamento do MS 23550/DF (*DJU* de 31-10-2001), a 1ª Turma denegou mandado de segurança, cuja causa de pedir era a anulação do *decisum* da Corte de Contas que ordenara ao Ministério dos Transportes a declaração de nulidade de avença de sub-rogação e rerratificação, por meio da qual se transferira à impetrante, sob o regime de concessão, a administração e exploração de parte de rodovia. A impetrante aduzia que: a) a declaração de nulidade efetuada pelo Departamento de Estradas e Rodagem (DER) estadual não seria suficiente para retirar o instrumento de concessão do ordenamento jurídico, uma vez que teria a Administração Pública poderes para rever seus atos, nos moldes dos Verbetes 346 e 473 da Súmula desta Suprema Corte; b) o Ministério dos Transportes, ao rever o ato anulatório, teria afastado as irregularidades apontadas pelo Tribunal de Contas do estado, de sorte que inexistiria qualquer desconformidade do contrato com a lei, porque que seria legal o certame; c) a Administração Federal não poderia vincular-se à decisão de Corte de Contas estadual, tendo em vista que a jurisdição desta abarcaria apenas a respectiva unidade federativa; d) essa resolução do Tribunal de Contas local deveria ser declarada nula, em razão de cerceamento do direito de defesa, uma vez que a ora impetrante não fora notificada para integrar o respectivo processo; e e) o Ministério dos Transportes também não teria sido chamado a se manifestar no procedimento perante o TCU, o que representaria violação ao princípio do devido processo legal. MS 26.000/SC, rel. Min. Dias Toffoli, j. 16-10-2012.

- **TCU E ANULAÇÃO DE CONTRATOS ADMINISTRATIVOS – 2**

    De início, afirmou-se que o TCU não seria tribunal administrativo, no sentido francês, dotado de poder de solução dos conflitos em última instância. Preceituou-se que o princípio da inafastabilidade da jurisdição impediria que houvesse essa equiparação, além do que os poderes desse órgão estariam devidamente delimitados no art. 71 da CF. Outrossim, anotou-se que a participação do TCU no processo de anulação, resolução ou resilição de contratos, conforme houvesse ou não o elemento ilícito ou culposo na causa determinante da extinção anormal do ajuste, limitar-se-ia a determinar à autoridade a fixação de prazo à entidade, com a finalidade de que adotasse providências necessárias ao exato cumprimento da lei, se verificada ilegalidade. Sublinhou-se que os efeitos da inobservância do comando do Tribunal de Contas dilatar-se-iam para outra esfera (Lei n. 8.443/92: "Art. 45. Verificada a ilegalidade de ato ou contrato, o Tribunal, na forma estabelecida no Regimento Interno, assinará prazo para que o responsável adote as providências necessárias ao exato cumprimento da lei, fazendo indicação expressa dos dispositivos a serem observados. § 1º No caso de ato administrativo, o Tribunal, se não atendido: I – sustará a execução do ato impugnado; II – comunicará a decisão à Câmara dos Deputados e ao Senado Federal; III – aplicará ao responsável a multa prevista no inciso II do art. 58 desta Lei. § 2º No caso de contrato, o Tribunal, se não atendido, comunicará o fato ao Congresso Nacional, a quem compete adotar o ato de sustação e solicitar, de imediato, ao Poder Executivo, as medidas cabíveis". MS 26.000/SC, rel. Min. Dias Toffoli, j. 16-10-2012.

- **TCU E ANULAÇÃO DE CONTRATOS ADMINISTRATIVOS – 3**

    Aludiu-se que se o administrador não se curvasse ao que prescrito pelo TCU, a iniciativa retornaria à própria Corte de Contas (CF, art. 71, X). Ademais, versou-se que, na hipótese de contrato, o ato de sustação seria adotado diretamente pelo Congresso Nacional (CF, art. 71, § 1º). Contudo, a suspensão do ajuste por este último órgão seria desnecessária na espécie, pois o Ministério dos Transportes declarara nulo o termo de sub-rogação. Observou-se que a delegação firmada entre a União e o estado-membro possuiria cláusula de possibilidade de sub-rogação de eventual avença de concessão ao Governo Federal, caso houvesse denúncia daquele instrumento por parte do delegatário. Ocorre que, antes de haver a denúncia pela unidade federativa, o órgão competente para tanto – seu respectivo DER, nos termos de cláusula contratual – já teria anulado o ajuste de concessão. Frisou-se que, a princípio, o Ministério dos Transportes desconheceria a efetiva anulação da mencionada concessão. Assim, constatou-se que esse órgão entendera pela possibilidade de sub-rogação do contrato pela União, o que somente seria definitivamente concretizado após exame da legalidade pelo TCU. Ressaltou-se que, com a remessa do caso a esta Corte de Contas, ela averiguara que teriam sido apuradas irregularidades insanáveis no processo licitatório, pelo Tribunal de Contas do estado, reconhecidas pela Administração estadual, as quais teriam como consequência a invalidação do contrato de concessão. Diante disso, ressurtiu-se que a União, tendo como interveniente o Ministério dos Transportes, não poderia sub-rogar-se no papel antes exercido pelo estado-membro. Isso porque, nulo o contrato de concessão, não subsistiria a cláusula do ajuste de delegação que permitira a referida sub-rogação. MS 26.000/SC, rel. Min. Dias Toffoli, j. 16-10-2012.

- **TCU E ANULAÇÃO DE CONTRATOS ADMINISTRATIVOS – 4**

    No ponto, enfatizou-se que contrato nulo, em decorrência de vícios insanáveis, não poderia conservar-se no ordenamento jurídico, nem ser convalidado por ato posterior da Administração. Por fim, repeliu-se qualquer violação constitucional, pois o próprio Ministério dos Transportes provocara o TCU para manifestação quanto à legalidade dos procedimentos licitatórios, bem como da sub-rogação do pacto de concessão. Discorreu-se que, no que concerne aos processos de desestatização, de acordo com o art. 258, do RITCU, o processo de acompanhamento seria o instrumento utilizado para exame da legalidade e legitimidade dos atos de gestão administrativa e, no presente caso, de concessão de serviço público (Instrução Normativa 27/98 do TCU), pelo que a autoridade coatora nada mais fizera senão exercer os poderes que lhe seriam inerentes, sem abusos ou ilegalidades. O Min. Luiz Fux acresceu que careceria de liquidez e certeza o que aventado pela impetrante. Explanou que, conquanto o *writ* tivesse sido manejado em face de ato do TCU, a parte objetivaria discutir decisão que fora adotada no tribunal de origem relativamente à invalidade de licitação. Sobrelevou que, quanto à matéria de fundo, o contrato administrativo sempre seria precedido de licitação; se esta fosse inválida, contaminaria os atos consectários. Esclareceu que a cláusula de sub-rogação não serviria para hipóteses de nulidade, mas para casos de impossibilidade de continuidade da concessão. O Min. Marco Aurélio registrou que a substituição do Ministério dos Transportes por pessoa jurídica de direito privado mostrar-se-ia imprópria. Prelecionou que a atuação do TCU decorrera de provocação do próprio Ministério dos Transportes. MS 26.000/SC, rel. Min. Dias Toffoli, j. 16-10-2012 (*Informativo STF 684*).

- **TCU E JORNADA DE TRABALHO DE MÉDICOS – 1**

    O Tribunal iniciou julgamento de mandado de segurança impetrado contra ato do Presidente do TCU que determinara aos ocupantes do cargo de analista de controle externo – área de apoio técnico e administrativo, especialidade medicina –, que optassem por uma das jornadas de trabalho estabelecidas pela Lei n. 10.356/2001 – que dispõe sobre o quadro de pessoal e o plano de carreira do TCU – e, consequentemente, por remuneração equitativa ao número de horas laboradas. Sustentam os impetrantes terem direito à jornada de vinte horas semanais, com base no regime especial previsto na CF (arts. 5º, XXXVI e 37, XV e XVI), bem como na legislação especial que regulamenta a jornada de trabalho dos médicos (Lei n. 9.436/97), sem que se proceda à alteração nos seus vencimentos. O Min. Marco Aurélio, relator, concedeu a ordem para manter a situação jurídica anterior à Lei n. 10.356/2001, relativamente aos impetrantes que ingressaram no quadro do TCU antes da vigência desse diploma legal. Entendeu que o novo texto legal seria aplicável tão somente aos profissionais de medicina que ingressaram no quadro do TCU a partir da respectiva vigência, ou seja, dezembro de 2001. Considerou que, diante da alteração substancial da jornada, não cabia, muito menos transcorridos mais de quatro anos – haja vista que o ato impugnado data de 25.1.2006 –, o acionamento da lei no tocante aos que já se encontravam, à época em que passou a vigorar, no quadro funcional do TCU, sob pena de se desconhecer por completo a situação jurídica constitucionalmente constituída. Após, pediu vista dos autos o Min. Dias Toffoli. MS 25.875/DF, rel. Min. Marco Aurélio, j. 24-6-2010.

- **TCU E JORNADA DE TRABALHO DE MÉDICOS – 2**

    O Plenário retomou julgamento de mandado de segurança impetrado contra ato do Presidente do TCU, que determinara aos ocupantes do cargo de analista de controle externo – área de apoio técnico e administrativo, especialidade medicina –, que optassem por uma das jornadas de trabalho estabelecidas pela Lei n. 10.356/2001 (a qual dispõe sobre o quadro de pessoal e o plano de carreira do TCU) e, consequentemente, por remuneração equitativa ao número de horas laboradas – v. *Informativo 592*. O Min. Dias Toffoli, em voto-vista, acompanhou o Min. Marco Aurélio, relator, e concedeu a ordem. Aduziu que a aplicação da novel legislação – a qual impõe jornada de trabalho de 40 horas semanais para percepção do mesmo padrão remuneratório e permite a manutenção da jornada de 20 horas semanais com redução proporcional de vencimentos – aos servidores médicos que já atuavam no TCU à época da edição do referido diploma legislativo implicaria inegável decesso, o que afrontaria o art. 37, XV, da CF. Ressaltou que, por não haver direito adquirido a regime jurídico, essa nova disciplina legal aplicar-se-ia aos servidores que ingressassem após sua edição, mas não àqueles que já tivessem situação consolidada. Após os votos dos Ministros Cármen Lúcia e Ricardo Lewandowski, que placitavam esse entendimento, pediu vista o Min. Gilmar Mendes. MS 25.875/DF, rel. Min. Marco Aurélio, 17-11-2011 *(Informativo STF 648)*.

- **MUNICÍPIO: RECURSOS PÚBLICOS FEDERAIS E FISCALIZAÇÃO PELA CGU – 1**

    A Turma decidiu afetar ao Plenário julgamento de recurso ordinário em mandado de segurança interposto contra ato de Ministro de Estado do Controle e da Transparência que, mediante sorteio público, escolhera determinado Município para que se submetesse à fiscalização e auditoria, realizadas pela Controladoria-Geral da União – CGU, dos recursos públicos federais. O ora recorrente, prefeito daquela municipalidade sustenta que a CGU não poderia impor fiscalização às contas do Município, ainda que houvesse repasse de recursos pela União, tendo em vista a autonomia municipal e o que disposto no art. 71, VI, da CF ("O controle externo, a cargo do Congresso Nacional, será exercido com o auxílio do Tribunal de Contas da União, ao qual compete: ... VI – fiscalizar a aplicação de quaisquer recursos repassados pela União mediante convênio, acordo, ajuste ou outros instrumentos congêneres, a Estado, ao Distrito Federal ou a Município"). Na origem, o STJ entendera válida e legal a realização de fiscalizações pela Controladoria, no exercício do controle interno, e pelo TCU, no controle externo, com escolha de Município por sorteio. RMS 25.943/DF, rel. Min. Ricardo Lewandowski, j. 14-9-2010.

- **MUNICÍPIO: RECURSOS PÚBLICOS FEDERAIS E FISCALIZAÇÃO PELA CGU – 2**

    A Controladoria-Geral da União – CGU tem atribuição para fiscalizar a aplicação dos recursos públicos federais repassados, nos termos dos convênios, aos Municípios. Com base nesse entendimento, o Plenário, por maioria, desproveu recurso ordinário em mandado de segurança, afetado pela 1ª Turma, interposto contra ato de Ministro de Estado do Controle e da Transparência que, mediante sorteio público, escolhera determinado Município para que se submetesse à fiscalização e à auditoria, realizadas pela CGU, dos recursos públicos federais àquele repassados – v. *Informativo 600*. Asseverou-se, de início, que o art. 70 da CF estabelece que a fiscalização dos recursos públicos federais se opera em duas esferas: a do controle externo, pelo Congresso Nacional, com o auxílio do Tribunal de Contas da União – TCU, e a do controle interno, pelo sistema de controle interno de cada Poder. Explicou-se que, com o objetivo de disciplinar o sistema de controle interno do Poder Executivo federal, e dar cumprimento ao art. 70 da CF, fora promulgada a Lei n. 10.180/2001. Essa legislação teria alterado a denominação de Corregedoria-Geral da União para Controladoria-Geral da União, órgão este que auxiliaria o Presidente da República na sua missão constitucional de controle interno do patrimônio da União. Ressaltou-se que a CGU poderia fiscalizar a aplicação de dinheiro da União onde quer que ele fosse aplicado, possuindo tal fiscalização caráter interno, porque exercida exclusivamente sobre verbas oriundas do orçamento do Executivo destinadas a repasse de entes federados. Afastou-se, por conseguinte, a alegada invasão da esfera de atribuições do TCU, órgão auxiliar do Congresso Nacional no exercício do controle externo, o qual se faria sem prejuízo do interno de cada Poder. RMS 25.943/DF, rel. Min. Ricardo Lewandowski, j. 24-11-2010.

- **MUNICÍPIO: RECURSOS PÚBLICOS FEDERAIS E FISCALIZAÇÃO PELA CGU – 3**

    Enfatizou-se que essa fiscalização teria o escopo de verificar a correta aplicação dos recursos federais, depois de seu repasse a outros entes da federação, sob pena, inclusive, de eventual responsabilidade solidária, no caso de omissão, tendo em conta o disposto no art. 74, § 1º e no art. 18, § 3º, da Lei n. 10.683/2003, razão pela qual deveria a CGU ter acesso aos documentos do Município. Acrescentou-se que a fiscalização da CGU seria feita de forma aleatória, em face da impossibilidade fática de controle das verbas repassadas a todos os Municípios, mediante sorteios públicos, realizados pela Caixa Econômica Federal – CEF, procedimento em consonância com o princípio da impessoalidade, inscrito no art. 37, *caput*, da CF. Ressalvou-se, por fim, que a fiscalização apenas recairá sobre as verbas federais repassadas nos termos do convênio, excluídas as verbas estaduais ou municipais. Vencidos os Ministros Marco Aurélio e Cezar Peluso que proviam o recurso. RMS 25.943/DF, rel. Min. Ricardo Lewandowski, j. 24-11-2010 (*Informativo STF 610*).

- **MANDADO DE SEGURANÇA: IMPEDIMENTO E FEITOS DIVERSOS – 1**

    O Tribunal iniciou julgamento de mandado de segurança, impetrado contra ato do Tribunal de Contas da União – TCU, em que se sustenta a ilegalidade de julgamento por ele proferido, na medida em que relatado por Ministro supostamente impedido. Alega a impetração que o relator já se manifestara sobre as irregularidades imputadas ao impetrante enquanto representante do *parquet* junto à Corte de Contas, confirmando posição já exarada, em face dos mesmos fatos, atuando, portanto, sucessivamente, como representante do Ministério Público e Ministro do TCU. Sustenta o seu impedimento para participar do feito, por afronta ao inciso VIII do art. 39 do Regimento Interno do TCU ("Art. 39. É vedado ao ministro do Tribunal: [...] VIII – atuar em processo de interesse próprio, de cônjuge, de parente consanguíneo ou afim, na linha reta ou na colateral, até o segundo grau, ou de amigo íntimo ou inimigo capital, assim como em processo em que tenha funcionado como advogado, perito, representante do Ministério Público ou servidor da Secretaria do Tribunal ou do Controle Interno"). MS 25.630/DF, rel. Min. Ayres Britto, j. 17-2-2010.

- **MANDADO DE SEGURANÇA: IMPEDIMENTO E FEITOS DIVERSOS – 2**

    O Min. Ayres Britto, relator, por reputar serem diversos os processos em que o Ministro supostamente impedido atuara como representante do *parquet* e como Ministro do TCU, denegou a segurança. Ressaltou que o primeiro processo cuidaria de auditoria realizada na área de pessoal de Fundação de Universidade Federal, e o segundo – instaurado três anos depois do primeiro – trataria da prestação de contas da mencionada Fundação. Asseverou, destarte, não se aplicar ao caso em exame a vedação do inciso VIII do art. 39 do RITCU, dado que o Ministro não atuara no mesmo processo em que funcionara como membro do Ministério Público junto ao TCU. Consignou que, enquanto em um dos processos, o TCU, com base no inciso IV do art. 71 da CF, apreciara relatório de auditoria na específica área de pessoal e referente a atos de 1993, no outro, julgara a prestação de contas do administrador público no exercício de 1995, com fundamento no inciso II do mesmo art. 71 da Carta da República. Salientou, ademais, que a atuação do antigo membro do Ministério Público junto à Corte de Contas se dera na condição de *custos legis*, protagonização funcional em que se faz imperiosa total imparcialidade no exame jurídico das causas. Destacou, por fim, que nenhum prejuízo sofrera o impetrante, haja vista que o Ministro apenas atuara no processo a partir do julgamento do recurso de divergência, quando o TCU já havia reprovado as contas da citada Fundação e imposto multa ao responsável. Após, foi indicado adiamento. MS 25.630/DF, rel. Min. Ayres Britto, j. 17-2-2010 *(Informativo STF 575)*.

- **ANULAÇÃO DE ASCENSÃO FUNCIONAL: DEVIDO PROCESSO LEGAL E SEGURANÇA JURÍDICA**

    O Tribunal concedeu dois mandados de segurança impetrados contra ato do Tribunal de Contas da União – TCU, consubstanciado em decisões, proferidas em autos de tomada de contas da Empresa de Brasileira de Correios e Telégrafos – ECT, que determinaram o desfazimento, em 2006, de atos de ascensões funcionais ocorridos entre 1993 e 1995. Entendeu-se que o lapso temporal entre a prática dos atos de ascensão sob análise e a decisão do TCU impugnada superaria, em muito, o prazo estabelecido no art. 54 da Lei n. 9.784/99, o que imporia o reconhecimento da decadência do direito da Administração de revê-los. Reportou-se, ademais, à orientação firmada pela Corte no julgamento do MS 24.448/DF (DJe 14.11.2007), no sentido de, aplicando o princípio da segurança jurídica, assentar ser de cinco anos o prazo para o TCU exercer o controle da legalidade dos atos administrativos. Considerou-se, por fim, não terem sido observados os princípios do contraditório, da ampla defesa e do devido processo legal, visto que a anulação dos atos de ascensão importara em grave prejuízo aos interesses dos impetrantes, os quais deveriam ter sido convocados para exercer sua defesa no processo de tomada de contas. Outros precedentes citados: MS 24.268/MG (DJU de 17-9-2004); MS 26.353/DF (DJU de 6-9-2007); MS 26.782/DF (DJe 17-12-2007). MS 26.393/DF, rel. Min. Cármen Lúcia, 29-10-2009; MS 26.404/DF, rel. Min. Cármen Lúcia, 29-10-2009 *(Informativo STF 565)*.

- **TCU – TRÂNSITO EM JULGADO – SEGURANÇA JURÍDICA**

    EMENTA: DECISÃO JUDICIAL TRANSITADA EM JULGADO. INTEGRAL OPONIBILIDADE DESSE ATO ESTATAL AO TRIBUNAL DE CONTAS DA UNIÃO. CONSEQUENTE IMPOSSIBILIDADE DE DESCONSTITUIÇÃO, NA VIA ADMINISTRATIVA, DA AUTORIDADE DA COISA JULGADA. EXISTÊNCIA, AINDA, NO CASO, DE OUTRO FUNDAMENTO CONSTITUCIONALMENTE RELEVANTE: O PRINCÍPIO DA SEGURANÇA JURÍDICA. A BOA-FÉ E A PROTEÇÃO DA CONFIANÇA COMO PROJEÇÕES ESPECÍFICAS DO POSTULADO DA SEGURANÇA JURÍDICA. MAGISTÉRIO DA DOUTRINA. SITUAÇÃO DE FATO – JÁ CONSOLIDADA NO PASSADO – QUE DEVE SER MANTIDA EM RESPEITO À BOA-FÉ E À CONFIANÇA DO ADMINISTRADO, INCLUSIVE DO SERVIDOR PÚBLICO. NECESSIDADE DE PRESERVAÇÃO, EM TAL CONTEXTO, DAS SITUAÇÕES CONSTITUÍDAS NO ÂMBITO DA ADMINISTRAÇÃO PÚBLICA. PRECEDENTES. DELIBERAÇÃO DO TRIBUNAL DE CONTAS DA UNIÃO QUE IMPLICA SUPRESSÃO DE PARCELA DOS PROVENTOS DO SERVIDOR PÚBLICO. CARÁTER ESSENCIALMENTE ALIMENTAR DO ESTIPÊNDIO FUNCIONAL. PRECEDENTES. MEDIDA CAUTELAR DEFERIDA.

– O Tribunal de Contas da União não dispõe, constitucionalmente, de poder para rever decisão judicial transitada em julgado (RTJ 193/556-557) nem para determinar a suspensão de benefícios garantidos por sentença revestida da autoridade da coisa julgada (RTJ 194/594), ainda que o direito reconhecido pelo Poder Judiciário não tenha o beneplácito da jurisprudência prevalecente no âmbito do Supremo Tribunal Federal, pois a *res judicata* em matéria civil só pode ser legitimamente desconstituída mediante ação rescisória. Precedentes.

– Os postulados da segurança jurídica, da boa-fé objetiva e da proteção da confiança, enquanto expressões do Estado Democrático de Direito, mostram-se impregnados de elevado conteúdo ético, social e jurídico, projetando-se sobre as relações jurídicas, mesmo as de direito público (RTJ 191/922, rel. p/ o acórdão Min. GILMAR MENDES), em ordem a viabilizar a incidência desses mesmos princípios sobre comportamentos de qualquer dos Poderes ou órgãos do Estado (os Tribunais de Contas, inclusive), para que se preservem, desse modo, situações administrativas já consolidadas no passado.

– A fluência de longo período de tempo – percepção, no caso, há mais de 16 (dezesseis) anos, de vantagem pecuniária garantida por decisão transitada em julgado – culmina por consolidar justas expectativas no espírito do administrado e, também, por incutir, nele, a confiança da plena regularidade dos atos estatais praticados, não se justificando – ante a aparência de direito que legitimamente resulta de tais circunstâncias – a ruptura abrupta da situação de estabilidade em que se mantinham, até então, as relações de direito público entre o agente estatal, de um lado, e o Poder Público, de outro. Doutrina. Precedentes. MS 27.962 MC/DF. rel. MIN. CELSO DE MELLO (*Informativo STF 543*).

- **NEPOTISMO E CONSELHEIRO DE TRIBUNAL DE CONTAS – 1**

    Por vislumbrar ofensa à Súmula Vinculante 13 ("A nomeação de cônjuge, companheiro, ou parente, em linha reta, colateral ou por afinidade, até o terceiro grau, inclusive, da autoridade nomeante ou de servidor da mesma pessoa jurídica investido em cargo de direção, chefia ou assessoramento, para o exercício de cargo em comissão ou de confiança ou, ainda, de função gratificada na Administração Pública direta e indireta, em qualquer dos Poderes da União, dos Estados, do Distrito Federal e dos Municípios, compreendido o ajuste mediante designações recíprocas, viola a Constituição Federal."), o Tribunal deu provimento a agravo regimental interposto contra decisão que indeferira pedido de liminar em reclamação ajuizada contra decisão de 1º grau que, no bojo de ação popular movida pelo reclamante, mantivera a posse do irmão do Governador do Estado do Paraná no cargo de Conselheiro do Tribunal de Contas local, para o qual fora por este nomeado. Asseverou-se, de início, que o caso sob exame apresentaria nuances que o distinguiriam da situação tratada no julgamento do RE 579.951/RN (*DJe* 24-10-2008), na qual se declarara que a prática do nepotismo no âmbito dos três Poderes da República afronta à Lei Maior, e, ressaltando-se a diferença entre cargo estritamente administrativo e cargo político, reputara-se nulo o ato de nomeação de um motorista e hígido o do Secretário Municipal de Saúde, não apenas por se tratar de um agente político, mas por não ter ficado evidenciada a prática do nepotismo cruzado, nem a hipótese de fraude à lei. Esclareceu-se, no ponto, que, em 24.6.2008, o Presidente do Tribunal de Contas daquela unidade federada encaminhara ofício ao Presidente da Assembleia Legislativa, informando a vacância de cargo de Conselheiro, em decorrência de aposentadoria, a fim de que se fizesse a seleção de um novo nome, nos termos dos arts. 54, XIX, e a 77, § 2º, da Constituição estadual. O expediente fora lido em sessão no mesmo dia em que recebido, mas protocolizado no dia subsequente. Neste dia, a Comissão Executiva da Assembleia Legislativa editara o Ato 675/2008, abrindo o prazo de 5 dias para as inscrições de candidatos ao aludido cargo vago, além de estabelecer novas regras para o procedimento de escolha e indicação da Casa, em especial para transformar a votação de secreta em nominal, segundo uma única discussão. Destacou-se que tal ato fora publicado em jornal no Diário da Assembleia somente em 9.7.2008, e que, no mesmo dia, em Sessão Especial Plenária, os Deputados Estaduais integrantes da Assembleia Legislativa elegeram o irmão do Governador para ocupar o cargo de Conselheiro do Tribunal de Contas, tendo o Governador, no dia 10.7.2008, assinado o Decreto n. 3.041, que aposentou o anterior ocupante do cargo de Conselheiro do Tribunal de Contas estadual, o Decreto n. 3.042, que exonerou o irmão do cargo de Secretário do Estado da Educação, e o Decreto n. 3.044, que o nomeou para exercer o mencionado cargo de Conselheiro. Rcl 6.702 AgR-MC/PR, rel. Min. Ricardo Lewandowski, j. 4-3-2009.

- **NEPOTISMO E CONSELHEIRO DE TRIBUNAL DE CONTAS – 2**

  Entendeu-se que estariam presentes os requisitos autorizadores da concessão da liminar. Considerou-se que a natureza do cargo de Conselheiro do Tribunal de Contas não se enquadraria no conceito de agente político, uma vez que exerce a função de auxiliar do Legislativo no controle da Administração Pública, e que o processo de nomeação do irmão do Governador, ao menos numa análise perfunctória dos autos, sugeriria a ocorrência de vícios que maculariam a sua escolha por parte da Assembleia Legislativa do Estado. Registrou-se o açodamento, no mínimo suspeito, dos atos levado a cabo na referida Casa Legislativa para ultimar o processo seletivo, o que indicaria, quando mais não seja, a tentativa de burlar os princípios da publicidade e impessoalidade que, dentre outros, regem a Administração Pública em nossa sistemática constitucional. Observou-se que a aprovação do irmão do Governador para o cargo dera-se inclusive antes de escoado integralmente o prazo aberto para a inscrição de candidatos ao mesmo, cuja vacância, ao menos do ponto de vista formal, ocorrera apenas em 10-7-2009. Afirmou-se, também, ser de duvidosa constitucionalidade, em face do princípio da simetria, a escolha de membros do Tribunal de Contas pela Assembleia Legislativa por votação aberta, tendo em conta o disposto no art. 52, III, *b*, da CF. Concluiu-se que, além desses fatos, a nomeação do irmão, pelo Governador, para ocupar o cargo de Conselheiro do Tribunal de Contas, agente incumbido pela Constituição de fiscalizar as contas do nomeante, estaria a sugerir, em princípio, desrespeito aos mais elementares postulados republicanos. Por conseguinte, deferiu-se, por unanimidade, a liminar, para sustar os efeitos da nomeação sob exame até o julgamento da mencionada ação popular. Por maioria, determinou-se a imediata comunicação da decisão, ficando vencido, neste ponto, o Min. Marco Aurélio. O Min. Menezes Direito fez ressalva no sentido de não se comprometer com a manifestação do relator acerca da natureza do cargo de Conselheiro do Tribunal de Contas. Rcl 6.702 AgR-MC/PR, rel. Min. Ricardo Lewandowski, j. 4-3-2009 (*Informativo STF 537*).

- **REDUÇÃO DE PROVENTOS E CONTRADITÓRIO**

  Por vislumbrar ofensa ao art. 5º, LV, da CF ("aos litigantes, em processo judicial ou administrativo, e aos acusados em geral são assegurados o contraditório e ampla defesa, com os meios e recursos a ela inerentes;"), a Turma deu provimento a recurso extraordinário para restabelecer o entendimento sufragado na sentença, concedendo, portanto, a segurança em favor do ora recorrido, cujos proventos foram reduzidos, sem observância do contraditório, não obstante decisão do Tribunal de Contas estadual considerando legal a sua aposentadoria. Asseverou-se que uma coisa seria concluir-se pela desnecessidade do contraditório quando se está diante de ato complexo, ou seja, quando o órgão de origem pede o cálculo dos proventos para satisfação precária e efêmera, até a homologação da aposentadoria e o Tribunal de Contas vem a suprimi-los. Algo diverso diria respeito ao aperfeiçoamento do ato praticado, procedendo a Corte de Contas à homologação. Então, surge para o servidor aposentado, no patrimônio, direito que não é passível de modificação de forma unilateral pela Administração Pública. Nesse sentido, erronia no cálculo dos proventos há de ser elucidada em processo administrativo, observado o direito de defesa – o contraditório. RE 285.495/SE, rel. Min. Marco Aurélio, j. 2-10-2007 (*Informativo STF 482*).

- **PARECER JURÍDICO E RESPONSABILIZAÇÃO**
  O Tribunal deferiu mandado de segurança impetrado contra ato do Tribunal de Contas da União – TCU que, aprovando auditoria realizada com o objetivo de verificar a atuação do Departamento Nacional de Estradas de Rodagem – DNER nos processos relativos a desapropriações e acordos extrajudiciais para pagamento de precatórios e ações em andamento, incluíra o impetrante, então procurador autárquico, entre os responsáveis pelas irregularidades encontradas, determinando sua audiência, para que apresentasse razões de justificativa para o pagamento de acordo extrajudicial ocorrido em processos administrativos nos quais já havia precatório emitido, sem homologação pela justiça. Salientando, inicialmente, que a obrigatoriedade ou não da consulta tem influência decisiva na fixação da natureza do parecer, fez-se a distinção entre três hipóteses de consulta: 1) a facultativa, na qual a autoridade administrativa não se vincularia à consulta emitida; 2) a obrigatória, na qual a autoridade administrativa ficaria obrigada a realizar o ato tal como submetido à consultoria, com parecer favorável ou não, podendo agir de forma diversa após emissão de novo parecer; e 3) a vinculante, na qual a lei estabeleceria a obrigação de "decidir à luz de parecer vinculante", não podendo o administrador decidir senão nos termos da conclusão do parecer ou, então, não decidir. Ressaltou-se que, nesta última hipótese, haveria efetivo compartilhamento do poder administrativo de decisão, razão pela qual, em princípio, o parecerista poderia vir a ter que responder conjuntamente com o administrador, pois seria também administrador nesse caso. Entendeu-se, entretanto, que, na espécie, a fiscalização do TCU estaria apontando irregularidades na celebração de acordo extrajudicial, questão que não fora submetida à apreciação do impetrante, não tendo havido, na decisão proferida pela Corte de Contas, nenhuma demonstração de culpa ou de seus indícios, e sim uma presunção de responsabilidade. Os Ministros Carlos Britto e Marco Aurélio fizeram ressalva quanto ao fundamento de que o parecerista, na hipótese da consulta vinculante, pode vir a ser considerado administrador. MS 24.631/DF, rel. Min. Joaquim Barbosa, j. 9-8-2007 (*Informativo STF 475*).

- **FISCALIZAÇÃO. OBRA. TCE. CONVOLAÇÃO. INSPEÇÃO ORDINÁRIA. TOMADA. CONTAS**
  Trata-se de MS em que se pretende anular processo administrativo instaurado pelo Tribunal de Contas estadual em que foi imputado débito de aproximadamente um milhão de reais ao impetrante, referente a medições irregulares durante a construção do prédio do fórum regional. O recorrente afirma que é servidor público municipal e se encontrava cedido ao TJ para exercer o cargo de chefe do serviço de obras do Tribunal. Nessa qualidade, foi notificado para apresentar defesa na inspeção ordinária realizada pelo Tribunal de Contas estadual, sem ter sido cientificado da convolação da inspeção ordinária em tomada de contas. Informa que as notificações relativas à tomada de contas foram remetidas ao TJ quando o recorrente já havia retornado ao seu órgão de origem, não tendo o TCE efetuado diligências para localizá-lo. Dessa forma, a tomada de contas teve curso sem a participação do impetrante, o que violaria as garantias do contraditório e da ampla defesa. O TCE e o próprio estado afirmam que o procedimento administrativo seguiu estritamente o disposto na lei orgânica desse Tribunal, bem como no regimento interno do mesmo órgão. Ressaltam, ainda, que, durante a inspeção ordinária, o recorrente foi notificado para declarar domicílio a fim de possibilitar a ciência dos demais atos do processo (inclusive da possível convolação da inspeção ordinária em tomada de contas, o que é previsto em lei), tendo-se quedado silente quanto ao fornecimento de seu endereço. O Tribunal de origem entendeu que o recorrente não podia valer-se da própria torpeza para anular a tomada de contas, pois deveria ter declarado seu domicílio quando instado a fazê-lo, ainda que duran-

te a inspeção ordinária. O Min. Relator entendeu correta a ponderação do Ministério Público estadual de que a citação não se consumou de forma regular, haja vista que, após o envio de correspondência endereçada ao TJ estadual, o TCE não efetivou nenhuma diligência na tentativa de citação pessoal, partindo em seguida para a publicação dos editais. Some-se a isso o fato de que, conforme declaração do próprio TCE, embora não o saiba o recorrente, o Tribunal de Contas mantém convênio com a Secretaria da Receita Federal (atualmente Receita Federal do Brasil), a fim de obter dados a respeito do endereço e da localização das pessoas que estão sujeitas à fiscalização pela Corte de Contas. Assim, o Tribunal de Contas desrespeitou as normas legais e regimentais, tendo optado pela expedição de edital sem prévia utilização dos outros meios a seu dispor, inclusive do convênio com a Receita Federal do Brasil ou da realização de diligências no TJ. Com efeito, a citação por edital é medida excepcional que se legitima apenas nos casos em que frustradas as tentativas anteriores de citação pelos Correios ou pessoalmente. As garantias constitucionais da ampla defesa e do contraditório, refletidas na legislação própria do Tribunal de Contas estadual, impedem que a via editalícia seja utilizada de acordo com critério subjetivo do administrador. Dessa forma, não se configura, *in casu,* violação do princípio de que a ninguém é lícito beneficiar-se da própria torpeza. Ademais, é patente a ofensa aos princípios do devido processo legal, da ampla defesa e do contraditório, de observância obrigatória por todos os órgãos da Administração Pública. Diante disso, a Turma deu provimento ao recurso. RMS 27.800-RJ, rel. Min. Herman Benjamin, j. 2-4-2009 (*Informativo STJ 389*).

- **CONSELHEIRO. AFASTAMENTO. PRAZO. EXCESSO**

    A Corte Especial entendeu que não é possível acolher o pedido de retorno do conselheiro de Tribunal de Contas estadual afastado a título de medida acautelatória, em obediência a preceitos constitucionais referentes à integridade da função pública e à moralidade administrativa. Porém, o Min. Relator destacou a importância de repensar a atual jurisprudência com o fito de fixar critérios definidores das condições de manutenção, no tempo, desses afastamentos do cargo público, mormente quanto à demora na instrução do processo penal, para que, na prática, o afastamento não acabe por se tornar verdadeira medida punitiva em caráter permanente. Outrossim, o Min. Nilson Naves acompanhou o Min. Relator, mas ponderou que o afastamento pode assumir a natureza de uma medida muito mais punitiva que acautelatória e, se numa ação penal há que se preocupar com o excesso de prazo, do mesmo modo o afastamento, se durar além da medida, torna-se também eminentemente ilegal. AgRg na APn 300-ES, rel. Min. Teori Albino Zavascki, j. 15-10-2008 (*Informativo STJ 372*).

- **NOMEAÇÃO. CONSELHEIRO. TCE**

    Na espécie, o mandado de segurança é contra ato praticado pelo governador por nomear e dar posse a conselheiro do Tribunal de Contas estadual ao argumento que os impetrantes, auditores daquele tribunal, reuniam condições de ocupar a vaga, consoante a LC estadual n. 25/95. Destaca o Min. Relator que a questão atinente à competência para a escolha do candidato ao preenchimento da vaga no TCE foi apreciada pelo STF na SS 2.357-PB, *DJ* 26/6/2006. Assim, na verdade, o *mandamus* volta-se contra o cumprimento de decisão do Supremo, o que enseja o reconhecimento da inadequação da via eleita pelo impetrante, porque o *writ* não é sucedâneo de recurso (Súm. n. 267-STF). Além disso, a pretensão dos impetrantes esbarra em óbice intransponível, ou seja, a falta de direito líquido e certo. O STF, em reiteradas oportunidades, já decidiu que nos Tribunais de Contas estaduais compostos por sete membros, três deles devem ser nomeados pelo Governador (um dentre membros do MP, um dentre os auditores e um de livre escolha) e quatro são indicados pela Assembleia Legislativa, para conciliar o disposto nos arts. 73, § 2º, I e II, 75, ambos da CF/88 c/c art. 70, I e II, da LC estadual n. 18/83, com a redação dada pela LC estadual n. 25/95. No caso dos autos, a vaga surgida é a quinta vaga, de competência para indicação da Assembleia Legislativa diferentemente do alegado pelos impetrantes que a consideravam como sexta vaga. Pelo exposto, a Turma negou provimento ao RMS. Precedentes citados do STF: ADI 1.068-ES, *DJ* 25-4-1997; ADI 585-AM, *DJ* 2-9-1994; ADI 2.013-PI, *DJ* 15-2-2005; do STJ: RMS 24.358-MG, *DJ* 8-10-2007, e RMS 14.824-PR, *DJ* 19-12-2002. RMS 23.027-PB, rel. Min. Luiz Fux, j. 14-10-2008 (*Informativo STJ 372*).

9. SÚMULAS

- **STF – SÚMULA 653:** No Tribunal de Contas Estadual, composto por sete conselheiros, quatro devem ser escolhidos pela Assembleia Legislativa e três pelo chefe do Poder Executivo Estadual, cabendo a este indicar um dentre auditores e outro dentre membros do Ministério Público, e um terceiro a sua livre escolha.
- **STF – SÚMULA 347:** O Tribunal de Contas, no exercício de suas atribuições, pode apreciar a constitucionalidade das leis e dos atos do Poder Público.
- **STF – SÚMULA 42:** É legítima a equiparação de juízes do Tribunal de Contas, em direitos e garantias, aos membros do Poder Judiciário.
- **STF – SÚMULA 7:** Sem prejuízo de recurso para o congresso, não é exequível contrato administrativo a que o tribunal de contas houver negado registro.
- **STF – SÚMULA 6:** A revogação ou anulação, pelo Poder Executivo, de aposentadoria, ou qualquer outro ato aprovado pelo Tribunal de Contas, não produz efeitos antes de aprovada por aquele tribunal, ressalvada a competência revisora do Judiciário.

PARA GABARITAR

a) A análise da prestação de contas de uma autarquia federal pelo Tribunal de Contas da União é exemplo de controle posterior e externo.

b) O Poder Judiciário só tem competência para revogar os atos administrativos por ele mesmo produzidos.

c) O Tribunal de Contas é órgão provido de autonomia constitucional, exerce função auxiliar do Poder Legislativo e sua atuação fiscalizatória integra o chamado controle externo da Administração Pública.

d) O Poder Legislativo exerce controle financeiro sobre o Poder Executivo, sobre o Poder Judiciário e sobre a sua própria administração.

e) Qualquer cidadão é parte legítima para propor ação popular que vise anular ato de autoridade autárquica lesivo ao patrimônio público.

f) O controle exercido pela Corregedoria do Tribunal de Justiça de um Estado sobre os atos praticados por serventuários da justiça é classificado, quanto à natureza do controlador e à extensão, como controle administrativo e interno.

g) No julgamento das contas do presidente da República, cabe ao Tribunal de Contas da União (TCU) emitir parecer prévio, que deverá ser encaminhado ao Congresso Nacional.

h) O controle da administração realizado pelo Poder Legislativo com o auxílio do TCU abrange o denominado controle de economicidade, pelo qual se verifica se o órgão público procedeu da maneira mais econômica na aplicação da despesa, atendendo à adequada relação de custo-benefício.

i) A ação civil pública e a ação popular são exemplos de uma forma específica de controle judicial da Administração.

j) O controle externo, a cargo do Congresso Nacional, será exercido com o auxílio do Tribunal de Contas da União, ao qual compete, entre outras atribuições, fiscalizar a aplicação de quaisquer recursos repassados pela União, mediante convênio, acordo, ajuste ou outros instrumentos congêneres, a Estado, ao Distrito Federal ou a Município.

k) Os recursos administrativos são meios formais de controle administrativo previstos em diversas leis e atos administrativos e não têm uma tramitação previamente determinada.

10. CONTEÚDO DIGITAL

Acesse também pelo *link*: https://somos.in/MDADM9

Capítulo XVII

Bens Públicos

1. INTRODUÇÃO

A expressão *domínio público* é empregada em sentidos variados, ora sendo dado o enfoque voltado para o Estado (bens que pertencem ao domínio do Estado ou que estejam sob sua administração e regularização), ora sendo considerada a própria coletividade como usuária de alguns bens (por exemplo, as praças públicas).

Para Cretella Júnior[1], **domínio público** pode ser definido como "conjunto de bens móveis e imóveis destinados ao uso direto do Poder Público ou à utilização direta ou indireta da coletividade, regulamentados pela Administração e submetidos a regimes de direito público".

1.1 Doutrina estrangeira

Berthélemy, em sua clássica obra, define:

> "L'expression 'domaine', en droit administratif, s'applique à l'ensemble des biens utilisés ou exploités par la collectivité ou pour la collectivité des citoyens.
> Ces biens sont de deux catégories: les uns servent à tout le monde, comme les cours d'eau, les chemins, les ports; leur nature ou leur destination les font ressembler aux *res communes* dont l'appropriation ne se conçoit pas"[2].

---

[1] Citado por José dos Santos Carvalho Filho em *Manual de direito administrativo*, 24. ed., Rio de Janeiro: Lumen Juris, 2011, p. 1043.
[2] BERTHÉLEMY, H. *Droit administratif*, 7. ed., Paris: Librairie Nouvelle de Droit et Jurisprudence, 1913, p. 406.

2. CONCEITOS

Pela definição do Código Civil, "são públicos os bens do domínio nacional pertencentes às pessoas jurídicas de direito público interno; todos os outros são particulares, seja qual for a pessoa a quem pertencerem" (art. 98 do CC).

Como exemplo de bens públicos, temos os bens pertencentes à União, Estados, Distrito Federal, Municípios, Autarquias, nestas se incluindo as fundações de direito público e as associações públicas.

O conceito civilista de bens públicos não é aceito por todos os administrativistas, sendo possível agrupar as diferentes opiniões em três correntes principais:

a) **Corrente exclusivista:** o conceito de bens públicos está vinculado **necessariamente** ao patrimônio de pessoas jurídicas de direito público. Posição essa defendida por José dos Santos Carvalho Filho[3]: "bens públicos são todos aqueles que, de qualquer natureza e a qualquer título pertençam às pessoas jurídicas de direito público, sejam elas federativas, como a União, os Estados, Distrito Federal e os Municípios, sejam da Administração descentralizada, como as autarquias, nestas incluindo-se as fundações de direito público e as associações públicas".

Essa corrente, por ser adotada pelo art. 98 do Código Civil brasileiro, é a mais aceita pelas bancas de concurso público.

Inconveniente dessa corrente: exclui do conceito de bens públicos aqueles pertencentes a empresas públicas, sociedades de economia mista prestadoras de serviços públicos, também os de propriedade das concessionárias e permissionárias afetados à prestação de serviços públicos.

Sendo assim, esta corrente não é capaz de explicar a impenhorabilidade dos bens afetados à prestação de serviços públicos.

b) **Corrente inclusivista:** considera bens públicos "aqueles que pertencem à Administração Pública direta e indireta"[4] (defendida por Hely Lopes Meirelles).

Inconveniente desta corrente: não torna clara a diferença de regime jurídico entre os bens afetados à prestação de serviços públicos (pertencentes ao domínio das pessoas estatais de direito público e ao das pessoas privadas prestadoras de serviços públicos) e aqueles destinados à simples exploração de atividades econômicas como os que fazem parte do patrimônio das empresas públicas e sociedade de economia mista que têm esta finalidade.

---

[3] CARVALHO FILHO, José dos Santos. *Manual de direito administrativo*, 24. ed., Rio de Janeiro: Lumen Juris, 2011, p. 1047.

[4] MEIRELLES, Hely Lopes. *Direito administrativo brasileiro*, 27. ed., São Paulo: Malheiros, 2002, p. 486.

c) **Corrente mista:** para Celso Antônio Bandeira de Mello, bens públicos são "todos os que pertencem a pessoas jurídicas de direito público, bem como os que estejam afetados à prestação de um serviço público"[5].

Wander Garcia[6] acrescenta: "bens públicos são aqueles afetados ao serviço público, ainda que estejam sob a Administração de uma pessoa jurídica de direito privado, como, por exemplo, os 'orelhões' e torres de celular administrados por uma empresa de telefonia".

Os bens afetados à prestação de serviços públicos possuem o atributo da impenhorabilidade, reforçando o entendimento de que os bens afetados constituem verdadeiros bens públicos.

ESQUEMATIZANDO

BENS PÚBLICOS DA ADMINISTRAÇÃO INDIRETA	BENS PÚBLICOS DE CONCESSIONÁRIOS E PERMISSIONÁRIOS DE SERVIÇOS PÚBLICOS
Autarquias e fundações públicas têm seu patrimônio composto por bens públicos. Assim, prédios e equipamentos destinados ao suporte material de suas atividades finalísticas são bens públicos de propriedade dessas pessoas descentralizadas. Pelo art. 98 do CC/2002, os bens pertencentes a empresas públicas e sociedades de economia mista não seriam considerados bens públicos. Em sentido contrário, Celso Antônio Bandeira de Mello, para quem os bens das empresas públicas e sociedades de economia mista afetados à prestação de serviços públicos seriam bens públicos.	Sob a luz do art. 98 do CC/2002, os bens pertencentes às concessionárias e permissionárias de serviços públicos não são considerados bens públicos. Entretanto, para os defensores da corrente mista, os bens pertencentes às concessionárias e permissionárias afetados à prestação de serviços públicos seriam bens públicos.

3. CLASSIFICAÇÃO DOS BENS PÚBLICOS

3.1 Quanto à titularidade

Os bens públicos quanto à natureza da pessoa titular dividem-se em: a) federais; b) estaduais; c) distritais; d) territoriais; ou e) municipais, conforme pertençam à União, aos Estados, ao Distrito Federal e aos Municípios.

---

[5] BANDEIRA DE MELLO, Celso Antônio. *Curso de direito administrativo*, 26. ed., São Paulo: Malheiros, 2009, p. 913.

[6] GARCIA, Wander. *Manual completo de direito administrativo*, São Paulo: Foco, 2014, p. 617.

BENS PÚBLICOS DA UNIÃO	BENS PÚBLICOS DOS ESTADOS	BENS PÚBLICOS DO DF	BENS PÚBLICOS DOS MUNICÍPIOS	BENS PÚBLICOS DOS TERRITÓRIOS FEDERAIS
Art. 20. São bens da União: I – os que atualmente lhe pertencem e os que lhe vierem a ser atribuídos; II – as terras devolutas indispensáveis à defesa das fronteiras, das fortificações e construções militares, das vias federais de comunicação e à preservação ambiental, definidas em lei; III – os lagos, rios e quaisquer correntes de água em terrenos de seu domínio, ou que banhem mais de um Estado, sirvam de limites com outros países, ou se estendam a território estrangeiro ou dele provenham, bem como os terrenos marginais e as praias fluviais;	Art. 26. Incluem-se entre os bens dos Estados: I – as águas superficiais ou subterrâneas, fluentes, emergentes e em depósito, ressalvadas, neste caso, na forma da lei, as decorrentes de obras da União; II – as áreas, nas ilhas oceânicas e costeiras, que estiverem no seu domínio, excluídas aquelas sob domínio da União, Municípios ou terceiros; III – as ilhas fluviais e lacustres não pertencentes à União; IV – as terras devolutas não compreendidas entre as da União.	Art. 32. O Distrito Federal, vedada sua divisão em Municípios, reger-se-á por lei orgânica, votada em dois turnos com interstício mínimo de dez dias, e aprovada por dois terços da Câmara Legislativa, que a promulgará, atendidos os princípios estabelecidos nesta Constituição. § 1º Ao Distrito Federal são atribuídas as competências legislativas reservadas aos Estados e Municípios. § 2º A eleição do Governador e do Vice-Governador, observadas as regras do art. 77, e dos Deputados Distritais coincidirá com a dos Governadores e Deputados Estaduais, para mandato de igual duração.	A CF/88 não faz referência aos bens públicos dos Municípios. Como bens dos Municípios devem ser considerados: as ruas, praças, jardins públicos, logradouros públicos, estradas municipais, imóveis, dinheiro público municipal, títulos de crédito e a dívida ativa.	Art. 33. A lei disporá sobre a organização administrativa e judiciária dos Territórios. § 1º Os Territórios poderão ser divididos em Municípios, aos quais se aplicará, no que couber, o disposto no Capítulo IV deste Título. § 2º As contas do Governo do Território serão submetidas ao Congresso Nacional, com parecer prévio do Tribunal de Contas da União.

IV – as ilhas fluviais e lacustres nas zonas limítrofes com outros países; as praias marítimas; as ilhas oceânicas e as costeiras, excluídas, destas, as que contenham a sede de Municípios, exceto aquelas áreas afetadas ao serviço público e a unidade ambiental federal, e as referidas no art. 26, II; *(Redação dada pela Emenda Constitucional n. 46, de 2005.)* V – os recursos naturais da plataforma continental e da zona econômica exclusiva; VI – o mar territorial; VII – os terrenos de marinha e seus acrescidos; VIII – os potenciais de energia hidráulica; IX – os recursos minerais, inclusive os do subsolo; X – as cavidades naturais subterrâneas e os sítios arqueológicos e pré-históricos; XI – as terras tradicionalmente ocupadas pelos índios.	§ 3º Aos Deputados Distritais e à Câmara Legislativa aplica-se o disposto no art. 27. § 4º Lei federal disporá sobre a utilização, pelo Governo do Distrito Federal, das polícias civil e militar e do corpo de bombeiros militar.	§ 3º Nos Territórios Federais com mais de cem mil habitantes, além do Governador nomeado na forma desta Constituição, haverá órgãos judiciários de primeira e segunda instância, membros do Ministério Público e defensores públicos federais; a lei disporá sobre as eleições para a Câmara Territorial e sua competência deliberativa.

§ 1º É assegurada, nos termos da lei, à União, aos Estados, ao Distrito Federal e aos Municípios a participação no resultado da exploração de petróleo ou gás natural, de recursos hídricos para fins de geração de energia elétrica e de outros recursos minerais no respectivo território, plataforma continental, mar territorial ou zona econômica exclusiva, ou compensação financeira por essa exploração. (*Redação dada pela Emenda Constitucional n. 102, de 2019.*)

JURISPRUDÊNCIA

- **ADI N. 255-RS – RED. P/ O ACÓRDÃO: MIN. RICARDO LEWANDOWSKI**

    EMENTA: AÇÃO DIRETA DE INCONSTITUCIONALIDADE. INCISO X DO ART. 7º DA CONSTITUIÇÃO DO ESTADO DO RIO GRANDE DO SUL. BENS DO ESTADO. TERRAS DOS EXTINTOS ALDEAMENTOS INDÍGENAS. VIOLAÇÃO DOS ARTS. 20, I E XI, 22, *CAPUT* E INCISO I, E 231 DA CONSTITUIÇÃO FEDERAL. INTERPRETAÇÃO CONFORME. EXTINÇÃO OCORRIDA ANTES DO ADVENTO DA CONSTITUIÇÃO DE 1891. ADI JULGADA PARCIALMENTE PROCEDENTE. I – A jurisprudência do Supremo Tribunal Federal, por diversas vezes, reconheceu que as terras dos aldeamentos indígenas que se extinguiram antes da Constituição de 1891, por haverem perdido o caráter de bens destinados a uso especial, passaram à categoria de terras devolutas. II – Uma vez reconhecidos como terras devolutas, por força do art. 64 da Constituição de 1891, os aldeamentos extintos transferiram-se ao domínio dos Estados. III – ADI julgada procedente em parte, para conferir interpretação conforme à Constituição ao dispositivo impugnado, a fim de que a sua aplicação fique adstrita aos aldeamentos indígenas extintos antes da edição da primeira Constituição Republicana (*Informativo STF 628*). *Noticiado no *Informativo 619*.

- **PROPRIEDADE DOS EXTINTOS ALDEAMENTOS INDÍGENAS – 5**

    Em conclusão, o Tribunal, por maioria, julgou parcialmente procedente pedido formulado em ação direta de inconstitucionalidade requerida pelo Procurador-Geral da República para dar ao inciso X do art. 7º da Constituição do Estado do Rio Grande do Sul (Art. 7º ... X. São bens do Estado... as terras dos extintos aldeamentos indígenas) interpretação conforme a Constituição, no sentido de que o dispositivo impugnado refere-se somente aos aldeamentos indígenas extintos antes da Constituição de 1891 – v. *Informativos 274, 421, 470 e 479*. Na linha da jurisprudência da Corte, entendeu-se que tais terras teriam sido excluídas do domínio da União e as demais a ela pertenceriam, de modo que o Estado-membro não poderia legislar sobre a matéria. Vencido o Min. Joaquim Barbosa, que julgava o pleito procedente. ADI 255/RS, rel. orig. Min. Ilmar Galvão, red. p/ o acórdão Min. Ricardo Lewandowski, 16-3-2011 (*Informativo STF 619*).

- **ADI E VENDA DE ÁREAS PÚBLICAS NO DISTRITO FEDERAL – 1**

    O Tribunal, por maioria, julgou improcedente pedido formulado em ação direta ajuizada pelo Procurador-Geral da República e declarou a constitucionalidade do art. 3º, e seus parágrafos, da Lei n. 9.262/96, que autoriza a venda individual das áreas públicas ocupadas e localizadas nos limites da Área de Proteção Ambiental da Bacia do Rio São Bartolomeu, no Distrito Federal, que sofreram processo de parcelamento reconhecido pela autoridade pública, dispensando os procedimentos exigidos pela Lei n. 8.666/93. Entendeu-se que a lei impugnada reveste-se de razoabilidade e veio a solucionar situação excepcional – problema social crônico e notório vivido no Distrito Federal de ocupação sem controle dessas áreas –, gerada em função, inclusive, do histórico da implantação da capital da República. Considerou-se que a União, dentro dos limites de sua competência legislativa para tratar da matéria – CF, art. 22, XXVII e art. 37, XXI, da CF – criou verdadeira hipótese de inexigibilidade de licitação, tendo em conta a inviabilidade de competição, porquanto o loteamento será regularizado exatamente com a venda para aquele que o ocupa (CF: "Art. 22. Compete privativamente à União legislar sobre:... XXVII – normas gerais de licitação...; Art. 37... XXI – ressalvados os casos especificados em legislação, as obras, serviços, compras e alienações serão contratados mediante processo de licitação pública..."). ADI 2.990/DF, rel. orig. Min. Joaquim Barbosa, rel. p/ o acórdão Min. Eros Grau, j. 18-4-2007.

- **ADI E VENDA DE ÁREAS PÚBLICAS NO DISTRITO FEDERAL – 2**

    Aduziu-se, ademais, que o legislador demonstrou preocupação quanto a questão do plano urbanístico e ambiental, haja vista que o § 1º do seu art. 3º estabelece que as áreas só poderão se submeter ao processo de regularização se passíveis de se transformarem em urbanas e depois de observadas as exigências da Lei n. 6.676/99 – que dispõe sobre o parcelamento do solo urbano. Reportou-se, ainda, ao que decidido pela Corte no julgamento da ADI 1330 MC/AP (*DJU* de 13.10.95), em que as condições eram até muito mais favoráveis aos ocupantes, quase todos servidores públicos e aos quais se permitiu adquirir os imóveis sem licitação. Vencida, em parte, a Min. Cármen Lúcia, que julgava o pedido parcialmente procedente, apenas para declarar a inconstitucionalidade da expressão "dispensados os procedimentos exigidos pela Lei n. 8.666, de 21 de junho de 1993", contida no art. 3º da norma impugnada. Vencidos, também, os Ministros Joaquim Barbosa e Ricardo Lewandowski, que, por vislumbrarem ofensa ao art. 37, XXI, da CF, julgavam procedente o pedido. ADI 2.990/DF, rel. orig. Min. Joaquim Barbosa, rel. p/ o acórdão Min. Eros Grau, j. 18-4-2007 (*Informativo STF 463*).

- **IMÓVEL. COLONIZAÇÃO. DESOCUPAÇÃO. TERRA INDÍGENA**

    Trata-se de recurso contra acórdão que condenou o Estado a pagar indenização a título de danos morais, por desocupação de imóvel situado em terra indígena após a CF/88, o qual foi adquirido mediante colonização na década de 60 realizada pelo Estado do Rio Grande do Sul. Com a promulgação da CF/88, surgiu o conceito de terras tradicionalmente ocupadas por índios a serem demarcadas pela União e de imprescritibilidade dos direitos sobre elas (art. 231, *caput* e § 4º, da CF/88). Assim, a Turma entendeu que não se pode condenar o Estado por realizar colonização nos anos 50 e 60, período anterior à CF/88, antes de a União ter demarcado as terras indígenas. Na espécie, o acórdão *a quo,* lastreado no art. 32 do ADCT da Constituição do Rio Grande do Sul, que impunha o ressarcimento dos colonos pelo Estado, no prazo de quatro anos, ao verificar a omissão dessa obrigação, condenou-o em danos morais, e não em danos materiais pela perda de terra. Isso não pode ser examinado em REsp, pois demandaria análise de Direito local, o que é inviável conforme a Súm. n. 280-STF. Assim, a Turma conheceu em parte do recurso e, nessa parte, negou-lhe provimento. Precedentes citados: REsp 839.185-PR, *DJe* 18-11-2008; AgRg no REsp 982.869-ES, *DJe* 30-4-2008, e AgRg no Ag 985.776-RS, *DJe* 23-6-2009. REsp 1.133.648-RS, rel. Min. Herman Benjamin, j. 5-10-2010 (*Informativo STJ 450*).

- **DEMARCAÇÃO. TERRA INDÍGENA. PRAZO**

    A demarcação de terra indígena é precedida de complexo processo administrativo que envolve diversas fases e estudos de variadas disciplinas (etno-história, antropologia, sociologia, cartografia etc.) com o fito de comprovar que a terra é ocupada tradicionalmente por índios. Vê-se, dessa complexidade, que o procedimento demanda tempo e recursos para ser finalizado, mas isso não quer dizer que, apesar de não se vincularem aos prazos definidos pela legislação (Decreto n. 1.775/96), as autoridades envolvidas na demarcação possam permitir que o excesso de tempo para sua conclusão cause a restrição do direito que pretendem assegurar. A própria CF/88, em seu art. 5º, LXXVIII, incluído pela EC n. 45/2004, garante a todos uma razoável duração do processo seja ele o judicial ou o administrativo, bem como os meios para essa celeridade de tramitação. No caso, a excessiva demora na conclusão da demarcação (10 anos) está evidenciada, sem que haja prova sequer de uma perspectiva de encerramento. Dessa forma, é possível, conforme precedentes, o Poder Judiciário fixar prazo para que o Poder Executivo proceda à demarcação, apesar de tratar-se de ato administrativo discricionário relacionado à implementação de políticas públicas. Registre-se que é por demais razoável o prazo de 24 meses fixado pelo juízo para a identificação e demarcação da terra indígena ou para a criação de reserva indígena (caso não conste que a ocupação indígena é tradicional), sobretudo ao considerar-se que o prazo será contado do trânsito em julgado da sentença. Esse entendimento foi acolhido, por maioria, pela Turma, pois houve voto divergente no sentido de que, dos autos, nota-se que o procedimento e suas providências não estão paralisados, mas sim em curso, pois agora mesmo se busca realizar provas da ocupação. Precedentes citados do STF: ADPF 45-DF, *DJ* 4-5-2004; do STJ: MS 12.847-DF, *DJe* 5-8-2008; MS 12.376-DF, *DJe* 1º-9-2008, e REsp 879.188-RS, *DJe* 2-6-2009. REsp 1.114.012-SC, rel. Min. Denise Arruda, j. 10-11-2009 (*Informativo STJ 415*).

- **COMPETÊNCIA. RIO. BEM FEDERAL**

    Nos autos de usucapião, objetivando o reconhecimento da propriedade sobre terreno por exercício da posse do bem durante mais de dez anos, a União manifestou interesse na causa e requereu a declaração de incompetência absoluta da Justiça estadual, ao argumento de que o imóvel objeto da ação confronta com terrenos marginais do rio Piracicaba, que, por banhar mais de um estado da Federação, é considerado rio federal nos termos do art. 20, III, da CF/88.

Remetidos os autos ao juízo federal, ele entendeu ser incompetente para decidir a causa e determinou o retorno dos autos ao juízo estadual, ao fundamento de o mencionado rio não ser federal, pois nasce no município de Americana-SP e deságua no Rio Tietê, começa e termina no estado de São Paulo. Com o retorno dos autos ao juízo estadual, foi suscitado o conflito. Diante disso, a Turma declarou competente o juízo federal sob o argumento de que a Agência Nacional de Águas (ANA), na função de entidade reguladora e fiscalizadora do uso de recursos hídricos nos corpos de água de domínio da União, definiu que o Rio Piracicaba é bem federal nos termos do art. 20, III, da CF/88, pois sua bacia inclui os rios Jaguari e Jatibaia, estendendo-se pelos Estados de Minas Gerais e São Paulo, conforme a Nota Técnica n. 18/2005/NGI, que tratou sobre o domínio dos cursos d'água das bacias dos rios Piracicaba, Camanducaia e Jaguari. CC 97.359-SP, rel. Min. Sidnei Beneti, j. 10-6-2009 *(Informativo STJ 398).*

3.2 Quanto à disponibilidade

Essa classificação tem por finalidade distinguir os bens públicos no que diz respeito à sua disponibilidade em relação às pessoas de direito público a quem pertencem.

Podem ser:

a) Bens indisponíveis por natureza: são aqueles que não ostentam caráter patrimonial; por isso, as pessoas a quem pertencem não podem deles dispor. Significa que não podem ser alienados ou onerados nem desvirtuados das finalidades a que estão voltados.

É o caso do meio ambiente, dos mares, rios, estradas, praças, logradouros públicos, espaço aéreo etc.

São bens de uso comum do povo, e o Poder Público tem o dever de conservá-los, melhorá-los e mantê-los ajustado a seus fins, sempre em benefício da coletividade.

PROGRAMA DE MENTORING DA LICÍNIA: como o "meio ambiente" é classificado como bem de uso comum do povo e indisponível por natureza, e é tema que pode ser cobrado em diversas disciplinas do direito (com abordagem multidisciplinar), recomenda-se a leitura dos seguintes dispositivos constitucionais (grifando, em sua Constituição Federal, com marca-texto, a expressão "meio ambiente"): a) art. 5º, LXXIII; b) art. 23, VI; c) art. 24, VI e VIII; d) art. 129, III; e) art. 170, VI; f) art. 174, § 3º; g) art. 186, II; h) art. 200, VIII; i) art. 220, § 3º, II; j) art. 225 (*caput*, parágrafos e incisos respectivos).

b) Bens patrimoniais indisponíveis: essa classificação leva em conta dois aspectos:
- relativo à natureza patrimonial do bem público;
- relativo à indisponibilidade.

São bens efetivamente usados pelo Estado para alcançar os seus fins, sendo indisponíveis enquanto servirem aos fins estatais.

São bens de uso comum do povo ou de uso especial, permanecendo legalmente inalienáveis enquanto mantiverem tal condição.

Exemplo: ruas, praças, estradas e logradouros públicos.

c) Bens patrimoniais disponíveis: são os bens que podem ser alienados, nas condições que a lei estabelecer.

Os bens patrimoniais disponíveis são os bens dominicais em geral, isto é, os que constituem o patrimônio da União, dos Estados ou dos Municípios, como objeto de direito pessoal ou real de cada uma dessas entidades.

Exemplo: terras devolutas são terras vazias, sem proprietário ou não afetadas a nada, representando bem disponível estatal (art. 5º do Decreto-lei n. 9.760/46). As da União são as voltadas à preservação ambiental e à defesa de fronteira, fortificações e vias federais de comunicação, definidas em lei (art. 20, II, da CF). São do Estado as que não forem da União e dos Municípios as atribuídas por aqueles às edilidades. A Lei n. 6.383/76 trata da discriminação das terras devolutas da União, sob responsabilidade do INCRA, podendo ser administrativa ou judicial, esta no rito sumário. O art. 29 da referida lei diz que ocupante de terras públicas, quando as tenha tornado produtivas com o seu trabalho e o de sua família, fará jus à legitimação da posse diária contínua de até 100 hectares, preenchidos os requisitos legais.

Vale citar, ainda, a Lei n. 601/1850, que tem o seguinte teor: "Art. 3º São terras devolutas: § 1º as que não se acharem aplicadas a algum uso público nacional, provincial, ou municipal. § 2º As que não se acharem no domínio particular por qualquer título legítimo, nem forem havidas por sesmarias e outras concessões do Governo Geral ou Provincial, não incursas em comisso por falta do cumprimento das condições de medição, confirmação e cultura. § 3º As que não se acharem dadas por sesmarias, ou outras concessões do Governo, que, apesar de incursas em comisso, forem revalidadas por esta Lei. § 4º As que não se acharem ocupadas por posses, que, apesar de não se fundarem em título legal, forem legitimadas por esta Lei"[7].

JURISPRUDÊNCIA

- **TERRA DEVOLUTA. CAMPO DE MARTE**
  Na demanda entre o Município de São Paulo e a União Federal, alegando serem ambas detentoras de títulos e reivindicando a posse e domínio da área denominada "Campo de Marte", a Turma entendeu que tal litígio histórico cabe ser decidido com base no critério do domínio da terra, diversamente do que decidiu o TRF, contrariando o interesse do Município, e isso porque classificou o imóvel como terra não devoluta. A União detém a posse do imóvel desde o século XVIII, quando o retomou dos jesuítas, expulsos pelo Marquês de Pombal. Por outro lado, o Município detinha tal imóvel desde o advento da República, na qualidade de terra devoluta, cedido precariamente (1930 – 1932) para instalação de campo de aviação para fins bélicos. Tal fato, porém, não desclassifica o imóvel como terra devoluta, conforme concluiu o TRF. Assim, cabível o reconhecimento do domínio do Município, sem afastar a posse da União, com a aplicação do art. 2º, § 2º, do DL n. 3.365/41. Ademais, é insuscetível de reintegração, vez que a área é afetada ao serviço público federal, pelo que cabe também o pedido de indenização de ocupação, com a imediata reintegração da parte eventualmente não afetada. REsp 991.243-SP, rel. Min. Herman Benjamin, j. 22-4-2008 (*Informativo STJ 353*).

---

7   GARCIA, Wander. *Manual completo de direito administrativo*, São Paulo: Foco, 2014, p. 608.

- **AÇÃO DISCRIMINATÓRIA. USUCAPIÃO. TERRAS DEVOLUTAS**

    Trata-se de ação discriminatória ajuizada em decorrência de extinção de ação anterior por desaparecimento de volumes em incêndio no fórum da comarca. Nas instâncias ordinárias, reconheceu-se a inexistência da coisa julgada e a inocorrência da alegada litispendência, porque a ação foi extinta sem resolução do mérito; o caso seria de continência. Afastou-se a impropriedade do procedimento adotado, uma vez que a ação discriminatória não é obstada pelo registro das terras em nome do particular nem exige sua prévia invalidação. Rejeitou-se, ainda, o litisconsórcio necessário com todos os antecessores dominiais. Além de que, na cadeia dominial, foram apontados diversos vícios e há comprovação de falsidade de assinatura. Por fim, ausentes os requisitos para o usucapião extraordinário previstos na legislação (principalmente o DL estadual n. 14.916/45). Consignou também o acórdão recorrido que a natureza das terras foi comprovada a contento, devido aos vícios na cadeia dominial e à inexistência do usucapião extraordinário. Destaca o Min. Relator que, para o estado-membro provar que as terras são devolutas, ele tem de infirmar o domínio particular, embora haja o registro, bem ou mal, em nome da recorrente, daí a via da discriminatória ser adequada. Outrossim, é absurda a pretensão de chamar todos os transmitentes à lide, pois a cadeia dominial retroage ao século XIX, o que inviabilizaria qualquer discriminação de terras devolutas, além de que foge ao objeto da ação. Quanto ao usucapião, observou que é evidente se reconhecida a competência federal para tratar do assunto, não poderia o estado-membro, em 1945 (lei estadual), pretender regular a questão já vedada por norma federal desde 1933. Inclusive o STF já firmou entendimento de que o usucapião de terras públicas é vedado desde o advento do CC/16 (Súm. n. 340-STF). Ressaltou, ainda, que, se a falsidade do documento de registro paroquial não tivesse sido comprovada, restaria a discussão acerca de sua natureza jurídica. Ademais, a posse não se presume, vedação essa que vale tanto para a prova da sua existência no mundo dos fatos como para o *dies a quo* da afirmação possessória. Por último, afastou a multa de 1% sobre o valor da causa, considerando que os embargos de declaração opostos tiveram propósito de prequestionamento. Com esse entendimento, a Turma conheceu parcialmente do recurso e nessa parte deu-lhe provimento. REsp 847.397-SP, rel. Min. Herman Benjamin, j. 12-2-2008 *(Informativo STJ 344).*

3.3 Quanto à destinação

3.3.1 Bens de uso comum do povo

Também chamados de bens do domínio público são aqueles abertos a uma utilização universal, por toda a população.

Exemplo: logradouros públicos, praças, mares, ruas, meio ambiente.

Esses bens não podem ser alienados ou onerados (art. 100 do CC) enquanto mantiverem a qualidade de uso comum do povo. Somente após o processo de desafetação, sendo transformados em bens dominicais, é que poderiam ser alienados.

O art. 99 do CC dispõe: "são bens públicos: I – os de uso comum do povo, tais como rios, mares, estradas, ruas e praças".

Tais bens integram o patrimônio público indisponível e admitem utilização gratuita ou remunerada, conforme for estabelecido legalmente pela entidade cuja Administração pertencerem (art. 103 do CC).

JURISPRUDÊNCIA

- **TAXA DE OCUPAÇÃO DO SOLO E ESPAÇO AÉREO POR POSTE DE TRANSMISSÃO DE ENERGIA ELÉTRICA – 1**
  O Tribunal negou provimento a recurso extraordinário interposto contra acórdão do Tribunal de Justiça do Estado de Rondônia, e, por vislumbrar usurpação da competência exclusiva da União para explorar os serviços e instalações de energia elétrica e da sua competência privativa para legislar sobre o assunto (CF, arts. 21, XII, *b* e 22, IV), declarou incidentalmente a inconstitucionalidade da Lei municipal 1.199/2002, de Ji-Paraná/RO, que instituiu taxa de uso e ocupação do solo e espaço aéreo em relação à atividade de extensão de rede de transmissão e de distribuição de energia elétrica. Prevaleceu o voto do Min. Eros Grau, relator, que salientou que às empresas prestadoras de serviços de geração, transmissão, distribuição e comercialização de energia elétrica incumbe o dever-poder de prestar o serviço público de que se trata e que, para tal mister, é-lhes atribuído, pelo poder concedente, o também dever-poder de usar o domínio público necessário à execução desse serviço, assim como promover desapropriações e constituir servidões de áreas por ele, poder concedente, declaradas de utilidade pública. Portanto, à entidade administrativa incumbiria o dever-poder de gerir a *res publica*. No desempenho da função administrativa, a autoridade pública estaria abrangida por um vínculo imposto a sua vontade. O dever jurídico consubstanciaria uma vinculação imposta à vontade de quem estivesse por ela alcançado, e, no caso da função administrativa, vinculação imposta à vontade da autoridade pública em razão de interesse alheio, ou seja, do todo social. RE 581.947/RO, rel. Min. Eros Grau, j. 27-5-2010.

- **TAXA DE OCUPAÇÃO DE SOLO E ESPAÇO AÉREO POR POSTE DE TRANSMISSÃO DE ENERGIA ELÉTRICA – 2**
  Ressaltou que a concessionária da prestação de serviço público recorrida faria uso fundamentalmente, a fim de prestar o serviço, do espaço sobre o solo de faixas de domínio público de vias públicas, no qual instalaria equipamentos necessários à prestação de serviços de transmissão e distribuição de energia elétrica. Explicou que essas faixas de domínio público de vias públicas constituiriam bem público, inserido na categoria dos bens de uso comum do povo. Asseverou que os bens públicos, de uso comum do povo, de uso especial e dominicais integrariam, todos eles, o patrimônio público, mas os bens de uso comum do povo seriam modernamente entendidos como propriedade pública. Observou que, no entanto, tamanha seria a intensidade da participação do bem de uso comum do povo na atividade administrativa que ele constituiria, em si, o próprio serviço público prestado pela Administração. Aduziu que, ainda que os bens do domínio público e do patrimônio administrativo não tolerem o gravame das servidões, sujeitar-se-iam, na situação a que respeitam os autos, aos efeitos da restrição decorrente da instalação, no solo, de equipamentos necessários à prestação de serviço público. Não conduzindo, a imposição dessa restrição, à extinção de direitos, não acarretaria o dever de indenizar, salvo disposição legal expressa em contrário, no caso inexistente. RE 581.947/RO, rel. Min. Eros Grau, j. 27-5-2010.

- **TAXA DE OCUPAÇÃO DE SOLO E ESPAÇO AÉREO POR POSTE DE TRANSMISSÃO DE ENERGIA ELÉTRICA – 3**
  Por fim, registrou que, além de a instalação dos equipamentos de que se trata não comprometer o uso comum dos bens públicos em questão, também não haveria prejuízo que justificasse o recebimento, pelo Município, de qualquer indenização pelo uso do bem público de uso comum. Concluiu que haveria, na ocupação do solo e do espaço aéreo dos bens de uso comum de que se cuida, um direito restritivo em benefício do prestador de serviço público, que lhe viabilizaria, instrumentando sua atuação, o pleno cumprimento do dever-poder, que o vincula, de prestar o serviço. O Min. Ricardo Lewandowski acompanhou as conclusões do relator no sentido de negar provimento ao recurso, mas por diverso fundamento, isto é, o de que a cobrança teria como

pretexto o exercício do poder de polícia, mas a Lei municipal evidenciaria que o fato gerador seria o uso e ocupação do solo e do espaço aéreo por postes, o qual incompatível com a natureza das taxas. RE 581.947/RO, rel. Min. Eros Grau, j. 27-5-2010 (RE-597362) *(Informativo STF 588)*.

3.3.2 Bens de uso especial

São os que fazem parte do patrimônio administrativo, sendo considerados instrumentos para execução de serviços públicos.

Esses bens, enquanto mantiverem essa qualidade, também não podem ser alienados ou onerados (art. 100 do CC), fazendo parte do patrimônio público indisponível.

Exemplo: mercados municipais, cemitérios públicos, veículos da Administração, edifícios de repartições públicas.

Também nesse tipo de bens, a alienação só será possível após o processo de desafetação, sendo transformados em bens dominicais.

> **JURISPRUDÊNCIA**
>
> - **CEMITÉRIO. MUNICIPAL. CONCESSÃO. USO. BEM PÚBLICO. MAJORAÇÃO. TAXA**
>   O cemitério municipal é bem público de uso especial. Assim, é o Poder Público que detém a propriedade de túmulos. O seu uso é concedido ao administrado. Logo incidem as regras de Direito Administrativo. Deve-se admitir a preponderância do interesse da Administração Pública sobre o do particular. Dele resulta a possibilidade da majoração dos valores cobrados pela utilização do bem público, bem como alterar as cláusulas regulamentares da concessão. Impedir a elevação da taxa anual de manutenção poderia tornar inviável o funcionamento do cemitério, na espécie. Assim, a Turma deu provimento ao recurso. REsp 747.871-RS, rel. Min. Eliana Calmon, j. 21-6-2007 *(Informativo STJ 324)*.

3.3.3 Bens dominicais (ou dominiais)

São aqueles que não têm destinação específica, nem se encontram sujeitos ao uso comum do povo. São bens que simplesmente integram o patrimônio do Estado e que, eventualmente, podem ser alienados, observadas as exigências da lei.

Assim, os bens dominicais podem ser alienados, nos termos da legislação, por meio de compra e venda, doação, permuta, dação (institutos de direito privado), investidura e legitimação da posse (institutos de direito público).

Exemplo: terras devolutas, viaturas sucateadas, terrenos baldios, carteiras escolares danificadas, imóveis desocupados, dívida ativa.

> **JURISPRUDÊNCIA**
>
> - **TERRENO DE MARINHA – TAXA DE OCUPAÇÃO**
>   EMENTA: PROCESSUAL CIVIL – ADMINISTRATIVO – TERRENO DE MARINHA – TAXA DE OCUPAÇÃO – NATUREZA JURÍDICA – MAJORAÇÃO DECORRENTE DA REAVALIA-

ÇÃO DO VALOR DO DOMÍNIO PLENO DO IMÓVEL – DESNECESSIDADE DE INSTAURAÇÃO DE PROCESSO ADMINISTRATIVO – PRECEDENTE. 1. Os terrenos de marinha são bens públicos que se destinam historicamente à defesa territorial e atualmente à proteção do meio ambiente costeiro. 2. Permite-se a ocupação por particulares, mediante o pagamento de taxa de ocupação e de laudêmio quando da transferência, de modo que o valor cobrado a esse título caracteriza-se como receita patrimonial devida pela utilização especial de um bem público. 3. A simples atualização da taxa de ocupação, ainda que mediante reavaliação do valor do domínio pleno do imóvel, por constituir simples recomposição do patrimônio, independe da instauração de processo administrativo com garantia de participação dos interessados. Precedente: 4. Recurso especial não provido (STJ, REsp 1.127.908/SC, 2ª T., rel. Min. Eliana Calmon, j. 16-3-2010, *DJe* 24-3-2010).

- **DEMARCAÇÃO DE TERRENOS DE MARINHA E NOTIFICAÇÃO DE INTERESSADOS – 1**

    O Plenário iniciou julgamento de medida cautelar em ação direta de inconstitucionalidade ajuizada pela Assembleia Legislativa do Estado de Pernambuco contra o art. 11 do Decreto-lei n. 9.760/46, com a redação dada pelo art. 5º da Lei n. 11.481/2007, que autoriza o Serviço de Patrimônio da União – SPU a notificar, por edital, os interessados no procedimento de demarcação dos terrenos de marinha, "para que no prazo de 60 (sessenta) dias ofereçam a estudo plantas, documentos e outros esclarecimentos concernentes aos terrenos compreendidos no trecho demarcando". O Min. Ricardo Lewandowski, relator, indeferiu o pleito de medida acauteladora, no que foi acompanhado pelos Ministros Cármen Lúcia, Joaquim Barbosa e Ellen Gracie. Reputou não demonstrada, na espécie, a plausibilidade jurídica do pedido. Consignou, de início, que o procedimento de demarcação dos terrenos de marinha, atribuição delegada ao SPU, dividir-se-ia em duas fases. A primeira diria respeito ao recolhimento de documentos e plantas relativos ao ano de 1831 ou, quando não obtidos, ao período que desse ano se aproximassem. Aduziu que, nessa fase, os interessados seriam convidados a oferecer outros subsídios, a fim de embasar a decisão sobre o local das linhas de preamar de 1831, deliberação que corresponderia à segunda fase. Salientou que o art. 11 do Decreto-lei n. 9.760/46 estabelecia, em sua redação original, que o chamamento dos interessados, certos ou incertos, para colaborar com o SPU dar-se-ia pessoalmente ou por edital. Asseverou que os interessados seriam convidados – não intimados – para auxiliar a Administração a determinar o exato ponto das linhas de preamar médio do ano de 1831. Assim, não se trataria de chamamento para exercício de contraditório ou de ampla defesa, os quais estariam assegurados na segunda etapa do procedimento, após o SPU definir a posição da linha de preamar. Entendeu que a realização do convite por intermédio de edital não ofenderia a garantia constitucional do devido processo legal. Assinalou, inclusive, ser mais lógico que os eventuais interessados fossem convidados apenas por edital, haja vista que o convite pessoal pressuporia prévio conhecimento de quais seriam os convidados. Em suma, não vislumbrou afronta ao devido processo legal, porquanto a modificação promovida não teria afetado direitos de nenhum interessado. ADI 4.264 MC/PE, rel. Min. Ricardo Lewandowski, j. 10-2-2011.

- **DEMARCAÇÃO DE TERRENOS DE MARINHA E NOTIFICAÇÃO DE INTERESSADOS – 2**

    Em divergência, o Min. Ayres Britto deferiu a medida cautelar, no que seguido pelos Ministros Gilmar Mendes, Marco Aurélio, Celso de Mello e Cezar Peluso, Presidente. Afirmou cuidar-se de remarcação, e não de simples demarcação de área de marinha. Enfatizou que, nos dias de hoje, tais terrenos constituiriam instituto obsoleto e que seria muito difícil, sobretudo nas cidades litorâneas, existir terreno de marinha ainda não demarcado. Em virtude disso, concluiu pela necessidade de chamamento, por notificação pessoal, dos interessados certos, os quais teriam seus nomes inscritos nos registros do Patrimônio da União. Isto porque seriam foreiros e pagariam o laudêmio a cada ano. Ressaltou que o tema seria complexo, de difícil equacionamento, à luz da urbanização crescente da sociedade brasileira e que essa permanência dos terrenos de marinha poderia significar retardo no processo de desenvolvimento, ao encarecer imóveis. O Min. Gilmar Mendes observou, ademais, que a primeira fase do aludido procedimento levaria à arrecadação dos imóveis, em desconstituição de ato jurídico perfeito, o que reforçaria a imprescindibilidade dessa notificação pessoal. O Min. Marco Aurélio acrescentou que, no campo do direito de defesa, não se poderia partir para a flexibilização. Ao destacar que a norma originária estivera em vigor há mais de 60 anos, consignou que nessas áreas – em que viveriam muitas pessoas com baixa escolaridade as quais não acompanhariam a publicação de editais – ter-se-iam situações constituídas com conhecimento da Administração de quem seriam os titulares desses terrenos. Na mesma linha, o Min. Celso de Mello expôs que, em sede de procedimento administrativo, impor-se-ia a ciência real, não presumida, não ficta, da instauração de procedimentos que pudessem atingir o direito de proprietários certos. Evidenciou que o dispositivo impugnado frustraria o contraditório, de modo a afetar o direito de defesa e comprometer a situação jurídica de proprietários, que passariam a ser considerados detentores precários da área, com inegáveis prejuízos. Por derradeiro, o Min. Cezar Peluso realçou que o chamamento objetivaria evitar erro nessa linha de demarcação, para que não ocorresse desfalque de área privada, já que, na maioria dos casos, a remarcação envolveria propriedades privadas, conhecidas do SPU. Após, o julgamento foi suspenso para aguardar o voto do Ministro a ser empossado brevemente. ADI 4.264 MC/PE, rel. Min. Ricardo Lewandowski, j. 10-2-2011.

- **DEMARCAÇÃO DE TERRENOS DE MARINHA E NOTIFICAÇÃO DE INTERESSADOS – 3**

    Em conclusão, o Plenário, por maioria, deferiu pedido de medida cautelar em ação direta ajuizada pela Assembleia Legislativa do Estado de Pernambuco para declarar a inconstitucionalidade do art. 11 do Decreto-lei n. 9.760/46, com a redação dada pelo art. 5º da Lei n. 11.481/2007, que autoriza o Serviço de Patrimônio da União – SPU a notificar, por edital, os interessados no procedimento de demarcação dos terrenos de marinha, "para que no prazo de 60 (sessenta) dias ofereçam a estudo plantas, documentos e outros esclarecimentos concernentes aos terrenos compreendidos no trecho demarcando" – v. *Informativo 615*. Afirmou-se cuidar-se de remarcação, e não de simples demarcação de área de marinha. Enfatizou-se que, nos dias de hoje, tais terrenos constituiriam instituto obsoleto e que seria muito difícil, sobretudo nas cidades litorâneas, existir terreno de marinha ainda não demarcado. Em virtude disso, concluiu-se pela necessidade de chamamento, por notificação pessoal, dos interessados certos, os quais teriam seus nomes inscritos nos registros do Patrimônio da União, porque seriam foreiros e pagariam o laudêmio a cada ano. Ressaltou-se que o tema seria complexo, de difícil equacionamento, à luz da urbanização crescente da sociedade brasileira e que essa permanência dos terrenos de marinha poderia significar retardo no processo de desenvolvimento, ao encarecer imóveis. ADI 4.264 MC/PE, rel. Min. Ricardo Lewandowski, j. 16-3-2011.

- **DEMARCAÇÃO DE TERRENOS DE MARINHA E NOTIFICAÇÃO DE INTERESSADOS – 4**

    Observou-se que a primeira fase do aludido procedimento levaria à arrecadação dos imóveis, em desconstituição de ato jurídico perfeito, o que reforçaria a imprescindibilidade dessa notificação pessoal e que não seria possível flexibilizar o direito de defesa. Ao se destacar que a norma originária estivera em vigor há mais de 60 anos, consignou-se que nessas áreas – em que viveriam muitas pessoas com baixa escolaridade as quais não acompanhariam a publicação de editais – ter-se-iam situações constituídas com conhecimento da Administração de quem seriam os titulares desses terrenos. Destacou-se que, em sede de procedimento administrativo, impor-se-ia a ciência real, não presumida, não ficta, da instauração de procedimentos que pudessem atingir o direito de proprietários certos. Evidenciou-se que o dispositivo impugnado frustraria o contraditório, de modo a afetar o direito de defesa e comprometer a situação jurídica de proprietários, que passariam a ser considerados detentores precários da área, com inegáveis prejuízos. Realçou-se que o chamamento objetivaria evitar erro nessa linha de demarcação, para que não ocorresse desfalque de área privada, já que, na maioria dos casos, a remarcação envolveria propriedades privadas, conhecidas do SPU. O Min. Luiz Fux acompanhou a maioria já formada. Afirmou que a convocação editalícia, por ser ficta, deveria ser utilizada como exceção e, portanto, não admissível, na hipótese dos autos, ante ofensa ao devido processo legal. Assim, enfatizou que o procedimento poderia, em tese, levar à perda da posse ou da propriedade em virtude da demarcação de terrenos. Vencidos os Ministros Ricardo Lewandowski, relator, Cármen Lúcia, Joaquim Barbosa e Ellen Gracie. ADI 4.264 MC/PE, rel. Min. Ricardo Lewandowski, j. 16-3-2011 *(Informativo STF 619)*.

- **REPETITIVO. TAXA. OCUPAÇÃO. ATUALIZAÇÃO**
Trata-se de recurso especial sob o regime do art. 543-C do CPC c/c Res. n. 8/2008-STJ no qual a Seção entendeu que, na forma em que dispõe o art. 1º do Decreto n. 2.398/87, compete ao Serviço do Patrimônio da União a atualização anual da taxa de ocupação dos terrenos de marinha. A norma contida no art. 28 da Lei n. 9.784/99 cede lugar à aplicação do referido decreto pelos seguintes motivos: o Decreto n. 2.398/87 é diploma normativo específico, incidindo, no caso, os arts. 2º, § 2º, da LICC e 69 da Lei n. 9.784/99; não se trata de imposição de deveres ou ônus ao administrado, mas de atualização anual da taxa de ocupação dos terrenos de marinha, à luz do art. 28 da Lei n. 9.784/99 e da jurisprudência deste Superior Tribunal; a classificação de certo imóvel como terreno de marinha depende de prévio procedimento administrativo, com contraditório e ampla defesa, porque aí há, em verdade, a imposição do dever. Ao contrário, a atualização das taxas de ocupação, que se dá com a atualização do valor venal do imóvel, não se configura como imposição ou mesmo agravamento de um dever, mas sim recomposição de patrimônio devida na forma da lei. Daí por que inaplicável o ditame do dispositivo mencionado. No caso das taxas de ocupação dos terrenos de marinha, é despiciendo o procedimento administrativo prévio com participação dos administrados interessados, bastando que a Administração Pública siga as normas do Decreto n. 2.398/87 no que tange à matéria. Após a divulgação da nova planta de valores venais e da atualização dela advinda, aí sim os administrados podem recorrer administrativa e judicialmente dos pontos que consideram ilegais ou abusivos. Não há, portanto, que falar em necessidade de contraditório para a incidência do art. 1º do Decreto n. 2.398/87. REsp 1.150.579-SC, rel. Min. Mauro Campbell Marques, j. 10-8-2011 *(Informativo STJ 480)*.

> **Para complementar:** A matéria prevista no art. 543-C do CPC de 1973 hoje está disciplinada no **art. 1.036 do atual CPC**. Vejamos:

CPC/73	CPC/2015
Art. 543-C. Quando houver multiplicidade de recursos com fundamento em idêntica questão de direito, o recurso especial será processado nos termos deste artigo. (Incluído pela Lei n. 11.672, de 2008.)	**Art. 1.036.** Sempre que houver multiplicidade de recursos extraordinários ou especiais com fundamento em idêntica questão de direito, haverá afetação para julgamento de acordo com as disposições desta Subseção, observado o disposto no Regimento Interno do Supremo Tribunal Federal e no do Superior Tribunal de Justiça.

§ 1º Caberá ao presidente do tribunal de origem admitir um ou mais recursos representativos da controvérsia, os quais serão encaminhados ao Superior Tribunal de Justiça, ficando suspensos os demais recursos especiais até o pronunciamento definitivo do Superior Tribunal de Justiça. (Incluído pela Lei n. 11.672, de 2008.)
§ 2º Não adotada a providência descrita no § 1º deste artigo, o relator no Superior Tribunal de Justiça, ao identificar que sobre a controvérsia já existe jurisprudência dominante ou que a matéria já está afeta ao colegiado, poderá determinar a suspensão, nos tribunais de segunda instância, dos recursos nos quais a controvérsia esteja estabelecida. (Incluído pela Lei n. 11.672, de 2008.)
§ 3º O relator poderá solicitar informações, a serem prestadas no prazo de quinze dias, aos tribunais federais ou estaduais a respeito da controvérsia. (Incluído pela Lei n. 11.672, de 2008.)
§ 4º O relator, conforme dispuser o regimento interno do Superior Tribunal de Justiça e considerando a relevância da matéria, poderá admitir manifestação de pessoas, órgãos ou entidades com interesse na controvérsia. (Incluído pela Lei n. 11.672, de 2008.)
§ 5º Recebidas as informações e, se for o caso, após cumprido o disposto no § 4º deste artigo, terá vista o Ministério Público pelo prazo de quinze dias. (Incluído pela Lei n. 11.672, de 2008.)
§ 6º Transcorrido o prazo para o Ministério Público e remetida cópia do relatório aos demais Ministros, o processo será incluído em pauta na seção ou na Corte Especial, devendo ser julgado com preferência sobre os demais feitos, ressalvados os que envolvam réu preso e os pedidos de *habeas corpus*. (Incluído pela Lei n. 11.672, de 2008.)
§ 7º Publicado o acórdão do Superior Tribunal de Justiça, os recursos especiais sobrestados na origem: (Incluído pela Lei n. 11.672, de 2008.)
I – terão seguimento denegado na hipótese de o acórdão recorrido coincidir com a orientação do Superior Tribunal de Justiça; ou (Incluído pela Lei n. 11.672, de 2008.)

§ 1º O presidente ou o vice-presidente de tribunal de justiça ou de tribunal regional federal selecionará 2 (dois) ou mais recursos representativos da controvérsia, que serão encaminhados ao Supremo Tribunal Federal ou ao Superior Tribunal de Justiça para fins de afetação, determinando a suspensão do trâmite de todos os processos pendentes, individuais ou coletivos, que tramitem no Estado ou na região, conforme o caso.
§ 2º O interessado pode requerer, ao presidente ou ao vice-presidente, que exclua da decisão de sobrestamento e inadmita o recurso especial ou o recurso extraordinário que tenha sido interposto intempestivamente, tendo o recorrente o prazo de 5 (cinco) dias para manifestar-se sobre esse requerimento.
§ 3º Da decisão que indeferir este requerimento caberá agravo, nos termos do art. 1.042.
§ 4º A escolha feita pelo presidente ou vice-presidente do tribunal de justiça ou do tribunal regional federal não vinculará o relator no tribunal superior, que poderá selecionar outros recursos representativos da controvérsia.
§ 5º O relator em tribunal superior também poderá selecionar 2 (dois) ou mais recursos representativos da controvérsia para julgamento da questão de direito independentemente da iniciativa do presidente ou do vice-presidente do tribunal de origem.
§ 6º Somente podem ser selecionados recursos admissíveis que contenham abrangente argumentação e discussão a respeito da questão a ser decidida.

II – serão novamente examinados pelo tribunal de origem na hipótese de o acórdão recorrido divergir da orientação do Superior Tribunal de Justiça. (Incluído pela Lei n. 11.672, de 2008.)
§ 8º Na hipótese prevista no inciso II do § 7º deste artigo, mantida a decisão divergente pelo tribunal de origem, far-se-á o exame de admissibilidade do recurso especial. (Incluído pela Lei n. 11.672, de 2008.)
§ 9º O Superior Tribunal de Justiça e os tribunais de segunda instância regulamentarão, no âmbito de suas competências, os procedimentos relativos ao processamento e julgamento do recurso especial nos casos previstos neste artigo. (Incluído pela Lei n. 11.672, de 2008.)

4. ATRIBUTOS DOS BENS PÚBLICOS

Os bens públicos são gravados de uma série de condicionantes que os diferencia dos bens particulares.

As principais características desse regime jurídico especial podem ser reduzidas a quatro atributos fundamentais:

4.1 Inalienabilidade

Significa que os bens não podem ser vendidos ou doados, salvo se passarem para a categoria de bens dominicais.

A legislação estabelece procedimentos especiais para a venda de tais bens. Assim, fala-se em **alienabilidade condicionada** ao cumprimento das exigências legais.

Decorre da inalienabilidade a conclusão de que os bens públicos não podem ser embargados, hipotecados, desapropriados, penhorados, reivindicados, usufruídos, nem objeto de servidão.

4.2 Impenhorabilidade

Significa que os bens não estão sujeitos à constrição judicial.

O atributo da impenhorabilidade inclui a vedação de serem objeto de garantia, isso porque os bens públicos devem estar disponíveis para que o Estado desenvolva suas atividades, sem entrega de penhora ou em garantia.

A impenhorabilidade dos bens é a justificativa para a existência da execução contra a Fazenda Pública e da ordem dos precatórios (art. 100 da CF).

Há situações excepcionais em que os bens públicos podem ser objeto de constrição judicial:

- sequestro pelo preterimento ou não pagamento (art. 100, § 6º, da CF);
- bloqueio de dinheiro para tratamento médico indispensável e fornecimento de medicamentos.

4.3 Imprescritibilidade

Os bens públicos não são passíveis de usucapião. Dispõem dessa forma os arts. 183, § 3º, e 191, parágrafo único, ambos da CF e art. 102 do CC.

Esse atributo é característica de todas as espécies de bens públicos (bens de uso comum do povo, especiais e dominiais), exceto o previsto no art. 2º da Lei n. 6.969/81, que admite a usucapião especial sobre terras devolutas localizadas em áreas rurais.

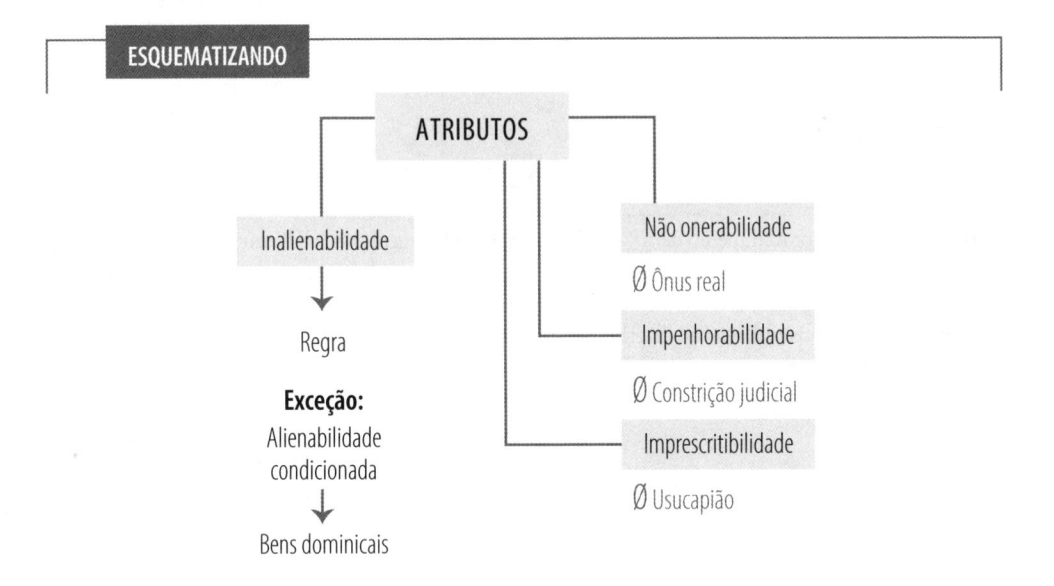

ESQUEMATIZANDO

ATRIBUTOS

- Inalienabilidade
  - Regra
  - **Exceção:** Alienabilidade condicionada → Bens dominicais
- Não onerabilidade
  - Ø Ônus real
- Impenhorabilidade
  - Ø Constrição judicial
- Imprescritibilidade
  - Ø Usucapião

JURISPRUDÊNCIA

- **OCUPAÇÃO. TERRA PÚBLICA. RETENÇÃO. BENFEITORIAS**

   A jurisprudência do STJ diz não ser possível a posse de bem público, pois sua ocupação irregular (ausente de aquiescência do titular do domínio) representa mera detenção de natureza precária. Consoante precedente da Corte Especial, são bens públicos os imóveis administrados pela Companhia Imobiliária de Brasília (Terracap), empresa pública em que figura a União como coproprietária (Lei n. 5.861/72) e que tem a gestão das terras públicas no DF, possuindo personalidade jurídica distinta desse ente federado. Sendo assim, na ação reivindicatória ajuizada por ela, não há falar em direito de retenção de benfeitorias (art. 516 do CC/16 e art. 1.219 do CC/2002), que pressupõe a existência de posse. Por fim, ressalte-se que a Turma, conforme o art. 9º, § 2º, I, do RISTJ, é competente para julgar o especial. Precedentes citados do STF: RE 28.481-MG, *DJ* 10-5-1956; do STJ: REsp 695.928-DF, *DJ* 21-3-2005; REsp 489.732-DF, *DJ* 13-6-2005; REsp 699.374-DF, *DJ* 18-6-2007; REsp 146.367-DF, *DJ* 14-3-2005; AgRg no Ag 1.160.658-RJ, *DJe* 21-5-2010; AgRg no Ag 1.343.787-RJ, *DJe* 16-3-2011; REsp 788.057-DF, *DJ* 23-10-2006; AgRg no Ag 1.074.093-DF, *DJe* 2-6-2009; REsp 1.194.487-RJ, *DJe* 25-10-2010;

REsp 341.395-DF, *DJ* 9-9-2002; REsp 850.970-DF, *DJe* 11-3-2011, e REsp 111.670-PE, *DJ* 2-5-2000. REsp 841.905-DF, rel. Min. Luis Felipe Salomão, j. 17-5-2011 *(Informativo STJ 473).*

- **RETENÇÃO. BEM PÚBLICO. LIMINAR. REINTEGRAÇÃO. ART. 924 DO CPC. IMPOSSIBILIDADE**

  Trata-se, na origem, de ação de reintegração de posse cumulada com demolição na qual a autarquia estadual alega ser proprietária da área adquirida por meio de escritura de desapropriação registrada em cartório em abril de 1968. Afirma que a área foi declarada de utilidade pública para formação de um reservatório de usina hidrelétrica. Narra, ainda, que os réus, ora recorrentes, ocupam parte da área desde junho de 1996, tendo construído, no local, garagem para barco, píer e rampa. A Turma, baseada em remansosa jurisprudência, negou provimento ao especial por entender que a ocupação indevida de bem público não configura posse, mas mera detenção de natureza precária. Se assim é, não há falar em posse velha (art. 924 do CPC) para impossibilitar a reintegração liminar em imóvel pertencente a órgão público. REsp 932.971-SP, rel. Min. Luis Felipe Salomão, j. 10-5-2011 *(Informativo STJ 472).*

Para complementar:

CPC/73	CPC/2015
Art. 924. Regem o procedimento de manutenção e de reintegração de posse as normas da seção seguinte, quando intentado dentro de ano e dia da turbação ou do esbulho; passado esse prazo, será ordinário, não perdendo, contudo, o caráter possessório.	**Art. 558.** Regem o procedimento de manutenção e de reintegração de posse as normas da Seção II deste Capítulo quando a ação for proposta dentro de ano e dia da turbação ou do esbulho afirmado na petição inicial. Parágrafo único. Passado o prazo referido no *caput*, será comum o procedimento, não perdendo, contudo, o caráter possessório.

4.4 Não onerabilidade

Este atributo fixa a impossibilidade de recaída de ônus real sobre os bens públicos.

5. AFETAÇÃO E DESAFETAÇÃO

Afetação e desafetação são os **fatos administrativos dinâmicos** que indicam a alteração das finalidades do bem público. Assim, se um bem desafetado passa a ter alguma utilização pública, poderá ocorrer a afetação. Ao contrário, se o bem estiver afetado e houver a alteração de sua finalidade, deixando de ter utilização pública, passará a ser desafetado.

Afetação é a vinculação de um bem (decorrente de um fato natural, da lei ou de ato administrativo) a uma destinação específica. Assim, o bem estará afetado a determinado fim público quando estiver sendo utilizado diretamente pelo Estado ou pela coletividade.

Exemplo: estará afetado a determinado fim público o ambulatório público que atende à população prestando serviço de assistência médica e ambulatorial.

Nos dizeres de José dos Santos Carvalho Filho[8], "afetação é o fato administrativo pelo qual se atribui ao bem público uma destinação pública especial de interesse direto ou indireto da Administração. E a desafetação é o inverso: é o fato administrativo pelo qual um bem público é desativado, deixando de servir à finalidade pública anterior".

Desafetação é a situação do bem que não está sendo utilizado para um certo fim público.

Exemplo 1: é bem desafetado de fim público a área que pertence ao Município no qual não haja qualquer serviço administrativo.

Exemplo 2: também se caracteriza como bem desafetado a viatura policial inservível e estacionada em depósito público (já que não está sendo utilizada para prestar serviço público para a coletividade).

A afetação e desafetação demonstram que os bens públicos não se perenizam. Uma Secretaria de Estado localizada num determinado prédio pode ser desativada para que o órgão seja instalado em outro local. Essa desativação implica desafetação.

Se, posteriormente, no mesmo prédio for instalada uma creche organizada pelo Estado, haverá afetação.

Em resumo: na afetação o bem passa a ter uma destinação pública que não tinha, tornando-se, portanto, "afetado". Na desafetação, o bem tinha uma destinação pública e passa a não ter mais essa finalidade.

Curiosidade: Pelo Código de Manu, legislação passada por Manu, o Adão do paraíso bramânico: "Aquele que faz suas dejeções na estrada real, sem uma necessidade urgente, deve pagar dois dinheiros e limpar imediatamente o local que emporcalhou".

6. AUTORIZAÇÃO, PERMISSÃO E CONCESSÃO DE USO DE BENS PÚBLICOS

Os bens públicos podem ter o seu uso privativo outorgado temporariamente, em caráter precário, a determinados particulares.

A outorga depende de ato administrativo formal e envolve um juízo discricionário por parte da Administração, que avaliará a conveniência e a oportunidade do deferimento do pedido.

Os principais instrumentos de outorga do uso privativo de bens públicos são: 6.1) autorização; 6.2) permissão e 6.3) concessão.

6.1 Autorização de uso de bem público

Determinado indivíduo utiliza de modo privativo o bem público de acordo com seu próprio interesse, e o Poder Público, por meio de ato administrativo, consente esse uso.

---

[8] CARVALHO FILHO, José dos Santos. *Manual de direito administrativo*, 24. ed., Rio de Janeiro: Lumen Juris, 2011, p. 1.055.

"É o ato administrativo unilateral e discricionário, pelo qual a Administração consente, a título precário, que o particular se utilize de bem público com exclusividade"[9], explica Maria Sylvia Zanella Di Pietro.

É ato **unilateral** porque depende exclusivamente da vontade da Administração Pública. É **discricionário**, pois depende de juízo de conveniência ou oportunidade por parte da Administração para sua concessão ao particular. Por fim, é considerado **ato precário**, uma vez que a Administração poderá, a qualquer tempo, retomar o uso do bem.

Exemplo: autorizações de uso de terrenos baldios, autorização para estacionamento, autorização para fechamento das ruas para festas comunitárias.

Aprofundamento: Existe também a **autorização de natureza urbanística**, que se diferencia da autorização comum em quatro aspectos principais:

AUTORIZAÇÃO COMUM	AUTORIZAÇÃO DE NATUREZA URBANÍSTICA
O particular (autorizatário) tem plena ciência de que o bem autorizado não lhe pertence e recebe a autorização de uso de bem público por **ato unilateral, discricionário e precário** da Administração Pública.	Na autorização de natureza urbanística, a discricionariedade é mais estrita se comparada com a autorização comum: além dos fatores valorativos de conveniência e oportunidade realizados pela Administração, há também a necessidade de observância de requisitos legais previamente estabelecidos. Nesta autorização **inexiste precariedade**, o uso se tornará definitivo e o autorizatário terá a posse do bem.
A autorização comum independe de limitação temporal para sua duração.	A autorização urbanística só pode ser conferida aos que preencheram os requisitos legais até o dia 30 de junho de 2001.
Na autorização comum não há restrição quanto à dimensão territorial.	A autorização urbanística só é possível para imóveis urbanos de até 250 m² (duzentos e cinquenta metros quadrados).
A autorização comum admite qualquer tipo de uso pelo interessado.	A autorização urbanística só é admitida para fins comerciais.

6.2 Permissão de uso de bem público

"É o ato administrativo unilateral, discricionário e precário, gratuito ou oneroso, pelo qual a Administração Pública faculta a utilização privativa de bem público, para fins de interesse público"[10].

---

[9] DI PIETRO, Maria Sylvia Zanella. *Direito administrativo*, 20. ed., São Paulo: Atlas, 2007, p. 636.
[10] DI PIETRO, Maria Sylvia Zanella. *Direito administrativo*, 20. ed., São Paulo: Atlas, 2007, p. 637.

Características:

a) o permissionário deve utilizar o bem da forma que lhe foi permitido pela Administração Permitente, sob pena de retirada da permissão;

b) a permissão de uso de bem público não tem prazo certo de duração, vigora, portanto, por prazo indeterminado;

c) a permissão de uso de bem público é precária, podendo ser revogada a qualquer tempo, sem necessidade de indenização ao permissionário. Entretanto, se a permissão, a título excepcional, for deferida por prazo certo e determinado, gerará indenização se ocorrer sua revogação antecipada;

d) a permissão é realizada *intuitu personae*, só sendo possível a transferência para terceiros se a entidade permitente autorizar.

Aprofundamento: José dos Santos Carvalho Filho[11] entende que deveria ocorrer a unificação dos atos de autorização de uso de bem público com a permissão de uso de bem público, ambas com característica de **ato administrativo**. E a concessão de uso de bem público com a natureza de **contrato administrativo**.

6.3 Concessão de uso de bem público

Consiste no ato administrativo bilateral pelo qual o Poder Concedente outorga, por prazo determinado, mediante procedimento licitatório prévio, o uso privativo e obrigatório de bem público a particular (concessionário). É formalizada por **contrato administrativo** (com cláusulas que estabelecem as finalidades, prazo, remuneração, fiscalização e sanções).

Características:

a) É **ato discricionário**, pois depende de juízo de valor (conveniência e oportunidade) por parte da Administração Pública Concedente para o uso do bem.

b) A concessão de uso de bem público não goza da característica da precariedade, isso para assegurar o mínimo de estabilidade para o exercício de suas atividades.

c) A concessão de uso de bem público é a modalidade adequada para atividades de maior vulto, com encargos financeiros mais elevados.

d) A utilização do bem pelo concessionário poderá ocorrer tanto de forma remunerada quanto de forma gratuita: d1) **concessão remunerada** é a que implica pagamento, pelo concessionário, ao Poder Concedente; d.2) **concessão gratuita** é aquela em que o uso do bem público não acarreta qualquer ônus ao concessionário.

---

[11] CARVALHO FILHO, José dos Santos. *Manual de direito administrativo*, 24. ed., Rio de Janeiro: Lumen Juris, 2011, p. 1079.

7. APROFUNDAMENTOS

7.1 Concessão de direito real de uso

Prevista no art. 7º do Decreto-lei n. 271/67: "É instituída a concessão de uso de terrenos públicos ou particulares, remunerada ou gratuita, por tempo certo ou indeterminado, como direito real resolúvel, para fins específicos de regularização fundiária de interesse social, urbanização, industrialização, edificação, cultivo da terra, aproveitamento sustentável das várzeas, preservação das comunidades tradicionais e seus meios de subsistência ou outras modalidades de interesse social de áreas urbanas".

Assim, os fins da concessão de direito real de uso são fixados na lei, e, por ser direito real, pode ser transferida por ato *inter vivos* ou por sucessão (legítima ou testamentária).

7.2 Concessão de uso especial para fins de moradia

A concessão de uso especial para fins de moradia é ato vinculado, e o título pode ser obtido por via administrativa ou judicial. Sua concessão deve obedecer aos seguintes requisitos (cumulativos):

a) ter possuído até 30 de junho de 2001, como seu, por cinco anos, ininterruptamente e sem oposição, até 250 m² (duzentos e cinquenta metros quadrados) de imóvel público situado em área urbana, utilizando-o para sua moradia ou de sua família;

b) não ser proprietário ou concessionário, a qualquer título, de outro imóvel urbano ou rural;

c) só poderá ser reconhecida, uma única vez, ao mesmo possuidor;

d) a concessão de uso especial para fins de moradia é gratuita;

e) em caso de morte do possuidor, o herdeiro terá o direito de continuar na posse, desde que, ao tempo da abertura da sucessão, já resida no imóvel;

f) a concessão de uso especial para fins de moradia poderá ser extinta de duas formas:

   f.1) quando o concessionário conferir ao bem outro fim que não o de moradia (fato que configura o desvio de finalidade);

   f.2) quando o concessionário adquirir outro imóvel (urbano ou rural).

Extinta a concessão, o fato deverá ser averbado no Cartório do Registro de Imóveis, pela Administração que outorgou a concessão.

8. SÚMULAS

- **STF – SÚMULA 650:** Os incisos I e XII do art. 20 da Constituição Federal não alcançam terras de aldeamentos extintos, ainda que ocupadas por indígenas em passado remoto.

- **STF – SÚMULA 479:** As margens dos rios navegáveis são de domínio público, insuscetíveis de expropriação e, por isso mesmo, excluídas de indenização.

- **STF – SÚMULA 477:** As concessões de terras devolutas situadas na faixa de fronteira, feitas pelos estados, autorizam, apenas, o uso, permanecendo o domínio com a União, ainda que se mantenha inerte ou tolerante, em relação aos possuidores.
- **STJ – SÚMULA 496:** Os registros de propriedade particular de imóveis situados em terrenos de marinha não são oponíveis à União.
- **STJ – SÚMULA 103:** Incluem-se entre os imóveis funcionais que podem ser vendidos os administrados pelas forças armadas e ocupados pelos servidores civis.

JURISPRUDÊNCIA EM TESES

BENS PÚBLICOS (EDIÇÃO 124)

Os bens integrantes do acervo patrimonial de sociedades de economia mista sujeitos a uma destinação pública equiparam-se a bens públicos, sendo, portanto, insuscetíveis de serem adquiridos por meio de usucapião.	**Acórdãos** **AgInt no REsp 1719589/SP**, Rel. Ministro LUIS FELIPE SALOMÃO, QUARTA TURMA, j. 6-11-2018, *DJe* 12-11-2018 **REsp 242073/SC**, Rel. Ministro LUIS FELIPE SALOMÃO, Rel. p/ Acórdão Ministro CARLOS FERNANDO MATHIAS (JUIZ FEDERAL CONVOCADO DO TRF 1ª REGIÃO), QUARTA TURMA, j. 5-3-2009, REP *DJe* 29-6-2009 **Decisões Monocráticas** **AREsp 1300393/SP**, Rel. Ministro MARCO BUZZI, j. 26-3-2019, publicado em 28-3-2019 **REsp 1556319/SP**, Rel. Ministro PAULO DE TARSO SANSEVERINO, TERCEIRA TURMA, j. 3-12-2018, publicado em 11-12-2018 **REsp 1684008/SP**, Rel. Ministro RICARDO VILLAS BÔAS CUEVA, TERCEIRA TURMA, j. 10-4-2018, publicado em 2-5-2018
Os imóveis administrados pela Companhia Imobiliária de Brasília (Terracap) são públicos e, portanto, insuscetíveis de aquisição por meio de usucapião.	**Acórdãos** **REsp 1318673/DF**, Rel. Ministro HERMAN BENJAMIN, SEGUNDA TURMA, j. 20-11-2012, *DJe* 2-2-2015 **AgRg no REsp 851906/DF**, Rel. Ministro ANTONIO CARLOS FERREIRA, QUARTA TURMA, j. 4-12-2014, *DJe* 11-12-2014 **AgRg no Ag 977032/DF**, Rel. Ministro RICARDO VILLAS BÔAS CUEVA, TERCEIRA TURMA, j. 26-6-2012, *DJe* 29-6-2012 **AgRg nos EREsp 425416/DF**, Rel. Ministro LUIZ FUX, PRIMEIRA SEÇÃO, j. 23-2-2011, *DJe* 26-4-2011

	Decisões Monocráticas **AREsp 853324/DF**, Rel. Ministra ASSUSETE MAGALHÃES, SEGUNDA TURMA, j. 6-9-2017, publicado em 11-9-2017 **EDcl no REsp 1320093/DF**, Rel. Ministra MARIA ISABEL GALLOTTI, QUARTA TURMA, j. 31-3-2017, publicado em 7-4-2017
O imóvel vinculado ao Sistema Financeiro de Habitação (SFH), porque afetado à prestação de serviço público, deve ser tratado como bem público, não podendo, pois, ser objeto de usucapião.	**Acórdãos** **AgInt no AREsp 1343742/RJ**, Rel. Ministro LUIS FELIPE SALOMÃO, QUARTA TURMA, j. 26-2-2019, *DJe* 6-3-2019 **AgInt no REsp 1516627/AL**, Rel. Ministra NANCY ANDRIGHI, TERCEIRA TURMA, j. 28-8-2018, *DJe* 4-9-2018 **AgInt no REsp 1712101/AL**, Rel. Ministro PAULO DE TARSO SANSEVERINO, TERCEIRA TURMA, j. 15-5-2018, *DJe* 21-5-2018 **AgInt no AREsp 1151574/RJ**, Rel. Ministro MARCO AURÉLIO BELLIZZE, TERCEIRA TURMA, j. 6-2-2018, *DJe* 26-2-2018 **AgInt no REsp 1480254/AL**, Rel. Ministro MOURA RIBEIRO, TERCEIRA TURMA, j. 21-9-2017, *DJe* 9-10-2017 **AgInt no REsp 1487396/AL**, Rel. Ministra MARIA ISABEL GALLOTTI, QUARTA TURMA, j. 26-9-2017, *DJe* 5-10-2017
É possível reconhecer a usucapião do domínio útil de bem público sobre o qual tinha sido, anteriormente, instituída enfiteuse, pois, nessa circunstância, existe apenas a substituição do enfiteuta pelo usucapiente, não havendo qualquer prejuízo ao Estado.	**Acórdãos** **AgInt no REsp 1642495/RO**, Rel. Ministro MARCO BUZZI, QUARTA TURMA, j. 23-5-2017, *DJe* 1º-6-2017 **REsp 262071/RS**, Rel. Ministro ALDIR PASSARINHO JUNIOR, QUARTA TURMA, j. 5-10-2006, *DJ* 6-11-2006 p. 327 **REsp 575572/RS**, Rel. Ministra NANCY ANDRIGHI, TERCEIRA TURMA, j. 6-9-2005, *DJ* 6-2-2006 p. 276 **Decisões Monocráticas** **AREsp 1307599/SP**, Rel. Ministra MARIA ISABEL GALLOTTI, QUARTA TURMA, j. 8-10-2018, publicado em 10-10-2018 **REsp 1404649/PE**, Rel. Ministro ANTONIO CARLOS FERREIRA, QUARTA TURMA, j. 14-5-2018, publicado em 21-5-2018

É incabível a modificação unilateral pela União do valor do domínio pleno de imóvel aforado, incidindo somente a correção monetária na atualização anual do pagamento do foro na enfiteuse de seus bens (art. 101 do Decreto-lei n. 9760/46).	**Acórdãos** **REsp 1718938/RJ**, Rel. Ministro HERMAN BENJAMIN, SEGUNDA TURMA, j. 3-5-2018, *DJe* 23-11-2018 **AgInt no REsp 1707699/RJ**, Rel. Ministro MAURO CAMPBELL MARQUES, SEGUNDA TURMA, j. 22-5-2018, *DJe* 29-5-2018 **AgInt no AREsp 918752/SP**, Rel. Ministro LUIS FELIPE SALOMÃO, QUARTA TURMA, j. 13-6-2017, *DJe* 20-6-2017 **AgRg no REsp 1115951/SC**, Rel. Ministra NANCY ANDRIGHI, TERCEIRA TURMA, j. 7-4-2011, *DJe* 13-4-2011 **REsp 642604/RJ**, Rel. Ministro CESAR ASFOR ROCHA, QUARTA TURMA, j. 3-8-2006, *DJ* 4-9-2006 p. 274
Terras em faixas de fronteira e aquelas sem registro imobiliário não são, por si só, terras devolutas, cabendo ao ente federativo comprovar a titularidade desses terrenos.	**Acórdãos** **AgInt no AREsp 936508/PI**, Rel. Ministro LUIS FELIPE SALOMÃO, QUARTA TURMA, j. 13-3-2018, *DJe* 20-3-2018 **AgRg no AREsp 692824/SC**, Rel. Ministro RICARDO VILLAS BÔAS CUEVA, TERCEIRA TURMA, j. 15-3-2016, *DJe* 28-3-2016 **AgRg no AREsp 444178/SC**, Rel. Ministro PAULO DE TARSO SANSEVERINO, TERCEIRA TURMA, j. 14-10-2014, *DJe* 20-10-2014 **AgRg no REsp 551041/SC**, Rel. Ministro RAUL ARAÚJO, QUARTA TURMA, j. 20-8-2013, *DJe* 13-9-2013 **AgRg no REsp 1265229/SC**, Rel. Ministro MASSAMI UYEDA, TERCEIRA TURMA, j. 1º-3-2012, *DJe* 9-3-2012 **Decisões Monocráticas** **REsp 1534499/SC**, Rel. Ministro ANTONIO CARLOS FERREIRA, QUARTA TURMA, j. 28-3-2019, publicado em 1º-4-2019
O descumprimento de encargo estabelecido em lei que determinara a doação de bem público enseja, por si só, a sua desconstituição.	**Acórdãos** **AgInt no REsp 1255350/MG**, Rel. Ministra REGINA HELENA COSTA, PRIMEIRA TURMA, j. 21-3-2017, *DJe* 30-3-2017 **REsp 1636696/PR**, Rel. Ministro HERMAN BENJAMIN, SEGUNDA TURMA, j. 6-12-2016, *DJe* 19-12-2016 **REsp 1087273/MG**, Rel. Ministro HUMBERTO MARTINS, SEGUNDA TURMA, j. 12-5-2009, *DJe* 27-5-2009

	Decisões Monocráticas **AREsp 284229/PE**, Rel. Ministro GURGEL DE FARIA, PRIMEIRA TURMA, j. 15-3-2019, publicado em 19-3-2019
Construção ou atividade irregular em bem de uso comum do povo revela dano presumido à coletividade, dispensada prova de prejuízo em concreto.	**Acórdãos** **REsp 1730402/RJ**, Rel. Ministro HERMAN BENJAMIN, SEGUNDA TURMA, j. 7-6-2018, *DJe* 12-3-2019 **REsp 1681210/RN**, Rel. Ministra REGINA HELENA COSTA, PRIMEIRA TURMA, j. 5-2-2019, *DJe* 11-2-2019 **REsp 1432486/RJ**, Rel. Ministro MAURO CAMPBELL MARQUES, SEGUNDA TURMA, j. 10-11-2015, *DJe* 18-12-2015 **REsp 855749/AL**, Rel. Ministro FRANCISCO FALCÃO, PRIMEIRA TURMA, j. 22-5-2007, *DJ* 14-6-2007 p. 264 **Decisões Monocráticas** **REsp 1733759/MG**, Rel. Ministro OG FERNANDES, SEGUNDA TURMA, j. 1º-8-2018, publicado em 7-8-2018

PARA GABARITAR

a) Os rios pertencem aos Estados; entretanto, quando banham mais de um Estado, servem de limites com outros países, ou se estendem a território estrangeiro ou dele provêm, são bens da União.

b) É impossível a prescrição aquisitiva de bens públicos dominicais, inclusive nos casos de imóvel rural e de usucapião constitucional *pro labore*.

c) Os terrenos de marinha, assim como os seus terrenos acrescidos, pertencem à União por expressa disposição constitucional.

d) A autorização de uso de bem público por particular caracteriza-se como ato administrativo unilateral, discricionário e precário, para o atendimento de interesse predominantemente do próprio particular.

e) Segundo o ordenamento jurídico vigente, são considerados públicos os bens do domínio nacional pertencentes às pessoas jurídicas de direito público interno; sendo os demais considerados bens particulares, seja qual for a pessoa a que pertencerem.

f) As concessões de terras devolutas situadas na faixa de fronteira nacional feitas pelos Estados antes da vigência da CF devem ser interpretadas como legitimação do uso, mas isso não se aplica à transferência do domínio de tais terras, em virtude da manifesta tolerância da União e de expresso reconhecimento da legislação federal.

g) Consideram-se bens públicos dominicais os que constituem o patrimônio das pessoas jurídicas de direito público, como objeto de direito pessoal ou real de cada uma delas, os quais se submetem a um regime de direito privado, pois a Administração Pública age, em relação a eles, como um proprietário privado.

h) A ocupação de bem público, ainda que dominical, não passa de mera detenção, caso em que se afigura inadmissível o pleito de proteção possessória contra o órgão público.

i) Os terrenos de marinha são exemplos de bens dominicais.

9. ENUNCIADO DA JORNADA DE DIREITO ADMINISTRATIVO

I JORNADA	IDs	ENUNCIADOS APROVADOS NA PLENÁRIA
2	2422	O administrador público está autorizado por lei a valer-se do desforço imediato sem necessidade de autorização judicial, solicitando, se necessário, força policial, contanto que o faça preventivamente ou logo após a invasão ou ocupação de imóvel público de uso especial, comum ou dominical, e não vá além do indispensável à manutenção ou restituição da posse (art. 37 da Constituição Federal; art. 1.210, § 1º, do Código Civil; art. 79, § 2º, do Decreto-lei n. 9.760/46; e art. 11 da Lei n. 9.636/98).

10. CONTEÚDO DIGITAL

Acesse também pelo *link*: https://somos.in/MDADM9

Capítulo XVIII

Estatuto da Cidade – Lei n. 10.257/2001

1. CONCEITO

"O *conceito de Urbanismo*[1] evoluiu do estético para o social. Nos seus primórdios fora considerado unicamente arte de embelezar a cidade – *embellir la ville* –, segundo a expressão dos precursores da Escola Francesa[2]. Posteriormente o conceito francês foi superado pela concepção inglesa do desenvolvimento integral dos recursos da área planificada, visando à unidade fundamental entre Natureza e Homem – *unity of Nature and Mankind* –, aproximando e relacionando a cidade e o campo, para obtenção do bem-estar da coletividade em todos os espaços habitáveis[3].

É o que Bardet qualifica de 'Urbanismo para o Homem', ou seja, a procura das melhores condições de funcionalidade para o 'ser humano', a cidade como ambiente para o 'ser humano'[4]. Nesta ordem de ideias, Rosier considera o Urbanismo, sob o prisma prático, uma 'arte utilitária' que visa a oferecer soluções para os problemas decorrentes da existência e extensão das cidades modernas[5].

---

[1] O vocábulo *urbanismo* tem sido criticado como termo técnico, por induzir a um significado exclusivamente urbano. Mas seu sentido já está ampliado e reconhecido como abrangente da ordenação espacial da cidade e do campo. A propósito, merece ser transcrita esta observação de Gaston Bardet: "Présentement, le mot *Urbanisme* est employé pour designer l'aménagement du sol à toutes les échelles, l'étude de toutes les localisations humanines sur la Terre [...]. Aussi peut-on dire sans exagération que l'Urbanisme este devenu *orbanisme*" (*Mission de l'Urbanisme*, Paris, 1950, p. 39).

[2] LAVEDAN, Pierre. *Histoire de l'urbanisme: époque comtemporaine*, Paris, 1952, v. IV, p. 7.

[3] GEDDES, Patrick. *Cities in evolution*, Londres, 1898, p. 89.

[4] BARDET, Gaston. *Le nouvel urbanisme,* Paris, 1958, p. 43.

[5] ROSIER, Camile. *L'urbanisme*, Paris, 1953, p. 17.

Entre nós, o saudoso mestre Anhaia Mello, introdutor desses estudos no Brasil, explica que o Urbanismo tem aspectos artísticos, científicos e filosóficos, porque 'é fundamentalmente uma arte – criação de sínteses novas; uma ciência – que estuda metodicamente os fatos; e uma filosofia – com a sua escala própria, preservando, impondo e exigindo a precedência de valores humanos e espirituais em face dos mecanismos e imobiliários'[6].

Conceito idêntico nos é dado por Antônio Bezerra Baltar, Professor da Universidade de Recife, que concluiu: 'Em suma, o que entendemos hoje por Urbanismo é uma ciência, uma técnica e uma arte ao mesmo tempo, cujo objetivo é a organização do espaço urbano visando ao bem-estar coletivo – através de uma legislação, de um planejamento e da execução de obras públicas que permitam o desempenho harmônico e progressivo das funções urbanas elementares: *habitação, trabalho, recreação, circulação* no espaço urbano. Uma ciência capaz de definir esse objetivo, uma técnica e uma arte capazes de realizá-lo. Uma disciplina de síntese'[7].[8]

Hely Lopes Meirelles define **urbanismo** como "o conjunto de medidas estatais destinadas a organizar os espaços habitáveis, de modo a propiciar melhores condições de vida ao homem na comunidade"[9].

Nos termos dos arts. 182 e 183 da CF, a política de desenvolvimento urbano é executada pelo Poder Público municipal, conforme diretrizes gerais fixadas em lei, e tem por objetivo ordenar o pleno desenvolvimento das funções sociais da cidade e garantir o bem-estar de seus habitantes.

Em 10 de julho de 2001 foi promulgada a Lei n. 10.257, que aprovou o Estatuto da Cidade e veio para regulamentar os referidos dispositivos constitucionais. E, em 12 de janeiro de 2015, a Lei n. 13.089 instituiu o **Estatuto da Metrópole**[10] (que alterou em alguns aspectos o Estatuto da Cidade e ainda fixou outras providências).

---

[6] ANHAIA MELLO, Luiz de. *Engenharia e urbanismo*, São Paulo, 1954, p. 7. V., ainda, do mesmo autor: *Problemas de urbanismo*, São Paulo, 1929; *O urbanismo... esse desconhecido*, São Paulo, 1952; *O plano regional de São Paulo*, 1954; *O que é um plano diretor*, São Paulo, 1956; *Elementos para o planejamento territorial dos municípios*, São Paulo, 1957; *Apresentação da carta dos Andes*, São Paulo, 1960.

[7] BALTAR, Antônio Bezerra. *Introdução ao planejamento urbano*, Recife, 1957, p. 136.

[8] MEIRELLES, Hely Lopes. *Direito municipal brasileiro*, 17. ed., 2. tir., Adilson Abreu Dallari (Coord.), São Paulo: Malheiros, 2014, p. 532-533.

[9] MEIRELLES, Hely Lopes. *Direito municipal brasileiro*, 17. ed., 2. tir., Adilson Abreu Dallari (Coord.), São Paulo: Malheiros, 2014, p. 533.

[10] Por unanimidade, o Plenário do STF julgou improcedente a ADI 5857, ajuizada pelo governo do Pará, para questionar dispositivos do Estatuto da Metrópole (Lei n. 13.089/2015), entre eles o que estabelece a necessidade de elaboração de plano de desenvolvimento urbano integrado para as regiões metropolitanas e aglomerações urbanas por edição de lei estadual. A determinação de realização desse plano, prevista no art. 10 da norma, **não afronta o princípio federativo**, pois a Constituição Federal prevê que cabe à União estabelecer diretrizes de desenvolvimento urbano e editar normas gerais sobre direito urbanístico.

O Estatuto da Cidade é lei de **caráter nacional** (aplicável simultaneamente em todos os âmbitos federativos) e estabelece normas de ordem pública e interesse social que regulam o uso da propriedade urbana em prol do bem coletivo, da segurança e do bem-estar dos cidadãos, bem como do equilíbrio ambiental.

> **Aprofundamento:** "Até a edição da Lei n. 10.257, de 10-7-2001 (Estatuto da Cidade), a legislação urbanística federal restringia-se a umas poucas disposições em diplomas versantes sobre assuntos conexos, tais como o que rege o loteamento urbano e o tombamento em geral [...]. Faltava-nos uma lei federal orgânica e sistemática, abrangente de todos os assuntos urbanísticos, um Código de Urbanismo ou uma Lei Geral de Urbanismo, como já possuem os Países mais adiantados no assunto"[11-12].

2. COMPETÊNCIA

Conforme fixa o art. 24, I, da Constituição Federal, a competência para legislar sobre direito urbanístico é **concorrente** da União, dos Estados e do Distrito Federal.

O Estatuto da Cidade fixou normas gerais sobre direito urbanístico, sendo possível que as demais entidades federativas expeçam normas sobre matéria específica.

3. DIRETRIZES GERAIS DA POLÍTICA URBANA

As diretrizes gerais da política urbana encontram previsão no art. 2º do Estatuto da Cidade e são:

a) Garantia do direito a cidades sustentáveis, entendido como o direito à terra urbana, à moradia, ao saneamento ambiental, à infraestrutura urbana, ao transporte e aos serviços públicos, ao trabalho e ao lazer, para as presentes e futuras gerações.

---

[11] Os Códigos de Urbanismo e as leis gerais de urbanismo sempre fizeram parte da legislação dos países mais adiantados: a França, com o Código Geral de Urbanismo e Habitação, instituído pela Lei n. 199, de 23-5-1948, posto em atuação pelo Decreto n. 299, de 26.7.1954; a Bélgica, com a lei geral *concernant l'urbanisation*, de 2-12-1946; na Espanha, a lei geral "sobre o regime do solo e ordenamento urbano", de 12-5-1956, dispondo sobre a planificação urbana e rural, bem como sobre o plano nacional e os planos regionais, provinciais e metropolitanos; na Itália, a Lei Urbanística nacional n. 1.150, de 17-8-1942, modificada pela Lei n. 1.357, de 21-12-1955, que dispõe sobre o plano regulador geral, os planos regionais e planos comunais, além da Lei n. 1.947, de 26-6-1939, sobre a proteção das belezas naturais e panorâmicas, e da Lei n. 1.089, de 1º-6-1898, sobre a tutela das coisas de interesse artístico e histórico; a Inglaterra tem o *Town and Country Planning Act*, de 1947, que modernizou a orientação urbanística anterior, constituindo-se em modelo para as leis de outras Nações; o Uruguai tem a *Ley de Formación de Centros Poblados*, de 25-10-1946, feita sob a orientação do *Instituto de Teoria de la Arquitetura y Urbanismo*, de Montevidéu.

[12] MEIRELLES, Hely Lopes. *Direito municipal brasileiro*. 17. ed., 2. tir., Adilson Abreu Dallari (Coord.), São Paulo: Malheiros, 2014, p. 543.

b) Gestão democrática por meio da participação da população e de associações representativas dos vários segmentos da comunidade na formulação, na execução e no acompanhamento de planos, programas e projetos de desenvolvimento urbano.

c) Cooperação entre os governos, a iniciativa privada e os demais setores da sociedade no processo de urbanização, em atendimento ao interesse social.

d) Planejamento do desenvolvimento das cidades, da distribuição espacial da população e das atividades econômicas do Município e do território sob sua área de influência, de modo a evitar e corrigir as distorções do crescimento urbano e seus efeitos negativos sobre o meio ambiente.

e) Oferta de equipamentos urbanos e comunitários, transporte e serviços públicos adequados aos interesses e necessidades da população e às características locais.

f) Ordenação e controle do uso do solo, de forma a evitar a utilização inadequada dos imóveis urbanos; a proximidade de usos incompatíveis ou inconvenientes; o parcelamento do solo, a edificação ou o uso excessivos ou inadequados em relação à infraestrutura urbana; a instalação de empreendimentos ou atividades que possam funcionar como polos geradores de tráfego, sem a previsão da infraestrutura correspondente; a retenção especulativa de imóvel urbano, que resulte na sua subutilização ou não utilização; a deterioração das áreas urbanizadas; a poluição e a degradação ambiental e a exposição da população a riscos de desastres.

g) Integração e complementaridade entre as atividades urbanas e rurais, tendo em vista o desenvolvimento socioeconômico do Município e do território sob sua área de influência.

h) Adoção de padrões de produção e consumo de bens e serviços e de expansão urbana compatíveis com os limites da sustentabilidade ambiental, social e econômica do Município e do território sob sua área de influência.

i) Justa distribuição dos benefícios e ônus decorrentes do processo de urbanização.

j) Adequação dos instrumentos de política econômica, tributária e financeira e dos gastos públicos aos objetivos do desenvolvimento urbano, de modo a privilegiar os investimentos geradores de bem-estar geral e a fruição dos bens pelos diferentes segmentos sociais.

k) Recuperação dos investimentos do Poder Público de que tenha resultado a valorização de imóveis urbanos.

l) Proteção, preservação e recuperação do meio ambiente natural e construído, do patrimônio cultural, histórico, artístico, paisagístico e arqueológico.

m) Audiência do Poder Público municipal e da população interessada nos processos de implantação de empreendimentos ou atividades com efeitos potencialmente negativos sobre o meio ambiente natural ou construído, o conforto ou a segurança da população.

n) Regularização fundiária e urbanização de áreas ocupadas por população de baixa renda mediante o estabelecimento de normas especiais de urbanização, uso e ocupação do solo e edificação, consideradas a situação socioeconômica da população e as normas ambientais.

o) Simplificação da legislação de parcelamento, uso e ocupação do solo e das normas edilícias, com vistas a permitir a redução dos custos e o aumento da oferta dos lotes e unidades habitacionais;

p) Isonomia de condições para os agentes públicos e privados na promoção de empreendimentos e atividades relativos ao processo de urbanização, atendido o interesse social.

q) Incluída pela Lei n. 12.836, de 2013, o estímulo à utilização, nos parcelamentos do solo e nas edificações urbanas, de sistemas operacionais, padrões construtivos e aportes tecnológicos que objetivem a redução de impactos ambientais e a economia de recursos naturais.

r) Incluída pela Lei n. 13.116/2015, o tratamento prioritário às obras e edificações de infraestrutura de energia, telecomunicações, abastecimento de água e saneamento.

s) Incluída pela Lei n. 13.699/2018, garantia de condições condignas de acessibilidade, utilização e conforto nas dependências internas das edificações urbanas, inclusive nas destinadas à moradia e ao serviço dos trabalhadores domésticos, observados requisitos mínimos de dimensionamento, ventilação, iluminação, ergonomia, privacidade e qualidade dos materiais empregados.

4. INSTRUMENTOS DA POLÍTICA URBANA

Temos basicamente três instrumentos de política urbana:

a) instrumentos gerais (previstos no art. 4º, I a III, do Estatuto da Cidade);

b) institutos tributários e financeiros (previstos no art. 4º, IV, do Estatuto da Cidade);

c) institutos jurídicos e políticos (previstos no art. 4º, V, do Estatuto da Cidade).

ESQUEMATIZANDO

INSTRUMENTOS GERAIS	INSTITUTOS TRIBUTÁRIOS E FINANCEIROS	INSTITUTOS JURÍDICOS E POLÍTICOS
São eles: 1 – planos nacionais, regionais e estaduais de ordenação do território e de desenvolvimento econômico e social;	São eles: 1 – imposto sobre a propriedade predial e territorial urbana – IPTU; 2 – contribuição de melhoria; 3 – incentivos e benefícios fiscais e financeiros.	São eles: 1 – desapropriação; 2 – servidão administrativa; 3 – limitações administrativas; 4 – tombamento de imóveis ou de mobiliário urbano; 5 – instituição de unidades de conservação;

2 – planejamento das regiões metropolitanas, aglomerações urbanas e microrregiões; 3 – planejamento municipal, em especial: a) plano diretor; b) disciplina do parcelamento, do uso e da ocupação do solo; c) zoneamento ambiental; d) plano plurianual; e) diretrizes orçamentárias e orçamento anual; f) gestão orçamentária participativa; g) planos, programas e projetos setoriais; h) planos de desenvolvimento econômico e social.	6 – instituição de zonas especiais de interesse social; 7 – concessão de direito real de uso; 8 – concessão de uso especial para fins de moradia; 9 – parcelamento, edificação ou utilização compulsórios; 10 – usucapião especial de imóvel urbano; 11 – direito de superfície; 12 – direito de preempção; 13 – outorga onerosa do direito de construir e de alteração de uso; 14 – transferência do direito de construir; 15 – operações urbanas consorciadas; 16 – regularização fundiária; 17 – assistência técnica e jurídica gratuita para as comunidades e grupos sociais menos favorecidos; 18 – referendo popular e plebiscito; 19 – demarcação urbanística para fins de regularização fundiária; *(Incluído pela Lei n. 11.977, de 2009.)* 20 – legitimação de posse. *(Incluído pela Lei n. 11.977, de 2009.)*

Entre todos esses instrumentos listados, alguns merecem estudo especial. Vejamos.

4.1 Parcelamento, edificação ou utilização compulsórios

"Parcelamento, edificação ou utilização compulsórios são atos administrativos unilaterais, de competência municipal, que impõem alteração compulsória na configuração do uso e da fruição de imóvel privado urbano para adequá-lo à sua função social, nos termos de lei municipal específica e de acordo com o plano diretor da cidade"[13].

---

[13] JUSTEN FILHO, Marçal. *Curso de direito administrativo*, 5. ed., São Paulo: Saraiva, 2010, p. 611.

O pano de fundo para a existência desse instituto leva em consideração dois apontamentos: de um lado, o cumprimento da função social da propriedade, e, do outro, o seu descumprimento.

Assim, o art. 5º do Estatuto da Cidade estabelece que lei municipal específica para área incluída no plano diretor poderá determinar o **parcelamento** (desmembramento do imóvel), **a edificação** (determinação de utilização do imóvel para o fim de edificação) **ou a utilização compulsórios** (imposição da utilização do imóvel para o fim a que se destina) **do solo urbano não edificado, subutilizado** (entendido como aquele cujo aproveitamento seja inferior ao mínimo definido no plano diretor ou em legislação dele decorrente) **ou não utilizado**, devendo fixar as condições e os prazos para implementação da referida obrigação, ou seja, quando a propriedade urbana não estiver cumprindo sua função social (*vide* art. 182, § 2º, da CF), o Poder Público deverá forçar sua **readequação**.

Se, mesmo o Poder Público determinando o parcelamento, a edificação ou a utilização compulsórios o proprietário não proceder à sua readequação, então será possível, a partir daí, a cobrança de IPTU progressivo no tempo.

4.2 Do IPTU progressivo no tempo

A cobrança de IPTU progressivo no tempo (art. 7º do Estatuto da Cidade) tem o escopo de forçar o uso adequado do solo urbano. Assim, se o proprietário não cumprir a determinação do Poder Público no sentido de proceder ao parcelamento, edificação ou utilização compulsória do bem, será possível a incidência de IPTU progressivo no tempo, com majoração da alíquota, pelo prazo máximo de cinco anos consecutivos.

Por fim, se nenhuma das duas medidas anteriores for apta a ensejar o cumprimento da função social da propriedade, aí então ocorrerá a **desapropriação,** que tem **natureza sancionatória** (já que o valor da indenização será pago em títulos da dívida pública).

JURISPRUDÊNCIA

- É inconstitucional a lei municipal que tenha estabelecido, antes da EC n. 29/2000, alíquotas progressivas para o IPTU, salvo se destinada a assegurar o cumprimento da função social da propriedade urbana. **(Súmula 668 do STF)**
- É inconstitucional a fixação de adicional progressivo do imposto predial e territorial urbano em função do número de imóveis do contribuinte. **(Súmula 589 do STF)**
- IPTU. Progressividade antes da EC n. 29/2000. Impossibilidade, ainda que pela via de alíquotas de isenções graduais. A utilização do instituto da isenção como instrumento de graduação de alíquotas, com aplicação à generalidade dos contribuintes, não corresponde à sua natureza jurídica. Nesse caso, a isenção deixa de atuar como benefício fiscal. De norma de exceção que é, passa a compor o aspecto quantitativo da norma tributária impositiva, modelando toda a tabela de alíquotas e tendo como efeito a vedada progressividade. Aplicação da Súmula 668 do STF (RE 355.046, rel. Min. Ellen Gracie, j. 1º-8-2011, Plenário, *DJe* 31-8-2011). No mesmo sentido: RE 543.023-AgR, rel. Min. Ayres Britto, j. 16-8-2011, 2ª T., *DJe* 19-10-2011.

- O STF firmou entendimento no sentido de que não há inconstitucionalidade na diversidade de alíquotas do IPTU no caso de imóvel edificado, não edificado, residencial ou comercial. Essa orientação é anterior ao advento da EC n. 29/2000. Precedentes (AI 582.467-AgR, rel. Min. Ellen Gracie, j. 22-6-2010, 2ª T., *DJe* 6-8-2010) *Vide*: RE 437.107-AgR, rel. Min. Joaquim Barbosa, j. 6-4-2010, 2ª T., *DJe* 23-4-2010.
- IPTU [...] Antes da EC n. 29/2000, a utilização da técnica de tributação progressiva somente era admitida para assegurar a função social da propriedade (art. 156, § 1º, da Constituição), condicionada nos termos do art. 182, § 2º e § 4º, da Constituição. Era, portanto, inconstitucional a tributação progressiva, com fins extrafiscais, baseada na capacidade contributiva ou na seletividade. Súmula 668/STF (RE 437.107-AgR, rel. Min. Joaquim Barbosa, j. 6-4-2010, 2ª T., *DJe* 23-4-2010) No mesmo sentido: AI 705.328-AgR, rel. Min. Dias Toffoli, j. 7-2-2012, 1ª T., *DJe* 9-3-2012; RE 486.547-AgR, rel. Min. Luiz Fux, j. 25-10-2011, 1ª T., *DJe* 17-11-2011; RE 543.023-AgR, rel. Min. Ayres Britto, j. 16-8-2011, 2ª T., *DJe* 19-10-2011. *Vide*: RE 423.768, rel. Min. Marco Aurélio, j. 1º-12-2010, Plenário, *DJe* 10-5-2011; AI 582.467-AgR, rel. Min. Ellen Gracie, j. 22-6-2010, 2ª T., *DJe* 6-8-2010; AI 573.560-AgR, rel. Min. Eros Grau, j. 27-3-2007, 2ª T., *DJe* 4-5-2007; AI 468.801-AgR, rel. Min. Eros Grau, j. 21-9-2004, 1ª T., *DJe* 15-10-2004.
- IPTU. Incidência de alíquotas progressivas até a EC n. 29/2000. Relevância econômica, social e jurídica da controvérsia. Reconhecimento da existência de repercussão geral da questão deduzida no apelo extremo interposto. Precedentes desta Corte a respeito da inconstitucionalidade da cobrança progressiva do IPTU antes da citada emenda. Súmula 668 deste Tribunal. Ratificação do entendimento (AI 712.743-QO-RG, rel. Min. Ellen Gracie, j. 12-3-2009, Plenário, *DJe* 8-5-2009, com repercussão geral).

4.3 Da desapropriação com pagamento em títulos

Decorridos cinco anos de cobrança do IPTU progressivo sem que o proprietário tenha cumprido a obrigação de parcelamento, edificação ou utilização, o Município poderá proceder à desapropriação do imóvel, com pagamento em **títulos da dívida pública**, como fixa o art. 8º do Estatuto da Cidade.

Os títulos da dívida pública terão prévia aprovação pelo **Senado Federal** e serão resgatados no **prazo de até dez anos**, em prestações anuais, iguais e sucessivas, assegurados o valor real da indenização e os juros legais de 6% ao ano.

4.4 Da usucapião especial de imóvel urbano

Conceito: aquele que possuir como sua área ou edificação urbana de **até duzentos e cinquenta metros quadrados, por cinco anos**, ininterruptamente e sem oposição, utilizando-a para sua moradia ou de sua família, adquirir-lhe-á o domínio, desde que não seja proprietário de outro imóvel urbano ou rural (art. 9º do Estatuto da Cidade).

São **legitimados** para propositura da usucapião especial de imóvel urbano:

a) o possuidor, isoladamente ou em litisconsórcio originário ou superveniente;

b) os possuidores, em estado de composse;

c) como substituto processual, a associação de moradores da comunidade, regularmente constituída, com personalidade jurídica, desde que explicitamente autorizada pelos representados.

O direito à usucapião especial de imóvel urbano **não** será concedido ao mesmo possuidor à mais de uma vez (§ 2º do art. 9º do Estatuto da Cidade).

Aprofundamento: Em **30 de abril de 2015**, o Plenário do Supremo Tribunal Federal (STF) deu provimento ao Recurso Extraordinário **(RE) 422.349** para reconhecer o direito à usucapião especial urbana, independentemente da limitação de área mínima para registro de imóveis imposta por lei municipal, uma vez preenchidos os requisitos do art. 183 da CF. Vejamos:

"**EMENTA Recurso extraordinário. Repercussão geral. Usucapião especial urbana. Interessados que preenchem todos os requisitos exigidos pelo art. 183 da Constituição Federal. Pedido indeferido com fundamento em exigência supostamente imposta pelo plano diretor do município em que localizado o imóvel. Impossibilidade. A usucapião especial urbana tem raiz constitucional e seu implemento não pode ser obstado com fundamento em norma hierarquicamente inferior ou em interpretação que afaste a eficácia do direito constitucionalmente assegurado. Recurso provido. 1. Módulo mínimo do lote urbano municipal fixado como área de 360 m². Pretensão da parte autora de usucapir porção de 225 m², destacada de um todo maior, dividida em composse. 2. Não é o caso de declaração de inconstitucionalidade de norma municipal. 3. Tese aprovada: preenchidos os requisitos do art. 183 da Constituição Federal, o reconhecimento do direito à usucapião especial urbana não pode ser obstado por legislação infraconstitucional que estabeleça módulos urbanos na respectiva área em que situado o imóvel (dimensão do lote). 4. Recurso extraordinário provido**".

Há, ainda, a figura da **usucapião especial coletiva,** que será concedida desde que preenchidos os requisitos fixados pelo art. 10 do Estatuto da Cidade.

LEGISLAÇÃO CORRELATA

Estatuto da Cidade
Art. 10. Os núcleos urbanos informais existentes sem oposição há mais de cinco anos e cuja área total dividida pelo número de possuidores seja inferior a duzentos e cinquenta metros quadrados por possuidor são suscetíveis de serem usucapidos coletivamente, desde que os possuidores não sejam proprietários de outro imóvel urbano ou rural. (*Redação dada pela lei n. 13.465, de 2017*).

A **usucapião especial coletiva** de imóvel urbano será declarada pelo juiz, mediante **sentença**, a qual servirá de título para registro no cartório de registro de imóveis.

> **JURISPRUDÊNCIA**
>
> - Usucapião urbano especial – Art. 183 da CF. Longe fica de vulnerar o preceito decisão no sentido de obstáculo ao reconhecimento da prescrição aquisitiva em face de acordo homologado judicialmente (RE 172.726, rel. Min. Marco Aurélio, j. 14-12-1998, 2ª T., *DJ* 14-5-1999).
> - Usucapião especial (CF, art. 183): firmou-se a jurisprudência do STF, a partir do julgamento do RE 145.004 (Gallotti, *DJ* 13-2-1997), no sentido de que o tempo de posse anterior a 5-10-1988 não se inclui na contagem do prazo quinquenal estabelecido pelo art. 183 CF (*v.g.* RE 206.659, Galvão, *DJ* 6-2-1998; RE 191.603, Marco Aurélio, *DJ* 28-8-1998; RE 187.913, Néri, *DJ* 22-5-1998; RE 214.851, Moreira Alves, *DJ* 8-5-1998) (RE 217.414, rel. Min. Sepúlveda Pertence, j. 11-12-1998, 1ª T., *DJ* 26-3-1999).

4.5 Do direito de superfície

Conceito: "Consiste na utilização do solo, subsolo ou espaço aéreo relativo ao terreno na forma estabelecida no contrato respectivo, atendida a legislação urbanística. Em princípio, a superfície pertence ao proprietário do solo, mas, instituído como um direito real, que se destaca do direito de propriedade sobre o solo, o *direito de superfície* pode ser atribuído a quem não seja o proprietário do terreno"[14].

Assim, o proprietário urbano poderá conceder a outrem o direito de superfície do seu terreno, por tempo determinado ou indeterminado, mediante escritura pública registrada no cartório de registro de imóveis (art. 21 do Estatuto da Cidade).

Características:

a) o direito de superfície abrange o direito de utilizar o solo, o subsolo ou o espaço aéreo relativo ao terreno, na forma estabelecida no contrato respectivo, atendida a legislação urbanística;

b) a concessão do direito de superfície poderá ser gratuita ou onerosa;

c) o superficiário responderá integralmente pelos encargos e tributos que incidirem sobre a propriedade superficiária, arcando, ainda, proporcionalmente à sua parcela de ocupação efetiva, com os encargos e tributos sobre a área objeto da concessão do direito de superfície, salvo disposição em contrário do contrato respectivo;

d) o direito de superfície pode ser transferido a terceiros, obedecidos os termos do contrato respectivo;

e) a extinção do direito de superfície (arts. 23 e 24 do Estatuto da Cidade) pode ocorrer de duas formas:

    e.1) pelo advento do termo;

    e.2) pelo descumprimento das obrigações contratuais assumidas pelo superficiário.

---

[14] MEIRELLES, Hely Lopes. *Direito municipal brasileiro*. 17. ed., 2. tir., Adilson Abreu Dallari (Coord.), São Paulo: Malheiros, 2014, p. 551.

4.6 Do direito de preempção

Conceito: "*Preempção*, na terminologia jurídica, significa a *preferência na compra* de determinada coisa, conforme cláusula anteriormente ajustada ou em virtude de determinação legal"[15], ensina Hely Lopes Meirelles.

Assim, o direito de preempção confere ao Poder Público municipal **preferência** para aquisição de imóvel urbano objeto de alienação onerosa entre particulares (art. 25 do Estatuto da Cidade).

Esse direito será exercido sempre que o Poder Público necessitar de áreas para:

a) regularização fundiária;

b) execução de programas e projetos habitacionais de interesse social;

c) constituição de reserva fundiária;

d) ordenamento e direcionamento da expansão urbana;

e) implantação de equipamentos urbanos e comunitários;

f) criação de espaços públicos de lazer e áreas verdes;

g) criação de unidades de conservação ou proteção de outras áreas de interesse ambiental;

h) proteção de áreas de interesse histórico, cultural ou paisagístico.

4.7 Da outorga onerosa do direito de construir (ou solo criado)

Conceito: "É o exercício do direito de construir acima do coeficiente de aproveitamento básico adotado, segundo dispuser o plano diretor em determinadas áreas, mediante contrapartida a ser prestada pelo beneficiário (Lei n. 10.257/2001, art. 28)"[16].

Assim, nos termos do art. 28 do Estatuto da Cidade, o plano diretor poderá fixar áreas nas quais o direito de construir poderá ser exercido **acima do coeficiente** de aproveitamento básico adotado, mediante contrapartida a ser prestada pelo beneficiário.

Lei municipal específica estabelecerá as condições a serem observadas para a outorga onerosa do direito de construir e de alteração de uso, determinando: a) a fórmula de cálculo para a cobrança; b) os casos passíveis de isenção do pagamento da outorga; e c) a contrapartida do beneficiário (art. 30 do Estatuto da Cidade).

> **Aprofundamento:** "O direito de construir acima do **CA**[17] **básico** é denominado pela doutrina urbanística de '**solo criado**' e se caracteriza por ser um ativo patrimonial (solo artificial) destacado do imóvel urbano a que está vinculado (solo natural), que pode ser objeto de outorga onerosa (em dinheiro ou mesmo em doação

---

[15] MEIRELLES, Hely Lopes. *Direito municipal brasileiro*, 17. ed., 2. tir., Adilson Abreu Dallari (Coord.), São Paulo: Malheiros, 2014, p. 552.

[16] MEIRELLES, Hely Lopes. *Direito municipal brasileiro*, 17. ed., 2. tir., Adilson Abreu Dallari (Coord.), São Paulo: Malheiros, 2014, p. 553.

[17] CA = coeficiente de aproveitamento.

de área em região diversa ou em investimentos de infraestrutura no local da situação do imóvel ou em outra localidade do Município, distribuindo, assim, os ônus decorrentes do processo de urbanização). Cabe à lei municipal especificar, com base no Plano Diretor, as condições para tal outorga ou alteração do uso do solo urbano, determinando a fórmula de cálculo da cobrança, os casos passíveis de isenção de pagamento e o valor da contrapartida do beneficiário do solo criado (art. 30), e os recursos auferidos com a adoção da outorga onerosa serão aplicados nas finalidades previstas no art. 26, já citadas (art. 31)"[18].

JURISPRUDÊNCIA

Solo criado é o solo artificialmente criado pelo homem (sobre ou sob o solo natural), resultado da construção praticada em volume superior ao permitido nos limites de um coeficiente único de aproveitamento. [...] Não há, na hipótese, obrigação. Não se trata de tributo. Não se trata de imposto. Faculdade atribuível ao proprietário de imóvel, mercê da qual se lhe permite o exercício do direito de construir acima do coeficiente único de aproveitamento adotado em determinada área, desde que satisfeita prestação de dar que consubstancia ônus. Onde não há obrigação não pode haver tributo. Distinção entre ônus, dever e obrigação e entre ato devido e ato necessário. [...] Instrumento próprio à política de desenvolvimento urbano, cuja execução incumbe ao Poder Público municipal, nos termos do disposto no art. 182 da Constituição do Brasil. Instrumento voltado à correção de distorções que o crescimento urbano desordenado acarreta, à promoção do pleno desenvolvimento das funções da cidade e a dar concreção ao princípio da função social da propriedade [...]" (RE 387.047, rel. Min. Eros Grau, j. 6-3-2008, Plenário, *DJe* 2-5-2008). No mesmo sentido: RE 226.942, rel. Min. Menezes Direito, j. 21-10-2008, 1ª T., *DJe* 15-5-2009.

4.8 Das operações urbanas consorciadas

Conceito: Considera-se operação urbana consorciada o conjunto de intervenções e medidas coordenadas pelo **Poder Público municipal**, com a participação dos proprietários, moradores, usuários permanentes e investidores privados, com o objetivo de alcançar em uma área **transformações urbanísticas estruturais, melhorias sociais e a valorização ambiental** (art. 32, § 1º, do Estatuto da Cidade).

Diversas são as medidas que podem ser tomadas nas operações urbanas consorciadas, e as mais importantes são:

a) a modificação de índices e características de parcelamento, uso e ocupação do solo e subsolo, bem como alterações das normas edilícias, considerado o impacto ambiental delas decorrente;

b) a regularização de construções, reformas ou ampliações executadas em desacordo com a legislação vigente;

---

[18] PAZZAGLINI FILHO, Marino. *Lei de improbidade administrativa*, 4. ed., São Paulo: Atlas, 2009, p. 122.

c) a concessão de incentivos a operações urbanas que utilizam tecnologias visando à redução de impactos ambientais, e que comprovem a utilização, nas construções e uso de edificações urbanas, de tecnologias que reduzam os impactos ambientais e economizem recursos naturais, especificadas as modalidades de *design* e de obras a serem contempladas. Essa medida foi incluída no Estatuto da Cidade pela Lei n. 12.836, de 2013;

d) a lei específica que aprovar a operação urbana consorciada poderá prever a emissão pelo Município de quantidade determinada de certificados de potencial adicional de construção, que serão alienados em leilão ou utilizados diretamente no pagamento das obras necessárias à própria operação;

e) a **Lei n. 13.089/2015 (Estatuto da Metrópole)** incluiu no Estatuto da Cidade o **art. 34-A** e fixou que, nas regiões metropolitanas ou nas aglomerações urbanas instituídas por lei complementar estadual, poderão ser realizadas operações urbanas consorciadas interfederativas, aprovadas por leis estaduais específicas.

4.9 Da transferência do direito de construir

Dispõe o art. 35 do Estatuto da Cidade que **lei municipal**, baseada no plano diretor, poderá autorizar o proprietário de **imóvel urbano**, privado ou público, a exercer em outro local, ou alienar, mediante escritura pública, o direito de construir previsto no plano diretor ou em legislação urbanística dele decorrente, quando referido imóvel for considerado necessário para fins de:

a) implantação de equipamentos urbanos e comunitários;

b) preservação, quando o imóvel for considerado de interesse histórico, ambiental, paisagístico, social ou cultural;

c) servir a programas de regularização fundiária, urbanização de áreas ocupadas por população de baixa renda e habitação de interesse social.

5. DO ESTUDO DE IMPACTO DE VIZINHANÇA

Lei municipal definirá os empreendimentos e atividades privados ou públicos em área urbana que dependerão de elaboração de estudo prévio de impacto de vizinhança (EIV) para obter as licenças ou autorizações de construção, ampliação ou funcionamento a cargo do Poder Público municipal (art. 36 do Estatuto da Cidade).

Aprofundamento: "O Estatuto da Cidade prevê a publicidade dos documentos que integram o EIV, que deverão ficar disponíveis para consulta, por qualquer interessado, no órgão competente do Poder Público Municipal. O EIV não substitui a elaboração e a aprovação de *Estudo Prévio de Impacto Ambiental*/EIA, nos termos da legislação ambiental"[19].

---

[19] MEIRELLES, Hely Lopes. *Direito municipal brasileiro*, 17. ed., 2. tir., Adilson Abreu Dallari (Coord.), São Paulo: Malheiros, 2014, p. 556.

6. DO PLANO DIRETOR

O plano diretor (ou plano de desenvolvimento integrado), aprovado por **lei municipal**, é o instrumento básico da política de desenvolvimento e expansão urbana.

> "O plano diretor não é estático; é dinâmico e evolutivo. Na fixação dos objetivos e na orientação do desenvolvimento do Município, é a *lei suprema e geral* que estabelece as prioridades nas realizações do governo local, conduz e ordena o crescimento da cidade, disciplina e controla as atividades urbanas em benefício do bem-estar social"[20].

A **propriedade urbana** cumpre sua **função social** quando atende às exigências fundamentais de ordenação da cidade expressas no **plano diretor**, assegurando o atendimento das necessidades dos cidadãos quanto à qualidade de vida, à justiça social e ao desenvolvimento das atividades econômicas, respeitadas as diretrizes previstas no art. 2º do Estatuto da Cidade.

O plano diretor é obrigatório nos seguintes casos (art. 41 do Estatuto da Cidade):

a) nas cidades com mais de vinte mil habitantes;

b) nas cidades integrantes de regiões metropolitanas e aglomerações urbanas;

c) onde o Poder Público municipal pretenda utilizar os instrumentos previstos no § 4º do art. 182 da CF;

d) nas cidades integrantes de áreas de especial interesse turístico;

e) nas cidades inseridas na área de influência de empreendimentos ou atividades com significativo impacto ambiental de âmbito regional ou nacional;

f) nas cidades incluídas no cadastro nacional de municípios com áreas suscetíveis à ocorrência de deslizamentos de grande impacto, inundações bruscas ou processos geológicos ou hidrológicos correlatos – hipótese incluída no Estatuto da Cidade pela Lei n. 12.608/2012.

Ainda, a **Lei n. 13.146/2015** incluiu o § 3º no art. 41 do Estatuto da Cidade e fixou que as cidades cujo plano diretor é obrigatório deverão elaborar plano de rotas acessíveis, compatível com o plano diretor no qual está inserido, que disponha sobre os passeios públicos a serem implantados ou reformados pelo Poder Público, com vistas a garantir a acessibilidade da pessoa com deficiência ou com mobilidade reduzida a todas as rotas e vias existentes, inclusive as que concentrem os focos geradores de maior circulação de pedestres, como os órgãos públicos e os locais de prestação de serviços públicos e privados de saúde, educação, assistência social, esporte, cultura, correios e telégrafos, bancos, entre outros, sempre que possível de maneira integrada com os sistemas de transporte coletivo de passageiros.

---

[20] MEIRELLES, Hely Lopes. *Direito municipal brasileiro*, 17. ed., 2. tir., Adilson Abreu Dallari (Coord.), São Paulo: Malheiros, 2014, p. 562.

> **JURISPRUDÊNCIA**
>
> - A Carta Magna impôs a concretização da política de desenvolvimento e de expansão urbana das cidades com mais de vinte mil habitantes por meio de um instrumento específico: o plano diretor (§ 1º do art. 182). Plausibilidade da alegação de que a Lei Complementar distrital n. 710/2005, ao permitir a criação de projetos urbanísticos "de forma isolada e desvinculada" do plano diretor, violou diretamente a Constituição republicana. Perigo da demora na prestação jurisdicional que reside na irreversibilidade dos danos que decorrerão do registro de áreas, para fins de parcelamento, com base na mencionada lei (AC 2.383-MC-QO, rel. Min. Ayres Britto, j. 27-3-2012, 2ª T., *DJe* 28-6-2012).

7. ESTATUTO DA CIDADE E LEI DE IMPROBIDADE ADMINISTRATIVA

O legislador infraconstitucional decidiu contemplar no Estatuto da Cidade hipóteses de improbidade administrativa (art. 52) para o Prefeito. Assim, incorre em improbidade administrativa, sem prejuízo da punição de outros agentes públicos envolvidos e da aplicação de outras sanções cabíveis, o Prefeito que:

a) deixar de proceder, no prazo de cinco anos, ao adequado aproveitamento do imóvel incorporado ao patrimônio público, conforme o disposto no § 4º do art. 8º do Estatuto da Cidade;

b) utilizar áreas obtidas por meio do direito de preempção em desacordo com o disposto no art. 26 do Estatuto da Cidade;

Esta hipótese considera ato de improbidade a **utilização desviada** de áreas obtidas por meio do direito de preempção. Lembrando que com o advento da **Lei n. 14.230 de 25 de outubro de 2021** mudanças significativas ocorreram na Lei n. 8.429/92 passando a ser exigido o **dolo** em todas as condutas ímprobas. Com a referida inclusão, o conceito de **dolo** encontra-se no art. 1º, § 2º da Lei n. 8.429/92 e fixa: "considera-se dolo a vontade livre e consciente de alcançar o resultado ilícito tipificado nos arts. 9º, 10 e 11 desta Lei, não bastando a voluntariedade do agente".

> **Aprofundamento:** "O direito de preempção ou preferência é instituto do direito privado, contemplado nos arts. 513 a 520 do Código Civil. Na lição de Clóvis Beviláqua (comentando os artigos correspondentes do Código de 1916): 'Sendo o direito de preferência meramente pessoal, não acompanha a coisa alienada. Se o comprador, ao aliená-la, deixa de oferecê-la àquele que lha vendeu, nem por isso a venda é nula. Apenas o primeiro vendedor tem ação para exigir, do primeiro comprador, perdas e danos pelo não cumprimento da obrigação de oferecê-la'[21]".

Tendo migrado para o direito público e urbanístico, o direito de preferência assumiu, paulatinamente, novos contornos. Assim, passou a ser previsto em leis especiais com efeitos reais. Tem por objetivo, nitidamente, privilegiar uma das partes na relação jurídica negocial.

---

[21] *Código Civil dos Estados Unidos do Brasil comentado*, 7. ed., v. IV, Rio de Janeiro, Francisco Alves, 1946.

Seu objetivo, sem dúvida, é estratégico. Tendo conhecimento prévio, por meio do planejamento urbanístico, de onde e de que modo deverá atuar, o Poder Público municipal adquire, regularmente convocado (direito de preferência), os imóveis necessários à intervenção urbanística, formando um "banco de áreas"[22].

c) aplicar os recursos auferidos com a outorga onerosa do direito de construir e de alteração de uso em desacordo com o previsto no art. 31 do Estatuto da Cidade;

d) aplicar os recursos auferidos com operações consorciadas em desacordo com o previsto no § 1º do art. 33 do Estatuto da Cidade;

As operações urbanas consorciadas têm previsão nos arts. 32 a 34 do Estatuto da Cidade. "São instrumentos urbanísticos de fomento visando ao aproveitamento e valorização do solo urbano. Permite-se, por seu intermédio, obter recursos privados para construção de obras, equipamentos urbanos, que possam revitalizar o espaço urbano"[23].

e) impedir ou deixar de garantir os requisitos contidos nos incisos I a III do § 4º do art. 40 do Estatuto da Cidade;

f) deixar de tomar as providências necessárias para garantir a observância do disposto no § 3º do art. 40 e no art. 50 do Estatuto da Cidade;

g) adquirir imóvel objeto de direito de preempção, nos termos dos arts. 25 a 27 do Estatuto da Cidade, pelo valor da proposta apresentada, se este for, comprovadamente, superior ao de mercado.

Crítica: "Toda e qualquer norma jurídica tem uma estrutura lógica, consistente na imputação de uma consequência a um suposto de fato.

A regra do art. 52 é *norma não autônoma*, já que, não prescrevendo a sanção, necessita, para sua completa aplicabilidade, de outra norma – no caso, a Lei n. 8.429/92. Não há no art. 52, ou em qualquer outra regra do Estatuto da Cidade, o enunciado das sanções aplicáveis em caso de transgressão do antecedente.

Ocorre que, ao não estabelecer em seu texto quais as sanções aplicáveis, forçoso reconhecer que são aquelas estabelecidas na Lei de Improbidade Administrativa. Ainda assim a regra causa insegurança, na medida em que não saberemos que tipo de sanção deve ser aplicada.

Haveremos de nos perguntar: O ato de improbidade causou enriquecimento ilícito? Lesou o Erário? Violou algum princípio da Administração Pública? Somente após obter essas respostas é que poderemos encontrar a regra correspondente na Lei de Improbidade, para determinar quais as sanções cabíveis"[24].

---

[22] DALLARI, Adilson Abreu; FERRAZ, Sérgio. *Estatuto da Cidade (Comentários à Lei Federal n. 10.257/2001)*, 4. ed., São Paulo: Malheiros, 2014, p. 393-394.

[23] DALLARI, Adilson Abreu; FERRAZ, Sérgio. *Estatuto da Cidade (Comentários à Lei Federal n. 10.257/2001)*, 4. ed., São Paulo: Malheiros, 2014, p. 396.

[24] DALLARI, Adilson Abreu; FERRAZ, Sérgio. *Estatuto da Cidade (Comentários à Lei Federal n. 10.257/2001)*, 4. ed., São Paulo: Malheiros, 2014, p. 388.

> **PARA GABARITAR**

a) Embora a execução da política de desenvolvimento urbano seja responsabilidade do Poder Público municipal, compete à União legislar sobre normas gerais de Direito Urbanístico e promover, por iniciativa própria e em conjunto com os Estados, o DF e os Municípios, programas de construção de moradias e a melhoria das condições habitacionais e de saneamento básico, entre outras atribuições de interesse da política de desenvolvimento urbano.

b) O direito a cidades sustentáveis, conforme definição legal, compreende o direito à terra urbana, à moradia, ao saneamento ambiental, à infraestrutura urbana, ao transporte e aos serviços públicos, ao trabalho e ao lazer, para as presentes e futuras gerações.

c) Segundo a Lei n. 10.257/2001 (Estatuto da Cidade), o plano diretor poderá fixar áreas nas quais o direito de construir poderá ser exercido acima do coeficiente de aproveitamento básico adotado, mediante contrapartida a ser prestada pelo beneficiário.

d) Lei federal de desenvolvimento urbano exigida constitucionalmente, o Estatuto da Cidade regulamenta os instrumentos de política urbana que devem ser aplicados pela União, pelos Estados e pelos Municípios.

8. CONTEÚDO DIGITAL

Acesse também pelo *link*: https://somos.in/MDADM9

Capítulo XIX

Guia para Estruturação de Peças Prático-Profissionais

Este capítulo tem a função de esboçar e pontuar dicas fundamentais para estruturação de peças prático-profissionais na seara do direito administrativo e do direito constitucional tanto para o profissional militante nestas quanto para aqueles que estão se preparando para o exame da Ordem dos Advogados do Brasil e alguns concursos públicos que contêm como etapa obrigatória a confecção de peças.

O objetivo do capítulo não é esgotar o assunto com estruturação cem por cento das peças, mas apenas e tão somente estruturar um esqueleto com **dicas** pontuais para o profissional atentar quando da elaboração de sua peça prático-profissional.

1. ESQUELETO DA PEÇA

1.1 – Esqueleto da Ação Popular I

1.2 – Esqueleto da Ação Popular II

1.3 – Esqueleto do Mandado de Segurança Individual

1.4 – Esqueleto do Mandado de Segurança Coletivo I

1.5 – Esqueleto do Mandado de Segurança Coletivo II

1.6 – Esqueleto do *Habeas Data* I

1.7 – Esqueleto do *Habeas Data* II

1.8 – Esqueleto do *Habeas Corpus* I

1.9 – Esqueleto do *Habeas Corpus* II

1.10 – Esqueleto da Petição de Interposição

1.11 – Esqueleto de Apelação

1.12 – Esqueleto da Ação Civil Pública I
1.13 – Esqueleto da Ação Civil Pública II
1.14 – Esqueleto da Ação de Impugnação de Mandato Eletivo
1.15 – Esqueleto da Contestação
1.16 – Esqueleto da Reclamação Constitucional
1.17 – Esqueleto do Recurso Extraordinário
1.18 – Esqueleto do Recurso Especial
1.19 – Recurso Ordinário Constitucional
1.20 – Mandado de Injunção
1.21 – Ação Indenizatória por Responsabilidade Civil do Estado
1.22 – Ação de Improbidade Administrativa
1.23 – Impugnação ao Edital
1.24 – Recurso Administrativo
1.25 – Ação de Desapropriação Direta
1.26 – Ação de Desapropriação Indireta
1.27 – Defesa Administrativa em Processo Administrativo Disciplinar
1.28 – Defesa Administrativa Proposta por Particular
1.29 – Reclamação Constitucional

1.1 Esqueleto da Ação Popular I

- **Leitura obrigatória:**

    a) cabimento: art. 5º, LXXIII, da CF;

    b) foro competente: art. 5º da Lei n. 4.717/65;

    c) legitimidade ativa: art. 1º da Lei n. 4.717/65;

    d) rito: arts. 319 e s. do CPC; art. 7º da Lei n. 4.717/65;

    e) sujeitos passivos: art. 6º da Lei n. 4.717/65;

    f) suspensão liminar do ato lesivo impugnado: art. 5º, § 4º, da Lei n. 4.717/65;

    g) entendimento jurisprudencial importante: em **4 de setembro de 2015**, o Supremo Tribunal Federal (STF) reafirmou jurisprudência – na análise do **ARE 824.781 (tema 836)**, com repercussão geral reconhecida – no sentido de que não é necessária a comprovação de prejuízo material aos cofres públicos como condição para a propositura de ação popular.

A **tese** firmada pelo STF teve a seguinte redação: "Não é condição para o cabimento da ação popular a demonstração de prejuízo material aos cofres públicos, dado que o art. 5º, inciso LXXIII, da Constituição Federal estabelece que qualquer cidadão é parte legítima para propor ação popular e impugnar, ainda que separadamente, ato lesivo ao patrimônio material, moral, cultural ou histórico do Estado ou de entidade de que ele participe".

ESQUEMATIZANDO

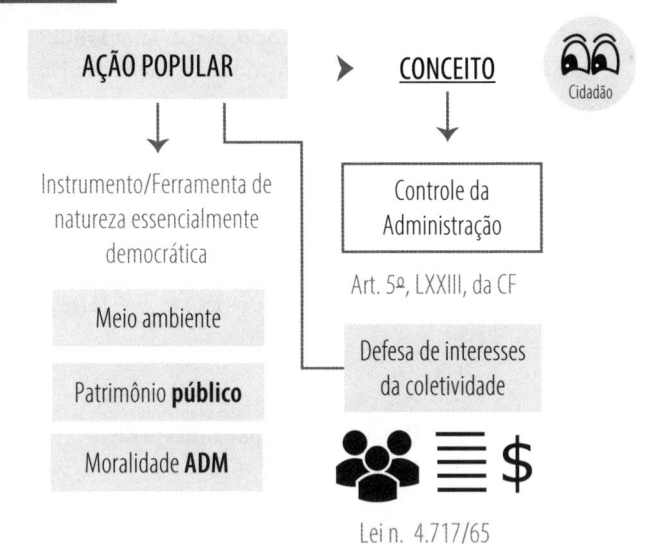

AÇÃO POPULAR ▶ **CONCEITO** (Cidadão)

AÇÃO POPULAR:
- Instrumento/Ferramenta de natureza essencialmente democrática
  - Meio ambiente
  - Patrimônio **público**
  - Moralidade **ADM**

CONCEITO:
- Controle da Administração
  - Art. 5º, LXXIII, da CF
- Defesa de interesses da coletividade

Lei n. 4.717/65

MODELO

Excelentíssimo Senhor Doutor Juiz de Direito da _____ Vara da Fazenda Pública da Comarca _____, Estado _____

> A fixação da competência segue o art. 5º da Lei n. 4.717/65.

NOME DO AUTOR, nacionalidade, estado civil, profissão, portador do documento de identidade (RG) número _____ e inscrito no CPF número _____, título eleitoral número _____, domiciliado e residente na rua _____ vem, muito respeitosamente, à presença de Vossa Excelência, por seu advogado e procurador (instrumento de procuração anexo), propor **AÇÃO POPULAR com PEDIDO DE TUTELA DE URGÊNCIA**, em face de _____ do Município TAL (pessoa jurídica de direito público), com sede na _____, CNPJ _____, contra o ato do SR. PREFEITO (qualificar – nacionalidade, estado civil, RG, CPF), nos termos do art. 5º, LXXIII, da Constituição e art. 1º da Lei n. 4.717/65, pelos motivos de fato e de direito a seguir expostos:

> Identificar o Sujeito Passivo.

I – DOS FATOS

> Narrar a história, o que aconteceu, como foi, quem praticou qual ato e qual o prejuízo causado.

II – DO DIREITO

2.1. Da Legitimidade Ativa

O Autor, cidadão, conforme comprova título de eleitor (doc. 1), ajuíza a presente Ação Popular, instrumento hábil a anular atos lesivos ao patrimônio público ...

Da descrição dos fatos, resta inescusável a desproporcional lesividade ao patrimônio público.

A Constituição prevê em seu art. 5º, LXXIII, que "qualquer cidadão é parte legítima para...".

Ademais, os requisitos legais para a propositura de ação popular estão presentes nos arts. 1º; 2º e 6º da Lei n. 4.717/65, abaixo transcritos:

[...]

2.2. Dos Requisitos para Tutela de Urgência

O art. 5º, § 4º, da Lei n. 4.717/65 autoriza o magistrado a conceder tutela de urgência para suspender ato lesivo ao patrimônio público. Para tanto, o juiz concederá a medida se estiverem presentes os requisitos *fumus boni iuris* e *periculum in mora*, o que restou demonstrado.

> Demonstrar o *periculum in mora* – mostrar que se a decisão for dada só no final vai prejudicar – e o *fumus boni iuris*.

A relevância do fundamento invocado reside nos argumentos fáticos e jurídicos acima expostos, tudo corroborado pela vasta documentação acostada aos autos, o que demonstra a existência do bom direito (*fumus boni iuris*), notadamente em face das violações às normas e aos princípios supramencionados.

O *periculum in mora* afigura-se patente. A natural demora do processo causará lesão de dificílima reparação, notadamente com _____.

> Contar o caso concreto e o prejuízo que vai acontecer.

Assim, presentes os requisitos necessários ao deferimento da tutela de urgência, requer sua concessão para determinar ao réu que _____.

2.3 Dos Fundamentos Jurídicos

III – DOS PEDIDOS E REQUERIMENTOS

> Nesse momento, todos os dispositivos legais, constitucionais e fudamentações doutrinárias e jurisprudenciais devem ser mencionados.

Ante o exposto, requer a Vossa Excelência que se digne a:

a) a citação dos Réus para que, querendo, contestem a presente ação no prazo legal de 20 dias e possam acompanhar o feito até seu julgamento final, sob pena de aplicação dos efeitos da revelia;

b) a citação do Município ou do Estado Y, na forma do art. 6º, § 3º, da Lei n. 4.717/65;

c) a intimação do ilustre representante do Ministério Público;

d) a procedência dos pedidos para DECLARAR a nulidade do ato do senhor agente público lesivo ao patrimônio e à moralidade e a condenação dos réus à obrigação de ressarcir o erário público _____;

Explicitar qual foi a situação em concreto que se pleiteia.

e) a condenação do Réu no pagamento, ao autor, das custas e demais despesas judiciais e extrajudiciais, bem como nos honorários de advogado, nos termos do art. 12 da Lei n. 4.717/65;

f) a confirmação da tutela de urgência, nos termos em que foi requerida;

g) a juntada dos documentos anexos;

h) a requisição, aos Réus, dos documentos referidos pelos autores (art. 1º, § 6º), fixando o prazo de 15 (quinze) a 30 (trinta) dias, sob pena de desobediência, na forma dos arts. 7º, I, b, e 8º da Lei n. 4.717/65.

Se tiver pedido de urgência no caso em tela. Vide art. 300 do CPC

O autor protesta provar o alegado por todos os meios em direito admitidos, especialmente perícia, oitiva de testemunhas e depoimento pessoal do réu.

Se compatível com o caso concreto em análise.

Dá-se à causa o valor de R$ _____.

Valor por extenso.

Termos em que,
Pede deferimento.

Local e data

_____
Advogado
OAB/ ___

Endereço para recebimento de intimações
_____
_____
_____

- **Já caiu na OAB:**

Vejamos o caso prático cobrado no XV Exame da Ordem dos Advogados do Brasil:

"Fulano de Tal, Presidente da República, concedeu a qualificação de Organização Social ao 'Centro Universitário NF', pessoa jurídica de direito privado que explora comercialmente atividades de ensino e pesquisa em graduação e pós-graduação em diversas áreas. Diante da referida qualificação, celebrou contrato de gestão para descentralização das atividades de ensino, autorizando, gratuitamente, o uso de um prédio para receber as novas instalações da universidade e destinando-lhe recursos orçamentários.

Além disso, celebrou contrato com a instituição, com dispensa de licitação, para a prestação de serviços de pesquisa de opinião.

Diversos veículos de comunicação demonstraram que Sicrano e Beltrano, filhos do Presidente, são sócios do Centro Universitário.

Indignado, Mévio, cidadão residente no Município X, procura você para, na qualidade de advogado, ajuizar medida adequada a impedir a consumação da transferência de recursos e o uso não remunerado do imóvel público pela instituição da qual os filhos do Presidente são sócios.

A peça deve abranger todos os fundamentos de direito que possam ser utilizados para dar respaldo à pretensão".

- **Gabarito comentado**

"A medida adequada, a ser ajuizada pelo examinando, é a Ação Popular, remédio vocacionado, nos termos do art. 5º, LXXIII, da Constituição, à anulação de ato lesivo ao patrimônio público ou de entidade de que o Estado participe, à moralidade administrativa, ao meio ambiente e ao patrimônio histórico e cultural.

Não é cabível a utilização de Mandado de Segurança, que não pode ser considerado substitutivo da Ação Popular (Súmula 101 do STF), nem a Ação Ordinária.

A competência para julgamento da Ação Popular é do Juízo da Vara Federal do Município de X – devendo-se afastar a competência do Supremo Tribunal Federal, definida em elenco fechado no art. 102 da Constituição Federal.

O autor popular é Mévio, cidadão, e o réu da ação é Fulano de Tal, Presidente da República, União Federal, e o 'Centro Universitário Nova Fronteira', beneficiário direto do ato (art. 6º da Lei n. 4.717/65).

Deve ser formulado pedido de antecipação dos efeitos da tutela, demonstrando-se os requisitos autorizadores de sua concessão, quais sejam: a verossimilhança das alegações e o fundado receio de dano irreparável ou de difícil reparação.

No mérito, o examinando deve indicar a violação aos princípios da moralidade e da impessoalidade, uma vez que o ato praticado pelo Presidente da República beneficia seus filhos, empresários do ramo da educação, além de configurar benefício injusto. Além disso, o examinando deve indicar que a instituição beneficiada não preenche o requisito básico à qualificação como Organização Social, que é a ausência de finalidade lucrativa (art. 1º da Lei n. 9.637), bem como a violação ao art. 24, XXIV, da Lei n. 8.666/93, uma vez que a dispensa de licitação somente alcança as atividades contempladas no contrato de gestão, o que não é o caso da pesquisa de opinião.

Devem ser formulados pedidos de citação do réu, de concessão de tutela de urgência para suspender os atos de repasse de recursos e de utilização de bens públicos, e de anulação dos atos lesivos ao patrimônio e à moralidade administrativa.

Deve-se, ainda, requerer a produção de provas e a condenação do réu em honorários advocatícios.

Por fim, deve ser feita a prova da cidadania, com a juntada do título de eleitor."

1.2 Esqueleto da Ação Popular II

- **Leitura obrigatória:**
    a) cabimento: art. 5º, LXXIII, da CF;
    b) foro competente: art. 5º da Lei n. 4.717/65;
    c) legitimidade ativa: art. 1º da Lei n. 4.717/65;
    d) rito: art. 319 do CPC; art. 7º da Lei n. 4.717/65;
    e) sujeitos passivos: art. 6º da Lei n. 4.717/65;
    f) suspensão liminar do ato lesivo impugnado: art. 5º, § 4º, da Lei n. 4.717/65;
    g) entendimento jurisprudencial importante: em **4 de setembro de 2015**, o Supremo Tribunal Federal (STF) reafirmou jurisprudência (na análise do **ARE 824.781 (tema 836)**, com repercussão geral reconhecida) no sentido de que não é necessária a comprovação de prejuízo material aos cofres públicos como condição para a propositura de ação popular.

A **tese** firmada pelo STF teve a seguinte redação: "Não é condição para o cabimento da ação popular a demonstração de prejuízo material aos cofres públicos, dado que o art. 5º, inciso LXXIII, da Constituição Federal estabelece que qualquer cidadão é parte legítima para propor ação popular e impugnar, ainda que separadamente, ato lesivo ao patrimônio material, moral, cultural ou histórico do Estado ou de entidade de que ele participe".

MODELO

Excelentíssimo Senhor Doutor Juiz de Direito da _____ Vara da Fazenda Pública da Comarca _____, Estado de _____

> *A fixação da competência segue o art. 5º da Lei n. 4.717/65.*

NOME DO AUTOR, nacionalidade, estado civil, profissão, portador do documento de identidade (RG) número _____ e inscrito no CPF número _____, Título eleitoral número _____, domiciliado e residente na rua _____ vem, muito respeitosamente, à presença de Vossa Excelência, por seu advogado e procurador (instrumento de procuração anexo), propor **AÇÃO POPULAR com PEDIDO DE TUTELA DE URGÊNCIA**, em face de _____, contra o ato do SR. PREFEITO (qualificar – nacionalidade, estado civil, RG, CPF), nos termos do art. 5º, LXXIII, da Constituição e art. 1º da Lei n. 4.717/65, pelos motivos de fato e de direito a seguir expostos:

> *Identificar o Sujeito Passivo.*

I – DOS FATOS

> *Narrar a história, o que aconteceu, como foi, quem praticou qual ato e qual o prejuízo causado.*

II – DO DIREITO

O Autor, cidadão, conforme comprova título de eleitor (doc. 1), ajuíza a presente Ação Popular, instrumento hábil a anular atos lesivos ao patrimônio público... .

Da descrição dos fatos, resta inescusável a desproporcional lesividade ao patrimônio público.

A Constituição prevê em seu art. 5º, LXXIII, que "qualquer cidadão é parte legítima para...".

Ademais, os requisitos legais para a propositura de ação popular estão presentes nos arts. 1º; 2º e 6º da Lei n. 4.717/65, abaixo transcritos:

[...]

2.1. Dos Requisitos para Tutela de Urgência

O art. 5º, § 4º, da Lei n. 4.717/65 autoriza o magistrado a conceder liminar para suspender ato lesivo ao patrimônio público. Para tanto, o juiz concederá a medida se estiverem presentes os requisitos *fumus boni iuris* e *periculum in mora,* o que restou demonstrado.

> Demonstrar o *periculum in mora* – mostrar que se a decisão for dada só no final vai prejudicar – e o *fumus boni iuris*.

A relevância do fundamento invocado reside nos argumentos fáticos e jurídicos acima expostos, tudo corroborado pela vasta documentação acostada aos autos, o que demonstra a existência do bom direito (*fumus boni iuris*), notadamente em face das violações às normas e aos princípios supramencionados.

O *periculum in mora* afigura-se patente. A natural demora do processo causará lesão de dificílima reparação, notadamente com _____.

> Contar o caso concreto e o prejuízo que vai acontecer. *Vide* art. 300 do CPC

Assim, presentes os requisitos necessários ao deferimento da liminar, requer sua concessão para determinar ao réu que _____.

> Todos os dispositivos legais, constitucionais e fundamentações doutrinárias e jurisprudenciais devem ser mencionados neste item.

2.2. Dos Fundamentos Jurídicos

III – DOS PEDIDOS E REQUERIMENTOS

Ante o exposto, requer a Vossa Excelência que se digne:

a) a citação dos Réus para que, querendo, contestem a presente ação no prazo legal de 20 dias e possam acompanhar o feito até seu julgamento final, sob pena de aplicação dos efeitos da revelia;

b) a citação do Município ou do Estado Y, na forma do art. 6º, § 3º, da Lei n. 4.717/65;

c) a intimação do ilustre representante do Ministério Público;

d) a procedência dos pedidos para DECLARAR a nulidade do ato do senhor agente público lesivo ao patrimônio e à moralidade e a condenação dos réus à obrigação de ressarcir o erário público _____;

> Explicitar qual foi a situação em concreto que se pleiteia.

f) a confirmação da tutela de urgência, nos termos em que foi requerida;

g) a juntada dos documentos anexos;

h) a requisição, aos Réus, dos documentos referidos pelos autores (art. 1º, § 6º), fixando o prazo de 15 (quinze) a 30 (trinta) dias, sob pena de desobediência, na forma da alínea *b*, I, arts. 7º e 8º da Lei n. 4.717/65.

> Se tiver pedido de urgência no caso em tela. *Vide* art. 300 do CPC

O autor protesta provar o alegado por todos os meios em direito admitidos, especialmente perícia, oitiva de testemunhas e depoimento pessoal do réu.

> Se compatível com o caso concreto em análise.

Dá-se à causa o valor de R$ _____.

> Valor por extenso.

Termos em que,
Pede deferimento.

Local e data

_____
Advogado
OAB/ ___

Endereço para recebimento de intimações
_____
_____
_____

1.3 Esqueleto do Mandado de Segurança Individual

- **Leitura obrigatória:**

a) art. 5º, LXIX, da CF;

b) cabimento e regulamentação: Lei n. 12.016/2009;

c) Tutela de urgência: art. 7º, §§ 2º, 3º, 5º da Lei n. 12.016/2009. *Vide* também art. 300 do CPC;
d) prazo: art. 23 da Lei n. 12.016/2009;
e) entendimento jurisprudencial importante: em **27 de agosto de 2015**, o STF reafirmou seu posicionamento (ao julgar o **RE 889.173**, com repercussão geral reconhecida – **tema 831**) ao fixar a necessidade de uso de precatórios (art. 100 da CF) para o pagamento de dívidas da Fazenda Pública, mesmo aquelas relativas às pendências acumuladas no período entre a impetração de mandado de segurança e a concessão da ordem. Assim, os pagamentos devidos pela Fazenda Pública devem ser feitos via precatório – mesmo as verbas de caráter alimentar –, **não se afastando a exigência** nos casos de o débito ser proveniente de sentença proferida em sede de mandado de segurança.

A **tese** firmada pelo STF teve a seguinte redação: "O pagamento dos valores devidos pela Fazenda Pública entre a data da impetração do mandado de segurança e a efetiva implementação da ordem concessiva deve observar o regime de precatórios previsto no art. 100 da Constituição Federal".

f) **Jurisprudência em Teses do STJ – MANDADO DE SEGURANÇA (EDIÇÕES 43, 85 E 91)**

A indicação equivocada da autoridade coatora não implica ilegitimidade passiva nos casos em que o equívoco é facilmente perceptível e aquela erroneamente apontada pertence à mesma pessoa jurídica de direito público.	**Acórdãos** **AgRg no AREsp 188414/BA**, Rel. Ministro NAPOLEÃO NUNES MAIA FILHO, PRIMEIRA TURMA, j. 17-3-2015, DJe 31-3-2015 **RMS 045495/SP**, Rel. Ministro RAUL ARAÚJO, QUARTA TURMA, j. 26-8-2014, DJe 20-10-2014 **AgRg nos EDcl no REsp 1407820/ES**, Rel. Ministro HUMBERTO MARTINS, SEGUNDA TURMA, j. 18-6-2014, DJe 1º-7-2014 **AgRg no RMS 039688/PB**, Rel. Ministro MAURO CAMPBELL MARQUES, SEGUNDA TURMA, j. 19-9-2013, DJe 27-9-2013 **REsp 1001910/SC**, Rel. Ministra LAURITA VAZ, QUINTA TURMA, j. 26-5-2009, DJe 29-6-2009 **AgRg no REsp 1067041/RS**, Rel. Ministro FRANCISCO FALCÃO, PRIMEIRA TURMA, j. 16-9-2008, DJe 1º-10-2008 **Decisões Monocráticas** **REsp 1497539/RS**, Rel. Ministro OG FERNANDES, SEGUNDA TURMA, j. 12-2-2015, publicado em 25-2-2015 **AREsp 220724/RJ**, Rel. Ministro BENEDITO GONÇALVES, PRIMEIRA TURMA, j. 8-8-2014, publicado em 14-8-2014 **REsp 1159634/ES**, Rel. Ministro ROGERIO SCHIETTI CRUZ, j. 9-6-2014, publicado em 20-6-2014

A teoria da encampação tem aplicabilidade nas hipóteses em que atendidos os seguintes pressupostos: subordinação hierárquica entre a autoridade efetivamente coatora e a apontada na petição inicial, discussão do mérito nas informações e ausência de modificação da competência.	**Acórdãos** **MS 015114/DF**, Rel. Ministro NEFI CORDEIRO, TERCEIRA SEÇÃO, j. 26-8-2015, *DJe* 8-9-2015 **AgRg no AREsp 477852/TO**, Rel. Ministro NAPOLEÃO NUNES MAIA FILHO, PRIMEIRA TURMA, j. 25-11-2014, *DJe* 3-12-2014 **AgRg no REsp 1270307/MG**, Rel. Ministro BENEDITO GONÇALVES, PRIMEIRA TURMA, j. 27-3-2014, *DJe* 7-4-2014 **AgRg no AREsp 392528/MA**, Rel. Ministro HUMBERTO MARTINS, SEGUNDA TURMA, j. 12-11-2013, *DJe* 20-11-2013 **AgRg no AREsp 273205/MG**, Rel. Ministro HERMAN BENJAMIN, SEGUNDA TURMA, j. 4-6-2013, *DJe* 12-6-2013 **AgRg no REsp 1343436/RS**, Rel. Ministro MAURO CAMPBELL MARQUES, SEGUNDA TURMA, j. 11-4-2013, *DJe* 17-4-2013 **AgRg no REsp 1178187/RO**, Rel. Ministra LAURITA VAZ, QUINTA TURMA, j. 28-6-2011, *DJe* 1º-8-2011 **MS 012230/DF**, Rel. Ministra MARIA THEREZA DE ASSIS MOURA, TERCEIRA SEÇÃO, j. 23-6-2010, *DJe* 2-8-2010 **RMS 029378/RJ**, Rel. Ministro FELIX FISCHER, QUINTA TURMA, j. 3-9-2009, *DJe* 28-9-2009 **EDcl no MS 013101/DF**, Rel. Ministra ELIANA CALMON, PRIMEIRA SEÇÃO, j. 13-5-2009, *DJe* 25-5-2009
O Governador do Estado é parte ilegítima para figurar como autoridade coatora em mandado de segurança no qual se impugna a elaboração, aplicação, anulação ou correção de testes ou questões de concurso público, cabendo à banca examinadora, executora direta da ilegalidade atacada, figurar no polo passivo da demanda.	**Acórdãos** **AgRg no RMS 037924/GO**, Rel. Ministro MAURO CAMPBELL MARQUES, SEGUNDA TURMA, j. 9-4-2013, *DJe* 16-4-2013 **Decisões Monocráticas** **RMS 046415/PA**, Rel. Ministra REGINA HELENA COSTA, PRIMEIRA TURMA, j. 18-12-2014, publicado em 3-2-2015 **REsp 1378330/ES**, Rel. Ministro HUMBERTO MARTINS, SEGUNDA TURMA, j. 21-3-2014, publicado em 28-3-2014
A impetração de segurança por terceiro, nos moldes da Súmula 202/STJ, fica afastada na hipótese em que a impetrante teve ciência da decisão que lhe prejudicou e não utilizou o recurso cabível.	**Acórdãos** **AgRg no RMS 048399/SP**, Rel. Ministro PAULO DE TARSO SANSEVERINO, TERCEIRA TURMA, j. 1º-9-2015, *DJe* 8-9-2015 **AgRg no RMS 045011/SC**, Rel. Ministra MARIA ISABEL GALLOTTI, QUARTA TURMA, j. 5-8-2014, *DJe* 14-8-2014

	AgRg no RMS 042597/SP, Rel. Ministro RICARDO VILLAS BÔAS CUEVA, TERCEIRA TURMA, j. 20-3-2014, *DJe* 28-3-2014 **RMS 042593/RJ**, Rel. Ministro JOÃO OTÁVIO DE NORONHA, TERCEIRA TURMA, j. 8-10-2013, *DJe* 11-10-2013 **AgRg no RMS 038280/SC**, Rel. Ministro LUIS FELIPE SALOMÃO, QUARTA TURMA, j. 6-12-2012, *DJe* 13-12-2012 **AgRg no RMS 028210/RJ**, Rel. Ministro JORGE MUSSI, QUINTA TURMA, j. 3-5-2012, *DJe* 21-5-2012 **RMS 034055/SP**, Rel. Ministro MAURO CAMPBELL MARQUES, SEGUNDA TURMA, j. 24-5-2011, *DJe* 31-5-2011 **RMS 030688/SC**, Rel. Ministro HERMAN BENJAMIN, SEGUNDA TURMA, j. 6-5-2010, *DJe* 21-6-2010 **RMS 029793/GO**, Rel. Ministro FELIX FISCHER, QUINTA TURMA, j. 26-11-2009, *DJe* 14-12-2009 **AgRg no RMS 023752/RN**, Rel. Ministro OG FERNANDES, j. 25-8-2009, *DJe* 26-10-2009
O termo inicial do prazo decadencial para a impetração de mandado de segurança, na hipótese de exclusão do candidato do concurso público, é o ato administrativo de efeitos concretos e não a publicação do edital, ainda que a causa de pedir envolva questionamento de critério do edital.	**Acórdãos** **AgRg no REsp 1405402/RN**, Rel. Ministro NAPOLEÃO NUNES MAIA FILHO, PRIMEIRA TURMA, j. 16-6-2015, *DJe* 26-6-2015 **AgRg no REsp 1478469/SC**, Rel. Ministro MAURO CAMPBELL MARQUES, SEGUNDA TURMA, j. 14-4-2015, *DJe* 20-4-2015 **AgRg no RMS 046761/GO**, Rel. Ministro OG FERNANDES, SEGUNDA TURMA, j. 2-12-2014, *DJe* 16-12-2014 **EREsp 1124254/PI**, Rel. Ministro SIDNEI BENETI, CORTE ESPECIAL, j. 1º-7-2014, *DJe* 12-8-2014 **AgRg no REsp 1185438/MS**, Rel. Ministro JORGE MUSSI, QUINTA TURMA, j. 10-6-2014, *DJe* 27-6-2014 **AgRg no REsp 1436274/PI**, Rel. Ministro HUMBERTO MARTINS, SEGUNDA TURMA, j. 1º-4-2014, *DJe* 7-4-2014 **RMS 044408/PA**, Rel. Ministra ASSUSETE MAGALHÃES, SEGUNDA TURMA, j. 25-3-2014, *DJe* 3-4-2014 **AgRg no REsp 1151783/MS**, Rel. Ministro ROGERIO SCHIETTI CRUZ, j. 17-12-2013, *DJe* 3-2-2014 **AgRg no AREsp 213264/BA**, Rel. Ministro BENEDITO GONÇALVES, PRIMEIRA TURMA, j. 5-12-2013, *DJe* 16-12-2013 **RMS 034496/SP**, Rel. Ministro HERMAN BENJAMIN, SEGUNDA TURMA, j. 20-8-2013, *DJe* 12-9-2013

O prazo decadencial para impetração mandado de segurança contra ato omissivo da Administração renova-se mês a mês, por envolver obrigação de trato sucessivo.	**Acórdãos** **AgRg no AREsp 593738/PB**, Rel. Ministra ASSUSETE MAGALHÃES, SEGUNDA TURMA, j. 20-8-2015, *DJe* 3-9-2015 **AgRg no REsp 1328687/PE**, Rel. Ministra REGINA HELENA COSTA, PRIMEIRA TURMA, j. 4-8-2015, *DJe* 14-8-2015 **MS 021082/DF**, Rel. Ministro OG FERNANDES, PRIMEIRA SEÇÃO, j. 10-6-2015, *DJe* 19-6-2015 **AgRg no REsp 1158348/AM**, Rel. Ministro NEFI CORDEIRO, j. 28-4-2015, *DJe* 11-5-2015 **AgRg no AREsp 389096/AM**, Rel. Ministro NAPOLEÃO NUNES MAIA FILHO, PRIMEIRA TURMA, j. 7-4-2015, *DJe* 14-4-2015 **AgRg no REsp 1510031/CE**, Rel. Ministro HUMBERTO MARTINS, SEGUNDA TURMA, j. 17-3-2015, *DJe* 24-3-2015 **MS 017494/DF**, Rel. Ministra MARGA TESSLER (JUÍZA FEDERAL CONVOCADA DO TRF 4ª REGIÃO), PRIMEIRA SEÇÃO, j. 11-3-2015, *DJe* 17-3-2015 **AgRg no AREsp 554612/MS**, Rel. Ministro HERMAN BENJAMIN, SEGUNDA TURMA, j. 7-10-2014, *DJe* 5-12-2014 **AgRg no AREsp 532845/PE**, Rel. Ministro SÉRGIO KUKINA, PRIMEIRA TURMA, j. 11-11-2014, *DJe* 14-11-2014
Admite-se a impetração de mandado de segurança perante os Tribunais de Justiça para o exercício do controle de competência dos juizados especiais.	**Acórdãos** **RMS 046955/GO**, Rel. Ministro MOURA RIBEIRO, TERCEIRA TURMA, j. 23-6-2015, *DJe* 17-8-2015 **EDcl no AgRg no RMS 045550/SC**, Rel. Ministro MARCO AURÉLIO BELLIZZE, TERCEIRA TURMA, j. 2-10-2014, *DJe* 9-10-2014 **RMS 045115/GO**, Rel. Ministro JOÃO OTÁVIO DE NORONHA, TERCEIRA TURMA, j. 21-8-2014, *DJe* 1º-9-2014 **AgRg no RMS 042598/DF**, Rel. Ministro MAURO CAMPBELL MARQUES, SEGUNDA TURMA, j. 5-12-2013, *DJe* 11-12-2013 **RMS 037959/BA**, Rel. Ministro HERMAN BENJAMIN, SEGUNDA TURMA, j. 17-10-2013, *DJe* 6-12-2013 **AgRg no RMS 042818/RS**, Rel. Ministro HUMBERTO MARTINS, SEGUNDA TURMA, j. 3-10-2013, *DJe* 14-10-2013 **REsp 1185841/MT**, Rel. Ministro PAULO DE TARSO SANSEVERINO, TERCEIRA TURMA, j. 25-6-2013, *DJe* 28-6-2013

	AgRg no RMS 028262/RJ, Rel. Ministro ANTONIO CARLOS FERREIRA, QUARTA TURMA, j. 6-6-2013, *DJe* 19-6-2013 **RMS 037775/ES**, Rel. Ministro MARCO BUZZI, QUARTA TURMA, j. 6-6-2013, *DJe* 2-9-2013 **RMS 038884/AC**, Rel. Ministra NANCY ANDRIGHI, TERCEIRA TURMA, j. 7-5-2013, *DJe* 13-5-2013
Ante o caráter mandamental e a natureza personalíssima da ação, não é possível a sucessão de partes no mandado de segurança, ficando ressalvada aos herdeiros a possibilidade de acesso às vias ordinárias.	Acórdãos **EDcl no AgRg no RE nos EDcl no MS 016597/DF**, Rel. Ministro HUMBERTO MARTINS, CORTE ESPECIAL, j. 7-12-2016, *DJe* 16-12-2016 **AgRg na RCDESP no RE nos EDcl no AgRg no RMS 024732/DF**, Rel. Ministro HERMAN BENJAMIN, SEGUNDA TURMA, j. 15-9-2016, *DJe* 10-10-2016 **MS 011662/DF**, Rel. Ministro NEFI CORDEIRO, TERCEIRA SEÇÃO, j. 9-9-2015, *DJe* 1º-10-2015 **EDcl no MS 011581/DF**, Rel. Ministro OG FERNANDES, TERCEIRA SEÇÃO, j. 26-6-2013, *DJe* 1º-8-2013
O prazo decadencial para a impetração de mandado de segurança tem início com a ciência inequívoca do ato lesivo pelo interessado.	Acórdãos **AgInt no RMS 046839/AM**, Rel. Ministro LUIS FELIPE SALOMÃO, QUARTA TURMA, j. 18-5-2017, *DJe* 24-5-2017 **AgRg no AgRg no REsp 1178070/MT**, Rel. Ministro ROGERIO SCHIETTI CRUZ, j. 4-5-2017, *DJe* 15-5-2017 **AgInt no RMS 050056/MS**, Rel. Ministro HERMAN BENJAMIN, SEGUNDA TURMA, j. 15-12-2016, *DJe* 1º-2-2017 **RMS 051438/PR**, Rel. Ministro HUMBERTO MARTINS, SEGUNDA TURMA, j. 18-8-2016, *DJe* 25-8-2016 **AgRg no RMS 049148/RO**, Rel. Ministro OLINDO MENEZES (DESEMBARGADOR CONVOCADO DO TRF 1ª REGIÃO), PRIMEIRA TURMA, j. 4-2-2016, *DJe* 15-2-2016 **AgRg nos EDcl no AgRg no REsp 1187419/MS**, Rel. Ministro NAPOLEÃO NUNES MAIA FILHO, PRIMEIRA TURMA, j. 3-9-2015, *DJe* 22-9-2015
A verificação da existência de direito líquido e certo, em sede de mandado de segurança, não tem sido admitida em recurso especial, pois é exigido o reexame de matéria fático-probatória, o que é vedado em razão da Súmula 7/STJ.	Acórdãos **REsp 1659680/MA**, Rel. Ministro HERMAN BENJAMIN, SEGUNDA TURMA, j. 25-4-2017, *DJe* 11-5-2017 **AgInt no AREsp 902897/RS**, Rel. Ministro OG FERNANDES, SEGUNDA TURMA, j. 28-3-2017, *DJe* 3-4-2017

	AgInt no AREsp 968584/RS, Rel. Ministro MAURO CAMPBELL MARQUES, SEGUNDA TURMA, j. 21-3-2017, *DJe* 27-3-2017 **AgInt no AREsp 808779/PI**, Rel. Ministro NAPOLEÃO NUNES MAIA FILHO, PRIMEIRA TURMA, j. 9-3-2017, *DJe* 22-3-2017 **AgInt no AREsp 939391/PI**, Rel. Ministro FRANCISCO FALCÃO, SEGUNDA TURMA, j. 9-3-2017, *DJe* 16-3-2017 **AgInt no AREsp 833912/SP**, Rel. Ministra ASSUSETE MAGALHÃES, SEGUNDA TURMA, j. 23-8-2016, *DJe* 1º-2-2017
A ação mandamental não constitui via adequada para o reexame das provas produzidas em Processo Administrativo Disciplinar (PAD).	Acórdãos **AgInt no RMS 049158/PI**, Rel. Ministra REGINA HELENA COSTA, PRIMEIRA TURMA, j. 4-5-2017, *DJe* 11-5-2017 **MS 021021/DF**, Rel. Ministro HERMAN BENJAMIN, PRIMEIRA SEÇÃO, j. 14-12-2016, *DJe* 17-4-2017 **MS 021544/DF**, Rel. Ministro MAURO CAMPBELL MARQUES, PRIMEIRA SEÇÃO, j. 22-2-2017, *DJe* 7-3-2017 **MS 009628/DF**, Rel. Ministro ANTONIO SALDANHA PALHEIRO, TERCEIRA SEÇÃO, j. 26-10-2016, *DJe* 8-11-2016 **MS 017538/DF**, Rel. Ministro NAPOLEÃO NUNES MAIA FILHO, PRIMEIRA SEÇÃO, j. 10-8-2016, *DJe* 22-8-2016 **MS 014891/DF**, Rel. Ministro ROGERIO SCHIETTI CRUZ, TERCEIRA SEÇÃO, j. 13-4-2016, *DJe* 19-4-2016
Não cabe mandado de segurança para conferir efeito suspensivo ativo a recurso em sentido estrito interposto contra decisão que concede liberdade provisória ao acusado.	Acórdãos **AgRg no HC 377712/SP**, Rel. Ministro JORGE MUSSI, QUINTA TURMA, j. 2-5-2017, *DJe* 9-5-2017 **HC 368906/SP**, Rel. Ministro JOEL ILAN PACIORNIK, QUINTA TURMA, j. 18-4-2017, *DJe* 28-4-2017 **AgRg no HC 369841/SP**, Rel. Ministro REYNALDO SOARES DA FONSECA, QUINTA TURMA, j. 2-2-2017, *DJe* 10-2-2017 **HC 369043/SP**, Rel. Ministro FELIX FISCHER, QUINTA TURMA, j. 15-12-2016, *DJe* 10-2-2017 **RCD no HC 372760/SP**, Rel. Ministro NEFI CORDEIRO, j. 17-11-2016, *DJe* 29-11-2016 **HC 359702/SP**, Rel. Ministra MARIA THEREZA DE ASSIS MOURA, j. 20-9-2016, *DJe* 30-9-2016

A impetração de mandado de segurança contra ato judicial é medida excepcional, admissível somente nas hipóteses em que se verifica de plano decisão teratológica, ilegal ou abusiva, contra a qual não caiba recurso.	**Acórdãos** **AgInt no RMS 050834/RJ**, Rel. Ministra REGINA HELENA COSTA, PRIMEIRA TURMA, j. 23-5-2017, *DJe* 26-5-2017 **AgInt no RMS 051888/RS**, Rel. Ministro LUIS FELIPE SALOMÃO, QUARTA TURMA, j. 23-5-2017, *DJe* 26-5-2017 **AgInt no RMS 052270/PR**, Rel. Ministra NANCY ANDRIGHI, TERCEIRA TURMA, j. 2-5-2017, *DJe* 8-5-2017 **RMS 053418/GO**, Rel. Ministro PAULO DE TARSO SANSEVERINO, TERCEIRA TURMA, j. 25-4-2017, *DJe* 2-5-2017 **AgInt nos EDcl no RMS 029098/MG**, Rel. Ministro MAURO CAMPBELL MARQUES, SEGUNDA TURMA, j. 20-4-2017, *DJe* 2-5-2017 **MS 022831/DF**, Rel. Ministro RAUL ARAÚJO, CORTE ESPECIAL, j. 5-4-2017, *DJe* 25-4-2017
O cabimento de mandado de segurança contra decisão de órgão fracionário ou de relator do Superior Tribunal de Justiça é medida excepcional autorizada apenas em situações de manifesta ilegalidade ou teratologia.	**Acórdãos** **MS 022157/DF**, Rel. Ministro HERMAN BENJAMIN, CORTE ESPECIAL, j. 7-12-2016, *DJe* 25-4-2017 **AgRg no MS 021096/DF**, Rel. Ministro NAPOLEÃO NUNES MAIA FILHO, CORTE ESPECIAL, j. 5-4-2017, *DJe* 19-4-2017 **AgRg no MS 022615/DF**, Rel. Ministro RAUL ARAÚJO, CORTE ESPECIAL, j. 15-3-2017, *DJe* 28-3-2017 **AgRg no MS 022256/DF**, Rel. Ministra LAURITA VAZ, CORTE ESPECIAL, j. 6-4-2016, *DJe* 6-5-2016 **AgRg no MS 022154/DF**, Rel. Ministra MARIA THEREZA DE ASSIS MOURA, CORTE ESPECIAL, j. 18-11-2015, *DJe* 14-12-2015 **AgRg no MS 021745/AC**, Rel. Ministro JOÃO OTÁVIO DE NORONHA, CORTE ESPECIAL, j. 16-9-2015, *DJe* 5-10-2015
O mandado de segurança não pode ser utilizado com o intuito de obter provimento genérico aplicável a todos os casos futuros de mesma espécie.	**Acórdãos** **REsp 1594374/GO**, Rel. Ministro HERMAN BENJAMIN, SEGUNDA TURMA, j. 20-4-2017, *DJe* 5-5-2017 **AgInt no AREsp 902897/RS**, Rel. Ministro OG FERNANDES, SEGUNDA TURMA, j. 28-3-2017, *DJe* 3-4-2017 **AgRg no REsp 1107800/RJ**, Rel. Ministro SÉRGIO KUKINA, PRIMEIRA TURMA, j. 5-4-2016, *DJe* 12-4-2016

	AgRg no RMS 036971/MS, Rel. Ministro HUMBERTO MARTINS, SEGUNDA TURMA, j. 21-8-2012, *DJe* 28-8-2012 **REsp 1064434/SP**, Rel. Ministro MAURO CAMPBELL MARQUES, SEGUNDA TURMA, j. 14-6-2011, *DJe* 21-6-2011
É incabível mandado de segurança para conferir efeito suspensivo a agravo em execução interposto pelo Ministério Público.	**Acórdãos** **AgRg no HC 380419/SP**, Rel. Ministro FELIX FISCHER, QUINTA TURMA, j. 28-3-2017, *DJe* 25-4-2017 **EDcl no HC 299398/SP**, Rel. Ministro REYNALDO SOARES DA FONSECA, QUINTA TURMA, j. 17-11-2016, *DJe* 28-11-2016 **HC 368491/SC**, Rel. Ministro JOEL ILAN PACIORNIK, QUINTA TURMA, j. 4-10-2016, *DJe* 14-10-2016 **HC 344698/SP**, Rel. Ministro RIBEIRO DANTAS, QUINTA TURMA, j. 2-6-2016, *DJe* 10-6-2016 **HC 268427/SP**, Rel. Ministra MARIA THEREZA DE ASSIS MOURA, j. 14-10-2014, *DJe* 29-10-2014 **AgRg no HC 148623/SP**, Rel. Ministra ALDERITA RAMOS DE OLIVEIRA (DESEMBARGADORA CONVOCADA DO TJ/PE), j. 18-6-2013, *DJe* 1º-7-2013
O mandado de segurança não pode ser utilizado como meio para se buscar a produção de efeitos patrimoniais pretéritos, uma vez que não se presta a substituir ação de cobrança, nos termos das Súmulas 269 e 271 do Supremo Tribunal Federal.	**Acórdãos** **RMS 053601/RN**, Rel. Ministro HERMAN BENJAMIN, SEGUNDA TURMA, j. 13-6-2017, *DJe* 30-6-2017 **AgInt no AgRg no RMS 042719/ES**, Rel. Ministro SÉRGIO KUKINA, PRIMEIRA TURMA, j. 27-10-2016, *DJe* 22-11-2016 **AgRg no AgRg no RMS 048873/MG**, Rel. Ministro MAURO CAMPBELL MARQUES, SEGUNDA TURMA, j. 16-8-2016, *DJe* 26-8-2016 **RMS 048246/RS**, Rel. Ministra ASSUSETE MAGALHÃES, SEGUNDA TURMA, j. 18-10-2016, *DJe* 4-11-2016 **AgRg no RMS 021823/RJ**, Rel. Ministro NEFI CORDEIRO, j. 15-9-2015, *DJe* 1º-10-2015 **AgRg no RMS 029616/MG**, Rel. Ministro REYNALDO SOARES DA FONSECA, QUINTA TURMA, j. 23-6-2015, *DJe* 29-6-2015
O termo inicial do prazo de decadência para impetração de mandado de segurança contra aplicação de penalidade disciplinar é a data da publicação do respectivo ato no Diário Oficial.	**Acórdãos** **AgInt no RMS 051319/SP**, Rel. Ministra REGINA HELENA COSTA, PRIMEIRA TURMA, j. 25-10-2016, *DJe* 10-11-2016 **AgInt no MS 022479/DF**, Rel. Ministro BENEDITO GONÇALVES, PRIMEIRA SEÇÃO, j. 26-10-2016, *DJe* 8-11-2016

	AgRg no RMS 034653/RO, Rel. Ministro HUMBERTO MARTINS, SEGUNDA TURMA, j. 26-8-2014, DJe 1º-9-2014 **AgRg no MS 019346/DF**, Rel. Ministro HERMAN BENJAMIN, PRIMEIRA SEÇÃO, j. 9-4-2014, DJe 17-6-2014 **MS 018218/DF**, Rel. Ministro MAURO CAMPBELL MARQUES, PRIMEIRA SEÇÃO, j. 12-12-2012, DJe 16-8-2013
O termo inicial do prazo decadencial para a impetração de ação mandamental contra ato que fixa ou altera sistema remuneratório ou suprime vantagem pecuniária de servidor público e não se renova mensalmente inicia-se com a ciência do ato impugnado.	**Acórdãos** **RMS 054174/MS**, Rel. Ministro HERMAN BENJAMIN, SEGUNDA TURMA, j. 17-8-2017, DJe 13-9-2017 **AgInt nos EDcl no RMS 045125/SC**, Rel. Ministra ASSUSETE MAGALHÃES, SEGUNDA TURMA, j. 6-4-2017, DJe 26-4-2017 **AgInt no RMS 046314/BA**, Rel. Ministro BENEDITO GONÇALVES, PRIMEIRA TURMA, j. 22-9-2016, DJe 6-10-2016 **AgInt no REsp 1324197/SC**, Rel. Ministro NAPOLEÃO NUNES MAIA FILHO, PRIMEIRA TURMA, j. 15-9-2016, DJe 29-9-2016 **AgRg no RMS 025407/PB**, Rel. Ministro NEFI CORDEIRO, j. 15-9-2015, DJe 5-10-2015 **AgRg no RMS 046133/MS**, Rel. Ministro MAURO CAMPBELL MARQUES, SEGUNDA TURMA, j. 17-9-2015, DJe 28-9-2015
O prazo decadencial para impetração de mandado de segurança não se suspende nem se interrompe com a interposição de pedido de reconsideração na via administrativa ou de recurso administrativo desprovido de efeito suspensivo.	**Acórdãos** **AgInt no RMS 050056/MS**, Rel. Ministro HERMAN BENJAMIN, SEGUNDA TURMA, j. 15-12-2016, DJe 1º-2-2017 **AgRg nos EDcl no RMS 037365/SC**, Rel. Ministro SÉRGIO KUKINA, PRIMEIRA TURMA, j. 1º-12-2016, DJe 16-12-2016 **AgInt no RMS 051319/SP**, Rel. Ministra REGINA HELENA COSTA, PRIMEIRA TURMA, j. 25-10-2016, DJe 10-11-2016 **RMS 039107/SE**, Rel. Ministro GURGEL DE FARIA, PRIMEIRA TURMA, j. 7-6-2016, DJe 30-6-2016 **AgRg no RMS 046200/MS**, Rel. Ministro HUMBERTO MARTINS, SEGUNDA TURMA, j. 19-11-2015, DJe 27-11-2015 **AgRg no RMS 037935/SC**, Rel. Ministro OG FERNANDES, SEGUNDA TURMA, j. 27-10-2015, DJe 9-11-2015

Admite-se a emenda à petição inicial de mandado de segurança para a correção de equívoco na indicação da autoridade coatora, desde que a retificação do polo passivo não implique alterar a competência judiciária e que a autoridade erroneamente indicada pertença à mesma pessoa jurídica da autoridade de fato coatora.	**Acórdãos** **AgInt no REsp 1505709/SC**, Rel. Ministro GURGEL DE FARIA, PRIMEIRA TURMA, j. 23-6-2016, *DJe* 19-8-2016 **AgRg no RMS 032184/PI**, Rel. Ministro HUMBERTO MARTINS, SEGUNDA TURMA, j. 22-5-2012, *DJe* 29-5-2012 **AgRg no RMS 035638/MA**, Rel. Ministro HERMAN BENJAMIN, SEGUNDA TURMA, j. 12-4-2012, *DJe* 24-4-2012 **Decisões Monocráticas** **REsp 1637704/AM**, Rel. Ministro BENEDITO GONÇALVES, PRIMEIRA TURMA, j. 14-2-2017, publicado em 16-2-2017 **AREsp 663498/BA**, Rel. Ministro OG FERNANDES, SEGUNDA TURMA, j. 28-11-2016, publicado em 30-11-2016 **REsp 1159634/ES**, Rel. Ministro ROGERIO SCHIETTI CRUZ, j. 9-6-2014, publicado em 20-6-2014
O Ministro de Estado do Planejamento, Orçamento e Gestão possui legitimidade para figurar no polo passivo de ação mandamental impetrada com o intuito de ensejar a nomeação em cargos relativos ao quadro de pessoal do Banco Central do Brasil (BACEN).	**Acórdãos** **AgInt no MS 022100/DF**, Rel. Ministro OG FERNANDES, PRIMEIRA SEÇÃO, j. 9-8-2017, *DJe* 16-8-2017 **AgInt no MS 022176/DF**, Rel. Ministro FRANCISCO FALCÃO, PRIMEIRA SEÇÃO, j. 14-6-2017, *DJe* 22-6-2017 **AgInt no MS 022165/DF**, Rel. Ministra ASSUSETE MAGALHÃES, PRIMEIRA SEÇÃO, j. 24-5-2017, *DJe* 13-6-2017 **Decisões Monocráticas** **MS 022167/DF**, Rel. Ministro SÉRGIO KUKINA, PRIMEIRA SEÇÃO, j. 13-9-2017, publicado em 15-9-2017
As autarquias possuem autonomia administrativa, financeira e personalidade jurídica própria, distinta da entidade política à qual estão vinculadas, razão pela qual seus dirigentes têm legitimidade passiva para figurar como autoridades coatoras em ação mandamental.	**Acórdãos** **REsp 1132423/SP**, Rel. Ministro HERMAN BENJAMIN, SEGUNDA TURMA, j. 11-5-2010, *DJe* 21-6-2010 **EREsp 692840/BA**, Rel. Ministro HAMILTON CARVALHIDO, CORTE ESPECIAL, j. 3-12-2008, *DJe* 5-2-2009 **REsp 984032/ES**, Rel. Ministro CASTRO MEIRA, SEGUNDA TURMA, j. 5-6-2008, *DJe* 16-6-2008 **AgRg no Ag 800695/DF**, Rel. Ministro PAULO GALLOTTI, j. 11-3-2008, *DJe* 22-4-2008

	Decisões Monocráticas **RMS 035017/RS**, Rel. Ministra REGINA HELENA COSTA, PRIMEIRA TURMA, j. 23-11-2016, publicado em 28-11-2016 **REsp 1522122/RS**, Rel. Ministro FRANCISCO FALCÃO, SEGUNDA TURMA, j. 23-9-2016, publicado em 28-10-2016
A impetração de mandado de segurança interrompe o prazo prescricional em relação à ação de repetição do indébito tributário, de modo que somente a partir do trânsito em julgado do *mandamus* se inicia a contagem do prazo em relação à ação ordinária para a cobrança dos créditos indevidamente recolhidos.	**Acórdãos** **REsp 1248077/PR**, Rel. Ministro MAURO CAMPBELL MARQUES, SEGUNDA TURMA, j. 4-8-2015, *DJe* 12-8-2015 **AgRg no REsp 1276022/RS**, Rel. Ministra REGINA HELENA COSTA, PRIMEIRA TURMA, j. 19-5-2015, *DJe* 28-5-2015 **REsp 1248618/SC**, Rel. Ministro BENEDITO GONÇALVES, PRIMEIRA TURMA, j. 18-12-2014, *DJe* 13-2-2015 **REsp 1254615/PE**, Rel. Ministra MARGA TESSLER (JUÍZA FEDERAL CONVOCADA DO TRF 4ª REGIÃO), PRIMEIRA TURMA, j. 16-12-2014, *DJe* 19-12-2014 **AgRg no Ag 1392595/SC**, Rel. Ministro SÉRGIO KUKINA, PRIMEIRA TURMA, j. 18-3-2014, *DJe* 25-3-2014 **AgRg no Ag 1314560/RS**, Rel. Ministro NAPOLEÃO NUNES MAIA FILHO, PRIMEIRA TURMA, j. 7-11-2013, *DJe* 2-12-2013
A impetração de mandado de segurança interrompe a fluência do prazo prescricional no tocante à ação ordinária, o qual somente tornará a correr após o trânsito em julgado da decisão.	**Acórdãos** **AgInt no AREsp 1047834/SP**, Rel. Ministro SÉRGIO KUKINA, PRIMEIRA TURMA, j. 13-6-2017, *DJe* 23-6-2017 **REsp 1661583/AM**, Rel. Ministro HERMAN BENJAMIN, SEGUNDA TURMA, j. 9-5-2017, *DJe* 17-5-2017 **AgRg no REsp 1504829/RJ**, Rel. Ministro HUMBERTO MARTINS, SEGUNDA TURMA, j. 5-4-2016, *DJe* 13-4-2016 **AgRg no AgRg nos EDcl no REsp 1124853/MG**, Rel. Ministro ROGERIO SCHIETTI CRUZ, j. 8-3-2016, *DJe* 15-3-2016 **AgRg no REsp 1010583/RS**, Rel. Ministro LEOPOLDO DE ARRUDA RAPOSO (DESEMBARGADOR CONVOCADO DO TJ/PE), QUINTA TURMA, j. 14-4-2015, *DJe* 14-5-2015 **AgRg no AREsp 621104/CE**, Rel. Ministro MAURO CAMPBELL MARQUES, SEGUNDA TURMA, j. 10-2-2015, *DJe* 18-2-2015

MODELO

Excelentíssimo Senhor Ministro Presidente do Egrégio Supremo Tribunal Federal.

Para definir a quem endereçar a petição inicial, deve-se tomar por base qual é a autoridade coatora. Ex.: se a autoridade coatora for o Presidente da República, a autoridade judicial competente será o STF; se a autoridade coatora for Ministro de Estado, Comandante da Marinha, Exército ou Aeronáutica, a autoridade judicial competente será o STJ.

NOME DO IMPETRANTE, brasileiro, engenheiro, solteiro, portador do RG _____ e do CPF _____, residente e domiciliado na rua _____, por seu advogado e procurador, inscrito na OAB/_____, sob o número _____, instrumento de mandato anexo, com escritório na rua _____, onde deverá receber intimações, vem, muito respeitosamente, à presença de Vossa Excelência impetrar o presente MANDADO DE SEGURANÇA COM **PEDIDO DE TUTELA DE URGÊNCIA**, com fundamento no art. 5º, LXIX, da Constituição Federal, na Lei n. 12.016/2009 e no Código de Processo Civil, contra ato coator praticado pela _____, que desempenha suas atividades no _____, com base nos fundamentos de fato e de direito que passa a expor:

Nome da autoridade coatora.

Especificar o órgão em que atua, CNPJ e endereço.

I – DO CABIMENTO

Registra o impetrante o cabimento da presente ação constitucional que busca impugnar ato de autoridade coatora que viola direito líquido e certo do impetrante, na forma do disposto na Lei n. 12.016/2009 e no art. 5º, LXIX, da CF:

> "Conceder-se-á mandado de segurança para proteger direito líquido e certo, não amparado por *habeas corpus* ou *habeas data*, quando o responsável pela ilegalidade ou abuso de poder for autoridade pública ou agente de pessoa jurídica no exercício de atribuições do Poder Público".

II – DOS FATOS

[Historiar os fatos, demonstrando que o impetrante tem direito líquido e certo – isto é, aquele que pode ser demonstrado de plano e documentalmente. E demonstrar qual foi o ato praticado pela autoridade coatora que violou o referido direito.]

III – DO DIREITO

A conduta ora impugnada é flagrantemente lesiva a direito líquido e certo do impetrante, sendo cabível a impetração do mandado de segurança, nos termos do art. 5º, LXIX, da CF e do art. 1º da Lei n. 12.016/2009.

[Especificar a conduta ilícita realizada pela autoridade coatora, apontando o dispositivo legal desrespeitado, e concluir pela ilegalidade ou abusividade dessa conduta.]

IV – DA TUTELA DE URGÊNCIA

V – DOS PEDIDOS E REQUERIMENTOS

[O impetrante deverá demonstrar a existência dos requisitos previstos no art. 7º, III, da Lei n. 12.016/2009: fumus boni iuris e periculum in mora.]

Diante do exposto, requer a Vossa Excelência:

a) seja deferido o pedido de tutela de urgência, para _____, sob pena de aplicação de multa diária ao ente público ou de prisão da autoridade coatora, nos termos do art. 26 da Lei n. 12.016/2009;

b) seja, ao final, confirmada a tutela de urgência deferida, concedendo-se a segurança a fim de _____;

c) seja notificada a autoridade coatora, para que, no prazo de 10 dias, preste as informações que achar necessárias;

d) seja pessoalmente intimado o representante judicial da pessoa jurídica à qual se vincula a autoridade coatora para ingressar no feito, caso assim deseje;

e) seja intimado o ilustre representante do Ministério Público para oferecer parecer, nos termos do art. 12 da Lei n. 12.016/2009;

f) a juntada, anexa, da prova pré-constituída que demonstra o direito líquido e certo do impetrante;

g) a tramitação com prioridade, consoante o art. 20 da Lei n. 12.016/2009.

[Apenas se for o caso.]

Dá-se à causa o valor de R$ _____.

[Valor por extenso.]

> Termos em que,
> Pede deferimento.
>
> Local e data
>
> _____
> Advogado
> OAB/ ___

- **Já caiu na OAB**

Vejamos o caso prático cobrado no XIV Exame da Ordem dos Advogados do Brasil:

"A Secretaria de Administração do Estado X publicou edital de licitação, na modalidade concorrência, para a elaboração dos projetos básico e executivo e para a realização de obras de contenção de encosta, na localidade de Barranco Alto, no valor de R$ 1.000.000,00 (um milhão de reais). O prazo de conclusão da obra é de 12 (doze) meses.

Como requisito de habilitação técnica, o edital exige a demonstração de aptidão para desempenho do objeto licitado, por meio de documentos que comprovem a participação anterior do licitante em obras de drenagem, pavimentação e contenção de encostas que alcancem o valor de R$ 150.000.000,00 (cento e cinquenta milhões de reais).

Como requisito de qualificação econômica, o edital exige a apresentação de balanço patrimonial e demonstrações contábeis do último exercício social, que comprovem a boa situação financeira da empresa, podendo ser atualizados por índices oficiais, quando encerrado há mais de 3 (três) meses antes da data de apresentação da proposta, assim como a apresentação de todas as certidões negativas e de garantia da quantia equivalente a 1% (um por cento) do valor estimado do objeto da contratação.

O edital admite a participação de empresas em consórcio, estabelecendo, como requisitos de habilitação do consórcio, um acréscimo de 50% (cinquenta por cento) dos valores exigidos para licitante individual.

As empresas ABC e XYZ, interessadas em participar da licitação em consórcio, entendem ilegais as exigências contidas no edital e apresentam, tempestivamente, impugnação. A Administração, entretanto, rejeita a impugnação, ao argumento de que todas as exigências decorrem da legislação federal e que devem ser interpretadas à luz do princípio constitucional da eficiência, de modo a afastar do certame empresas sem capacidade de realizar o objeto e, assim, frustrar o interesse público adjacente.

A empresa ABC procura para, na qualidade de advogado, ajuizar a medida adequada a impedir o prosseguimento da licitação, apontando ilegalidade no edital".

- **Gabarito comentado**

"O examinando deve elaborar uma petição inicial de mandado de segurança.

A ação deve ser dirigida ao Tribunal de Justiça, fazendo alusão ao Desembargador a quem será distribuída a ação. Por não existir discriminação do órgão julgador no enunciado, que apenas fala na prerrogativa de função, poderá ser indicada Câmara ou Seção Cível (o enunciado não permite conhecer a organização judiciária local).

Impetrante é a empresa ABC. Deve ser indicado, como autoridade coatora, o Secretário de Administração, apontando-se, ainda, a pessoa jurídica de direito público a que se vincula (o Estado X).

O examinando deve indicar estarem presentes os requisitos para concessão da tutela de urgência, quais sejam: a demonstração do fundamento relevante (consistente na evidente violação a disposições da Lei n. 8.666/93) e do risco de ineficácia do provimento, caso não deferida a referida tutela. Se não deferida a tutela de urgência, o certame pode chegar ao fim, com a adjudicação do objeto ao licitante vencedor e o início das obras, situação que resultará prejuízo à Administração.

No mérito, o examinando deve demonstrar que o projeto básico e a obra estão sendo licitados em conjunto, o que não pode, pois significa que, indiretamente, a obra está sendo licitada sem projeto básico, o que viola a previsão constante do art. 7º, § 2º, I, da Lei n. 8.666/93. O examinando deve demonstrar, ainda nessa linha de argumento, que a Lei n. 8.666/93 veda a elaboração de projeto básico e a realização da obra pelo mesmo licitante, nos termos do art. 9º, I. O que se admite é a realização de projeto executivo e a obra pelo mesmo licitante, conforme art. 9º, § 2º.

Ainda no mérito, o examinando deve indicar que, conforme o art. 30 da Lei n. 8.666/93, a documentação relativa à qualificação técnica limitar-se-á à comprovação de aptidão para desempenho de atividade pertinente e compatível em características, quantidades e prazos com o objeto da licitação, o que não é o caso do edital impugnado. A exigência de experiência prévia com serviços e valores muito superiores ao do objeto ora licitado viola o dispositivo acima mencionado.

Por fim, o examinando deve demonstrar que a exigência, para os consórcios, de requisitos de habilitação com acréscimo de 50% dos valores exigidos para licitante individual viola o art. 33, III, da Lei n. 8.666/93, que estabelece, como limite, 30%.

Devem ser formulados pedidos de notificação da autoridade coatora e ciência ao órgão de representação judicial da pessoa jurídica de direito público a que se vincula aquela autora, bem como pedido de concessão da liminar para suspender a licitação até decisão final, de mérito, e de procedência do pedido, ao final, para determinar a anulação daquele procedimento, viciado pelo edital contrário à legislação.

Por se tratar de mandado de segurança, a petição inicial deve ser instruída com prova pré-constituída – no caso, o edital de licitação, prova suficiente a demonstrar as ilegalidades narradas."

- **Já caiu na OAB:**

Vejamos o caso prático cobrado no XVIII Exame da Ordem dos Advogados do Brasil sobre este tema:

"O Ministério da Cultura publicou, na imprensa oficial, edital de licitação que veio assinado pelo próprio Ministro da Cultura, na modalidade de tomada de preços, para a elaboração do projeto básico, do projeto executivo e da execução de obras de reforma de uma biblioteca localizada em Brasília. O custo da obra está estimado em R$ 2.950.000,00 (dois milhões novecentos e cinquenta mil reais). O prazo de execução é de 16 (dezesseis) meses, e, de acordo com o cronograma divulgado, a abertura dos envelopes se dará em 45 (quarenta e cinco) dias e a assinatura do contrato está prevista para 90 (noventa) dias.

Do edital constam duas cláusulas que, em tese, afastariam do certame a empresa ABCD Engenharia. A primeira diz respeito a um dos requisitos de habilitação, pois se exige dos licitantes, para demonstração de qualificação técnica, experiência anterior em contratos de obra pública com a União (requisito não atendido pela empresa, que já realizou obras públicas do mesmo porte que a apontada no edital para diversos entes da Federação, mas não para a União). A segunda diz respeito à exigência de os licitantes estarem sediados em Brasília, sede do Ministério da Cultura, local onde se dará a execução das obras (requisito não atendido pela empresa, sediada no Município de Bugalhadas).

Na mesma semana em que foi publicado o edital, a empresa o procura para que, na qualidade de advogado, ajuíze a medida cabível para evitar o prosseguimento da licitação, reconhecendo os vícios do edital e os retirando, tudo a permitir que possa concorrer sem ser considerada não habilitada, e sem que haja vício que comprometa o contrato. Pede, ainda, que se opte pela via, em tese, mais célere.

Elabore a peça adequada, considerando não ser necessária a dilação probatória, haja vista ser preciso apenas a juntada dos documentos próprios (edital, cópia dos contratos com outros entes federativos, etc.) para se comprovar os vícios alegados. Observe o examinando que o interessado quer o procedimento que, em tese, seja o mais célere".

- **Gabarito comentado**

"A peça a ser apresentada é um Mandado de Segurança, impugnando o edital de licitação publicado pelo Ministério da Cultura.

O Mandado de Segurança há de ser dirigido ao Superior Tribunal de Justiça, competente para o julgamento de Mandado de Segurança contra ato de Ministro de Estado, na forma do art. 105, I, *b*, da CRFB/88.

O examinando deve indicar, como impetrante, a empresa ABCD Engenharia, bem como indicar a autoridade coatora (o Ministro da Cultura) e a pessoa jurídica a que se vincula (a União).

Deve ser formulado pedido de concessão de medida liminar, demonstrando-se o fundamento relevante (violação às disposições constantes da Lei Federal n. 8.666/93) e o fundado receio de ineficácia da medida, caso concedida a segurança apenas ao final do processo (uma vez que o contrato poderá já ter sido assinado e iniciada a sua execução).

No mérito, deve ser apontada:

1) a impossibilidade de licitar a obra sem a prévia existência de projeto básico, na forma do art. 7º, § 2º, I, da Lei n. 8.666/93;

2) a impossibilidade de elaboração de projeto básico e de execução da obra pela mesma pessoa, na forma do art. 9º, I, da Lei n. 8.666/93;

3) a violação ao limite de valor para a tomada de preços, conforme previsão do art. 23, I, *b*, da Lei n. 8.666/93;

4) a exigência de experiência de contratação anterior com a União é inválida, conforme previsão do art. 30, II, da Lei n. 8.666/93;

5) a vedação da cláusula que estabelece preferência ou distinção em razão da sede da empresa, na forma do art. 3º, § 1º, I, da Lei n. 8.666/93 e violação ao art. 20, parágrafo único, da Lei n. 8.666/93, que veda que seja utilizada a sede como impedimento à participação em licitação.

Ao final, devem ser formulados pedidos de notificação da autoridade coatora e ciência ao órgão de representação judicial da pessoa jurídica de direito público a que se vincula aquela autoridade, bem como pedido suspender a licitação até decisão final, de mérito, e de procedência do pedido, ao final, para procedimento, viciado pelo edital contrário à legislação".

1.4 Esqueleto do Mandado de Segurança Coletivo I

- **Leitura obrigatória:**
    a) legitimidade: art. 5º, LXX, da CF;
    b) regulamentação infraconstitucional: Lei n. 12.016/2009;
    c) Súmulas 629 e 630 do STF.

MODELO

Excelentíssimo Senhor Doutor Desembargador Presidente do Egrégio Tribunal de Justiça do Estado _____

> Lembrar que impetrante do MS coletivo ou será a) partido político com representação no Congresso Nacional ou b) organização sindical, entidade de classe ou associação legalmente constituída e em funcionamento há pelo menos um ano.

ASSOCIAÇÃO AMIGOS DO BAIRRO, pessoa jurídica de direito privado, inscrita no CNPJ sob o número _____, estatuto anexo, com sede e domicílio na rua _____, por seu advogado e procurador inscrito na OAB/_____, sob o número _____, instrumento de mandato anexo, com escritório na rua _____, onde deverá receber intimações, vem, muito respeitosamente, à presença de Vossa Excelência, impetrar o presente **MANDADO DE SEGURANÇA COLETIVO COM PEDIDO DE TUTELA DE URGÊNCIA** em favor de seus associados, com fundamento no art. 5º, LXX, alínea *b*, da Constituição Federal e na Lei n. 12.016/2009, contra ato do _____, pelas razões a seguir aduzidas:

I – DO CABIMENTO

> *Especificar qual a autoridade coatora e sua qualificação.*

Registra o impetrante o cabimento da presente ação constitucional, que busca impugnar ato de autoridade coatora que viola direito líquido e certo dos filiados impetrantes, na forma do disposto no art. 21 da Lei n. 12.016/2009 e no art. 5º, LXX, alínea *b*, da CF:

> "Art. 5º, LXX: alínea *b*: o mandado de segurança coletivo poderá ser impetrado por: [...]
> b) organização sindical, entidade de classe ou associação legalmente constituída e em funcionamento há pelo menos um ano, em defesa dos interesses de seus membros ou associados".
> Art. 21 da Lei n. 12.016/2009: _____

> *Demonstrar que a associação está constituída há pelo menos um ano e qual é sua finalidade.*

Ademais, a entidade impetrante tem personalidade jurídica de direito privado, sem fins lucrativos, legalmente constituída desde 2000, conforme cópias das certidões inclusas, e tem como finalidade legal e estatutária amparar _____.

II – DA CONDIÇÃO DE SUBSTITUTO PROCESSUAL

Registra o impetrante estar atuando no presente feito na qualidade de substituto processual, buscando a proteção de direito de seus associados, tudo em consonância com a Constituição Federal, com a lei e estatutos.

> *O mais comum para efeito de certames públicos e OAB é impetração desse remédio constitucional por uma associação, que atuará na condição de "substituto processual", pois atuará em juízo em nome próprio, para a defesa dos interesses de seus associados. Vide também a Súmula 630 do STF.*

III – DOS FATOS

IV – DO DIREITO

> *Historiar os fatos demonstrando que o impetrante tem direito líquido e certo – isto é, aquele que pode ser demonstrado de plano e documentalmente. E demonstrar qual foi o ato realizado pela autoridade coatora que violou o referido direito.*

A conduta ora impugnada é flagrantemente lesiva a direito líquido e certo do impetrante, sendo cabível a impetração do mandado de segurança, nos termos do art. 5º, LXX, da CF e do art. 1º da Lei n. 12.016/2009.

Encontra-se também observado o prazo decadencial de 120 dias para impetração de mandado de segurança (conforme fixa o art. 23 da Lei n. 12.016/2009).

> *Especificar a conduta ilícita realizada pela autoridade coatora, apontando o dispositivo legal desrespeitado e concluir pela ilegalidade ou abusividade desta conduta.*

V – DO PEDIDO DE TUTELA DE URGÊNCIA

> O impetrante deverá demonstrar a existência dos requisitos previstos no art. 7º, III, da Lei n. 12.016/2009: *fumus boni iuris* e *periculum in mora*. Vide art. 300 do CPC

VI – DOS PEDIDOS E REQUERIMENTOS

Diante do exposto, requer a Vossa Excelência:

a) seja deferido o pedido de tutela de urgência, para _____, sob pena de aplicação de multa diária ao ente público ou de prisão da autoridade coatora, nos termos do art. 26 da Lei n. 12.016/2009;

b) seja, ao final, confirmado o pedido de tutela de urgência deferido, concedendo-se a segurança a fim de _____;

c) seja notificada a autoridade coatora, para que, no prazo de 10 dias, preste as informações que achar necessárias;

d) seja pessoalmente intimado o representante judicial da pessoa jurídica à qual se vincula a autoridade coatora para ingressar no feito caso assim deseje;

e) seja intimado o ilustre representante do Ministério Público para oferecer parecer, nos termos do art. 12 da Lei n. 12.016/2009;

f) a juntada, anexa, da prova pré-constituída que demonstra o direito líquido e certo do impetrante.

> Apenas se for o caso.

g) A tramitação com prioridade, consoante o art. 20 da Lei n. 12.016/2009.

Dá-se à causa o valor de R$ _____.

> Valor por extenso.

Termos em que,
Pede deferimento.

Local e data

_____
Advogado
OAB/ ___

1.5 Esqueleto do Mandado de Segurança Coletivo II

- **Leitura obrigatória:**

a) legitimidade: art. 5º, LXX, da CF;

b) regulamentação infraconstitucional: Lei n. 12.016/2009;

c) Súmulas 629 e 630 do STF.

MODELO

Excelentíssimo Senhor Doutor Desembargador Presidente do Egrégio Tribunal de Justiça do Estado _____

> O impetrante do MS coletivo ou será a) partido político com representação no Congresso Nacional ou b) organização sindical, entidade de classe ou associação legalmente constituída e em funcionamento há pelo menos um ano.

IMPETRANTE, inscrito no CNPJ sob o número _____, estatuto anexo, com sede e domicílio na rua _____, por seu advogado e procurador, inscrito na OAB/_____, sob o número _____, instrumento de mandato anexo, com escritório na rua _____, onde deverá receber intimações, vem, muito respeitosamente, à presença de Vossa Excelência, impetrar o presente **MANDADO DE SEGURANÇA COLETIVO COM PEDIDO DE TUTELA DE URGÊNCIA**, com fundamento no art. 5º, LXX, da Constituição Federal e na Lei n. 12.016/2009, contra ato do _____ pelas razões a seguir aduzidas:

> Especificar qual a autoridade coatora e sua qualificação.

I – DO CABIMENTO

Registra o impetrante o cabimento da presente ação constitucional que busca impugnar ato de autoridade coatora que viola direito líquido e certo dos filiados impetrantes, na forma do disposto no art. 21 da Lei n. 12.016/2009 e no art. 5º, LXX, da CF:

> Especificar se o impetrante é entidade da alínea "a" ou "b" do referido inciso constitucional.

"Art. 5º, LXX: alínea "_____.
"Art. 21 da Lei n. 12.016/2009: "_____

> Copiar o dispositivo constitucional em questão.

II – DA CONDIÇÃO DE SUBSTITUTO PROCESSUAL

Registra o impetrante estar atuando no presente feito na qualidade de substituto processual, buscando a proteção de direito de seus associados, tudo em consonância com a Constituição Federal, com a lei e estatutos.

> O mais comum para efeito de certames públicos e OAB é impetração desse remédio constitucional por uma associação, que atuará na condição de "substituto processual", pois atuará em juízo em nome próprio, para a defesa dos interesses de seus associados. *Vide* também a Súmula 630 do STF.

III – DOS FATOS

IV – DO DIREITO

A conduta ora impugnada é flagrantemente lesiva a direito líquido e certo do impetrante, sendo cabível a impetração do mandado de segurança, nos termos do art. 5º, LXX, da CF e do art. 1º da Lei n. 12.016/2009.

> Historiar os fatos demonstrando que o impetrante tem direito líquido e certo – isto é, aquele que pode ser demonstrado de plano e documentalmente. E demonstrar qual foi o ato realizado pela autoridade coatora que violou o referido direito.

Encontra-se também observado o prazo decadencial de 120 dias para impetração de mandado de segurança (conforme fixa o art. 23 da Lei n. 12.016/2009).

V – DO PEDIDO DE TUTELA DE URGÊNCIA

> *Especificar a conduta ilícita realizada pela autoridade coatora, apontando o dispositivo legal desrespeitado e concluir pela ilegalidade ou abusividade dessa conduta.*

VI – DOS PEDIDOS E REQUERIMENTOS

Diante do exposto, requer a Vossa Excelência:

a) seja deferido o pedido liminar, para _____ _____, sob pena de aplicação de multa diária ao ente público ou de prisão da autoridade coatora, nos termos do art. 26 da Lei n. 12.016/2009;

> *O impetrante deverá demonstrar a existência dos requisitos previstos no art. 7º, III, da Lei n. 12.016/2009: fumus boni iuris e periculum in mora.*

b) seja, ao final, confirmada a liminar deferida, concedendo-se a segurança a fim de _____;

c) seja notificada a autoridade coatora, para que, no prazo de 10 dias, preste as informações que achar necessárias;

d) seja pessoalmente intimado o representante judicial da pessoa jurídica à qual se vincula a autoridade coatora para ingressar no feito caso assim deseje;

e) seja intimado o ilustre representante do Ministério Público para oferecer parecer, nos termos do art. 12 da Lei n. 12.016/2009;

f) a juntada, anexa, da prova pré-constituída que demonstra o direito líquido e certo do impetrante.

> *Apenas se for o caso.*

g) a tramitação com prioridade, consoante o art. 20 da Lei n. 12.016/2009.

Dá-se à causa o valor de R$ _____

> *Valor por extenso.*

Nestes termos,
Pede deferimento.

Local e data

_____
Advogado
OAB/ ___

1.6 Esqueleto do *Habeas Data*

- **Leitura obrigatória:**
    a) art. 5º, LXXII, da CF;
    b) gratuidade: art. 5º, LXXVII, da CF;

c) recurso cabível: art. 5º da Lei n. 9.507/97;
d) regulamentação infraconstitucional: Lei n. 9.507/97;
e) requisitos da petição inicial: arts. 319 a 321 do CPC; art. 8º da Lei n. 9.507/97.

MODELO

Excelentíssimo Senhor Doutor Juiz Federal da _____ Vara da Seção Judiciária do Estado _____.

> *O endereçamento dependerá de quem é a autoridade coatora. Exemplo: se a autoridade coatora for o Presidente da República, a competência será do STF – vide art. 102, I, d, da CF; se a autoridade coatora for Ministro de Estado, Comandantes da Marinha, Exército ou Aeronáutica, a competência será do STJ – vide art. 105, I, b, da CF etc.*

IMPETRANTE FULANO DE TAL, brasileiro, dentista, solteiro, portador do RG _____ e do CPF _____, residente e domiciliado na rua _____, por seu advogado inscrito na OAB/_____, sob o número _____, instrumento de mandato anexo, com escritório na rua _____, onde deverá receber intimações, vem, respeitosamente, à presença de Vossa Excelência, com fundamento no art. 5º, LXXII, *a*, da Constituição Federal e na Lei n. 9.507/97, impetrar o presente **HABEAS DATA** contra ato coator praticado por _____, pelas razões de fato e de direito a seguir expostas:

> *Impetrante é o titular do direito, pessoa física ou jurídica; impetrado é aquele que detém a informação que se pretende obter, retificar ou anotar.*

> *Especificar quem é a autoridade coatora.*

I – DOS FATOS

> *Historiar os fatos, demonstrando o direito do impetrante de obter o acesso aos registros, a retificação dos registros ou as anotações de complementação dos registros e qual a conduta praticada pela autoridade coatora que nega tais direitos.*

II – DO DIREITO

Nos termos do art. 5º, LXXII, da CF e do art. 7º da Lei n. 9.507/97, a conduta ora impugnada é flagrantemente lesiva ao direito fundamental à informação do impetrante.

> *Especificar a conduta ilícita praticada em desfavor do impetrante causadora de violação a seu direito à informação.*

III – DOS PEDIDOS E REQUERIMENTOS

Diante do exposto, requer a Vossa Excelência:

a) que seja notificada a autoridade coatora sobre os fatos narrados a fim de prestar as informações que julgar necessárias no prazo de 10 (dez) dias – art. 9º da Lei n. 9.507/97;

b) a intimação do ilustre representante do Ministério Público (art. 12 da Lei n. 9.507/97);

c) a procedência do pedido, determinando ao impetrado que forneça a informação desejada, a corrija ou realize a anotação pleiteada, no prazo assinalado pelo juiz (art. 13 da Lei n. 9.507/97); [Se for o caso.]

d) a prioridade de julgamento do presente feito, na forma do art. 19 da Lei n. 9.507/97;

e) a juntada da prova pré-constituída anexa, consistente na recusa das informações solicitadas.

Dá-se à causa o valor de R$ _____ [Valor por extenso.]

Nestes termos,
Pede deferimento.

Local e data

_____
Advogado
OAB/ ___

1.7 Esqueleto do *Habeas Data* II

- **Leitura obrigatória:**

    a) art. 5º, LXXII, da CF;

    b) gratuidade: art. 5º, LXXVII, da CF;

    c) recurso cabível: art. 5º da Lei n. 9.507/97;

    d) regulamentação infraconstitucional: Lei n. 9.507/97;

    e) requisitos da petição inicial: arts. 319 a 321 do CPC; art. 8º da Lei n. 9.507/97.

MODELO

Excelentíssimo Senhor Doutor Ministro Presidente do Colendo Superior Tribunal de Justiça.

[O endereçamento dependerá de quem é a autoridade coatora. Exemplo: se a autoridade coatora for o Presidente da República, a competência será do STF; se a autoridade coatora for Ministro de Estado, Comandantes da Marinha, Exército ou Aeronáutica, a competência será do STJ etc.]

IMPETRANTE FULANO DE TAL, brasileiro, dentista, solteiro, portador do RG _____ e do CPF _____, residente e domiciliado na rua _____, por seu advogado, inscrito na OAB/_____, sob o número _____, instrumento de mandato anexo, com escritório na rua _____, onde deverá receber intimações, vem, respeitosamente, à presença de Vossa Excelência, com fundamento no art. 5º, LXXII, *a*, da Constituição Federal e na Lei n. 9.507/97, impetrar o presente **HABEAS DATA** contra ato coato praticado por _____, pelas razões de fato e de direito a seguir expostas:

> Especificar quem é a autoridade coatora.

I – DOS FATOS

> Historiar os fatos, demonstrando o direito do impetrante e qual a conduta ilegítima praticada pela autoridade coatora.

II – DO DIREITO

Nos termos do art. 5º, LXXII, da CF e do art. 7º da Lei n. 9.507/97, a conduta ora impugnada é flagrantemente lesiva ao direito fundamental à informação do impetrante.

> Especificar a conduta ilícita praticada em desfavor do impetrante causadora de violação a seu direito à informação.

III – DOS PEDIDOS E REQUERIMENTOS

Diante do exposto, requer a Vossa Excelência:

a) que seja notificada a autoridade coatora sobre os fatos narrados a fim de prestar as informações que julgar necessárias no prazo de 10 (dez) dias – art. 9º da Lei n. 9.507/97;

b) a intimação do ilustre representante do Ministério Público (art. 12 da Lei n. 9.507/97);

c) a procedência do pedido, determinando ao impetrado que forneça a informação desejada, a corrija ou realize a anotação pleiteada, no prazo assinalado pelo juiz (art. 13 da Lei n. 9.507/97);

> Se for o caso.

d) a prioridade de julgamento do presente feito, na forma do art. 19 da Lei n. 9.507/97;

e) a juntada da prova pré-constituída anexa, consistente na recusa das informações solicitadas.

Dá-se à causa o valor de R$ _____

> Valor por extenso.

Nestes termos,
Pede deferimento.

Local e data

_____
Advogado
OAB/ ___

1.8 Esqueleto do *Habeas Corpus* I

- **Leitura obrigatória:**
  a) cabimento: art. 5º, LXVIII, da CF;
  b) causa própria: art. 106 do CPC;
  c) processo: arts. 647 e 667 do CPP;
  d) coação ilegal: art. 648 do CPP.

MODELO

Excelentíssimo Senhor Doutor Desembargador Presidente do Egrégio Tribunal de Justiça do Estado de São Paulo.

Referência: *Habeas Corpus*

> Este *habeas corpus* tem como fundamento a ocorrência de uma nulidade que acarretou constrangimento ilegal à liberdade de locomoção do paciente – art. 648, VI, do CPP. Para demais casos, *vide* incisos do art. 648 do CPP.

A advogada impetrante, inscrita na Ordem dos Advogados do Brasil, Secção de São Paulo, sob o número _____, com escritório na rua _____, número _____, São Paulo, Capital, telefone _____, celular _____, vem, muito respeitosamente, perante Vossa Excelência, para impetrar o presente *writ* de **HABEAS CORPUS**, com fulcro no art. 5º, LXVIII, da Constituição Federal e no art. 648, VI, do Código de Processo Penal, em favor do paciente José, brasileiro, solteiro, engenheiro, residente na rua _____, número _____, São Paulo, Capital, o qual está sofrendo constrangimento ilegal por estar preso e condenado perante a 1ª Vara Criminal do Foro Central da Capital, pelo crime do art. _____ do Código Penal, em ação penal manifestamente nula, com cerceamento defensório que causou enorme prejuízo ao paciente, tudo pelos motivos de fato e de direito que passa a expor:

> O impetrante deverá especificar qual o momento em que a nulidade ocorreu. Ex.: desde o indeferimento para a substituição das testemunhas.

1 – O presente *writ* de *habeas corpus*, *data venia*, Colenda Câmara, deve ser concedido para que seja a ação penal anulada e renovada desde _____, decisão pelo ilustre Magistrado *a quo*.

2 – O paciente _____

> Narrar com detalhes como os fatos ocorreram.

3 – Como se vê, ilustres e cultos Desembargadores, o nobre Juiz de 1º Grau causou enorme prejuízo ao paciente, tomando uma atitude arbitrária, com cerceamento defensório, *data maxima venia*. Com essa atitude, foi desrespeitado o dogma constitucional da ampla defesa, do art. 5º, LV, que diz:

"LV – aos litigantes, em processo judicial ou administrativo, e aos acusados em geral são assegurados o contraditório e ampla defesa, com os meios e recursos a ela inerentes". (grifos nossos)

> *Especificar quais os dispositivos processuais penais que foram desrespeitados no presente caso.*

Foram ainda desrespeitados os arts. _____ e _____ do Código de Processo Penal, que respectivamente rezam que:

"............"

> *A substituição das testemunhas não encontradas.*

De fato, _____ era um direito líquido e certo do paciente, e sua negativa demonstrou nulidade absoluta, o prejuízo ficou evidente, pois, sem _____, o paciente não pôde se defender amplamente e, dessa forma, acabou sendo condenado por um crime grave, apenado com reclusão.

> *As testemunhas.*

A defesa quer frisar que a nulidade é estreme de dúvidas, *data venia*.

4 – Deverá prestar informações para o presente caso, com a máxima urgência, a autoridade apontada como coatora, o ilustre Juiz *a quo* da 1ª Vara Criminal do Foro Central da Capital, processo-crime número 00/00.

> *Deverá ser mencionado qual a autoridade apontada como coatora do ato que gerou o constrangimento ilegal na liberdade de locomoção do paciente.*

5 – *Ex positis*, requer-se a concessão do presente *writ* de *habeas corpus*, em favor do paciente José da Silva, já qualificado nos autos, para que seja a ação penal anulada e renovada desde o momento processual referido, com fulcro no art. 648, VI, do Código de Processo Penal, observados os lineamentos constitucionais e legais, expedindo-se o competente alvará de soltura clausulado, fazendo-se, assim, a necessária

JUSTIÇA!!!

Nestes termos,
Pede deferimento.

Local e data

_____
Advogado
OAB/ ___

1.9 Esqueleto do *Habeas Corpus* II

- **Leitura obrigatória:**
  a) cabimento: art. 5º, LXVIII, da CF;
  b) causa própria: art. 106 do CPC;
  c) processo: arts. 647 e 667 do CPP;
  d) coação ilegal: art. 648 do CP.

> **MODELO**

Excelentíssimo Senhor Doutor Desembargador Presidente do Egrégio Tribunal de Justiça do Estado _____

Referência: *Habeas Corpus*

> *Este habeas corpus tem por fundamento a falta de justa causa para o prosseguimento da ação por atipicidade da conduta – art. 648, I, do CP. Porém, os habeas corpus podem ter diversas especificidades – vide incisos do art. 648 do CPP.*

    A advogada impetrante, inscrita na Ordem dos Advogados do Brasil, Secção de São Paulo, sob o número _____, com escritório na rua _____, número _____, São Paulo, Capital, telefone _____, celular _____, vem, muito respeitosamente, perante Vossa Excelência, para impetrar o presente *writ* de **HABEAS CORPUS**, com fulcro no art. 5º, LXVIII, da Constituição Federal e no art. 648, I, do Código de Processo Penal, em favor do paciente José da Silva, brasileiro, solteiro, engenheiro, residente na rua _____, número _____, São Paulo, Capital, o qual está sofrendo constrangimento ilegal por estar preso e condenado perante a 1ª Vara Criminal do Foro Central da Capital, pelo crime do art. _____ do Código Penal, tudo pelos motivos de fato e de direito que passa a expor:

    1 – O presente *writ* de *habeas corpus*, *data venia*, Colenda Câmara, deve ser concedido em favor do paciente José da Silva, para que seja a ação penal contra ele instaurada trancada e arquivada por falta de justa causa, por ser o fato inteiramente atípico.

    2 – O paciente _____

> *Historiar e narrar a conduta realizada pelo paciente – os fatos.*

    3 – Realmente, ilustres e cultos Desembargadores, o fato se reveste de total atipia, pois não se configurou o crime de _____ no caso *sub judice*.

    O art. _____ do Código Penal é estreme de dúvidas ao dispor que:

    "Art. _____:"

    Como se vê, Colenda Câmara, para se tipificar o crime de _____ é necessário _____ o que, *data venia*, não ocorreu no presente caso.

> *Deverá o impetrante especificar quais as características essenciais para a configuração do delito em questão.*

    A nossa jurisprudência sobre esse tema já tem decidido que:

    [...]

    A defesa quer frisar que o crime não se consubstanciou, pois _____.

Data maxima venia, a atipicidade ficou cristalina, pois o crime não se configurou, pelo não cumprimento de exigência expressa em lei penal.

4 – Deverá prestar informações para o presente caso, com a máxima urgência, a autoridade apontada como coatora, o ilustre Juiz *a quo* da 1ª Vara Criminal do Foro Central da Capital, processo-crime número _____.

> O impetrante deverá especificar quem é a autoridade apontada como coatora que cometeu o constrangimento ilegal na liberdade de locomoção do paciente.

5 – *Ex positis*, requer-se a concessão do presente *writ* de *habeas corpus*, em favor do paciente José, já qualificado nos autos, para que seja a ação penal trancada e arquivada, por absoluta falta de justa causa, por ser o fato inteiramente atípico, com fulcro no art. 648, I, do Código de Processo Penal, expedindo-se o competente alvará de soltura clausulado, fazendo-se, assim, a mais cristalina

JUSTIÇA!!!

Nestes termos,
Pede deferimento.

Local e data

_____
Advogada-impetrante
OAB/ ___

1.10 Esqueleto da Petição de Interposição

Excelentíssimo Senhor Doutor Juiz de Direito da 2ª Vara Cível da Comarca de Jundiaí – São Paulo

Proc. _____

> O advogado terá que especificar em qual vara está o processo.

FULANO DE TAL, já qualificado, por sua advogada e procuradora, vem, respeitosamente, nos autos da **AÇÃO CIVIL PÚBLICA** movida pelo **MINISTÉRIO PÚBLICO DO ESTADO DE SÃO PAULO**, inconformado com a v. sentença de fls., recorrer ao E. Tribunal de Justiça do Estado de São Paulo.

Termos em que, j. esta, com as razões inclusas, aguarda o recebimento e o processamento da presente apelação e a remessa dos autos ao E. Tribunal *ad quem*.

> Outrossim, requer a juntada do incluso substabelecimento e das guias de custas, e que todas as intimações sejam procedidas em nome dos presentes subscritores.
>
> Nestes termos,
> Pede deferimento.
>
> Local e data
>
> _____
> Advogado
> OAB/ ___

1.11 Esqueleto de Apelação

- **Leitura obrigatória:**
  a) cabimento: arts. 485, 487 e 1.009 do CPC;
  b) efeitos: art. 1.012 do CPC;
  c) prazos: arts. 224 e 508 do CPC;
  d) requisitos: art. 1.010 do CPC.

MODELO

Proc. 123/04. ← *Identificar o número de ordem do processo.*
Proc. 237.04.2004.00235-1. ← *Identificar o número completo do processo.*

MM JUÍZO DA 2ª VARA CÍVEL DA COMARCA DE JUNDIAÍ – SÃO PAULO

RAZÕES DE APELAÇÃO ← *A apelação é recurso contra decisão judicial que extingue o processo com ou sem julgamento de mérito. Fundamento legal: art. 1.009 do CPC.*
APELANTE: FULANO DE TAL
APELADO: MINISTÉRIO PÚBLICO DO ESTADO DE SÃO PAULO

EGRÉGIO TRIBUNAL
COLENDA CÂMARA

O advogado deverá historiar os fatos ensejadores do processo até o momento da decisão recorrida.

I – DOS FATOS

II – DO DIREITO *— Enumeração dos fundamentos de direito que dão suporte ao provimento do recurso – v.g., se o fato estiver prescrito, deverá ser indicado o fundamento legal que justifica a ocorrência da prescrição, bem como o entendimento jurisprudencial e doutrinário sobre o assunto.*

III – DOS PEDIDOS E REQUERIMENTOS

Ante o exposto, requer que Vossa Excelência se digne a processar a presente na forma prevista no Código de Processo Civil para, ao final, dar provimento ao recurso a fim de julgar improcedente a ação civil pública proposta pelo Ministério Público, reformando a sentença proferida pelo D. Juízo *a quo*, por ser medida de

JUSTIÇA!

Termos em que,
Pede deferimento.

Local e data.

_____
Advogado
OAB/ ___

- **Já caiu na OAB**

O Exame XIII da OAB cobrou na segunda fase de direito administrativo o tema apelação. Vejamos o enunciado do problema:

"A Lei n. 1.234, do Município X, vedava a ampliação da área construída nos apartamentos do tipo cobertura, localizados na orla da cidade. Com a revogação da lei, diversos moradores formularam pleitos, perante a Secretaria Municipal de Urbanismo, e obtiveram autorização para aumentar a área construída de suas coberturas. Diversos outros moradores sequer formularam qualquer espécie de pleito e, mesmo assim, ampliaram seus apartamentos, dando, após, ciência à Secretaria, que não adotou contra os moradores qualquer medida punitiva.

Fulano de Tal, antes de adquirir uma cobertura nessa situação, ou seja, sem autorização da Secretaria Municipal de Urbanismo para aumento da área construída, formula consulta à Administração Municipal sobre a possibilidade de ampliação da área construída, e recebe, como resposta, a informação de que, na ausência de lei, o Município não pode se opor à ampliação da área.

Fulano de Tal, então, compra uma cobertura, na orla, e inicia as obras de ampliação do apartamento. Entretanto, três meses depois, é surpreendido com uma notificação para desfazer toda a área acrescida, sob pena de multa, em razão de novo entendimento manifestado pela área técnica da Administração Municipal, a ser aplicado apenas aos que adquiriram unidades residenciais naquele ano e acolhido em decisão administrativa do Secretário Municipal de Urbanismo no processo de consulta aberto meses antes.

Mesmo tomando ciência de que outros proprietários não receberam a mesma notificação, Fulano de Tal inicia a demolição da área construída, mas, antes de concluir a demolição, é orientado por um amigo a ingressar com demanda na Justiça e formular pedido de liminar para afastar a incidência da multa e suspender a determinação de demolir o acrescido até decisão final, de mérito, de anulação do ato administrativo, perdas e danos materiais e morais.

Você é contratado como advogado e obtém decisão antecipatória da tutela no sentido almejado. Contudo, a sentença do Juízo da 1ª Vara de Fazenda Pública da Comarca X revoga a liminar anteriormente concedida e julga improcedente o pedido de anulação do ato administrativo, acolhendo argumento contido na contestação, de que o autor não esgotara as instâncias administrativas antes de socorrer-se do Poder Judiciário.

Interponha a medida cabível a socorrer os interesses do seu cliente, considerando que, com a revogação da liminar, volta a viger a multa, caso não seja concluída a demolição da área construída por Fulano de Tal.

Obs.: Já não há mais prazo para embargos declaratórios, sendo certo que a sentença não é omissa nem contraditória".

- **Gabarito comentado**

"A peça a ser apresentada é uma apelação, em face da sentença do Magistrado de primeira instância. A apelação há de ser apresentada perante o Juízo da causa (1ª Vara de Fazenda Pública da Comarca X), com as razões recursais dirigidas ao Tribunal, que as apreciará. Recorrente é Fulano de Tal, que restou sucumbente, e recorrido é o Município X.

No mérito deve ser, de início, afastado o argumento utilizado pelo Juízo *a quo*, no sentido de que não houve esgotamento da instância administrativa. Nem a Lei e nem a Constituição exigem o esgotamento da via administrativa como condição de acesso ao Poder Judiciário. Ao contrário, a Constituição consagra, no art. 5º, XXXV, a inafastabilidade do controle jurisdicional.

Deve ser apontada a violação ao princípio do devido processo legal, que deve nortear a conduta da Administração, uma vez que a Administração Pública não pode, com novo entendimento (sequer amparado em lei), empreender à redução no patrimônio do particular sem que lhe seja dada a participação em processo administrativo formal.

Ainda no mérito, deve ser apontada a violação ao princípio da legalidade, tanto pela ausência de norma que imponha ao particular restrição à sua propriedade quanto pela ausência de norma que autorize o Poder Público Municipal a recusar a reforma procedida pelo particular em sua propriedade.

O examinando deve indicar a violação ao princípio da isonomia, tendo em vista que outros proprietários em idêntica situação não foram alvo de notificação por parte da Administração municipal, o que revela tratamento desigual entre os particulares, sem critério legítimo de diferenciação. Pior: o novo entendimento da Administração, desfavorável, só será aplicado aos que adquiriram a propriedade naquele ano.

Por fim, deve ser feita referência à violação ao princípio da segurança jurídica ou proteção à confiança.

A emissão da resposta da Administração gerou, no particular, a legítima confiança na preservação daquele entendimento inicial, razão pela qual praticou determinados atos (realizou investimentos). Essa confiança restou violada pela súbita alteração do entendimento e prática de atos incompatíveis com a conduta anterior da Administração (comportamento contraditório).

O examinando deve formular, ao final, pedido de reforma da sentença e reiterar o pedido de anulação do ato administrativo e pagamento dos danos materiais que restarem comprovados (em virtude das obras de demolição empreendidas pelo recorrente), além de danos morais."

- **Já caiu na OAB**

O Exame XX da OAB cobrou na segunda fase de direito administrativo o tema apelação. Vejamos o enunciado do problema:

"João, ao retornar de um doutorado no exterior, é surpreendido com a presença de equipamentos e maquinário do Estado X em imóvel urbano de sua propriedade, e que, segundo informação do engenheiro responsável pela obra, o referido imóvel estaria sem uso há três anos e meio, e, por essa razão, teria sido escolhido para a construção de uma estação de metrô no local.

Inconformado com a situação, João ingressa com 'ação de desapropriação indireta' perante o Juízo Fazendário do Estado X, tendo obtido sentença de total improcedência em primeiro grau de jurisdição, sob os seguintes fundamentos:

i) impossibilidade de reivindicação do bem, assim como da pretensão à reparação financeira, em decorrência da supremacia do interesse público sobre o privado;

ii) o transcurso de mais de três anos entre a ocupação do imóvel e a propositura da ação, ensejando a prescrição de eventual pleito indenizatório; e

iii) a subutilização do imóvel por parte de João, justificando a referida medida de política urbana estadual estabelecida.

Como advogado(a) de João, considerando que a sentença não padece de qualquer omissão, contradição ou obscuridade, elabore a peça adequada à defesa dos interesses de seu cliente, apresentando os fundamentos jurídicos aplicáveis ao caso".

- **Gabarito comentado**

"O examinando deve elaborar o recurso de apelação em face da sentença de improcedência da pretensão, dirigido ao Juízo Fazendário do Estado X, com as razões recursais dirigidas ao Tribunal de Justiça do Estado X, que as apreciará.

O apelante é João e, o apelado, o Estado X.

No mérito, o examinando deverá afastar o argumento utilizado pelo Juízo *a quo*, no sentido da impossibilidade de indenização em decorrência da desapropriação indireta, nos termos do art. 35 do Decreto n. 3.365/41, pois a perda da propriedade por meio da desapropriação pressupõe a prévia e justa indenização em dinheiro, nos termos do art. 5º, inciso XXIV, da CRFB/88, o que não foi observado no caso concreto.

A supremacia do interesse público sobre o privado não autoriza que João perca sua propriedade como uma modalidade de sanção, de modo que ele deve ser reparado financeiramente.

Ademais, o examinando deverá apontar que prazo prescricional para a propositura da ação para a reparação dos danos decorrentes da desapropriação indireta é de 10 (dez) anos, nos termos da Súmula 119 do STJ interpretada à luz do disposto do art. 1.238 do

CC/2002, afastando a incidência do art. 206, § 3º, inciso V, do Código Civil, por sua especificidade. Desse modo, não há de se falar em prescrição sobre o direito de João.

O examinando deverá, ainda no mérito, argumentar que o Estado não detém competência constitucional para desapropriar como medida de política urbana, a qual é do Município (art. 182 da CRFB/88)".

1.12 Esqueleto da Ação Civil Pública I

- **Leitura obrigatória:**
    a) Lei n. 7.347/85 (atentar para as alterações advindas das Leis n. 12.966/2014 e 13.004/2014);
    b) da tutela de urgência: arts. 4º e 12 da Lei n. 7.347/85;
    c) foro competente: art. 2º da Lei n. 7.347/85;
    d) legitimidade: art. 5º da Lei n. 7.347/85 e art. 129, III e § 1º, da CF;
    e) objetivo: art. 1º da Lei n. 7.347/85.

Aprofundamento 1: É inviável a propositura de ação civil de improbidade administrativa exclusivamente contra o particular, sem a concomitante presença de agente público no polo passivo da demanda. Nesse sentido, os seguintes acórdãos do STJ: REsp 1.282.445/DF, rel. Min. Napoleão Nunes Maia Filho, 1ª T., j. 24-4-2014, DJe 21-10-2014; REsp 1.409.940/SP, rel. Min. Og Fernandes, 2ª T., j. 4-9-2014, DJe 22-9-2014; REsp 1.171.017/PA, rel. Min. Sérgio Kukina, 1ª T., j. 25-2-2014, DJe 6-3-2014; REsp 896.044/PA, rel. Min. Herman Benjamin, 2ª T., j. 16-9-2010, DJe 19-4-2011; REsp 1.181.300/PA, rel. Min. Castro Meira, 2ª Turma, j. 14-9-2010, DJe 24-9-2010. No mesmo sentido, a decisão monocrática no REsp 1504052/RJ, rel. Min. Assusete Magalhães, rel. p/ Acórdão Min. Assusete Magalhães, 4ª T., j. 29-5-2015, publicado em 17-6-2015.

Aprofundamento 2: Em **13 de outubro de 2015**, o STF, por unanimidade, reconheceu a repercussão geral da questão no **RE 643.978 (tema 850)**, em que **se discute se o Ministério Público tem legitimidade para propor ação civil pública** em defesa de direitos relacionados ao Fundo de Garantia do Tempo de Serviço **(FGTS)**. Haveria compatibilidade do art. 1º, parágrafo único, da Lei n. 7.347/85 com o art. 129, III da Constituição Federal, que confere ao Ministério Público a atribuição de promover o inquérito civil e ação civil pública para proteção do patrimônio público e social, do meio ambiente e de outros interesses difusos e coletivos?

A **tese** firmada pelo STF (em 9-10-2019) teve a seguinte redação: "O Ministério Público tem legitimidade para a propositura de ação civil pública em defesa de direitos sociais relacionados ao FGTS".

Aprofundamento 3: Em **4 de novembro de 2015, ao julgar o RE 733.433** (relatoria do Min. Dias Toffoli), com repercussão geral **(tema 607)**, o STF decidiu que a **Defensoria Pública tem legitimidade** para a propositura da ação civil pública, visando promover a tutela dos direitos difusos, coletivos e individuais homogêneos das pessoas necessitadas ou hipossuficientes ainda quando extrapolar direitos ou interesses por ela tutelados.

Aprofundamento 4: Em 16 de novembro de 2015, o STF reconheceu a repercussão geral de questão discutida no **RE 1.010.819 (tema 858)**, em que o STF irá decidir, à luz dos arts. 2º; 5º, XXXVI; 93, IX; e 133 da Constituição Federal, se a ação civil pública é instrumento adequado para afastar a coisa julgada, especialmente depois de transcorrido o prazo de dois anos para ajuizamento de ação rescisória. A **tese** firmada tem a seguinte redação: "I – O trânsito em julgado de sentença condenatória proferida em sede de ação desapropriatória não obsta a propositura de Ação Civil Pública em defesa do patrimônio público, para discutir a dominialidade do bem expropriado, ainda que já se tenha expirado o prazo para a Ação Rescisória; II – Em sede de Ação de Desapropriação, os honorários sucumbenciais só serão devidos caso haja devido pagamento da indenização aos expropriados".

Aprofundamento 5: Aos 09 de abril de 2021 o Plenário do STF declarou a inconstitucionalidade do art. 16 da Lei da Ação Civil Pública (Lei n. 7.347/1985), alterada pela Lei n. 9.494/1997, que limita a eficácia das sentenças proferidas nesse tipo de ação à competência territorial do órgão que a proferir. No julgamento do **Recurso Extraordinário 1.101.937**, com repercussão geral reconhecida (tema 1075), em seu voto, seguido pela maioria, o relator, ministro Alexandre de Moraes, apontou que o dispositivo veio na contramão do avanço institucional de proteção aos direitos coletivos.

Ele destacou que o Código de Defesa do Consumidor (CDC) reforçou a ideia de que, na proteção dos direitos coletivos, a coisa julgada é para todos (erga omnes) ou ultrapartes, o que significa dizer que os efeitos subjetivos da sentença devem abranger todos os potenciais beneficiários da decisão judicial. "Não há qualquer menção na norma à limitação territorial", frisou.

A **tese** aprovada tem a seguinte redação: "I – É inconstitucional o art. 16 da Lei n. 7.347/1985, alterada pela Lei n. 9.494 /1997.

II – Em se tratando de ação civil pública de efeitos nacionais ou regionais, a competência deve observar o art. 93, II, da Lei n. 8.078/1990.

III – Ajuizadas múltiplas ações civis públicas de âmbito nacional ou regional, firma-se a prevenção do juízo que primeiro conheceu de uma delas, para o julgamento de todas as demandas conexas".

"ABORDAGEM MULTIDISCIPLINAR" – relação interdisciplinar existente entre o direito processual civil e o direito administrativo:

O instituto da ação rescisória tem previsão no CPC/2015 a partir do art. 966. Estabelece o CPC/2015 que a decisão de mérito, transitada em julgado, pode ser rescindida quando a) se verificar que foi proferida por força de prevaricação, concussão ou corrupção do juiz; b) for proferida por juiz impedido ou por juízo absolutamente incompetente; c) resultar de dolo ou coação da parte vencedora em detrimento da parte vencida ou, ainda, de simulação ou colusão entre as partes, a fim de fraudar a lei; d) ofender a coisa julgada; e) violar manifestamente norma jurídica; f) for fundada em prova cuja falsidade tenha sido apurada em processo criminal ou venha a ser demonstrada na própria ação rescisória; g) obtiver o autor, posteriormente ao trânsito em julgado, prova nova cuja existência ignorava ou de que não pôde fazer uso, capaz, por si só, de lhe assegurar pronunciamento favorável; h) for fundada em erro de fato verificável do exame dos autos.

São legitimados para a propositura da ação rescisória: a) quem foi parte no processo ou o seu sucessor a título universal ou singular; b) o terceiro juridicamente interessado; c) o Ministério Público: c.1) se não foi ouvido no processo em que lhe era obrigatória a intervenção; c.2) quando a decisão rescindenda é o efeito de simulação ou de colusão das partes, a fim de fraudar a lei; c.3) em outros casos em que se imponha sua atuação; d) aquele que não foi ouvido no processo em que lhe era obrigatória a intervenção.

Aprofundamento 6: Em 15 de agosto de 2018, o STF decidiu que o Ministério Público **tem legitimidade** para ajuizar ação civil pública com o objetivo de buscar o fornecimento de medicamentos a portadores de determinadas doenças. A questão foi analisada no julgamento do **RE 605.533** – que teve repercussão geral conhecida **(tema 262)**.

A **tese** firmada pelo STF teve a seguinte redação: "O Ministério Público é parte legítima para ajuizamento de ação civil pública que vise o fornecimento de remédios a portadores de certa doença".

MODELO

Excelentíssimo Senhor Doutor Juiz de Direito da _____ Vara Cível da Comarca de _____

> A competência será determinada pelo foro do local onde ocorrer o dano – arts. 2º e 4º da Lei n. 7.347/85.

ASSOCIAÇÃO DE DEFESA DA NATUREZA, pessoa jurídica de direito privado, inscrita no CNPJ sob o número _____, com sede na Capital deste Estado, conforme cópia de seu estatuto (doc. 1), por meio de seu advogado e procurador, infra-assinado (conforme instrumento de mandato anexo – doc. 2), com escritório na Rua _____, vem, muito respeitosamente, perante Vossa Excelência, com fulcro na Lei n. 7.347/85, propor a presente **AÇÃO CIVIL PÚBLICA** contra a **EMPRESA X**, pessoa jurídica de direito privado, com sede na rua _____, pelas razões de fato e de direito a seguir expostas:

I – DOS FATOS

Descrever de modo resumido a situação que ameaça causar ou que causa dano ao meio ambiente, ou ao consumidor, ou aos bens e direitos de valor artístico, estético, histórico, turístico e paisagístico, ou qualquer outro interesse difuso ou coletivo, nos termos do art. 1º da Lei n. 7.347/85.

II – DA LEGITIMIDADE ATIVA

No caso de associação, deve haver a demonstração do cumprimento do disposto no art. 5º, V, a e b, da Lei n. 7.347/85, ou seja: a) esteja constituída há pelo menos 1 (um) ano, nos termos da lei civil (pré-constituição) e b) inclua, entre suas finalidades institucionais, a proteção ao patrimônio público e social, ao meio ambiente, ao consumidor, à ordem econômica, à livre concorrência, aos direitos de grupos raciais, étnicos ou religiosos ou ao patrimônio artístico, estético, histórico, turístico e paisagístico. (Redação dada pela Lei n. 13.004, de 2014.)

III – DA TUTELA DE URGÊNCIA

Só caberá pedido de tutela de urgência se estiverem presentes o fumus boni iuris e o periculum in mora. Artigos de referência a serem utilizados: arts. 12 e 21 da LACP; art. 84 do CDC e 300 do CPC.

O art. _____ autoriza o magistrado a conceder liminar para _____. Para tanto, o juiz concederá a medida se estiverem presentes os requisitos *fumus boni iuris* e *periculum in mora*, o que restou demonstrado.

IV – DO DIREITO

Explicitar o direito que foi violado com menção aos artigos legais violados. Identificar o interesse difuso, coletivo ou individual homogêneo em jogo.

V – DO PEDIDO

Diante do exposto, requer a Vossa Excelência:

a) seja concedida a tutela antecipada, com fundamento das normas dos arts. 300 do CPC; 84 do CDC e 12 da Lei n. 7.347/85 para determinar _____;

b) a citação dos réus para que querendo, no prazo legal, apresente contestação, sob pena de serem tidos por verdadeiros os fatos narrados pelo autor (aplicação dos efeitos da revelia);

c) a intimação do ilustre representante do Ministério Público para acompanhar a presente ação; *Vide art. 5º, § 1º, da Lei n. 7.347/85.*

d) a procedência da presente ação para declarar _____;

e) a condenação dos réus nas custas e honorários advocatícios, a serem arbitrados por Vossa Excelência, na forma dos arts. 82, § 2º, e 85 do CPC.

f) a juntada dos documentos anexos.

Protesta provar o alegado por todos os meios de prova admitidos em direito, em especial oitiva de testemunhas, provas documentais e periciais.

Dá-se à causa o valor de R$ _____.

> Valor por extenso.

Termos em que,
Pede deferimento.

Local e data.

_____
Advogado
OAB/ ___

1.13 Esqueleto da Ação Civil Pública II

- **Leitura obrigatória:**
    a) Lei n. 7.347/85 (atentar para as alterações advindas das Leis n. 12.966/2014 e 13.004/2014);
    b) tutela de urgência: arts. 4º e 12 da Lei n. 7.347/85 e art. 300 do CPC;
    c) foro competente: art. 2º da Lei n. 7.347/85;
    d) legitimidade: art. 5º da Lei n. 7.347/85 e art. 129, III e § 1º, da CF;
    e) objetivo: art. 1º da Lei n. 7.347/85.
    f) entendimento jurisprudencial importante: **é inviável a propositura de ação civil de improbidade administrativa exclusivamente contra o particular, sem a concomitante presença de agente público no polo passivo da demanda**. Nesse sentido, os seguintes acórdãos do STJ: REsp 1.282.445/DF, rel. Min. Napoleão Nunes Maia Filho, 1ª T., j. 24-4-2014, *DJe* 21-10-2014; REsp 1.409.940/SP, rel. Min. Og Fernandes, 2ª T., j. 4-9-2014, *DJe* 22-9-2014; REsp 1.171.017/PA, rel. Min. Sérgio Kukina, 1ª T., j. 25-2-2014, *DJe* 6-3-2014; REsp 896.044/PA, rel. Min. Herman Benjamin, 2ª T., j. 16-9-2010, *DJe* 19-4-2011; REsp 1.181.300/PA, rel. Min. Castro Meira, 2ª T., j. 14-9-2010, *DJe* 24-9-2010. No mesmo sentido, a decisão monocrática no REsp 1.504.052/RJ, rel. Min. Assusete Magalhães, rel. p/ Acórdão Min. Assusete Magalhães, 4ª T., j. 29-5-2015, publicado em 17-6-2015.

MODELO

Excelentíssimo Senhor Doutor Juiz de Direito da ____ Vara da Fazenda Pública da Comarca de _____

> A competência será a do foro do local onde ocorrer o dano – arts. 2º e 4º da Lei n. 7.347/85.

ÁRVORES VERDES DO BRASIL, pessoa jurídica de direito privado, inscrita no CNPJ sob o número _____, com sede na Capital deste Estado, conforme cópia de seu estatuto (doc. 1), por meio de seu advogado e procurador, infra-assinado (conforme instrumento de mandato anexo – doc. 2), com escritório na rua _____, vem, muito respeitosamente, perante Vossa Excelência, com fulcro na Lei n. 7.347/85, propor a presente **AÇÃO CIVIL PÚBLICA** contra o **ESTADO**, pessoa jurídica de direito público interno, com sede de suas atividades na rua _____, pelas razões de fato e de direito a seguir expostas:

I – DOS FATOS

> Descrever de modo resumido a situação que ameaça causar ou que causa dano ao meio ambiente, ou ao consumidor, ou aos bens e direitos de valor artístico, estético, histórico, turístico e paisagístico, ou qualquer outro interesse difuso ou coletivo nos termos do art. 1º da Lei n. 7.347/85.

II – DA LEGITIMIDADE ATIVA

> No caso de associação, deve haver a demonstração do cumprimento do disposto no art. 5º, V, *a* e *b* da Lei n. 7.347/85 ou seja: a) esteja constituída há pelo menos 1 (um) ano nos termos da lei civil (pré-constituição) e b) inclua, entre suas finalidades institucionais, a proteção ao patrimônio público e social, ao meio ambiente, ao consumidor, à ordem econômica, à livre concorrência, aos direitos de grupos raciais, étnicos ou religiosos ou ao patrimônio artístico, estético, histórico, turístico e paisagístico. *(Redação dada pela Lei n. 13.004, de 2014.)*

III – DA TUTELA DE EMERGÊNCIA

> Só caberá pedido de tutela de urgência se estiverem presentes o *fumus boni iuris* e o *periculum in mora*. Artigos de referência a serem utilizados: arts. 12 e 21 da LACP; art. 84 do CDC e 461 do CPC.

O art. _____ autoriza o magistrado a conceder tutela de urgência para _____. Para tanto, o juiz concederá a medida se estiverem presentes os requisitos *fumus boni iuris* e *periculum in mora*, o que restou demonstrado.

IV – DO DIREITO

> Explicitar o direito que foi violado com menção aos artigos legais violados. Identificar o interesse difuso, coletivo ou individual homogêneo em jogo.

V – DO PEDIDO

Diante do exposto, requer a Vossa Excelência:

a) seja concedida a tutela de emergência, com fundamento das normas dos arts. 300 do CPC; 84 do CDC e 12 da Lei n. 7.347/85 para determinar _____;

b) a citação dos réus para que querendo, no prazo legal, apresente contestação, sob pena de serem tidos por verdadeiros os fatos narrados pelo autor (aplicação dos efeitos da revelia);

c) a intimação do ilustre representante do Ministério Público para acompanhar a presente ação;

d) a procedência da presente ação para declarar _____;

> *Vide* art. 5º, § 1º, da Lei n. 7.347/85.

e) a condenação dos réus nas custas e honorários advocatícios, a serem arbitrados por Vossa Excelência, na forma dos arts. 82, § 2º, e 85 do CPC.

f) a juntada dos documentos anexos.

Protesta provar o alegado por todos os meios de prova admitidos em direito, em especial oitiva de testemunhas, provas documentais e periciais.

Dá-se à causa o valor de R$ _____.

> Valor por extenso.

Termos em que,
Pede deferimento.

Local e data.

_____
Advogado
OAB/ ___

1.14 Esqueleto da Ação de Impugnação de Mandato Eletivo

- **Leitura obrigatória:**
  a) art. 14, §§ 10 e 11, da CF

ESQUEMATIZANDO

AIME — ART. 14 DA CF:

§ 10. O mandato eletivo poderá ser impugnado ante a Justiça Eleitoral no prazo de quinze dias contados da diplomação, instruída a ação com provas de abuso do poder econômico, corrupção ou fraude.

§ 11. A ação de impugnação de mandato tramitará em segredo de justiça, respondendo o autor, na forma da lei, se temerária ou de manifesta má-fé.

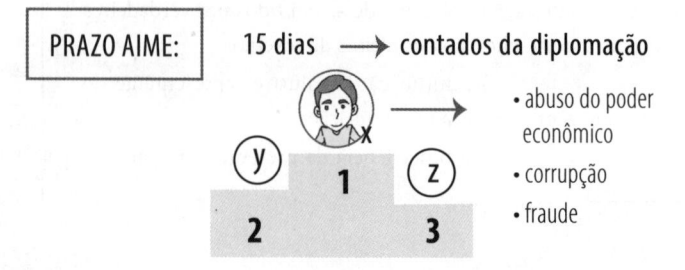

PRAZO AIME: 15 dias → contados da diplomação
- abuso do poder econômico
- corrupção
- fraude

MODELO

Excelentíssimo Senhor Doutor Juiz de Direito da ___ Zona Eleitoral ___ da comarca de _____ do Estado de _____

[Prefeito, vice-prefeito, vereador.]

[Brasileiro, solteiro, RG, CPF, residente e domiciliado na rua _____.]

FULANO DE TAL 1, candidato ao cargo de _____, pelo partido X, vem, respeitosamente, à presença de Vossa Excelência, por seu advogado e procurador (instrumento de procuração anexo), oferecer **IMPUGNAÇÃO AO MANDATO ELETIVO** com fulcro no art. 14, §§ 10 e 11, do texto constitucional, em face de FULANO DE TAL 2, diplomado no dia _____ pelo MM. Juízo Eleitoral, sendo eleito ao cargo de _____ do Município Y, pelo partido Y, pelos motivos de fato e de direito a seguir aduzidos:

[Brasileiro, solteiro, RG, CPF, residente e domiciliado na rua _____.]

[Prefeito, vice-prefeito, vereador.]

I – DOS FATOS

[Explicitar o abuso do poder econômico, fraude ou corrupção, sempre instruindo a ação com documentos que comprovam a alegação – art. 14, §§ 10 e 11, da Constituição Federal.]

II – DO DIREITO

No dia _____ o impugnado foi regularmente diplomado.

A presente impugnação é tempestiva porque ajuizada dentro do prazo constitucional de 15 (quinze) dias contados da diplomação.

A CF, objetivando resguardar a democracia, assentou que o "mandato eletivo poderá ser impugnado ante a Justiça Eleitoral no prazo de quinze dias contados da diplomação, instruída a ação com provas de abuso do poder econômico, corrupção ou fraude" (art. 14, § 10).

[Alguns argumentos que podem – a depender do caso – ser utilizados em uma AIME: a) violação dos princípios da Administração Pública – art. 37, caput, da CF; b) desvio de finalidade; c) ocorrência da prática de ato de improbidade administrativa etc.]

III – DO PEDIDO E REQUERIMENTOS

Diante do exposto requer:

a) o **recebimento** da presente ação de impugnação de mandato eletivo, bem como a **procedência** do pedido para invalidar o diploma eleitoral obtido _____, impedindo-se, assim, o exercício do mandato eletivo, com fundamento no art. 14, §§ 10 e 11, da CF;

[Fraudulentamente, com corrupção ou com abuso de poder econômico/político pelo representado.]

b) a **citação do candidato** impugnado para apresentação de defesa.

Protesta provar o alegado por todos os meios de prova admitidos no ordenamento jurídico pátrio, mormente por meio de documentos, bem como por depoimentos dos personagens abaixo arrolados, requerendo, desde já, a notificação deles para comparecer à audiência a ser designada por Vossa Excelência.

Nestes termos,

Pede deferimento.

Local e data.

_____

Advogado
OAB/ ___

1.15 Esqueleto da Contestação

- **Leitura obrigatória:**

    a) fundamento: arts. 335 a 341 do CPC;

    b) impedimento e suspeição: art. 146 do CPC;

    c) prazos: art. 335 do CPC;

    d) preliminares: art. 337 do CPC;

    e) reconvenção: art. 343 do CPC;

    f) revelia: arts. 344 a 346 do CPC.

MODELO

Excelentíssimo Senhor Doutor Juiz de Direito da ___ Vara Cível da Comarca de _____

> Ou Excelentíssimo Senhor Doutor Juiz Federal da ___ Vara da Seção Judiciária de _____; ou Excelentíssimo Senhor Juiz de Direito da ___ Vara da Fazenda Pública da Comarca de _____.

Processo n. _____

FULANO DE TAL, brasileiro, solteiro, empresário, portador do RG n. _____, inscrito no CPF n. _____, residente e domiciliado na Rua das Flores n. _____, por seu advogado, infrafirmado, regularmente constituído pelo instrumento de mandato anexo, vem, muito respeitosamente, perante Vossa Excelência, oferecer **CONTESTAÇÃO** à ação que lhe promove a **FAZENDA DO ESTADO DE** _____, pessoa jurídica de direito público interno, com sede na Rua _____, pelos fundamentos de fato e de direito a seguir expostos:

> Contestação é manifestação de defesa do réu em qualquer ação.

I – DOS FATOS

Descrever de modo resumido os fatos narrados na inicial pelo autor.

II – DO DIREITO

III – DAS PRELIMINARES PROCESSUAIS

Vide arts. 301 e 337 do CPC.

IV – DO MÉRITO

A doutrina especializada ensina que _____.

Indicar as razões de direito – doutrina, jurisprudência, legislação – por meio das quais se demonstrará que a ação é improcedente.

V – DOS PEDIDOS E REQUERIMENTOS

Ante o exposto, requer a Vossa Excelência:

a) o acolhimento das preliminares arguidas para determinar a extinção do processo em relação ao ora contestante, nos termos dos arts. _____ do CPC;

b) a improcedência dos pedidos formulados na inicial, por inexistir o direito alegado pelo autor;

c) a condenação do autor ao pagamento das custas e despesas processuais, bem como nos ônus da sucumbência;

d) a produção de provas (nos termos do art. 369 do CPC), em especial a documental;

Ou ainda pericial, testemunhal etc., a depender do caso.

e) a juntada dos documentos anexos.

Dá-se à causa o valor de R$ _____.

Valor por extenso.

Nestes termos,
Pede deferimento.

Local e data.

_____
Advogado
OAB/ ___

1.16 Esqueleto da Reclamação Constitucional

- **Leitura obrigatória:**

a) Art. 102, I, *l*, da CF; art. 13-A, § 3º, da CF; art. 105, I, *f*, da CF; art. 111-A, § 3º, da CF (com redação dada pela **EC n. 92/2016**).

b) Do ato administrativo ou decisão judicial que contrariar a súmula aplicável ou que indevidamente a aplicar caberá reclamação ao Supremo Tribunal Federal, que, julgando-a procedente, anulará o ato administrativo ou cassará a decisão judicial reclamada e determinará que outra seja proferida com ou sem a aplicação da súmula, conforme o caso – art. 13-A, § 3º, da CF.

c) De acordo com o art. 988 do CPC e inovações trazidas pela **Lei n. 13.256/2016**, caberá reclamação da parte interessada ou do Ministério Público para: I – preservar a competência do tribunal; II – garantir a autoridade das decisões do tribunal; III – garantir a observância de enunciado de súmula vinculante e de decisão do STF em controle concentrado de constitucionalidade; IV – garantir a observância de acórdão proferido em julgamento de incidente de resolução de demandas repetitivas ou de incidente de assunção de competência.

d) É inadmissível a reclamação: I – após o trânsito em julgado da decisão reclamada; e II – proposta para garantir a observância de acórdão de recurso extraordinário com repercussão geral reconhecida ou de acórdão proferido em julgamento de recursos extraordinário ou especial repetitivos, quando não esgotadas as instâncias ordinárias.

e) Na reclamação que não houver formulado, o Ministério Público terá vista do processo por 5 (cinco) dias, após o decurso do prazo para informações e para o oferecimento da contestação pelo beneficiário do ato impugnado.

MODELO

Excelentíssimo Senhor Doutor Ministro Presidente do Colendo Supremo Tribunal Federal.

> Poderá ser endereçada ao STF ou ao STJ, a depender do caso. O fundamento constitucional da reclamação será o art. 102, I, *l*, se endereçada ao STF, e o art. 105, I, *f*, se endereçada ao STJ. Nos termos do art. 111-A, § 3º, da CF, com inclusão pela EC n. 92/2016, compete ao **Tribunal Superior do Trabalho** processar e julgar, originariamente, a reclamação para a preservação de sua competência e garantia da autoridade de suas decisões.

FULANO DE TAL, brasileiro, médico, solteiro, portador do RG _____ e do CPF _____, residente e domiciliado na rua _____, por seu advogado infrafirmado, instrumento de mandato anexo, com escritório para recebimento de intimação no endereço _____ (arts. 104 a 106 do CPC), vem, muito respeitosamente, à presença de Vossa Excelência, com fundamento no art. 102, I, *l*, da Constituição Federal e no Código de Processo Civil de 2015, ajuizar a presente **RECLAMAÇÃO CONSTITUCIONAL** em face de _____, pelos fundamentos de fato e de direito a seguir expostos:

> Autoridade que praticou o ato que viola a competência do Tribunal Superior ou de suas decisões.

I – DOS FATOS

> Narrar os fatos demonstrando a ação ou omissão por parte da autoridade que viola a competência de decisão proferida pelo STF – ou pelo STJ se a ação tiver sido proposta no STJ.

II – DO DIREITO

III – DA TUTELA DE URGÊNCIA

IV – DOS PEDIDOS E REQUERIMENTOS

Diante do exposto, o reclamante requer:

a) seja deferida a tutela de urgência, nos termos do art. 989, II, do CPC, a fim de que _____;

b) seja julgada procedente a presente reclamação, confirmando a liminar a seu tempo deferida, a fim de que seja realizada medida adequada para a preservação da competência e autoridade da decisão do STF, cassando a decisão que o feriu (art. 992 do CPC); *— Ou ato administrativo.*

c) seja determinada a notificação da autoridade reclamada para que preste todas as informações necessárias no prazo de 10 (dez) dias, como fixa o inciso I do art. 989 do CPC;

d) seja determinada a citação do beneficiário da decisão impugnada, que terá prazo de 15 (quinze) dias para apresentar a sua contestação (art. 989, III, do CPC);

e) seja intimado o ilustre representante do Ministério Público para que tenha vista do processo por 5 (cinco) dias, após o decurso do prazo para informações e para o oferecimento da contestação pelo beneficiário do ato impugnado (art. 991 do CPC);

f) a juntada da prova documental anexa nos termos do art. 988, § 2º, do CPC.

Dá-se à causa o valor de R$ _____. *— Valor por extenso.*

Termos em que,
Pede deferimento.

Local e data.

_____

Advogado
OAB/ ___

1.17 Esqueleto do Recurso Extraordinário

- **Leitura obrigatória:**
  a) cabimento: art. 102, III, da CF;
  b) interposição: arts. 1.029 e s. do CPC.

1.18 Esqueleto do Recurso Especial

- **Leitura obrigatória:**
  a) cabimento: art. 105, III, da CF;
  b) interposição: arts. 1.029 e s. do CPC.

1.19 Recurso Ordinário Constitucional

- **Leitura obrigatória:**
  a) cabimento: art. 105, II, *a*, da CF.

1.20 Mandado de Injunção Individual

- **Leitura obrigatória:**
  a) Cabimento: art. 5º, LXXI, da CF.
  b) Lei n. 13.300, de 23 de junho de 2016, que disciplina o processo e julgamento dos mandados de injunção individual e coletivo.

Importante: o mandado de injunção tem cabimento sempre que a falta de norma regulamentadora (total ou parcial) seja capaz de inviabilizar o exercício dos direitos e liberdades constitucionais e das prerrogativas inerentes à nacionalidade, à soberania e à cidadania.

Considera-se parcial a regulamentação quando forem insuficientes as normas editadas pelo órgão legislador competente.

   c) Legitimidade do mandado de injunção individual: art. 3º da Lei n. 13.300/2016.
   d) Legitimidade do mandado de injunção coletivo: art. 12 da Lei n. 13.300/2016. Lembrando que o mandado de injunção coletivo não induz litispendência em relação aos individuais, mas os efeitos da coisa julgada não beneficiarão o impetrante que não requerer a desistência da demanda individual no prazo de 30 (trinta) dias a contar da ciência comprovada da impetração coletiva.
   e) A petição inicial deverá preencher os requisitos do art. 319 do CPC e do disposto nos arts. 5º e 6º da Lei n. 13.300/2016.

> **MODELO**

Excelentíssimo Senhor Doutor Ministro Presidente do Colendo Supremo Tribunal Federal

SINDICATO DOS SERVIDORES X, pessoa jurídica de direito privado, CNPJ n. _____, com sede na rua _____, Estatuto anexo (doc. 1), endereço eletrônico, por seu advogado, que firma a presente (instrumento de mandato anexo), com escritório na rua _____, endereço eletrônico, vem, respeitosamente, à presença de Vossa Excelência, com fulcro no art. 5º, LXXI, da Constituição Federal e na Lei n. 13.300/2016, impetrar o presente **MANDADO DE INJUNÇÃO COLETIVO**, contra **OMISSÃO DOS PRESIDENTES DA CÂMARA DOS DEPUTADOS E DO SENADO FEDERAL, REPRESENTANTES DO CONGRESSO NACIONAL**, com sede na rua _____, pelos motivos de fato e de direito a seguir expostos:

I – DOS FATOS

(Resumir o problema da questão.)

II – DO DIREITO

2.1. Competência para Julgamento:

Nos termos do art. 102, I, *q*, da Constituição Federal, compete ao STF processar e julgar originariamente o Mandado de Injunção.

[...]

2.2. Da Legitimidade Ativa e Dos Fundamentos Jurídicos:

Todo aquele que tiver sua esfera jurídica atingida em razão de omissão legislativa que inviabiliza o exercício de direito constitucional referente à nacionalidade, soberania, cidadania e demais direitos e liberdades constitucionais é legitimado ativo para a propositura do Mandado de Injunção, como fixa o art. 5º, LXXI, da Constituição Federal.

[...]

No caso em tela, a mora dos impetrados em regulamentar o direito previsto no art. 37, VII, da Constituição Federal, impede o exercício do direito de greve por parte dos agentes públicos.

[...]

Assim, a conduta das autoridades coatoras viola o direito dos filiados do impetrante, não restando outra hipótese a não ser a impetração do presente remédio constitucional a fim de afastar a "síndrome da inefetividade das normas constitucionais", em razão da omissão impugnada.

III – DOS PEDIDOS E REQUERIMENTOS

Diante do exposto, requer a Vossa Excelência:

a) que notifique os coatores, Presidentes da Câmara dos Deputados e do Senado Federal, a fim de que, no prazo de 10 (dez) dias (art. 5º, I, da Lei n. 13.300/2016), prestem todas as informações necessárias;

b) a ciência do ajuizamento da ação ao órgão de representação judicial da pessoa jurídica interessada, devendo-lhe ser enviada cópia da petição inicial, para que, querendo, ingresse no feito, tudo nos termos do art. 5º, II, da Lei n. 13.300/2016;

c) a notificação do ilustre representante do Ministério Público, para que opine no prazo de 10 (dez) dias, após o que, com ou sem parecer, os autos serão conclusos para decisão (art. 7º da Lei n. 13.300/2016);

d) a procedência dos pedidos a fim de reconhecer a omissão inconstitucional e mora do Congresso Nacional na elaboração da lei específica a que se refere o art. 37, VII, da Constituição Federal, determinando que as autoridades coatoras supram a lacuna legislativa para assegurar ao impetrante (e seus filiados) o direito de greve;

e) a juntada da prova pré-constituída anexa.

O impetrante deixa de requerer tutela de urgência em virtude do entendimento majoritário do STF de que não cabe antecipação dos efeitos da tutela em sede de Mandado de Injunção.

Dá-se à causa o valor de R$ _____.

> Valor por extenso.

Termos em que,
Pede deferimento.

Local e data.

_____

Advogado
OAB/ ___

1.21 Ação Indenizatória por Responsabilidade Civil do Estado

- **Leitura obrigatória:**
  a) art. 37, § 6º, da CF;
  b) do pedido: arts. 322 a 328 do CPC;
  c) requisitos: arts. 319 e s. do CPC.

1.22 Ação de Improbidade Administrativa

- **Leitura obrigatória:**
  a) art. 37, § 4º, da CF;
  b) disciplina infraconstitucional: Lei n. 8.429/92 (com alterações advindas pela **Lei n. 14.230/2021**);
  c) disposições gerais: arts. 1 a 8-A da Lei n. 8.429/92
  d) atos de improbidade administrativa: arts. 9º a 11 da Lei n. 8.429/92;
  e) elemento subjetivo para a prática do ato de improbidade: art. 1º, § 2º da Lei n. 8.429/92: "considera-se dolo a vontade livre e consciente de alcançar o resultado ilícito tipificado nos arts. 9º, 10 e 11 desta Lei, não bastando a voluntariedade do agente";
  f) das penas: art. 12 da Lei n. 8.429/92;
  g) da declaração de bens: art. 13 da Lei n. 8.429/92;
  h) do procedimento administrativo e do processo judicial: arts. 14 a 18 da Lei n. 8.429/92;
  i) das disposições penais: art. 19 a 22 da Lei n. 8.429/92;
  j) prescrição: art. 37, § 5º, da CF; arts. 23; 23-A; 23-B; 23-C da Lei n. 8.429/92.

1.23 Impugnação ao edital

- **leitura obrigatória:**
  a) cabimento: art. 41, § 1º, da Lei n. 8.666/93;
  b) conteúdo do edital: art. 40 da Lei n. 8.666/93;
  c) decadência: art. 41, § 2º, da Lei n. 8.666/93;
  d) Na **Lei n. 14.133/2021** os principais dispositivos relacionados ao instrumento convocatório "**edital**" estão disciplinados nos arts. 5º; 17, II; 18, V e IX; 22, 25.

1.23.1 Aprofundamento

Não confundir impugnação ao edital com **recurso administrativo em licitação**. O recurso administrativo em licitação será cabível nas hipóteses elencadas no art. 109 da Lei n. 8.666/93 e é o meio adequado para impugnar, perante o Poder Público, decisões de habilitação ou inabilitação do licitante, julgamento de propostas, anulação ou revogação da licitação, indeferimento do pedido de inscrição cadastral, sua alteração ou cancelamento, rescisão unilateral do contrato, aplicação das penas de advertência, suspensão temporária ou de multa.

Na **Lei n. 14.133/2021**, a partir do art. 164 que há o regramento acerca das impugnações, dos pedidos de esclarecimento e dos recursos.

> **LEGISLAÇÃO CORRELATA**
>
> **Lei n. 14.133/2021**
>
> **Art. 164.** Qualquer pessoa é parte legítima para impugnar edital de licitação por irregularidade na aplicação desta Lei ou para solicitar esclarecimento sobre os seus termos, devendo protocolar o pedido até 3 (três) dias úteis antes da data de abertura do certame.
>
> Parágrafo único. A resposta à impugnação ou ao pedido de esclarecimento será divulgada em sítio eletrônico oficial no prazo de até 3 (três) dias úteis, limitado ao último dia útil anterior à data da abertura do certame.
>
> **Art. 165.** Dos atos da Administração decorrentes da aplicação desta Lei cabem:
>
> I – recurso, no prazo de 3 (três) dias úteis, contado da data de intimação ou de lavratura da ata, em face de:
>
> a) ato que defira ou indefira pedido de pré-qualificação de interessado ou de inscrição em registro cadastral, sua alteração ou cancelamento;
>
> b) julgamento das propostas;
>
> c) ato de habilitação ou inabilitação de licitante;
>
> d) anulação ou revogação da licitação;
>
> e) extinção do contrato, quando determinada por ato unilateral e escrito da Administração;
>
> II – pedido de reconsideração, no prazo de 3 (três) dias úteis, contado da data de intimação, relativamente a ato do qual não caiba recurso hierárquico.
>
> § 1º Quanto ao recurso apresentado em virtude do disposto nas alíneas "b" e "c" do inciso I do *caput* deste artigo, serão observadas as seguintes disposições:
>
> I – a intenção de recorrer deverá ser manifestada imediatamente, sob pena de preclusão, e o prazo para apresentação das razões recursais previsto no inciso I do *caput* deste artigo será iniciado na data de intimação ou de lavratura da ata de habilitação ou inabilitação ou, na hipótese de adoção da inversão de fases prevista no § 1º do art. 17 desta Lei, da ata de julgamento;
>
> II – a apreciação dar-se-á em fase única.
>
> § 2º O recurso de que trata o inciso I do *caput* deste artigo será dirigido à autoridade que tiver editado o ato ou proferido a decisão recorrida, que, se não reconsiderar o ato ou a decisão no prazo de 3 (três) dias úteis, encaminhará o recurso com a sua motivação à autoridade superior, a qual deverá proferir sua decisão no prazo máximo de 10 (dez) dias úteis, contado do recebimento dos autos.
>
> § 3º O acolhimento do recurso implicará invalidação apenas de ato insuscetível de aproveitamento.
>
> § 4º O prazo para apresentação de contrarrazões será o mesmo do recurso e terá início na data de intimação pessoal ou de divulgação da interposição do recurso.
>
> § 5º Será assegurado ao licitante vista dos elementos indispensáveis à defesa de seus interesses.
>
> **Art. 166.** Da aplicação das sanções previstas nos incisos I, II e III do *caput* do art. 156 desta Lei caberá recurso no prazo de 15 (quinze) dias úteis, contado da data da intimação.
>
> Parágrafo único. O recurso de que trata o *caput* deste artigo será dirigido à autoridade que tiver proferido a decisão recorrida, que, se não a reconsiderar no prazo de 5 (cinco) dias úteis, enca-

minhará o recurso com sua motivação à autoridade superior, a qual deverá proferir sua decisão no prazo máximo de 20 (vinte) dias úteis, contado do recebimento dos autos.

Art. 167. Da aplicação da sanção prevista no inciso IV do *caput* do art. 156 desta Lei caberá apenas pedido de reconsideração, que deverá ser apresentado no prazo de 15 (quinze) dias úteis, contado da data da intimação, e decidido no prazo máximo de 20 (vinte) dias úteis, contado do seu recebimento.

Art. 168. O recurso e o pedido de reconsideração terão efeito suspensivo do ato ou da decisão recorrida até que sobrevenha decisão final da autoridade competente.

Parágrafo único. Na elaboração de suas decisões, a autoridade competente será auxiliada pelo órgão de assessoramento jurídico, que deverá dirimir dúvidas e subsidiá-la com as informações necessárias.

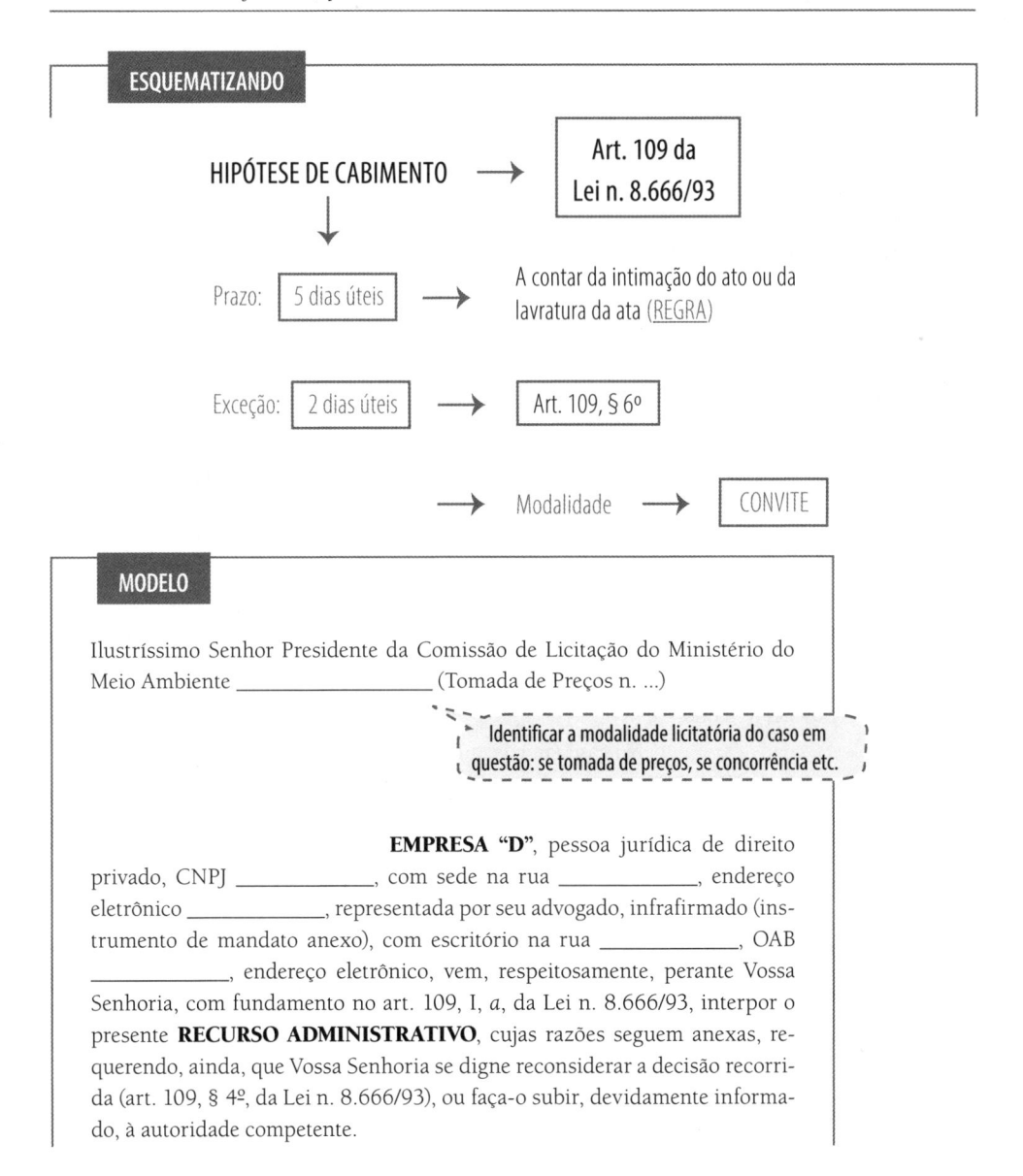

ESQUEMATIZANDO

HIPÓTESE DE CABIMENTO → Art. 109 da Lei n. 8.666/93

Prazo: 5 dias úteis → A contar da intimação do ato ou da lavratura da ata (REGRA)

Exceção: 2 dias úteis → Art. 109, § 6º

→ Modalidade → CONVITE

MODELO

Ilustríssimo Senhor Presidente da Comissão de Licitação do Ministério do Meio Ambiente _____ (Tomada de Preços n. ...)

Identificar a modalidade licitatória do caso em questão: se tomada de preços, se concorrência etc.

EMPRESA "D", pessoa jurídica de direito privado, CNPJ _____, com sede na rua _____, endereço eletrônico _____, representada por seu advogado, infrafirmado (instrumento de mandato anexo), com escritório na rua _____, OAB _____, endereço eletrônico, vem, respeitosamente, perante Vossa Senhoria, com fundamento no art. 109, I, *a*, da Lei n. 8.666/93, interpor o presente **RECURSO ADMINISTRATIVO**, cujas razões seguem anexas, requerendo, ainda, que Vossa Senhoria se digne reconsiderar a decisão recorrida (art. 109, § 4º, da Lei n. 8.666/93), ou faça-o subir, devidamente informado, à autoridade competente.

A Recorrente registra, nos termos do art. 109, § 2º, da Lei n. 8.666/93, que o presente recurso deverá ser recebido com efeito suspensivo.

Termos em que,
Pede deferimento.

Local e data.

_____
Advogado
OAB/ ___

RAZÕES

Ilustríssima Autoridade do Ministério do Meio Ambiente

RAZÕES DO RECURSO

I – DOS FATOS

> Explicar qual a situação em concreto ensejadora do presente recurso.

II – DO DIREITO

A Lei n. 8.666/93 fixa, dentre outros princípios elencados no art. 3º, o da vinculação ao instrumento convocatório (edital) – art. 41 da Lei n. 8.666/93: [...]

No caso em tela, a Empresa "D" apresentou todos os documentos exigidos no item [...] e mesmo assim foi considerada inabilitada.

Data venia, houve flagrante descumprimento pela Comissão de Licitação das regras editalícias, razão pela qual deve ser desconstituída a decisão que a inabilitou e, portanto, impedindo-lhe de continuar no certame.

III – DOS PEDIDOS E REQUERIMENTOS

Diante do exposto, requer a Vossa Senhoria que seja conhecido e provido o presente recurso administrativo a fim de que seja desconstituída a decisão recorrida, com a consequente habilitação da recorrente – garantindo sua permanência no certame.

>
> Termos em que,
> Pede deferimento.
>
> Local e data.
>
> _____
> Advogado
> OAB/ ___

1.24 Recurso Administrativo

- **Leitura obrigatória:**

    a) cabimento: art. 5º, LV, da CF;

    b) processo administrativo federal: Lei n. 9.784/99;

    c) regime dos servidores públicos federais: Lei n. 8.112/90;

    d) Súmulas Vinculantes: 5, 21 e 28.

1.25 Ação de Desapropriação Direta

- **Leitura obrigatória:**

    a) arts. 5º, XXII a XXIV; 182; 184 e 243 todos da CF;

    b) Decreto-lei n. 3.365/41;

    c) caducidade na desapropriação: art. 10 do Decreto-lei n. 3.365/41;

    d) citação: arts. 16 a 19 do Decreto-lei n. 3.365/41;

    e) foro competente: art. 11 do Decreto-lei n. 3.365/41;

    f) insuscetibilidade de desapropriação: art. 185 da CF;

    g) juros compensatórios: art. 15-A do Decreto-lei n. 3.365/41;

    h) utilidade pública: art. 5º do Decreto-lei n. 3.365/41;

    i) interesse social: art. 5º da Lei n. 4.132/62;

    j) possibilidade de mediação e arbitragem nos termos do **art. 10-B da Lei n. 13.867/2019**.

1.26 Ação de Desapropriação Indireta

- **Leitura obrigatória:**

    a) Decreto-lei n. 3.365/41;

    b) pedido: arts. 322 a 328 do CPC;

    c) requisitos da inicial: arts. 319 e s. do CPC.

1.27 Defesa Administrativa em Processo Administrativo Disciplinar

- **Leitura obrigatória:**
  a) art. 161, § 1º, da Lei n. 8.112/90 (em se tratando de servidor federal);
  b) Súmula Vinculante 5;
  c) arts. 143 e s. da Lei n. 8.112/90 (em se tratando de servidor federal);
  d) art. 5º, LV, da Constituição Federal.

MODELO

Ilustríssimo Senhor Presidente da Comissão de Processo Administrativo Disciplinar

SERVIDOR X, brasileiro, solteiro, funcionário público integrante da repartição pública Y, inscrito no CPF _____, RG _____, com endereço na rua _____, endereço eletrônico, por seu advogado (instrumento de mandato anexo), inscrito na OAB _____, com escritório na rua _____, endereço eletrônico, vem, respeitosamente, perante Vossa Senhoria, apresentar **DEFESA EM PROCESSO ADMINISTRATIVO DISCIPLINAR (PAD)** com fundamento no art. 5º, LV, da Constituição Federal e no art. 161, § 1º, da Lei n. 8.112/90, em razão da acusação por infração funcional que lhe é imputada, pelos motivos de fato e de direito a seguir expostos:

I – DOS FATOS

Descrever qual a infração funcional que o servidor foi acusado de cometer.

II – DO DIREITO

O ordenamento jurídico pátrio assegura, inclusive em âmbito administrativo, a observância do devido processo legal, contraditório e ampla defesa (art. 5º, LIV e LV, da Constituição Federal).

[...]

No direito público, ao administrador só é lícito fazer o que a lei manda ou determina (princípio da legalidade – art. 37, *caput*, da Constituição Federal):

[...]

No caso em tela, a norma X foi fielmente observada, razão pela qual se pleiteia a absolvição da acusação.

III – DOS PEDIDOS E REQUERIMENTOS

Diante do exposto, requer a esta Comissão:

a) O acolhimento da defesa bem como a absolvição da acusação que injusta e ilegalmente lhe é imputada;

b) A juntada dos documentos anexos;

c) A produção de provas, especialmente a ...

Termos em que,
Pede deferimento.

Local e data.

_____

Advogado
OAB/ ___

1.28 Defesa Administrativa Proposta por Particular

MODELO

Ilustríssimo Senhor Diretor do Detran do Estado X

FULANO DE TAL X, brasileiro, solteiro, engenheiro, residente e domiciliado na rua _____, portador do RG n. _____
e inscrito no CPF _____, por seu advogado, infrafirmado, regularmente constituído pelo instrumento de mandato anexo, com escritório na Rua _____, OAB _____, vem, respeitosamente, perante Vossa Senhoria, apresentar sua **DEFESA ADMINISTRATIVA** acerca da autuação de trânsito perante essa Entidade, pelos motivos de fato e de direito a seguir expostos:

I – DOS FATOS

> Resumir a situação que ensejou a imposição de gravame ou violação de direito ao administrado.

II – DO DIREITO

O ordenamento jurídico pátrio assegura aos indivíduos, em geral, a observância, inclusive pelo Estado, aos postulados do devido processo legal, ao contraditório e à ampla defesa, nos termos do art. 5º, LIV e LV, da Constituição Federal.

[...]
Como atributo do ato administrativo, temos a presunção de legitimidade, o que significa dizer que, até prova em sentido contrário, os atos praticados pela Administração presumem-se legítimos, legais e verdadeiros. Todavia, essa presunção é relativa (*juris tantum*), ou seja, admite comprovação em sentido contrário, garantindo, assim, a demonstração de inconsistência da referida autuação imposta pela Administração Pública.

Ainda, a imposição de multa pela Administração decorre do Poder de Polícia Fiscalizatório Repressivo no sentido de frenar e limitar a atuação do particular em nome do interesse público. Como atributo do Poder de Polícia, destaca-se, entre outros, o da coercibilidade – ou seja, a imperatividade dos atos praticados pelo Estado como consequência do Princípio da Supremacia do Interesse Público. Esse atributo opera efeitos até que haja seu questionamento – o que ocorre no presente caso.

No caso dos autos, o Requerente nem sequer conhece o local onde supostamente foi flagrado descumprindo a legislação de trânsito. Mas, na data da suposta ocorrência, encontrava-se no exterior (o que se comprova pela juntada do seu passaporte – doc. 1 – anexo).

A suposta ocorrência prevista no art. 162, II, da Lei n. 9.503/97 estabelece: [....], o que somente poderia acontecer se o Requerente de fato estivesse dirigindo no referido local – o que resta absolutamente impossível diante da comprovação de que na ocasião estava no exterior.

Por fim, cumpre registrar a nulidade do processo administrativo que culminou na imposição da referida penalidade, bem como na insubsistência do auto, tendo em vista que o requerente jamais recebeu em sua residência qualquer notificação dessa autuação – o que viola totalmente o Princípio da Publicidade previsto no art. 37, *caput*, da Constituição Federal.

[...]

No mesmo sentido, o teor da Súmula 312 do Superior Tribunal de Justiça:

"No processo administrativo para imposição de multa de trânsito, são necessárias as notificações da autuação e da aplicação da pena decorrente da infração" – o que também restou violado no presente caso.

III – DOS PEDIDOS E REQUERIMENTOS

Diante do exposto, requer a Vossa Senhoria:

a) a anulação da penalidade imposta ao Requerente;

b) a produção de provas – especialmente a documental;

c) a juntada dos documentos anexos.

Termos em que,
Pede deferimento.

Local e data.

_____

Advogado
OAB/ ___

2. CONTEÚDO DIGITAL

Acesse também pelo *link*: https://somos.in/MDADM9

Referências

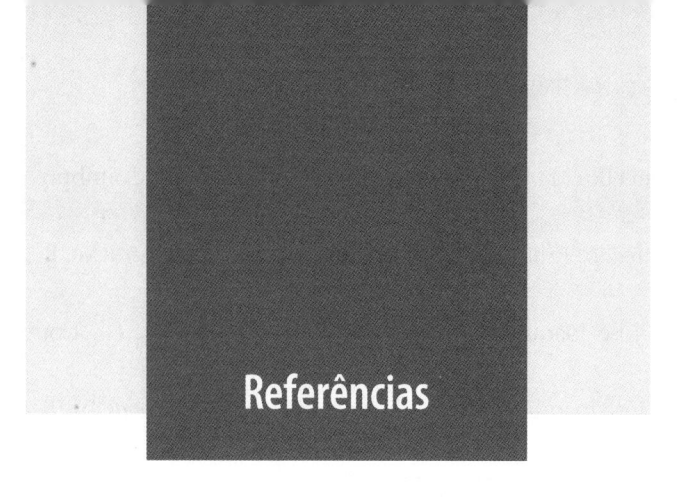

ALESSI, Renato. *Instituciones de derecho administrativo*. Tradução de Buenaventura Pellisé Prats. 3. ed. Barcelona: Bosch, Casa Editorial. t. I e II.

ATALIBA, Geraldo. *República e Constituição*. 2. ed. São Paulo: Malheiros, 1998.

BANDEIRA DE MELLO, Celso Antônio. *Elementos de direito administrativo*. São Paulo: RT, 1980.

BANDEIRA DE MELLO, Celso Antônio. *Atos administrativos e direito dos administrados*. São Paulo: RT, 1981.

BANDEIRA DE MELLO, Celso Antônio. *Curso de direito administrativo*. 24. ed. São Paulo: Malheiros, 2007.

BANDEIRA DE MELLO, Celso Antônio. *Curso de direito administrativo*. 25. ed. São Paulo: Malheiros, 2008.

BANDEIRA DE MELLO, Celso Antônio. *Curso de direito administrativo*. 26. ed. São Paulo: Malheiros, 2009.

BANDEIRA DE MELLO, Oswaldo Aranha. *Princípios gerais de direito administrativo*. 3. ed. 2. tir. São Paulo: Malheiros, 2010. v. I.

BARCELLOS, Ana Paula de. *A eficácia jurídica dos princípios constitucionais*. Rio de Janeiro: Renovar, 2002.

BERTHÉLEMY, H. *Droit administratif*. 7. ed. Paris: Librairie Nouvelle de Droit et Jurisprudence, 1913.

BIELSA, Rafael. *Ciencia de la administración*. 2. ed. Buenos Aires: Depalma, 1995.

BITENCOURT NETO, Eurico. *Improbidade administrativa e violação de princípios*. Belo Horizonte: Del Rey, 2005.

BONAVIDES, Paulo. *Curso de direito constitucional*. 8. ed. São Paulo: Malheiros, 1998.

BULOS, Uadi Lammêgo. *Constituição Federal anotada*. 10. ed. São Paulo: Saraiva, 2012.

CAETANO, Marcello. *Manual de direito administrativo*. 10. ed. Coimbra: Almedina, 1991. v. I.

CAETANO, Marcello. *Princípios fundamentais de direito administrativo*. Rio de Janeiro: Forense, 1977.

CANOTILHO, José Joaquim Gomes. *Direito constitucional*. 5. ed. Coimbra: Almedina, 1991.

CANOTILHO, José Joaquim Gomes. *Curso de direito constitucional*. 5. ed. Coimbra: Almedina.

CANOTILHO, J. J. Gomes; MENDES, Gilmar Ferreira; SARLET, Ingo Wolfgang; STRECK, Lenio Luiz. *Comentários à Constituição do Brasil*. 1. ed. 6. tir. Coimbra-São Paulo: Almedina/Saraiva, 2014.

CARNELUTTI, Francesco. *Como nasce o direito*. 4. ed. Tradução de Ricardo Rodrigues Gama, Campinas: Russel Editores, 2008.

CARVALHO FILHO, José dos Santos. *Manual de direito administrativo*. 23. ed. Rio de Janeiro: Lumen Juris, 2010.

CARVALHO FILHO, José dos Santos. *Manual de direito administrativo*. 23. ed. Rio de Janeiro: Lumen Juris, 2010.

CARVALHO FILHO, José dos Santos. *Manual de direito administrativo*. 24. ed. Rio de Janeiro: Lumen Juris, 2011.

CARVALHO FILHO, José dos Santos. *Manual de direito administrativo*. 30. ed. São Paulo: Atlas, 2016.

CINTRA, Antônio Carlos de Araújo. *Motivo e motivação do ato administrativo*. São Paulo: Revista dos Tribunais, 1979.

CRETELLA JÚNIOR, José. *Curso de direito administrativo*. Rio de Janeiro: Forense, 1986.

CRETELLA JÚNIOR, José. *Tratado de direito administrativo*. Rio de Janeiro: Forense, 1966. v. 1-5.

DALLARI, Adilson Abreu; FERRAZ, Sérgio. *Estatuto da Cidade* (Comentários à Lei Federal 10.257/2001). 4. ed. São Paulo: Malheiros, 2014.

DALLARI, Adilson Abreu; NASCIMENTO, Carlos Valder do; MARTINS, Ives Gandra da Silva. *Tratado de direito administrativo*. São Paulo: Saraiva, 2013. v. 2.

DALLARI, Dalmo de Abreu. *Elementos de teoria geral do Estado*. 21. ed. São Paulo: Saraiva, 2000.

DI PIETRO, Maria Sylvia Zanella. *Direito administrativo*. 14. ed. São Paulo: Atlas, 2002.

DI PIETRO, Maria Sylvia Zanella. *Direito administrativo*. 18. ed. São Paulo: Atlas, 2005.

DI PIETRO, Maria Sylvia Zanella. *Direito administrativo*. 20. ed. São Paulo: Atlas, 2007.

DI PIETRO, Maria Sylvia Zanella. *Discricionariedade administrativa na Constituição de 1988*. 2. ed. São Paulo: Atlas, 2007.

DINIZ, Maria Helena. *Compêndio de introdução à ciência do direito*. 18. ed. São Paulo: Saraiva, 2006.

DROMI, José Roberto. *El derecho público de finales de siglo*. Una perspectiva Iberoamericana. Coord. Manuel Clavero Arévalo e outros. Buenos Aires: Civitas, 1997.

FAGUNDES, Miguel Seabra. *O controle dos atos administrativos pelo Poder Judiciário*. 3. ed. Rio de Janeiro: Forense, 1957.

FALZONE, F.; PALERMO, F.; CONSENTINO, F. *La Constituzione della Repubblica italiana*. Milano: Arnoldo Mondadori Editore, 1991.

FERREIRA FILHO, Manoel Gonçalves. *Curso de direito constitucional*. 34. ed. São Paulo: Saraiva, 2008.

FIGUEIREDO, Marcelo. *Probidade administrativa*. 5. ed. São Paulo: Malheiros, 2004.

FIGUEIREDO, Marcelo. *As agências reguladoras*: o estado democrático de direito no Brasil e sua atividade normativa. São Paulo: Malheiros, 2005.

GANDINI, João Agnaldo Donizete (et al.). Responsabilidade civil do Estado por conduta omissiva. *Revista de Direito Administrativo*, p. 199-230, abr.-jun. 2003.

GARCIA, Emerson; ALVES, Rogério Pacheco. *Improbidade administrativa*. 2. ed. Rio de Janeiro: Lumen Juris, 2004.

GARCIA, Wander. *Manual completo de direito administrativo*. 1. ed. São Paulo: Foco, 2014.

GASPARINI, Diógenes. *Direito administrativo*. 14. ed. São Paulo: Saraiva, 2009.

GIERKE, Otto. *Die Genossenschaftstheorie in die deutsche Rechtsprechung*. Berlin, 1887.

GIL, Antonio Hernandez. *Conceptos jurídicos fundamentales*: obras completas. Madrid: Espasa-Calpe, 1987. v. I.

GOMES, Luiz Flávio; VIGO, Rodolfo Luis. *Do estado de direito constitucional e transnacional*: riscos e precauções (navegando pelas ondas evolutivas do Estado, do Direito e da Justiça). São Paulo: Premier, 2008.

GRECO FILHO, Vicente. *Tutela constitucional das liberdades*. São Paulo: Saraiva, 1989.

HÄBERLE, Peter. *El estado constitucional*. Tradução de Hector Fix-Fierro. México: Universidad Nacional Autónoma de México, 2003.

HESSE, Konrad. *Escritos de derecho constitucional*. Madrid: Centro de Estudios Constitucionales, 1983.

JOÃO PAULO II. *Evangelium Vitae*. São Paulo: Edições Paulinas, 1995.

JUSTEN FILHO, Marçal. *Curso de direito administrativo*. 5. ed. São Paulo: Saraiva, 2010.

JUSTEN FILHO, Marçal. *Comentários à lei das licitações e contratos administrativos*. 15. ed. São Paulo: Dialética, 2012.

JUSTEN FILHO, Marçal. *Pregão*: comentários à legislação do pregão comum e eletrônico. 5. ed. São Paulo: Dialética, 2009.

"La concessione dele "Carte costituzionali", per ottenere le quali l'uomo nel corso della storia sostenne lunghe lotte, segna il passaggio dagli stati assoluti agli Stati di diritto". In: PIETRO, Antonio di. *Costituzione italiana*: diritti e dovere. Bergamo: Edizioni Larus, 1994.

LAUBADÈRE, André de. *Manuel droit administratif*. 14. ed. Paris: Librairie Générale de Droit et de Jurisprudence, 1992.

LOEWENSTEIN, Karl. *Teoría de la Constitución*. Tradução de Alfredo Gallego Anabitarte. Barcelona: Ariel, 1970.

MARINELA, Fernanda. *Direito administrativo*. 14. ed. São Paulo: Saraiva, 2020.

MARTINS JÚNIOR, Wallace Paiva. *Probidade administrativa*. São Paulo: Saraiva, 2001.

MARTINS JÚNIOR, Wallace Paiva. *Probidade administrativa*. 4. ed. São Paulo: Saraiva, 2009.

MASAGÃO, Mário. *Conceito de direito administrativo*. São Paulo: Escolas Profissionais Salesianas, 1926.

MAZZA, Alexandre. *Manual de direito administrativo*. 3. ed. São Paulo: Saraiva, 2013.

MAZZA, Alexandre. *Manual de direito administrativo*. 4. ed. São Paulo: Saraiva, 2014.

MEIRELLES, Hely Lopes. *Direito administrativo brasileiro*. 27. ed. São Paulo: Malheiros, 2002.

MEIRELLES, Hely Lopes. *Direito administrativo brasileiro*. 29. ed. São Paulo: Malheiros, 2004.

MEIRELLES, Hely Lopes. *Direito administrativo brasileiro*. 30. ed. São Paulo: Malheiros, 2005.

MEIRELLES, Hely Lopes. *Direito administrativo brasileiro*. 36. ed. São Paulo: Malheiros, 2010a.

MEIRELLES, Hely Lopes. *Licitação e contrato administrativo*. 15. ed. São Paulo: Malheiros, 2010b.

MEIRELLES, Hely Lopes. *Direito administrativo brasileiro*. 35. ed. São Paulo: Malheiros, 2010c.

MEIRELLES, Hely Lopes. *Direito municipal brasileiro*. 17. ed. 2. tir. Adilson Abreu Dallari (Coord.). São Paulo: Malheiros, 2014.

MELLO, Oswaldo Aranha Bandeira de. *Princípios gerais de direito administrativo*. Rio de Janeiro: Forense, 1979. v. 2.

MERUSI, Fabio; DOMENICO, Sorace. *Pagine Scelte Dal Manuale di Diritto Ammnistrativo di Enzo Capaccioli*. Padova: Cedam, 1995.

MIRANDA, Jorge. Manual de direito constitucional. 2. ed. Coimbra: Coimbra Ed., 1987. t. III.

MOREIRA, Egon Bockmann; GUIMARÃES, Fernando Vernalha. *Licitação pública*. São Paulo: Malheiros, 2012.

MOREIRA, Eliane Trevisani; ROSSI, Francisco Vicente (Org.). *Ministro Marco Aurélio*: acórdãos. Comentários e reflexões. São Paulo: Millenium, 2010.

NALINI, José Renato. *Ética e justiça*. São Paulo: Oliveira Mendes, 1998.

NASCIMENTO, Elyesley Silva do. *Curso de direito administrativo*. Rio de Janeiro: Impetus, 2013.

NERY JR., Nelson; NERY, Rosa Maria de Andrade. *Constituição Federal comentada e legislação constitucional*. São Paulo: Revista dos Tribunais, 2006.

NIEBUHR, Joel de Menezes. *Licitação pública e contrato administrativo*. 3. ed. Belo Horizonte: Fórum, 2013.

NIEBUHR, Joel de Menezes. *Pregão presencial e eletrônico*. 5. ed. Curitiba: Zênite, 2008.

NOVELLI, Flávio Bauer. Eficácia do ato administrativo. *RDA* 60/21-25 e 61/29 e 30.

NUNES JR., Vidal Serrano. *A cidadania social na Constituição de 1988*: estratégias de positivação e exigibilidade judicial dos direitos sociais. São Paulo: Verbatim, 2009.

ORTIZ, Carlos Alberto. Improbidade administrativa. *Cadernos*, São Paulo: Imprensa Oficial do Estado, 1994.

PAZZAGLINI FILHO, Marino. *Lei de improbidade comentada*: aspectos constitucionais, administrativos, civis, criminais, processuais e de responsabilidade fiscal: legislação e jurisprudência atualizadas. 4. ed. São Paulo: Atlas, 2009.

PAZZAGLINI FILHO, Marino; ROSA, Márcio Fernando Elias; FAZZIO JÚNIOR, Waldo. *Improbidade administrativa*: aspectos jurídicos da defesa do patrimônio público. São Paulo: Atlas, 1999.

PLANIOL, Marcel. *Traité élémentaire de droit civil*. I, Paris: Libraire Générale de Droit et de Jurisprudence, 1948.

REALE, Miguel. *O estado democrático de direito e o conceito das ideologias*. 2. ed. São Paulo: Saraiva, 1999.

RIGOLIN, Ivan Barbosa. *O servidor público nas reformas constitucionais*. 3. ed. Belo Horizonte: Fórum, 2008.

SANTANA, Jair Eduardo. *Pregão presencial e eletrônico*: manual de implantação, operacionalização e controle. Belo Horizonte: Fórum, 2006.

SANTOS, Luís Cláudio Almeida. Reflexões sobre a Lei n. 8.429, de 2-6-1992 – lei anticorrupção. *Revista do Ministério Público do Estado de Sergipe*, 5:28, 1993.

SILVE, Maria Cuervo; CERQUINHO, Vaz. *O desvio de poder no ato administrativo*. São Paulo: RT, 1979.

SIMONE, Edizioni. *Diritto costituzionale*. Napoli: Esselibri, 1990.

STASSINOPOULOS, Michel. *Traité des actes administratifs*. Paris: Sirey, 1954.

SUNDFELD, Carlos Ari. *Fundamentos de direito público*. 3. ed. São Paulo: Malheiros, 1998.

SUNDFELD, Carlos Ari. *Licitação e contrato administrativo*. 2. ed. São Paulo: Malheiros, 1999.

TÁCITO, Caio. A administração e o controle de legalidade. *RDA* 37/1.

TÁCITO, Caio. *O abuso de poder administrativo no Brasil*. Rio de Janeiro: DASP, 1959.

TAVARES, André Ramos. *Curso de direito constitucional*. 7. ed. São Paulo: Saraiva, 2009.

VERGOTTINI, Giuseppe de. *Diritto costituzionale comparato*. 4. ed. Padova: Cedam, 1993.